일반인을 위한 교의신학

Studienbücher Theologie Dogmatik

Harald Wagner
Studienbücher Theologie *Dogmatik*
Original Copyright ⓒ 2003 W. Kohlhammer GmbH Stuttgart
All rights reserved.

이 책의 한국어 판권은 '가톨릭출판사'가 소유합니다.
저작권법에 의하여 한국 내에서 보호를 받는 저작물이므로 무단 전재와 복제를 금합니다.

일반인을 위한 교의신학

2017년 1월 11일 교회 인가
2017년 7월 14일 초판 1쇄 펴냄

지은이 · 하랄트 바그너
옮긴이 · 조규만 · 조규홍
펴낸이 · 염수정
펴낸곳 · 가톨릭출판사
편집 겸 인쇄인 · 홍성학
편집 · 류인덕, 표지 및 내지 디자인 · 고연희

본사 · 서울특별시 중구 중림로 27(중림동)
지사 · 경기도 고양시 일산동구 노첨길 65
등록 · 1958. 1. 16. 제2-314호
전화 · 1544-1886(대) / 02-6365-1833(영업국)
지로번호 · 3000997

ISBN 978-89-321-1484-2 94230
      978-89-321-0622-9(세트)

값 40,000원

인터넷 가톨릭서점 http://www.catholicbook.kr
직영 매장: 명동대성당 (02)776-3601, 3602/ FAX (02)776-1019
         가톨릭회관 (02)777-2521/ FAX (02)777-2520
         서초동성당 (02)313-1886
         서울성모병원 (02)2258-6439, 070-7757-1886/ FAX (02)392-9252
         절두산 (02)3141-1886/ FAX (02)3141-1886
         미주지사 (323)734-3383/ FAX (323)734-3380

가톨릭의 모든 도서와 성물을 '인터넷 가톨릭서점'에서 만나보실 수 있습니다.

성경 ⓒ 한국천주교중앙협의회 2005

이 도서의 국립중앙도서관 출판시도서목록(CIP)은 서지정보유통지원시스템 홈페이지(http://seoji.nl.go.kr)와 국
가자료공동목록시스템(http://www.nl.go.kr/kolisnet)에서 이용하실 수 있습니다.(CIP제어번호: CIP2017014755)

가톨릭문화총서 Catholic Culture Library **049**　　　　　　　조직신학 **17**

일반인을 위한 교의신학

Dogmatik
(Studienbücher Theologie)

하랄트 바그너 지음 / 조규만 · 조규홍 옮김

가톨릭출판사

《가톨릭문화총서》

기획편집위원

유경촌 주교, 박준양 신부(위원장), 백운철 신부
김영선 수녀, 안소근 수녀, 박승찬 교수
홍성학 신부(사장), 류인덕 간사

가톨릭문화총서는 이천 년의 가톨릭교회 역사와 이백여 년의 한국 가톨릭교회 역사의 풍부한 문화유산을 '문화' '토미즘' '교회문헌' '조직신학' '역사신학' '실천신학' '인간학' '동양사상'이라는 8개 분야에 걸쳐 오늘날 이 땅의 현대 문화 속에 되살리고 널리 보급하려는 가톨릭출판사의 기획물입니다.

차 례 contents

일러두기 22

약어 설명 24

서론 27

교의신학의 기본적인 이해 29

1. 교의 : 원천, 속성, 형태 29

   1) 계시와 신앙의 위격적 특성 29

   2) 그리스도교 신앙 : 체험에 의한 신앙 34

   3) 신조와 초기 그리스도교의 신앙고백 35

   4) 개념과 사태에 따른 교의의 형성 과정 39

   5) 교의에 관한 현대 신학의 이해 44

2. 신학으로서의 교의신학 50

   1) 교의신학과 영성신학 - 교의신학과 사회 역사 50

   2) 지혜와 학문으로서의 신학과 교의신학 54

   3) 교의신학의 연구 방법 58

      (1) 초창기의 방법(들) 58

      (2) 오늘날의 전망과 관점들, 방법의 다양성들 63

   4) 교의신학과 철학 69

   5) 교의신학과 교회 74

   6) 교의신학과 성경 주해 79

   7) 교의신학과 교회 일치 81

3. 오늘날 교의신학의 전형들 86

   1) 구세사적 관점에서의 교의신학과 개인주의적 입장 86

   2) 초월적인 관점에서의 교의신학 88

3) 현상학적 관점에서의 교의신학 91

　　4) 해석학적 관점에서의 교의신학 92

　　5) 상징으로 이해하는 교의신학 94

4. 한 가지 결정적인 관점 : 친교-신학 형식으로서의 교의신학 96
5. 교의의 발전과 관련된 문제 101
6. 프로테스탄트 교의신학의 방향 105

　　1) 교의적 가르침과 신앙고백의 합법적 다양성 105

　　2) 변증법적 신학 : 바르트, 브룬너, 불트만 107

　　3) 상관관계의 신학 : 틸리히 113

　　4) 현재 : 에벨링, 몰트만, 판넨베르크, 융엘 114

7. 오늘날 가톨릭교회 교의신학사전, 지침서, 교리서 120

제1장 공동체 및 친교로서의 교회 123

1. 교회에 관한 현대의 이해 124
2. 교회에 관한 이해의 변화 128
3. 제2차 바티칸 공의회 이후의 교회에 대한 이해 135

　　1) "그리스도의 몸"으로서의 교회 135

　　2) "하느님의 백성"으로서의 교회 139

　　3) 성사로서의 교회 140

　　4) 제2차 바티칸 공의회 정신의 계승과 전개 142

4. 친교로서의 교회 143

　　1) 친교의 성사인 교회와 그 구조적 요소(들) 143

　　2) 친교의 토대(들) 145

5. "교회의 징표" 152

　　1) "징표"에 관해 152

　　2) 교회의 하나 됨 153

　　3) 교회의 거룩함 165

　　4) 교회의 보편 됨 167

　　5) 교회의 사도성 168

6. 베드로 사도좌　172

7. 교회존재의 차원　177

　　1) 이해공동체 및 선포공동체로서의 교회　177

　　2) 실천공동체로서의 교회　179

　　3) 전통공동체로서의 교회　180

8. 프로테스탄트교회의 자기이해　180

　　1) 루터교회의 자기이해　180

　　2) 개혁교회의 자기이해　185

　　3) 신학적 기본 입장　187

　　4) 프로테스탄트교회의 자기이해의 새로운 방향　189

9. "교회 밖에는 구원이 없다"(?)　191

　　1) 구원의 절대성 : 배타주의적 입장　191

　　2) 포괄주의적·육화 중심적 입장　193

　　3) 다원주의적 입장　196

　　　　(1) 배타적이면서 포괄적인 입장의 가능성　199

　　　　(2) 다원적이면서 배타적인 입장의 가능성　200

　　　　(3) 포괄적이면서 다원적인 입장의 가능성　200

제2장 성령 – 성삼위 하느님의 위격 공동체성　205

1. 콘스탄티노플 공의회 - 성령론의 기초　206

　　1) 그리스도론적 문제　206

　　2) 성령과 관련하여 제기된 의문　209

　　3) "성자와 함께"(*Filioque*)　211

2. 성령에 관한 언표들 : 해석, 확정, 아포리아　214

　　1) 아우구스티누스 : (서로를 잇는) "매듭"과 같으신 성령　214

　　2) 피오레의 요아킴 : 성령과 성령의 역사　215

　　3) 19세기 신학 : 성령과 인간의 의식　221

3. 성령에 관한 성경의 증언　227

　　1) 구약성경의 증언　227

2) 신약성경의 증언　234
4. **성령과 그리스도인의 실존**　240
   1) 인간 안에 거주하시는 하느님　240
   2) 성령의 궁전으로서 신앙인　242
   3) 성령 체험　244
5. **인격 혹은 위격 개념과 성령과의 관계**　253

제3장 예수 그리스도 – 인간이 되신 친교　259
1. **오늘날 그리스도론의 위상**　260
   1) 일반적인 상황　260
   2) 그리스도론의 내용과 연구 방법　271
      (1) 라너　272
      (2) 판넨베르크　273
      (3) 카스퍼 - 휘너만　273
   3) 개별적 연구 방법의 다양한 측면(들)　275
      (1) 성경 및 전통과의 연계성을 고려한 측면　275
      (2) 보편적-논증적 측면　275
      (3) 인간학적 전망을 고려한 측면　275
   4) "위로부터"의 그리스도론과 "아래로부터"의 그리스도론　276
      (1) 하강 그리스도론　276
      (2) 상승 그리스도론　277
   5) 그리스도론과 구원론　278
2. **사료적 예수에 관한 질문들**　280
   1) 사료적 예수와 관련한 다양한 논쟁들의 연구사적 계보　280
      (1) 근대 합리주의의 태동 전까지　280
      (2) 합리주의 태동과 함께　281
      (3) 19세기　282
      (4) 자유 신학　283
      (5) 제1차 세계대전 직후(특히 문학 영성사적 비판 학파)　284

(6) 불트만과 그의 학파　287

　　　(7) 사료적 예수에 관한 새로운 질문들　292

　　2) 신학과 교회 안에 정착된 의미에서의 사료적 예수　293

　　　(1) 모든 영지주의적 입장에 대한 비판적 기능　293

　　　(2) 모든 신화적 입장에 대한 비판적 기능　295

　　　(3) 모든 이념적인 입장에 대한 비판적 기능　296

　　3) 개별적 문제들　297

3. "하느님 나라"　299

　　1) 하느님 나라에 대한 예수의 복음 선포　299

　　　(1) 성경의 자료　299

　　　(2) 하느님 나라와 구원　300

　　2) 하느님 나라와 예수의 죽음　302

4. 예수의 부활　304

　　1) 부활 사료의 문제점　304

　　　(1) 교의신학에서 부활 사료의 문제점　304

　　　(2) (18세기 이래 오늘날까지) 신학에서 부활에 관한 논의들　306

　　2) 부활의 교의신학적 의미　308

　　　(1) 종말론적 - "신학작" 의미　308

　　　(2) 예수를 인지한 초대교회의 함축적 표현 : 메시아, 하느님의 아들, 사람의 아들　310

　　　(3) 모든 사람들의 구원을 함의하는 부활　315

　　3) 부활과 종교사적 차원 간의 병행　315

　　　(1) 동방과 이집트의 숭배 종교　315

　　　(2) 죽음의 극복　317

5. 초기 그리스도론의 "생성 장소"　318

　　1) 그리스도 체험과 그리스도 이해의 "장소"　318

　　　(1) 성찬례　319

　　　(2) 성경의 해석　322

　　　(3) 파견 설교(세례와 함께)　322

2) "성령을 통한" 그리스도의 현존 324

      (1) 성령에 의한 체험으로서의 부활 체험 324

      (2) 표징을 통한 부활 체험 325

6. **옛 교회의 그리스도-신앙의 발전 과정** 326

   1) 아리우스와 니케아 공의회 326

   2) 칼케돈 공의회에 이르기까지 328

   3) 칼케돈 공의회의 해명 330

   4) 보충된 그리스도론에 관한 가르침 332

7. **그리스도론적 사유의 몇 가지 모델** 335

   1) 중세 335

   2) 종교개혁 시기 337

      (1) 루터 337

      (2) 칼뱅 338

   3) 오늘날 그리스도론의 기본 관점 339

      (1) 라너와 발타사르의 그리스도론 340

      (2) 임마누엘 그리스도 - 친구 그리스도 341

      (3) 거룩한 분의 사건 342

      (4) 해방신학이 고려하는 그리스도론 343

      (5) 예수 그리스도 - 인간이 되신 친교 344

      (6) 상징으로서의 예수(?) 345

8. **구원론과 관련하여** 360

   1) 그리스도론과 구원론 360

   2) 예수 그리스도를 통한 구원 361

      (1) 십자가를 통한 구원 361

      (2) 안셀무스의 이론에 의한 대속론 361

      (3) 서방교회의 구원론 363

   3) 대속, 해방, 친교로서의 구원 365

제4장 은총과 의화 - 하느님과 인간 사이의 공동체 실현 369

1. 용어의 선택과 방법론 모색 370

    1) "은총"이란 개념 : 신학적 범주로서의 은총 370

    2) 인간의 경험에서 은총과의 연결고리 374

        (1) 일반적인 경험들("무한한" 충만에 의존하는 우리의 경험들, 의미) 374

        (2) 종교적 체험 379

        (3) 전통에 따른 용어상의 구별 382

2. 성경이 암시하는 죄와 은총과 인간의 자유에 관한 진술 383

    1) 구약성경의 자료 383

        (1) 개념 영역 383

        (2) 신학적 언표들 384

    2) 신약성경의 은총신학 385

        (1) 공관복음 385

        (2) 요한 사가의 문헌 386

        (3) 바오로 사도의 문헌 386

        (4) 신약성경에 따른 은총의 해석 386

3. 자유롭게 하는 힘으로서의 은총 : 교부들의 가르침 - 아우구스티누스와 펠라기우스의 논쟁 387

    1) 아우구스티누스 이전의 교부들 387

        (1) 초기 교부들 387

        (2) 테르툴리아누스 389

    2) 펠라기우스 390

    3) 아우구스티누스와 펠라기우스의 논쟁 392

        (1) 아우구스티누스의 은총론 392

        (2) 펠라기우스와의 논쟁 393

    4) 세마 펠라기우스주의와 오랑주 시노드의 거부 394

    5) 요약 395

4. 죄를 저지른 인간 - 용서를 받은 인간 : 중세 시대의 논의 396

    1) 초기 스콜라 신학 396

  (1) 캔터베리의 안셀무스　396

  (2) 아벨라르두스　397

  (3) 롬바르두스　397

 2) 전성기 스콜라 신학　399

  (1) 토마스 아퀴나스　399

  (2) 둔스 스코투스　401

  (3) 종교개혁을 앞두고　402

5. **종교개혁과 트리엔트 공의회**　403

 1) 마틴 루터　403

  (1) 루터의 정신적인 배경 : 유명론, 신비주의, 아우구스티누스　403

  (2) 루터의 의화에 대한 이해　405

 2) 트리엔트 공의회　406

 3) 의화 문제와 그 해결과 관련된 대담　407

 4) 의화 가르침 안에서 인간의 동의　414

  (1) 동의 개념　414

  (2) 차별적인 동의　416

  (3) "단념할 수 없는 시금석"으로서의 의화론(?)　418

  (4) 의화와 교회　419

  (5) "의화" 없는 의화　422

6. **최근까지의 은총론 연구들 몇 가지(사례)**　424

 1) 신학의 전체 지평으로서의 은총　424

 2) 인격과 대화 가능성　425

 3) 자연과 은총　426

 4) 은총과 역사 - 은총 체험　427

7. **신앙, 희망, 사랑**　429

제5장 말씀과 성사 – 친교를 일으켜 세우는 수단　435

1. **성사론과 성사의 실천적 문제점**　436

2. **20세기부터 제기된 성사 문제를 해소하려는 신학적 시도들**　441

3. 한 가지 일반화된 성사론 문제　444
4. 성사의 인간학적 기초　446
   1) 인간의 인식과 소통의 기본적 요소들　446
   2) 말의 의미　452
   3) 창조론의 관점　454
   4) 인류지대사와 관련된 성사　455
   5) "성사"의 잠정적 규정　458
5. 성경의 증언　460
   1) 그리스도를 통한 성사의 "제정" : 문제점　460
   2) 교회의 "제정"에 의한 성사의 "제정"(?)　462
   3) 성사가 이루어지는 사료적 장소로서의 예수의 말씀과 행위에 따른 상징들　463
      (1) 예수의 세례(요한)　464
      (2) 세족례　465
   4) 죄의 용서와 성찬공동체　466
   5) 거룩한 것　468
   6) 그리스도, 하느님과 만나는 성사　470
6. 하느님 말씀에 관한 신학　473
7. 말씀과 성사　483
   1) 문제점　483
   2) 말씀과 성사에 관한 이해　486
      (1) 성사적 은총을 받아들이기 위한 동인으로서의 말씀　486
      (2) 원(原)-성사로서의 말씀(요한 베츠)　487
      (3) 말씀 : "집전자에 의한 효과"(opus operantis, 인효성[因效性])
          - 성사 : "행위에 의한 효과"(opus operatum, 사효성[事效性])　488
      (4) 확신시켜 주는 말씀 - 작용을 일으키는 성사(신비신학)　489
      (5) 말씀과 성사의 대화적 상호 관계(오토 젬멜로트)　492
      (6) "말씀의 은총" - "성사의 은총"　493
      (7) 말씀 사건의 "절정"으로서의 성사(칼 라너)　494

3) 친교적 소통 행위의 완성으로서의 성사　496

제6장 7성사　501

1. **세례성사**　501

　　1) "리마 문헌"　501

　　2) 리마 문헌의 세례에 대한 가르침의 주요 요소들　502

　　　　(1) 세례성사의 제정　502

　　　　(2) 세례의 의미　502

　　　　(3) 세례와 신앙　503

　　　　(4) 세례식　503

　　　　(5) 세례 집전　504

　　3) 리마 문헌의 세례에 대한 강조점, 특징, 문제점　504

　　4) 문헌 전체와 관계된 문제점　510

　　　　(1) 세례와 신앙　510

　　　　(2) "다양한" 세례 형식(?)　512

　　　　(3) 세례와 견진성사　514

　　　　(4) 교회 일치와 관련하여　515

　　　　(5) 세례의 집전　516

　　　　(6) 프로테스탄트교회의 입장　517

2. **견진성사**　518

　　1) 견진성사의 기원과 의미(신앙인의 성숙)　518

　　2) 체계적인 측면들　520

3. **성체성사**　521

　　1) 성경의 증언에 따른 성체성사　521

　　2) 성체성사 제정에 관한 보도 내용　525

　　3) 성만찬의 신학적 의미(제정에 관한 보도)　527

　　4) 체계적 통찰　530

　　　　(1) 상징-실재로서의 성체성사　530

　　　　(2) 십자가상의 예수의 자기희생에 대한 성사적 기념　531

(3) 소통·일치를 이루는 사건 532

(4) 새로운 계약 - 화해 533

(5) 성체성사의 희생 534

(6) 성변화에 관한 해명 535

4. 성품성사(교회의 직무) 537

1) 직무신학의 기본 요소들 537

2) 주교직 538

3) "친교 중심의 교회론" 맥락에서 사제직, 부제직(봉사직), 교회 직무 540

5. 혼인성사 542

1) 역사적 전망 542

2) 성경의 근거 543

3) 체계적 관점 544

6. 고해성사 546

1) 성경의 근거 546

2) 역사적 측면의 재고 547

3) 오늘날의 전망 548

7. 병자성사 550

1) 성경의 근거 550

2) 역사적 측면의 재고 551

3) 현실적 측면 552

8. 전통적인 성사론의 새로운 개별적 측면들 552

1) 필요성과 효력 552

2) "7"이라는 숫자 554

3) "질료"와 "형상" 554

4) 집전자와 수혜자 554

제7장 삼위의 하느님 - 친교의 완성 557

1. 신론 : 근본 경험과 근본 결단 557

1) 신론의 발전 557

2) 하느님 - 인간이 추구해야 할 목표　562

   3) 구약성경과 신약성경에서의 하느님의 계시　563

   4) 삼위의 하느님에 관한 가르침의 발전　569

2. 신론 : 역사 안에서의 발전 과정　572

   1) 토마스 아퀴나스의 신론에 관한 기본적 자료들　572

   2) 종교 개혁가들의 입장　575

3. 20세기 신론의 몇 가지 새로운 경향들　578

   1) 심연 속의 하느님(틸리히)　578

   2) 하느님 - 삶 한가운데서 저편에 계신 분(본회퍼)　583

   3) 신뢰의 원천으로서의 하느님(바이셰델, 큉)　586

   4) 인간의 미래로서의 하느님(스킬레벡스)　592

4. 신론의 체계적인 측면　593

   1) 하느님에 관한 진술(부정신학, 긍정신학, 유비적 설명, 십자가-신학)　593

   2) 하느님의 "특상"　598

      (1) 위격성　598

      (2) 전지전능성　599

      (3) 영원성　601

      (4) 하느님의 이름　604

      (5) 하느님의 초자연성(세계 초월성)　606

5. 하느님 : 신비　610

6. 삼위일체론의 새로운 국면　611

   1) 출발점　611

   2) 새로운 국면　614

7. 신앙인과 신앙공동체 안에 거주하시는 하느님　618

8. 신정론 문제와 관련하여　619

제8장 창조 - 친교를 향한 하느님의 뜻　623

1. 신학에서 창조론의 위치　624

   1) 인간학적 출발　624

2) 인간학과 시원론   627
   3) 신론   631
 2. 성경이 진술하는 창조에 관한 가르침   634
   1) 창세 1-3장(일반적인 관점)   634
   2) 첫 번째 창조 설화(창세 1-2,4ㄱ)   638
     (1) 신화론적 전통   638
     (2) 찬미·지혜문학적 전통   642
   3) 두 번째 창조 설화(창세 2장)   653
   4) 구약성경에 나오는 또 다른 창조 설화   656
   5) 신약성경   660
     (1) 1코린 8,6   661
     (2) 콜로 1,15-18ㄱ   662
     (3) 히브 1,2 이하   663
     (4) 요한 1,1-4   664
   6) 신약성경의 창조 교리와 관련된 근본적인 것들   665
 3. 창조 신앙에 대한 신학적 해석   666
   1) 말씀을 통한 창조   666
   2) 무로부터의 창조   673
   3) 세상의 시간성   677
   4) 삼위일체의 하느님 - 세상의 창조주   681
   5) 창조의 동기   686
 4. 세상을 주재하시는 하느님 : 하느님의 섭리   692
 5. 인간 : 하느님의 모상 및 하느님을 닮은 존재   699
 6. 악의 기원   702
 7. 창조 신앙과 자연과학 간의 대화   711

제9장 완성 - 하느님과 함께 머무는 공동체   727
 1. 가톨릭교회 교의신학의 관점에서 본 종말론의 기본 요소들   728
   1) 현재와 미래   728

2) 성경의 진술과 종말론 733

   3) 초창기 "종말론" 개념의 속성 735

   4) 종말론적인 실재의 세계 내재적 차원과 세계 초월적 차원 737

2. **죽음에 관한 신학** 740

   1) 들어가기 740

   2) 죽음에 관한 성경의 진술 742

   3) 교도권의 가르침과 신학적 반성에 근거한 죽음 744

      (1) 죽음의 고통 744

      (2) 죽음의 보편성 748

      (3) 몸과 영혼의 분리로서 죽음 749

      (4) 그리스도와 함께 죽는 차원에서의 죽음, 은총으로서 죽음 751

   4) 개별적인 물음들 752

      (1) 전인적 결단 이론 752

      (2) 영혼 윤회설(?) 756

      (3) "저승에 (내려)감" 758

   5) 죽음의 문제와 철학 762

      (1) 고대 762

      (2) 토마스 아퀴나스 766

      (3) 데카르트부터 헤겔까지 767

      (4) 현대 철학 770

3. **영혼의 불멸성 - 죽은 이들의 부활** 770

   1) 들어가기 770

   2) 죽음과 불멸성 : 가톨릭 신학에 새롭게 나타나는 경향들 772

      (1) 양극적인 종말론의 기원 774

      (2) 스콜라 시대의 회고 775

      (3) 새로운 사유의 시도 777

   3) "새로운 경향들"에 대한 비판적인 측면들 779

   4) 영혼의 불멸성 - 죽은 이들의 부활 : 하나의 신학적 개관 781

      (1) 성경의 증언 781

    (2) 한 가지 더 특별한 문제 : 중간 상태(과도기) 786
    (3) 교회의 가르침 788
    (4) 신학사적 배경 789
    (5) 체계적 결론 791
    (6) 영혼 및 그 불멸성 794
 4. **연옥(연옥 불)** 797
    1) 성경의 진술 797
    2) 불의 상징 799
    3) 교부들의 가르침 801
    4) 가톨릭교회의 공식적 가르침 805
        (1) 정교회의 입장에 대한 반대 805
        (2) 종교 개혁가들의 입장에 대한 반대 806
        (3) 최근 교도권의 가르침 808
    5) 연옥(불)에 대한 가르침 : 체계적 측면들 808
    6) 재 육화 : 만물 회복 이론 813
        (1) 문제점 813
        (2) "만물 회복 이론" 814
        (3) 오리게네스 816
        (4) 만물 회복 이론과 영혼의 윤회설에 대한 교의적 입장 818
 5. **그리스도의 파루시아, 심판, 죽은 이들의 부활** 819
    1) 들어가기 819
    2) 그리스도의 "파루시아" 821
    3) "파루시아"의 "체계" 823
    4) "표징들"에 관해 826
    5) 죽은 이들의 부활 828
        (1) 죽은 이들의 부활에 대한 바오로 사도의 가르침 828
        (2) "몸의 부활" : 신학사적 해명의 시도 832
    6) 전체 세상의 미래 834
 6. **"지옥" - "천국"** 838

1) 성경에서의 천국과 지옥 838

2) 전통과 교도권에서의 지옥 843

3) "지옥"에 대한 최근까지의 해석들 846

   (1) 근본적인 시도들 846

   (2) 저주받은 이들의 파멸 847

   (3) 결단을 위한 꾸준한 부르심으로서의 "지옥 교리" 848

4) 천국 850

   (1) 성경의 자료들 850

   (2) 일정하지 않은 가르침 852

   (3) 천국의 "이론" 853

제10장 성인들의 통공 – 완전한 이들의 공동체 863

1. **모든 성인들의 통공** 864

   1) 개념적인 것과 기본적인 것 864

   2) 거룩함 864

   3) 성인들의 기도 865

2. **마리아론** 866

   1) 성모 마리아에 대한 진술들의 해석과 관련하여 866

      (1) "마리아의 세기"와 "마리아론의 기본 원칙" 866

      (2) 마리아론에서의 신학적 방법들 868

      (3) 전통의 증언 871

   2) 마리아론의 주된 가르침 877

      (1) 하느님의 어머니이신 마리아 877

      (2) 평생 동정성 879

      (3) "원죄없는 잉태" 880

      (4) "성모 승천" 881

   3) 1854년과 1950년의 정의 논증과 그에 대한 입장 882

   4) 현대 신학의 관점에서 본 성모 마리아 883

   5) 교회일치운동에서의 성모 마리아 885

(1) 마리아론과 종교 개혁가들의 마리아 신심 885
(2) 종교 개혁가들의 유보 조건 888
(3) 최근까지 프로테스탄트 신학에서 보는 마리아 892
(4) 루터교회와의 대화에서의 마리아 893

에필로그 896
참고 문헌 898
인명 색인 933
용어 색인 943
역자 후기 957
저자 및 역자 소개 959

일러두기

1. 하느님 외에는, 예컨대 예수 그리스도 및 성령의 경우에도 존칭을 생략한다. 다만 이미 존칭이 내포된 '주님'을 일컫는 경우와 인용문의 경우는 예외로 한다.
2. 인용된 성경은 주교회의 성서위원회가 편찬한 『성경』(2005)을, 인용된 제2차 바티칸 공의회 문헌 내용은 한국천주교 중앙협의회가 개정 발행한 라틴어 대역본 『제2차 바티칸 공의회 문헌』(^{3}2008)을 따랐다.
3. 몇 가지 주요 용어는 최대한 번역어를 다음과 같이 통일하며, 본문에서 외국어 저서명 외에도 라틴어는 모두 이탤릭체로 표기해 다른 언어와 구별한다.

   Gemeinde - 공동체
   Gemeinschaft - 신앙공동체 및 교회공동체
   Gesellschaft - 지역 사회
   Evangelische Kirche - 프로테스탄트교회
   Communio - 대부분 '친교'(참고. G. 그레샤케, 『COMMUNIONE : 교의신학의 열쇠 개념』, 김영국 역, 「가톨릭 신학과 사상」 33호, 127-165쪽); 가끔 '일치'
   Dogmatik - 교의(신학)
   Eucharistie - 성찬례
   Geist - 영 혹은 하느님의 영, 가끔 '인간의 정신'
   Seele - 영혼, 가끔 '정신'
   Heiliger Geist 혹은 der Hl. Geist - 성령
   Person / persona - 위격 또는 인격
   historisch - 주로 '사료적'(史料的), 드물게 '역사적'

geschichtlich – 역사적(歷史的)

4. 원문에서 줄이음표(—)를 이용한 문장은 표기 없이 번역했고, 그 밖에 본문에 자주 활용되는 콜론(:) 및 세미콜론(;) 표기도 최대한 삼가고 접속사를 활용해 번역했다.

5. 원문에서 활용한 『제2차 바티칸 공의회 문헌』의 '헌장', '교령', '선언'(라틴어 제명[題名])의 약어는 그대로 옮겼고, 약어에 관한 우리말 설명은 아래에 보충했다.

약어 설명

SC = *Sacrosanctum Concilium* 거룩한 전례에 관한 헌장(=전례 헌장) 「거룩한 공의회」

LG = *Lumen Gentium* 교회에 관한 교의 헌장(=교회 헌장) 「인류의 빛」

DV = *Dei Verbum* 하느님의 계시에 관한 교의 헌장(=계시 헌장) 「하느님의 말씀」

GS = *Gaudium et Spes* 현대 세계의 교회에 관한 사목 헌장(=사목 헌장) 「기쁨과 희망」

IM = *Inter Mirifica* 사회 매체에 관한 교령(=사회 매체 교령) 「놀라운 기술」

OE = *Orientalium Ecclesiarum* 동방 가톨릭교회들에 관한 교령(=동방교회 교령) 「동방교회들」

UR = *Unitatis Redintegratio* 일치운동에 관한 교령(=일치 교령) 「일치의 재건」

CD = *Christus Dominus* 주교들의 사목 임무에 관한 교령(=주교 교령) 「주님이신 그리스도」

PC = *Perfectae Caritatis* 수도생활의 쇄신에 관한 교령(=수도생활 교령) 「완전한 사랑」

OT = *Optatam Totius* 사제 양성에 관한 교령(=사제 양성 교령) 「온 교회의 열망」

AA = *Apostolicam Actuositatem* 평신도 사도직에 관한 교령(=평신도 교령) 「사도직 활동」

AG = *Ad Gentes Divinitus* 교회의 선교 활동에 관한 교령(=선교 교령) 「만민에게」

PO = *Presbyterorum Ordinis* 사제의 생활과 교역에 관한 교령(=사제생활 교령)「사제품」

GE = *Gravissimum Educationis* 그리스도인 교육에 관한 선언(=그리스도인 교육 선언)「교육의 중대성」

NA = *Nostra Aetate* 비그리스도교와 교회의 관계에 대한 선언(=비그리스도교 선언)「우리 시대」

DH = *Dignitatis Humanae* 종교 자유에 관한 선언(=종교 자유 선언)「인간 존엄성」

DZ = H. Denzinger 편집(1854, 제1판), A. Schönmetzer 개정(1963, 제32판), P. Hünermann 개정(1991, 제37판), *Enchiridion Symbolorum definitionum et declarationum de rebus fidei et morum* : 원서에서는 DH, 곧 Peter Hünermann이 Denzinger-Schönmetzer판에 증보한 책을 활용하였는데, 제2차 공의회문헌의 DH(「인간 존엄성」)와 중복된 약어라서 혼동을 피하기 위해 DZ로 표기했다. 본 번역서에 소개 및 인용된 상게서(항 번호)는 최근 (독일 Herder 출판사의 제44판을 우리말로 옮겨서 원문[그리스어 및 라틴어 본문]과 함께 실어) 출간된 『덴칭거』(한국천주교중앙협의회 2017)를 참조해 인용하였다.*

서 론

　　이 책의 집필자의 바람은, 이 책이 가톨릭 교의신학에 관한 하나의 교과서 혹은 참고서가 되었으면 하는 것이다. 어느 분야든 각 분야의 연구자들은 자신들의 전공 분야에 재빨리 접근할 수 있도록 하는, 이른바 좀 더 심층적인 연구를 위해 기본적인 틀과 토대 그리고 출발점 등에 대해 소개하는 일종의 요약본이 필요할 것이라 내다보면서 그에 적합한 책(참고서)을 구상하기 마련이다. 그러나 요약본의 취지에서 마련된 이 책은 이보다 더 방대한 분량으로 살뜰하게 소개하는 책에 비해 결함이 있다. 나는 이 책이 나름대로 신학에 관해 별 지식이 없음에도 교의신학에 관심을 갖고자 하는 이들에게 실제적인 도움이 되기를 희망한다. 그와 동시에 필자는 사제나 신학생이 아니더라도 '평신도'로서 교의신학에 관해 궁금해하는 이들이 가톨릭 교의를 좀 더 잘 이해함으로써 그들이 신앙을 기쁘게 받아들이고 보다 더 적극적으로 살아가는 교회공동체의 중심에 설 수 있기를 희망한다.

　　이 책은 의미심장한 사태 변화에 주목하지만 전반적으로는 상징이란 차원에서 숙고했다. 제2차 바티칸 공의회 이후의 신학 사상은 이를 기본적으로 밑바탕에 근거를 두며, 그런 점에서는 이미 널리 알려진 상식적인 생각에서 크게 벗어나지 않을 것이다. 그러나 비록 교회의 생각에 변함이 없다고 하더라도, 전적으로 새롭고 또 본질적인 면에서 의미 있게 일구어 낸 연구 성과들을 소개해야 할 책무에서 자유로울 수는 없을 것 같다. 그래서 그때마다 새롭게 제기되는 문제와 관련해서도 그 입장을 분명하게 밝히도록 노력할 것이다.

만일 이 책이 자신의 입장만 옹호하고 다른 입장은 왜 논의하지 않았는지, 그때마다 개별적인 문제들만 선택하고 그와 다른 것들은 왜 배제했는지에 대해 이 같은 물음이 제기되는 순간, 이 책은 그 '가치를 다한' 셈이라고 나는 그렇게 믿는다. 거기에는 무엇보다도 본인이 주관적으로 작업해 냈다는 이유가 크게 작용했다고 말하고 싶다. 그것은, 다시 말해, 반드시 말해야 할 것이 무엇인지 결정해야 했던 본인의 의도와 관점에 그 탓이 있다.

이 책과 관련하여 많은 것을 희생하며 학문적인 지식과 표현 형식 등 여러 도움을 주었던 동료 할슈트룹(Herr Maximilian Halstrup), 피이취(Herr Andreas Pietsch), 샤이어만(Herr Marcus Scheiermann)에게 감사드린다. 또한 나의 생각을 깊은 애정으로 정성껏 기록해 준 나의 비서 비데마이어(Frau Agnes Wiedemaier)와 항상 준비된 자세로 이 책의 출간까지 협조했던 두 조교 하르데부쉬와 크라우제 부인들(Frau Esther Hardebusch und Herr Boris Krause)에게 고마움을 전한다. 끝으로 현재 교수 자격 논문에 바쁜 나의 제자 노이만(Dr. Burkhard Neumann)이 그때마다 기꺼이 제안한 그의 통찰과 값진 조언에 감사한다.

독일 뮌스터 2002년 11월 15일, 성 대 알베르투스 학자 축일에
하랄트 바그너

교의신학의 기본적 이해

1. 교의 : 원천, 속성, 형태

1) 계시와 신앙의 위격적 특성

가톨릭교회는 일찍이 "계시"(Offenbarung)가 무엇인가 하는 질문에 '하느님과 관계를 맺은 인간 및 세상에 친히 펼치신 당신의 고지(告知) 및 중재'라는 가르침으로 답변을 해왔다. 그래서 그것은 하느님께서 달리 "자연적인 인식(능력)으로는 도저히 접근할 수도 없는, 이른바 초자연적인 목표로 인간들을 이끄시기 위해 그때마다 종교적이고 도덕적인 진리를 알려 주기 위해 택하신 방법 및 과정"[1]이라고 말할 수 있다. 따라서 무엇보다도 제1차 바티칸 공의회 계시 헌장 「하느님의 아드님」(Dei Filius, 1870)에서 밝힌 바와 같이 '바깥으로 향한'(ad extra) 하느님의 구원경륜, 곧 초자연적인 종류의 사태를 전달하는 방법으로서 계시(啓示)

---

[1] 베쳐(Wetzer)와 벨테(Welte)가 공동으로 집필한 『교회사전』(Freiburg I. Br. ²1985) 에서 샨츠(P. Schanz)가 설명하는 "계시"(771쪽) 참조. 옛 루터 신학에서도 그와 유사한 설명을 확인할 수 있다(vgl. E. Hirsch, Hilfsbuch zum Studium der Dogmatik. Die Dogmatik der Reformatoren und der altevangelischen Lehrer quellenmäßig belegt und verdeutscht, Berlin 1963(Belege aus Hunnius, Hollaz, Calixt, 308ff.).

를 떠올릴 수 있다. 그것은 인간이 그분의 목표에 도달하기까지, 그러니까 하느님과의 친교를 이루기까지 필수적으로 요구되는 것이다. 계시를 알아듣는 것은 인간 이성의 덕택이 아니다. 이 같은 인식 대상과 관련하여 교회는 '교의'(*Dogma*) 개념으로 혹은 최소한 교의적 진리라는 명칭으로 소개를 하고 또 증거를 해왔다.

제2차 바티칸 공의회(1962-1965)는 가톨릭교회의 신앙 및 가르침이 성경과 교부들에 근거해 다각적 관점에서 크게 쇄신되도록, 특히 교회 일치를 위한 의식을 고취시키려는 차원에서 기회를 마련해 주었다. 상기 공의회가 계시에 관한 이해에 획기적으로 중요하게 고려했던 점은, 이른바 계시 헌장 「하느님의 말씀」(*Dei Verbum*, 1964, 이하 *DV*로 표기)에서 볼 수 있듯이, 그동안 프로테스탄트 신학에 비해 시간적으로 뒤늦게 자각한 부분이라고 말할 수 있겠는데,[2] 그것은 계시에 있어서 본질적인 것으로 간주되는 '인격적 측면'에 대한 내용이다.[3] 앞서 제1차 바티칸 공의회가 해명한 계시의 입장을 부분적으로는 지나치면서까지 19세기의 새로운 경향을 고려했다. 그 당시 사회에선 낭만주의적이면서 이상주의적인 사상적 흐름이 팽배했던 데 반해, 가톨릭교회 안에서는 드라이(J. S. Drey)와 묄러(Johann Adam Möhler)가 주도하는 튀빙겐 학파가 활발히 활동했다. 비가시적인 하느님께서 예수 그리스도를 통해 마침내 인간과 마치 친구처럼 말을 주고받을 수 있게 되었다. 이는 달리 말해 "하느님께서는 당신의 선성과 지혜로 당신 자신을 계시하시고, '당신 뜻의 신비'(에페 1,9 참조)를 기꺼이 알려 주고자 하셨으며, 이로써 사람

---

2. 참고 B. Langemeyer, *Der dialogische Personalismus in der ev. u. kath. Theologie der Gegenwart*, Paderborn 1963.
3. 참고 H. Waldenfels, *Offenbarung. Das zweite Vaticanische Konzil auf dem Hintergrund der neueren Theologie*, München 1969.

들이 사람이 되신 말씀, 곧 그리스도를 통해 성령 안에서 성부께 다가가고 하느님의 본성에 참여하도록 하셨다(에페 2,18; 2베드 1,4 참조). … 이 계시로써 당신의 넘치는 사랑으로 마치 친구를 대하시듯이 인간에게 말씀하시고(탈출 33,11; 요한 15,14-15 참조), 인간과 사귀시며(바룩 3,38 참조), 당신과 친교를 이루도록 인간을 부르시고 받아들이신다"(DV I, 2). 예수 그리스도는 일찍부터 말로 표현된 여러 가지 기록과 가르침, 예컨대 성경과 전승, 케리그마와 도그마 안에서 말씀으로 머물러 있었다. 그러므로 하느님께서 사람들을 일정한 말씀 형식으로 가르치셨다는 계시의 교도적 논리(instruktionstheoretisch)의 관점에서 하느님께서 친히 사람들에게 다가오셔서 그들과 직접 말씀을 나누셨다고 하는 친교적 논리(kommunikationstheoretisch)의 관점으로 변화한 것이다. 이 같은 계시의 목표는 그 어떤 지식의 확충이 아니라 죄와 죽음에서 인간을 해방시키는 것이다. 곧 인간이 영원한 생명을 얻어 누리게 하는 데 있다. 그래서 예수의 말씀과 행위는 "하느님께서 우리와 함께 계시어 우리를 죄와 죽음의 암흑에서 구원하시며 영원한 삶으로 부활시키시기 위한 것"(DV I, 4)으로 작용했고 또 계속 작용할 것이다.

계시는 하느님께서 예수 그리스도의 인격(人格)을 통해 인간을 상대하시는 방편이다. 계시는 그런 점에서 인간을 당신과 만나도록 초대하는 부름이요, 더욱이 생명을 선사하고 구원을 얻어 누리게 하는 더없이 소중한 배려다. 이러한 실존적인 부름에 응답하는 일은 한 마디로 각 개인의 신앙에 달려 있다. 예수 그리스도에 대한 믿음은 구원과 생명을 얻어 누리게 해 준다.[4] 그리스도교의 신앙은 간단히 그리고 일괄

---

4. 제2차 바티칸 공의회의 계시 및 신앙에 대한 이해가 불트만의 입장과 얼마나 근사한지 엿보게 된다면 정말 놀라지 않을 수 없다. H. Wagner, "Das Verständnis von

적으로 예수 그리스도와의 생생한 만남(lebendige Begegnung)이라고 정의할 수 있다. 그로 인해 하느님께서는 친히 인간들 사이에 현존하시게 되었고 또 계속 현존하실 것이다. 그로써 그 신앙에는 인간 상호 관계 안에서도 익히 경험하게 되는 그런 모든 구조들이 내포된다. 특히 서로 사랑하는 인간들 사이에서 한쪽은 다른 한쪽을 가리켜 '제2의 나'로 간주할 수 있게 된다. "그(상대자)는 나의 자아가 되었다. 그는 내 자리에 서 있고, 그는 나를 대표한다. … 나 자신으로 존재하는 것을 잠시도 멈출 수 없음에도 나는 어느덧 나를 대신하는 ― 나를 구체적인 역사 안에 깊이 박아 놓은 ― 그와 하나로 존재한다. 내가 그를 믿는다는 사실은 내가 이와 같은 너를 그의 유일회성을 통해 기꺼이 인정하고 또 동의한다는 것을 가리킨다. 이 같은 신앙은 근본적으로 사랑을 위해 앞서 요구되는 이해 및 인식 외에 다른 것이 아니다."[5] 이는 다음과 같은 이중적인 의미를 띤다. 한편으로는 구체적인 너를 인정함으로써 다른 이의 언표에 동의하게 되며, 그렇게 다른 한 인간을 받아들이는 행동으로써 마침내 그의 언표에 동의하게 된다는 것이요, 다른 한편으로는 신앙을 통해서 언제든 기초가 되는 주체성의 문제, 그러니까 한 인격체의 경험적 깊이와 폭에 의해 결정되는 그런 문제가 드러나게 된다는 것이다. "그리스도교는 예수 그리스도와의 인격적인 만남을 뜻하기 때문에, 그래서 이 종교의 추종자들은 항상 저마다 인격적인 반성을 통해서만 신앙을 고백할 수 있기 때문에, 그들이 내뱉는 언어는 모두 주체적인 요소를 내포한다."[6] 그와 같은 신앙의 주체적 특성은 하느님과 인간 사

Offenbarung im Zweiten Vatikanischen Konzil und bei R. Bultmann", in: B. Jaspert(Hg.), *Rudolf Bultmanns Werk und Wirkung*, Darmstadt 1984, 396-407.
5. C. Cirne-Lima, *Der personale Glaube. Eine erkenntnismetaphysische Studie*, Innsbruck 1959, 18f.

이의 내적인 관계를 핵심으로 삼는다. 그것은 서로 사랑하는 연인들의 내밀한 관계를 생각해도 어렵지 않게 짐작할 수 있다. 그래서 그것은 어떤 확실한 사실 한 가지를 깨닫게 해 준다. 예컨대 [진정으로] 사랑하는 사람들이 서로 사랑하는 중에 서로를 두고 확신하는 것과도 같이 이 신앙은 더 이상 서로에 대해 결코 의심하지 않고 또 변절하지 않음을 함의한다. 위대한 신학자들은 성경 말씀과 연관시켜서 그리스도교의 기원과 중심이 하느님과 인간들 사이에 그렇듯 생생하게 맺은 내밀한 관계에 있으며, 그러한 토대를 하느님께서 친히 이끄셨다는 사실을 밝혀 왔다. 튀빙겐 신학자 묄러는 지난 세기 초에 자신이 확신하는 바를 이렇게 술회한 적이 있다. "그리스도교 신앙은 우연히 생각해 낸 하나의 개념이 아니라 한 인간을 송두리째 붙들 만큼 그의 전 생애가 거기에 근거하며, 오로지 그와 같은 의미에서만 이해될 수 있는 사태(事態, Sache)"7라는 점에서 "삶의 사태이자 공동의 삶을 함의한 사태"8이다. 이 같은 삶을 파악하려고 하는 모든 시도들은 필연적이다. 그럼에도 그 같은 시도들은 항상 결함을 안고 있기 마련이다. 왜냐하면 하느님과 인간 사이에서 벌어지는 그런 내밀한 관계의 사태 중심에는 결과적으로 우리가 다 표현할 수 없는 그런 것이 남아 있기 때문이다. "그리스도교 신앙은 언어적 형식이나 개념 혹은 그 어떤 표현으로도 온전히 규명되지 않는다. 그리스도교 신앙은 내적인 삶, 곧 거룩한 능력과 직결되어 있으니, 그 모든 교리적 가르침이나 교의를 구성하는 개념들은 다만 그

---

6. W. Beinert, *Das Christentum.* Atem der Freiheit, Freiburg I. Br. 2000, 44.
7. J. A. Möhler, *Die Einheit in der Kirche oder das Prinzip des Katholizismus,* dargestellt im Geiste der Kichenväter der drei ersten Jahrhunderte(1825), ND Köln u.a. 1956, 15(§4).
8. *Ibid.,* 16(§5).

같은 내적인 것을 겉으로 드러내는 한에서만 가치를 갖는다. … 물론 모든 개념들은 당연히 한계를 가지고 있기에, 개념을 통해 삶을 드러내고 언표 하는 데 있어서 표현할 길 없는 것은 제외되며 항상 채울 수 없는 상태로 남게 될 것이다. 하지만 삶은 그 같은 개념과 상관없이 직접적으로 그리고 더 이상 언어로 고정되지 않는 모습으로 흘러갈 것이다."9 그리스도교 신앙은 처음부터 공동체의 사건으로 정착되었던 만큼, 곧 서로 닮은 신앙적 경험을 통해 마침내 하나가 된 모임의 고백인 만큼, 신앙에서 과연 객관적 측면 또한 반드시 고려되어야 한다. 그 때문에 묄러에게도 그런 객관적 형식을 살피는 노력이란 교리적 가르침이나 교의 혹은 교회가 진술한 표현 안에서 "대수롭지 않은 일이 아니라 오히려 더없이 중차대한 일로"10 평가된다.

2) 그리스도교 신앙 : 체험에 의한 신앙

그리스도교는 '체험'에서 출발한다. "신앙은 … 들음에서 시작되지만, 한 인간의 인격적인 경험을 통해서만 완성되고 또 중재된다."11 신약성경이 전하는 신앙인들은 예수를 만난 이들이다. "처음부터 있어 온 것, 우리가 들은 것, 우리가 눈으로 본 것, 우리가 살펴보고 우리 손으로 만져 본 것, 이 생명의 말씀에 관해 말하고자 합니다"(1요한 1,1). 예수는 그들에게 메시아로 경험되었고, 하느님 나라의 선포자로 경험되었으며, 십자가에서 죽임을 당한 이후 부활하신 분으로 경험되었다. 그분의 삶과 죽음으로써 모든 인간에게, 특히 그분께 가까이 다가간 사람들

---

9. *Ibid.*, 43(§13).
10. *Ibid.*
11. E. Schillebeeckx, "Erfahrung und Glaube", in: F. Böckle u.a. (Hg.), *Christlicher Glaube in moderner Gesellschaft*, Freiburg I. Br. u.a. 1980, 73-116(81쪽 인용).

에게는 새로운 가능성이 열리게 되었다. 이러한 체험들은 계속 전래되고 확대될 것이다. 사실 교회는 그와 같은 예수를 하느님께서 파견하신 메시아로 고백하는 장소이자 그분을 뒤따르며 똑같이 살아가는 이들이 머무는 터전으로 마련되었다. 당연히 거기서 기념비적 차원에서 형성될 수 있는 일정한 경험 형식을 계속해 전수하려는 것이 아니다. "오히려 나는 그리스도교의 경험 역사를 따라 '나에게' 전래된 신앙 내용의 조명 아래 오늘날 인간적 경험을 충분히 감안하면서 고유한 인격적 신앙을 체험하고자 한다. 그런 한에서 '나는' 지금 그리고 여기서 하느님으로부터 선사된 구원을 예수에게서 체험하게 될 것이다."[12] 그리스도교 신앙은 이미 알다시피 '사도들의' 체험을 서로 나누는 중에 형성되었다. 그런 점에서 부활의 증인으로서 사도들은 그리스도교 신앙을 대표해 전했던 증인들이다. 따라서 그리스도교 신앙은 우리가 계속해서 사도들의 체험을 나누며 또 우리보다 앞서 살았던 수많은 그리스도인들의 체험도 공유함으로써 우리 역시 언제든 십자가에서 죽고 마침내 부활한 예수와 생생하게 만날 수 있도록 이끈다.

3) 신조와 초기 그리스도교의 신앙고백

예수 그리스도를 통해 하느님의 구원경륜이 펼쳐진다는 사도들의 선포 내용은 무엇보다도 예수의 부활로 말미암아 시작되었다. 그로써 처음 예수를 뒤따르는 무리가 생겨났고 "작은 범위에서"(*in nuce*) 교회가 형성되었다는 인상을 심어 준다. 사도들의 복음 선포 케리그마 안에서도 그에 대한 경험은 분명하게 표현되었고, 그들은 온통 자신들의 삶

---

12. *Ibid.*

을 바쳐서라도 하느님의 구원경륜에 대해 알아들은 바를 이 세상에 전하고자 결심했다. '신조'(信條, regula fidei)는 그러한 의식과 행동을 확인시켜 주는 것으로서 교회 구성원 모두가 참여하는 교회 전체의 신앙의식(信仰 意識) 외에 다른 것이 아니다. 그러나 신조는 처음에 언어로 고정되지 않았기에, 다양한 형식들이나 심지어 주관적인 강조점을 앞세운 신조들이 생겨날 수 있었다. 이때 설령 그리스도교 신앙의 근본적인 내용이, 그러니까 뒤에 이른바 "신앙 내용"(fides quae)이란 용어가 의미하는 바가 거기에 분명하게 자리한다고 하더라도, 그 내용과 그와 연계된 신앙 행위 자체를 엄밀하게 구별해 내기 어렵다.[13] 성경과 세례 때의 신앙고백 그리고 교회의 신조 사이를 완벽하게 나누어 설명하는 일은 불가능하다. 포트마이어(Hermann Josef Pottmeyer)의 견해처럼 우리는 '신조'에 대해 다음과 같이 말하는 수준에서 만족해야 할지도 모른다. "우리는 신조를 마치 성경을 넘어서는 어떤 규범처럼 이해할 수는 없다. 오히려 그것은 성경과 마찬가지로 사도들의 복음 선포에 근거한다. 신조는 또한 후대에 교회학자들로부터 숙고된 교도권적 가르침과도 다르다. 나아가 그것은 성경 말씀의 질료적인 보충도 아니다. 오히려 그것은 살아 있는 전승이요, 교회가 스스로 자각한 신앙으로서 당장 신앙 상징(Glaubenssymbol)이란 개념 안에 집약될 수 있었던 그런 중심적 신앙 내용을 일컫는다."[14] 사람들이 비록 신조를 신앙인으로 살아가려

---

13. 참고 J. Ratzinger, "Tradition. III. Systematisch", in: *LThK*² X, 295-299, 295: "그렇게 신조는 항상 수많은 (신앙) 명제들의 총합보다도 훨씬 더 포괄적이다. 그래서 '신앙 내용'(fides quae)으로서의 신조는 '신앙 행위'(fides qua creditur)와 따로 떼어 낼 수 없다."
14. H. J. Pottmeyer, "Normen, Kriterien und Strukturen der Überlieferung", in: W. Kern u.a. (Hg.), *Handbuch der Fundamentaltheologie 4*, Freiburg I. Br. 1988, 124-152(인용은 130). - 이와 관련된 전반적인 문제점 연구로서 특히 이와 상반된

는 인간의 첫 번째 행동 강령으로 해석한다고 하더라도, 다시 말해 신
조란 하느님께서 계시를 통해, 곧 당신께서 친히 자신을 내어 주시고
또 중재하심으로써 모든 사람들을 준비시킨 한 방편이라고 알아듣더라
도 오해한 것은 아닐 것이다. 처음부터 신앙공동체는 하느님을 찬양하
는 고백에 관심을 기울여 왔으니, 그 같은 찬양 고백은 신앙인들의 삶
전체를 관통하고 각 신앙인의 실존적인 삶에 그 중심으로 작용해 왔다.
세례를 위한 교리와 호교론적 가르침은 분명 (예컨대, 일정한 상징이나 교
의의 형태로써) 확고부동한 형식들을 마련하도록 부추겼다. 정경을 결정
하는 중에 신조는 매우 괄목할 만한 역할을 수행했다. 성경과 교도권은
그 권위를 그 자체로부터 길러 낼 수는 없었고, 다만 그것이 교회의 영
적으로 활발한 신앙 의식을 반영하는 한에서만 인정받을 수 있었다. 이
때 그 같은 신앙 의식은 무엇보다도 신조를 통해서 확연하게 드러났다.
묄러는 이에 다음과 같이 신중하게 진술한 적이 있다. 하나의 기본적인
이해를 통해서 '살아 있는 전승'은 "사도들로부터 전래되고 완전하며
거룩한 영감으로 채워진, 살아 있는 복음을 가리키며, … 그것은 물론
일부 신앙인들에 의해서 그들 내면에 살아계신 성령의 역사(役事)라고
말할 수 있으며, 그것을 통해서 나머지 다른 신앙인들에게 기꺼이 중재
될 수 있는 것이다. … 그러므로 전승은 교회 안에서 살아가는 삶과 유
리된 채로는 이해될 수 없다는 사실이 충분히 납득할 만하다."[15] 결국

견해를 가진 J. Kunze의 글(*Glaubensregel, Heilige Schrift und Taufbekenntnis.*
Untersuchungen über die dogmatische Autorität, ihr Werden und ihre Geschi-
chte, Leipzig 1899)이나 H. Ohme의 글(*Kanon ekklesiastikos.* Die Bedeutung des
altkirchlichen Kanonbegriffs, Berlin 1998)도 참고할 만하다고 본다. 그 밖에도 W.
Beinert, "Regula fidei", in: *LThK*³ VIII, 966f. 참조.
15. Möhler, *Die Einheit in der Kirche*, 38(§12).

'살아 있는 전승'으로 대변되는 신조는 "전체 신앙인들을 살리는 성령의 외적 표현"16이라고 말할 수 있다.

    계시는 비록 사람들로부터 경청을 통해 받아들여진다고 하더라도, 일차적인 의미에서 '밖으로부터' 일어나는 사건이 아니다. 이른바 손에서 손으로 전래되는, 그런 일련의 사건을 염두에 두고 우리는 하느님 및 성령의 도래도 하느님께서 역사하실 때마다 성령을 통해서 이루신다는 점에서 '밖으로부터' 인간 안에 들어온다고도 생각한다. 신앙인들에게 그리스도의 영광에 관한 복음은 다음과 같이 소개된다. "'어둠 속에서 빛이 비추어라.' 하고 이르신 하느님께서 '우리 마음을 비추시어' 예수 그리스도의 얼굴에 나타난 하느님의 영광을 알아보는 빛을 주셨습니다"(2코린 4,6). 예수 그리스도를 통해 인간 '안에' 하느님께서 도래하신 그 같은 계시 사건은 신적인 충만함 혹은 무한한 존재가 제한된 인간성 및 유한한 존재와 만나는 경우인 만큼, 인간적 경험 범주를 따라 완벽하게 정의될 수는 없다. 그런 점에서 그리스도교의 신앙 역사 처음부터 신비가 배제되지 않는다. 하느님의 무한한 비밀이 유한한 형식이나 조건 속에서 설명될 수밖에 없는 한 그러하다. 과연 처음부터 원천은 충만했다고 하겠으니, 사람들에게 하느님 나라에 관한 기쁜 소식을 선포한 예수 그리스도가 바로 그러했다. 그렇듯 '살아 있는 전승'은 정경에 대한 논의가 있기 훨씬 이전부터 이미 그분의 복음 선포와 관련을 맺고 있었다.

    정확하게 말해서 복음과 그 이후의 시도들, 그러니까 복음을 다른 형태로 바꿔 일정한 형식을 따라 진술하거나 해석한 시도들은 서로 구

---

16. *Ibid.*, 50f(§16).

별해 논하기 어렵다. 이는 교회가 교의를 설명하는 입장에도 유효하다. 그러므로 "복음을 교의적인 전승 과정에서 역사적으로 따로 떼어 내어 특별하고 귀중한 어떤 독립된 것으로 제시할 수 없다. … 그렇게 복음은 전승 과정에서 역사적으로 따로 떼어 낼 수 없다는 점에서 전승 과정과 교의적으로 동일한 것으로 간주된다. 복음은 고양되신 주님의 권능으로서 분명코 교회 안에서 그리고 교회를 넘어서 그 능력을 발휘하는 살아 있는 말씀이다. 복음은 결코 역사적 산물이 아니라 항상 현존하는 힘으로서 교회의 고백과 증거를 통해 항상 새로운 표현을 이끌어 왔으니, 단 한 번도 그와 같은 고백을 통해 자신을 표현하는 일을 포기한 적이 없다."[17] 넓은 의미에서 그리스도교의 전승 및 그리스도교의 신조 사이의 '일치된' 형식이라는 의미에서 교의 역시 그렇듯 삶을 일으켜 세우고 진작시키는 복음의 힘에 동참한다. 그러므로 교의를 받아들이는 일은 "증언해야 할 것과 증언하는 자 사이의 일치, 신앙과 사랑 사이의 일치를"[18] 입증해 내는 삶을 통해 마침내 완성될 것이다.

4) 개념과 사태에 따른 교의의 형성 과정[19]

그리스어 δόγμα[도그마]는 그리스어 구약성경에는 매우 드물게 나타난다. 그 의미는 거기서 보통 "법규의 공포"를 함의하지만, '요약' 및 '가르침'을 뜻하기도 한다. 신약성경에서도 그렇듯 산발적으로 활용

---

17. W. Kasper, *Dogma unter dem Wort Gottes*, Mainz 1965, 24.
18. *Ibid.*, 39.
19. 매우 기초적이고 자료에 있어서 풍부한 연구서로서 최근에 출간된 책을 소개하자면, H. Filser, *Dogma, Dogmen, Dogmatik. Eine Untersuchung zur Begründung und zur Entstehungsgeschichte einer theologischen Disziplin von der Reformation bis zur Spätaufklärung* (*Studien zur systematischen Theologie und Ethik* 28), Münster 2001(뒤에 참고 문헌 참조)을 예로 들 수 있다.

된다(다섯 번 정도, 문장상의 다양한 활용을 고려하면 여섯 번으로도 볼 수 있다). 신약성경에서도 도그마는 황제나 왕의 허가(루카 2,1; 사도 17,7; 히브 11,23), 유대인들의 법률 규정과의 일치(에페 2,15; 콜로 2,14) 또는 유일하게 그리스도교 정신과 일치하는 맥락에서 '사도들의 모임에 따른 결정'(사도 17,7)을 함의한다. 이 같은 결정은 어떤 가르침을 위한 것이 분명하다. 그러나 후대에 이른바 공의회를 통해 공포되는 '교의'의 사전 단계에 준하는 것까지 확장시켜 해석할 수는 없다. 하지만 만일 그리스어 δόγμα와 키케로에 의해 라틴어로 표현되어 정착되었다고 보고, 교부들이 *dogma*를 4세기 이후에 활용했다고 추정한다면,[20] 통속적인 그리스어 용법에 준해 이해하는 것도 타당할 수 있다. *dogma*의 통속적인 그리스어 활용에서의 철학적 용례는 흔히 '[아직 보편적이지 않은] 개인적 통찰로 빚어낸 의견(意見)'이란 의미를 띠었다. 또 다른 용례에서는 '허가'란 의미를 띠는데, 이는 신학자들에게 실천적으로 별 쓸모가 없었다.[21] 신앙공동체 안에서 4세기경에는 사람들이 규칙적으로 *dogma*란 용어를 '이교도들의 견해'에 적용하다가, 4세기 말엽에 이르러 그 같은 적용이 점차 유연해졌다. 예컨대 히에로니무스는 *dogma*를 이교도들의 가르침이나 교회의 신조에도 동일하게 활용했다. 그러나 다른 한편 암브로시우스 주교에게 *dogma*는 일찌감치 엄격한 차원에서 '참된' 가르침을

---

20. 이에 K. Becker, *Dogma*, Zur Bedeutungsgeschichte des lateinischen Wortes in der christlichen Literatur bis 1500, in: *Gregorianum* 57 (1976), 307-350(1 Teil) und 659-701(2 Teil)을 참조.
21. 물론 K. Becker는 다음과 같은 안내를 잊지 않았다. 예컨대 당시 청중을 위해 상기 두 가지 의미(가르침 및 허가)는 그럼에도 도그마의 널리 유포된 용례는 아니었다. 독일어로 Urteil(판단)의 경우처럼, 정치적·법적인 의견이나 인격적인 의견 가운데 하나로 이해될 수 있다. 그리스어 성경 문헌과 관련하여 살펴보고자 한다면, G. Kittel의 소고 "δόγμα, δογματίζω", in: *ThWNT* II, 233-235를 참조.

뜻했다. *dogma*를 말한다는 것은 곧 그에 대해 확신한다는 것을 가리킨다. 그러나 암브로시우스 주교의 제자 아우구스티누스는 다시 이 용어의 중립적인 활용을 지지했다. *dogma*란 용어는 이교도들의 견해는 물론 그리스도교의 가르침에도 적용될 수 있었다. 이미 일반적으로 철학자나 의사, 법률가 등 다양한 영역에서 사견(私見)이란 의미로 "*dogmata*(*dogma*의 복수 형태)"가 활용되었다.

우리는 한 가지 특별한 활용을 빈켄티우스(Vincentius Lerinensis † 450)에게서 엿보게 된다. 그는 자신의 저서 『충고』(*Commonitorium*)에서 *dogma*를 일정하게 가톨릭교회의 가르침에 적용시킨 반면, 이교도들의 견해는 특별한 경우에 한해 '새로운 도그마'(*dogma novum*)라고 표시했다. 이같이 가톨릭교회의 가르침에 국한해 *dogma*를 활용하는 추세는 5-6세기에 이르러 더욱 분명해졌다. 물론 한 가지 의미로 분명하게 확정되었다고 말할 수는 없다.

그러나 이와 관련하여 기억할 만한 한 가지 에피소드가 있다. 11세기에 유명세를 떨친 베렝가르(Berengar), 페트루스 다미아니(Petrus Damiani), 페트루스 베네라빌리스(Petrus Venerabilis) 등의 신학자들과 특히 페트루스 롬바르두스(Petrus Lombardus, 12세기 초에 활동)는 *dogma*를 가톨릭교회의 신앙 진리로 활용하고, 이교도들의 견해에 대해서는 *dogmata*라고 일컬었다. 그와 같은 유연한 활용의 타당성을 우리는 토마스 아퀴나스에게서도 발견하게 된다. 중세의 위대한 신학자들은 이 용어를 매우 신중하고도 적절하게 활용했다. 그들은 그리스도교의 신앙 진리를 두고 엄격히 *dogmata*라고 표현한 적이 없고, 만일 필요할 경우 "신조들"(*articuli fidei*)이라고 표현했다.

카스퍼(W. Kasper)는 이 용어의 의미 및 활용 변천과 관련하여 본래적이고도 결정적인 분기점들을 제대로 지적해 주었다.[22] 개혁을 반대하던 시기에 사람들은 dogma란 용어로 가톨릭교회의 공적인 가르침을 대변하게 되었다. 그것은 프로테스탄트교회와 맞서는 동시에 그들과 구별하려는 의도였다. 그래서 프란츠 베로니우스(Franz Veronius, 1578-1649)의 영향을 받은 프란치스코 수도회 소속의 필리 네리 크리스만(Philipp Neri Chrismann, 1751-1810)의 표현을 통해 그런 입장을 확인할 수 있다. 마침내 제1차 바티칸 공의회는 인간 이성을 앞세운 합리주의자들과도 경계를 분명히 하기 위해 dogma를 ① 계시 진리로, ② 교회가 믿기 위해 제시하는 가르침으로 한정시켜 활용하도록 했다. 두 번째 활용은 '일반적인' 방식에 따라서, 곧 일상적인 가르침이나 강론 등을 대변하거나 '예외적인' 방식에 따라서, 곧 공의회 및 교황의 교도권을 따라 선포 및 공포된 가르침으로서, 이른바 헌장, 교령, 선언문, 회칙, 권고, 서한 등을 대변하는 의미로 활용했다.

오늘날 dogma가 무엇인가 하는 물음에 대한 신학적 이해는 가톨릭 신학과 가톨릭교회에서 비교적 근래에 들어서야 정착되었다. 그럼에도 사람들이 dogma란 용어를 당장 교회의 가르침으로 알아듣는 것처럼, 교회가 의도했던 바가 실현되었다고 할 수 있을 정도로 사람들의 의식을 고취시켰다. 그것은 만일 사람들이 예수 그리스도의 실천적 모습을 직접 체험하고자 한다면, 그와 같은 상황이 서로 소통할 수 있는 공통된 개념(Begrifflichkeit)을 통해 접근하는 일이 가능해야만 한다는 입장에서도 필요하다. 그렇듯 소통을 위한 공통 개념은 분명 우리의 이해 가능성과 이해 범주에 이바지할 것이다. 그리하여 언어적으로든 사유 형식

---

22. 참고로 Kasper, *Dogma unter dem Wort Gottes*, 35f.

에서든 제 아무리 다양하다고 하더라도, 여느 시대에나 서로에게 접근 가능하도록 우리를 준비시켜 줄 것이다. 반면 그와 같은 소통이 이루어지지 않게 된다면, 복음은 청중을 잃고 말 것이다. 더욱이 그리스도교 신앙을 언어로 이해시키고자 그러한 개념과 의식을 발굴하는 일은 종종 필수적이다. 왜냐하면 처음부터, 즉 초대교회 시대부터 신앙공동체 안팎으로 논쟁이 있어 왔기 때문이다. 교회 안에서든 밖에서든 그와 같은 논쟁은 결과적으로 그리스도교 신앙의 내용과 의미를 반성하고 또 가르치는 차원에서 일정한 형식을 따라 신앙인들이 자각하도록 돕고, 또 그런 취지에서 그리스도교 신앙을 '체계화하도록' 촉진시켜 왔다. 이 같은 교의의 선언 과정에 있어서 핵심적인 요소는 교회가 그때마다 그로써 전달하려는 그런 신앙 진리에 관한 시의적절한 언어적 표현 형식이었으며 그것은 오늘날도 또한 마찬가지다. 그래서 알렉산드레 가노치(Alexandre Ganoczy)는 *dogma*를 '다양한 가르침의 형태를 취한 복음'이라고 일컬었다.[23] 사람들이 '가르침의 형태'란 표현을 초대교회에서 시작된 '대영광송과 같은 형식적 가르침의 수준'에도 적용시켜 생각해 볼 수 있다면, 근본적으로 그의 그런 지적에 동의할 만하다. 만일 그리스도교에서 도그마 혹은 '교의의 언어적 형식'(진술)이 존재한다면, 그것은 언제나 그러했듯이 신앙고백에 이바지하는 것 외에 다른 의도는 없다. 한 마디로 교회의 모든 교의는 하느님의 영광을 위해 마련된 것이요, 당신의 구원 섭리를 향한 우리의 신앙고백의 일부로서 의미를 갖는다.

  *dogma*는 처음부터 구원론적 전망에서 마련되었던 까닭에 실존적 의미, 곧 그리스도 신앙인으로서 구체적으로 살아가는 삶과 직결된 의

---

23. 그의 책, *Einführung in die Dogmatik*, Darmstadt 1983, bes. 13-16.

미를 내포한다. 그러므로 *dogma*를 일방적으로 '가르침'이라고 이해하려는 입장은 잘못된 것일 뿐더러 *dogma*를 생경한 신앙에 반(反)하는 것이라고 이해하는 태도는 더더욱 잘못된 것이다. 우리는 주저하지 않고 요한 게르손(Johannes Gerson)의 생각에 동의할 수 있다. 왜냐하면 그는 *dogma*가 실천적인 행위의 규칙과 지혜로운 삶을 위한 지침으로서도 안성맞춤이어서 그리스도인의 삶을 위한 준칙으로 삼을 만하다고 강조했기 때문이다.[24] 앞서 말했던 바와 같이 교의의 언어적 형식에 대한 노력이 교회 안에서 단 한 번도 중단된 적이 없었다는 것은 분명하다. 제2차 바티칸 공의회의 진행 중에 카스퍼는 이렇게 발표한 바 있다. "*dogma*는 성령께서 교회 안에 항상 머무르시는 한에서 그분의 표현이요, 성령께서 교회와 더불어 꾸준히 나아가시고자 하는 만큼 보다 더 넓은 미래를 향해 열려 있다."[25] 1983년에 출간된 카스퍼의 또 다른 책 『가톨릭교회의 성인교리서』(*Kath. Erwachsenkatechismus*)에서도 그는 교의를 가리켜 '앞을 향해 열려 있는 형식'(nach vorne offene Formeln)이라 칭한다.[26]

5) 교의에 관한 현대 신학의 이해

20세기를 시작할 무렵 제1차 바티칸 공의회는 다음과 같은 선언으로 교의에 대한 이해를 돕고자 했다. 교의는 "(더 나아가) 성경과 성전(*traditio*)으로 전해 오는 하느님의 말씀에 포함된 모든 것과, 교회가 장엄한 판결이나 통상적 보편 교도권으로써 하느님께서 계시하신 믿을

---

24. Becker, *Dogma* 681.
25. *Dogma unter dem Wort Gottes*, 131. 참고로 이 책은 1965년에 출간되었다.
26. *Katholischer Erwachsenen-Katechismus. Das Glaubensbekenntnisder Kirche*, hg. v. der Deutschen Bischofskonferenz, Bonn [4]1989, 57.

교리로 가르치는 모든 것"으로서 "신적이고 가톨릭적인 신앙으로 믿어져야 한다"(DZ 3011).[27] 제2차 바티칸 공의회에 이르기까지 교의와 관련된 다량의 사전류와 참고 문헌들은 본질적으로 상기 공의회의 선언을 통해 교의를 다음과 같이 요약한다. 이들은 교의를 아래의 두 가지 본질적인 요소로 구분했다. 예컨대 첫째로 하느님에 의해 펼쳐진 진리, 둘째로 공식적으로 선언하는 교회의 결정을 통해서나 교회의 일상적인 가르침을 통해서 전달되는 계시 진리와 그로써 믿을 교리로 제시된 것을 가리켜 교의라 일컫는다.[28]

교의는 제2차 바티칸 공의회에서 처음 전체교회가 동의하는 형식을 따라서 제시된 이래로 계속 발전해오긴 했으나 또한 다양한 관점에서 시도되었던 새로운 신학의 뚜렷한 징표로 인해 제1차 바티칸 공의회를 뒤따르던 교의 개념보다 훨씬 더 엄격한 협의의 의미로 *dogma*를 이해하게 된 것도 사실이다. *dogma*를 통해 증거 된 진리는 반드시 성경과 전통을 따라서만 확인될 것이며, 교회로부터 분명한 표현을 통해 계시 진리로 선언되어야 한다. 그럼에도 이처럼 협의의 의미로 이해된 *dogma* 개념은 지나칠 만큼 간명했던 까닭에, 사람들은 절대적인 의미로 간주하기 시작했다. 그로써 가톨릭교회의 신앙이 지니는 본질적인 핵심은 물론 그 밖의 다양한 진리의 측면들이 안타깝게도 선명하게 '교의화되지' 못했다. 교의의 언어적 형식이 지극히 제한적일 경우 일상적으로 교회의 가르침은 '규정'처럼 간주될 수 있는 소지가 크다. 그 때문에 협의의 의미에서 파악된 교의 이해는 언제나 교회의 가르침 안에서 재고

---

27. 로마 가톨릭교회의 법률서, 곧 1983년에 공포된 *Codex juris Canonici*는 상기 선언문을 글자 그대로 옮겨 전한다(c. 750).
28. 슈마우스(M. Schmaus, Bd. I, München [6]1960, 69f.)의 교의신학에서 영향을 크게 입은 바, 이에 상응하는 그의 진술들을 참조할 수 있다.

되어야 한다. *dogma*는 하느님께서 인간에게 최종적으로 알리시는 표징적-언어적 표현이다. 그와 같은 의미에서 *dogma*는 간단히 말해 신조(信條)이자 복음 선포이며 대영광송이요, 하느님께 봉헌하는 전례(기도)다. 하느님께서 인간에게 향하신 마음이 온통 '우리를 위해' 기울어져 있는 것처럼 그렇게 교의는 인간의 구원을 위해 벌어지는 사건이기에, 신앙의 다양한 언어적 형식을 통해 드러나는 인간의 응답은 이미 하느님에 의해서 가능하게 되었을 뿐만 아니라, 그처럼 신앙의 응답이란 입장에서 중요한 가치를 획득하게 된다. 그리고 그런 만큼 또 그런 식으로 교의는 인간의 구원과 직결된다. 그렇게 교의는 인간 및 세상의 구원을 위해 이바지해야 한다. 이 세상에서 자유와 책임을 떠안은 인간이 스스로 완성시켜야 할 것을 고뇌하는 바로 그 자리에서 *dogma*는 항상 하느님의 생명을 상기시키며, 그로써 인간은 하느님의 생명을 얻어 누리게 될 것이다. 바로 거기서 교의의 본래적이고도 가장 심오한 의미가 실현될 것이다.

일찍이 카스퍼는 교의 해석과 관련하여 중책을 맡은 국제신학위원회가 남긴 문서에 관해 자세히 살펴보다가 그 문서에서 언어적 형식에 대한 다양한 제안을 발견할 수 있었다. 그 같은 제안은 물론 세계적으로 활동하는 교회 신학자들의 합의에 따라 국제신학위원회가 공개적으로 마련한 것들이다.[29] 이 문서는 하느님께서 당신 로고스를 통해, 곧 예수 그리스도를 통해 구체적인 역사 안에서 한 인간의 모습을 갖춘 예수 그리스도를 통해 당신 자신을 드러내고자 결정하셨다는 확신에서 출발했다. 이러한 사실은 인간의 입장에서 시도된 한 가지 신조와 일치

---

29. 이에 출판된 문헌으로는 *IkaZ* 19(1990), 246-266("Die Interpretation der Dogmen") 을 참고할 수 있다.

한다. "이처럼 구체적이고 분명한 결단과 규정은 예수 그리스도에 대한 고백 앞에서도 고려되어야 할 특성이다. 그리스도교는 그로써 이른바 구조적으로 교의적 특징을 띤다."[30] 이러한 기본적인 토대 위에서 그 문서는 *dogma*를 보다 더 넓은 의미로 확대시켜 소개할 만하다고 보았다. 그래서 그 문서는 "교회가 전해 받은 모든 가르침(Paradosis)의 전체 체계 안에서 사람들은 *dogma* 개념을 보다 더 넓은 의미에서 구약성경에서 약속된, 곧 예수 그리스도를 통해 결정적으로 알려지고 또 완전하게 드러났으며, 또한 성령을 통해 꾸준히 교회 안에 현존하시는 하느님의 구원 섭리에 관해 교회가 끊임없이 생생하게 전하는 신앙고백"[31]이라고 설명한다. 이러한 좀 더 포괄적인 교의 개념은 이전의 스콜라 신학의 전통과 연관되는데, 거기에는 특히 다음과 같은 세 가지 관점이 내포된다.[32]

① *dogma*는 '기념적인 말씀(*Verbum rememorativum*)'이다. 왜냐하면 *dogma*는 계시 증언들 안에 진술된 하느님의 구원경륜을 회상하면서 해석하기 때문이다.

② *dogma*는 '시사적인 말씀(*Verbum demonstrativum*)'이다. 왜냐하면 *dogma*는 현재라는 시점에서 매번 인간을 위해 구원 진리가 무엇인지 시사하기 때문이다.

③ *dogma*는 '예지적인 말씀(*Verbum gnosticum*)'이다. 왜냐하면 교의는 희망의 언표이기도 하며, 인간의 목표와 완성에 관해 언급하는 만큼 종말론적-예기적(豫期的) 특징을 띠기 때문이다.

---

30. *Ibid.*, 255.
31. 참고 *Ibid.*, 256.
32. *Ibid.*

이 문서는 교의를 훨씬 '더 심오하고도 정곡을 찌르는 의미로' 이해하려는 과거의 의도 또한 되새겼다. 다시 말해서 "한 가지 가르침, 곧 교회가 최종적이고 보편교회로서 모든 교회들을 하나로 묶는 형식을 통해 한 가지 계시 진리를 선포함으로써 앞서 거부한 것들을 과감히 포기하고 기꺼이 그것들을 이단으로 단죄하는(anathema sit) 그런 가르침"[33]을 정하는 것도 중요하다고 부언했다.

독일 레겐스부르크에서 4년간 학생들을 가르쳤던 교의신학자이자 교의역사학자인 볼프강 바이너르트(Wolfgang Beinert)는 점차로 *dogma*에 대해 관심을 가지면서 교의 이해에 크게 도움을 주는 폭넓은 착안점과 전망을 발전시켰다.[34] 그는 교의를 가리켜 가장 먼저 체험 언표(Erfahrungsaussage)라고 일컫는데, 그것은 교의가 첫 신앙고백자들의 체험에서 비롯한다고 보았기 때문이다. 그런 점에서 체험 언표의 의미는 부활하신 분에 대한 체험을 알리며, 그 같은 체험을 현재화하고 해석하는 데 있다. 그로써 후대에 그때마다 사람들이 첫 번째로 신앙인들의 생경한 믿음에 동승할 수 있도록 하려는 것이다. 신앙을 증거하는 언표로서의 교의는 두 번째로 사태 진리(Sachewahrheit)를 함의한다. 왜냐하면 정녕 일정하게 벌어진 사건이 무엇보다 중요하고, 그것은 십자가에서 죽은 예수의 부활에 대한 증언(신앙 행위)을 기점으로 하느님께 들어올려지며 성령이 파견되는 사건들이 계속해서 이어질 수 있기 때문이다. 교의의 유효성과 진리는 교회를 통해 언표 될 것이요, 그것은 교의에다 하나의 근본적인 교회공동체적 특성을 부여하는 것을 가리킨

---

33. *Ibid.*
34. W. Beinert, *Dogmatik studieren*. Einführung in dogmatisches Denken und Arbeiten, Regensburg 1985, bes. 25-38.

다. 그 다음 세 번째로 교의는 시대적 고지(Zeitansage)를 함의한다. 곧 교의는 일정 조건들 아래서 사람들과 접하게 되는데, 그런 이유에서 간혹 그와 다른 처지에서 교의의 발전 과정을 두고 문제 삼을 수도 있다. 그리하여 교의에 있어서 언어적 차이, 이해 지평의 차이, 상황의 변화 및 규준의 변화가 논의될 수 있다. 이는 그럼에도 사람들이 교의를 임의로 소거해 버리거나 무시해도 좋다는 식의 상대적 논의가 아니다. 오히려 이는 시대를 초월하는 신앙공동체로서 존속해야 하고 또 그렇게 존속하는 교회의 살아있는 고백이자 진리에 대한 선포를 보다 잘 이해하려는 논의를 가리킨다. "교회 안에서 진리로 인식된 것은 더 이상 포기될 수 없다."35 그렇지만 사람들은 교의를 '지양(止揚)해야 한다. 다시 말해 시대를 넘어서 보존시켜야 한다. 교의 안에 교회의 신앙이 처음부터 확고하게 자리한다. 그래서 예수의 부활에 대한 확신으로부터 출발한 신앙은 물론 그 같은 확신을 본질적인 신앙 내용으로 꾸준히 보존시키는 노력이 교의와 더불어 계속되어야 한다. 그런 차원에서 교의를 지양하는 것은 가능하며 또 그래야 한다. 그런 가운데 사람들은 교의를 또 다른 지평에서 숙고하고 또 새로운 의미를 헤아릴 수 있을 것이요, 그로써 교의의 본래적 뜻이 매순간 현재라는 시점에서 활력을 얻게 될 것이다. 이에 후베르트 필저(Hubert Filser)의 체계적인 생각이 도움을 줄 것이다.36 그는 다음과 같이 교의에 대해 체계적인 구별을 시도했다.

① 초(超)-언어적 차원의 교의(=신앙 체험을 한 가지 언어로 구체화시키면서도 그 안에서 본래적 말씀이 드러나는 형식으로서의 교의).

② 케리그마적 차원의 교의(=고백, 감사, 찬양으로 언표 된 교의).

---

35. *Ibid.*, 37.
36. 그의 작품 *Dogma, Dogmen, Dogmatik*, bes. 732-743 참조.

③ 대화적 의미의 교의(=인간의 실존과 신앙이 연계된 상대적 표현 형식으로서의 교의).

④ 신앙고백적이며 영광을 기리는 의미의 교의(='케리그마적' 교의 이해의 다양화를 위한 교의).

⑤ 교회론적 의미의 교의(=일정 상황 아래서 하느님 말씀에 대한 교회의 응답으로서 교의).

⑥ 실재-상징적 의미의 교의(=어느 정도 시사적이면서 또 그로 인해 자신을 능가하는 모습으로 상관적인 특성을 지닌 실재 상징[Realsymbol]으로서의 교의).

⑦ 동일성을 보장해 주는 교의(=신앙공동체의 동일성 보존에 일부 이바지하는 교의).

⑧ 전체를 포괄하는 교의(=실재성의 다양한 측면들을 하나로 이어 주는 교의).

⑨ 다른 문화들을 서로 중재해 줄 수 있는 교의(=다른 문화권 안에서도 신앙 체험의 본래적 내용을 전해 주는 교의).

2. 신학으로서의 교의신학

1) 교의신학과 영성신학 - 교의신학과 사회 역사

교의신학은 오늘날 중심 신학의 하나로, 곧 다각적 관점에서 신학적으로 살필 때마다 논의의 주된 원칙으로 이해된다. 왜냐하면 교의신학은 항상 역사적으로 성장해 온 신앙과 결속되어 있어서 그 같은 신앙을 분석하고 반성하며, 나아가 '여기 그리고 지금'(*hic et nunc*)이라는 실존적 처지에 적절히 변형시키는 작업에도 관여해야 하기 때문이다. 이에 차례차례 논의해 볼 수 있다.

먼저 신학은 학문적 특성을 상실하지 않으면서 '영성적' 측면을 향해 나아갈 수 있어야 한다.[37] 하느님의 계시에 관해 언급하며 생각하는 신학자는 누구든 단지 임의의 연상 과정을 따라서가 아니라 계시에 대해서 — 계시의 역사가 결코 끝나지 않았음을 — 의식한다. 왜냐하면 계시는 매번 사람들에게 새롭게 받아들여져야만 한다는 점에서 꾸준히 그런 의식을 요구하기 때문이다. 하느님의 계시에 관해 언급하는 신학자도 그 같은 계시의 역사 한 부분에 소속된 채 살아가기 때문에, 하나의 역사적 사건을 언어로 표현하게 되며, 그런 가운데 자신을 자유로운 존재로 가다듬고 급기야 완성시키게 된다. "신학은 그와 같은 관련성 안에서만 그리고 그와 같은 관련성 자체로서만 자신을 완성할 수 있기에, 신학은 그 자체로 하나의 기도다. 인간의 자유와 관련된 사건으로서 벌어지는 역사 안에서는 단지 물질적인 것들이 시간에 맞춰 흘러가 버리는 미래의 세계가 계시를 통해 분명해지기를 간청하는 일만이 관건은 아니다. 오히려 인간 자유의 역사가 펼치는 이른바 비확정적인 드라마가 — 곧 그때마다 하느님과 인간 사이에서 각본 없이 펼쳐지는 드라마가 — 무엇보다도 관건이다. 하느님에 관해 언급하는 일은 그와 같은 사건 형식으로, 다시 말해 단지 인간의 상상에 의해서나 하느님에 관해 특별히 갖춰진 일정 지식에 의해서가 아니라 그때마다 진지한 의미에서 하느님께 바치는 기도이다. 그 기도 때문에 하느님께서는 우리

---

37. 이에 B. Casper, Theo-logie als Geschehen des Gebetes. Eine Anleitug, Franz Rosenzweigs "Stern der Erlösung" zu lesen, in: A. Raffelt (Hg.), *Weg und Weite* (FS. K. Lehmann), Freiburg I. Br. ²2001, 344-354. 상기 신학자 Rosenzweig이 펼친 생각들은 결과적으로 그리스도교 신학 이해와 직결된다.

에게 말씀을 건네신다."[38]

신학에 보편적으로 유효한 것은 교의신학에도 유효할 뿐만 아니라 특별히 유효하다.[39] 만일 하느님의 배려에 대해 인간이 무엇보다도 기도와 찬양을 통해 응답하고자 할 경우, 그래서 하느님께서 섭리하신 회개와 쇄신에 대해 '예' 하고 응답하며 추종할 경우, 그분의 계시에 관해 언급하는 신학 역시 생생한 역사적 맥락에서 벗어날 수 없다. 다시 말하자면, "전체로서의 신학과 그 모든 신학적 언표들은 한 가지 의미를 지니고 있으니, 그 자체가 취하는 어떤 비중재성 및 직접성을 통해서 항상 하느님께 대한 찬양, 추종, 영성생활 및 공동체적인 삶과 관련된 조건이나 가능성, 나아가 실천적 결론들에 대해 언급하는 한에서 합법적으로 그 틀을 마련하고 또 해석학적으로 올바르게 이해해 왔다."[40] 이 같은 입장은 더더욱 교의신학에 유효할 것이다. 왜냐하면 교의신학은 의당 교의에 대해, 곧 본래적으로 항상 고정된 문장 혹은 그 어떤 언어 형식을 초월하는 실재성에 기초한 신앙 명제들에 관해 언명하기 때문이다. "*Actus autem credentis non terminatur ad enuntiabile, sed ad rem*"(믿는 이의 행위는 '언표 가능한 것'이 아니라 [언표 하려는] 그 실재를 목표로 삼는

---

38. *Ibid.*, 349 - 사태적으로 B. Casper는 그로써 불트만의 생각과 매우 근접해 있다. 이른바 불트만이 자신의 글("Welchen Sinn hat es, von Gott zu reden?"[1925])에서 논증해 낸 바와 같이. 다시 말하자면, 하느님께서는 모든 것들을 규정하는 실재(의당 인간도 규정하는 실재)이시기 때문에, 신학자는 오직 은총이 충만하시어 구원을 인간에게 선사해 주시는 분으로 이해되는 '하느님에 관해서'만 언급할 수 있다. 오로지 하느님에 의해 '붙들린' 신학자만이 실재적으로 그와 같은 언표에 도달할 수 있다.
39. 이에 G. Greshake, "Dogmatik und Spiritualität", in: E. Schockenhoff/ P. Walter (Hrsg.), *Dogma und Glaube*, Bausteine für eine theologische Erkenntnislehre (FS. W. Kasper), Mainz 1993, 235-252. 이 책에서 유용한 참고 문헌들을 발견할 수 있다. 특히 발타사르의 착상에 따른 출판물들을 엿볼 수 있다.
40. *Ibid.*, 241.

다. - Thomas Aquinas, S.th., II/II, 1, 2 ad 2). 현실적으로 개별적인 신앙 명제는 거의 항상 영적 신심(信心)의 차원에서 출발했다. 이는 예를 들어 영지주의적인 견해나 그로부터 파생된 교리 지침들에 반대해 그리스도론을 한층 강화시켜 고백했던 초대교회의 모습(예컨대 니케아 및 에페소 공의회)에서 엿볼 수 있다. 또한 종교개혁 시기에 그러한 움직임에 반해 교회가 교의적인 가르침을 재천명했던 모습에서도 목격할 수 있다. 이때 사람들은 경건한 신심, 영성생활, 추종이라는 의미를 '소거한 채' 이해해서는 안 될 것이다. 가톨릭교회의 입장에 따르면 그와 같은 행동과 태도는 과연 전적으로 하느님에 의해서 가능했으며 그분의 섭리에 의해 이루어졌다. 그럼에도 다시금 전적으로 그때마다 시대적으로 인간들을 통해, 앞서 일정한 전통과 교육에 의존하면서 동시에 주어진 환경과 정신적 여건을 따라 형성된 인간들에 의해 취해진 행동이고 태도라는 점에서 언제든 한계와 약점에 노출된다고도 말해야만 한다.[41]

이러한 맥락에서 의당 사회적 혹은 사회경제적 구조와 흐름들은 교의적인 입장이나 교의적인 형식 및 교의의 수립과 관련하여 준비하거나 강조하는 데 있어서 크든 적든 그들 나름대로의 몫을 다해 왔고 또 여전히 다하고 있다. 이때 교의적인 사유와 언표가 부분적으로는 의식적인 관심에, 또 부분적으로는 좀 더 큰 비중으로 무의식적 관심이나

---

41. 그레샤케(Greshake)는 자신의 논문에서 정당한 물음 하나를 제기했다. 곧 일정한 교계 중심적 논의로 입장을 표명하는 교회론자들이 "자신들의 권위를 앞세우려는 욕심에서 벗어나 철두철미 소박한 마음으로" 임할 수 있을지 의문이라고 말한다. 그레샤케에 의하면, 그것은 심지어 소박하다는 중세의 프란치스코회 수도자들의 경우에도 해당된다. 예컨대 당시 그 수도자들이 교황의 교도권적 무류성에 대해 가르칠 때 과연 순수한 마음에서 그것을 지지한 것이라고 보기 어렵다. 왜냐하면 그들은 자신들의 청빈 사상에 대해 후대의 그 어떤 교황도 그들에게 이의를 제기하지 않기를 바라는 마음이 있었기 때문이다. 이에 대해서는 Ibid. 247 참조.

사회적 여건들 및 권위의 입장에 의존한다는 사실을 주장하기 위해서 굳이 마르크스주의(Marxismus)와 연계시켜 생각할 필요는 없을 것이다. 그래서 만일 교의신학에서 경건한 신심을 겨냥하고 영적으로 성숙하기를 바라는 의도에서 출발하고 또 그런 의도로 마련된 기본 구조들이 강조되고, 나아가 교의에 관한 보다 진지한 이해를 위해 도움이 되도록 해석하려고 한다면, 쉽사리 이념 논쟁에 휘말리지 않을 수 있다. 왜냐하면 그와 같은 시각은 형식적으로 잘 다듬어진 교의 안에 우리가 의식할 수 없는 사이에 가라앉은 침전물과 같은 것들, 그러니까 교의가 수립되어 가는 중에 파급된 사회경제적, 정치적인 관점이나 그와 연계된 영향력들을 구별할 수 있도록 해 줄 것이기 때문이다. 그로써 언표로 드러난 형식과 상징화된 실재(토마스 아퀴나스의 앞선 인용문에서 엿볼 수 있듯이, 이른바 '언표 가능한 것[*enuntiabile*]'과 '실재[*res*]') 사이에서 결코 동일시할 수 없는 까닭을 의식하게 될 것이다.[42]

2) 지혜와 학문으로서의 신학과 교의신학

바오로 사도는 1코린 1,17 이하에서 "세상의 지혜"와 "하느님의 지혜"를 대조시키면서 가르친다.[43] 곧 하느님의 지혜를 일종의 "세상의

---

42. 이와 같은 전망들은 좀 더 분명히 J. B. Metz에게서 엿볼 수도 있으며, 특히 벨기에 신학자 E. Schillebeeckx에게서 목격된다. 한편 튀빙겐 학파가 제안하는 구체적인 사례들에서 네덜란드 신학자 A. van Harskamp가 지적한 바와 같이, 우리는 (교회론과 관련된) 개별 신학자들의 이론 정립에 사회정치적인 영향력이 얼마나 크게 관계하는지 엿볼 수 있다. 이에 대해서는 A. van Harskamp, *Theologie. Text im Kontext*를 참조할 수 있다. 그 밖에도 신학에 대한 이념적 논의를 분석하는 연구 방법과 관련해서는 Drey, Möhler, Staudenmaier(*TSTP* 13, Tübingen u.a. 2000)에서 살펴볼 수 있다.
43. 이에 H. Schlier, "Kerygma und Sophia. Zur neutestamentlichen Grundlegung des Dogmas", in: ders., *Die Zeit der Kirche. Exegetische Aufsätze und Vorträge*,

지혜"로 이해한다는 것은 "그리스도의 십자가를 무기력하게" 만드는 것과 다름이 없다(1코린 1,17). 그렇듯 바오로 사도에게 세상의 "지혜"(말재주)는 그의 복음 선포를 위해선 하찮은 것이다. 그것은 추측컨대 당시 영지주의적인 지혜를 가리킨 것으로서 사람들이 제 힘으로 고백하고 자의식 및 자기인식의 결과물로서 신앙을 이해하려는 경향을 질타한 것이라고 말할 수 있다. 그는 "세상의 지혜" 대신에 하느님의 지혜에 관한 선포(케리그마)를 역설한다. 그렇게 그는 구원에 관한 인간의 자기인식과 자신의 말재주(로고스) 대신에 하느님의 말씀을 앞세웠다. 다시 말해 그는 십자가에 매달려 죽은 그분을 하느님께서 다시 살리신 사실을 강조해 선포했으니, 그것은 철학자들의 이성에 따르면 '어리석음'을 가리킨다. 이 같은 새로운 인간(신앙인)의 자기이해는 마침내 인간을 구원으로 이끌 예수 그리스도의 부활(사건)에 집중하게 된다. 부활 사건은 이제 새로운 세상 및 새로운 역사의 시작을 가르친다. 이는 더 이상 비의적(秘義的)인 차원에서 감추어진 가르침이 아니라 케리그마라는 용어가 함의하듯이 일종의 공개된 가르침이다. 곧 선포된 것이라는 점에서 언표 되고 알려지고 서로 나눌 수 있는 가르침이 된 것이다. 그럼에도 하느님의 "지혜"(*sapientia*)는 그 신비스런 특성을 잃지 않고, 인간의 인식 및 인간적인 지혜와 연계된다. "지혜"는 그렇게 인간의 지식(*scientia*), 깨달음 및 학문과도 소통할 수 있게 되었다. "지혜"와 "지식"은 서로 갈라서지 않는다. 그래서 그리스도교의 신앙이 "하느님의 신비롭고 또 감추어져 있던 지혜를 … '어떠한 눈도 본 적이 없고 어떠한 귀도 들은 적이 없으며, 사람의 마음에도 떠오른 적이 없는 것들을 …' 하느님께

Freiburg I. Br. 1956, 206-232.

서는 성령을 통해 그것들을 바로 우리에게 계시해 주셨습니다."(1코린 2,7-10) 하고 고백할 수 있게 되었다.44 그러나 다른 한편 마치 인간의 지식이 하느님의 지혜와 동등한 것처럼 간주할 수는 없다. 이는 누구보다도 바오로 사도가 경계했던 입장이다. 오히려 하느님의 지혜와 인간의 지식이 독특한 방식으로 서로 연관을 맺고 있다고 말해야 한다. 일찍이 요한 밥티스트 메츠(J. B. Metz)는 이 둘 사이의 연관성에 대해서 이렇게 설명한 적이 있다. "우리의 현존재를 해명하고 또 고유하게 실현시키는 '하느님에게서 오는 지혜'(참고 1코린 1,30)로서 복음 말씀은 무엇보다도 그리스의 정신에 의해 각인된 정신사적 공간을 따라 역사 안에 드러나며, 신학의 역사적인 성장 과정을 따라서, 곧 언어로 구성하고 조직하고 개념적으로 확장하고, 일정 범주를 따라 반성한 신앙 지식의 변천 과정을 따라서 자신을 중재한다. 그럼에도 이러한 신-학의 계시 과정은 예수 그리스도 안에서 하느님의 말씀에 관해 개념적으로 처리된 언어로만 국한되지 않는다. 개념적인 의미에서의 신앙 지식은 오히려 꾸준히 원천적인 신앙의 지혜, 그러니까 하느님의 은총에 의해 밝혀지고 해명된 신앙의 지혜에 의해서 발전될 것이며 또한 전달될 것이다. 이때 신앙의 지혜란 성령의 일곱 가지 은총 가운데 하나로서 … 하느님의 은총에 의해 고양된 신앙의 실재를 밝히는 능력이라 할 수 있다."45

(대략적으로 말해) 기원후부터 1천 년대까지 신학은 개념적인 명료성과 조합 등에 최대한 관심을 기울이면서 보다 더 '지혜의 전달 측면

---

44. G. Söhngen, "Die Weisheit der Theologie durch den Weg der Wissenschaft", in: *MySal* 1, 905-977.
45. J. B. Metz, "Weisheit Theologisch", in: *HThG* II, 805-813(인용은 808쪽).

에' 중점을 두었던 반면, 11-12세기(안셀무스 및 페트루스 롬바르두스 등) 부터는 합리성 및 그 체계에 관해 초점을 맞추기 시작했으며, 13세기 이후로는 훨씬 더 '학문적인 측면'에서 고려되고 발전되어 왔다.46 토마스 아퀴나스는 신학을 "신앙의 학문"(*scientia fidei*)이라고 규정한 적이 있다. 그러므로 단지 "신앙"만이 아니라 "학문" 역시 신학을 구성하는 요소가 된 셈이다. 신학은 과연 신앙만이 아니라 학문과도 직결되어 있기에, 이른바 "학문의 입장에서 추구하는 신앙"(*fides in statu scientiae*)이라고 일컬을 수 있다. 신앙을 두고 반성하는 일은 능히 학문적인 입장에서 논의될 수 있다. 신학은 대학 설립과 연계되었던 만큼 학문이란 영역 안에서 그의 자리를 확보했던 셈이다.

"교의신학"은 신학 내의 다양한 전문 영역에서 갈라져 나온 '하나의' 신학으로서 출발한다.47 좀 더 특별하게 말한다면, 아마도 16-17세기 올바른 신앙을 고수하기 위해 힘겹게 논쟁을 벌이는 중에 마침내 신뢰할 만한 신앙을 고백하려는 바람에서 마련되었다고 말할 수 있다. 그리하여 앞에서 간단히 상술했던 것처럼 "교의"라는 용어를 당시 16-17세기부터 제1차 바티칸 공의회의 결정에 이르기까지 한동안 유보시켰던 것도 바로 그런 의도 때문이었다. 그러나 신학을 개선하려는 움직임은 제2차 바티칸 공의회부터 시작되었으니, 그것은 마치 지난 1천년대의 "지혜의 전달 측면에" 중점을 두었던 경향을 새로이 부흥시킨

---

46. 이런 흐름은 서양 사회의 신학에서만 눈에 띈다. 반면 동양 사회에서의 신학은 보다 더 영적이고 문학적이며 사목적인 측면에 관심을 기울이면서 발전해 왔다.
47. 참고로 P. Walter, "Humanistische Einflüsse auf die Entstehung der Dogmatik? Ein Beitrag zur Vorgeschichte einer theologischen Disziplin", in: E. Schokenhoff / P. Walter (Hrsg.), *Dogma und Glaube* (FS. W. Kasper), 50-68. 또한 Filser, *Dogma, Dogmen, Dogmatik* 참조.

것처럼 비친다. "신학은 우리의 전통이 '지혜'라고 부르는 바로 그런 것의 영역에 속하는 만큼, 일종의 정신적 음미(sapere)요, 그리스도의 얼굴에 하느님의 영광이 깃든 것과도 같다(2코린 4,6)." 카스퍼가 그렇게 신학 일반에 관해 진술한 것이[48] 교의신학에도 "필요한 변경을 가하는"(mutatis mutandis) 의미로 수용될 만하다. 그것은 교의신학이 과거 어느 때보다 훨씬 더 성경과[49] 연계되어 있음을 고려해야 함은 물론 학문적·이론적으로도 "진리 자체에 속하는 실천적인 요소에 적극적이고도 가장 뛰어난 의미에서" 만반의 준비를 갖추어야 함을 내포한다.[50]

3) 교의신학의 연구 방법

(1) 초창기의 방법(들)

일개 학문의 고유성은 무엇보다도 그 학문이 채택한 연구 방법과 연계되기 마련이다. 채택한 연구 방법과 추진 과정을 파악하는 자는 누구나 그 학문을 전반적으로 조망할 수 있는 기본 토대와 비판 기준을 확보할 수 있다. 다른 한편 방법적으로 새롭게 마련된 동향들은 전문적인 자기이해에 대한 변화의 표현일 수 있다. 그러므로 근본적으로 유효한 사실은, "연구 방법에 대한 물음들은 … 이미 언제든 바로 그 (학문

---

48. W. Kasper, *Die Methoden der Dogmatik*, Einheit und Vielheit, München 1967, 13 참조.
49. 이에 대해서는 *Ibid.*, 41 참조: "… 성경이 교회의 가르침의 일부로서가 아니라, 오히려 교회의 가르침이 성경의 증언에 속하는 것으로서 취급되어야 한다."
50. *Ibid.* 11. 그리하여 라너(K. Rahner)는 이미 제2차 바티칸 공의회 석상에서 여러 번 강조하고 요구했으니, 실천신학은 그때마다 현 상황을 엄밀히 분석하고 파악하고 나서 그 결과를 또 다른 신학 분야에 저마다 과제를 수행하는 자료로 활용하게끔 넘겨주어야 한다는 것이다. 그는 또한 더 나아가 실천신학이 다른 신학적 원칙들에다 매번 그런 원칙들 자체 내에 이미 실천적인 과제가 제시되어 있음을 일깨워 주도록 힘써야 한다고 강조한다.

의) 정체에 관한 물음이기도 하다. … 그런 점에서 연구 방법은 그 학문에 내재하는 진리 자체로 이끄는 안내자이자 동반자라고 볼 수 있다. [다시 말해] 연구 방법은, 진리 자체가 우리와 함께 걷는 도정(道程)을 내면화하는 작업이요, 그로써 그 진리 자체가 우리를 계속 이끌 수 있는 경우들을 미리 타진하고 그 경로를 과감히 시도하게 해 준다."[51]

학문의 연구 방법에 대한 논의는 근대에 이르러 전폭적으로 새로운 전환기를 맞이했다. 그런 연구 방법이 학문적인 관점에서 교의신학에도 중요한 의미를 띤다고 말하기 이전에 사람들은 교회 안에서 수백 년간 그리스도에 관한 계시를 그때마다 매번 새롭게 해석함으로써 계시의 의미 내지 구원 역사의 현재성에 대한 인식에 주력해 왔다는 사실을 기억할 필요가 있다. 이에 대해서는 세 가지 서로 다른 발전 과정을 — 이들이 부분적으로는 서로 연결되어 있으나 또 다른 부분에서는 나란히 평행선을 달리는 입장에서 — 재고할 수 있겠는데, 이 세 가지 발전 과정 속에서 약 1세기 동안 이른바 교의신학의 방법론이라 일컬을 수 있는 무엇이 서서히 성장했다고 말할 수 있다.[52]

모든 신학의 출발점은 그동안 어느 시대에서나 성경의 증언이었고 또 앞으로도 그럴 것인데, 사람들은 성경의 증언을 두고 저마다의 현실적 처지에서 제기된 의문을 해소하고자 노력해 왔다. 그러한 관심을 통해 사람들은 그리스도교 공동체 안에 처음부터 하느님 말씀을 곱씹어 보는 기회를 가졌다(참고로 무엇보다도 로마 10,17; 15,4; 1코린 14,1; 14,13-20; 에페 5,18 이하; 1티모 4,13; 2티모 3,14-17; 2베드 1,20). 성경을 봉독하는 중에 영성생활과 일상적인 삶을 여미는 마음을 가지게 되면

---

51. *Ibid.* 14f.
52. *Ibid.*, 21ff.

서 성경 봉독을 위해 전례적인 삶에 정성을 기울이게 되었다. 이 "성경 봉독"(*lectio*)[53]은 이미 중세 이전에도 그리고 그 이후에도 줄곧 성경 말씀을 주의 깊게 이해해야 한다는 경각심을 고조시켰고, 그로써 성경 안에 숨겨진 진리를 밝혀내고 그것을 더욱 진지하게 마음에 새길 수 있게 되었다. 성경 말씀을 경청하거나 묵상하거나 나아가 몇 번이고 되새기는 태도가 실상 학문적으로든 학문적인 차원을 넘어서든 그리스도교 신앙을 두고 골몰하는 모든 신앙인들의 정신이었고 또 앞으로도 그러할 것이다. 다시 말해 성경을 가까이 하는 일은 오늘날에도 변함없이 모든 신학과 "교의신학"의 정신이다. 성경은 "신학 전체의 정신"(*PO* 16; *DV* 24)이요, 따라서 그것은 자연히 신학적인 요지를 소개하는 분야인 교의신학에도 동일하게 해당된다. "성경이 어느 특정 분야의 '신학적 터전'(*locus theologicus*)이 아니라는 사실은 또한 성경이 모든 신학 연구의 중심적인 기반이라는 사실을 말해 준다."[54] 이때 교의신학 연구가 우선적으로 거론될 수 있으므로, 교의신학자는 성경을 기초로 삼고 "교의의 발전에 기여할 만한 그 밖의 다른 부수적인 '신학적 터전들'을 꼼꼼히 살핀다."[55]고 보아도 좋을 것이다. 물론 교의는 언제나 하느님 말씀 아래서 의미를 가지며, 그런 한에서 오히려 하느님 말씀에 봉사하며, 하느님 말씀으로 전래되지 않는 것은 그 어느 것도 (교의의) 내용으로 삼을 수 없다.[56]

---

53. 이에 대한 참고로는 P. Deselaers, "Schriftlesung", in: *LThK*³ IX, 265.
54. 교황청 소속 성서위원회, *Die Interpretation der Bibel in der Kirche* (Verlautbarungen des Apostolischen Stuhles 115), Bonn 1993, 95.
55. *Ibid.*, 96.
56. 이 문장은 *DV* II, 10, 그러니까 언표의 주체가 분명 교회의 교도권에 속하지만, 그럼에도 그것은 주저 없이 "교의" 혹은 "교의신학"이란 이름과 바꿔 쓸 수 있다는 공의회(계시 헌장) 가르침을 달리 소개한 것이다.

이미 중세 초부터 이 같은 "렉시오"(Lectio)는 "문제들"(Quaestiones)이란 의문 형식과 함께 취급되는 가운데,[57] 일찍이 아리스토텔레스가 자신의 『토피카』(Topica)에서 제안했던 바와 같이 어떤 문제점에 대한 해결책을 두고 "찬성" 및 "반대" 의사를 제기함으로써 보다 더 명쾌하게 이해하는 진술 양식을 따라 발전해 왔다. 그리하여 "쟁점적인 물음"(Quaestio disputata)이라는 새로운 진술 양식이 생겨나 그 같은 양식을 통해서 중세에 '대전'(Summa) 형식의 위대한 신학 작품들이 쏟아져 나온 것이다. 이들 작품들은 하나같이 문제점들을 분명하게 지적하고 이모조모 살피면서 여러 가지 다른 입장들에 대해 하나하나 반론을 제기할 만큼 자명한 논증을 펼침으로써 그 이후 교의신학에서도 구체적으로 논의해야 할 상황에 여전히 훌륭한 귀감으로 고려된다. 문제점들을 밝히고 해결해 내는 데 있어서 그 표면적인 형식은 대부분 "논변"(Disputatio)[58]이요, 그것은 이미 중세에 모든 대학에서 결론에 도달하는 공식 절차가 되었고, 바로크 시대에는 절정을 이룰 정도로 각광을 받았다.

이미 중세 스콜라 시대에 시작해 근대의 자의식에 영향을 주었던 복잡한 역사적 과정을 고려할 경우,[59] 신-스콜라주의적 연구 방법은 결국 가톨릭 교의신학을 18세기 초부터 제2차 바티칸 공의회(1962-1965)에 이르기까지 지배했고, 일부에서는 그 이상 영향을 미쳤다.[60] 그 연구

---

57. 이에 대한 참고로 M. Dreyer, "Quaestio, Quaestionenliteratur", in: $LThK^3$ VIII, 753f.
58. 이에 대한 참고로 R. Imbach, "Disputatio", in: $LThK^3$ III, 268.
59. 교의신학의 연구 방법은 W. Kasper가 발표한 '같은 이름'(교의신학)의 책 (München 1967, 21ff.)에서 잘 분석되고 집약적인 형식으로 해설된 바 있다.
60. 이 '신-스콜라주의적 방법'은, Neresheim 분도 수도원 소속 한 수사가 2부로 나누어 발표한 논문에 "고전적인 방법"으로 소개되었다. 이에 대해서는 B. Durts, "Zur

방법의 세 가지 중점 사항을 요약하면 아래와 같다.[61]

① 증명 : 한 가지 사태가 실질적으로 하나의 교의, 곧 하느님에 의해서 계시된 신앙 진리라는 사실을 증명하는 일이다. 그와 같은 증명은 교회 교도권의 도움을 받아 이루어질 것이며 가톨릭 신앙인들에게 직접적으로 믿을 교리로서 제시될 것이다.[62]

② 제시 : 관련된 가르침이 원천적으로 어디에 어떻게 자리하는지, 나아가 어떻게 발전해 왔는지를 제시하는 일이다. 물론 그 원천과 토대는 성경과 성전에서 발견되어야 할 것이다.

③ 해제 : 교의에 관하여 깊은 통찰을 통해 해명하고 또 전망하는 일이다.

앞선 두 가지 중점 사항을 "신학적 측면"에서 보다 더 학구적으로 살펴야 할 목표라고 여긴다면, 그것들은 교의신학의 "핵심적인" 부분이라고 말할 수 있고, 나머지 한 가지 중점 사항은 말 그대로 "통찰을 통해 부연하는" 부분이라고 말할 수 있다.

이 같은 스콜라주의적 연구 방법에 반대하는 태도 또한 일찌감치 16세기에 일어났다. 한편으로는 무엇보다도 인문주의적 경향이 강조되면서 역사성을 앞세우는 사조에서 그 같은 기운이 싹텄다. 당시 역사적인 과정을 보다 더 진지하게 고려하려던 움직임은 결과적으로 스콜라주의적인 논증 방식을 달가워하지 않았다. 다른 한편 당시 종교 개혁가들이 "성경만으로"라는 입장을 주장하고, 그로써 이성과 신앙 사이의

---

theologische Methode", in: *ThRv* 26 (1927), 297-313 und 361-372.
61. *Ibid.*, 361f. 참조.
62. 여기서 '이미 공언된 신학적 논의들과의 연계성'이 의미를 지닐 것이다. 다시 말해 이미 확실하게 공언된 다른 명제에서 논리적으로 도출해 내거나 발전시킨 명제가 훨씬 더 진지할 수 있다는 것이다.

새로운 관계 규정을 요구했기 때문이다. 그러는 동안 가톨릭교회 및 가톨릭신학은 그 두 가지 움직임, 곧 인문주의적 사조와 종교개혁의 입장을 모두 거부하면서 오히려 신-스콜라주의적 연구 방법만을 참된 것으로 옹호하게 되고, 그로 인해 근대의 흐름과는 운명적으로 아예 결별하는 상황을 맞게 되었다.

제2차 바티칸 공의회는 이제 결정적인 전환점을 마련했다. 교의신학의 출발점은 무엇보다도 '교회의 신앙'이요, 그 신앙은 성경이 전하는 '관례적인' 증언에 소급하며, 그것은 그때마다의 현 상황에 알맞게 바꿔 제시되어야만 한다고 천명했기 때문이다. 그로써 교의신학은 하나의 살아 있는 해석학적 과정을 요구하며, 그 같은 해석학적 과정은 궁극적으로 성경에서 그 단서를 찾아야 한다. 그런 점에서 "성경 봉독"은 필수적이다. 또한 그 같은 과정은 찬반에 따른 비판적인 관점을 십분 고려하고 보다 더 폭넓게 대화의 채널을 넓혀서 논의를 강구해야 한다. 그런 이유에서 "문제들" 및 "논변"에 대한 용어가 오늘날에도 유의미할 것이다. 그리하여 마침내 교의는 누구에게나 발췌할 만한 가치가 있는 언표로서 충분히 다듬어지고 하나의 가르침으로서 손색이 없는 의미와 무게를 실을 수 있어야 할 것이다.

(2) 오늘날의 전망과 관점들, 방법의 다양성들[63]

오늘날 사람들이 계시를 어떻게 이해하는지 관심을 기울이는 가운데, 그리스도교의 주요 문헌들을 통해 초기 신앙인들이 체험한 신앙고백을 체계적으로 정리하고, 그리스도교 신앙의 역사를 따라 재해석된

---

63. 이에 대해 Filser, *Dogma, Dogmen, Dogmatik*, bes. 744-755도 참조하기 바람.

내용들을, 즉 다각적인 측면에서 신앙 유산을 분석하며, 나아가 현대인들로 하여금 "오늘날의 체험 지평에서 이해"가 가능하도록 주의 깊게 검토하는 것이 교의신학의 과제라고 할 수 있다. 그로써 그리스도교 신앙에 대한 올바른 입장을 해명하는 기회를 갖고 그리스도교 사상의 신뢰할 만한 입지를 마련하게 될 것이다. 그렇듯 모든 세대 및 모든 사람들에게서 새롭게 추구되는 신앙은 계속되는 계시의 역사 안에서 점점 더 발전된 전망을 가져다줄 것이다. 왜냐하면 그 같은 역사는 단지 계시가 드러나는 역사로서만이 아니라, 보다 더 많은 사람들을 통해 그 수용 여부가 결정되는 점에서도 의의가 있기 때문이다.[64] 전체 계시 사건 안에서 오늘날 신앙공동체의 신앙, 그러니까 교회의 신앙이 계시 역사의 향방을 결정하는 기능을 갖는다고 할 수 있다. 사람들은 "교의"를, 곧 지난 1세기를 지내오면서 그 형태를 갖추고 오늘날의 신앙에 기본적인 요소로 자리잡은 교회의 가르침을, 교회 신앙의 윤곽을 특별히 보증해 주는 "표지판" 혹은 "좌표"로 이해할 수 있다.

이 같은 복합적인 과제는 그 어떤 유일한 방법으로 완수될 수 없고 오히려 다양한 형태의 연구 방법을 요구한다.[65] 성경 및 신앙의 역사를 통해 전해진 기록들에 대한 올바른 이해는 교의 자체와 연계해

---

64. 교의의 연구 과정이 이렇듯 변모한 것은 이미 어느 정도 W. Beinert의 견해에서도 드러난다. 그는 교의신학에다 (여기서는 다소 만족스럽지 못한 용어로 인식될 수 있겠지만) 다각적인 차원의 "증명 방법(Beweisgang)"을 적용시키고자 했다. 그리하여 성경신학에 관한 문제 제기, 신학과 정신사에서의 발전 형태, 성경 및 역사적 사료들을 오늘날의 이해 지평 및 현 상황 아래서 해석을 시도하는 일, 새로운 경험들을 포괄적으로 고려하는 작업이 계시 사건과 연관된다고 보았다. 이에 대한 참고로. Beinert, *Dogmatik studieren* 82.
65. 뒤이어 소개되는 교의신학에 관한 소책자로서 *Handbuch der Dogmatik*, hg. v. Th. Schneider, Düsseldorf 1992, I, 3ff(J. Werbick)을 참조 바람.

다양한 역사적-학문적인 방법의 보강을 요구한다. 항상 시대마다 직접 듣고 믿으며 그런 신앙을 따라 자신의 삶을 구현하는 사람들의 이해 지평이 중요하기 때문에, 이해에 도움을 주는 일은 성경이나 신앙의 역사에 기록된 내용은 물론 그리스도교의 복음을 시대에 맞춰 적용한 사실들, 예컨대 인간학적으로든 심리학적으로든 혹은 사회학적으로든 민족학적으로든 그때마다의 이해 지평에 알맞게 바꾼 사실들을 살피는 것도 포함될 것이다. 만일 세상에 현존하는 사람들이 새로운 시대의 신학을 다양하게 대표한다는 점에서 신학 연구의 목표점으로서만이 아니라 복음이 도달해야 할 처소로서 의미 있게 이해될 수 있다면,[66] 수많은 학문적인 원칙들에 대해 중요성을 강조할 때 그때마다 — 세상 도처의 각 지역들을 최대한 포함해 — 사람들이 처한 상황들("인간적인 조건")이 그리스도교의 신앙이 무엇이며, 그 신앙 진리가 어디에 근거하는지를 규정하는 자리에서 매우 중요하게 고려되어야 할 것이다.

사람들이 조직신학의 연구 방법에 관해 언급할 경우 신학자 카노(Melchior Cano, †1560)가 거론한 그 입장을 매번 되새겨야 할 줄로 안다. 다시 말해 그는 자신의 책 『신학적 인식의 터전』(*De locis theologicis*, 1563)을 통해서 새로운 시대의 신학을 위해 유념해야 할 첫 번째 사안으로서 신학적 인식과 방법에 관해 원칙적인 입장을 발전시켰다.[67] 일정한 연구 방법을 따라 시도되는 신학적 인식의 "터전"을 고려할 때,

---

66. 이 같은 견해는 W, Kasper의 논문에서도 발견된다. 예컨대 그의 논문 "Die Welt als Ord des Evangeliums"(1968), in: *Glaube und Geschichte*, Mainz 1970, 209-223. 이에 대한 참고로는 또한 제2차 바티칸 공의회의 선언, 그러니까 "시대의 징표"와 관련된 사회적 현실에 대한 관심의 필요성을 생각해 볼 수 있다(무엇보다도 *GS* 4, 11; *PO* 9; *AA* 14).
67. H. Wagner, "Cano, Melchior", in: *ThLex*, 74f. 참조.

그는 성경은 물론 다양한 형태의 전승 형식과 교회 내 다양한 검열 원칙들과 교도권의 지침들만이 아니라 자연스런 이해 능력, 철학적 사유 및 역사성도 함께 중요하게 지목한다.[68] 여기서 만일 나중의 사항들(자연스런 이해 능력, 철학적 사유, 역사성)이 훨씬 더 "도움을 주는 수단"으로 선호된다면, 계시의 역사성을 최대한 수용하려는 데 초점을 맞춘 태도로서 이미 근대 벽두에 그토록 인간의 유일한 인식 방식으로 강조했던 경우를 자연스레 떠올리게 한다.

신학이 아닌 일반 학문의 연구 방법을 신학 연구 전반에 걸쳐, 특히 교의신학에도 적용시키려는 이 같은 움직임에도 불구하고 신학 및 교의신학이 오늘날 여러 가지 측면에서 일반 학문과는 차별화되고 있는 것도 사실이다.[69] 사람들은 종종 교의신학이 "선입견을 배제하지 않았다."고 하면서 더 이상 의문을 제기할 수 없는 전제 조건에 의존한다고 비판의 목소리를 높인다. 그에 반하여 로타커(Erich Rothacker)는 일찌감치 1954년에 "교의신학의 사유 형식"은 단지 신학의 차원에서 타당성을 주장할 수 있을 뿐만 아니라 일반 정신학문과 나아가 학문 전반에 걸쳐서도 그 타당성을 주장할 수 있음을 입증했다.[70] 왜냐하면 학

---

68. M. Canor의 신학 연구에 관한 견해는 모두 아래와 같이 열 가지로 요약할 수 있을 것 같다. 예컨대 ① 성경, ② 구전(口傳) 전승, ③ 가톨릭교회, ④ 각 공의회, ⑤ 로마 교회, ⑥ 교부들, ⑦ 스콜라 신학자들(신학의 "고유한 터전 loci propii"라는 의미에서), ⑧ 자연스런 이성의 이해 능력, ⑨ 철학자들, ⑩ 역사(신학의 "낯선 터전 loci alieni"라는 의미에서)로 말이다.
69. 이는 기초신학의 과제로서 신학과 일반 학문의 이론 사이의 관계상 얽혀 있는 문제를 보다 더 치밀하게 파고들어야 함을 의도한다. 이때 단 두 가지 사항만이 특별히 교의신학과 연루된다고 볼 수 있다.
70. E. Rothacker, *Die dogmatische Denkform in den Gewissenschaften und das Problem des Historismus*(AAWLMG 1954/6), Wiesbaden 1954. 보다 심화된 연구로서 K. Lehmann, "Die dogmatische Denkform als hermeneutisches Problem. Prolegomena zu einer Kritik der dogmatischen Vernunf", in: ders., *Gegenwart*

문 자체가 이미 일정한 공리(公理)들을 나름대로 전제한 다음에야 비로소 계속 이어지는 논증이 유효한 것처럼, 모든 학문은 "교의적"이기 때문이다. 그러나 또 어떤 이들은 더 나아가 신학, 특히 교의신학의 경우 일반적인 상식으로 오늘날 학문-개념의 잣대로 접근하려고 할 때, 최소한의 학문적 기준조차 충족시키지 못한다고 비판한다.71 이 같은 사실은 학문 이론 연구가 숄츠(Heinrich Scholz)가 신학자 바르트(Karl Barth)와의 대담 중에, 그러나 바르트의 견해와는 철저히 다른 관점에서 명료하게 형식화한 것이기도 하다. 그는 학문의 구비 조건으로서 세 가지 선결 요건, 곧 "명제'와 '상호 연관성' 그리고 '조정 가능성'을 강조했다. 비록 교의신학을 대표하는 전문가들이 그에 대해 저마다 다른 입장을 취한다고 하더라도, 전반적으로 (조직)신학은 그와 같은 최소한의 비판 기준에 맞춰 이루어질 수 있다는 점에는 확실히 동의할 것이다.72 먼저 '명제에 관한 선결 요건'이란 의문점과 정의(定義)들에 관심을 기울이는 학문의 경우 오로지 (주장하는) 명제들만으로 대표될 수 있다는 입장을 함의한다. 이 선결 요건 안에는 '모순이 없어야 한다.'는 원칙이 내포된다. 왜냐하면 모순이 허용된다면, 더 이상 진리와 거짓을 구별할 수 없기 때문이다. 그렇게 될 경우 "진리"에 관해 묻는다는 것 자체가 우스꽝스러운 일이 되고 말 것이다. 그런 만큼 신학 역시 기본적으로 논리적인 원칙을 준수해야만 할 것이요, 그런 한에서 신학은 논리적으로 모

---

des Glaubens, Mainz 1974, 35-53.
71. H. Scholz, "Wie ist eine evangelische Theologie als Wissenschaft möglich? (1931)", in: G. Sauter (Hg.), *Theologie als Wissenschaft. München 1971, 220-278. Vgl darstellend und kommentierend* W. Pannenberg, *Wissenschaftstheorie und Theologie,* Frankfurt a.M. 1973, bes. 266ff.
72. 이에 대해 무엇보다도 K. Barth를 지지하는 입장이 반대할 것인즉, 그러한 입장은 신학이 어떤 의미에서 학문인지 스스로 규정할 수밖에 없다고 주장한다.

순적이지 않은 — 연역법과 귀납법 등의 도식을 활용한 — 기본 명제를 제시할 수 있어야 하며, 그에 준해 언표가 이루어져야 한다는 것이다. 그렇듯 신학 내의 언표들과 명제들이 서로 연계되고 모순적이지 않을 경우 그 다음에 '상호 연관성'에 관한 선결 요건이 채워질 수 있다. 그리하여 언표 된 것이든 결정된 명제든 일반적으로 이해하는 데 어려움을 갖지 않을 때, 그래서 언제든 검증이 가능하다면, 이제 신학은 그 다음 현실적으로도 '조정 가능성'이란 선결 요건을 만족시킬 수 있다. 신학이 학문으로서의 입장을 민감하게 의식하면서 자신을 전체적으로 가다듬어야 한다는 사실은 단지 역사적인 이유에서 비롯된 것만은 아니다. 중세의 대학들은 항상 신학적 가르침에 대해 연구하고 궁리하는 중에 그로부터 대부분 자신들의 역할을 다했다. 바로 그 때문에, 다시 말해 실재(res)는 그렇듯 다양하게 드러날 수 있다는 것을 언제나 유념해야 했기 때문에, 그 같은 연구가 의미를 가질 수 있었다. 그리하여 자연학 및 경험과학의 원칙들이, 18-19세기 동안 여전히 "절대적인 것"으로 거의 모든 영역에서 강조했던 만큼, 그동안 자신의 한계를 스스로 인식한 것처럼 그렇게 실재는 정작 다각적인 전망 아래서 살펴질 수 있으며, 또한 종교적인 차원은 인간 존재의 포기할 수 없는 차원 가운데 하나라는 사실이 점점 더 분명해질 것이다. 보다 집약적인 의미에서 교의신학의 논리적 과정을 강조하는 까닭은 그로써 교의신학의 언표와 진술이 보다 엄밀한 관점에서 이해 가능하고 참된 명제로서의 분별이 가능하게 된다는 점일 것이요, 그것은 여기서 (이미 해를레[Wilfried Härle]의 견해[73]와 연계시켜 생각할 경우) 연역법, 귀납법, 유도법(誘導法) 등을 활

---

73. W. Härle, *Dogmatik*, Berlin 1995, 7ff.

용하는 것을 뜻할 것이다. 오류를 범하지 않는 한에서 연역적인 진술 형식은 참된 결론에 도달할 수 있다. 한편 귀납적인 진술 형식은 지식을 확장시킬 수 있다. 왜냐하면 귀납법은 개별적인 경험에서 보편적인 법칙들을 이끌어 낼 수 있기 때문이다. 현대의 언어학자 퍼스(Charles S. Peirce, 1839-1914)가 새롭게 개발한 유도법은 참될 수 있는 추측을 이끌어 내도록 도와준다. 각각의 개별 언표가 하나의 잘 알려진 보편적인 언표에서 실험적으로 유도될 수 있다. 그리하여 실질적으로 참되다고 주장할 수 있는 새로운 언표들을 확보할 수 있게 된다는 것이다.

4) 교의신학과 철학

지금까지 앞서 살펴보았던 것처럼 신학은 점점 더 철학과 동행해야만 할 것이다.[74] 설령 그리스도교가 애당초 고유한 의미에서 철학적인 관점이 아주 적게만 관여하는 성경의 권위를 기초로 살아왔다고 하더라도, 이미 그리스-로마 문화적 배경 속에서 점차 확대되어 왔던 만큼 철학적인 개념과 논증 형식, 다양한 사상들과의 교류를 무시할 수 없었다. 그래서 (이미 그와 같은 문화적 환경 속에 살아가는 사람들을 대상으로 전파된) 교회의 신앙과 더불어 믿을 교리에 대한 설명이나 해명도 그와 같은 처지에서 이해의 실마리를 찾아내어 보다 더 확고하게 다져 왔다.[75] 그리스도교는 스스로 "그리스도교 철학"이란 용어를 사용한다.

---

74. 이와 관련해 전반적으로 살필 수 있게 해 주는 참고 자료로는 우선 L. Honnefelder / Th. Pröpper, "Theologie und Philosophie", in: *LThK*[3] IX, 1448-1455; H. Vorgrimler, *Neues Theologisches Wörterbuch*, "Philosophie und Theologie", Freiburg I. Br. 2000, 491-495.
75. Chr. Stead, *Philosophie und Theologie I. Die Zeit der alten Kirche*, Stuttgart 1990.

그리스도교 신학자들은, 특히 이미 철학자로서 혹은 철학적 사유에 재능을 가졌던 유스티누스, 이레네우스, 알렉산드리아의 클레멘스, 나지안조의 그레고리우스와 같은 신학자들은 자신들의 입장을 철학적 형식으로 전달했다. 무엇보다도 하느님에 관한 교리를 전개할 때 그리스도교는 보다 넓은 차원에서 플라톤주의적 철학 사상(특히 신플라톤주의 사상)을 빌려 왔다. 이 같은 태도는 삼위일체 신학은 물론 그리스도론과 성령론에도 고스란히 해당된다. 그렇듯 그리스도교가 철학을 통해 자신을 이해시킬 수 있었다고 여긴 것처럼 철학과의 공생은 필연적이었다. 그로써 철학 및 이성과 함께하는 작업이 계속 시도되었다. 예를 들어 그런 시도들은 히브리-그리스어 성경이 전하는 불합리하게 비춰지는 부분을 소극적으로 다루는 가운데 신론을 전개했다. 다시 말해 인간과 말을 건네며 구원 역사 안에서 몸소 활동하시는 하느님의 모습 대신에 단순하고 불멸하며 영원히 초월적인 실체로서의 철학적인 신-사상을 제시하고자 했다. 그리하여 인간과 친교를 나누기에는 매우 힘겨운 신-개념을 마련해 놓았다.

중세에는 특히 스콜라주의가 지배적이면서 철학과 신학의 관계가 훨씬 더 긴밀해졌다. 누구보다도 토마스 아퀴나스 신학자와 같은 길을 걷던 이 시대의 신학자들은 그들이 생각해 낸 세상으로서 이 세상이 하나의 독립된 실재성을 갖고 있다고 이해하면서도 동시에 하느님, 곧 세상의 창조주를 향해 나아가는 통로로 간주했다.[76] 성경에서 입증된 하느님의 계시에 대한 신앙은 창조 행위 안에서 그리고 그 창조 행위로부터 얻어진 "자연적인" 지식을 무시하지 않는다. 오히려 그것을 전

---

76. 이에 참고로 R. Heinzmann, *Thomas von Aquin*, Eine Einführung in sein Denken, Stuttgart 1994, 26ff. und passim.

제로 삼는다. 그래서 사람들은 한편 신앙을 위해 앞서 요구되는 것으로 자연적인 진리(="신앙의 전제"[*praeambula fidei*])에 대해 진지하게 살필 수 있으며, 다른 한편 "자연적인" 이성을 뛰어넘어 그저 받아들이기만 을 강요하는 일부 강경한 불신앙(미신 및 신비주의적 태도)과 맞서 신앙 을 옹호할 수 있다. "하느님에게서 비롯되는 계시를 통해 창조 활동에 이르는 신학을 전개하려는 동안에도, 자연적인 이성은 세상 창조와 더 불어 이 세상에 자리하게 되었으며, 하느님을 인식하는 단계에까지 '고 유한 행위를 통해 자신을 사유하면서'(*per propriam operationem intelligendo ipsum*) 나아간다(*S&G.* III, 25, 2055)."[77]

근대에 이르러 신학은 다원주의 형태로 빠져들었다. 칸트(Immanuel Kant)의 고립주의적인 인식론적 태도에 영향을 받은 많은 철학자들에 게 주관적 혹은 경험적 인식 과정을 넘어선 의문 제기는 부당한 것으로 간주되었다. 그야말로 철학과 신학의 이상한 동침이 — 예컨대 독일 관념론의 입장에서, 아주 간단하게 말해, 모든 실재성은 하느님의 자기 현시와 자기전개로 이해되었는데 — 신학에게는 매우 불리한 상황을 자아내고 말았으니, 그로 인해 이 세상 및 역사에 개입하시는 하느님의 자유와 (인간이 더 이상 왈가왈부할 수 없는) 그분의 고유한 권한이 더 이 상 충분히 숙고되지 못하게 되었기 때문이다.

현대에 와서 아마도 독일 철학자 하이데거(Martin Heidegger)에게 서 영향을 받은 신학자들(특히 불트만[Rudolf Bultmann])이 좀 더 파격 적인 모습으로 철학을 신학과 결부시켰다고 볼 수 있다. 예컨대 신학자 가 더 이상 뒤로 물러설 수 없는 그런 중요한 작업 영역을 철학 안에

---

77. *Ibid.*, 29.

마련한 것이다. 하느님의 말씀은 실존하는 인간과의 "만남"을 갖고 그런 인간을 통해서 전달되어야 하기 때문에, 신학자는 인간의 현존재-분석을 시도해야만 한다. 따라서 신학자는 철학에도 관심을 기울일 수밖에 없다.[78] 하이데거가 불트만에게 제안한 인간 현존재에 대한 분석은 새롭고도 긍정적인 발상으로 간주되었던 반면, 철학 학계에서는 이후 1세기 가량 다원주의적인 소용돌이 속에 빠져 버리거나 철학사적인 일부 작업 영역에서만 그 혜택을 누렸을 뿐이었다. 실증주의를 대표하는 적지 않은 철학자들이 그로부터 종교와는 거리를 두거나 아예 신학과 관련된 사항들은 이성적으로 수용할 만한 것이 못되는 것으로 취급하는 경향을 보였다. 인간의 자율이성을 의무적인 것으로 간주하려는 흐름을 신학적인 차원에도 적극 도입하려는 대표적인 학자 토마스 프뢰퍼(Thomas Pröpper)도 "이성의 거칠 것 없는 의문 제기가 과학주의로 일관되는 사유 형식 혹은 그런 식으로 지식의 유효성을 평가하는 다원주의적 입장에 의지하는 오늘날의 사유 형식에는 단지 몇 안 되는 변호인만이 지켜 주고 있다."고 시인한 바 있다.[79] 신앙에 초대되고 또 그

---

78. 불트만에 대해서는 이하의 구절을 참조하고, 하이데거에게서 관찰되는 문제의식은 특히 하이데거의 책(*Phänomenologie und Theologie*[Gesamt Ausgabe I 9, Frankfurt a.M. 1970]) 속에서 찾아볼 수 있다. 참고로 이 책의 핵심 내용은 1927년 튀빙겐에서, 1928년 마르부르크에서 강연했다.
79. *LThK*³ IX, 1455. 그(토마스 프뢰퍼)는, 물론 신학이 순수 자신의 과제를 완수하기 위해서는 근대의 철학적 관점을 온전히 파악해야 한다는 입장에 아무런 조건 없이 동의할 것이다. 오늘날 "제일철학(=형이상학)적" 관점을 신학에 의미 있게 활용하려는 시도들이(K. Müller, H. J. Verweyen, Th. Pröpper를 위시한 학자들에게서) 부상하고 있지만, 그동안 철학을 전문적으로 취급해 온 이들은 그렇게까지 기대할 만한 것으로 여기지 않고 있다. 신학이 그와 같은 철학적인 작업 영역에도 기여해야 한다는 요청에 대해서만큼은 필자도 탐탁하게 여길 수는 없을 것 같다. 왜냐하면 여기서도 계속 보겠지만, 그로 인해 다른 한편 신학을 새롭게 게토화하는(=분리주의적인) 처지로 전락할 위험이 잠재되어 있기 때문이다.

앞에 결단을 보여야 하는 인간은 자신의 전 생애를 통해 응답해야만 한다는 사실을, 다시 말해 의식적으로나 철학적인 방식으로 답해야 한다는 분위기를 거부하지 말아야 할 것이다. 그러나 이 응답의 실현을 위한 구체적인 길에 대해 오늘날 충분히 소개하지는 않는 것 같다. 물론 이 같은 상황이 신학을 아예 참담하게 만드는 것은 아니다. 신학적인 진술로 하여금 "이성에 기초하는 태도" 혹은 "이성적인 규칙"을 따르도록 요구하는 그 모든 경우에 — 물론 일체의 학문들도 그러하거니와 — 일련의 다원적인 형태로 드러나는 철학의 "광경"을 바로 목도하게 된다. 그래서 학문적 진술들에 대해 엄정한 진리 형식을 적용하려는 시도 자체가 오늘날에는 거의 불가능한 것처럼 보인다. 게다가 신학은 새롭게 하느님의 자기개시(自己開示)가 전혀 인간에 의해 처분될 수 없고, 결코 인간의 말로 포괄적이고도 최종적으로 유효하면서도 일정한 형식에 의거해서 해석될 수는 없다는 사실을 절감한다. 그로 인해 바르트의 입장에 따른 진리의 양상 문제와 관련해서도 다음과 같은 관점이 적용된다. 곧 신학은 '신앙에 관한 학문'으로 존재하며 또 그렇게 머물러야 하며, 어떤 중재 수단들이 신학을 그와 다른 학문들과 유효하게 연계시킬 수 있는지 혹은 그럴 수 없는지 매우 철저히 검증해야만 한다. 이는 신학으로 하여금 자신을 꾸준히 상대화시키는 작업으로 안내한다. 좀 더 자세히 말하자면, 신학을 — 그리고 모든 신앙 내용을 — 여전히 포괄적으로 검열해 내는 바람직한 척도가 바로 '사랑'이라는 것이다.[80]

---

80. 1코린 13,2: "내가 예언하는 능력이 있고, 모든 신비와 모든 지식을 깨닫고, 산을 옮길 수 있는 큰 믿음이 있다 해도, 나에게 사랑이 없으면 나는 아무것도 아닙니다."

5) 교의신학과 교회

교회는 신스콜라주의 사상에 흠뻑 젖어 있는 소책자들을 "가장 친근한 신앙 규칙서"(*regula fidei proxima*)라고 칭한다. 그에 비해 성경과 전통은 "거리감을 느끼는 신앙 규칙서"(*regula fidei remotae*)라고 일컫는다. 이는 가톨릭교회의 신앙에 대한 최종적인 확실성과 사실성이 교회와 교회가 운영하는 감독 기관에 의해서 확정된다는 인상을 심어 준다. 이 같은 일방적인 모습은 일찍이 트리엔트 공의회의 반개혁적인 정신에서 싹트게 된 가톨릭교회의 입장이었지만, 오늘날에는 이미 그렇지 않다고 말할 수 있다.

무엇보다도 하느님 말씀이 모든 교회적 존재 및 모든 신학에 우선한다는 원칙을 기억할 필요가 있다. 교회는 예수의 선포로부터 그리고 그의 제자들의 시대에 자신의 실존을 확보했다. 그 뒤를 이어 가르치는 교회 역시 "하느님의 말씀 위에 있지 아니 하고 하느님의 말씀에 종속되어 봉사하는"(*DV* II, 10) 교회다. 이렇듯 "필요한 변경을 가하는" 유연한 태도는 신학에도 고스란히 적용된다. 신학은 전체로서의 교회와 꼭 마찬가지로 성경과 밀접하게 연계되어 있어야 할 것이니, 그것은 이미 성경이 교회의 신앙을 위한 척도로서 1세기 내내 교회가 인식해 왔다는 사실에서도 확인된다. 더 나아가 신학은 자신이 순수 역사적인 학문이 아니라 오히려 교회에 기여해야 하는 만큼 규칙적으로 기념하는 주님의 식탁에서, 교회 신앙의 구원사적 중심에서 매번 새롭게 마련되어야 한다는 것을 자각하고 있다. 또한 신학은, 특히 교의신학은 교회의 신앙고백과 본질적으로 결합해야만 한다. "교회의 신앙고백은 무엇보다도 교과 과정이 아니라 실존 과정이다. 거기에는 '현실적인 벌어짐(Geschehen)'이 필수다. 그래서 사람들은 주님께 직접 아뢰며 그러한 아름이 그들의 실존과 직결된 한에서 자연 다른 사람들에게도 입증하는 모습을 갖추게 될 것이다. 공동체의 신앙고백으로서 그것은 공동 터전이 될 것이기에, 공동체 모두의 삶을 아래에서 떠받쳐 주는 기반으로서 모두에게 고무적인 생생한 증언이 될 것이다."[81] 만일 사람들이 교회를 신학의 터전으로 명명한다면, 나아가 신학을 "그리스도의 공동체 안에서의 깊은 통찰, 그러니까 그동안 일련의 신앙 규범으로 전수된 고백 및 진술들을 현재 그리고 미래의 신앙을 위해서 꼼꼼히 살피고 다지며 또 확인하는 그런 통찰과 같다고 말할 수 있다. 그렇듯 교회 안에 전수된 신앙에 관한 진술들, 곧 교회의 가르침들은 결코 시간을 무시한 진리가 아니라 오히려 우리로 하여금 각 시대에 맞춰 응답해야 하고, 그래서 오늘날에도 새롭게 경험하는 사유 형식을 따라 반복적으로 응답해야 하는 고백임을 가리킨다."[82] 그러므로 신학은 교회 안에 전래되어 온 신조(한 마디로 교의)의 의미와 내용을 요모조모 살피면서 시대의 요청에 직면해 그 외양을 알맞게 변화시키도록 애써야 한다. 이것이 신학이 함축적으로 지향해야 할 과제라고 여겨진다. 그래서 한 시대에서 또 다른 시대로 건너갈 때마다 신학은 그 같은 과제를 책임져야 할 것이다. "여러분이 지닌 희망에 관해 누가 물어도 대답할 수 있도록 언제나 준비해 두십시오"(1베드 3,15). 이 충고는 종종 기초신학의 "대헌장"(*Magna Charta*)처럼 받들어져야 할 것이다. 물론 교의신학도 예외는 아니다.

이러한 진술들을 따라서 우리는 신학이 교회 안에서 그리고 교회

---

81. 가톨릭 신학은 개신교 신학자인 U. Kühn의 이 같은 진술 내용을 전적으로 그리고 조금도 빠트리지 않고 수용할 수 있다. U. Kühn, *Die eine Kirche als Ort der Theologie*. Ausgewählte Aufsätze, Göttingen 1997, 49.
82. *Ibid.*, 50.

를 위해서 그저 "봉사하는" 기능만 갖는다고 볼 까닭은 없다. 과연 이러한 봉사는 아주 종종 "비판적인" 속성을 띠는데, 그것도 물론 신학의 중요한 과제라고 할 수 있다. 교회에 항상 중요한 것으로 자리잡고 있는 "사태"들을 매번 새로운 시각으로 접근할 수 있게끔 곧추세우는 역할 말이다.[83] 보다 이른 시기부터 오늘날에 이르기까지 교의신학은 이같은 과제, 곧 그리스도교 신앙을 분명하게 언표 하는 일에 대해 숙지하고 있다. 그리하여 교의신학은 오늘날의 생활 세계를 십분 고려하면서 신앙을 표현하려고 노력한다. 한편으로 교의신학은 이러한 과제 수행을 통해서 어느 일정 시대의 그리스도교 신앙적 모범이 그 시대와 연계된 조건 아래서는 그에 상응하는 모범으로 되새겨질 수 있음을 함축하지만, 다른 한편 각 시대마다 사람들이 하느님의 계시를 어떻게 받아들이고 또 어떤 식으로 이해해야 좋을지 그 규칙을 마련해 준다. 이때 한 가지 놀라운 사실은 하느님의 계시가 꾸준히 그것을 수용하는 실존적인 인간들의 처지에 맞추어 완성된다는 것이요, 그런 한에서 계시 사건은 언제든 생경한 모습을 띠게 된다는 것이다.[84] 이에 덧붙여 한 가지 더 생각할 만한 점은 그리스도교의 신학이 다양한 문화적 환경에 깊이 뿌리박혀 있다는 사실과 저마다 독립적인 모습을 취할 수 있고, 나아가 그로 인해 다양한 형태로 세상에 제 모습을 드러낸다는 점이다.[85]

---

83. 이러한 의미로서는 이미 B. Studer가 몇 십 년 전에 신학자들을 가리켜 "교회의 눈[眼]"이라는 표현을 통해 강조했다. 이에 대한 참고로 in: *MySal* 1, 602.
84. 이에 덧붙여 참고할 만한 것으로서는 Härle의 *Dogmatik*, bes. 168-192("Die gegenwärtige Lebenswelt als Kontext des christlichen Glaubens")이 있다.
85. 이와 관련된 자료들을 상기(각주 84번) 저서를 통해 제공하는 와중에 해를레는 일례로 근대의 생활환경이 현대 독일의 생활환경과 매우 닮아 있다고 특징적으로 제시한다. 예컨대 확실한 복지 안정을 꾀하는 태도나 상실감에 대한 두려움 혹은 충

가톨릭교회는 물론 루터교회 및 정교회의 입장에서는 교회 안에 일련의 검열 기관이 존재한다. 특히 다원주의적 신학적인 견해들에 봉착해 교회의 일치 및 생활양식이 훼손당하지 않도록 크게 염려하는 관점에서 그런 검열 기관을 정해 두고 있다. 지난 수십 년간 교도권의 의미와 권한 및 그 한계에 대해서 다양한 각도에서 숱하게 논의해 왔던 것도 사실이다.[86] 이 같이 복잡하게 얽힌 문제는 "교회"라는 주제(테두리) 안에서 여전히 접근 가능하다고 보기 때문에, 근본적인 관점을 앞세워 아래와 같이 간단히 요약할 수 있다.

① 신학과 교도권 둘 다 독립적이지만, 하나의 교회를 위해 서로가 서로에게 의존적이다. 그럼에도 둘 사이의 갈등은 대부분 각각의 독립성이 서로에게서 존중되지 않는 경우에 벌어졌고 또한 그럴 경우 앞으로도 계속 벌어질 수 있다.

② 피해야 할 이런 갈등들 이면에는 아주 자주 서로 다른 신학적 견해들이 감추어져 있었고 또 여전히 감추어져 있는데, 이는 교도권을 행사하는 자들이 일정한 신학적 입장을 지지하기 때문이다. 그런 한에서 "검열 주체들" 사이의 갈등 문제가 결국은 그리스도교 신학에서 다원주의적인 관점들의 부류와 가능성과 그 판단 기준의 문제로 발전하게 될 것이다.

③ 의도적이거나 개인적인 특성이 신학에 결정적인 요인이 되어서는 안 되는 것처럼 (그로 인해 교도권에 직접적인 간섭과 같은 영향력을 미칠 수 없는 만큼) 교도권을 행사하는 검열 주체에게도 그런 요인으로

만한 삶에 대한 그리움 등이 그러하다.
86. 여기에는 물론 법이나 조직(기구) 등의 사회학적인 문제들과 근본적·신학적 의문들이 서로 뒤엉켜 버린 점도 기억할 필요가 있다. 이에 대한 참고로 **Themenheft I des "Bulletin ET"** - *Zeitschrift für Theologie in Europa* 12 (2001).

작용해서는 안 될 것이다. 또 그 같은 특성이 계속되어야 할 신학적인 정화 작업을 유보시키거나 잠정적인 의사소통만 허용하는 언어 규칙처럼 제시되어선 안 될 것이다. (그리하여 그것이 신학의 입장에서 교도권에 대한 근본적인 의문을 제기하는 구체적인 발단이 되어서는 안 될 것이다).

여기서 교회 안에 자리하는 두 가지 차원을 이제 고려해 볼 필요가 있다. 그 두 가지 차원은 교의신학을 위해 직접적인 원천 기능을 갖고 있다. 그 두 가지 차원은 당장 제2차 바티칸 공의회를 통해서 새롭게 재고되었다. 예컨대 만일 이 공의회가 첫 번째 회의를 거쳐서 '전례'라는 이름으로 첫 번째 문서를 작성해 냈다면, 그것은 우연히 마련된 것이 아니다. 이른바 전례 헌장에 따르면, "전례는 교회의 활동이 지향하는 정점이며, 동시에 거기에서 교회의 모든 힘이 흘러나오는 원천이다"(SC I, 10). 이 전례 안에서, 특히 무엇보다도 성만찬 안에서 구원론적인 기본 사건이, 곧 예수의 죽음과 부활을 통해 완성되는 구원 사건이 실재적으로 드러난다. 그러나 그 밖에 다른 행위들, 그러니까 성만찬 및 성사적인 활동은 아니지만, 여전히 전례적으로 전개되는 행위들 및 표현들에서도 여전히 하느님께서 인간을 향해 펼치시는 구원 사건에 대한 기억이 이루어지고 있으며, 예수 그리스도의 다채로운 현현이 실현된다. 그러므로 전례가 "신자들이 거기에서 실제로 그리스도 정신을 길어 올리는 첫째 샘이며 또 반드시 필요한 샘"(SC I, 14)이라 한다면, 전례는 또한 그리스도교 신앙을 학문적으로 숙고할 때 하나의 중심적인 위치에 서 있어야만 할 것이다. 이른바 "기도의 법이 믿음의 법이다"(*Lex orandi lex credendi*). 이 같은 신학적 명제, 다시 말해 전례를 신앙의 규범이자 원천으로 삼아야 한다는 원칙은 이미 5세기 이래로 계속 받아들여져 왔다. 물론 전례는 신앙의 유일한 표현은 아니지만, 그로써 신학에게 한 번 이상 신학적으로 숙고해 전례 형식을 결정해야 하는 과제를 강조해 왔다. 그러나 다른 한편 신앙에 관한 가르침은 시간이 흐르면서 또한 새롭게 전례로부터 자극을 받아왔기 때문에, 신앙교리는 전례와 대화하는 관계를 일정하게 유지해야 한다는 점을 상기할 필요가 있다.[87]

그와 마찬가지로 제2차 바티칸 공의회는 신앙을 보증하는 권한에도 관심을 기울여 하느님 영의 도우심으로 더 이상 그르칠 수 없는 점에 대해서 가르쳤다. "하느님의 거룩한 백성은 그리스도의 예언직에도 참여한다. … 성령께 도유를 받는 신자 전체는(1요한 2,20. 27 참조) 믿음에서 오는 오류를 범할 수 없다"(LG II, 12). "신앙 감각"(Glaubensinstinkt – 뉴먼[John Henry Newman]이 제안한 개념), 곧 하느님 영에 의해 진리를 깨닫게 되는 능력은 신앙인들의 일치, 다시 말해 신앙인들의 공통감각(consensus fidelium)을 키워 준다. 신앙인들이 진리 앞에서 취하는 신앙 감각은 결과적으로 신학적인 기본 토대를 확고하게 자리잡게 해 준다. 그럼에도 한 가지 문제가 남아 있다. 그것은 신앙인들의 일치가 구체적으로 어떻게 드러날 수 있겠냐는 것이다.[88]

6) 교의신학과 성경 주해

교의신학이 제2차 바티칸 공의회의 선언에 부응해 성경을 "신학의

---

87. 이에 덧붙여 상기 명제의 매우 중요한 측면에 대해서는 뛰어난 논문 "*Lex orandi lex credendi*"(A. Schilson), in: *LThK*³ VI, 871f. 참조 요망.
88. 이 문제에 대한 중요 논문으로는 H. Wagner, Glaubenssinn, Glaubenszustimmung und Glaubenskonsens, in: *ThGl* 69(1979), 263-271가 있으며, 상대적으로 폭넓게 다채로운 전망을 따라 살핀 연구서로서는 W. Beinert가, 자신이 편집한 교의신학에서 주제화한 단락으로서 Glaubenszugänge. *Lehrbuch der Kath. Dogmatik I*, Paderborn u.a. 1995, 167-187을 참조할 수 있다.

정신"(Seele der Theologie)으로 이해하는 태도에 대해서는 이미 소개한 바 있다. 물론 지금까지 일반적인 평가와 관련하여 보다 더 분명하게 밝힌 표현이란 점에서 중요한 성과일 수도 있겠지만, 그것으로 만족할 수 없다면, 어떻게 이 같은 의미심장한 선언이 구체적으로 실현될 수 있는지에 대해 제대로 설명할 필요가 있다. 이를 간단히 설명한다거나 일종의 "해설식의 교의신학"(narrative Dogmatik) 차원에서는 그렇듯 암시적으로 요청되는 조건을 적절히 채울 수는 없다. 성경이 이미 일어난 사건에 대한 근본적인 증언이라는 사실을 입증하는 일은 계속 수행되어야 한다. 실상 교회는 성경을 그런 의도에서 유래하며 그것에 소급해 돌아보도록 항상 고무시키는 데 힘쓴다. 성경은 확실히 가장 참된 의미의 언어로써 인간들 곁에서 하느님께서 함께하시는 역사의 근본적인 장면들에 대해 증언한다. 그러한 장면을 붙들고 그때마다 교의신학은 또한 근본적으로 숙고해야 한다. 그리하여 역사 속에서 파헤쳐 낸 근본적인 의미가 제 기능을 발휘하고 비판적인 효과를 가져다줄 수 있도록 해야만 한다. 지금까지 교의신학에서 성경의 증언이 규범적이고 비판적인 능력을 발휘하는 인식 수단으로 활용되지 못해 왔다. 실증적인 재구성의 경우에서든 직관적인 통찰의 경우에서든 도움을 주지 못했다. 물론 오늘날에 이르기까지 교의신학은 단순한 문헌 연구를 넘어서 그리스도교 신앙의 실재를 중재하거나 신앙이 짊어져야 할 책임을 수용하는 일과 관련하여 그들의 역할과 위상을 어디서 찾아야 하는지에 대해 스스로 물음을 제기한다.[89]

---

89. 이와 관련된 문제 전반을 살핀 아주 뛰어난 논문 하나는 Th. Söding의 "Exgese und Theologie. Spannungen und Widersprüche, Kohärenzen und Konvergenzen aus katholischer Perspektive", in: *ThRv* 99 (2003), 3-19를 가리킨다.

7) 교의신학과 교회 일치[90]

교의신학은 그리스도교 신앙에 대해서 학문적인 형식을 취한 하나의 증언이다. 그런 의미에서 교의신학은 교회 안에서 수행되어 온 믿을 교리의 선포 과정 및 그 테두리를 따라 이해될 수 있다. 그러나 그리스도교는 수백 년 동안 공동체의 모습으로 실존해 왔으며, 그때마다 다른 교회와 배타적으로든 포괄적으로든 관계를 유지하면서 예수 그리스도의 교회로 자각해 왔고, 예수 그리스도의 신뢰할 만한 몸으로 자각해 왔다. 어떤 경우에서든 교의신학은 항상 일차적으로 고유한 교리 전통에 대해 되돌아보고 또 여전히 그렇게 한다. 그 같은 고유한 교리 전통은 또 다른 모습의 교리 전통과 의식적으로 구별하는 방식을 취하기도 하고, 최소한 특별하게 여겨지는 중점 사항을 분명하게 강조하는 방식을 취하기도 했다.[91]

교회 일치(Ökumene)를 향해 한발 한발 다가가는 경험은 사람들이 분명 한편으로는 그리스도교 고유의 신앙 유산이 풍부하다는 것을 깨닫는 일이기도 하며, 다른 한편으로는 (여기서 만일 타종교의 신조에 대해 철저히 대립적 입장을 취하지 않는다면) 재고된 형식 혹은 새로운 형식으로 신앙을 고백할 수도 있음을, 그래서 갈라진 신앙인들이 다시금 "하나가 된 신앙 아래" 일치된 교의신학으로 개념화할 수 있음을 보여 주는 것이기도 하다. 이미 마련된 근본적인 토대는 아마도 성경이 증언하는 바에 대해 공동으로 귀를 기울이는 데에 있다. 성경이 우리 모두를

---

90. 이에 덧붙여 Filser, *Dogma, Dogmen, Dogmatik*, 752-755도 참조.
91. 교의를 전달하는 교리 선포와 확증 작업들 중에는, 이른바 "프로테스탄트"와 "가톨릭" 사이에 예컨대 신론과 같은 가르침에는 실질적으로 반목할 만한 대립점이 존재하지 않았다. 그럼에도 불구하고 사람들은 여기서도 어떤 신조의 전통을 따르느냐에 의해서 서로 대립하는 양상을 목격할 수 있다.

새로운 안목과 풍부한 통찰로 이끌어 줄 것이라 믿는 한 말이다. 물론 성경이 잘못된 교리 전통에 대한 비판적인 시각도 제공해 줄 것이다. 과연 저마다 고유하게 지속해 온 교리 전통이 성경의 비판적인 기능을 수용하는 일은 누구에게나 쉽지 않은 일이겠지만, 사람들은 그로써 원칙적인 토대를 확보할 수 있다고 본다. 왜냐하면 사람들은 그로 인해 성경에 대한 교회의 전통과 가르침을 '현실적으로' 제시할 수 있으리라 보기 때문이다. 만일 저마다 자신의 고유한 전통을 더 중요한 것이라고 앞세운다면, 아직도 비판적인 안목이 더 많이 요구될지도 모른다. 다른 전통들의 여건들을 재고하면서 주의 깊게 살피려는 준비된 마음가짐은 교회의 본래적인 교도권이 걸어가야 할 "보편성"의 일환이다. 그래서 교의신학을 교회 일치를 위한 기능을 수행하는 하나의 보편적인 학문으로서 "하나요 거룩하고 보편적인"(*una sancta catholica*) 교회로 안내하는 요긴한 길잡이로 삼을 필요가 있다.[92]

교의신학을 길잡이로 삼는 일은 제2차 바티칸 공의회에서도 이미 유사한 시도가 있었다. 특히 「일치운동에 관한 훈령」(*UR*) 안에서 두 가지 단서를 발견하게 되는데, 사람들은 이를 충분히 높이 평가하지 못한다. 다시 말하자면, 상기 훈령의 II장 19항은 서양 사회에 이미 갈라진 교회 및 교단, 곧 개혁으로 인해 빚어진 교단에 대해서 자세히 언급한다. "가톨릭교회와 화해하려는 평화의 열망과 일치운동이 아직 모든 곳에 파급되지는 않았지만, 우리는 모든 사람에게서 일치 정신과 상호 존

---

92. 종합적인 문제에 접근하고자 한다면, W. Pannenberg, Dogmatische Theologie in ökumenischer Perspektive, in: E. Schockenhoff / P. Walter(Hrsg,), *Dogma und Glaube* (FS. W. Kasper), 152-164를 참조할 수 있고, 좀 더 심화된 연구서로서는 E. Schlink, Die Struktur der dogmatischen Aussage als ökumenisches Problem, in: *KuD* 3 (1957), 251-306이 있다.

중이 점차 자라나기를 바란다. 그러나 이 교회들이나 교회공동체들과 가톨릭교회 사이에는 역사적, 사회적, 심리적, 문화적 특성의 차이만이 아니라, 특히 계시 진리의 해석에서 매우 중대한 차이가 있다는 점을 인정해야 한다." 만일 일찌감치 사람들이 프로테스탄트 교리를 두고 간단하게 말해 가톨릭교회의 "진리"에 대립하는 "비-진리"로 일축해 버리지 않았었더라면, 제2차 바티칸 공의회는 그렇듯 — 자연히 상대주의적인 곤란한 입장에 떨어지지 않고도 — 공공연하게 다음과 같은 입장을 취할 수 있었을 것이다. 곧 계시된 진리는 오로지 하나인데, 다만 다양한 신조들을 통해 시도된 해석들이 다양할 뿐이라는 것이다. 여기저기서 교회의 가르침을 "양적인 차원에서" 비교하는 일은 사태에 대한 올바른 접근은 아닐 것이다. 그런데 프로테스탄트 입장은 가톨릭교회의 입장과 비교해 이런저런 확신들이 일치하지 않음을 판단하는 그런 어떤 신앙 체계 혹은 교리 체계를 중요하게 여기지 않는다. 오히려 전혀 다른 인식 방법 및 진리의 수용 방식을 근본적인 척도로 삼으려 한다.[93] 그와 같은 태도로는 궁극적으로 그리스도교 신앙을 가진 교단의 다양한 "경험 형태들"을 자신에게로 최대한 끌어들이기가 녹록치 않다. 왜냐하면 그들 사이의 비교는 단지 고립된 것처럼 비쳐지는 가르침들을 끌어들이기에 벅찰 뿐만 아니라, 역사적인 발전 과정은 물론 그때마다 제시된 근본적인 의견들 및 그것들을 총망라하는 분야를 포용하기에 역부족이기 때문이다. 차라리 그러한 비교를 통해선 저마다의 신조 형식들을 지금 있는 모습대로 인정하는 수준에 그친다고 보아야 할 것

---

93. 「일치운동에 관한 교령」 II, 19와 관련하여 그리고 공의회 회의석상에서 이루어진 논의에 대해서는 L. Jaeger, *Das Konzilsdekret "Über den Ökumenismus"*. Sein Werden, sein Inhalt, seine Bedeutung, Paderborn 1965, 133f. 참조.

이다.94

상기 교령(UR)의 진술 조금 앞부분에서, 그러니까 제2장 11항에서 한 가지 원칙이 소개되었다. 그것은 곧 가톨릭 신학자들이 독창적으로 교회 일치를 위해 대화중에 고려해야 할 작업 수단 및 주석학적 원칙이라고 말할 수 있다. 그것은 "진리들의 위계"를 전망한 내용이다. "가톨릭 교리의 여러 진리가 그리스도교 신앙의 기초와 이루는 관계는 서로 다르므로, 교리를 비교할 때에는 진리의 서열 또는 '위계'가 있다는 사실을 명심해야 한다. 이렇게 형제적 경쟁을 통해 그리스도의 헤아릴 수 없는 풍요를 더욱 깊이 깨닫고 더욱 분명히 드러내도록 모든 사람을 이끄는 길이 열릴 것이다." 진리들의 위계(*hierarchia veritatum*) 및 교회 일치를 위한 활동의 의미에 대한 이 같은 진술은 문헌들 속에 아주 많이 언급되었다.95 이른바 "차별적인 동의"라는 토대 위에서 그리스도교 정신의 다원적 일치를 겨냥한 하나의 모범을 세우는 작업에는 "진리들의 위계" 개념의 수용이 점점 더 중추적인 역할을 수행하게 된다.96

---

94. 나는 (바티칸 공의회 이후 오랜 시간 동안) 그러한 [다양한] 신조들을 "경험 형태들"로 표현하는 것에 대해 제안해 왔다. 이 같은 제안은 가끔 동의를 얻어냈다. 물론 여기서도 진리에 대한 물음은 남아 있다. 그러나 그러한 비교는 비록 사람들이 형식화의 관점에서 엇비슷하게 취급한다고 하더라도, 아주 큰 차이를 보여 준다.
95. 참고로 "Hierarchia veritatum"(W. Beinert), in: *LThK*³ V, 84f. Beinert는 거기서 매우 중요한 문헌들을 종합적으로 제시한다. 물론 그 밖에도 U. Valeske의 풍부한 자료들에 대한 연구도 참조할 필요가 있다. 예컨대 그의 *Theologiegeschichtliche Hintergründe und mögliche Konsequenzen eines Hinweises im Ökumenismusdekret des II. Vatikanischen Konzils zum zwischenkirchlichem Gespräch*, München 1968을 참조할 수 있다.
96. 이에 대한 나의 책을 소개하자면, *Einheit-aber wie? Zur Tragfähigkeit der ökumenischen Formel vom "differenzierten Konsens"*(QD 184), Freiburg i Br. 2000과 나의 특별한 논문으로서 Ekklesiologisch-theologische Strukturprinzipien als Grundlage des differenzierten Konsenses, *Ibid.*, 11-35(23-26쪽에서는 특별히 "진리의 위계"에 대해 취급함)를 참고할 수 있다.

그와 같은 진리들의 "위계 혹은 순서"를 수용함으로써 제2차 바티칸 공의회가 새로운 어떤 것을 도입했다기보다는 차라리 교부 시대부터 중세에 이르기까지 일찍이 실제 전수된 어떤 것을 자각하도록 했다. 그리하여 토마스 아퀴나스가 시도했던 신앙 명제들에 대한 구분이, 예를 들어 "직접적이고 원칙적으로"(*directe et principaliter*) 제시된 신앙 명제들과 이들과는 구별되는 "다른 것들을 밝혀내려는"(*ad manifestationem aliorum*) 구분이 다시 재고되었다.97 바티칸 공의회가 "진리들의 위계"에 대한 확신을 형식화했을 때, 고유한 전통의 바탕이 잘 다져졌다. 사람들은 결코 "부차적인 의미의 진리들"에 대해 몰두하기보다는 구원론적인 의미에서 중차대한 교리들에 더욱더 매진하기를 원했다. 당연히 하느님의 계시에 인간의 구원에 관한 관심이 최우선적인 의미를 띠었기 때문에 ("주님이 우리를 위해 그리고 우리의 구원 때문에 하늘에서 내려온 사실[=*qui pro nobis et propter nostram salutem descendit de caelis*]"이 중대하기 때문에), 예수 그리스도에 관한 가르침에도 인간 구원이 그리스도교의 신앙을 형식화한 그 모든 것들과 교의를 통해 형식화된 그 모든 것들을 총망라해 그들을 좌우하고 통솔하는 토대와 중심이 된 것이다. 그러나 이것은 프로테스탄트들의 입장에 훨씬 더 가까운 태도다. 그러니까 그것은 이미 90년대 말엽 '의화 교리'를 두고 논쟁을 벌였던 경우를 상기한다면, 프로테스탄트들이 아마도 가톨릭교회보다도 훨씬 더 직접적으로 강조한 논리라고 말할 수 있다. 그렇다면 이 두 교단 간에 이어질 대화의 내용과 방법, 형태에 직접적으로 기여할 만한 결론에 얼른 도달할 수 있다고 본다.

---

97. 스콜라 신학과 토마스 아퀴나스의 특별한 논의에 대한 상세한 자료들은 Valeske의 *Hierarchia veritatum*, 70-81을 참조할 수 있다.

3. 오늘날 교의신학의 전형들

1) 구세사적 관점에서의 교의신학과 개인주의적 입장

제2차 바티칸 공의회가 제안하는 새로운 보편적 동향은 교의신학에서 (신)스콜라주의적인 방법과 거리를 두는 태도도 포함된다. 교의에 기초해 전개되는 신학(교회의 도그마에서 출발하거나 성경, 전통 나아가 신학적 이성에 근거해 초석을 다지거나 그 지지 기반을 형성시키는 학문 활동)의 이러한 합리적-선언적 전형은 구원사적인 의미에서 개념을 활용하게끔 계기를 마련해 주었다. 이때 교의신학은 반성하고 또 반성해야 할 것을 요구하는 하나의 체계로, 그러니까 여전히 하나의 독보적인 기본 입장을 통해 견고성과 엄정성을 보유한 어떤 체계로 이해되지는 않았다. 오히려 하느님께서 몸소 펼치신 구원 역사와 구원 행위가 내포된 그분의 구원 계획을 관건으로 삼았으니, 그것은 이미 성경이 증언하는 바였다.[98] 그 때문에 제2차 바티칸 공의회의 신학자 및 「사제 양성에 관한 교령」은 교의신학이 "먼저 성경의 주제들을 제시하고, … 다른 신학 과목들도 그리스도의 신비와 구원 역사의 관계를 더욱 생생하게 깨닫도록 개편해야 한다."(*OT* V, 16)고 밝힌다. 인간은 자신의 든든한 위상을 구원 역사 안에서 확보하게 된다. 이때 구원 역사는 계속적으로 그리스도의 사건 안에서 그 정점을 이룰 것인즉, 거룩하게 변모하신 주님

---

98. 가톨릭 신학에서, 이곳저곳에서 이러한 역사적 의식에 대한 절박함이 생겨났던 만큼 보다 더 포괄적인 차원에서 그에 대한 해명이 요구되었음에도 불구하고, 하나의 독보적인 관점으로 요약하는 일은 쉽지 않았다. 그럼에도 분명 현대주의의 극복과 함께 성경을 향한 불가피한 전향이 신학 내부에서 일어났고, 그런 분위기에서 그 같은 사고방식의 필요성이 부각되었다. 이에 역사의 변증법적인 진행 과정을 중요하게 살폈던 헤겔의 사유 형식 또한 큰 영향을 미쳤다.

이 이 세상을 심판하러 오실 때 마무리될 것이다. 인간은 이러한 역사적인 흐름 안에서 자유롭게 그리고 서로 말을 주고받는 피조물로서 각자의 완성에 이르도록 소명을 받았다. 도그마는 역사적 사건에 대한 부분적인 표현이요, 인간들을 위해 계속해서 주어진 구원의 언표다. 이러한 길을 걷는 구체적인 교의신학은 신구약성경과 아주 밀접하게 결속해 있음을 자각하며, 옛 교회의 주무 관청과 증언들에 대해 특별한 방식으로 교회가 유효하게 처리하고 전수해 온 공식 문헌들을 사려 깊게 살펴야 한다. 이미 구원이 구체적인 역사를 통해 선사되는 만큼 인간의 역사적인 상황 또한 각별히 고려된다면, 도그마의 구원에 관한 진술 형식이 그 전면에 부각될 것이다. 그럼에도 교의신학의 지도서 및 안내서가 제2차 바티칸 공의회 이후 가톨릭교회의 차원에서 거의 소개되지 않았다. 그로써 공의회의 정신이 개념적으로 잘 전달되지 않았고, 더욱이 발전적인 형태로 고려되지도 않았던 것으로 비쳐진다. 바로 거기서, 곧 하느님의 구원 행위를 계속해서 설명해야 하는 와중에 그만 비판적인 안목 및 합리적인 검토를 뒤로 미루는 위험에 처하게 될 것이다.

바티칸 공의회가 근본적으로 재천명한 구원사적인 입장은 애초부터 수십 년 전부터 가톨릭교회 안에 본래적인 것이 된 어떤 차원과 연계된다. 그것은 인격체로서의 인간이 나와 너의 만남을 통해서 자신의 현존재로서의 의미를 깨닫는다는 것을 가리킨다. 이 같은 인격적 구조는 계시 사건에서도 고스란히 적용된다. 하느님께서는 인간과 관계를 맺으시니, 이른바 인격적인 만남을 통해서 당신 자신을 드러내 보이신다. 유대 종교철학자 마틴 부버에 의해 부상한 이 개념은 가톨릭 신학자 로마노 과르디니(Romano Guardini)를 통해 매우 실천적인 방식으로 가톨릭교회에 도입되었다. 그는 실제 전례운동과 젊은이들을 위한 새로운 공동체 건설에 이 개념을 활용했다. 더 나아가 이렇듯 개인은 물론 공동체 전체를 인격적으로 아우르는 움직임 속에서 성경에 대한 가톨릭교회의 새로운 관심이 고조되었다. 그로써 하느님께서 친히 인간을 인격적인 만남으로 이끄신다는 사실을 더욱 분명하게 확인할 수 있었다. 하느님께서는 당신 스스로 원하시는 대로, "하느님께서는 사람들을 서로 아무런 연결도 없이 개별적으로 거룩하게 하시거나 구원하시려 하지 않으시고, 오직 사람들이 백성을 이루어 진리 안에서 당신을 알고 당신을 거룩히 섬기도록 하셨다"(*LG* II, 9).[99]

2) 초월적인 관점에서의 교의신학

구원사적-인격적 차원의 사고방식을 통해 본질적으로 알아들어야 할 중요한 사실은 하느님께서 친히 당신 자신을 인간 및 인간들에게 알리신다는 점이다. 인간 및 인간 공동체는 하느님의 구원이 임하는 장소다. 이러한 시각은 인간의 주체성이 모든 행위의 중심을 차지하는 근대의 사고방식으로 보다 더 단단히 무장한 분위기에서는 닫혀 버릴 수 있다.[100] 구원 역사의 의미를 상대화시키거나 결코 조금도 축소시키지 않으려는 의도에서 라너는 하느님의 말씀과 행위가 임하는 장소로서 인간을 중점적으로 고려했다. 칸트와 마찬가지로 그는 "선험적인" 입장에서 출발한다. 그리고는 인식론적인 관점과 존재론적인 관점 모두를 포용하고자 고민한다. 라너의 이러한 이중적 관점은 신학에 있어서도 "인간 중심의 전환적 사고"를 의미한다.[101] 아무튼 이에 대해 독일 뷔

---

99. 이러한 표현을 통해 의도한 바는 — 이 공의회 문헌이 밝히는 바와 다름없이 — 하느님께서 손수 인간들과 계약을 맺으신다는 사실이다.
100. 이러한 사고방식 중심에는 그 모든 인식을 인간의 능력에 복속시켜 버린 철학자 칸트가 자리한다.

르츠부르크의 교의신학자 가노치(A. Ganoczy)가 특징적으로 다음과 같이 잘 요약하였다. "그(=라너)는 '인식론적으로' 교의신학의 각 주제마다 인간 자신의 사유 능력을 통해 이해할 수 있게 해 주는 요소들에 대해 물었다. 그리고 결론적으로 그는 '초월적인 계시'에 관해 언급한다. 이 계시는 인간의 '함축적인 의식' 영역 안에서 이루어지기에, 분명한 의식을 지배하는 그런 '조건적인(=세계 내재적인) 계시'가 되기 이전의 상태를 가리킨다. 왜냐하면 하느님께서는 인간에게 항상 가려져 계신 분(absconditus)이기 때문이다. 비록 신앙인이든 비신앙인이든, 나아가 무신론자의 경우든 하느님께서는 언표 되지 않은 것으로부터 언표 된 것으로, 혹은 불분명한 기억에서 명료한 의식으로, 혹은 반성 이전의 것으로부터 반성적인 통찰로 나아가는 길목에서 근본적으로 당신을 알아보도록 자신을 내어 주시는 하느님이시라 하더라도, 항상 가려져 계신 분이다. 그러나 이러한 하느님 인식의 '선(先)-역사'는 모든 조건들과 결합되어 있고, 그로써 예수 그리스도의 역사, 곧 그의 빛 안에서 우리가 '조건적인'(개념적으로 형식화할 수 있는 범주에서) 하느님의 계시를 사유할 수 있도록 우리의 수용을 주선한다. 일찍이 예수 그리스도가 인간 존재의 '최고 경지'로서 참된 인간성 및 인간다움의 절대적이고 역사적인 절정을 함의함을 고려한다면, 이 같은 놀라운 인식 경로는 인간 자신의 사유 능력이 갖는 잠재력에 의거해 비합리적인 것이 아니다. 그리하여 초월적인 관점은 이미 최소한 인간학, 그리스도론, 나아가 신론을 하나로 묶어서 통찰하고 또 체계화할 수 있게끔 허락한다. 또한 교회론

---

101. 라너는 칸트의 명제에서 분명하게 잘못된 점을 자각하는 순간, 물론 이러한 전망을 앞서 토마스 아퀴나스가 지적한 사실을 관찰하게 된다. 이에 대한 참고로 H. Wagner, Zur "anthropologischen Wende" der Theologie. Rede von Gott als Rede vom Menschen, in: *KatBl* 105 (1980), 13-18.

과 … 성사론을 이러한 방법으로 그와 같은 체계 속으로 끌어들일 수 있다. '존재론적으로' (곧 존재자의 존재를 고려하자면) 이런 초월적인 인식 경로는 믿고 사랑하며 희망하는 인간이 자기실현을 위해 나아가는 길과 일치한다. 여기서 '초월' 개념은 일종의 역동적인 의미를 갖는다. 다시 말해 영적인 존재의 활동이라는 것이 중요하다. 그 같은 활동은 항상 자신의 현실을 넘어서 미래를 향해 기투(企投)한다. 인간에게는 마치 그를 방해하고 그의 실존을 '육체와 더불어 살아가도록 하는 상황'(이른바 실존으로서 불가피한 인간 조건)과 같은 '원죄' 상태가 짐스럽게 억누르고 있을 수 있다. 그에 비해 하느님의 은총이 충만한 계시는 '초자연적으로 살아가는 상황'에 이르도록 인간에게 모든 능력을 부여함으로써 이 세상의 속박으로부터 벗어날 수 있게 도와준다. 그래서 은총을 입은 인간은 자신이 원하는 자유를 누리게 된다. 그리하여 스스로 의미를 찾고 자신을 실현하게 된다. 혹은 토마스 아퀴나스의 표현을 빌려 말하자면, 하느님의 은총은 창조된 본성을 고양시킨다는 것이다."[102] 이 같은 내용으로 라너는 신스콜라주의 사상을 (우리 시대에 알맞게) 열어 보였다. 그는 그렇게 많은 교의들에 접근할 때 이해를 돕기 위해 일종의 해석학적인 열쇠를 제공했다. 그는 제2차 바티칸 공의회 이후의 신학에 큰 영향을 끼친 신학자 가운데 한 사람이며, 비록 그의 이름이 함께 거명되지 않더라도,[103] 오늘날에도 종종 그의 사고방식과 통찰력을

---

102. *Einführung in die Dogmatik*, Darmstadt 1983, 168f. 이 책에서 나는 의식적으로 특별히 긴 인용을 통해서 중요한 내용을 전달하고 싶었다. 왜냐하면 이 인용 내용은 교의신학의 의미심장한 윤곽을 보다 분명하고도 압축적으로 잘 요약해 주고 있기 때문이다. '존재론적'이란 진술은 특별히 필자가 강조하여 표시했다(앞서 '인식론적'이라는 용어와 대구(對句)를 이루는 용어라는 점에서).
103. 라너의 생애와 신학에 관해서는 나의 논문을 추천한다. "Karl Rahner", in: *TRE* 28, 111-117.

인용하곤 한다. 앞서 진술한 그의 입장 역시 비판적인 의문을 허락한다는 사실이 (예컨대 거기에 철학적·관념론적인 방법이 주류를 이룬다거나 역사적 계시를 다루는 데 현실적인 요소들이 소홀히 취급되었다거나, 나아가 신학을 인간 중심의 관점에 치중했다는 점에 대해 의문을 제기한다고 하더라도, 그것으로) 그의 명성을 훼손시키지는 못할 것이다.

3) 현상학적 관점에서의 교의신학

이에 유일하게 정상을 차지하는 신학자로서 스위스 신학자 발타사르(Hans Urs von Balthasar)를 떠올릴 수 있다. 만일 사람들이 흔히 기대했던 것처럼 그의 작품이 폭넓게 영향을 미치지 못했다고 말한다면, 그 원인은 그의 작품이 상대적으로 복잡한 언어 형식으로 꾸며져 있다는 데에 있으며(나아가 그의 작품이 완전한 형태로 출간되기보다는 여러 번에 걸쳐 나누어 출간되었던 것에도 원인을 찾을 수 있다), 다른 한편 발타사르가 대학에서 꾸준히 활동하던 인물이 아니었다는 데 그 원인이 있다. 다시 말해 그의 입장이 이른바 "교과서"처럼 정형화된 모습을 갖추지 않았으니, 사실상 그런 의미의 제자들을 키워 내지 못했던 것이 그 주된 원인으로 본다. 그럼에도 그와 같은 목소리가 없었다면 아마도 이 시대의 교의신학은 지금보다 훨씬 더 빈약한 모습이었을지 모른다.

철학자 후설(Edmund Husserl)의 '현상학'을 출발점으로 삼는다는 것은 우리의 눈에 드러나는 것 너머의 본질을 실재로서 인식하는 것을 의미한다. 본질을 인식하는 행위는 내적인 경험의 일종이다. 그것은 이른바 직관(直觀)을 통해 접근이 가능하다. 이러한 접근 방식은 신학에도 활용될 수 있다. 신학은 이때 "사랑에 대한 직관"을 향해 나아가야 한다. 그 같은 직관은 보다 덜 비판적·분석적인 방식이 아니며, 오히려 보다 더 묵상(meditativ) 방식으로 사건을 바라봄을 가리킨다. 신학적인 기본 사유는 이렇게 바꿔 표현될 수도 있다. 예컨대 '하느님께서는 예수 그리스도 안에서 "현상"(現象)이 되셨다. 그로써 '인간들은 그분의 본질을 받아들일 수 있게 되었다.'고 말이다. 하느님의 본질은 (여기서 라너의 경우와 다르게 해석되는데) 항상 인간 주체 바깥에 머물러 있다. 그래서 오로지 그분의 은총에 힘입어서만 인간에게 받아들여질 수 있다. 이 같은 모습의 하느님은 진리와 선의 가장 탁월한 모습으로서만이 아니라 아름다움으로도 설명된다. 그럼에도 하느님께서는 "미학적으로"만이 아니라 또한 극적으로도 우리에게 다가오신다. 부활을 통해 결론 맺어지는 수난 드라마 상에서의 십자가 사건은 아버지, 아들, 성령의 적극적인 공동체성의 표현이요, 그렇듯 하느님의 "아가페"가 단적으로 밝히 드러나게 해 준다. 교회는 무엇보다도 이 같은 계시 형태를 보증하고 더 널리 제시하는 과제를 도맡고 있다. 이러한 의미에서 교회는 또 하나의 "현상학적인" 파견 임무를 수행하는 셈이다.

만일 이러한 신학 역시 전적으로 독자적인 형태를 띠어서 쉽게 알아듣기 힘들다고 말한다면, 저 로마노 과르디니나 베른하르트 벨테(Bernhard Welte)와도 닮은 점들이 있다고 말할 수 있다. 예컨대 그들에게 자주 뒤따랐던 것처럼, "내면을 들여다보는 직관"이 약점으로 평가될 수 있다는 것이다.

4) 해석학적 관점에서의 교의신학[104]

여기서는 교의신학의 한 가지 일정한 형태(Type)로서보다는 차라

---

104. 이에 참고로 Kasper, *Die Methoden der Dogmatik* 13; ders., *Dogmatik als Wissenschaft*. Versuch einer Neubegründung, in: *ThQ* 157(1977), 189-203.

리 한 가지 방법이, 그러니까 다양한 형태들 안에 공통적으로 적용할 수 있는 하나의 방법이 관건이라고 본다. 신스콜라주의적 경향을 띤 교의신학은 교회가 마련한 교의의 근거를 무엇보다도 성경과 전통에서 확보하거나 그에 따라 설명하려고 노력했다. 그로써 교의를 중심으로 전개하는 신학은 교회의 교도권을 보조하는 조직처럼 발전했다. 그러나 교의신학이 성경의 해석을 중요하게 다루고, 특히 역사비평학적인 방법을 동원해 성경 주해를 시도하든가 교의의 역사를 알아듣고 또 재고하게 되면서 ― 이 같은 움직임은 이미 18세기 초부터 시작해 마침내 제2차 바티칸 공의회를 통해 공식적으로 재가를 받았으니 ― 그러한 기준을 따라 교의신학의 자기이해도 바뀌었다. 지금은 도그마가 일종의 관계 개념으로 이해되고 있는데, 다시 말해 교회는 어느 일정 시대 및 상황을 맞아 응답하는 형식으로, 물론 하느님의 말씀과 그 말씀이 전래되는 역사와의 관계를 매번 감안하면서 응답하는 형식으로 이해된다. "그와 같은 교의의 형성을 숙고하는 교의신학은 스스로를 해석학으로 이해한다. 가다머(H. G. Gadamer)의 해석학적 방법에서 출발하는 이 같은 관점은 성경이 전해 주는 하느님 계시에 관한 증언들이 그동안 어떤 영향을 미쳐왔는지 그 역사에 대해 살피고, 나아가 이를 현재의 시점에서 이해하고 실현시키도록 고무시킨다. 이 같은 배경에서 바라본다면, 교의신학은 일종의 전달 과정(Übersetzungsvorgang), 곧 전래되어 온 역사를 미래의 역사로 인도하는 과정을 뜻한다. 해석학적인 관점에서 이해된 교의신학은 교의와 관련된 전통을 비판적으로 수용하면서 이를 적극 고유한 처지에 부응하도록 중재하려 할 것이다. 그러한 교의신학은 더 이상 닫힌 체계가 아니라 역사를 따라 전개되는 열린 체계를 통해서만 서 있을 수 있다."[105] 해석학적 의미로 이해된 교의신학의 고유한 형식 중 하나는 실존주의(Existentialismus)와 연계된 자리에서 형성되었다. 그런 모습의 교의신학은 거의 대부분 프로테스탄트 신학 영역에서만 (해석학적-실존주의적 교의신학의 형태로) 존재하며, 나중에 언어적 구조와의 연관성 아래서 부각되기도 한다.

5) 상징으로 이해하는 교의신학

교의와 관련된 신조 및 고백 형식문은 "사태" 자체가 아니다. 신학, 특히 교의신학에서 "사태" 혹은 "대상"(Gegenstand)이라 함은 하느님과 직결된다. 신학은 하느님에 관해 진술하는 학문이다. 신학이 그의 "사태"를 표현하려는 한 언어를 활용해야 하는데, 교의와 관련된 그 모든 언어적 진술은 — 또한 그에 앞서 신앙고백의 진술 형식도 마찬가지로 — '상징적'이다. 만일 그리스도교 신앙의 기본 사상이 곧 다가올 하느님의 다스림에 주목한다면, 물론 이것이 인간의 구원을 완성시키는 일과 연계된다고 할 때, '상징학'(Symbolik)으로서 교의신학은 "곧 다가올 하느님의 통치에 대한 상징을 신앙의 차원에서 해석하는 것이요, 동시에 이 세상의 결정적인 의미를 상징으로 드러내는 것"[106]을 목표로 삼는다.

만일 사람들이 이 상징을 교의의 범주에서 생각하고자 한다면, 가장 먼저 예수 그리스도를 "하느님의 실재-상징"(Realsymbol - 칼 라너)으로 알아들어야 한다. 교회 안의 모든 상징들(신조를 포함해), 구원의 상징적인 행위들로서 7성사들은 모두 그리스도를 함축하고 또 전개하는 의미를 띤다. 이러한 언어적 진술들은 지난 세기의 신학에서 물론 결국

---

105. Kasper, *Dogmatik als Wissenschaft*, 195f.
106. *Ibid.*, 200.

에는 범주를 따라 이루어졌다고 말할 수 있는데, 그러한 연구 방법은 토마스주의 철학에서 유래했다고 본다. 이 새로운 철학에서 유래된 연구 방법은 교의신학의 상징 구조를 오늘날의 사고방식과 연결시키는 데 크게 기여하였다.[107] 이때 문화철학자 카시러(Ernst Cassirer)의 사상도 신선한 충격을 가져다줄 수 있다.[108] 예컨대 그가 문화 이론의 틀 안에서 인간을 가리켜 "상징적인 동물"(*animal symbolicum*)로 이해했다는 점에서 말이다. 언어, 종교, 문화, 학문, 이 모든 것들은 상징물에 속한다. 그것들을 통해서 인간은 그것들 너머의 실재에 도달할 수 있으며, 그로써 고전적인 상징에 대한 이해를 극복하게 되었다. 왜냐하면 고전적인 태도에는 일련의 이원론적인 구조가 내재해 있기 때문이다. 상징적인 것은 이편 혹은 저편, 아니면 내재 혹은 초월 어느 한쪽에만 관계하는 것이 아니다. 오히려 그것은 다른 것 안에서 같은 것을, 같은 것 안에서 다른 것을 드러낸다.

폴 틸리히(Paul Tillich)의 신학 사상도 "조직신학"(Systematische Theologie)이 종교적 혹은 그리스도교적 상징에 관한 신학으로 이해되기를 바라는 한에서 적지 않은 도움을 줄 것이다. 본질적으로 그의 신학은 두 개의 꼭짓점, 예컨대 "인간의 상황"과 "그리스도교의 복음"이 서로 관계를 맺어야만 한다. 상황 속에 산재하는 의문들은 복음 속에 내포된

---

107. 이에 대한 참고로 W. Müller, *Das Symbol in der dogmatischen Theologie*. Eine symboltheologische Studie anhand der Theorien bei K. Rahner, P. Tillich, P. Ricoeur und J. Lacan, Frankfurt a.M. 1990. 이 책에서 상징 개념의 신학적 활용과 관련된 매우 기본적인 정보들을 많이 접할 수 있다. 참고로 그 밖에도 W. Thönissen, *Dogmatik als Symbolik?* Eine Theologische-philosophische Skizze zur Frage nach ihrem Selbstverständnis, in: *Cath.* 51(1997), 201-219가 있다.
108. 참고로 M. Bongardt, *Die Fraglichkeit der Offenbarung*. Ernst Cassirers Philosophie als Orientierung im Dialog der Religionen, Regensburg 2000.

답변들로 해결되어야 한다. (곧 둘 사이의 "상관관계의 방식"으로 치유되어야 한다). "복음 속에 내포된 답변들은 [순수 인간의 힘만으로] 실존분석 자체를 통해서는 해결될 수 없기 때문에, 하느님 당신이 곧 인간의 유한성 안에 가두어진 의문의 절대적인 답변이라는 점에서 조직신학이 개념적으로 요약된 상징과 역사적으로 해체된 실존 사이의 상관관계를 해명해야 한다."[109] 그로써 사람들은 상징의 범주와 연계된 하나의 교의신학을 온전히 전개시킬 수 있다. 이러한 입장은 토마스주의적인 형이상학과 결부된 것만이 아니라 — 이미 카시러와 틸리히에서도 엿볼 수 있듯이 — 칸트에서 유래하면서도 칸트를 극복하는 보다 쇄신된 상징 이해와도 결부된다. 교의신학의 그와 같은 형식은 교회 일치를 위한 의미 또한 함의한다. 왜냐하면 이 같은 시도의 교의신학은 전통적인 교의신학과 형이상학에 근거한 전망만을 고집하는 대신에 오늘날 요청되는 간(間)-문화적 통합적인 관점에서도 그 중재 역할을 능히 해 낼 수 있는 그런 상징적인 형식들로도 기여할 수 있기 때문이다.

4. 한 가지 결정적인 관점 : 친교-신학 형식으로서의 교의신학

그레샤케(Gisbert Greshake)는 "친교"를 교의신학의 열쇠 개념이라 표현하면서 그 개념을 "그리스도교 신앙의 암호화된, 마지막 내용을 담은 약식 표기의 일종"으로 이해한다.[110] 그로써 그는 교의신학을 두고

---

109. Thönissen, *Dogmatik als Symbolik?* 213.
110. G. Greshake, Communio-Schlüsselbegriff der Dogmatik, in: G. Biemer u.a. (Hrsg.), *Gemeinsam Kirche sein.* Theorie und Praxis der Communio (FS. O. Saier), Freiburg I. Br. 1992, 90-121(인용은 91).

"신앙을 압축적으로 표현한 것"이되 '내용적으로'만이 아니라 — 물론 토마스 아퀴나스도 이러한 입장을 삼위일체론과 육화론에 적용시켰다. — '형식적으로'도 그렇게 이해했다.[111] 곧, 그리스도교의 신앙이 바로 그 '친교' 개념을 따라 하나가 된다. 만일 그러하다면, "친교" 개념이 신앙은 물론 신학 일체에 대한 '해석학적인' 기본 전망을 제공한다고 말할 수 있다.

"친교"란 무엇을 가리킬까? 하나의 공통적인 것에 많은 이들이 다 함께 참여하는 것이 중요하다. 더욱이 서로에게 그 몫을 나눌 수 있는 것, 혹은 사랑과 공동체성이 집약적으로 이루어지는 형식이 중요하다. 그리스도교 신앙은 삼위일체의 하느님 안에서 이 같은 실재성의 완전한 모범을 이해한다. 하느님께서 친히 인간들에게 (곧 삼위일체성과 육화 사건을 따라) "내어 주심"(Hin-Gabe)을 실현하시는 모습 속에서 이미 더 없이 확고한 그 형식을 발견하게 된다. 사람들은 그것을 넘어 전체 교의신학을 저 친교를 향한 사유 안에서 전개시킬 수 있다. 그로써 "친교"는 신앙에 대해 학문적으로 반성하는 것만이 아니라, 그러니까 신학 및 교의신학의 차원에서만이 아니라 그리스도교 신앙을 실천하는 현장에서도, 곧 전체 그리스도인의 삶 안에서도 그때마다 펼쳐 보이는 그 모든 전망의 중심에 놓이게 된다. 다시 말해, "친교는 확실히 의미 부여의 기준점으로서 그 모든 신앙 진리들 가운데서 교회의 봉사적 실천과 종교적인 제 개념들 및 실현 형식들을 이해하고 완성시켜 나가는 데에도 해석학적으로 유익한 전망을 제공할 것이다. 그리하여 그것은 단지

---

111. 이에 참고로 *S. th.* II/II, 1, 6 ad 1. 다시 말해, 그리스도교 신앙은 삼위일체의 하느님께서 예수 그리스도를 통해 인간들에게 당신 자신을 계시하신다는 점을 핵심으로 삼고 있다.

신앙 안에 내재하는 진리들만이 아니라 모든 주어진 것들 일체를 포괄하는 안목을 갖도록 도와줄 것이다. 하느님께서 이 모든 것들을 확정하시는 능력이라면, 이미 당신 자신을 계시하신 순간부터 그 실재성을 투명하고도 철저히, 곧 우리에게 분명하게 그래서 능히 이해할 수 있도록 밝히셨을 것이다. 또한 하느님께서는 신앙인들에게 동일성과 차이의 하나-됨 안에서 당신 자신을 완전히 드러내 보이시는 만큼 이미 완전한 친교로 이끄시는 생명이시자 사랑이 아니신가?"112

제2차 바티칸 공의회의 정신을 따라서 공의회 이후 신학은 이 친교-사상을 교회론의 중심 노선으로 부각시켰다. 그리하여 교회는 친교를 통하여 하나-됨을 대변하게 되었다.113 교회를 중심으로 서로 엮어 놓는 이런 관점은 이미 교회 너머로까지 발전했다. 왜냐하면 만일 친교의 의미로 교회에 대해 언급하기로 한다면, 전체 구원 역사의 주된 노선이 거기서 목격되어야 하기 때문이다. 또한 인간들이 그리스도로 말미암아 성령을 통해 아버지께 나아갈 수 있게 되었다는 사실이 여실히 목격되어야 하기 때문이다. 그런 모습의 교회는 하느님의 삼위일체성을 알아듣게끔 이해하고 또 몸으로 보여 줄 수 있도록 이끌어 주었고, 그런 점에서 하느님의 진정한 "모상"(참고 *LG* I, 4)이 되었다. 그레샤케의 견해와 마찬가지로 나는 "친교"를 바로 그런 이유에서 전체 그리스도교 신앙과 전체 교의신학의 근본 원칙이자 열쇠 개념으로 받아들일 수 있다고 생각한다. 여기서 보여 주고자 하는 교의신학적인 개요는 다름 아

---

112. G. Greshake, Communio-Schlüsselbegriff der Dogmatik, 114.
113. 이에 관한 광범위한 참고 문헌에 대해서는 카스퍼의 1986년 논문이 참고할 만하다. 거기서 그는 많은 참고 문헌들을 소개 및 정리해 주었다. *Kirche als communio. Überlegungen zur ekklesiologischen Leitidee des II. Vatikanischen Konzils*, in: ders., *Theologie und Kirche,* Mainz, 1987, 272-289.

닌 '친교의 교의신학'이란 윤곽을 실험적으로 그려 보는 것이다. 그로써 이 책은 "특별한 경로"를 탐색하는 것이 아니라, 오히려 오늘날 교의신학에서 동의할 만한 자료들을 찾아내서 강조하고 묶고 체계화하려는 것이요, 이를 통해 신학적·교회론적 중심 사상인 '친교' 개념을 좇아서 그 고유한 의미를 다시금 되새겨 보려는 의도를 갖고 있는 것이다.

그럼에도 나는 그레샤케의 입장과 비교해 다소 다른 것을 귀띔해 주고자 교회로부터 출발할 것이다. 교회가 그리스도교 신앙에 으뜸이자 가장 중요한 것이라고 생각해서는 안 되는 것인가? 이미 교회는 "사유의 질서 안에서"(*in ordine cognitionis*) 첫 번째 자리에 군림하고 있다. 예컨대 만일 한 인간이 그리스도교에 가까이 접근하거나 그리스도인이 그리스도교 신앙을 반영한다면, 그렇듯 첫 번째, 곧 그가 가장 먼저 지각하는 첫 번째 대상은 바로 사람들의 모임이다. 이 모임은 유독 하나의 일정한 신앙 내용을 중심으로 꾸려진 혹은 하나로 뭉쳐진 모임이다. 그 때문에 나는 그와 더불어 교회론을 시작할 수 있다고 믿는다. 이 교회론은 성령론과의 밀접한 관계 속에서 전개될 것이다. 왜냐하면 교회는 "성령의 성사"이기 때문이다. 하느님께서 인간의 구원을 위해 역사하시는 곳이라면, 그 어디서든 그분의 업적이 진술될 것이다. 특히 성령은 예수 그리스도를 통한 구원 섭리의 "동력"(Motor)과도 같다. 그분 안에서 하느님과 인간은 더 없이 밀접하게 하나가 된다. 그리스도론은 (구원론과 함께) 그로부터 가장 가까운 위치에서 고려된다. 그에 뒤를 이어 은총론과 의화론이 뒤따르게 될 것이다. 은총과 의화는 인간에게 말씀과 성사를 통해 구체적으로 다가온다. 이 주제에는 2개의 장(章)이 할애되었다. 이 모든 것들은 하느님의 신비, 그분을 통한 세상과 인간의 창조, 하느님에 의한 완성에 대해 곰곰이 생각하도록 촉구할 것이다.

그리고 마지막에는 그리스도교의 희망을 따라서 이 책의 순서가 그러하듯이 완전한 이들의 공동체와 마주서게 될 것이다. 이 같은 책의 구성은 그럼에도 각 단원과 단락들이 저마다 철저하게 작업되어야 한다는 사실을 그때마다 잊지 않았다. 이 같이 구분한 개관을 통해서도 이미 사람들은 교의신학이 취급하는 관례적인 내용들이 무엇인지 어렵지 않게 한눈에 알아볼 수 있을 것이다. 이는 무엇보다도 1978년 독일 주교회의의 「사제 양성을 위한 교회 규정」이 마련한 틀에 준한 것이다.

> 신론(=삼위일체론)은 곧 '친교의 완성'을,
>
> 창조론(=세상 창조)은 '친교를 향한 하느님의 의지'를,
>
> 그리스도론과 구원론(=예수 그리스도)은 '하느님께서 인간이 되신 친교'를,
>
> 성령론(=성령)은 '하느님 안에서의 인격적인 친교'를,
>
> 교회론(=하느님 백성)은 '하느님 백성의 친교와 일치'를,
>
> 성사론(=말씀과 성사)은 '친교를 일으켜 세우는 "수단(길)"'에 대해서,
>
> 은총론(=은총과 의화)은 '하느님과 인간 사이의 하나-됨의 실현'에 대해서,
>
> 종말론(=세상의 완성)은 '하느님과 영원히 머무는 완전한 친교'에 대해서,
>
> "성인들의 통공"은 곧 '완전한 이들의 친교'를 밝힌다.

이때 또 다른 한 가지 측면을, 예컨대 어째서 위에서 언급한 개요가 '교회론'과 어울리는지를 고려할 필요가 있다. 본회퍼(Dietrich Bonhoeffer)는 그의 초기 작품들을 통해서 교회의 사회적인 모습에 대해 생각할 거리를 제공해 주었다. "교의신학이 한 번쯤 신론이 아니라 교회에 대한 가르침으로부터 출발한다면 좋지 않을까 하고 생각해 본다. 그로써 교의신학의 체계가 그 속에 품고 있는 논리적인 의도가 명료하게

드러날 수 있는 기회를 갖도록 말이다."[114] 프로테스탄트 신학은 이에 공동체 내에 친밀하게 현존하시는 그리스도("공동체에 현존하시는 그리스도")에 대해 숙고한다. 그리스도의 현존은 교회론과 더불어 교의신학을 막 시작할 때부터 이미 함께 요구된다. 이러한 관점을 현대적인 용어로 재현한다면 다음과 같이 말할 수 있다. 인간의 해방(구원)이 바로 예수 그리스도를 통해 시작되었다고 하면, ─ 또한 신앙인들(교회)의 일치를 통해 시작되었다고 하면, ─ 교의신학은 일종의 토대(Grund)다. 그러니까 그것은 믿음으로 시작된 바로 그 실재성의 일부로서만이 아니라 또한 새로운 경험을 향해 나아가도록 우리를 인도하는 근거이다(그래서 그리스도교를 가리켜 "경험들을 통한 경험"[Erfahrung mit Erfahrungen] 혹은 "경험을 통한 신앙"이라고 특징지어 부를 만하다).

5. 교의의 발선과 관련된 문제

교의들에 대한 해석과 관련하여 국제신학위원회의 문서는[115] 다음과 같이 분명하게 규정한다. "의심의 여지없이 사람들은 교의들의 변함없이 유효한 내용과 외적인 표현 형식을 서로 구별해야만 한다. 그리스도의 신비는 꾸준히 지나쳐가는 시대적 언어 및 표현 가능성들을 초월하며 그로써 그때마다 한시적인 체계화 속에 결코 가두어지지 않는다. 서로 다른 문화권 및 시대의 변화하는 징표들과의 만남 중에도 성령은

---

114. *Sanctorum Communio.* Eine dogmatische Untersuchung zur Soziologie der Kirche (1930), Neuausgabe hrsg. v. J. von Soosten, München 1986, 85.
115. Die Interpretation der Dogmen, in: *IkaZ* 19(1990), 246-266.

그리스도의 신비를 항상 그때마다 새롭고도 생생하게 밝혀 주신다."[116] 그러므로 사람들은 — 이미 그와 같은 일이 과거에 자주 일어났던 경우라고 할 수 있는데 — 교의의 경우에도 그 내용과 외적인 표현 형식을 구별해야 한다고 말할 수 있다. 그 몸(내용)은 변함이 없었고, 다만 그 겉옷(언어 형식)을 바꿔 입을 수 있었다. 상기 문서는 그러나 사람들이 내용과 외적인 표현 형식을 분명하게 구별할 수 없다는 점에 대해서도 알고 있다. "언어의 상징체계는 단지 겉옷과 같은 형태만이 아니라 확실히 진리의 육화(incarnatio)를 가리킨다."[117] 그로써 근본적으로 교의의 역사성이 숙고되었다. 그래서 마치 계시가 모든 시대마다 그리고 서로 다른 여건마다 인간에게 새롭게 "다가와야" 하는 것처럼 — "하느님의 말씀"이 매번 새롭게 육화되어야 하는 것처럼 — 교의 역시 새로운 통찰을 통해 그것이 의도했던 의미를 근본적으로 함축하고 또 드러낼 수 있도록 심화시켜야 한다. 그야말로 새로운 상황에 걸맞게 그리고 전체 신앙 내용과의 연관성을 보다 분명하게 알아듣도록 전달해야 한다. 그러나 이 같은 과제는 논리적-연역적인 과정을 거치지 않는다. 오히려 시대에 따른 상황, 수호의 필요성, 견해의 차별화, 실존적인 요소들과 함께 언제나 병행한다. 그 때문에 그 과제는 결코 완결될 수 있는 성질의 것이 아니다. 도대체 함축된 "사태"가 무엇인지 충분히 지적하는 일이나 언어적 요소들과 표현 형식들을 채택해 그 "사태"를 정확하게 분별하도록 한계를 긋는 일은 결코 완결될 수 없다. 우리가 교의 역사를 회고할 때 이런저런 다양한 체험들을 숱하게 겪으면서 발전한 것은 분명하지만, 다른 한편 교의와 관련된 수많은 언표 형식들이

---

116. *Ibid.*, 264.
117. *Ibid.*

의도적으로 그래왔듯이 어떤 한정된 입장을 말끔히 털어 버리지는 못했다. 예컨대 과거 이단적인 생각을 품은 집단들이 상습적으로 활용한 용어들이나 표현 형식들을 회피하려고 했든, 그 내용 또한 단지 그런 집단들과 차별화된 측면만 강조하려는 경향을 좇아서 일정 형식들을 마련하려고 골몰했든 말이다.118 그래서 적지 않은 교의의 표현 형식들은 막 선언되었을 당시에는 미처 의식하지 못했거나 의도하진 않았겠지만, 분명 더 '보완되어야 할' 여지를 남겨두고 있다. 게다가 교의를 마련하는 일은 종종 역사적으로 우연하게 벌어진 사건들과 결부되어 있다. 그래서 그때마다 우연히 부여된 동기로 인해 교의에 관한 표현 형식들이 엄격하게 마련되거나 아예 보류되는 과정을 겪기도 했다.119

교리 및 교의의 발전에 대한 가톨릭교회의 입장은 한편으로는 (그 신앙 내용과 관련하여) 신앙의 정체성을 염려하는 동시에, 다른 한편으로는 또한 그 "사태", 다시 말해 신앙이 지향하는 실재성이 결코 소진될 수 없다는 사실을 두고 고심한다. 이에 관해 교황 베네딕토 16세가 일찍이 적확하게 지적한 바 있다. "모든 교의의 형식에는 … 이중적인 불충분함이 내재한다. 하나는 표현하고자 하는 실재적인 것과의 간격이 여전히 남아 있다는 점이고, 다른 하나는 그런 형식에다 그들의 신조를 애써 드러내고자 했던 사람들은 결국 역사적으로 한정된 그리고 역사적으로 상대적인 세상에 속해 있다는 점이다. 바로 이것이 교의의 언어

---

118. 예를 들어 트리엔트 공의회가 선언한 교의들의 표현 형식들의 착안점은 종교개혁적인 요소들을 회피하는 것이었다(좀 더 구체적으로 말하자면, 미사의 잔치적 성격보다는 '제사적 성격'을, 교회의 영적인 모습보다는 오히려 '가시적인 모습'에 초점을 맞추어 강조했다).
119. 전체 신앙 내용을 살펴볼 때, 상대적으로 적은 분량의 교의 형식들만으로 만족한 경우도 더러 있다(예컨대 신론, 창조론 등). 그럴 경우에는 한편 넓은 의미에서 확고한 교의 마련이 더 중요했다(차별화 작업).

적 형식을 최종적으로 유효하게끔 만드는 데에 어려움을 준다. 그러나 만일 그런 교의 형식이 그릇된 언어주의(Verbalismus)에 기울지 않고 언어를 통해 끝까지 표현하고자 애쓰는 가운데 저 사태 자체에로 우리를 꾸준히 이끌어 주는 길잡이로 고려될 수 있다면, 그런 형식들이 의도한 사태의 최종적 유효성과 그로써 그런 형식들 안에 깃들어 있는 의미는 소거되지 않을 것이다."[120]

교의들을 확정하는 문제는 지난 수십 년간 종종 논의의 중심에 서 왔다(예컨대 1950년 성모 마리아의 승천에 관한 교의를 확정할 때, 그리고 제2차 바티칸 공의회에서도 그랬다).[121] 모든 면에서 만족스럽고 신학적으로 완벽한 교의를 마련했던 경우는 없으며 아마 앞으로도 결코 그런 일은 존재하지 않을 것이다.[122]

교의들의 역사적인 발전 과정을 고려할 때 무엇보다도 교의의 역사에 적용되어 온 일부 신학적인 원칙을 기억해야만 한다. 그 원칙이란 "각 신앙 진리들을 교의 형식으로 다듬어가는 역사와 아울러 하느님의

---

120. J. Ratzinger, *Das Problem der Dogmengeschichte in der Sicht der kath. Theologie*, Köln u.a. 1966, 25. 교황 베네딕토 16세는 계속해서 교의의 해석에 관한 이중적인 내면적 원칙을 바르게 소개한다. '교의는 항상 성경에 소급해 확인해야 하고 교의의 탄생과 관련된 고유의 역사가 함께 이해되어야 한다.'
121. 제2차 바티칸 공의회는 물론 근본적으로는 완벽한 교의 확정에 대해 긍정적인 소신을 밝혔다. 곧 "성령께서는 계시에 대한 이해가 더욱 깊어지도록 당신의 은총으로 항구히 신앙을 완성시켜 주신다."(*DV* I, 5)
122. 가장 최근까지의 소책자 및 논문으로서 "Dogmenentwicklung"(W. Beinert), in: ders., *LKD* 95-97, 97쪽에서 저자는 "교의들의 발전 형식이 전체 역사에 걸쳐 다양하게 발견되며, 아직까지 완결된 형식을 발견하기는 힘들기 때문에, 결코 보편적인 의미에서 그 모든 가능성들을 함축하는 교의의 선험적인 이론 형식이란 존재할 수 없을 것"이라고 기술한다. 이와 유사하게 포르그리믈러(Vorgrimler)도 그의 소논문(*Neues Theologisches Wörterbuch*, "Dogmenentwicklung", 137)에서 "교의들의 발전 형식의 문제가 지금까지도 만족할 만한 방식으로 해결되지는 않고 있다."고 진술한다.

계시가 완성된 이후 유대-그리스도교의 신앙 이해를 총망라한 역사에 대해 학문적으로 (예컨대 일정한 방법을 따라 분석적이며 체계적으로) 제시하는 것"[123]을 가리킨다. 본시 교의의 역사는 학문적인 원칙으로서 진리의 역사성을 인식하는 작업과 함께 시작될 수 있었다.[124]

6 프로테스탄트 교의신학의 방향

1) 교의적인 가르침과 신앙고백의 합법적 다양성

앞서 제시된 교의신학의 개요는 가톨릭교회의 전통과 신학교 지침에 의해 교과 과정에서 목격할 수 있는 내용이다. 그리스도교의 신조는 대부분의 가르침과 일치해야만 하고, 나아가 이런저런 문헌에 반영된 내용 및 강조점과도 연계되어야 한다. 그래서 그것은 신조에 따른 예민한 경계신과도 관련을 맺고 있다. 그럼에도 불구하고 11세기 이후로 (곧 동방교회가 갈라진 이후부터) 그리스도교 내에 저마다 독특한 역사를 지니거나 독립적인 신학을 전개하는 큰 집단들이 생겨나기 시작했다. 그러다가 16세기에 와서 아주 특별한 형식이 등장한다. 종교개혁과 더불어 많은 교회들과 공동체들이 일정한 기본 견해를 중심으로 독자적인 신학을 형성하기에 이르렀고 저마다 넘볼 수 없는 노선을 유지하며 발전하게 되었다. 분리되어 왔던 것이 비로소 지난 20세기에 와서 다시 합쳐지기 시작했으니, 공동으로 신학 프로그램과 형식들을 고민하고 함

---

123. Vorgrimler, *Neues Theologisches Wörterbuch*, "Dogmengeschichte", 137ff.
124. Vorgrimler는 상게서에서 교의의 역사와 신학의 역사가 분명하게 구별되기 힘들다는 점을 올바르게 지적한다.

께 비교 및 정리하는 작업을 통해 점차 공동 규범을 마련하기에 이르렀다. 그럼에도 불구하고 약 450년간 서로 다른 길을 걸어왔던 까닭에 저마다 신학적인 특성이 여전히 남아 있다. 다시 말해 서로 다른 신조를 따라 길을 걸어온 만큼 독특한 표현 양식이 남아 있다는 것이다. 그것은 당장 하나의 대학교 내에서조차 두 개(가톨릭과 프로테스탄트)의 신학과가 공존하는 현실을 보아서도 쉽게 짐작할 수 있다. 신조의 독특한 표현 양식은 저마다 신학적 통찰에 따른 값진 유산이라는 점에서 결코 소거(掃去)시켜야 할 필요는 없다. 설령 그리스도를 뒤따르는 교회들이 모두 '하나'임을 뚜렷한 형식으로 밝히는 일이 요구된다고 하더라도, 그 때마다 독특한 표현 양식을 통해 우리는 예수 그리스도 안에서 하느님의 계시가 보여 주는 이른바 결코 고갈되지 않는 풍요로움을 확인할 수 있는 기회를 갖는다. 그 때문에 제2차 바티칸 공의회의 정신을 계승하기 위해 독일 지역 내 모든 교회가 한 자리에 모인 "뷔르츠부르크 시노드"에서 1974년 다음과 같이 공식적으로 선언한 바 있다. "서로 다른 신조를 전통으로 이어온 여러 그리스도교의 다양한 형태를 합법적으로 인정하고 또 긍정적으로 평가하는 일은 … 올바른 태도라고 생각한다. 그리하여 본 시노드는 지금까지 갈라진 교회들 간의 벽을 허물고 대립을 극복하는 단계로 발전하기를 희망하며 지금까지 갈라진 교회들 및 신앙공동체들이 모두 예수 그리스도를 중심으로 오직 하나인 교회를 다양한 측면에서 보여 주는 주체가 되기를 기대한다"(결의문 : *Ökumene* 4, 3.3).[125]

이로써 가톨릭교회가 아닌 이들, 특히 프로테스탄트가[126] 교의신학

---

125. 이에 대한 전반적인 문제점에 관해서는 H. Wagner, Kirchliche Einheit und Konfessionen, in: *US* 31(1976), 336-341.

적으로 취하는 다양한 견해들은 가톨릭교회의 전체 교의신학적인 틀 안에 포용되는 기회를 갖게 되었다. 그것은 당장 교회 일치운동과 관련하여 요청된 것이다(가톨릭교회가 교회 일치를 시대적 사명으로 고려했기에, 그것은 마치 의무적인 요청으로 비쳐졌다). 그러나 이런 제안의 구체적인 적용은 이미 한계가 명확하게 그어진 전체적인 교의신학의 틀로 인해 다만 기본적인 입장에서 새겨들을 수 있는 선에 머물렀다.[127]

2) 변증법적 신학 : 바르트, 브룬너, 불트만[128]

바르트(Karl Barth, 1886-1968)는 이 분야에 있어서 20세기 신학에 매우 특별한 인상을 심어 준 신학자다.[129] 제1차 세계대전은 그때까지 이어져 온 시민 사회 중심의 가치관을 무너뜨렸을 뿐만 아니라 프로테스탄트 신학계 내부에도 한 가지 뚜렷한 검열 체계를 마련하도록 이끌었다. 19세기에는 사람들의 관심이 종교 개념에 집중했는데, 당시 보편적인 의미에서 종교는 인간이 주관하는 영역으로 간주된 반면, 그리스

---

126. 오늘날 독일어권 영역의 교회들은 이 용어 대신에 "에방겔리쉬"(evangelisch)를 선호한다. 그럼에도 포괄적인 의미에서 "프로테스탄트"라고 해도 무방해 보인다. 여기서는 그런 중립적 의미에서 사용하기로 한다. 이에 참고로 "Protestantismus" (H. Krüger), in: *ÖL*², 999f.
127. 아래에 이어지는 전망은 부분적으로 다음 문헌의 탁월한 연구 보고서를 참고한 것이다. 예컨대 "Evangelische Theologie", 1982/2 und 1983/1. 여기서 E. Herms 와 W. Härle는 약 200쪽 가량의 분량으로 이와 관련된 전체적인 밑그림을 제시한다. 이에 또한 J. Rohls, *Protestantische Theologie der Neuzeit II* (Das 20. Jahrhundert), Tübingen 1997.
128. 이와 관련된 그리고 이하 단락에서 소개하는 신학자들에 대한 가장 간략한 정보는 W. Härle / H. Wagner, *Theologenlexikon. Von den Kirchenvätern bis zur Gegenwart*, München ²1994을 참고했다.
129. W. Härle는 그를 가리켜 이미 *Theologenlexikon*과 *LThK*³ II (각 문헌마다 "바르트"와 함께 소개했는데)에서 20세기 프로테스탄트 신학계의 가장 의미심장한 신학자라고 불렀다.

도교만은 특별한 모습의 종교로 생각해 왔다. 하지만 제1차 세계대전과 함께 그런 생각마저도 무너졌다. 그러나 이런 일이 벌어진 것은 사람들의 눈길을 바르트의 신학으로 돌리는 데에 크게 기여했다. 그는 일찍이 바오로 사도의 로마서를 간단히 주해한 적이 있었는데, 그때 그는 인간이 확고하게 하느님께로 돌아서야 한다고 힘주어 말했다. 신학적으로 인간은 매우 엄격한 의미에서 하느님에 의해 돌이켜져야 한다는 것이다. 그리스도교의 신앙은 의당 인간이 만들어 낸 종교가 아니다. 오히려 당신 자신을 스스로 계시하시는 하느님의 표현이자 그에 따른 결과다. 하느님께서는 인간의 믿음을 통해 생각하시며 행동하신다. 그러니 하느님께서는 인간 안에 내재하신다. 그로써 죄로 말미암아 상실한 하느님과의 친교 및 일치는 현실적으로도 다시 일으켜 세워졌다. 모든 것들의 중심에 서계시는 하느님의 주도권이 처음에는 올곧게 살아가려는 이들에게, 그리고 그 이후에는(정확히 1930년 이후부터는) 하느님의 은총으로 살아가는 이들에게 역사(役事)한다. 예수 그리스도를 통해 펼치시는 하느님의 계시는 모든 신학적 통찰의 기초다. "예수 그리스도를 통해 드러내시는 하느님의 계시는 인간의 전 영역, 그러니까 그의 역사와 문화, 관습과 종교를 포함한 모든 영역의 파기, 위기 혹은 심판을 함의한다."[130] 종교는 인간을 결코 하느님과 관계 맺도록 이끌어 주지 못한다. 왜냐하면 인간과의 관계를 맺도록 주관하는 당사자는 바로 하느님 자신이기 때문이다. 그래서 분명히 인간의 [전 영역에 걸친] "파기"를 통해서 그러한 관계가 성립된다. 이때 '파기'란 변증법적인 안목에서[131]

---

130. Rohls, Protestantische Theologie der Neuzeit II, 250.
131. "변증법적인 신학"이란 개념은 아마도 바르트의 어떤 강연에서 탄생한 것 같다. 그 강연의 주제는 하느님에 대한 인간의 진술(언표)과 신적인 진리가 서로 충돌할 수 있다는 내용이다. 당시 보다 더 심층적인 구조로 그 같은 충돌을 해소할

동시에 인간을 [달리] '긍정하는 것'(Bejahung)을 포함한다. 하느님 인식은 오로지 하느님 계시에 근거하기 때문에 ─ 곧 하느님께서는 오직 하느님을 통해서만 인식될 수 있기에 ─ 교의신학 역시 [인간의 생각과] "전적으로 다르신" 하느님께서 친히 당신 자신을 계시하시는 바로 그 자리에서 시작해야만 한다.

"신학은 그러므로 삼위일체이신 하느님의 자기언표로 이해된 계시에서 출발해야 한다. 거기서 하느님께서는 변함없이 함께 계시는 주체로 그리고 주도권을 공공연히 행사하시는 분으로 이해되어야 한다."[132] 그런 이유로 신학과 인간학 사이에 그 어떤 [근본적인] 결합이 전제될 수는 없다.[133] 바르트가 ─ 여러 차례 사전 기획을 시도한 끝에 ─ 1932년부터 1967년까지 고심하며 집필한 『교회의 교의신학』(*Kirchliche Dogmatik*)은 결국 미완성으로 끝났다. 이 작품은 철저히 그리스도론적으로 기획되었으며 하느님의 창조 행위는 구원론적인 틀 안에서 해석되었다. 창조는 사은(賜恩) 계약을 위한 외적인 근거요, 사은 계약은 항상 창조의 근거가 된다(상게서 III/1).

교의신학은 교회라는 테두리 안에서 이루어지는 만큼 교회의 기능에 속한다. 왜냐하면 거기에는 교회의 학문적인 자기검증이 요구되기 때문이다. 물론 그 같은 자기검증은 과연 하느님에 대한 교회의 발언이 교회의 존재와 일치하는지, 그러니까 궁극적으로 예수 그리스도를 통해

수 있는 사유 형식을 찾는 것이 관건이었다. 곧 하느님께서는 인간을 기꺼이 긍정하시기 위해 그를 부정하시는 모순을 극복하는 일이다. 그러니까 '심판과 은총', '죽음과 삶'과 같은 모순이 신앙 안에서 이루어질 수 있어야 한다. 이에 참고로 "Dialektische Theologie"(M. Beintker), in: *LThK*³ III, 189-191.

132. Rohls, *Protestantische Theologie der Neuzeit* II, 265.
133. 이 같은 입장은 브룬너, 불트만, 고가르텐으로 구성된 초창기 학파를 형성시키는 동기가 되었다.

쏟아 부으시는 하느님의 은총과 일치하는지 그 여부에 대한 물음과 직결된다. "교의신학이 이미 하느님께서는 예수 그리스도를 통해서 우리에게 밝히 드러나셨다는 사실을 신앙으로 전제 삼는 한, 이러한 진리를 교의신학이 추인하는 것은 당연하며, 그렇듯 교의로 확정한 명제는 곧 신앙 명제가 된다. 교의신학은 그런 까닭에 하나의 신앙 행위요, 그 때문에 하느님의 계시에 대한 순종을 뜻한다. 그리하여 교의신학에 대한 올바른 처신은 곧 올바른 기도 행위를 가리킨다. 왜냐하면 신앙과 순종은 모두 하느님의 자유로운 은총에 대한 감사기도와 다르지 않기 때문이다."[134]

바르트가 프로테스탄트 신학에 부여한 이러한 위상은 전혀 과대평가된 것일 수 없다. 왜냐하면 그는 종교개혁의 기본 사안들을 특히 개혁적인 틀에서 벗어나지 않으면서도 — 바르트는 그런 점에서도 이미 개혁 신학자다. — 분명하게 알아듣게끔 밝히고자 의도했던 바를 다 이루었기 때문이다. 예컨대 "오직 하느님 한 분께만 영광"(*Soli Deo gloria*)이라는 표현으로 충분히 이루었다. 바르트의 신학은 가톨릭교회에도 폭넓게 그리고 다방면으로 영향을 미쳤다.[135] 바르트 옆에는 에밀 브룬너(Emil Brunner, 1889-1966)가 있다. 그의 신학 개념은 비록 지금까지 그의 뛰어난 신학 사상만큼 그에 맞갖은 영향력을 발휘하지는 못했다고 하더라도, 실질적으로 하나의 독립적이면서도 교정적인 입장을 취한다. 이 같은 입장은 프로테스탄트 신학계만이 아니라 가톨릭 신학계에도

---

134. Rohls, *Protestantische Theologie der Neuzeit* II, 270.
135. 다만 발타사르의 기초적이고 원천적인 작품 하나만 떠올리자. 예컨대 그의 *Karl Barth*. Darstellung und Deutung seiner Theologie, Einsiedeln ²1962. 한스 큉의 책도 중요한 책 가운데 하나다. 곧 그의 *Rechtfertigung*, Die Lehre Karl Barths und eine kath. Besinnung, Einsiedeln 1957.

유효하다. 브룬너는 "변증법적인 신학"의 구조 안에서 가톨릭교회의 진지한 사유 형태를 새롭게 발견할 수 있는 조건에 관해 일깨워 주었다.

분명 브룬너는 "변증법적인 신학"을 대표하는 다른 이들과 마찬가지로 하느님의 말씀을 다시금 신학의 중심에 되돌려놓고자 했지만, 그럼에도 그의 경우에는 "연결점"에 대한 물음이 중요하다. 만일 그분의 계시가 "다가올" 수 있는 그런 장소로서 인간이 적합하지 못하다면, 인간은 도대체 하느님의 말씀에 대해 적절하게 행동할 수 있을까? 혹은 그분에 대해 과연 제대로 말할 수나 있기는 한 것일까? 그리하여 신학은 한편으로 하느님 말씀이 실현되는 모습을 체계적으로 밝혀야 하는 과제를 떠안는다. 그러나 이는 "신학의 또 다른 과제"136 하나를 추가한다. 그것은 인간 이성이 자신에게 주어진 여건이나 사태를 따라서 진리를 향해 나아갈 때 어떻게 하느님의 계시를 통해 완성되는지를 밝혀야 하는 과제이다. "하느님에 대한 지식은 … 우리가 생명을 걸고 물어볼 만한 것으로서 문제를 삼듯이 인간의 삶을 특별하게 만드시는 하느님에 관해 던지는 물음에서 싹튼다. 물론 이 같이 물어볼 만한 것을 문제 삼는 태도가 바로 '연결점'이다. 만일 인간이 하느님에 대해서 대관절 물을 수 없다고 한다면, 인간에게는 그 어떤 해결책도 주어질 수 없을 것이다. 그러하다면 하느님의 말씀은 인간이 결코 도달할 수 없는 어떤 것으로 머물러 버릴 것이다."137 이러한 (신학의) "또 다른 과제"는 "논쟁적인" 기능을 내포한다. 브룬너는 고전적인 "자연"신학에 대해 (왜냐하면 "생명"을 걸고 "물어볼 만한 것으로서 문제를 삼는 일"이 자기 자신으

---

136. 1929년 브룬너는 이와 동일한 제목(*Die andere Aufage der Theologie*)으로 연구서를 발표했다.
137. Rohls, *Protestantische Theologie der Neuzeit* II, 258.

로부터 솟구쳐서 인간 구원을 향해 나아가는 경향을 띠지 못한다면, 그것은 더욱이 자연스런 인간에게 "모순"에 지나지 않겠기 때문에) 분명하게 언급하지는 않았지만, 가톨릭교회의 신학적 입장을, 곧 트리엔트 공의회에서 이미 개혁주의자들의 기본 견해에 반대하여 공식적으로 마련한 입장을 의식했다. 곧, '인간에게는 하느님의 모상이 깊이 새겨져 있으니, 비록 인간이 죄로 말미암아 상처를 입었다고 하더라도, 그 (모상) 때문에 언제든 그에게 펼쳐지는 하느님의 말씀을 통해서 그의 권리가 회복된다.'는 상기 공의회의 입장을 그는 확고하게 뒤따랐다. 바로 그런 점에서만 신학은 "선교적(宣敎的)인" 신학으로 이해될 수 있다. 다시 말해 신학은 누구나 이미 자신과 관계를 맺는 그 모든 존재와의 연결점을 구비하고 있음에 동의한다. 하느님의 말씀은 인간에게 "가파르게"(steil) [혹은 느닷없이] 내려오지 않는다는 것이다.[138]

이제 여기서 세 번째로 언급해야 할 전문 신학자로서 불트만(Rudolf Bultmann, 1884-1976)을 돌아볼 차례다. 어느덧 이 신학자의 이름은 마르부르크 대학의 프로테스탄트 신학과 긴밀하게 연계된다. 거기서 그는 약 30년간 가르쳤다. 그리고 불트만이 학과장으로 역임하던 중에 이 신학과는 민족사회주의에 기초한 '인종차별 이론'과 분명하게 거리를 두었던 것으로 유명하다. 신학자 불트만은 본래 신약성경을 전공한 성서신학자였다. 그럼에도 그는 조직신학적인 부분에도 관심을 기울여, 그의 신학은 오늘날까지 전체 신학을 아우른다. 요점을 말하자면, 그는 근대 사상이 생각해 낸 인간의 조건 아래서, 하느님에 관해 언급하는

---

[138] 그 때문에 브룬너의 중요한 작업의 제목이 이와 직결된다. 예컨대 *Missionarische Theologie. Emil Brunners Weg zur theologischen Anthropologie*, Göttingen 1974, 이 책의 집필자는 마르부르크 대학 조직신학자 Heinrich Leipold다.

성경의 태도를 어떻게 이해할 수 있겠는지 하는 문제에 집중했다. 그 점은 한편 (근대의 인간상이 그렇듯 나름대로 바람직한 의미에서 신화적인 세계관과 충돌했던 만큼) 그로 하여금 "탈신화화"를 시도하도록 이끌었고, 다른 한편 당시의 다양한 이성적 형식들을 수용한 철학적 입장, 곧 인간 현존재 분석을 통해 그리스도교의 복음을 새롭게 해석하도록 이끌었다. 그와 같은 범주 안에서(예컨대 "인간의 본래성"과 직결된 믿음과 "비본래성"과 직결된 불신이라는 철학적 개념을 통해) 신약성경의 의도를 사람들이 이해할 수 있도록 시도했다. 그리하여 그는 신약성경의 선포 의도, 곧 예수의 죽음과 부활에 관한 케리그마가 무엇보다도 인간에게 하나의 새로운 자기이해를 중재하려는 데 있다고 해석하였다. 불트만의 영향력은 프로테스탄트 신학만이 아니라 가톨릭 신학에도 작지 않았으며, 오늘날까지도 — 더러는 감추어진 모습으로 — 영향을 미치고 있다.[139]

3) 상관관계의 신학 : 틸리히

불트만의 신학과 완전히 다른 모습으로서의 신학이 오래전부터 시작되어 "성공한"(passend) 신학자 폴 틸리히(Paul Tillich, 1886-1965)에게서 빛을 보게 된다. 그는 나치 정권에 미움을 사서 1939년 미국으로 이민을 갔다. 그리고는 그의 남다른 "조직신학"이 독일어권에 번역된 이후(1956-1966), 유명세를 타면서 신학계에 그의 이론이 받아들여졌다. 종교의 궁극적 대상은 "우리에게 무조건적으로 다가오는" 그런 존재다. 그는, 신학이 그리스도교의 복음과 인간의 상황이 어떤 상관관계

---

[139] 특히 누구보다도 H. Häring, Ungeliebter Kronzeuge. Zur Bultmannrezeption in der kath. Theologie, in: B. Jaspert, *R. Bultmanns Werk und Wirkung*, 379-395. 이 책(396-407)에 필자(Wagner)의 논문, Das Verständnis von Offenbarung im Zweiten Vatikanischen Konzil und bei Rudolf Bultmann이 게재된다.

(Korrelation)를 맺고 있는지 밝혀야 한다('관계의 신학')고 목소리를 높이며, 하느님과 세상과의 존재론적인 관계가 해명되어야 한다고 주장했다. 만일 하느님께서 우리에게 무조건적으로 다가오는 그런 존재로 고려된다면, 하느님은 더 이상 우리 곁에서 관찰되는 그 모든 존재하는 것들 가운데 하나로서가 아니라, 오히려 거기에 모든 존재하는 것들이 부분적으로만 참여하는 "존재-자체"로서 이해될 수 있다. 이때 틸리히는 비록 자발적이고 독특한 사유 형식을 통해 표현하더라도, 스콜라 철학 및 신학의 범주들을 기꺼이 수용해 활용했다. 상관관계 개념은 가톨릭 신학의 기본 입장과도 연계되는데, 그것은 그 개념이 "창조 질서"와 "구원 질서" 사이에 서로 딱 맞아 떨어지는 "상응점들"을 제공해 주기 때문이다. 이는 한 분이신 하느님이 창조와 구원을 모두 주도하시기 때문에 가능하다. 이와 연루된 다양한 측면에서, 특히 얼른 보아서도 알 수 있듯이, (물론 프로테스탄트의 경우도 그렇지만) 가톨릭 종교 교육학에서 틸리히의 입장은 적극적으로 수용되었다.[140]

4) 현재 : 에벨링, 몰트만, 판넨베르크, 융엘

현재의 프로테스탄트 신학에서 조직신학 및 교의신학 중심 신학자들의 주요 입장을 적은 양의 지면을 통해 일목요연하게 조망하려는 시도는 그리 탐탁한 발상이 아니다. 하지만 만일 우리가 상기 네 신학자들의 이름을 거명하면서 각 신학자의 사상적 특징만이라도 분명하게

---

140. 본래 이 자리에는 여전히 본회퍼(1906-1945)를 간단히 소개할 계획이었다. 그럼에도 그의 영향은 신학적인 관점에서 (그의 작품을 통해서 볼 때) 그리 크지 않아 보인다(왜냐하면 그의 작품은 지나치게 단편적으로만 전해지기 때문이다). 그리고 그의 생애와 신학이 서로 뒤얽혀진 시각에서 전해져 오는 한계로 인해 여기에 싣지 않았다.

대비시킬 기회를 얻는다면, 그것도 이른바 이들 네 신학자들의 중심 사상 안에서 목격되는 현대 신학의 한 가지 공통된 동향을 찾을 수 있다면,[141] 그러한 시도가 무의미하다고는 보지 않는다.

게르하르트 에벨링(G. Ebeling, 1912-2001)은 해석학적인 측면에서 하느님-말씀-신학(Wort-Gottes-Theologie)을 대표한다. 모든 실재성은 그것이 이해되어야 한다면 언어로 표현될 수 있어야 한다. 그러므로 실재성의 이해에 대해 궁구(窮究)하는 해석학은 근본적으로 말씀 사건에 집중하여 작업을 한다. 이때 이해의 최종 근거는 하느님의 말씀이다. 그 때문에 신학적인 관점에서 해석학은 곧 하느님 말씀에 대한 가르침이다. 이 하느님의 말씀은 가장 먼저 복음서에서 실현된 말씀으로서 사람들을 신앙인으로 만든다. 다시 말해 하느님을 자신의 미래로 고백하고 동료 인간에게 진실만을 고하는 그런 인간으로 이끈다. 다른 사람들을 위한 현존재로서 자신의 신앙을 증언하는 인간 예수를 통해 이미 신앙은 언어로 드러났다. "계시"는 예수 그리스도의 경험 및 만남을 주선하는 신앙의 초석(Konstitution)이다. 교회는 부활 선포를 통해서 신앙의 증인으로서 신앙의 근거를 마련하는 존재가 되었다. 그렇지만 이미 "부활 이전의" 예수가 전권을 통해 단언했다. 곧 "부활 이전의" 자신을 "(부활 이후의) 선포된 주님"과 구분해 따로 받아들여질 수 없다. 이러한 의미에서 불트만 학파에 속한 에벨링은 ― 자신의 입장을 한층 강화시켜 ― "함축적인(implizit) 그리스도론"에 대해 열변한다. 에벨링은 그의 "그리스도교 신앙에 관한 교의신학" 개념을 앞세움으로써 바르

---

141. 이는 분명 하나의 시도로서 의미가 있다. 특히 오늘날의 소책자(안내서), 사전 혹은 가톨릭 교의신학을 총망라한 글 속에서 이 네 신학자들이 거론되고, 인용되고, 그의 사상에 대한 소개가 비교적 자세히 언급되고 있는 한, 그런 자료들을 토대로 삼는 점에서 어느 정도 타당성을 갖는 시도가 될 것이다.

트의 입장과 의식적으로 자신을 구별했다. 그는 해석학적인 방식과 결합시켜 하느님 말씀을 이해할 것을 강조함으로써 가톨릭 교의신학에도 큰 영향을 주었다.142

아주 대조적인 또 다른 전망은 위르겐 몰트만(Jürgen Moltmann, 1926-)에게서 엿볼 수 있다. 철학자 블로흐(Ernst Bloch, 그의 대표적인 작품으로는『희망의 원칙』이 있다.)의 영향 아래 이 튀빙겐 신학자는 자신의 "희망의 신학"143을 발전시켰다. 왜냐하면 예수 그리스도에 대한 신앙이 그 중심에 자리하는 그리스도교 신앙은 결국 그로 인해 열린 미래를 중요하게 여기기 때문이다. "그리스도교의 종말론은 막연히 어떤 미래에 관해 말하는 것이 아니다. 그것은 이미 일정한 역사적 실재성에서 출발해 그에 대한 미래를, 그런 실재성에서 기대되는 가능성을, 그로부터 염원하는 미래의 놀라운 위력을 고지한다. 그리스도교의 종말론은 예수 그리스도에 대해서, '그분의' 미래에 대해서 이야기한다. 그것은 예수의 부활이 보여 줄 실재성을 이미 알아듣고 부활한 그분의 미래에 대해 선포한다."144 이 같은 미래는 예수 그리스도를 통해서 고지되고 선언된 것으로서 무엇보다도 구체적인 역사적 상황에 변화를 불러일으키는 하나의 위력적인 동인(動因)이 된다. 그래서 "희망의 신학"은 가톨릭교회 내 (독일) 뮌스터 대학교 신학자 메츠의 입장과 더불어 "정치신학" 및 "해방신학"의 모태가 되었다.145 이러한 희망의 신학 및

---

142. 아마도 기록으로 보고된 가장 중요한 작품으로서는 예수회 P. Knauer의 책, *Der Glaube kommt vom Hören*, Ökumenische Fundamentaltheologie, Graz 1978가 있다.
143. München 1964.
144. *Theologie der Hoffnung* 13.
145. 이에 참고로 T. R. Peters, Johann B. Metz, *Theologie des vermißten Gottes*, Mainz 1998.

십자가의 신학을 기초 삼아 몰트만은 교의신학의 또 다른 영역까지 나아갔다. 그는 자신이 시도한 개별 연구들을 그때마다 교의신학의 일부분으로 간주했다. 예컨대 『십자가에 처형되신 하느님』(1972), 『성령의 능력 안에 있는 교회』(1975), 『삼위일체와 하느님 나라』(1980), 『창조하시는 하느님』(1985), 『예수 그리스도의 길』(1989), 『생명의 영』(1991) 등이 그러하다.146

루터교회의 신학자 볼파르트 판넨베르크(W. Pannenberg, 1928-2014)도 가톨릭 신학에 매우 가까운 사상을 보여 준다. 이때 유독 그에게서는 역사에 대한 한 가지 흥미롭고 새로운 점이 저 바르트와 불트만, 에벨링의 "하느님-말씀-신학"과는 대조적으로 등장한다. 분명 신앙은 그때마다 시간적으로 벌어진 것들을 살펴서 얻은 결과물에 의존할 수 없으며 또한 그래서도 안 된다. 그럼에도 시간적으로 벌어진 사태들에는 저마다 신앙을 위한 특별한 의미가 깃들어 있다. 분명히 신앙은 하느님의 작품이며 또 하느님의 작품으로 계속 남겠지만, 인간의 결정을 위해 바깥에서 점화시키는 어떤 촉매제를 필요로 한다. 이 촉매제는 신앙을 위해서 역사적인 환경을 따라 주어지는 하느님의 계시를 가리킨다. 그것은 때에 이르러 초래된 역사적 사건이기도 하다. 계시를 역사로 정확하게 규정하기 위해서 판넨베르크는 보편 역사(Universalgeschichte)의 범주를 활용한다. 이스라엘 신앙의 역사 안에서 하느님의 섭리는 항상 포괄적이고 보편적인 모습으로 다가온다. 그러한 신앙의 역사는 역사 전체를 향해 계속 나아가려고 힘쓴다. 이는 물론 아직 충

---

146. 그의 개별 작품들과 그 서지와 관련된 자세한 사항을 가장 잘 알려 주는 책으로서는 그의 *Erfahrungen theologischen Denkens*. Wege und Formen christlicher Theologie, Göttingen 1999.

분하지 않고 또 전체를 달관할 수 있는 경지는 아니다. 왜냐하면 역사의 목표 혹은 종말은 아직 인식 가능한 것이 아니기 때문이다. 그럼에도 역사의 종말, 곧 죽은 이들의 부활은 예수 그리스도의 운명을 통해서 앞서(선취적으로) 벌어졌다. 그런 한에서 예수의 부활은 역사적 이성이 걸어가는 목적지로서, 그리스도교 복음의 중심이자 모든 인간들을 위한 궁극적인 의미로서 제시된다. 이때 인간은 항상 의미를 향해 나아가고 미래를 완성하기 위해 노력하는 존재로 고려된다. 판넨베르크의 열린 미래에 대한 생각은 라너에게서 목격되는 그것과 매우 유사하다. 판넨베르크는 그러한 그의 입장을 세 권의 책 『조직신학』(*Systematischen theologie*)으로 요약했다. 이 책들은 오늘날 프로테스탄트 신학의 전체 교의신학을 대변하는 중요한 작품들이다.[147]

또한 바르트의 입장을 옹호자들 가운데 한 사람인 튀빙겐 신학자 에버하르트 융엘(Eberhard Jüngel, 1934-)은, 바르트의 계시 신학이 불트만의 해석학에 모순되지 않는다는 점을 중요하게 생각한다.[148] 이 같은 생각을 발판으로 융엘은 계속해서 보다 넓은 시각에서, 곧 신학적인 언표들의 형식, 죽음, 예수의 비유적인 가르침 등으로부터 신학적인 물음에 접근하고자 한다. 한 권으로 요약된 작품은 아직 나오지 않았다. 그렇지만 그의 작품 『세상의 신비로서 하느님』(부제 : 유신론과 무신론 사이의 논쟁 안에서 십자가에 처형되신 분의 신학을 기초 놓기 위해)[149]은 오늘날의 신학에 — 프로테스탄트 신학만이 아니라 가톨릭 신학까지 포

---

147. Göttingen 1988, 1991, 1993.
148. "Gottes Sein ist im Werden(=하느님의 존재는 진행 중이다)." 1965년에 발표된 융엘의 이 글은 바르트의 신학에 대한 그의 가장 기초적인 소개서다.
149. *Gott als Geheimnis der Welt*. Zur Begründung der Theologie des Gekreuzigten im Streit zwischen Theismus und Atheismus, Tübingen 1977.

함해 — 특히 많은 충격을 가져다준 작품으로 평가된다. 이 책의 첫 번째 단락에서는 근대의 하느님-사상을 다룬다. 그는 좀 더 정확하게 말해서 근대가 이해한 "하느님에 대한 사유 가능성"과 그러한 사유 가능성에 대한 논쟁에 대해서 장황하게 다룬다. 그래서 거기에는 사소한 것들까지 정확하게 취급하는 경향이 있다. 그는 예컨대 하느님-사상에 대한 분석에, 특히 철학자들 데카르트, 피히테, 포이어바흐, 니체의 입장까지도 해설했다. 융엘은 바르트에 아주 가깝게 다가서 있는 사람이다. 왜냐하면 그는 하느님에 대한 사유 가능성을 그런 생각에 앞서 제시되는 하느님의 말씀에서 찾기 때문이다. 다시 말해서 하느님은, 그분이 친히 인간에게 말을 건네시는 한에서 하느님 자신에 의해서만 다시금 고려될 수 있다. 그러므로 "하느님을 사유한다는 것은 하느님과 함께 사유하는 것을 의미한다."[150] 예수 그리스도의 십자가를 통해 하느님께서는 스스로 "죽음이란 부정(Negation)"을 겪으셨으며, 그것은 또한 다른 이들을 위해서 수난을 겪으신 분임을 보여 준다. 그래서 그분은 사랑으로 정의된다. 십자가에 처형되신 분은 그렇게 이 세상의 신비로 머물러 계신다.

가톨릭 신학은 이 같은 프로테스탄트 교의신학과 밀접한 관련을 맺고 있기에 가톨릭 신학을 위해서 대단히 큰 도움이 될 수 있다. 물론 다른 지식과 학문 분야들에도 도움을 주고받을 필요가 있다. 이에 한스-마틴 바르트(Hans-Martin Barth), 크리스토퍼 프라이(Christofer Frey), 빌프리트 해를레(Wilfried Härle), 디이터 코르시(Dieter Korsch), 프리드리히 밀덴베르거(Friedrich Mildenberger), 게하르트 자우터(Gerhard Sauter)

---

150. 상게서 213.

등의 이름들에 대해서도 기억할 필요가 있다. 이들이 시도하는 다양한 신학 분야 및 교의신학적인 연구들이 관건으로 삼는 것은 각각의 신앙 유산을 훼손시키지 않고도 서로 간의 경계로 인해 고심하는 문제들을 넘어서 함께 도약할 수 있는 이론 체계를 생각해 볼 수 있는지 여부다.

7. 오늘날 가톨릭교회 교의신학사전, 지침서, 교리서

교의신학과 관련된 1차 문헌과 참고 자료들에 대해 상당히 포괄적으로 제시한 책으로는 먼저 바이너르트(W. Beinert)의 『교의신학을 연구하다』(*Dogmatik studieren*)[151]가 있다. 이 책은 1985년에 출간되었음에도 아직 이를 능가할 만한 것이 없다. 그 밖에도 교의신학 연구에 중요한 참고 문헌으로서는 신학 전문사전으로 유명한 *LThK*³(3판), *RGG*⁴(4판), *TRE*²(2판)을 소개하고 싶다. 그 외에도 신학 소사전과 작은 안내서로는 *NHThG*²(2판)이 있다. 교의신학 연구에 중요한 참고서로는 교의신학자이자 교의역사학자인 포르그리믈러(H. Vorgrimler)의 『새로운 신학사전』(*Neues Theologisches Wörterbuch*)[152]을 추천한다. 또한 교의신학 연구에 큰 도움을 줄 수 있는 것들로서는 시리즈로 나온 「신학을 위한 문헌」(*Text zur Theologie*, 바이너르트 편집)이 있고, 교의신학의 역사와 관련해서는 — 아직 결정판이 나오지는 않았지만 — 가톨릭 신학의 교과서격인 『교의사 소사전』(*Handbuch der Dogmengeschichte*)을 추천한다.

---

151. *Dogmatik studieren* Einführung in dogmatisches Denken und Arbeiten, Regensburg 1985.
152. Freiburg I. Br. 2000.

오늘날 매우 중요하게 평가되는 신학 사전류로서는

① W. Beinert(Hrsg.), *Lexikon der katholischen Dogmatik* : 11명의 교의신학 전문 교수들이 간단한 형식으로 가톨릭 교의신학의 기본 개념 및 열쇠 개념들에 대한 조감도를 그려 준다. 이는 학생들에게 적극 추천하고 있는 참고서다.

② W. Beinert(Hrsg.), *Glaubenszugänge* (총3권) : 전체 교의신학에서 활용된 자료들을 전문가들의 개별적인 논문(글)을 통해 해명하는 방식으로 꾸며졌다. 제1권은 안내의 글로서, 인식론, 신론, 창조론, 신학적 인간학을 다루고, 제2권은 그리스도론, 마리아론, 교회론을 다룬다. 그리고 제3권은 성령론, 은총론, 성사론, 종말론을 다룬다. 이 문헌은 전체 2,000쪽이 넘고, 내용이 매우 알차고 훌륭하다.

③ G. Kraus, *Grundzüge zur Dogmatik* (아직 완결본이 나오지 않았다.) : 강의를 통해 축적된 사고가 돋보인다. 또한 보다 발전된 형태의 교수법적인 사유 형식이 특별하다(그림이나 도표의 활용이 눈에 띈다).

④ G. L. Müller, *Katholische Dogmatik* : 특별한 설명을 덧붙인 매우 유익한 교과서 형식의 900쪽 정도의 책이며, 하느님의 자기계시와 인간의 응답 사이에 생각해야 할 기본적인 입장을 잘 정리되어 있어서 가르치는 이들에게 도움이 된다.

⑤ L. Scheffczyk, *Katholische Dogmatik* (시리즈로서 아직 완결본이 나오지 않았다.) : 포괄적이고 정확하게 신학적 전통 유산들을 제시해 준다(수구적인 태도가 강하게 드러난다).

⑥ Th. Schneider(Hrsg.), *Handbuch der Dogmatik* (2권) : 학생들을 가르치기 좋게 잘 정리한 교재 가운데 하나다. 이는 교의와 관련하여

각 명제별 및 주제별로 근본 내용, 문제의 발단, 해결의 단서들 등을 함께 제시한다. 그리고 개별적인 교의 명제 및 주제에 관한 각 연구서들의 자세한 목록을 각 단락 뒷부분마다 친절하게 첨부해 밝혀 준다.

1 | 공동체 및 친교로서의 교회

"교회"라는 용어는 다양한 의미와 연결해서 이해할 수 있다. 곳곳에 교회 건물이 있지만 만일 사람들이 "교회에 간다."고 말하면, 그것은 단지 교회 건물을 방문한다는 것이 아니라 대부분 교회에 미사 참례하러 가는 것을 뜻한다. 반면 "교회들"이 이런저런 입장을 취한다는 말을 듣거나 표명한다면, 그것은 교회를 조직 단체나 제도적 기관으로 이해하는 것이다. 그럴 경우 교회는 금권을 소유한 존재나 고용주로서 이해될 수 있다. 물론 신앙고백을 통해서 하나이자 거룩하며 보편되며 사도로부터 이어오는 교회라고 말한다면, 그것은 교회가 하나의 영적인 본성과 기억을 중심으로 뭉쳐진 신앙공동체라는 의미일 것이다. 그래서 교회가 한편으로는 신앙의 차원에서 살펴지기도 하고 또 오로지 신앙을 통해서만 완전하게 이해될 수 있는가 하면, 또 다른 한편으로는 구체적인 인간들에 의해 형성되고 또 그렇듯 다양한 외적 형식을 통해 인식될 수 있는 것이다.

그리스도교 역사가 시작된 이래로 많은 의문들과 문제들이 생겨났다. 그러면 그리스도교의 장본인이자 근거인 예수는 과연 "교회"를 원했을까? 그렇다면 예수는 교회가 형식적 면에서 어떻게 발전하기를 원했을까? "예수는 예, 그러나 교회는 아니오."라고 말하는 것이 타당할까? 교회가 어쩌면 처음부터 명명되는 것조차 어려울 만큼 (예컨대 예루살렘, 코린토, 로마에서 다양하고도 서로 일치하지 못한 모습으로 시작되었다고 생각한다면) 그렇듯 복잡하고 서로 일치할 수 없는 모습으로 존재했던 것은 아닐까? 전체교회의 역사가 보여 주는 것은, 실상 교회가 복음의 이상적인 것을 자체에 보유한다기보다는 차라리 그에 어울리는 것만을 보유하고, 그래서 매우 개연적인 의미에서 교회가 출현했음을 입증해 주는 그런 사례들이 아닐까?

물론 하느님 나라에 대한 예수의 설교와 신앙공동체의 형성 사이에 분명한 연결선을 확인할 수 있다. 하지만 역사적으로 거부할 만한 자료들을 제시하지 못하더라도, 당연히 사람들은 진심으로 염원하는 이상(理想)과 실재하는 현실 사이의 차이를 고려해야만 할 것이다. 사실 그 같은 차이는 인간의 능력으로 완성을 꾀하는 곳에서는 어디서든 경험하게 된다. 결론적으로 말하자면, 교회가 앞서 보여 준 구조적인 모순들은 새로워지고 바뀌어져야 할 교회의 모습을 위해 ─ 그러니까 제2차 바티칸 공의회를 통해서 분명하게 자각하게 되었고 또 새로운 모습으로 자신을 쇄신하기 위해서 실천적으로 일부 적용되었던 것처럼 ─ 기여하는 바가 클 것이다.

1. 교회에 관한 현대의 이해

그리스도교는 일반적으로 교회에 속하는 사람들이 그 교회를 형성하고 또 보여 주는 것처럼 가장 먼저 그들을 통해서 이해된다.[1] 그리스도교 가정 및 그리스도교 환경에서 자라난 어린이는 자신의 경험 세계를 통해서 인간을, 곧 그의 부모, 선생, 공동체의 구성원들을 경험한다. 과연 그들 주변의 사람들은 예수 그리스도와의 경험들, 그들보다 앞서 살면서 하느님을 체험한 것들에 대해서 이야기하고, 그들의 실존적인 모습들을 전달해 준다. 비-그리스도인들도 또한 이 같은 교회에 속한 구체적인 사람들과 만날 수도 있다. 예컨대 그들이 현재의 교회를 대표한다고 볼 수는 없을지라도, 통상적으로 제도적인 교회에 종사하는 그리스도인들과 마주할 수 있다. "제도"로서의 교회 역시 다 드러나지 않지만, "영성적인 실재"로서의 교회는 더더욱 비가시적이다. 교회에 속한 사람들이나 교회를 겉으로 보여 주는 사람들은 가시적이다. 그리스도인으로 자칭하는 개별 신앙인은 하나의 공동체 및 교회 안에서 (혹은 교회와 엇비슷한 공동체 안에서) 그리스도인으로 존재하면서 그러한 특징을 세상에 보여 준다.

그리스노교가 맨 처음 교회라는 공동체를 통해 인식된다면, 그리스도교의 가치 평가는 대부분 구체적인 교회 구성원들의 행동으로 이루어질 것이며 그들의 행동을 통해 "경험될" 수밖에 없다. 그렇게 경험된 교회공동체에 대해 '예' 하고 응답하고, 그 구성원으로 살아가는 이들이 제각기 "교회에 합체되더라도 사랑 안에 머무르지" 못하면, "교회의 품 안에 '마음'이 아니라 '몸'만 남게" 되듯이 "구원받지 못한다"(*LG* II, 14, '아우구스티누스의 그리스도인 소명에 관한 권고' 중에서). 결국 교회는 부정적으로 비쳐질 것이다. 따라서 교회에 속하는 이들의 삶과 행동

---

1. 이와 관련하여 1536년 루터의 "Schmalkaldischen Artikeln"에서 자주 언급한 권고가 인용된다. 예컨대 "교회가 무엇인지는 일곱 살 먹은 어린아이의 찬양기도에서도 알 수 있다. 왜냐하면 성도들과 어린 양들은 그들의 목자의 음성을 알아듣기 때문이다"(*WA* 50, 250 = *BSLK* III, 12).

이 그리스도교에 대한 판단에 대단히 큰 영향을 미칠 것이다. 이는 당장 오늘날에도, 곧 범세계적으로 그리고 매우 신속하게 온갖 정보를 주고받는 현대 사회에서 보다 각별한 의미를 띤다.[2]

보통 수준의 교육을 받은 사람들에게도 그리스도교 안에서 벌어진 역사적 오류나 스캔들(간략하게 말해서 "갈릴레이 판결"이나 나치 정권에 대한 소극적인 대처 등)은 익히 잘 알려진 사실들이다. 그러한 역사적인 과정들은 무엇보다도 교회의 권한, 곧 복음을 온 세상에 전해야 하는 소명과 현실적인 처신, 예컨대 권력이나 강제력 및 정치력을 동반한 행위 사이에서 거슬리는 일련의 간격을 문제점으로 남긴다. 나아가 교회가 현대 사회에 대해 제시하는 윤리적인 지침과 그 밖에 또 다른 입장과 영역들, 예컨대 자연과학이 진리라고 주장하는 답변들 역시 갈등을 빚고 있다. 얼핏 보기에도 이미 근대의 인식적 태도 및 확신에 뿌리를 두고 있는 일련의 조짐들이, 예를 들어 여성의 지위 회복 혹은 민주주의를 보다 강력하게 주창하는 움직임이 만연하다. 거기에 더해 교회 내에서조차 ― 예컨대 일정한 신학적 입장을 비판해 혹은 교황 및 주교의 권한을 행사하는 이들에 대해 반감을 가지고 ― 교회에 대해 비판적인 시각을 곤두세우며 구조적으로, 제도적으로 중요한 요소들(예컨대 전례 생활)에 대한 불신을 부추기고 있다.[3]

---

2. (요한 바오로 2세) 교황의 평화와 교회 일치를 위한 세계 순방에 대한 소식들은 순식간에 전 세계에 알려진다. 그와 더불어 성직자의 아동 성애와 같은 불미스러운 교회 내 스캔들도 역시 아주 빠르게 세계에 전해진다.
3. 프로테스탄트 종교사회학자 Volker Drehsen은 미사와 전례 행위의 세 가지 결함을 지적했다. 그것은 교회의 전례 행위에 대한 비판 의식을 조성했으며, 유감스럽게도 일부 영향을 미쳤다. 예를 들어 (실제적이지 못하고 추상적인 전례라는 점에서) 서로 간의 진정한 소통에 이르지 못하는 결함과, (전례 참가자들만이 마치 공동체를 대변하는 집단처럼 여기게끔 하는 왜곡된 인상을 준다는 점에서) 사회의 결속을 해치는

이러한 요소들 및 현상들은 일찍이 교회 역사 안에서도 거의 경험하지 못한 것들이자 신학적으로도 진지하게 골똘히 숙고한 것이 아니라는 점에서 결국에는 교회와의 관계를 끊지 않고 다양한 형태로 발전할 수 있도록 이끌지는 못한다. 1979년에 이미 한 사회학자 카우프만(F.-X. Kaufmann)이 시도한 다양한 범주의 교회 구성원들에 대한 구분이 광범위하게 그리고 전적으로 바로 오늘날의 현실에 적중하는 것 같다.4 이와 같은 모습의 교회 구성원들에 대해서는 제2차 바티칸 공의회가 교회에 대한 신학적인 의미를 강조해 강도 높게 권고한 바 있다. "교회는 그리스도 안에서 성사와 같다. 교회는 곧 하느님과 이루는 깊은 결합과 온 인류가 이루는 일치의 표징이며, 도구이므로 … 교회의 본질과 보편 사명을 자기 신자들과 온 세상에 더욱 명백하게 선언하고자 한다"(*LG* I, 1). 우리가 교회의 친교의 특성을 살펴보기 전에 이러한 입장 이면에 어떤 역사적 변화 과정을 거쳤는지 간단히 생각해 보기로 하자.

결함과, (교리 및 교의에 대한 의무 혹은 지나친 강요로 인해) 전례에 대한 능동적이고 심미적인 참여를 거부하게 만드는 결함이 있다는 점이다. 그의 책, *Wie religionsfähig ist die Volkskirche?* Sozialisationstheoretische Erkundungen neuzeitlicher Christentumspraxis, Gütersloh 1994, 21ff.

4. F.-X. Kaufmann, *Kirche begreifen. Analysen und Thesen zur gesellschaftlichen Verfassung des Christentums*, Freiburg I. Br. 1979, 119f. 저자는 일곱 가지 관점에서 교회 구성원을 구별한다. ① 교회공동체의 실무자들(핵심 구성원), ② 규칙적으로 미사에 참례하는 이들, ③ 실무자는 아니면서도 본당에서 활동하는 신자들, ④ 신앙생활은 하지만, 이미 다른 종교의 영향을 강하게 받은 이들(비신자 및 타신앙인과 결혼한 이들), ⑤ 주요 대축일만 미사에 참례하는 이들, ⑥ 교회 활동에 소극적이면서 '자기중심적인' 판단과 신앙으로 살아가는, 예컨대 기회주의자들, ⑦ 교회에 대한 인식 없이, 이름만 신앙인으로 살아가는 사람들.

2. 교회에 관한 이해의 변화[5]

옛 교회 안에서는 교회에 대한 반성적인 의식이 발견되지 않는다. 옛 교회는 그리스도에 대해 매번 새롭게 일깨우는 가운데 그의 죽음과 부활의 신비가 성사적으로 현장에서 벌어졌던 만큼 예수의 가르침이 언제나 자명한 곳이었다. 교회공동체 모두는 그리스도와의 친교를 신앙과 희망, 사랑의 친교로 알고 살았다. 간단히 말해 교회는 신앙의 신비체(*Mysterium*)로 자각했고, 또 자신을 "하느님의 신비 가득한, 곧 예수 그리스도를 통해 채워진 은총을 통해, 그분의 말씀의 선물은 물론 세례와 성만찬, 죄의 용서를 보장하는 사랑의 선물을 통해 소명을 받아 함께 모이고, 또 거룩한 이들과 함께 나눌 수 있는 권한을 얻어, 마침내 하나의 친교 공동체를, 그러니까 친교를 통해 그리고 성령의 은총을 통해 실현되는 공동체"[6]로 알아들었다. 친교는 삶과 행위의 한 가지 방법이요, 사람들은 이 친교를 반드시 설명할 필요가 없었다.

교회의 친교는 새로운 하느님 백성의 기본 요소다. 하느님에 의해 모여진 공동체는 하느님 나라를 향해 나아가는 여정 중에 있다. 교회의 원천적인 것들은 하느님께서 인간의 역사 안에 구원의 손길을 뻗으시는 바로 그 순간 그 역사적 실재들 안에서 만나게 된다. 그 때문에 "아

---

5. 기본적인 도식으로 나는 나의 스승이신 H. Fries의 글을 요약해 소개하고자 한다(그의 "Wandel des Kirchenbildes und dogmengeschichtliche Entfaltung", in: *MySal* 4/1, 223-85). 이에 덧붙여 옛 교회에 대한 중요한 참고 자료로서 H. Rahner, *Symbole der Kirche. Die Ekklesiologie der Väter*, Salzburg 1964와 종합적인 참고 도서로서 시리즈로 출간된 *HDG* III (특히 3c.와 3d. - 이 두 부분은 Y. Congar의 요약). 그 밖에도 신학사와 교의사에 관해서는 "Kirche"(W. Kasper/J. Drumm), in: *LThK*³ V, 1458-1465 참조.
6. Fries, in: *MySal* 4/1, 225f.

담에게서 시작된 교회"(*ecclesia ab Adam*)와 "아벨에게서 시작된 교회"(*ecclesia ab Abel*)가 존재한다.7 교회가 그렇게 하느님의 백성인 이스라엘과의 연속성에서 자신을 이해한다면, 그 중심에 예수 그리스도를 모시고 있는 자신을 잊지 말아야 한다. 이른바 "그리스도의 몸"이다. 그러한 모습의 교회는 온전히 그리스도 안에 그리고 그리스도 역시 온전히 교회 안에 존재하는 셈이다. 다양한 그림과 상징들 모두가 마침내 하나의 옛 교회 본래의 모습을 온전하게 보여 줄 것이다. 처녀, 신부(新婦), 어머니 등의 묘사는 인간과 친교를 맺으시는 하느님의 다양한 모습을 밝혀 준다. 부분적으로 이런 그림들은 구약성경에 소개되고 또 강조되었다. 옛 교회는 그리스도와 동일시하거나, 나아가 하느님과 동일시할 만한 묘사를 일찍이 단 한 번도 시도할 수 없었다. 오히려 그 둘 사이에는 넘을 수 없는 간격이 자리했다. 이미 구약성경에서 라합과 같은 창녀들의 모습이 구원 역사 안에서 교회를 암시하는 것처럼 교회는 죄악에 빠져 있고, 스스로 이로부터 헤어날 힘도 그 자신에게는 없었다. 교회는 역설적으로 들리겠지만 "순결한 창녀"(*casta meretrix*)다.8 교회를 가리켜 "달의 신비"(*mysterium lunae*)라고 표현한 것이 진지하게 들릴 수 있다면, 그로써 교회의 빛은 마치 달빛이 태양에게 고개를 숙여야 하듯이 오로지 예수 그리스도에게 감사를 드려야 마땅하다. 과연 달은 태양을 향해 있을 때만이 빛이 점점 밝아지다가 다시 잦아드는 제 모습과 빛

---

7. 하느님께서는 첫 인간의 창조와 더불어 이미 인간을 당신 상대자(파트너)로 삼으셨다. 아담은 첫 번째 약속을 받은 인간이다. 죽임을 당한 아벨은 첫 번째 의로운 인간이다. "하느님 앞에서" 모든 "의로운 자들"을 대표하는 인물로서 아벨을 생각할 수 있다.
8. 참고 H. U. von Balthasar, "Casta meretrix", in: *Sponsa Verbi,* Skizzen zur Theologie II, Einsiedeln ²1971, 203-308.

을 취할 수 있다. 그로써만이 교회의 빛은 소멸되기 전까지 계속 이어질 것이다("*donec auferatur luna.*"). 교회를 소개하는 데 점차 배[船]와 관련된 묘사도 활용되었다. 십자가 나무를 재료로 삼은 배의 모습으로 소개되었다. 이는 이미 노아의 방주(1베드 3,20)에서 연상된 개념이다. 순결하고 불결한 온갖 짐승들이 다 함께 모여 있는 방주와 같이 교회 안에는 의로운 이들과 죄인들이 변증법적인 역사의 수레바퀴를 따라 그 모습을 드러내는 것처럼 여겨진다.

3세기에 출현한 문제점들은 교회의 중요한 측면들을 해명하는 데 보탬이 된다. 예를 들어 몬타누스교도들(Montanisten)이나 다른 어떤 집단들이 교회의 일치에 대해 반기를 들었을 때, 교회의 내적인 본질과 그의 외적인, 곧 가시적이고 사회적인 겉모습이 어떻게 융화될 수 있느냐는 의문이 생겨났다. 인간들이 가시적인 공동체로부터 떠나 와해되는 순간에도 성령은 거기에서 역사하실까? "거룩한 친교"로서 교회는 그에 가시적으로("몸에") 소속된 그 수많은 숫자들을 모두 포괄한다고 말할 수 있을까? 이에 이러한 전체 여건을 고려해 카르타고의 키프리아누스 주교(Cyprianus Carthaginensis, †258)는 한 가지 원칙을 제시했는데, 그 원칙은 그 이후 수백 년간 그런 문제를 해명하는 분명한 척도가 되었다. 이른바 "교회 밖에는 구원이 없다."(*Salus extra ecclesiam non est.*)[9]는 것이다. 그러나 교회의 내적·영성적 차원과 그의 가시적인 모습 사이의 긴장 관계가 그로써 물론 완전하게 해소된 것은 아니다.

그리스도교를 "허가된 종교"(*religio licita*)로 합법화시키는 일 혹은

---

9. "Außerhalb der Kirche kein Heil"(73, Brief, in: *BKV* 60, 352). 참고로 "교회를 어머니로 모시지 못하는 자는 아무도 하느님을 아버지로 모실 수 없다."(Über die Einheit der katholischen Kirche, in: *BKV* 34, 138)는 설교도 보기 바란다.

국교로 삼는 일은 매우 어려웠음에도 콘스탄티누스 황제(313년 밀라노 칙령)가 그 길을 열었고, 그의 후임자들이 뜻을 이어받아 구현시켰다. 그리스도교는 "초대교회"의 정신과 "초대교회"의 자기이해를 간직하고 있다. "초대교회"(Frühkatholizismus)가 함의하는 바가 무엇인지는 교회 사학자 칼만 바이슐락(Karlmann Beyschlag)이 정확하고도 거의 완벽하게 요약한 적이 있다. "유다-구약성경에 따른 교회의 모습을 유지하고 고대와 중세를 종합하며, '제3의 부류'(tertium genus)로서 그리스도교 사상에 대한 역사의식이 자리하며, 이스라엘에 대한 우호적인 평가와 베드로의 이름으로 사도성을 높이 사고, 교회 일치를 겨냥하는 교의를 옹호하며, 두 번째, 세 번째 교리보다도 첫 번째 교리에 대한 우선성을 고집하며, 세계사와 구원사의 종합을 꾀하고, 세상의 질서 및 평화에 대한 소망과 묵시적-종말론에 대한 해석, 교회가 생각하는 세계관에 대해 확신을 가지며, 그리스도에 대한 의문과 구원론에 있어서 상대적으로 불확실함을 견지하며, '공관복음이 전하는' 예수와 바오로 신학에 대한 가톨릭교회의 입장을 우선적으로 고려하고, 세상 곳곳에 케리그마를 선포하기 위해 파견 활동을 확장하려고 노력하며, 교회의 조직 구조를 직무와 교회법을 통해 실현하고, 성령과 교도권, 그리스도의 참모습과 교회의 참모습이 서로 일치하도록 힘쓰며, '새로운 계명'을 그리스도인의 생활 원칙으로 삼고, 두 번째 참회를 세상과 그리스도인의 가능성으로 고려하며, 교회 안에서 (단말마적인 고통을 극복하는 자세로 풀이되어 온) 순교 정신을 일반 국가가 기리는 영예 못지않게 존중하고, 세상에 대해 교회의 입장을 견지하듯 교회에 대한 세상의 판단도 스스로 잘 이겨내는 것을 내포한다."[10] 물론 점점 더 교회에 대한 가시적-제도적 측면이 부각되고 있으며, 세상을 지배하는 교도권자, 관계 기관 및 법령들과 같은 형식들이 전면에 나선다. 교회는 그리하여 점차 "지배자이자 주인"(*Imperatrix et Domina*)의 모습으로 나타나는 반면에, 영성적-성사적인 일치에 대한 관심은 뒤로 물러나고 말았다. 중세 전성기에는 교회가 교황을 중심으로 하는 완전한 제국 형태로 발전했다.

　이 같은 교회의 모습은 16세기 서양 사회에서 마침내 대단위의 종교개혁을 불러일으키고 말았다. 교회는 이제 신약성경에 기초한 교회의 모습을 회복해야 한다는 요청 앞에 서게 된 것이다. 이른바 "성인들의 통공"으로서의 교회 혹은 말씀에 의해 생겨난(*creatura Verbi*) 공동체로서의 교회로 되돌아가야 한다는 것이다. 영성적인 차원에서 반성된 교회의 모습은 자명하다. 가시적이고 제도화된 교회가 다시 처음으로 되돌아가야 하는 것이다. 16세기의 이 같은 움직임에 대해서 예수회 소속 추기경 로버트 벨라르민(Robert Bellarmin)이 가시적이고 제도화된 모습과 같이 편향(偏向)된 교회와는 대조적으로 소개한 적이 있다. 벨라르민에 의하면, 교회는 "이 땅에서 합법적인 목자들의 지도 아래, 특히 한 분이신 그리스도를 대리하는 로마 주교(=교황)의 지도 아래 같은 그리스도교 신앙을 고백하고 같은 성사들을 서로 나눔으로써 함께 모이게 된 인간들의 모임이다(*coetus hominum eiusdem christianae fidei professione et*

---

10. 그의 Clemens Romaus und der Frühkatholizismus. Untersuchungen zu 1 Clemens 1-7 (*BHTh* 35), Tübingen 1966, 350. 물론 이 같은 설명을 두고 특히 언제부터 "초대교회"라는 개념이 적용될 수 있는지에 대해서 사람들은 논쟁을 벌이기도 한다. "콘스탄티누스 대제 이후부터"인가? 아니면 저자 Beyschlag의 견해대로 '사도적 교부들'로부터 비롯하는가? 아니면 더 나아가 이미 신약성경 시대(루카 및 사목서한이 집필되던 시기)부터인가? 여전히 활발한 이 논제, 곧 "초대교회"의 정확한 생성 시기에 대해서 역사적으로 살피겠다면, H. Wagner, *An den Ursprüngen des frühkatholischen Problems. Die Ortsbestimmung des Katholizismus im älteren Luthertum* (*FthSt* 14), Frankfurt a.M. 1973. 나는 이 연구서 이후로 이와 관련된 논의에 대해 연구 논문으로 점점 더 깊이 참여한다.

eorumdem sacramentorum communione colligatus, sub regimine legitimorum pastorum ac praecipue unius Christi in terris vicarii Romani pontificis)."[11] 게다가 교회는 베네치아 공화국 혹은 프랑스 왕국과 같이 가시적이고 경험적인 모습을 취한다. 교회는 그런 점에서 일종의 가시적인 공동체로 이해될 수 있다. 이에 대해서는 세 가지 "연결고리"를 통해 특징지을 수 있다. 예컨대 "상징적인 끈"(*vinculum symbolicum*)이 그 하나요, "전례적인 끈"(*vinculum liturgicum*)이 또 하나이며, "사회적인 끈"(*vinculum sociale*)이 나머지 하나다. 이 같은 교회에 대한 이해는 그 이후 계속해서 전수되었으니, 정확히 말해 제2차 바티칸 공의회 직전까지 계속되었다. 19세기 가톨릭 신학계에서 누구보다도 가톨릭교회 내 "튀빙겐 학파" 내부에서 교회에 대한 새로운 방향을 요청하기 직전까지 그랬다.[12]

교회에 관한 일부 신학적 저술이 이 시점에서 비로소 세상에 나오게 된 것은 우연이 아니다. 교회가 현실적으로 어떤 태도를 취해야 하고, 또 그들의 권한을 어떻게 행사해야 할지를 두고 오랫동안 심각하게 다투었던 와중에, 특히 교황의 우위권을 놓고 크게 논쟁을 벌이던 가운데 생겨났다. 이는 예컨대 일찍이 토마스주의를 대표한 아이기디우스(Aegidius Romomanus, †1316, 대표작 『교회의 권한에 대해』[*De ecclesiastica potestate*]), 야콥 비테르보(Jakob von Viterbo, †1307/8, 대표작 『그리스도인

---

11. 그의 작품, *Disputationes de controversiis Christianae Fidei, adversus huius temporis haereticos*, Ingolstadt 1586-93, III 2: *De ecclesia*.
12. 누구보다도 J. A. Möhler가 손꼽히는 인물이다. 그는 교회에 관한 새로운 이해 지평을 열었고, 그의 생각은 제1차 바티칸 공의회에 지대한 영향을 미쳤지만, 제2차 바티칸 공의회 안에서는 완전히 무산되었다. 이에 H. Wagner, Die eine Kirche und die vielen Kirchen. Ekklesiologie und Symbolik beim jungen Möhler (BÖT 16), Paderborn 1977; ders.(Hrsg,), *Johann Adam Möhler* (1796-1838), Kirchenvater der Moderne, Paderborn 1996.

의 통치에 대하여』[*De regimine christiano*]), 요한 드 토르쿠에마다(Johannes de Torquemada, †1486, 대표작『교회대전』[*Summa de Ecclesia*])에게서도 엿볼 수 있는 주제다. 종교개혁 이후에 가톨릭교회를 옹호하는 수많은 연구물들이 쌓여 갔다. 그것들은 교회로서 혹은 예수 그리스도의 교회로서 자신의 존재를 나름대로 권리로 내세우는 타 신앙공동체들과 맞서서 가톨릭교회가 하나이자 유일하고 합법적인 교회라고 확신하는 바를 옹호하는 것들이었다. 그렇기 때문에 그러한 연구물들은 본질적으로 그리스도의 참된 교회의 징표들("*notae*")에 대한 물음에 집중되었다. "교회"라는 주제는 호교론의 본질적인 부분을 차지한다. 호교론은 나중에 교회를 옹호하는 수준을 넘어서 더욱더 그 영역을 확장하게 됨으로써 기초신학의 입지를 확고히 굳히기에 이르렀다.[13] 고전적인 호교론적 체계는 세 가지 증명 과정을 거치는데, 그 첫 단계로 "종교적 입증 과정"(*demonstratio religiosa*)을 통해 좀 더 많은 종교철학적 문제들을 취급했다.[14] 이 단계는 '하느님의 현존'(이와 연계해 하느님-인식이 함축하는 바를 다루었다), 하느님을 향한 인간의 기초적인 자기개방, 그러니까 도대체 종교의 "참됨을 분별하는 기준"을 마련하는 일이다. 그 다음은 "그리스도교적 입증 과정"(*demonstatio christiana*)으로서 이와 더불어 계시 이론을 발전시키고, 특히 구약성경이 전하는 예언이 이루어졌음을 통해, 혹

---

13. 교회론의 역사에 관해서는 2권으로 출간된 A. Antón의 작품을 추천한다. 그의 책 *El mistero de la lglesia Evolucion historica de las ideas eclesiologicas*(BAC 26+30), Madrid 1986+1987. 이 작품은 아직 유감스럽게도 독일어로 번역되지 않았다. 나의 견해로는 이와 견줄 만한 교회 역사를 완전하게 서술한 책이 독일어권에는 없는 것 같다. 그 밖에 기초신학의 역사와 내용에 대해서는 H. Wagner, *Einführung in die Fundamentaltheologie*, Darmstadt ²1996을 참조할 수 있다.
14. 이 첫 단계의 경우 독일에서는 대단히 중요하게 취급되었던데 반해, 그 밖에 다른 나라들에서는 나머지 두 단계의 "입증 과정들"만으로도 검증이 충족되었다.

은 예수의 기적, 나아가 그의 부활을 통해 그리스도의 현시가 믿을 만하다는 점을 증명하는 일이다. 세 번째 단계는 "가톨릭 입증 과정"(*demonstratio catholica*)으로서 이와 함께 예수를 통해 교회가 세워졌음을 집중적으로 강조하며, 이와 연계해 교회 내 여러 제도적 장치들의 근거를 개별적으로 밝히는 일이다. 예수 그리스도 자신에 의해서 교회에 부여된 다양한 특징들이 이러한 증명 과정을 거침으로써 가톨릭교회 안에, 그리고 바로 거기에만 현존한다고 가르친다.

3. 제2차 바티칸 공의회 이후의 교회에 대한 이해

1) "그리스도의 몸"으로서의 교회

"그리스도의 몸"(특히 *LG* I, 7)으로서 교회를 언명함으로써 제2차 바티칸 공의회는 교회에 관한 신학적 입장을 한 가지 분명하게 확정한 셈이다. 그것은 앞서 수십 년간 터전을 닦아 온 입장이었다. 그렇듯 분명하게 선언한 이래로, 교회는 하나의 살아 있는, 곧 성령에 의해 살아 숨 쉬는 조직체라고 말할 수 있게 되었다. 이는 이미 19세기 묄러가 말했던 것이기도 하다. 로마노 과르디니의 유명한 "교회는 영혼들 안에서 성장한다."는 명제도 그와 동일한 골조를 이룬다. 다시 말해 교회는 믿는 이들에게 더 이상 그 어떤 기구나 제도가 아니라, 오히려 그들 자신들이 곧 교회라는 것이다. 과르디니는 1964년에, 정확하게는 막 교회 헌장이 의결되고 난 다음에 그것을 발표했다. 예컨대 교회는 "시간을 따라 계속 살아간다. 마치 모든 생명체들이 그러한 것처럼 되어 가는 존재로서, 곧 모든 역사적인 존재가 시간을 따라 혹은 그들의 운명을 따라 변화하듯이 스스로 변화하는 존재로서 살아간다. 그럼에도 본질에 있어서는 항상 동일하고, 나아가 그의 가장 내밀한 모습은 그리스도다. 이로부터 우리가 교회를 어떻게 이해해야만 하는지 그 방법이 결정되었다. 그토록 오랫동안 우리는 교회를 단지 조직으로 바라보고, 또 일정한 목적을 위해 기여한다고 믿었다. 혹은 여느 건물과도 같이 자발적인 자유와는 거리가 먼 것으로 생각했다. 혹은 일종의 결정체로서 그저 종교적인 사물들 가운데 하나로서 간주해 왔다. 그러나 그러한 생각은 교회에 대한 올바른 이해가 아니다. 오히려 교회는 살아 있는 실체요, 교회와 우리의 관계 자체가 생생한 삶이어야 한다."[15] 그러므로 만일 이 공의회 이후에도 교회는 "그리스도의 몸"이라는 "정적(靜的)인" 집단으로서, 변함이 없고 다만 하느님 백성이라는 "역동적인 상징"을 통해 보충될 필요가 있다는 식으로 가볍게 설명하려 든다면, 그것은 엄연히 부정확한 이해이다. 그리스도의 몸이라는 상징을 교회론적으로 적용해야 할 경우, 이미 그 자체로 생명과 움직임과 역동성을 동반한 온전함을 고려해야 한다. 혹시 일방적으로 정적인 집단으로서 교회를 이해하려는 태도는 아마도 특히 50년대 팽배했던 그리스도의 몸에 대한 신스콜라주의적인 해석이 크게 작용했던 것으로 보인다. 그것은 유감스럽게도 성경이나 교부 및 신학사적인 의미에 따른 것은 아니다. 사실상 '그리스도의 몸'이란 상징은 '단일성'에 주안점을 두고 있다. 그 몸은 위로부터 취하는 바, 그리스도를 통해 그리스도 안에서 단일성을 누리게 된다. 하지만 이러한 몸에도 다양성이 배제되지 않는다. 다양한 직무 및 교도권과 관련하여, 은총 및 카리스마와 관련하여, 저마다 신앙인이 살

---

15. 그의 책, *Die Kirche des Herrn.* Meditationen über Wesen und Auftrag der Kirche, Würzburg 1965, 47.

아가는 처지 및 신분과 관련하여 그러하다. 교회는 그리스도의 "신비체"이지만 결코 그리스도를 대신하는 것은 아니다. 교회는 그리스도와 마주하면서도 그분에게 종속된 위치에 놓여 있다(이에 교회 헌장은 신랑과 신부의 비유를 활용한다[LG I, 7]). 교회는 그런 점에서 "신비로운" 몸이다. 그러니까 그의 본질과 근본적인 신비스러움이 오로지 육화의 신비로부터 길러지는 의미에서 그러하다.16 그와 더불어 교회는 인간들의 모임으로 머물러 있다. 그래서 한편 죄인들의 공동체임을 자인한다. "'거룩하시고 순수하시고 순결하신'(히브 7,26) 그리스도께서 죄를 모르셨지만(2코린 5,21 참조), 오로지 백성들의 죄를 없애러 오셨으므로(히브 2,17 참조), 자기 품에 죄인들을 안고 있어 거룩하면서도 언제나 정화되어야 하는 교회는 끊임없이 참회와 쇄신을 추구한다"(LG I, 8). 이렇듯 몸 상징은 교회의 정체성은 물론 어떻게 더 숙고해야 할 점들이 남아 있는지에 대해서도 말해 준다.17

그리스도의 몸 개념이 신앙공동체에 적용된 이래로, 그 개념은 당장 성체성사 안에서도 함께 이해되었다(1코린 10장 및 11장 참조). 제2차 바티칸 공의회는 교회론을 교회가 수행하는 성만찬에 기초해, 곧 친교의 교회론(Communio-Ekklesiologie)으로 이해한다. 교회는 성만찬에 다함께 참여하는 공동체를 의미하며, 교회의 미사는 본질적으로 교회의 신심을 대변한다. 또한 그리스도는 당신 자신을 성찬례의 제물로 바치는 곳에 존재한다. "이 공동체들이 가끔 작고 가난하거나 흩어져 살더

---

16. LG I, 8: "그러기에 훌륭한 유비로 교회는 강생하신 말씀의 신비에 비겨지는 것이다."
17. 발전 방향과 관련해서는 교황 베네딕토 16세의 1985년 11월 15일의 OR 참조: "나는 사실 가톨릭교회를 상징하는 수많은 결정적인 근본 개념들에도 여전히 충분하게 고려되지 못한 점들이 있다고 믿는다."

라도, 그 안에 그리스도께서 현존하시며, 그분의 힘으로 하나이고 거룩하고 보편되며 사도로부터 이어오는 교회가 이루어진다"(*LG* III, 26). 장소와 관련된 관할 교회의 등급은 성사적 근거를 기초로 이루어지며 주교들의 친목 안에서 그에 적합한 구조적 의미를 갖는다.

만일 "그리스도의 몸"에 대한 비유가 "하느님의 백성"이란 비유에 비해 부족하다고 말해서는 안 되겠지만, 그럼에도 앞선 비유에는 단면적으로만 소개하는 약점이 자리한다. 예컨대 무엇보다도 교황 바오로 12세의 회칙 『신비체』(*Mystici Corporis*, 1943)가 보여 주었던 것처럼 말이다. 예를 들어 교회의 가시성과 비가시성을 동시에 거론하는 데 있어서 상기 비유는 도움을 주지 못했다. 더 나아가 교회의 직권자들과 일반 신자 사이의 관계 및 협력 문제와 관련해서도 적합한 기준을 제시해 주지 못했다. 앞선 (신비체) 회칙에 뒤이어 교회 소속성에 관한 논의가 활발하게 이루어졌다. 교황은 전 세계에 알리는 회보를 통해서 가톨릭교회에 속함을 밝히는 중요한 요소로 다음 세 가지를 가르쳤다. 예컨대 세례, 올바른 신앙 그리고 교회의 합법적 단일성에 대한 동의하는 태도이다. 그러나 그로써 비-가톨릭 신자들은 아예 교회로부터 완전히 제외되는 결과를 초래했다. 수많은 공의회 교부들이 불편하게 여긴 견해였지만, 사람들은 이 교회 소속성 견해를 그럼에도 앞서 세례를 토대로 하나의 기초적인 의미로 받아들였다. 한편 그럼에도 사람들은 교회 소속성과 관련된 다양한 형식들을 포괄적으로 고려하기에는 이 그리스도의 몸에 대한 비유가 너무 협소하지는 않는지 의문을 제기했다. 특히나 "지체"(肢體)에 대한 생각이 수반되는 한에서 너무 단호한 것처럼 비쳐졌다. "몸"으로서의 교회에 지체로 속하든가 아니든가 둘 중 하나일 뿐, 중간 입장이 완전히 배제된 느낌이었다. 그리하여 교회 일치를 포기할 수 없는 만큼 사람들은 "그리스도의 몸" 개념을 보완하는 의미로 "하느님의 백성" 개념을 고려했다.

2) "하느님의 백성"으로서의 교회

제2차 바티칸 공의회의 입장에서 "하느님의 백성" 개념의 활용은 프로테스탄트 신학을 통해 영감을 받은 것이었다.[18] 교회 일치에 기여한다는 생각으로, 무엇보다도 그 모든 다양한 형태의 교회 기능들과 직무들이 세례를 통해 모인 이 '새로운 하느님의 백성' 개념으로 온전하게 이해될 수 있다고 생각하여 수용한 것이다. "사람들 가운데서 뽑히신 대사제 주 그리스도께서는(히브 5,1-5 참조) 새 백성이 '한 나라를 이루어 당신의 아버지 하느님을 섬기는 사제들이 되게 하셨다'(묵시 1,6; 5,9-10 참조). 세례 받은 사람들은 새로 남과 성령의 도유를 통해 신령한 집과 거룩한 사제직으로 축성되었기 때문"(LG II, 10)이다. 이 선언에 이어서 교회 헌장은 보편 사제직에 대해 자세하게 가르친다. 이는 앞서 교회가 가르쳤던 일반 사제직, 그러니까 특수 사제직과 대조가 되는 그런 의미를 띠지 않는다. 무엇보다도 개혁 의지에서 비롯하는 교회의 모습을 중요하게 고려함으로써 보편 사제직 개념이 소개된 것이다. 하느님 백성 개념은 교회 내 구성원들의 차별화된 단계, 이른바 위계질서를 용인한다. 나아가 비-가톨릭 신자에서 비-그리스도교인에 이르기까지 다양한 형태의 백성들을 고려하게끔 해 준다. 물론 그들 모두는 교회가 "일정 규범을 따라" 중재하는 구원에 이를 수 있다. "사실, 자기 탓 없이 그리스도의 복음과 그분의 교회를 모르지만, 진실한 마음으로 하느

---

18. 참고로 특히 E. Käsemann의 *Das Wandernde Gottesvolk*. Eine Untersuchung zum Hebräerbrief, Göttingen ²1957.

님을 찾고 양심의 명령을 통해 알게 된 하느님의 뜻을 은총의 영향 아래에서 실천하려고 노력하는 사람은 영원한 구원을 얻을 수 있다"(*LG* II, 16). 비-가톨릭교회들 및 교회와 유사한 형태를 갖춘 신앙공동체들을 "단계별로" 구분해 밝히는 형식은 실상 오늘날 교회 일치를 위한 대화로 강하게 고무된 "단계적인" 교회공동체의 활동 이론에 기초한 것이다. 교회 일치에 가까이 접해 있는 토대는 종말론적인 차원이다. 순례하는 하느님 백성으로서의 교회는 아직 목적지에 도달하지 못한 상태에 있다. 마지막 도착점(종말)까지 그 같은 순례는 계속될 것이니, 여전히 끝나지 않았다. 이는 거룩한 직무에로의 초대이자 스스로 "쇄신하는 교회"(*Ecclesia reformanda*)로서 살아가야 함을 뜻한다. 그러나 그리스도를 향해 살아간다는 것은 그와 동일한 신분을 취한다는 뜻이 결코 아니다.

3) 성사로서의 교회[19]

잘 알려진 프랑크푸르트 예수회 신학교 신학 교수 오토 젬멜로트(Otto Semmelroth)는 제2차 바티칸 공의회가 시작되기 약 10년 전부터 교회를 가리켜 "원성사"(原聖事, Ursakrament)라 칭했다.[20] 이러한 표현 형식은 전반적으로 적용시키기 어렵다. 왜냐하면 사람들은 이 개념 '원성사'를 오히려 예수 그리스도에게 직접적으로 활용하는 데 익숙하기 때문이다. 그럼에도 공의회는 교회를 "성사"로 주저 없이 공표했으니, 이는 특별히 "하느님과의 깊은 결합과 전 인류가 이루는 일치의 표징

---

19. 이 주제를 포괄적으로 살필 경우 J. A. Möhler-Institut에서 출간된 시리즈, *Die Sakramentalität der Kirche in der ökumenischen Diskussion*, Paderborn 1983, 그 밖에도 J. Meyer zu Schlochtern, *Sakrament Kirche. Wirken Gottes im Handeln des Menschen*, Freiburg I. Br. 1992를 참고할 수 있다.
20. 그의 책, *Die Kirche als Ursakrament*, Frankfurt a.M. 1953.

이며 도구"(*LG* I, 1; II, 19, 나아가 VII,48; VIII, 59에서도 확인될 수 있음)로 이해될 수 있기 때문이다. 예수 그리스도 자신이 곧 하느님의 '성사'이기에, 교회는 다만 유비적인 의미에서 성사다. 그도 그럴 것이 교회는 그리스도로부터 성사와 직결된 내용[質]을 채울 수 있다. 그러므로 교회는 하느님 안에서의 친교 및 인간들과의 친교를 드러내는 표징이자 도구로서 인간들을 위한 구원을 중재하는 교회의 기초적인 기능이 그로써 분명하게 드러날 수 있다. 비록 개혁을 앞세운 신학이 그때마다 교회가 자신을 드러내는 형식들에 반대하면서 "과민" 반응을 보인다고 하더라도, 교회를 성사로 표현하는 일은 능히 수용될 수 있다고 본다.21 그렇지만 그럴 경우에도 항상 교회에 적용시키려는 "성사" 개념이 한편으로는 구체적인 7성사를 설명하는 특징들과 구별되어야 할 것이요, 다른 한편으로는 교회가 그로써 항상 그리스도에 의존해 있음을, 그래서 항상 "거룩하면서도" 동시에 "죄 많은" 공동체라는 사실을 잊지 말아야 한다.22

교회의 기능을 하느님의 구원 도구로 이해하려는 관점에선 가톨릭교회 및 가톨릭 신학과 루터 신학이 서로 공통적이다. 특히 이 같은 기능이 독일 프로테스탄트-루터 연합교회(Vereinigte Evangelisch- Lutherische Kirche Deutschland = VELKD)의 입장을 대변하는 한에서 그러하다.

① 교회는 하느님 말씀에 의한 창조물이자 동시에 그에게 부과된

---

21. Möhler-institut에서 발행된 책으로 특히 G. Graßmann의 *Kirche als Sakrament, Zeichen und Werkzeug. Die Rezeption dieser ekklesiologischen Perspektive in der ökumenischen Diskussion*, in: Die Sakramentalität der Kirche 171-201.
22. 이는 2000년 독일 주교회의와 VELKD가 공동으로 천명한 선언문(*Communio sanctorum*)의 한 구절을 고려할 필요가 있다. *Die Kirche als Gemeinschaft der Heiligen*, bes. Nr. 86ff.

말씀의 봉사자(*ministra verbi*)다.

② 교회는 자신의 완전한 실존을 통해 '하느님께서는 모든 사람들이 구원을 받고 진리를 깨닫게 되기를 원하십니다.'(1티모 2,4) 하고 가르치듯 그분의 구원 의지를 드러내는 표징이다.

③ 교회는 말씀의 중재자이자 성사로서 하느님의 은총을 위한 도구다.

④ 교회는 하느님의 말씀과 성사를 받아들이고 또 전달함으로써 자신 역시 그에 합당한 본질을 취한다.

⑤ 교회는 항상 주님께 봉사하며, 그 활동으로 주님이 의도하신 구원이 하느님의 선물로 드러나게 한다. 이런 의미에서 그리스도와 교회 사이의 관계는 하나-됨과 차이를 동시에 보여 준다.[23]

4) 제2차 바티칸 공의회 정신의 계승과 전개

무엇보다도 모름지기 교회를 "하느님의 백성"으로 이해하는 태도는 많은 신학적인 측면뿐만 아니라 사목적인 측면에서도 교회 안에 혁신을 가져다주었고 또 여전히 그것을 고무시킨다. 상기 공의회가 의도한 길을 함께 걸음으로써 각 교회 주교들의 "협력" 혹은 진리를 찾아나가는 데 있어서 새로운 태도, 곧 "신앙 감각"(*sensus fidelium*)이 큰 역할을 수행한다. 혹은 교회 일치를 위한 보다 유연한 모습 등이 두드러졌다. 만일 이 같은 해석이 가능하다고 보고 하나씩 자세히 살펴보노라면, 아래와 같이 말할 수 있다.

---

23. *Ibid.*, Nr. 89.

4. 친교로서의 교회

1) 친교의 성사인 교회와 그 구조적 요소(들)

만일 오늘날 다양한 관점에서 친교(Communio) 개념을, 전체 신학을 이해하는 적합한 열쇠로 수용해야 한다고 하더라도, 다음과 같은 점을 간과해서는 안 될 것이다. 다시 말해 이 같은 생각은 제2차 바티칸 공의회의 정신을 성공적으로 정리한 개념들 가운데 하나이고, 맨 처음 오로지 교회론적인 차원에서만 부각된 개념이라는 사실이다.[24] "친교" 개념은 사실상 상기 공의회 안에서 잘 나타나지 않는다. 그럼에도 불구하고 교회론적인 차원에서 친교-신학이 공의회의 중심 입장의 하나로 이해되었다. 1985년 임시 주교 시노드가 그 때문에 친교 중심의 교회론을 가리켜 정당한 의미에서 "공의회 문헌들의 중심적이고 기본적인 정신"이라고 칭했다. 여기선 친교 중심의 교회론의 가장 중요한 요소들 몇 가지를 소개한다.

① 교회의 공동체성은 ─ 비록 사람들이 교회를 두고 "그리스도의 몸"으로 표현하든, "하느님의 백성"으로 표현하든 ─ 삼위일체의 하느님께서 나누시는 공동체성(친교 혹은 일치)에 근거한다. 키프리아누스에

---

24. 이와 관련된 문헌들에 대해서는 최소한으로만 소개하며, 특히 뛰어난 저술로서는 P. Fransen, Die kirchliche communio, ein Lebensprinzip, in: G. Alberigo u.a.(hrsg.), *Kirche im Wandel*. Eine kritische Zwischenbilanz nach dem Zweiten Vatikanum, Düsseldorf 1982, 175-194가 있다. 이 저술 안에 소개된 다른 논문들은 일치신학 및 그 영향에 대해서 취급한다. W. Kasper, Kirche als communio. Überlegungen zur ekklesiologischen Leitidee des II. Vatikanischen Konzils, in: ders., *Theologie und Kirche,* Mainz 1987, 272-289; B. J. Hilberath, Kirche als communio. Beschwörungsformel oder Projektbeschreibung, in: *ThQ* 174(1994), 45-65; 비교 대주교 O. Saier를 위한 기념서, G. Biemer u.a.(Hrsg.), *Gemeinsam Kirche sein.* Theorie und Praxis der Communio, Freiburg I. Br. 1992.

의존한 제2차 바티칸 공의회의 선언문에 의하면, 전체교회는 아버지와 아들, 성령의 친교에 힘입어 하나가 된 백성으로 표현된다(참고 *LG* I, 4).

② 친교로서의 교회가 삼위일체의 친교에 참여하는 방법은 말씀과 성사다(무엇보다도 특히 세례와 성체성사를 통해서). "성만찬의 친교는, 교회가 단지 삼위일체의 하느님을 본받아 표현한 일만이 아니라 그것을 현재화하는 일과도 직결된다. 그러한 나눔 혹은 일치는 구원의 표징이자 도구로서만이 아니라 구원의 열매 자체이기도 하다."[25] 이러한 기본적인 교회론적 착안점의 경우 가톨릭교회와 루터교회의 신학은 서로 일치한다.

③ 말씀과 성사를 통해 하느님과의 친교를 꾀하는 일은 구체적으로 지역교회의 공동체성(친교)과 더불어 실현된다. 이때 교회의 공동체성은 성체성사 안에 근거한다. 교회는 전 세계적으로 성찬례를 거행하는 지역교회들의 "연결망"(Network)을 함의한다. 이렇듯 연결된 지역교회 내 작은 교회공동체들은 한 명의 주교 아래 놓여 있으며, 그로부터 성사적 친교는 교계적 친교의 내면을 이루고, 교계적 친교는 곧 성사적 친교의 외양으로 이해된다.

④ 친교 정신은 다양한 측면에서 참여와 책임을 공감하는 것을 함의한다.

⑤ 교회의 일치는 이 세상에 살아가는 사람들이 모두 한 몸을 이룬다는 표징이자 도구로서 이해되어야 한다(*LG* I, 1). 바로 친교로서 교회를 일컫는 것은 세상을 위해 교회가 보편적인 구원의 성사임을 가리킨다.

---

25. W. Kasper, *Kirche als communio*, 279.

친교 중심의 교회론이 교계적인 모습으로 이해되고 또 가장 폭넓게 신학적인 측면에서 수용된다면, 그러니까 중요하지 않은 몇 가지 점들이 대화의 장으로 이끌어져야 할 것이다. 그래서 성사적 친교와 교계적 친교 사이의 정확한 연계성이 무엇인지 구체적으로 논의할 필요가 있어 보인다. 보편교회와 지역교회 간의 관계를 규정하게 되는 저마다의 비중들도 서도 다르다. 친교 중심의 교회론이 직접적으로 교회 일치를 위한 종교 간의 대화에 어느 정도 효과를 가져다줄 수 있는지 하는 궁금증은 아직까지 불분명하게 남아 있다.

2) 친교의 토대(들)

"온 교회는 '성부와 성자와 성령의 일치로 모인 백성'으로 나타난다."(LG I, 4)고 제2차 바티칸 공의회는 키프리아누스의 가르침을 따라 선언했다(「주님의 기도 해설」 23, in: PL 4, 533). 이러한 표현과 관련하여 교부들로부터 전해지는 자료들은 풍부하다. 예컨대 테르툴리아누스는, "아버지와 아들과 성령, 이 세 분이 계신 곳에는 교회 역시 존재한다." (bapt. 6,2)고 가르친다. 또한 알렉산드리아의 키릴루스(Cyrillus Alexandrinus)의 가르침을 따라 우리는 "아버지와 아들과 성령 안에서 모두 하나다"(In Joann. Comm. XI, 18, 11). 왜냐하면 우리는 그와 같은 영을 물려받았으니, 모두 한 몸을 이루는 지체들이기 때문이다. 이러한 관점은 가톨릭교회의 교회론을 단지 동방교회의 교회론, 곧 교부들의 유산을 가급적 최대한 재고하려는 입장만이 아니라 루터교회의 입장과도 일치한다. 예를 들어 루터교회는 "성령 안에서 하나가 된 아버지와 아들의 사랑이, 저 삼위의 하느님께서 모든 인간과 온갖 창조물들에게 드러내 보이시는 일치의 원천이자 목표다. 그리스도교의 일치는 삼위일체이신 하느님의 모방이자 비유인 셈이다."26 제2차 바티칸 공의회의 경우도 그런 정신이 배제되지 않았다(참고 PO 1, AG 7, UR 2). 그러면 삼위의 하느님이 보여 주시는 친교가 곧 교회 일치의 원천이자 그에 부합하는 원형이라는 천명은 무엇을 함의하는가? 이는 하느님께서 인간을 그리스도를 통해 성령 안에서 저 삼위일체의 생명에 참여하도록 보증해 주셨다는 것이다. 그렇게 교회는 하느님의 충만한 삶에 능히 참여할 수 있게 되었기에, 바로 여기에 놀라운 신비가, 그 일치의 가장 심오한 신학적 의미가 자리한다. 친교의 삶을 보증하시는 삼위일체 하느님의 "모상"으로서 (그 밖의 비유, 표징, 성사 등과 함께) 교회는 그 자체로 일치를 뜻하며, 그러한 일치의 모습으로 삼위일체 하느님의 생명을 세상에 알릴 수 있으며 또 알려야 한다.

'성령'에 대해 언급하는 [상기 문헌의] 세 번째 항목에서 교회는 상징의 의미로 소개된다. 곧 교회가 성령의 활동으로 완성되는 역사적 공간임을 강조한다. 여기선 하느님의 자기중재가 시간을 따라 이루어지고 완성된다. 신조에 적힌 라틴어 문장은 종종 순수 목적격 형식을 이용해 교회 자체는 하느님(아버지-아들-성령)과 같이 신앙의 대상이 될 수 없다고 분명하게 표현한다. 따라서 *Credo ecclesiam*(=나는 교회를 믿는다.)이라는 고백의 의미는 "나는 교회를 통해 활동하시는 '성령을' 믿는다."라는 뜻이다. 성령은, 교회가 신앙의 공동체라는 점에서 교회의 (존립) 가능성의 조건이다. 이때 신앙은 하느님의 영에 의해 이루어진다. "하느님께서는 이른바 성령을 통해 로고스(말씀)로 말미암아 다가선 바로 거기

---

26. *DwÜ* I, 305f. 이 문장은 『공동체를 향한 여러 가지 길』(*Wege zur Gemeinschaft*, 1980)이라는 문헌에서 인용한 것이다. 여기 인용된 글에서 첫 번째 문장은 앞선 집회, 곧 인도 뉴델리(1961)에서 개최된 모임(ÖRK)의 공식 문헌에서 따온 것이다.

에 머무르신다."27 성령은 각 개인의 신앙을 그리고 그로써 믿음을 갖는 이들의 집단 전체를 가능하게 하는 한에서 교회가 형성된다. "개개인의 신앙을 위해 교회는 항상 그들의 신앙을 구체적으로 실현 가능하게 하는 '삶의 공간'을 이루어 낸다. 그리고 그런 공간 안에서 개개인은 신앙을 — 선포와 세례를 통해 — 수용하고 나아가 — 교회의 기본적 삶의 형식에 참여함으로써 — 유지하고 발전시킨다."28 교회는 성령 위에 서 있지 못하는 만큼, 성령을 조정할 능력이 없다. 오히려 특별한 방식으로 성령의 인도 아래 놓여 있다. 제2차 바티칸 공의회는 교회와 육화(강생 사건)의 구조적인 유사성을 직시했는데, 교회는 그 관점을 분명하게 성령론의 차원에서 "그러기에 교회는 훌륭한 유비로 강생하신 말씀의 신비에 비겨지는 것"(LG I, 8)이라고 바꿔 표현했다. 서로 유사한 형식으로서 육화된 말씀과 교회 간의 관계에 적합한 "제삼의 비유"는 신적인 요소와 인간적인 요소의 결합이다. 물론 그리스도 안에서, 이른바 "실체적 합일"(Hypostatische Union)을 이루신 예수 그리스도 안에서 하느님과 인간의 결합이 유일무이한 모습으로 나타난 것이다. 이러한 결합은 존재론적인 의미를 띤다. 교회 안에서도 이러한 신적인 요소와 인간적인 요소의 결합이 성령을 통해 이루어진다고 가르친다. 교회는 결코 인격들의 실체적 결합이 아니라, 말 건넴과 약속으로 엮어진 관계이다. 그런 점에서 교회는 "구조적인 기능이 최대한 고려된" 공동체이다.29 다시 말해 어찌되었든 주어진 인간 본성이 하느님의 말씀을

---

27. B. G. Langemeyer, Grundlegende Aspekte einer systematischen Pneumatologie, in: *ThGI* 80(1990), 3-21 (인용은 4).
28. M. Kehl, *Die Kirche*. Eine katholische Ekklesiologie, Würzburg 1992,70.
29. H. Döring, *Grundriß der Ekklesiologie*. Zentrale Aspekte des kath. Selbstverständnisses und ihre ökumenische Relevanz, Darmstadt 1985, 111 und passim.

생생하게 알아듣고 하느님과 불가분의 관계를 맺고 있는 구원의 질서에 봉사하는 것처럼 그렇게 교회가 그리스도의 영과 단단히 결합해 있으므로 그분의 모습과 닮은 방식을 따라서 또한 그의 몸의 성장에도 기여한다(*LG* I, 8 참조).

여기에는 성령의 삼위일체의 내적인 특성이 작용한다. 성령은 수백 년간 신학적인 통찰과 확신을 거치면서, 이른바 인격적인 "단일성" 혹은 "친교"를 선사하는 하느님의 사랑으로 이해된다. 한편으로는 아버지와 아들 사이에서 벌어지는 사랑의 "현장"이요, 다른 한편으로는 그 "결과"다. "성령을 통해서 아버지와 아들 사이의 사랑의 관계가 서로로부터 구별되고, 또 한 번 포괄하다가, 서로를 엮어내면서 한층 더 나아가는 단일성의 '형태'로 드러난다. 성령을 통해서 아버지와 아들 간의 사랑이 '우리'로서 모습을 드러내고, 그 '우리'에 아버지와 아들이 전적으로 하나가 되면서도 서로의 독립된 신분을 유지하는 특별한 단일성이 확인된다. 서로를 향한 희생적인 사랑으로 놀라운 하나-됨이 실현되는 것이다."30 만일 성령이 자신을 피조물들에게 선사한다면, 이미 그 스스로가 은총이요, 곧 삼위일체의 하느님 안에 현존하는 은총으로서 피조물들에게 주어지는 것이다. 서로 결합한 삼위일체성은 내적인 의미를 띤다는 기본 원칙에 따라서다. 이러한 은총의 특성은 인간 공동체를 서로 간에 그리고 하느님과 함께 결속시키는 데 있다. "그래서 이처럼 우리가 받자올 '하느님의 선물'이 실제 벌어짐(Geschehen)을 가리켜 우리는 정확하게 '교회'라고 부른다."31 성령의 이 같은 작용은 교회 안에서 "단일성"과 "다양성"이 '동일한 원천'으로부터 비롯된 것임을 이해시

---

30. Kehl, *Die Kirche*, 71f.
31. *Ibid.*, 72.

킨다. 성령은 삼위일체성 안에서 다른 두 위격 존재(아버지와 아들)에서 "파생된" 존재로서가 아니라 아버지와 성령이 서로 동등한 관계로 존재하는 의미로 하느님 안에서 "친교"가 이루어진다. 하느님에게서 인간들이 믿음을 갖게 되었던 만큼, 모든 인간들의 인격은 저마다 온전하게 보장되며, 동시에 하나의 신앙공동체를 형성할 수 있는 기반이 된다.

메다르트 켈(Medard Kehl)의 공헌은 교회를 "영(靈)의 성사"로 전개함으로써 그 개념과 더불어 '자유' 개념을 연결시킬 수 있었던 점을 꼽을 수 있다.[32] 물론 교회는 더 나아가 '예수 그리스도의 성사'로 표현될 수도 있으며, 능히 구원의 "출처"로도 표현될 수 있다. '성령의 성사'라고 일컬을 경우 그것은 구원이 전개되는 "장소" 이상의 의미를 띤다. 그리하여 아버지와 아들 간의 사랑이 펼쳐지는 위격적인 현장(혹은 위격적인 사랑 자체)이라고 부르듯이, 하느님의 영은 분명히 구원의 구체적인 현장으로서 교회와 같은 길을 걷는다고 말할 수 있다.

켈(Kehl)은 철학사 헤겔(Hegel)이 사용한 전문 용어들을 정리하고 난 다음 이어서 교회를 가리켜 신앙의 구체적인 자유라고 칭한다. 왜냐하면 성령은 신약성경의 증언에 의하면 하느님의 교회에 자유의 영으로 다가오기 때문이다. 그 영은 가시적이면서 교회의 사회적인 결속을 조장한다. 그렇다면 교회는 해방시켜 주고 또 구체화시켜 주는 성령의 활동을 담지한 성사로서 존재할 수 있고 또 그래야만 할 것이다.

교회는 한편 성자의 작품이자 성사라고도 말할 수 있다. 예수 그리스도를 통한 하느님의 자기중재는 인간들 상호간의 친교는 물론 하느님과의 친교를 목표로 삼고 있음을 분명하게 밝혀 주었다. 그 때문에

---

32. M. Kehl, Kirche - Sakrament des Geistes. in: W. Kasper (Hrsg.), *Gegenwart des Geistes*. Aspekte der Pneumatologie(QD 85), Freiburg I. Br. u.a. 1979, 155-180.

교회는 생겨나는 순간부터 예수 그리스도와 관계를 맺고 있다. 더욱이 인간이 되신 하느님의 아들로서 예수 그리스도와 관계를 맺고 있다. 그분 안에서 하느님께서는 당신 자신을 인간들과 나누시고, 그분으로 말미암아 교회가 생겨나도록 허락하셨다.[33] 교회는 예수 그리스도의 현존을 보여 주는 실체이자 인간을 위한 그분의 구원 활동의 장소다. 예수 그리스도는 원성사요, 교회는 "구원의 성사"(기본 성사, 근거 성사)다. 성사로서의 예수 그리스도는 하느님의 사랑을 현재의 시점에 실현시킨다. 신학자 켈은 그 같은 실현은 "전부 해당되겠지만 한꺼번에 이루어지는 것은 아니"(*totum, sed non totaliter*)라고 말한다. 다시 말해서 교회는 하느님의 사랑을 전부 드러내려고 노력하겠지만, 인간적이고 불완전한 방법으로 드러낼 것이라는 뜻이다. 완전한 방법으로는 하느님 나라 안에서야 비로소 드러날 것이요, 오로지 거기에서만 하느님께서는 모든 것 안에 모든 것이심이 밝혀질 것이다(참고 1코린 15,28).[34]

---

33. 이는 교의의 관점에서도 타당하며, 역사적으로도 유효하다. (초창기) 교회 창립에 관한 이론들에 대해 (합법적인) 모든 비판들에도 불구하고 사람들은 다음과 같이 말해도 좋을 것이다. 곧 예수 그리스도께서 교회를 세우셨다. 교회가 그분에 의해서 "생겨났다"고 보는 한 말이다. 보다 정확하게 말하자면 교회 창립에 대한 물음과 관련하여 가톨릭교회의 입장에서는 오늘날 다음과 같은 견해가 지배적이다. 만일 공생활의 예수에 대해 역사적으로 접근하는 시도를 과거에 비해 오늘날 어느 정도 더 긍정적으로 평가한다고 하더라도, 그와 같은 예수가 하나의 "교회"를 창립했으리라는 이론을 보다 더 설득력 있게 제시할 수는 없을 것 같다. 물론 그의 하느님 나라에 대한 선포에는 [교회를 세울 만한] 일종의 사회적 역동성이 잠재되어 있었다고 볼 수는 있다. 그와 같은 선포 활동에 근거해 하느님 나라를 "고대한 자들"이 작은 범위에서(*in nuce*) 교회를 세웠다고 볼 수도 있다. 역사적인 예수는 아마도 (구약)성경의 도움으로도 계속 수행될 수 있었던 자신의 파견에 대해 유일무이한 경우로 이해했던 것 같다. 그러나 교회는 확연히 상대적으로 뒤늦게 고양된 주님을 중심으로 함께 모인 초창기 신앙인들(공동체)의 부활 신앙 및 부활 체험들의 조명 아래 생겨났다.

34. 참고 M. Kehl, *Die Kirche*, 84 und passim(=또 그 밖에 여러 곳).

교회의 입장에서 그리스도론적이고 성령론적인 착안점들이 저마다 각자의 길을 걸어가도 된다고 생각한다면, 적절한 태도로 여겨지지 않을 것이다. 교회는 영의 성사다. 성령에 의해서 공동체의 모습이 유지되고, 나아가 하느님의 영 자체라고 일컬을 수 있는 '하느님의 친교'가 교회 자신을 통해 언제든 드러나고 또 그래야 하는 한에서이다. 그 영은 동시에 항상 그리스도의 영이다. 교회는 그리스도의 성사. 교회가 예수 그리스도를 통한 하느님의 계시를 따라 구원 진리를 현재화시키는 출처인 한에서 말이다.[35]

교회는 확실한 관점에서 아버지의 작품으로서도 이해될 수 있다. 왜냐하면 하느님 아버지께서는 세상을 예수 그리스도와 함께 창조하셨기 때문이다. 하느님의 계시에 대한 선(先)-표징은 "아벨에게서 시작된 교회"[36]다. 역사의 완성은 하느님 나라요, 교회는 "지상에서 이 하느님 나라의 싹이요, 시작이다"(*LG* I, 5). 교회는 하느님 나라로 모든 피조물을 복귀시키는 것에만 관심을 집중한다. 이러한 보편적 친교로서의 구원을 위해 봉사하는 사명이 교회에 주어졌다. 그러한 친교를 위해서 교회는 언젠가 자신을 "지양해야" 할 필요가 있을지도 모른다.

이러한 하느님 중심의 관점은 오늘날 가톨릭 신학에서 점차 증가하며 호응을 얻는 추세인데, 한편으로는 교회의 상대성을, 다른 한편으로는 포괄적인 범위에서 하느님 나라를 향해 나아가는 보편성을 동시에 지지해 준다. 만일 이 개념을 포괄적인 실재 세계 전체, 그러니까

---

35. *Ibid.*, 92.
36. 일반적인 구원 의지는 이미 성경이 전하는 저 첫 번째 인간(아담) 및 첫 번째 의인(아벨)과의 계약에서 뚜렷하게 엿볼 수 있다. 그러므로 창조의 완전한 실현은 (죄를 속죄하고 하느님과 화해한 인간들의 모임에서, 곧 하느님을 중심으로 모인 "보편적인 교회"(*ecclesia universalis*) 안에서 이루어질 것이다(참고 *LG* I, 2).

이 세상에까지 확대시켜도 좋지 않을까 하는 생각이 들게 된다면, 그와 같은 의미에서 이 세상 전체는 곧 교회가 될 것이다.[37] "모든 사람은 하느님의 새로운 백성을 이루도록 불린다. 그러므로 언제나 하나이고 유일한 백성은 모든 세대를 통해 온 세상에 퍼져 나가, … 하느님 백성의 이 보편적 친교는 세계 평화를 예시하고 증진하므로 모든 사람이 이 일치 안으로 부름을 받고 있다. 가톨릭 신자이든 그리스도를 믿는 다른 신자이든 모든 사람이 다 여러 모로 이 일치에 소속되거나 관련된다. 하느님의 은총은 모든 사람을 구원으로 부른다"(LG II, 13).

5. "교회의 징표"

1) "징표"에 관해

콘스탄티노플 공의회(381)의 신앙고백(문)은 교회의 네 가지 뚜렷한 특성, 곧 하나됨, 거룩함, 보편됨, 사도성에 대해 가르친다. 이 네 가지 특성들(*proprietates*)은 교회의 전체 역사 안에서 고스란히 배어 있기에, 이를 가리켜 달리 교회의 징표들(*notae ecclesiae*)이라고 불러왔고 또 그렇게 불러도 무방하다.[38] 최근의 신학적 동향은 "징표"에 대한 가르침을 강조하기에 앞서 교회가 효과적인 표징으로서, 다시 말해 '하느님

---

37. 이미 라너와 뫼브스(U. Möbs)는 이 같은 견해를 시도한 바 있다(참고로 필자는 박사 학위 논문을 쓸 때 라너의 사상에 많이 의지했다). 예컨대 U. Möbs, *Das kirchliche Amt bei Karl Rahner. Eine Untersuchung der Amtsstufen und ihre Ausgestaltung*, Paderborn 1992.
38. 상기 두 가지 개념(*proprietas, nota*)에 대한 논의가 최근에 들어서는 한 가지 *nota* 쪽으로 기울었다.

나라의 성사'로 이해되어야 한다는 점을 분명히 한다. 그 때문에 가톨릭교회는 하느님 나라와의 긴장 관계를 한시도 늦추지 않으면서 신조(信條) 수준을 넘어서 "참된" 교회로 인식되도록 노력한다. "교회의 존재 근거로서 하느님 나라는 참된 교회가 어떤 존재인지 깨닫게 하는 근거이며, 나아가 행위 근거로서 참된 교회가 행해야 할 것이 무엇인지를 깨닫게 하는 근거다."[39] 이는 단지 신약성경의 입장을 대변하면서 무엇보다도 교회의 갈등을 불러일으킨 오랜 전통이 되었다는 점에서 네 가지 본질적인 특성으로 좁혀진다는 것을 의미하지 않는다. 오히려 사정에 따라서는 그 본래적인 의미에서 "징표들"에 열거되는 목록들의 변화를 내포한다. 교회가 하느님 나라의 표징이라고 한다면, 예를 들어 교회는 스스로를 '봉사하는 교회'임을 입증해야만 한다. 곧 인종적이거나 다른 사회적인 한계를 극복하는 공동체의 모습으로, 그래서 하느님으로부터 카리스마를 부여받은 그런 모습으로 교회가 서 있어야 한다.[40]

2) 교회의 하나됨

만일 "교회"가 광의의 의미에서든 협의의 의미에서든 예수 그리스도의 의도와 일치한다는 것이 사실로 입증된다면, 또 예수 그리스도의 인격과 행적 안에서 우리가 하느님 자신을 직접 경험하게 된다면, 그러

---

39. *H*. J. Pottmeyer, Die Frage nach der wahren Kirche, in: *HFth* 3, 212-241(인용 228). 만일 무엇보다도 기초신학적인 입장에서 고려한다면, 앞선 논문은 교의신학을 위해서도 매우 중요하다. 참고로 Döring, Grundriß der Ekklesiologie, bes. 167-184도 참조.
40. Pottmeyer, Die Frage nach der wahren Kirche, 234. 훨씬 더 앞선 시기에도 이 "징표들"에 포함되는 다양한 목록들을 발견했다. 예컨대 '십자가', '비밀(감추임)', '가난' 등의 개념들이 거기에 속한다.

한 교회에서의 '일관된 무엇'이 중요하다. 이러한 확신은 이미 신약성경에 근거한 해석이요,[41] 사도 이후 시대에도 모범적인 척도로 작용해 왔다. 거대한 신앙고백 형식들 안에서 '하나의' 교회에 대한 진술은 철저하게 전수되었다. 이 같은 공석인 언표는 시간이 경과하는 중에 다양한 형태로 뒷받침 되었다.

① 오로지 한 분뿐이신 하느님만이 존재하신다. 그 때문에 그처럼 한 분이신 하느님의 뜻으로 생겨난 교회 역시 '하나'로만 실존할 수 있다. 이러한 유일신 사상의 근거에서 교회의 하나-됨이 자주 소개되어 왔으며, 이로써 교회의 신앙 실재와 가시적인 발전상 사이에 그 어떤 간격을 고려하지 않았다. 사유와 행위의 일치는 교회의 영역에서만이 아니라 정치 영역 안에서도 중요한 원칙이었기에, 군주적·참주적 원칙이 모든 측면에서 구체적으로 적용되어 왔다. 이러한 시각은 특히 중세 절정기에 이르러 아무런 반성 없이 자명한 것이 되었다. 제1차 바티칸 공의회는 이러한 안목을 고스란히 수용했다. 교회의 "보편적 단일성"(*catholica unitas*)과 "확고한 안정성"(*invicta stabilitas*)으로 말미암아 교회가 믿을 만하다고 공의회는 가르친 셈이다(*DZ* 3013).[42]

② 제2차 바티칸 공의회는 '삼위일체적인' 토대에서 교회의 하나-됨을 제시하고자 했다. 교회는 그 하나-됨을 하느님의 삼위일체성에서 길러 온다(*LG* I, 4 참고). 교회의 단일성은 여기서도 하느님께서 교회에

---

41. 참고 H. Schlier, *Die Zeit der Kirche*. Exegetische Aufsätze und Vorträge, Freiburg I. Br. 1955, 287-299("Die Einheit der Kirche im Denken des Apostels Paulus").
42. 나는 여기서 본질적으로 나의 교수 자격논문(아래)의 평가 단락(일부)에서 소개한 목록들을 거론하고자 한다. 이에 H. Wagner, *Die eine Kirche und die vielen Kirchen*. Ekklesiologie und Symbolik beim jungen Möhler(BÖT 16), Paderborn 1977, 279ff.

베푸시는 사라지지 않는 은총이요, 그로써 교회는 신앙의 실재를 훼손하지 않은 채 유지할 수 있다. 근본적으로 이러한 삼위일체성에 대한 이해는 세상의 가시적인 것들에 대한 다양한 형태의 경험들로 인해 우리가 정신을 잃지 않도록 이끌 수 있다.

무엇보다도 그렇게 교회는 "친교"로서 굳건하게 자신을 드러낼 수 있다.[43] "교회는 특히 '삼위일체의 복사체'로 현존한다. 그래서 그리스도의 다양한 지체들을 지닌 한 몸이라고 일컫는다. 그 몸은 그러한 지체들 없이 존재하지 않으며, 지체들 역시 그 몸과의 생생한 연관성을 유지하지 않고서는 존재하지 못한다는 의미에서 그러하다. 하나-됨과 다양성의 이 같은 중재 기능과 더불어 교회는 삼위일체 하느님의 신비를 본받는다. 다소 상징적으로 표현하자면, 교회 안의 구성원들은 저마다 지체들의 입장에서 주어진 신앙을 따라 그리고 저마다에게 주어진 자유를 따라 서로를 인정하고 서로에게 마음을 열며 서로에게 봉사하고 서로 합심해 하느님 앞에 서게 됨으로써 일치를 이루게 되며, 그 일치는 곧 삼위의 하느님께서 창조된 것들에다 당신 자신을 반영시킨 것이다."[44]

③ 그러나 사람들은 저마다 그분과 특별하게 맺은 관계를 통해서 삼위의 하느님을 바라볼 수 있기 때문에, 삼위일체성에 근거해 마련된 친교 중심의 교회론 안에서 '성령론'에 근거해서든 (혹은) 그리스도론에 근거해서든 교회의 단일성에 관해 언급할 수 있다. 먼저 '성령론'에 근거한다고 하면, 그것은 각 신앙인들의 신앙고백이 "세 번째 자리(항목)

---

43. G. Greshake, *Der dreieinige Gott.* Eine trinitarische Theologie, Freiburg I. Br. 1997, bes. 377ff.
44. *Ibid.*, 383.

에", 다시 말해 성령에 의한 신앙고백이라는 틀 안에서 교회라는 장소로 결정하기 때문이다. 그리하여 제2차 바티칸 공의회는 하느님의 영에 관해 이렇게 천명한다. "믿는 이들 안에 살아 계시는 성령께서는 온 교회를 가득 채우시고 다스리시어 신자들의 저 놀라운 친교를 이루시고 모든 이를 그리스도 안에서 깊이 결합시키시어, 교회 일치의 원리가 되신다"(*UR* 2).

독일 파더본(Paderborn) 신학자 헤리베르트 뮐렌(Heribert Müllen)의 저서 한 권이 이 같은 관점을 폭넓게 확장시켜 주었다. 그 책은 『하나의 신비스런 인격체로서의 교회』(*Una mystica persona*)로서, 그는 그리스도를 통해 그리고 그리스도인들 안에서 성령과 동일성의 신비로 서 있는 교회, 수많은 인격체들 안에서 하나의 인격체로 서 있는 교회를 설명하고자 시도했다.[45]

다른 한편 교회의 단일성이 '그리스도론'에 근거한다고 하면, 그리스도를 교회의 머리로 보는 관점에서 출발한다. 그리스도는 교회의 실존을 보장할 뿐만 아니라 교회의 단일성도 보장한다. 물론 이러한 입장이 성령론에 따른 전망과 무관하게 전개되지는 않는다. 왜냐하면 고양되신 그리스도는 항상 그렇듯 성령을 통해 현존하고 또 작용하기 때문이다.

교회의 하나-됨이 교회를 위해 베푸시는 하느님의 은총에 모순되

---

45. München-Paderborn-Wien 1964. 또 다른 신학자들(S. Tromp, H. Küng 등)도 교회를 성령에 의한 피조물로, 나아가 성령에 근거해 교회의 단일성을 이야기할 수 있다는 이론을 선호한다. 본질적으로 성령론에 근거한 논리에서 뮐렌(신학자)의 입장을 넘어 이를 더욱 확장시킨 신학자는 St. Ackermann이다. 그의 책, *Kirche als Person*. Zur ekklesiologischen Relevanz des personal-symbolischen Verständnisses der Kirche(StSS 31), Würzburg 2001.

는 것이 아닌 한, 그것은 어디서 발견되는가? 만일 '하느님께서 베푸시는' 은총이라는 것이 중요한 사실이라면, 그 같은 하나-됨은 "하느님의 자기중재"(=은총)라는 신학 개념과 직접적으로 결합된다. 은총의 실재는 그 모든 신앙의 부족한 측면에 앞서 그리고 그것을 넘어서 실현된다고 제2차 바티칸 공의회는 분명하게 다음과 같이 강조한 바 있다. "더 나아가서, 교회 자체를 세우고 교회에 생명을 주는 요소나 보화들 가운데에서 어떤 것들, 오히려 탁월한 많은 것들이 가톨릭교회의 눈에 보이는 울타리 밖에도 있을 수 있다. 곧 기록된 하느님 말씀, 은총의 생활, 믿음, 바람, 사랑, 성령의 다른 내적 선물과 가시적 요소들이 그러하다. 그리스도에게서 나와 그리스도께로 모이는 이 모든 것은 마땅히 그리스도의 유일한 교회에 귀속된다"(*UR* 3). 교회 안에 신앙과 희망과 사랑, 그 밖에 성령의 내적인 은혜와 가시적인 요소들이 주어져 있는 한, 하느님의 자기중재는 결함이 있을 수 없다. "가톨릭교회와 그리스도교 내 각종 교단들이 성경에 근거해 예수 그리스도를 참된 하느님이자 참된 인간으로 고백하고, 하느님의 영광, 그러니까 아버지와 아들과 성령의 영광을 위해 구원의 유일한 중재자로 고백하는 곳에서는 신앙을 통해 맺어지는 하나의 든든한 단일성이 보장된다."[46] 이러한 시노드 문헌 안에는 이른바 갈라진 교회들 간의 일치를 위한 기본 형식이 바탕을 이루고 있는 셈이다. 이러한 의미를 따라서 사람들이 일치한다면, 분명 하느님에 의해서 베풀어지는 교회의 하나-됨은 더 이상 의심할 것이 없다. 서로 다른 모습을 보여 주는 가르침, 문화, 규율, 영성생활 및 사랑의 실천 행위 등은, 만일 교회의 하나-됨을 '획일성'으로 잘

---

46. *Würzburger Synode*, Pastorale Zusammenarbeit der Kirchen 3, 21.

못 오해한다면, 불편하게 여겨지는 어떤 것들에 불과하다. 다양성은 단일성의 구체적인 외형이다. 친교를 꾀하는 하나-됨은 단일성 안에서도 풍부한 다양성을 함의한다. 그러한 하나-됨은 비록 보편교회의 가시적 지도층이, 곧 교황이 일순간 인정되지 않는 경우라 하더라도, 예컨대 동방교회의 경우처럼, 결코 사라지지는 않을 것이다. 그들에게서도 가톨릭교회가 공인하듯이 성찬례의 단일성이 가능하듯이, 그로써 기초적으로 교회의 단일성이 마련된 셈이다. 교회와 그리스도교 내 각종 교단들 간의 일치를 가늠하는 척도가 과연 무엇인지, 나아가 가시적인 교회의 단일성을 도모하고 실현시키기 위해서라도 그것을 가늠하는 척도가 무엇인지 하는 물음은 '교회 일치운동과 관련된 중심 문제'가 될 것이다. 그에 대한 답변은 오늘날까지 아직 온전하게 정립되지 못했다.[47] 단일성과 다양성의 문제는 그리스도교 내 각종 교단들의 다양성 및 교회 내 서로 다른 신앙고백 형식들과 관련한 다양성 안에서도 목격된다. 교회의 하나-됨 문제는 사실상 오늘날 가톨릭교회, 나아가 또 다른 교회 안에 주어진 정황보다도 훨씬 더 광범위하게 엮여져 있다고 본다.[48] 이러한 시각은 무엇보다도 16세기 인간에 의해 발발한 분열의 결과 또한 그러했던 것처럼 매우 유감스러워 보인다. 그에 반해 또 다른 한편

---

47. 오늘날의 실태를 살피고자 한다면, 내가 편집하고 다른 사람과 함께 편찬한 책을 추천한다. *Einheit - aber Wie? Zur Tragfähigkeit der ökumenischen Formel vom differenzierten Konsens*(QD 184), Freiburg I. Br. 2000. 이와 마찬가지로 교회 일치운동에 접근하기 위해서는 위계적으로 존재하는 교회공동체 범주에 대해서도 집약적으로 고찰해야 할 필요가 있다.
48. 독일 주교회의 의장을 지냈던 K. Lehmann 주교의 한 가지 형식에 이어서 나는 가톨릭교회의 "파편적인" 단일성에 대해서 언급한 바 있다. H. Wagner, Einheit der Katholischen Kirche in "fragmentarischer" Gestalt?, in: *ÖR* 25(1976), 371-382.

긍정적인 착안점도 그로부터 발전할 수 있겠기에, 교회 안에 다양한 입장 혹은 태도가 현존한다는 것은 과소평가할 수 없는 어떤 적극적인 의미를 띠기도 한다. 하느님의 계시는 인간에게 항상 그리고 점점 역사적-구체적으로 다가오며 인격적인 만남을 통해 다가온다. "이 같은 사실은 교회 역사를 위해서 의미가 있다고 할 수 있는데, 그것은 개별적으로 형성된 하느님의 계시가 신앙공동체 안에 들어와서 마침내 '신조'의 형식으로 선별된다는 것이다. 교회는 항상 특수 (혹은 개별) 교회로서만 드러난다. 그런 모습으로 사실상 개별적인 존재와 연계해 표현되고 전달되며, 마침내 교회의 역사 밑바탕에 새겨지는 그런 신비가 눈에 드러나는 것이다."49 그러므로 "특수 교회"가 앞서 존재한다는 것은 역사적-구체적인 계시 사건 및 구체적인 인격체와 직결된 계시 사건의 실재에 대한 입증이라 할 수 있다.

그런 한에서 신앙고백은 그리스도교 사상 안에서 일종의 확실한 지원 기능 및 면책 기능을 수행할 수 있다. 그래서 로마 가톨릭교회는 항상 특별한 방식으로 그리스도의 육화를 그리고 그로써 인간을 ― 그의 원의와 약점을 동반하면서 ― 신학적이고 교회에 관한 통찰과 연구의 출발점으로 삼았다고 타당하게 말할 수 있다. 루터교회에 속한 무리들은 한편으로는 인간의 죄성(罪性)을 그리고 다른 한편으로는 발설된 하느님 말씀의 변화무쌍한 능력을 강조하는 데 고심해 왔고 또 여전히 거기에 중점을 두고 있다. 만일 사람들이 그리스도교 사상에 그 어떤 확실한 체계를 도입해 논하고자 한다면, 그리스도교 사상의 무게 중심

---

49. M. Schmidt, Sinn und Grenze der Konfessionalität. Wert und Unwert der Konfession heute, in: ders/G. Beetz(Hrsg.), *Konfessionalität*. Sinn und Grenze der Konfession (*JEB* XVI), Göttingen 1973, 5-32(인용은 19), H. Wagner, Kirchliche Einheit und Konfession, in: *US* 31(1976), 336-341.

이 그때마다의 신앙고백에 의해서 객관적으로 서로 다르게 "분배"되었다고 설명할 수 있다. 신앙고백은 조건을 따라서 수용한 하나-된 그리스도교 사상 안에서 평준화된 어떤 것을 그때마다 차별화된 방식으로 유효하게 만든다.

만일 다시금 하나가 된 그리스도교 사상 안에서조차 진리에 대한 물음이 재고되어야만 하거나 혹은 반-그리스도인 혹은 비-그리스도인을 구분 짓는 경계에 대한 물음이 재고되어야만 한다면, 교회 및 신조는 맨 먼저 다음과 같은 사실을 자각해야만 할 것이다. 그러니까 교회는 항상 진리를 찾는 데 앞장서야 한다는 사실과 우리의 지식은 항상 파편적인 것에 불과하다는 사실이다(참고 1코린 13,9). 이 같은 의식은 직접적으로 다른 교단과 마주해 일종의 관용을 진작시킬 것이다. 근본적으로 다른 교단들에서도 그리고 그들 안에도 진리가 앞서 존재하고 또 실제 역사한다는 가능성이 배제되지 않아야 한다. 일종의 형식들이 상반되어 직접적으로 서로 충돌하는 곳에서는 같은 진리가 무엇보다 중요할 뿐이지, 그에 대한 다양한 측면들이란 별로 중요한 것이 못 된다. 또한 역사적으로 조건 지워진 형식들과 언표 방식들 혹은 상황에 의한 오해를 동반하는 부담스러운 형식들과 언표 방식들도 그다지 중요한 것이 아니라는 판단이 수용될 수 있어야 할 것이다.[50]

결국에는 보편교회와 지역교회(교구 및 주교가 관할하는 교회) 간의

---

50. 이는 지난 수십 년간 국제적인 종교 간의 대화에 있어서 다양한 기획들이 보여 주었던 태도인데, 모름지기 대부분이 - 여기서 논의하는 차원에서 전적으로 - 이른바 "종교적 가르침에 대한 평가들"을 따라서 작업해 낸 결과라고 할 수 있다. K. Lehmann / W. Pannenberg, *Lehrverurteilungen-Kirchentrennend?* (Dialog der Kirchen 4), Freiburg I. Br. 1986. 그 결과로 주어진 새로운 비전은 결국 1999년 10월 31일에 아우크스부르크에서 '의화 문제'에 관한 새로운 문헌에 모두가 합의했다는 사실이다.

내밀한 관계 역시 새로운 전망을 가지게 되었다. 우리가 이미 말한 바 대로 전체교회는 각 주교에 의해 주재되는 부분교회들 간의 "연결망"으로 형성된다. 그렇게 부분교회들은 일치의 교회를 이룬다. 주교단을 통해 일치의 교회가 이루어진다. 무엇보다도 성찬례를 통해 가장 내밀한 형식으로 구체적인 친교를 구성한다고 할 수 있다. 그러면 개별교회가 다시금 보편교회와 어떻게 관계를 맺는가?[51] 제2차 바티칸 공의회는 그에 대해 하나의 부가문의 형식을 따라 언명한다. 보편교회 안에서 교황이 그러하듯이, 각 개별교회의 주교들이 저마다 교구 단위의 전체교회 안에서 친교의 원칙이자 토대로 존재한다. 그리고 "보편교회의 모습대로 이루어진 개별교회들 안에 또 거기에서부터 유일하고 단일한 가톨릭교회가 존재한다."(LG III, 23)는 것이다. '친교'의 교회를 위한 신앙교리성의 후기 문헌 가운데 하나는[52] 상기 문장을 또 다른 문장으로 보충해야 할 필요성을 의식했다. 그래서 "개별교회들 안에 그리고 그들에 디한 보편교회"(Ecclesia in et ex Ecclesiis)라는 문장이 다음의 문장과 따로 떼어놓을 수 없게끔 붙여 놓았다. 곧 "보편교회 안에 그리고 그에 터한 개별교회들"(Ecclesiae in et ex Ecclesia)이다. 과연 성찬례를 위한 집회와 교회를 동일하게 여기는 그런 의미에서 성찬례를 중심으로 모인 개별교회(=교구)가 실질적인 교회요, 따라서 보편교회와는 대조적인 의미를 띤다고 말해야 할지 확실하지 않다. 이는 오히려 일찍이 러시아-정교회 신학자 니콜라스 아파나시에프(Nicolas Afanasieff)가 대변하듯이[53] 지역

---

51. 이에 J. Freitag, Vorrang der Universalkirche? Ecclesia "in" et "ex" Ecclesiis - Ecclesia "in" et "ex" Ecclesia?, Zum Streit um den Communio-Charakter der Kirche aus der Sicht einer eucharistischen Ekklesiologie, in: ÖR 44 (1995), 74-93.
52. 1992년 5월 28일자 문헌.

교회의 기본 입장을 밝히는 것이다. "그(아파나시에프)의 성찬례 중심의 교회론에 따르면, 교회는 성찬례 안에서 완전하게 실현된다. 왜냐하면 교회는 그리스도의 몸 이상의 의미를 띨 수 없기 때문이다. 플레로마, 곧 그의 몸을 완성시키는 일을 목표로 삼는 교회는 자신의 존재를 위해 필요로 하는 것은 물론 자율적이고 독립적으로 존재하기 위해 필요한 모든 것을 다 가지고 있다. … 그때마다의 모든 성찬례를 위한 모임이 곧 교회다. 이는 다른 모든 지역교회들에게 해당되는 것이요, 그들과의 공동체를 이루는 모든 이들에게도 해당되는 것이다."[54] 아파나시에프는, 교회의 전체성과 단일성이 모든 개별교회에 적용된다고 생각한 셈이다. 만일 그의 견해에 반대해 다시금 보편교회의 고유한 모습을 한 가지 특별한 의미로 압축시켜 말하고자 한다면, 거기에는 "개별교회"에 부가적으로 덧붙여지되 적법한 요소로 간주되는 그런 한 가지 요소가 고려되어야만 한다. 그것은 다만 논리적인 요소이긴 하지만, 하나의 고유한 의미로 '하나-됨'을 분명하게 드러내게끔 하는 그런 것이다. 이 같은 정교회의 견해를 따라서 말하자면, 그것은 곧 교황이다.

가톨릭교회의 교회론은 극단적인 입장을 취하지 않고, 오히려 성찬례를 중심으로 하는 교회론과 보편적인 의미의 교회론를 서로 결합시키는 입장을 취한다. 그래서 그리스-정교회의 신학자이며 나중에 페르가몬의 핵심 정치가가 된 치치울라스(Joannis Zizioulas)는 70년대 및 80년대에 시도했던 그런 모습의 교회론을 전개한다. 사실상 교회는 성

---

53. 플랑크는 그의 성찬례 중심의 교회론에 관한 전체 내용을 다음과 같이 소개한 바 있다. P. Planck, *Die Eucharistie-Versammlung als Kirche. Zur Entstehung und Entfaltung der eucharistischen Ekklesiologie Nikolaj Afanas'evs (1983-1966)*, Würzburg 1980.
54. J. Freitag, *Vorrang der Universalkirche?*, 76.

찬례를 통해 제정되었다. 신앙공동체는 그리스도-몸-존재를 관할 주교의 성찬례 행위를 통해서 완전하게 실현한다. 이 관할 주교는 다른 선임 주교들의 안수를 통해서 그 직무를 받아들이고 수행한다. 주교단은 부분교회를 넘어선 공동체, 곧 보편교회를 대표한다. 전체교회는 각 부분교회들 안에 현존하지만, 수많은 부분교회들이 전체교회에 자신을 보태는 모양으로가 아니라, 오히려 그들이 서로서로 관계를 돈독히 맺음으로써 결국 하나의 전체교회를 이루는 모습이다. 보편교회는 수많은 개별교회 저편에 혹은 바깥에 혹은 서로서로 결속한 교회들과 별도로 존재하는 것이 아니다.

본당공동체의 위상으로서 어울리는 특징이란 흔히 교회라고 일컫는 그것을 그리스도인이 가장 먼저 접하는 곳이라고 해야 하지 않을까? 제2차 바티칸 공의회는 이렇게 가르친다. "주교는 자기 교회 안에서 자기 자신이 언제나 어디에서나 모든 양떼를 지휘할 수는 없으므로, 반드시 신자들의 집단을 조직해야 한다. 그 가운데에서 주교를 대신하는 사목자 아래에 지역적으로 조직된 본당 사목구가 가장 중요하다. 왜냐하면 본당은 전 세계에 세워진 가시적인 교회를 어느 정도 드러내기 때문이다"(SC IV, 42). 본당(*paroecia*)이란 이 공의회에 따르면, 교구로서의 온전한 지역교회를 구성하는 "일부"에 지나지 않으며, 본당신부는 "주교의 협력자"(*cooperator Episcopi*)다(LG III, 28). 구조적 차원에서 위계적인 질서에도 불구하고 주교가 관할하는 교구의 일부들(=본당들)은 성찬례를 거행하는 핵심적인 신앙공동체다. 그런 점에서 교구의 일부로서 성찬례를 직접 거행하는 사제와 본당신부의 차원을 넘어서 있다. 그 때문에 본당들 안에는 전체교회가 하나-됨과 충만한 모습으로 현존한다. "이 공동체들이 가끔 작고 가난하거나 흩어져 살더라도, 그 안에 그리스도께서 현존하시며, 그분의 힘으로 하나이고 거룩하고 보편되며 사도로부터 이어오는 교회가 이루어진다. 사실 '그리스도의 몸과 피를 나누어 받는다는 것은 다름이 아니라 바로 우리가 받아 모시는 그것으로 우리가 변화되는 것이다'"(*LG* III, 26, 마지막 문장은 교황 대 레오의 글에서 인용한 것이다).

그런 만큼 상기 공의회가 끝나고 40년 이상이 흘러갔음에도 이 "공동체" 개념은 "본당" 개념에 비해 탁월한 의미를 유지해 왔다. 본당 개념이 일차적으로, 무엇보다도 교회법적인 용어로 활용되었던 점에서 결국 법률적-제도적 행정 기관을 지칭하는 개념으로 고려되어 왔던 반면에, "공동체" 개념은 신앙을 통해 다져지는, 곧 그리스도를 기꺼이 추종하려는 인간들의 자유로운 결속에 의한 모임을 지칭하는 데 활용되어 왔다. 그러므로 여기서도 교회의 고유한 특징이 한 눈에 드러난다. 그러니까 단지 지역적인 관점에서 개별교회 혹은 부분교회가 주된 의미가 아니라는 것이다. "공동체"는 물론 고전적인 구조 안에서 하나의 본당 단위로 이해될 수 있지만, 아예 "본당"이란 개념으로는 포괄할 수 없거나 단지 파생된 의미로만 겨우 적용되는 그런 범주의 공동체가 존재한다는 점에서 후자(본당 개념)와 차별화된다. (예컨대 직업 및 공동 관심사를 중심으로 새로운 소공동체가 형성될 수 있다). 그리하여 "공동체" 개념은 — 이전에 프로테스탄트와의 구별을 꾀해 기피했던 것이었으나[55] — 점점 더 가톨릭교회에 보다 더 적합한 용어로 고려되는 것이 합당할 듯하다.[56]

---

55. 사람들은 "소공동체" 개념을 프로테스탄트의 관점에서 기꺼이 활용했다. 그로써 가시적이고도 합법적으로 취급하는 제도로서의 "교회"와 구별하기 위한 것이다. 그러니까 이전에 가톨릭교회의 관점에서는 선호하지 않았던 개념이다.
56. 참고로 K. Lehmann, Was ist eine christliche Gemeinde?, Theologische Grund-

3) 교회의 거룩함

교회에 관한 가장 오래된 언표 중 한 가지는 교회의 거룩함[聖性, Heiligkeit]이다. 예를 들어, 초기교회의 세례 상징과 관련해서도 혹은 안티오키아의 이그나티우스(Ignatius Antiochenus), 헤르마스(Hermas) 목자, 로마의 히폴리투스(Hippolytus Romanus) 등에게서 엿볼 수 있다. 이 개념은 수백 년간 전해 왔고 오늘날 교회 일치를 위한 대화에서도 발견된다.

거룩함은 구약성경에서 이미 하느님과 계약을 맺은 백성의 자기이해에 중심적인 자리를 차지하는 개념이다. 하느님의 특별한 행위, 곧 선별하시는 행위를 통해서 거룩함이 엄격히 가려진다. 구약의 이스라엘이 "거룩한 백성"으로 간택되었던 것처럼(탈출 19,5 이하; 레위 11,44 이하; 신명 7,6), 교회도 신약의 토대 위에서 거룩하게 뽑혀졌다. 교회가 거룩한 이유는, 그리스도가 교회를 사랑하고 교회를 위해서 희생을 했기 때문이나. 그 같은 사랑과 희생은 교회를 물로써 그리고 말씀으로써 거룩하게 세우려는 그의 뜻에 부합한다(에페 5,25 이하). 그러므로 교회의 거룩함은 하느님의 선물이요, 이른바 교회의 근본 실현과 근본 구조를 이루는 구체적인 요소이다. 말씀 선포와 성사 집행은 그 소명을 위해 불린 집전자의 직무 수행을 통해서 "구원"을 중재하게 될 것이다. 설령 그 집전자가 죄인이라고 하더라도 그러하다. 교회는 옛날부터 말씀과 성사라는 "거룩한 직무"에 참여해 왔다. 성무(聖務)에 참여하는 자는 곧 거룩한 공동체에 속하게 된다. 이런 두 가지 의미에서 교회는 "거룩한 이들과의 통교"를 누린다.

---

strukturen, in: *IKaZ* 1(1972), 481-497.

교회는 죄 많은 인간들로 구성되어 있다. 왜냐하면 교회는 엄연히 "죄를 지은" 상태로 머물러 있기 때문이다. 교회는 그렇듯 "자기 품에 죄인들을 안고 있기에 거룩하면서도 언제나 정화되어야"(*LG* I, 8) 한다. 이런 의미에서 교회 교부들은 교회에 대해서 마치 "순결한 창녀"와도 같다고 소개했던 것이다. 제2차 바티칸 공의회는 분명 이 "죄를 지은 교회" 개념을 거부하지만, 사람들은 이러한 생각을 결코 도외시할 수 없다. 곧 교회에는 많은 죄인들이 함께 머물러 있기 때문에, 교회가 죄인들을 품고 있는 제도 기관이라는 생각을 떨쳐 버리지 못한다. "거룩함"과 "죄"가 교회의 본질을 궁극적으로 또 동등한 입장에서 정의하는 바가 아닌 것처럼, "죄를 지은" 교회 개념은 결코 "거룩한" 교회 개념에 필수적으로 요구되는 어떤 것이 아님을 분명하게 알아들어야 한다. "죄는 사실상 교회의 본질을 거스른다. 그에 반해 거룩함은 그 본질을 올바르게 드러내는 원동력이다."[57] 한편 교회의 잘못에 대한 공식적인 고백은 ― 정확히 2000년 3월 교황이 세상에 공공연하게 교회의 잘못에 대한 공공연하게 시인한 것은 ― 그러한 "잘못들"을 항상 교회의 일부 구성원들에게만 적용시킨다거나 "죄를 지은 교회"에 대한 언급을 아예 회피할 경우 그 의미와 무게를 상실하고 말 것이다. 당연히 교의신학적인 관점에서 그러한 잘못에 대한 공공연한 고백은 거룩한 교회에 결코 장애가 되지 않는다.[58]

---

57. S. Wiedenhofer, *Das katholische Kirchenverständnis*, Ein Lehrbuch der Ekklesiologie. Graz u.a. 1992, 267.
58. 미카엘 벡트(Michael Becht)의 매우 교훈적인 강연을 참고하기 바란다. 그의 Ecclesia semper purificanda. Die Sündigkeit der Kirche als Thema des II. Vatikanischen Konzils, in: *Cath* 49(1995), 218-237(Teil 1) und 239-260(Teil 2).

4) 교회의 보편-됨[59]

가톨릭교회 특유의 개념으로서의 보편-됨(Katholizität)은 처음 2세기부터 예수 그리스도의 구원 행위에 기초한 구원의 완성이 보편적인 의미를 띤다는 데에서 출발했다. 3세기부터는 "가톨릭"이라는 표현이 합법적인 믿음의 척도로 부각되었다. 이 개념은 질적인 수준만이 아니라 양적인 수준에서도 신앙의 크기를 따졌다. 곧 보편성과 교회의 위대성이 함께 이해되었다. 이는 교회의 정통성을 대변하기도 한다. 교회가 보편적인 이유는, 하느님에 의해 보증된 구원의 완성을 중재하는 일이 교회의 근본적인 과제에 속한다고 이해했기 때문이다. "그리스도 안에 드러난 하느님의 구원 의지가 보편적이고 절대적인 것이기 때문에, 그 어떤 민족적이고 인종적이며, 지리적이고 사회학적이며, 생물학적인 제약을 앞세워 구원공동체의 영입이 제한되는 경우는 있을 수 없다."[60] 가톨릭교회는 그 같은 고유의 입장에서 "일반적·포괄적"이다. 그 때문에 본질적으로 선 세계를 향해 자신을 드러내는 데 주저함이 없어야 한다.

그 때문에 선교는 가톨릭교회의 보편성 실현을 위한 주요 방편이다. "선교를 통해 자신을 밖으로 드러내는 교회의 보편성은 끝없는 하느님의 사랑을 증거하고 그 표지를 만방에 전하는 의미를 띤다. 십자가의 그리스도가 자신을 희생하는 표징을 통해서, 그리고 그분의 영이 역사 안에 이루시는 활동을 통해서 그 같은 보편성이 세상에 드러나는

---

59. 이에 덧붙여 W. Beinert, *Um das dritte Kirchenattribut*, Essen 1964를 참고할 수 있으며, 이 책은 모든 측면에서 이 개념과 연관된 근본적인 문제들을 소상하게 밝혀 준다. 그 밖에도 H. Wagner, Aspekte der Katholizität, in: *Cath* 30(1976), 55-68을 참조할 수 있다.
60. S. Wiedenhofer, Das katholische Kirchenverständnis, 275.

것이다. 그로써 교회 안에서 피조물들은 자신들의 잃어버린 단일성을 회복하고, 마침내 새 하늘과 새 땅의 포괄적인 하나-됨에 온전히 깃들게 될 것이다."[61]

5) 교회의 사도성

처음부터 교회는 자신을 '사도적'이라고 자각해 왔다. 사도(使徒)는 본시 부활해 고양되신 주님을 만방에 증언하도록, 곧 선교 직무의 소명을 받은 이들을 가리킨다. 그리고 그것은 계속해서 물려줄 수 있는 칭호가 아니다. 다시 말해서 '주님을 직접 목격하고 그 증언을 위해 불림을 받은 사도성은 그들 사도들의 죽음과 함께 끝났다.' 그럼에도 불구하고 교회의 "사도성"(Apostolizität)은 다음과 같이 두 가지 관점에서 이해될 수 있다.

① '사도성은 사도들의 "증언"과 일치한다.' 사도들에 의해서만 교회는 예수 그리스도를 살아계신 주님으로 알아본다. 사도들의 증언을 이어받는 교회의 소명은 본래 '원천적이고 또 근본적인 것'이다. 사도들의 증언들을 구체적으로 기술한 내용이 신약성경의 기록을 통해 확인될 수 있다.

② '사도성은 사도들의 "직무"를 이어받아 사람들에게 예수 그리스도를 통한 구원의 복음을 전하는 소명을 함의한다.'

제2차 바티칸 공의회의 전망에 의하면 교회는 친교의 실재로 이해된다. 교회는 복음의 전적인 수용자이면서 주체이자 그 약속의 담지자로서 그리고 복음과 관련하여 책임을 진다. 그 때문에 교회 전체는 사

---

61. *Ibid.*, 279.

도적이다. 교회 전체라 함은 하느님의 백성과 그리스도의 몸을 가리킨다. 이는 또한 독립적이고 신앙을 복음에 기초로 하며 복음과 관련된 책임을 기꺼이 받아들이는 가운데 신앙인들은 모두 기본적으로 동등성을 누린다. 물론 교회 안에서 저마다 소명을 받은 다양한 직무를 훼손시키지 않는 조건 아래서 그러하다.[62] "사제", "수도자", "평신도"는 친교의 교회공동체 안에서 살아가면서 교회의 선교 사명에 다 함께 참여한다. 모든 그리스도인은 궁극적으로 세례를 통해 주어진 동등성을 따라 보편 사제직을 수행한다. 이 보편 사제직은 "정도만이 아니라 본질에서 다른"(LG II, 10) 직분상의 교계적 사제직과 구별된다. 물론 사람들은 달갑지는 않은 이러한 용어를 존재론적인 의미로 이해해서는 안 된다. 교회 안에서 평신도의 보편 사제직과 사제의 교계적 사제직을 다만 서로 차별화된 기능의 관점에서 파악하는 것이 바람직하다. 평신도의 과제들 역시 사제의 과제들과 동등할 수 없다. 이 같은 의미에서 양자는 "본질적으로" 구별된다.

교회의 가르침에 의하면 사제는 "그리스도의 인격을 통해" 활동한다. 그러나 이는 부재하는 주님을 "대리하는" 존재를 뜻하는 것이 아니다. 오히려 교회의 직분이 교회 안에 현존하시는 주님을 재현한다는 점에서 그분의 "실재 상징"인 셈이다. 사제직은 독자적으로 생겨난 임의의 직분이 아니다. 오히려 그리스도의 하나뿐인 사제직을 성사적으로 실현하는 것을 목표로 삼는다. 그러므로 교회 안에 직분 혹은 직책이라는 것은 그리스도를 드러내는 표징으로서의 의미를 띤다. 사제는 자신의 인격을 통해서 교회가 전적으로 그리스도에 의존하고, 교회 안에 선

---

62. 참고 CIC, c. 208.

사된 구원 은총을 고스란히 자신의 소유로 여기는 "상속자"가 아니라는 점을 드러내야 한다. 로핑크(N. Lohfink)는 사제를 통해서 "기적의 재현"[63]을, 그러니까 교회의 친교가 꾸준히 하느님의 선물이자 그분의 배려라고 일컫는 기적을 드러내 보여 주어야 한다고 보았다. 교회는 증인과의 불가해소적인 관계를 통해서 사도적 토대로서 동시에 부활하신 주님과의 관계를 맺고 있다. 사제는 확실히 공동체를 재현하는 "단결된" 인격체이기 때문에, 그 역시 교회에서 갈라진 형제들 사이에서 교회를 재현하며, 나아가 잠정적으로 존재할 수 있는 교회를 전체교회와 연결시켜 준다. 그런 한에서 사제직에 관한 교회의 표명, 곧 사제는 "교회의 인격을 통해서" 활동한다는 정언도 올바르다.

주교의 "협력자"인 사제가 수행하는 직무는 본래 주교직을 통해서 그 고유한 기능과 권한을 부여받는다.[64] 또한 주교직은 무엇보다도 전체교회의 사도적 후계자라는 중대한 의미는 물론 전체교회에 속하는 각 지체로서의 의미를 갖는다. 이 같은 사도적 후계자로서의 직무를 수행하는 것은 신약성경의 증언에 따른 것이다. 사도적 소명을 위해 주어지는 수많은 은총의 카리스마 중에서도 사도 시대 이후 점점 더 중요하게 부각된 교회의 직분으로는 감독직(주교직), 장로직(사제직), 부제직이 있다. 교회의 이 세 가지 직분이 본질적으로 교회의 창립과 병행한다는 사실은 설령 최근 교회 내 일부에서 그 같은 시각을 선호한다고 하더라도, 성경이 강요하는 선결 조건으로서보다는 오히려 역사적 사실로 비쳐진다. 다시 말해 오늘날에도 확인되는 바와 같이, 교회가 역사

---

63. N. Lohfink, *Kirchenträume. Reden gegen den Trend*, Freiburg I. Br. u.a. 1982, 152-155.
64. 이 주교직은 주교 시노드의 제10차 정기총회의 주제이기도 했다(2001년 10월 로마에서 개최).

적으로 제 모습을 갖추어 가면서 신학적으로도 뚜렷한 원칙을 마련했음을 의미한다.65 그리하여 이 세 가지 직분은 다음과 같이 설명될 수 있다. 예를 들어 주교직은 사도의 본래적인 후계자로 대변되고, 사제직은 공동체의 차원에서 혹은 일정한 소명을 따라서 주교를 대리하며, 부제직은 직접적으로는 교회의 복음 선포와 관련된 소임을 도맡게 된 직분이다. 그런 의미에서 이 세 직분은 교회에 본질적이다. 전체교회 안에서 사도에게 위임된 직무가 결국 예수 그리스도의 세 가지 직분의 형태로 조직화된 것이다. 그러므로 이는 특별히 주교직에 고스란히 해당된다고 할 수 있다. 곧 주교직에는 본래적으로 교도권(복음 선포, 그리스도교의 진리에 대한 확증), 성사권(성찬례의 집전, 그러므로 주교의 권한과 연계해서만이 성체성사의 집전이 유효할 수 있음), 사목권(부분교회에 대한 사목)이 주어져 있으며, 그것은 모두 그리스도로부터 물려받은 것으로서 직접적이고도 미룰 수 없는 책임을 수반한다. 각 주교는 사도단을 계승한 주교단의 일원으로서 전체교회를 위한 책임 또한 거부할 수 없다.

"사도적 계승"은 일찍부터 법적 형식을 따라서, 그러니까 무엇보다도 "합법적인" 직권자인 주교들이 (주교 성품식에서) "함께" 안수(按手)기도를 이어 바치는 예식으로 공공연하게 드러났다. 어느 순간부터 실제적으로 계속 전수하기 어려웠던 이 같은 계승 방식은 결국 교회의 사도성이라는 포괄적인 접근 방식에 양보되었고, 그러한 포괄적인 접근

---

65. 그 때문에 제2차 바티칸 공의회는 분명 교회의 직분을 하느님의 뜻과 결부시켜 설명하면서도 저 세 직분의 기능을 역사적인 발전 과정에서 확인할 수 있도록 제시한다. "이렇게 해서, 하느님께서 제정하신 교회 직무를 이미 옛날부터 주교, 신부, 부제라고 불리는 이들이 여러 품계로 수행한다"(*LG* III, 28). 이에 대한 참고로 또한 H. Wagner, Die Normalität der Urgemeinde. Ein Problem konfessioneller Hermeneutik, in: *Cath* 33(1979), 153-167; ders., Zur Problematik des "ius divinum", in: *TThZ* 88(1979), 132-144.

방식에 따라서 교회는 총체적으로 예수의 부활에 관한 사도적 증언을 전수하는 의무를 자각하게 되었다.[66]

6. 베드로 사도좌

가톨릭교회의 교회 개념은 주교의 특별한 기능과 연계된다. 주교는 사도단 및 초대교회에서 베드로 사도와 닮은 모습으로 특별한 의무와 권한을 행사하는데, 그것은 무엇보다도 교회의 하나-됨을 위해 요구된 것이다. "베드로의 후계자인 교황은 주교들의 일치는 물론 신자 대중이 이루는 일치의 영구적이고 가시적인 근원이며 토대이다"(*LG* III, 23). 그럼에도 로마 주교 홀로 교회 내적인 일치를 위한 원칙이자 기초는 아니다. 그래서 상기 문헌은 계속해 "그리고 개별 주교들은 자기 개별 교회 안에서 일치의 가시적인 근원과 토대가 된다."(상게서)고 밝힌다. 한 마디로 "일차적"으로 그리고 "주교들의 일치된" 요소들이 상부상조함으로써 교회의 일치가 완성된다는 뜻이다. "그러한 까닭에 개별 주교들은 자기 교회를 대표하고, 모든 주교는 교황과 더불어 평화와 사랑의 일치의 유대 안에서 온 교회를 대표한다"(상게서).

초기에 가톨릭 신학과 비-가톨릭 신학 사이에서 교황권을 두고 다투었던 가장 중요한 논쟁점은 베드로 사도와 연관된 신약성경의 구절들과 특히 마태 16,16-18에 대한 해석과 관련이 깊다. 후자는 가톨릭교

---

66. 이에 참고로 H. Jorissen, Das Amt in der Kirche von morgen - Erwägungen aus katholischer Sicht, in: H. Schwörzer (Hrsg.), *Amt - Eucharistie - Abendmahl. Gelebte Ökumene*, Leipzig 1996, 26-40.

회가 무엇보다도 중요하게 취급하는 구절이다. 한편 가톨릭 신자들이 베드로 사도에게서 "첫 번째 교황"으로서의 모습을 그려 낼 수 있다고 긍정적으로 바라본다면, 반대로 프로테스탄트 신자들도 나름대로 그에 관한 부정적인 모습(예컨대 베드로가 "예수를 부인하는 태도", "안티오키아의 사건" 등)을 그려 낼 수 있으니, 서로 차이를 보이는 성경 구절의 진정성을 따라 판단을 유보해야 할지 모른다. 사뭇 성경 주석의 문제는 그렇듯 우리의 인식 태도에 의해서 상대적으로 흘러갈 수 있다.[67] 그러나 모든 종교적 신조들을 차치(且置)하고 신약성경신학을 통해 하나의 인상 깊은 그리고 강력한 베드로 사도의 이미지를 파악할 수 있는데, 그것들은 역사적인 시몬 베드로 사후에 확장된 것들이다. 신약성경의 구절들은 베드로 사도좌의 계승을 뚜렷하게 언급하지 않지만, 그렇다고 그러한 계승에 대해 반대하지도 않는다. 오히려 일련의 직무가 교회 안에 어느덧 정착된 "베드로 사도의 소임"과 연계해 "적극 요청된" 차원에서 거론된다.[68] 이 직무에 관한 발전상은, 로마 공동체에서 베드로의 현존이 아마도 공동체 지도자라는 점을 알아보게끔 해 준다. 또한 이러한 역사적 발전상은 이미 2-3세기 로마 교회의 주교들에게 전체교회에 대한 권한이 사실적으로 그리고 모순적이지 않게 인정되었음을 보여 주기도 한다. 4세기에 들어서 이러한 로마 주교의 우선권은 안정된 상태를 유지했고, 신약성경에서 베드로 사도의 지위에 대해 가장 중요하게 알려 주는 구절들과 관련하여 부분적으로는 나중에 합법화되었다. 정치-사회학적인 차원도 포함해 역사적인 근거들은 교회가 1세기부터

---

67. 이에 무엇보다도 R. E. Brown u.a.(Hrsg.), *Der Petrus der Bibel*. Eine ökumenische Untersuchung, Stuttgart 1976.
68. 그 역사적인 상황에 대해서는 K. Schatz, *Der päpstliche Primat*. Seine Geschichte von den Ursprüngen bis zur Gegenwart, Würzburg 1990을 참조 바람.

뚜렷한 입장을 취했다고 보는데, 그것은 교회의 일치를 위한 로마 주교의 수위권이 교회의 본질에 사태적으로 적합하고, 다양한 형태로도 왜곡되는 일 없이 수행될 수 있었음을 말해 준다. 제1차 바티칸 공의회(1869-1870)는 교황의 수위권에 관한 가르침을 교회 안에서 교의적인 수준에서 재확인했다. 그 직권은 이른바 사법적 수위권(교회 안에서 교황이 지닌 일반적이고 직접적인 법적 우월성)과 교황의 무류권(無謬權), 다시 말해 교회 안에서 일정 조건들 아래 진리의 발견에 교황만이 누리는 특별한 권한에 관한 것이었다. 여기서 언급한 '일정 조건들'에 대해서는 제1차 바티칸 공의회 문헌(*DZ* 3070-3075, 특히 3074)에서 분명하게 밝히고 있다. 만일 로마 교구의 주교가 (곧 단지 한 개별 주교의 인격적인 특권으로 한정된 차원에서가 아닌 의미로서, '로마' 혹은 '바티칸' 혹은 '사도좌' 등의 표현을 사용할 때) "사도좌로부터"(*ex cathedra*)라고 공언한다면, (다시 말해 단지 한 지역교회의 교구장으로서가 아니고, 나아가 여러 신학자들 가운데 한 신학자로서가 아니라 모든 그리스도인의 목자요 교사로서, 그러니까 전체교회가 제기하는 물음에 책임 있는 답변자로서 교회의 "공적인 인격체"의 입장에서 말한다면) 최고의 권위를 의식하면서 확정된 가르침을 공공연하게 말해 주어야 함을 함의한다. 다시 말해 한정된 속성을 고려하면서 최대한 분명한 의도를 가지고 답변을 해야 함을 가리킨다. 예를 들어 정치적, 문화적, 자연과학적, 그리고 기타 유사한 물음들에 대해서가 아니라 그리스도인의 신앙 및 윤리적인 삶과 관련한 물음 앞에서 분명한 답변을 해 주어야 할 경우, 교황은 앞서 그리스도가 교회를 이끌 때 지닌 무류적 권한을 이어받는다는 것이다. 그런 점에서 교황은 전체교회의 공식적인 대변자로서 교회의 신앙을 발표한다고 말할 수 있다. 그는 이 같은 소임 및 권한을 원칙적으로 "자체의 능력으로" 수행할 뿐, 어띤 특별한 과정을 거쳐서, 예컨대 교회 내의 여러 의견들을 규합한다거나 민주적 혹은 유사 민주적 형태로 다수결에 의해 대표가 되는 견해에 준해 발표하지 않는다(곧, "부분교회들의 동의에 의해서가 아니다[*non ex consensu Ecclesiae*]").

지난 70년대에 튀빙겐 신학자 한스 큉(Hans Küng)에 의해 시작되어 이후 신학계 내에서 심각하게 논의되었던 한 가지가 교황의 무류성(無謬性) 개념이 함의한 의미와 적용 범위였다. 이 개념은 다양한 측면에서 오해의 소지가 적지 않았다. 하느님만이 홀로 그리고 절대적으로 결함이 없으시다. 그런 반면 인간의 언표는 항상 역사적인 경향을 띠기 마련이고, 단지 유사적인 의미를 따라 오해 가능성에서 온전히 벗어날 수 없다. 교회에게 "결함이 없다"는 발언은 ― 이 무류성에 관한 교회의 선언 이후 그 같은 종류의 발언은 모름지기 1950년에 성모 마리아의 승천과 관련 있었는데 ― 어느 한 시대의 교회를 위한 것이요, 결국 그때마다 변모하는 시대 속의 교회를 위해 요청된 것이다. 왜냐하면 교회는 그에게 맡겨진 진리를 항상 일정한 시기와 시대에 살아가는 신앙인들을 위해 구체적으로 말해 주어야 하며, 바로 그 때문에 언어와 연결될 수 있도록 선처해야 하기 때문이다. 교황의 "무류적" 발언은 후대에 다소 뒤바뀐 신앙 여건들의 맥락에서 전혀 다른 모습으로 이해될 수 있으니, 그런 점에서는 시대에 뒤처질 수 있다.

제2차 바티칸 공의회는 교회 안에서 신앙 진리를 발견하는 최종적인 소임과 관련하여 교황의 무류성에 관한 가르침을 분명 재확인했지만, 한편 또 다른, 그러니까 그와 동등한 수준의 기능들과 연계해 이해했다. 이는 획일화된 공식적-법적 절차보다는 오히려 다채로운 채널을 통한 신앙 진리에로의 접근 가능성을 중요하게 생각하고 있음을 시사한다. 신앙인들은 다 함께 교회 안에서 신앙 진리를 알아낼 소명을 갖고 있다. "성령께 도유를 받는 신자 전체는(1요한 2,20.27 참조) 믿음에서 오류를 범할 수 없으며, '주교부터 마지막 평신도에 이르기까지' 신앙과 도덕 문제에 관해 보편적인 동의를 보일 때, 온 백성의 초자연적 신앙감각의 중개로 이 고유한 특성을 드러낸다"(LG II, 12). 그로써 상기 공의회는 옛 교회, 그러니까 중세로부터 시작되어 19세기에 집중적으로 논의되었던 신자들의 신앙 감각(sensus fidelium)에 관한 가르침을 교회 안에서 신앙 진리를 발견하는 것과 연계시켜 이해했던 것이다.[69] 게다가 상기 공의회는 앞선 제1차 바티칸 공의회가 언표 한 그대로 교회 헌장을 통해 교황의 무류성에 관해 상기하기에 앞서 다음과 같은 입장을 분명하게 취했으니, 만일 그들이 서로 일치하고 또 교황과 일치하는 견해를 갖는다면, 주교들도 "신앙과 도덕의 사항들을 유권적으로 가르치는" 경우 "하나의 의견을 확정적으로 고수해야 할 것으로 합의하는 때에는 그리스도의 가르침을 오류 없이 선포하는 것이다"("교회에 약속된 무류성은 주교단이 베드로의 후계자와 더불어 최고 교도권을 행사할 때 주교단 안에도 내재한다"[LG III, 25]).

1995년 5월 25일 발표한 교황 요한 바오로 2세의 교회 일치를 위한 회칙 「하나 되게 하소서」(Ut unum sint)는 위에서 언급한 조정 가능성에 대하여 입장을 표명하였다. 다시 말해 상기 회칙은 지금까지 교황의 수위권을 행사하면서 교회가 공표한 형식이 더 이상 오늘날의 교회 일치를 위해 적절하지 않을 수 있다고 말하며, 이에 신학자들이 상기 주제와 관련하여 자신과 대화하기를 청함으로써, 라틴 서방교회의 모습

---

69. 이에 H. Wagner, Glaubensinn, Glaubenszustimmung und Glaubenskonsens, in: ThGl 69(1979), 263-271 참고.

만을 대변하는 교황직에서 벗어나 모든 교회가 일치하는 베드로 사도좌가 될 수 있는 길을 모색하자고 제의한 것이다. 그에 대한 논의는 지금도 진행 중이다.[70] 이미 상기 회칙이 발표되기 약 20년 전에도 가톨릭교회 및 가톨릭 신학 외부에서, 예를 들어 성공회 및 루터교회 안에서 교회 본래 모습을 회복하기 위해서 베드로 사도좌를 수용하는 가능성에 대해 긍정적으로 검토했다.

7. 교회-존재의 차원[71]

1) 이해공동체 및 선포공동체로서의 교회

마틴 루터(Martin Luther)는, 교회가 하느님의 말씀에 의해 세워졌다는 표현을 즐겨 사용했다. 교회는 곧 "말씀에 의한 창조물"이라는 것이다. 이러한 입장은 가톨릭교회의 교회론에서도 동일하다. 교회는 하느님 나라의 도래에 대해 알리신 예수 그리스도의 선포와 십자가에서 돌아가시고 부활하신 주님에 대한 선포로 이어간다. 교회는 인간 집단의 장소이기도 하며, 거기에서 이 같은 선포 행위가 매번 새롭게 실현된다. 선포 행위는 계속해서 발전하는 이해 형식을 전제 삼는다. 이는 여러 신학자들, 교회 직무자들의 예지에 힘입어 하느님의 백성 전체가

---

70. 무엇보다도 H. J. Pottmeyer를 손꼽을 수 있으며, 그는 요한 바오로 2세 교황에게 그런 입장을 고무시켰다. 그의 *Die Rolle des Papsttums im dritten Jahrtausend* (*QD* 179), Freiburg I. Br. 1999, 그(저자)에 따르면, 그 같은 논의는 이미 여러 가지 형태로(단행본 혹은 잡지를 통해) 출간되었다. 이에 A. Garuti, *Primato del Vescovo di Romae Dialogo Ecumenico,* Rom 2000을 참조하기 바란다.
71. 이 단락에서 내가 언급하려는 것은 앞서 H. Zirker, *Ekklesiologie* (Leitfaden Theologie 12), Düsseldorf 1984의 책에서 큰 영감을 받았다.

관심을 기울이는 그런 이해 형식이다. 제2차 바티칸 공의회의 계시 헌장은 이러한 의미를 온통 하느님의 말씀 안에서 모색한다. 그래서 "하느님의 말씀을 경건히 듣고 신실하게 선포"(DV I, 1)함으로써 그런 이해 가능성을 확장시킬 수 있다고 말한다. 교황 베네딕토 16세는 일찍이 이 계시 헌장의 첫 번째 문장을 "축복이 가득한 매우 의미심장한 문장"이라고 주해한 적이 있다. 그것도 단지 공의회 전후의 시점을 넘어서 교회의 전 실존이 엄연히 나아가야 할 방향을 분명하게 밝혀 주었다고 설명한다. 이는 "하느님 말씀의 선도적 주권, 모든 인간들의 언어를 넘어서, 또한 교회가 행하는 그 모든 실천들을 넘어서, 오롯이 타당성을 행사하시는 그분의 탁월한 지도적 위상을 명시한 문장이다. 그러므로 교회는 하느님 말씀에 귀를 기울이고 또 선포해야 하는 두 가지 소명을 다해야 한다. … 그리하여 그러한 표현을 통해서 이 공의회는 일련의 교회론적인 자기성찰을 시도했다고 보며, 그것은 교회가 온통 자신을 중심으로 또한 선포의 중심 대상으로 삼으려는 경향에서 벗어나도록 노력할 것을 가르친 것이다. 그 대신에 자신을 넘어서 꾸준히 입증해야 한다는 것을, 그래서 교회의 전 실존이 언제든 깨어나 위를 향해 열려 있고, 하느님 말씀에 대한 경청에 온 힘을 다하며, 오직 그로부터 비로소 교회의 명시적 언급이 이루어져야 함을 자각한 것이다."[72] 교회는 꾸준히 자신을 이해하고 또 해명하는 공동체로서 구체적이고 특별한 방식으로 그처럼 공의회들을 통해서 자신을 드러낸다.[73] 공의회와 시노드는 교회가 살아 숨 쉬며 다양한 차원에서 서로 교류하면서 일치를 이루는 성원들로 채워진 공동체라는 사실을 분명하게 밝힌다.

---

72. Im Kommentar zur Offenbarungskonstitution, *LThK²*, Erg. Bd. II, 504.
73. 이에 참고로 "Synode/Konzil(H. Wagner), in: *NHThG* 5, 101-108.

2) 실천공동체로서의 교회

일반적으로 교회의 실천 행위는 전례, 봉사, 선포(케리그마)로 크게 구별된다. 전례는 교회의 실천 행위의 심장과도 같다. 거기에 교회가 진정 살아가게 되는 피를 — 예수의 죽음과 부활에 대한 신앙의 힘을 — 공급받는다. 그 때문에 지난 공의회의 가르침에 따르면 "전례는 교회 활동이 지향하는 정점이며, 동시에 거기에서 교회의 모든 힘이 흘러나오는 원천이다"(SC I, 10). 전례에는 교회의 성사와 그 밖의 여러 가지 전례 형식들 그리고 성무일도가 속하며, 이때 성사의 중심은 성체성사다.

봉사(Diakonia)는 복음을 피부로 느끼며 깨닫는 데 매우 유익하다. 오늘날 봉사는 사회적 여건 및 주변 상황에 알맞게 대처하면서 아주 다채로운 형태로 발전해 제도적인 틀 바깥에서도 개인적으로든 또 작은 단체 단위로든 수시로 자연스럽게 이루어지고 있다. 그리스도교적 전통은 "사랑의 일곱 가지 봉사 활동"이란 체계를 따라 조직적으로 전수되어 왔으며, 이는 시대에 맞춰 적절하게 그 모습을 바꿔 적용할 수 있다. 사랑의 '물질적' 봉사에 속하는 것으로서는 음식 제공, 식수 제공, 외국인 환대, 의류 제공, 병자 방문, 교도소 방문, 장례 대행 등이 있고, 사랑의 '정신적' 봉사에 속하는 것으로서는 문맹 퇴치, 불신 풍조의 개선, 낙심한 이들에 대한 위로, 중독 및 방탕한 생활의 계도, 소외된 이들에 대한 법적인 대변, 인권 옹호, 산 이와 죽은 이를 위한 기도 등이 있다.

교회 활동은 오늘날 신학의 흐름 안에서는 정치적인 활동으로도 이해된다. 왜냐하면 교회는 그런 활동으로 신뢰할 만한 약속을 제시하거나, 교회가 강조하는 가치들을 분명하게 인식시키거나, 나아가 지역 사회, 국가 사회 및 국제 사회에 구체적인 활동들을 활성화하고, 그 악용을 비판하는 데 효과적이라고 보기 때문이다.[74] 케리그마(복음 선포)의 경우 — 곧 교회의 근본 활동이라고 할 수 있다. — 강론, 교리, 교육 및 찬미 등을 통해서 구원 역사의 현재적인 의미를 체험하고 이해할 수 있다.

3) 전통공동체로서의 교회

교회는 전통을 계승하는 과정을 통해서도 활동한다. 교회는 꾸준히 자신의 원천을 돌이켜 그 관계를 계속 유지해야 함을 자각한다. 다시 말해 성경 안에서 증언하는 그리스도의 사건을 항상 기억하고 기념하면서 이를 그때마다 보다 정확하게 알려 주어야 할 사명을 갖고 있다. 교회는 이를 전통이라는 과정을 통해서 수행하게 되는데, 거기에는 일련의 변형과 혁신 과정도 함축된다.

8. 프로테스탄트교회의 자기이해

1) 루터교회의 자기이해

루터의 교회에 대한 이해를 간략하게 요약하고 싶다면, 아래의 기본 명제로부터 출발해야만 할 것이다. "교회의 전체 삶과 실체는 하느님의 말씀 안에 있다"(*Tota vita et substantia Ecclesiae est in verbo Dei*).[75] 이 명제는 루터에게 단일 명제가 아니라 그와 유사한 많은 명제들과

---

74. 물론 이러한 목적 외에 다른 목적도 고려될 수 있다. 예컨대 교회의 예언자적 소명을 필연성에 근거해 혹은 현실성을 고려해 실천하는 취지로 말이다.
75. *WA* 7, 721.

함께 진술되며, 그 가운데 으뜸가는 그리고 요약된 형식을 띤다.[76] 거기서 "하느님의 말씀"을 루터는 다음의 세 가지 의미를 따라 설명했다. 계시-성경-설교가 그것이다. 그리고 가장 마지막 것이 중심적인 의미를 띤다.[77] 결론적으로 말해서 설교는 곧 언어로 사람들을 인도하는 하느님의 영이다. "설교를 통해 성령이 임한다. 설교는 그리스도 자신을 직접 전해 주며, 그래서 그의 능력은 용서에 대한 약속으로 결코 소진될 수 없는 것과 똑같은 효과를 가져다준다. 설교를 통해 하느님의 권능이 펼쳐진다. 또한 설교는 하느님의 생명을 불러일으키는 힘으로 채워지고 또 그런 힘을 수반한다."[78] 말씀이 설교되는 그 자리에 하느님의 백성이 탄생해야 한다.[79] 그러므로 '교회는 말씀의 창조물이다.' 다시 말해서 설교가 이루어지는 바로 그 자리에 모인 이들이 곧 "교회"를 형성한다. 이는 그런데 그렇게 선포된 말씀이 아무런 오류 없이 그런 효과를 불러일으킨다는 것을 또한 함의한다. 선포된 말씀이 곧 "거룩한 이들", 의로운 이들을 일으켜 세운다는 것이다. 교회는 그렇게 "성인들의 통공"을 내포한다.

만일 종교개혁 당시에 가톨릭교회가 무엇보다도 가시적인 제도로서의 교회를 교황 및 주교들의 지휘 아래 전례 및 기타 성사가 집전되는 가운데 다 함께 다짐하는 신앙고백을 토대로 그리스도인의 삶이 완성되는 장소로 이해했다면, [말씀에 집중한] 프로테스탄트교회는 본래

---

76. 이 같은 표현들에 대한 훌륭한 사색은 G. Jacob, "Luthers Kirchenbegriff", in: *ZThK*, NF. 15(1934), 16-32에서 엿볼 수 있다.
77. 이에 누구보다도 K.-G. Steck, *Lehre und Kirche bei Luther*, München 1963을 참조 바란다.
78. E, Kohlmeyer, "Die Bedeutung der Kirche für Luther", in: *ZKG*, NF 10(1928), 466-511(인용은 472).
79. 참고 *WA* 50, 629f.

각 개별교회들의 모든 차이를 감안해 원칙적으로 '인격적인, 그리스도론적인 기본 방향에 중점을 두고 자신을 성찰하는 데에 집중했다. 이 점에 대해서는 이미 루터의 다음과 같은 유명한 명제가 입증해 준다. "철부지 어린아이조차 '교회가 무엇인지' 알아들으며 성도들의 보임 ― 제 목자의 목소리를 알아듣는 양들의 무리 ― 가운데서 하느님을 찬양할 것이다"(Schmalkaldische Artikel, WA 250, 1). 분명히 그리스도는 당신의 교회 안에서 "머리"로 그리고 교회는 "그분의 몸"으로 존재하겠지만, 예수 그리스도의 신성 때문에, 그리고 모든 인간들의 죄성과 한계성 때문에 그리스도와 교회 사이에는 근본적인 차이가 계속 남게 될 것이다. 이 같은 사실은 바로 그 점에서 그리스도와의 유사성을 따라 거론하는 중에도 배제할 수 없으며, 따라서 교회는 본질적으로 그리스도의 하느님이시면서 동시에 인간이 되신 그 특성에 참여한다고 말할 수 없다. 오히려 교회는 모든 그리스도인들의 경우와 마찬가지로 의로우면서 동시에 죄를 저지른 모습을 띤다.

옛 신조를 받아들여 루터는 교회를 성령이 세우신 것으로 생각했다. 이때 성령은 꾸준히 교회를 통해 그리고 교회 안에서 활동하신다. 성령이 교회를 인도하는 역사적인 구체적 수단은 '말씀과 성사'다(CA VIII 참조). 바꿔 말하자면, 말씀이 선포되고 받아들여지는 곳에 성령은 역사하고 교회가 존재하게 된다는 것이다. 교회는 그런 의미에서 "말씀의 창조물"이다. "왜냐하면 하느님의 말씀은 하느님의 백성 없이 존재하지 않고, 반대로 하느님의 백성은 하느님의 말씀 없이 존재할 수 없기 때문이다."[80] 말씀과 성사, 무엇보다도 세례와 성체성사는 선포의 한

---

80. *Ibid.*

형태로서 가시적인 말씀이라고도 일컬을 수 있으니, 그것들은 교회의 징표로서 단지 그렇게 존재하는 것만이 아니라 교회의 다른 직무들과 다양한 기도 형태들 및 십자가로도 존재한다. 루터도 교회를 상징하는 것들로서 교회의 직무들에 대해서 고려했다. 예컨대 주교들, 사제들 및 설교자(말씀의 봉사자)들을 생각했다. 그들은 자신들의 직무를 통해 말씀을 선포하고 성사들(세례, 성체 및 참회)을 집전한다. 물론 궁극적으로는 그로써 직무자들을 임명할 때 카리스마 전달 과정이 훨씬 더 중요한 것인지(곧 직무자들의 권한이 하느님에 의해 주어지는 카리스마를 통해 유효하게 되는 것인지) 혹은 직무자들이 그들의 근본 토대를 공동체의 질서 안에서 발견해야 하는 것인지 하는 문제가 분명하게 해명되지는 않았다. 그러나 루터는 교황직을 거부했다. 왜냐하면 그는 베드로 사도 역시 신앙공동체 안에서 특별한 법적 권한을 별도로 인정받을 수는 없다고 생각했고, 나아가 구체적인 교황직에 대해 루터는 당시 교회 안에서 경험했던 비에 의하면 아무런 상섬도 인식할 수 없었기 때문이다. 그럼에도 불구하고 그는 교회 안에서 가르치는 합법적인 가르침에 대해 고민해야만 했다. 왜냐하면 합법적인 복음, 곧 참된 복음이 선포된 곳에 비로소 참된 교회가 존재한다고 말해야 하기 때문이다. 루터교회 안에서는 그 어떤 상위의 교도권이 존재하지 않는다. 신조와 교리는 성경을 이해하는 데 도움이 된다. 신조와 교리가 성경과 일치하는지 검토하는 일은 물론 복잡한 과정이다. 거기에는 신학자들, 사제단, 주교단, 시노드 및 세계교회 대의원회가 저마다의 방식으로 참여한다. 로이엔베르거 연합회(Leuenberger Konkordie, 1973)는, 하나의 교회공동체라면 공동으로 합의된 교리를 의무로 삼아야 한다고 자각했으며, 그 때문에 잠정적인 차원에서 교리를 위한 대화의 필요성을 검토했다. 그렇게 서로 합의된 교리의 근본적인 입장을 고스란히 보존하기 위해서 루터교회는 교리에 대한 이의 제기 및 해명을 위한 공식적인 절차 등을 발전시켰다.

하느님의 말씀은 하느님에게서 유래한 말씀이기 때문에, 말씀을 통해 이른바 가려져 계신 분이 드러나는 것처럼, 교회 역시 자신의 본질을 말씀의 형태로 취한다고 볼 수 있으니, 전체 계시가 갖는 '가려진 특성'을 공유한다. 교회도 가려져 있다. 그의 머리인 예수 그리스도가 그러하고 또 그런 한에서 말이다. 그렇게 교회는 그리스도의 십자가 형상과 유사한 형태를 띤다. 또 교회는 그에 속한 성원들의 한계성에 의해서도 가려져 있다. "거룩한 이들이 내재하는 교회는 가려져 있다"(*Abscondita est Ecclesia latent sancti*).[81] 교회는 감추어져 있고 또 가려져 있다. 왜냐하면 상황에 따라서 악마적인 힘이 교회 안에 영향력을 행사하기 때문이다. "가시적인 교회"냐 아니면 "비가시적인 교회"냐 하는 물음은 신앙인에게 "계시되는" "가려진 교회"가 무엇이냐 하는 물음 뒤로 밀려난다. 교회의 "징표"는 물론 교회 자체를 본질적인 측면에서 가시화하는 경우는 아니라고 하더라도 비가시적인 교회를 가시화해 준다. (루터는 세례, 성만찬, 설교, 신앙고백 등을 그렇게 '교회의 징표'로 칭한다). 교회의 직무가 본래적으로 제정되었는가에 대한 물음이 종종 활발하게 논의되곤 하는데, 그것은 한편 긍정적으로 마무리될 수 있다. 다시 말해, 그것은 적절한 설교와 함께 집전되는 성사 활동이 (하느님의 뜻에 따른) 영성적인 직무를 함축한다고 보는 경우이다.[82] 그리스도 자신이 직무를 제정했다는 그 사태적인 근거는 공동체의 질서와 구조에

---

81. *WA* 18, 652.
82. 이에 (루터의 입장에서 전체적으로 교회 개념에 문제가 되는 점들에 대한 참고로는) U. Kühn, *Kirche*(HAST 10), Gütersloh 1980, 21-38 (교회 직무에 관해서는 특히 45-47).

서 엿볼 수 있다. 루터는 교황권을 거부할 때 공공연하게 신약성경의 증언에 소급해 해명하려고 했다. 멜랑히톤(Philipp Melanchthon)은 루터의 신학적 관점에서 많은 부분을 인용하는 것처럼 그의 교회에 대한 입장을 체계화해 루터보다도 훨씬 더 교회를 가시적인 "기관"(조직체)으로 규정했다. 그에게서 교회는 "학문적 산물"(*coetus scolasiticus*)이다.[83]

독일 가톨릭 주교회의와 독일 내 프로테스탄트-루터 연합교회 지도부가 공동 작업으로 하나의 문헌을 마련했는데, 거기에는 교회에 대한 이해에 많은 부분들을 양측이 서로 나누거나 동의할 수 있음을 분명히 했다.[84]

2) 개혁교회의 자기이해[85]

요한 칼뱅(Johannes Calvin)은 루터 이상으로 가시적인 교회, 그러니까 교회의 가르침과 교회법 및 위계상의 직무에 대해 관심을 가졌다. 그럼에도 불구하고 만일 그가 비가시적인 교회를 강조했다면, 그것은 로마 가톨릭교회의 입장과는 의식적으로 차별화된 상태에서 시도된 것들이다. 칼뱅의 경우도 비가시적인 교회는 모든 시대에 선택된 이들을 포괄한다. 루터와 마찬가지로 칼뱅에게도 교회는 말씀과 성사를 통해 세워진다. 신자들을 거룩하게 이끄는 교육은 칼뱅의 교회론에선 근본적

---

83. 멜랑히톤의 교회 이해에 대해서는 *Ibid.*, 39-57 참조.
84. *Communio sanctorum*. Die Kirche als Gemeinschaft der Heiligen, Paderborn 2000. 더 나아가 교황직과 관련하여 루터교회의 입장은 다음의 표현에서 읽을 수 있다. "전 세계 교회공동체 및 신앙 진리에 대한 공통 고백의 확인과 관련하여 사목적인 직무의 일환으로서 전체교회를 대상으로 하는, '교황직'에 반하는 근본적인 이의란 존재하지 않는다."(4.6.2. /194)
85. 이에 대해선 Kühn, *Kirche*, 38-75; H. Wagner, Kirchliches Selbstverständnis und kirchliche Strukturen, in: J.-A. Möhler-Institut (Hrsg.), *Kleine Konfessionskunde*, Paderborn ³1999 (개혁이 이루어진 교회 이해는 218-221 참조).

인 소명이다. 그는 구조적으로 신약성경에 의지해 네 가지 대표적인 직무 구조를 소개한다. 예컨대 목자들, 교사들, 장로들, 부제들로 구성된 이 같은 규정은 그러나 종교개혁 이후 프로테스탄트교회 안에서 다양한 형태로 구체화되었다. 일반적으로 일개 본당 차원에서는 세 가지 직무 — 목회자(말씀의 봉사자), 장로, 부제 — 가 유효하며, 그들은 소공동체의 지도부(장로단) 이름으로 활동한다. 물론 그들의 본래적인 수장은 그리스도이시다. 개혁교회들은 결과적으로 "열린" 교회론을 취한다. 그런 교회론은 장로회 중심 혹은 연합회 중심의 공동체 형태를 허락한다. 그와 같은 개방된 태도는 개혁교회의 다양한 형태들을 "프로테스탄트 세계연합회"(Reformierter Weltbund)와 같은 하나의 결합체를 가능하게 해 주었다. 가톨릭교회는 개혁교회와도 대화에 임했다. 첫 번째 국면 이후(1977년 "교회와 세상에서 그리스도의 현존"이란 이름의 결과문 발표 이후) 두 번째 국면에 접어들었다(1999년 "교회의 공동 이해를 위한 모색").[86] 비록 루터교회에 대한 가톨릭교회의 태도처럼 완전히 포괄적인 형태는 아니라고 하더라도, 거기에도 계속적으로 서로 더 가까이 접근하거나 일치하는 모습들이 존재한다.

만일 사람들이 프로테스탄트교회의 자기이해를 두고 말할 수 있다면, 지금까지 우리가 다루고 있는 틀 안에서는 거의 예측할 수 없는 성공회는 물론이고 자유교회에 대해서도 좀 더 정확하게 언급할 수 있어야 할 것이다.[87]

---

86. 전 세계적인 차원에서 교회들 간의 대화로부터 얻어진 또 다른 수많은 문헌들로서 출간된 것 중에 in: H. Meyer u.a. (Hrsg.), *Dokumente wachsender Übereinstimmung*, Bd. 1(1931-1982), Paderborn 1983, Bd. 2(1982-1990)이 있으며, 세 번째 권은 현재(2003년) 아직 준비 중에 있다.
87. 일차적으로는 소책자(Kleine Konfessionskunde) 정도의 정보로 만족해야 할지도

3) 신학적 기본 입장

20세기 중반 프로테스탄트 신학에서 가장 눈에 띄는 입장으로는, 베르너 엘러르트(Werner Elert), 파울 알트하우스(Paul Althaus), 칼 바르트, 폴 틸리히에 기초한 울리히 퀸(Ulrich Kühn)의 견해가 대표적이다.[88] 또 다른 관점에서[89] 그는 브룬너와 불트만에게도 기대고 있다. 물론 오늘날 광범위한 프로테스탄트 교의신학자들(예를 들자면 에벨링, 판넨베르크, 몰트만, 빌프리트 해를레)에게서도 저마다의 교회론에 대한 흥미로운 기획들을 엿볼 수 있다.

교의신학자 해를레의 폭넓은 관점은[90] 저마다 제시하는 프로테스탄트 신학자들의 교회론적 입장에서 "본질적인" 것에 가까운 것이 무엇인가에 대해 거의 전형적인 방식으로 요약한다. 교회는 그에 속한 인간들의 결정에 의존하지 않는다. 오히려 말씀 선포와 성사 집전을 통해 확증되는 예수 그리스도의 복음에 의존한다. 그런 점에서 교회는 복음의 창조물이며, "거룩한 이들(및 믿는 이들)의 집회"(*congregatio sanctorum [et credentium]*)다.[91] 이는 언제든 역동적인 의미를 띤다고 보아야 하지만, 반드시 현실적인 차원에서 그대로 이해될 필요는 없다. 프로테스탄트 교의신학은 원칙적으로 루터의 가시적인 교회와 비가시적인 교회 사이를 구별하는 관점을 내포한다(물론 이와 같은 관점은 아우구스티누스 및 여러 교부들에게서도 발견되는 관점이다). 해를레는 교회를 다음과 같이

모른다. 예컨대 G. R. Evans에 의한 성공회의 자기이해(130-170), H. J. Urban의 자유교회의 자기이해(245-305)가 간략하게 소개된다.
88. U. Kühn, *Kirche*, 77-132.
89. "Kirche, VI/2, Neuzeit", in: *TRE* 18, 267-272.
90. W. Härle, *Dogmatik*, Berlin - New York 1995. 해를레는 거기서 자신의 논문 "Kirche, VII Dogmatisch"(in: *TRE* 18, 277-317)을 인용한다.
91. *CA* VII 및 VIII에 따라서.

요약한다. "'교회는 … 사람들로 구성된 … '육적인 공동체로서' (언제든 외적으로) 말씀 선포와 성사 집전에 몰두하고 또 (언제든 외적으로) 신앙을 고백한다. 이 같은 행위는 세례를 통해 결정적으로 드러난다. 그런 한에서 가시적인 교회를 세례 받은 이들의 공동체로 간단히 요약할 수 있도록 해 준다.' … 왜냐하면 신앙은 외적인 징표라는 구원 수단 없이 (그리고 그러한 징표를 믿도록 도와주고 또 확신을 하도록 이끌어 주는 성령의 도우심 없이) 생겨날 수 없기 때문에, 그런 이유에서 외적인 교회, 육적인 공동체로서 가시적인 교회가 곧 교회의 본질에 속한다."92 교회의 내적인 본질로 말하자면, 교회는 믿는 이들의 감추어진 공동체다. 해를레가 교회의 직무로 언급하는 것도 프로테스탄트 신학에서 널리 인정되는 입장이라고 말할 수 있다.93

모든 사람들은 세례를 통해 보편 사제직에 참여한다. 하느님과 인간을 중재하는 일과 관련해서는 특수한 사제직이 별도로 존재하지 않는다. 이 같은 이해 도식에 의거하면, 모든 그리스도인들에게는 자신의 신앙을 입증하고 복음을 위해 살아가는 것이 정당하고 또 소명으로 주어져 있다. 모든 그리스도인이 세례와 신앙을 통해 모든 상기 신앙생활을 영위하기 위해서는 그에 필요한 근본적인 능력이 갖추어져야 한다. 마찬가지로 '공적으로' 복음을 선포하고 성사에 의한 풍부한 은총을 서로 나누는 과제를 완수할 수 있기 위해서는 '공적인' 직무가 요청된다. 신앙공동체는 전례생활을 위해 함께 모이기 위해 그들을 대표할 만한 이들을 찾는다. 그래서 공동체는 위계적 질서를 따라서 그러한 직무를 확인할 수 있는 능력(카리스마)의 소유자를 영적으로든 신학적으로든 앞

---

92. Härle, *Dogmatik*, 573f.
93. 참고로 *Ibid.*, 582ff.

세워야 한다는 사실을 자각한다. 이 같은 확인 작업이 물론 오류 없이 진행되는 것만은 아니다. 그런 까닭에 그 같은 확인이 "직무 수행자"에게 개별적으로 수행하는 직무의 질적 수준까지 보증하지는 않는다. 교회를 지도하는 직무들은 본래적인 직무(신앙인으로서 갖게 된 직무)에 비해 부차적이다. 그 같은 부차적 직무는 공동체의 필수적인 기능에 덧붙여진 직무다. 예를 들자면 일반적인 교회 감독, 다양한 차원의 교회 행사 준비, 방법들에 대한 처리, 법률 및 규정의 해소를 선언하는 자격 등이다. "감독들, 의장들, 교회 단체장들 등 그리고 부분적인 기능으로 지구 대표, 학장, 노회장 등의 역할이 요구되듯이, 주교직은 교회를 책임지고 관리 감독하는 과제를 한 인격체에게 합법적으로 부여하는 의미를 띤다."94 (프로테스탄트의) 감독(주교)은 선거를 통해서 직무와 권한을 갖게 되며 언제든, 그러니까 그의 영성적인 "질"(質)의 일부 변화가 있든 없든 상관없이 그 직책에서 떠날 수 있다. 전통적으로, 특히 종교개혁의 영향으로 프로테스탄트교회 및 신앙공동체 안에서 시노드의 결의는 매우 탁월한 기능을 한다.

4) 프로테스탄트교회의 자기이해의 새로운 방향

프로테스탄트교회의 자기이해에 있어서 새로운 방향은, 최근까지 계몽 및 이른바 신학문(Neologie)의 영향을 받은 실생활적인 측면에서 접근하는 교회 이해에 기대어 있다고 볼 수 있다. 그 같은 교회 이해는 과거에 비해 훨씬 더 각 교회의 고유한 신앙고백에 기초하는 것이 특징이다. 여기서 사람들은 무엇보다도 헬무트 골비처(Helmut Gollwitzer)

---

94. *Ibid.*, 589.

의 이론을 떠올려 볼 수 있다. 그는 교회를 "삶의 선발대" 혹은 "새로운 생명"이라고 규정한다. 혹은 몰트만의 이론을 상기할 수도 있다. 몰트만은 교회를 "가난을 통한 거룩함의 실현", "고통을 통한 사도직"과 직결시켜 설명한다. 전 세계의 교회 일치를 위한 운동에서 무엇보다도 당시 세계교회연합회(ÖRK)의 사무총장 콘라드 라이저(Konrad Raiser)가 이러한 생활-윤리적 측면을 대화 속에 끌어들였다. 결론적으로 교회 안에 계속 유효한 그리스도의 "예언직"에 기초하여 교회는 모든 문화적인 요소들을 그리스도인의 삶과 연계시키도록 힘써야 한다. 제도적인 차원에서 교회는 사회 및 문화의 일부분으로서 사람들을 계몽하는 특성을 띠며, 가장 합당한 의미에서 가르치고 또 보호하는 역할을 수행한다. 하느님 중심의 사고방식으로 그리스도론을 전개하는 모습이 눈길을 끈다.[95]

확실히 사람들은 가톨릭교회의 입장에서도 그와 같은 교회 이해에 관한 기본 명제들이 발견된다고 말할 수 있다. 그러나 만일 제도적인 교회가, 그라프(F. W. Graf), 후버(W. Huber), 코흐(T. Koch), 탄너(K. Tanner) 등의 경우에서와 같이, 교회 개념을 그처럼 실생활과 윤리적인 측면에 집중해 발전시키는 가운데 "프로테스탄트적인 원칙" 혹은 "정치적인 의미의 프로테스탄트주의" 혹은 "문화-프로테스탄트주의"에 기초해서 가결한다면, 그와 같은 이해는 훨씬 더 큰 어려움에 부딪힐 것이다. 더 나아가 "포스트모더니즘적인" 전망에 비추어 예단(豫斷)해 보는 교회 이해는 지금까지 포스트모더니즘이 보여 주는 방식에 의하면 교회의 종말을 의미할 수 있다.[96]

---

95. 이 전체적인 내용은 H. Wagner, Ekklesiologische Optionen evangelischer Theologie als mögliche Leitbilder der Ökumene, in: *Cath* 47(1993), 124-141을 참조 바란다.

9. "교회 밖에는 구원이 없다(?)"

1) 구원의 절대성 : 배타주의적 입장

예수 그리스도의 모든 인간을 위한 구원의 의미를 배타주의적인 관점에서 해석할 수 있는 신약성경의 많은 구절들을[97] 기초로 삼아, 그리스도교는 처음부터 만인을 위한 하느님의 구원경륜이 오로지 유일한 방식으로 이루어진다고 힘주어 말해 왔다. 구원은 오로지 예수 그리스도로 말미암아 성령을 통해 중재될 수 있다는 확증이 그 근간을 이룬다. 그래서 이 같은 주장은 원칙적으로 "은총의 도구"를 통해서, 특히 교회의 성사를 통해서 강화되었다. 이 같은 입장은 무엇보다도 북아프리카 교회 교부들, 예컨대 키프리아누스와 아우구스티누스 성인들에 의해 대표되고, 결론적으로 교회 바깥에 있는 사람들에게는 비관주의적인 입장으로 비쳐진다. 그렇지만 사람들은 하느님께서 모든 인간들을 구원하기를 원하신다는 사실도 신약성경을 통해서 알고 있으며,[98] 또한 복음 설교에 많은 사람들이 아직 다가오지 못한 상태라는 점도 분명하게 알고 있다. 세례 받기를 원하지만 세례 받기 전에 사망한 이들이나 세례를 받지 않았지만 순교를 당한 사람들의 경우 이들, 곧 "마음으로 이미 세례를 받은 자들" 혹은 "피로 세례를 받은 자들"이 모두 구원에 이를 수 있다고 생각했던 것처럼, 신앙의 역사는 다른 백성(이방 민족)들

---

96. 참고 K. Raiser, *Ökumene im Übergang*, München 1983.
97. 특별히 예민하게 고려되는 마르 16,16를 생각해 볼 수 있다. 예컨대 "누구든지 믿고 세례를 받는 사람은 구원될 것이다. 누구든지 믿지 않는 자는 심판을 받게 될 것이다." 또한 사도 4,12도 참조할 수 있다. "… 우리 인간을 구원할 수 있는 이름으로서 하늘 아래 이 밖에 다른 이름은 없다."
98. 하느님께서는 "모든 사람들이 구원을 받고 진리를 깨닫게 되기를 원하십니다."(1티모 2,4)

에게도 그에 적합한 구원 결과에 대해 사유하고 있음을 엿볼 수 있다. 그래서 저마다 다른 백성들은 분명히 그들의 제도화된 종교들을 통해, 곧 "우상 숭배"와 "악마에게 협력하는 행위"로 말미암아 구원에 이를 수 없다고 보았다. 바로 그런 이유로 사람들은 파견 사명에 대해서도 최대한 노력해야 함을 알고 있었다. 비록 그들이 복음을 직접 접할 수 있는 기회를 갖지 못했다고 하더라도, 마찬가지로 모든 인간들은 저마다 동등하게 "자연적으로" 하느님을 인식할 수 있다(참고 로마 1,19 이하). 그들 가운데 많은 이들이 가톨릭교회에 속하기를 거부한다고 하더라도, 그러한 하느님 인식이 불가능한 것은 아니다. 그러므로 타종교 안에서도 하느님을 인식하고 마음으로 받아들이는 이들에게는 최소한 개인적으로, 교회의 구원 활동에 함축적으로 참여한다는 점에서 구원의 가능성이 열려 있다. 왜냐하면 그들은 비가시적인 차원의 교회 구성원으로 간주될 수 있기 때문이다.[99]

그리스도론적·교회론적인 토대에서 배타주의적인 입장은 얼마 되지 않은 현대화의 가능성과 함께 가톨릭이든 비-가톨릭이든 그리스도교 신학계 안에서 무엇보다도 그리스도론적인 착안점들에 기초해 여전히 지금까지 확장되어 왔다. 프로테스탄트 신학자 칼 바르트에 따르면 이 입장은 오늘날에도 여전히 개별적인 차원에서 유효하게 받아들여지고 있다.[100] 여기서 논증할 주제라고 하는 것은, 모든 사람들이 의무로

---

99. 그 공의회 이전 수십 년부터 키프리아누스의 매우 예민하게 적용될 수 있었던 명제 "교회 밖에는 구원이 없다."(*ep.* 73, 21, in: *CCL* 3C, 555)가 다소 관용적인 혹은 "유연한"[?] 형식으로 바꿔 말하기 시작했다. 예컨대 "교회 없이는 구원도 없다."(*Sine Ecclesia nulla salus.*)라는 명제로 바꾼 것이다.
100. 나는 여기서 다음의 논증을 뒤따르고자 한다. 예컨대 H. Hempelmann, Christus allein. Skizze der Voraussetzungen und biblisch-theologischen Begründungszusammenhänge einer exklusivistischen Religionstheorie, in: *SaTh* 2, 4(2000),

삼아야 하는 이해 지평으로서 오로지 '하나의' 진리가 존재한다는 사실이다. 만일 사람들이 하느님과 인간의 구원 등에 대해 모순되는 언표의 경우까지 서로에게 일련의 확고한 "정당성"을 인정하려 든다면, 진리에 대한 물음을 던지는 일조차 가능하지 않을 것이다. 다시 말하지만, 진리에 대한 생각조차 아예 갖지 못하는 신세가 될 수 있다. 신약성경에는 분명한 증언, 곧 하느님께서 몸소 당신 자신을 예수 그리스도를 통해 역사와 더불어 계시하셨다는 증언이 존재한다. 예수 그리스도는 영원하신 아버지의 아들이요, 인간의 몸을 취한 분이다. 예수의 자기이해는 자신을 통해 하느님께서 인간들에게 사랑하고 자비로우신 아버지로서 ─ 세상 역사 안에서 일회적인 방식으로 일어날 자신의 부활 사건을 통해 ─ 정당하게 드러나신다는 사실과 연계된다. 그리스도는 모든 종교들의 목표이며 종착점이다. 왜냐하면 그리스도 안에서 하느님에 대한 반감(反感)이 극복되든가, 아니면 제대로 가다듬어지든가 함으로써 세상이 구원될 것이기 때문이다.

가톨릭 신학의 대세는 과연 제2차 바티칸 공의회 이전 수십 년 동안 한 가지 뚜렷한 입장을 따라 발전해 왔는데, 그것은 이미 [바-그리스도교와 교회의 관계에 대한 선언] 「우리 시대」(*Nostra aetate*, 1965)에 잘 표현되었다. 곧 원칙적으로 '배타주의적인 입장을 극복'해야 한다는 것이다.

2) 포괄주의적·육화 중심적 입장

상기 "비-그리스도교와 교회의 관계에 대한 선언"의 선(先)-역사를 살피는 일은 자제하더라도, 그 문헌이 대변하는 입장, 곧 포괄주의적-

---

112-126.

육화 중심적 입장은 칼 라너 신학자의 필적(筆跡)이며, 그의 여러 가지 신학 사상들을 전제한다는 사실만은 주지할 필요가 있어 보인다. 라너에 의하면 예수 그리스도는 인간성의 역사 안에서 아무도 그 이상으로 행할 수 없으며 또한 거부할 수 없는 하느님의 자기희생이다. 교회는 인간 사회의 차원에서 볼 때 하느님께서 당신 자신에 대한 최종적으로 유효한 자기계시를 위해 친히 선처하신, 이른바 '스스로-자기 자신을-밝히심'(Zu-Sich-Selber-Kommen)이다. 인간을 위한 하느님의 보편적인 구원 의지를 받아들이는 자는 누구든지 세상의 여러 종교들 안에서 하느님 영의 역사적인 공공연한 출현을 목격하는 것을 당연히 경계하지 않는다. 그 때문에 "가톨릭교회는 이들 종교에서 발견되는 옳고 거룩한 것은 아무것도 배척하지 않는다"(NA 2). 라너는 여기서 착한 의지를 가진 모든 인간들 속에 하느님의 로고스가 "빛을 발한다."는 옛 교회의 논리를 뒤쫓고자 노력한다. 진지하게 말해서 교회는 다른 종교들도, "교리와 생활 규범과 신성한 예식 등을 제시하고, 여러 가지 방법으로 인간 마음의 불안을 극복하려고 노력하며 그 길을 가르친다."(NA 2)고 내다봄으로써, 하느님의 섭리 안에 포함시켰다. 그리하여 그리스도교는 다른 종교들과 결코 평준화시켜 바라보려는 것이 아니라, 오히려 그리스도교의 절대적인 위상을 다른 종교적 전통들 가운데서 고양시킴으로써 확고한 자리매김을 하려는 것이다. 그리스도는 인간이 되심으로써 인간성을 수락하셨기 때문에, 그리스도교 안에 포괄적이고 완전한 방식으로 주어진 모든 진리들을 교회가 담지한다고 믿는다. 바로 그런 이유에서 사람들은 라너의 입장 및 제2차 바티칸 공의회의 입장을 가리켜 '포괄적-육화적'(inklusivistisch-inkarnatorisch)이라고 특징지어 부른다. 라너의 입장은 많은 신학자들에게 긍정적으로 받아들여졌고 명료하게 공적으로 인정을 받았다. 왜냐하면 그의 입장이 "우리 시대"(선언)를 든든히 뒷받침해 주었기 때문이며 또한 그런 한에서다.

제2차 바티칸 공의회는 개별적인 종교들에 대한 의미를 규정함으로써 신앙의 진리를 향해 나아가는 다양한 단계들 및 상호 관계를 구별해 이해했다.

① 구약의 백성이 존재하지만, 이 백성은 그 계약과 약속들을 토대로 자신의 완전한 모습을 새롭게 찾아내야 한다.

② 무슬림이 존재한다. "그들은 아브라함의 신앙을 간직한다고 고백하며, 마지막 날에 사람들을 심판하실 자비로우시고 유일하신 하느님을 우리와 함께 흠숭한다"(LG II, 16).

③ 또한 모르는 신을 숭배하는 자들도 존재한다. "어둠과 그림자 속에서 미지의 신을 찾고 있는 사람들에게서도 하느님께서는 결코 멀리 계시지 않는다"(LG II, 16). 육화에 근거해 이들이 찾는 신은 곧 구원의 하느님이라고 말할 수 있다.

④ 끝으로 다음과 같은 이들도 존재한다. "자기 탓 없이 그리스도의 복음과 그분의 교회를 모르지만, 진실한 마음으로 하느님을 찾고, 양심의 명령을 통해 알게 된 하느님의 뜻을 은총의 영향 아래서 실천하려고 노력하는 사람"(LG II, 16)도 있다.

"이 모든 것은 '교회를 통한 구원의 필연성'에 대한 해석의 결과들이다. 이는 확실히 모든 사람들에게 교회에 직접 소속된 구성원으로 살아가는 것이 절대적인 구원의 조건이라고 말하는 것은 아니라고 말할 수 있다. 차라리 다음과 같이 요약할 수 있다. 하느님의 뜻을 따르고자 애쓰는 자는 의식적이든 무의식적이든 하느님의 백성이라는 한 무리에 속한다. 그래서 명시적으로든 함축적으로든 하느님으로부터 오는 소명을 받아들인다. 그는 그렇게 하느님으로부터 오는 구원도 누릴 수 있게 된다. 그는 하느님 백성이라는 한 무리가 공동체적인 형태로서 가톨릭 교회 안에서 '완전한 모습'을 취할 수도 있음을 부인하지 않을 것이다. 그러나 하나가 된 하느님 백성의 완전한 모습을 수긍하는 가운데에도 나머지 거기에 속하지 않는 사람들 역시 구원에서 배제되지는 않는다고 생각할 것이다. 믿고 희망하며 사랑하는 모든 이들이 속하는 하나의 완전한 공동체를 향해 저마다의 수준에서 '달려가는 모습'은 결국 다채롭다고 말할 수 있겠지만, 제2차 바티칸 공의회의 표현에 의하면 오로지 하나의 목표를 갖는다. 그것은 포괄적인 가톨릭교회의 형태로서 거기에 예수 그리스도의 형제자매들이 존재한다. 이는 궁극적으로 구원을 가리킨다. 그런 한에서 가톨릭교회는 '구원에 필수적'이다. 모든 이들이 저 보편적인 교회를 필요로 한다. 설령 그 교회가 처음에는 '씨앗과 같은' 형태를 이룬다고 하더라도 말이다."[101]

3) 다원주의적 입장

이 다원주의적 입장은 때때로 "육화 중심적" 입장과 함께 고려되지만, 대다수의 프로테스탄트 신학자들과 일부 가톨릭 신학자들에 의해서 자주 단독적으로도 타당한 것으로 대변되는 입장이다. 나는 여기서 가톨릭 신학자 페리 슈미트-로이켈(Perry Schmidt-Leukel)의 논증을 따라 소개하고자 한다.[102] 그에 따르면 — 그리고 내가 볼 때 올바른 시도이다. — 그리스도교 사상과 비-그리스도교 사상 사이의 관계를 규정

---

101. H. Döring, Der universale Anspruch der Kirche und die nichtchristlichen Religionen, in: *MThZ* 41(1990), 73-97(인용은 84).
102. *Theologie der Religionen, Probleme, Optionen,* Argumente (Beiträge zur Fundamentaltheologie 1), Neuwied 1997.

하는 형식들 일체는 (단 무신론의 경우는 신학적으로 "성립 불가능하다"고 처리할 경우) 실상 오직 세 가지 입장으로 요약될 수 있다. 곧 "배타주의적 입장"(이는 하느님의 보편적 구원에 대해 거부하는 입장), "포괄주의적 입장"(이는 그리스도교를 그 밖의 다른 종교들에 비해 '우월하다'고 자신하는 태도에 반대하는 입장), 그리고 마지막으로 "다원주의적 입장"이다.

종교 이론에서 다원주의적인 입장은 인간의 경험을 해석된 지각, 그러니까 개별적이고 주변 상황에 의해 각인된 지각으로 이해한다. 그런 점에서 인간의 모든 경험들은 전망에 따른 기본 명제 및 그와 연관된 명확한 표현(sprachliche Artikulation)에 종속한다. 종교적으로 진리를 말하는 권한은 무엇보다도 그와 연관된 그때마다의 체계로부터 이해되어야 한다. 그리하여 부딪히는 모순들은 종종 서로 보충될 필요가 있음을 시사하는 일종의 표지일 수 있다.

칼케돈 공의회(451)를 통해 형식화된 예수 그리스도에 대한 교의조차도 다원주의석 종교 이론을 대표하는 이들에 의하면 대부분 기능주의적인 관점에서 해석될 것이다. 무엇보다도 예수의 활동을 통해서 하느님께서 역사하신다고 보면서도, 그 의미는 결코 유일회적인 차원에서 실체적·본질적·존재론적인 의미로 해석되지 않을 것이다. 그로 말미암아 하느님의 아들이 "육화한 사건"은 결국 그 밖의 다른 종교들에서도 얼마든지 고려될 수 있다고 간주한다.

설령 다원주의적 종교 이론이 가톨릭 신학계에서도 앞으로 더욱 긍정적으로 논의되고, 나아가 그에 대한 추종자들이 더 많아진다고 하더라도, 그러한 입장을 거부하는 태도가 훨씬 더 압도적일 것이다. 그와 같은 다원주의적 입장에서는 몇 가지 불충분한 단점들이 다음과 같이 고려될 수 있다.[103]

하느님의 구원 의지는 성경 자료들에 근거하자면, 한 분의 구원 중재자와 일치한다. "이 인간을 통해서, 곧 그의 인간적인, 죄로 인해 결코 나약해지지도 않고, 그래서 죄와 따로 구별되어야 할 필요조차 없는 이 인간의 의지를 통해서 하느님의 보편적인 구원 의지는 죄에 사로잡혀 있는 모든 인간들에게 받아들여지고 또 하느님과 이웃을 위한 하나의 삶으로 드러나게 될 것이다."[104] 그러므로 하느님의 보편적인 구원 의지는 예수 그리스도라는 한 분의 구원 중재자와 단단히 결합된다. "오로지 이렇듯 육화되신 로고스로서, 성령으로 도유되고 한 인격체의 본성과 결합되어 우리가 바라보는 이 구세주로서 구체적으로 드러나심으로써 그 본성과 영원히 결합하신 그분은 모든 시대마다 보편적으로 구원을 이루어내시는 로고스요 그리스도이시다."[105] 하느님의 보편적인 구원 의지는 물론 나사렛 예수를 통해 단축되거나 변경되지 않은 까닭에 여전히 유효하다. 다원주의적 종교 이론을 대표하는 이들은 하느님의 보편적인 구원 의지와 그리스도의 고유 사건 사이에서 그 어떤 배타적인 특징이 발견되지 않는다고 강변한다. 신학자들 대다수는 하느님께서 예수 그리스도를 통해 당신 자신을 계시하시려는 의지를 따라 드러난 신성(神性)과 결부시켜 계시의 최종적인 유효성을 해명한다. 비록 사람들이 로고스의 육화 가능성이 그 밖의 다른 종교들 안에서도 있을 수 있다고 생각하더라도, 이미 받아들여진 그러한 논리적 가능성에는 여전히 하느님께서 내리시는 결정이, 그러니까 사실적으로 당

---

103. 나는 슐츠의 비판을 중심으로 말할 수 있다. 그의 Anfragen an die Pluralistische Religionstheologie. *Einer* ist Gott, *nur Einer* auch Mittler, in: *MThZ* 51(2000), 125-150.
104. *Ibid.*, 127.
105. *Ibid.*

신 자신을 계시하시려는 자기결정이 동반되어야 한다는 점도 아울러 고려해야만 한다. 만일 가톨릭 신학이 오늘날 분명 극단적인 형태의 다원주의를 거부한다면, 그것은 보다 더 분명하고 구체적으로 역사된 하느님의 섭리를 통해 인간이 구원되는 구원관을 뒤따르고 있음을 보여준다. 그러므로 제대로 이해했다면, 하느님 백성의 일원이 되려는 일 혹은 교회의 구성원이 되고자 노력하는 일은 구원에 필수적이다.

각각의 특징들(배타적·포괄적·다원주의적 입장)을 나름대로 긍정적으로 정리하면 아래와 같은 몇 가지 형태로 설명할 수 있다.

(1) 배타적이면서 포괄적인 입장의 가능성

발터 카스퍼 추기경은[106] 성경 안에 있는 두 가지 경향, 그러니까 더 이상 한 가지로는 해결할 수 없기에 양측을 모두 보장하는 형식에 대해 관심을 갖고 있다. 곧 한편에서는 배타성과 일회성, 다른 한편에서는 포괄싱과 보편성에 관한 것이다. 카스퍼 추기경은, 그리스도교가 다른 종교들과 대화에 임하는 일은 무조건적인 사항으로 보고 있는데, 그는 그런 대화의 모범과 척도를 삼위일체이신 하느님, 곧 다양성 속의 하나됨 및 하나됨 속의 다양성에서 찾는다. 거기에 덧붙여 생각할 점은 예수 그리스도를 통해 벌어진 계시 사건이 단 한 번으로 영원히 유효한 의미를 지닌다는 점이다. 만일 사람들이 이러한 점들을 확신하면서 대화에 임한다면, 도대체 그 모든 차이점들을 '평준화시키는' 절충주의적인 형태는 배제될 것이다.

---

106. Das Christentum im Gespräch mit den Religionen, in: A. Bsteh(Hrsg,), *Dialog in der Mitte christlicher Theologie* (Beiträge zur Religionstheologie 5), Mödling 1987, 105-130.

(2) 다원적이면서 배타적인 입장의 가능성

판넨베르크의 이론은[107] 무엇보다도 종교사적인 입장을 취하지만, 그럼에도 분명한 교의적 의도를 품고 있다. 종교들 사이에는 인간적인 현존재 및 세상에 대한 해석의 관점에서 서로 경쟁하는 입장이 있다. 다른 것에 비해 다원적인 시각으로 고무된 그의 논리는 또 다른 논리, 그러니까 하느님의 계시가 예수 그리스도를 통해 최종적으로 유효하게 이루어졌다는 신학적 논리와 나란히 서 있는데, 그 구원의 중재와 관련하여 교회가 해야 할 고유한 몫이 남아 있다. 바로 거기에 판넨베르크에게서는 쉽게 해소되지 않은 한 가지 긴장이 남아 있다.

(3) 포괄적이면서 다원적인 입장의 가능성

칼 라너의 신학은 포괄적이며 다원적인 입장을 대표한다. 하인리히 되링(Heinrich Döring)은 이 입장을 분명하게 형식화해 주었다.[108] 인간은 절대자(초자연적인 실존적 존재)에게 온전히 자신을 내맡김으로써 선물로 주어지는 은총의 실재를 경험한다. 이때 은총을 받아들이거나 거부하는 것은 굳이 어느 신조의 동의 여부와 상관없는 신앙 결단과 연계된다. "자기 실존의 비밀스런 지평에서 — 이른바 절대자라 불리는 지평에서 — 앞을 예견하며 살아가는 그런 인간은 '절대자의 무조건인 초월성에 자신을 내맡기는 순간 절대자를 믿음으로 받아들이는 것이다. 그러므로 설령 함축적이라 해도 그러한 방식으로 자신의 양심에

---

107. W. Pannenberg, Die Religionen als Thema der Theologie. Die Relevanz der Religion für das Selbstverständnis der Theologie, in: *ThQ* 169(1989), 99-110.
108. H, Döring, Die Kirche und die nichtchristlichen Religionen. Überlegungen zu einen problematischen Verhältnis, in: H. Wagner(Hrsg,), *Christentum und nichtchristliche Religionen*, Paderborn 1991, 29-81(bes. 68ff.).

따라 성실하게 살아가는 모든 사람은, 비록 그가 그리스도인으로 고백하지 않았다고 하더라도, 살아 있는 신앙인에게 주어지는 은총을 얻을 수 있고 또 누릴 만하다고 본다."[109] 하느님의 자기중재는 의당 초월적인 차원에서 비롯되는 것이기에, 그것은 계시의 형태로 인간의 범주적-역사적 이해 지평으로 들어와야 한다. 그리스도를 통해서 하느님은 온전히 인간들 곁으로 다가오신다. 그리스도는 그런 의미에서 우리가 붙들어야 할 "원형"이요, 하느님 곁에 가까이 다가서게 된 운 좋은 인간의 모범적 사례다. 이러한 사태는 옛 교회에 의해서 "실체적 일치"라는 형식으로 표현되었다. 라너의 교회론이 취하는 논리적인 전개 형식은 인간 세상 및 역사 안에 초월적인 계시와 은총이 베풀어지고 또 준성사적인 역동성을 따라 구체화되는 그런 곳에 항상 교회가 이미 존재했다는 사실을 주지시켜 준다. 라너에게서는 그로써 아주 발전된 교회 개념을 엿볼 수 있는데, 그것은 물론 협의의 의미로만 국한되지 않는 차원에서 교회가 믿는 이들 모두를 포괄하는 개념이라고 할 수 있다. 비-그리스도교들과 관련해서 보편적인 교회가 재고된 셈이다. 그 같은 교회는 이웃사랑이 실제 구현되는 곳이라면, 그리고 선교적 소명이 실현되는 곳이라면 어디든 존재한다. 이러한 토대 위에서 비-그리스도교는 최소한 부분적으로라도 초월적인 계시의 은혜로운 범주화로 이해될 수 있다. 이는 결코 그리스도교적인 입장을 상대화하는 태도가 아니라, 오히려 그 보편성 및 다원주의적인 시각을 포괄하는 태도를 함의한다. "교회론적으로 해석된 구원의 중재라는 성사적 기본 골격을 중시함으로써 비-그리스도교들의 구원 중재적 기능을 근본적이고도 포괄적으로

---

109. Darstellung dieser Position Rahners, *Ibid.*, 69.

이해하고, 그런 종교들의 구체적인 형태를 합법적인 다양성의 관점에서 조율하려는 시도가 긍정적으로 평가받을 수 있다. 이때 '포괄적'이라고 말할 수 있는 까닭은 그에 대한 신학적인 근거가 오늘날 유일하게 받아들여질 만하고 또 실제 가능하기 때문이다. 또한 '동시에 다원주의적'이라고 말할 수 있는 까닭은, 많은 종교들이 저마다 서로 다른 특징과 사회적 성향에도 불구하고, 다가올 하느님 나라에 대해 긍정적인 입장을 취할 수 있다고 내다보기 때문이다. 게다가 교회의 개방성에 기초해 이러한 포괄적·다원적 형식은 오늘날 교회가 여러 종교들과 맺는 관계를 가장 적합하게 대변하는 형식이라고 말할 수 있다."[110] 되링의 이러한 평가는 나의 견해와 많은 점에서 일치한다.

오늘날의 신학적 논의

제2차 바티칸 공의회는 그 이후 이어진 논의와 함께 계속해서 분명한 해명을 바라는 문제들을 남겨 놓았다. 예컨대 전통적으로 전해 내려오는 교회 직무의 전체 구조면에 있어서, 특히 평신도와의 협력과 관련하여, 나아가 여성의 직무 참여 및 임무 부여와 관련하여 재조명해야 할 필요성을 남겨 놓았다. 교회 일치를 위한 노력은 가톨릭교회 역시 양보할 수 없는 사명으로서 교회 직무에 대한 보다 적극적인 반성을 요청받고 있다. 그 같은 반성은 과거에 비해 훨씬 진보된 일치의 정신을 따라서 결과적으로도 직무자들이 서로를 온전히 인정해 주고 성만찬이 목표로 하는 친교에 성큼 다가갈 수 있도록 해야 한다는 것이다. 그와 같은 친교를 발견할 때 그와 동시에 교회의 완전한 친교, 곧 예수

---

110. *Ibid.*, 80f.

그리스도와 하나 된 교회가 완성될 것이다. 교황 요한 바오로 2세의 제안처럼, 교황직은 새로운 모습으로 탈바꿈해야 할지도 모른다. 그것은 가톨릭교회 밖의 다른 교회들도 수용할 수 있는 그런 모습을 의미한다. 세계교회(보편교회)와 개별교회(부분교회) 사이의 관계 역시 새롭게 재고할 필요가 있다.

사람들이 예전에는 교회의 경계에 대해 물음을 던지는 와중에 "가톨릭교회"와 "프로테스탄트교회" 사이의 경계에 대해서는 크게 문제 삼지 않았듯이, 오늘날에는 더 나아가 가톨릭교회가 이해할 수 있는 관점에서 비-가톨릭교회들 안에 많은 요소들이 잠재된다는 사실에 기꺼이 동의하는 추세이다. 하느님의 구원 역사가 벌어지는 장소에 대한 중차대한 물음은 오늘날 비-그리스도교 공동체 및 아예 비-그리스도인들을 진지하게 고려하는 가운데, 그러니까 그들에게도 하느님께서는 원칙적으로 구원을 거부하지 않으신다는 입장을 따라 보다 더 확장된 사유를 요구한다. 그래서 칼 라너는 전 세계 안에서 기존의 신앙공동체를 넘어서 좀 더 확장된 의미의 "교회"를 생각해 볼 수 있었다.

"교회론"에 관한 기본적 참고 문헌

Döring, Heinrich, *Grundriß der Ekklesiologie*, Darmstadt 1986.

Garijo-Guembe, Miguel, *Gemeinschaft der Heiligen*. Grund, Wesen und Struktur der Kirche, Düsseldorf 1988.

Hünermann, Peter, *Ekklesiologie im Präsens,* Münster 1995.

Kehl, Medard, *Die Kirche*. Eine katholische Ekklesiologie, Würzburg ³1994.

Wagner, Harald, Beitrag "Kirche", in: *HÖ* III/2, 62-79.

Werbick, Jürgen, *Kirche*. Ein ekklesiologischer Entwurf für Studium und Praxis, Freiburg I. Br. 1994.

Wiedenhöfer, Siegfried, *Das katholische Kirchenverständnis*. Ein Lehrbuch der Ekklesiologie, Graz u.a. 1992.

2 | 성령 - 성삼위 하느님의 위격 공동체성

　　성령에 관한 신학적인 진술은 오늘날의 시각에서 특히 요원하고도 낯설게 비쳐진다. 그것은 이미 "영"(靈)이라는 용어를 매우 다양하게 활용하다 보니, 어느덧 도깨비 현상에서부터 심리학적·초심리학적 세계에 이르기까지 다채로운 것들과 관련시켜 폭넓게 활용하기 때문이다. 그리스도교가 언급하는 "성령"은 보다 더 고상한 차원에서의 영적인 실재를 의미한다. 그것은 적어도 신약성경이 전하는 바에 따라서, 곧 예수의 세례 때 비둘기 모양으로 내려왔다거나, 비둘기 형상을 취한다거나, 나아가 온통 불의 혀 모양으로 우리에게 다가왔다는 복음서와 사도행전의 보도(報道)에 따라서 되새길 때 알아들을 수 있다.

　　이때 신앙고백에 대한 응답으로 세상에 적용되는 카리스마(은사)의 움직임도 기억할 필요가 있다. 그리스도인들은 모든 그리스도교 교회 및 공동체와 마찬가지로 현재 시점에도 하느님의 직접적인 구원 역사가 꾸준히 펼쳐진다고 믿는다. 그리고 그러한 활동이 성령을 통해서 이루어진다고 믿고 있다. 그 영은 하느님의 다양한 은사를 통해서 오늘날에도 언제든 새롭게 그리스도교 안에서 그리고 그 너머 세상 곳곳에 이르도록 활동하시며, 때로는 치유를 통해서도 하느님의 현존이 이 시대에 드러난다.

1. 콘스탄티노플 공의회 - 성령론의 기초[1]

1) 그리스도론적인 문제

초기 공동체는 예수를 — 십자가에 처형되고 부활하신 분을 — 메시아로, 그리스도로, 그리고 하느님의 아들로 모셨으며, 이미 복음서들을 통해 그에 대해 두루 생각한 후 그가 생전에 "아빠"라고 불렀던 그의 아버지와의 관계를 따라서 이 세상의 구세주요, 임마누엘("우리와 함께 계신 하느님"이라는 의미의 마태 1,23 참조)이라고 고백한다. 만일 그가 종말에 이르러 세상을 구원해 줄 분으로서, 이른바 메시아요, 하느님의 아들이라는 의미에서 현양되고 선택된 분(현양-그리스도론 및 선택-그리스도론, 예컨대 루카 9,34 이하; 로마 1,4; 필리 2,9; 히브 7,26)으로 이해되었다면, 당시 유대인들의 사유의 틀에서도 그 같은 시각은 안성맞춤이었을 것이다. 그런데 그런 시각은 '그 자체로' 선재(先在)에 관한 사상, 곧 '하느님 한 분만이 선재하신다.'는 사상을 함축하지는 않는다. 물론 헬레니

---

1. 이에 다량의 참고 문헌들을 참조해 설명할 내용이 더 많을 수도 있지만, 여기서는 아주 간략하게 그 과정과 맥락만 소개하고자, 뛰어난 교회 사가이자 교부학자인 슈투더(Basil Studer)의 모범적인 연구 결과만을 참조하기로 한다(*Gott und unsere Erlösung im Glauben der Alten Kirche*, Düsseldorf 1985). 적확하다고는 보지만, 모든 부분에 그리 상세하게 접근하지는 않은 이 연구서는 그럼에도 삼위일체론, 그리스도론, 성령론을 구원론적으로 정형화한 측면에서 고찰하는 장점을 지니고 있다. 이때 구원론적으로 정형화한 측면(soteriologischer Formalaspekt)이라 함은 옛 교회의 근본 신앙(확신)들이 틀을 잡아가는 중에 결정적인 역할을 했던 것을 가리킨다. 물론 그 밖에도 교의신학 및 교의 역사에 관한 보다 출중한 안내서들이나 잘 알려진 사전류들이 제대로 그 역사적 사실 및 정보들을 제공해 줄 것이다.

즘-그리스 문화권에 전수된 지혜에 관한 가르침에는 그런 사유의 모델이 있다. 곧 하느님의 지혜 자체가 자립적이고 선재하는 실체로서 현실적으로 드러나게 되었다고 보는 시각이 존재한다(잠언 1-9장; 집회 24장; 바룩 3장; 지혜 6-9장 참조). 그러므로 헬레니즘화한 유다 사상 안에서 (그렇게 유다-그리스도교 공동체가 생각했듯이) 현양되고 선택된 분인 그리스도에게서 선재의 실재성이 비로소 가시화되는 가능성을 맞이한 셈이다. 처음부터 하느님 곁에 지혜가 존재했던 것처럼, 그렇게 인간이 된 하느님의 아들은 이미 오래전부터 하느님 곁에 존재했던 지혜가 육화한 것이다. 그로써 선재 사상은 모든 그리스도-신앙의 두드러진 특징으로 간주되었다. 유다교에서 개종을 했든, 이방 민족의 처지에서 새롭게 신앙을 갖게 되었든, 언제나 그 사상은 한결같은 신조로 받아들여졌다(이는 특히 필리 2,6-11의 찬미가를 참고할 필요가 있다. 왜냐하면 거기에는 헬레니즘화한 유다계 그리스도인의 종합적인 찬미가 형식을 목격하기 때문이다. 이와 유사한 형식으로 콜로 1,15-20도 참조할 수 있다). 신약성경에서 그러한 선재-그리스도론의 최고 절정을 찾아볼 수 있는 부분은 바로 요한복음의 서언(1,1-18)일 것이다. 그 표현 형식은 분명히 유다 지혜문학과 연결되어 있으면서도 동시에 헬레니즘의 스토아 철학의 로고스 개념을 떠올리게 한다.

어째서 초대 신앙인들은 예수 그리스도의 인격과 행적을 해석하기 위해 그 같은 선재 사상을 숙고한 것일까? 한편으로 그들은 구원에서 배제된 "우리 바깥의"(*extra nos*) 무리에 대해서 경고해야 했다. 구세주 예수 그리스도는 그저 인간들 무리에 속한 한 인간이 아니라 하느님의 유일무이하심을 조금도 손상시키지 않은 채 하느님 편에 속한 인간이다. 다른 한편으로 이 구세주의 구원이 보편적인 의미를 띤다는 사실을 분명히 해야 한다. 그리스도는 모든 인간의 구세주다. 상기 두 가지 관점이 결국 구원론의 주요 동인으로 작용한 것이다.

 그로써 물론 기존의 문제점들이 해결되지 않았을 뿐더러 새로운 문제점도 생겨났다. 결국 1세기말에서 시작해 3세기말에 이르기까지 뚜렷하게 일방적인 주장 및 논쟁이 계속되었다. 그리스도의 인성은 가현주의(Doketismus)의 경우처럼 축소되기도 하고, 그리스도의 신성은 양자론(養子論, Adoptianismus)의 경우처럼 평가절하 되기도 했다. 아무튼 하느님의 로고스인 예수 그리스도는 한 분이신 하느님 아버지 아래 종속된 위격으로 이해되었다(성자 종속설, Subordinationismus). 이 같은 관점을 지지했던 대표적인 경우가 아리우스(Arius, †336)였다. 상기 논쟁에 의거하면, 그는 하느님과 세상을 철저히 이분법적인 관점 아래 양자론과 종속설의 입장에서, 예수 그리스도에게서 단지 피조물의 모습만을 헤아린 셈이다. 그는 예수 그리스도를 시간과 함께 시작된 존재로서 더 이상 하느님 아버지와 동일한 본성을 취하지도 않거니와 같은 신성에 참여하지도 않는다고 보았다. 그로써 구원과 관련된 의혹이 절정에 이르게 되었으니, 아리우스의 표현에 따라 재언하자면, 만일 예수 그리스도가 하느님과 동등하거나 같은 신성을 지니지 않았다면, 예수는 인간의 구세주일 수 없다는 것이다. 그리하여 그와는 다른 의미이지만, 니케아 공의회(325)는 선재했던 아들이 그의 아버지와 동등한 본성과 지위를 가지신다고 확정해 가르치게 되었다. 그렇듯 예수 그리스도는 참된 의미에서 실제 모든 인간을 구원하는 분이라는 것이다. 하느님의 로고스가 "인간이 되셨다. 그로써 우리가 거룩해질 수 있게 되었다"(아타나시우스, *De Incarnatio Verbi* 54, 11).[2] 칼케돈 공의회(451)는 옛 교회의 그리스도론을 이어받아 예수 그리스도 안에는 오로지 '하나의' 위격

(*persona*)만이, 곧 로고스의 신적인 위격만이 존재하지만, 동시에 거기에는 두 가지 본성들(*naturae*)이, 그러니까 신적인 본성과 인간적인 본성이 서로 "혼합되지도 않고" "분리되지도 않은" 채 하나로 결합된다(Hypostatische Union[=실체적 일치]을 이룬다)고 결론을 내렸다.

2) 성령과 관련하여 제기된 의문

의심의 여지없이 하느님 아버지와 아들 예수 그리스도 사이의 관계에 대한 해명은 성령에 대한 의구심을 더욱 첨예하게 고조시켰다. 그렇지만 그 같은 의구심은 아무리 중요하다고 해도 그리스도론적인 관점으로 인해 다소 뒤로 밀려나게 되었으며, 그런 상황에서 성령과 관련된 명확한 언급이 적절하게 이루어지지 않았다. 왜냐하면 예수 그리스도에 대한 언표들 주변에서 성령의 역할이 조금 언급된 것이 전부였기 때문이다. 로마서 서두에서 바오로 사도는 예수 그리스도에 대해서 이렇게 가르친다. "그분께서는 육으로는 다윗의 후손으로 태어나셨고, 거룩한 영으로는 죽은 이들 가운데에서 부활하시어, 힘을 지니신 하느님의 아드님으로 확인되신 우리 주 예수 그리스도이십니다"(로마 1,3 이하). 그리스도와 성령의 파견은 갈라 4,6 이하에서 지혜 9,10.17의 지혜와 영의 파견과 비교가 된다. 상기 두 가지 사례는 그리스도의 구원사적인 사건이 성령에 의해서 전환점을 맞거나 부활하신 분이 자신에게 실존하는 성령의 능력을 신앙인들에게 내어 주는 것으로 파악될 수 있는 수많은 사례들 가운데 일부에 지나지 않는다.

---

2. 참고로 E. P. Meijering, *Athanasius, De Incarnatione Verbi*(=말씀의 육화), Einleitung, Übersetzung, Kommentar, Amsterdam 1989, 357: [역주] 원문에 독일어 문장만 인용하였다. 곧 Der Logos Gottes "wurde Mensch, damit wir vergöttlicht werden."; 이 번역서 뒤(242쪽)의 "신격화 혹은 신적 품위로의 격상"과 같은 의미다.

영 안에서 그리고 영을 통해 이루는 그리스도의 이 같은 구원 활동은 초대 신앙인들의 눈에는 특히 세례를 통해서 혹은 그리스도에 대한 체험을 통해서 다가왔기에 교회공동체 안에서 그러한 활동이 이루어지는 것으로 비쳐졌다. 그러나 만일 성령이 예수 그리스도를 통해 하느님의 구원 역사 안에 불가결한 의미로 자리잡게 된다면, 성령은 하느님의 구원이 실재적이고 효과적이게끔 하는 능력으로서 이미 하느님과 같으신 분이어야 한다. (그래서 아타나시우스 교부가 그리스도의 신성에 대해 펼쳤던 유비론과 닮은 논증이 성령에게도 적용될 수 있다). 더 나아가 수도자로서 영적인 체험을 기초로 바실리우스 교부는, 성령은 하느님과 동등하게 흠숭 받아야 한다고 덧붙인다. 또 다른 두 "카파도키아인들"(나지안조의 그레고리우스와 니사의 그레고리우스)에 의하면 바실리우스는 콘스탄티노플 공의회(381)를 미리 준비한 이들 가운데 한 사람이다. 이 공의회에서 사람들은 니케아 공의회의 신조를 재확인하게 되는데, 그것은 성령론의 기본적인 틀을 제공하는 것이었다. "또한 주님이시며 생명을 주시고, 성부에게서 발하시며, 성부와 성자와 더불어 같은 흠숭과 같은 영광을 받으시고, 예언자들을 통하여 말씀하신 성령을 믿나이다"(*DZ* 150[그리스어 역]). 공의회가 확정한 신앙고백문의 일부로서 이 내용은 '니케아-콘스탄티노플 신경'이란 이름으로 세상에 알려졌으며, 그 이후 전개될 모든 성령론에 기초가 되고 규범이 되는 중요한 다음 네 가지 언표들을 내포한다.

① 비록 성령이 여기서 "하느님"으로 불리지 않는다 해도, "주님이심"이라는 표현을 통해 이미 하느님 편에 속한 분임이 확실하다.

② 성령은 모든 생명의 원천이다. 이는 세상 및 인간들의 창조 활동만이 아니라 인간을 하느님께 들어올리는 현양 활동에도 그 확실성

을 보장해 준다. 이는, 하느님만이 생명을 주관하시며 인간을 그의 회개와 세례로써 새롭게 창조하실 수 있는 것처럼, 성령의 신성에 대한 고백을 강화시켜 준다.

③ 이 신앙고백은, 성령이 "성부에게서 나오셨다."는 사실을 확인시켜 주며, 따라서 하느님과 마찬가지로 창조된 피조물이 아니라는 사실을 선언한다. 그와 동시에 앞서 아리우스 추종자들이 주장하듯, 성령은 결코 성자의 창조물도 아니라는 것이다.

④ 성령은 분명히 거룩한 역사의 역동성과 연속성을 대변해 준다. 예언자들을 통해서, 그리고 사도들을 통해서, 나아가 각 시대마다 뒤늦게 생겨나는 교회 안에서 활동하는 예언자들을 통해서도, 당신 자신을 기꺼이 알려 준다는 의미에서 구원 역사를 보장해 주는 분이다.

콘스탄티노플 시노드(382) 서한에서도 앞선 공의회(381)의 가르침으로서 ― 세례 명령에 대해 해석하는 중에 ― 확언하는 바는 "하느님 아버지와 아들과 성령에게 '하나의' 신성과 힘과 본질이 존재한다는 것을 믿으며, 그와 마찬가지로 이 세 분의 완전한 실체들 및 완전한 위격들 안에 동등한 영예와 존엄과 하나같이 영원한 다스리심을 믿는다." (*T&T* 7,31)는 사실이다. 그로써 옛 교회의 삼위일체론이 재확인된 셈이다. 한 분이신 하느님은 세 분의 완전한 위격들(ὑπόστασεις)로서 하나의 신적인 본성(οὐσία)을 통해 실재하신다. 그럼에도 많은 개별적인 의문들이 불분명한 채로 남았다. 곧 세 위격들의 (서열) 관계에 관한 궁금증이나 미래에 대한 신학적 작업이 분명하게 해소되지 않은 것이다.

3) "성자와 함께"(*Filioque*)

콘스탄티노플의 신앙고백문이 성령을 "성부에게서" 나왔다고 언급했지만, 5세기 스페인 지역에서 아마도 아리우스 추종자들을 반대하는 의도에서 아들에게는 그의 아버지에게 뒤질 것이 하나도 없다는 생각에서, 성령의 유래가 성부와 성자에게서도 고려된다는 형식을 고착화하기에 이른다(589년 톨레도의 제3차 공의회, 633년 톨레도의 제4차 공의회부터 693년 톨레도의 제16차 공의회에 이르기까지 '성령은 "성부와 성자로부터"[*ex Patre Filioque*] 나오셨다'고 선언한다). 상징적인 형식으로 고착화된 이 문구는 물론 8세기까지 아무것도 바뀌지 않은 채 고스란히 전래되었다. 마침내 아마도 8세기에 칼 대제 궁정에서 — 당시 스페인에서 시작되어 영국을 거쳐 거기에 도달했던 것으로 여겨진다. — 니케아-콘스탄티노플 신경에 기록된 내용을3 뒤따르자는 움직임이 일어났다. 사건의 진상은, 칼 대제가 '성령은 성부에게서 성자를 통해("*per Filium*") 나오셨다.'고 선언한 제2차 니케아 공의회(787)의 결정문에 대해 정당하게 항의했다고 하더라도, 바로 거기서 기인한다. 칼 대제는 전치사 "~통해"(*per*)보다 전치사 "~로부터"(*ex*)를 훨씬 더 진지하다고 여겨 굽히지 않았다. 그런 와중에 예루살렘에서는 교황을 상대로 소송을 하는 격렬한 분쟁이 벌어지기에 이르렀다. 그 소송으로 인해 "프랑크 언어 규칙"(fränkische Sprachregelung)을 시인하기는 했지만, 앞서 상징적으로 정형화된 문구를 바꿀 만큼 영향력이 크지는 못했다.4 이에 신학적인 의문들과 관련해서만이 아니라, 동방교회와 서방교회 사이의 점차 예민해져 가는 갈등과 긴장 관계가 마침내 "*Filioque*" 말마디에 집중되었다. 특히 이를 신앙고백문에 채택하는 문제를 놓고 매우 비중 있는 신앙의

---

3. 이러한 논의들이 지역을 따라 순회하는 동안 그리스 지역교회들이 790년경 "*Filioque*"를 삭제했던 것으로 여겨지는 바로 거기서 문제가 생겨났다고 본다.
4. 이 과정에 대한 자세한 설명은 Y. Congar, *Der Heilige Geist*. Freiburg I. Br. 1982, 366ff. 참조.

진리 문제로 간주하며 심각하게 다루었다. 그리하여 이 말마디는 동방교회와 서방교회가 저마다 다른 형식의 신앙고백문을 채택하는, 이른바 교회 분열(1054)의 단초를 마련하였으며, 오늘날에도 여전히 양 교회가 각자의 신학적 입장을 내세워 상대방을 견제하려 할 경우, 관건으로 제시해 온 사항이기도 하다.

만일 사람들이 동방교회와 서방교회 사이의 서로 다른 표현 방식의 실재 내용이 무엇인지 묻는다면, 결국 삼위일체의 하느님에 관한 그 두 말마디가 서로 다르게 강조하는 어투 및 통찰 구조의 배후와 마주치게 될 것이다. 본성 면에서 처음부터 하느님의 단일성이 그분의 세 가지 서로 다른 삶 안에서도 똑같이 강조된다는 사실은 동방교회든 서방교회든 고유하다. 하느님의 "위격들"(ὑπόστασεις=*Personae*)에 관한 언급은 성삼위 하느님 안에 내재하는 근본적인 관계를 해명하려는 데 초점을 맞추고 있다. 이 같은 시각에서 "*Filioque*"란 말마디는 성령이 하느님 아버지에게서 나왔다는 입장에 대한 하나의 합법적인 해석으로 간주될 수 있다. 왜냐하면 이 같은 해석을 통해서만이 하느님의 '단일성'이 결과적으로 보장되기 때문이다. 동방교회는 세 위격들 및 세 실체들에서 특별한 강조점을 찾는다. 그들 사이에서 성부는 유일무이한 지위, 곧 원천 및 출발점으로서 독보적인 지위를 갖는다는 점을 강조한다. 그와 동시에 성부는 성자를 홀로 낳으셨고, 성령 또한 홀로 낳으셨다고 강조한다. 그리하여 동방교회는 비록 그의 본성을 성자로부터도 공유한다는 사실을 부인하지 않더라도("*ex Patre per Filium*"), 성령은 당신의 위격성을 성부에게(만) 의존한다고 고백한다. 이와 같이 "*Filioque*"에 대한 당시의 논쟁이 그토록 중요했다고 치더라도, 더 이상 동방교회와 서방교회 사이의 분열을 정당화하는 중대하고 매우 신중한 의미를 거기에

인위적으로 보태려고 해서는 안 될 것이다.[5]

2. 성령에 관한 언표들 : 해석, 확정, 아포리아

1) 아우구스티누스 : (서로를 잇는) "매듭"과 같으신 성령

서방교회의 전체 삼위일체론 가운데 아우구스티누스(354-430)의 가르침, 특히 그의 작품 『삼위일체론』(De Trinitate, 399-419)의 가르침을 가장 무난한 것으로 손꼽는다. 전문가들 대다수가 지배적으로 상기 작품 안에서, 그리고 히포의 주교 아우구스티누스의 또 다른 저술들에서 삼위일체성에 관한 서양 사회의 기본적인 관점을 확인한다. '하나의 신성'을 일차적 이해 지평으로 삼고, 그 위에서 세 위격들에 대한 가르침이 다루어진다. 설령 이러한 전개 방식이 오늘날에는 충분치 않은 것으로 따돌려지고, 나아가 아우구스티누스가 전통에 유독 사로잡혀 있던 사실이 이전보다 더 많이 밝혀졌다고[6] 하더라도, 여전히 그의 기본 입장은 영향사적인 차원에서 그 누구와도 비교할 수 없을 만큼 성령론에 있어서 탁월한 의미를 지닌다. 아우구스티누스에게 성령은 영원으로부

---

5. 이에 대해서는 무엇보다도 M.-H. Gamillscheg, *Die Kontroverse um das Filioque. Möglichkeiten einer Problemlösung auf Grund der Forschungen und Gespräche der letzten hundert Jahre* (Das östliche Christentum, NF. 45), Würzburg 1996을 참고하기 바란다.
6. 이에 대해서는 B. Studer가 그의 작품을 통해 소개하는 다양한 강연들에서도 엿볼 수 있다. 예컨대 그의 *Mysterium Caritatis*. Studien zur Exegese und zur Trinitätslehre in der Alten Kirche(Studia Anselmiana 127), Rom 1999, bes. die Beiträge 13(291-310) und 14(311-327) 그리고 거기에 소개된 수많은 참고 문헌들을 참조할 수 있다.

터 아버지와 아들에게서 나왔다는 점이 분명하다. 성령은 아버지와 아들의 사랑을 확고하게 보여 주기에, 아버지와 아들 사이의 "사랑의 매듭(끈)"이자 "유대"(紐帶)로 불린다.7 성령은 "앞서" "선사될 수 있는 선물"인 까닭에 그런 모습일 수 있었다. "선물", "사랑", "친교"라는 개념으로 아마도 아우구스티누스의 성령론에 관한 기본적인 입장을 파악할 수 있다. 그의 성령론은 은총론 및 교회론과 아주 밀접하게 연결된다. 성령은 우리가 교회 안에서 그리고 교회를 통해서 구원에 도달한다는 사실을 분명하게 밝혀 준다. 성령은 그렇게 교회공동체 안에서 활동한다. "하느님께서는 우리를 모두 당신 자신과 하나로 묶어 주실 것이니, 아버지와 아들을 서로 묶어 주는 그와 같은 영을 통해 그렇게 하실 것입니다."8 이 같은 시각은 오늘날의 신학에 핵심으로 자리잡고 있다. 그러므로 "친교"의 장소로서 교회는 '하느님의 한 위격인 성령이 수많은 인격체들 안에 살아 있고 또 활동하는 곳이다.'9

2) 피오레의 요아킴 : 성령과 성령의 역사

성령론은 서방교회의 중세신학에서 그 중심부에 위치하지는 않으

---

7. "Qui spiritus sanctus secundum Scripturas sanctas nec Patris solius est, nec Filii solius, sed amborum: et ideo communemm qua invicem se diligunt Pater et Filius, nobis insinuat caritatem."(*trin.* 15, 17,27, in: *PL* 42, 1080, 참고 Studer, *Mysterium Caritatis*, bes. 313ff.)
8. 그리하여 Congar는 아우구스티누스의 성령론과 교회론을 이 관점에서 서로 연결시켜 바라본다. 그의 *Der Heilige Geist*, 92.
9. 나는 여기서 H. Mühlen의 책을 참조했다. 그의 책 *Una mystica persona. Die Kirche als das Mysterium der Identität des Heiligen Geistes in Christus und den Christen. Eine Person in vielen Personen*, München, u.a. ²1967. 이 책에서 상기 파더본의 신학자(뮐렌)는 성령론과 교회론을 제2차 바티칸 공의회의 입장에서 함께 고려하면서 꾸준히 아우구스티누스의 관점을 상기한다.

며, 대부분 아우구스티누스의 논증에 소급해 전개된다. 성령은 은총이요 사랑이자 친교이다. 위격적인 사랑이란 모델을 통해서 성령을 아주 분명하게 해석한 신학자는 빅토르의 리카르두스(Richardus a Sancto Victore, †1173)다. 성령은 단순한 "사랑"이 아니다. 성령은 오히려 "사랑의 결정체"(condilectus)다. 왜냐하면 아버지와 아들 간의 사랑은 [두 위격의 차원을 넘어] 제삼자에게도 여실히 드러남이 마땅하기 때문이다.

중세의 성령론 안에서 특이한 모습으로 강조된 경우는 아빠스 요아킴(Joachim de Fiore, †1202)에게서 목격된다. 그가 성령을 역사적 과정과 철저하게 엮어 놓은 만큼, 어떻게 하느님의 영이 역사 속에 개입하는지 하는 의문 혹은 그리스도인에게서 역사신학이 무엇인지, 곧 그리스도인은 언제든 하느님의 영에 의해서 이런 식으로든 저런 식으로든 반드시 불림을 받게 된다는 문제의식을 일반화시킨 장본인이 되었다. 성령이 이른바 전체 구원 역사의 "원동력"이라는 점은 카이사리아의 바실리우스(Basilius Caesariensis)가 자신의 작품 『성령론』(*De Spiritu Sancto*, 394/5)에서 분명하게 밝혔는데, 그 책은 전체 성경의 증언을 바탕으로 마련한 것이다. "인간들을 위해 '우리의 위대하신 하느님과 구세주 예수 그리스도'(티토 2,13)께서 당신 호의로 기꺼이 베푸신 구원 역사에서 중요한 사실은 누가 감히 그러한 구원 역사가 그 영의 선물로 펼쳐진다는 것을 반대할 수 있겠느냐는 것이다. 네가 이제 눈여겨 구약을 살핀다면, 조상 아브라함에게 내린 축복, 율법이 가져다주는 유익함, 훌륭한 성현들의 모범, 예언자들의 충고, 전쟁 영웅들의 용감한 행동들과 같이 의로운 이들에게서 벌어진 기적의 징표들을 기억함으로써, 아니면 주님이 인간의 몸을 취해 오셨음을 가만히 돌이켜 봄으로써 마침내 혜안을 얻게 되듯이, 그 모든 것이 성령을 통해 이루어졌다는 사실을 깨닫지 않겠는가! 그러니 무엇보다도 성령은 도유됨과 동시에 주님의 몸과 불가분의 관계를 맺고 성경이 전하는 바대로 주님 곁에 줄곧 머물러 계셨던 것이다"(16,39).[10] 그렇듯 바실리우스는 성자의 "도유"를 시작으로 그리스도의 전 생애에 관해 이야기하고는, 마침내 부활한 이가 성령을 파견하는 데까지(요한 20,22 이하) 설명하면서 교회 안에 성령의 능력이 이루어 놓은 것들을 소상히 밝혀 주었다. 그리고는 "성령은, 몇몇 사람들이 생각하듯 하늘로부터 마침내 주님께서 나타나시는 시점까지 아무런 활동도 하지 않으셨던 것이 아니라, 이미 주님께서 당신 자신을 공적으로 드러내시는 그날부터 … 함께하신"(16,40)[11] 것을 기억하고 우리를 꾸준히 도와주시리라 믿으며 청하라고 충고한다. 전통적인 가르침에 의하면 성령은 삼위일체의 하느님 안에서 자신의 활동을 계속 활발히 전개하며, "성자가 자신의 인간 본성을 통해 활동하듯이 그와 유사한 구체적인 모습으로 구원 역사에 동참하신다."[12] 그러므로 이 구원 역사 안에 나타나는 성령의 실제 출현에 대해 반드시 언급해야 한다. 그래서 성령의 그러한 현존이 이 지상에서 활동하신 예수의 전 역사에 걸쳐 작용한다고 보아야 한다. 성령은 그리스도의 구속 사업을 역사적인 차원에서 계속 이어서 보장해 주는 분이다.[13] 요아킴의 통찰에 의하면, 그와 같은 해석은 그 자체로 의미심장할 뿐만 아니라 하나의 거대한 영향사를 형성하며, 그것은 성령과 역사의 관계를 어떤 형

---

10. H. J. Sieben에 의해 출간된 *"Fontes Christiani"* 연재본(Bd. 12, 193)의 일부분을 인용했다.
11. *Ibid.*, 195.
12. Mühlen, *Una mystica persona*, 245.
13. "구원사"와 "세속사" 사이의 관계에 관해서는 여기서 취급하지 않을 것이다. 특히 구원사와 관련해서는 "Heilgeschichte. System-Theol."(K. Koch), in: *LThK³* IV, 1341-1343 참조.

식으로 설명하고 또 전개시켜야 할지 고민하도록 과제를 남겨주었음을 가리킨다.[14]

요아킴은 구약성경과 신약성경에 자리하는 일련의 내적 연관성에 대해 주목했다. 두 성경의 일치("*concordia*")를 보증해 주는 무언가가 존재한다는 그의 통찰은 중세신학의 지배적인 관점이 되었다. 그 때문에 많은 신학자들이 그로부터 이른바 구약성경과 신약성경 간의 상호 구조 및 내용에 자리하는 유사성을 밝혀서 계속 이어지는 역사(미래)에 대해 앞서 예견하는 일도 가능할 것이라고 보았다. 요아킴은 요한 묵시록을 명시적으로 해석하려고 했다. 요한 묵시록에 근거한 시각은 구약과 신약 사이의 유사성을 재확인시켜 주고 종말에 이르기까지 구원 역사의 전망에 대해 명시적으로 언급할 수 있도록 도와준다.

요아킴의 기본 사상은 삼위일체 하느님의 본질 안에 이미 구원 역사가 완료되었다는 데에서 엿볼 수 있다. 세 단계의 거대한 구원 시대 안에 삼위일체 하느님의 실재가 목격된다. 구약 시대는 성부의 시대요, 신약 시대는 성자의 시대다. 이제 그 이후 개벽한 시대로서 "미래"는 성령의 시대다. 요아킴은 그와 같은 '미래'의 시기를 성경이 제시하는 숫자나 시대에 대한 자료를 정형화된 형식으로 계산해 내어 1260년이란 숫자로 정확하게 소개했다. 이 시점은 그가 죽은 지 50년도 채 되지 않은 시점이었던 만큼 바로 코앞에 다가온 시간이었다.

---

14. 요아킴의 통찰과 후대에 미친 영향에 대해서는 무엇보다도 E. Benz, *Ecclesia spiritualis*. Kirchenidee und Geschichtstheologie der franziskanischen Reformation, Stuttgart 1964; W. H. J. Schachten, *Ordo Salutis*. Das Gesetz als Weise der Heilsvermittlung. Zur Kritik des Hl. Thomas von Aquin an Joachim von Fiore(*BGPhMA*, NF 20), Münster 1980. Ergänzend J. Moltmann, Christliche Hoffnung, Messianisch oder transzendent? Ein theologisches Gespräch mit Joachim von Fiore und Thomas von Aquin, in: *MThZ* 33(1982), 241-260.

요아킴은 성령의 시대가 그런 만큼 영이란 특성이 뿜어내는 인상을 강력하게 심어 줄 것이라고 확신했다. 그 시대는 영의 창조적인 능력이 세상을 바꾸는 시대가 될 것이다. 역사적으로 전혀 새로운 것이 시작될 것이다. 영적인 지성(*Intelligentia spiritualis*)은 자체의 능력으로 모든 것을 이룰 것이다. "성령의 창의적인 활동이 구원 역사를 지배하게 될 것이니, 영적인 지성이 군림하는 시대가 열릴 것이다. 이 세 번째 구원의 시대는 성령이 주관하는 시대로서 그의 순수한 형상이 모습을 드러낼 것이다. 그리하여 첫 번째 구원의 시대에는 사람들이 율법을 통해, 곧 하느님의 적극적인 의지를 중재하는 율법을 통해, 구원을 알아볼 수 있었다면, 두 번째 구원의 시대에는 예수 그리스도의 복음이 사람들에게 전달됨으로써 구원에 한발 더 가까이 다가설 수 있었다. 그럼에도 그리스도의 복음은 구원을 알아보는 최상의 척도는 아니고, 다만 하느님의 신비를 상징과 모상 그리고 성사를 통해 밝혀 준다. 그러나 이제 세 번째 시대에 이르러 사람들은 하느님의 전체 진리가 고유하고도 영적으로 밝혀지는 기회를 얻게 되었다."15 성령이 역사 안에 구체적으로 활동하신다는 사실은, "과정", "계승" 등의 개념을 적용할 수 있듯이, 구원 역사가 연속적인 발전 과정을 배제하지 않음을 시사한다. 그렇다고 새로운 창조 및 진보(혹은 "혁신", "개혁")가 도외시되지 않는다. 이 두 가지 양상은 서로 관계를 맺고 있다. 그런 의미에서 요아킴은 실제 역사와 성령의 작용에 대한 통찰을 '변증법적인 시각'에서 하나로 결합시켰다. 이 같은 변증법적인 시각은 성령을 역사에 관여시키는 기본 형식이 되었다. 그 누구도 성령의 활동이 계속 이어져왔다는

---

15. E. Benz, *Creator Spiritus*. Die Geistlehre des Joachim von Fiore, in: *Eranos-Jahrbuch* 25(1956), 285-355(인용은 318f.).

'연속성'을 의심하지 않았다. 영은 이미 세상 창조 때에도 하느님과 함께했으며, 하느님께서 이 세상 생명체에게 생명을 부여하시는 능력자로 모습을 드러낼 때에 언제나 그 영(靈)도 곁에 있었다. 그렇게 하느님의 영은 하느님 백성의 치유와 구원에 계속해서 작용했으며, 현 시점의 교회에서도 말씀 선포와 성사 집전을 통해 끊임없이 활동한다. 동시에 하느님의 영은 분명 진보적·창조적인 행적의 근거로 작용한다. 이 같은 시각으로 요아킴은 서양 사회가 꿈꾸는 종교적, 사회적, 정치적, 철학적 유토피아의 사유 모델을 함께 제시함으로써 서양 사회의 진보적인 사상에 불씨를 지핀 셈이다. 비록 여러 가지 측면에서 그에 대한 비판도 만만치 않다 하더라도, 요아킴의 성령론-역사신학의 차원에서 그려 낸 청사진을 교회론적 관점에서도 굳이 거부해야 할 근본적인 이유를 찾을 수 없다. 이 같은 평가는 수백 년간 매우 폭넓게 그의 사상이 사회 곳곳에 영향을 미쳤던 까닭을 설명하는 데도 커다란 도움을 준다. 그런 영향은 아르날도 빌라누오보(Arnaldo von Villanuovo, 그의 "세상의 개혁"[*reformatio mundi*], "영적인 아빠"[*papa spiritualis*] 등에 대한 사상처럼), 사보나롤라(Savonarola), 마틴 루터, 토마스 뮌처(Thomas Müntzer)에 이르는 13세기 프란치스코 수도회 영성가들에게서도 찾아볼 수 있다. 요아킴의 사상은 그리스도교적인 입장에서 신지학(Theosophie)을 제창한 야콥 뵈메(Jakob Böhme)에게서도, 레싱(Lessing)에게서도 찾아볼 수 있다. 그들은 자신들의 흔적을 후대의 셸링(Schelling)에게 물려주었고 프란츠 바아더(Franz von Baader)에게도 물려주었다. 또한 20세기에는 루돌프 슈타이너(Rudolf Steiner)의 인간학적 세계관에도 영향을 미쳤다.

성령은 역사 이전에 혹은 그 너머에 우두커니 존재하지 않는다. 오히려 성령은 "시간 속에서" 다가온다. 곧 그분은 시간 안에 파고든 하느님의 활동으로 존재한다. 지금까지 간략하게 보여 주려고 했던 것처럼, 성령은 자신을 "구원사적으로" 그리고 동시에 "세속사적으로" 드러낸다.16 교의의 발전 과정과 직결된 특별한 문제는 인간의 인식 활동 안에 작용하는 성령의 역할을, 그것도 매우 철저히 성령의 활동을 전제할 때만 비로소 해명이 가능할 것이다.17

3) 19세기 신학 : 성령과 인간의 의식

성령론에서 좀 더 특별한 "고질적 문제"는 성령과 인간의 정신(의식)의 관계를 규명하는 일이다. 한편으로 성령은 하느님이고, 그런 한에서 인간의 의식을 질적으로 초월하는 분이라는 사실에 대해 신학적으로 전혀 의심하지 않는다. 다른 한편으로 세례를 받은 이들은 곧 하느님의 영이 거주하는 거처다(1코린 3,16 참조). 성령은 인간 안에 살아 있으며 기도하고 활동한다. 그리하여 그분은 일차적으로 인간의 의식을 상악하기에, 인간의 의식과 거의 동일하게 이해된다.18

이 문제는 전체 신학의 역사에 계속 남아 있으며, 특히 19-20세기 신학자들에 의해서 주목받았다.19 그리하여 헤겔의 전체 개념들을 활용

---

16. 그리스도교 내적인 성령의 역사하심에 대한 일련의 통찰로는 일정한 사상 혹은 운동을 결정하는 성령의 감도(Inspiration)에 대한 물음을 생각해 볼 수 있다. 이에 예컨대 F. Ciardi, *Menschen des Geistes. Zu einer Theologie des Gründercharismas*, Vallendar-Schönstatt 1987. 당장 오늘날 새롭게 제기하는 물음으로서는 비-그리스도교라는 범주 안에서의 성령의 활동을 말할 수 있다.
17. 이에 간단히 제2차 바티칸 공의회의 "(같은) 성령께서는 계시에 대한 이해가 더욱 깊어지도록 당신의 은총으로 항구히 신앙을 완성시켜 주신다."(*DV* I,5)는 선언을 참고할 수 있다.
18. 이 점은 창조신학적, 은총론적, 교회론적, 종말론적인 관점에서 반복해 특별하게 취급한다.
19. 나는 이하의 많은 충동과 연구 성과들을 E. Dirscherl의 연구로부터 얻었다. 그의 책 *Der Heilige Geist und das menschliche Bewußtsein. Eine theologiegeschichtlich-*

해 인간의 의식 안에서 하느님의 자기화(Selbstwerden) 및 그런 절차를 중요하게 다루는 작업이 다각적으로 이루어졌다.[20] 하느님께서는 절대정신이시고, 인간 자체는 그 절대정신에 속한 하나의 발전 단계다. 그런 의미에서 무한하신 하느님의 정신과 유한한 인간의 정신 사이를 구분하는 일은 쉽지 않다. 어떻든 하느님은 당신 자신이 되기 위해서 인간의 주체성 및 역사를 필요로 하신다.[21] 헤겔에게서 인간이 궁극적으로 절대정신과 동일한 실체로 소개되고 있는 점도 그와 다르지 않다. 인간의 정신은 절대정신의 한 단계(Moment)로서 민족정신 및 세계정신으로 불리기도 한다. 슐라이어마허(Friedrich D. Schleiermacher, 1768-1834)의 기본 사상은 헤겔을 떠오르게 한다. 그래서 전자에게서도 인간 정신의 활동성과 성령의 그것 사이의 구분이 더 이상 명확하지 않다. 성령은 인간의 이성(Vernunft)과 하나다. 그래서 성령은 곧 인간 이성의 가장 높은 단계를 대변한다. 결국 슐라이어마허는 인간의 경험과 일반 인간학에 뿌리를 두고 신학을 생각하고 싶어 한다. 그러나 그 같은 시도는 성공하기 매우 어렵다. 왜냐하면 거기서 하느님의 구원은 정작 "우리 너머"(*Extra nos*)의 한 형태로 계속 머물러 있을 수 있기 때문이다. 물론 그가 생각하는 인간의 정신은 예수 그리스도의 모범이 가져다주는 영향력을 넘어서 스스로 하느님을 자각할 수 있을 만큼 출중해야 한다. 비록 슐라이어마허가 교회는 성령의 중재로 살아가야 한다고 말

---

systematische Untersuchung (*BDS* 4), Würzburg 1989.
20. 이에 대해서는 누구보다도 W. Kern, Philosophische Pneumatologie. Zur theologischen Aktualität Hegels, in: W. Kasper(Hrsg,), *Gegenwart des Geistes. Aspekte der Pneumatologie* (*QD* 85), Freiburg I. Br. 1979, 54-90을 참조.
21. 이로써 헤겔에게는 도대체 세계 경륜적인 차원에서의 삼위일체성과 내재적인 의미의 삼위일체성 간의 구별이 결코 존재할 수 없다.

하더라도, 그렇듯 "[하느님과] 공유하는 인간의 정신" 개념에는 공적으로 교회 자체, 곧 일치의 공동체가 추구하는 공동체적인 삶이 가벼이 여겨질 수 없다.

프란츠 안톤 슈타우덴마이어(Franz Anton Staudenmaier, 1800-1856)는 가톨릭계 튀빙겐 학파(J. S. Drey, J. A. Möhler, J. B. Hirscher)에서 탈퇴하여, 나중에는 독일 기센과 프라이부르크에서 교수로 활동하는 동안 튀빙겐 학파의 기본 사상 및 기본 관심사와 충돌했고, 헤겔과 슐라이어마허의 사유 형식이 가톨릭 신학계에도 유익하다는 것을 보여 주려고 했다. 하느님을 향해 나아가는 인간의 길, 곧 신앙의 길에는 인간의 의식 안에 작용하는 성령의 도움이 무조건적이다. "인간 의식 안에 작용하시는 성령의 도우심을 통해 하느님 체험이 가능할 뿐만 아니라 온전하게 실현된다. 그런 점에서 성령께서는 그런 하느님 체험의 초월적인 가능 조건으로서 그리고 그와 더불어 인식 조건으로서 간주된다."[22] 유한한 인간의 의식과 무한한 하느님의 영 사이의 틈을 매우 협소하게 개관했음에도 불구하고, 슈타우덴마이어는 유비와 변증법이라는 사유 형식을 마지막에 추가함으로써 저 둘 사이의 차이를 구체적으로 뛰어넘으려는 범신론적인 시각을 피하고자 했다.

성령과 인간의 의식 사이의 관계를 규정하는 문제는 20세기 신학에도 주요 관심사였다. 칼 라너의 기본 입장이 그러했듯이, 상기 문제는 거의 핵심적 사안이었던 셈이다. 이는 은총과 은총의 효과에 대한 경험 가능성의 문제 혹은 인간의 자기실현의 가능성을 위한 조건들에 관한 문제와 같이 변형된 모습으로 제기되기도 했다. 만일 하느님께서

---

22. Dirscherl, *Der Heilige Geist*, 494.

역사하신다면, 하느님의 성령이 관건이다. 구원경륜을 펼치시는 삼위일체의 하느님에 대해서 라너는 이렇게 말한 적이 있다. "… 이 삼위일체성 안에는 스스로가 원천이시며 통치자이신 하느님 아버지와 이 세상 역사 안으로 스스로 당신을 알리시는 로고스, '인간의 초월성'에다 몸소 당신을 알리시는 성령께서 함께하신다."[23] 그러므로 하느님께서 인간의 초월성에다 당신 자신을 알리시는 곳 그 어디서든 성령이 역사한다. 이때 라너는 인간의 의식과 하느님의 성령을 분명하게 구별한다. 인간은 인식과 자유라는 두 가지 행위를 통해 자신을 초월하는 존재라고 할 수 있는데, 그런 존재에게는 하느님께서 함께하시는 그러한 행위들의 가능 조건을 앞서 채우는(선택하는) 일이 허용된다. 이는 하느님께서 인간에게 당신 자신을 알리고자 마련하신 근본적인 선처로서 이를 받아들이는 일 자체 또한 은총이다. 그로써 하느님께서는 인간의 경험 및 의식 안에 현존하시게 된다. 이는 논의에 어울리든가 반성해 내든가 혹은 논의에 어울리지 않거나 반성해 내지 못하거나 상관없다. 하느님께서는 "우리 실존의 저 정신적인 심연 깊숙이 혹은 우리의 생생한 역사의 구체적인 현장에 존재하시는 분으로"[24] 경험된다. 성령 및 하느님께서는 당신 자신을 알리시기 위해 그에 적절한 상황도 배려하시는 분이다. 그분은 손수 베푸시는 은총의 힘으로 인간 안에 현존하신다. "여전히 자유가 그러한 체험(인식 및 자유 행위를 실현하는 중에 이르는 하느님 체험)을 받아들일지 혹은 거부할지 하는 선택을 앞두고 미리 생각하자면, 우리의 영적 체험은 이미 제 나름대로 완벽하게 생각한 인간의 정

---

23. Einzigkeit und Dreifaltigkeit Gottes im Gespräch mit dem Islam, in: Rahner, *Schriften* XIII, 129-147(인용은 141).
24. Dirscherl, *Der Heilige Geist*, 106.

신에게 하느님께서 '그 바깥에서' 그때마다 개별적으로 작용하심으로써 실현되는 것이 아니라, 애초부터 당신 자신을 알리시려는 의지('창조되지 않은 은총')를 통해 언제 어디서나 인간의 정신과 함께 그의 초월성을 실현하도록 원칙을 세우신 덕분에 실현된다고 보아야 할 것이다."[25] 이는 하느님 체험 없이는 그 어떤 (인간의) 자기 체험도 없으며, 반대로 자기 체험 없이는 하느님 체험도 없음을 뜻한다.[26]

라너가 인간학적 차원을 하느님의 은총이 선사되는 차원과 서로 이어붙이고 또 그로써 하나의 "쌍층적 사유"(Zwei-Stockwerk-Denken, 자연 본성과 은총)를 빚어냈던 것처럼, 그 결과 불가해소적인 의문과 난해함 또한 양산해 냈다. 분명히 라너는 활동하는 성령이 항상 그리스도의 영(Geist Christi)이라는 입장에서 출발한다. 그럼에도 그리스도의 의식을 바꾸는 움직임에 대해 살피는 기색은 거의 보이지 않는다. 예수 그리스도의 복음이 전해지는 바로 그 현장에서 복음과 마주한 인간에게 당신 자신을 열어 보이는 어떤 절대자를 만난다는 것이 인간의 의식에는 무슨 의미를 띨까? 하느님의 영과 인간의 의식이 현실적으로 같은 것으로 취급되는 수면 바로 아래에 놓여 있는 일련의 순수 철학적·초월신학적인 시각을 넘어서 서로 같다는 사실이 어떻게 한 번 더 입증될 수 있을까? 인간이 제 의지로 자신을 폐쇄하는 행위로서 하느님과의 소통을 단절시키는 죄가 또한 어떻게 그 인간의 의식 속에서 마치 그의 숨통을 끊듯이 온통 그의 존재를 뒤흔들어 놓는가? 라너를 비판하는 이들의 주된 착안점들은 그의 장대한 포괄적인 안목과 개별

---

25. Erfahrung des Geistes und existentielle Entscheidung, in: Rahner, *Schriften* XII, 41-53(인용은 45).
26. 물론 라너에게는 그 어떤 "순수" 초월 경험이 존재하지 않는다. 오히려 그에게 그런 초월 경험은 항상 역사적 경험과 함께 이루어진다.

적인 것에 대해서 철학적-신학적으로 의문을 제기하는 순발력에 대해 아낌없이 그에게 존경을 표하면서도, 바로 이러한 중심적인 문제 영역들을 놓치지 않고 접근함으로써 그 난점에 대해 함께 고민하게 만든다.

비록 사람들이 라너의 시도와 그의 착상에 기초한 또 다른 시도들에[27] 반대해, 인간의 정신과 의식이 성령과는 질적으로 서로 다르다는 입장을 지지해야 한다고 생각하더라도, 다른 한편 오늘날의 신학이 인식하는 바는, "성령께서 전인적 인간과 — 인간의 정신은 물론 그의 육체와도 — 결합한다는 점과 또한 인간의 육체성이 이미 예수 그리스도의 활동과도 연계된다는 점에서 주님의 치유와 부활 및 성령에 힘입어 종말에도 그에 어울리는 몸으로 거듭 날 것이란 점이다. 우리의 몸은 이미 성령이 머무르시는 궁전이다. … 그러므로 만일 성령의 은총을 통해 전인적인 차원에서 인간이 그분과 결합하게 된다면, 인간의 의식과 초월성 역시 예외가 아니라고 말해야 한다."[28]

확실히 범신론(Pantheismus)은[29] 절대적인 하느님과 조건적이며 유한한 세상 사이의 현격한 차이를 사실대로 인정하고 받아들여야 한다고 믿는 그리스도교 신앙과 같은 길을 걸을 수 없다. 결론적으로 말해 우리는 하느님께서 '한편' 세상을 당신과 구별해 만드셨고 그렇게 세상과 거리를 유지하시지만, '다른 한편' "그럼에도 불구하고 하느님께서

---

27. 예컨대 W. Pannenberg의 시도가 여기에 속한다, 참고로 Dirscherl, *Der Heilige Geist*, 83-102.
28. Dirscherl, *Der Heilige Geist*, 682.
29. 범신론과 관련된 문제점과 신학적인 보충 설명에 대해서는 H. Vorgrimler가 전체적으로 잘 소개해 준다. 그의 글 *Neues Theologisches Wörterbuch*, Freiburg I. Br. 2000에서 "Pantheismus", 474f. 그의 논문 "Pantheismus"에서 H. Waldenfels는 범신론 개념에 내재하는 동기 요소들을 파헤쳐 보여 준다. 예컨대 그러한 동기 요소들은 창조된 사물들의 수고, 특히 인간의 노력과 관련하여 그들의 근거에 안착하기를 열망하고 또 그러한 안착을 재현하는 표현 형식을 제공한다고 말한다.

친히 이 세상에 존재하는 것들 한 복판에 계시며 세상은 진정 하느님과 함께 걸어가는 운명을 누리게 되었다."30는 사실을 모두 충족시켜 주는 신학적인 해명을 아직까지 발견하지 못한 것이다. 이는 '내재와 초월 개념'이 오랜 철학적·신학적 전통 안에서 하느님과 세상 사이의 관계를 그나마 좀 더 정확하게 규명해 주는 중요한 개념으로 여전히 남아 있음을 시사한다.31

3. 성령에 관한 성경의 증언32

1) 구약성경의 증언

만일 콘스탄티노플 공의회(381)가 성령을 "생명을 주시는 분"으로 고백했다면, 이는 직접적으로 구약성경의 증인과 일치한다. 왜냐하면 구약성경에서도 이미 하느님의 영은 히브리어로 *ruah*[루아하]로 표현되는데, 이는 소리 나는 대로 쓰인 의성어(擬聲語)로서 기본적으로 "숨(숨결)" 혹은 "바람"을 뜻하기 때문이다. (이때 '바람'은 홍해를 가르는 데에, '숨결'은 살아 있음을 나타내는 데 활용되었다). 이 용어는 그런 다음 다양

---

30. K. Rahner, Über die Eigenart des christlichen Gottesbegriffs, in: Rahner, *Schriften* XV, 185-205 (인용은 190).
31. 이에 참고로 나의 논문 "Transzendent", in: *WdC* 1273f. 물론 이 논문에서 나는 "초월"과 "내재"를 함께 다루었다.
32. 성령론의 모든 안내서와 개요서들은 저마다 폭넓게 성령에 대한 성경의 증언들을 소개한다. 가톨릭 신학은 이에 대표적인 작품으로 Congar의 *Der Heilige Geist*를 손꼽는다. 한편 Moltmann 역시 성경 구절을 매번 직접적으로 인용하면서 숙고해 나간다. 그의 책 *Der Geist des Lebens. Eine ganzheitliche Pneumatologie*, München 1991(일부 해석은 자주 인용되는 매우 소중한 원천 자료가 된다). 그런 점에서 나는 그의 일련의 견해와 제안들을 그대로 수용했다.

한 형태의 생명과 생명력을 표현하는 확장된 의미, 예컨대 '기분', '의지', 나아가 '하느님의 능력' 등으로도 활용되었다. 그래서 이 개념이 어떻게 직접적으로 활용되었는가 하면, "하느님의 창조적인 능력은 '루아하'의 초월적인 측면이요, 피조물의 생명력은 그 내재적인 측면"[33]이라는 표현에서 엿볼 수 있다. 이에 참고로 시편 104,29 이하(하느님께서 창조하신 모든 것들에 대한 찬미)를 되새겨 볼 수 있다. "당신의 얼굴을 감추시면 그들은 소스라치고, 당신께서 그들의 숨을 거두시면 그들은 죽어 먼지로 돌아갑니다. 당신의 숨을 내보내시면 그들은 창조되고, 당신께서는 땅의 얼굴을 새롭게 하십니다." 이는 "하느님의 창조적인 능력, 그분의 새롭게 하시는 주권과 역량에 의해서 만물이 살아간다."[34]고 노래한 것이다. 구약성경에서 하느님의 '루아하'가 함의하는 뜻을 일목요연하게 정리하자면 아래와 같다.[35]

① 하느님의 '루아하'는 역사하시는 하느님의 현존을 대변한다. 현존하시는 하느님의 사건을 지칭한다. 하느님께서는 창조적인 생명력으로 현재를 주관하신다. 물론 그 생명력을 피조물 자신들에게 고유한 것이 되도록 배려하시면서 말이다.

② '루아하'는 아마 '레바'(rewah), 곧 "폭(너비)"으로도 풀이할 수 있다. '루아하'는 공간을 만들며 그의 생명력을 바깥으로 확장시키는 특성을 갖고 있다. "저를 원수의 손에 넘기지 않으시며, 제 발을 넓은 곳에 세우셨기 때문입니다"(시편 31,9). 하느님의 영을 따라 살아가는 사람들은 하느님을 드넓은, 열려진 생명의 장(場)으로 경험한다.

---

33. Moltmann, *Der Geist des Lebens*, 54.
34. H. J. Kraus, *Psalmen* II, Neukirchen/Vluyn [5]1978, 878.
35. Moltmann의 견해를 주로 참고했다(*Der Geist des Lebens*, 55f.).

③ 아주 잘 알려진 성경 구절, 곧 창세 1,2(사제계 문헌) 안에서 이 용어 '루아흐'는 단순히 강한 바람이 아니라 생명을 잉태하는 원천적인 힘으로 이해된다. 이 개념은 다른 용어 다바르(dabar), 곧 '하느님의 말씀'을 통해 보충되는데, 그로써 만물이 이루어졌다. "한처음에 하느님께서 하늘과 땅을 창조하셨다. 땅은 아직 꼴을 갖추지 못하고 비어 있었는데, 어둠이 심연을 덮고 '하느님의 영이 그 물 위를 감돌고 있었다.' 하느님께서 '말씀하시기를' …"(창세 1,1-3 이하).[36]

기원전 1190년과 1040년 사이 쯤에 이스라엘은 카리스마를 가진 "판관들", 예컨대 오트니엘, 기데온, 입타, 아비멜렉, 삼손 등[37]에 의해서 통솔되었다. 이들 판관들의 인간적인 능력들도 분명 탁월했지만, 거기서 하느님의 영이 이들에게 능력을 부여하심으로써 이들은 당시 하느님의 백성을 지도하고 대표할 수 있었고, 특히 결정적인 것은 위기가

---

36 이 여성형 명사 '루아흐' 곁에, 그러니까 하느님의 영 개념에 모성적인 모습(Bild der Mutter)이 함께한다. 성령은 생명의 모태다. 그리스도교 사상에서 성령은 하느님의 자녀들의 어머니다. 몰트만은 자신이 소개한 성령론에서 일련의 전통적인 증언들을 수집했는데, 그렇듯 '성령의 모성적인 모습'들과 연관이 깊은 것들을 모았다. 더욱이 외경인 '토마복음서'에는 "누구든지 나처럼 그분의 아버지만이 아니라 그분의 어머니를 사랑하지 않는다면, 제자가 될 수 없을 것이다. 왜냐하면 나의 어머니가 나에게 생명을 주었기 때문이다."라고 적고 있으며, 또한 '히브리복음서'에는 다음과 같은 글이 적혀 있다. "당장 나의 어머니, 곧 성령은 내 머리카락 하나까지 놓치지 않으시고 나를 보듬어 타보르(Tabor) 산 위까지 옮겨 주셨다." 영지주의적인 경향을 띤 문헌에서는 성령에 대한 다음과 같은 호칭들과 명칭들을 목격하게 된다. "오소서, 자비로우신 어머니!", "오소서, 생명을 주시는 분(여성)이시여!", "모든 피조물들의 어머니시여!" 하고 말이다. 마카리오스(Makarios)의 유명한 설교(메소포타미아 출신 신학자 시메온[Symeon]을 상대로 저술한 설교)에서는 "성령의 모성적 직무(Mutteramt)"를 언급한 부분이 발견된다. 그와 같은 사상이 아놀드(Gottfried Arnold)의 번역을 통해서 17세기의 '경건주의'에 그대로 옮겨졌다. 친첸도르프(Graf Zizendorf)는 1741년 "성령의 모성적 직무"에 관해 말한 적이 있다. Moltmann, Der Geist des Lebens, 172ff. 참조.

37. 이에 대해서는 무엇보다도 판관 10,1-5; 12,8-15 참조.

찾아왔을 때 필요한 힘을 발휘하게 되었다는 사실이다.

사울은 마지막 "판관"이자 최초의 "왕"이었다. 그는 하느님의 영으로부터 은총을 입었는데, 그것은 더 이상 잠시 지나가는 것이 아니라, 이른바 '하느님께로부터 도유된 자'로서 그에게 항상 머무르는 은총이었다. 그의 후계자였던 다윗에게서도 그와 같은 일이 분명하게 벌어졌다. 다윗은 예언자 사무엘에 의해 도유되었다. "사무엘은 … 그(다윗)에게 기름을 부었다. 그러자 주님의 영이 다윗에게 들이닥쳐 그날부터 줄곧 그에게 머물렀다"(1사무 16,13). 도유된 왕은 그렇게 하느님의 영으로도 도유되었다. 이러한 모습은 후대 이스라엘 왕들에게도 계속 이어졌으며, 마침내 고대하던 메시아의 왕국에도 적용된다.[38]

비록 초기 예언자들에게서 하느님의 '루아하'를 청하는 경우가 거의 부재했다고 하더라도(아마도 "거짓" 예언자들과의 대립 혹은 신비경에 빠져드는 타종교적 성향과 거리를 두고자 하는 필요성 때문에 삼갔다고 보기에), 앞서 우리가 바라본 관점은 암시적으로나마, 예컨대 제2이사야서 및 제3이사야서 안에서 엿볼 수 있다. 단지 메시아만이 아니라 모든 신앙인들이 하느님의 영을 받게 된다(이사 59,21 및 요엘 3,1 참조). 유배 기간에는 이 같은 경험이 주춤했다. 아무튼 이런 경험은 창조 사건을 되새기게 하고, 그로부터 '새로운 창조'에 대해 눈을 뜨게 해 준다. 하느님의 영은 특히 에제 36장과 37장에서 매우 인상 깊게 소개되고 있듯이, 그야말로 이스라엘을 살아 숨 쉬게 해 준다. "'주 하느님이 이렇게 말한다. 나 이제 너희 무덤을 열겠다. 그리고 내 백성아, 너희를 그 무덤에서 끌어내어 이스라엘 땅으로 데려가겠다. … 내가 너희 안에 내 영을

---

38. 이에 이사 11,2; 42,1 특히 이사 61,1 이하 - 이 구절은 예수 자신이 나자렛의 한 회당에서 당신의 메시아적 소명을 밝힐 때 인용한 말씀이기도 하다(루카 4,18 이하).

넣어 주어 너희를 살린 다음 너희 땅으로 데려다 놓겠다"(에제 37,12.14). 이제 하느님의 백성은 당신의 영으로 가득 찬 공동체가 될 것이다. "너희에게 새 마음을 주고 너희 안에 새 영을 넣어 주겠다. 너희 몸에서 돌로 된 마음을 치우고, 살로 된 마음을 넣어 주겠다. 나는 또 너희 안에 내 영을 넣어 주어, 너희가 나의 규정들을 따르고 나의 법규들을 준수해 지키게 할 수 있다. 그리하여 너희는 내가 너희 조상들에게 준 땅에서 살게 될 것이다. 너희는 나의 백성이 되고 나는 너희의 하느님이 될 것이다"(에제 36,26-28).

최근의 문헌들 안에서 이른바 '하느님의 현존'은 과연 원칙적으로 셰키나(Schechina - [역주] 이 히브리어는 하느님께서 백성 한가운데 머무신다는 의미에서 "거주" 및 "하느님의 거처"를 의미)라고 표시되며, 이는 나아가 성령에게도 그대로 적용된다고 보는 태도를 엿보게 되는데, 이는 몰트만의 공로다. 하느님 및 하느님의 영은 당신 백성, 곧 신앙인들 안에 거처를 마련하신다. 원천적으로 셰키나는 계약의 궤 및 성전의 지성소에 현존하시는 하느님을 가리킨다. 이런 전문 용어가 예루살렘이 파괴된 이후 디아스포라 시대에 이르러 널리 적용되었다. 셰키나는 하느님께서 당신 백성 한가운데 머무신다는 뜻이다. 하느님께서는 셰키나를 통해 백성들 곁에 함께 계신다. 곧 기도하는 공동체, 시나고가, 제관들의 대의원회 안에 함께하신다. 만일 하느님께서 당신 백성을 약속의 땅으로 이끄신다면, 결국 셰키나도 제 본향으로 복귀하는 것이다. 그러므로 셰키나는 하느님의 백성 한가운데 현존하시는 하느님을 대변하기에, 결과적으로 그분(현전)의 항상성을 뜻하는 것이 아니다. 나중에 랍비들이 셰키나와 관계를 맺는 중간 단계의 장소를 마련했다. 최근 유다 신학에서 셰키나는 하느님과의 통정(通情)을 가능하게 해 주는 역할을 수

행한다. 곧 셰키나가 그러하듯, 하느님께서는 당신 영을 통해서 "감수성"(하느님의 情[Empathie Gottes])을 발휘하시고, 상처를 받으실 수도 있다고 말한다.

그러면 다시금 메시아에 대한 사상과 그것이 하느님의 영과 연계되어 소개되는 부분을 살펴보자. 이사 11,42 및 61에 의하면 하느님의 영은 메시아와 함께 활동하신다. 상기 두 구절은 하느님께서 택하신 이 위에 그분의 영이 "깃듦"과 "머무름"에 대해 소개한다. 그와 동시에 이 메시아의 특징이 언어로 표현된다. 메시아를 드러내는 대표적인 표현은 옳음, 자비, 하느님 인식이다. 이는 율법의 완성과도 통한다. 메시아는 율법을 그렇듯 완성시킬 것이다. 앞선 세 가지 표현 형식과 같이 세 가지 차원에서 완성시킬 것이다. 그래서 그러한 율법의 완성은 고스란히 하느님 백성들에게 이양될 것이다(이사 11장 참조). 그렇기에 또한 그것은 이스라엘에게만 국한되지 않는다. 영을 넘겨주는 메시아에 의해서 곧추세워진 정의는 보편적으로 확장될 것이요, 보편적으로 알려지게 될 것이다. 그러나 무엇보다도 그 중심에는 '자비'가 자리한다. 하느님께서는 자비로운 분이시다. 영을 넘겨주는 그 같은 보편적인 정의는 자비를 통해서 오해 없이 실현될 것이다. 이에 대한 참고로 특히 이사 61장을 살펴볼 필요가 있다. 메시아는 가난한 이들에게 기쁜 복음을 전해 주고, 부서진 마음을 감싸 줄 것이요, 옥에 갇혀 지내는 이들에게 해방을 알리고, 슬퍼하는 자들을 위로해 주며, 탄식 대신에 기쁨을 노래하도록 일깨워 줄 것이다. 그의 백성들도 이스라엘과 마찬가지로 메시아의 이 같은 구원 역사에 동참해야 한다. 이사 42장에서는 메시아가 크게 소리치거나 호소하지도 않는다는 입장을 전해 준다. 그러므로 메시아는 자만에 빠지는 일도 없거니와 공공연하게 율법을 공포하려고 애쓰지도 않을 것이다. 그는 통상적으로 우리가 이해하는 주권자 주님의 모습과는 정반대의 모습을 보여 준다. 그래서 차라리 무기력하고 남들로부터 멸시를 당하는 주님의 종의 모습으로 나타난다.

"하느님의 무기력한 종에 대한 암시는 사람들과 백성들을 저마다 다른 기대감과 함께 다양한 구원 열망을 하나의 이중적인 상황으로 몰고 갔다. 곧 그들의 변화를, 그들이 근본적으로 바뀌는 결과를 초래했다. '주님의 종은 백성들로 하여금 그들이 고통 받는 자신에 대해 다 함께 부정적이고 공격적이며 경시적인 태도를 취하게 함으로써 현실적으로 그들을 모아들이고 서로 묶어 연대감을 갖게끔 해 준다. 다른 한편 백성들이 이를 인식하는 한, 그들은 자신들의 옛 모습(정체성)에 대해 역겨움을, 그래서 자신의 변화, 쇄신 나아가 서로에게 꼭 알맞은 발전에 힘쓰도록 이끈다.' 한편 무기력한 그 종은 단지 백성들의 권력-이념만이 아니라 그들에게 단단히 고착화된 자기이해마저 해체시켜 버린다. 소외되고 멸시받는 — 사회가 정한 세노 및 실서라는 이름 아래 억압을 받고 누명을 쓰는 — 인간이 곧 하느님에 의해서 선택된 자라는 것을 인식함으로써 사람들은 하느님의 정의가 무엇인지 눈뜨게 될 것이다. 그것은 지금까지 백성들이 정의와 관련하여 상상해 오고 그 실재성에 대해 그저 의심만 일삼으면서 푸념해 왔던 그런 것이다."[39]

지혜문학, 무엇보다도 집회서와 지혜서 안에서 "지혜"(σοφία)의 외적인 모습이 소개된다. "셰키나"와 유사한 표현 형식을 따라서, 곧 하늘에서 내려온 이로서 지혜는 의인화된다. 지혜를 배운 학생은 그 흔적을 뒤따르며, 그 문을 따라서만 그 안으로 들어간다(특히 집회 14,22-27).

---

39. M. Welker, *Gottes Geist.* Theologie des Hl. Geistes, Neukirchen/Vluyn 1992, 129.

지혜는 "어머니" 혹은 "신부"(15,2)로도 소개된다. 또한 지혜는 하느님 자신에게 속한 것이다. 집회 24장은 지혜의 선재에 대해 보도한다. 좀 더 직접적인 진술은 지혜서 안에서의 지혜가 하느님께 달려 있다는 대목일 것이다. 왜냐하면 지혜는 창조의 비밀을 완전하게 통찰하고 있는데, 그것은 창조 활동에 동참했기 때문이다(지혜 7장 및 8장). 그러므로 그리스도교 전통은 뒤에 성령에 대해 좀 더 숙고하게 되면서, 그와 같은 인격화된 지혜에 대해 점차로 특별히 관심을 쏟았다고 보는 것이 터무니없는 이야기는 아닐 것이다. 구약성경에서 어떤 종류의 하느님 체험이 입증되었는가? 하느님께서는 당신의 "숨"을 통해서 모든 것들에게 생명을 불어넣어 주시고 그들이 생명을 지켜나가도록 배려하시는 분이다. 그분은 당신 백성을 몸소 인도하신다. 그분은 당신의 영을 통해 당신 백성 한가운데 함께 계신다. 하느님의 영에 대해서 그리고 그 영에 힘입어 말하는 인간은 특별한 방식으로 하느님의 현존 안에 자리한다. 지혜문학 안에서 영에 대한 사상을 보다 성숙하게 내면화시키는 일은 하느님의 약속을 해석하는 그리스도인들에게 크게 도움을 준다. 그러니까 지혜문학은, 그분의 영이 하느님께서 인간들 안에 오셔서 거주하시기 위한 중재자임을 [사람들이] 알아보게 하는 데 기여한다. 한편 인격화된 모습의 지혜는 하느님 안에 어떤 차별화된 실체를 고려하는 것을 허락할 것인즉, 삼위일체 하느님 개념 안에서 성령의 위격성을 의심하거나 주저하는 마음을 떨쳐 버릴 수 있게 해 준다.

2) 신약성경의 증언

신약성경에 기록된 바에 따라 초대 공동체가 경험한 영의 체험을 아주 간결하게 요약하자면 아래와 같다. 예수는 성령으로 도유된 메시아요. 신약의 그리스도인들은 성령을 선사받은 하느님 백성이다. 구약성경이 소개하는 약속들이 마침내 채워지기 시작했다.

예수의 세례에 관한 보도(마르 1,9-11; 마태 3,13-17; 루카 3,21-22)는 하느님의 영에 대한 증언에 특별한 역할을 한다. 이 보도는 교부들(이레네우스, 히폴리투스, 바실리우스)에게서 눈에 띄게 자주 거론되는데, 그것은 예수가 항상 영과 함께하며 또 영을 전해 주는 분임을 입증해 준다. 하느님에 의해서 거룩하게 된 분으로서 인간 예수는 다른 사람들을 거룩하게 할 능력을 갖고 있다. 마르 1,9-11은 이렇게 전한다. "그 무렵에 예수님께서 갈릴래아 나자렛에서 오시어, 요르단에서 요한에게 세례를 받으셨다. 그리고 물에서 올라오신 예수님께서는 곧 하늘이 갈라지며 성령께서 비둘기처럼 당신께 내려오시는 것을 보셨다. 이어 하늘에서 소리가 들려왔다. '너는 내가 사랑하는 아들, 내 마음에 드는 아들이다.'" 마태오복음의 보도 내용이 마르코복음이 전하는 바와 거의 같은 반면, 루카복음은 보다 더 자세하게, 곧 예수가 성령과 함께하는 분(루카 1,35; 4,14 등)임을 밝혀 준다. 나아가 성령은 종말과 직결된 선물(루카 24,49 참조)이다. 오순절 보도에 의하면(사도 2,1-13), 성령강림날은 요엘 3,1-5의 약속이 채워지는 날이다. 부활한 분은 약속된 하느님의 영을 믿는 이들에게 부어 준다(사도 2,33; 2,17-21). 이때 전형적으로 벌어지는 것이 이방 민족들 곁에서도 계속해서 벌어질 것이다. 성령은 확실히 신앙공동체(교회)의 역동적인 원리다. 그분을 통해서 인간을 위한 하느님의 구원 섭리가 실현되고 또 확대되어, 성령이 임할 때마다 일련의 표징, 곧 예언 및 방언 등이 나타난다. 구원의 신비는 부활의 신비와 다른 것이 아니다. 예수의 부활과 승천 그리고 성령의 강림은 한결같이 인간들로 하여금 성령을 통해 하느님의 생명에 참여할 수 있게끔 이끌어 준다. 그 때문에 원천적으로 구원 사건들은 하나씩 별도로 기념되는 것이 아니다. 성령강림 역시 부활의 기쁨과 같은 맥락에서 이해된다. 성령만을 위한 독자적인 축제가 아니라는 것이다. "가장 거룩하신 삼위일체의 세 위격들에 대한 각각의 축제는 존재하지 않는다."[40]

요한복음은 특별한 관점에서의 다양한 강조점을 따라 성령론을 제시한다.[41] 물론 요한복음의 경우에도 ― 이미 성령이 그분에게 내려와 머무르는 만큼(요한 1,32 이하) ― 예수는 성령과 함께하는 분이다. 부활한 분은 이 성령을 다른 이에게도 전해 준다. 이른바 성령으로 세례를 베푼다(요한 7,38 이하). 예수를 믿는 자는 누구든 성령의 생명수를 받아 마시게 될 것이요, 그것은 곧 하느님으로부터 오는 생명을 가리킨다(요한 7,37 이하). 말씀과 영과 생명은 하나다. 예수 자신은 첫 번째 "보호자"(Paraklet)요, 예수가 떠난 다음을 위해서 그는 제자들에게 또 "다른" 보호자(요한 14,16 이하)를 약속했다. 그런 의미에서 성령은 예수의 대리자다. 그분은 그래서 예수를 증언해 주며, 예수의 가르침을 상기시켜 주며 그를 영광스럽게 해 준다. 그렇듯 성령은 "다른 보호자"이자 "지혜의 영"이다. 신앙인들의 생명은 온통 그러한 보호자에 힘입어 유지될 것이니, 성령이 밝혀 주는 진실과 생명으로 살아가게 될 것이다. 이것이 곧 새로운 삶이다.

요한복음에 이어 바오로 사도의 서간들의 성령에 대한 진술도 기억할 만하다.[42] 그 경우에도 초대 그리스도인들 및 첫 번째 신앙공동체

---

40. Congar, *Der Heilige Geist*, 56.
41. F. Porsch, *Pneuma und Wort*. Ein exsgetischer Beitrag zur Pneumatologie des Johannesevangeliums (*FTS* 16), Frankfurt a.M. 1974.
42. 바오로 사도의 성령론과 관련해서는 무엇보다도 다음의 책들을 참조할 만하다. O. Knoch, *Der Geist Gottes und der neue Mensch*. Der Heilige Geist als Grundkraft

의 특별한 경험들이 있었다고 여겨지는데, 그것은 바오로 사도가 그런 사실들을 자신의 서간 안에 기록한 것으로 추정되기 때문이다. 당시 신앙공동체는 하느님께서 당신의 영을 통해 공동체 안에서 역사하시고 또 그 안에 현존하신다는 사실을 받아들였다. "여러분이 하느님의 성전이고 하느님의 영께서 여러분 안에 계시다는 사실을 여러분은 모릅니까?"(1코린 3,16). 이 같은 경험들은43 믿음을 일깨우는 설교와 함께 분명하게 언급될 수 있었다(복음 선포 배후에 능력 혹은 힘[δύναμις], 나아가 성령이 현존한다고 믿었다. 1테살 1,5; 1코린 2,4 이하; 로마 15,18 이하). 혹은 공동체의 전례와 더불어(1코린 14,1. 3. 15-17. 24 이하) 혹은 개인적인 신앙 체험을 증언하는 중에(갈라 4,6) 소개된다. 바오로 사도는 성령을 통해 모든 이가 한 분 그리스도의 몸 안에 받아들여졌고, 모두가 성령으로부터 받아 마셨다는 사실로써 이미 그에 대한 신앙은 확고해졌음을 가르친다(1코린 12,13).

바오로 사도가 볼 때, 예수는 부활을 통해 성자로서의 "지위를 취하셨지만", 그것은 나아가 성령을 통해서도 이루어진 것이다(로마 8,11; 1코린 15,45 참조).44 그렇지 않다면 그와 동일한 사태와 과정을 왜 한편

---

und Norm des christlichen Lebens in Kirche und Welt nach dem Zeugnis des Apostels Paulus, Stuttgart 1975; Chr. Strecker, *Die limminale Theologie des Paulus*. Zugänge zur paulinischen Theologie aus kulturanthropologischer Perspektive (*FRLANT* 185), Göttingen 1999; die Artikel, "Geistgaben" bzw. "Charisma", "Charismen" in den gängigen Nachschlagewerken.

43. 나는 여기서 M.-A. Chevallier가 자신의 연구 논문 「성경이 소개하는 성령론」에서 생각한 체계를 감안해 말하고자 한다. 그의 연구 논문(Biblische Pneumatologie)의 출처는 아래와 같다. in: P. Eicher(Hrsg.), *Neue Summe Theologie* 1, Der lebendige Gott, Freiburg I. Br. u.a. 1988, 341-378, bes. 356f.

44. 물론 부활이 직접적으로 그 영(der Geist) 아래에 종속된 사건이 아니라는 사실이 의외인 것처럼 느껴질 수도 있다. 그래서 신앙인들을 일깨우는 영은 오히려 (그리스도의) 부활을 중재하신 영보다 훨씬 더 뛰어난 능력을 지닌 것처럼 보인다.

으로는 예수 그리스도와 함께, 또 다른 한편으로는 성령과 함께 운운했 겠는가! 예컨대 "그리스도 안에"(1코린 1,30 / 갈라 2,17)와 "영 안에"(로마 8,9 / 1코린 6,11)라는 대구적인 표현이 이를 잘 말해 준다. 특히 2코린 3,17은 이와 관련하여 자주 거론되는 매우 난해한 구절이다. 곧 이 구절은 그리스도와 성령을 동일하게 바라볼 수 있을 정도로 언급된다. "주님은 영이십니다. 그리고 주님의 영이 계신 곳에는 자유가 있습니다."[45] 뒤에 삼위일체론의 입장에서 고려되는 존재론적인 동일성이 여기서는 기어코 제시되지 않았지만, 그 작용의 결과에 있어서만은 분명하게 동일한 것으로 언급된다. 만일 1코린 15,45에 따라 "두 번째(마지막) 아담"(=그리스도)이 "생명을 주는 영"이 되었다고 하고, 성령은 성경의 증언에 따라 활동하시는 하느님의 현존을 가리킨다고 전제한다면, 부활한 분에게 그리고 그분(곧 "영 안에 머물러 계신 그리스도")을 통해서 하느님께서 역사하시고 구원하시며 해방시키신다고 말해도 좋을 것이다.[46]

좀 더 특별한 방법으로 바오로 사도의 서간은 영의 선물에 대해 확신을 가지고 소개하는데, 그것은 그리스도교 역사 안에 큰 영향을 미쳤다고 본다(Charisma의 다양한 형태들 참조).[47] 비록 바오로 사도가 누구

---

45. 몇 가지 해석 가능성에 대해 간략하게 소개한 글은 Eicher(Hrsg.), *Neue Summe Theologie* I, 359.
46. 몰트만은 이 구절(2코린 3,17)을 하느님 체험으로 상당히 확신하여 해석하는데, 그가 말하는 하느님 체험은 자유 체험과 같다. Moltmann, *Der Geist des Lebens* 134-136. "생명을 주시는 영은 부활하신 분의 실존 방식이자 부활하신 분에게서 비롯하는 역량이다. … 자유는 영을 통해서 그리스도를 체험하는 바로 거기에 현존한다."
47. 바오로 사도에게서 이러한 관점에 관한 연구 문헌들을 일목요연하게 말하기는 힘들다. 그에 상응하는 제목의 단행본 연구서를 찾기 힘들 뿐만 아니라(그런 것조차도 매우 적으며), 나아가 로마서 주석서나 코린토서 주석서에 "감추어진" 형식으로 소개되고 있기 때문이다. 일차적인 정보로서는 그래도 "Charisma", in: *ThWNT* 9, 393-397 (H. Conzelmann) und in: *EWNT* 3, 1102-1105(K. Berger)에서 도움을

보다도 먼저 카리스마 개념을 영이 수여하시는 선물로 이해했는지, 혹은 이미 규칙적인 언어적 용법에 의해 얻어진 것인지 불확실해서 논란의 여지가 있다고 하더라도, 우리가 그 개념을 바오로 사도에게서만 목격한다는 사실은 변함이 없다. 바오로 사도는 코린토교회에서 특별한 성령의 선물에 관해 과대평가하는 태도에 대해 비판할 때(1코린 12,1; 14,1 참조), 하느님의 영이 공동체 신앙인들 각자에게 특별한 은사를 주시면서 그에 맞갖은 소임을 통해 하나의 공동체를 건설하고 그에 유익함을 더하도록 이끄신다고 힘주어 가르친다. 그러므로 바오로 사도는 공동체의 질서 및 공동체의 계속적인 발전에 관심을 기울였다. 관례적이든 예외적이든 성령의 은사는 신앙인들의 공통된 신앙의 근간이자 "교도권"과 관련된 기능의 차원에서 알아들어야 한다. 성령의 "열매들"은 저마다의 기능으로 한정되었다기보다는 융통성을 발휘할 수 있을 만큼 융화적인 특성을 갖는다.[48] 물론 이 특은에 관한 목록(1코린 12,8-11)을 통해 바오로 사도는 몇 가지 전형적인 은사, 예컨대 인식, 지혜, 믿음, 기적, 치유, 모든 권력을 지배하는 전권, 예언, 영들의 식별, 방언, 해석의 은사를 제시해 준다. 로마 12,1-8에서는 봉사하는 은사, 가르치는 은사, 위로하는 은사 및 충고하는 은사를 덧붙여 소개한다.[49]

성령의 세 가지 은사가 바오로 사도에게서, 나아가 제2바오로 서간들에서 특별한 의미를 띠는 것으로 여겨진다. 그 세 가지 은사, 곧

받을 수 있다.
48. "성령의 열매들"이라고 바오로 사도가 언급한 것은 사랑, 기쁨, 평화, 인내, 호의[친절], 선의, 성실, 온유, 절제다(갈라 5,22 이하).
49. 이 같은 은사 목록은 완전한 형태라고 말하기 어렵다. 왜냐하면 각 은사별로 내용을 고려할 때 - 전체 혹은 부분적으로 - 유사한 의미로 해석될 가능성이 높기 때문이다. 대부분의 "은사들"은 본질적인 의미에서 구별되었다기보다는 일상적인 표현 형식을 따라 나열된 것처럼 비쳐진다.

'믿음'과 '희망'과 '사랑'은 그리스도인의 실존과 관련하여 해석될 여지를 남겨 놓는다. 특히 로마 5,1-5; 1코린 13,13에서("그러므로 이제 믿음과 희망과 사랑, 이 세 가지는 계속됩니다. 그 가운데에서 으뜸은 사랑입니다."); 1테살 1,3에서(우리는 끊임없이 "하느님 우리 아버지 앞에서 여러분의 믿음의 행위와 사랑의 노고와 우리 주 예수 그리스도에 대한 희망의 인내를 기억합니다."); 콜로 1,4 이하에서("그리스도 예수님에 대한 여러분의 믿음과 모든 성도를 향한 여러분의 사랑을 우리가 전해 들었기 때문입니다. 그 믿음과 사랑은 여러분을 위해 하늘에 마련된 것에 대한 희망에 근거합니다.") 그렇다.[50] 이러한 은사를 통해서 성령의 역사하심은 절정에 이를 것이다. 그 은사들은, 나중에 교회의 전통이 가르치듯이, 사람들을 직접 하느님께로 이끌어 주는 만큼 "신앙인의"(혹은 '하느님에게 이르게 하는') 미덕으로 불린다.[51]

4. 성령과 그리스도인의 실존

1) 인간 안에 거주하시는 하느님

이미 구약성경에서도 셰키나 개념은, 하느님께서 당신의 초월성을 잃지 않으신 채 인간들 곁에 현존하신다는 입장을 상기시킨다. 신약성경에서도 그 같은 영이 인간 안에 거주한다고 소개한다(특히 로마 8,9.11;

---

50. 그 밖에 참고로 히브 6,9-12과 1베드 1,21-22.
51. 하지만 과연 - 고대로부터 내려오는 전통에 따라 - "미덕"이라는 용어가 적절한지, 그로써 인간 안에 계속 머물러 있는 것을 뜻한다고 해야 할지, 아니면 신약성경의 용례를 따라 그대로 "은총의 선물 혹은 은사"로 표현해야 옳을지, 그래서 하느님께로부터 유래한다는 의미를 간직해야 하는 것이 아닌지 하는 물음들은 아직 풀어야 할 숙제로 남아 있다.

1코린 6,19). 그런 다음 그 영은 그리스도요(에페 3,17), 아버지와 함께하는 그리스도라고 소개한다(요한 14,23). 하느님께서 인간 안에 혹은 신앙공동체 안에 거주하시기 때문에, 인간 및 공동체는 하느님의 성전이요, 그분의 거처다. "이제는 내가 사는 것이 아니라, 그리스도께서 내 안에 사시는 것입니다"(갈라 2,20). 이 같이 인간 안에서 채워 주시고 생명을 주시며 활동하시는 하느님의 현존에 대한 해석은 하느님과 인간 사이의 변함없이 든든한 유대(관계)를 마련해 줌으로써 전체 그리스도교 신앙의 역사 안에서, 특히 신비신학(마이스터 에크하르트, 십자가의 요한, 아빌라의 데레사, 삼위일체의 엘리사벳)에서 최고 절정을 이루며, 큰 역할을 해왔던 것도 사실이다.

신학적으로 철저히 확신하는 바에 따르면, 하느님께서는 이미 당신의 창조적이고 창조한 것을 유지시키는 행위를 통해 도처에 존재하신다. 하느님의 행위는 그분 자신과도 동일시된다. 하느님의 거처는 물론 하느님께서 단지 우리 안에서 '존재와 행위의 원인'으로서만이 ― 이는 그분의 '존재론적인' 현재를 가리킨다. ― 아니라 인격적으로도 현존하심을 가리킨다. 그분은 우리 안에만이 아니라, 우리와 함께 계신다.[52] 이미 토마스 아퀴나스는 이 같은 "거주"에 대해 인격적인 차원에서 알아보고, 특히 상호 교류적인 인식과 사랑의 모습을 따라 설명했다. 하느님께서는 인간 안에 현존하시는데, 그것은 마치 인식(행위) 중에 함께 인식하는 분으로, 또 사랑(행위) 중에 함께 사랑하는 분으로 존재하신다.[53] 이 같은 '함께하심'은 사람들로 하여금 "하느님의 본성에 참여하게"(2베드 1,4) 하셨음을 뜻한다. 이는 곧 인간의 "신격화 혹은 신적

---

52. 참고 Congar, *Der Heilige Geist* 229.
53. *S. th.* I, q.43, a.3.

품위로의 격상"을 뜻한다. 이 같은 사상은 물론 하느님의 초월성을 무시하지 않은 채 무엇보다도 신비신학의 전통 안에 확고하게 자리를 잡았다. 신학은 하느님께서 외적으로 활동하시는 그 행위가 세 위격(성부와 성자와 성령)의 공동 작품이라는 점을 확신해 왔고, 여전히 확신한다. 그렇지만 중세 이후로 신학은, 삼위일체의 하느님에 관해 본래적으로 언표 될 수 있는 확실한 속성들 및 활동들 ─ 이른바 '하느님', '진리', '정의'와 같은 초-실체적 빈사들 ─ 이 이들 세 위격 가운데 어느 한 분에게도 고스란히 적용된다는 관점을 통상적으로 지녀왔다. 왜냐하면 그런 것들이 삼위일체 하느님 가운데 어느 위격에게든 해당된다고 보았기 때문이다. 이는 개념의 특별한 활용을 의미한다.

2) 성령의 궁전으로서의 신앙인[54]

하느님께서 인간 안에 거처를 삼으신다는 것은 앞서 말한 대로 삼위일체 하느님 세 위격의 작품이다. 그럼에도 성령의 위격성은 곧 성부와 성자의 결합에 기초하기 때문에, 성령은 성부와 성자 사이에 사랑의 "친교"요, 서로 간의 "매듭"이란 점에서, 사람들은 성령에게 인간 안에 거주하시는 하느님의 모습을 "특별하게 적용시켜" 말할 수 있다. 성령은 신앙인들의 마음속에 부어진 하느님의 사랑을 대변한다. 이에 대해서는 누구보다도 신학자 쉐벤(M. J. Scheeben, 1835-1888)에게서 찾아 볼 수 있는 주제였는데, 그는 이 대목을 신학적으로 증명하려고 남달리 애를 썼다. 그러나 오직 성령에게만 인간 안에 거주하시는 하느님의 모습을 "적용"시킬 수 있는 자료가 너무 적었다. 그래서 그는 차라리 "특

---

54. 이 주제에 대해 신학의 역사를 따라 주안점을 취급한 이가 Congar다. 그의 책 *Der Heilige Geist*, 230ff.

별하게 적용시키지 않는 거주" 개념(곧 "특별한 의미의 바-거주 개념" [*inhabitatio propria*])을 생각해 냈다. 그래서 삼위의 위격이 공동으로 구원 역사를 이루신다는 표현이 더 지당하며, 그로써 하느님과 인간 사이의 관계가 형성된다고 보아야 할 것이니, 삼위의 하느님 안에서 성령에 의해 마련된 관계라고 언명하는 것이 보다 바람직하다고 보았다.55 이 논리를 수용해 계속 발전시킨 이로는 좀 더 이른 시기의 본(Bonn) 대학 교의신학자 브로이닝(W. Breuning)을 생각할 수 있는데, 그는 매우 납득할 만한 입장을 대표한다. 다시 말해 그에 따르면, 성령의 거주는 하느님의 다른 두 위격의 거주와 분리되지 않음에도, 성령의 위격에게 속하는 것이라고 말할 수 있다.56 선물로 내어 주시는 당신 자신을 통해서만이 하느님께서는 당신을 완전히 열어 보이실 수 있다. 이때 '선물'은 성령을 뜻한다. 그분의 "고유한 위상"은 성부와 성자의 중간이다. 성령에게서 성부와 성자의 주고받으심이 정점을 이룬다. "내재적인" 삼위일체의 신비를 겨냥한 이 같은 언표는 구원사적인 신앙고백과 일치할 수 있다. 곧 성부께서 성자의 성령을 우리에게 선사하셨고, 그로써 우리는 성자와 함께 그분의 아버지를 우리의 아버지로 모실 수 있게 되었다는 것이다. 동시에 우리 안에 세 위격의 거주를 고백하면서도 또한

---

55. 그와 같은 노력은 H. Schauf(1920-1988)에게로 이어졌다. 특히 그가 W. Breuning 과 K.-H. Minz에게 헌정한 논문이 참조할 만하다. H. Hammans u.a. (Hrsg,), *Geist und Kirche*. Studien zur Theologie im Umfeld aus beiden Vatikanischen Konzilien, Paderborn u.a. 1991. 이에 대해서는 "인간 안에 거주하시는 하느님" 문제 영역에 관심을 기울인 신학자 칼 라너를 새겨 볼 수 있다. 그의 Zur scholastischen Begrifflichkeit der ungeschaffenen Gnade, in: Rahner, *Schriften* I, 347-378.
56. W. Breuning, Trinitarische Theologie als Quelle einer Erneuerung des Glaubens. Zum Beitrag Heribert Schaufs für die Lehre von der Einwohnung des Heiligen Geist, in: *GS Schauf*, 167-179.

위격적인 특징을 따라 이렇게 고백할 수 있다. 하느님께서는 아버지로서 아들과 함께 성령을 통해 활동하신다. 성령의 선물로 말미암아 비로소 인간에게도 하느님의 영원한 생명에 동참할 수 있는 가능성이 주어졌다.

종교교육학자 파울(E. Paul)은 이에 대한 올바른 시각을 제시하고, 성령의 거주에 대한 가르침이 "신앙의 절정"으로 이해될 수 있다고 했다. "성부께서는 성자를 이 세상에 보내셨고, 이 세상에 파견된 그리스도는 성부의 영원한 생명을 선포하셨으며 성령을 통해 영위하신다. 나아가 우리 인간에게도 그 생명을 전해 주셨으니 성령이 우리 안에 머무르기 위해 다가온다면, 우리도 언제든 성부의 영원한 생명, 곧 우리가 유래했던 생명과 다시 결합함으로써 영원한 삶을 영위하게 될 것이다."[57]

3) 성령 체험

신학은 우리의 실재성에 대해, 곧 인간에 대해, 사회에 대해, 역사에 대해, 나아가 인간이 경험하는 그 모든 것들에 대해 질문을 던진다. 만일 사람들이 신학은 실재성에 대해 묻는 것이라 정의한다면, 아무튼 '인간이 그의 곁에 "꾸준히 있어 왔고" 또 지금 "마주하는" 그 모든 것'을 염두에 두어야 할 것이다(다만 그로 인해 일어날 수 있는 이른바 주체-객체-단절성을 문제 삼지 않는 차원에서 말이다). 이때의 실재성은 "저마다의 인간이 실재적인 것으로 경험하면서 그 누구로부터도 그러한 실재 경험을 의심받지 않는"[58] 그런 모든 것을 포괄한다. 물론 모든 학문들이

---

57. E. Paul, Theologie und Verkündigung am Beispiel der inhabitatio-Lehre, in: *GS Schauf*, 201-211.
58. G, Ebeling, Theologie und Wirklichkeit, in: ders., *Wort und Glaube* I, Tübingen ³1967, 192-202(인용은 199). 전체적인 개요에 관해서는 H. Wagner, Theologie

저마다 나름대로 실재성과 함께 궁리한다. 그러나 신학은 "하느님에 관한 진술"에 관심을 기울이는 만큼, 신학이 포괄하는 단일성의 측면에서 그 실재성에 대해, 곧 "모든 것을 규정하는 실재성" 자체이신 하느님을 통해 신학이 규정하는 측면에서 신학이 도출해 낸 것에 대해 거론한다. 이때 아주 분명히 개인적인 통찰과 존재론적인 통찰 사이의 간격을 폐지시켜야 하는 것이 관건이다. 왜냐하면 당장 "모든 것을 규정하는 실재성"이 모든 인간들을 저마다 규정할 것이니 신학에 종사하는 신학자 역시 규정할 것이기 때문이다. 나아가 그와 함께 우리가 칸트 이래로 잘 숙지하듯이, 그 실재성(절대자)의 주체화(Subjektivierung)에 관해서도 언급해야 한다. 그 실재성과 마주해 그분을 지각하는 일은 여전히 인간의 자기 주체성이 내면화되는 과정과 결합해 있다.[59]

실재성과의 만남에 있어서 가장 근원적이고 친밀한 양식(*modus*)은 '체험'이다. 체험은 개별적이고 독자적이다. 그래서 그것은 인간에게 자명한 것이 된다. 체험은 개별적으로 이루어지며, 구체적이고도 독자적으로 형성된다. 체험된 것은 맨 처음 체험한 사람에게만이 타당한 것으로 증명되지만, 그 체험을 전달받은 자에게는 똑같은 방식으로 타당한 것은 아니다. 후자의 경우는 여러 가지 체험들을 통해 그것을 체험한다. 다시 말해 어떤 다른 체험들로부터 축적된 실재성에 대한 지각과 그것을 연계시켜 알아들으려 한다. 한편 그는 그처럼 다른 체험을 받아들여야 하기 때문에 체험은 수용적인 어떤 것이다. 또 다른 한편 그는 체험을 자신의 축적된 전체 체험 및 체험 가능한 것들과 연계시켜야 한다.

---

und Wirklichkeitserfahrung, in: *ThQ* 157 (1977), 255-264.
59. 이 같은 사태를 취급한 고전적인 사례는 R. Bultmann, Welchen Sinn hat es, von Gott zu reden? (1925), in: ders., *Glauben und Verstehen* I, Tübingen ⁹1993, 26-37.

그 때문에 체험은 또한 적극적인 어떤 것이다. 체험은 부닥침과 암시, 만남과 자극이다.

체험 개념을 활용하는 신학은 결국 하느님께서 체험의 단일성을 보장하고 또 그 근거를 원천적으로 제공하는 실재성 중심에 현존하신 다는 사실에서 출발한다. 이를 신학적으로 하나씩 분절(分節)시켜 설명하는 일은 '하느님께서 만물들 안에서 체험될 수 있다.'는 로욜라의 이 그나티우스의 확신에서 마련된 확대경을 착용하는 것과도 같다. 몰트만과 함께 이렇게 말할 수 있다. 이 같은 사실은 만물들 안에 내재하는 초월성의 수용을 전제한다. "하느님 체험은 … 누구나 자신의 '일상적 경험에서, 일상적 경험과 함께, 일상적 경험 아래에서' 가능하다. 하느님께서 만물 안에 계시고 만물 또한 하느님 안에 존재하기에 그러하다"60(내재하는 초월성). 이는 결과적으로 창조 신앙의 또 다른 표현이다. 창조되었다는 것은 이 세상에 (그리고 인간에게) 추가된 어떤 정보가 아니다. 그것은 인간-존재 및 세상-존재 '안에, 함께 그리고 그 아래에' 주어진 것이다. 우리가 살고 있는 이 세상은 ― 칼 라너가 말한 것처럼 ― 하느님에 의해서만 그(세상)의 가장 심오한 내면 중심으로부터 이미 그리고 언제든 이끌어지고 펼쳐진다.61

이는 창조신학에서 자연(Natur)과 은총(Gnade) 사이의 전통적인 간격이 문제되지 않았음을 함의한다. 그러나 미리 말하지만, 만일 성령이 이 세상의 창조물을 만드시고 내면으로부터 완성을 이끄시는 하느님이라고 한다면, 성령 체험은 이미 창조물에 대한 경험에서, 함께 그리고

---

60. J. Moltmann, *Der Geist des Lebens*, 48.
61. 참고 K. Rahner, Erfahrung des Heiligen Geistes, in: Rahner, *Schriften* XIII, 226-251. 나아가 Art. "Transzendent" (H. Wagner), in: *WdC*, 1273f.

그 아래에서(곧 자기-경험, 너-경험, 공동체-경험 및 대자연-경험에서, 함께 그리고 그 아래에서) 가능하다. 신학의 과제는 그러한 성령 체험을 현상학적으로 혹은 귀납적인 방식으로 밝히고 해석하는 것이라고 여겨진다. 그러므로 창조된 세상에 대해서, 나아가 그런 세상에서 생명에 대한 경험을 얼마만큼 포괄적으로 혹은 도대체 그런 경험 자체가 성령 체험으로 해석될 수 있는지의 문제를 다루어야 할 것 같다. 창조하는 영은 살아있는 존재들의 초월적인 측면을 가리킨다. 최근 철학계에서 누구보다도 하이데거(M. Heidegger)가 이 같은 사실을 어느 정도 준비시켜 주었다. 왜냐하면 그는 "현-존재"(=인간)가 '미래를 향해 열려 있음'을 함의한다고 해석하고, 그렇듯 자신의 가려진 부분에서 인간적이지 않은 모습도 (물론 하느님도) 드러날 수 있다고 풀이하고 있기 때문이다.

어떤 면에서는 인간이 모든 창조물의 "정점"(Krone)에 위치하기 때문에, 인간의 자기-경험은 곧 생명-경험이요, (과연 저 근대가 이루어 놓은 인간의 주체 의식이 말해 주듯) 사유와 미래에 대한 경험이며, 무엇보다도 하느님 및 성령 체험을 함의한다. 인간은 개인으로 살지 않고, 항상 공동체 안에서 함께 살아간다. 그런 점에서 집단적인 경험 역시 성령 체험의 차원으로 해석될 수 있는지 나란히 고려될 필요가 있다. 개별적인 측면은 이미 시편 51장에서 확신하는 바와 다르지 않을 것이다. "하느님, 깨끗한 마음을 제게 만들어 주시고, 굳건한 영을 제 안에 새롭게 하소서. 당신 면전에서 저를 내치지 마시고, 당신의 거룩한 영을 제게서 거두지 마소서." 하지만 그와 동시에 공동체적인 측면, 곧 집단적인 경험도 유효하다. 일찍이 하느님께서 이스라엘 백성과 계약을 맺으시며 말씀하셨던 것처럼, 하느님의 영은 당신 백성들 한가운데에 머무르신다.

이러한 성경의 증언에 따르면 역사적 경험이 공개적인 차원에서 하나의 특별한 의미를 우선적으로 갖는다. 삶을 회복하는 해방의 의미는 무엇보다도 구체적으로 이집트의 탈출 사건의 경험에서 비롯한다. 하느님 체험은 그런 점에서 해방 체험이다. 이런 모범적인 형식에 기초해 뭇 인간의 탈출 역사, 해방의 역사 및 자유의 역사가 본래적으로 성령을 체험하는 장소가 된다. "주님은 영이십니다. 그리고 주님의 영이 계신 곳에는 자유가 있습니다"(2코린 3,17).

여기서 교회가 "영의 성사"(Sakrament des Geistes)로 이해되는 한에서 교회의 경험을 생각할 수 있다. 켈(Medard Kehl)은, 이미 수년 전에 교회가 모든 제도적인 요소들을 갖추기 이전의 차원에서 신앙의 "구체적인 자유"로 이해될 수 있다고 주지시킨 바 있다. 그에 의하면 교회는 열려진 공간으로, 개인의 신앙과 공동체의 신앙 사이에 차별과 긴장이 여전히 해소되지 않은 장소이며, 카리스마와 제도가 공존하는 장소로서 꾸준히 친교를 필요로 한다. 그러므로 교회는 자유롭게 해 주며 구체화시켜 주는 성령의 능력에 의지해서만 살아가는 존재다.[62]

그리스도교는 우리가 이른바 계시라고 일컫는 바로 그것에 힘입어 살아간다. 또한 그것은 오늘날 우리가 경험하는 바로서 최초의 증인들이 몸소 체험한 것들로부터 얻은 것이기도 하다. 신학은 한 분이신 하느님에 대해서, 이 세상에, 인간 안에, 그리고 인간의 역사 안에, 나아가 여러 인간들의 역사 안에 현존하시는 하느님에 대해서 말한다. 신학은 그런 하느님께서 역사 안에 완전히 몰두하신다는 사실에 대해서도 알고 있다. 그리스도교 신학은 항상 나자렛 예수의 하느님 체험으로 소

---

62. M. Kehl, Kirche-Sakrament des Geistes, in: Kasper, *Gegenwart des Geistes*, 155-180, bes. 172ff.

급한다. 왜냐하면 그리스도교 신학은 하느님 체험을 꾸준히 사태적으로도, 그리고 확실한 경험 범주 안에서 용어상으로도 예수 그리스도를 거쳐서만 확보하기 때문이다. 예수 그리스도는 고립된 의미에서 관찰되지 않고, 하느님의 백성이 살아온 역사 속에서 함께 고려된다. 곧 하느님 백성의 경험들, 희망들 그리고 약속들과 함께 고려된다. 신학적 관점에서 성령론은 그 같이 관찰하고 숙고한 것들을 개념들로 표현한다. 성령론은 통찰과 반성이라는 사실을, 곧 항상 사유하고 개념적으로 작업하는 일이 경험 자체는 아니라는 사실을 언제든 잊지 말아야 한다. 이 모든 사실들을 주지하는 한, 사람들은 '신학적 관점에서의 성령론'이 걸어가는 길을 합법적으로 알아들을 수 있다. 성령론은 하느님의 능력에 대한 초기 신앙인들의 경험들로부터 출발한다. 일찍이 구약성경에서 증명하는 그런 경험들, 그래서 당시 백성들이 전하는 계약들 속에 글로 표현된 경험들을 바탕으로 삼는다. 이 성령론은 그런 경험들을 나자렛 예수의 역사와 결합시키고, 성령의 현존에 대한 진술들과도 연결시키며, 나아가 예수를 믿었던 사람들에게 부여졌던 성령에 관한 진술들과 연결시켜 설명하고자 한다. 물론 신약성경이 전하는 각 개별적인 통찰 단계들이 저마다 크게 주목받을 만하다는 것은 자명하다. 그와 마찬가지로 교의의 역사 및 신학의 역사가 흘러가는 과정 안에서 점차 하느님의 영이 누구신지 의식해 가는 과정도 중요하다. 사람들은 성령 체험의 다채로운 단계들을 두루두루 살펴야 한다. 인간 각자 안에 깃든 성령(개별적인 성령 체험), 인간 공동체 안에서 경험되는 성령('성령의 거주'를 비롯한 다양한 카리스마의 경험들), 이 세상 및 역사 안에서 활동하는 성령, 코스모스 안에 살아 있는 성령, 나아가 코스모스의 완성을 주도하는 성령에 대해 폭넓게 살펴야 한다.

여기서 요약하는 방식은 일찍이 힐베라트(Bernd Jochen Hilberath)의 성령론에서도 어느 정도 활용된 방식이다. 그는 이렇게 요약한다. "영이 무엇인지는 단지 용어의 통계 수치로 측정해 내거나 앞서 짐작한 어떤 개념에서 파생될 수 없다. 하느님의 영이 무엇인지는 구체적인 성령 체험과 별도로 이루어지거나 체험에 앞서 미리 어떤 것으로 규정될 수 없다. 그런 점에서 체험적인, 다시 말해 구체적인 시공간 안에서의 체험들을 토대로 성령이 무엇인지 차츰 파악해 낼 수 있기를 추천한다. 현재 성령론은 우리에게 어떻게 비쳐지는가? 이 성령론이 '전통'에 따라 성령에 관한 진술에 익숙한 사람들에게는 어떤 의미를 띠는가? 또 그와 같은 성령에 대한 신앙고백이 '오늘날 경험 및 이해 지평의 맥락에' 익숙해진 정신 개념과 함께 다양한 용어로 소개되고 있는 성령의 활동과 어떻게 부합할까?[63]

옛 신학적 통찰에 따른 확신 가운데 하나는, 무엇보다도 하느님께서 인간에게 허락하신 인간의 기본 행위들이 존재하고 또 그런 기본 행위들을 통해서 자신의 삶을 영위하는 인간을 당신 자신과 결합시키신다는 점이다. 그러므로 기본 행위들이 중요한 것이지, 개별적인 혹은 특별한 활동이 중요한 것은 아니다. 이러한 기본 행위들을 오랜 전통은, 우리에게 다소 오해를 불러일으킬 수 있겠지만, 미덕(美德)이라고 부른다. 그러한 기본 행위들, 곧 미덕들은 하느님으로부터 보장되기 때문에, 그리고 인간으로 하여금 하느님과의 직접적인 소통 및 결합을 실현시켜 주기 때문에, 이러한 기본 행위들을 달리 신학적 미덕으로서 '신앙, 희망, 사랑'이라고도 부른다. 만일 하느님께서 인간 곁에서 활동하신다

---

63. *Pneumatologie*, Düsseldorf 1994, 15.

면, 항상 하느님의 활동에 대해서 우리가 언급할 수 있기 때문에, 사람들은 신앙, 희망, 사랑을 가리켜 인간들 곁에서 성령이 베푸는 기초적인 은사라고 이해할 수 있다. 그러한 은사의 근본 구조는 이미 2코린 3,17에 따르면 '자유'와 결합된다. 그러므로 이 은사의 기본 구조를 자유의 측면에서 접근할 필요가 있다. 신앙은 무엇이며, 나아가 무엇이 신앙을 자유와 한데 묶어 줄까?

하느님께 대한 신뢰를 통해 인간은 자신을 자유롭게 해 주시는 하느님의 능력을 경험한다. "믿는 이에게는 모든 것이 가능하다"(마르 9,23). 그렇게 믿는 자는 "가능성의 인간"(몰트만)[64]이 된다. 신앙이란 지나간 것, 굳어져 버린 것의 한계를 허물어 버리는 것이요, 하느님을 그 모든 창조적 가능성의 주인으로 받아들이는 것이며, 그분의 무한하신 능력을 향해 마음을 여는 것이요, 그분 앞에서 기꺼이 "새로운 피조물"이 되는 것이다. 신앙은 인간의 종말론적인 실존과 직결된다. 현실적인 상황의 긴요로 인해서가 아니라 자연스럽게 마련된 종말론적인 자신에 대한 특별한 표지다. 이는 2코린 5,17이 가르치는 바와 같다. "그래서 누구든지 그리스도 안에 있으면 그는 새로운 피조물입니다. 옛것은 지나갔습니다. 보십시오, 새것이 되었습니다."

신앙의 첫 모범은 아브라함(창세 12-13장)으로서 그는 혈연관계에서 이탈했으며, 나아가 인간적인 그 모든 이해타산을 뿌리치고 전혀 낯선 땅으로 발길을 옮길 만큼 하느님의 실재성에만 자신을 오롯이 내맡겼다. 그로써 한편 그는 인간이 제 힘만으로 궁리한 그 모든 보호막에서 자유로웠으며, 그런 보호막으로부터 어떤 도움도 기대하지 않을 수

---

64. Moltmann, *Der Geist des Lebens*, 128.

있게 되었다. 그렇게 아브라함은 참된 자유를 얻게 되었다. 이에 공의회 문헌(*DV* I, 5)을 기억할 필요가 있다. 믿음으로 "인간은 … 하느님께서 주신 계시에 자발적으로 동의함으로써 자기를 온전히 그분께 자유로 맡기는 것이다."[65] 몰트만과 함께 또 한 번 이에 대해 생각해 볼 수 있다. "그리스도교의 신앙에 있어서 참된 자유는 … 우주적 혹은 세계사적인 필연성을 내다보면서 마련되는 것이 아니요, 인간 자신을 위한 자율적인 행동이나 자신의 고유성을 확보하기 위해 전제되는 것도 아니라, 생명의 신적인 능력에 사로잡히고 또 참여함으로써 얻어지는 것을 가리킨다."[66] 1코린 13장은 인간에게 주어진 하느님의 큰 은총을 단적으로 '사랑'이라고 가르친다. 사랑 없이는 도대체 신앙은 존재하지 않는다("*fides caritate formata*"). 사랑은 자유와 아주 단단히 결합한다. 만일 내가 임의로 다른 사람과의 연대성을 생각해 내 자신을 내어 주지만, 그런 내가 다른 사람에 의해 받아들여진다면, 나는 자유로운 것이다(1코린 13장). 그리하여 인간은 온갖 강요들로부터 자유롭기 위해서 그가 하고자 하는 것만을 행하되, 또한 나를 위해 다른 사람이 자유로이 결단 내리는 것에 오롯이 내맡겨야 한다.

희망은 우리가 미래를 개진하기 위해 취하는 기본 행위다. 몰트만은 희망을 가리켜 "가능한 것을 위한 창조적인 시련"이라고 표현한다.[67] 내가 희망하는 자라면, 나는 그 어떤 이해타산에도 얽매이지 않는다. 오히려 창조적인 시련에 몸을 사리지 않고 그 모든 이해타산을 뛰어넘어서 하느님께서 친히 이 세상을 완성하실 것이요, 우리는 다만

---

65. 참고, "Glaube/Glaubensgewißheit" (H. Wagner), in: Chr. Schütz(Hrsg.), *Prakt. Lexikon der Spiritualität*, Freiburg I. Br. 1988, 523-527.
66. Moltmann, *Der Geist des Lebens*, 128.
67. *Ibid.*, 132.

그분의 도구라는 일념으로만 매진할 것이다.

그리스도교의 희망은 언제 어느 때나 하느님께서 새로운 정신을, 곧 그분의 영을 보내 주신다는 것을 의심하지 않는다(에제 36장 참조). 새로운 창조는 그리스도교 안에서 주님께서 죽은 이들로부터 부활하셨다는 믿음에서 출발해, 주님의 부활을 통해서 죽음마저 근본적으로 극복할 수 있다는 확신에까지 이어진다. 그리스도의 부활로 새로운 창조가 이미 시작된 것이다. 이 새로운 창조는 성령의 작품이다.[68]

5. 인격 혹은 위격 개념과 성령과의 관계

서양 사회에서 인격 개념은 바로 삼위일체론의 맥락에서 발전된 것으로 익히 알려져 있다. 그 배경으로는 사벨리우스(Sabellius, †217)와의 논생을 떠올릴 수 있다. 그는 성부와 성자와 성령의 모습이 그저 하느님의 가현적(假現的) 형상일 뿐이라고 주장했다. 그는 유일하신 하느님께서 마치 배우들처럼, 여러 개의 "가면들", 그리스어로 πρόσωπα[프로소파(복수형)]를 착용해 구원 역사에 임하셨다고 역설했다. 이에 대해 교회는 그 당시 이 그리스어(πρόσωπον[프로소폰])를 '자립적인 존재들', '실체들', '자립체들'(ὑπόστασις⇒*persona*)로 바꿔 반박했다. 그런가 하면

---

[68] 성령을 통한 이 세상의 "새로운 창조(Neuschöpfung)"는 이미 Welker에 의해서 폭넓게 고찰되었다(*Gottes Geist*). 좀 더 세련되고 무게 있는 통찰로서는 H. Vorgrimler, Siehe, ich mache alles neu. Die Hoffnungslosigkeit der Welt und die Wandlungskraft des Geistes, in: Tisa von der Schulenburg(Hrsg.), *Wer wird das Antlitz der Erde erneuern?* Spuren des Geistes in unserer Zeit, Freiburg I. Br. 1983, 179-188.

이러한 발전 과정 중에 보에티우스(Boethius, †524)의 인격(人格)에 관한 정의가 크나큰 역할을 했다("*persona est naturae rationalis individua substantia*"[=인격은 이성적 본성을 가진 개별적 실체다]). 또 다른 한편 아마도 다마스쿠스의 요한(Johannes Damascenus, †749)도 영향을 미쳤던 것으로 보인다. 요한은 후기의 교부로서 "인격 혹은 위격" 개념과 "자립체" 개념을 동일한 것으로 이해하는 작업에 결정적으로 기여했다. 하느님의 두 번째 위격, 곧 로고스를 나자렛 예수의 역사 안에서 만나는 까닭에, 위격이란 개념은 유비적으로 인간에게도 적용될 수 있었다. 왜냐하면 하느님의 창조물은 더욱이 하느님의 "모상 및 닮은 꼴"의 의미로서도 손색이 없어 보이기 때문이다.

인격 개념의 활용에 있어서 중요하게 여겨지는 수많은 변형적인 용례와 더불어 뒤얽힌 철학적·신학적 과정을 거치면서 변화를 거듭했다. 무엇보다도 교부 시대가 끝나면서 당장 다음과 같은 정의(定義)가 고개를 들었다. 하느님 안에서 세 위격들은 단지 저마다의 "고유성" 혹은 "관계성"에 따라서만이 아니라 의당 자립적이다. 그래서 하느님의 유일성을 조금도 손상하는 일 없이 성부는 성자가 아니요, 성자는 성령이 아니라는 등의 표현이 가능했다. 이러한 문제를 보다 더 명쾌하게 밝혀 주기 위해서 점차 아리스토텔레스주의·토마스주의의 '존재'(*ens*와 *esse*) 개념이 기초적으로 활용되었다. 이 '존재' 개념은 하느님과 인간에게 공통적으로 적용시킬 수 있는 특별한 개념으로서 유비론(類比論)의 확립에도 기여하는 바가 컸다. 이 개념을 적용할 시에는 다음과 같은 사실이 분명하게 언표 될 수 있어야 한다. '성부는 하느님이시며 동시에 하느님 안에 첫 번째 위격이시요, 성자는 하느님이시며 동시에 하느님 안에 두 번째 위격이시요, 성령은 하느님이시며 동시에 하느님 안에 세 번째 위격이시다.' 그러면 어떻게 이 세 위격들을 존재-개념을 통해 단일하게 실재하는 실체로 파악하면서, 동시에 서로 간에 구별되는 실체로 설명할 수 있을지 하는 과제가 계속 남게 되었다. 이에 근대에 이르러 새롭게 시도된 인격 이해가 추가적으로 고려되었으니, 그 이해는 자기체험, 의식, 앎, 자아-개념 등과 같이 이미 주어진 것들에 기초해 시도된 이해를 가리킨다.

전통적인 의미의 인격 이해와 근대에 새롭게 시작된 인간학을 서로 연결해 보려는 시도들이 있었다. 거의 모든 그런 시도들은 "인격"에 대한 이해를 실체 개념과의 관련성보다는 오히려 의사소통의 관점에서 접근하려고 했다. 기억할 만한 경우로서 요한 아우어(Johann Auer)의 시도를 들 수 있다. 그는 실존철학의 전통 안에서 '인격' 개념을 실체, 실존, 소통의 관점에서 이해했다.[69] 실체 개념은 인간 존재의 심연 깊숙이 자리하면서 인간의 정신적-육체적 모습을 떠받치고 있다. 이때 한 인간 존재의 심연은 육체성 및 세계성 안에 드러나지만, '너'(Du)와의 만남을 통해 보다 확고하게 전개된다. 다시 말해서, 실체는 인격적-존재적으로 앞서 주어졌고, 실존은 그렇게 앞서 주어진 실체의 범주 안에서 자신과 동격인 자유를 실현하며, 소통은 그렇듯 타자를 기꺼이 수용하는 가운데 인간이 자신을 실현하는 통로로 이해된다. 여기서 인격은 일종의 존재 양식으로 풀이되었다. 개별적 상황에 따라 저마다 마주하는 다양한 실재성에 그때마다 스스로 적응해 가는 변용 형식으로서 인격이 고려된 셈이다. "하느님에게 덧붙이는 실체 개념은 순수한 영적 존재의 입장에서 창조되지 않은 필연적 존재라는 가장 탁월한 의미의

---

69. J. Auer, *Gott - Der Eine und Dreieine* (*KKD* II), Regensburg 1978 (bes. 332ff,).

위격성을 내포한다. 그것은 물론 필연적인 자유 혹은 자유로운 필연성과 직결된다. … 비록 하느님의 세 위격이 하느님의 하나뿐인 본성, 곧 신성으로는 동일성을 절대적으로 누리신다고 하더라도, 그 개별적인 위격의 실체는 여전히 우리에게 그저 '상대적인' 실체로 여겨질 수 있다(*in Deo idem ens und essentia* - Augustinus, *trin.* VII c. 5, in: *PL* 42, 942)."[70] 결국 하느님께 적용한 실존(개념)은 '살아계신 하느님'을 가리킨다. 그분은 단지 구원사적으로 계시하실 뿐만 아니라, 구원경륜의 과정(낳음과 숨을 내심)에도 기꺼이 동참하신다. 소통은 이때 하느님에게서 "세 위격들의 관계를, 그러니까 서로에게, 서로로부터, 서로 함께 하나의 신적인 삶을 원활하게 유지시키는 방식으로" 이해된다.[71]

오늘날의 신학적 논의

최근에는 비로소 피조물 안에서 이루어지는 하느님의 활동이 최대한 함축적인 의미를 따라 고려된다. 성령은 그런 피조물의 자기유지와 보존, 나아가 자기실현과 관련하여 어떤 역할을 수행할까? 성령은 구체적으로 교회 안에서 어떻게 작용할까? 특히 교회 안에서 그분의 특별한 은사 및 예언적인 능력과 관련하여 어떻게 작용할까? 그리스도교 외의 다른 종교들 안에서 성령의 작용은 보다 더 정확히 무엇이라고 정의할 수 있을까? 더 나아가 사람들이 성령을 가리켜 "하느님" 혹은 하느님의 한 "위격"이라고 말한다면, 그것은 정확히 어떤 의미일까? 총

---

70. *Ibid.*, 340.
71. *Ibid.*, 342.

체적으로 볼 때 하느님의 세 위격과 연관된 문제점들은 오늘날 계속 발전해 나가는 신학적 반성과 작업 안에서 매우 중요하고 긴장감 넘치는 사안이다.

"성령론"에 관한 기본적 참고 문헌

Congar, Yves, *Der Heilige Geist*, Freiburg-Basel-Wien ²1986.

Hiberath, Bernd Jochen, *Pneumatologie*, Düsseldorf 1994.

Moltmann, Jürgen, *Der Geist des Lebens*. Eine ganzheitliche Pneumatologie, München 1991.

Schütz, Christian, *Einführung in die Pneumatoloie*, Darmstadt 1985.

Welker, Michael, *Gottes Geist*. Theologie des Heiligen Geistes, Neukirchen/Vluyn 1992.

3 | 예수 그리스도 - 인간이 되신 친교

그리스도교는 그 명칭을 예수 그리스도에게서 얻었다. 이는 곧 나자렛 예수의 역사적인 모습에서 그를 추종하던 이들이 메시아 혹은 구세주라는 의미의 '그리스도'를 인식하고 믿음으로 고백하였음을 뜻한다. 그리스도교는 더 달리 생각할 것 없이 결코 역사적인 우연성에 기초한 종교가 아니다. 한편 루터-복음교회는 분명 자신들의 명칭에다 루터 이름을 넣었지만, 이는 다만 실상 그들만의 특별한 신심을 드러낸 것에 지나지 않는다. 설령 그리스도교가 예수 그리스도를 따라 그렇게 불린다 하더라도, 사실상 예수 그리스도는 그리스도교 신앙을 배타적으로 드러내는 중심에 위치한다. 그리스도를 믿는 모든 신앙공동체가 "교회"라는 명칭을 사용하지는 않지만, 어떻든 간에 그로써 예수 그리스도는 각 신앙인에게 순간순간이 의미심장하다고 하나같이 고백한다. 게다가 예수 그리스도가 일반적인 의미에서 오늘날까지 현존하고 또 최소한 서양 문화를 지배해 왔고, 나아가 다양한 관점에서 오늘날까지 깊은 인상을 심어 주었으니, 서양 문화는 그리스도교에 본질적으로 빚을 졌다고 말할 수 있다. 오늘날 다소 모호해지기는 했지만 그럼에도 특별한 사례로서 예수 그리스도의 탄생을 축하하는 성탄절이 전 세계적으로 확대된 축제가 되었다는 점을 예로 들 수 있다. 이러한 상황에서 현대인들 가운데 적지 않은 이들이 다음과 같은 물음에 관심을 갖는 것도 이상하게 들리지는 않는다. 약 2000년 전에 살았던 그 누군가가 어찌 오늘날 인간들의 삶에 실존적인 의미를 띨 수 있는 것일까? 또 하느님께서 존재하신다면, 과연 그분께서는 당신 자신을 세상에 드러내시기 위해 어찌하여 실제 나자렛 예수와 예외적으로 결합하셨던 것일까?

1. 오늘날 그리스도론의 위상

1) 일반적인 상황

프로테스탄트 신학자 리츨(Albert Ritschl)는 예수 그리스도의 인식과 관련하여 약 100년 전에 다음과 같이 명문화시킨 바 있다. "사람들은 오로지 그리스도를 상대하는 신앙공동체의 신앙을 통해서만 그(=그리스도)의 역사적 실재성의 완전한 모습에 도달할 수 있다."[1] 일반적으로 사람들은 이 의견에 동의하지만, 이 언표는 오해되어서는 안 된다. 상기 언표는, 그래서 사람들이 오직 배타적으로 오늘날의 신앙 및 교회가 선포하는 바로 그것에만 머물러 있어야 한다는 것을 뜻하지는 않는다. 오히려 그것은 "케리그마"와 그 결과로 초래된 신앙과 더불어 보충되어야 한다. 오늘날 그리스도교 신앙은 곧장 역사적인 그리스도의 사건으로 되돌아가 그와 결합하는 일 또한 필요하다. 그러나 이 같이 되돌아가 결합하는 일은 다만 예수 그리스도가 오늘날에도 여전히 살아

---

1. A. Ritschl, *Die christliche Lehre von Rechtfertigung und Versöhnung III*, Bonn ²1883, 3.

계신 분임을 확신할 때만이 본래적으로 의미를 갖는다.

뮌헨의 교의신학자인 게르하르트 루트비히 뮐러(Gerhard Ludwig Müller)는 이렇게 요약한 적이 있다. "그리스도론을 방법적·학문적인 체계로 다듬어 내는 데 어려움이 없다고 하더라도, 처음부터 일종의 단단한 교리 체계로, 곧 그 어떤 분명한 통찰 개념 혹은 윤리 개념으로 파악할 수 있는 것은 아니다. 만일 그렇지 않다면 그리스도론은 오직 순수 객관적 사태에 기대어 그것이 내적으로 풍기는 분위기에 기초해 관찰되든가 아니면 아예 인격적인 차원과는 거리가 먼 — 중립적으로 실재성을 파악하는 그런 무덤덤한 — 시각으로 검증될 수밖에 없을 것이다."[2] 물론 그리스도론에서 철학적, 역사적, 심리학적 착안점들이 고려될 것이요, 그래서 엄격한 의미에서 신학적·체계적(분석적·종합적)으로 작업이 이루어질 것이다. 그러나 이성적으로 물음을 제기하는 일은 완전한 인격적 요청과 더불어 개별 인격체와 직결된다. 이 같은 추이는 그리스도론의 경우에도 해당될 것이니, 그리스도론 연구에도 형식적·논리적 이성의 통찰 방식을 활용하는 일이나, 그리스도론 연구를 어떤 불합리한 분위기로 환원시키는 일이 금지되지 않는다. 다만 그리스도교 신학의 중심부에는 정확히 하나의 인격이 큰 비중을 차지한다는 점만은 분명히 말해야 한다. 그 인격은 자신으로부터 유래할 수 없는 역사적인 사건과 정황으로 자신의 말과 행동을 통해 자기 자신을 드러낸다. 예수의 '정체성'(Was-Sein)에 대해 이성적으로 묻는다는 것, 다시 말해 '그는 누구인가?'라는 물음 자체는 이미 인격적인 물음을 내포한다. 그리스도론을 개진하는 바로 그 자리에서부터 인격적인 만남이 시작된다.

---

2. Christologie - die Lehre von Jesus dem Christus, in: W. Beinert(Hrsg.), *Glaubenszugänge* II, Paderborn 1995, 1-297(인용은 14).

제자들의 선포와 증언은 예수를 언제든 하느님 곁에 살아 있는 분으로 고백하며, 이것이 그리스도론의 출발점이다. 그러나 그리스도론은 선포가 아니라 오히려 오늘날 그리스도-신앙을 학문적으로 이해시키고 이성적으로 접근할 수 있도록 도우려는 의도로 다듬어 낸 것이다. 그 때문에 휘너만(Peter Hünermann)은 자신의 그리스도론을 전개할 때 이렇게 말했다. "교의적인 차원의 그리스도론은 그리스도-신앙을 공공연하게 해명하기 위해 그리스도-사건에 대한 개념적 정의와 학문적 이해(*intellectus fidei*)에 매진한다. 그리스도론은 그로 인해, 선포는 물론이거니와 다른 나머지 신학적 가르침들과도 구별된다."[3]

그리스도론은 그리스도 사건에 관해 학문적 이해를 고무시킴으로써 이른바 직접적으로 기대하는 부수적인 결실로서 다른 교의적 부분 영역들이 이루어낼 수 없는 성과를 ― 다른 신학 분야에서는 기대할 수 없는 그런 것을 ― 얻어 낼 수 있어야 한다. 그리스도론은 그리스도교 신앙의 중심으로서 그리스도-사건에 집중해야 한다. 그로써 그 밖의 모든 신학 분야들이 서로 결합하고 하나의 체계를 구성할 수 있도록 도와야 한다. 만일 신학에 어떤 내적인 단일성이 존재한다면, 그것은 그리스도론에서 취해져야 한다. 교의신학을 그런 이유로 '그리스도교 신학의 구조 원리'(Strukturprinzip)라고 말할 수 있다. 모든 신학적 가르침은 저마다의 고유성과 방법적인 독립성을 손상시키지 않으면서도, 궁극적으로는 그리스도-사건에 기초하여 그리고 그리스도-사건이란 목표 아래서 재고되어야 한다. 이는 구약성경 주석학에도, 예를 들어 한 번쯤 (겉보기에 그럴듯한) 어떤 극단적 사례에다 그 사건을 구체적으로 적

---

3. P. Hünermann, *Jesus Christus*. Gottes Wort in der Zeit. Eine systematische Christologie, Münster [2]1997, 15.

용시키기 위해서도 유효한 원칙이다. 그리하여 구약성경 주석학은 예수가 자신의 아버지라고 부르는 그분이 동시에 아브라함과 이사악, 야곱의 하느님이시며 다윗과 이사야의 하느님이요, 나아가 하느님의 계시가 보여 주는 포괄적인 틀이 – 성경이 증언하는 바와 같이 – 곧 이스라엘의 하느님은 '임마누엘'이심을 말할 수 있다. 그리하여 구약의 하느님은 언제나 그렇듯이 인간에게 당신 자신조차 인간의 모습으로 드러내 보이시며, 그렇듯 인간을 위해 기꺼이 거기 계신다는 사실을 알려 주고자 하신다. 이 같은 작업 과정의 정점은 바로 그리스도-사건이다. 그래서 우리는 "그리스도론"을 그리스도-사건에 대해 철두철미 체계적으로 통찰하는 학문이라고 부른다. 물론 거기에는 시간이 경과하면서 오늘날 신앙을 고무시키는 다양한 시도들에 이르기까지 그리스도에 대한 교회의 신앙고백이 보여 주듯이, 일찍이 예수의 제자들이 지닌 그리스도-신앙 안에서 역사적으로 중재된 그리스도-사건이 매우 큰 몫을 차지한다. 이는 특별한 관점에서, 곧 항상 어느 – 그런 만남을 특별히 요구한 – 인격과의 만남이 관건이라는 시각에서 제대로 파악될 수 있다. 동시에 그와 같은 그리스도-신앙이 당연히 오늘날 논란의 여지가 없을 수 없음을, 심지어 그리스도교 안에서조차 논란의 여지가 없을 수 없음을 감추지 말아야 한다.

하이젠베르크(W. Heisenberg)는 일찍이 '우리는 인간이 처음으로 오로지 자기 자신과 마주서는 그런 시대에 살고 있다.'고 말한 적이 있다. 그는 그 같은 표현을 통해서 자연과학이 우리에게 있는 그대로 자연의 모습을 더 이상 보여 주지 못하고, 오히려 자연과 인간 사이의 관계에 어떤 이미지만을 보여 준다는 사실을 말해 주고 싶었던 듯하다. 오늘날 자연과학은 철학과 신학을 항상 동시에 생각했던 그리스 철학자들이 자연을 그렇듯 자명하게 알아들었던 모습처럼 더 이상 자연의 사물들 그 이면으로 되돌아가려고 하지 않는다. 칸트의 입장이 이미 여기에도 깊은 영향을 미쳤듯이 단지 사물들의 외형, 곧 그들의 "드러남"에만 안주하려고 한다. 그러므로 원칙적으로 드러남의 세계가 관찰자에게 올바르게 혹은 합리적으로 비쳐지는 것을 중요하게 생각한다지만, 진리의 문제 혹은 보다 심오한 차원의 근거에 대한 문제는 아주 조금밖에 혹은 아예 중요하게 다루지 않는다. 하느님 존재는 결코 학문적으로, 특히 자연과학적으로 분명하게 밝혀지는 드러남이 아니다. 그런 의미에서 하느님은 학문적인 세계라는 영역 안에 제한되지 않는다. 결국 사람들 대부분의 생각이 오늘날 학문에 기초해 혹은 학문적인 방법론에 기대어 전개되기 때문에, 하느님은 사람들의 사유 안에서 잘 드러나지 않는다. 나아가 세계를 지배하거나 일구어 내는 데 있어서도 하느님의 역할은 눈에 띄지 않는다. 하느님은 현격히 가려진 그 "무엇" 혹은 "어떤 분"으로서 사람들이 아주 위험스러운 상황에 몸을 피하는 피난처 정도로 혹은 인륜지대사(人倫之大事)를 맞이해서 한 번쯤 축복을 청하는 대상 정도로 치부한다. 만일 그와 같은 태도가 원칙적으로 받아들여진다고 한다면, 그래서 한 번쯤 그와 같은 일련의 과정이 기정사실처럼 전제된다면, 하느님과 인간 사이의 "역운"(歷運, Geschick, 역사적 운명)이 이루어지게끔 고무시키는 인격에 관한 복음조차도 당연히 별 의미가 없는 것으로 무시되고 말 것이다(여기서 하이데거가 자주 썼던 이 '역운'이란 개념으로 복음을 설명하고자 하는 의도에는 '예수'가 곧 우리의 '인간성'을 뒤흔드는, 그래서 '예수에 의해 하느님과 인간 사이의 운명이 결정된다.'는 의미가 함축되어 있다).

이러한 통찰을 조금만이라도 "그리스도론적인 관점에서 심화시키고자" 노력해 볼 일이다. 다시 말해서 하느님께 대한 물음을 향해 단지 지나쳐가는 우회의 관점에서가 아니라 정작 예수 그리스도 곁에 머물러서 깊이 따져보도록 힘쓸 일이다. 만일 우리가 '예수 그리스도는 권한을 쥐고 이 세상에 출현했기에, 그에게서 개인이든 전체든 인간의 운명 및 역사가 결정된다.'고 말한다면, 그것은 곧 '인간과 하느님 사이의 운명이 그리스도에 의해 결정된다.'고 말하는 셈이다. 이는 또 다른 식으로 말해서, 오로지 예수 그리스도로 말미암아서만이 그리고 예수 그리스도를 통해서만이 인간은 완성과 행복, 완전한 구원에 이를 수 있다는 것이다. 예수 그리스도는 구원과 해방에 대한 의문을 해소시키는 해답을 지니고 있다. 그와 같은 해답은 이 세상에 예수가 머물렀던 그 시대에도 절실하고 긴급하게 바라던 것이었다. 카스퍼는 매우 융통성 있는 형식으로, 곧 "예수 시대 당시에는 유대인이든 이방 민족이든 모두가 구원에 대한 바람이 간절했다."[4]고 표현한 적이 있다. 사람들은 아우구스투스 로마 황제 시대를 기억할 것이다. 로마 시민들은 오랫동안 혹은 거의 내내 평화의 제국, 정의의 제국을 꿈꾸었다. 반면 팔레스타인 지역에서 유대인들의 역사는 억압과 수난의 시대로 점철되었다. 그러나 바로 그 때문에 유대인들은 훨씬 더 밝은 내일에 대해 희망을 싹틔울 수 있었다. 머지않아 다가올 이상적인 나라에 대한 기대가 무르익었다. 만일 예수에게 "오실 분이 선생님이십니까? 아니면 저희가 다른 분을 기다려야 합니까?"(마태 11,3) 하고 사람들이 질문을 던진다면, 이 질문은 그렇듯 보편적으로 깔려 있던 인간성-물음을 대변한다고 볼 수도 있다. 아주 일반적으로 사람들은 앞서 잠시 언급했던 것처럼 오늘날의 인

---

4. W, Kasper, *Jesus der Christus*, Mainz [8]1981, 45.

간은 세상에서, 곧 인간에 의해 세워지고 다듬어진 세상에서 유래한다고 말해야 한다. 오늘날의 인간에게는 세상에 내재하는 구조들이 중요하다는 것이다. 그래서 현대인은 자연이란 것, 사회라는 것, 역사라는 것과 결부된 세상에 몰두한다.[5] 인간은 선을 통해서든 혹은 악을 통해서든 역사를 만든다. 만일 억압된 상태, 노예 상태, 불의의 상태가 지속되는 경우, 오늘날의 인간은 그 어떤 대망의 메시아에게 호소하기보다는 그 같은 상태가 도래했던 원인들을 분석하고, 과연 누가 실권을 장악하는 사람인지를 살피며, 개인적으로든 단체를 앞세우든 혹은 민중의 이름으로든 어떻게 이 상태가 변화될 수 있을지 혹은 과연 변화가 가능하기는 한 것인지 곰곰이 따질 것이다. 오늘날 대부분의 사람들은 개인적인 인생 여정의 진보 혹은 (예를 들어 병들어 누울 경우처럼) 쇠퇴를 맞는 순간 "위로부터" 오실 구세주를 기대하기보다는 차라리 의학의 힘을 빌려 해결하려고 들 것이다. 그러나 나자렛 예수가 인간을 대표하는 결정체라고 고백할 경우, 그가 그리고 '오로지 그만이' 그에게 간절히 호소하는 인간들에 대한 구원 혹은 해방을 뜻한다. 그런데 만일 오늘날의 인간이 그러한 구원을 더 이상 그 어떤 낯선 가르침(소식) 및 이상적인 형태를 따라 기대하지 않고, 차라리 인간의 온갖 노력들, 그러니까 인간의 힘으로 상황을 뒤바꾸거나 분석해 내는 일련의 시도들 혹은 자연과학적 성과들을 통해서 얻으려 한다면, [또 그것이 자연스러운 신앙인의 태도라고 조언한다면,] 예수에 관한 복음, 곧 구세주이자 해방하는 메시아에 대한 소식은 커다란 위기에 봉착할 수밖에 없다는 것이 자명하다. 그런 까닭에 신학에 있어서 한 가지 특별히 시급한 과제는 무엇보

---

5. 참고 Giambattista Vico(† 1744), "*Verum et factum convertuntur.*"

다도 그리스도론을 분명하게 밝히는 일일 것이다. 그리스도교가 이해해 온 구원이 무엇인지, 나아가 예수 그리스도를 통한 해방 및 구원이 항상 어떻게 이해될 수 있는지 해명하고, 또한 근대에 이르러 크게 이슈화된 자유, 계몽 및 해방의 과정들, 그러니까 오늘날의 인간이 자신의 자유를 실현하기 위해 시도할 수 있는 그 모든 것들과의 관계를 규명해야 한다. 곧 자신의 "자유를 실현한다" 혹은 "해방한다"는 표현을 지금 이 자리에서 어떻게 적절하게 설명할 수 있을지 살펴야 한다.

여기에는 아직 이 같은 상황을 정당한 것으로 인정하게끔 하는 신학적인 시도가 하나 남아 있다. 예컨대 죌레(D. Sölle)가 대표했던 "사신신학"(死神神學)을 생각해 볼 수 있다.[6] 결과적으로 이 입장은 새로운, 변화된 상황을 정당한 것으로 인정하려고 시도했다. 하느님은 오늘날 세계관에서의 "현상" 가운데 하나가 아니다. 곧 그분은 "드러나지" 않으신다. 학문적으로 굳어져 있는 이 세상에서는 파악되지 않는다. 이러한 학문적인 세계가 그들의 입장에서 "전체적으로" 명확하게 셈해지면 셈해질수록, 이 세상에서 하느님은 점점 더 설 자리가 없어진다. 죌레는 그렇게 사라져가는 하느님을 대신할 만한 존재를 찾았다. 그녀의 "대리 신학"(Theologie der Stellvertretung)은 그 대리적 존재를 예수 그리스도에게서 발견한다. 왜냐하면 예수 그리스도가 인간의 고통을 모범적으로 겪은 장본인이요, 따라서 사람들은 그를 본받아 고통을 끝까지 참아내고, 마침내 하느님으로부터 버림받은 상태에서 죽음을 당하는 일조차 감수할 수 있다고 보았기 때문이다. 이 입장을 좀 더 자세히 살펴보지 않더라도, 오로지 아주 보편적 관점에서도, 그 입장이 갖는 문제

---

6. D. Sölle, *Stellvertretung. Ein Kapitel Theologie nach dem "Tode Gottes"*, Stuttgart [6]1970.

점을 지적할 수 있다. "사신신학"은 다음과 같은 비판적인 성격의 의문들을 피할 수 없다. 예를 들어 '순수 인간학 안으로 흡수되고 마는 것은 아닌가?' 또한 만일 예수를 "하느님의 대리자"로 보아도 좋다면, 그래서 이를 위해 그가 모범적으로 자신의 운명을 걸머지고 끝까지 소임을 다하는 데 있어서 그 밖에 다른 합법적 근거가 전혀 존재하지 않는다면, 이에 당장 뒤따르는 의문들이 생겨날 수 있다. 예컨대 '결국 다른 사람들도 언제든 하느님의 대리자로 살아갈 수 있다고 말하는 것이 또한 가능하지 않겠는가?' '더 나아가 도대체 모든 인간이 각각 다른 인간의 대리자가 될 수 있고 또 되어야 한다고 말해도 되는가?' 등의 의구심이 꼬리에 꼬리를 문다. 그렇다면 "하느님의 대리자"라는 표현은 과연 본래적인 의미를 지닐 수 있을까? 더욱이 그 표현이 단지 사람들이 그때마다 마주하는 상대방의 삶을 지도해 주는 정도에서 서로 돕는다는 것이 주된 의미라고 한다면 말이다.

또 다른 점에서 그리스도론을 정당하게 말하지 못하게 하는 결격 사유가 있을 수 있다. 그것은 그리스도교 사상이 이미 오래전에 다른 뭇 종교들 가운데 '하나로서' 그 밖에 다른 대륙 및 문화권과 뒤섞이는 분위기에서 형성되었다는 사실에 있다. 일찍이 "거짓" 혹은 나아가 "악마에게 속한 것"으로 경험되었던 종교들, 특히 그리스도교가 온 세상에 전파되는 것을 방해했던 그들은 상대적으로 높은 사회적 지위에서 출발하는 구조와 내용을 지녔으며, 상대적으로 보다 더 탁월한 윤리적 권한마저 누렸다. 그리하여 계몽의 시대를 맞아 그런 종교들 안에 그리고 그런 종교들 이면에 "참된 종교"가 무엇인지 묻기 시작했으며, 그리스도교 역시 그러한 물음을 피해갈 수 없었다.

이 같은 시각은 '유일한' 절대적인 구세주에 관해 언급하는 일을 거의 허락하지 않을 것이다. 차라리 예수 그리스도를 마치 위대한 현자, 곧 소크라테스나 공자 혹은 마호메트 같은 인물과 동등한 선에서 이해하도록 만들 것이다. 현대에는 하나의 근본적-다원주의적 입장과 종교 이론이, 예를 들어 폴 크니터(Paul Knitter), 존 힉(John Hick), 에우겐 드레버만(Eugen Drewermann)에 의해 주도된 경우처럼 엉뚱한 방향으로 치닫고 있다. 그래서 한스 큉(Hans Küng)의 "세계종교 프로젝트" (Projekt Weltethos)가 가장 합리적이고 중요한 의미를 대변한다고 할 수 있는데, 그것은 최소한 상기 전망들을 지지하는 셈이다. 누구든 자신이 믿고 있는 종교의 무조건적 권한을 옹호하고자 한다면, 분명 사회적인 합의를 얻어 낼 수 없을 것이다. 왜냐하면 오늘날 사회적인 합의는 결국 모든 종교들이 저마다 동등한 권한과 중요성을 내포한다는 쪽으로 거의 굳어져 가기 때문이다. "누구든 자신이 수고한 대가로 복을 누려야 한다."는 계몽주의 시대의 이 행위 준칙에는 대적할 만한 상대가 없다. 자신의 종교 혹은 자신이 믿고 있는 종교의 창시자에 대해 절대적 권한을 유일하게 주장하는 자는 타종교를 배척한다는 질책을 면하지 못할 뿐더러 공공의 법과 평화의 질서까지 파괴한다는 의혹에서도 자유롭지 못하다. 그리스도론은 그와 같은 "절대적 권한"이 오늘날에도 어떻게 진지하게 이해될 수 있는지 보여 주어야 한다. 나아가 그같은 절대적 권한이 합법적으로 받아들여지는 종교적 다양성 개념과도 어떻게 어울릴 수 있는지 그리고 그런 권한이 그런 종교적 다양성 개념과 대립하지 않고, 또 인간적인 것에 대한 염려에도 거스르지 않고, 오히려 그런 노력들을 지지한다는 사실에 대해서도 보여 주어야 한다.

그리스도론은 18세기 이후 뒤늦게 시작되었다가 다시 19세기 자유-신학(Liberale Theologie) 안에서 한바탕 격렬하게 일어났다. 당시 새롭게 고무된 견해는, 일찌감치 초기 신앙공동체가 그렇듯 자신의 아버지와의 철저한 관계를 고집하며 살았던 소박한 종교적 인간 예수에게서 "신적인 인간"을 조작해 냈다는 것이다. 그런가 하면 사람들은 예수가 직접 설교했던 복음을 그리스의 형이상학을 통해 헬레니즘화 시켰다고도 비난했다. 아돌프 폰 하르낙(Adolf von Harnack)은, "도그마(교의)가 그에 대한 고유한 개념과 설계 방식을 따라 복음이란 땅에다 그리스의 정신을 심어 놓은 작품"[7]이라고 비판했다. 그리하여 그는 소박한 "역사적 예수"의 모습을 진지하게 따져 묻는 자세로 되돌아가야 한다고 보았다. 이에 자극을 받은 사람들은 교회의 도그마가 확실히 신약성경 위에 "형이상학적인 베일"을 덮씌워 놓았다는 사실이 결국 교회가 어디로 가야 할지 알 수 없게끔 만든 것이라고 우려를 표현했다. 그래서 사람들은 시대마다 전형적인 모범을 고려할 때 하느님 나라에 대한 예수의 복음, 곧 인간 예수를 모든 행위의 척도이자 원칙으로 삼는 것이 아주 중요하다는 생각으로 돌아섰다. 그러기에 "참된 하느님" 혹은 "하느님의 아들"이 의미하는 바가 역사적 흐름을 따라 그리고 무엇보다도 구원론적·인간학적인 전망 안에서 꾸준히 재해석되어야 한다고 외쳤다. 사람들은 큉의 의견을 좇아서 그와 같은 경향들을 자유-신학에 훨씬 더 가까워진 입장이라 간주하며 의심하지 않고 받아들였다.[8] 그러한 입장은 칼-하인츠 올리히(Karl-Heinz Ohlig)에 의해 더욱더 근본적인 자세로 굳어졌으며, 결국 이 신학자는 옛 교회 전체에서 일어난 교의 형성 과정에 잘못이 있다고 꼬집었다.[9]

---

7. A. v. Harnack, *Lehrbuch der Dogmengeschichte* I (1885), ND Darmstadt 1969, 20.
8. Bes. in: *Christ sein,* München 1974.
9. U.a. in K.-H. Ohlig, *Fundamentalchristologie.* Im Spannungsfeld von Christentum und Kultur, München 1986.

그에 반해 그리스도론은 옛 교회의 교의 형성 과정 이면에 놓여 있던 여건들이 무엇인지 밝혀야만 한다. 또한 이를 해명하는 중에도 사람들에게서 가급적 문책 받지 않고 "설명할" 수 있는 방법은 없는지 생각해야 한다. 나아가 [저들이 갈라 세운] "역사적 예수"와 "신앙의 그리스도" 사이에 가로놓인 근본적인 차이를 앞당겨 받아들이는 태도가 어쩌면 사태적으로 걸맞지 않거나 불가능할 수 있다는 입장에 대해서도 숙고해야 한다.

2) 그리스도론의 내용과 연구 방법

중세에서 출발해 근대까지 이어져 온 그 모든 그리스도론적인 구상들은, 일찍이 휘너만(P. Hünermann)이 아주 정확하게 간파한 것처럼, '존재-신학적'이란 말로 특징지을 수 있다. 중세는 예컨대 하느님과 창조물, 인간 등을 보다 커다란 틀 안에서 저마다 존재철학으로 규명하려는 가운데 하나의 체계적인 가르침을 통해 전개했다. 하느님은 존재의 근거이자 정점이다. 이른바 실체의 단일성을 통해서, 예컨대 두 가지 본성들을 예수 그리스도의 한 인격 안에 결합시킨다는 점에서 그렇다. 그 단일성 안에서 신적인 것은 인간적인 것과 결합한다. 이러한 과정은 가톨릭 신학계에서는 ― 비록 일부 신학자들에게 그 의미가 다소 환영받지 못한다고 하더라도, 예를 들어 바로크-신학에서는 ― 오늘날까지 계속 유효하다. 이는 어쩌면 금세기까지 주도적인 위치에 있다고 보는 신스콜라주의의 경향을 따르고 있다. 그러나 칸트와 헤겔의 경우에도 일련의 형이상학적인 원칙은 계속 유효하다. 비록 형이상학에 대한 이해가 그들에게 와서 모습이 변했다고 하더라도, 하나의 형이상학은 또 다른 형이상학으로 대체되고 바로 앞선 것을 날카롭게 비판했다. 마치 그것이 오늘날에는 확실히 규범-그리스도론(Normchristologie)으로 소개되듯이 종착점은 '사료적' 그리스도론이다. 이 규범-그리스도론은 멀리 라너와 판넨베르크의 그리스도론에서 도움을 받고 있다. 분명 근대의 철학적-신학적 인식 방법으로 되돌아가지 않으려는 점에서도 그러하거니와 당장 전통과 맞서는 의무를 새시대적인 인식 논리와 결합시키려고 시도한다는 점에서도 그러하다.

(1) 라너

근대의 사유 형식을 전체적으로 "인간학적 전환"이란 말로 특징지어 말한다면, 그에 부응해 칼 라너는 그리스도론을 인간학의 가장 근본적인 실현이라고 파악한다. 하느님께서 인간이 되심은 복된 인간 존재로서의 가능성을 위한 조건이다. 인간은 실재하는 그 모든 것에 대해, 그리고 모든 존재에 대해 개방된 존재다. 예수 그리스도는 인간성의 실현이 단 한 번 최고조로 달성된 경우로서 도대체 인간 존재가 나아갈 수 있는 최대한의 가능성을 보여 준 "행운"과도 같다. 그로부터 "초월-인간학적"(transzendentalanthropologisch) 그리스도론이 출현한다.[10] 라너는 물론 하나의 계시 사건으로서 그리스도-사건의 독자성과 유일회성을 확실하게 말하기 위해서 온갖 것들을 시도한다. 라너는 그런 점에서 예수 그리스도를 다만 신뢰할 만한 인간 존재를 대변하는 암호로 환원시키려는 뷰리(F. Buri), 뷰렌(P. M. van Buren), 브라운(H. Braun) 등이

---

10. 여기서 '초월(적)'이란 용어는 인간 존재의 최대 가능성을 함의한다. 라너의 그리스도론을 종합적으로 참고하자면, Kasper의 *Jesus der Christus*, 56-60 참조. 혹은 I. Bokwa의 단편들도 참조할 수 있다. 그의 *Christologie als Anfang und Ende der Anthropologie. Über das gegenseitige Verhältnis zwischen Christologie und Anthropologie bei Karl Rahner*, Frankfurt a.M. 1990.

나 어쩌면 죌레를 포함한 다른 신학자들과도 구별된다.

(2) 판넨베르크

판넨베르크도 근대의 사유를 수용하여 그리스도와 같은 전형적인 인간은 결코 존재하지 않는다는 바탕에서 출발한다. 개별 인간은 항상 흘러가는 역사의 사회적, 정신적, 생물학적 조건들과 더불어 그 전체성 안에 깊숙이 얽혀 살아간다. '인간의' 본래적 의미와 구원에 대한 물음은 그리하여 '역사에' 대한 물음으로 바뀐다. 그리스도-사건에는, 무엇보다도 그분의 부활 사건에는 앞서 고지하는("미리 기대하는") 차원에서 정녕 인간 역사의 의미가 드러나 있다. 인간 고통의 역사는 언제든 하느님의 구원경륜에 의해서 극복된다. 이와 같은 유사한 관점이 몰트만에게서도 발견된다.

부분적으로는 의미심장하게 수용하면서도 이 입장에 반대해 방향을 바꾼 형식도 있다. 비록 그것이 일종의 형이상학이 아니라, '인간학' 혹은 일반적으로 인정되는 '보편 역사'에 어울리고 또 그 아래에서 해석된다고 하더라도, 이때에도 결국은 예수 그리스도가 앞서 주어진 인간 조건의 체계들 가운데 하나로 이해된다.

(3) 카스퍼 - 휘너만

더 나아가 반대로 한계를 정하면서도 역사적 예수에 대한 새로운 논의를 참작하는, 이른바 '역사적 그리스도론'이라 일컬어지는 입장이 생겨났다. "'예수 그리스도는 주님이시다.'라는 신앙고백과 함께 그리스도론은 온전하게 정해진 하나의 역사, 단 한 번뿐인 역사적 운명과 결부된다는 관점이다. 이 그리스도론은 인간의 요구에 의해서나 시대에 따른 사회적 요청에 의해서, 나아가 인간학적으로나 사회학적으로 이끌어 낼 수 있는 것이 아니다. 이 그리스도론은 오히려 단 하나의 구체적인 기억을 꾸준히 부여잡고 현재화시키는 수고를 요구한다. 이 그리스도론은 하나의 구체적인 역사를 설명하고 또 증언해야 한다. 그러므로 그리스도론은 이렇게 물어야 한다. '이 나자렛 예수는 누구였나?' '그는 무엇을 하고 싶었던가?' '그가 전하려는 소식, 그의 행위, 그의 운명은 무엇이었나?' '도대체 그의 사태는 … 어떠했나?' '어찌해 자기 자신을 선포한 것이 아니라, 임박한 하느님의 나라와 다스림을 선포한 그 예수에게서 오늘날 선포되는 믿음의 대상인 그리스도가 생겨났을까?'"[11] 오늘날 이를 가리켜 '해설-그리스도론'(Narrativer Christologie)이라고 일컫는다.

당장 그리스도-사건 혹은 그리스도-사건에 대한 설명에는 예수 그리스도의 역할과 의미가 소개된다(제2차 바티칸 공의회 문헌 *LG* I, 3; *DV* I, 3 참조). "예수 그리스도" 사건은 그 안에 진리가 충만하기에, 하느님께서 당신 자신을 드러내시는 사건으로 이해된다.

물론 이는 이미 벌어졌던 사건을 고스란히 재생하려는 것이 아니다. 역사적으로 설명하려는 그리스도론(해설-그리스도론)은 단지 존재신학적-형이상학적 사유에서 벗어나, 사람들이 그리스도의 실재성과 직접적으로 접할 수 있도록 이끌어 줌으로써 그리스도와 친분을 맺도록 인격적 만남을 주선하는 데 목적이 있다. 휘너만은 이 세 개념, 곧 사건, 만남, 친분을 통해 역사적 그리스도론의 특징을 규정한다.[12]

---

11. Kasper, *Jesus der Christus*, 20.
12. 참고 Hünermann, *Jesus Christus*, 342ff.

3) 개별적 연구 방법의 다양한 측면(들)

(1) 성경 및 전통과의 연계성을 고려한 측면

모든 교의신학은 "규범의 규범"(*norma normans*)인 성경에서 출발한다. 역사적 그리스도론은 분명 신약성경의 증언과 연계해 훨씬 더 명쾌하게 설명해 낼 수 있다는 점에서 그렇다.13 믿음의 역사에 따른 증언들(곧 전통)과의 연관성을 고려하는 것도 그와 같은 이유에서다.

(2) 보편적-논증적 측면

그리스도론을 설명하는 일이 오늘날 주목을 받는다고 하더라도, 그와 같은 해설-그리스도론은 논증적인 측면을 거슬러 전개되지 않도록 해야 한다. 해설-그리스도론은 해당 역사를 따라 그리스도론적인 가르침을 (니케아-칼케돈 공의회의 전통으로 고려되었던 것[?]) 재고함으로써, 그리고 오늘날 철학과의 대화는 물론 인간학과 관련된 학문들과 심리학, 그 밖에 다른 자연과학적 성과들을 성실히 참고함으로써 현재 신앙으로 받아들인 것들에 대해 공개적으로 납득할 만한 해명을 시도해야 한다. "해설-그리스도론은 사회 및 다양한 학문들의 발전으로 보다 세분화된 세계관, 인간관, 역사관과의 공개적인 대화에 적극적으로 임해야 한다."14

(3) 인간학적 전망을 고려한 측면

전체 신학, 특히 교의신학과 관련하여 '인간학적인 전향 이후 분명해진 사실, 곧 그것은 인간이 관건이다. 다시 말해 인간에 관한 규정,

---

13. 참고 J. B. Metz, Kleine Apologie des Erzählens, in: *Concilium* 9(1973), 334-341.
14. Hünermann, *Jesus Christus*, 17.

그의 최종 목표, 그의 삶이 지니는 의미와 가치가 관건이다. 구세주는 인간들이 진정 생명을 갖도록, 곧 생명을 충만하게 누리게 하고자 세상에 왔다(요한 10,10 참조). 당장 사람들이 저마다 종교에 귀의하면서 삶의 의미와 행복 및 구원에 대해 일반적으로 깊이 숙고할 때, 그리스도론 역시 그에 관해 스스로 질문하고 답변함으로써 그들을 이끌어 주어야 한다. 그것은 동시에 보편적-논증적인 측면에서 의문을 제기하는 노력과도 상통한다. 그러므로 역사적 그리스도론은 성경과 전통에 연계해 보편적-논증적이며 인간학적인 방법을 따라 고려되어야 한다.

4) "위로부터"의 그리스도론과 "아래로부터"의 그리스도론

(1) 하강 그리스도론

고전-그리스도론은 "위로부터의 그리스도론"이란 점에서 의심 없이 "하강 그리스도론"이라 불린다. 인간이 죄에 떨어짐으로써 하느님의 두 번째 위격인 성자께서 육신을 취하셨다. 그러므로 이 그리스도론은 이미 삼위일체론에서 출발한 셈이다. 예수의 인간 본성(육화)은 로고스의 위격을 통해 받아들여진 것이다. 그리하여 예수 그리스도는 이른바 신인(神人)으로서 하느님과 인간 사이의 계약을 새롭게 중재할 수 있다. 죽음을 이겨냈던 것처럼, 하느님과의 친교가 새로운 국면을 맞이할 수 있게 되었다.[15]

이 입장은 현재까지 가톨릭계 그리스도론의 "규범-전망"을 대변해 왔다. 오늘날까지 모든 가톨릭이 취하는 하느님께 대한 흠숭 행위는 본

---

15. 이에 신약성경으로는 요한복음서 참조. 특히 리옹의 이레네우스 교부의 글, "하느님께서 인간이 되셨다. 그로써 인간이 이제 거룩해질 수 있게 되었다"(*haer*. III 18,7; 19,1, in: *FC* 8/3, 232-239). 비교, 아타나시우스의 글(이 책 208쪽).

질적으로 하강-그리스도론에 뿌리를 둔다. 프로테스탄트 신학계에서는 누구보다도 칼 바르트가 그와 같은 하강-그리스도론을 따랐다. '오늘날 다양한 근거에서 그와 같은 "위로부터"의 그리스도론은 전혀 배타적인 입장에서 이해되지 않는다.'

① 신약성경은 실재적이고 역사적인 인간 예수를 그 중심에 두고 있다. 비록 그의 부활 사건에 비추어 모든 성경 말씀이 설명된다고 하더라도, 요한 사가의 경우는 예외다.

② 만일 사람들이 예수를 하느님의 아들로 일컫는다면, 이 같은 고백이 미리 전제되었다고 말하기보다는 어째서 그의 역사적 드러남이 그런 고백을 이끌어 내게 되었는지, 그래서 무엇이 그를 하느님께 속한 인물로 고백하게 했는지에 대해 물어야만 한다.

(2) 상승 그리스도론

이와 같은 근거 그리고 또 다른 근거들(이는 물론 다른 곳에서도 다룰 수 있다.)에 의해서 오늘날 사람들은 오히려 "아래로부터"의 그리스도론에 관심을 기울인다. 다시 말해서 사람들은 신약성경이 증언하는 바에 주목해 예수의 출현과 선포, 특히 하느님 나라에 대한 핵심적인 복음 선포를 분석해 내고는, 그 같은 삶과 죽음과 관련하여 예수에게서 파악되는 특별한 권한이 무엇인지 묻고, 부활 신앙이 내포하는 바가 무엇인지 궁금해 한다.[16]

---

16. 신약성경에 이와 관련된 내용이 특히 공관복음(그 가운데서도 유난히 마르코복음서)이 전하는 공통된 구절들 안에서 발견되는데, 그로써 옛 교회가 안티오키아 교회의 입장을 뒤따르고 있음을 엿보게 된다.

5) 그리스도론과 구원론

그리스도교 신앙은 예수 그리스도를 '하느님' 및 '구세주'와 직결시킨다. 그리스도론도 이와 같은 맥락에서 모든 시대마다 '구원론적' 의미로 풀이되었다. 그리하여 1세기부터 '하느님은 인간이 되셨다. 그로써 우리는 "거룩한 존재로" 거듭날 것'이라고 고백해 왔다. 그러면서도 다른 한편 교부 시대에 이미 구세주 존재에 관해 물음을 제기했다. 그런 물음에 답함으로써 어째서, 어떻게 예수가 구원을 완성시킬 수 있었는지 보다 더 잘 알아듣기 위해서였다. 여기에 그리스도론의 양분화 작업이 시작된 계기가 숨어 있다. 다시 말해 그리스도론과 구원론을 나누어 살펴나갔는데, 이 양분화 작업이 마침내 캔터베리의 안셀무스(Anselmus Cantuariensis, 1033-1109)에 의해서 절정에 이르게 되었다. 이때 안셀무스는 전적으로 구원론에 집중했다. 그리스도론은 이제 구원론의 관점에서 둘로 구분되었다. 이는 곧 신학적 연구의 모범적 형식이 바뀌었음을 함의한다. 안셀무스에게 육화는 그다지 중요하지 않았고 십자가와 부활이 중요했다.

물론 신약성경이 전하는 대로 복음의 핵심은 예수의 구속 사업이다. 최근의 연구 경향은 예수의 삶을 당장 선-실재(Pro-Existenz)로까지, 곧 다른 이들을 위한 현존재로 규정하고자 한다. 그렇게 다른 사람들을 구원하기 위한 삶이었다는 데에 주목한다. 예수는 공공연하게 에고이즘의 속박을 깨부수고, 집단적인 속박에서도 벗어나게 하려고 애썼다. 이 같은 사실은 루카복음 4장에서 예수가 나자렛 지방의 한 회당에서 자신의 파견에 대해 선언했던 것처럼 어느 정도 명시되었다. 그는 그런 사실을 알리기 위해 이사야 예언자의 말을 인용했다. "주님께서 나에게 기름을 부어 주시니, 주님의 영이 내 위에 내리셨다. 주님께서 나를 보내시어, 가난한 이들에게 기쁜 소식을 전하고, 잡혀간 이들에게 해방을 선포하며, 눈먼 이들을 다시 보게 하고, 억압받는 이들을 해방시켜 내보내며, 주님의 은혜로운 해를 선포하게 하셨다"(이사 6,1). 예수는 읽었던 두루마리를 회당의 시중드는 이에게 되돌려주고 이렇게 말한다. "오늘 이 성경 말씀이 너희가 듣는 가운데에서 이루어졌다"(루카 4,21). 그러므로 예수는 단지 죄의 속박에서 벗어나는 구원만이 아니라, 여러 가지 권력과 세력들에 의한 강요와 억압으로부터의 인간 해방을 선포한 것이다. 예수의 계획은 해방자, 구세주, 자유를 실현시켜 주는 자가 되는 것이다. 그 때문에 멜랑히톤(Philip Melanchthon)의 말은 타당성을 갖는다. "그리스도를 알아보는 것은 그분의 구속 사업을 알아보는 것이다"(*Christum cognoscere est beneficia eius cognoscere*).[17] 사실 어떤 그리스도론도 구원론적인 전망을 놓쳐서는 안 된다.

그러나 이 같은 전망이 마치 한 번쯤 틸리히가 요약했던 것처럼 다음과 같이 지나치게 해석되어서는 안 될 것이다. "그리스도론은 구원론의 일부 기능에 속한다."[18] 오히려 반대로 이렇게 말해야 옳을 것이다. "예수가 '우리에게' 의미심장한 분이라면, 그분이 그 자신 안에, 곧 그의 역사와 그 역사를 통해 드러난 그분의 인격 안에 그런 의미심장함이 내재하는 한에서만 그러하다. 그것을 보여 줄 수만 있다면, 우리는 확신할 수 있다. 그렇게 되면 우리 안에서 솟구치는 그에 대한 의문들이나 바람들 및 생각들에만 사로잡히지는 않게 될 것이다. 그 때문에 그리스도론은 예수 자신에 대한 의문들, 그의 인격에 대한 의문들, 예컨대 어떻게 그가 당시 티베리우스 황제 시대에 살았는지 하는 의문들

---

17. 여기서 *beneficia*는 구속 사업, 해방, 구원 활동을 가리킨다.
18. P. Tillich, *Systematische Theologie* II, Stuttgart [8]1984, 163.

을 그의 의미심장함과 관련한 모든 의문들, 곧 구원론과 관련된 전체 물음들과 함께 체계화시켜야 한다. 그런 점에서 구원론은 그리스도론을 뒤따르는 것이지 그 반대는 아니다. 그렇지 않으면 당장 구원신앙 자체는 모든 근거를 잃어버리고 말 것이다."[19] 물론 그리스도론과 구원론이 서로 밀접하게 연계된 상태에서는 양측의 기본 전망을 서로 대립시키는 시도 역시 사태적으로든 조직적으로든 의미가 있다고 본다.

2. 사료적 예수에 관한 질문들

1) 사료적 예수와 관련한 다양한 논쟁들의 연구사적 계보

(1) 근대 합리주의의 태동 전까지

18세기까지 예수 그리스도를 신인(神人)으로 바라보는 시각이 대세를 이루었다. 이 같은 시각은 신약성경이 설명을 따른 것이다. 사람들은 약 33년간[20] 팔레스타인 지역에서 살았던 한 인간의 특별함, 곧 그가 살던 당시의 시대적 배경, 사회적 환경 및 조건들에 대해서는 묻지 않았다. 사람들은 단순히 그 신인만을 바라봄으로써 하나의 신적인 위격 안에 신성과 인성(물론 이때 '인성'은 더 이상 일정한 역사에 기초해 이해된 인간의 모습이 아니라 추상적인 것에 불과했다.)이 결합했다는 사실에 관심을 기울였다. 성경의 구절들 안에서 갈등을 느낄 경우, 예컨대 예수가 그 당시 동시대인들과 행동거지를 공유하는 것들을 목격할 때마다, 사람들은 성경 구절을 서로 조화롭게 엮으려고 시도하거나, 일부 "변형

---

19. W. Pannenberg, *Grundzüge der Christologie*, Gütersloh 1964, 42.
20. 예수의 생애와 관련된 정확한 연보 문제는 여기서 취급하지 않겠다.

시켜" 해석하려고 들었다. 옛 교회 시대에서 비롯된 신앙고백들의 경우, 예컨대 예수가 인간적인 통치에 힘썼다고 표현하는 내용들은 때때로 무시하기까지 했다. 물론 예수 그리스도는 인간 본성을 지녔다고 교회의 교의는 늘 그렇게 가르쳐 왔다. 그러나 이 인간 본성은 신성에 온전히 지지를 받고 그 안에 포용된 까닭에, 인성을 추상적으로만 간주할 수 있었을 뿐, 거기서 결코 인간적인 약점들을 생각할 수 없었다.

(2) 합리주의 태동과 함께

합리주의와 계몽은 역사적 예수에 대한 의문을 말 그대로 의심스런 문제로서 정당하게 제기하도록 자극했다. 사람들은 이 같은 문제의식이 탄생한 해를 다음과 같이 정확하게 기억한다. 그때는 바로 1778년으로, 18세기 말 인간의 인식 행위가 새로운 국면을 맞이한 해이다. 역사적 예수와 교회가 선포하는 그리스도는 동일하지 않다고 하며, 이 문제에 대해 앞서 가차 없이 이의를 제기했던 인물은 사무엘 라이마루스(Hermann Samuel Raimarus)이다. 그는 1694년에 함부르크에서 태어나, 거기서 동방 언어학 교수로 활동하다가 1768년에 고향에서 죽었다. 그는 죽으면서 수고(手稿)를 남겼는데, 그것은 레싱(Gotthold Ephraim Lessing)의 손에 넘겨졌다. 레싱은 라이마루스의 유고를 기초로 일곱 개의 단편을 출간(1774-1778)했다. 그는 일곱 번째 단편에 「예수와 그의 제자들의 목적에 관해. 아직 알려지지 않은 볼펜뷔텔쉔(독일 니더작센 주[州]의 도시)의 단편 하나」라는 제목을 붙였다. 라이마루스의 의도대로, 사람들은 예수의 "목적"과 제자들의 "목적"을 서로 구별해야만 했다. 곧, 예수의 의도는 십자가상에서의 외침을 통해 이해되어야 한다는 것이다. "나의 하느님, 나의 하느님, 어찌해 당신은 저를 버리십니까?" 그는, 그렇게 근본적으로 예수 자신의 "목적", 곧 의도가 빗나가 버렸다고 말한다. 이를 좀 더 명확하게 라이마루스의 입장을 따라 보충하자면, 예수는 유대인들의 메시아요, 정치적인 메시아였다. 곧 예수는 유대인들을 로마 제국의 탄압에서 해방시켜 또 하나의 왕국을 건설하고자 했다. 물론 그 왕국 안에서는 하느님과 인간에 대한 참된 사랑이 지배하기를 희망했다. 이 십자가상의 외침은 예수가 자신의 의도를 다 성취하지 못했음을 시사한다. 그에 반해 그의 제자들의 "목적"은 완전히 달랐다. 그들은 자신들의 꿈이 완전히 사라지는 것을 목격했다. 이제 무엇을 해야 할까? 그들의 옛 직업을 찾아 되돌아가야 하나? 무엇을 하며 살아야 할까? 그들은 서로를 도왔다. 그들은 예수의 시신을 훔치고, 그의 부활에 관한 소식을 전하고 회개를 선포했으며, 그런 방식으로 추종자들을 모았다. 그렇기 때문에 이 제자들은 그리스도의 이미지를 창조해 낸 자들이다. 이와 같은 발언이 가져다준 충격은 그리스도교적인 특징을 띤 신앙공동체의 일반인들에게 결코 적지 않았고, 급기야 성경을 거부하는 움직임마저 일어났다. 무엇보다도 종교 및 교회에 대해 근본적으로 미워하는 반감도 점점 더 크게 싹트기 시작했다. 그럼에도 불구하고 이방인 라이마루스는 사람들이 그동안 미처 발견하지 못한 한 가지 사실을 처음으로 아주 분명하게 짚어 냈다. 그는 예수라는 역사적 존재와 선포되는 그리스도가 동일한 인물이 아니라는 사실을 직시한 것이다. 역사와 교의는 동일하지 않다. 그리하여 마침내 '역사적 예수'의 문제가 고개를 들기 시작했다.

(3) 19세기

"신화주의 학파"(Die Mythologische Schule)라는 명칭 아래 19세기

를 요약하는 두 가지 중심 개념이 나타났다. 슈트라우스(D. F. Strauss)와 바우어(B. Bauer)는, 초자연적인 능력이 예수에게 급기야 "덧붙여진" 것이 아니라, 바로 그리스도에게 본질적인 것이라고 확신했다. 초자연적인 능력('예수는 하느님의 아들이다.')은 인간이 신적인 존재에 이르기 위해 노력함으로써 얻어지는 것이 아니다. 오히려 그 반대로 발전이란 없다. 하나의 초자연적인 이상(理想), 신화적인 뮈토스(Mythos)는 시간이 흘러가면서 인간적인 것으로 변모했고 구체화되었다. 이상적인 것을 순수하게 바라보려는 기대가 너무 컸기 때문에, 사람들은 그런 이상을 인간 예수 안에 투사하고야 말았다. 그러므로 슈트라우스에 의하면, 나자렛 예수는 처음에 볼품없는 인물이었다. 결과적으로 예수는 일련의 종교적 이상과 투사로 만들어진 이미지다. 바우어는 거기서 더 한 발짝 나아갔다. 그는 역사적 실존으로서 예수에 대해 의심했고 초자연적인 능력은 원천적인 것이라고 인식했다. 헤겔 사상은 바우어의 역사에 대한 확신에 기본적인 틀을 마련해 주었다. '정신이 인격[=역사]을 만든다. 그 반대가 아니다.'

(4) 자유-신학

19세기에는 또 다른, 매우 널리 유포된 시도가 한 가지 있었다. 그것은 합리주의의 부산물이라고도 볼 수 있지만, 그렇다고 슈트라우스나 바우어가 생각한 이상주의에 속한 것은 아니었다. 이 새로운 시도는 예수의 삶의 재현에 매진했다. 그러므로 자유-신학은 확실한 관점에서 합리주의 혹은 계몽주의의 자식인 셈이다. 물론 '신학'이라는 이름을 달았던 만큼 합리주의 혹은 계몽주의와는 다르게, 이 자유-신학은 철저히 교회와 신앙의 틀 안에 서려고 노력했다. 사람들은 성급하게 그리스도교 전통을 세속적인 학문이 쌓아놓은 성과와 일치시키려고 들었다. 더 나아가 사람들은 무엇보다도 윤리적인 것들을 예수의 복음과 나란히 병립시키려고 많은 노력을 기울였다. 아마도 여기에는 칸트의 영향이 큰 것 같다.

자유신학은 그들이 추구하는 자유로운 입장으로 인해 성경의 언표들에 대한 정확한 해석에 몰두했던 사람들과 매우 격렬하게 충돌했다. 바이스(그의 작품 『하느님 나라에 대한 설교』[*Die Predigt vom Reiche Gottes*], 1892)와 슈바이처(그의 작품 『예수의 삶에 대한 연구의 역사』[*Die Geschichte der Leben-Jesu-Forschung*], 1996)는 자유로운 예수의 모습을 ― 그것은 합리주의자들이 원하던 자유의 모습과 흡사했는데 ― 환상적인 자유로 특징지어 소개했다. 그들은 예수가 소개한 말씀의 중심 및 근거를 자유주의자들이 (예컨대 알브레히트 리츨이) 생각했던 것처럼 윤리학에 두지 않고, 하느님 나라의 선포에 두었다. 그는 하느님 나라가 임박했다는 종말론적인 입장을 지지했다. 이 종말론 개념은 특히 슈바이처에게서 목격되는 반면, 바이스는 상대적으로 케리그마에 관한 언급에 치중했다.

(5) 제1차 세계대전 직후(특히 문학 형성사적 비판 학파)

마침내 상기 자유주의적 경향에서 벗어난 것은 제1차 세계대전 이후부터다. 무엇보다도 문학 형성사적 비판을 앞세운 학파가 이와 관련이 깊으며, 이 학파에 대해서는 또 달리 설명할 기회가 있다. 이 학파의 중요한 업적은 사람들이 예수의 자서전 및 그의 생애를 [임의로] 쓸 수 없음을 강조한 점이다. 그러나 이는 사람들이 예수의 사료적 역사를 살피지 말라고 충고한 것은 아니다. 예수의 자서전적 소개는 신약성경이 전하는 보도, 그러니까 복음서들의 내용을 [마구] 수정함으로써 당장 사람들에게 하염없이 그 어떤 역사적 지지를 받지 못하는 신앙만 부추긴다고 지적한다.

이러한 관점의 선구자로서 마틴 켈러(Martin Kähler)를 지명할 수 있다. 어느덧 사람들은 라이마루스를 교회의 적으로 간주했고, 그가 성경의 예수와 도그마의 예수가 서로 다르다는 시각에서 이끌어 낸 그의 구체적인 결과물들을 거의 모두 난잡한 가설로 취급했다. 겉으로 보면, 켈러도 라이마루스와 유사한 시각을 가진 인물이다. 그 역시『사료적 예수와 역사적, 곧 성경이 전하는 그리스도』(*Der sogenannte, historische Jesus und der geschichtliche, biblische Christus*)라는 제목으로 1892년에 책을 출간했다. 한편 켈러는 "예수"와 "그리스도"를 구별하고, 다른 한편 "사료적"인 측면과 "역사적"인 측면을 구별했다. 이 같은 구별은 나중에, 그리고 오늘날에 이르기까지 큰 의미를 지니게 되었다. "예수"라는 명칭 아래 그는 나자렛의 한 남자, 곧 앞서 "예수의 삶에 관한 연구"에서 시도했던 그런 모습을 이해하고자 했고, "그리스도"란 명칭 아래서는 교회가 선포한 구세주의 의미를 되새기고자 했다. 그래서 그는 성경이 전하는 인물로서 [역사 속의] 교회에 의해 선포된 그리스도가, 곧 우리가 파악할 수 있는 전부라고 한다. 그래서 우리는 그를 오로지 당시 공동체가 전해 주는 바대로, 우리에게도 그렇듯 의미심장한 분으로 받아들일 필요가 있다고 이해했다.

그런 의미에서 신앙의 "공동체"(Gemeinde)는 형성사적 비판이 아주 중요하게 고려한 개념 가운데 하나다. 이 개념은 신약성경 주석서가 빚어낸 산물이 아니다. 이는 구약성경의 전승사 안에서도 등장한다. 군켈(Hermann Gunkel)은 1901년 구약성경 문헌들이 점차 문학적으로 전승되어 온 과정에 대해 밝히기 시작했다. 그 후 그러한 연구 방법이 신약성경에도 적용되었다. 이때에도 구전되어 온 전승이 문학적인 형식을 갖추기 이전에, 곧 공동체 안에 앞서 활용되었다는 점을 전제하고 살펴 나갔다. 무엇보다도 신약성경 구절에서 작은 단위의 문장 요소, 예컨대 가르침 및 격언 등을 중요하게 여겼던 만큼, 처음에는 편집상 고려해 볼 만한 의미는 아예 없다고 생각했다. 지난 세기에 이르러 비로소 복음사가들이 단지 공동체 안에서 듣고 목격한 것들만 수집했던 것이 아니라, 저마다 각 공동체의 고유한 관점과 신학 사상을 따라 기술해 나갔다는 점에 대해 살피기 시작했다. 그리하여 형성사적인 비판은 나중에 편집사적인 관점을 통해 훨씬 더 풍요로운 결실을 맺게 된 셈이다.

형성사적인 비판에 있어서 그 근본 입장은 이러하다. 오늘날과 같은 문학적 형식을 갖추기 이전 시대에는 현재와 같은 복음서들이 존재하지 않았고, 단지 당시의 대중 문학의 틀 안에서 전수된 몇몇 독립된 단편들만이 있었다. 이들 전승들의 전수자들은 공동체의 입장에서 그때마다 일정 상황에 맞춰 그렇게 전달했다. 그들은 예수에 대해서 익히 알았던 것, 예를 들어 가르침, 격언, 이미 주어진 것들을 이른바 그들만이 경험하는 특별한 상황에 맞춰, 곧 그들만의 "삶의 자리"(Sitz im Leben)에서, 나름대로 형식을 마련하고 또 되새기면서 살아갔다. 원칙적으로 성경에 기술된 그 모든 것은 이미 '지상의 예수가 부활하신 분'으로 받아들인 신앙에 의해 형식화된 것이며 되새겨진 것이다. 이처럼 예수는 다양한 중간 과정을 거쳐 우리에게 나타난다. 성경 주석가는 [역사적] 예수에 대해서가 아니라 오히려 공동체가 고백하는 바를 들려준다. 그러니까 주석가는 공동체가 전해 주는 바에 — 신학 사상과 입장을 기초로 복음사가들이 그에게 편집사적인 측면을 감안해 중재해 주는 바에 — 귀를 기울인다. 만일 그러하다면, 당시 공동체의 모범적 신앙은 독특하게 결정되었을 것이라고 본다. 그래서 우리는 사료적인 측면에 결코 혹은 거의 도달할 수 없다. 그리하여 뒤에 형성사적인 비판에서 출발해 이를 한층 더 확장 및 발전시켰던 불트만은 결국 "사료적인 예수"를 완전히 포기하고 전적으로 그리스도교 신앙에만 몰두하기에 이르렀다면, 그것은 논리적으로도 당연한 귀결처럼 보인다.

칼 바르트는 '예수의 삶에 관한 연구'의 역사에 또 하나 기여한 바가 있다. 그는 성경 주석가가 아니라 조직신학자였다. 그는 무엇보다도 성경이 계시요 요구이자 선포라는 사실을 재발견했다. 그러나 만일 계시로서의 권한이 그때마다 주석의 입장에만 의존한다면, 그 권한은 온전하게 발휘되기 힘들다. 그 때문에 사람들은 성경을 '있는 그대로' 케리그마와 계시의 증언으로서 받아들여야 한다. 그리고 성경 주석은 가급적 하나의 신학 사상을 일깨우는 보조 학문으로 삼아야 한다. 그래서 성경 주석을 굳이 "사료적인 것"과 "비-사료적인 것"으로 구분하지 않더라도, 아무튼 성경 안에 담겨 있는 내용을 알아보도록 해 주는 역할로 만족하도록 해야 한다.

(6) 불트만과 그의 학파

무엇보다 불트만의 입장을 이해할 필요가 있다. 그의 신학적 통찰은 한편으로는 자유-신학으로부터, 다른 한편으로는 변증법적 신학으로부터 마련되었다. 그러한 그의 태도는 성경 주석을, 달리 말해 예수에 대한 궁금증을 다루는 학문으로서의 입지를 오늘날에 이르기까지 분명하게 부각시켜 주었다.

불트만에서 그의 학파로 이어지는 그 사이에 루터의 입장이 가미된 점도 생각해 볼 수 있다. 그래서 불트만 식의 입장은 종교개혁에 관한 특별한 전망 없이는 명백하게 이해될 수 없다. 루터에게 분명한 점은, 그리스도론이 "구원론과 아주 밀접한 관계를 맺고 있다."는 사실이다. 하느님께서는 예수 그리스도를 통해서 우리와 화해를 하셨듯이, 그리스도-사건 안에서는 "나를 위한"(pro me) 것이 무엇보다 중요하다. 과연 [우리가 다 알지 못하는] 그리스도 자신이 아니라 그분을 통해서 그리고 그분 안에서 내가 만나는 말씀과 사건이 결정적이다. 이러한 "나를 위한" 것은 오늘날까지 전체 루터 신학 사상을 관통하고 있으며, 이 입장은 불트만의 체계 안에서도 목격된다.

공동체의 케리그마 안에는 사료적인 예수의 자리에 신화적인 하느님-아들이 대신 등장한다고 불트만은 보았다. 공동체의 케리그마 안에서는 형성사적 비판을 따라 분석해 볼 때, 신약성경에서 우리가 접근할 수 있는 것처럼 사료적인 예수는 결코 결정적인 역할을 하지 않는다. 중요한 점은 오로지 그분이 이 세상에 오셨다는 '사실'이다. 주석가는 그리스도가 죽었다는 것은 알 수 있지만, 그분이 '우리를 위해' 죽으셨는지에 대해서는 모른다. 곧 공동체의 케리그마가 전하는 바로부터 정녕 우리를 위해 죽으신 분으로 그분을 받아들이는 일은 전적으로 '나의 몫'이라는 말이다.

불트만은 그렇다고 사료적인 예수의 사건을 살피는 일을 터부시하지는 않았다. 방법적으로 그는 자유-신학과 동일한 노선을 걸었다. 그러나 자유-신학은 그와 같은 시도를 통해서 자유로운 이성에 입각한 신앙을 지지할 만한 토대를 구축하려고 했다. 다시 말해 인간적인 측면에서, 도덕성을 요구하는 예수에 대한 이성적인 신앙을 다지고자 했다. 불트만은 사료적인 예수의 역사를 관찰함으로써 당장 이성에 입각한 신앙을 도출하려고 한 것이 아니라, 사료적인 예수를 그 어떤 신학적인 관점과도 거리를 둔 중립적인 모습으로, 그래서 어쩌면 신앙 면에서도 굳이 특별할 것이 없는 인물로 보여 주려 했다.

　신학적으로는 그 이면에 '중재' 문제가 자리한다. 불트만의 의문은 사료적으로 추적한 예수의 전권이 실재적으로 존재했다면, 당시 사람들의 마음을 뒤흔들 만큼 충분히 발휘되었는지 하는 것이었다. 그러나 사료적인 예수는 본시 사람들과 항상 거리를 두고 있었던 것은 아닐까? 그래서 그런 그가 '나를 위해' 효과적일 것이라고 전혀 장담할 수 없을 정도로 말이다. 나를 위해 효과적일 수 있는 것은 "여기 그리고 오늘" 일어나는 말씀뿐이요, "여기 그리고 오늘" 예수의 케리그마뿐이다. 사료적인 예수는 신학에서 신앙을 위한 결정적인 요소일 수 없고 또 그렇게 될 수도 없다. 사료적인 예수는 이른바 케리그마를 통해서 대체될 것이다. 케리그마 하나만 현재한다. 그것만이 여기 그리고 지금 "나와 만난다". 사료적인 예수는 항상 사료적인 거리감을 수반하는 현상이다. 하지만 중요한 점은 언제든 오늘 내가 만날 수 있는 것은 케리그마뿐이다. 이 같은 입장에서 믿는 자의 자기이해는 확고한 것인데 반해, 그리스도론은 가변적이다. 케리그마를 통해서 어떤 모습의 자기이해가 언표 되거나 요구될까? 나는 나의 실존의 고유성을 갖도록 이미 요구받았다. 만일 내가 나의 것을 간직한다면, 내가 나의 두 팔을 활짝 벌리듯 마음을 연다면, 내가 나를 나 자신 안에 가두지 않는다면, 내가 이웃에게 다가간다면, 나는 나의 실존의 고유성을 갖게 될 것이다. 그렇게 된다면, 나는 옛 형식으로 말하자면 의로운 인간이 될 것이다.

　불트만의 입장은 이미 말했다시피 형성사적 비판에 근거해서 발전했다. 어떻든 간에 오늘날 신학적으로 신중하게 주석을 시도할 때, 형성사적 비판가들의 방법론은 가톨릭 측면에서든 프로테스탄트 측면에서든 더 이상 배제시킬 수 없다는 점이 분명하다. 형성사적 비판은 신약성경 전체가 부활절 이후, 곧 부활 신앙의 조명 아래서 비로소 이해될 수 있다는 점을 분명하게 밝혀 주었다. 그래서 사람들은 어째서 초기 공동체가, 그들이 사료적인 예수의 가르침과 단단히 결속되어 있음을 자각하면서도, 동시에 그런 놀라운 모습의 자유를 어떻게 구가할 수 있었는지 그 사례를 따라서 이해하는 방법을 터득했다. 그들은 현양되신 분, 부활하신 주님이 이런저런 공동체의 상황에서 이렇게 혹은 저렇게 가르치셨다고 이해했다. 그래서 사실상 예수의 어떤 가르침은 공동체의 부활 신앙에서 비롯된 창의적인 가르침으로 풀이될 수 있다. 게다가 형성사적 비판은 신약성경이 초대교회의 삶을 반영해 준다는 사실을 분명하게 밝혀 주었다. 성경의 일정 구절들의 경우 당시 한 공동체와 어떤 관계를 맺고 있었는지 판독할 수 있다. 무엇보다도 상세한 탐구 및 형식들을 분석할 때 형식사적 비판 연구는 편집사적 비판 연구의 보충적인 도움으로 아주 매력적인 것이 되었다.

그럼에도 사람들은 그 비판 연구의 한계를 인식하고 또 가늠할 수 있어야 한다. 가끔 이 비판 연구는 일종의 순환 논리에 의해 스스로 정한 틀을 파기하기도 한다. 예를 들어 한 공동체의 생활 규정에 관한 어떤 언표가 예수의 말씀 사료(Logion)에서 취해진다면, 그렇게 언표 된 것은 이후 종종 독자적인 형태의 해석 기준(Interpretationskriterium)이 된다. 그 해석 기준은 어떤 일정 공동체에서 유래하는 구절에서 추론된 것이면서, 또 다른 구절들을 연구할 때 일련의 공동체 신학의 원칙으로 고려된다. 거기서의 오류는 사람들이 종종 얼마 안 되는 구절들을 가지고서만 씨름한다는 데 있다. 만일 사람들이 가급적 많은 구절들을 두고

한 공동체의 신학 사상을, 한 공동체의 상황을 판독해 내려고 시도한다면, 그와 같은 오류에서 좀 더 쉽게 벗어날 수 있을 것이다.

"공동체" 이해에 꼭 유념했으면 하는 점은, 공동체가 그의 창의적인 능력으로 인해 과대평가된다는 것이다. "공동체"는 어쩌면 신기루와도 같은 것이다. 이에 대해 스칸디나비아 출신의 하랄트 리센펠트(Harald Riesenfeld)가 한 가지 해로운 관점을 정당하게 지적했다. 그것은 사람들이 1세기 30년대의 한 열광적인 무리에 의해서 예수의 모습이 완벽하게 만들어질 수 있었으리라는 환상에 젖는 것이다.[21] 1세기의 겸손하고 단순한 사람들로 구성된 공동체들이 그렇듯 창의적이었다고 볼 수 없다. 우리가 사료적인 예수를 넘어서 전혀 알지 못하는 것까지도 마치 공동체가 모든 것을 알 수 있는 것처럼 여기고 그렇듯 태연하게 말한다는 것은 일종의 억지이다.

불트만의 이론은 이미 말했던 대로, 그것이 형성사적 비판을 수용하면서 이 비판 연구의 단점을 끌어안은 채 세워진 만큼 그로부터 지지를 받은 그 모든 측면에서 위기를 맞이한다. 더 나아가 거기에는 근본적으로 의당 그리스도적인 것(특성)이라고 여길 만한 것이 얼마 남지 않았다고 말할 수 있다. 그 이론에서는 말씀만이 구원이다. 만일 그리스도교의 구원에서 오로지 인간의 자기이해가 관건이라고 한다면, 도대체 구원은 어떤 의미의 실재적인 위력을 발휘할까? 이는 우리를 매우 당혹스럽게 만든다. 더욱이 사람들이 심하게는 결국 예수가 이 세상에 왔다는 "사실"조차 단념할 수도 있다고 당당하게 말한다면 말이다. 그

---

21. H. Riesenfeld, Bemerkungen zur Frage des Selbstbewußtseins Jesu, in: H. Ristow/K. Matthiae, *Der historische Jesus und der kerygmatische Christus, Beiträge zum Christusverständnis in Forschung und Verkündigung*, Berlin 1964, 331-341.

렇다면 어째서 사람들은 케리그마를 앞선 "사실"과 굳이 연계지어야 하는 것일까? 차라리 그가 실제 살았거나 살지 않았거나 근본적으로 아무런 의미가 없는 것은 아닐까! 그래서 중요한 것은 케리그마가 사람들에게 도달하는 것뿐 아닌가! (하지만 이런 생각들은 분명 지나친 점이 있다.)

(7) 사료적 예수에 관한 새로운 질문들

1953년 캐제만(Ernst Käsemann)은 베르크슈트라세에 위치한 소년원에서 "옛 마르부르크 시민들"에게 사료적인 예수의 문제점에 대해 강연을 했다. 그는 원칙적으로는 불트만의 입장을 인정하기는 했지만, 동시에 사료적인 예수에 관해 우리가 어느 정도 알 수 있다는 점에 대해 강조했다. 그래서 그는 이 후자의 측면도 분명하게 작업해 낼 필요가 있다고 역설했다. 만일 우리가 일종의 신화적인 형식으로 묘사된 주님과는 다른 모습의 주님을 알아보기 원한다면 말이다.[22]

불트만 학파 외부에서 이미 그와 같은 물음이 크게 일었다. 예컨대 요아킴 예레미아스(Joachim Jeremias)에 의해서, 그 다음에는 슈타우퍼(Ethelbert Stauffer)에 의해서, 그 후 보른캄(Günther Bornkamm)에 의해서 제기되고 확대되었다. 에벨링은 교의신학을 보호하려는 입장에서 많은 노력을 기울였다. 예수는 분명 자기 자신에 대한 믿음을 요구하지 않았지만, 신앙에 대해 권고하고 또 일깨워 주었다. 예수에 대한 후대의 신앙은 그런 점에서 앞선 신앙과 별개의 것일 수 없다. 이 같은 입장을 아래와 같이 요약할 수 있다.

① '예수의 삶에 관한 연구'라는 고전적인 관점에서 예수의 자서전

---

22. 그의 강연 제목은 "Das Problem des historischen Jesus"이었다(첫 출판은 in: *ZThK* 51(1954), 125-153).

적(自敍傳的) 생애를 가려내는 일은 더 이상 가능하지 않다. 케리그마와 사료는 뒤엉켜 있으니 말이다.

② 그러나 사람들은 예수에 관한 사료를 이전에 사람들이 생각했던 것보다 더 많이 언급할 수 있다.

③ 케리그마를 잃지 않으려면, "사료적인 것"과의 연계성을 끊지 말아야 한다.

2) 신학과 교회 안에 정착된 의미에서의 사료적 예수

(1) 모든 영지주의적 입장에 대한 비판적인 기능

1세기 그리스도교 시대에 매우 난해한 사상적 흐름 가운데 하나는 영지주의다. 영지주의는 아주 다양한 단계들과 각 단계마다 복잡한 경향들이 함께 뒤섞인 매우 복잡한 사조로서 그 명칭이 시사하는 바와 같이 신앙에 앞서 "지식"을 우선적으로 강조한다. 그런 점에서 영지주의는 사도들의 증언에 기초해 다듬어진 사상이라고 추정할 수도 있다. 그들에게는 신비와 열광적인 경건성이 중요하기 때문에, 드러남 이면(裏面)의 영적인 경향들에 몰두한다. 그러므로 계시자 예수 그리스도가 사실적으로 인간의 몸과 결합했다는 사실, 곧 "육화"라고 불리는 사건은 결코 주목할 만한 것이 못 된다. 그것은 오히려 "그럴듯한 몸", 곧 가현주의적인 의미(δοκεῖν[도케인=그럴듯하게 나타남])가 짙다. 이러한 사상을 우리는 신약성경에서, 특히 요한 1서에서 경계해야 할 가르침의 하나로 목격하게 된다. "여러분은 하느님의 영을 이렇게 알 수 있습니다. 예수 그리스도께서 사람의 몸으로 오셨다고 고백하는 영은 모두 하느님께 속한 영입니다. 그러나 예수님을 믿는다고 고백하지 않는 영은 모두 하느님께 속하지 않는 영입니다"(1요한 4,2-3). 역사적 예수에 관한 고백은 그리스도교 신앙에 있어서 하나의 구심점을 이룬다. 인간 예수는 그리스도 신앙고백에 속한다. 요한 1서에 소개된 반(反)가현주의적 태도, 혹은 넓은 의미에서는 반영지주의적 태도는 오늘날 실질적으로 아무도 의심하지 않고 받아들인다. 요한복음이 영지주의적 사상과의 연관성 아래서 집필되었는지, 그렇지 않은지 아주 조금 논란이 있을 뿐이다. 더욱이 육화에 관한 언표(요한 1,14 : "말씀이 사람이 되시어 우리 가운데 사셨다.")는 이 같은 배경과 잘 어울리는 것 같다. 영지주의 사상의 극복이, 초대교회가 계속 살아남을 수 있었던 혹은 그리스도교의 미래와 관련하여 가장 의미심장한 사건이라고 해도 크게 빗나간 것은 아닐 것이다. 사람들은 "영지"(Gnosis) 사상이 사실상 과거의 뚜렷한 역사적 상황에서만 비롯했을 법한, 어떤 난해하고 정확한 사실을 관건으로 삼지 않았다는 사실을 대번에 판독할 수 있다. 그리스도교는 오늘날까지 영지주의적인 사조와 흡사한 많은 경향들과 대면하면서 몇 번의 발전 단계를 거쳐 왔다. 이때 사료적인 예수는 그와 같은 사조와 마주해 신앙을 바로 잡아주는 역할을 해 왔다. 그런 점에서,

① 예수는 감성을 쥐락펴락하는 수수께끼 같은 인물이 아니다.

② 예수는 율법 중심적이고 자기중심적인 경건주의에 대해 스스로도 비판하는 모습을 보여 줌으로써 그때마다 개별 인간 및 그리스도교 신앙인들의 모범이 되었다.

③ 그래서 신앙인들은 개별적으로든 공동체적으로든 예수의 복음에 뿌리를 두고 자신이 살아가는 사회를 향해 비판할 수 있는 능력을 지녀야 한다.

사료적인 예수, 곧 실제 구체적인 한 시대 및 사회에 살았던 예수는, 하느님의 구원이 전적으로 그리고 완벽하게 이 세상에 시작되었다

는 사실을 확신하고 명료하게 가르쳤다. 하느님께서는 친히 이 세상에 관여하신다. 그리스도교는 이 세상 전체를 위한 종교다. 바로 그 때문에 사료적인 예수에 관해 계속 관심을 기울이는 일이 필수적이다. 그렇게 함으로써만 그리스도교 사상 안에서 언제고 싹틀 수 있는 "영지" 사상과 같은 위험한 사조로부터 벗어날 수 있다.

(2) 모든 신화적 입장에 대한 비판적인 기능

여기서는 불트만에게서 비롯된 탈신화화 논의가 관건이 아니다. 우리가 탈신화화 및 탈신화론적인 태도를 수용하려고 한다면, "신화"가 무엇인지 정의하는 일부터 곤란함에 빠지고 말 것이다. 그러나 여기서는 이러한 논의에서 벗어나 '신화'가 최소한 하나의 새로운 이해를 발전시켰다는 사실만은 인지하기 바란다. 예컨대 신화는 인간성에 대해 원초적으로 해명을 시도하는 형식으로서, 심지어 어떤 근거를 마련하는 기능을 갖는 것으로 이해된다. 신화를 또 다른 형식의 언어로 표현하는 일은 쉽지 않다. 종교사적으로 목격되는 신화-개념을 신약성경에다 고스란히 적용시킬 수 있을지, 그럴 수 없을지 하는 문제도 만만치 않다. 그래서 구약성경에서의 신화 활용은 거기서만 취급하고 끝내야 한다고 적지 않은 사람들이 생각한다. 한편 "로고스"와 "신화"가 아무런 근거 없이 대립적인 의미를 갖는 것은 아니다. 여기서는 다시금 일종의 매우 일반적인, 이른바 "정형화된" 신화-개념의 활용이 중요하다. 만일 예수에게서 무엇보다도 급기야 사료적인 전망으로는 아예 접근할 수 없는, 혹은 아예 그와 유사한 전망 안에서는 별 가치 없는 그런 "원형적인" 것을 발견하게 된다면, 그때는 위험한 경우가 될 것이다. 곧 예수 그리스도는 하느님이요, 그의 인간성은 중요하지 않다고 일축해 버리듯이,

다시금 하나의 관점만을 중요시하는 입장이 고개를 들 수 있다. 그리하여 관념론의 거센 흐름 속에 매몰되거나 그 밖에 그리스도-사건마저도 일련의 신화 안에 편입되는 것이 적절할 것처럼 간주될 수 있다. 이와 같은 모든 경향들을 경계하면서 신앙을 곧추세울 수 있게 하는 시금석이 바로 사료적인 예수다.

(3) 모든 이념적인 입장에 대한 비판적인 기능

19세기 초에 생겨난 이데올로기(Ideologie) 개념은 그렇게 유서 깊은 개념이 아니다. 이데올로기 옹호자들은 광신자, 이론주의자, 공상가(空想家)가 대부분이다. 마르크스는 이 개념에다 한 가지 보다 더 정확한 내용을 부여했다. 그의 이데올로기는 생산의 아직 미분화된 상태로 말미암아, 혹은 생산 노동력과 생산의 향유 간의 오해로 말미암아 빚어진 잘못된 의식이다. 이에 특별한 관심사가 일반적인 관심사로 제시되기에 이르렀다. 레닌은 이 개념을 훨씬 더 적극적으로 활용했다. 그는 이데올로기를, 프롤레타리아의 계급투쟁을 목표로 삼고 학문적인 차원에서 사회주의를 선전하는 전략적 수단으로 삼았다. 만일 아주 일반적으로 이해하는, 혹은 특별한 관심을 일반화시킨 관점에서 이데올로기 개념을 그리스도교 사상 안에도 적용시켜 말한다면, 다음과 같은 의미를 띨 수 있다. 그리스도교 신앙도 만일 생생한 신앙 실재로부터 멀어지게 되거나 그의 고유한 언표를 고정시켜 버림으로써, 그렇게 고정된 언표들에 의해서 신앙의 근거와는 아무런 상관없이 생각되기 시작한다면, 어느새 이데올로기화 되어 가는 것이다. '역사적으로 성장한 것이 절대화되는 순간, 그것은 이데올로기가 된다.' 권력과 부(富)에 대한 집착, 소수 집단에 대한 억압 등이 간혹 신앙이란 이름으로 자행될 수 있다. 이는 그리스도교 사상이 이데올로기화 되어 가는 퇴보를 의미한다. [사료적인] 예수의 가르침과 행적을 기억하는 일은 메츠(B. Metz)에 따르면 "매우 신중한 돌이킴"으로서, 그리스도교 사상의 이데올로기화의 위험에서 벗어나도록 도와줄 것이다.

3) 개별적 문제들

"예수를 문제 삼는 순간, 신학의 내용도 문제가 된다는 것은 기정사실이다."[23] 예수가 불러일으킨 영향을 그의 신학적인 영역 안에서 살펴야 한다면, 구약성경의 구원에 대한 대망의 틀 안에서, 곧 이 세상 및 역사 안에 하느님께서 남기신 전체 발자취를 따라 고려되어야 할 것이다. 사료적인 인물로서 예수는 그와 같은 구세사와 직결되어 있다. 그래서 초기 신앙공동체는 예수를 그와 같은 역사 안에서, 거기 구약으로부터 주어진 약속의 틀 안에서 해석했다. 구약성경 및 1세기의 유다교는 저들만의 경험과 언어와 사태를 위한 이해 지평을 마련하고, 그것을 배경으로 신약성경의 구절들을 형식화했다. 초기 신앙공동체는 예수와 그의 역사를 통해 하느님께서 활동하신다고 믿었다. 이 하느님은 물론 구약의 당신 백성의 역사 안에 살아계셨고, 그로써 전 인류와도 계약을 맺으신 분이다. 그와 동시에 마땅히 이 역사는 미래에도 계속될 것이다. 예수의 미래는 인간들과 함께하시는 하느님의 역사가 완성되는 것과 아주 밀접하게 엮어져 있다. 이 미래가 인간의 편에서는 오로지 신앙을 통해서만 파악될 수 있기 때문에, 인간은 "하느님께 매달리는" 가운데 예수를 거쳐서 그 길을 걸어가야 한다.

---

23. G. Ebeling, *Theologie und Verkündigung* Ein Gespräch mit R. Bultmann (*HUTh* 1), Tübingen ²1963, 53.

여러 가지 근거에서 사람들은 오늘날까지 성경 주석을 시도할 때, (현대적인 자서전적인 의미에서) 예수의 삶과 직결된 역사는 재현될 수 없다는 입장을 고수해 왔다. 그러나 사료적인 예수에 관한 "새로운 의문"과 함께 신약성경에 관한 다양한 형태의 연구 결과와 새로운 통찰들이 예수라는 인격과 행적에 관한 또 다른 신학적 입장을 신약성경 자체로부터 재고할 수 있도록 해 주었다. 이는 다양한 그리스도론을 가능케 한다. 이는 또한 어떤 교의신학이 가장 의미심장한가에 대한 궁금증을 불러일으키기도 한다. 이러한 관점에서 사람들은 아래와 같은 가설을 세울 수도 있다.[24]

① 명시적 그리스도론(explizite Christologie) : 예수는 가능한 한 스스로 자신의 전권을 "사람의 아들"(혹은 "메시아")이라는 호칭으로 표현하고자 했다.

② 현양된 그리스도론(evozierte Christologie) : 예수는 지상생활 중에 다른 호칭들을 통해, 예컨대 "다윗의 자손" 혹은 "예언자" 등의 호칭을 통해 그리스도론적인 기대를 환기시켰다.

③ 함축적 그리스도론(implizite Christologie) : 아무런 호칭을 사용하지 않은 채, 예수는 자신의 주어진 현실에 맞춰 행동함으로써 "메시아"의 조건들을 충족시키는 가운데 "함축적"으로 자신을 드러냈다.

특히 "함축적 그리스도론"은 여러 주석가들과 조직신학자들에게서 많은 지지자를 확보하고 있다.[25] 그러나 무엇보다 결정적인 사실은 예

---

24. 나는 여기서 전반적으로 조직신학자를 위해서도 아주 잘 정리된 G. Theißen/A. Merz의 책 *Der historische Jesus. Ein Lehrbuch*, Göttingen ²1997(우리의 질문과 관련해서는 특히 뒤의 "제9장 완성 - 하느님과 함께 머무는 공동체, 4, 1) 전인적 결단 이론"을 참조)의 입장을 뒤따르고 있다.
25. 각주 24번에서 소개한 책은 "함축적" 그리스도론을 소개한다. 무엇보다도 [함축적

수의 복음, 곧 하느님-나라에 대한 설교와 부활에 대한 체험이 중요한 동기가 되어, 그로부터 그리스도론이 활발하게 전개되었다는 점이다.

3. "하느님 나라"

1) 하느님 나라에 대한 예수의 복음 선포
(1) 성경의 자료

βασιλεία[바실레이아]는 신약성경에 대략 100번 정도 나온다. 공관복음서에서 이 용어는 다른 용어에 비해 압도적으로 많이 활용된다(마태 복음 55번, 마르코복음 20번, 루카복음 46번, 사도행전 8번). 그 뜻은 왕국, 다스림(통치), 왕권, 왕을 모두 포함한다. 아주 드물게 이 용어가 지상의 왕국을 대변한 적이 있다(예를 들어 마르 6,23의 경우처럼). 이 용어는 의심의 여지없이 종교적인 색채가 짙으며, 또 거기서 소극적으로 활용되기도 한다. 예컨대 루카 11,18 및 그에 병행하는 공관복음에서 사탄의 나라를 하느님의 나라와 대비시켜 표현하듯이 말이다. 구약의 유대인들의 세계관에 의하면 무엇보다도 '하느님의 다스림'이 중요하다. 신약성경의 비교적 후기 문헌들에서 이 개념은 메시아적인 혹은 그리스도론적인 의미로 활용된다.

많은 점에서 신빙성이 있는 예수의 가르침이라고 볼 수 있는 우리

인 표현 형식인] 예수의 '아멘-발언 형식' 혹은 '내가 ~ 말한다.'라는 언표 형식이나 아버지-호칭을 사용한 가르침 및 죄의 용서에 대한 권한과 관련하여 소개한다. "현양된" 그리스도론은 당시의 메시아에 대한 대망과 연계시켜 고려할 수 있다. "사람의 아들"이란 호칭을 사용한 경우를 "명시적" 그리스도론과 연관 지어 생각해야 하는지의 문제는 아직 논의 중이다(상게서 455-480).

에게 잘 알려진 가장 오래된 '말씀 사료'(Q)에서 βασιλεία는 하느님으로부터 유래하며 현실적·역동적으로 실현되는 실재적인 것으로 이해된다. 상대적으로 뒤늦게 수집된 구절에서 βασιλεία는 구원 이상의 의미로 새겨지기도 한다. 신약성경에서 입증된 선포 내용 가운데 하느님의 다스림에 관한 복음이 아닌 다른 어떤 주제도 그 중심적인 자리를 대신할 수 없을 것이다. 그러한 복음에 관해 예수가 직접 말했으리라는 사실 여부는 의심의 여지가 없어 보인다. 부활 이후의 전승 과정을 감안하더라도 그렇다.[26]

(2) 하느님 나라와 구원

구약성경에서 하느님의 다스림은 하느님께서 당신 백성의 고통에 마음을 쓰시는 것을 뜻한다. 이는 흔히 역사 내적인 전망을 따라 실현되지만, 한편 예언자들 곁에서는 종말론적·묵시적인 측면과도 연계된다. 참고로 말하자면, 즈카 14,9에서 이렇게 전한다. "주님께서 온 세상의 임금이 되실 것이다. 그날에는 주님이 한 분뿐이시고 그 이름도 하나뿐일 것이다."

예수는 이스라엘에게 하느님의 다스림이라는 구원 소식을 고지한다. 이 구원 소식의 내용은 특히 그의 산상수훈(마태 5,3-12 병행구)에서 잘 엿볼 수 있다. 구원 소식은 누구보다도 먼저 굶주린 이들과 슬퍼하는 이들, 곧 가난한 이들을 향해 선포되었다. 전체 이스라엘은 당시 로마 통치 아래 가난에 허덕였을 테니까, 이때의 가난을 물질적인 가난으

---

26. 이와 관련된 문제점 전반에 관해서는 R. Schnakenburg, *Gottes Herrschaft und Reich. Eine biblisch-theologische Studie*, Freiburg I. Br. ²1961; H. Merklein, *Jesu Botschaft von der Gottesherrschaft* (SBS 111), Stuttgart ³1989를 참조할 수 있다.

로도 생각할 수 있다. 그럼에도 겸손하고 경건한 이들과도 관련이 깊다. 이스라엘이 다시 "가난해진다"면 — 겸손하고 경건해진다면 — 하느님은 그 백성에게 구원이 주어질 것이라고 약속했기 때문이다.

예수의 복음에서 '바실레이아'는 확실히 임박한 어떤 것이요, 곧 이어 벌어질 사건이다. 하느님의 다스림이 실현되는 바로 그 순간은 전적으로 하느님께 달려 있다는 점에서 예수는 정확한 날짜를 말하지 않았다. 물론 그는 자신의 고유한 활동으로 하느님 나라의 개벽에 참여한다. 되돌아온 72명의 제자들의 파견 활동을 보고 받은 다음, 예수는 "그들에게 이르셨다. '나는 사탄이 번개처럼 하늘에서 떨어지는 것을 보았다'"(루카 10,18). 예수의 출현과 활동은 사탄과 악의 세력들을 무기력하게 만들고, 그로써 하느님의 다스림이 이 세상에 실현될 것이다. 그러므로 묵시 사상이 종말에 기대하는 그것은 예수에게서 이미 벌어지기 시작했다. 예수 스스로가 자신의 행동을 통해 하느님의 다스림이 실현되는 사리를 마련한 셈이다. "내가 하느님의 손가락으로 마귀들을 쫓아내는 것이면, 하느님의 나라가 이미 너희에게 와 있는 것이다"(루카 11,20 및 공관복음 병행구). 하느님의 다스림은 곧 하느님의 직접적인 개입이라는 점에서 예수의 인격과 따로 떼어 생각할 수 없다. 그는 하늘에서 이미 벌어진 것을 재현하고 또 선언한다. 그의 활동을 통해서, 곧 마귀를 몰아내고 병든 이들을 치유하는 활동을 통해서 하느님의 다스림이 실제로 벌어졌다. 그것은 일명 "벌어짐의 사건들"(H. Merklein)[27]이다. 특기할 만한 사실은 예수가 자신의 복음을 두드러지게 죄인들에

---

27. 참고로 Merklein, *Jesu Botschaft von der Gottesherrschaft,* sowie G. Vanoni/ B. Heininger, *Das Reich Gottes.* Perspektiven des Alten und Neuen Testaments, Würzburg 2002.

게 전해 준다는 것이다. 죄인들의 입장에서는 전혀 달라진 것이 없다는 이유에서도 하느님께서는 무조건적으로 개입하신다는 사실이 분명해졌다. 예수의 아빠(Abba)이신 하느님은 창조주이시며 변화시키는 분이다. 그분은 구약의 하느님과 결코 다른 분이 아니면서도 인간과 새롭고 보다 더 친숙한 관계를 원하시는 분이다. 아들이 이 세상에 오기 전부터 그랬던 것처럼 말이다.

2) 하느님 나라와 예수의 죽음

예수는 바실레이아-선포를 당시 유대인들과 충돌하면서 시도했다. 바리사이 사람들의 율법주의, 사두가이 사람들의 형식주의, 열혈당원들의 정치적 대망과 충돌했다. 거기서 바실레이아에 대한 선포는 사회학적인 측면에서 추가로 보태졌다. 예수를 추종하는 제자들의 집단이 형성된 것이다. 그렇게 그 집단은, 예수 자신이 그랬듯이, 하느님의 다스림을 위한 공간 마련에 기여했다. 이러한 맥락에서 하느님의 다스림에 대한 복음은 정치적으로 오해될 수 있었다. 적지 않은 전문가들도 이미 바로 그런 이유로 예수가 자신의 폭력적인 죽음을 미리 짐작해야만 했다고 추정한다. 게다가 그는 그의 선포에 대한 절박한 요청과 그에 비해 선포의 실패 가능성 사이의 차이를 인식해야만 했다. 그와 같은 실패 가능성은 고난과 급기야 죽음과 같은 사건으로 이어져야만 했다. 카스퍼는 이렇게 해석한다. "수난과 핍박 선고는 그분(=주님)에게 명백히 하느님 나라가 초라함 및 숨겨짐 속에 다가온다는 사실과 연계되는 것은 물론, 그로부터 복음 선포와 관련된 그분의 전 행보와 일맥상통한다. 그렇게 예수의 종말론적인 바실레이아-선포에서 그의 수난 비화로 이어지는 과정은 흐트러짐 없는 노선을 보여 준다."[28] 만일 예수가 한편으로 바실레이아를 믿고, 다른 한편으로 그 파행적인 운명을 경험했다면, 그는 하느님의 다스림이 명백하게 최소한 피상적으로는 실패했다고 생각했을지도 모른다. 그러나 바실레이아의 좌절은 숙명이다. 왜냐하면 그와 더불어 드러나실 하느님께서 친히 당신 자신을 낮추셨기 때문이다. 그렇듯 바실레이아는 하느님의 낮추심 및 비우심(Kenosis)과 직결된 것으로 비쳐진다.

그와 마찬가지로 예수는 언제, 어떻게 하느님께서 바실레이아를 이 땅에 실현하실 것인지 생각했던 것을 그분께 모두 위임해야 했을 것이다. 물론 적지 않은 표징들이 그러한 모습을 암시해 주듯이, 예수는 당장 자신의 죽음을 통해 바실레이아가 실현될 것이라고 최소한 상상한 바에 따라 행동했을 것이라는 점도 배제할 수 없다. 무기력함 속에서 위풍당당하게 드러나는 바실레이아는 예수의 죽음의 의미를 확연하게 현양시킬 것이다. 그런 이유로 "예수의 종말론적인 바실레이아-선포에서 그의 수난 비화로 이어지는 과정은 직선적인 노선을 보여 준다."29

이전에는 자주 '주님의 종'(특히 이사 53장) 호칭이 예수의 모습을 대변해 주었는데, 그 호칭은 이스라엘을 위해 "구세사적인 의미"를 띠고 있다. 예언자들의 비참한 운명과도 결부시키고 또 여전히 그런 운명과의 관련성을 이야기한다. 나아가 순교자들의 죽음과도 결부시킨다. 그러한 불행은 모두 구원을 앞당긴다. 그러나 그런 논의들이 주석학적으로 확증된 것들이라 해도, 부활 이전의 예수를 "구원을 중재하는" 인물에 대한 상상이나 속죄의 희생물에 대한 상상에 근거해 해명하려는

---

28. Kasper, *Jesus der Christus*, 136.
29. 상게서. 이런 의미로 특히 참고할 만한 것으로 쉬르만의 책(H. Schürmann, *Gottes Reich - Jesu Geschick - Jesu ureigener Tod im Lichte seiner Basileia- Verkündigung*, Freiburg I. Br. 1983, bes. 54ff.)이 있다.

시도를 교의신학적으로 보장해 주지는 않는다. 한편 예수는 하느님의 구원 섭리에 대한 자신의 설교를 죽을 때까지 계속 수행했다. 그런 의미에서 그의 죽음은 그의 전체 활동 영역에서 최소한 인간들을 위한 표징적인 특성을 지닌다.30

4. 예수의 부활

1) 부활 사료의 문제점

(1) 교의신학에서 부활 사료의 문제점

그리스도교 신앙은 사료적인 예수와 부활하신 분 사이의 연속성에서 생기를 얻는다. 이는 그리스도교 신앙의 핵심 문장에서도 분명하게 밝히는 사실이다. 예수 그리스도, 곧 "지상에서 살았던" 그가 바로 부활하신 분이요, 부활을 통해 "현양되신" 분이다. 곧 주님이요 그리스도다. 신학은 이를 알아듣도록 소개하고자 애쓰며 또 그래야만 하지만, 물론 한계에 부딪힌다. 만일 신학이 무엇보다도 성경 주석과 기초신학의 경우 부활에 관해 언급하고 또 그 의미를 밝혀 주려고 한다면, 스스로 그 한계선까지 나아가야 한다. 부활은 분명 신약성경의 자료에 따르면 사료적인 되새김들을 수반한다. 여기서는 예컨대 결과적으로 빈 무덤 혹은 부활

---

30. 쉬르만은 예수가 죽음에 이르게 된 것을 "선재적인 측면에서 이미 죽음이 준비되었다."고 해석한다. 그런 관점에서 예수의 죽음이 의미심장하다고 내다보았다(그의 책 205ff.). 주석가 페쉬(R. Pesch)는 예수에게서 이사 53장과 직결된 연관성을 찾을 수 있다고 많은 점을 들어 확신한다. 그래서 예수는 자신의 전적인 희생을 자각하고 있었다고 본다. 참고 R. Pesch, *Das Abendmahl und Jesu Todesverständnis* (QD 80), Freiburg I. Br. u.a. 1978.

현현 사건에서 사료적으로 전해진 것들, 예컨대 환영이나 착시 현상 등에 관한 물음을 고려할 수 있다. 하지만 이 같은 되새김들은 유일회적인 사건과 직결된다. 다시 말해 창조 자체가 그렇듯이 단 한 번 일어나는 경우나 이미 오직 바오로만이 알아보았던 경우(2코린 4,6 참조)처럼 말이다. 신약성경의 부활에 관한 증언들은 한 사건에 대해 언급하는데, 그 사건은 사료적으로 단정할 수 있는 범주를 넘어서 있다. 그 사건은 다른 말로 '초-사료적'(metahistorisch)이다. 이는 사료적인 되새김(예컨대 빈 무덤, 제자들의 내적 혼란)에 다양한 의미가 뒤섞여 버림으로 인해 더 이상 형언할 수 없는 것이거나, 아니면 상상한 것보다 훨씬 더 큰 맥락에서 그 사건이 해석되어야 함을 가리킨다. 그렇다면 그러한 사료적인 되새김은 물론 분명한 의미를 갖는다. 그러나 사료적인 차원이 조직신학자에게 언제나 똑같이 유의미한 것일 수 없다. 왜냐하면 해석은 실제적으로 벌어진 사건과 직결되어야만 의미가 있는 것이지, 그렇지 않다면 그에 대한 해석은 맹목적이고 공허한 것으로 남을 것이기 때문이다.

이는 부활에 관한 교의신학자의 입장과도 걸맞은 태도다. 교의신학자는 사료적인 되새김을 놓고 상세하게 따져야 할 필요는 없고, 물론 성경 주석에서도 논란의 여지가 없는 것은 아니지만, 신약성경의 주석에 근거해 몇 가지 "본질적인 것"을 전제할 수 있다. 신약성경이 전하는 모든 보도들은 십자가에 처형된 이가 하느님 곁에 살아 있다는 사실과 부합한다. 그 보도들은 이 같은 사실을 은유적인 화법으로, 이른바 "부활"과 "현양"이란 개념으로 설명한다. 처음부터 이같이 십자가에 처형된 이가 살아 있다는 사실을 체험한 이들의 격앙된 증언이 존재한다. 신학은 당연히 이와 같은 교회의 시사적인 그리스도-신앙에서 출발해서, 그런 증언을 재구성하고 분석해 오늘날의 상황에 적절하게 소개하고자 노력한다.

교회는 예수 그리스도를 오늘날까지 살아 있는 분으로 증거한다. 그 때문에 신학 역시 단지 예수를 그리스도교의 "창립자"로 요약하고 마는 것이 아니다. 다시 말해 그저 사료적인 한 인물에 대한 기억을 더 듬어 알려 주는 것만이 아니라, 그리스도교회가 그분을 오늘날에 이르기까지 교회의 삶 중심에 서 있는 분으로 고백하고 있음을 분명하게 밝힌다. 그리하여 그와 같은 증언이 믿을 만하다는 점을 드러내 보여 주려고 애쓴다. "만일 한 인간에게" 신학의 도움으로 "예수를 그의 아버지에 의해 확인된 종말론적인 구원의 중재자라고 고백하는 교회의 증언을 믿을 만하게끔 이끌어 준다면, 그렇듯 교회가 전해 주는 그 매개로써도 그 인간에게 직접 말을 건네는 예수와의 인격적인 만남이 성사될 수 있다."[31] 그러므로 그리스도론 연구는 그저 단순히 중립적인 태도로 사태를 바라보려는 작업이 아니다. 오히려 그리스도론 연구에는 "신앙인 및 교회가 믿음으로 고백하고 증언하는 예수 그리스도에게 자아실현의 맥락에서 인격적으로 접근할 수 있게끔 인간학적이고 신학적인 측면에서 실질적으로 전제되는 그 모든 사실들을 이해할 수 있고 또 직접 참여할 수 있도록 해석해 주고 재현해 주며 또 발전시켜 보여 주는 작업이 … 무엇보다 중요하다."[32]

(2) (18세기 이래 오늘날까지) 신학에서 부활에 관한 논의(들)[33]
① 라이마루스에서 파울루스(H. E. G. Paulus, 1769-1859)에 이르

---

31. Müller, *Christologie - Die Lehre von Jesus dem Christus,* 15.
32. *Ibid.*
33. 나는 여기서 좀 더 발전시킨 입장(Theißen/Merz, *Der historische Jesus,* 416-422) 을 참고했다.

기까지 "빈 무덤"에 대한 합리주의적 해석들.

② 슈트라우스(D. F. Strauß) 및 자유-신학에서의 "주관적인 환상 이론"(Visionstheorie).

③ 공관복음의 전승 형태에 대한 해명으로서 [여전히] 난해한 종말론적인 부활 신앙.

④ 부활 신앙으로 이끌었던 사건들에 대한 새로운 문제.

⑤ 부활 신앙 안에서 효과적이었던 해석들에 대한 새로운 문제.

⑥ "객관적인 것"과 "주관적인 것"을 모두 포괄하는 해석의 시도들.

부활에 대한 해명을 위한 초창기의 시도들은 최소한 근대의 옹색한 문제의식에 의거한 이상 그에 수반되는 결함도 불가피했다. 부활의 문제는 당시 사실성(Tatsächlichkeit)의 문제로 귀착되었다. 근대의 입장에서 '객관적으로 말할 수 있느냐?' 하는 문제로서, 이른바 "사실적인 것이 곧 참된 것"(*verum quod factum*)이라는 시금석 위에서 판가름 났던 셈이다. 당시 믿음의 가능성은 오로지 "이성적으로"만 판단되었다. 신학은 오랜 시간 동안 그와 같은 지평에서 반응을 보였으니, 부활은 무엇보다도 빈 무덤을 통해 예수 그리스도의 복음에 대해 피상적으로 믿을 만한 동기 정도로 이해되었다.

"이 같은 통찰 방식은 어느덧 그 원리와 뒤엉켜 버렸다. 부활은 사람들이 신앙을 위해 증명해 낼 수 있는 그런 의미의 '사실'이 결코 아니다. 부활은 그 자체로 믿음의 대상이다. 사료적으로 확인할 수 있는 것은 부활 자체가 아니라, 단지 첫 번째 신앙인들의 부활 신앙이요, 그 대표적인 것인 빈 무덤에 관한 증언이다. 한 번쯤 우리가 빈 무덤이란 '사실'을 입증할 수 있다고 하더라도, 이것은 오래전부터 이미 부활을 위한 증거는 아니라고 본다. … 빈 무덤은 단지 신앙으로 나아가게 하는 하나의 이정표요, 믿는 이들에게는 하나의 표징에 불과하다."[34]

2) 부활의 교의신학적 의미

(1) 종말론적 - "신학적" 의미

여기서 만일 사람들이 유다-종말론적인 배경을 따라 생각하기로 한다면, 거기에 부활의 첫 번째 의미가 자리할 것이다. 당시 예수 시대의 유다사상에는 종말에 가서 보편적으로 이루어지는 부활(죽은 이들의 소생)에 대한 희망이 존재했다. 이러한 사상은 하느님 나라에 대한 관심과도 결부된다. 만일 하느님께서 당신의 나라를 최종적으로 바로 세우시겠다면, 죽은 자들이 부활하거나 그 반대의 현상도 능히 일어날 것이다. 보편적인 차원에서의 부활은 하나의 표징이요, 하느님 나라가 도래하는 특별한 표지다. 만일 예수 그리스도에 의해서 부활이 알려졌다면, 이는 곧 '이 한 사람에게서 그 나라의 완성이 이루어졌음'을 뜻한다. 이 한 사람은 하느님에 의해서 그분에게 속한 자로 밝혀진 셈이다. 이 한 사람이 새로운 창조의 맏이인 셈이다. 이 같은 사실은 그리스도교 안에 희망을 일으켜 세우는 기초가 되고, 개별적이든 전체적이든 인간 공동체 안에 희망을 심어 준다. 그리스도의 부활은 하느님께서 인간과의 유대를 따라 관여하시는 이 역사가 아직 끝나지 않았음을 알리는 보증서와도 같다. 그래서 완성에 대한 희망이 모두에게 유효하다. 이러한 의미에서 그리스도교는 '참된 유토피아'로 이해될 수 있다.

이 마지막 구약의 배경이 그분의 부활에서 하느님의 계시 한 가지를 떠올리게 한다. 그분은 구약성경에서 죽은 이들을 살아나게 하시는

---

34. Kasper, *Jesus der Christus*, 155.

분이다. "주님은 죽이기도 살리기도 하시는 분, 저승에 내리기도 올리기도 하신다"(1사무 2,6). 그러므로 부활은 하느님이 누구신지를 간단하고 명료하게 보여 주는 표지인 셈이다. 카스퍼는 이 같은 교의적 핵심을 아래와 같이 요약해 소개한 바 있다.

"'예수의 부활은 하느님의 결정적인 종말론적 행위일 뿐만 아니라 당신의 종말론적인 자기계시다. 그 부활 사건에서 최종적이고도 그 이상 능가할 수 없는 하느님의 자기계시, 곧 당신의 정체가 밝히 드러난다. 당신은 삶과 죽음, 존재와 비존재를 뒤흔들 만큼, 창조적인 사랑과 충실하심, 새로운 생명력이 충만하신 분이다. 그 때문에 그 모든 인간적인 가능성들이 산산조각 나더라도 무조건적으로 신뢰할 수 있는 분이다. 예수의 부활은 예수에 의해 선포된 하느님의 다스림에 대한 계시요, 그 실현이다. 죽은 자들 가운데서 예수를 부활시키심으로써 하느님은 당신의 충실하심과 사랑을 입증해 보이셨고, 급기야 예수 자신은 물론 그의 일거수일투족과 하나가 되셨다.' 예수 그리스도의 부활에 대한 믿음은 그로써 과연 그 모든 신앙고백의 가장 든든한 보루가 된다. 그로부터 창조 가능성에 대한 믿음, 하느님의 충실하심에 대한 믿음이 자연 이어지기 마련이다. 그 부활 신앙은 궁극적으로 하느님이 바로 하느님이심에 대한 믿음을 다진다. … 이 부활 신앙을 받아들일 것이냐 아니면 거부할 것이냐 하는 결정은 그 어떤 놀라운 기적적인 사건과 결부된 것이 아니라, 정녕 하느님으로부터 실재성을 파악하고 살든 죽든 바로 하느님을 전적으로 신뢰할 준비가 되어 있는지 하는 물음과 직결된다. 이 같은 결정을 통해서 정작 중요한 것은 자기 자신의 힘으로, 곧 자신의 고유한 가능성을 따라서 살 수 있다고 생각하겠는지, 아니면 전적으로 자신의 손에 달려 있지 않은 어떤 힘으로, 곧 하느님에 의해서 살아가기로 결심하겠는지 물음에 응답하는 일이다. … 현존재의 목표와 의미를 완전히 뛰어넘는 근본적인 결정이 관건이다. 부활 신앙이 그런 식으로 이해된다면, 이 신앙과 더불어 총체적으로 다시 물어야 한다. … 부활 신앙과 함께 그리스도교의 하느님 개념이 바로 서든가 아니면 무너지든가 둘 중 하나다. 부활 신앙은 그런 점에서 하느님과 예수 그리스도에 대한 믿음을 위한 보조 개념이 아니다. '전자는 후자의 요약이자 체현(體現, Inbegriff)이다.'"[35]

(2) 예수를 인지한 초대교회의 함축적 표현들 : 메시아, 하느님의 아들, 사람의 아들

신약성경은 예수의 역사에 대해 소개하지만(특히 복음서들), 그것은 예수의 부활과 부활하신 분에 대한 믿음을 앞서 전제한다. 그 때문에 사료적인 측면의 예수를 조사하는 일은 매우 힘겨운 일이기도 하다. 사료적인 예수는 항상 부활 사건과 연계되어 있음을 목격하게 된다. 달리 말해서, 복음서들은 이미 부활하신 분으로 입증된 예수의 사료적인 부분에 대해 설명하고자 한다. 그로부터 복음서들은 그리스도의 인격과 업적에 대한 여러 가지 해석들을 전해 준다. 곧 이미 몇 가지 그리스도론적인 설명들을 전해 준다. 나머지 신약성경의 경우(무엇보다도 서간들)에도 완벽한 의미에서 역시 그리스도론적인 설명들이 들어 있다. 이들은 예수를 나중에 그리스도로 받아들이는 데 필요한 첫 번째 길잡이와 기본적인 토대를 밝혀 준다. 오늘날 사람들은 Q-사료(예수를 지혜의 파견자, 하느님의 아들로 간주하는 입장)에 따른 마르코복음서의 그리스도론

---

35. *Ibid.* 169f.

(예수를 메시아 및 하느님의 아들로 주목)과 루카, 요한, 히브리서와 병행하는 마태오복음서의 그리스도론(예수를 특별한 스승으로 주목)을 주석 상으로 구별해 낼 수 있다.

'세 가지 호칭'이 신약성경에 나타나는데, 이는 신약성경 전반에 걸쳐 그리고 저마다 특별한 무게를 갖고 초대교회가 예수를 받아들일 때, 의미심장한 역할을 수행한다. 한 마디로 이 세 가지 호칭이 신약성경의 다양한 그리스도론을 발전시켰다고 볼 수 있다.

먼저 "메시아" 호칭은 구약성경에서 '기름부음을 받은 자'라는 표지가 동반되기도 한다. 이 표지를 받는 이들은 왕들, 사제들, 예언자들이었다. 다른 한편 그때마다 "기름부음을 받은 자"라는 표지가 동반되지 않을 경우에는 항상 미구에 도래할 구세주의 모습을 가리킨다. 특히 이스라엘에게 평화를 실현시켜 줄 임금, 구세주-왕(이사 8,23-9.6; 11,1 이하; 미카 5,1 이하; 즈카 9,9 이하 참조)을 지칭한다. 이들 구약성경 구절들은 나중에, 곧 신약시대 이후에, 예컨대 타르구민(Targumin)에서는 ― 히브리어 신약성경을 아람 어로 번역한 문헌에서는 ― 훨씬 더 분명하게 메시아적인 의미로 풀이되었다. 예수가 활동하던 당시에도 이 호칭("메시아" 및 "주님으로부터 기름부음을 받은 자")은 절대적인 의미를 띠면서 다양하게 활용되었다. 게다가 메시아-형상은 삼중적인 의미를 한꺼번에 대변한다. 왜냐하면 메시아는, 곧 대사제-왕-예언자를 동시에 지칭하기 때문이다. 70인역 그리스어 성경, 쿰란, 솔로몬의 시편 등에서 그렇게 활용된 사례가 목격된다.

예수 시대에 이스라엘의 메시아 대망(待望)은 생생했다. 예수가 그로써 로마 제국과 적대적인 관계에 놓였다는 것은 역사적으로 개연성이 높다. 이와 관련하여 당시 메시아 대망의 어떤 부분을 예수가 넘겨받았는지 하는 문제에 대해 여기서 체계적으로 살피지는 않을 것이다. 분명한 점은 예수가 자신을 추종하는 이들의 메시아에 대한 대망을 전적으로 무시하지는 않았다는 것이다. 어떻든 '부활 사건 이후에' 십자가와 부활이 서로 어울리지 않듯이 예수가 확실히 메시아의 모습과는 전혀 어울리지 않았음에도, 메시아 호칭을 믿기 어려울 정도로 예수에게 적용했다.

메시아 사상은 의당 부활과 함께 새로운 해석을 낳았다. 예수는 선포된 자로서, 이른바 하느님께서 그리스도로 일으켜 세운 자다(사도 2,36; 로마 1,4 참조). 사람들은 옛 동방지역에서 왕의 즉위식을 떠올렸다 ("왕위 등극 시편들" 시편 2; 72; 89; 110 참조). 왕좌의 본래 주인이신 하느님이 왕을 당신의 아들로 입양하신다. 그래서 왕은 메시아의 의미를 띤 세상의 임금으로 등극한다. 모든 이들이 그를 "주님"으로 모셔야 한다. 여기에 이른바 "입양을 주장하는 자들"의 그리스도론, 그 뿌리가 자리한다.

십자가에 처형된 이가 부활을 통해 현양되었다는 생각을 초기 교회는 다음과 같이 해석했다. 또한 이 같은 생각은 오늘날에 이르기까지 교회의 신앙을 그리스도 신앙과 결합시켰다. 예수는 하느님의 차원에서 비롯하며 또 그 차원에서 자신의 고유한 존재를 취한다. 예수는 세상에 위엄을 떨치는 존재로서가 아니라 당장 십자가를 수락함으로써 아들임을, 하느님 아버지에 의해 "받아들여진 자"임을 보여 주었다. 십자가를 통해서 예수는 언제든 이미 "현양된" 분이요, 아버지에 의해 아들로 "확정된" 분임이 분명해졌다.

두 번째로 "하느님의 아들" 호칭은 구약성경에서도 옛 동방지역의 사상과 관련이 깊으며, 다른 한편 이 호칭은 비유다적인 이방 민족들의 문화권 안에서 정착된 것이라고 볼 수 있다. 예수 그리스도는 당시 사람들이 이방 민족의 문화권 안에서 다른 민족의 신들 및 그들의 아들들을 알고 있었던 것처럼, 그들과도 상대해야 하는 처지에 놓여 있었다.36

유다적인 분위기에서 출발한 그리스도교 사상이 로마-그리스 문명 세계 안으로 들어서는 국면에서 "하느님의 아들" 호칭은 나름대로 의미를 가질 수 있었다. 하느님의 아들 호칭은 구약 사상에서 분명 오랫동안 "메시아"와 같은 의미로 새겨질 수 있었지만, 다른 한편 또 다른 사상들에 점점 흡수되어 버리는 지경에 이르렀다. 이때 사람들은 "낳음"을 통해 나타나는 하느님 아들의 특성과 동정녀의 잉태에 대해 어느 정도 생각했던 것 같다.

그러나 매우 확실한 것은 이 호칭이 이미 부활 사건과 병행해 무리 없이 활용됨으로써 전체 그리스도론을 준비하는 개념으로 자리잡았다는 짐이다.

세 번째로 "사람의 아들" 호칭은 가장 난해한 호칭이다. 예수 자신을 통해서 혹은 명시적 그리스도론의 경우에 이 호칭이 거의 의심의 여지없이 활용되었던 것으로 판단하는 연구가들이 오늘날까지 적지 않다. 무엇보다도 다니엘서 7장과의 관련성 때문에 그렇다. 이때 현재의 시점에서 개입하는 사람의 아들(마르 2,10; 2,28 등 참조, 여기서는 예수의 전권이 중요하다.)과 미래의 시점에서 개입하는 사람의 아들(예컨대 루카 12,8; 특히 마르 13,26; 14,62 참조)로 대별된다. 적은 수의 연구가들이 — 예컨대 필하우어(Ph. Vielhauer)가 대표적이다. — 사람의 아들-가르침

---

36. 이와 관련된 전반적인 문제에 대해서는 D. Zeller, *Christus unter den Göttern. Zum antiken Umfeld des Christusglaubens*, Stuttgart 1993.

에 관한 모든 경우에 대해 그 진정성을 의심했다. 일부 연구가들은 그 때마다의 용어 활용을 고려해 구별하고자 했다. 많은 수의 연구가들, 누구보다도 코플레(C. Cople)는 사람의 아들에 대한 가르침을 세 그룹으로 나누어 그 진정성을 논의하려고 했다. 예를 들어, 현재의 시점에서 활동하는 사람의 아들, 수난 중에 있는 사람의 아들, 미래의 시점에서 기대되는 사람의 아들로 나누어 생각했다.[37]

'사람의 아들' 호칭은 분명 지금까지 살펴본 "메시아(그리스도)" 및 "하느님의 아들" 호칭처럼 좀 더 폭넓게 활용할 수 있는 기회를 갖지 못했다. 반면 이 호칭은 모호한 성격을 띠고 있기는 하지만, 나름대로 고유한 전망을 내포한다. "사람의 아들"은 "새로운 인간"으로 암시되기도 한다. 이 새로운 인간은 하느님을 완전하게 닮은 예형(例型)으로서 하느님의 영광을 분명하게 드러낸다. 예수는 죽은 자들 가운데 부활한 맏이가 되었다(1코린 15,32 참조). 모든 신앙인들이 희망하는 맏이로서 그의 존재가 완전하게 변화된 분이다(1코린 15,49 이하 참조). 예수는 새로운 아담이다. 인간 집단을 대표하며 하느님과 새로운 관계에 놓인 자다(로마 5,12 이하 참조).

이 같이 초대교회에 활용된 호칭들과 사상들은 영향사적으로 볼 때 그 의미가 더 발전되지는 않았다. 이들 호칭들은 물론 오늘날까지 그리스도론에 신선한 충격을 가져다줄 수 있다. 예컨대 예수를 '예언자'로서, 혹은 '영을 지닌 분'(혹은 카리스마를 갖춘 분)으로서, 혹은 예수를 '순교자'로서 생각해 볼 수 있는 기회를 제공할 것이다.

---

37. P. Vielhauer, Gottesreich und Menschensohn in der Verkündigung Jesu, in: W. Schneemelcher (Hrsg,), F. S. G. Dehn, Neukirchen 1957, 51-79; Art. "ὁ υἱὸς ἀνθρώπου[=사람의 아들]"(C. Colpe), in: *ThWNT* 8, 403-481(bes. 443).

(3) 모든 사람들의 구원을 함의하는 부활

부활은 구원 사건이다. 부활은 결코 단절된 의미의 사건이 아니다. 오히려 그것은 인간 존재 및 인간성의 해방 및 완성과 연결된다. 부활은 인간을 참된 자유 안으로 끌어들이는 의미를 띤다. 그것은 곧 죄악으로부터의 자유, 죽음으로부터의 자유, 율법으로부터의 자유와 연결되어 있다.

부활하신 분이 내포하는 변함없는 특징은 현재적 의미에서의 구원이다. 이는 당연히 현양과 관련된 의미이기도 하다. 그 때문에 부활은 새로운 백성들을 불러 모으는 힘을 발휘한다. 부활하신 분의 현현은 지상의 예수가 제자들을 불러 모았던 그 활동을 계속 잇는다. 그래서 이른바 '교회'라고 불리는 새로운 백성을 건설한다.

3) 부활과 종교사적인 차원 간의 병행

그리스도교의 선교 활동은 당시 상황에서 확실히 새로운 어떤 것을 가져왔다. 그렇지 않았다면 사람들이 그들 그리스도교 신앙인들을 주목하지 않았을 것이다. 그러나 그들 신앙인들은 당시 사람들과 연계할 수 있는 전제 조건들을 고려해야만 했을 것이다. 그래야 지중해 연안의 문화권 안에서 자신들의 선교 내용이 이해될 수 있었을 테니까 말이다.

(1) 동방과 이집트의 숭배 종교

2-3세기는 시대가 뒤바뀌는 분수령과도 같은 시기로, 동방의 숭배 종교들이 로마 제국 안으로 영입되는 기회가 생기면서 특히 로마를 중심으로 큰 변화가 일어났다. 역사가들은 당시 약 10할의 로마 제국의

시민들, 그러니까 약 십만 명의 인구가 가장 탁월한 신적 존재로서 "Kyrios"[키리오스] 혹은 Kyria[키리아]로 일컫는 숭배 사상에 젖은 종교권에 속했다고 평가한다. 한편 이시스 여신을 숭배한 이집트 종교도 점차 확장되어 갔다는 점도 중요한 사실이다. 이 여신은 특히 오빠이자 연인인 오시리스 신(이 둘 사이에서 아들 호루스가 태어난다.)과 함께 숭배되었다. 이런 숭배 종교 안에서 세계화의 추세는 당연하게 보인다. 그리하여 이시스 여신은 다른 숭배 종교의 많은 여신들과도 동일시되기도 했다. 그 여신은 "모든 신들과 하나다"(eine, die alles ist). 그 후 이시스 종교는 계속 발전해 세라피스 종교와 갈라진다. 또한 세라피스 의례는 점점 우주적 권능의 지배자로 숭배하는 의식이 되었다. 사람들은 "제우스"란 이름을 세라피스 앞에다 붙이고 다음과 같은 일련의 형식화된 경구를 강조했다. "오직 유일한 제우스-세라피스가 존재할 뿐이다." 나중에 이 경구에 다시 태양신 헬리우스가 추가되었다. 흥미로운 점은 이들 신들에게 숭배의 예를 갖추던 '주술사'들도 존재했다는 점이다(그들은 동물의 기름기와 뼈는 희생물로 불태우고 나머지는 먹었다.)

부세트(Wilhelm Bousset)는 제1차 세계대전 직후 다음과 같은 논리를 제시했다. "주님" 호칭은 그렇듯 여러 숭배 종교로부터 유래해 예수 그리스도에게 적용되었다.[38] 이러한 주장은 아람 문화권의 뿌리에 이미 주님의 존재("마라나 타")가 자리했다는 사실을 제대로 알지 못한 것이다. 그러나 거기에 이방 민족들의 형식이 그 숭배 종교에 내재하는 확실한 요소들에다 나름 영향을 미쳤다는 점은 반론의 여지가 없어 보인다. 바오로 사도는 다음과 같이 강조하는 점에서 이 같은 상황을 진

---

38. W. Bousset, *Kyrios Christos*. Geschichte des Christusglaubens von den Anfängen des Christentums bis Irenaeus, Göttingen 1913(Neudruck 1965).

지하게 생각했던 것 같다. "우리에게는 하느님 아버지 한 분이 계실 뿐입니다. 모든 것이 그분에게서 나왔고 우리는 그분을 향해 나아갑니다. 또 주님은 예수 그리스도 한 분이 계실 뿐입니다. 모든 것이 그분으로 말미암아 있고 우리도 그분으로 말미암아 존재합니다"(1코린 8,6).

(2) 죽음의 극복

고대에 죽음에 대한 생각은 다양했다. 사람들은 죽을 운명 앞에서 갈등을 느끼며 괴로워하기도 하고, 때로는 죽음을 자유의 의미로 받아들이기도 했다. 신비 종교 안에서는 언제든 중요한 여신이 존재하며, 이 여신은 한 젊은 배우자를 잃어버린 모습으로 등장한다. 그리고는 분명 합법적인 의미의 부활은 아니지만, 예컨대 미라의 풍속을 통해서 엿볼 수 있듯이,[39] 죽어가던 신이 어찌어찌 해 다시 생명을 회복하게 된다. 믿는 자는 죽더라도 다시 하느님에 의해 살아날 것이다(로마 6장 이하 참조). 사람들은 날이 갈수록 종교사적인 측면에서 다른 종교의 신들이 걸어간 발자취와 예수의 발자취 사이에 병행하는 모습들을 발견하게 된다. 예수는 다른 종교의 신들과 같은 품위의 주권을 취하게 되는데, 그것은 그가 자신을 낮춤으로서 얻게 되는 대가다. 그 때문에 그는 "주님"(필리 2,8 이하)이다. 헤라클레스도 그의 아버지(제우스)의 뜻을 채웠기 때문에, 그 대가로 신들이 머무는 하늘로 들어올려졌다. 인간으로서도 훌륭한 공로를 세운 자는 신격화된다. 인간의 모습을 취한 신들은 고대 신화에서도 찾아볼 수 있다. 거기에는 동정녀의 잉태와 죽은 다음 신이 된 이야기도 존재한다.

---

39. 사례 연구는 in: Theißen / Merz, *Der historische Jesus*, 450ff.

고대에 태양을 숭배한 종교는 그리스도께 일정한 예식에 따라 청원 분위기를 마련해 주었다. 엘라가발(Elagabal, 다른 이름으로는 Marcus Aurelius Antonius, 204-222)과 아우렐리우스(Lucius Dominius Aurelianus, 214-275) 황제는 "불굴의 태양"(*Sol invictus*)으로 숭배되었는데, 이는 그리스도에게도 고스란히 적용되었다. 고대의 숭배 종교는 사람들의 확고한 상상, 기대, 요구들과 딱 들어맞았다고 말할 수 있다. 그리스도는 단순히 숭배 종교 속의 신들의 자리를 대신 차지한 것이 아니라, 일부 그들보다 높은 지위에 오르거나 혹은 그들의 능력을 초월해 그들보다 훨씬 더 많은 것들을 지배하는 분으로 새겨졌다.

그리스도교 사상이 유다 사상을 근간으로 성장한 것은 사실이다. 그에 더해 이른바 "종교사적 비판을 강조한 학파"의 한껏 부풀린 주장으로 인해 사람들은 유다 사상과의 연관성을 원칙으로 삼고 더욱 세심하게 살피는 버릇이 생겨났다. 그러나 사람들은 목욕물과 함께 아이를 쏟아 버려서는 안 된다. 그래서 오늘날 다시 그리스도의 복음과 이방 민족들의 사상들(특히 고대의 종교관에서 목격하는 사상들) 사이에 고려되었던 연결고리를 새롭게 살피려고 시도한다.

5. 초기 그리스도론의 '생성 장소'

1) 그리스도 체험과 그리스도 이해의 '장소'

이미 가장 앞선 세대들에게는 부활하신 분이 살아 있음에 대한 체험과 유사한 어떤 것이 있었다는 사실이 목격된다. 가장 먼저 신약성경이 부활하신 분과의 만남을 확신하는 장면에는 ― 이른바 예수를 "보았다"는 장면에는 — 십자가에 처형된 이를 부활하신 분으로 알아보는 대목이 등장한다. 이미 이런 사실을 통해 신약성경은 그리스도론적인 논의를 전개시킬 만한 출발점으로서 부활하신 분에 대한 보다 넓은 체험 "영역"을 말해 준다.

(1) 성찬례

이런 맥락에서 한 가지 확실히 과소평가할 수 없는 의미로 여겨지는 것이 성찬례다. 비록 많은 사람들이 성찬례에 대해 이야기하더라도(참고 1코린 16,22), 분명히 "마라나 타"라는 외침이 성찬례 중에 확고한 자리를 잡고 있었는지는 확실하지 않다. 이 외침을 대다수가 이렇게 번역한다. "오소서, 우리 주님!" 그러나 이는 아람 언어권에서 본래 다만 다음과 같은 번역이 가능하다는 사실 또한 나름대로 입증된다. "우리 주님께서 이미 오셨다(그래서 여기 계신다)." 최근의 연구들은 이 외침에 하나의 청원이 담겨져 있다고 설명하는데, 그것은 주님의 오심을 파루시아(parusia)의 차원에서 빌어마지 않았다는 것이다. 그러하다면 아마도 원천적으로 종말론적인 청원에서 출발해 성찬례의 한 형식이 되었다고 할 수 있다.

중요한 것은 아람 언어권에 속한 신앙인들이 이미 예수를 "주님"으로 불렀다는 사실이요, 이 외침이 — 훨씬 더 큰 개연성에 따른 것이지만 — 최소한 전례 속에 정착되었다는 점이다. 거기서 그리스도가 고백되고 부활하신 분으로 체험된다. 그래서 이는 구원이 그분에게서 기대된다는 것을 함의한다. 예수 그리스도는 하느님과는 다른 구세주다. 실상 유다의 관점에서는 전대미문의 태도다. "예수는 여기서 하느님 편에서 우리에게 한 번쯤 앞서 다가온 신적인 위엄을 지닌 위대한 존재로 새겨진다. 그래서 마라나 타-외침 안에서 그리스도만을 직접적으로 거론하는 '직언의 그리스도론'에 대한 논의의 개진(혹은 추이)을, 이렇게 말하는 것이 가능하다면, 가장 이른 시기에 고려된 직언의 그리스도론을 엿볼 수 있다."[40]

또 다른, 아마도 성찬례 안에 정착된 전례 형식으로서 부활하신 분에 대한 체험을 분명하게 언급한 사례는 "예수는 주님이시다!"(1코린 12,3)라는 경구다. 이는 당장 코린토교회 안에서 이른바 탈아적인 현상들에 심취해 있던 공동체 안에서 목격되는데, 부활하신 분에 대한 체험을 증명해 준다.

부활하신 분에 대한 체험에 관해 특히 잘 보여 주는 이야기는 엠마오-사건(루카 24,13-35)이다. 이 이야기는 주석의 측면에서 아주 다양한 관점에서 논의된다. 이 사건에 관한 보도 말미에는 이미 관례화된 공동체적인 성찬례가 비록 간접적인 언급이기는 하지만 분명하게 파악된다. 예수와 함께 엠마오로 걸어간 다음, 그 두 제자는 예수에게 자신들과 함께 머물러 있기를 청했다. "저희와 함께 묵으십시오. 저녁때가 되어 가고 날도 이미 저물었습니다"(루카 24,29). 이 청원과 관련하여 성경은 이렇게 전한다. "그래서 예수님께서는 그들과 함께 묵으시려고 그 집에 들어가셨다. 그들과 함께 식탁에 앉으셨을 때, 예수님께서는 빵을 들고 찬미를 드리신 다음 그것을 떼어 그들에게 나누어 주셨다"(루카 24,30). 이 만찬 장면에서 루카복음사가는 공동체의 신앙을 강화시켰다. 그래서 부활하신 그리스도가 이 만찬의 주인으로 군림하신다는 사실을,

---

40. H. Keßler, *Sucht den Lebenden nicht bei den Toten*. Die Auferstehung Jesu Christi in biblischer, fundamentaltheologischer und systematischer Sicht, Düsseldorf 1985, 114.

그로써 그리스도교의 전례에는 영광을 입으신 그리스도가 자신을 드러내는 자기해명이, 지상적 예수의 자기해명과 연계되어 혹은 그 결과로 계속 이어지듯, 그때마다 새롭게 실현되고 있음을 보여 주고자 했다. "정녕 주님께서 … 나타나셨다."(루카 24,34)는 진술은 부활 사건 이후의 그리스도인들에게는 공동체의 전례에서 그와 동일한 체험이 계속 이어질 것임을 함의한다. 그렇게 부활하신 분은 "그분을 알아보도록" 자신을 열어 보이신다(루카 24,35). 앞선 루카 24,34에서의 이 체험은 하나의 신앙고백으로 부각된다. "열한 제자와 동료들이 모여, '정녕 주님께서 되살아나시어 시몬에게 나타나셨다.' 하고 말한다." 이는 동시에 그리스도교에게 하나의 과제를, 그러니까 처음 눈으로 체험한 증인들과 그 말씀을 (전달하는) 봉사자들의 증언에 힘입어 또 공동체의 신앙에 기초해 살아가야 함을 말해 준다(1,2). "이 복음사가가 그와 같은 방식으로 엠마오 사건을 전하면서 부활 신앙이 전례 중에 그 '역사적' 근원에 소급해 완성되고 있음을 밝히는 동안, 그것은 또한 그가 속한 공동체의 신앙에, 곧 신앙공동체의 자기이해에도 기여하는 것이다."[41] 공동체의 전례는 부활하신 분이 그때마다 새롭게 선사하는 현존을 경험하고 믿으며 또 고백하는 장소다. 그래서 성찬례는 이미 첫 신앙인들에게는 부활하신 분에 대한 체험의 장소요, 그와 동시에 초기 그리스도론적인 틀이 형성된 터전이다. 신약성경에는 그렇게 전례 형식으로 일컬어지는 찬미가와 찬가 형식이 뚜렷하게 흔적을 남기고 있다.

① 필리피서의 찬미가(필리 2,5-11).

---

41. P. Fiedler, *Die Gegenwart als österliche Zeit - erfahrbar im Gottesdienst. Die 'Emmausgeschichte' Lk 14,13-35*, in: L. Oberlinner (Hrsg.), *Auferstehung Jesu - Auferstehung der Christen. Deutungen des Osterglaubens* (*QD* 105), Freiburg I. Br. u.a. 1986, 124-144 (Zitat 143f.).

② 콜로새서의 찬미가(콜로 1,12-20).
③ 요한의 로고스 찬미가(요한 1,1-5, 9-14.16).

(2) 성경의 해석

만일 전례적인 측면에서, 특히 처음부터 경험적으로 탈아적인 요소들이 어떤 특별한 역할을 할 수 있다고 본다면, 부활하신 분에 대한 인식과 체험의 장소로 또 다른 곳을 찾아볼 필요가 있다. 우선적으로 '그리스도론적인 성경 해석'을 생각해 볼 수 있다. 이것 역시 아예 탈아적인 요소들이 배제된 것은 아니었다(1코린 12,10.30). 아마도 초기 공동체 안에서도 이미 처음부터 나름대로 성경을 해석하는 관례가 있었을 것이다(마태 13,52; 1티모 1,7; 2베드 1,20; 2티모 3,15 참조). 사람들은 구약의 옛 계약과 모범적인 사례들을 이해하려고 노력했다. 예컨대 마태오 복음서에는 당시 신앙인이 되새겨야 할 일정한 인용 형식 한두 가지 사례가 목격된다. "그것이 이루어졌으니, 그로써 채워졌다."

(3) 파견 설교(세례와 함께)

파견 설교 및 선교 활동은 메시아 사상을 발전시키는 데 기여했다. 유다 사상으로부터 다양한 요소들을 끌어들였다. 이방 민족을 상대로 시도한 파견 설교는 저들이 생각하는 범주를 고려해 이루어졌다. 예컨대 앞서 보았던 "하느님의 아들" 개념이 그런 점에서 이방 세계의 이적(異蹟) 행위와 연계되기도 했다.

종종 선교 활동의 결실이라고 말할 수 있는 세례는 신앙고백이 있은 후에 이루어졌다. 이는 나중에 가서 "나는 … 믿나이다."라는 형식을 갖추게 되었다. 그러나 처음에는 세례자가 자신의 신앙을 아주 사적인 말(표현)로 고백했던 흔적도 발견된다. 무엇보다도 그들이 예수 그리스도 안에서 참된 "주님"을 발견하게 되었을 때, 혹은 세상의 세력과 권세로부터 벗어나게 되었을 때, 감사하는 표현 형식으로도 신앙고백이 이루어졌다. 그리스도와 함께 "묻히는" 의미, 그래서 그분과 함께 다시 "살아나는" 의미를 띠는(로마 6장) 세례 체험은 아마도 부활하신 분에 대한 체험을 아주 직접적으로 대변하는 것으로도 풀이되었던 것 같다. 뒤에 발전된 단계에서는 좀 더 형식적으로 견고해진 신앙고백이 앞서 진행되었다.

세례를 받고자 하는 자는 누구나 그리스도와 한 몸이 되어야 한다. 이 같은 단일성으로써, 곧 현실적으로 교회의 일원이 됨으로써, 그리스도에 대한 체험은 더욱 확장되고 그분과의 인격적인 만남은 더욱 성숙해진다. "그리스도는 그분을 믿고 그분의 이름으로 세례를 받은 모든 사람들이 그분의 인격을 통해 한 몸을 이루어야 할 분이다. 그리스도는 그분의 '구성원들'과 함께 살아가시고, 머무르시고, 행동하시고 또 현존하시며, 동시에 그분의 구성원들도 그분 안에서 그분과 함께 그분을 통해 살아가고 행동해야 할 그런 분이다. 그리스도는 하느님의 영이 인간의 구원을 위해 활동하시는 통로와 같으며, 구약성경이 전하는 하느님의 계약이 그분을 통해서 채워지는, 유일무이한 분이다."[42] 선재에 대한 생각은 아직 명시적이지는 않았지만, 암시적으로는 알아볼 수 있게끔 드러났다. 그리스도는 "마지막 아담"으로서 "하늘에서" 내려온 분이다(1코린 15,47 참조).

---

42. F. J. Schierse, *Christologie* (Leitfaden Theologie 2), Düsseldorf 1979, 86.

2) "성령을 통한" 그리스도의 현존

예수를 부활한 분으로 고백하는 그리스도교 신앙은 단지 부활 사건과 예수 그리스도의 현양 사건에 대한 보도에만 머물러 있지 않는다. 그리스도교 신앙은 처음부터 부활 신앙을 세계만방에 전하는 쪽에 무게를 실었다. 부활한 분은 하느님 안에, 하느님 곁에 그리고 하느님으로서 살아계신다는 사실이 성령을 통해 온전하게 고백된다(신적인 자기 계시의 중재자로서 성령). 그렇게 이 성령은 인간적인 체험 안에서도 활동한다.

부활의 증언에 대한 신뢰할 만한 증표들이 여럿 있고, 초대교회에는 부활절 체험을 신뢰할 만한 증표들이 존재한다. 그러나 나자렛 예수가 실제 부활했다는 것, 그가 당시에 살아 있는 자로 경험되고, 오늘날에도 그렇게 경험될 수 있다는 것은 모두 정확히 말해 신앙의 몫이요, 그런 점에서 합리적으로 밝힐 수 없으며, 강요한다고 입증될 수 있는 것도 아니다.[43]

(1) 성령에 의한 체험으로서의 부활 체험

그리스도교 신앙은 그런 이유로 십자가에 처형된 분이 부활했다는 것을 깨닫고, 그에 대한 지식을 성령이 선사한 체험이라고 고백한다. 이미 예수에게서 하느님의 영이 활동했다. 성령은 예수를 죽음으로 방치하지 않았으니, 그분은 부활의 "원동력"이다(로마 1,4; 8,11; 2코린 13,4; 1코린 6,14; 1베드 3,18 참조). 성령은 하느님의 생명력이자 활동력이다.

하느님의 영을 통해서 우리에게 부활한 분이 도달한다. 그분이 우

---

43. 이 점은 Keßler, *Sucht den Lebenden nicht bei den Toten*, 373ff.의 논증을 따랐다.

리에게 도달했는지는 그 영의 작용으로 빚어지는 일정한 시험, 곧 그리스도에 대한 신앙고백으로 판명될 수 있다. 그 영을 받은 자는 누구나 십자가에 처형된 이를 부활한 분으로 받아들이고 또 고백할 수 있다(1코린 12,3; 2,9 이하; 1요한 4,1-16; 요한 14,26 등). 그 영은 신앙인들이 그리스도와 생생한 관계를 맺도록 고무시킨다(갈라 4,6; 로마 8,15.26 이하 참조). 그와 동시에 그 영은 사람들에게 연대감과 이웃사랑을 향해 마음을 열도록 일깨워 다른 이들에게 봉사하도록 이끈다(1코린 13; 갈라 5,13-6,2 참조).

(2) 표징을 통한 부활 체험

그러므로 부활한 분의 현존은 성령을 통해 중재된다. 이는 그럼에도 추상적인 방식으로 이루어지는 것이 아니다. 그리스도는 복음의 선포 중에 그리고 그것을 통해, 곧 말씀 안에 현존한다. 그래서 부활하신 주님이 몸소 복음을 일으켜 세웠는데, 복음은 그분의 영을 통해서 온전하게 전달된다(1코린 2,10 이하). 그 영은 복음 안에서 능력을 발휘한다(1테살 1,5; 로마 15,18). 복음을 받아들이는 자는 그 영도 받아들일 것이다(갈라 3,2.5). 다른 한편 케리그마는 부활이 없었다면 공허한 말에 지나지 않았을 것이다(1코린 15,14). 그리스도는 그 영의 힘으로 자신을 계시한다(2코린 13,3; 로마 15,8 등).

부활한 분의 현존을 입증하는 두 번째 형태는 성사다. 이는 특히 성찬례를 통해서 드러난다. 예수의 지상적 삶과 죽음, 부활에 대해 기억하는 중에, 그리고 그 영이 강림하기를 청하는 중에 주님은 스스로 엠마오의 제자들에게 그러하셨듯이 성찬례의 주인으로 역사하신다(1코린 10,21 참조). 결론적으로 부활한 분은 교회 내 공동체라는 뚜렷한 표지

안에서 성령을 통해 현존하신다. "두 사람이나 세 사람이라도 내 이름으로 모인 곳에는 나도 함께 있기 때문이다"(마태 18,20). 부활로 높이 들리신 주님은 당신의 영을 통해 여러 가지 지체들과 한 몸을 이룬다.

잊지 말아야 할 사실은 반복해 말하지만 특별한 관점에서 가난한 이들의 무리가 존재하는데, 그들 안에 그리스도가 현존한다는 점이다. 가난한 이들은 이 세상에 가려진 하느님의 얼굴이다(참고. 마태 25,31-45의 최후 심판).

6. 옛 교회의 그리스도-신앙의 발전 과정

1) 아리우스와 니케아 공의회

신약성경에는 마지막까지 미결정된 상태로 혹은 온전히 규명되지 못한 상태로 남아 있는 것이 있는데, 나자렛 예수가 어떻게 자신을 추종하는 이들로부터 약속된 메시아로 존경을 받게 되었으며, 더욱이 하느님을 매우 친숙한 용어(Abba)로 아버지라 부를 만큼 하느님과의 관계가 돈독한 그리스도로 추앙되었느냐는 것이다. 이미 2세기에 이 해명을 위해 다양한 시도가 있었는데, 예를 들어 양자설 ― 나자렛 예수가 나중에 세례를 받는 순간에 혹은 부활하게 됨으로써 비로소 하느님의 아들로 "입양되었다"고 말할 수 있다는 이론 ― 의 형태가 그 중 하나다(사도 2,36; 5,31; 시편 2,7). 2세기 중반에 기록된 "헤르마스의 목자"라는 환시적인 계시록 안에서 그렇듯, 유다-그리스도교적인 관점에서 양자설에 입각한 사상이 발견된다. 양자설에 이웃하는 시도로서 종속설(從屬說, Subordinatianismus)이 있는데, 이 후자의 이론은 로고스의 존재적 위상을 하느님 아래에다 종속시키는 데 주목한다. 이 이론은 알렉산드리아 교회의 사제였던 아리우스에 의해서 만들어졌다. 그에 따르면 인간이 되신 로고스는 하느님의 아들과 동등한 본질을 갖지 않고, 다만 피조물 가운데 으뜸일 뿐이다. 이 이론을 두고 벌인 논쟁은 결국 니케아 공의회의 소집을 초래했다. 이 공의회에서는 알렉산드리아 주교 아타나시우스(Athanasius, 295-373)가 결정적인 역할을 수행했다. 그는 본시 구원론적인 사상 ― 만일 그 아들이 실제 하느님이라면, 아버지와 다름없는 본성을 지니며, 그로써 능히 인간을 실제 구원할 수 있다. ― 을 기본 토대로 이 문제를 다루었다. 이 입장을 받아들여 상기 공의회는 예수 그리스도가 "하느님에게 나신 하느님, 빛에서 나신 빛, 참 하느님에게서 나신 참 하느님, 창조되지 않고 나시고 성부와 본질이 같으시다(ὁμοούσιος)."(DZ 125)라고 공식적으로 선언한다. 그러므로 이 용어 ὁμοούσιος([호모우시오스] "본질적으로 같은")는 단지 알파벳(ι)만 첨가된 다른 용어 ὁμοιούσιος([호모이우시오스] "본질적으로 유사한")와 차별화해, 엄밀한 의미에서 그리스도의 본질을 설명할 때 보다 더 바람직한 것으로 채택되었다.[44]

아리우스 이단과의 논쟁은 결국 로고스가 "하위의 하느님"이 아니라 하느님 자신이라는 결정문을 낳게 했다. 이러한 니케아 공의회 결정과 더불어 그리스도교의 하느님 개념이 분명하게 해명되기는 했지만, 다른 한편 그리스도론과 관련된 의문이 점차 불거지기 시작했다. 만일 예수가 하느님이라면, 어떻게 그리스도 안에서 유일한 신성 및 실재성

---

[44] 그로써 그리스도교 사상을 이방 민족의 용어로 혼용하는 위험도 피할 수 있었다. 한편 예수 그리스도는 일종의 중간적 존재(Mittelwesen)라고 바라본 태도는 두 번째 신성에 관한 이론을, 예컨대 δεύτερος Θεός(=두 번째 신) 개념을 발전시켰다.

이 인간적인 본성과 결합할 수 있는가? 또 어떻게 두 가지(신성과 인성)가 하나로, 하나가 어떻게 두 개로 존재할 수 있을까? 이 경우에는 물론 존재론적인 이론을 구축하는 것이 관건이 아니라, 도대체 그리스도의 경건한 삶과 실존 구조를 어떻게 이해할 수 있느냐가 관건이었다.

이를 해결하기 위한 수고는 고대의 두 거대한 학파들을 상대함으로써 자연 정교해지고 다각적으로 강화되었다. 왜냐하면 고대의 두 학파, 곧 알렉산드리아와 안티오키아 학파가 앞선 의문에 대해 가능한 경우들에 주목했고, 그때마다 뒤따르게 될 위험들에 대해서도 자세히 지적했기 때문이다. 알렉산드리아 학파는 로고스, 곧 신적 존재의 우세함을 강조한 반면, 안티오키아 학파는 아리스토텔레스의 관점을 따라 그 차이점에 주목해 서로를 갈라 세울 것을 더욱 강력하게 주장했다.

알렉산드리아-안티오키아 학파가 제기한 이 같은 신학적 대립 명제(Antithetik)는 실상 밝혀진 바에 의하면 당시 사회적-교회 정치적인 배경이 크게 작용했다. 예컨대 동방교회 안에서 두 지역교회(콘스탄티노플 교부들과 알렉산드리아 교부들) 간의 알력 때문이었다. 이 두 지역교회는 제삼의 로마교회를 상대로 보다 더 큰 힘을 얻고자 했다. 로마교회는 그 당시 신학적인 측면에서 입지를 마련하지 못한 상태였다. 이는 결코 로마교회에게 유리하지 못했다. 로마교회는 상기 두 지역교회의 극단적인 입장을 중재 및 수정하는 방식으로 전해 내려오는 자신의 입장을 고수해 나갔다.

2) 칼케돈 공의회에 이르기까지

오리게네스에게서 시작된 "신인"(神人) 개념에 대한 궁금증을 해결하던 중 중요한 사상이 발전하게 되는데, 이는 아폴리나리스(Apollinaris

†390년경) 이름과 연계된다. 그는 아타나시우스의 친구로서 그리스도의 신성을 우세한 본성으로 확신하고는 그리스도 안에는 인간의 정신(Nous) 대신에 로고스가 자리한다고 주장했다. 두 가지 본성적인 측면, 그러니까 두 가지[신으로서, 인간으로서] 자유의지의 원칙이 그에게는 적용될 수 없는 것처럼 보였다. 따라서 로고스는 예수의 인간성을 밀어제친다(로고스-사르크스 그리스도론[Logos-Sarx-Christologie]=Apollinarismus). 이에 반해 이미 콘스탄티노플 공의회(381)는 다음과 같은 논증을 공식적으로 발표했다. 예컨대 로고스는 온전하게 인간성을 취했다고 말해야 한다. 그렇지 않으면 그리스도는 인간을 구원할 수 없게 될 것이다. 내용적으로 아폴리나리스주의는 단성론(單性論, Monophysitismus)에 합류한다. 단성론이란 그리스도 안에는 결과적으로 하나의 본성, 곧 신성만이 존재한다고 보는 입장이다. 아폴리나리스는 단일의지론(Monotheletismus)을 주장하는 만큼, 예수 그리스도가 하나의 의지 또는 두 개의 의지를 가졌는지 하는 논쟁도 불러일으켰다. 이 문제는 중세로부터 근대에 이르기까지 예수의 인간적-정신적인 삶, 특히 그의 의식과 관련하여 스콜라주의의 정식 논의로 다루어져 왔다.

콘스탄티노플 교회 안에서 활동했던 네스토리우스(Nestorius 약 385-451)를 중심으로 그 추종자(네스토리우스주의자)들이 앞선 입장에 반대하는 논리를 전개했다. 네스토리우스는 타르수스의 주교 디오도르(Diodor, †394)와 유사하게 "분리-그리스도론"(Trennungschristologie)에서 출발한다. 곧 그리스도 안에서 하느님(신성)과 인간(인간성)을 엄격히 분리해야 한다. 그의 결론은 그리스도 안에서 신성과 인간성이 하나가 아니라, 다만 서로 포개져 있다는 것이다. 그렇게 두 가지 본성이 서로 섞이지 않는 특성을 따라 따로 존재한다고 본 것이다. 이 논쟁은 구체적으로 다른 문제에 불씨를 당겼으니, 사람들이 마리아를 가리켜 "하느님을 낳으신 분[=천주의 모친]"이라고 칭해야 하는지 하는 문제를 내포한다. 알렉산드리아의 키릴루스(Cyrillus Alexandrinus)는 이를 적극적으로 마리아를 하느님의 어머니로 부르기를 주장했다. 반면 마리아는 "단지" 인간적인 부분만을 낳았다는 논증을 내세우는 이들도 있었다. 이들을 중재하려는 차원에서 네스토리우스는 "그리스도를 낳으신 분"[=그리스도의 모친]이라는 호칭을 제안했다. 물론 그리스도는 신과 인간이 결합된 존재임을 전제하는 것이다.

네스토리우스의 실재적인 입장에 대해서는 완전하게 해명되지 않았다. 그러나 의심의 여지가 없는 점은 그가 정당한 믿음을 두고 고민했다는 것이다. 추정하건대 그리스도론적인 문제, 그러면 어떻게 신적인 것이 그리스도 안에서 인간적인 것과 결합할 수 있느냐는 문제가 남게 되는데, 에페소 공의회(431)는 "천주의 모친"(*mater Dei*)이란 호칭을 받아들여 네스토리우스의 입장을 반박했지만, 단죄하는 순간까지도 당시의 개념들로써는 실질적으로 문제를 해결할 수 없었다.

3) 칼케돈 공의회의 해명

새롭게 실체 및 위격을 의미하는 ὑπόστασις[휘포스타시스]와 본질을 의미하는 οὐσία[우시아] 개념이 도입되고 서로를 연결시키는 작업을 시도하면서부터 해명의 가능성이 높아졌다. 교황 대 레오(Leo I Magnus, 재임 440-461)는 콘스탄티노플 신학자들에게 교서를 보내 자세하게 설명했는데, 당시 콘스탄티노플 신학자들은 단성론을 반대하면서 그리스도 안에서 하나의 위격과 두 가지 본성의 구별을 분명히 할 것을 계속 주장했다. 이윽고 칼케돈 공의회(451)는 이 교서("*Thomas ad*

Flavianum")를 몇 가지 다른 문헌들과 함께 공적으로 발표하면서 이것이 교회의 공식 입장이라고 천명했다. 또한 그리스도는 참 하느님이자 참 인간임을 분명하게 밝혔다. 두 가지 본성, 곧 신적인 본성과 인간적인 본성이 그리스도 안에 존재하면서도, 변함이 없고 해체되지도 않으며, 뒤섞이거나 나누어지지도 않는다(*incommutabiliter, indivise; incon- fuse, inseparatbiliter*)고 선언했다. 그리스도 안에는 물론 오로지 "하나의 위격"(ἕν πρόσωπον/μία ὑπόστατις)이 존재할 것이니, 교회는 그것을 신적인 로고스의 위격이라고 일컬었다(*DZ* 302).

과연 칼케돈의 형식은 타협적인 성격을 띠었다. 그렇게 안티오키아 교회와 알렉산드리아 교회 간의 기본 입장을 중재하려고 했다. 예수 그리스도는 참 하느님이자 참 인간이다. 그 두 가지 본성은 서로 뒤섞이지 않으며, 예수는 하나의 신적 위격만을 취한다. 그리고 이 위격이 '실체적 단일성'(hypostatische Union)을 이루게 한다. 물론 몇 가지 '한정된 관섬늘'이 쉽사리 눈에 띌 수 있다.

① 옛 교회의 전체 그리스도론에 있어서 중요한 구원론적인 측면이 단지 온통 주변적인 차원에서만 언급되었다는 점.

② "두 가지 본성"에 관한 논의가 매우 추상적이며, 나아가 사람들이 신적인 것과 인간적인 것을 동일한 개념(형식)으로 말할 수 있다고 자신한 점.

③ 예수 그리스도 안에 "신적인 것"과 "인간적인 것"이 존재해 왔다고 분명하고도 확정적으로 말할 수 있다는 분위기가 형성되었고, 그와 더불어 하느님께서는 한 인간의 삶이 걸어가는 여정 안에 당신 자신을 그때마다 드러내고 계시하신다는 중대한 성경의 가르침이 자취를 감춰 버렸다는 점이다.

그런 점에서 칼 라너는 칼케돈 공의회는 끝이 아니라 시작이라고 올바르게 평가했다.

4) 보충된 그리스도론에 관한 가르침

본질적인 것은 이미 칼케돈 공의회에서 언급되었다. 하지만 신학적인 통찰에 대한 기대가 있었던 만큼 균형 잡힌 사유 형식을 계속 발굴해 보다 더 적합하게 표현해야 한다고 생각했다. 그래서 이후 두 차례의 공의회를 통해 그리스도론과 관련된 문제를 계속 취급해 나갔다. 제2차 콘스탄티노플 공의회(553)는 단성론자들, 특히 앞선 칼케돈 공의회에서 단죄를 받아 교회를 떠난 이들과 화해하려고 노력했다. 사람들은 안티오키아 학파의 단죄 이후 새로운 길을 열어 보려고 노력했고, 또 한편 단성론적으로 흘러가는 알렉산드리아의 분위기에 소통의 다리를 놓으려고 애썼다.

칼케돈 공의회의 뜻을 새롭게 다듬고, 또 칼케돈 공의회에서 채택된 그리스도론적인 언표들을 보다 더 정확하게 표현하고자 적극적으로 노력했으니, 무엇보다도 '단일성'이, 여기서는 "실체적 단일성"(ἡ ἕνωσις)에 관한 이해가 중요했다. 물론 내용적으로 보자면 결코 새로운 것은 아니었다(비교 DZ 421-438; 특히 425).

제3차 콘스탄티노플 공의회(680/681)는 다른 측면의 통찰을 감안하면서 균형 있는 표현을 성공적으로 이루어냈다. 단성론을 뒤따르던 후예들은 단호히 단죄되었다. 단성론은 단일의지론 및 유신정론(唯神定論, Monergismus - [역주] '은총만으로'(sola gratia)와 유사한 구호를 외치면서, 오직 하느님의 결정에 의해서만 모든 것이 이루어진다고 주장한다. 그와 상대적인 입장을 Synergismus[神人合定論]이라고 칭한다.)이 다소 약화되어 일부 변형된 형태를 취할 때 몰래 잠입해 들어왔다.

'단일의지론'은 그리스도 안에는 두 가지 독립적인 본성이 존재하지만, 인간성은 기꺼이 신성에게 자신의 자리를 넘겨주어야만 한다고 주장한다. 그 넘겨줌의 대상은 의지다. 그리스도는 분명 고유하고도 독립적인 인간 이성을 지녔기는 하지만, 의지 면에서는 오로지 신-인적 의지 하나뿐이다.

그러므로 유신정론은 다시금 단성론을 지지하려고 애쓴다. 사람들은 그리스도가 비록 고유한 인간적 의지를 지녔기는 하지만, 그에게서 의지를 발휘하게 하는 결정 능력은, 이른바 "하나의 위격"(ἕν πρόσωπον)이란 용어로 표현되는 바로 그것이어야만 한다고 보았다. 그러나 이 같은 시도도 별 의미를 갖지 못했다(비교 DZ 553-559).

절정기를 맞았던 스콜라주의는 교부 시대의 그와 같은 용어 활용과 관련하여 그리스도론에서만 적용되는 특별 용례를 발전시켰다. 칼케돈 공의회에서 발표된 기본적인 내용을 다시금 체계화시켰으며, 전체적인 용례를 기초로 적절한 관용어 활용(Idiomenkommunikation)이라는 모토 아래서 시야를 넓혀 새로운 전망을 밝혀 주었다.

그리스도 안에는 두 가지 본성이 존재하지만, 이 두 가지 본성은 그의 위격을 통해 하나가 된다. 두 가지 본성이 그리스도의 위격을 통해 하나가 되기 때문에, 하나의 위격에 기초하는 두 가지 본성에 대해 말할 수 있다. 그래서 사람들은 '하느님께서는 그리스도의 위격 개념 안에서 몸소 고통을 당하셨다'고 고백할 수 있고, 또한 반대로 '예수 그리스도는 위격 개념 안에서 전지전능한 분이다.'라고 고백할 수 있다. 전체는 아래의 두 가지 기본 노선을 따라 이해될 수 있다.

① 사람들은 구체적인 것을 구체적인 것과 연결시킬 수 있을 뿐,

추상적인 것으로 추상적인 것을 연결시킬 수는 없다. 그래서 사람들은 '예수가 고통을 당했다'고 말할 수 있지만, '예수는 전지전능하신 하느님이다' 하고 말할 수 없다. 왜냐하면 그의 위격 개념에는 자연 본성이 걸맞기 때문이다. 그와 마찬가지로 사람들은 '하느님께서 몸소 고통을 당하셨다'고 말할 수는 있지만, '신성이 고통을 당하셨다'고 말할 수는 없다. 왜냐하면 저 위격 개념은 상기 두 입장을 포용하는 개념이 아니기 때문이다.

② 이상의 진술 양식의 비교(관용어 활용 용례)는 다만 긍정 명제들의 경우에만 적용될 수 있다. 사람들은 '그 아들이 전지전능하지 않다.'고 말할 수 없다. 왜냐하면 그로써 그의 '단일성'이 무의미하게 되기 때문이다.

이러한 관용어 활용의 용례가 신학적으로 마련하는 토대는 다음과 같다.

① 하나의 위격에 대한 가르침 확보 : 하나의 위격이기 때문에, 사람들은 이들 언표들을 서로 바꿔 사용할 수 있다. 다만 위격 개념이 오늘날 심리학적으로 그리고 인격주의적으로 함의하는 바가 다양하고, 또한편 사뭇 어느 한 측면을 부각시켜 활용하는 만큼 주의해야 한다.

② 독특한 '상호 내재'(Perichorese) 개념의 확보 : 두 본성이 ― 서로 혼동되는 경우 없이 ― 위격에 힘입어 내적으로 단일성을 이룬다.

설령 칼케돈 공의회의 표현 형식이 이처럼 발전해 하나의 그리스도론적인 문법을 형성시킴으로써 어느덧 쉽게 단성론적인 태도를 극복할 수 있게 되었다고 하더라도, 그래서 그런 태도를 거명할 필요조차 없게 되었다고 하더라도, 여전히 서양 사회의 사고방식에는 그 두 번째 요인이 앞선 경우와 흡사한 모습으로 영향을 미치게 되었다. 왜냐하면 그 당시 고백자 막시무스(Maximus Confessor)가 단성론적인 유혹을 발견해 냄과 동시에 한 가지 새로운 위험스런 분위기를 자아냈기 때문이다. 그는 위-디오니시우스(Dionysius Areopagita, 5세기의 신플라톤주의적 신비신학자)의 작품들을 정통신학이란 이름으로 해석해 냈다. 그래서 사람들은 다시금 이전의 단성론적인 경향에 가까이 접근하게 되었지만, 이 경우는 아직 피상적인 수준에 그쳤고, 더 이상 깊이 파고들지는 않았다. 결과적으로 칼케돈 공의회의 입장에서 벗어나지 않았다.

7. 그리스도론적 사유의 몇 가지 모델

1) 중세

스콜라주의는 약 9세기부터 16세기까지 교회의 신학 사상을 지배했는데, 새로운 그리스도론적인 사유 형식의 발전에도 기여했다. 이 시기에 교부들은 그리스도론을 주로 설교나 교리, 묵상 목적으로 접근했기 때문에 사람들은 점점 더 거리를 두게 되었다. 토마스 아퀴나스 이래로 아리스토텔레스의 통찰 방식이 훨씬 더 의미 있는 것으로 받아들여짐에 따라 그리스도론은 점점 체계적이고 사변적인 과정을 거치게 되었다. 사람들은 어느덧 중세 초기의 성찬례와 관련된 다툼을 포기한 만큼 그리스도론과 결부된 대규모의 논쟁들은 거의 일어나지 않았다. 그 때문에 중세의 공의회들도 단지 기회가 있을 때만 그리스도론에 대해서 언급하는 정도로 그쳤다.

페트루스 롬바르두스(Petrus Lombardus, 1095-1160)는 "서양 사회

의 스승"이자 스콜라주의의 머릿돌이라 불릴 만하다. 그의 『명제론』(*Libri IV Sententiarum*)은 중세의 교과서였다. 당시 신학은 가르침을 따라 보급되었는데, 이때 롬바르두스의 명제들을 해석하는 데 치중했다. 이에 할레의 알렉산더(Alexander Halensis), 알베르트 마뉴스, 토마스 아퀴나스, 보나벤투라, 둔스 스코투스 등이 그렇게 해석을 시도했다. 롬바르두스는 그리스도 안에서 신성과 인성의 관계 문제를 어느 하나에 연연하지 않고, 세 가지 입장으로 요약했다.[45]

토마스 아퀴나스는 그리스도론을 자신의 『신학대전』 제3부(S. th. III)에서 취급한다. 토마스에 의해 자립체-이론(Subsistenztheorie)이 대두되었다. 신인(神人)의 단일성(하나-됨)은 로고스의 실체(위격)를 통해 이루어졌다. 신적인 위격은 단지 "자립체"(Substanz)일뿐 아니라 관계도 내포한다. 이 두 가지 실재성은 서로 대립적이지 않고 상보적이다. 그래서 예수는 로고스의 위격을 통해서, 곧 영원하신 아버지와의 관계성 안에서 실존하고 최대한으로 인간적 자립성과 활동성을 소유한다. 그 때문에 예수 전체의 폭넓고 구체적인 삶이 ― 예수가 살아가면서 취한 모든 행동들이 ― 구원론적인 의미를 띤다. 끝으로 토마스는 육화의 동기와 관련하여 한 가지 뚜렷한 입장을 대표하는데, 그것은 둔스 스코투스의 입장과 대조적인 것으로서 이후 토마스주의와 스코투스주의로 각각 나름대로의 정당한 절차를 따라 학교에서 가르치는 두 가지 견해로

---

45. ① Homo-Assumptus-Theorie는 '로고스의 위격을 통해서 인간(예수)이 하느님이 되었고, 그의 육화를 통해서 하느님이 저 인간(예수)이 되었다.'는 이론이고, ② 실체 이론은 '로고스가 육화되기 이전에 삼위일체 하느님의 한 위격으로 존재했고, 마침내 육화를 통해서 이 위격이 인간의 위격이 되었다.'는 이론이다. ③ Habitus-Theorie는 '로고스가 인간 본성을 마치 옷을 걸치듯이 받아들였다.'는 이론인데, 이 이론은 [가현주의적 입장에 섰던] Sabelianismus를 떠올리게 하듯, 교회 교도권에 의해 비판받았다.

남게 되었다. 어째서 하느님께서 인간이 되셨는가? 예수가 죄를 짓지도 않았다면, 그래도 그가 인간이 되셨다고 할 수 있을까? 토마스 아퀴나스에게서는 육화의 필연성이 (그 죄의 극복을 위해서) 아담의 죄로부터 출발한다. 그러나 스코투스는 창조 논리에 이미 인간의 완성도 고려되었다고 생각하며 다른 입장을 취했다. 다만 그 완성은 그리스도 안에서 이루어진다. 스코투스에게 육화의 동기는 죄가 아니라 당신 자신을 중재하시려는 하느님의 의지에 달려 있다.

2) 종교개혁 시기
(1) 루터

옛 교회가 공의회를 통해 선언한 신앙고백들은 종교 개혁가들(여기서는 루터, 칼뱅 그리고 츠빙글리[H. Zwingli])에게도 의문의 여지없이 유효했다. 그 때문에 그리스도론은 종교개혁과 관련된 담론 중에 실천적으로 아무런 역할을 하시 않는다. 이 같은 사실은 그 이후 교회 안에서 특별히 고려되어야 할 신앙의 근거로서 하나같이 그리스도론이 전면에 부각되었음을 함의한다. 그렇게 루터는 그리스도의 위격-단일성을 아주 크게 강조했으며, 그것은 로고스의 위격으로 보증되었다. 이는 전반적으로 '단성론적인 기본 경향을 초래했다. 거기서 직접 행동하시는 분은 바로 하느님이다. 그리스도의 대속적인 고통은 그런 점에서 인간성(그리스도의 자유로운 인간적 의지)과 직접적으로 관련된 행동이 아니다. 루터의 그리스도론 작업은 이른바 "관용어 활용 용례"에 관한 지침을 참고했다. 신성의 특징들은 인간성의 특징들에 활용된 술어로 표현되었고, 그 반대도 마찬가지다. 물론 그렇지만 신성의 특징들은 지상에서 살아가는 동안 감추어져 있었다(*Kenose*, 비교 필리 2,6-11).

루터는 더 나아가 그리스도론에서 추상적인 표현을 피하고자 노력했고, 항상 예리하게 진술하는 중에 성경 말씀을 덧붙이고자 했다. 그러나 이 같은 노력은 루터에게서 (매우 현대적인 표현으로 말해서) 하나의 요청 이상의 의미로 계속 머물렀다. 그러나 수많은 논쟁 중에 그는 그때마다 항상 추상적인 표현들에 손을 내밀어야만 했다. 그래야 논쟁 중의 적대자들에게 자신의 생각이 전달되었기 때문이다.

루터의 그리스도론에서 나타나는 두드러진 세 번째 특징은 '그리스도론과 구원론'을 하나로 엮은 점이다. 육화 사건은 "인간들의 구원을 위해" 실현된 역사적 사건이지만, 그리스도의 인격은 그의 [인간적] "희생"으로 [다] 해명될 수는 없다. 그로써 그리스도는 간단히 그의 기능과 동일시되지 않는다. 그의 "희생"은 다만 그리스도가 신적인 존재라는 사실 위에서만 믿을 만한 것이 된다.

루터의 작품(*Kenose*)이 기본으로 하는 원칙과 관용어 활용 용례를 넘겨받은 19세기 신학자들은, "로고스는 일부의 사람들이 관용어 활용 용례 지침을 거스름으로써 신적인 특성에서 벗어나고 말았다."고 주장한다. 이런 사람들은 "케노티커"(Kenotiker - κένος, 공허, 비움)라고 불리며 토마시우스(G. Thoamsius), 사르토리우스(E. W. Ch. Sartorius), 게스(W. Geß) 등이 이에 속한다. 이들은 예수가 전지하거나 전능하지도 않았다는 결론을 도출한다. 차라리 그들은 옛 교회의 그리스도론을 최근에 성과를 누리는 심리학적인 원칙들과 결합시켜 설명하려고 노력한다.

(2) 칼뱅

칼뱅은 물론 옛 교회의 그리스도론을 수용하지만, 두 가지 특별한 점을 전제하며, 그 특별한 점 모두 신학사(神學史)에서 얻은 것들이다.

그리스도의 신성은 그의 인간성을 통해서 "침해받지" 않는다. 육화 사건을 통해서 로고스의 인격은 예수의 인간성과 결합해 드러나면서도 동시에 세상 너머에 머물러 있다(이른바 "*Extra calvinisticum*"). 그런 이유로 칼뱅은 성찬례에서마저 참된 실재성에 대해 말하지 않는다. 만일 그리스도의 몸이 하늘에서 거룩하게 변모했다고 한다면, 그와 동시에 제단 위에는 현존할 수 없다는 것이다. 칼뱅의 경우 그리스도론은 그리스도의 세 가지 직무에 관한 가르침("*triplex munus Christi*")으로 요약된다. 곧 그리스도는 예언직을 통해서 하느님의 진리를 중재하고, 왕직을 통해서 우리를 하느님 나라, 그분의 영원한 삶으로 초대하며, 사제직을 통해서 좁은 의미에서 십자가, 부활, 성사 등과 더불어 구원 행위를 완성시킨다.

3) 오늘날 그리스도론의 기본 관점

오늘날의 그리스노톤에서 가장 중요한 원칙들을 소개하는 것은 매우 폭넓은 지식을 요구한다. 물론 이에 대한 탁월한 요약본들을 찾아볼 수 있다.[46] 여기에서는 다만 몇 가지 모범적인 사례만 소개하고자

---

46. 뮐러(G. L. Müller)는 오늘날의 시대에 적합한 주요 원칙들을 잘 요약해서 소개한 바 있다(*Christologie*, 238-243). 달리 그의 책 개요에 대해서는 "Christologie im Brennpunkt. Ein Lagebericht", in: *ThRv* 91(1995), 363-378을 참조. 그는 그곳에서 아래와 같이 오늘날의 그리스도론에서 고려할 만한 중요한 점들을 소개했다. '그리스도론은 문헌 편집(문맥), 토착화, 구원의 실제(실천)와의 관계에서 이해되어야 한다.' 혹은 '그리스도론은 유다-그리스도인들의 대화에서 살펴져야 한다.' 혹은 '다원화된 종교신학의 관점에서 그리스도론의 위상이 고려되어야 한다.' 혹은 '교의신학은 구원경륜적 그리스도론과 내재적인 그리스도론 사이의 단일성에 기초해 얻어낸 결과들로 입증될 필요가 있다.' 혹은 '예수의 인간성을 강조함으로써 얻어진 것들로 드러날 필요가 있다.' 이러한 개요는 개별적인 연구에도 요긴해 보이지만(예컨대 I. U. Dalferth, J. Moingt u.a.), 대체로 최근 그리스도론 연구 중 참고 문헌 안에서만 거명된다.

한다. 이 사례들은 오늘날의 신학 연구에도 여전히 논의할 만한 가치가 높은 것들이다.

(1) 라너와 발타사르의 그리스도론

라너에게는 '인간학적인 기본 전망'이 무엇보다 중요하다. 예수와 하느님과의 관계는 하느님과 인간 사이에 단 한 번 벌어질 수 있는 운(運) 좋은 경우에 해당된다. 그런 점에서 모든 인간학은 결함을 가진 그리스도론이다. 예수에게서 목격되는 하느님의 절대적인 자기희생은 단지 단 한 번 벌어진 사건으로서 가능한 것이다. 왜냐하면 그러한 기회에 예수가 유독 자신을 내맡겼기 때문이다. 하느님과 예수의 결합(단일성)은 그로써 존재 방식을 취한다. 그처럼 하느님께 [전적으로] 의지하는 예수의 "초월적인 신뢰"(transzendentale Verwiesenheit)는 라너에 의하면 초월론적인 분석을 통해 해명될 수 있다. 물론 이미 이루어진 계시를 전제하는 조건 아래서 말이다. 종종 그의 입장에 대한 비판이 고개를 든다. 사람들은 그 같은 역사적 조건들이 현실적으로 철학적인 통찰 과정 뒤로 밀려나 버렸다고 비판한다. 그렇게 인간학적인 관점에서 그리스도론에 접근하는 시도는 뒤에 쇼넨베르크(P. Schoonenberg), 스킬레벡스(E. Schillerbeeckx), 한스 큉에게로 이어진다.

발타사르의 연구는 간단히 말해, 앞선 관점의 "또 다른 측면"에 집중한다. 그는 앞서 프로테스탄트 신학자 바르트처럼, 삼위일체 내면에서 이루어지는 존재론적 과정과 연계시켜 이해하려고 시도한다. 그래서 "성자"인 로고스가 근본적으로 성부께 순종하듯이, 삼위일체의 하느님과 인격적으로 관계를 맺은 인간 예수는 십자가의 희생을 받아들일 수 있었다. 그러나 이때 성부와 성자가 서로 주고받는 사랑의 관계에 주목한다면, 예수에게서 죄의 극복에 대한 논의는 상쇄될 수 있다. 이 같은 입장들 이면에는 그때마다 근본적인 결정이, 그러니까 인간학적인 원칙을 도입할 것이냐 아니면 삼위일체의 내면적 원칙을 도입할 것이냐 하는 선택이 필요하다. 그러나 라너와 발타사르가 그들의 입장을 구체적으로 발전시키려고 할 때, 그와 같은 원칙들은 그들 각각의 고유한 신학 사상에 근거해선 거의 해결할 수 없어 보인다.

(2) 임마누엘 그리스도 - 친구 그리스도

그리스도교 신앙은 다음과 같은 형식으로 표현될 수 있다. "예수 그리스도-안에 계신-하느님"을 믿는다. 혹은 달리 '그리스도를 통해 하느님에게 가까이 다가갈 수 있다.'고 믿는다. 후자의 의미는, '그리스도가 자신의 현존을 통해 하느님을 우리 눈앞에 보여 주고 그분과의 가까움을 실현시켜 준다.'는 것이요, 곧 그리스도는 그렇듯 효과적인 친교를 실현시켜 주는 분이라는 뜻이다. "벌어짐"(사태)은 하나의 길일 수 있다. 이는 기능과 존재(성경의 용례와 그리스어 용례) 사이에서 굳이 하나만을 선택하지 않아도 되는 하나의 방법이다. 거기서 벌어진 사태는 예수 그리스도가 인간의 구원을 위해 '주님'이 되었음을 가리킨다. 그의 영을 통해서 그리스도는 언제나 현존한다. 무엇보다도 말씀의 형태(케리그마, 복음 선포, 증언 등)로 그리고 성사의 형태로 현존한다. "예수는 하느님께서 이 세상을 향해 마음을 돌리시도록 일을 벌이셨다. 유일하신 하느님, 이 세상의 창조주께서는 그렇듯 우리를 위해 당신 나라가 가까이 다가와 마침내 실현되도록 이끄실 것이다."[47] 인간에게 가까이

---

47. C. H. Ratschow, *Jesus Christus* (HAST 5), Gütersloh ²1994, 261.

다가오시는 하느님의 모습은 우리가 "해방(구원)"이라고 부르는 그런 형태 안에서 구체화될 것이다.

예수에 관한 복음서들이 전달한 내용의 핵심은 '만남'(베드로 및 안드레아 사도와의 만남, 야곱의 우물에서 한 여인과의 만남 등)에 있다. 이때 추상적인 가르침이나 실천적인 지침들이 중요한 것이 아니라 그와 같은 만남이 중요하며, 그것이 우리를 구원에 이르게 한다. "오늘 이 집에 구원이 내렸다"(루카 19,9). 그러므로 우리에게 구원을 실현시키는 예수와의 만남을 분석해 내는 일이 관건이다.[48]

휘너만의 58번째 명제에는 "철학적인 전통은 우정(友情)이 인간 현존재를 완성시키는 형태라고 이해한다."고 적혀 있다. 그에 이어서 59번째 명제에는 "인간을 향해 오신 예수 그리스도는 무조건적 사랑을 요구하면서 자신을 뒤따르도록 우리를 불러 세운다. 주님의 죽음과 현양을 통해서 그와 같이 무조건적 사랑의 요구와 자신을 뒤따르도록 불러 세우는 부르심은 예수의 철저한 희생 및 죄인들과의 하나 됨을 통해서 분명해졌다. 그렇게 종말론적이고 해방된 현존재의 시작이 역사 안에 우뚝 서는 그런 우정의 형태가 온전하게 벌어진 것이다."라고 적혀 있다.

(3) 거룩한 분의 사건

하느님께서는 거룩한 신비, 곧 실재성 안에 자신을 감추어 버리시는 신비이다. 거룩한 분이 모습을 드러내는 순간 인간에게 당신 자신이 이 세상에 존재해도 좋다는 의식이 시작된다. 인간은 자신을 그리고 이

---

48. 참고 Hünermann, *Jesus Christus*, 370 (These 58) 및 375 (These 59).

세상을 선물로 받아들여도 좋다는 의식이 고개를 든다. 그와 동시에 다른 한편 그런 의식을 "보증해 주는" 것은 인간의 "저편"이라는 사실이 분명해진다. 그리스도 안에서 거룩한 분의 이러한 존재와 활동 구조는 인격적이자 구체적이다. 그리스도 안에서 거룩한 신비가 인간을 향해 나아간다. 높으신 분이자 거룩하신 분은 인간에게 현존하면서 동시에 아득히 계신다.

(4) 해방신학이 고려하는 그리스도론

그리스도-모범은 라틴 아메리카 지역에서 해방신학이 시작되기 이전에 어떻게 비쳐졌을까? 그리스도는 지배자로서의 위상을 지닌 분으로 그려졌다. 거기에는 중세의 독일을 연상케 하는 어떤 유사성이 발견된다. 사람들은 그리스도, 주님을 최대한 폭넓게 이 세상을 지배하는 통치자로 상상한다. 물론 단지 "유비적으로" 혹은 "예외적으로 다듬어진" 모습으로 상상한다. 억압을 받는 이들이나 어려움 중에 있는 이들에게 그리스도는 고통을 나누는 인간, 십자가를 몸소 걸머진 분으로 다가온다. 그의 종교는 "마음의 종교"요, 우리의 내면에 관심을 기울이는 종교다. 수많은 사회적인 격변, 자율성을 앞세우는 주체로서 인간의 자각은 70년대 말에 "해방신학"(Theologie der Befreihung)이란 경향을 낳았다. 대표적인 신학자들로서 구티에레즈(G. Gutierrez), 보프(L. und C. Boff), 세쿤도(J. L. Sequndo), 소브리노(J. Sobrino), 아스만(H. Assmann) 등을 열거할 수 있다.[49] 해방신학에서 소개되는 그리스도는 인간의 역

---

49. 그리스도론과 관련된 중요한 작품으로서는 L. Boff, *Jesus Cristo. Libertador. Ensaio de christologie critica para o nosso temp*, Petropolis 1979. 비교 G. Collet (Hrsg.), *Der Christus der Armen*. Das Christuszeugnis der lateinamerikanischen Theologie, Freiburg I. Br. 1988.

사 안에 현존하는 그리스도다. 그는 그의 형제자매들과 고통을 함께했다. 그로부터 예수의 하느님의 아들-됨이 손상 받는 일 없이 지상의 예수의 확실한 우월성도 이해될 수 있다. 그렇게 지상의 예수는 자신의 고통을 통해서 인류의 고통을 함께 느꼈다. 이 예수는 하느님의 나라를 자유의 나라, 해방의 나라로 선포한다. 인간이 바라마지 않는 '자유' 개념을 통해 선포한 것이다. 이러한 하느님 나라에 들어가기 위해서는 회개가 필수적이다. 이 나라가 요구하는 것들과 그에 대한 인간의 거부 사이에서 생기는 갈등이 결국 예수를 십자가에 못 박았다. 그러나 부활은 그로 하여금 더 이상 사라지지 않는 그런 존재로서 그리고 인간을 해방시키는 능력을 능히 지닌 분임을 입증해 주었다. 그를 뒤따르는 일은 그런 점에서 하느님 나라의 실현을 위해 함께 협력하는 것을 뜻한다. 그 나라는 또한 아주 구체적인 것이어서 인간의 사회적 해방을 실현하는 일과 직결된다. 그로써 또 하나의 그리스도론적인 측면이, 곧 역사의 흐름 속에서 그 색깔이 퇴색해 버리는 측면이, 관심이 사그라지는 측면이 생겨나게 된다. 이 그리스도는 그저 이 세상을 위한 메시아로 이해되는 셈이다.

(5) 예수 그리스도 - 인간이 되신 친교

예수의 활동의 핵심은 "하느님을 인간들과 화해시키고 인간들을 서로 화해시키는 임무다."[50] 하느님 나라에 대한 그의 선포 행위는 하느님께서 당신의 피조물들에게 가까이 다가가심을 의미하며, 동일한 목적을 위해 사람들을 서로 화해시키고 하나로 불러 세우는 것을 목표로

---

50. G. Greshake, *Der dreieine Gott.* Eine trinitarische Theologie, Freiburg I. Br. 1997, 337.

한다. 이때 동일한 목적이란 "사람들 사이에 하나의 새롭고도 전혀 낯설지 않은 공동체를" 일으켜 세우는 일이다.51 예수 그리스도는 하느님과 인간 사이의 유대(공동체성)를 잇는 소통의 중개자다. 그의 인격이 곧 그런 소통의 중재 수단이 되고 소통의 장소가 된다. "하느님께서는 당신 스스로 신앙에 대한 이해를 통해 도달하는 최종적인 존재의 원천이시기에, … 인간이 되신 당신 아드님을 통해서 그분의 삼위일체적인 생명의 실재를 충만하게 드러내신다. 그리하여 나자렛 예수를 통해서 하나의 인격적인 만남과 서로 소통하는 기회가 마련된다. 예수를 통해서 보이신 당신의 사랑으로 하느님의 절대성이 보장되고, 그와 동시에 인간의 피조성도 보장된다. 하지만 이는 하느님께서 친히 허락하신 인격적인 친교로써 가능하다. 그분이 그러한 친교를 앞서 삼위일체적 신비 안에서 이루시는 만큼 말이다."52

(6) 싱징으로서의 예수(?)

아메리카 대륙에서 활동하던 예수회 소속 해이트(Roger Haight)에 의해 창설된 그리스도론 연구 모임은53 최근 예수의 의미를 상징 이론적인 지평에서 논의하기를 제안했다. 해이트의 그리스도론적인 입장은 본질적으로 두 가지 기본 사항으로 요약된다. 하나는 그가 현대 신학에 필수적인 것이라고 보는 것으로, 그것은 그 역시 자신의 책에서 한 개

---

51. *Ibid.*
52. H. O. Meuffels, *Kommunikative Sakramententheologie*, Freiburg I. Br. 1995, 226.
   - 앞선 책은 비록 성사신학을 목표로 삼았지만, 저자는 "소통적인" 의미에서의 성사 이해라는 기본적인 틀에서 친교(일치)-신학 전반에 관심을 기울였다.
53. R. Haight, *Jesus. Symbol of God*, Maryknoll - New York 1999. 본문에서 이 단락은 이 책에 대한 서평도 함께 고찰해 소개한다. 서평은 P. Lünnig, in: *ThRv* 99(2003), 35-40(본문의 괄호 속 숫자는 Haight의 책의 쪽수를 가리킨다).

의 장(章)을 개념 연구에 할애한 "포스트모더니즘"의 다각적인 도전장 앞에서 신학의 입장을 명시적으로 밝히는 일이었다. 다른 하나는 신학을 그리스도론적으로 다져가는 구원론으로 이해한 사실과 연계되는 것으로, 그것은 신학의 결정적인 역사적-신학적 근본 토대를 신약성경이 입증한 나자렛 예수 안에서 마련해 내는 일이었다(그의 책 서론 xii). 그는 이 두 가지 기본 사항이 아직까지 자주 거론되는 일차적인 결함의 하나로서 제각각 독립적이거나 대립적이지 않고, 오히려 상보적이라는 사실을 자신의 책을 통해 차근차근 밝혀 나간다.

"포스트모더니즘" 사상을 두고 해이트는 네 가지 복합적인 논점으로 정리했으며, 이 사상이 오늘날 서양의 지적인 "분위기"를 압도해 가고 있다고 보았다. 이 사상은 철저한 역사의식, 사회비판의식, 다원주의적 관점, 전 우주적인 의식을 특징적으로 취한다. 만일 그리스도교 신앙이 이러한 사상적 분위기 안에서 귀를 열겠다면, 하나의 꾸준한 "토착화"의 "장소"로서 문화적 영역을 파악해야 할 것이다. 이 "토착화" 개념을 해이트는 신앙과 문화 사이의 상호 관계성 및 동맹에 견줄 만한 개념으로 규정한다.

하나의 적절한 신학 및 그리스도론과 관련하여 이 개념이 의미하는 바는, 신학적-전통주의적인 입장을 고수함으로써 현대의 도전적인 물음을 따돌리는 것에만 관심을 기울이거나 손에 쥔 것을 철저히 신학적으로 과대평가하는 데 급급하기보다는 "포스트모더니즘"의 관점에서 제기하는 물음들을 실질적인 정신적 도전으로 받아들여야 한다는 점이다. 이는 해이트가 스스로 문제 삼은 것만이 아니라 문화적인 영역에서 볼 때, 신학이 스스로를 변화시킬 수 있어야 한다는 일반적인 요청과도 맞물려 있다. 물론 이때 원천적인 계시에 대한 신뢰심이나 순수 그리스도교의 전통과 거리를 둘 필요까지는 없다.

이러한 전제 조건들을 충족시키기 위해서 해이트는 근본적으로 "아래로부터의 그리스도론"(그의 책 서론 xii)을 적절한 형식으로 생각한다. 그는 첫 신학 연구의 윤곽을 설정하고, 비교적 길게 방법론적인 사전 점검을 시도하면서(상게서 3-51[쪽]), 거기에 덧붙여 구원론적인 전망에서 나자렛 예수에 관한 자신의 사료적인 관심을 상징 이론적인 관점과 연결시키고자 했다. 그는 그로써 현실적인 인간의 자의식이 하느님을 향해 나아갈 수 있으며, 동시에 하느님의 현존이 인간의 정신에 전달될 수 있다고 풀이한다. 그런 식의 "아래로부터의 그리스도론"을 위해 신학적으로 요구되는 전제는 보다 더 큰 의미에서의 신앙과 계시, 성경이라고 지목한다. 신앙 개념은 이때 한편으로는 뉴만의 견해에, 다른 한편으로는 브롱델의 견해에 의존하듯이, 앞선 실존적인 인간의 경험과 연계된다. 해이트는 허위에 가까운 최종 근거의 증명 작업에 반대해 그것을 신앙의 자기 확신에 이르는 통찰로 대체시킨다. 그와 동시에 그는 대상으로 삼은 것에 대한 신뢰 관계를 인지적으로 요구한다는 입장을 강조했다. 본질적으로 해이트의 계속되는 논증에서 인간 경험의 보편적인 형태로서의 실존적인 신앙("faith")과 다양하게 표현되는 신뢰 형식들("beliefs")은 일련의 상하 관계에서 차별화된다. 그는 "계시"를, 신앙을 통한 초월적인 존재와의 일반적이고 가장 처음 이루어지는 만남으로 이해한다. 소통 이론적인 계시-모델을 마련하면서, 그는 신앙을 통해서 하느님께서 당신과의 소통을 위해 당신 자신을 현재 속에 내보이시는 의미 있는 만남을 표시한 것이라 바라본다. 신앙의 경우처럼 해이트에게는 계시의 경우도 (경험한) 계시 사건과 그 사건에 대한 담론적인 표현이 서로 구분될 수 있다. 그로써 이 아메리카 출신의 예수회 신학자는 자신의 가톨릭 유산을 여실히 보여 주며, 신앙의 공동체가 실존적으로 경험한 신앙 유산과 계시와의 만남을 신학적 통찰을 위한 척도로 삼을 수 있다고 말한다. 성경은 이때 그러한 신앙공동체 안에서 예수사건을 통해 신적인 계시를 원천적으로 중재하는 "두 번째 질서로" 자리잡는다. 성경은 그리하여 신적인 초월성과의 만남이 이루어지는 범위 내에서 그리고 그러한 만남을 위해서 하나의 공통적인 언어와 하나의 공통적인 회귀점(Rekurspunkt)을 마련해 준다.

계시와 신앙, 그때마다 그에 대한 표현 형식 사이에 예상되는 차이는, 해이트가 해석학적이고 방법론적인 선입견에 주축이 되는 중재 개념을 상징 형식으로 풀어내는 계기로 작용한다. 그리하여 신학과 그리스도론의 "상징적인" 특성에 기초해서 그는 신학적 통찰들을 인지적-참여적 경험 지식을 준비시키는 의미로 이해한다. 그 같은 경험 지식은 신적인 초월적 존재와의 실존적인 만남을 상징들의 형식 안에서 진술해 내는 역동적인 술어들을 통해 완성된다. 이 상징들은 상징적 실재론에 적합할 뿐만 아니라 그 실재론을 변증법적으로 발전시키는 데에도 유용하다.

상징 개념을 해이트는 근본적으로 두 가지, 개념적인 상징과 "구체적인" 상징을 구별한다. "의식적인 상징들은 단어, 표지, 개념, 생각, 말, 텍스트 등으로 평범한 실재들의 공공연한 의미를 뛰어넘어 그들에 대한 보다 더 깊은 의식을 중재하는 것들을 가리킨다. … 그에 반해 구체적인 상징은 하나의 대상을 가리킨다. 이 용어는 사물들, 장소들, 사건들, 인격들과 같이 다른 어떤 실재의 현존과 의식을 중재하는 것과 관련을 맺는다"(상게서 13). 이 같은 해석학적-방법론적인 구별은 "하느님의 상징"인 예수에게 덧붙는 술어의 이해를 위해 본질적인 의미를 갖고 있다.

한발 더 나아가 해이트는 자신의 연구 도입 부분에서 인식된 대상과 인식하는 자의 "형식" 사이의 결속 관계에 대한 토마스 아퀴나스의 견해를 라너의 인식론적인 차별화, 곧 초월적인 계시와 범주적인 계시를 구별하는 견해와 결합시킴으로써 종교들의 역사를 사료적-해설적인 극적 묘사로 재구성하려 했다. 해이트는 가다머와 리쾨르의 해석학적인 통찰을 수용함으로써 최후의 초월적 실재성에 대한 인식과 관련된 맥락 여부를 그때마다 밝히는 일이 바로 그와 같은 인식을 위해서 본질적이라고 이해했다. 하나의 텍스트 혹은 전승에 대한 이해 과정은 바로 그에 대한 해석 과정으로 바뀐다는 것이다.

이처럼 해석학적-방법론적인 설명으로 이어지는 서막은 해이트의 경우 이제 "비판적 상관관계"(kritische Korrelation)라는 의미에서 그에 상응하는 신학적인 과정들을 거친다(상게서 45f). 그 서막은 또 그러한 과성들을 그의 그리스도론적인 원칙의 훨씬 더 엄밀한 신학적 틀에 맞추는 것을 도와주었다. 해이트는 예수 그리스도의 인격과 관련된 내적인 신학적 요소들을 [아예] 배제시키는 전통 그리스도론과는 거리를 두면서 세상에 대해 우호적이고, 그래서 세상과 온전히 관계를 맺는 그리스도론을 구상했다. 그가 고려한 유일한 회귀점은 나자렛 예수의 역사적인 인격이다. 그는 이러한 중심적인 역사적 실재와의 관계를 배제하거나 추상적으로만 논하는 그리스도론은 신빙성을 상실하고 그리스도론적 가현주의에 빠진다는 비난을 면할 길이 없다고 생각했다. 물론 해이트는 그와 마찬가지로 주석적인 차원에서 접근하는 예수에 관한 연구와도 거리를 두었다. 그들의 시도와 관심사가 신약성경의 텍스트 자체에만 매달리는 한계에 놓여 있다고 본 것이다. 왜냐하면 그는 신약성경 텍스트의 진정성에 관한 역사적 확인 작업을 배제한 연구 방법은 신학적이고 실존적인 관점에서 부적절하다고 판단했기 때문이다. 그 대신에 해이트는 자신의 그리스도론적인 새로운 기획에 바탕을 둔 방법론을 제안했으니, 그것은 상상력에 있어서 정신의 힘에 대한 아리스토텔레스-토마스의 견해를 수용하면서 근대의 의식 능력과 역사적-경험적 "자료들"을 변증법적으로 결합시키는 일에 주목하는 것이다. 이런 토대를 구축하기 위해 해이트는 리쾨르에게서 역사적 텍스트에 대해 "거리를 둠"으로써 오히려 확보되는 "의미 잉여"에 대한 사상을 끌어들였다. 그로써 상상력은 그때마다 텍스트 자체 안에 함유된 ― 그 텍스트에 대한 해석이면서도 새롭게 발견된 해석을 통해 ― 결정적인 의미에 다가갈 수 있다. 여기에는 가다머 식의 해석적 접근도 엿보인다. 예수 안에서 다양한 의식 지평을 구별하는 라너의 태도와 연계하여 해이트는 그로부터 후기의 신약성경 및 그와 같은 시기의 예수에 대한 그리스도론적인 해석을 재구성하는 일이 가능하다고 생각했다. 그렇게 재구성한 그 당시의 그리스도론적인 해석이 예수의 자의식 및 자기이해와 반드시 직접적으로 일치할 필요는 없다고 하더라도 말이다. 그럼에도 불구하고 그 당시의 그리스도론은 예수에게서 구심점을 마련해야 하고, 예수의 인격 자체 내면에 자리하는 "의미 잉여들"로부터 도출될 수 있고 또 동시에 현재를 위해 보다 더 중대한 의미를 제공하는 것이어야 한다. 물론 그런 중대한 의미가 지성에 대한 비판 앞에서도 그 같은 해석에 혹은 그리스도인의 삶을 적극적으로 고무시키는 관계 설정에 (내적 응집력을 포함해) 기능을 발휘하는 자신을 입증해 보일 수 있는 것인 한에서 말이다.

텍스트 상의 전승에 대한 신뢰와 현대의 인간 실존을 위한 중대한 의미 사이에서 해이트가 시도한 해석학적 및 신학적-형식적 변증법은 그가 자신만의 고유한 그리스도론적 원칙을 전개시키도록 부추겼는데, 그 원칙은 "역사적으로 규범적"이지만 내용적으로는 무규정적인 신약성경의 원천적 증언들과 단계적으로 구분한 상호 연관성을 토대로 예수의 케리그마에 대한 그리스도론적인 해석에 의문을 제기하면서 마련된 것이다. 이에 부응해 그의 책에서 계속 이어지는 논증도 일종의 성경-주석적 부분(상게서 55-184)과 고전-신학 사상적 부분(상게서 187-298)으로 구분된다. 그리하여 성경-주석적 부분은 결론적으로 신약성경이 전하는 그리스도론적인 요소들의 다양성에도 불구하고 혹은 그런 다양성에 기초해 유독 어느 한 가지를 다른 것들에 비해 더 나은 진정성을 판단하는 시금석으로 강조해서는 안 된다고 말한다. 그런 까닭에 그는 다시금 그런 다양한 요소들 안에 공통적인 내적 논리성을 찾아내고자 시도한다. 그리고는 마침내 그런 논리성을 예수의 인격을 통해 중재된 — 그에게서 진정으로 확인되는 실존적인 — 관계 속에서, 곧 하느님과 인간의 역사적인 만남 속에서 발견하게 되는데, 그 만남에 의한 관계 확립은 그 뒤에 상세하게 설명하려는 구원 개념 안에서 집중적으로 소개된다.

    그는 주석적인 통찰과 연관된 "고전적 전통" 탐구 부분에서 그리스도론과 직결된 공의회의 결정문들 및 예수 그리스도의 인격을 그리스도교 신앙이 그리스-로마 문화권 안에 토착화시킨 사건과 연결시켜 바라보는 신학적 해석들을 수용하려고 시도한다. 한편 그는 이 부분에서 종교 개혁가들의 발상도 탐구하면서, 다른 한편 그런 토착화 과정 중에 형식적으로 그리스도교 신앙의 변증법적인 구조가 분명하게 드러난다고 생각했다. 해이트에게 있어서 예수 그리스도는 하느님을 이 '역사 안에 현재화시킨다는 점에서 하느님의 "사료적인 상징"이다. 또한 그는 동시에 하느님을 이 '세상' 안에 현재화시킨다는 점에서 그리스도교 신앙을 건설하는 "종교적 상징"이다. 이 같은 형식적인 그리스도론적 변증법에 고전적으로 전수된 두 가지 본성에 대한 가르침이 결합하게 된다. 왜냐하면 그것은, 해이트가 두 가지 본성에 대한 가르침의 심오한 의미와 의도가 주석적인 근거와 유사하게 하느님-인간-관계의 구원론적인 규정에 기초하거나 이미 기초해 왔다고 믿었기 때문이다.

이러한 성경의 주석과 고전-교회의 해석을 토대로 해이트는 "구성 그리스도론"(konstruktive Christologie)를 발전시키고자 마음을 굳힌다(상게서 301-491). 그것은 "포스트모더니즘"의 다양한 도전을 받아들이고, "고전적 전통"이란 이름 아래 전래된 그리스도론적-구원론적 줄기와의 연결고리를 놓치지 않으려는 시도라고도 볼 수 있다. 거기에 맨 먼저 사료적이면서 체계적인 "밑그림"을 더했다. 이때 그는 20세기에 새롭게 제기된 수많은 그리스도론들이 그 뿌리를 두고 있는 슐라이어마허의 자의식-신학에 기초한 그리스도론과 바르트의 계시신학에 기초한 그리스도론을 서로 대립하는 극단적인 형태로 바라보았다. 해이트는 그럼에도 한편 20세기 후반에 전개된 그리스도론들이 일정한 역사적-신학사적인 상황에서 각각 그 유효성을 주장했던 까닭에, 상기 슐라이어마허와 바르트의 두 가지 극단적인 형태에서만 비롯하지는 않았다는 사실도 의식하고 있었다.

"포스트모더니즘"의 도전에 보다 강력하게 대응하려 애쓰면서도 한층 다양해진 최근의 그리스도론들로서, 해이트는 무엇보다도 해방신학에 기초한 그리스도론과 페미니즘(여성주의)에 초점을 맞춘 그리스도론을 손꼽는다. 이들은 신분과 성별의 자유, 해방에 고무된다. 그런 그리스도론은 "포스트모더니즘적인" 의식에서 출발하면서 그리스도론적으로 주요하게 거론되는 복합적이고 다양한 문제점들을 분명하게 표면화시킨다. 그래서 특히 하느님의 구원이 갖는 역사적이고 사회적인 측면의 특성을 천차만별의 인간적이고 "세상적인" 경험 영역 안에 병렬시키고자 노력한다. 헤이트는 그렇듯 앞선 문제점들과 연계된 "포스트모더니즘에 따른 그리스도론"의 신학적 기본 입장을 오늘날의 도전적인 추세에 직면해 정당한 것으로 받아들였기 때문에, 그는 자신의 역사신학적 및 사회신학적인 기본 입장을 해명하려 할 때뿐 아니라 자신만의 그리스도론을 기획할 때에도 그 같은 작업을 포용하려고 노력했다. 그로부터 그는 그리스도론과 근본적으로 결부된 주요 복합적인 문제점 다섯 가지를 파악하기에 이르렀으며, 그것은 다섯 가지 — 구원, 개인의 자유, 사회의 자유, 종교적 다원주의, 삼위일체 — 개념으로 압축된다(상게서 334).

이들 문제에 몰두하다 보면 총체적으로 헤이트가 기획한 그리스도론의 윤곽이 선명하게 드러난다. 그리하여 그는 이 작업 중에 결국 불트만과 소브리노(Sobrino)의 신학적인 기본 입장을 실존신학적으로나 경험신학적으로, 해방신학적인 관점에서 의미심장하게 받아들이는 "만남-그리스도론"과 연결시킬 수 있었다. 이는 특히 헤이트가 라너, 틸리히, 엘리아데스, 리쾨르의 상징 이론 원칙과 연계해 예수의 인격이 갖는 사료적 유일회성을 하느님의 일반적인 구원 의지와 존재-역사적으로 정착된 "자의식-그리스도론"의 형식을 따라 변증법적으로 연결시키려고 애쓰는 사실을 통해서도 확인된다. 예수 그리스도는 거기서 인간과 세상에 인간의 자의식을 환히 밝혀 주는 빛으로서 — 이른바 일반적인 의미에서 하느님의 현존을 전해 주는 중재자로서 — 역사적으로 독창적인 중재 상징 혹은 계시 상징이 될 것이다. (해이트에게는 그럼에도 그리스도가 결코 유일한 상징은 아니다!) 이때 일반적인 의미에서 전해지는 하느님의 현존은 역사적-사회적 형식들을 따라 실존적으로 벌어지는 하느님과의 만남을 통해 각 개별 인간에게 해명될 것이다. "예수는 하느님의 상징이 됨으로써 하느님 자신을 이미 인간 실존 안에 현존해 오신 분이자 활동해 오신 분으로 밝히 드러낼 것이다"(상게서 359).

이 같은 그리스도론 원칙에 기초해 얻어낸 중요한 신학적 결론들을 가리켜 해이트는 해방신학적인 전망들과 구원 개념의 사회신학적 및 역사신학적인 의미의 확장(상게서 363-394), 나아가 세계 종교들과 예수와의 관계를 신학적으로 새롭게 규명한 것(상게서 395-423)이라고 서술한다. 이때 그 같이 새롭게 규정한 그리스도론은 배타주의적인 그리스도론과 포괄주의적인 그리스도론뿐 아니라 원론적인 다원주의적 종교 이론으로는 기대할 수 없는 것이라고 말하는데, 해이트는 그것을 옛 교회의 "영-그리스도론"에 토대를 둔 로고스-그리스도론의 도움으로 마련했다. 이 "영-그리스도론"은 예수 그리스도 안에 당신 자신을 현재화시키시는 하느님의 영, 곧 실재-상징의 관점에서 활동하는 영의 중재성을 강조한다. 이 그리스도론은 신적인 현존을 위한 영의 중재성을 또 다른 종교적 실재-상징들과 구체적인 상징들에서도 동시에 타당하게 적용할 수 있다고 한다. 다만 다음의 두 가지 사항이 전제되는 한에서 말이다. 예컨대 해이트가 말하듯, 한편으로는 영-상징을 로고스-상징과 동일한 의미로 해석한다는 원칙 아래 다양한 형식들을 하나의 유일한 개념적 중재 형상으로, 곧 하느님의 현존을 하느님 스스로 직접 드러내 보이시는 그런 중재 형상으로, 그래서 단순히 영감-그리스도론(Inspirations-christologie)과는 다른 차원에서 이해할 수 있는 한에서 말이다. 또 다른 한편으로는 역사적으로 우연한 모든 조건들을 초월하는 영원불변하신 하느님에 대한 상상이 하나의 상징 개념을 요청하는 한에서 그렇다. 그처럼 타당성을 갖는 상징 개념의 경우, 그 상징 개념이 상징적으로 드러나신 하느님에게 참여함은 물론 그와 동시에 그분의 신적인 단일성을 손상시키지 않으면서도 다원성과 다양한 형식성을 함축할 수 있어야 한다. 그리하여 해이트는 자신의 그리스도론 원칙을 응용해 이렇게 표현한다. "… 예수는 그리스도인들의 구원을 확립시키는 만큼 그 구원의 원인이라고 하겠으니, 그것은 그가 성령을 통해 생명에 대한 의식을 신앙인들에게 중재자하는 분이기 때문이다. 그러나 예수는 보편적인 의미에서 구원을 확립시키지는 않는다. 오히려 일종의 영적 그리스도론이, 곧 그리스도인들의 세계 바깥에서 활동하시는 성령을 감안할 때 그런 영적 그리스도론이 하느님께서 다른 이들과의 중재를 가능하게 한다고 말할 수 있다. 이 성령은 거침없이 세상과 역사 안으로 널리 퍼질 것이니, 영이신 하느님께서 이 역사 안에 단 한 번만 육화될 수 있다는 사실을 염두에 둘 필요는 없다"(상게서 456). 해이트는 그로써 라너 식의(rahnersche Couleur) 배타주의적 그리스도론과 포괄주의적 그리스도론을 상대화시켰을 뿐만 아니라, 그렇듯 상징 이론적인 술어 활용에 힘입어 예수의 인격 저변에서 종교들 상호간의 대화에 물꼬를 트는 그리스도교 신앙의 내적인 필연성마저 통찰하기에 이른다. 그와 더불어 해이트는 다른 한편 원론적인 다원주의적 종교 이론과의 커다란 틈을 의식하면서 해결하려고 노력했다. 그래서 그는 그리스도교 신앙이 자신의 보편적인 진리성에 대해 스스로 해명한 사실에 기대서라도, 당장 예수라는 상징을 통해서 하느님께서 의도하신 "예수 너머의" 혹은 "예수 바깥의" 혹은 그로써 예수에 의해 궁극적으로 추상화될 수 있다고 여겨지는 하느님의 "보편적인" 사랑까지 밝히려는 시도도 감행한다.

해이트가 "영-그리스도론"을 좀 더 발전시켜 이끌어 낸 결론 가운데 하나는 예수의 신성에 관한 옛 교회의 가르침에 관한 것이다(상게서 424-466). 이 가르침에 대해 해이트는 하느님께서 스스로 존재하시고, 당신의 영을 통해 예수의 인격 안에 현존하시면서 활동하신다는 사실을, 그것도 의당 예수의 순수 인격적인 사유와 행동을 침해하지 않고서 그렇게 작용하신다는 사실을 통해서 예수의 신성을 재확인함과 동시에 더 새롭게 해명하려고 시도한다. 그는 하느님의 역사가 예수의 인격적인 자유 영역과 병행하여 이루어진다고 보았다. 그런 까닭에 해이트에게는 인간 예수의 완전히 인격적인 차원에서의 전인성이 꾸준히 보장된다.

해이트의 마지막 결론은 자신의 "영-그리스도론"을 삼위일체론과 내적으로 연결시켜 숙고하는 일이다(상게서 467-491). 이때 그는 옛 교회의 삼위일체론이 니케아 공의회와 칼케돈 공의회의 구원론적인 시각에서 정립된 그리스도론과 사료적, 신학적-조직적으로 연결되어 있음을 인식하고 있기에, 그에 견줄 수 있도록 하느님의 구원경륜이 보여 주는 삼위일체적인 구조의 터전 위에서 일종의 "구성"-그리스도론, 곧 역사신학적 및 실존신학적으로 정착된 해설 그리스도론의 상징 이론적인 특징에 주목하는 수고를 마다하지 않는다. 이 같은 작업은 그로 하여금 한 분이신 하느님을 "아버지-상징", "아들-상징", 그리고 "영-상징"으로 진술하는 것을 가능하도록 해 준다(상게서 485). 삼위일체적인 측면에서 전개되는 구원경륜은 그리하여 오로지 하느님의 구원 의지와 구원 역사와의 실존적-역사적인 만남에서 연역되고 규정될 수 있다. 그로써 해이트는 구원경륜적인 삼위일체성과 내재적인 삼위일체성이 상보적 차원에서 동일한 것으로 인정받기 위해 제안한 라너 식의 요청(Postulat)

을 거부하고도 자신의 입지를 다질 수 있었다(상게서 485 이하). 그는 그 대신 하느님의 내적인 차별성이 예수의 경우든 또 다른 사람의 경우든 그에 반해 진정으로 자기소통을 위해 내어 주시는 하느님을 받아들이기 위해 논리적 혹은 필연적으로 강요되는 것은 아니라고 확신한다. 그렇다고 물론 삼위일체 하느님의 내적인 차별성의 존재 가능성을 근본적으로 부정하지 않으면서도 말이다(상게서 488). 다만 해이트는 영원불변하신 하느님의 초월성에 의지해 앞선 문제와 관련하여 하나의 정의적(定義的)인 답변을 제시하려는 행위를 금기시했다.

해이트의 공로를 그로써 종합적으로 말하자면, 동시대 '포스트모더니즘' 사조를 따라 제기되는 지적인 도전들 앞에서 그리고 형이상학적인 최종 근거를 모색할 때 부딪히는 아포리아적인[=선험적인] 특성을 감안하면서 일련의 사회신학적, 역사신학적, 실존신학적인 관점을 따르되, 구원론적인 전망을 잃지 않는 해설-그리스도론, 곧 "아래로부터의 그리스도론"을 발전시켰고, 또 그 와중에도 예수의 인격이 취하는 근본적인 우연성 및 역사성을 통해서도 기꺼이 "신-론적인" 의미를 새롭게 이끌어 냈으며, 예수의 삶이 "오늘날" 우리에게 가져다주는 중대한 의미를 창의적으로, 곧 상징 이론적인 방법을 통해 초월적인 하느님의 일반적인 구원 의지를 깨달을 수 있도록 안내해 주었다는 점일 것이다.

해이트의 논증에 대해 각 개별적인 경우마다 제기될 수 있는 수많은 의문들을 고려하더라도, 우리가 그에게서 근본적으로 고마워할 수 있는 긍정적인 사실은, 해이트가 예수의 인격이 취한 역사성을 우리의 구원을 위해서도 필연적으로 생각해야 할 근본 토대로 이해하면서도 또한 그것이 영원불변하시는 하느님의, 곧 그리스도론적으로든 구원론적으로든 하느님의 의미심장한 초월성 안에 정당하게 내재한다는 믿음은 예수의 인격을 하느님의 중재자로 해석하고 신학적으로 통찰하는 데에 반드시 요구된다고 생각한 점이다. 이때 상징 개념은 상기 두 가지 실재성, 곧 역사성과 초월성을 분리시키거나 서로 별개의 것으로 나누어 생각하지 않도록 돕는다. 그럼에도 이러한 상징 이론적인 관점에서 이해된 중재자 모습은 여전히 신학에 있어서 선험적이라는 점에서 그러한 상징적인 모습이 그 자체로부터 헤이트의 원칙을 위해, 궁극적으로는 모든 그리스도론을 위해서도, 결정적인 하느님-예수관계를 신학적으로 규정하는 데 기여할 수 있는 근거로는 너무 불명확하다. 다만 확실한 신학적 규정에 기여하는 한 가지 사실은 그의 상징 개념이 종교의 다원성에 관한 유익한 생각을 분명하게 수용함으로써 자연히 후험적으로 접근할 수 있게 해 준다는 점이다. '유일하신 하느님의 현존이 다양한 상징적인 중재 형태를 통해 다수화된다.'는 그의 생각은, 그의 상징 개념이 근본적으로 그리스도론에도 받아들여야 할 필요가 있을 때 앞서 선험적으로 접근하지 않아도 되게끔 해 준다. 이는 카스퍼의 그리스도론적인 원칙과도 비교할 만하다. 그로 인해 헤이트의 경우 현상적 지평에서 확보된 상징 개념의 다원적 규정성은 의당 상징을 통해 현전(現前)하는 하느님의 실재성이라는 본체적 지평에서 신학적 비규정성이 확장되면서 올바로 나아간다. 그와 상응하게 헤이트의 "영-그리스도론"은 그와 확실히 가까운 관계에 있는 존 힉과 슈미트-로이켈(Schmidt-Leukel)의 원칙들에서 발타사르, 몰트만, 카스퍼와는 다르게, 무엇보다도 그에 의해 사변적으로 마련된 대안 개념들인 로고스와 영을 결국엔 하나로 만들었고, 영(-로고스) 개념을 초월적이신 하느님 한 분의 다양한 역사적 혹은 종교적 자기표현 방식들을 함축하는 개념적 상징으로 바꾸었다(상게서 454 이하). (물론 이것은 "구체적인" 인격적 상징을 말하는 것이 아니다). 그럼에도 그리스도-상징을 그렇듯 해이트처럼 "예수의 것"으로 생각하고는 그와 동시에 이 세상에 현존하시는 하느님께서 "예수 바깥"에 내보이시는 다른 상징적인 영-중재도 우리가 인식할 수 있다고 믿거나, 나아가 상기 두 가지 요소를 영-상징이라는 하나의 독특한 관점으로 집약시킨 중재 개념으로 함께 이해하지 않는 것이 바람직하다고 여기는 사람이라면, 누구나 인격적-상징적으로 당신 자신을 계시하시는 하느님과 그와 같은 신적 계시를 단지 개념적으로만 다져내어 비인격적으로 중재하는 것과의 차이를 마술을 부려 무마시키지는 못할 것이다. 그로부터 만일 사람들이 상징 이론적인 언어를 이용해 말할 수 있다면, 예수상징 및 영-상징은 서로 구별되는 것으로서, 그러나 물론 서로 공통적인 신적인 오고감을 통해서 서로가 서로를 품듯이 (포괄적으로) 결합한 "구체적인" 것으로서, 그래서 이것이 의미하듯 하느님의 현존을 인격적으로(!) 상징하는 것이라고 생각하는 것이 바람직해 보인다. 그 결과로 ― 해이트가 다만 앞에서 추정하기만 하고 만 것이지만 ― 아들-상징으로서 예수와 영-상징으로서의 성령 사이의 또 다른 관계 규정이 가능할 것이다. 그러하다면 한 가지 일반적인 하느님 개념의 실재 역사적이고 종교적인 규정을 목표 삼아 시도해 볼 수 있다. 그것은 해이트가 최종적으로 중요하게 여겼던 점이기도 하다. 다만 ― 당연히 그 반대의 경우가 아니라 ― 상징 이론적인 통찰이 하느님의 구원경륜적인 계시를 하느님의 본질에 소급시키듯이, 바로 신성한 실재의 현상적-상징적인 인상을 신학적으로 유효하게 심어 줄 수 있는 한에서 시도해 볼 만하다고 본다. 누구든지 그와 같은 길을 모색하는 자에게는 자기 자신 안에 완전히 "다르게" 존재하는 ― 자기 자신 바깥에서 자신과는 다른 영-상징들을 통해 자신을 드러내는 ― 신에 대한 상상과는 다른 신상(神像)이 떠오를 것이다.

8. 구원론과 관련하여

1) 그리스도론과 구원론

　예수 그리스도를 통한 하느님의 계시는 "하느님께서 우리와 함께 계시어 우리를 죄와 죽음의 암흑에서 구원하시며 영원한 삶으로 부활시키시기 위한 것이다"(*DV* I, 4). 만일 구원론이[54] 그 개념과 사태에 따라서 인간의 구원에 관한 조직-신학적인 가르침이라고 한다면, 그리고 그 구원이 하느님께서 예수 그리스도를 통해 실현시키시는 것이라고 한다면, 구원론은 단지 하나의 신학으로서만 존재할 수는 없고, 모든 측면의 신학적 연구와 직결되어야만 한다. 특히 '그리스도론'은 구원론과 병행해야 한다. 그리스도론에서는 그리스도의 인격만이 관건이 아니라, 구원을 위해 그가 행하는 모든 것들도 관건이 된다. 신약성경의 자료에 발맞춰 현대 신학은 예수의 전체 삶과 행위를 "선-실존"(Pro-Existenz)으로 요약했다. 그의 인격은 정확히 그의 기능이다. 설령 그리스도의 구원 업적의 의미가 궁금했다고 하더라도, '동방신학'은 원칙적으로 육화에서 출발했다. 그에 반해 '서방신학'은 중세 초기 이래로 대속(代贖, Satisfaktion)에서 출발했다. 그리스도의 인격에 대한 신학적인 접근, 그러니까 좁은 의미에서의 그리스도론 연구와 그리스도의 구원 업적에 대한 신학적인 접근을 서로 떼어 놓기 위해서 토마스 아퀴나스의 분리

---

54. 참고 Art "Soteriologie"(H. Wagner), in: *LThK³*, IX, 742-744.

작업이 아주 중요한 역할을 했다. 실상 토마스 아퀴나스 자신조차도 그에 대해 논쟁을 벌이지 않았고 또한 이 요약본에서도 전해지기를 바라는[55] 상기 두 신학의 사태적(내용적) 연관성에도 불구하고, 해방의 차원을 그리스도론에서 한 번 더 특별하게 처리하는 것이 도움이 될 수 있다. 더욱이 이러한 내용을 따라 고유한 길을 걸어온 전통과 마주해서라도 도움이 될 것이다.

2) 예수 그리스도를 통한 구원

(1) 십자가를 통한 구원

신약성경은 예수 그리스도를 통한 구원의 성격을 규명하기 위해 다양한 개념들과 해석의 범주들을 끌어들였다. 그의 죽음은 인간들을 위한 대속사였다(특히 마르 10,45: "사실 사람의 아들은 섬김을 받으러 온 것이 아니라 섬기러 왔고, 또 많은 이들의 몸값으로 자기 목숨을 바치러 왔다.") 그는 참된 희생양(1코린 5,7: "우리의 파스카 양이신 그리스도께서 희생되셨기 때문입니다.")이다.[56] 예수의 죽음은 계약의 제물을 떠올리게 한다(1베드 1,2; 에제 24,8; 로마 3,23-26 참조). 예수의 [다른 이들을] 대신하는 죽음은 속량을 위해 치러야 할 일종의 대가였다(2베드 2,1; 묵시 5,9 등).

(2) 안셀무스 이론에 의한 대속론

처음 베네딕토회에 입회해 나중에 캔터베리의 대주교가 된 안셀무

---

55. 여기서는 예수의 복음 선포가 하느님의 나라 혹은 부활 (사건) 앞에서 어떤 의미 내지 어떤 상관관계를 갖는지 '구원론적으로' 소개하는 식으로 전개해 보고자 한다.
56. 그 밖에 신약성경에서도 희생양과 파스카 양 사이의 연결고리가 그렇듯 확실한지 아닌지에 대한 논의가 있을 수 있지만, 여기서는 다루지 않는다. 교의신학 영역과 관련해서는 그리 많이 취급하지 않기 때문이다.

스는, 중세적 전통을 따라, 구원 사상을 십자가를 중심으로 풀이했고 마침내 대속(代贖) 사상과 연결시켰다. 그는 자신의 저술 『어째서 하느님께서 인간이 되셨는가』(Cur Deus Homo)에서 이렇게 논증을 펼쳤다. 인간이 하느님 앞에서 저지른 엄청난(무한한) 죄가 자비를 얻게 됨은 물론 정당한 방식으로 해소되기 위해서는, 질서의 회복이란 의미에서 그에 타당한 행위가 채워져야만 했다. 그런데 이는 인간의 본질로서는 하느님의 위엄과 권능 앞에서 적합한 방식으로 해결될 수 없었다. 그럼에도 불구하고 그것을 '인간'이 해결해야만 했다. 왜냐하면 그것은 하느님과 인간의 관계에 관한 문제였기 때문이다. 그러므로 오직 '신인'(神人)만이 그것을 해결할 수 있었다. 그분만이 그 두 가지 조건을 정당하게 채울 수 있기 때문이다. "어째서 하느님께서 인간이 되셨는가?"란 주제는 안셀무스의 중심 물음이자 대표 작품이다. 하느님이 인간이 되신 이유에 대해 그래서 신인으로서 인간들을 당신과 화해시키시기 위해서라고 답할 수 있다. 그리스도의 희생은 속량을 위해 치러야 할 대가(代價)다. 이는 하느님과 인간 사이의 관계를 합법적으로 회복하기 위해 반드시 채워야 할 조건이란 뜻이다. 그래서 그리스도의 희생은 진정한 대속의 의미를 띤다. 이는, 사람들이 안셀무스를 종종 오해하기도 하는 것처럼, 하느님께서 '오로지' 당신의 정의를 내세움으로써 벌어진 것임을 뜻하는 것이 아니다. 하느님께서는 당신의 자비를 통해서 그 질서를 인간의 존엄성과 영예에 최대한 어울리는 방식으로 회복시키신 것이다. 그분은 인간을 진지하게 당신의 동반자로 삼으셨다. 그래서 예수 그리스도를 통해서 철저히 정의의 저울에 내맡기심으로써 더 이상 인간으로 하여금 구걸하는 처지가 되지 않도록 배려하셨다. 설령 안셀무스가 이런 발상을 스스로 해내지 못했다 하더라도, 그는 성경에서 그 '원천적인 정신을 익히 알고 있었다고 본다. 왜냐하면 그는 그 뒤에 10여 년에 걸쳐 그 같은 성경의 의미를 정교하게 작업해 냈기 때문이다. 하느님과의 친분(공동체성)은 "계약"을 통해서 이루어진다. 그렇듯 계약 상대자와의 친분 관계, 곧 계약 관계의 바탕은 하느님과 인간 사이의 정당하고 합법적이고 올바른 관계다. 그렇게 성경, 곧 구약성경 역시도 가르친다. 그래서 예수는 그런 계약 사상을 다시 수용한다. "이는 나의 피로 맺은 새로운 계약이다."

(3) 서방교회의 구원론

이 같은 서방교회의 사고방식에서 당장 다음과 같은 질문이 뒤따랐다. '그러면 그리스도를 통해 실현된 의로운 (회복) 상태에 어떻게 '각 개인'이 참여하게 된다는 것인가?' 그리스 교부들이 이 질문을 (동방의) 제기하지는 않았다. 그리스도에 의한 객관적인 행위는 인간 곁에서 직접 펼치시는 하느님의 섭리이며, 그 로고스는 이미 언제든 개별적인 인간을 포괄하고 또 관철시키는 데 문제가 없다. 그에 반해 서방교회에서는 객관적인 구원과 주관적인 구원 사이의 차이를 형식적으로 구별했다. 그리스도의 유일회적이고 초-개별적인 행위는 개별적인 존재(인간)를 구원으로 이끌어야만 한다. 우리가 쉽게 이해하는 이 같은 맥락에서 특별히 은총-신학이 요구되었다. 은총의 근본 형태는 로고스를 설득시키는 계몽이 아니라, 인간의 자연 본성에 추가되는 특별한 능력이다. 그것은 십자가에서 희생된 분으로부터 각 개인에게 흐르는 일종의 "전류"와도 같다. 근대 이전까지 오랫동안 — 종종 근대의 새로운 사상에 기초를 놓았다고 평가하는 교부 아우구스티누스에게서 잘 부각된 — 이 개념(은총)은 새로운 경험을 낳도록 이끄는 것으로 이해되었다. 이른바 주관적인 인간이 주변으로부터 아무런 도움을 받지 못하는 절망 상태에서도 홀로 하느님 앞에 서고 또 공로 없이 은혜를 입는 경험으로서 이해되었다. 아우구스티누스가 원죄론에 대해 고심했다는 사실은 이 은총 개념이 예사롭지 않았음을 시사한다. 이 시대에도 그리스도론과 은총론이 자명하게 받아들여졌다. 물론 은총은 그리스도의 대속적인 희생에 기인한다. 그러나 은총은 동방교회가 그렇게 믿고 있듯이 그리스도 자신이 아니다. 사람들은 이제 간단하게 말 그대로 하느님과 인간 사이의 결속을 교회의 성사적 행위를 통해 다지면서 그 성사적 행위로 하느님의 은총을 중재한다고 말할 수 있게 되었다. 흥미로운 사실은 트리엔트 공의회가 과연 간접적으로 은총의 구원론적인 의미를 소개했지만, 그래도 몇몇 학자들은 은총론과 성사론의 주안점에 서로 다른 입장을 보였다는 것이다. 사람들은 간단히 이렇게 말할 수 있다. '안셀무스가 개념을 기초하고, 토마스 아퀴나스와 그 밖의 몇몇 중세 신학자들이 발전시킨 대속 이론은 최근에 이르기까지 서방교회 구원론의 핵심을 이룬다.'[57] 이 대속신학은 1950년에 들어서 비로소, 그리고 정작 제2차 바티칸 공의회 회기 중에, 그 결과로 구원론과 밀접하게 연결되었고, 나아가 성경의 고무적인 진술을 토대로 강화되었다. 한편으로 구원에 관한 기본 전망이 그로써 확장되었다고도 보지만, 다른 한편으로는 그리스도를 통한 구원은 단지 십자가를 통해서만이 아니라, 예수의 전 생애 및 그의 내면적인 태도를 통해서도 이루어졌다는 생각에서 사람들이 구원을 더 이상 대속적인 측면에서만 이해하려 하기보다는 예수의 전체 희생, 곧 예수 자신의 하느님 편에서 그리고 인간들을 위한 희생

---

57. 프로테스탄트 신학계의 구원론은 부분적으로 완전히 다른 길을 걸어갔다.

과 직결시켜 이해하기에 이르렀다. 이는 단지 "회복"의 측면만 내포하지 않음을 가리킨다.

3) 대속, 해방, 친교로서의 구원

오늘날 구원을 향한 신학적인 이론들 중에는 세 가지 주요 모델이 두드러진다. 이들은 서로 인접해 있을 뿐만 아니라 서로 교차된다. 하지만 그럼에도 저마다 특징적인 구조를 증명해 보인다.[58] 이 책의 신학적인 기본 입장에 의거해 나 스스로 친교-모델을 추구한다. 대표 혹은 대리 개념은 구원 전체를 위해 제격이다. 만일 구원-모델의 발전이 관건이라면, 그에 부응해 이 개념은 거의 항상 함께 고려되어 왔다. 그와 마찬가지로 이 개념은 다른 개념들을 통해서는 접근하기 어려운 그런 독특한 관점들을 제공한다. 이에 다시 생각해볼 만한 것으로서 발타사르의 "극적인" 구원론[59]을 제안한다. 대리의 본래적인 "장소"는 성부와 죄를 덮어쓴 성자 사이의 하느님의 내적 차별성이다. 성자는 더 이상 상상할 수 없을 정도로 성부에 대한 신뢰를 경험한다. 또한 죄인에 대한 적극적인 대변(代辯)을 통해서도 그는 대리 역할을 수행한다("대변적"[kata-log] 대리 개념). 교회의 신앙인들은 그리스도의 뜻을 뒤따라 살기로 작정한 만큼, "유비적"(ana-log) 대리 개념을 실현한다. 그렇게 신앙인들은 앞서 그리스도의 대리 역할을 통해서 그에 관한 능력을 제공받기 때문에 그것을 실현할 수 있다. 대리 개념의 "극적인" 이론을 주장한 자로서는 슈바거(R. Schwager)를[60] 손꼽을 수 있다. 그는 프랑스

---

58. 참고로 나의 긴 논문 "Erlösung IV. Systematisch-theologisch", in: *LThK*³ III, 808-811을 보기 바란다.
59. H. U. v. Balthasar, *Theodramatik III*, Einsiedeln 1980.
60. R. Schwager, *Der wunderbare Tausch*. Zur Gechichte und Deutung der Erlö-

사회학자 지라르드(R. Girard)의 견해를 활용해 그것과 연결시켰다. 인간들은 예수가 그들에게서 발견한 거짓과 폭력 등의 죄악들을 그(예수)에게 되레 덮어씌우고, 예수를 십자가에 못 박는다. 그리하여 예수는 바깥으로 추방되는 "속죄양"이 된다. 그런 행위를 통해서 인간들은 지금 처한 부정적인 상황과 구조들로부터 해방되려고 한다.

특별히 토마스 프뢰퍼(Thomas Pröpper)는 근대의 자유사상이 구원사상 안에서도 유익하기를 바라면서 열심히 궁리했다.[61] 근대의 사유지평 위에서, 특히 독일의 후기 관념론(피히테)과 결부시켜 생각해 보면, 하느님의 계시는 곧 인간의 완전한 자유 실현을 뜻한다. 또한 인간을 위해 무조건적으로 결정된 이 같은 하느님의 자비는 그와 동시에 인간이 하느님의 사랑에 기꺼이 응답할 수 있는 능력을 새롭게 가지게 되었다는 점도 내포한다. 그런 의미에서 구원은 자유의 구현이다. 근대의 자유의 역사라는 틀 안에서 구원에 대한 해석에 분명 "상호 주체성"(Intersubjektivität) 개념이 한 몫 하지만, 제2차 바티칸 공의회의 관점에서 발전한 신학적 기본 개념인 '친교'와는 여전히 거리가 멀다. 하느님과의 친교는 인간들의 유대를 가능하게 해 주는 원천이다. 단적으로 죄는 친교(일치)를 거부하는 행위다. "본래적인 뜻에서 죄는 자신-곁에-머무름"(Bei-Sich-Sein)이다"(마틴 부버). 물론 인간은 자신의 힘만으로 친교를 조장하거나 실현시킬 수 없기에, 하느님으로부터 그것을 수용하는 것이 관건이다. 그런 점에서 구원은 그리스도를 통해 하느님께서 마련하시는 친교를 뜻한다. 죄를 달게 받음으로써, 하느님께 철저히 자신을

---

sungslehre, München 1986.
61. Th. Pröpper, *Erlösungsglauben und Freiheitsgeschichte. Eine Skizze zur Soteriologie*, München ²1988, 비교 H. Keßler, *Erlösung als Befreiung*, Düsseldorf 1972.

바침으로써 그리스도는 하느님과 인간 사이의 친교를 새롭게 세웠기에, 그에게 새로운 삶의 가능성이 달려 있다. 이 가능성은 특히 교회의 파견을 통해 완성될 것이다. 왜냐하면 교회는 이 인간 사회 안에서 또 이 인간 사회를 위해 살아가기 때문이다("정치적 교회론"). 우리의 기본적인 틀에서 이탈하지 않기 위해 여기서 화해 개념에 대해 더 살펴나가지는 않을 것이다. 한편 이 화해 개념은 프로테스탄트 신학이 구원의 의미를 해석할 때 보다 더 선호하는 것으로 비쳐진다.

오늘날의 신학적인 논의

특히 현대 그리스도인이 보통 그리스도론의 문제점을 접하게 되는 배경은 다원화를 주장하는 종교 이론이다. 그 같은 문제점들은 오늘날 발달한 매스컴과 대중화된 전자 매체로 인해 손쉽게 접할 수 있다. 여기서 근본적인 물음은, 예컨대 예수를 과연 다른 종교의 구원 중재자들로 대체해도 좋은 존재인지? 다시 말해서 하느님 나라에 들어가는 일이 각 종교의 중심 인물들(모하메드, 부처 등)에게도 가능한 것인지 하는 물음이다. 여기서는 무엇보다도 그리스도교의 신앙고백 안에 자리하는 중심 내용(예를 들어 그리스도의 '성자됨'의 유일성, 구원 역사의 유일성 등)이 도마 위에 올려 진다. 그러나 이때 다시금 모든 사람이 하느님 나라에 들어갈 것인지 하는 물음과, 더 나아가 그런 보편적인 구원의 입장이 그리스도론과 어떤 연관성이 있는지 하는 물음은 아직까지 완전하게 해명되지 않았다. 그 밖에도 구원론과 관련된 수많은 기본적인 물음들이 새로운 작업을 고대한다. 예를 들어 "대리" 개념에 대한 새로운 신학적 통찰이 요청된다. 다른 한편 오늘날 "생태학적인" 관점에서 바라보는 그리스도론의 경우도 점차 많은 사람들에게 관심거리가 된다. [역주 - 다행히 후자의 경우는 오늘날 현 교황 프란치스코의 회칙 『찬미 받으소서(2015)』가 전망을 밝혀 주었으며, 점차 그 시도가 확대되고 있다].

"그리스도론"에 관한 기본적 참고 문헌

Dalferth, Ingolf Ulrich, *Jenseits von Mythos und Logos*. Die christologische Transformation der Christologie (*QD* 142), Freiburg u.a. 1993.

Hünermann, Peter, *Jesus Christus*. Wort Gottes in der Zeit. Eine systematische Christologie, Münster ²1997.

Kasper, Walter, *Jesus der Christus,* Mainz 1974.

Schoonenberg, Piet, *Der Geist, das Wort und der Sohn,* Regensburg 1992.

Moltmann, Jürgen, *Wer ist Christus für uns heute?* Gütersloh 1994.

Werbick, Jürgen, *Soteriologie,* Düsseldorf 1990.

4 | 은총과 의화 - 하느님과 인간 사이의 공동체 실현

　　1999년 10월 31일 독일 아우크스부르크에서 의화론(義化論)에 관한 공동성명서가 채택되어 발표되었다. 그것은 루터교회 연합회와 로마 가톨릭교회가 합의한 성명서다. 공개적인 차원에서 이루어진 이 같은 합의는 거기서 다루어진 내용 자체의 무게보다는 오히려 그로써 무엇보다도 프로테스탄트 신학자들 사이에 매우 열띤 논쟁을 불러일으켰다는 사실에 이목이 집중되었다. 약 200여 명의 프로테스탄트 신학교 교수들은 다양한 근거들을 내세우며, 그와 같은 성명서에 대해 받아들이기를 거부했다. 일부는 궁극적으로 종교개혁의 신학적인 동기였던 바로 그 논쟁점에 대해 이제 또 다시 숙고해야 한다는 입장을 강력하게 내세웠다.

　　그러면 의화론에 있어서 중요한 것은 무엇일까? 의화론은 무엇을 가르치고 있으며, 어느 선에서 가톨릭교회의 은총론을 포용할 수 있을까? 한 걸음 더 나아가 우리 각자 자신을 위해서 이 가르침을 고려하려 할 때, 가톨릭교회 신앙인들은 여전히 이런 신학적 가르침에 어떻게 접근하고 있는가?

1. 용어의 선택과 방법론 모색

1) "은총"이란 개념 : 신학적 범주로서의 은총

만일 사람들이 50, 60, 70년대의 각 시대마다 출간된 종교 서적을 펼쳐든다면, 처음부터 "은총"이란 용어와 마주하게 될 것이다. 이 같은 경험은 제법 오래된 강론집의 경우도 마찬가지다. 사람들은 인간에게 하느님의 은총이 필요하며, 또 하느님의 은총을 잃어버릴 수도 있다고 꾸준히 이야기 한다. 그래서 예수 그리스도께서 우리에게 자신의 은총을 선사하신다는 가르침은 여전히 유효하며 의미심장하다.

가톨릭교회의 특징은, 곧 여러 가지 "은총들"에 대해서 가르친다는 점이다. 이로써 쉽사리 감안할 수 있는 것은 하느님의 도우심이 수시로, 특히 크나큰 위기 때마다 인간에게 베풀어졌다는 것이요, 또한 청원기도를 통해 이루어졌다는 사실이다. 우리가 청할 때마다 하느님께서는 우리에게 다양한 형태의 많은 은총을 선사하신다. 예컨대 하느님께서는 슬프거나 좌절할 때는 위로나 격려를, 병들었을 때는 치유와 용기를 선사하시며, 삶의 기로에서는 긍정적인 영향을 미치는 사람들과의 만나도록 하시거니와, 그분에 대한, 곧 하느님께 대한 믿음을 되돌리는 회개도 선사하신다. 순례지에 걸려 있는 '봉헌 쪽지'의 다양한 청원에 대해서도 들어주실 만큼 그 은총들은 다양하다.

일찍이 신학자 그레샤케(G. Greshake)가 특징지어 말했던 것처럼 오늘날 우리의 상황은 다양하다. "'은총'은 종교적인 용어 가운데 가장 많이 사용되지만, 이는 또한 가장 잘못 사용되는 용어 가운데 하나라는 점도 분명하다."[1] 만일 여기서 지난 50, 60, 70년대에 대해서만 언급하고, 현시점에 대해서는 직접적으로 언급하지 않는다면, 은총 개념을 그처럼 소급해서 살피는 일은 별 쓸모없는 행위일 것이다. 사실 말하자면, "사람들이 공적으로 은총 자체도, 은총에 따른 효과도 체험할 수 없다면, 지난 몇 년 혹은 몇 십 년 동안 은총이란 용어는 늘 공허하게 이해된 셈이다. 다시 말해 그동안 일종의 상투적인 개념으로서 간혹 강론이나 교리 문답을 위해서만 그저 경건한 분위기를 자아내게 할 뿐, 일상적인 삶에서는 아무런 중요한 의미나 역할을 제공하지 못했다고 보아야 할 것이다."2 일상적인 용례에서의 이 용어의 의미와 종교적인 차원에서 경험하는 이 용어의 의미는 서로 너무나 다르다.

일찍이, 적어도 제1차 세계대전 이전 시대까지 "은총"이란 용어를 사용했던 사람들은 한편으로는 그 용어가 그리스도교 종교를 통해 전해졌던 것처럼 하느님으로부터 무상으로 받은 자비와 총애를 떠올렸다. 이른바 "위로부터" 인간에게 주신 하느님의 선물이다. 다른 한편으로는 하느님을 대리해 세상을 통치하는 왕이나 황제를 떠올렸다. 그러므로 은총은 모두 "하느님의 은총"(*Dei gratia*)이었다. 또한 그 은총이 처리하거나 선처해 준 것은 "은혜로운 다스림"이요, 모두 하느님에 의해서 이루어진 것들이다. 그렇게 종교적으로 고려된 은총 개념은 정치적인 영역 안에서 구체적인 모습을 띠었다. 그러나 은총은 이 같은 모습을 차츰 통치자와 권력에 대한 이해의 변화와 더불어 상실되었다. 인간은 위로부터 그 어떤 "자비" 혹은 "호의"를 구걸하지 않으려 한다. 오히려 인간은 그것이 자신의 권리로서, 그러니까 자신의 공로에 맞갖은 민주 사회의 구성원으로서 마땅히 받을 권리로서 그것을 요구하려 한다. 위기

---

1. Gisbert Greshake, *Geschenkte Freiheit*. Einführung in die Gnadenlehre, Freiburg I. Br. ²1992, 9: 나는 이 책에 총체적으로 고무되었다. 나의 연구 논문 "Gnade"(3 Römisch-katholische Gnadenlehre), in: *EKL* 2, 229-233 참조.
2. *Ibid*.

를 맞았을 때에도 인간은 사회의 연대성을 내세움으로써 더 이상 "연민의 정으로", "위로부터 받는 혜택으로" 도움 받기를 거부한다. 사회정치적인 영역에서 새롭게 변모한 이 같은 권리 의식의 확장으로 인해 은총에 관한 종교적인 표현과 이해는 거의 사라졌다. 더욱이 그리스도교 가르침과 복음 선포 중에 이 용어의 지나친 남용이 그런 분위기를 가중시켰다. 그래서 오늘날 "은총"이나 "은혜로운"(gnädig) 등의 표현은 [대중적인 독일어로] "아뿔싸, 어떻게 이런 일이!"(Ach, wie gnädig!) 하고 오히려 푸념 섞인 비아냥거림으로 전락했다.

이 같은 상황에 이르게 된 데에는 몇 가지 이유가 있다. 근대의 인간은 자기 자신을 모든 존재 및 행위의 출발점이자 중심에 올려놓으려고 안간힘을 썼다. 근대의 인간은 스스로를 자율적인 존재요, 계몽된 존재로 자부했다. 자연과학과 기술이 고도로 발전하면서 인간은 지난 수십 년 동안 노력한 결과 확실한 길로 새롭게 들어섰음에도 불구하고 (예컨대 "Club of Rome"), 그렇듯 일구어 낸 모든 업적을 자신의 공로로 돌리는 데 주저하지 않았다. 그리하여 인간은 자신을 하느님의 섭리에 내맡기는 것이 자신의 본래적인 태도라는 사실을 용납할 수 없었을 뿐더러 아예 그런 생각조차도 하지 않게 되었다. 그러나 우리 자신을 하느님께 내맡기는 행위는, 우리가 그분의 사랑 덕분에 그때마다 살아갈 뿐임을 고백하는 행위다. 은총은 그분께 근본적으로 감사해야 할 일이지, 달리 우리 자신이 손수 일구어 낸 공로 덕분에 그것을 받을 자격이 있음을 말하지 않는다.

배타적으로 자신을 고집하는 인간에게는 은혜로운 하느님이 별 의미가 없다. 그런 인간에게서는 다음과 같은 간단하면서도 분명한 입장을 엿보게 된다. 하느님께 가까이 다가가는 일은 하느님 중심적인 태도를 통해, 다시 말해 하느님께서 당신 자신을 기꺼이 내어 주시듯이 은혜를 베푸시는 분께 감사하는 태도가 아니라, 오히려 인간의 행위, 경험, 고통을 눈여겨보는 태도로 실현된다는 것이다. 그 때문에 그런 입장에 있는 이들에게는 오늘날에도 신정론(神正論, Theodizee)과 관련된 물음이, 예컨대 당장 무죄한 이들의 고통 앞에서 하느님의 은총어린 섭리가 의문스러워지는 경우가 우선적인 고려 대상이다. 차라리 알베르 까뮈(Albert Camus)의 말이 그렇듯 의문을 갖는 이들에게 힘이 된다. 인간은 "은총의 나라 대신에 정의의 나라를 세우는 본래적인 혁명을"[3] 시작해야 한다.

물론 그로써 그리스도교가 가르치는 은총론의 중요한 사태가 아직 마무리된 것은 아니다. 그리스도교 신앙은 인간에게 인간적 공로의 가치와 상관없이 은총이 선사되지 않는다면, 전체-존재 및 구원-존재로 완성될 수 없다고 가르친다. 인간은 자신의 현존재의 근거, 의미, 완성을 스스로 일구어 낼 수 없고, 다만 그것을 선사받는 입장이다. 그로써 "은총"에 대한 언급은 근본적으로 인간에 대한 하느님의 섭리 덕택에 인간에게 자율성(Autonomie)이 궁극적으로 가능하고 또 실행되며 그 목표 지점까지 거듭 나아가게 된다는 언표와 동일하다. 그래서 인간의 지상적인 삶에도 그러하거니와 하느님께 나아가는 삶에도, 곧 보다 협의의 의미에서 추구하는 종교적 차원의 삶을 위해서도 은총이 요구된다. 그런 점에서 은총 개념은 '관계 개념'(Relationsbegriff)으로 이해된다. 은총 개념은 하느님과 인간과의 관계를, 보다 엄밀히 말해 인간에 대한 하느님의 사랑을 함축한다. 그래서 일찍이 가노치(A. Ganoczy)는 은총

---

3. A. Camus, *Der Mensch in der Revolte*, Hamburg 1953, 60(상기 번역어는 그레샤케에 의해 가볍게 바뀐 것을 따랐다).

의 범주를 "하느님과 인간 사이에서 벌어지는 모든 관계를 총망라하는 개념이자, … 인간이 되신 하느님만이 아니라 하느님께 대한 인간의 사랑이 적절하게 주제화될 수 있는 소중한 장소"라고 정의할 수 있었다.[4] 그로 인해 일반적인, 곧 오늘날의 입장에서 은총론은 본시 교의신학의 일개 독립적인 영역이 아니라, 전체 신학적인 가르침과 연관된 근본 원리의 하나로 이해된다.

이에 대해 사람들이 자각할 수 있게끔 은총론의 주요 측면들을 종합해 정리하고, 나아가 기회가 있을 때마다 "구원론", "성령론", "그리스도론"과 연계된 측면을 분명하게 주제화시켜 소개하는 일이 훨씬 더 바람직해 보인다. 물론 사람들은 은총신학을 토대로 새롭게 통찰하는 시도가 신학에서 당장 그러한 관련성, 곧 그리스도론, 성령론, 삼위일체 신학과의 관련성에 따라 시도해 온 새로운 통찰들 덕택에 힘을 얻는다는 사실도 잊지 말아야 한다.

그러나 지금까지 은총을 인간의 경험과 연관시켜 언급하는 일이 아주 어렵게 비쳐진 이래로 사람들은 인간적 경험에 "은총" 범주에 부합하는 어떤 연결고리가 과연 존재하는지 궁금해 한다.

2) 인간의 경험에서 은총과의 연결고리

(1) 일반적인 경험들("무한한" 충만에 의존하는 우리의 경험들, 의미)

토마스 아퀴나스는 (아리스토텔레스의 사고방식과 연계해) 인간의 "영혼(*anima*)은 어떤 점에서 모든 것"(*quoddammodo omnia*)이라는 입장을 표명했고, 그로써 인간은 영혼 덕분에 모든 것에 대해 인식하는 관계에

---

4. A. Ganoczy, *Aus seiner Fülle haben wir alle empfangen. Grundriß der Gnadenlehre*, Düsseldorf 1989, 246.

설 수 있다, 곧 모든 것을 알아볼 수 있다고 생각했다. 여기서는 무엇보다도 인식 개방성(Erkenntnisoffenheit)이 관건이다. 물론 그 곁에는 의지 개방성(Willensoffenheit)이 병행한다. 왜냐하면 의지가 온전히 채워지지 않고선 그 어떤 (인식) 행위도 인격적일 수 없기 때문이다. 이 같은 고전 철학적 사고방식은 무엇보다도 자연과학적인 인간학을 통해서 이미 확인되었다(동물행동비교학자 J. v. Uexküll, A. Portmann과 생물학-철학적 인간학자 A. Gehlen, K. Lorenz 등에 의해). 고전 사고방식은 우리에게 이렇게 말한다. 동물은 환경(Umwelt) 속에 살아가고, 인간은 세계(Welt) 속에 살아간다. 동물은 무엇보다도 본능을 따르고, 인간은 그에 반해 오히려 최소한의 본능만을 활용한다. 인간은 자신의 생물학적인 불충분함을 자각하고 또 그것을 극복해야만 한다. 그래서 인간은 자신의 세계를, 자신에게 알맞은 세계를 창조한다. 그래서 그런 세계를 문화(Kultur)라 일컫고, 그런 세계 속에 살아가는 인간을 문화 존재(Kulturwesen)라고 칭한다. 인간은 근본적으로 세계-개방성(Weltoffenheit)의 특징을 보여 준다. 그래서 인간은 당장 그 같은 상황으로부터 자신의 세계를 창조한다. "인간은 그의 내면세계, 그의 '내면성', 그의 정신적인 개별성을 외부세계와의 관계 안에서 확보한다. 달리 말해 자신의 외부로부터 마주하는 인간적인 실재성은 물론 비인간적인 실재성과의 소통을 통해서 자신의 내면세계를 확보한다. 그런 점에서 인간은 우선 외부세계와의 접촉을 나중에 가서야 우발적으로 실현시키는 그런 의미에서 하나의 갇혀진 내부세계를 미리 취하지는 않는다. 오히려 소통 과정 중에 인간은 자신의 인격적인 삶의 목표를 형성한다."[5] 인간은 궁극적으

---

5. O. H. Pesch, *Frei sein aus Gnade*. Theologische Anthropologie, Freiburg I. Br. 1983, 56f.

로 무한한 인식 행위 및 의지 지평(Willenhorizont)에 고무된다. 한편 인간은 일련의 한정된 세계 속에 살아간다. 그래서 인간은 자연히 자신의 불완전성을 극복하고, 이 세계를 자신이 추구하는 전체성에 도달하기에 적합한 세계로 만들고자 노력할 수 있다. 그러나 다른 한편 그와 같은 행위를 통해서 지나치게 강요받는 것처럼 보이기도 한다. 이는 벨테(B. Welte)의 표현을 빌리자면 다음과 같이 말할 수 있다. "인간은 세계-내-현존재로서 살아가도록 자신을 내맡길 때마다 항상 어떤 한계에 부딪히며 부대끼다가 그런 한계를 뛰어넘어서야 한다는 생각에 사로잡힌다. 그러므로 인간은 항상 그리고 반드시 그 이상으로 살아가려고 한다. 물론 그러한 시도들을 성공적으로 이끌 만한 충분한 능력이 인간에게 본질적으로 부재함에도 그러하다. 어쩌면 정작 그에게 중요한 것은 '그 이상(noch mehr)을 거듭 요구받는다는 사실일 것이다."[6] 그로써 인간에게 실질적으로 충만함을 제공한다고 여기는 하나의 세계를 창조하기 위해 수고하는 일은 처음부터 빗나가 있다. 거기에는 확신하건대 일종의 질적인 도약이 — 그러니까 실질적으로 인간에게 충만함을, 그 스스로 이룰 수 없는 충만함을 가져다주는 도약이 — 필연적으로 요청된다.

여기서 그리스도교 신앙은 한 가지 답변을 제안한다. 곧 은총에 관해 표현하는 형식과 관련해서이다. 인간은 자신의 현존재의 최종 근거와 의미를 나 스스로 제대로 만들어 낼 수 없고, 다만 받아들일 수밖에 없다. 은총에 대한 복된 소식은, 인간이 만족과 전체성, 채움을 스스

---

6. Bernhard Welte, *Auf der Spur des Ewigen,* Philosophische Abhandlungen über verschiedene Gegenstände der Religion und der Theologie, Freiburg I. Br. u.a. 1965, 177f.

로의 힘으로는 이룰 수 없음을 시사한다. 은총은 인간을 충분히 '보장' 해 주어야 한다.

지금까지 일반적인 의미 이상으로 인간학적·철학적인 관점들을 따라 살펴보았던 그것은 곧 의미 물음(Sinnfrage)과 함께 다시금 여실히 드러날 것이다. 인간의 삶은 처음부터 무의미성(Sinnlosigkeit) 경험에 맞닥뜨리지 않는다. 모든 인간 실존은 어떻든 안전을 보장받는 상황에서 삶을 시작한다. 그래서 사람들은 기꺼이 젖먹이 어린아이를 보호하려고 애쓴다. 한 인간이 긍정되는 순간 존재해도 좋다고 허락을 받는 것이요, 그로써 자연 돌봄의 대상이 되고 한 공동체 안에 받아들여지는 것이다. 만일 한 인간이 그 같은 긍정적으로 받아들여지지 않게 된다면, 곧 그의 생명이 근본적인 의미를 얻지 못하게 된다면, 그저 손상될 수밖에 없든가 아니면 다른 보상에 힘입어서만 겨우 살아갈 수 있다. 삶의 의미를 얻는 일은 그 의미를 규정하거나 이끌어 내는 일보다 앞선다. 헬무트 골비처(H. Gollwitzer)는 이렇게 진술한 적이 있다. "우리의 삶은 의미를 띠고 있다는 경험으로 시작된다. 우리의 삶은 다른 이들을 위해 의미를 갖는데, 그 의미는 다른 이들이 우리를 위해 돌보는 행위를 통해 드러난다. 그와 다르지 않은 동일한 이유로 다른 이들의 삶도 우리를 위해 의미를 갖는다."[7] 더 나아가 그는 "우리가 처음부터 받아들이는 것은 바로 그것 없이는 우리가 더 이상 존재할 수 없는 그런 것이다. 그래서 우리는 그것을 항상 요청한다. 우리가 그와 같이 처음부터 받아들인다는 사실은 우리에게 매번 그에 대한 매력을 제공하고 향수를 느끼게 해 준다. 의미의 요청과 의미에 대한 희망은 우리 곁을 더

---

7. H. Gollwitzer, *Krummes Holz-aufrechter Gang*. Zur Frage nach dem Sinn des Lebens, München [8]1979, 71.

이상 떠나지 않을 것이니, 만일 우리가 지금까지 자명하게 의미를 확보하듯이 안전을 보장받는 상황에서 떨어져 나가게 된다면, 그 같은 상실을 두고 그리고 새로운 안전을 확보할 수 있을지 하는 의문을 두고 읍소(泣訴)하는 일이 강제로 멈춰지지는 않을 것이다."[8]

그로써 그와 더불어 인격적인 차원이 어느덧 선명하게 부각된 셈이다. 인간은 다른 사람들의 동의를 얻어 자신의 실존을 현실에 옮겨 놓을 필요를 느낀다. 오로지 그런 방식으로만이 인간은 자신의 실존을 확인받게 되고 또 완성을 이루게 될 것이다. 인간 현존재는 '너'에 의해 긍정적으로 받아들여질 때만이 비로소 "의미"를 확보하게 된다. 물론 이러한 나-너 관계는 그 자체로 "무한히 열려져 있는" 것으로서 그런 관계의 완성은 무한한 너를 통해서만 가능하다. 폴 클로델(Paul Claudel)은 『명주 신발』이란 자신의 글에서 사랑하는 자가 사랑받는 이에게 이렇게 말하는 내용을 적고 있다. "만일 내가 앞으로 그 어떤 한계도 모르는 그런 존재와 하나가 되지 못한다면, 너는 당장 나와 함께 끝장나고 말 것이다."[9] 여기서도 그리스도교 신앙은 다음과 같은 답변을 제의한다. 인간을 완전하게 채우는 사랑은 오로지 무한하신 하느님으로부터 올 수 있다. 인간에 대한 당신 자신의 자비를 가리켜 은총이라 일컫는다. 그러므로 이러한 경험 차원에서도 우리에게 한 가지 유익한 단서가 있다. 그것은 우리의 신앙이 "은총"이라고 고백하는 그런 어떤 것에 대한 단서를 가리킨다. 그러나 이런 단서가 직접적으로 하느님-체험이나 은총-체험을 대변하는 것은 아니다. 그러면 그 같은 단서가 간직한 중요한 사실은 무엇일까? 나는 그와 같은 것을 가리켜 다른 구별을 전제

---

8. *Ibid.*
9. *Der Seidene Schuh oder Das Schlimmste trifft nicht immer zu,* Luzern 1944, 278.

하지 않은 입장에서 "종교적" 체험이라 부를 것이다.

(2) 종교적 체험

직접적인, 곧 "감각-범주적"인 하느님-체험이 존재하지 않는다는 것은 그리스도교의 전통적인 가르침 안에 익히 잘 알려진 사실로서 모든 그리스도교가 공통적으로 인정하는 것이다. 사람들은 이 세상에서 경험하는 어떤 대상이나 실재성과 얽히는 그런 모습으로 하느님을 체험할 수 없다. 그에 따라 하느님과 그분의 은총은 오로지 그분께서 직접 계시하시는 그 방식을 따라서만 체험될 수 있을 뿐이다. 왜 그럴까? 그에 대한 대답은 아마도 신앙의 자유에 자리하는 것 같다. 하느님께서는 인간들에게 이미 자유롭게 제안하기 원하셨다. 곧 인간들을 당신 뜻대로 "주재하려" 하지 않으셨다.

물론 사람들은 간접적인 경험에서도, 그러니까 하느님께서 당신 자신을 가리고 계신 곳에서도 하느님을 회상해 낼 수 있다. 당장 신앙하는 인간은 일반적인 역사 안에서, 개별적인 자신의 인생사 안에서 "역사하시고" "안배하시는" 하느님과 마주하게 된다. 그러나 본래적인 의미에서 은총에 대한 체험은 그와 같은 경험이 아니다. 왜냐하면 은총-체험은 예수 그리스도를 통한 하느님의 구원 행위와 직접적으로 아무 관련이 없기 때문이다. 훨씬 더 협소한 의미에서는 이 같은 구원 행위를 위해 "은총" 개념이 사용되어 온 것도 사실이다. 본래적인 종교적 체험은 '항상 "초월적인" 경험이다. 다시 말해 그러한 체험은 "대상적"(對象的) 경험을 넘어선다. 오히려 그러한 체험은 그렇게 감각적으로 드러나는 대상적 경험들 너머의 근거 및 가능성과 마주하는 체험이다. 그러한 모습의 초월적인 체험은 물론 인간의 정신적인 활동 및 해석해 내는 활동과 연계된다. 비록 이 같은 해석 활동이 다시금 하느님을 통해 그 가능성이 개진된다고 하더라도 그러하다.

그러므로 만일 우리가 하느님의 섭리를 신앙에 기초해 해명한다면(토마스는 이를 가리켜 "추정적"[konjektural] 확실성이라고 했는데), 혹은 하느님에 기초해 우리의 행위 가능성을 해석해 낸다면, 우리는 간접적으로 우리를 위한 하느님의 구원 행위와 그 의미를 파악하는 셈이다. "우리가 언젠가 한 번쯤 침묵한 적이 있었던가? 비록 우리가 변명하고 싶었을지라도, 혹은 비록 우리가 부당하게 대우받았을지라도, 언젠가 한 번쯤 기꺼이 용서를 베푼 적이 있었던가? 비록 우리가 그에 마땅한 대가를 받지 못했을지라도, 그리고 다른 사람들이 그 같이 말없이 베푼 용서를 당연한 것으로 받아들일지라도, 우리가 언젠가 한 번쯤 순종한 적이 있었던가? 우리가 반드시 그래야만 했거나, 그렇지 않으면 불쾌함을 피할 수 없었을 것이라고 생각해서가 아니라, 단지 우리가 하느님과 그분의 뜻을 비밀스러운 것이요, 침묵하는 것이고, 도저히 헤아릴 수 없는 것이라고 바라보는 차원에서 우리가 언젠가 한 번쯤 희생을 바친 적이 있었던가? 설령 감사하는 마음이나 기꺼이 수긍하는 마음, 나아가 내적인 만족감을 조금도 갖지 못하면서, 우리가 언젠가 한 번쯤 철저히 고독한 적이 있었는가? 우리가 언젠가 한 번쯤 무엇인가를 오로지 우리의 양심 깊은 곳에서 울리는 목소리에 의지해서만 결정한 적이 있었던가? 우리가 정말 아무에게도 말할 수 없고, 아무에게도 더 이상 분명하게 설명할 수 없어서 차라리 완전한 고독 한가운데 빠져 들겠지만, 아무도 그것을 거부하지 못하고, 언제든 그리고 영원히 책임져야 하는 그런 결정을 내릴 때가 있음을 깨달은 적이 있었던가? 우리가 언젠가 한 번쯤 하느님을 사랑하려고 시도한 적이 있었던가? 우리가 더 이상 놀라운 영감에 휩싸이는 상황이 아니더라도, 하느님과 함께 자신의 파국을 뒤바꿀 수 있는 가능성이 전혀 없다고 하더라도, 그러한 사랑으로 인해 죽게 될 것 같은 불안이 엄습하더라도, 그와 같은 사랑이 오히려 죽음 자체처럼 여겨지거나 아예 전적인 부정으로 다가온다고 하더라도, 공허함이나 완전히 아무것도 들리지 않는 미궁 속으로 빠져든다고 여겨질지라도, 바닥없는 심연 속으로 미친 듯이 뛰어드는 꼴로 비쳐지더라도, 지푸라기조차 손에 붙잡히지 않고 철두철미한 무의미 속으로 내동댕이쳐진다고 여겨질지라도, 과연 하느님을 사랑한 적이 있었던가? 우리가 한 번쯤 사람들이 뜨거운 열정이 불붙을 때만 행동하는 것처럼 보이는, 이른바 자기 자신을 스스로 부정하거나 폐기시켜 버리는 행동을 일종의 의무처럼 행한 적이 있었던가? 우리가, 사람들이 그저 정신 나간 어리석음으로 치부하는, 그래서 그 누구에게도 감사할 마음이 없어 보이는 그런 행동을 의무처럼 행한 적이 있었던가? 우리가 전혀 감사할 줄도 모르고, 이해심이라곤 조금도 없어 보이는 그런 사람에게, 그래서 그렇게 행동한 우리 자신이 감정을 통해서도 아무런 대가를 받지 못한 채, 이른바 '망연자실하는' 그런 입장이 되거나 되었더라도, 우리가 한 번쯤 어떤 사람을 선하게 대한 적이 있었던가?

우리가 살아가는 동안 그와 같은 체험 중에 우리 자신을 추스르고자 한다면, 바로 우리에게 이미 스쳐 지나간 고유한 체험들을 잘 살펴보아야 할 것이다. 만일 우리가 그 가운데 그러한 체험들을 발견하게 된다면, 우리가 생각하는 그런 영(Geist)을 체험한 셈이다. 영원성에 대한 체험, 시간을 따라 흘러가는 이 파편적인 세상보다는 영이 훨씬 더 풍요로운 체험, 인간의 의미가 이 세상의 의미와 행운에 좌지우지되지 않는다는 체험, 결코 증명할 수 없는 모험과 폭발적인 신뢰에 대한 체험, 이 세상의 성공과는 무관하게 더 많은 근거를 손에 쥐는 체험을 한 셈이다."10

(3) 전통에 따른 용어상의 구별11

당신 자신을 전달하시는 하느님께서는 "창조되지 않은 은총"(*gratia increata*)이시다. 하느님의 전달 메시지는 인간을 변화시킨다. 이를 앞선 은총과 구별해 "창조된 은총"(*gratia creata*)이라 부른다. 인간은 창조된 은총으로서 하느님과 전혀 새로운 관계에 놓일 수 있다. 그러한 은총은 "성화 은총"(*gratia sanctificans*)이라고도 일컬으며, 신앙과 희망, 사랑의 향주삼덕을 선사해 준다는 의미에서 "상존 은총"(*gratia habitualis*, 혹은 '상덕 은총')이라고도 불린다. 이는 또 인간으로 하여금 근본적으로 하느님께 나아가는 데 도움을 준다는 의미에서 "조력 은총"(*gratia adiuvans actualis*)이라 불린다. 은총을 통해서 인간은 하느님의 자녀로 고양되며, 이때 인간을 선처하고 인간과 동반하며, 마침내 인간을 완성시켜 주는 도움이 필요하며, 이를 "선행 은총"(*gratia praeveniens; gratia concomitans; gratia perseverantiae*)이라 부른다. 이는 또한 충만하게 해 주는 "충족 은총"(*gratia sufficiens*)과 효과를 일으키는 "효력 은총"(*gratia efficax*)으로 구별된다. 은총은 선사될 수 있다. 인간을 의롭게 또 치유해 주기 위해 베풀어지는 "의화(?) 은총"(*gratia gratum faciens*)이 있는가 하면, 세례자, 견진자, 나아가 사제 등 각자의 사명을 자각할 수 있게끔 주어지는 "무상 은총"(*gratia gratis data*)이 있다.

---

10. K. Rahner, Über die Erfahrung der Gnade, in: *Schriften* III, 105-109(인용은 106f.).
11. *Tzt* 7/1(G. L. Müller), 12f.

2. 성경이 암시하는 죄와 은총과 인간의 자유에 관한 진술

1) 구약성경의 자료
(1) 개념 영역

상기 은총에 해당하는 주된 개념으로서 'chesed'([히브리어] 헤세드; [그리스어] ἔλεος, 245회 등장)가 구약성경에서 주격으로 사용되며, 형용사(술어)로는 거의 활용되지 않는다. 문맥에 따라서 호의, 자애, 자비, 친절, 사랑, 은총 등으로 번역되며 자주 복수형을 취한다. 호의와 자비 등은 대부분 단독적으로도 활용된다. 이 개념은 한편으로는 주체가 행동하는 기본적인 태도를 가리키고, 다른 한편으로는 그러한 행위 자체를 가리키기도 한다.

이 개념의 의미는 폭넓게 적용되어 왔으며, 일상생활에서 이는 인간 사이의 관계 혹은 왕과 같이 아주 출중한 인격체의 행위와 직결시켜 활용될 수 있다. 자애롭고 우호적으로 대접받는 사람은 그에 상응하는 기본적인 태도를 보여야 한다. 신학적으로 이 개념은 하느님께서 인간들에 대해 취하시는 기본적인 태도를 지칭한다. 종종 이 용어가 그와 이웃하는 개념들과 결합해 활용되기도 한다. 예를 들어, 탈출 34,6에 의하면, "주님은, 주님은 자비하고 너그러운 하느님이시다. 분노에 더디고 '자애'(chesed)와 진실이 충만하며" 하고 노래한다. '헤세드'는 정확하게 말해서, 단지 하느님의 기본적인 태도만이 아니라 그분의 본질을 함의한다. 하느님께서는 당신 스스로 약속하셨다. 인간들을 위해 거기 현전하실 것을! 그분께서 선사하시는 것은 종종 '죄의 용서'를 의미하지만, 동시에 '사랑'(호세 10,12; 12,7 참조)을 뜻하기도 한다. 헤세드는 이른바 하느님의 본질인 사랑이 넘쳐흐르는 것을 가리킨다. 그러므로 예레

31,3에서 "주님께서 … '나는 너를 영원한 사랑으로 사랑했다. 그리하여 너에게 한결같이 자애를 베풀었다. …' 하고 말씀하신다." 다시 말하자면, '영원으로부터 너(=이스라엘)에게 나의 사랑을 쏟아 주었으니, 바로 거기에 너에 대한 나의 사라지지 않는 자비가 자리한다.'고 선포한 셈이다.

시편은 자주 (또 다른 개념 '에메트'[emet]와 함께 짝을 이루는) 하느님의 '헤세드'에 대해서 언급한다. 하느님의 헤세드는 이 땅을 채우고도 남는다(33,5; 119,64). 그것은 뭇 인간들에게 주어지고(33,22; 86,13; 119,41), 경건한 이들을 감싸 주며(32,10), 그들을 편안하게 해 줄 것이요(23,6), 그들의 눈앞에서 영원히 보장된 생명으로 드러날 것이다(25,7; 86,5; 109,21; 145,8 이하). 헤세드는 거의 실체적인 형상을 띤다. 그래서 그것은 보조적인 수단 이상으로 하느님에 의해 보증된 삶의 터전이자 생명 자체다.

새로운 율법 안에는 계약 사상이 관건이다. 헤세드는 계약에서 비롯한다. 그러나 이 개념은 일차적으로 합법적인 것이 아니라, 하느님의 의지에 따라 보장되는 것이요, 그런 의미에서 그분의 사랑을 함축한다.

헤세드는 그리스어로 ἔλεος[엘레오스]로 번역되며, 그와 함께 이웃하는 용어로서 아가페(ἀγάπη)로 번역되는 '아하바'(ahaba, 자기희생, 남녀 간의 사랑), 오이크티르모스(οἰκτιρμός)로 번역되는 라하민(rahamin, 자비), 디카이오쉬네(δικαιοσύνη)로 번역되는 세다카(sedaka, 계약상의 충실성을 전제하는 정의[正義])를 떠올리며 이해할 수 있다.

(2) 신학적 언표들

지금까지 언급된 용어의 풀이들은 아마도 내용적으로 인간의 구원과 관련된 것들이라고 볼 수 있다. 하느님께서는 당신의 헤세드로써 인간들을 당신께서 세우신 평화(Schalom)의 나라로 이끄실 것이니, 인간은 하느님께 응답해야 하며, 그분의 백성은 더욱 그분께 응답해야 한다. 해방 및 원조(rettung)는 하느님의 구원 사건에 속하는 본질적인 요소다. 특히 이집트에서 당신 백성들을 구해내신 사건은 곧 하느님께서 당신 백성의 해방을 위해 친히 주도하심을 보여 주는 예형이다. 총체적으로 지금이란 시간만이 중요한 것이 아니라, 오히려 무엇보다도 예언자들이 그렇게 강력하게 전달했듯이, 하느님과의 일치 공동체로 계속 머무르는 것이 중요하다. 그런 관계 속에서 이스라엘 백성은 최종적으로 그들의 죄로부터 헤어날 수 있다. 다른 백성들 역시 하느님의 자애와 은총을 누릴 수 있었던 만큼 당시까지 지탱해 온 관계 그 이상으로 최대한 돈독한 관계와 일치를 위해서 노력해야 한다.

2) 신약성경의 은총신학

(1) 공관복음

공관복음이 전하는 자료에 의하면 예수 자신은 이 은총(χάρις, 카리스) 개념을 활용하지 않았다고 말할 수 있다. 그러나 은총을 뜻하는 개념은 하느님 나라(βασιλεία, 바실레이아)의 도래와 연계된다. 예수는 하느님의 다스림을 구원 사건으로 선포한다. 특히 루카복음에 의하면, 예수는 당신 인격 자체가 이미 하느님의 구원을 일으키는 은총이다. 예수는 하느님께서 보내신 의사요, 인간이란 하느님 앞에서 모두 병자, 곧 하느님께서 보내신 의사를 필요로 하는 병자와도 같다. 마르 2,17에서도 예수는 의로운 이가 아니라 죄인들을 부르러 오셨다고 전한다.

(2) 요한 사가의 문헌

요한의 문헌에 의하면, 그리스도는 '카리스'에 대해서 말씀하지 않지만, 나름대로 신학 사상을 펼치는 요한의 입을 통해 소개된다. 인간의 몸을 취한 로고스는 "은총과 진리가 충만하신"(요한 1,14) 분이다. 이 표현은 좀 더 정확하게 분석해 보자면, '빛과 생명' 개념(특히 '생명')과 아주 단단히 결합된다. 예수는 인격체로 드러난 '생명'이다. 그래서 예수와 함께 나누는 자는 그리스도와의 일치 공동체 안에서 이미 생명 및 구원을 누릴 것이다.

(3) 바오로 사도의 문헌

바오로 사도는 은총 개념을 의화 과정(로마 3,21-24)과 밀접하게 연계시켜 가르친다. 그의 은총 개념은 그의 전체 신학 사상에 핵심을 이루며, 결국 그 은총은 곧 의화와 직결된 은총이다. '카리스'는 하느님께서 모든 이들을 대상으로 은혜로이 베푸시는 구원 의지요, 그분의 포괄적인 사랑의 의지다. 의화는 하느님과 화해하도록 이끌 것이니, 그것은 인간의 구원과 일맥상통한다.

(4) 신약성경에 따른 은총의 해석

프란츠 무스너(F. Mußner)는 신약성경의 자료들을 수집해 체계적으로 정리했다.[12] 은총은 가장 먼저 '종말론적 구원 사건'과 직결된다. 하느님께서는 예수를 통해서 인간들을 나락에서 건져 주신다. 그것은 이미 예수의 이름에서도 엿볼 수 있는 하느님의 뜻이다. "하느님께서

---

12. F. Mußner, in: *MySal* 4/2, 626-628.

도와주신다." 그와 동시에 인간은 은총을 통해 새로운 세계로, 곧 하느님의 구원이 충만한 곳으로 나아갈 것이다. 결국 신약성경 전체를 관통하는 확신 한 가지는, 예수 그리스도를 통해 은총-사건이 전개되었다는 사실이다. "은총은 신약성경에 따르면 하느님께서 인간과는 물론 세상과도 새로운 관계를 설정하신 선물로서 예수 그리스도를 통해 시작된 종말론적인 구원 사건에의 초대를 뜻하며, 그러한 종말론적 구원 사건은 곧 삼위일체의 하느님께서 당신 자신을 드러내 보이시는 일과 결부된다."[13]

3. 자유롭게 하는 힘으로서의 은총 : 교부들의 가르침 - 아우구스티누스와 펠라기우스의 논쟁[14]

1) 아우구스티누스 이전의 교부들

(1) 초기 교부들

초기 교부들은 놀랍게도 은총에 대해서 별로 언급하지 않았다. 그들은 신약성경의 관련 구절들(특히 바오로 사도의 서간들)을 인용하기는 했지만, 그 근거들에 대해 통찰한 적은 거의 없었다.

① 초대교회에서 유다계-그리스도인들(율법을 중요하게 여기는 그리스도인들)에게 정의가 채워졌다는 사실(산상수훈)이 중요하다. 정의는 윤리적인 요청에 힘을 싣는다. 그래서 예를 들어, 사도 시대의 교부들과

---

13. *Ibid.*, 628.
14. 참고 O. H. Pesch / A. Peters, *Einführung in die Lehre von Gnade und Rechtfertigung*, Darmstadt ²1989, 8ff.

호교론자들에게서도 그런 측면이 강하게 부각된다. 교회의 고해는 "회개의 은총"이다.

② 윤리적 요청을 강조하는 일은 영지주의 사상에 반대하는 행동이었다. 당시 영지주의는, 구원이 순수 영적인 지식을 통해 이루어진다고 가르쳤다. 그에 반해 그리스도교는 사람들이 육체를 지닌 현존재로서 이 물질적인 세상 안에 살아가면서도 반드시 지켜내야 할 것들이 있다고 가르쳤다. 그래서 윤리적인 전망은 중요했다. 그리스도인은 이 세상에 미련을 두지 않는 점에서 어쩌면 본래적인 의미에서 영지주의자일지도 모른다. 그러나 이 세상에서 살아가는 그리스도인은 단지 그 절반의 모습만 보여 준다. 그런 점에서 초대교회는 금욕주의를 윤리적인 실천의 최대 단계로 설정하려고 했다.

게다가 초기 신학자들은 하느님의 초월성과 그분의 내재성을 하나로 연결시키려고 고민했다. 왜냐하면 이 같은 문제가 육화 사건과 결합해 제기되었기 때문이다. 은총론에서 중요하게 여기는 것 한 가지는 하느님의 '본질'(οὐσία)과 그분이 보여 주시는 '능력'(δύναμις[뒤나미스])을 구별하는 일이다. 하느님의 본질은 우리가 알 수 없지만, 그분의 능력은 우리가 알아볼 수 있다. 그래서 하느님 자신은 '창조되지 않으셨지만', 그분의 구원 능력은 창조되었다고 가르치기 시작한다.

하느님의 구원의 힘(δύναμις)은 '하느님의 구원경륜'(οἰκονομία[오이코노미아])을 통해 드러난다. 일찍이 동방교회 신학에서는 하느님의 구원경륜이 '은총'과 동일하게 이해되었다. 그런 까닭에 동방교회에서는 '은총'이 자연히 하느님의 본질과 구별되었다.

그러므로 이렇게 말하는 것이 유효할 것이다. 하느님의 구원 능력은 그분의 구원경륜에서 드러난다. 이것이 은총이다. 그러면 구체적으로 어떻게 드러날까? 인간은 삼위일체이신 하느님의 모상이다. 그런데, 이 모상을 인간의 죄악이 일그러트리고 좌절시키고 어둡게 만들었다. 그래서 그리스도의 구원 업적을 통한 하느님의 인도하심(παιδαγωγία)이 이 모상을 다시금 새로운 빛으로 이끌어 준다. 인간은 "거룩하게" 될 것이다. 곧 다시금 하느님의 모상을 온전히 회복하게 될 것이다. 그가 하느님께 나아갈 수 있다면, 이는 플라톤주의적인 교육 이념을 채택한 것이다. 인간은 자신의 본질인 (하느님의) 모상을 실현시켜야 한다. 다시 말해 이데아의 형상을 되찾아야 한다. 로고스는 하느님께서 보내신 교사다. 구원은 "교육"(paideia - [역주] 아이를 인도해 주는 일)이다. 그리스도는 그런 의미에서 교사(paidagogos)다. 그는 인간 안에 깊숙이 박혀 있는 하느님의 모상을 밝히 드러나게끔 이끌어 줄 것이다. 마치 산모의 출산을 도와주는 조산원이나 제자의 자질을 북돋아 주는 스승처럼, 그리스도는 "그 모상을 밖으로 꺼내도록 도와줄 것이다." 이 같은 사상은 신비주의 신학에서 더욱 발전하게 되었다.

(2) 테르툴리아누스

추정할 수 있듯이 이 모든 신비적인 관점은 '동방신학'의 산물 혹은 유산이다. 서방교회는 훨씬 더 실천적인 측면에서, 그리고 인간의 삶과 연계해서 생각했다. 인간은 다양한 경향들과 특별한 능력들에 의한 노리개가 아니다. 오히려 자유로운 결정을 통해 많은 가능성을 지닌 존재다. 이는 이미 테르툴리아누스의 표현에 근거한다. "인간 영혼은 자연적으로 그리스도교적이다"(*Anima naturaliter christiana*). 이는 물론 원죄를 통해 나약해진 인간 본성이 은총을 통해 치유될 수 있음을 가리킨다. 이에 테르툴리아누스는 세례성사를 끌어들였다. 그는 성사 개념을 처음에 군대 용어에서 차용했다. 그는 세례성사를 새로 입대한 병사의 선서와 같은 차원으로 설명했다. 세례에 힘입어 인간은 자신을 하느님께 넘겨드리고 또 넘겨받는다. 군대 사회 안에서 가능한 형식을 유비적으로 활용한 셈이다. 일종의 명백한 계약과 의무의 수준에서 세례를 이해한 것이다.

2) 펠라기우스

펠라기우스는 얼마 전까지도 이단(異端)으로 취급되었다. 사악하고 야만적이며 비종교적이고 단지 인간학적인 측면에서만 고려한 인물로 묘사되었다.[15] 그러나 그의 작품들(새 출간본)을 새롭게 대하면서 그에 대한 이미지가 많이 변했다.[16] 펠라기우스(†418년 이후)는 그 당시의 분위기에서 이해되어야 한다. 4세기에는 이미 관례적으로 교회를 찾는 그리스도인들(그 이전에 이방인들의 사고방식에 젖어 있던 그리스도인들)이 많았고, 그런 교회에서 그가 그들을 가르치던 상황이었다. 그는 일종의 개혁 프로그램을 단행하여, 산상수훈의 정신으로 되돌아가자고 주장했다. 『마니교 반박』(*Gegen den Manichäismus*)에서 그는 다음과 같이 논증을 펴고 있다. 인간은 하느님의 살아 있는 모상이요, 하느님이든 그 어떤 사악한 영이든 그의 꼭두각시가 아니다. 인간은 그 누구든 악인으로도 선인으로도 결정되지 않았으며, 그에게 자유의지가 발휘되는 한에서

---

15. 참고 G. Greshake, *Gnade als konkrete Freiheit*. Eine Untersuchung zur Gnadenlehre des Pelagius, Mainz 1972, 혹은 O. Wermelinger, *Rom und Pelagius*. Die theologische Position der römischen Bischöfe im pelagianistichen Streit in den Jahren 411-432(Päpste und Papsttum 7), Stuttgart 1975.
16. 그의 작품들에 대한 새로운 입장과 관련하여 "Pelagius"(O. Wermelinger), in: *LThK*^{3} VIII, 5-8.

인간 자신이 그 모상을 결정한다. 죄악을 통해 어두워진 모상은 하느님의 교육 과정을 통해, 곧 예수 그리스도의 가르침과 그분이 선보이신 모범과 행위를 통해 재건될 것이다. 달리 말해, 인간은 자유의지를 발휘해 하느님에게서 은총을 받을 수 있도록 창조되었다. 그러므로 인간은 근본적으로 그리스도의 가르침에 힘입어 하느님의 뜻을 실현할 수 있다.

펠라기우스의 설명에 대해 사람들은 은총에 관한 그의 입장을 구별해서 들어야 한다.

① 창조에 의한 "기초 은총"(Fundamentalgnade)이 존재한다.

② "보조 은총"(*Auxilium*), 곧 현실적으로 보조적인 도움을 주는 은총은 예수 그리스도 혹은 좋은 그리스도인의 모범이 현실적으로 인간의 모상을 완성하도록 도와준다. 인간 안에 티 없이 자리하는 하느님의 모상은 인간이 오랫동안 살아가면서 곱씹어야 할 모범적 가치다.

③ "율법 혹은 교회법"은 교육적인 의미를 띤다. 그것 역시 인간으로 하여금 선을 행하도록 돕는 점에서 은총이다. 은총의 역사를 거슬러 죄의 세력이 존재한다. 죄는 우리가 악습에 젖거나 아담의 모습을 뒤쫓거나 율법을 소홀히 할 때 고개를 쳐든다.

④ 그런 죄악을 막아내는 것이 "그리스도의 은총"이다. 그리스도는 한편 현실적으로 도움을 주는 분이요, 아담의 모습과는 정반대의 생생한 삶을 고무시켜 준다. 다른 한편 십자가와 부활을 통한 구원은 인간의 내적인 변화 역시 함의한다. 인간의 자유의지는 선을 행하는 데 손색이 없을 만큼 앞서 주어졌다.

은총을 받은 자는 하느님과 함께 살아갈 수 있고 또 살겠다고 결심해야 하며, 이는 사실상 믿음을 통해서 이루어진다. 믿음은 이미 하느님을 통해서 선사받은 것이요, 인간에게 고유한 원-행위(ureigener Akt)다. 하느님께서는 누구에게나 이미 구원을 제의하셨다. 하느님의 이 같은 제의에 대해 인간은 자신의 자유의지로 응답해야만 한다.

펠라기우스와 아우구스티누스 사이에 벌어진 논쟁을 살핀다는 것은 이미 여러 측면에서 근본적인 오해 요소들을 껴안고 행동하는 것과 같다. 그것은 시간의 흐름을 거스르는 기억이기도 하고, 시간이 훨씬 지난 입장에서 펠라기우스를 심판하는 것이기도 하다. 그렇지만 영향사적으로 그 논쟁은 훨씬 더 큰 의미를 갖는다. 교회의 교도권이 아우구스티누스와 비록 부분적으로는 오해를 산 펠라기우스 사이의 논쟁에 대해 결정을 내리고, 그로써 이후 전체 신학의 역사가 우회하는 결과를 낳았다. 그러면 그러한 교회의 결정을 합법적인 것으로 만든 요인(펠라기우스 가르침의 세 가지 핵심 요소)이 무엇인지 간략하게 살펴보자.

① 죄의 세력은 바오로 사도의 해석에 의해 밀려났다. 반면 도덕적인 관점에서 신앙의 진보가 훨씬 더 힘을 얻게 되었다.

② 은총은 무엇보다도 그리스도가 모범을 통해 인간으로 하여금 도덕적인 행위를 수월하게 행하게끔 도와주는 데 있다.

③ 하느님의 구원 은총에 비해 인간의 '이성'과 '자유의지'를 더 앞세우려는 근본적인 경향이 펠라기우스의 가르침에 두드러졌고, 교회는 그것을 간과할 수 없었다(그러한 경향은 물론 성경의 증언과 당시 교회의 전통과 대립하는 것으로서 도저히 묵과될 수 없었다).

3) 아우구스티누스와 펠라기우스의 논쟁

(1) 아우구스티누스의 은총론

아우구스티누스는 "은총의 박사"(*Doctor gratiae*)라 불린다. 은총은 그만큼 그의 신학의 주요 주제다. 그는 무엇보다도 마니교도와의 싸움 중에 하느님의 은총을 남다르게 경험했다. 마니교도는 인간의 자유의지를 아예 무시했다.

아우구스티누스의 은총론의 원천은 원죄(Ursprungssünde)에 관한 앞선 교부들(테르툴리아누스, 암브로시우스)의 가르침과 바오로 사도의 진술, 자신의 체험이다. 그와 연계된 신학적 관점들을 열거하자면, 하느님의 전능하신 역량, 창조 때부터 주어진 인간의 '자유로운 의지' (*Liberum arbitrium* - 이는 오늘날의 "*Libertas*"[=자유] 개념과 구별된다), 원죄, 곧 "*Massa damnata*", 은총의 필연성과 효과, 하느님의 구원 의지, 선택과 거부가 있다.

아우구스티누스의 입장이 비록 동방교회의 신학에 어울리지도 않고, 나아가 서방교회의 신학에서조차 여러 "앞선 신학자들의 입장"과도 일치하지 않았음에도, 어째서 오늘날까지 교회 안에 받아들여질 수 있었을까? 아마도 이는 그의 사상이 전반적으로 서방교회의 사고방식과 어울리는 부분이 있었기 때문인 듯하다. 또 그가 폭넓은 인간관계를 가졌고 그와 절친들 가운데 주교 출신이 많았던 것도 사실이다.

(2) 펠라기우스와의 논쟁

아우구스티누스는 자신의 은총론을 펠라기우스와의 논쟁을 통해 전개하지는 않았다. 그는 앞서 자신의 『심플리키아누스에게 보낸 여러 질문』(*Schrift an Simplicianus*, 396)에서 은총을 주제화했다. 뒤에 그는 자신만의 특별한 사유 과정을 기억하면서 이렇게 밝힌 적이 있다. "이와 같은 문제를 해결하기 위해서 나는 분명 인간의지의 자유로움에 대해 골똘히 생각했지만, 결국 하느님의 은총이 승리했다"(*Retr.* II, 1). 이와 관련하여 고민했던 시간은 아주 빨리 지나갔다. 펠라기우스의 추종자였던 켈레스티우스(Caelestius)와 율리아누스(Julianus Aeclanensis)는 펠라기우스의 입장을 뛰어넘어 자신들의 생각을 다음과 같이 이론화시켰다. 아담의 죄는 오로지 아담에게만 해당될 뿐, 인류 전체에게 영향을 미치지 못한다. 인간은 원죄 없이 존재할 수 있으며, 하느님의 계명을 어려움 없이 지켜 나갈 수 있다. 구약의 율법은 신약의 복음과 동일하게 복된 삶을 얻는 데 효력을 발휘한다. 원죄를 없앤다는 유아 세례는 사실상 의미가 없다.

이 같은 이론은 카르타고 시노드(411)에서 단죄를 받았다. 켈레스티우스의 이론은 비록 교회로부터 파문당했음에도 불구하고 계속해서 전파되어 나갔기에, 418년 카르타고 교회 지도자는 다시금 새로운 시노드를 소집했다. 200명의 주교들과 아우구스티누스 주교가 거기에 참석했다. 거기서 비로소 펠라기우스에 대한 정식 파문이 황제의 이름으로 그리고 교황 조시모(Zosimus)의 이름으로 (그로써 전체교회의 이름으로) 결정되었다.

카르타고 시노드(418)는 일부 "죄의 용서"에 유효한 유아 세례의 필요성을 강조해 가르쳤다(로마 5,12. 원죄). 나아가 계명의 준수를 위해 은총의 필연성과 인류의 보편적인 죄성(罪性)에 대해서도 강조했다.

4) 세마펠라기우스주의와 오랑주 시노드의 거부

카르타고 시노드 이후에도 남프랑스 지역의 수도자들은 펠라기우스의 입장과 같은 노선을 계속 지지했다. 그들은 인간이 신앙의 길을 걸어가겠다면, 당장 그들의 수도자로서 금욕주의적이고 영성적인 수행 방식에 기초해서라도, 비록 상처 입은 것이기는 하지만 인간의 자유가 함께 작용해야 한다는 원칙을 고수했다. 이 같은 입장 자체는 오랑주 시노드(529)에서 단죄되었다. 이 시노드가 채택한 가르침을 핵심적인 것만 요약하면 아래와 같다.

① 인간을 온통 나쁘게 만들어 버리는 원죄가 존재한다.

② 은총은 그렇듯 신앙을 전제해서만 다가올 뿐만 아니라 이미 신앙을 갖도록 준비시키는 데에도 작용한다("신앙의 초석"[*initium fidei*]으로서의 은총).

③ 포괄적인 의미를 띤 하느님의 구원 의지가 존재한다.

④ 인간들에게 두 가지 부류가 (다시 말해 흔히 구원에 "자연적으로" 다가가는 인간들이 존재하고, 다른 한편 하느님의 은총에 대해 거부하는 인간들이 존재한다고 여기듯이) 존재하지는 않는다.

오랑주 시노드는 카르타고 시노드(418)를 재확인했다. 인간의 자유의 상실에 관해, 죄의 근본적인 특성에 대해, 그리고 앞서 작용하는 하느님 은총의 필연성("*initium fidei*")에 관해 새롭게 천명했다.

5) 요약

펠라기우스의 관점을 상대로 벌어진 논쟁은 로마의 교도권을 동반하면서 마침내 다소 절제된 아우구스티누스의 관점에 기초해 종지부를 찍었다. "오랑주 시노드 없이는 토마스 아퀴나스를 생각할 수 없다. 오랑주 시노드 없이는 루터 역시 아우구스티누스의 관점을 토대로 삼을 수 없었을 것이요, … 아예 아우구스티누스의 생각을 파악하지 못했을 것이다. 왜냐하면 그로 인해 어느 이단자의 반-펠라기우스 작품들이 1506년에 바젤(Basel)에 출현하지 못했을 것이요, 나아가 루터는 그 작품들을 '탐독할 수 없었을 것이기 때문이다. … 오랑주 시노드는 교회 안에 아우구스티누스 사상을 공공연하게 받아들이는 계기를 마련한 셈이다."17

사람들이 알지 못하는 근거들로 인해 오랑주 시노드의 문헌들은 어느덧 8세기경에 잊혀졌다. 다만 사람들은 나중에 루터가 당시 가톨릭 교회의 신학을 상대로 "펠라기우스주의"가 시도한 일반적인 비난을 재개했다는 것을 이해할 수 있을 뿐이다.

4. 죄를 저지른 인간 - 용서를 받은 인간 : 중세 시대의 논의[18]

1) 초기 스콜라 신학

(1) 캔터베리의 안셀무스

중세 시대는 은총론을 인간의 미덕에 관한 가르침의 틀 안에서 체계화시켰다. 이는 토마스 이래로 점차 아리스토텔레스의 사고방식이 확대되었던 영향 때문이다. 그래서 이미 안셀무스(Anselmus Cantuariensis, †1109)는 은총의 효과를 인간에게 "올바름"(rectitudo)을 부여하는 것으로 이해했다. 인간은 본성적으로 하느님께서 원하신 질서를 향해 나아가려고 노력한다. 그러나 은총은 가장 먼저 인간으로 하여금 자신의 의지 능력을 실제적으로 선을 행하기에 알맞은 방식으로 혹은 그와는 정반대의 악한 경향들에 대해 저항하는 방식으로 가다듬어 행동하도록 돕는다. 그것을 가리켜 그는 인간의 "올바름"이라고 불렀다. 그로써 인

---

17. O. H. Pesch / A. Peters, *Einführung in die Lehre von Gnade und Rechtfertigung*, Darmstadt 1981, 39(aus Beitrag Pesch).
18. 참고 *Ibid.*, 42ff.

간은 "올바른 것을 실현하는" 실존이 된다. 더욱 분명하게 말해서 인간은 하느님의 마음에 드는, 하느님께 자신의 행위와 삶을 질서 지우는 존재가 된다.

(2) 아벨라르두스

신학자 아벨라르두스(Petrus Abaelardus, †1142)는 특별한 방식으로 은총 개념을 발전시켰다. 하느님께서는 당신의 은총을 통해 우리에게 신앙을 선사하시며, 마치 건축가처럼 "사랑"과 그 밖의 "미덕들"을 스스로 여미어 가게끔 이끄신다. 그렇듯 도덕적으로 잘 다듬어진 인간은 이제 확고하게 자립적이며, 스스로 책임을 지는 행위를 하게 됨으로써 계속해서 하느님의 은총을 필요로 하지 않는다. 아주 조금 펠라기우스의 관점을 흡수한 그는 은총을 가리켜 인간이 창조 때부터 부여받은 자신의 이성과 자유를 발전시키는 데 작용한다고 믿었다.

(3) 롬바르두스

페트루스 롬바르두스(Petrus Lombardus, †1160)도 상기 신학자들과 유사한 관점을 따라 입장을 표명하지만, 안셀무스와 아벨라르두스의 관점들을 다시금 성령론에 기초해 포용하고자 했다. 그런 한에서 그는 "은총"과 "덕"을 가리켜 성령의 자기-전개로 이해하려고 했다. 이 같은 태도는 로마 5,5에서 근거를 마련할 수 있었다. "우리가 받은 성령을 통해 하느님의 사랑이 우리 마음에 부어졌기 때문입니다." 하느님의 사랑을 롬바르두스는 우리 마음에서 활동하는 성령의 자기-전개로 이해한다. 그럼에도 불구하고 롬바르두스에게는 이미 은총에 대해 다양하게 구별하는 태도가 그의 전체 은총론에 깊숙이 자리한다. "창조된 은총"

과 "창조되지 않는 은총"이 구별된다. 그는 나아가 "성령"과 "사랑"을 동일시하는 중에도 "작용하는" 은총, "함께 작용하는" 은총, "앞서 주어지는" 은총, "보조하는" 은총을 구별했다. 거기에 더해 나중에 "상덕"(*habitualis*) 은총, "성화" 은총, "의화" 은총을 구별해 가르쳤다. 그 때문에 루돌프 헤르만(Rudolf Hermann)은 가톨릭교회의 (스콜라주의적) 은총론을 두고 다음과 같이 풍자하며 비난했다. 가톨릭교회는 "다채로운 은총을 [상품처럼] 진열해 놓는"[19] 교회다. 은총은 실상 막연히 생각할 수 있는 "어떤 것"이 아니라, 하느님께서 인간을 상대하시는 섭리 방식이다. 하느님께서 그런 방식을 취하실 때 인간은 내적으로 영향을 받음으로써 마침내 그가 경험할 수 있는 실재성과 만난다고 말할 수 있다. 하느님께서 주관하시는 사랑("창조되지 않는 은총")이 인간에게 다가올 때, 창조된 효과("창조된 은총")가 그로부터 전개된다. 하느님의 섭리가 우리 안에 존재하면서도 우리에게 아무런 역량을 발휘하지 않았었다면, 우리는 실제 자유로운 삶을 실현할 수 없었을 것이다. 인간 안에 아무런 효과가 일어나지 않는다면, 은총은 도대체 인간과는 아무 상관이 없다고 하겠으니, 그저 하느님께서 당신 자신과의 어떤 관계를 맺는 것으로만 끝나 버릴 것이다.

초기 스콜라주의가 생각한 입장에서는 은총 개념이 토마스 아퀴나스에 의해 보다 더 분명하게 밝혀지는, 이른바 "습득된 덕"(*habitus*)으로서의 의미가 발견된다. 다시 말해 인간이 자신의 이해와 의지를 따라 그 주체성을 진작시키는 차원에서 은총을 이해했던 것이다. "성화 은총"을 통해 하느님께서 인간에게 다가와 당신이 하시고자 하는 것을

---

19. *Gesammelte Studien zur Theologie Luthers und der Reformation*, Göttingen 1960, 351.

이루어내신다고 생각했다.

물론 이와 같은 다양한 은총들의 해명과 그 구별이 신학적인 참고 서적과 교과서에서 그리고 일반교리서에서 시도되지만, 아주 아이러니하게 비쳐질 수 있다고 루돌프 헤르만은 지적한다.

2) 전성기 스콜라 신학
(1) 토마스 아퀴나스[20]

토마스는 은총의 필요성에서 시작한다. 인간은 이성과 의지를 통해, 곧 본성을 통해 많은 것들을 세상에 이루어 놓는다. "자신의 본성에 힘입어 인간은 마치 건축물과 같이 독립된 좋은 것을 지을 수 있으며 포도밭을 가꾸거나 그와 같은 종류의 다른 것들을 만들 수 있다."[21] 그러나 인간은 은총 없이는 구원에 유익한 것을 하나도 행할 수 없다. 예컨대 은총 없이는 인간은 하느님을 모든 것에 우선해 사랑할 수 없으며, 하느님의 계명을 온전히 준수하는 일을 마무리할 수 없고, 받아들인 은총 안에 꾸준히 머무르지 않는 한, 신앙을 계속 유지할 수조차 없다. 그 이유는 인간이 죄의 종살이에 머물러 있기 때문이다. 프로테스탄트의 입장에서 보더라도, 이러한 전망에서는 토마스와 루터 사이에 아무런 차이가 없음을 확인할 수 있다. 여기서 중요한 점은 특히 "그 모든 것들에 우선해 하느님을 사랑하는 자세"인데, 이는 루터가 의아스럽게도 가톨릭교회의 오류로 낙인찍듯 지적한 점이다.[22]

---

20. Pesch / Peters, *Einführung in die Lehre von Gnade und Rechtfertigung*, 80ff.
21. *S. th.* I/II, 109, 2c.
22. 루터는, 인간이 그 모든 것에 우선해 하느님을 사랑할 수 있다는 입장을 누구보다도 가브리엘 비엘(Gabriel Biel)로부터 배운 적이 있다. 곧 모든 인간은 하느님을, 이른바 자연적인 본성으로 최소한 한순간 하느님을 그 모든 것에 우선해 사랑할

그러면 은총의 본질은 무엇일까? 토마스는 은총을, '관계를 위한 선물로 소개한다. 이는 곧 하느님과 인간 사이의 결속을 위해 주어지는 것이다. 보다 더 정확히 말해, 하느님께서 인간을 향해 펼치시는 행위(관계 설정)이자 동시에 하느님을 향한 인간의 행위인 셈이다. 토마스는 은총의 삼중적 정의(dreifache Definition)를 시도한다. 첫 번째 정의는 '사랑'(*dilectio*)으로서 인간이 다른 동료 인간을 기꺼이 받아들이며 그에게 선을 행하게 하는 것이요, 두 번째 정의는 '호의'를 갖게 하는 것이며, 세 번째 정의는 '감사하게 하는 것'이다. 첫 번째 것과 두 번째 것은 과연 상호 관계 속에서 충분히 고려되는 행위라면, 세 번째 것은 은총의 관점에서 그 결실이라고 볼 수 있다.

은총에는 어떤 형식들이 존재할까? 토마스는 '하나의' 은총이 다양한 효력을 발휘한다고 생각했다. 그래서 그는 설명하기를, "성화 은총"(*gratia gratum faciens*, 혹은 의화 은총), "무상 은총"(*gratia gratis data*), "작용 은총"(*gratia operans*), "협력 은총"(*gratia cooperans*), "선행(先行) 은총"(*gratia praeveniens*), "후속 은총"(*gratia subsequens*)이 있다고 한다. 은총의 원인에 대해서 토마스는 이렇게 답한다. 하느님 자신이 은총의 유일한 작용인이자 목적인이다. 오로지 하느님만이 인간을 신적인 위상으로 높이실 수 있다. 은총은 그렇게 "원칙적으로" ─ 주되게 그리고 원인적으로 ─ 예수 그리스도라는 인격과 직결된다. 은총은 거기 그리스도의 인간성 안에서 신성의 "구원 도구"(Heilsintrument)로서 그 본래 모습을 단 한 번으로 영원히 취한다. 그래서 교회의 성사들을 통해 은총은 계

수 있다고 한다. 이때 하느님께서 당신의 은총을 기꺼이 선사하실 것이다. 그러므로 하느님을 그 모든 것에 우선해 사랑하려고 하는 자는 누구나 하느님의 은총을 기대할 수 있다.

속 도구적인 의미를 띠게 되었다.

은총의 효력은 무엇인가? 은총의 주된 효력은 '죄의 용서'이다. 이는 의화(義化) 개념과 동일한 뜻이다. 그럼에도 전자는 소극적인 측면을 띠고 있다. 한편 의화 된 인간은 내적인 평화에 도달할 수 있다. 의화 된 인간은 신앙으로 '예' 하고 응답하는 능력을 갖고 신앙을 고백할 수 있다. 토마스는 은총에서 비롯하는 인간의 또 다른 공로에 대해서도 언급한다. 인간의 선행(善行)은 하느님의 은총에 부응하는 것으로서 바로 그 때문에 영원한 생명을 그 대가로 '누릴 수 있도록' 해 준다. 우리의 공로와 업적은 은총의 산물이며 신적인 차원의 고상한 것을 추구하는 가운데 얻어지는 것들이다. 물론 언제든 생각할 수 있는 것은 먼저 은총을 베푸시듯 앞서 선처하시는 하느님께서 존재하신다는 사실이다. "만일 공로가 '우리와 함께 그것을 실현시키는 은총의 결과라고 한다면, 공로는 은총이 인간 및 그의 자유의지와 더불어 공동으로 이루어 놓은 것으로 이해해야지, 인간이 자신의 능력으로[만] 이루어 놓은 것으로 이해할 수는 없다."[23] 하느님께서 친히 인간 안에 시작하신 일을 완성하신다.

(2) 둔스 스코투스

프란치스코회 수도자 둔스 스코투스(Duns Scotus, †1308)는 사랑하시는 하느님의 관점에서 출발한다. 그래서 인간은 특히 "아가페 중심주의"(Agapetismus)에 대해 말할 수 있고, 인식과 신앙보다도 사랑과 원의를 더 비중 있게 다룰 수 있다("주의주의"[主意主義, Voluntarismus]).

---

23. Pesch / Peters, *Einführung in die Lehre von Gnade und Rechtfertigung*, 104.

하느님께서는 인간이 행복하기를 원하신다. 그와 같은 상태는, 인간이 스스로 사랑받고 있음을 깨달을 때 가장 빨리 도달할 수 있다. 그와 같은 복된 상태는 은총을 통해 인간이 참여할 수 있다. 중요한 점은 "절대적인 능력"(*potentia absoluta*)과 "질서 지어진 능력"(*potentia ordinata*)의 구별에 있다. "절대적인 능력의 경우" 하느님께서 사랑을 베푸실 때 달리 필수적으로 전제되는 것이 없음을 뜻한다. 반면 "질서 지어진 능력의 경우" 하느님께서 당신이 원하시는 사람이 아니면 아무도 당신에게 올 수 없도록 결정하신 것을 가리킨다. "사랑을 통해 당신 자신을 기꺼이 내어 주시는 하느님의 지혜는 인간으로 하여금 구원 과정에 자신을 합당하게 올려놓도록 이끌어 줄 것이다."[24]

"받아들임"(*acceptatio*)은 스코투스의 은총론에 있어서 하나의 열쇠 개념이다. "그로써 은총의 계약신학과 같은 것이 존재할 수 있게 되었다. 이 계약신학을 오늘날 우리가 사용하는 '만남', '육화', '결속'과 같은 용어들로 바꿔 표현하더라도 결코 부적절하게 보이지는 않는다."[25]

(3) 종교개혁을 앞두고

종교 개혁가들을 자극하고 그들에게 힘을 보탠 사조는 분명 유명론(唯名論, *Nominalismus*)이다. 유명론에 따르면, 보편적인 개념은 임의의 사고(思考)가 빚어낸 공허한 산물에 불과하다. 그것은 전혀 존재 가치가 내재되지 않은 소리(*vox*)에 불과하다. 이런 주장은 스코투스의 명제에 그 뿌리를 두며(역주: 일반적으로는 로스켈리누스[†1125]에 의해 유명론이 시작되었다고 함), 뒤에 오캄(Gulielmus Ockham)에 의해 예리하게 다듬

---

24. Ganoczy, *Aus seiner Fülle haben wir alle empfangen*, 174.
25. *Ibid.*, 178.

어졌다. "유명론적으로" 고려된 하느님의 자유는 당신 의지의 실행 원칙이다. "하느님께서는 당신의 은총을 당신이 원하시는 모든 사람의 의무 바깥에 두시기로 결정하셨으니, 행위 주체가 자신의 행위를 신앙과 사랑으로 그렇게 한 것임을 입증하든 입증하지 않든 전혀 구애받지 않도록 하셨다. 단지 외적으로 드러나는 암호들과 같은 '개념들'(nomina)의 방식으로는 하느님의 은총 가득한 심판의 저의가 파악되지는 않는다. 의화는 인간 존재를 변화시키지 않으면서 인간의 운명을 외부로부터 다가와서 결정하듯이, 인간 바깥에 존재한다."26 뒤에 루터를 가르쳤던 가브리엘 비엘(Gabriel Biel)은 그렇게 유명론적인 태도를 고수했다.

5. 종교개혁과 트리엔트 공의회

1) 마틴 루터[27]

(1) 루터의 정신적인 배경 : 유명론, 신비주의, 아우구스티누스

가톨릭 신학자들은 지난 시절 '종교개혁의 뿌리는 유명론'이라고 주장했으나, 오버만(H. A. Oberman)은 이에 대해 좀 더 자세히 살핌으로써 단지 유명론만이 아니라 그 밖에 더 많은 근거들을 찾아냈다. 그것들의 공통적인 근거들로는 도덕적인 자율성과 인간의 자유, 무엇보다도 하느님의 절대적 주권과 직접성을 들 수 있다. 하느님의 직접성에는 그분의 "절대적인 능력"이 특별한 역할을 한다. 하느님께서는 언제든

---

26. *Ibid.,* 182.
27. 여기서는 루터에 국한해 의화론을 살필 것이다. 다른 종교 개혁가들의 의화론은 루터의 의화론과 근본적으로 차이가 없다.

직접 이 세상에, 이 역사 한가운데 들어오신다. 그분은 전적으로 이 세상의 질서를, 당신께서 손수 "질서 지어진 능력"으로 기초 놓으신 이 세상의 질서를 초월하신다. 그로써 계시 질서는 상대화되었다. 바꿔 말하면, 하느님의 계시는 계시 질서 상의 내적인 결속으로부터 언제든 자유롭다. 왜냐하면 하느님의 계시는 [인간의 눈으로 볼 때] 순수 우연적인 것이요, 극단적인 경우에는 임의적인 것이기 때문이다. 인간은 그 때문에 이 영역에서 확실한 열쇠를 손에 쥘 수 없다. 루터는 부정적으로든 긍정적으로든 영향을 미친 유명론적인 분위기에서 열심히 탐독하고 고민했다. 많은 연구가들이 특히 루터에게서 우연하게 마련된 이분법적 사고방식이 곧 유명론의 산물이라고 생각한다. 여기에서는 이분법적인 사고란 "절대적인 능력"과 "질서 지어진 능력"에서 엿볼 수 있다. 그 밖에도 루터는 "가려 계신 하느님"(*Deus absconditus*)과 "계시되신 하느님"(*Deus revelatus*), "의인이면서 동시에 죄인"(*simul justus und peccator*)인 인간, 더 나아가 하느님께서는 인간을 이미 의로운 존재로 만드셨지만, 인간의 깊은 내면에서는 또 무엇인가가 [의롭지 않게] 벌어진다고 생각했다.

확실히 루터는 라인 지역의 투박한 도시 슈트라스부르크 중심의 신비신학 영향권 아래 살았으며, 독일 신비신학자 마이스터 에크하르트(Meister Eckhart)의 영향을 받았다. 원칙적으로 이 신비주의적 경향에는 은총신학이 독특하게도 "실존적", "구체적"이라고 일컫는 하나의 신학 안으로 흡수되기 때문에, 경험에서 새롭게 만들어지는 특성을 띤다. 확실히 루터는 자신의 수도회의 교부 아우구스티누스가 남긴 저술들에 심취했다. 그는 오늘날 "아우구스티누스주의"라는 이름 아래서 (예컨대 그레고리우스 리미니[Gregor von Rimini]가 요약하는 그런) 입장을 취했다.

오버만은 루터가 성경을 '아우구스티누스의 시각과 마음'으로 읽어 냈다고 설명한다.

(2) 루터의 의화에 대한 이해

비록 루터의 의화 이해에 관한 많은 문헌들이 실존하고 있으며, 여기서 간략하게 무언가를 덧붙여 말한다는 것이 거의 건방진 행동에 가까울 수 있을지라도, 현재 이 글의 흐름상 피력해야만 할 것 같다. 루터는 종교개혁을 염두에 두고 전체 신학을 다음과 같은 명제로 확고하게 다졌다. 곧 '죄인은 신앙만으로(sola fide) 의화 될 것이다.' 그는 중세와 아우구스티누스 전통을 배경으로 삼고 바오로 사도의 가르침을 소급(遡及)함으로써 단일한 신앙 개념을 다시 세웠다. 그가 강조하는 "~만으로"(sola)는 바오로 사도의 입장이 분명 아니다. 그러나 만일 토마스가 바오로 사도를 주석한다면, 간혹 그에게서 나올 만한 그런 표현이라는 생각이 딱 들어맞는다. 종교 개혁가들이 "신앙만으로"라는 표현을 통해 의도한 그리스도교 사상은, 중세 전체가 전통적으로 전해 주는 가르침뿐 아니라 무엇보다도 트리엔트 공의회 이래로 가톨릭교회의 공적인 가르침에 반대하는 입장임을 분명히 드러냈다. 그리스도에 의해 의화 된다는 것은 루터에 따르면 죄인에게 말씀으로 확약된 사실이요, 또 그런 식으로만 받아들여지며, 그 때문에 오로지 신앙을 통해서만 이해될 수 있고 또한 그 의화가 실현될 수 있다. "신앙만으로"라는 표현은 인간의 모든 사적인 공로를 배제한다. 곧 은총을 받기 위해 마음을 준비하는 차원의 공로든 의화의 완성에 기여하는 공로든 모두 배제한다. 루터에 관한 연구서에서 자주 언급하는 것처럼, 그에게서 신앙은 순수한 의미의 받아들임(reines Empfangen)이다. 그러나 신앙 자체는 인간의 "업적"이 아니라 온통 하느님에 의해서, 그리스도에 의해서, 성령에 의해서 이루어진다. 루터는 업적을 매번 인과관계로 풀이한다. 신앙과 신앙에 의한 의화는 좋은 공로(업적)보다 선행한다. 마치 나무가 그 결실보다 앞서 존재하듯이 그 반대가 될 수는 없다. 설령 업적들이 어느 정도 신앙에 대한 보충적인 의미를 띠는 것으로 이해되더라도 업적들은 신앙과 무관하다. 그럼에도 업적들은 그 내용의 필연성에 의거하자면 신앙의 결과다. 그리하여 1,520번 명제는 이를 아주 특별한 표현 형식으로 진술한다. "설령 신앙이 최소한의 업적을 포함하는 그런 모든 것과 관련이 있다고 여겨질지라도, 그런 관련성으로 말미암아 신앙인의 의화가 완성되지는 않는다. 정녕 그런 관련성 아래서 이해되는 신앙은 결코 신앙이 아니다. 하지만 신앙이 열정적이고 풍부하며 커다란 업적들 없이 존재한다는 것도 불가능하다"(WA 7, 231,7).

"신앙만으로" 의화 된다는 주장은 의화 은총이 전적으로 교회의 성사들을 통해 중재되듯 일련의 절차를 따라 실현되는 사태라고 이해하는 가톨릭교회의 생각과 정면으로 대치하려는 의도에서 마련되었다.

2) 트리엔트 공의회

트리엔트 공의회는 루터의 "신앙만으로"라는 입장을 인정할 수 없었다. 상기 공의회는 분명 의화를 위한 준비가 오로지 하느님의 은총을 통해 시작된다는 사실을 결코 의심치는 않았다. 그러나 "신앙만으로"라는 표현 형식을 고려할 때 상기 공의회는 아마도 그 표현이 교회의 성사들에 대한 개별적인 차원의 도전과 그로 인해 교회에 미치는 불미스러운 영향을 걱정하지 않을 수 없었던 것 같다. (이 점이 중요하다!) 지성적 사고와 사유 형식의 틀에 오랫동안 익숙해 온 교회로서는 그런 모든 경향에서 벗어나고자 하는 루터의 감정 섞인 태도에 특히 주목하게 되었고, 그래서 상기 공의회는 루터를 가리켜 허영에 들떠서 "자기 열정에 사로잡힌" 신앙만이 인간을 의화 시킨다는 형식에 사로잡힌 격이라고 비판한다. 이때 이 형식의 의미를 파악하는 중에 오해도 있었다. 오늘날 성직자들은 프로테스탄트 신학이 종종 믿어 왔던 것처럼, 상기 공의회가 공로에 의한 의화 사상을 다시금 두둔하려고 했다는 그 저의(底意)에 대해 알고 있다.

3) 의화 문제와 그 해소와 관련된 대담

가톨릭교회와 프로테스탄트 종교 개혁가들(특히 루터교회) 사이의 대담에서 의화에 관한 문제가 중심적인 것이기 때문에, 이 문제는 오늘날까지 계속해서 논의되어야 한다. 20세기 중반에 와서 사람들은 이미 16세기에 이 문제 영역에 오해가 있었다는 점을 파악했다. 가톨릭교회 내 전체 신학자들(한스 큉, 슈테판 퓌르트너[Stefan Pfürtner], 오토 헤르만 페쉬[Otto Herman Pesch] 등과 같은 신학자들)의 연구 결과가 보여 주듯이, 생각했던 만큼 그 사이의 골이 깊지 않았다. 그 후 골을 메우려는 시도가 양측 신학자들 간에 공적인 대화를 통해 이어졌으며, 지난 1980년 교황 요한 바오로 2세의 독일 방문 중 나름대로 성과를 얻었다.[28] 다행히 수년간의 작업 끝에, 앞선 시기에 벌어진 가톨릭교회의 단죄와 파문들이 더 이상 유효하지 않을 수 있다고 표명했다. 왜냐하면 그것은 당시 16세기에 상대방(프로테스탄트)의 입장을 적절하게 고려하지 않았다고도 볼 수 있고 또 현재의 입장에서도 거의 정당하지 않다고 이해

---

28. Gemeinsame Ökumenische Kommission(1981-1985).

했기 때문이다.[29]

의화 개념의 측면에서 상기 양측 협력위원회의 작업에서 얻은 성과는 대략 다음과 같다. 가장 먼저 원죄(Erbsünde[遺罪])로 인한 인간 본성의 현 상태가 중요하다. 종교 개혁가들은 인간 본성이 '완전히' 썩어 버렸다고 가르쳤다. 이렇듯 완전한 부패로 인해 인간은 더 이상 도덕적인 선을 행하거나 하느님의 계명을 사랑하는 마음으로 채울 수 있을 정도로 자유롭지는 못하다. 이에 상응하는 그들의 결정적인 표현 형식 하나를 옮기자면 이렇다. "그러므로 인간의 자연적인 자유의지가 자신의 썩어 버린 능력과 비틀어진 본성에 근거해 하느님께서 싫어하시고 그분에 대해 거스르는 것을 향해서만 적극적이고 활동적이게 된다." 이에 반대해 트리엔트 공의회는 이렇게 결정했다. "(제5조) 아담의 원죄 이후 인간의 자유 의지가 상실되고 소멸되었다고 주장하거나, 또는 그것은 명목일 뿐, 유명무실한 것으로, 궁극적으로 사탄에 의해 교회 안에 도입된 허구라고 말하는 자는 파문될 것이다"(DZ 1555).

이 연구는 이미 16세기에 사람들이 오해하고 편파적으로 생각한 많은 것들이 크게 작용했음을 자각하게끔 도와준다. 그러나 더욱 중요한 사실은 오늘날의 상황과 의식 상태를 위해 분명하게 전해 주는 의미가 무엇이냐는 것이다. 고유하게 확정된 가톨릭교회의 가르침이 존재해 왔고 지금도 존재하고 있다. 이른바 죄인은 원칙적으로 썩어 버렸고 그 때문에 심판에 떨어진다는 것이다. 한편 은총은 인간이 수고한 결과로 얻어지는 것이 아니다. 오히려 은총은 인간으로 하여금 다시 시작하

---

29. 이 대화의 발표물은 1986년에 출간되었다. K. Lehmann / W. Pannenberg(Hrsg,), *Lehrverurteilungen - kirchentrennend? III*, Materialien zur Lehre von den Sakramenten und vom kirchlichen Amt(Dialog der Kirchen 6), Freiburg I. Br. u.a. 1990.

도록 작용한다. 이것이 오늘날 가톨릭 신학자들(예컨대 한스 큉, 슈테판 퓌르트너, 오토 헤르만 페쉬 등)이, 어느덧 프로테스탄트 신학과 대화하는 중에도 활력적으로 얻어낸 성과들이었다. 그러므로 죄인들에게는 '제 힘으로'(von sich aus) 하느님을 향해 첫 발을 내딛을 수 있는 능력 혹은 의무가 완전히 바닥을 드러냈다고 어떤 식으로든 설명하려는 자는 트리엔트 공의회의 가르침과 정면으로 충돌한 것이요, 정작 오늘날의 가톨릭 신학이 바람직하게 내세우는 입장과도 충돌하는 만큼 새롭게 입증해야 할 부담을 가져야 하고 그에 대해 책임질 수 있어야 한다.

이에 양 교회의 이름 난 대표적인 신학자들이 "죄"와 "자유의지"의 관련성을 주제로 삼은 연구를 문제없이 분명하게 해명하고자 애쓰고 있다. 그런데 VELKD(독일 루터교회와 가톨릭교회 간의 협력위원회)의 견해는 최대한 소극적인 입장을 취한다. 예를 들어 상기 위원회의 견해에서는 사람들이 트리엔트 공의회의 문헌을 달리 해석하고자 한다면 매우 위험한 결과를 초래할 것이라고 경고한다.

"욕망"(Konkupiszenz)이란 주제는 아마도 16세기에는 "탐욕"과 동일한 입장에서 다양한 해석이 가능했기 때문에, 오해의 소지가 없던 것이 아니었다. 예를 들면 '악으로 기우는 경향'으로 풀이하는 경우가 있을 수 있고, 또 '악으로 기우는 경향과 함께 원상태-은총의 결함'으로 풀이되는 경우도 있을 수 있으며, 마지막으로 다만 '원상태-은총의 결함'으로 풀이되는 경우도 있을 수 있다. 이때 앞선 두 가지 경우와 반대해서가 아니라 마지막 세 번째 경우에 반대하여 종교 개혁가들은 이렇게 강조하고 확정하고자 했다. 곧 원죄를 물려받는 인간에게는 하느님의 자녀처럼 존재하는 데 그리고 어떤 결함을 갖거나 그것을 추구하는 데 [다분히] 사악하다(sündhaft)고 가르쳤다.

이 같은 종교 개혁가들의 견해는 다시금 가톨릭교회에 의혹을 샀다. 그들이 어쩌면 세례를 지나치게 과소평가한다는 의혹이다. 그렇게 오해는 시작되었다. 그 후부터 지금까지 우리의 문헌이 말하는 바는 '개념(예컨대 "욕망") 자체가 중요한 것일 수 없고, 오히려 그 사태의 맥락이 결정적'이라는 것이다. "이러한 관점에서 물론 최근 가톨릭 신학은 자신들의 고유한 전통적인 근거들을 심화시킴으로써 종교 개혁가들의 입장을 자세히 살펴보고자 더 가까이 접근하기에 이르렀다. 그리하여 그들은 욕망-개념이 활용된 전후맥락을 살피면서 인간의 본질 전체를 보다 더 예리하게 숙고했고, 더 이상 이전 중세의 분위기와 경향에 머무르지 않게 되었다. 다시 말하자면, 의화를 통해 '이미' 욕망에서 해방된 정신을 소유함에도 불구하고, '여전히' 욕망에 매여 있는 육체성을 제거하려고만 드는 그런 중세적 경향에서 벗어났다"(각주 29번의 결의문 52쪽 이하). 이 문헌의 표현에 대한 교회의 반응에 많은 사람들이 공감한다.

옛 대담에서는 더욱이 의화 문제에 인간의 협력에 관한 물음이 중요하게 취급되었다. 가장 대표적인 표현 형식은 이렇다. "인간은 자신의 회개를 위해 … 근본적으로 아무런 힘을 발휘하지 못한다. 그런 점에서 인간은 돌이나 나무 조각보다 훨씬 못하다. 왜냐하면 그는 하느님께서 그를 죄의 죽음에서 다시 일으켜 주시거나 빛을 밝혀 주시거나 아예 새롭게 해 주시기 전까지 하느님의 말씀과 의지를 거스르기 때문이다." 그에 반해 트리엔트 공의회는 인간은 하느님께서 허락하신 자유를 따라 올바른 행동에 동의할 수 있고, 또 그렇게 회개할 수 있다고 주장한다. 오늘날 가톨릭 신학은 인간의 이 같은 "응답"은 [자신의] "공로"가 아니라, 이미 받은 은총의 열매라고 강조한다. 그러므로 인간의

"협력"을 가르친다고 해도, 그것은 하느님과 마주해 인간이 자신의 순수 자율성을 따라 취하는 행동과는 다르다.

가톨릭교회의 이 같은 견해들은 동의할 만하다. 종교 개혁가들의 신학에서도 인간이 하느님의 은총을 거부할 수 있다는 점에 대해 이의를 제기하지 않는다. 또한 로마-가톨릭교회의 입장에서도 종교 개혁가들의 신앙고백 형식 속에 취급된 내용들에 대해서 인정하는 편이다. 입장이 서로 다른 점은 아마도 가톨릭 신학은 의화를 다소 복잡한 체계를 따라 강조한 반면, 프로테스탄트 신학은 의화를 통해 선사되는 새로운 삶이라는 '하나의' 측면을 강조했다는 점이다.

또 다른 주제는 은총과 더불어 전혀 새로운 모습의 영혼을 혹은 인간 외부에서 주어지는 어떤 실재성을 생각해야 하는가 하는 점이다. 오늘날의 신학은 은총과 더불어 상기 두 가지 측면이 모두 성경의 증언에서 도출할 수 있는 것으로 여긴다. 교회의 일반적인 반응도 그런 쪽으로 동의한다고 대략적으로 말할 수 있다.

16세기에는 "신앙만으로", "신앙, 희망, 사랑"이라는 형식들이 서로 상반된 입장을 대변했다. 사람들은 이 점에는 계속해서 하나의 사건이 중요하게 얽혀 있음을 상대적으로 일찌감치 눈치 채고 있었다. 현대보다 조금 더 이른 시기에 가톨릭 신학은, 은총으로 이루어지는 의화가 '신앙, 희망, 사랑'을 구체적인 것이 되도록 이끈다고 표현하는 가운데 실질적으로 프로테스탄트 신학이 "신앙만으로" 하고 말한 그 내용을 염두에 두었다.

이제 인간은 자신의 구원에 대해 확신할 수 있을까? 멜랑히톤(Ph. Melanchton)은 『아우구스티누스의 고백이 표명하는 호교론적 입장』에서 이렇게 말한 적이 있다. "인간의 양심은 만일 죄를 저지른 이들이 그리스도 덕분에 아무런 대가 없이 용서를 받는다는 사실을 흔들리지 않고 확고하게 믿거나, 나아가 용서받는다는 사실을 의심하지 않는 것이 곧 하느님의 명령과 복음 자체임을 깨닫지 못한다면, 평안함을 느낄 수 없을 것이다. 만일 그렇지 않고 의심을 한다면, 요한 사가가 말한 것처럼 의심으로 인해 하느님과의 약속이 취하될 것이다."[30] 그러므로 종교개혁은 무엇보다도 신앙이 다져놓는 확실한 지반을 필요로 한다. 거기에는 언제든 하느님의 약속에 대한 신뢰심과 보편적인 의미가 충분히 고려될 수 있어야 한다. 트리엔트 공의회가 '아무도 자신의 구원에 대해 확신할 수 없다는 입장에 반대했다고 하더라도, 다른 한편 스스로 의롭다고 말하거나 자신을 과대평가하는 점에 대해서도 경계하는 것을 잊지 않았다. 그런 점에서 일찍이 사람들은 표현된 것의 반대되는 측면에서도 그때마다 각별하게 숙고하는 기본적인 태도가 동일하게 자리한다는 사실을 그냥 지나쳤었는지 모른다.

    트리엔트 공의회가 선행(善行)과 같은 인간의 공로를 옹호한 것은, 예수가 선행의 "대가"에 대해 가르쳤다고 믿기 때문이다. 그러한 공로는 과연 그리스도의 몸에 참여하는 구성원이라는 의미에서만 의인으로 평가받도록 작용한다. 종교 개혁가들이 주장하는 의화론이 그리스도교적인 윤리("죄스러운 용기이기는 하나 용감한 신앙"으로도 평가할 수 있는 입장)를 질식시켜 버릴 수 있다는 점이 트리엔트 공의회 교부들의 가장 큰 고민 가운데 하나였다. 반면 루터는, 선행들이 인간의 수고라는 점에서 더 이상 의화를 위한 공로가 될 수 없지만, 그럼에도 다만 신앙에서 비롯하는 인간의 선행들은 하느님의 용서를 받기 위해서 계속적으

---

30. Ph. Melanchton, *Apologia Confessionis Augustanae,* hrsg. von H. G. Pöhlmann, Gütersloh, 1967, 147.

로 필요하다고 가르쳤다. 여기서 간과하지 말아야 할 사실은 루터가 특히나 당시 교회의 현실적인 모습을, 곧 많은 신앙인들이 하느님 앞에서 자신의 공로를 쌓기 위해서 선행에 열을 올리던 현장을 직접 마주했다는 점이다.

요약의 요약 : 의화론과 관련하여 모든 교회의 견해들은 물론 각자의 의견을 피력하는 대다수의 신학자들이 시도한 유형들을 아래의 네 가지로 요약할 수 있다.

① 저마다 앞서 숙고한 사항들이 존재함에도 불구하고, 16세기 가톨릭교회의 판결이 교회의 합법적인 분열을 일으켰다고 단정할 수 있을 만큼 분명했다고 보는 주장은 점점 설득력을 잃어간다.

② 한편 그것이 뜻밖의 오해를 수반하지 않더라도, 사료적인 차원에서 교회의 가르침(의화론)에 대한 판결은 극단적으로 교회의 분열을 조장할 수 있다는 사실에 대해 항상 경고한다.

③ 교회를 갈라서게 하는 표현들의 소거(掃去)가 곧바로 '가르침에 대한 합의'를 의미하지는 않는다.

④ 판결을 위한 검토 작업은 신학적으로 계속 연구하고 숙고해야 할 내용임을 시사한다.

1994년 6월 독일 주교회의의 공식적인 견해는 이와 관련하여 이렇게 밝힌다. "그렇게 의화의 이해에는 예수 그리스도를 유일하신 구세주이자 모든 은총의 중재자로 고백하는 신앙에 대한 기본적인 동의가 요구된다"(문건 10항). 또한 "전체적으로 이 연구는 교회 일치를 위한 대화를 통해 얻어진 동의로 의화에 관한 가르침을 재고하도록 고무시킨다"(상동 12항). 그럼에도 불구하고 "열린 물음들"이 공식적으로 제기될 수 있다. 그런 물음들은 의화를 준비하는 과정과 직결된다. 예를 들어

의화와 관련하여 "선행(善行)들"을 평가하는 일이나 교회의 역할과 고해성사의 필연성에 대한 물음들의 경우가 이에 속한다(상동 10-12항).

4) 의화 가르침 안에서 인간의 동의

(1) 동의 개념

의화론에 대한 공동성명서(*GE*)는 의화에 관한 물음에 있어서 계속되는 인간의 동의(同意, Konsens) 개념에 관해서 결국 답변을 내놓았다. 이 공동성명서는 루터 연합교회와 '그리스도인들의 일치를 촉진하는' 교황청 자문기관이 공동으로 마련한 것이다(1999년 10월 31일, 아우크스부르크에서 협정).31 오늘날의 의화론에는 그렇듯 가톨릭교회와 루터교회가 공동으로 복음의 중심적인 내용을 재현한 가르침이 들어 있다. "우리는 '의화에 관한 복음'이 하느님께서 그리스도를 통해 우리 구원을 위해 섭리하신 역사에 대해 신약성경이 특별한 방식으로 증언하는 내용의 핵심이라고 공동으로 확신한다"(*GE* 17). 이 같은 공동 시각은 오랫동안 교회 일치를 위해 서로에게 다가가고 또 서로를 이해해 온 노력의 결과요, 산물이다. 상기 성명서는 가톨릭교회와 루터교회가 오랜 시간 대화하면서 공동의 이해 지평 위에서 축적해 온 것을 공식적으로 재가한 것이다.32 앞선 공동성명서(*GE*)는 두 교회가 공동으로 이룩해

---

31 이 공동성명서("Gemeinsame Erklärung zur Rechtfertigung")는 다양한 방식으로 출간되었다. 그 중에 쉽게 살펴볼 수 있는 경우로서는 P. Lüning(hrsg.), *Zum Thema "Gerechtfertigkeit durch Gott - Die gemeinsame lutherisch / katholische Erklärung",* Eine Lese- und Arbeitshilfe (Handreichung für Erwachsenenbildung, Religionsunterricht und Seelsorge), Paderborn 1999, Text hier 77-95.

32. 여기서 기억할 만한 자료로서는 무엇보다도 '말타-보고서(Malta-Bericht, 1967-1972)'와 미국에서 가톨릭교회와 루터교회가 가졌던 대화 '신앙에 의한 의화(Justification by faith, 1978-1983)' 그리고 앞서 시도되었던 연구 계획 '교회의 파

낸 성과를 정교하게 요약한 것으로 바라볼 수 있다. 그런 까닭에 마치 의화와 관련된 과거의 모든 심각한 문제점들을 아예 처음부터 다시 다루어야만 한다고 생각해서는 안 된다. "만일 의화론 내의 개별적인 사태 영역에서 다시금 갈등에 부딪힘으로써 각 영역에서 기대되는 동의 여건을 놓고 근본적으로 충돌하게 된다면, 의화론의 저변에 차별적으로 동의한 점들마저 현저히 훼손될 것임은 불을 보듯 자명하다고 할 수 있다."[33] 바로 그런 이유에서 문제 영역들, 그러니까 아직까지도 불분명하게 나타나는 그런 영역들을 보다 철저히 살피는 작업은 필수적이다. 예컨대 "의로우면서 동시에 죄인인 인간", "구원의 확실성" 혹은 '의화론'은 "그리스도교의 모든 가르침을 통할하는 열쇠이자 시금석"[34]이라는 루터의 잘 알려진 명제에 대해서 반드시 보다 더 철저히 살펴야 할 것이다.

"그리스도 자신이 우리의 의로움이며, 그 의로움에 우리가 성부의 뜻에 따라 성령을 통해 참여하게 된다." 이러한 언표에 동의하는 것이 가장 핵심적인 일이다. "우리의 공로에 의해서가 아니라 그리스도의 구원 활동에 대한 신앙을 통해 도달한 은총에 의해서만 우리는 하느님께 받아들여지고 또 그분으로부터 성령을 받게 된다. 이 성령은 우리의 마음을 새롭게 하시고 능력을 주셔서 선행을 할 수 있도록 진작시켜 주신다"(*GE* 15). 상기 성명서를 마련해 가는 중에 양측으로부터 불명확한 형식들에 대한 비판이 있었다. 그리하여 "죄"와 "욕망" 개념이 서로의

문 선고와 교회의 분열(Lehrverurteilungen—kirchentrennend)?"이란 제명의 문헌이다.
33. K. Lehmann, "Rechtfertigung und Kirche" (*MSS* Vortrag Wittenberg am 10. Oktober 2002, 6).
34. *WA* 39/I, 205.

연관성을 고려하는 중에 서로 다르게 비춰졌던 까닭에, 앞서 "신앙만으로"라는 표현과 다른 쪽의 "협력"이라는 표현이 좀 더 분명하게 설명되어야 할 필요가 있다고 판단했다. 그렇듯 서로 비판적으로 시정했음에도 불구하고 반드시 주목해야 할 점을 놓치는 일이 없게끔 몇 가지 부연 설명을 부록("Annex")으로 추가하기까지 했다. 거기 부록에는 무엇보다도 대화 상대가 언젠가 다시 상기 성명서에 적힌 용어들을 나름대로 활용하거나 인용할 경우 반드시 주지해야 할 점들로서 "공동으로 그리고 공개적으로 합의한 사항들"을 기록했다. "이 공동성명서 안에 제시된 루터교회의 가르침은 트리엔트 공의회의 판결로 배척되지 않는다. 루터교회의 신앙고백을 통한 입장 역시 이 성명서 안에 제시된 로마-가톨릭교회의 가르침을 배척하지 않는다"(*GE* 41). 이런 모든 사실은 이미 말했던 것처럼, 계속해서 보다 심화된 연구와 상세한 부분까지 파고드는 대화를 요구한다. 이때 연구 및 대화의 방법으로서 "차별적인 동의"(differenzierter Konsens)를 필요로 할 것이다.

(2) 차별적인 동의

그러므로 그렇게 심화 연구 및 대화의 필요성을 말해도 좋은 것은, 상기 성명서에서 확보된 동의가 "차별적인 동의"로 이해되기 때문이다. "차별적인 동의"는 일찍이 교회가 공식적으로 인정한 사항으로서 하나의 가르침 안에 나타나는 사태 내용과 언어 형식을 서로 구별하려는 데 의의가 있고, 다른 한편 낯선 언어나 사고방식으로 그 가르침 안에 내재하는 고유한 동기와 의미를 알아볼 수 있도록 시도하려는 데 의의가 있다. 현실적으로 그와 같은 방법은 가톨릭교회 안에서 항상 실제 응용되어 왔다. 예컨대 저마다 독특한 관점에 주목하는 다양한 신학 학파들의 모습을 통해 알 수 있듯이 말이다. "차별적인 동의"는 "서로 다른 것들이 화해를 통해 성취하게 되는 일치"[35]와 같이 오늘날의 교회일치운동과도 직결된다. 그로써 한편으로는 하나의 가르침 안에 근본적인 일치점이 마련될 수 있다는 것과 다른 한편으로는 기존의 차이점으로 말미암아, 예컨대 서로 다른 사고방식이나 서로 다른 언어 형식으로 말미암아 더 이상 교회가 갈라서지 않을 수 있음을 입증해 준다는 것이 중요하다. 확실히 "차별적인 동의" 개념은 끊임없이 더욱더 심오한 의미로 새겨져야 하고, 그 실천적인 잠재력에 대해 확신을 가질 필요가 있다. "차별적인 동의" 개념은 근본적으로 인정할 만한 동의 형식이다. 사람들은 그 때문에 해명이 더 많이 요구되는 개별적인 문제들을 앞에 두고 그 개념을 넘어서까지 밝혀낼 것까지는 없다(이해 및 신뢰의 해석학 - 한계의 해석학[Hermeneutik der Abgrenzung]).

상기 공동성명서는 집중적으로 그리고 아주 많이 논의해 온 바대로, "이미 공언된 근본 진리들에 국한된 동의"에 대해서가 아니라 "아직 공언되지 않은 근본 진리들을 포함한 동의"에 대해서 언급한다. 상기 성명서는 "어느 교회든 의화에 관해 가르치는 모든 내용을 다 함축하지는 못한다. 그렇지만 의화론에 관한 근본 진리들 안에서 일치하는 하나의 동의를 내포하면서, 계속해서 교회마다 서로 차별적으로 전개되는 중에도 그것이 더 이상 파문 선고의 지속적인 동기가 되지 않음을 보여 주고자 한다"(*GE* 5). 그러므로 서로의 근본적인 공통점을 통해 각자의 차별적인 요소들이 합법적으로 인정된다. 그래서 그런 차별적인 요소들이 언제든 서로 다른 모습의 교회로 서 있도록 만들더라도, 궁극

---

35. 참고 H. Wagner(Hrsg.), *Einheit - aber wie? Zur Tragfähigkeit der ökumenischen Formel vom "differenzierten Konsens"* (*QD* 184), Freiburg I. Br. u.a. 2000.

적으로 하나라는 사실을 포기하면서까지 강조될 수는 없음을 기억하는 것이 바람직하다.

(3) "단념할 수 없는 시금석"으로서의 의화론(?)

가톨릭 신학자들 가운데는 개별적으로 시도한 것이기는 하지만, 의화에 관한 가르침이 그래도 결국 가톨릭교회의 은총론의 한 부분일 뿐이라는 사실을 밝히려고 시도한 적이 있다. 거기에는 아마도 의화론이 사려 깊은 가르침이며 복음 실천을 위한 "단념할 수 없는" 시금석(GE 18)이기는 하지만, 그럼에도 유일한 가르침은 아니라는 의식이 자리했던 것 같다. 만일 사람들이 의화론에 대해 제대로 이해했다면, 또 다른 단념할 수 없는 시금석들도, 이른바 삼위일체론과 그리스도론에 대해서도 언급해야만 할 것이다.

만일 사람들이 의화론으로부터 우리가 도출해 낼 수도 없고 또 처리하기에 너무 버거운 하느님의 "앞서심", 곧 "우리 바깥"에서 다가오는 구원 현실이 관건이라는 것을 눈치 챘다면, 그처럼 '신앙만으로'에 대한 이의가 받아들여질 수 없음을 이미 깨달았을 것이다. 물론 의화론이 진정으로 가르치는 바는 그리스도론에서도 인식될 수 있어야만 한다. 또한 신약성경 역시 하느님의 무조건적인 자비를 알려 주기 위해서 또 다른 근본적인 가치들(화해, 하느님의 평화, 거룩해짐, 새로운 창조 등)을 동시에 소개하지만, 분명하게 그 의미를 새겨주는 경우는 특히 정확한 방식으로 다음과 같은 형식을 통해서라고 말할 수 있다. 예컨대 바오로 사도에 의해, 무엇보다도 그의 로마서에서 소개된 "신앙을 통한 은총의 힘으로 죄인들이 의화 된다."는 가르침이다. 성경의 이 표현 형식은 이미 수많은 연구가들에게 관심을 불러일으켰다. 그러는 사이에 점점 더 많은 가톨릭 신학자들에게도, 특히 영성 및 사목에 종사하던 가톨릭 지도자들에게서 의화론의 의미가 중요하게 인식되었다는 사실은 아마도 가톨릭교회에 상기 성명서가 가져다준 영향 가운데 가장 의미심장한 것으로 볼 수 있다. 다른 한편 사람들은 더 이상 상기 문헌을 언급하지 않은 채 가톨릭교회의 은총론(만)을 예전처럼 가르칠 수 없게 되었다. 이에 대해 레만 주교가 제대로 표현한 것 같다. "가톨릭 신학에서 아마도 상기 성명서의 표명(의화론)은 트리엔트 공의회의 선언에 대한 '신뢰할 만한 해석' 가운데 하나로 비쳐진다."36

(4) 의화와 교회

가톨릭 신학은 어쩌면 의화론을 두고 프로테스탄트 신학과 대화를 나누는 중에 이 가르침(의화론)이 루터교회의 전체 교리에 영향을 미치고, 전체 교리를 확정지을 것이라는 최종 결과까지 두루 따져보지는 않았던 것 같다. 당시 사람들은 의화론을 통해 서로가 하나가 되고, 또 다른 문제들, 예컨대 교회에 대한 이해와 교도권 등의 문제들도 곧 해결될 수 있다고 아주 단순하게 말하고 상상했다. 여기 의화론에는 교회의 이해를 위해서도 일련의 구조적인 선-결정 요건들이 전제된다는 사실을 아마도 충분히 깨닫지 못했던 것이다. 다른 한편 사람들이 교회의 가르침과 실천을 위해 의화론을 단념할 수 없다고 확언한 다음, 그 구체적인 적용에 대해서도 언급했어야 한다는 점을 놓쳤는지도 모른다. 이를 위해 가톨릭교회 쪽이 만반의 준비를 위해 서둘렀다. 이 중요한

---

36. K. Lehmann, Frei aus Glauben, Zur Situation der evangelisch-katholischen Ökumene nach der "Gemeinsamen Erklärung zur Rechtfertigungslehre", in: *IKaZ* 29 (2000), 438-450 (인용은 445).

사전 작업은 결과적으로 『교회와 의화』(*Kirche und Rechtfertigung*)라는 문헌을 남겼다. 사실상 가톨릭교회와 루터교회의 대화에 있어서 교회 이해가 관건이 아니라, 벌써 그 이름이 말해 주는 것처럼, 의화 복음과 교회-존재 간의 특별한 관계가 관건이었다. 이 의화 복음과 교회-존재 간의 관계는 저 의화신학의 요점을 정리하는 것과는 무관하게 『거룩한 이들의 일치』(*Communio Sanctorum* 2000)에 소개되었다. 앞선 문헌 『교회와 의화』는 많은 장(章)을 할애하면서까지, 만일 사람들이 의화론이란 시금석에 의거해 자세히 살핀다면, 당장 교회의 몇몇 체계적인 실현 방식에 (가톨릭교회 측면에서 중요한 것으로) 고려되는 문제점들과 그 안에 이미 활력을 일으키는 요소가 함께 자리함을 보여 주고자 했다. 그렇게 교회의 제도적인 연속성에 대해 비판적으로 묻기 시작했다. 그런 다음 교회의 성사들이, 만일 그것들이 복음의 투명성을 옹졸하게 막지 않는다면, 교회의 연속성을 일러 주는 실재적인 표징이라고 보았다. 특별히 교회의 직무에 대해서는 한 번 더 반복해 여기서도 복음의 의미가 인식될 수 있는지 물었다. 서로 연관된 교회의 가르침은 그때마다 자명해야 할 필요는 없겠지만, 교회 안에 마련된 합법적인 구조들은 독립적인 권한을 행사해서는 안 되고, 오히려 복음에 봉사해야 한다고 보았다. 이 같은 차원에서 당시 양측(가톨릭-프로테스탄트)의 신앙에 관한 논의는 신앙 목적(구원)과 신앙 증인(교회) 간의 연관성을 분명히 밝히는 데 집요하게 맴돌았다. 이 문헌은 상기 네 가지 문제점들 각각을 고려하면서 가톨릭교회와 루터교회 사이에 자리하는 공통점과 일치점을 확정했지만, 논증의 외형은 여기서, 그리고 그와 같은 맥락에서 발표된 문헌들에서도, 칼 레만(K. Lehmann)이 비텐베르크 보고 중에 언급한 것처럼,[37] "다소 초라한" 편이었다. 레만은 스스로 예수 그리스도와 교회 사이의 관계를 규정하는 주된 시각 아래서 그 문제점에 접근하는 길을 모색하고는 구체적으로 신선한 자극을 첨부했다. 교회에 대한 가르침에 의화론을 활용하려는 태도가 핵심문제이기 때문에, 거의 스스로 문제를 자초한 셈이다. 레만은 인격적인 행위 범주 안에서 동일화 시도든 근본적인 차별화 시도든 모두 분명히 거부하는 가운데 그러한 (예수 그리스도와 교회 사이의) 관계를 규정하려고 시도했다. 모든 가톨릭 신학자는 이때 모든 독립적인 이론 형성에도 불구하고 한 가지 결함이 앞서 자리한다는 사실을 알고 있었다. 게다가 제2차 바티칸 공의회는 조심스러운 방식으로 육화와 교회의 유비적 설명을 교회의 신비를 해석하는 데 끌어들였다. 그리스도와 교회 간의 연관성은 성사적인 차원에서 해명되었기 때문에, 본시 프로테스탄트교회가 항의를 통해 기대했던 것이 이루어진 셈이다. 나중에 마론(G. Maron)이 『교회와 의화』를 통해서 조목조목 그리고 특히 자세하게 소개한 것처럼 말이다.[38] 레만은 그에 반해 그리스도와 교회의 관계 및 그로부터 비롯하는 은총을 소유, 소재, 관할-가능성의 범주를 통해서가 아니라 고양, 신뢰, 청원 등의 언어 형식으로 바꿔 표현하려고 노력했다.

전체적으로 여기서는 상기 성명서에 의거해, 가톨릭 신학을 위한 하나의 넓은 작업 영역을 제시해 보았다. 이 같은 맥락에서 한 번쯤 교회에다 인격 개념을 적용시키는 시도도 새롭게 고려해 볼 수 있다고 본다. 그 같은 시도는 예수 그리스도와 교회 사이의 연관성을 정확하게 파악하고 가톨릭교회의 교회론을 여타의 의혹으로부터 구해내는 데 도

---

37. *Rechtfertigung und Kirche* (MSS Vortrag Wittenberg am 10. Oktober 2002, 7).
38. *Kirche und Rechtfertigung*. Eine kontroverstheologische Untersuchung ausgehend von den Texten des Zweiten Vatikanischen Konzils, Göttingen 1969.

움을 줄 것으로 여겨진다. 물론 결과적으로 그런 시도에서 예수 그리스도와 교회를 동일시하려는 위험스러운 입장들도 생겨날 수 있다. 특히 그리스도의-몸-신학이라는 틀 안에서 그런 위험성이 엿보인다.[39] 그런 점에서 의화에 관한 논의는 결국 가톨릭교회의 교회론을 위해, 그러니까 아직 해명되지 못한 교회론적인 문제들을 활기 넘치게 그리고 새로운 전망을 가지고 재개하는 데 있어서 매우 고무적인 것이었고 또 여전히 고무적이라고 본다.

(5) "의화" 없는 의화

공동성명서(GE) 자체도 주지하는 것처럼, 가톨릭교회와 루터교회 간에 "아직 공언되지 않은 근본 진리에 대한 동의가 실제 삶 안에 그리고 교회에 대한 가르침 안에 작용해야 하고 또 보장되어야 한다"(GE 43). 이는 결국 그 같은 동의가 오늘날의 실제 생활과 상관관계를 이루어야만 하며, 나아가 의화가 오늘날 우리에게 어떤 의미를 지니는지 물어야 함을 가리킨다. 왜냐하면 우리는 과거 16세기의 그리스도인들이 누렸던 경험 지평과는 다른 "인간 조건"에서 살아가기 때문이다.

가톨릭 신학에는 이와 관련하여 보충해야 할 것들이 엄연히 있었으며 지금도 존재한다. 프로테스탄트-루터 신학의 경우에는 이미 1963년 '루터 연합교회 모임' 때 자체적으로 질문을 제기하여, 어떻게 사람들이 의화를 새로운 시대의 생활 여건에 알맞게 해석해 낼 수 있을지

---

39. 참고 St. Ackermann, *Die Kirche als Person*, Zur ekklesiologischen Relevanz des personal-symbolischen Verständnisses der Kirche, Würzburg 2001. 이 학위 논문의 지도 교수는 프랑크푸르트 대학의 M. Kehl이었는데, 인격체로 교회를 바라볼 때 생기는 많은 미해결 문제점들을 살펴보려고 했다. 그럼에도 이것이 유감스럽게도 교회 일치를 위한 전망과 관련하여 재고된 적이 거의 없었다.

에 대해 고민했다. 이는 본질적으로 의화의 문제점을 확실히 재고하는 작업을 수반한다. 이는 여기서 비록 프로테스탄트교회의 특성과 관련된 부분들에 대해 다루지 않더라도, 오늘날 그리스도인들에게 해당하고 또 요구되는 문제들을 파악해야 할 필요성으로 능히 인식된다고 본다. 게다가 지난 해 가톨릭교회 측에서는 누구보다도 로버트 옥스(Robert Ochs)와 게르하르트 보스(Gerhard Voß), 특히 오토 헤르만 페쉬가 다각적으로 그리고 특별히 관심을 갖고 다음과 같은 제목, 곧 「의화 없는 의화: 의화론의 중재에 관한 문제 — 단지 가톨릭교회 측에서만 제기되는 것이 아닌 문제」40로 강연한 적이 있다. 페쉬는 전통적인 의화론을 새로운 틀 안에서 이해할 수 있게끔 이른바 현대의 패러다임에 대해 제안했다. 페쉬는 "의미 물음", 곧 동료 인간에게서 인정받는 일은 정체성에 관한 문제이며 절대적인 윤리적 요청에 관한 문제라고 이해했다. 그는 이 같은 입장에서 고무적인 이론도 함께 제시하여, 사람들은 오늘날 본래적으로 16세기와는 전혀 다르게 의화에 관한 소중한 복음을 더 이상 죄의식에서 출발하여 접근하지 않는다고 한다. 오히려 현대인들은 그 순서를 뒤바꿔서 이해하려고 한다. "우리가 살아가야 할 이 세상에서 매우 부정적인 경험을 하는 중에도 우리를 사랑하시고 자유를 선사하시는 하느님에 대해 믿을 수 있는 능력을 갖게 된다면, 또한 우리가 자기중심적인 삶을 통해 경험하게 되는 우리의 고유한 몫으로서 그 같은 부정적인 조건들을 겸허하게 받아들이면서 하느님께 나아가는 신앙의

---

40. R. Ochs, Rechtfertigung-Leben aus der Anerkennung, Eine Spurensuche im Leben der Menschen von heute, in: *US* 55 (2000), 178-201; G. Voß, Ökumenischer Fortschritt und Identität in den GE zur Rechtfertigungslehre, in: *US* 55 (2000), 202-215; *Referat von Pesch* (MSS Wittenberg am 10, Oktober 2002).

빛을 조명 받아 '죄'를 고백하는 능력을 갖게 된다면, 그런 한에서 …
그렇듯 … 죄의식은 오늘날 우리를 의롭게 해 주는 신앙의 부산물에
불과할 뿐이지, 더 이상 거꾸로 의화 신앙의 출발점이 될 수는 없다."[41]

5. 최근까지의 은총론 연구들 몇 가지(사례)[42]

1) 신학의 전체 지평으로서의 은총

프로테스탄트 신학에서 은총은 이미 오래전에 그리스도교-성경에 따른 하느님 인식의 중심 개념이었고, 나아가 은총이 결코 신앙에 있어서 파편적인 하나의 동기가 아니라는 사실이 명백했다. 은총은 그리스도인의 삶에 있어서 더 이상 특별한 "장소"가 아니다(에밀 브룬너). 칼 바르트 또한 주장하듯이, 은총은 신학에 존재하는 그 모든 것을 통할하는 착안점이다.

금세기에 들어서 가톨릭 신학도 이 같은 관점에 기꺼이 동의한다. 은총은 하느님과 인간 사이의 만남을 총체적으로 설명해 주는 핵심이다. 은총은 단순히 신적 존재로부터 유래하는 신적-창조적 작용이 아니다(전[前]인격적-아리스토텔레스적인[vorpersonal-aristotelisch] 개념의 '작용'이 아니다). 이미 신학자 쉐벤(M. J. Scheeben)은 지난 세기에 한 논문을 통해 은총 개념에 가까이 접근하여, 은총은 우연한 것이 아니라 인격과 인격 간에 벌어지는 행위로 풀이했다. 그는 전체 신학이 하느님의 은총

---

41. Referat von Pesch[각주 40번 참조].
42. 정확하게 말해서 "은총"과 "의화"는 동의어다. 이 두 개념은 하느님께서 펼치시는 구원 사업의 전체를 포괄한다. "의화"는 특별한 방식으로 하느님에 대한 인간의 "의로운", 곧 올바르고 새로운 관계에 기초가 되는 근본 토대를 가리킨다.

으로부터 이해되어야 한다고 보았다. 이러한 은총 개념은 또한 라너(K. Rahner)로 하여금 폭넓은 개요를 따라서 자신의 신학을 구축하도록 했다. 은총은 거룩한 신비에 다가서게 해 주는 것이며, 그렇듯 스스로를 중재하는 특성을 갖는다. 전체 신학은 이 같은 하나의 근본 사상이 전개된 것을 함의한다. 그 때문에 라너는 "은총이란 계시의 실재성 및 구원의 실재성의 핵심에 들어서게 해 주는 것일 뿐 아니라, 그 자체가 곧 그런 실재성의 핵심"[43]이라고 말한다.

2) 인격과 대화 가능성

은총론에도 로젠바이히(Fr. Rosenweig), 에브너(F. Ebner), 부버가 강조했던 '대화'의 철학이 중요하다. 이들 철학자들의 기본 입장은 주체성에서 시작되는 이른바 '세상의 구성'에 관한 이론을 내포한 선험철학[대표적으로 칸트의 '순수이성의 철학']을 극복하는 데 있었다. 그로써 주체-객체-관계와 같은 이분법적인 구조를 깨부수는 것이었다. 그러나 대화의 철학은 단지 순수 철학적인 사고방식으로 머무르지 않고, 나아가 신앙 체험과도 연계된다.

대화 철학의 기본 입장은 신학, 특히 프로테스탄트 신학에도 깊은 영향을 주었다.

가톨릭 신학 측에서는 과르디니(R. Guardini)가 상기 입장을 수용했다. 전체 실재성은 하느님이신 당신에 의해서 규정된다. "사물들은 모두 하느님의 명령에서 생겨났지만, 인격은 그분의 부르심으로 인해 우뚝 서게 된다."[44] 그러므로 은총은 이미 인간이 창조된 현존재임을

---

43. In: *MySal* 2, 410.
44. *Welt und Person*, Versuche zur christlichen Lehre vom Menschen, Würzburg

알려 주며, 더 나아가 그리스도 '안에' 인간이 존재함으로 인해 그러한 피조적인 입장을 넘어서 들어올려진다는 사실도 전해 준다.

3) 자연과 은총

자연과 은총의 관계는 수백 년간 가톨릭 신학이 떠안아 온 중심 문제 가운데 하나다.[45] "은총"은 하느님의 본질에 참여하게 해 준다. "순수 자연"은 본래 인간의 본성이다(낙원에서 "초자연적인 은혜"를 박탈당한 이래로). 은총은 예수 그리스도를 통해 원천적인 것으로 회복시켜 주는 것이다. 그런 의미에서 은총은 자연에 "덮씌워"진다. 은총은 어떤 방식으로든 인간의 본성에서 비롯될 수 없다. 왜냐하면 은총은 "탓 없는" 것 혹은 "거저" 주어지는 것이기 때문이다. 한 신스콜라주의 신학자(F. Diekamp)는 이렇게 진술한다. "그 자체로 완벽한, 모든 필연적인 것을 구비한 자연은 초자연적인 것을 추가적인 차원(super additum)에서 수용한다." 만일 은총이 탓 없는 것이라면, 하느님께서는 인간성을 소거시키지 않는 가능성도 지니셔야 할 것이다. 가정적이기는 하지만, 그래서 실제 구원 역사와는 거리가 먼 논리겠지만, 순수한 의미의 '자연'이 존재해야만 한다. 인간의 본성에 기초해서는 그 어떤 "권한"도 필연적으

1939, 164.
45. 이에 Michael Bajus(1519-1589)와 Cornelius Jansen(1589-1638, 얀세니즘[Jansenism]의 창시자)이 서로 다투었던 경우를 참고하기 바람. 이들의 논쟁에는 넓은 의미에서 "자연"과 "은총" 간의 관계에 대한 입장 차이가 관건인데, 이에 대해서는 또한 Domingo Báñez(1528-1604)와 Luis de Molina(1535-1600)의 은총에 관한 논쟁도 참고할 수 있다. 후자의 경우에는 뒤에 하느님의 행위(선처)와 인간의 자유 사이의 관계 문제가 표면적으로 불거졌다. 이에 대한 "은총 논쟁"(Gnadenstreit, L. Scheffczyk), in: $LThK^3$ IV, 797f. 및 "Jansenismus"(F. Hildesheimer), in: $LThK^3$ V, 739-744 참조.

로 수반되지 않는다. 왜냐하면 그 어떤 초자연적인 목적성도 인간에게 고유한 것일 수 없기 때문이다.

이러한 입장은 이른바 "새로운 신학"(Nouvelle Théologie - 누구보다도 앙리 드 뤼박[Henri de Lubac])에 의해서, 로마-가톨릭의 교도권과 상대해 논쟁을 벌이면서 수정되었다. 인간은 자신의 본성에 의거해 스스로를 곧추세운다고 해서 하느님을 향해 나아가는 목적성을 온전히 습득하지는 못한다. 하지만 자신을 실현시켜 나아가는 인격체로서 인간은 은총을 베푸시는 하느님의 초대에 응할 수 있다. 바로 그러한 인격 개념으로서 인간은 '구체적으로 자신을 실현시켜 나가는' 주체로 고려되어야 마땅하다. 그래서 거기에서는 자연에서 초자연으로 [무작정] 건너가는 범주들이 더 이상 왈가왈부되지 않을 것이다. 칼 라너는 여기서 '초자연적인 실존적 태도'(übernatürliches Existential)라는 이론으로 한 발 더 나아갔다. 하느님을 향해 나아가는 토대는 모든 사람에게 마련된다. 물론 만일 그에게 탓이 없는 한에서 그러하다. 거기서 "자연"과 "초자연" 사이의 차별은 별 의미가 없다.

4) 은총과 역사 - 은총 체험

아우구스티누스는 은총을 처음에는 (행위) 주체와 직결된 것으로 보았다. 그래서 그에게 은총은 개별 존재 뒤로 숨어 버린다. 그러다가 은총이 그리스도 사건 안에서 실현된다고 이해함으로써, 구체적이고도 역사와 직결된 것으로 바뀌었다. 더 이상 "추상적인" 의미의 은총은 없다. 이러한 방법으로 역사는 그 자체가 은총의 현현 장소이자 체험 장소이며 은총이 실제적으로 밝혀지는 장소가 된다. 은총은 예수 그리스도의 은총이다. 은총은 그렇게 구체적인 것이요, 신약성경에서 소개된 바와 같이 "그리스도는 하느님의 은총 의지를 역사적으로 알아볼 수 있게끔 해 준 장본인이다. 그래서 분명 은총의 수혜는 본질적으로 철저히 역사적인 요소로서 우리에게 드러나는 현사실적 요소인 인간 예수와 결속된다."[46] 오늘날 사람들이 예수를 통한 구원을 경험하기 위해서는 구원을 위해 다가오는 예수와 개인 사이의 만남-사건이 중요하다. 예컨대 앞서 성금요일에 받은 성령을 통해 새로운 경험들이 가능하게 된 제자들의 (만남) 사건과 그 이후 수백 년간 계속되어 온 그리스도교 신앙공동체의 또 다른 많은 체험들과 관련된 (만남) 사건들이 오늘날까지 중요한 의미를 띤다. 만일 예수를 믿고 추종하는 공동체가 예수를 모범삼아 계속 살아간다면, 그것이 곧 은총이다. "그렇게 인간 예수를 부활한 자로 세우신 하느님의 역사는 또한 우리의 역사요, 무엇보다도 하나의 인간성 안에 하느님께서 일찍이 섭리하신 그 유대와 연대성과 함께 그리고 그것을 따라서 계속될 것이다. 그런 한에서 우리는 예수를 뒤따라야 한다. 그를 향해 우리 마음을 다잡고 그분에게서 영감을 받도록 노력해야 한다. 그럴 때 우리는 그의 '아빠-체험'과 '자신의 가장 보잘것없는 이들을 위해'(마태 25,40) 자신을 아낌없이 바친 희생에 동참하게 될 것이요, 고유한 운명 속에서 하느님을 신뢰하고, 마침내 예수의 '역사'가 살아 있는 우리를 통해서 이어질 것이며, 그렇게 생생한 그리스도론의 일부가 채워질 것이므로, 우리 안에 성령의 역사하심이 자리하게 될 것이다. 그 성령은 하느님의 영이자 그리스도의 영이다. 그렇게 하느님의 섭리가 완전하게 채워지도록 그리스도가 기꺼이 충실하게 임무를 다했다는 것은, 우리 인간들의 삶에 궁극적인 의미를 부여하

---

46. E. Schillebeeckx(1953), in: *Erfahrung aus Glauben*. Edward Schillebeeckx Lesebuch (hrsg. v. R. Schreiter), Freiburg I. Br. 1984, 98.

기 위함이다. 거기서 예수를 통한 하느님의 보편적인 구원 의지와 인간의 구원(곧 어느 한 사람도 예외 없이 모든 인간들을 위한 행복) 간의 상호 관계가 실현된다고 할 수 있다."[47] 그 때문에 오늘날의 세상 경험과 삶에 대한 체험들은 전통을 따라 전해져 온 복음 안에 통합되어야 할 것이요, 또한 거꾸로도 이루어져야 할 것이다.

7. 신앙, 희망, 사랑

그리스도인의 실존은 신앙, 희망, 사랑 안에서 완성된다. 그리스도인의 삶을 위한 "미덕들"은 토마스 아퀴나스 이래 '그리스도교의 덕'이라 불려온 것으로 하느님에게서 선사받은 것이다. 그러므로 인간의 윤리적인 미덕들에 대해서는 아리스토텔레스의 가르침을 참고할 수 있는데 반해, 이 세 가지는 인간이 홀로 습득할 수 있는 미덕이 아니라 오히려 하느님에게서 "부어지는" 것이다. 토마스는 하느님께서 당신 자신을 내어 주시어 [향주삼덕을] 선사받을 수 있게 된 인간이 마침내 하느님의 계명을 좇아 자발적으로 무리 없이 또 즐거움을 잃지 않고 살아갈 수 있게 되었다고 이해했다.[48] 루터는 그 점을 아주 자주 하나의 비유를 통해 분명하게 밝히고자 했다. '좋은 나무는 과연 좋은 열매를 맺는다.'

소비, 업적, 조정, 평가 등으로 얼룩진 시대를 살아가면서 오늘날 믿음을 가지고 살아가는 현대인은, 하느님께서 인간들을 항상 부르시고

---

47. E. Schillebeeckx(1977), in: *Ibid.*, 202.
48. O. H. Pesch, *Thomas von Aquin.* Grenze und Größe mittelalterlicher Theologie. Eine Einführung, Mainz ³1995, 245ff.

또 그들에게 길을 마련해 주시는 분임을 알아볼 필요가 있다. "나를 보내신 아버지께서 이끌어 주지 않으시면 아무도 나에게 올 수 없다."(요한 6,44)고 요한복음사가는 예수의 가르침을 전해 준다. 바로 이 점에서 우리는 은총과 의화에 관한 복음에 앞서 치유하는 능력들을 고려할 수 있다. 이 치유 능력은 더 이상 흔들림 없는 신앙에 바탕을 두고 있다. 이는 다시 말해 하느님께서 인간과 더불어 하나의 친교공동체를 이루신다는 신앙이다. 이 같은 기초적인 믿음이 예수 그리스도에 대한 신뢰를 더욱 견고하게 만든다. 그의 업적은 생애, 선포, 죽음, 부활을 포함해, 제2차 바티칸 공의회의 관점에서도 이미 우리 인간으로 하여금 "하느님께서 우리와 함께 계신다."(DV I,4)는 사실을 알아들을 수 있게 해 주는 소중한 의미로 되새겨지고 있다.

만일 인간이 신앙을 통해 어떤 확실한 인식에 도달할 수 있다면,[49] 그 같은 인식은 그럼에도 신앙인에게도 자리할 수 있다고 여기는 그런 인지적인 구성 인자("진위를 밝히는 선별 지식")와 혼동될 수 없다. 오히려 그 같은 인식에는 하나의 포괄적인, 인간학적-전체성에 입각한 기본 태도가 관건이다. 다시 말해 인간이 "자발적으로 동의함으로써 자기를 온전히 그분께 자유로이 맡기는"(DV I, 5) 기본 태도가 고려되어야 한다는 것이다.[50] 그러나 상기 공의회가 이미 의식하는 것처럼, 신앙은 오늘날 전혀 새로운 상황과 마주함으로써 확실히 — 사람들이 세속화라

---

49. 이에 참고로 "Glaube/Glaubensgewißheit"(H. Wagner), in: Chr. Schütz(Hrsg.), *Praktisches Lexikon der Spiritualität*, Freiburg I. Br. ²1992, 523-527.
50. 이로써 단 한 번이지만 영구히 저 마찰(논쟁)에서 자유로울 수 있다. 이른바 가톨릭교회 측에서는 신앙 안에서 무엇보다도 하나의 지적인 활동에 주목하려는 반면(동의-신앙), 프로테스탄트교회 측에서는 배타적인 차원에서의 신뢰 행위로 규정하려는(의지-신앙) 쌍방 간의 태도에서 벗어나 제삼의 시각을 취할 수 있다.

고 칭하는 침식 과정이 서서히 이루어지는 것처럼 — 점점 더 설 곳을 찾지 못한다. 그럼에도 불구하고 또 아마도 바로 그런 이유로 신앙은 그처럼 설 곳도 기댈 곳도 모호하기만 한 그런 상황에서 인간에게 한층 성숙한 차원의 새로운 의미를 제공해 준다. 이 같은 상황에서 신앙이 이론적인 것에만 머물러 있는 것은 위험할 수 있을 뿐더러 쉽사리 무용지물처럼 취급될 수 있다. 신앙은 구체적인 상황에서 그로부터 유래하는 확실성을 꾸준히 고무시킴으로써 복음이 제안하는 길을 걷도록 해 주어야 한다("추종자"의 모습). 바로 그렇게 신앙은 자기 자신을 기꺼이 내맡기는 인간들에게 새롭게 살아갈 수 있는 비전(Vision)을 열어 보여 줄 것이다.

신앙은 결코 '희망' 없이 존재하지 않는다. 이때 희망이란 예수 그리스도의 부활에 근거하는 것이요, 그렇게 그 부활로써 죽음을 이겨낸 승리를 대포한다. 그리하여 새로운 창조는 하느님의 영을 통해 이미 시작되었으니, 그와 동일한 영이 이미 시작된 이 일을 완성할 것이다. "우리가 어떻게 될지는 아직 드러나지 않았지만, 그분께서 나타나시면 우리도 그분처럼 되리라는 것은 알고 있습니다. 그분을 있는 그대로 뵙게 될 것이기 때문입니다"(1요한 3,2).[51] 그리스도인의 삶을 이끄는 고유한 "원동력"이자 내적인 힘으로서의 희망은 현대 신학이 재발견한 의미이기도 하다(몰트만, 메츠 등).

그러나 이 모든 것 위에 '사랑'이 있다(참고 1코린 13,13).[52] 토마스

---

51. 이 구절과 관련하여 교의신학에서는 인간의 "신격화"에 관한 논의가 이루어지고 있다. 이에 "Vergöttlichung(신격화)"(A. Franz, R. Flogaus, P. Fonk), in: *LThK*³ X, 664-667.
52. 수많은 참고 문헌들 가운데 나는 매우 출중한 글로서 추천할 만한 것으로 "Liebe"(O. H. Pesch), in: *NHThG* 3, 220-239를 제안한다. 거기에는 또한 유익한

아퀴나스에 의하면, 사랑은 모든 미덕의 뿌리다.[53] 그래서 우리를 의롭게 만드는 신앙은 결국 '사랑으로 꾸려진 신앙'("*fides caritate formata*"[54])이다. 사랑은 하느님에게 바치는 인간의 봉헌 일체를 가리키며, 오로지 신앙과 희망이 사랑과 하나가 될 때에만, 신학이 "의화 되었다" 혹은 "은혜를 입었다"고 표현하는 그런 놀라운 사건을 경험할 수 있다. 이웃 사랑은 낯선 어떤 것이 추가적으로 이루어질 수 없고, 오히려 "사랑하는 사람 자신이 받은 하느님의 사랑을 다시금 전해 주는 것"[55]으로 가능하다. 그래서 이웃을 사랑한다는 것은 하느님의 사랑에 대해 그저 말로만 해명하는 것이 아니라 행동을 통해서, 곧 성자가 성부를 증거 했던 동일한 방식으로 해명하는 것을 함의한다. 예수는 그렇게 모든 인간의 행복을 원하시는 하느님으로서의 성부를 보여 주고자 했으니, 바로 그 때문에 우리를 통해서도 온갖 어려움(부조리한 상황, 사회적 불평등, 불의 등)으로 말미암아 그러한 행복에서 소외된 이들에게도 한결같이 유일하신 하느님으로서 계속 드러나야 한다. 예수를 통해서 하느님께서는 "가난한 이들의 하느님"이심을 확인하게 된다. 예수 그리스도가 이스라엘 역사 안에서 몸소 보여 준 바를 따라서 말이다(이사 61,1 참조).

오늘날의 신학적 논의와 관련하여

가톨릭교회와 루터교회가 의화론에 공동으로 동의한 바는 이 의화

참고 문헌들도 소개된다.
53. 참고 *S. th.* I/II, 62,4.
54. *S. th.* II/II, 4,3.
55. 토마스의 견해로 풀이된다. *NHThG* 3(O. H. Pesch), 231.

론이 이미 일정한 언어 형식과 사고방식을 통해 전승되었으며, 이는 오늘날의 이해 지평 위에 간단히 옮겨 놓을 수 없다는 사실과, 이를 소홀히 다루지 말아야 함을 주지시킨다. 가톨릭 측이든 프로테스탄트 측이든 양쪽 모두는 현대인들을 납득시킬 수 있는 언어를 찾아내야만 한다. 이 의화 복음의 핵심은 당연히 밝히 드러나야 할 것이다. 즉, 좋으신 하느님께서 기꺼이 인간을 품으시고 온갖 억압으로부터 해방시켜 주신다는 사실을 모두(개별 인간 및 모든 사회)가 알아듣도록 선포해야 한다. 그런 한에서 이 복음은 신앙으로 살아가는 그리스도인들에게 특별한 힘을 제공할 것이다. 은총론의 경우에도 '필요한 경우 변경을 가하는' 원칙이 적용된다. 이 은총론도 오해에 사로잡히게 된다면, 그리스도인의 의식 안에서 안타깝게도 당장 그리스도교의 핵심적인 교리로 지각되지 못할 것이다. 오늘날 신학적으로 새롭게 제기된 입장들(해방의 의미로서 은총, 하느님과 인간 사이의 공동체를 세우는 의미로서만이 아니라 인간과 인간 사이의 공동체를 세우는 의미로서 은총 등)은 현대인들의 보편적인 의식에 걸맞게 다듬어지는 작업을 학수고대한다.

"은총론"과 "의화론"에 관한 기본적 참고 문헌

Greshake, Gisbert, *Geschenkte Freiheit*. Einführung in die Gnadenlehre, Freiburg I. Br. u.a. ²1992.

Hilberath, Bernd Jochen / Panneberg, Wolfahrt (Hrsg.), *Zur Zukunft der Ökumene*. Die "Gemeinsame Erklärung" zur Rechtfertigungslehre, Regensburg 1999.

Klaiber, Walter, *Gerecht vor Gott.* Rechtfertigung in der Bibel und heute, Göttingen 2000.

Lüning, Peter u.a. (Hrsg.), *Zum Thema: "Gerechtfertigt durch Gott - die gemeinsame lutherische / katholische Erklärung",* Eine Lese- und Arbeitshilfe, Paderborn 1999.

Pesch, Otto Hermann / Peters, Albrecht, *Einführung in die Lehre von Gnade und Rechtfertigung,* Darmstadt ²1989.

5 | 말씀과 성사 - 친교를 일으켜 세우는 "수단"

　　그리스도인들은 우선적으로 성사(聖事)에 참여한다. 사람들은 어린이들에게 세례성사와 견진성사를 받도록 주선하며, 주일미사에 참석하도록 권유한다. 그리스도교 재단의 학교에서는 종교 수업을 통해, 성당에서는 신자 재교육을 통해 계속 하느님의 말씀을 알아듣도록 이끌고, 고해성사를 수시로 받도록 독려한다. 바람직한 혼인 생활을 위해서 신랑과 신부는 혼인성사를 받아야 한다. 병자성사와 성품성사는 해당하는 일부 그리스도인에게만 한정되며, 성품성사의 집전 또한 병원이나 주교좌 성당과 같이 한정된 곳에서 공개적으로 이루어진다. 물론 성사의 특권과 본질이 충분히 이해되지는 않을 것이다. 분명 어떤 시기에 다시금 상징적인 것이나 전례적인 것에 대한 관심이 고조되겠지만, 다음과 같은 의문은 완전히 해소되지 않을 것이다. 예컨대 과연 어떻게 하느님께서 당신의 구원을 중재하시는 행위가 그처럼 첫눈에 그저 피상적으로만 지각될 수 있는 세상의 표징들과 결합할 수 있을까? 또한 그러한 표징들이 오늘날 함께 살아가는 수많은 신앙인들에게, 나아가 비신앙인들에게도 혹시 그저 피상적으로만 포착된다고 하더라도, 특별히 구원의 공통된 의미를 전해 줄 수 있을까?

1. 성사론과 성사의 실천적 문제점

만일 사람들이 최소한 계몽 시대 이래로 시대의 징표로서 세속화에 대해 말한다면, 그로써 사람들은 우리가 사는 이 세상이 더 이상 하느님께서 머무르시는 세상이 아니라는 말로 이해하려 들 것이다. 초월의 흔적들은 이미 빛이 바랬고 묻혀 버렸다. 우리가 직접 만나는 것은 단지 인간의 흔적들뿐이다. 이 세상에서 벌어지는 것들은 모두 인간에게 소급될 뿐, 하느님께 소급되지 않는다. 사람들은 이 세상에서 앞서 벌어진 것들을 가리켜 "두 번째 혹은 부차적인 원인"(*causa secunda*)으로 이해했고, 그것을 사람들은 다시금 "제1원인"(*causa prima*)이신 하느님에게 소급시켜 생각했다. 하인츠 차른트(Heinz Zahrnt)는 이미 1970년에 이렇게 지적한 바 있다. "현대의 위기는 더 이상 우리에게 기도하라고 가르치지 않고, 계획을 세우라고 가르치는 데 있다. 성공률을 미리 산정해 낼 수 있는 자들이 지난 과거에 기도하며 매달리는 자들보다 훨씬 더 높이 평가받는 것으로 보인다. 농부에게는 비료를 뿌리는 일이 성수로 밭을 축성하는 일보다 더 나아 보인다. 신적인 예견 대신에 이성적인 계획이, 그리고 위로부터의 도움을 청하기보다는 재앙을 대비한 치밀한 대책이 마귀를 쫓아내는 구마 행위보다는 심리적인 치료를 더 선호한다."[1] 막스 베버(Max Weber, 1864-1920)는 인간의 능력이 점점 확장되는 것을 가리켜 "세상의 탈마법화"라고 칭했다. 만일 사람들이 이 세상에서 하느님의 "표징"을 더 이상 알아볼 수 없다면, 세상은 근본적으로 더 이상 하느님께 나아가는 길을 투명하게 비추지 못하는 셈

---

1. Heinz Zahrnt, *Gott kann nicht sterben*. Wider die falschen Alternativen in Theologie und Gesellschaft, München 1970, 34.

이기 때문에, 성사의 "표징 활용" 역시 더 이상 힘을 발휘하지 못할 것이다. 그렇게 성사의 표징들은 오히려 전례를 힘들게 만들고, 마치 마법적인 형식의 잔재들로 전락하고 말 것이다. 이 같은 고민으로 신학자들은 진지하게 다음과 같은 전환점을 모색하여, 유아 세례 대신에 차라리 유아 축복을 시행하자는 의견을 내기도 했다. 그래서 유아가 성인(成人)이 되거든 공개적으로 서원을 통해 신앙공동체의 구성원이 되는 것이 바람직하다는 의견도 있었다. 물론 이는 다른 신학자들에 의해 종교사적-철학적인 반론에 부딪혔으며, 성사에 대한 사상에는 순수하고 오래전부터 내려오는 하느님의 모습이 근본적으로 깃들어 있다는 신학자들의 반론에 대해 소명해야만 했다. 교황 베네딕토 16세는 좀 더 진지하게 고민해 보기를 제안했다. "인간의 하느님에 대한 이해를 위해, 그의 삶의 의미를 위해, 그의 영적인 길과 관련하여 과연 성사를 통해 뿌리는 몇 방울의 물이 무슨 역할을 한다고 보아야 할까?"[2] 설령 칸트가 그것을 가리켜 미신적인 착각에 불과하다고 지적하더라도, "순수 자연적인 것을 이용해 어떤 효과를, 우리에게는 신비스럽게 보이는 어떤 효과를, 곧 우리를 올바르게 이끄시는 하느님의 역량을 새길 수 있다는 것"[3]은 분명 아무 가치가 없어 보이지는 않는다.

라파엘 슐테(Raphael Schulte)가 성사와 관련된 그 모든 어려움들을 근본적으로 "'하느님 신앙의 위기'에 소급시키면서, 이것이 오늘날 우리 시대의 특징"이라고 말했다면, 아마도 제대로 본 것이다. 그는 계속해서 말하기를, "성사적인 삶은 인격적으로 만남을 이끄시는 하느님에 대

---

2. *Theologische Prinzipienlehre.* Bausteine zur Fundamentaltheologie, München 1982, 29.
3. *Die Religion innerhalb der Grenzen der bloßen Vernunft,* B 302.

해 어느 정도 충분히 깨어 있는 의식이 전제되지 않는다면, 더 이상 생생하고도 의외로 주어지는 의미를 따라 실현될 수 없다. 하느님에 의해서, 곧 인격적인 관계를 원하시는 하느님에 의해서 함께 마련된 공동체를 통해서만 이 세상에 구원 의지를 선보이시는 하느님은 그렇게 인간과의 개별적인 접촉을 따라서 경험되고 파악될 수 있다. 한편 또 그런 점에서 그런 만남에 대한 설명은 매우 신비스럽게 비쳐진다. 이러한 척도에서 하느님에 대한 의식이 결여된다면, 그 만큼 그리스도교의 성사적인 삶에 참여하는 일이 매우 곤란해질 것은 당연하다고 할 수 있다."[4]

게다가 그와 같으신 하느님께서는 오늘날에도 당신의 '초월성'을 따라 이해되어야 할 것이다. 사람들은 더 나아가 음성적인 영성주의 혹은 현대의 영지주의에 대해서도 이야기하기는 하지만, 실상 교회 안에서 그리고 이 세상에서 하느님의 역사하심을 알아듣고 받아들이는 일은 쉽지 않다. 그러나 거기서 일찍부터 요청된 성사적 삶의 의미와 근거가 고려될 수 있다. 세상을 초월해 계시는 하느님께서 어떻게 빵이나 물, 기름이나 포도주와 같은 사라져 버릴 물질과 일정한 형식이나 몸짓과 결합할 수 있을까?

물론 우리는 신학적인 전체 맥락을 따라서 이 문제를 생각해 보도록 해야 할 것이다. 그러므로 일찍이 이와 관련된 특별한 사항들과 신학적으로 제시된 몇몇 견해들을 재고하는 것도 유익할 것이다. 프로테스탄트 신학은 종교개혁 이후로 하느님의 구원 섭리를 물화(物化)하거나 인간의 손으로 처리할 수 있는 것으로 취급하는 것에 대해 못마땅하게 여겨왔다. 가톨릭 신학은 이를 필연적으로 혹은 당연시해 왔던 것

---

4. *MySal* 4/2, 55.

에 반해서 말이다. 프로테스탄트 신학의 그 같은 비판에 대해 가톨릭 신학은 물론 귀를 막거나 외면하지 않고, 특히 최근에 이르러 그 구조 형식을 바꿔, 예컨대 성사의 인격적인 측면을 강조함으로써, 성사를 이해할 수 있도록 제의함으로써 이에 응답하고자 한다. 우리도 이 점에 대해 다시 한 번 생각할 기회를 가질 것이다. 또 다른 어떤 신학자들은 종교 역사적인 차원에서 오늘날까지 깊이 영향을 미친 모습들을 면밀히 관찰함으로써 이미 수립된 성사신학의 기본적인 틀을 고수하고자 한다. 예컨대 고대의 본래적인 모습을 간직한 성사신학에 대해 설명하고자 한다. 한편 몰트만은 그리스도교의 종말론적인 기본 구조가 그로 인해 위험스러울 수 있다고 내다보기도 한다. 다시 말해 성사에 참여하는 자는 누구든 이미 완전하게 실현된 구원의 세계에 들어섰다고 믿는다. 그런데 우리가 현세에서 약속을 통해 나아가고 희망을 따라 살아가고 있을 뿐 아직 완성에는 이르지 못했다는 엄연한 사실이 오히려 그렇듯 구조 형식을 바꿔 설명하려고 함으로써 흐려질 위험이 있다는 것이다.

특별히 성사 집전자, 성사 수혜자, 성사의 은총이라는 세 가지 도식을 따라 성사와 관련하여 신학적으로 규정하기에 어려움을 갖는 부분에 대해 설명할 수 있다. 이는 일찍이 로타 리스(Lothar Lies)가 시도한 방식이다.[5]

① 성사 집전자와 관련하여 : 누가 과연 본래적으로 성사 집전자인가? 삼위일체의 하느님? 인간이 되신 하느님의 아들이신 성자? 교회? 사제? 인간 자신? 집전자는 하나인가? 아니면 여럿, 아니 모두인가? 그

---

5. *Sakramententheologie* Eine personale Sicht, Graz u.a. 1990, 24ff.

것도 다양한 차원에서 모두가 집전자인가? 만일 모두 다 집전자라고 한다면, 저마다 어떻게 제 역할을 수행할까? 예수 그리스도가 이 성사를 세웠다고 우리가 고백한다면, 그것으로 우리는 무엇을 생각하는가? 하나의 표징이 어떻게 동시에 하느님께 합당하고 인간에게도 합당할 수 있을까? 인간에게서 오는 표징은 무엇이고, 하느님에게서 오는 표징은 무엇인가? 또한 그 하나의 표징이 어떻게 다시금 하느님께 그리고 인간에게 나아가게끔 하는가?

② '성사 수혜자'와 관련하여 : 도대체 누가 성사를 받는가? 유아 아니면 부모? 예컨대 세례성사 안에서 유아가 세례를 받지만, 그의 신앙은 곧 그의 부모의 신앙이 대신한다고 한다. 성사를 한 공동체(가족)가 받는 것일까? 아니면 항상 개별적으로 받는 것일까? 예컨대 혼인성사 안에서는? 성사를 어떤 경우에 대신 혹은 대표로 받을 수 있는가? 하느님의 구원 섭리가 성사를 통해 주어진다고 한다면, 그것을 받아들인 인간은 어떻게 그것을 밖으로 실현시켜야 할까? 하느님께서 당신 자신을 말씀으로 드러내 보이신 것과 표징을 통해 드러내 보이신 것이 결과적으로 동등할까, 그렇지 않을까?

③ 성사의 '은총'과 관련하여 : 성사라는 선물을 보다 잘 이해할 수 있게끔 사람들은 이를 은총의 "그릇"으로 표현하며, 그 같은 근거를 "사효성"(事效性, opus operatum)에 관한 가르침에서 마련한다. 은총은 어떤 경우든 선사되는 것이요, 따라서 마치 준비된 그릇에만 담겨지는 것과도 같다. 그러나 이 같은 시각이 자못 성사론 안에 마술적인 측면을 불러들이는 것은 아닐까? 사람들은 하느님께서 (당신 자신이 아닌 어떤) "무언가"를 선사하신다고 말할 수 있을까? 혹은 성사는 단지 하느님께서 섭리하시는 구원 역사의 부수적인 동기로서 "도구"라고 해야 할까?

하지만 이 같은 설명은 성경 전반에 걸쳐 드러나는 하느님의 모습에 반대되는 것이 아닐까? 왜냐하면 하느님께서는 분명 규칙적으로 인간에게 중재되고, 그로써 직접 그분 자신과의 만남이 이루어진다고 성경은 가르치기 때문이다. 성사의 결정적인 요소는 (종교 개혁가들이 원했던 것처럼) "계약"일까? 그렇다면 성사에서 주어지는 선물은 본시 종말에 가서야 밝혀지는 것일까?

모든 것이 아직 완전하게 설명되지 않은 까닭에 계속적으로 성사와 관련된 신학적인 문제점들을 두고 고민해야 한다. 이에 대해 가장 먼저 주지해야 할 사항은 상기 문제점과 그 밖의 다른 문제점에 대해서 앞서 신학에서 답변을 위한 시도가 꾸준히 이어져왔다는 사실이다. 그야말로 지금의 성사론이 마련되기까지 그런 시도가 시대가 바뀔 때마다, 그래서 제2차 바티칸 공의회에 이르기까지 계속 이어졌다.

2. 20세기부터 제기된 성사 문제를 해소하려는 신학적 시도들

20세기 초에 출간된 대부분의 가톨릭 신학 사전들은 성사를, "인간의 내적인 치유가 단지 상징적으로 혹은 암시적으로만이 아니라 실제적으로도 효과를 발휘하는 엄연히 외적인 전례 의식"으로, 혹은 "치유의 효과적인 표징"으로 규정한다.[6] 나아가 이 사전들은 예수 그리스도가 직접 성사를 설정했다는 입장에 대해서도, 성사와 관련하여 교회의 간섭에 대해서도, 유효한 성사 집전의 경우에 대해서나 거부할 의무

---

6. *Wetzer und Welte's Kirchenlexikon*, Freiburg I. Br. ²1897, X, 1481.

에 대해서도 언급한다. 전반적으로 교회법적인 측면에서 언급하는 것이 대세였다. [한편] 프로테스탄트 신학자들은 가톨릭교회의 시각에서 성사를 "은총의 자동화 기기"(Gnadenmaschinen)와 같다고 한껏 과장해 비난하기도 했지만, 일부 올바르게 지적한 점도 있다. 예를 들어 성사는 개별적으로 또 특별하게 이루어지는 교회의 현상들이기 때문에, 이 세상에 대한 하느님의 구원 섭리라는 큰 맥락을 따라 함께 고려해야 하는 안목이 종종 가려질 수 있고, 성사와 관련된 인간학적인 의미가 간과될 수 있다고 지적했다. 성사는 "제도"로서 그리스도를 통해 설정되었고, 그 때문에 문화와 역사로부터 독립된다고 설명해 왔다. 성사의 현재적 의미에 대한 물음은 제기되지 않았다. 성사에 대한 신학적인 설명은 그 "원인성"에 한정되었다. 그래서 당시에 출간된 안내 책자들은 의도적인 원인, 분배된 원인, 물리적인 원인들에 대해 따지는 데 주력했다. 이러한 안목에서 성사의 수혜자 측에서 최소한의 전제 조건들이 무엇인지가 폭넓게 다루어졌다. 몇몇 교의신학자들은 비판의 눈길을 멈추지 않았으며, 누구보다도 바르트만(B. Bartmann)은 성사가 갖는 교회적인 특징을 보다 분명하게 해명할 수 있기를 요구했다.7

이러한 태도는 그 이후 20년대에 점차로 확고한 작업 패턴을 형성하게 되었고, 마침내 교회론 안에서 성사론이 재고되는 기회를 가져다 주었다. 미사 봉헌에 참여하는 신자들의 자세가 에우게네 마쥬(Eugène Masure)의 책에서는 근본적인 것으로 간주된다.8 미사에 적극적으로 참여하는 신자들의 자세는 그 후 계속해서 (1918년 이래로) 일데퐁 헤르베겐(Ildefon Herwegen), 오도 카셀(Odo Casel) 등 여러 사람들에 의해 강

---

7. *Lehrbuch der Dogmatik,* Freiburg I. Br. ²1911.
8. *Le sacrifice du chef,* Paris 1932.

조되었다.

이브 콩가르는 일반 사제직[=보편 사제직]에 대해 연구했다. 꾸준히 주춧돌로 간주되는 작품은 앙리 드 뤼박의 『가톨릭주의』(*Catholicisme*)다.9 뤼박은 교회의 표상을 하나 보여 주었는데, 그것은 인간학적-그리스도론적인 과정을 강하게 내포한 표상이다. 교회는 '그리스도 안에 자리하는 인간성'을 대변한다. 교회는 이 세상에 그리고 이 세상을 위해 역사적으로 외형을 갖춘 구원의 장소다. 교회는 그리스도가 자신의 완전한 모습을 취할 때까지 역사적으로 그 소임을 다해야 할 구원의 보루다. 인격적인 사고방식을 신학에 일반적으로 끌어들이는 일은 성사론을 다지는 작업에 의외로 기여하는 바가 크다. 그렇게 신학은 제2차 바티칸 공의회 직전까지 나름대로 사전 작업을 성실하게 수행했고, 마침내 이 공의회에서 성사는 하느님과 인간이 서로 인격적으로 만나는 자리로 규명되었다. 성사는 교회의 완전한 활동으로, 그리스도와 특별히 만나는 징소로, 인간학적인 무게감과 삶이 역사적으로 전개되는 신중함을 가시화하는 표징 활동으로 규명되었다.

제2차 바티칸 공의회는 결국 전례 헌장에서 보다 더 '통 큰' 성사론을 소개했다. 그것은 분명 구체적인 전례적인 사건에 대해 주목한 결과다. "능동적 참여"(*participatio actuosa*)는 성사를 실현하는 데 특별히 중요하다(*SC* 30). 신앙인은 그들이 실현해야 할 것을 인지할 수 있어야 한다. 그러므로 성사는 신앙의 표징으로 충분히 납득될 수 있어야 한다. 그 때문에 상기 공의회는 개별적인 성사 전례를 두루 쇄신하는 것도

---

9. *Catholicisme*. Les aspects sociaux du dogme, Paris 1938. H. U. Balthasar는 이 책을 독일어로 번역해서 소개했다. 그의 *Katholizismus als Gemeinschaft*, Einsiedeln / Köln 1943 (ND Einsiedeln 1970).

마다하지 않았다. 그렇게 해서 성사의 외형과 의미가 과거보다 훨씬 더 풍부하고 명확하게 드러날 수 있었다.

최소한 의심의 여지없이 중요한 점은 성사의 가치(위대함)를 드러내는 데에 근본적으로 일조하는 교회에로 되돌아가 생각하게 되었다는 점이다. 교회는 '포괄적인 구원의 성사'다(참고 *LG* 1; 48). 개별적인 성사들은 상징적인 모습을 통해서 교회의 가장 내밀한 본질을 스스로 완성시켜 나갈 수 있도록 해 준다. 곧 하느님의 백성이자 그리스도의 몸으로서 교회의 본질을 완성할 수 있도록 한다. 새롭게 단장한 전례 의식은 지역교회 혹은 개별교회 안에서 성사를 통해 구체적인 신앙공동체의 축제로 거듭나게 해 준다. 성사의 상징적인 성격은 개별적인 차원에서 격려하는 인간학적인 장점을, 즉 개개인을 위한 구원의 중재적 기능을 뛰어넘어 보다 더 풍요로운 체험을 제공함은 물론 구조적인 측면에서 구원의 기쁨을 사회학적인 차원으로까지 확장시켜 준다. 왜냐하면 그것이 구체적으로 살아가는 교회공동체가 직접 체험하고 또 선포하는 구원이기 때문이다.

3. 한 가지 일반화된 성사론 문제[10]

일찍이 사람들은 성사론을 다음의 두 가지 대별되는 문헌, 곧 "유(類)의 성사론"(*De sacramentis in genere*)과 "종(種)의 성사론"(*De sacramentis in specie*)에 의존해 소개해 왔다. 이 같은 소개는 많은 점에서 — 해석학

---

10. 이 단원은 칼 라너의 입장을 따른 것이다. 그의 Zur Theologie des Symbols, in: *Schriften* IV, 313-355.

적, 교의사적, 신학사적으로 ― 문제점을 불러일으켰다. 그래서 사람들은 일찌감치 프로테스탄트 신학계의 시각에서 이제 그와 결부된 여러 가지 관련성을 고려하여 성사를 살피기에 이르렀고, 따라서 일련의 일반적인 의미의 성사 개념에 소급하는 일은 아예 삼가게 되었다.

그렇듯 모든 성사들을 일률적으로 동일한 것으로 취급하는 일은 문제가 많아 보였다. 가톨릭교회 측은 구조적으로 생각하는 법도 알고 있었다. 그래서 "더 중대한 성사들"(*sacramenta majora*)이란 개념도 마련했다. 본시 그리스도교가 시작될 무렵부터 교회 안에서 펼쳐지는 다양한 구원 활동은 그렇게 "성사" 개념으로 표현되어 왔다. 가톨릭교회에서는 일반적 성사론을 전개할 때 교회 자체를 성사로 생각하는 태도가 새롭게 추가되었다.[11]

신약성경은 세례와 성만찬을 하나의 예식으로 엮어서 말하는 개념에 대해 알지 못했다. 그러나 일찍이 비-성경적인 원천에서 얻어낸 성사 개념으로부터 개별적인 성사의 본질을 연역해 내는 작업은 허용되지 않는 일반화의 오류에 빠질 위험을 안고 있다. 또한 그로써 하나의 일반적 성사 개념을 정의할 때 교회의 행위를 구원 효과의 관점에서 과대평가할 위험이 잠재되어 있다. 루터 자신은 하나의 일반적 성사 개념과 완전히 결별한다고 선언했다. 곧 루터에게 "신비로운 것"은 언제든 "신성한 사물의 표지"(*signum rei sacrae*)가 아니라, "신성한 사물"(*res sacra*) 자체가 곧 예수 그리스도 자신이었다.

---

11. D. Sattler는 이에 반대하는 목소리를 종합하여 소개했다. 그의 논문, in: K. Lehmann / W. Pannenberg (Hrsg.): *Lehrverurteilungen - kirchentrennend?* III, Materialien zur Lehre von den Sakramenten und vom kirchlichen Amt (Dialog der Kirchen 6), Freiburg I. Br. u.a. 1990, 15-32 참조.

4. 성사의 인간학적 기초

성사의 범주를 고려할 경우, 가장 넓은 의미에서, 인간과 함께하시는 하느님의 역사(歷史) 자체는 역사적으로 파악될 수 있는 만남, 사건과 행위들을 남겨놓는다는 생각이 자연히 뒤따른다. 하느님의 초월성은 역사의 내재성을 통해 투명하게 드러날 것이다. 역사는 하느님의 현현(Epiphanie)이 일어나는 장소일 뿐만 아니라 하느님께서 당신 자신을 생생하게 전해 주시는 자리이기도 하기에, 하느님은 인간에게 기꺼이 역사 안에 당신 자신을 체험할 수 있도록 내어 주신다. 그로부터 신학은 그리스도 자신이 바로 이 세상에 당신 자신을 드러내시려는 하느님의 성사로 불리는 것에 대해 납득하게 된다. 이는 이미 어느 정도 삼위일체의 하느님에게도 적용될 수 있다. 로고스는 하느님 아버지의 모상이요, 그분의 자기언표다. 로고스는 성부의 상징이요, 이 세상에서 목격하는 하느님의 상징 혹은 성사다. 교회는 시공간 안에서 재차 로고스의 현주소가 된다. 그리스도가 원(原)-성사라면, 교회는 근본-성사 혹은 첫 번째 성사인 셈이다. 그러므로 7성사들은 각 성사를 통해 교회의 상징 실재를 구체적으로 드러내고 생생한 삶의 현장에다 심어 놓는다. 그렇게 인간의 창조 상태가 마침내 완전함에 이를 수 있으며, 인간은 이미 자신이 창조된 순간부터 확실한 방식으로 하느님의 모상임을 알 수 있다. 이와 같은 복잡한 관계는 아래에서 엿볼 수 있다.

1) 인간의 인식과 소통의 기본적 요소들

인간의 체험과 의사소통을 위한 근본적인 방법은 '보는 것'와 '듣는 것'이다. 또 다른 감각 기관들, 예컨대 촉각 등은 통상적으로 '보는 것과 '듣는 것'의 범주 내에서 전인적인 혹은 통합적인 경험에 기여한다. 물론 보고 듣는 이중적 방법을 따라서 동료 인간 및 세상을 우리 안에 마치 두 개의 관문을 따라 수용하는 것처럼 보일 수 있다. 우리는 단지 감각 기관들을 소유하는 것만이 아니라 우리 자신이 곧 감성적 존재다. 감각적인 경험들을 토대로만이, 그리고 오로지 그런 경험들을 통해서만이 우리는 세상을 수용하게 된다. 우리의 감각 기관을 거쳐서 우리는 이 세상의 사물들을 인식하고 인지하면서 우리 안에 받아들인다. '지각하고-인식하면서'라는 말은 그렇게 서양의 주요 철학적 전통이 전하는 바와 같이, 우리가 우리 자신이 되는 것을 의미한다. 그래서 일찍이 토마스 아퀴나스는 '보고 들음'을 "*Reditio in seipsum*"[=자기 자신으로 되돌아옴]의 행위라고 말했다. 이는 분명 현존재의 존재론적인 관점이었지만, 유감스럽게도 데카르트에게서 기능적인 관점으로 탈바꿈했다. "Je pense donc de je suis"(=나는 생각한다, 고로 존재한다[*cogito ergo sum*])의 형식으로 뒤바뀐 것이다. 생활 세계 및 생활 환경을 그렇게 인지하는 주체는 이 과정 중에 비로소 본래적으로 자신의 존재가 구성됨으로써 ― 나는 "생각한다"는 확신에 기초하여 ― 다음과 같은 결론에 도달한다. 곧 인식 행위 자체와 더불어 그리고 인식 행위를 통해서 나의 '자아'가 바로 서게 된다는 것이다. 만일 내가 이 세상의 사물들을 인식한다면, 나는 그것들을 물론 나의 존재를 구성하는 의미로 알아보게 될 것이다. 만일 내가 그것들의 화학적 혹은 물리적인 복합적 성분을 알려고 한다면, 그것들을 아직 알아보지 못하는 것일 테지만, 만일 그것들이 인간으로 살아가는 나(존재)에게 가져다주는 의미에 대해서 물어나간다면, 비로소 그것들을 알아보게 될 것이다. 사물들은 그것들 자체를 드러내는 일련의 암시와 단서로서 우리에게 다가온다. "세상의 사물들은 인간을 위한 그림이자 표징이다. 인간이 자신의 입장에서 지각하고 또 마음에 새기는 그런 그림이며 표징들이다. 이런 점에서 사물들은 모두 상징들이다."[12]

여기서 적용하고자 하는 일반적 상징 개념은 옛 그리스어의 의미로부터 유래한다. 곧 식별 표지로서 일종의 내면적인 의무, 계약, 만남과 공동체성을 보장하는 수단으로 이해될 수 있다. 우정, 상거래(商去來), 사회적 계약 등에 관련된 이들이 그 충실성을 드러내는 작은 조각이나 '증표' 등을 나중에 서로 확인할 수 있도록 쪼개어 나누어 갖는 것이다. 그렇게 사람들은 비록 그런 방식에 문제가 없었던 것은 아닐지라도, 서로가 서로를 확인할 뿐만 아니라 당사자가 아닌, 단지 그것을 지닌 심부름꾼을 통해서도 서로를 신뢰하거나 지켜야 할 의무를 다할 수 있었다. 그리스도인들의 신앙고백도 그와 같은 "상징"으로 기억되었다. 인간학적으로 상징 개념은 두 가지 구성 요소의 결합, 예컨대 하나의 요소(상징하는 것)가 다른 하나의 요소(상징되는 것)를 암시하거나 지시하는 것으로 풀이된다. 이는 간단히 두 요소의 동등한 가치로도 형성되지만, 아예 임의로 선정한 작은 물건(조각 증표)의 가치와는 비교가 되지 않는 특별함을 지시하기도 한다. 눈으로 볼 수 있는 '빵' 조각은 인간의 양식 혹은 삶의 필수품을 시사하는 실재 상징이 된다. 사람들이 행하는 식사는 또 다른 의미의 상징이 될 수 있다. 이는, 예컨대 공동체성을 보여주는 상징, 그래서 친교의 기회 혹은 동일한 역사 속에 살아가는 운명공동체를 가리키는 상징이 될 수 있다.

---

12. W. Kasper, Wort und Symbol im sakramentalen Leben; eine anthropologische Begründung, in: W. Heinen(Hrsg.), *Bild - Wort - Symbol in der Theologie*, Würzburg 1969, 157-175 (인용은 160).

우리는 이 모든 사실들을 보다 더 정확하게 파악해야만 한다. 엄밀히 말해서 상징은 실재(혹은 지시하는 것의 본질)가 아니다. 상징들로써 단지 그 유대를 기억하게 만드는 것만이 아니라, 오히려 당사자들이 거기에 새겨 넣은 의미를 실존적으로 반추하고 또 확정적으로 진작시키는 것이 훨씬 더 중요하다. 상징들은 "사이"(zwischen)에 있을 뿐, "어느 한쪽에 기울어"(von etwas her) 있지 않다. 상징들은 상호 관련성 혹은 공동체성을 머금고 있다. 그래서 도대체 현존재가 그를 통해 구성된다. 상징들은 관계성(Relationalität)을 중재한다. 이때 관계성은 지향성(Intentionalität)을 함의하며 서로를 연결시키며, 그렇게 상징들은 서로의 일치를 유도한다.

이 같은 사실은 아주 특별히 인간의 몸을 가리키는 원-상징 혹은 근본 상징(Grundsymbol)에서 분명하게 이해될 것이다. 인간의 몸은 이 세상의 일부이지만, 우리가 의식하는 것보다 더 밀접하고 내적인 방식으로 인간의 세계를 구축한다. 인간 자신이 존재한다는 점에서 인간의 세계가 가능하다. "인간의 몸은 인간이 바로 그 몸 자체로 간주되는, 혹은 인간이 이 세상에 다가서게끔 해 주는 그런 의미의 '사이' 외에 다른 것이 아니다. 그래서 그 '사이'를 통해 이 세상은 인간 곁에 온통 그리고 철저하게 존재하게 되며, 인간에게 영향을 미치고 인간에게 한계를 제공하며 인간을 위협하기까지 한다. 몸을 통해서 세상과 인간들은 유일회적이면서도 가장 우월한 방식으로 서로에게 서로를 알린다. 몸은 그런 점에서 인간과 세상의 원-상징이다."[13]

육체성은 결코 통계적으로 거론되는 어떤 것이 아니라 시간의 흐

---

13. *Ibid.*, 162.

름을 따라 동료 인간들과의 소통을 중재하는 무엇이라는 점에서 역사성(Geschichtlichkeit)을 함의한다. 우리는 개별적인 계기들, 상황들과 일련의 연속적인 단계들을 하나하나 밟으면서 살아간다. 몸은 (단지 정보를 수집해 가는 것만이 아니라) 항상 실현되어 가는 상징이다. 그런 몸 안에서 인격이 구현된다. 몸은 나를 위해, 나의 자아실현을 위해 나의 행위와 사고가 구체적으로 드러나는 상징이다.

칼 라너는 자신의 초기 철학적 연구서 『세상 안의 정신』(*Geist in Welt*)[14]에서 인간의 현존재 분석을 토마스 아퀴나스와 연계시켜 생각해 보려고 시도했다. 토마스에 의하면 인간 정신은 오직 육체를 통해서 완성시킬 수 있다. 다시 말해 감각적인 지각을 수단 삼아 정신을 완성시킨다는 것이다. 인간은 그런 점에서 "세상 안의 정신"인 셈이다. 인간은 결코 이분법적(혹은 이원론적)으로 해석되어서는 안 된다. 인간 안에는 오직 하나의 실현 원칙만이, 인간 정신(*"anima est unica forma corporis.* = 영혼은 육체의 유일한 형상이다.")만이 존재한다. 이 인간 정신은 가능태인 물질을 통해, 곧 인간의 감각적 능력으로 자신(인간의 삶)을 완성시킨다. 그렇게 해서 하나의 온전한 인간이 구성된다.

라너는 "세상 안의 정신"으로서의 인간이 자신의 생물학적인 자료들을 통찰함으로써 자신이 이미 보다 더 큰 어떤 체제 안에 질서 지어져 있는 존재임을 깨닫는다는 사실을 입증해 보였다. 그래서 많은 이들이 그 뒤를 따랐다. 인간은 자신을 초월해 포괄적인 전체로 나아가며, 그렇듯 자기실현 과정을 통해 저 전체를 인식하는 존재다. "'육체적 연계성 안에서 그리고 오직 그런 모습으로 자기 자신을 실현하는 인간의

---

14. München 1964.

정신적 특성 및 반성적 특성은 또한 … 생물학적인 교차점을 확장시켜 준다. 그래서 그 같은 인간의 특성은 아주 특별한 경험들을 할 수 있도록 하지만, 다른 한편 바로 그로 인해 하느님을 향한 투명성(透明性)과도 마주하게 해 준다.' 이 같은 상황에서 의식적인 행동은 동시에 전체를 향한 행동, 원천을 향한 행동, 궁극 목적을 향한 행동으로 이어진다. … '인간 존재의 특이한 방식은 정신적이고 자유를 구가하며 초월적으로 나아가는 자기실현을 육체성, 역사성, 동료 인간과의 유대를 통해서 완수할 수 있도록 해 주는데, 이것이 성사 개념을 가지고 생각했던 바로 그것의 가장 본래적인 기반이다.'"[15] 형상적인 면은 일종의 내면적인 것을 뜻하지만, 내면적인 것은 바로 그것의 외적인 것을 통해 자신을 실현한다. 거기에 내용적인 측면이 덧붙는다. 그렇게 이해된 인간 실존은 하느님 체험의 장소가 된다. "우리는 우리의 삶의 원천과 존속을 우리 자신으로부터 자아낼 수 없고, 보다 더 포괄적이며 근간으로 작용하면서 그것을 선사하는 하나의 온전한 존재로부터 수용한다. 인간이 자신의 삶을 실현해 나가는 외적인 모습에는 단지 그의 영혼이나 정신적 특성과 같은 내면적인 것만이 아니라 저 절대적인 근거의 내적인 힘도 함께 관여한다. 절대적인 근거의 내적인 힘에 대해 물론 우리는 감사하고 또 그리워함이 마땅하다."[16] 그래서 우리가 거기에 덧붙여 말할 수 있다면, 절대적인 근거는 우리와 함께 친교를 이루려 하며 우리 또한 그 근거와 더불어 친교를 이루려 한다는 것이다. 이는 달리 말해, 절대적인 근거는 "첫 번째 진리"(*Veritas prima*)요, "선하고 참되고 아름다운

---

15. Th. Schneider, *Zeichen der Nähe Gottes*. Grundriß der Sakramententheologie, Mainz [7]1998, 28.
16. *Ibid.*, 29.

것 자체"(*ipsum bonum, verum et pulchrum*)이기에, 사람들에게 하느님과의 친교를 이루게 하려는 노력을 헛되게 하지 않는다.

2) 말의 의미

지금까지 인간의 실존적 처지에 대해 아주 추상적인 방식으로 언급해 왔다. 물론 추상적인 상황이란 존재하지 않는다. 그것은 항상 어느 일정한 전승적 맥락이나 해석적 맥락을 통해 제 모습을 드러내는 까닭에, 일정한 언어적 중재 및 해석과 결부된다. 언어를 통해 규정하는 일은 인간의 전체 상황 가운데 그 일부에 속한다. 말은 어느 일정한 상황을 밝혀 주며, 밝혀 준다는 것은 곧 해석한다는 것을 뜻한다. 언어는 모든 기능을 통해 의미를 밝혀 주려 할 것이다. 뷜러(K. Bühler)는 자신의 유명한 저서 『언어 이론』(*Sprachtheorie*)에서 언어의 세 가지 기능에 대해 소개했다.[17] 언어는 하나의 사태 혹은 하나의 실재를 제공하며, 이를 정보적(informativ) 기능이라고 한다. 언어는 또한 말 건넴을 통해 타자에게 마음을 쓰는 수단이 되며, 이를 친화적(allokutiv) 기능이라고 한다. 마지막으로 언어는 화자의 내면을 겉으로 드러나게끔 해 주며, 이를 표현적(expressiv) 기능이라고 한다.

그와 유사한 결정이 성사신학을 위해서 그리고 앞서 소개한 언어적인 측면에서 중요하다. 그것은 결과적으로 오스틴(J. L. Austin, 1911-1960)의 언어 이론에서 유래한다.[18] 그는 "논리적 실증주의"에 반대해

---

17. *Sprachtheorie*, Jena 1934.
18. *How to do things with words*, Oxford 1955 (dt.: Zur Theorie der Sprechakte, Stuttgart ²1998). 오스틴에 대해서는 M. H. Wörner, *Performative und sprachliches Handeln*. Ein Beitrag zu J. L. Austins Theorie der Sprechakte, Hamburg 1978(Lit.) 참조 바람.

모든 발설된 문장들이 결코 하나같이 "사실을 기록한 명제들"이 아니거니와 "정보"도 아니다. 예컨대 판에 박힌 문장들로서 감사장의 글귀, 축하 메시지, 결정문 혹은 비판문 등이 있다. 거기서는 정보나 사실의 진술이 관건이 아니라 일련의 벌어짐, 곧 사건과 구체적인 활동이 관건으로 "실행적" 문장들이 중요하다. 명시적인 실행을 선보인 문장은 하나의 행위와도 같다. 예컨대 거기에 활용된 동사 자체로부터 의도된 바가 이해된다(예컨대 "너를 용서해 줄게!"와 같은 경우). "말을 건네는" 행위 자체가, 곧 그 말이 지시하는 행위가 활용된다. 사정에 따라서는 간단한 "말 건넴"으로도 당장 효과가 발휘될 수 있다. 그러나 이는 서로 언어적 소통이 원활할 때 효과적이다. 예를 들어, "너를 용서해 줄게!" 하고 말하는 대신에 "지난 금요일에 했던 너의 말을 나는 잊었어!" 하고 말하는 경우다. "말 건넴"의 언어적 기능을 통해 나는 하나의 사건을, 그러니까 그런 언어적 기능을 통해, 그리고 그와 더불어 일어나게 될 사건(여기서는 '용서')을 실현한다. 그 다음에 아마도 말을 건네지 않는 행위가 있을 수 있다. 만일 그 효과만 청자(聽者)에게 이루어진다면, 다시 말해 비록 직접 말을 건네지 않더라도 청자가 그 효과만은 알아들은 것처럼 행동한다면, 이는 "말을 건너뛴" 행위가 펼쳐졌다고 말할 수 있다. 이 세 가지 행위는 세 가지가 서로 다른 처신이 아니라 한 가지 동일한 목적을 수행하는 세 가지 방식(착안점)이다. 성사 집전 중에는 일종의 '명시적 실행을 지시하는 말'(explizit performative Illokution), 곧 "나는 너에게 세례를 준다." 혹은 "이는 나의 몸이다. 너희는 모두 이것을 받아먹어라!" 혹은 "그러므로 내가 너에게 말하니 …" 등이 고지된다. 개개인은 명시적 실행을 지시하는 언어의 규칙을 통해 성사에 다가갈 수 있지만, 거기에 한정되지 않고 직접 말을 건네는 행위로부터 원칙적으로 말을 건너뛰는 상태로 도약할 수 있다.

3) 창조론의 관점

성사의 실현은 분명 "세상의" 능력에서 "비롯되는" 것은 아니지만, 세상 '안에서' 그리고 창조된 것들을 도구삼아 완성된다. 그 때문에 신학적으로 성사와 관련하여 창조의 의미를 묻는 것은 필요하다. 이때 성경을 통해서 우리는 하느님의 구원 섭리의 기본 과정을 확인할 수 있다. 하느님의 구원 활동과 역사하심은 항상 '말을 건네시는 행위', 곧 "말씀"으로 파악된다. 하느님의 말씀은 그와 동시에 항상 "실현 능력"을 보여 준다. 히브리어 다바르(dabar)의 활용은 익히 잘 알려져 있다. 그것은 말씀과 행동을 동시에, 곧 말씀과 사건이 발설한 자의 입을 떼는 순간 동시에 이루어짐을 뜻한다. 모든 창조된 것은 하느님의 말씀에 의한 결과다. 혹은 하느님이 손수 "건네시는 말씀"이다. 그렇듯 창조물은 하느님에 의해서 실현된 것이다. 이는 또한 당장 창조된 것의 결정적인 요소를 이룬다. 그것은 창조된 것들이 전혀 다른 어떤 것에 의해 존재함을 일컫는다.

그렇게 창조된 각각의 것은 그리고 창조 전체는 실현 능력을 겸비한 하느님의 말씀을 통해서 이루어졌으며, 그분의 말씀에 의해서 존재를 얻게 되었다. 그렇게 온갖 사물들은 하느님에게서 비롯된 것으로 계시된다. 그러나 그것들은 하느님에 의해서 생겨난 것으로 존재하기 때문에, 그와 더불어 그것들은 그 자체로 현재 존재하는 것 '그 이상'을 말해 준다. 그것들은 창조된 것으로서 이른바 자연적인 필연성에 근거해 존재하는 것이 아니기 때문에, 그들의 존재 원천인 하느님을 입증하는 셈이다. 창조를 위해 기꺼이 그리고 애정을 발휘하고, 바로 그 때문에 인격적인 관계를 동반한 하느님의 실재성을 드러내 준다. 그렇게 사물들의 존재는 저마다 자신을 통해 계속적으로 하느님의 어떤 권능을 열어 보인다. 창조는 그렇게 직접 드러나고 펼쳐진 하느님의 실재적 "권능"을 대변한다. 창조는 물론 계속되는 하느님의 구원 활동을 위해 그 권능이 발휘되는 현장이기도 하다. 더 나아가 인격을 갖춘 피조물(인간)은 단지 하느님을 통해 존재 의미가 수동적으로 주어진 것만이 아니라 스스로 존재 의미에 능동적으로 기여할 수 있다. 다시 말해 "인격체로서 인간 존재에게는 또 다른 능력이 부여되었다. 예컨대 피조물들에게 주어진 수동적인 잠재력을 인간적인 특별한 의미로 적극 새겨 들을 수 있는 능력이 부여되었다."[19]는 것이다. 이때 비록 인간은 하느님 곁에 계속 머무름으로써 상대적으로 그런 창의적 역량을 발휘할 수 있다고 하더라도, 이미 창조신학적인 관점에서는 모든 이에게 '의미를 새기거나 삶을 새롭게 변화시키거나 인격적으로 책임 있는 인간 공동체(가족, 사회, 국가 등)를 건실할 수 있는' 특별한 잠재력과 고유한 능력이 갖춰져 있다고 말할 수 있다. 물론 그 같은 고유한 능력의 발휘는 인격적인 완성을 지향하는 성사들 안에서 전개되는 그 모든 행위와 관련이 깊다.

4) 인륜지대사와 관련된 성사

매번 기회가 될 때마다 성사들은 인륜지대사의 요약으로 이해할 수 있도록 이루어졌다.[20] 여러 종교들 안에서도 항상 반복해 의식(儀式)

---

19. R. Schulte, in: *MySal* 4/2, 121.
20. 인간의 중대사와 성사들의 연관성을 고려할 때 사회학자 A. van Gennep의 작품 *"rites de passage"*[=통과 의례]를 참조해도 좋을 것이다. 그 독일어 번역본 *Übergangsriten*, Frankfurt a.M. 1999.

을 치를 때, 인생에 주된 순간 혹은 굵직한 매듭을 의미하는 어떤 동기가 존재한다. 이는 바로 그 순간 절대자와의 관계를 확인하거나 절대자를 기억하며 자신을 가다듬게 하려는 것이다. 예컨대 탄생, 죽음, 혼인 혹은 특별한 기념일 등이 그렇다. 앞서 지나간 것들은 인간에게 어떤 효력을 발휘한다. 물론 개인이 스스로 청하거나 규정함으로써 습득할 수 있는 효력이 아니다. 이에 대해서 여기서 더는 설명할 수 없지만, 우리의 중요한 결정이 그로부터 이루어지는 만큼, 그것은 우리의 삶 전체를 통할한다. "탄생과 죽음에 대한 체험은 우리로 하여금 문득 우리가 어디서 와서 또 어디로 가는지 의문을 갖게끔 한다. 나아가 이성(異性)에 대한 신기한 관심, 새로운 생명의 출산, 지속적인 양분 섭취의 필연성 등은 우리로 하여금 우리가 어떻게 자발적으로 그리고 자기실현을 위해 필요한 것이 무엇인지 고민하도록 이끈다. 계속 살아가기 위해 반드시 필요한 것은 무엇이고, 또 그렇게 여긴 것을 얼마나 오랫동안 붙들 수 있을지 고민하게 한다."[21] 교황 베네딕토 16세는, 그렇듯 슈나이더(Schneider)가 교황의 견해에 동의하는 것처럼, 인간 정신의 특성에 관해 실상 좀 더 많이 다루고 싶어 했다. 그래서 인간에 대한 생물학적인 기본 자료들을 종합하고 그것을 뛰어넘어 보다 더 폭넓은 인간학적인 토대 위에서 그리스도인의 성사적 실존을 확고하게 규명하고 싶어 했다.

이미 토마스 아퀴나스는 자연과 은총("은총은 자연 본성을 고양시킨다."[*gratia supponit naturam.*]) 혹은 완전해질 수 있는 것과 완전한 것 사이의 조화에 관한 관점을 기초로 인륜지대사(人倫之大事)로 손꼽히는 일

---

21. Schneider, *Zeichen der Nähe Gottes*, 27.

곱 가지 큰일을 직접 7성사와 연결시켜 설명했다. 곧 그것은 ① 인생의 시작으로서의 탄생 → 그리스도인의 새로운 삶으로서의 '세례', ② 인생에 있어서의 성숙한 단계(成人式) → 성숙한 신앙인의 단계로서의 '견진', ③ 이 세상에서의 양식 → 하느님의 나라에서 누릴 영생을 위한 '성체', ④ 육체적 건강을 회복하는 일 → 영적 건강의 회복으로서의 '고해', ⑤ 보살핌을 통한 병의 치료 → 그리스도의 성체와 축복, 안수를 통한 치유로서의 '병자 도유', ⑥ 인간 공동체 내 지도자의 필요성 → 교회 내 신앙공동체 안에 주어지는 교도직, ⑦ 인류의 종족 번식 → 하느님 백성의 확장으로서 혼인의 의미에서이다. 또한 토마스는 인간의 미덕을 성사와 연결시키는 시도에 대해 전해 준다. "일부 어떤 이들은 교회 성사의 숫자를 우리에게 필요한 미덕들의 숫자로, 혹은 우리에게 주요 해악과 죄로 셈해지는 숫자와 견주어 설명하기도 한다. 그들은 또한 신앙이란 미덕에 … 세례성사를, 희망이란 미덕에 … 병자성사를, 사랑이란 미덕에 … 성체성사를, 지혜라는 미덕에 … 성품성사를, 정의라는 미덕에 … 고해성사를, 절제라는 미덕에 … 혼인성사를, 용기라는 미덕에 … 견진성사를 비교해 말하기도 한다."[22]

이 같은 시도는 현대 신학에서도 이루어지고 있다. "일곱 가지 인간사의 주된 사건은 그렇게 여러 시기들(καιροί)로 풀이되며, 그때마다 하느님께서 친히 그리스도를 통해 어떤 모습으로 드러내시는 구원의 계기들로 이해될 수 있다. 물론 그런 시기들은 우리가 이 지상에서 살아가면서 채워야 할 것들이기도 하다. 그렇듯 성사들은 구원 사태의 가시적인 표징으로서 하느님께서 친히 모든 인간이 저마다 인생을 완

---

22. *S. th.* III q.65, a.1.

성할 수 있게끔 개별적으로 배려하시는 그런 특별한 기회로 이해될 수 있다."[23]

칼 라너는 물론 좀 더 교회론적인 차원에서 유사한 논증을 펼친다. 로타 리스(Lothar Lies)도 마찬가지다. 이 같은 시도들에서도 물론 7이란 숫자가 명쾌하게 입증될 수는 없다(이에 대해서는 성사론의 역사적 발전 과정도 참조할 필요가 있다). 그러나 분명한 사실은 인간의 삶이 이처럼 뚜렷한 몇 가지 인생의 구심점과 연결고리를 갖고 있다고 하겠지만, 모든 경우에, 그러니까 모든 이들에게 결코 동일한 무게로 각 사건(구심점)이 받아들여지지 않는다는 것이다. 저마다 이르고 늦은 어린 시절, 청춘 시기, 학창 시절, 직업 양성 기간, 병치레, 크고 작은 갈등들, 갱년기, 임종에 이르기까지 십인십색이다. 교회의 성사도 각자 다르게 받아들여질 수 있다. 다시 말해 같은 성사의 한결같은 은총이 저마다 마음에 새기는 고유한 목표와 의미의 크기 및 정도에 따라 다르게 비춰질 수 있다.

여기서도 말씀의 기능에 대해 한 번쯤 소급해 재고할 필요가 있다. 성사는 인간의 원(原)-상황과 직결된다. 말씀은 이제 그런 상황을 구체적인 인간의 구원-상황으로, 개별적으로 알맞은 구원-규정으로 돌려놓는다.

5) "성사"의 잠정적 규정

트리엔트 공의회는 성사가 표지로 드러나는 은총을 내포한다고 선언한다(*DZ* 1606). 그러므로 성사가 "상징"으로 일컬어진다 하더라도, 그

---

23. E, Schillebeeckx, *Christus-Sakrament der Gottesbegegnung* Mainz [2]1965, 182.

것은 성사가 오래전 일부 종교 개혁가들이 이해했던 식으로 일종의 "순수" 상징이 아님을 단적으로 말해 준다. 그들 종교 개혁가들은 성사를 가리켜 하느님의 구원 섭리를 고스란히 대변하는 외적 표지로 이해했다.

칼 라너와 스킬레벡스의 상징 이론적인 숙고는, 상징이 성사의 근본 의미를 추적할 수 있게끔 해 주는 표지요, 곧 이 세상의 존재자가 참된 실재를 찾아가도록 돕는 표지라는 점을 분명하게 보여 주었다. 달리 말해, 존재자 자체는 자신의 존재 의미와 관련하여 붙잡을 수 있는 표현 형식을 애써 찾는다. 그것만이 그에게는 실재적인 것이다. 만일 존재자가 자신의 존재 의미와 관련하여 최소한 원칙적으로라도 도달 가능한 차원의 실재가 아니라면, 그것은 우리에게 있으나마나다. 전적으로 언어적 차원에서 상징은 상징하려는 그 무엇을 고지하는 의미를 갖는다. 상징과 성사가 서로 호환되기 때문에, 그 밖에 "상징"이란 표지가 성사에 새롭게 추가할 만한 은총 실재를 전혀 갖지 않는다.

인간은 자기 인생이란 원-상징 안에서 비로소 "실재적"이다. 하느님 편에서 선처하시는 "친교"의 제안은 만일 그 '친교'가 상징적으로 잘 드러날 수 있다면, 바로 그때에만 인간에게 도달할 수 있다. 그런 경우에 한해서만 이 같은 제안은 "세상 내에서 실재적인" 것일 수 있다.

그렇게 사람들은 예수 그리스도가 자신의 인간화를 통해 전체 인간들을 위한 하느님의 은총의 원-상징으로 나타났다고 이해할 수 있다. 왜냐하면 그와 같은 안배는 그것이 감각적으로 붙잡을 수 있는 표지를 통해 자신을 드러내 보이는 한에서 능히 "실재적"인 것이 되었기 때문이다. 하느님의 은총과 자비는 교회 안에서 변함없이 언제든 유효한 표현을 찾아내어 자체를 드러낸다. 그것은 상징-실재성 자체로서 이 세상에다 하느님의 로고스가 갖는 상징 기능을 발휘한다. 근본 성사인 교회의 다양한 방식들로서 개별 성사들은 그러한 상징-실재성에 참여한다. 개별 성사들은 하느님의 기본적인 계명을 각 개인의 삶 안에서 구체적으로 선보이고 또 현실화하도록 이끈다. 이때 하느님 역시 그 성사와 더불어 상징적인 표현을 통해 당신 자신을 드러내 보이실 경우에만 비로소 실재적으로 비쳐질 것이다. 성사는 그러므로 하느님께서 인간에게 행하시는 총체적 행위로서, 그런 한에서 그 총체적 행위가 인간의 시공간적인 역사성 안에 자신을 육화하면서 그와 동시에 이 역사적 인간 곁에서 효과를 발휘할 것이다.

5. 성경의 증언

1) 그리스도를 통한 성사의 "제정" : 문제점

트리엔트 공의회는 이렇게 밝힌다. 모든 성사는 그리스도에 의해서 제정되었다. 그래서 세례, 견진, 성체, 고해, 병자, 성품 및 혼인성사, 이 일곱 가지 외에 더도 덜도 존재하지 않는다. 이들이 본래적인 의미에서 교회의 모든 성사다(*DZ* 1601). 여기서 우리를 흥미롭게 하는 것은 그리스도를 통한 성사의 제정 문제다.

트리엔트 공의회는 이 제정에 관해 그 이상 상세한 설명은 하지 않았다. 그래서 기회가 있을 때마다 이 공의회가 어쩌면 그리스도론적으로 "고양되신 분"을 통해 성사 제정에 대한 의문을 해결하려고 했지, 결코 사료적 예수의 입장에서 해결하려고 하지 않았기 때문에, "그리스도"에 대해 언급했을 뿐 "예수"에 대해서는 언급하지 않았을지도 모른다는 추측이 고개를 들었다. 그러나 이 같은 문제의식을 아마도 트리엔트 공의회에 적용시킬 수는 없다고 본다.

물론 교회의 전통 안에는 그때마다 새롭게 일련의 사료적인 차원에서 입증을 시도하는 이론적인 추정이, 특히 중세의 여러 신학자들에게서나 19-20세기의 신-스콜라주의적인 호교론 안에서 (부분적으로는 의식적으로 모더니즘 사상에 반대해) 생겨났다.

모더니즘 사상이 지지하는 입장은 다음과 같이 요약될 수 있다. 성사의 원천은 사도들과 그 후계자들에게서 목격될 수 있다. 사도들과 그 후계자들은 예수의 일정한 의도와 관념을 창조적으로 해석했다. 그렇게 그들은 교회의 전례 일체를 구상했고 또 정비해 나갔다. 그러므로 현재 우리가 경험하는 것은 순수 사료적인 것이다. 그러나 교회의 교도권은 공식적으로 그런 입장에 반대한다. 그래서 19-20세기의 신학자들은 부분적으로는 중세의 경우처럼, 성사의 제정을 사료적으로 만나는 예수를 통해 확인할 수 있게끔 다시 시도했다. 거기에는 두 가지 방식이 존재한다.

① "구체적인 제정"(*institutio in individuo*) 방식으로, 곧 그리스도는 질료와 형상만이 아니라 그에 수반되는 전례 예식 일체를 제정했다.

② "모범적인 제정"(*institutio in specie*) 방식으로, 곧 그리스도는 성사를 위해 질료와 형상만 확정했다.

이 두 가지 방식은 반드시 사료적-비판적 해석의 결과물을 제시하면서 입증해 낼 수 있어야 한다.

무조건적으로 사료적인 해결이 아니라, 오히려 그리스도론적-역사적 해결을 시도한 경우는 이미 아우구스티누스에게서 목격할 수 있다.

"주님께서 십자가 위에서 죽음의 잠에 깊이 빠지셨을 때, 긴 창이 그분의 옆구리를 찔렀다. 그 옆구리에서 성사들이 흘러나왔으니, 바로 거기서 교회가 세워진 것이다."[24] 이 히포의 주교에게 흥미로운 것은 사료적인 물음이 아니었다. 그의 관심거리는 성사를 십자가와 부활이라는 표징을 드러내는 그리스도 "육화의 성사"(sacramentum incarnationis)로 해석하는 일이었다.

신약성경이 예수 그리스도를 통해 직접 성사가 제정되었다고 전혀 언급하지 않고 있다는 사실은, 중세의 위대한 신학자들이 예수를 통해 성사가 '간접적으로' 제정되었다는 입장을 취하도록 고무시켰다. (그러니까 예수의 지시로 사도들이 성사들을 제정했다는 것이다.) 그런 견해를 피력한 이들로서는 누구보다도 빅토르의 후고(Hugo a Sancto Victore), 페트루스 롬바르두스, 보나벤투라, 토마스 아퀴나스를 꼽을 수 있는데, 이들은 이 문제를 간단히 사도들의 입장에서(도) '기록되지 않은 전통'이란 개념으로 해결하고자 했다.

2) 교회의 "제정"에 의한 성사의 "제정"(?)

사료적인 비판에 깊은 인상을 받은 스킬레벡스와 누구보다도 라너는 그처럼 그리스 신화에 나타나는 '고르디우스의 매듭'처럼 얽혀 있는 이 문제를 잘라 버렸다. 하느님께서는 계시를 원하신다. 그분은 그로써 동시에 교회를 원하신다. 결정적으로 유효한 "성사적 원-말씀"으로서의 그리스도는 교회 안에 계속 살아 있다. 라너는 이렇게 주저 없이 진술한다. "성사의 제정은 … 그리스도께서 교회를 원-성사로 특징지어 세

---

24. Enarratio in Psalmum 126, in: *PL* 37, 1622; zu *Joh.* 19,34.

우신 것에 뒤따른 자연스런 결과다."25 성사들은 아주 중요한 구원 상황 안에서 이루어지는 교회의 자기실현이다. 그리스도가 교회를 원했다는 사실을 입증하는 일은 가능하고 충분하다. 각 성사들을 위해 분명한 제정 말씀을 찾아내는 데 있어서 부딪히는 어려움은 여기서 문제가 되지 않는다.26

이 같은 종합적인 견해는 신선하게 다가왔지만, 그렇다고 아무런 문제가 없었던 것도 아니다. 사료적인 문제는 성사의 제정 문제에서 교회 제정의 문제로 집중되었고, 이는 새로운 문제를 낳았다. 이때 사료적인 관점과 신학적인 관점이 서로 뒤섞여 버렸다. 원-성사라고 여기는 사료적인 관점에서의 공동체 제정을 어떻게 이해할 수 있을까? "성사"라고 하는 뒤늦게 생긴 개념이 하나의 이상적이고도 훨씬 더 거대한 교회공동체를 설명해 주는 개념으로 소급될 수야 없지 않은가!

3) 성사가 이루어지는 사료적 장소로서의 예수의 말씀과 행위에 따른 상징들

현대 성경 주석은 성사들을 이른바 사료적인 예수에게서 "확고하게 말하는" 방법을 알려 준다. 사람들은 다음과 같은 식으로 강조할 수 있다. 부활 이전의 예수는 하느님의 구원 의지를 가르침과 기적이라는 감각적인 중재 수단을 따라 자신의 뜻을 겉으로 드러냈다. 이스라엘의 종교적 전통이 이를 위해서 그리고 성사들에 대해 나중에 갖게 된 인상(印象)을 위해서 어떤 역할을 수행했을 것이며, 성사의 발전 과정과 관련해서 초대교회의 구체적·역사적으로 주어진 여건들도 어떤 역할을

---

25. K. Rahner, *Kirche und Sakramente* (*QD* 10), Freiburg I. Br. u.a. 1960, 38.
26. 참고 프로테스탄트-루터교회 신학자의 책으로서 U. Kuhn의 *Sakramente* (*HSTh* 11), Gütersloh 1985 (Rede vom "Stiftungszusammenhang" zwischen der Kirche und den Sakramenten).

수행했을 것이다.

(1) 예수의 세례(요한)

요한복음이 증언하는 바에 따르면, 예수 자신이 세례를 주었다.

① 요한 3,22 이하 : "그 뒤에 예수님께서는 제자들과 함께 유다 땅으로 가시어, 그곳에서 제자들과 함께 머무르시며 세례를 주었다. 요한도 살림(Salim)에 가까운 애논(Änon)에 물이 많아, 거기에서 세례를 주고 있었다. 그리하여 사람들이 가서 세례를 받았다."

② 요한 3,26 : "그래서 그 제자들이 요한에게 가서 말했다. '스승님, 요르단 강 건너편에서 스승님과 함께 계시던 분, 스승님께서 증언하신 분, 바로 그분이 세례를 주시는데, 사람들이 모두 그분께 가고 있습니다.'"

그에 반해 "사실은 예수님께서 친히 세례를 주신 것이 아니라 제자들이 준 것이다."(요한 4,2)라는 구절은 나중에 첨가된 것처럼 보인다.

요한복음이 전하는 바에 따르면, 예수는 아마도 이른 시기의 성경 구절에 의하면 세례를 직접 주었다. 어쩌면 그의 제자들보다 앞서 세례를 직접 주었던 것 같다(참고 "그때는 요한이 감옥에 갇히기 전이었다."[요한 3,24]). 공관복음 사가들은 예수가 세례 준 사실에 대해서 모르는 것으로 나온다. 왜냐하면 그들에게는 예수 출현의 독자성이 중요했기 때문이다. 그럼에도 예수는 세례자 요한에게서 세례를 받는다. 마르 11,20에 의하면, 예수는 세례자 요한이 베푸는 세례가 하늘에서 비롯된 것이라고 가르친다.

물론 그리스도교의 세례는 그 고유한 원천을 부활 이후에서 찾고 있으며, 또한 예수의 이름으로 혹은 예수의 이름과 함께 벌어지는 만큼, 예수의 몸과 유대를 맺는 행위로(1코린 12,13ㄱ) 혹은 그의 죽음 운명과의 결합으로(로마 6장) 이해한다. 한스-요세프 클라우크(Hans-Josef Klauck)는 이에 대해 이렇게 주석을 달았다. "예수는 요한의 세례를 근본적으로 받아들였고, 어쩌면 더 나아가 실천적인 것으로 받아들였지만 중간에 단념했다. 그것은 결코 중단되지 말아야 할 연속적 과제는 아니다. 원-공동체는 부활 이후 세례 의식을 다시 받아들였고 새로운 내용으로 채워 넣었다. 불연속적인 행위임에도 불구하고 예수의 고유한 행동이 비교적 아무 문제없이 계승될 수 있었고, 또 마치 그렇게 계승되어야 할 또 다른 근거들이 존재했던 것처럼 계속 전해져야 할 것으로 이해되었던 것이다."[27]

(2) 세족례

전통적으로 '발을 씻기는' 의식은 오랫동안 성사(암브로시우스, 베른하르트[Bernhard von Clairvaux]의 경우)로서 유효했다. 이 의식은 죄를 씻어내는 것을 상징한다. 신약성경 시대에 이 의식이 확실한 전례의 하나로 거행되었다는 사실은 1티모 5,10에서 확인된다. 공식적으로 과부로 살아가기를 자청한 부인들은 그들 스스로 "성도들의 발을 씻어 주는" 행위를 통해 자신들이 좋은 평판을 받는 여자임을 입증해야 했다.

요한 13장에서의 '발 씻는 의식'은 공공연하게 단지 겸허한 봉사(사랑)의 본보기만이 아니다. 그것은 그리스도의 케노시스, 곧 그의 십자가상의 죽음에 동참하는 것을 함의한다. 공관복음 사가들은 세족례를 직접적으로가 아니라 암시적으로만 소개한다(루카 22,27; 12,37: "그 주인

---

27. H.-J. Klauck, *Gemeinde - Amt - Sakrament*, Neutestamentliche Perspektiven, Würzburg 1989, 276.

은 띠를 매고 그들을 식탁에 앉게 한 다음, 그들 곁으로 가서 시중을 들 것이다."; 마르 10,45). 거기서 사람들은 식탁의 상황에 대한 전승을 엿볼 수 있으며, 예수의 모습이 세족례의 모범적인 상징으로 이해될 수 있다. "원칙적으로 우리는 사료적인 것들의 토대 위에 서 있다. … 세족례는 본시 사람들이 하나의 성사에서 의미심장하게 수용해야 할 모든 요청들을 채우는 행위의 일종이다."[28]

4) 죄의 용서와 성찬공동체

마르 2,5의 중풍병자의 치유에 관한 이야기는 아마도 사료적인 예수에게로 소급될 수 있다. "얘야, 너는 죄를 용서받았다." 죄의 용서는 오로지 하느님께만 속하는 권한이다. 그러나 예수는 매우 확실한 어조로 말한다. 그는 하느님과 자신이 하나이자 그분을 위해서 행동하는 사람처럼 말한다. 예수는 하느님 나라가 가까이 다가왔음을 상징적으로 알려 준다. 병과 죄는 사라져 버릴 이 세상을 대변하는데, 이들은 이제 그분을 통해서 극복될 수 있음을 경험하게 되었다. 그것은 곧 하느님의 종말론적인 구원 섭리가 이미 시작되었음을 가리킨다.

성찬례는 "최후 만찬"에서 이해되는 것이 중요하다. 예수는 "세리들과 죄인들"(마르 2,13-17)과 함께 식사를 했다. 그것은 그렇게 하느님께서 죄인을 받아들이심을 상징한다. 또 다른 한편 예수는 그와 관련된 상징적인 표현, 비유, 암시적인 행동들(빵을 많게 하는 기적 등)을 보여 주었고, 그렇게 하느님께서 인간을 사랑하신다는 표지로서 잔치의 형태로도 가르쳤다.

---

28. *Ibid.*, 278f. 그러나 예수가 완성한 모든 상징적인 행위들은 '사실 그 자체로'(*ipso facto*) 성사가 될 수 있다.

중요한 것은 사료적으로 매우 개연적인 마르 14,25의 말씀이다. "내가 하느님 나라에서 새 포도주를 마실 그날까지, 포도나무 열매로 빚은 것을 결코 다시는 마시지 않겠다." 예수는 이 세상에서 포도주를 마시는 잔치석상에 함께하지 않겠다고 선언하지만, 거기에는 변함없는 소통의 가능성도 존재한다. 예컨대 이 지상에서 실천적인 삶을 통해 드러내야 한다는 점과 완성될 하느님 나라에서 일치를 이룰 것을 기약하는 점이 포착될 수 있다.

이 모든 것은 과연 '예수를 통해 성사가 제정되었음'을 직접적으로 말하지는 않지만, 그런 제정의 의도를 부활 이전에도 생각할 수 있음을 보여 준다. 한편 제2차 바티칸 공의회 문헌(*LG* VIII, 48)은 한 가지 놀라운 표현을 사용한다. "그리스도께서는 … 죽은 이들 가운데에서 부활하시어(로마 6,9 참조) 생명을 주시는 당신의 성령을 제자들에게 보내 주시고 성령을 통해 [그분의 몸인] 교회를 구원의 보편 성사로 세우셨다"(*Christus … resurgit ex mortuis Spiritum suum vivificantem in discipulos immisit et per eum Corpus suum quod est Ecclesia ut universale salutis sacramentum consituit*).

신약성경이 생겨난 초기 신앙공동체가 전례적인 행위를 완성시켰고 또 원칙적으로 이후 성사론의 주요 요소와 같은 것을 준비했으리라는 점에 대해서는 더 이상 의문의 여지가 없다. 세례 및 성체성사의 경우는 보다 더 정확하게, 상대적으로 안수(영의 전달 및 성직의 전수), 고해, 혼인, 병자의 경우는 덜 정확하게 소개해 준다고 하더라도 그렇다. 개별 성사들을 고려할 때에도 그렇게 말해야만 할 것이다.

아주 확실한 점은 이른바 기본적인 예형으로서 공관복음 사가들에게서, 어쩌면 요한 사가의 경우에도, '기념'이라는 유대인들의 전례 의식이 나름대로 큰 역할을 했다. '사건의 발생'은 과거로부터 현재에 이르는 결과를 함의한다. 그러므로 미래를 위해 돌이켜 과거를 기억하는 일 혹은 그 동기를 고려하는 일은 중요하다(대표적으로 '파스카 축제'). 그리하여 성찬례(1코린 11장)와 세례 의식(1코린 10장, 로마 6장)에서 말씀과 행위가 함께 결합되어 나타난다. 이때 구원 사건을 함의하는 예수의 죽음은 그때마다 현재적인 모습을 취한다. 하느님의 권능에 찬 행위가 그로 인해 현재 찬양된다.

그럼에도 결정적인 것은 아직 언급되지 않았다. 다시 말해 이 모든 사건들과 행위들을 엮어서 하나로 이어주는 그 무엇에 대해서 아직 언급하지 않았다. 언어사적이며 신학사적으로 그리스도교의 성사 개념은 그리스도교 이전부터 유래하고 또 구약성경으로부터 전래된 하나의 개념 뮈스테리온(μυστήριον)에 그 연원을 두고 있다.

5) 거룩한 것

이 거룩한 것(μυστήριον, sacramentum)의 개념은 그리스 문화권과 헬레니즘 사상 안에서 다양하게 활용되어 왔다. 전례적인 맥락에서 이 개념은 대부분 복수형으로 활용되어 "신비 의식(儀式)"으로 불려진다. 특히 그러한 신비적 경험에 들어서기 위한 도입 과정(축성)으로서 의미를 띤다. 신비 의식은 일부 선택된 자들의 구원("σωτηρία"[소테리아])을 약속하거나 보증해 준다. 신비 의식에 참석한 이는 원칙적으로 침묵을 의무 규정처럼 준수해야 한다. 이 개념의 또 다른 활용은 플라톤에게서 발견된다. 연결시키는 의미로서 신비 개념은 신적인 존재를 관상하는 사상에 기초한다. 그래서 신비주의적 사상만이 아니라 철학 사상에서도 취급될 수 있다. 세속적인 언어 활용에서는 단순히 개인적인 비밀, 곧 가족의 비밀과 관련이 깊다. 영지 사상은 이 신비 개념을 가지고 천상의 원-인간(Urmensch)을 통해 구원이 이루어진다는 신화론적 구원을 소개한다. 뮈스테리아(μυστήρια[복수형])는 그럼에도 거룩한 책, 신비스런 의례 및 신 앞에서의 맹세와 같은 형식에 활용되어 왔다.

구약성경에서도 이 개념(비밀 계획, 전쟁 비화, 신뢰할 만한 밀담 등)은 다양하게 활용되었다. 특별한 경우로는 이 개념이 고유한 의미를 띠고 있는 지혜 6,22과 다니 2장을 들 수 있다. 지혜 6,22에서는 지혜가 비록 전례적인 형식을 띠지는 않지만, 일종의 신비를 계시하는 특별한 수완을 보여 준다. 지혜의 소유는 결국 하나의 선물이다. 다시 말해 인간의 수고나 노력으로 얻어내는 그 어떤 것이 아니다. 다니 2장에서 뮈스테리온 개념은 종말론적인 비밀을 함의한다. 하느님께서는 당신 스스로 미래를 열어 보이시며 해석해 주신다. 그분이 "신비의 봉인을 떼어 밝혀 주실 것이다." 이 같은 사고의 배경은 묵시문학에 있다. 그러나 구약성경에서는 그런 부분이 더 이상 분명하게 드러나지는 않는다.

신약성경에서 이 개념은 공관복음 사가들에게서 산발적으로 활용된다. "하느님 나라의 신비"는 아마도 예수 자신을 가리킬 것이다(마르 4,11). 이에 예수를 알아볼 수 있는 것은 하느님의 선물이다. 그러나 무엇보다도 "신비"가 중요하게 다루어지고 있는 곳은 코린토 1서, 콜로새서, 에페소서이다. 신비 의식과는 다른 관점에서 이 신비 개념은 바오로 사도의 서한과 제2바오로 서간에서 침묵을 의무 규정처럼 내세우지 않는다. 오히려 강론을 통해 선포되어야 하는 것이다. 하느님의 영은 채워졌고, 사도들은 "하느님의 신비를 관리하는 자들"이다(1코린 4,1; 에페 3,2; 콜로 1,25). 유대인들과 이방 민족들 모두 예외 없이 하느님의 신비에 대해 귀 기울여야 할 자들이다. 곧 세상 전체가 하느님의 신비를 받아들여야 한다. 세상 전체는 그리스도의 교회 안에서 하나가 되어야 한다. 하느님의 신비는 그리스도를 통해서 드러날 것이요, 다양한 단계와 과정을 거치게 될 것이다. 하느님의 구원 의지는 인간들을 모두 하나가 되게 하는 것이다. 그것은 그리스도의 십자가와 부활을 통해서 드러날 것이므로, 그리스도는 곧 하느님의 뜻을 계시하고 실현시키는 분이다. 그리고 그분의 의지는 이제 사도들이 계승하고 또 보편된 교회의 선포 사명을 통해서 계속 이어질 것이다.

교회를 옹호하던 호교론자들은 이 뮈스테리온 개념을 일찍이 극단적인 의미에서 헬레니즘의 신비 의식과 구별하는 용도로 활용했지만, 특히 에페소서와 연계해 하느님의 구원 섭리 자체 혹은 그 섭리가 실현되는 계기를 표지하는 것으로 활용하기도 했다. 이미 2세기에는 세례성사와 주님의 만찬을 가리켜 '뮈스테리아'라고 불렀다.

이 개념은 누구보다도 테르툴리아누스가 라틴어로 *sacramentum*[사크라멘툼]으로 번역하면서 오늘날까지 이어지는 것으로 추정된다. "성사"(*sacramentum*)는 실상 군대에서 새로 입대한 병사가 충성을 맹세하는 것을 가리킨다. 만일 인간이 세례를 받는다면, 그것은 그와 같이 일종의 의무를, 곧 하느님께 충성을 서약하는 행위로 이해된 셈이다.

6) 그리스도, 하느님과 만나는 성사[29]

신앙인은, 바오로 사도에 따르면, "마음에 용기를 얻고 사랑으로 결속되어, 풍부하고 온전한 깨달음을 모두 얻고 하느님의 신비, 곧 그리스도를 아는 지식을 갖추어야"(콜로 2,2) 한다. 또 바오로 사도는 1코린 2,7에서 분명하게 가르친다. "우리는 하느님의 신비롭고 또 감추어

---

29. 이 단락의 주제는 이미 언급된 E. Schillebeeckx의 책에서도 발견된다.

져 있던 지혜를 말합니다. 그것은 세상이 시작되기 전, 하느님께서 우리의 영광을 위해 미리 정하신 지혜입니다." 또 1코린 1,23에서는 "우리는 십자가에 못 박히신 그리스도를 선포합니다."라고 하고, 바로 뒤따르는 1코린 2,1에서는 "나도 … 뛰어난 말이나 지혜로 '하느님의 신비'를 선포하려고 가지 않았습니다."라고 가르친다. 이에 몇몇 주석가들에 의하면 물론 이집트인들의 독법(讀法)을 서방교회의 경우보다 앞세워 해석해야 한다고 한다. 그래서 μαρτύριον[성경 원문은 "하느님의 증언"이지만] 대신에 μυστήριον[『성경』에는 이미 위에서 보다시피 "신비"]으로 풀이해야 한다고 설명한다. 바오로 사도의 서한과 제2바오로 서간에서는 공공연하게 "그리스도의 신비" 개념이 "그리스도에 대한 선포"와 밀접하게 연결되어 있다. 그리스도의 십자가 처형과 부활의 영광은 중요하며, 그것은 이미 하느님께서 앞서 준비하신 것들이다. 그러나 그것은 세상에 이제 계속 선포되어야 한다. 이 같은 신비의 선포는 무엇보다도 사도들의 강론을 통해서 이루어져야 하며, 그것은 이미 이 신비에 덧붙여지는 일부분이다. 신비의 계시를 받아들이는 중에 신앙인의 선별이 완성된다. 그리스도인이 살아가면서 완수해야 할 과제는 그렇듯이 신비를 체현(體現)해 내는 일이다. 그래서 콜로 1,27은 이렇게 가르친다. "하느님께서는 다른 민족들 가운데에 나타난 이 신비가 얼마나 풍성하고 영광스러운지 성도들에게 알려 주기를 원하셨던 것입니다. 이 신비는 여러분 가운데에 계신 그리스도이시고, 그리스도는 영광의 희망이십니다." "그리스도께서 여러분 가운데"라는 독법을 따르면, 사람들은 슈나이더(Th. Schneider)와 함께 이미 그리스도에 대한 성사적 참여를 비반성적인 언표 형식을 따라 고백하고 있음을 인정할 수도 있다. 이 같은 표현 형식(그리스도의 신비)은 항상 "계시 어휘"(선포하다, 드러내다, 중재하다는 동사 활용)와 연결된다. 그러므로 계시는 그와 같은 의미의 사건을 드러낸다.

"예수를 통해서 사람들은 하느님이 누구신지 그리고 그분은 어떤 분이신지를 경험한다. 예수와의 만남은 곧 친히 다가오시는 하느님과의 만남이요, 그분의 부르심, 그분의 사랑과 은총, 그분의 용서, 그분의 자비의 경험을 가리킨다. 그것은 신약성경에서 그리스도께서 다채롭게 밝히시는 가르침의 커다란 주제다."[30] 예수와 하느님과의 단일성에 대한 이해는 칼케돈 공의회(451)에 소급한다. 거기서 두 가지 본성, 곧 신성과 인성을 단일하게 표현한 고전적인 형식을 발견할 수 있는데, 그것은 로고스의 인격에 의한 단일성으로서 그렇게 명시적으로 교회가 고백했다.

중요한 점은 상기 칼케돈 공의회 문헌에 명시된 기본 입장이다. 하느님께서는 예수를 통해서 친히 인간들 사이에서 지각할 수 있고 또 알아볼 수 있는 모습으로 "다가오셨다." 그로써 성사적인 것은 하느님을 알아볼 수 있게 하는 기본 형식으로 주어질 수 있다고 믿는다. 비록 사람들이 그리스도론적으로 한 번 더 신성과 인성 사이의 결합을 가능하게 하는 조건이 무엇인지, 그리고 그와 함께 그 두 본성의 고유한 의미가 무엇인지 질문을 던질 수밖에 없다고 하더라도 그러하다. 그러나 이는 성사론의 입장에서는 만족스러울 수 있을지 몰라도, 이미 암시된 바와 같이, 가장 일반적인 시선으로 보아도 의당 한계를 갖는 표현으로 비쳐진다.

만일 인간 예수의 행적들이 하느님과 함께 실존적-인격적인 결합

---

30. Schneider, *Zeichen der Nähe Gottes*, 36.

을 통해 드러나는 한 인격체의 입장에서 완성되었다고 본다면, 그 인격체의 행적을 통해서 하느님께서 친히 인간 곁에 다가오신 셈이다. 만일 모든 인간적인 소통이 항상 육체성을 수단삼아 혹은 물질성을 통해서만 가능하다고 본다면, 인간과 하느님 사이의 만남을 위해서도 그것이 전제되어야만 할 것이다. 그것을 알아봄이 이 만남의 조건이다. 표징을 알아봄으로써, 곧 예수 자신을 알아봄으로써 하느님과의 만남이 가능하다. 예수는 그런 의미에서 곧 성사(원-성사)다. 그러므로 인간 예수는 성사적 표징이다. 통계적인 의미에서가 아니라 엄밀히 인간이 되심, 그의 죽음과 부활, 고양과 성령을 파견한 그 모든 행위를 포괄하는 역동적인 의미에서 인간 예수는 성사다. 이런 까닭에 교회의 성사들은 예수의 '삶의 신비'와 연계해서만 제대로 이해될 수 있다.[31]

7. 하느님 말씀에 관한 신학

칼 라너의 말 가운데 자주 인용되는 것이 있다. "아! 말씀에 관한 그 어떤 신학도 존재하지 않다니! 어째서 마치 에제키엘과 같은 이(ein Ezechiel)가 나타나 철학과 신학의 공동 분야에 여러 갈래로 흩어진 요소들을 하나로 모아들이듯 아무도 그런 작업을 완성하지 못하는 것일까?"[32] 라너 자신이 그 같은 말씀-신학을 시도할 용기를 냈고, 처음이자 마지막으로 그와 같은 분야에 손을 댄 연구자가 되었다.[33] 여기 각주에

---

31. 참고로 이에 덧붙여 Schillebeeckx, *Christus - Sakrament der Gottesbegegnung* bes. 65ff.
32. Priester und Dichter, in: *Schriften* III,349-375 (인용은 349).
33. 그리하여 20세기에 특히 중요한 주제로 "하느님의 말씀"이 공공연하게 급부상했

서 소개된 간행물과 그 밖에 관련 간행물들은 아주 상세하게 그리고 개별적으로 이미 전개된 하나의 말씀-신학에 의지한다. 즉 그런 간행물들은 말씀-성사-문제점으로부터 출발한다. 사람들이 이 주제에 새롭게 접근하게 된 것은 한편으로는 주석학적-성서신학적인 업적들 덕분이고, 다른 한편으로는 강론을 근간으로 저변 확대를 꾀한 덕분이며,34 또 세 번째로는 사람들이 교회 일치의 문제점("말씀의 교회"-"성사의 교회")에 주목한 덕분이다. "하느님의 [권능에 찬] 말씀" (dabar Jahwe)은 성경 안에서 세상-역사(자연 세계를 포함해)를 처음부터 마지막까지 결정하는 실재성이다. 그래서 세상-역사는 "하느님께서 말씀하셨다."(창세 1,3 이하)로 시작되며 끝까지 전개된다. 곧 하느님께서 이 땅과 하늘을 뒤흔드시는 그 종말까지 갈 것이다(히브 12,26). 이른바 하늘과 땅이 활활 타오르는 날에 모두 사라져 버릴 것이니, 그때는 바로 "하느님의 말씀이 다 이루어질 때"(묵시 17,17)이다. 그때까지 하느님의 말씀은 이스라엘의 운명을 결정하고 모든 민족과 세상의 운명을 결정할 것이다.

구약성경이 전하는 몇 가지 측면들 — 하느님의 말씀은 곧 창조주의 말씀이다. 그런 의미에서의 하느님 말씀은 "부르심" 혹은 "말 건넴"으로 다가온다. "내 손이 땅의 기초를 놓았고, 내 오른손이 하늘을 펼쳤다. 내가 그들을 부르면 다 함께 일어선다"(이사 48,13). 하느님 말씀

다. D. Barsotti, *Christliches Mysterium und Wort Gottes,* Köln 1957; O. Semmelroth, *Wirkendes Wort,* Zur Theologie der Verkündigung, Grundzüge der Theologie des Wortes, Frankfurt a.M. 1962; L. Scheffcyzk, *Von der Heilsmacht des Wortes,* München 1966.

34. 이에 좀 더 심화된 요약본으로서 추천할 만한 글은 J. Thomassen, *Heilswirksamkeit der Verkündigung.* Kritik und Neubegründung, Düsseldorf 1986.

은 하나의 질서 혹은 일종의 명령과 같은 특성을 갖는다. 하느님께서 말씀하신 것, 그분이 명하신 것은 그대로 이루어졌다(창세 1,3 이하). 하느님 말씀에 의한 소환으로 세상과 사물들이 실존한다. 세상사, 하늘과 땅, 온갖 피조물들은 하느님의 말씀이 밖으로 드러난 형상이다. 그래서 그 모든 것들은 하느님의 말씀에 의지한다. 그 때문에 그 모든 것들은 하느님을 향한 객관적인 찬양이기도 하다. "하늘은 하느님의 영광을 이야기하고, 창공은 그분 손의 솜씨를 알리네. 낮은 낮에게 말을 건네고, 밤은 밤에게 지식을 전하네. 말도 없고 이야기도 없으며 그들 목소리조차 들리지 않지만, 그 소리는 온 땅으로, 그 말은 누리 끝까지 퍼져 나가네 …"(시편 19,2 이하 참조). 하늘과 그 밖의 모든 창조된 것들은 설명, 중재, 외침, 이야기 형식이다. 그로써 창조주의 위대한 광채가 겉으로 밝혀지는 형식이다. 다만 말없이, 이야기도 없이 이루어지는 형식이다. 특히 신명기, 시편, 제2이사야서에서 그와 같은 표현을 쉽게 엿볼 수 있다. 하느님의 말씀은 끝끝내 효력을 발휘해 반드시 성사시키는 힘을 가지고 있다는 것이다. 그러나 당장 앞서 살핀 시편 19장은 창조와 구원이 항상 함께 연결되어 있다는 점도 놓치지 않는다. 창조에 관해 그렇게 토로한 후 '창조 행위는 곧 하느님의 구원 행위'라고 이스라엘에게 하느님의 가르침이 전달된다.

그렇게 하느님의 말씀에 관한 전통이 창조주의 말씀으로 부각되면서도, 오히려 뒤늦게 그러면서 약하게 이루어졌다는 사실은 그리 놀라운 일이 아니다. 구약성경에서 주 하느님의 말씀은 하느님께서 이스라엘과 계약을 맺고 또 보증하시는 수단으로 이해된다. 그런 의미에서 시나이 산에서 하신 주 하느님의 말씀이 그 원천과 핵심으로 자리한다. 그것도 지금까지 잘 알려진 모든 전승들에 기초해서 그렇다고 말할 수 있다. 하느님의 말씀은 계시적 사건과 함께, 곧 펼쳐진 사건과 동시에 계시되는 하느님의 말 건넴으로서 다가온다. 시나이 산에서의 말씀은 꺼지지 않는 불에서 나온다(탈출 24,16 이하 참조). 모세는 이 말씀을 받아서 이스라엘 백성들에게 전해 준다. 아무도 주 하느님을 직접 대면할 수 없었고 오직 모세만이 그렇게 할 수 있었다. 그런 점에서 시나이 산에서 모세에게 주어진 하느님의 말씀은 예언자들에게 주어지는 계시 이상의 것이다. "그것은 예언적인 범주를 훨씬 뛰어넘은 원-계시로서 숨김없이 펼쳐진 주 하느님의 권능에 대한 직접적인 경험을 내포하고 있다."[35] 이 계시는 당신 백성을 위한 주 하느님의 근본적인 가르침을 함축한다. 그것은 곧 "당신의 말씀" 혹은 "십계명"으로서 이후 그 수많은 율법의 계명들로 확장되었던 핵심 내용이다.

모세를 통해 이스라엘에게 전달된 하느님의 말씀에는 이스라엘을 뽑아 세우신 것도 포함된다. "주님께서 모세에게 말씀하셨다. '너는 이 말을 기록해라. 나는 이 말을 조건으로 너와 이스라엘과 계약을 맺었다'"(탈출 34,27). 이에 고전적으로는 탈출 19,4-6도 함께 거론한다. 하느님의 그 말씀이 영원히 유효해야 하기 때문에, 주 하느님의 말씀은 단지 입으로만 전달되지 않고, 기록으로도 전달되어야 했다. 그리하여 이후 모든 전승들이 뚜렷이 알아 본 "돌에 새긴 석판"이 증거물로 남게 되었다. "그 석판은 하느님께서 손수 만드신 것이며, 그 글씨는 하느님께서 손수 그 판에 새기신 것이었다"(탈출 32,16).

구약성경에서 주 하느님이신 창조주의 말씀과 계약의 말씀에는 예언의 말씀도 함께한다. 주 하느님께서는 예언자들이 귀를 기울이도록

---

35. "Wort Gottes II. Biblisch"(H. Schlier), in: *HthG* II, 848.

부르시어, 그들에게 말을 건네심으로써 그들의 심장에 당신 말씀을 넣어 두신다. 그러나 예언자는 "아모츠의 아들 이사야가 유다와 예루살렘에 관해 환시로 받은 말씀"(이사 2,1 참조)처럼 그 말씀을 귀로 들을 수 있을 뿐만 아니라 눈으로 볼 수도 있다. 더 나아가 그 말씀은 예언자에게 생기를 불어넣어 줌과 동시에 예언자가 전달해야 할 내용이다. "사자가 포효하는데 누가 두려워하지 않을 수 있으랴? 주 하느님께서 말씀하시는데 누가 예언하지 않을 수 있으랴?"(아모 3,8). 그렇게 주 하느님의 말씀은 예언자 자신의 말로 바뀌면서도 예언자는 변함없이 주 하느님께서 파견한 자로서 그(예언자)의 곁에 항상 함께하신다. 예언자는 결코 자신의 자유의지를 포기한 도구 정도로 간주되어서는 안 된다. 하느님의 말씀은 예언자의 자유와 고유한 능력을 보장하는 가운데 완수된다. "비와 눈은 하늘에서 내려와 그리로 돌아가지 않고 오히려 땅을 적시어 기름지게 하고 싹이 돋아나게 하여 씨 뿌리는 사람에게 씨앗을 주고 먹는 이에게 양식을 준다. 이처럼 내 입에서 나가는 나의 말도 나에게 헛되이 돌아오지 않고, 반드시 내가 뜻하는 바를 이루며 내가 내린 사명을 완수하고야 만다"(이사 55,10 이하).

하느님의 말씀이 보여 주는 예언의 힘은 특별히 그것이 실행어(實行語)라는 사실로서 입증된다. 즉 하느님의 말씀은 이스라엘에 대해 친히 다가가 구원해 주시려는 하느님의 의지를 선포하고 실현시킨다. 주 하느님께서는 당신의 말씀이 온전히 이루어질 때까지 예의주시하신다. 설령 인간의 눈으로 그것이 무산되어 버린 것처럼 ― "내 백성 이스라엘에게 종말이 다가왔다."(아모 8,2)고 ― 위협을 받더라도 결국에는 반드시 이루어지고 만다. 그야말로 절망의 순간에도 새로운 미래가 개진되고, 하느님께서는 사막에다가도 길을 내시는 분임을 알게 된다.

신약성경은 하느님의 말씀을 가장 먼저 창조주 말씀으로 이해한다. 하느님께서는 '존재하지 않는 것을 존재하는 것으로'(로마 4,17 참조) 불러내셨다. 이 성경 말씀은 하느님의 전체 창조 사업에 대해 가르친다. 물론 로마 4,17에 따르면, 창조주 하느님께서는 "죽은 자도 다시 살리시는" 하느님이시다. 그러나 무엇보다도 하느님의 말씀은 하나의 이름, 곧 예수 그리스도와 결합된다(요한 1장; 히브 1장). "아드님은 하느님 영광의 광채이시며 하느님 본질의 모상으로서, 만물을 당신의 강력한 말씀으로 지탱하십니다"(히브 1,3). 하느님의 말씀은 마치 예수를 통해서 그렇게 보여 주신 것처럼, 하느님의 말 건네심이고 가르침이다. 예수의 가르침은 복음 형식으로 선포된 하느님의 말씀이다. 이미 사도행전에 의하면 하느님의 말씀은 예수를 통해 그리고 예수에 대해 전하는 증언이자 케리그마와 일치한다.

그러나 하느님의 말씀이 예수의 육신으로 변모했다면, 또한 그로써 하느님 안에 머무시는 말씀으로 입증되었다면, 하느님께서 알려 주시는 그 모든 말씀은 인간의 말을 통해 계시된다는 사실을 가리킨다. 당신의 말씀은 그 말씀을 전하는 전령들에게 위임되었다. 그리하여 그들 전령들은 하느님의 능력에 의거해 그 말씀을 전한다. 또한 구약성경에서 하느님의 말씀을 통해 그 내용이 현재라는 시점에 드러나는 것과 흡사한 모습이 사도들의 케리그마에서도 일어난다. "화해의 말씀"은 그 화해를 뜻밖의 '제안'으로 현실화시킨다(2코린 5,19 이하). "그리스도의 영광에 관한 복음"은 단지 그리스도의 영광에 대해서 알리고 마는 것이 아니라 그 선포와 동시에 현재 벌어지게 된다(2코린 4,4). 복음은 하느님의 힘($\delta\acute{\upsilon}\nu\alpha\mu\iota\varsigma$)이다. 신앙인들을 위해 펼치시는 하느님의 능력이다. 예수 그리스도는 "죽음을 폐지하시고, 복음으로 생명과 불멸을 환히 보여 주셨습니다"(2티모 1,10). 또한 이는 결국 전달된 하느님의 말씀, 곧 교회를 통해 선포된 말씀의 경우에도 유효하다.

이상으로 언급된 사실로써 본래적인 의미의 근본적인 관점이 더는 달리 필요치 않게끔 마련된다. 이미 구약성경에서 하느님의 말씀은 언행의 일치를 보여 주며, 무엇보다도 하느님의 구원 의지를 드러내고, 인간에 대한, 곧 하느님의 백성인 이스라엘 백성에 대한 하느님의 창조적인 활동에 대해 밝혀 준다. 그와 마찬가지로 복음 말씀은 구원의 힘이 넘치는 말씀이다. 복음은 단지 죽음의 무기력함에 대해 알려 주는 소식일 뿐만 아니라 그 자체의 실현 과정에서, 곧 복음이 선포되는 순간 죽음의 무기력함이 현실화되고 새로운 생명이 솟아나는 힘을 발휘한다. 혹은 달리 현대적인 표현을 빌리자면, 블랑크(J. Blank)의 진술처럼, "복음 말씀과 복음사가들이 전하는 말씀을 통해 보편적으로 알려지는 하느님의 말씀은 원사도적인 말씀 및 뒤에 교회의 이름으로 선포되는 말씀과 동일할 뿐만 아니라, 그로써 주님 자신이 선포되는 것이며 모든 시대의 청자들에게 알려지는 것이기도 하다."[36] 케리그마는 능력을 갖고 있다. 왜냐하면 하느님께서는 말씀을 통해, 말씀과 함께 당신 구원을 펼치시기 때문이다. 구원, 자유, 해방에 관한 말씀의 선포를 통해서 그리고 그와 더불어 구원, 자유, 해방이 실제로 이루어진다.

능력이 넘치는 말씀에 대한 이해는 결과적으로 셈족의(semitisch) 사고방식에 기초하며, 이 사고방식은 신약성경 이해의 필수적인 배경이다. 이 같은 사유 배경은 성경의 복음 내용을 그리스어와 라틴어로 바꿔 전달하는 중에도 고려되어야 하지만, 그럼에도 대개는 잊히고 만다.

---

36. J. Blank, *Krisis.* Untersuchungen zur johanneischen Christologie und Eschatologie, Freiburg I. Br. 1964, 140.

이를 방지하기 위해 일련의 기본적인 지침들이 마련되어야 한다.

거기에는 예컨대 아우구스티누스의 말씀 이해가 우선 고려될 수 있다. 아우구스티누스의 권고는 성사 이해를 진작시키는 데 의미심장하기 때문에, 그렇듯 "의미론적인" 말씀 이해의 원칙(=표지 기능을 위한 언어의 기본 역할)으로 전해져 왔으며, 그것은 말씀에 반영된 언어의 평가를 위한 기초 자료로 이해되는 등 신학사적으로 영향을 적잖이 미쳤다. "셈족의 사고방식과 신약성경의 사고방식에 기본적으로 대립하는 시각에서 접근하자면, 하느님 말씀은 '단지' 말씀으로 그리고 그런 의미에서 실재와의 연관성을 이해하는 데 한계를 갖는다. 그로 인해 말씀의 의미(Signifikation)와 작용(Effizienz)이 서로 무관하게 비쳐질 수 있다."[37] 결정적인 것은 "표지"와 "사물" 간의 차이에 있다. "표지"는 분명 "사태" 가까이 머물 수 있지만, 그 (사태) 안으로 파고들 수는 없다. 그것은 오직 "조명"(*illuminatio*)을 통해 혹은 그리스도, 곧 내적인 스승을 통해서만 일어날 수 있다. 교회의 선포 행위, 곧 교회가 전하는 말씀은 인간 안에서 하느님의 행위와 구별된다. 아우구스티누스는 이때에도 물론 "말씀"에 대해 언급하지만, 그 내적인 말씀은 선포된 말, 곧 인간의 입으로 발설된 말과 구별한다. 그에 따라 발설된 말은 다만 앞서 준비하는 혹은 상황에 부응하는 기능을 갖는다. 중세 시대의 지배적인 신학은 그런 이유로 내적인 말씀(인간 내면에 역사하시는 하느님)에 전적으로 매달렸다.

토마스 아퀴나스는 한 번 더 고유한 강조점을 제시한다. 그는 강론의 의미를 깎아 내렸다. 그는 만일 하느님의 은총이 다소 강론의 성공 여부에 의해 결정된다면, 그것은 펠라기우스적인 해석이라고 여겼

---

37. O. H. Pesch, Das Wort Gottes als objektives Prinzip der theologischen Erkenntnis, in: *HFth* IV, 27-50(인용은 31 이하).

다. 신앙은 하느님께서 은혜로이 베푸신 인식 행위요, 이때 강론은 단지 외적인 의미만 갖는다. 강론은 복음을 설명하지만, 신앙에 대한 동의는 하느님께서 미리 선처하신 이끌림, 곧 하느님의 뜻과 말씀을 알아듣도록 앞서 배려하신 은총 덕분에 가능하다. 그러므로 강론은 구원을 위해 준비시키는 기능을 가질 뿐, 구원을 근본적으로 실현시키지는 못한다. 그러므로 강론의 역할은 한발 뒤로 물러난다.

[말씀-신학의 탄생 배경으로서의] 또 다른 근거 — "말씀만으로"(solo verbo)를 앞세운 종교 개혁가들의 신학은 온통 성사에 집중된 신학에 맞서 제기되었다. 중세 이래로 교도권의 강제적 발동은 성직자 성품(聖品)에서 자연히 유도된 것이 아니라 어떤 특별한 직책을 필요로 했다. 교도권은 성사 집행과 연계해 이루어진데 반해, 말씀 선포는 단지 가르침의 전달과 정보를 제공하는 의미를 띠었다.

20세기에 또 하나의 변혁이 일어났는데, 특히 무엇보다도 오도 카셀(Odo Casel)의, 이른바 신비신학에 의해 주도되었다. 전례 신비는 그리스도 신비의 실재 상징적 현재화를 추구했다. 로고스가 인간의 언어에다 내어 주는 그런 모습으로써 '영적으로 현재화되는' 동안, 하느님의 말씀은 신비적 특성을 띠게 되었다. 제2차 바티칸 공의회 역시 이에 결정적으로 작용했다. 말씀 안에서 그리스도의 실재적 현존은 어떤 방식을 취하는가? 언어적 현존 또한 실재적 현존의 일종이다. 물론 사람들은 실재적 현존이란 상위 개념을 따라서 다시금 언어적 현존(Verbalpräsenz)과 사실적 현존(Aktualpräsenz)으로 구분하여 이해해야만 했다.

"언어적 현존은 '언어-사건'으로서 어느 한 인격체의 현존을 지칭하며, 그 언어적 현존 자체가 다시금 다른 인격체들에게로 향하게 된다.

인격체들만이 진지하게 서로 말을 건넬 수 있다. 그러므로 우리는 언어적 현존에서 언어-사건을 통해(=언어를 중재삼아) 하나의 실재적인 인격적 현존(Personalpräsenz)과 마주할 수 있다. 인격체는 전적으로 몸과 생명을 가지고 현존한다. 그래서 분명 인격체가 내뱉는 말을 ― 마치 그릇과 같은 의미를 띠는 말을 ― 통해서만 한정적으로 존재하지는 않는다. 우리에게 인격체는 곧 '말을 건네는' 인격체다. 우리는 그러한 인격체를 받아들일 때, 지금 당장 보이고 또 만져진 외양으로가 아니라 귀로 들은 인상으로, 그러니까 그 인격체에게서 발설된 그 말을 들은 대로 그리고 그 말 자체로 알아듣는다. 발설된 말을 들은 대로의 인격체는 단지 말을 통해서만이 아니라 바로 그 말 자체로 실재하듯이 온전히 다가온다. 이같이 우리가 한 인격체의 말을 통해 그리고 한 인격체를 그의 말 자체로 알아듣게 되면 될수록, 곧 우리가 귀를 기울이려는 가운데 그 인격체에게 점점 더 기회를 주면 줄수록, 그 인격체 역시 우리에게 자신이 말하는 기회를 점점 더 늘이게 될 것이다. 언어적 현존은 일종의 대화적 사건이다. 인간의 말은 그리스도 안에서 변모한다. … 언어적 현존에서 그리스도는 우리 인간의 말을 당신의 말로 변모시킨다. 그와 동시에 그분은 당신 스스로를 언어 사건의 '실체'로 드러내신다. 그리하여 우리 인간의 화술은 단지 우연적인 것으로 제시될 뿐이다. 우리의 언어-사건은 그리스도를 내포할 뿐만 아니라 본질적으로 온통 그리스도를 가리킨다. 사실적 현존에서 그리스도는 우리 인간의 행위를 당신의 행위로 변모시킨다. 그래서 행위-사건의 '실체'로 당신 자신을 드러내신다. 그리하여 우리 인간의 행위는 단지 우연적인 것으로 제시되도록 만드신다."[38]

7. 말씀과 성사

1) 문제점

종교개혁의 신학적 자극과 외침은 하느님 말씀과 성경에서 입증된 하느님의 구원 실재에 대한 경각심을 들어 높이기도 했으며, 그것은 그렇게 교회의 선포를 통해 인간들에게 다가와야 할 것이었다. 그러한 자극과 외침은 "우리는 오직 말씀만 가지고 있습니다."(*Verbum solum habemus*.)라는 고백을 통해 분명하게 제시됨으로써 종교 개혁가들의 근본 원칙들은 한 가지 중요한 결론에 도달했다. "신앙만으로!"(*sola fide*), "은총만으로!"(*sola gratia*), "성경만으로!"(*sola scriptura*)라고 외칠 수 있었다. 그리하여 우선은 옛 교회에 반대하는 입장이 아직 드러나지 않고, 쇄신을 위한 그들의 의지만 드러난 셈이 되었다. 그리고 그 의지는 곧 교회 자체의 의지를 대변하는 것처럼 굳어져 갔다. 이는 그렇듯 교회 안에서 자지하는 하느님 말씀의 위상을 공공연하게 선언하는 가운데 성사의 직접적인 의미에 대해서는 더 이상 언급하지 않는 분위기를 낳았다. 그래서 제2차 바티칸 공의회 문헌(*CA* VII)은 비록 성사의 숫자, 의미, 개념에 대한 논의가 계속 진행 중이었을지라도, '말씀' 곁에서 성사를 동등한 수준으로 소개한다.

그러나 현실적으로 '말씀'과 '성사'는 서로를 위해 작용하며 양측 모두가 서로를 분명 점점 더 풍요롭게 해 준다. 트리엔트 공의회는 종교 개혁가들의 "말씀만으로"라는 구호에 대한 답변을 그리고 개별 성사

---

38. Lothar Lies, Verbalpräsenz - Aktualpräsenz - Realpräsenz. Versuch einer systematischen Begriffsbestimmung, in: ders.(Hrsg.), *Praesentia Christi* (FS J. Betz), Düsseldorf 1984, 79-100 (인용은 96쪽 이하).

들에 대한 논쟁을 염려했음에도 불구하고, 실제 말씀과 성사를 결속시키는 신학적 개념을 하나도 제의하지 않았다. 공의회는 오히려 온 힘을 다해 종교 개혁가들의 입장에서 논란이 되었던 바로 그 문제점에 촉각을 곤두세웠다. 종교 개혁가들에 의해 공격을 받거나 의혹이 제기된 문제점만이 가톨릭교회의 입장에서 트리엔트 공의회를 통해 명료하게 답하려는 주된 동기가 된 것이다. 그 공의회의 답변은 의화론 문제를 종지부 찍겠다는 취지에서 성사에 대한 교령 형식으로 보편적이고도 보다 특별한 관점을 따라서 확고하게 제시되었다. 곧 성사의 숫자, 예수 그리스도에 의한 성사의 제정, "(성사) 행위에 의한 효과" 등을 제시했다. 이 같은 답변은 당시에 올바른 것이었다. 그러나 그 답변은 설령 "반대"를 위한 "반대"처럼 하느님의 말씀-신학에 반대하는 식으로 전개되지는 않았을지라도, 성사에 대한 공식 언명 속에서 점차로 말씀과 멀어지는 결과를 초래했다. 사람들은 프로테스탄트 식의 사고방식에 젖어 버릴 수 있는 모든 요소들에 대해 경계했다. 중세의 경향이 계속되면서 사람들은 성사를 "고유한 것"으로 이해했고, 하느님 말씀은 성사를 가장 적절하게 배치하는 특성을 띤다고만 이해했다. 고유한 의화 은총은 성사의 은총이라고 트리엔트 공의회는 선언한다. 그로부터 금세기에 이르기까지 프로테스탄트교회는 "말씀의 교회"로 표시되고, 가톨릭교회는 "성사의 교회"로 표시되기에 이른다.

거기에 덧붙여 반론을 펼치는 게르하르트 에벨링(Gerhard Ebelling)의 글귀 하나가 눈에 띈다.[39] "프로테스탄트교회의 가르침에 의하면 말

---

39. Worthafte und sakramentale Existenz, in: ders., *Wort Gottes und Tradition.* Studien zu einer Hermeneutik der Konfessionen, Göttingen 1964, 197-216. 이 제목의 강연은 1962년에 있었다.

씀 자체 안에 전체 복음이 온전히 자리하고, 복음은 본질적으로 구두로 전하는 말씀이다. 반면 가톨릭교회의 가르침에 따르면, 은총은 진정 완전한 의미에서 성사 집행을 통해 생겨난다. '말씀만으로!'라는 프로테스탄트교회의 입장에서는 성사가 결코 도외시되는 것을 가리키지 않는다. 오히려 성사가 말씀의 또 다른 전달방식이라고 보는 점에서, 곧 성사들 안에서 약속의 말씀이 결정적인 것이라는 점에서, 성사를 통해 받는 은총은 근본적으로 그렇듯 말씀을 통해 받는 은총과 전혀 다르지 않다. 그래서 만일 말씀들에 대해 주의를 기울이지 않는다면, 엄격한 의미에서 말씀과 함께 집행되는 성사들을 통해 필연적으로 다가오는 구원의 효력도 십분 발휘되지 않을 수 있다. 그러므로 프로테스탄트 식으로 재고된 성사론은 말씀에 대한 가르침 없이는 불가능하다. 또한 정확히 말해서 '말씀과 성사'의 차이는 단지 신학적으로 부차적인 의미의 차원에서 마련된 것이다. 곧 하느님 말씀의 실현 방식에 있어서 차이를 말할 수 있을 뿐이다. 그러나 가톨릭교회의 입장에서는 근본적으로 '성사만으로!'(*solo sacramento*)라고 할 수 있다. 물론 그렇다고 해서 말씀이 뒤로 밀려나는 것은 아니다. 단지 예비적인 은총으로서만이 아니라, 늘 곁에 동반하는 은총이자 이후로도 변함없이 함께하는 은총으로서 우리에게 은총 사건이 벌어질 때 성사는 필수적인 기능을 갖는다. 가장 충만한 의미에서 고유한 은총, 곧 의화를 위해 요구되는 은총(*gratia justificans*), 구원을 실현시키는 은총은 오로지 성사적인 방식으로 전달된다. 유일한 예외라고 한다면, 성사에 관한 원의(*votum sacramenti*)가 충분히 채워지지 않은 경우에만 그 은총의 전달에 문제가 있을 수 있다. 그러므로 여기서 성사는 엄격한 의미에서 구원에 필수적이다. 은총론은 본질적으로 성사론이며, 따라서 말씀에 대한 뚜렷한 가르침이 없이는 제대로 전개될 수 없다. 한편 성사 안에서 말씀의 기능은 인격체를 상대로 하는 말 건넴이 아니라, 요소의 축성(Konsekration des Elements)이다."[40] "성사들은 하느님의 은총이 객관적으로 벌어지는 사건이요, 그런 까닭에 인간에 의해서 완성된 행위이자 그 자체로 하느님의 마음에 드는 행위라고 할 수 있다."[41]

이 모든 사실들은 말씀과 성사 간의 일정한 연관성을 감안하면서 신학적으로 다채로운 형식을 따라 어떻게든 임의로 해명할 수 있으리라는 추정을 허락하지 않는다. 오히려 확고한 점이라고 한다면, 그와 같은 추정이 단지 교회 일치의 관점에서만이 아니라 조직신학의 근본 문제로도 제기될 수 있다는 것이다. 성경은 모든 신학의 토대로서 말씀-신학을 허락하고 나아가 말씀의 우선성에 대해서는 지지하겠지만, 일련의 발전된 성사론에 대해서는 알지 못한다. 교회의 가르침은 오히려 정반대로 말한다.

2) 말씀과 성사에 관한 이해[42]

(1) 성사적 은총을 받아들이기 위한 동인으로서의 말씀

사람들은 "경우나 상황에 따른" 이해에 대해서도 운운하고, 청자는 강론 말씀을 또 다른 의미로도 받아들인다. 하느님께서는 그런 와중에 인간 내면에서 당신 구원을 받아들이도록 조처하신다. 이는 아우구스티누스의 성사에 대한 이론과 토마스 아퀴나스의 윤리신학에 기초한 입

---

40. *Ibid.*, 202.
41. *Ibid.* 203.
42. 이 주제와 관련하여 훌륭한 참고 자료가 있다. 예컨대 A. Moos, *Das Verhältnis von Wort und Sakrament in der deutschsprachigen katholischen Theologie des 20. Jahrhunderts(KKTS 59)*, Paderborn 1993.

장이다. 교회의 강론은 사람들을 하느님의 말씀 앞에 세워 놓는 것으로서 하느님과의 만남을 위해 준비시키는 도구적인 원인으로 이해될 수 있다. 그러므로 이때 말씀의 선포를 통해서는 그 어떤 종류의 은총도 실현되지 않는다. 사목신학자 빅토르 쉬르(Viktor Schurr)는 이렇게 진술한다. "말씀의 위력은 선포 활동이 하나의 성사나 그 이상이라도 되듯이 지나치게 과장되어서는 안 된다! 말씀의 선포 활동은 그리스도를 실재로 그리고 본질적으로 현존하게 하지는 못하며, … 직접적으로 은총과 죄의 용서를 실현하지도 못한다. … 강론은 다만 외적으로 다양한 기회를 맞아 내적인 하느님의 은총을 제안하는 데 유익하기에, 사람들이 그 강론에 마음을 닫지 않는 한, 그로써 사실상 은총 앞에 서게 된다. 완전한 성사 집전을 통해서(*ex opere operatio*)가 아니라 복된 말씀의 선포에 자극받는다면 주관적인 구원은 보장받을 것이다. … [반면] 은총의 효과적인 표지와 엄격하게 수행된 성사(예식)는 서로를 보완한다. 만일 하느님의 말씀이 구원에 효과적인 힘을 발휘한다고 말한다면, 그것은 다만 하나의 전체적인 전망을 제공할 경우일 것이다. 예컨대 '말씀과 ― 인과적으로가 아니라 경우에 따라 그와 연계된 ― '은총'이 단일성을 이루는 경우이다."43 이 같은 안목은 물론 성경의 자료에 의거하자면 정당한 것은 아니다.

(2) 원-성사로서의 말씀(요한 베츠)

말씀은 토마스 아퀴나스에 의하면 은총의 수용을 준비시킨다. 그런 의미에서 말씀은 '성사적인 것'이다. 요한 베츠(Johannes Betz)는 자

---

43. V. Schurr, *Wie heute predigen?* Zum Problem der Verkündigung des Christlichen, Stuttgart 1949, 65.

신의 견해를 다음과 같이 밝힌다. "결정적인 차이는 말씀이 완전한 구원을 실현시키지는 않는다는 데 있다. 그것은 오직 성사가 실행한다. 말씀은 그런 점에서 성사가 아니지만, 성사적이거나 성사적인 것이라 할 수 있다. 왜냐하면 토마스는, 말씀이 성사의 본질을 이해하는 조건들을 채운다고 보았기 때문이다. 즉, 말씀은 성사의 원칙적인 효과를 일으키지 못한다. 그러나 그렇게 의화를 준비시키는 그 말씀의 힘은 어쩌면 수혜자의 내적인 장애를 제거하고 구원을 가져다주는 은총의 수용을 진작시키고, 구원의 신비를 받아들이게끔 인간의 닫힌 마음을 열어 준다. 말씀은 그런 의미에서 원-성사 혹은 성사적인 것이다."[44]

이에 대한 비판적인 관점 — 성사적인 것은 교회에 의해서 제정되지만, 말씀-선포는 그렇지 않다. 말씀의 선포는 그리스도께 소급된다. 성사와 직결된 그 모든 것을 성사적인 것이라고 바꿔 말하는 태도는 지나친 감이 없지 않으며 많은 점에서 부정확하게 보인다. 그런 까닭에 상기 용어 원-성사(Ur-sakramentale)가 어울리지 않아 보인다.

(3) 말씀 : "집전자에 의한 효과"(*opus operantis*, 인효성[因效性]) —
성사 : "행위에 의한 효과"(*opus operatum*, 사효성[事效性])

엘퍼스(H. Elfers)는 다음과 같은 논제를 대표하는 인물이다. "강론자가 구체적으로 언표 한 말은 계시의 전달 매체다. 그럼에도 언표 된 말과 그 과정은 성사의 실현과 본질적으로 구별된다. 이때 객관적인 의

---

44. J. Betz, Wort und Sakrament. Versuch einer dogmatischen Verhältnisbestimmung, in: Th. Filthaut / J. A. Jungmann (Hrsg.), *Verkündigung und Glaube,* Freiburg I. Br. 1958, 76-99 (인용은 99).

미에서 전례는 비록 그 전례가 성사 참례자(수혜자)에게 이해되지 않더라도 그리스도와의 결합으로 은총의 효과를 발휘한다. 반면 언표 된 말이 이루어내는 효과는 청자의 진지하고 생생한 이해에 좌우된다."[45]

이에 대한 비판적인 관점 ― 성사는 [자동화 기기처럼] "자동적으로" 실현되지 않는다. 트리엔트 공의회의 가르침에 따르면 "처분"을, 곧 성사의 신실하고 자비 가득한 '결행'(집전)을 필요로 한다. 은총은 그렇게 원칙적으로 처분에 좌우되면서도 다른 한편 수혜자가 최소한 그에 장애를 갖지 않아야 한다. 말씀 또한 "집전 행위에 의한 효과"로 실현될 수 있다. 그리스도교의 복음에 대한 신실성은 자체적으로도 유효하기에, 강론자의 인격적인 고결함(거룩한 몸가짐)으로 결정되지 않는다. 예수의 이름으로 청하는 기도는 그 자체로 "결함이 없는 것"이다.

(4) 획신시켜 주는 말씀 - 작용을 일으키는 성사(신비신학)

카셀(O. Casel)의 신비신학은 성사 안에서 언표 되는 말씀에 매우 높은 가치를 매긴다. 말씀(로고스)과 신비(전례 안의 그리스도 현존)는 성사의 포괄적인 집전 과정에서 합쳐진다. "그래서 하느님의 말씀은 신비의 특성에 참여한다."[46] 고틀립 죙겐(Gottlieb Söhngen)은 예컨대 다음과 같은 점을 강조했다. "교회는 전례 공동체다. 이 전례 공동체는 십자가의 희생을 기억하고 주님의 죽음을 전하는 자신들의 희생 전례에 최고의 표현을 마다하지 않는다. 축성 행위와 말씀의 선포, 성사와 말씀은 서로 결합되어 있기 때문에, 이들은 전례를 하나의 완전한 실재가

---

45. H. Elfers, Verkündigung heute, in: ders., *Kirche in der Welt,* Münster 1952, 16.
46. O. Casel, "Mysteriengegenwart", in: *JLW* 8(1928), 145-224(인용은 209).

되도록 만든다."47 전례 안에서 말씀과 성사의 결합적 특성에 대해 욍겐은 '그리스도론적으로' 근거를 마련하고자 했다. 이 지상에서 살아 있는 동안 그랬듯이 그리스도는 자신을 말씀(강론)과 성사(기적과 징표)를 통해 꾸준히 입증하신다.

빅토르 바르나흐(Viktor Warnach)는 이 같은 발상을 다음과 같이 활용한다. "말씀은 '확증하지만', 구원을 실현하지는 못한다. … 거기서 사실상 말씀과 성사 사이의 결정적인 차이가 발견될 수 있는데, 전자(말씀)는 은총을 확증하고, 후자(성사)는 은총을 실현시킨다. 거기에서 그 둘의 내적인 단일성이 드러난다. 왜냐하면 말씀이 확증하는 그것을 성사가 실현하기 때문이요, 나아가 성사는 그렇듯 말씀을 통해 확증되는 것 외에 다른 어떤 것도 실현할 수 없기 때문이다. … 성사를 통해서만 비로소 말씀이 … 구체적인 '구원의 말씀'(사도 13,26)이 된다."48 또한 "말씀 선포의 과제가 인간에게 인격적인 신앙 결단을 촉구하는 것이라고 한다면, 이제 성사 안에서는 전인적인 인간이 바로 자신의 육체 중심의 실존에 기초해 존재적으로 새롭게 이루어 놓는 파스카 신비 안에 깊숙이 스며드는 일이 벌어질 것이다. … 다른 한편 말씀은 기본 원리 없이는 효과를 낼 수 없으며, 말씀의 영적인 은총에 우리가 나아갈 수도 없다. 저 영적인 은총을 수용하기에 적합한 능력을 동원해야 한다. 예컨대 언어는 우리가 감각적으로 체험할 수 있을 때, 비로소 우리의 육체 중심의 실존에 효과를 발휘할 수 있다. 우리는 영적인 실재를 체험할 수 있는 시대에 살아가게 되면서 육체적-구체적인 상징을 통

---

47. *Symbol und Wirklichkeit im Kultmysterium,* Bonn 1937, 17.
48. V. Warnach, Wort und Sakrament im Aufbau der christlichen Existenz, in: *LuM* 20(1957), 68-90 (인용은 82 이하).

해 이미 육화된 영적인 실재를 만날 수 있게 되었다. 그리하여 성사는 구원의 말씀이 상징적인 모습으로 육화된 것이라고 말할 수 있고, 그런 의미에서 영원한 로고스의 역사적인 육화가 계속 이어져 가는 구원 활동으로서 성사를 이해할 수 있다."[49]

미카엘 슈마우스(Michael Schmaus) 역시 이 같은 노선에 합류한다. 그는 말씀이 "비록 성사의 효과와는 다르지만, 성사의 효과에 참여한다."[50]고 보았다. "이들(말씀과 성사)은 표징을 통해 효과를 발휘한다. 이는 그리스도께서 제정하심으로써 가능해진 것이다. 성사적인 표징을 통해서 그리스도는 당신 자신을 일상 안에 감추셨다. 그러므로 성사 안에서는 그리스도께서 인간의 행위와의 결속이 매우 (예외적이라고 할 만큼) 밀접하게 이루어진다. 그에 반해 말씀 선포 안에는 분명 예수님에 의해 파견된 성령께서 활동하시지만, 교회의 선포(말)와 성령의 결속이 저 성사 안에서 이루어지는 그것처럼 밀접하게 이루어지지는 않는다."[51] 그렇기 때문에 슈마우스는 말씀이 구원에 효과적이기는 하지만, 그 구원 효과가 성사를 통해서 주어지는 것처럼 이해되어서는 안 된다는 점을 보여 주고 싶었다. 슈마우스는 분명 점차적으로 말씀의 "구원의 역동성"과 "구원의 효과"에 대해서 언급하면서도 다른 한편 이 말씀의 구원 효과만은 항상 성사와 연계해 실행된다고 설명한다.

이에 대한 비판적인 관점 — 구원의 의미는 유비적으로 표현되고 분명 성사에 의존하는 입장에서만 '말씀에 구원의 의미를 적용시킬 수

---

49. V. Warnach, *Christusmysterium*. Dogmatische Meditationen. Ein Überblick, Graz u.a. 1977, 190f.
50. *Dogmatik* III/1, 795.
51. *Ibid.*, 797.

있다. 말씀 선포를 통해 전달된 은총은 성사의 은총이다. 그러나 이 명제는 다만 교회의 전례-의식에 따른 말씀에 한정된다.

(5) 말씀과 성사의 대화적 상호 관계(오토 젬멜로트)

말씀과 성사의 완성은 서로 교차한다. 이 교차점은 그리스도의 단일한 구원 행위의 관점에서, 곧 그리스도 자신이 교회 안에 말씀의 선포를 계속 수행하도록 우리에게 성사를 제정해 주셨다는 입장에서 서로 교차하는 구조를 띠고 있음을 일컫는다. 말씀은 구원에 효과적이지만, 이 구원의 효과는 (트리엔트 공의회에 의하면) 사람들이 그 말씀을 어떤 식으로든 성사의 일부로 알아보는 한에서만 성립될 수 있다. "하느님 말씀의 선포는 성사와 연계된다. 만일 은총이 말씀의 선포를 통해서 중재된다면, 성사와의 연계성 안에서 그 효력이 발휘될 것이다. 그러나 성사는 귀 기울여 들은 하느님의 말씀에 대해 응답의 일종으로 의미심장하다. 그렇게 성사는 하느님의 말씀을 그 구원 효과와 함께 내면 깊숙이 받아들임을 뜻한다."[52] 이 같은 말씀과 성사 사이의 효과-단일성에 관한 젬멜로트(Otto Semmelroth)의 이론은 여러 신학자들에 의해서 '필요한 경우 변화를 가하는' 차원에서 받아들여졌다(레오 쉐프치크[Leo Scheffczyk], 오토 페쉬[Otto Pesch]).

이에 대한 비판적인 관점 — 결국 여기서도 단지 성사에 국한해서 그 구원 효과에 대해 주력한다("성사 바깥에는 구원이 없다!").

---

52. Die Kirche als Sakrament des Heiles, in: *MySal* 4/1, 309-356 (인용은 354).

(6) "말씀의 은총" - "성사의 은총"

다양한 "은총의 증여"("은총의 다채로운 형식들")에 대한 해명을 통해 이 문제를 해결하려고 시도해 본 적이 있다. 이때 물론 은총에 대한 규정은 말씀과 성사가 중재한다(헤르만 예거[Hermann Jäger], 빅토르 쉬르, 헤르만 폴크[Hermann Volk]의 입장도 그런 시도의 일종이다).[53] 강론은 단지 현실적인 은총을 중재하고, 성사는 성사 참례자의 상응하는 처분에 의해서 상존 은총(혹은 상덕 은총, *gratia habitualis*)을 중재한다. 현실적인 은총이 조력 은총이라고 하면, 상존 은총은 구원을 실현하는 은총이며 의화 시키는 은총이다. 그로써 여기서도 트리엔트 노선을 따라서 오로지 성사만이 의화에 합당한 은총을 중재하는 데 동의하는 것으로 비쳐지지만, "은총"이란 범주를 통해서 성사와 말씀을 밀접하게 연결시키려는 노력이 보태졌다고 할 수 있다.

이에 대한 비판석인 관점 — 이른바 '트리엔트 노선'(Tridentinum)은 공식적으로 "트리엔트 공의회 이후의 입장"으로 해석된다. 트리엔트 공의회와 구별하면서도 은총론과 결별하는 표현을 결코 원하지 않는다. "조력" 은총은 (트리엔트 공의회 입장에 따라) 말씀을 통해 중재되는데, 이는 "의화" 은총과 아주 밀접하게 연결된다. 한 마디로 말씀은 의화 은총의 한 계기다. 하지만 트리엔트 공의회의 입장은 배타적-부정적인 관점이 아니라 적극적인 관점에서 해석될 수 있다. 바꿔 말하면 성사들은 구원을 실현시킨다! 성사가 그렇다는 사실은 이미 무엇보다도 이른바 "마음의 영성체"(신령성체)라는 오랜 전통을 통해서도 확인된다. 곧 "주

---
53. 이에 수많은 간행물들(이들에 대한 정보는 H. Volk에게서 엿볼 수 있다.)의 목록은 앞서 소개한 A. Moos의 글[각주 42번]에 게재되어 있다.

님의 성체를 성사적으로가 아니라 마음으로 받아 모신다."(*manducare spiritualiter, non sacramentaliter hoc sacramentum.*)는 표현이 존재한다. 이 같은 "신령성체"(神領聖體)는 많은 교회 교부들의 가르침에 따라 간단히 '말씀의 영성체'로 바꿔 말할 수 있다.

(7) 말씀 사건의 "절정"으로서의 성사[54] (칼 라너)

라너에 의하면, 단지 성사 안에서의 말씀("형식")만 구원에 효과적인 것이 아니라, 성사 외적인 말씀도 효과적이다. 이 명제의 네 가지 주요 요소들은 다음과 같다. ① '의화는 이미 성사 외적인 말씀을 통해서 일어난다'(성경은 성사에 앞서 신앙을 통해 의화 된다는 점을 가르친다. 트리엔트 공의회 역시 의화 은총의 "성장"에 대해서 알고 있었다. 그러므로 성사 바깥에서 일어나는 은총 사건을 무시하지 않는다). ② '성사는 말씀 사건이다'(성사들은 한 인격체의 자유로운 자기개방의 표징으로 이해될 수 있기 때문에 성사들은 본질적으로 말씀이다. 예컨대 고백성사나 혼인성사에서 쉽게 볼 수 있다). ③ '구원에 효과적인 말씀은 다채로운 모습으로, 곧 밀도와 집중력에 따라 서로 다르게 이루어진다.' 말씀을 통해서 이루어지듯이 선택된, 곧 효과적인 표현에 의해서도 서로 다른 무게감을 가질 수 있다. ④ '성사는 결국 성사 외적인 말씀에 의해 서로 다르게 효과를 발휘할 수 있다.' 말씀은 교회의 특성 안에 변함없이 현존하는 구원 중재적 기능과 관련하여, 교회의 가장 완전한 실현 형식이요, 각 개인에게 구체적인 구원을 붙잡도록 해 준다. 그로써 예수 그리스도를 가리키는 "원-말씀"(Urwort)의, 당장 효과를 일으키는 구원 말씀의 '꾸준한 현존'이

---

54. 이에 관한 참고 문헌은, 라너의 것만 30개 정도의 연구 논문을 포함해서, 주의 깊게 소개한 경우로서 상기 A. Moos의 글[각주 42번]을 참고할 수 있다.

그 말씀의 절정에 다다르도록 우리를 이끌 것이다.

라너의 태도와 유사하게 하인츠-로버트 슐레테(Heinz-Robert Schlette)와 페터 크나우어(Peter Knauer)도 논증을 펼쳤다.

성사는 인간에게 말씀을 넘어서 추가적으로 다가오는 은총이나 구원 효과가 결코 아니다. 그럼에도 불구하고 거기에 특별함이 자리한다. 다시 말해, 성사들은 하느님과 인간 사이에 이루어진 친교의 결과물이다. 말씀에 대한 경청 역시 육체적으로 살아가는 인간에게 해당된다. 그러나 만일 그 육체성이 집중력에 차이를 보인다고 한다면, 그리스도는 당신 자신을 저마다 다른 육체성의 "단계"에 준하여 내어 주고, 인간은 그런 점에서 저마다 그리스도 현존의 '차별화된' 모습을 따라 다가갈 수 있다. 그래서 성사들은 인간들과의 결속을 보다 더 긴밀하게 요구하는 성사적 방식으로 서로의 친교에 대해 신호를 보내는 셈이다. 이는 성사와 말씀을 평가절하 하려는 것이 아니라, [그 둘 모두] 인간 육체-영혼의 구조적 조건에서 구원에 "다가감"을 촉구하는 방편이라고 말하려는 것이다. 이는 특히 주님의 육화 사건의 조명 아래서 밝히 드러난다.

사람들은 여기서 인간 본질의 구조를 고려해 논증을 펼칠 수도 있다. "만일 인간이 육체와 영혼으로 이루어진 단일한 실체이기 때문에, 구원이 육체적이고 감각적인 상징과 동시에 마음으로(혹은 정신적으로) 다가가는 말씀을 통해 인간과 마주한다는 사실을 진지하게 받아들일 수 있다. 그리고 그것은 달리 말해 성사적으로 드러나는 온갖 방식을 유효하게 만든다고 말할 수 있다."[55]

---

55. O. H. Pesch, Besinnung auf die Sakramente. Historische und systematische Überlegungen und ihre pastoralen Konsequenzen, in: ders., *Dogmatik im Fragment*.

3) 친교적·소통 행위의 완성으로서의 성사

만일 사람들이 오늘날 칼 라너에 의해 부각된 그의 시대의 논의들을, 그리스도교 신앙을 위한 압축된 형식으로 혹은 주요 형식으로 고려할 수 있다면, 다시금 친교 개념을 소급해 재고해야 한다. 이 "친교" 개념은 우리가 쉽게 이해하는 단지 "공동체"만이 아니라, 하나의 대단히 집약적이고도 밀접한 관계를 가리키는 함께함(Zusammensein)이라는 의미가 관건이다. "그로써 수많은 각 개인들이 하나의 공통적인 존재로, 그러니까 서로서로 저마다의 고유한 삶을 나누고 그렇게 삶을 주고받는 모습으로 그 정체를 확인할 수 있어야 하기 때문이다."[56] 하느님께서는 그 자체로 일치이시다. 왜냐하면 하느님의 하나-되심은 삼위일체적인 나눔 속에 이미 완전한 실현을 보여 주기 때문이다. 곧 당신 자신 안에서 이미 자기희생과 자기수용의 관계맺음이 완전하게 실현되었다고 보기 때문이다. 하느님 안에서 "위격"은 전통적인 가르침에 따르면 "실체적인 관계"요, 순수 관계로서 존재하심을 우리는 그러한 관계 '안에서' 알아볼 수 있지, 그 관계 밖에서는 아예 알아볼 수 없다. "그러므로 친교"는 하느님 안에서 가장 원천적인 것이요, 거기에 이미 단일성과 차이가 함께 자리한다. 하느님과의 이런 모습(관계맺음)은 유비적으로 그리고 마침내 창조 행위를 통해서 우리에게 드러난다. 유한한 존재와 하느님과의 차이 속에는 성부와 성자 사이의 차이가 반영된다. 그래서 어떻게 보면 피조물들은 곧 하느님의 "말씀들"이다. 캔터베리의 안셀무스는 이렇게 고백한다. "하나이자 동일한 말씀을 통해서 하느님께

Gesammelte Studien, Mainz 1987, 294-339.
56. G. Greshake, Communio - Schlüsselbegriff der Dogmatik, in: G. Biemer u.a.(Hrsg,), *Gemeinsam Kirche sein.* Theorie und Praxis der Communio (FS. O. Saier), Freiburg I. Br. u.a. 1992, 90-121(인용은 96).

서는 당신 자신을 말씀하시고, 나아가 당신께서 이루신 것을 표현하신다"(『모놀로기온』 33). 하느님 안에 존재하는 성령은 "일치(친교)를 일으켜 주신다." 성령은 자신의 생명력으로 피조물들을 채우고 또 하나가 되도록 이끈다. 인간은 이른바 그런 피조물들의 으뜸이자 최종 산물이라고 할 수 있는데, 이는 인간만이 "말씀-특성"에 의해 생겨난 창조 행위 앞에서 응답을 구체화하고 추인할 수 있기 때문이다.

그리스도론, 구원론, 은총론은 이 세상에 대한 하느님의 배려와 섭리를 함의한다. 예수 그리스도는 십자가상에서 새로운 "예"라는 응답을 통해 하느님과 세상 사이의 친교에 동의함으로써 그 입장을 명백히 했다. 그리스도-사건의 "입증"은 그 실현 또한 보증한다. 교회는 이 세상이 온전히 하나가 되는 그런 의미의 공동체성 안에서 하느님과의 친교를 위해, 교회 내 구성원들의 친교를 위해 나아갈 수 있게 되었다. 교회를 통해 주어진 이 은총이 실현되게끔 교회는 스스로 서로 간의 차이를 극복해, 아니 오히려 그런 차이를 통해서 단일함을 이루어야 한다. 이 같은 친교는 교회로 대변되는 인간들을 분명 원해야 하지만, 인간들에 의해 완성되는 것이 아니라 하느님에 의해서 완성된다. 성체성사는 특별한 방식으로 그러한 친교를 일으켜 세운다. "너희가 본 것이 되겠다면, 너희가 되어야 할 그것, 곧 '그리스도의 몸'을 받아라!"[57]

그러므로 하느님 안에서의 "친교"는 전체 구원 역사의 "친교" 차원에 반영된다. 그분의 구원 활동에서 사람들은 "친교를 나누다 혹은 소통하다"라는 표현을 이해할 수 있다. 하느님의 원천적인 모습("하나-

---

57. Augustinus, *Serm.* 272, in: *PL* 38, 1247. 아우구스티누스는 이렇게도 표현한다. "만일 너희 자신이 그리스도의 몸이요, 그의 지체라고 한다면, 성찬례의 식탁에다 너희의 고유한 비밀을 올려놓아라!"

되심")은 하느님의 외적인 구원 역사에서도 이미 상징적으로 드러나기 시작했다. 구원사는 하느님의 의지가 '친교'라는 사실을 뚜렷하게 보여준다. 교회는 하느님과 인간 사이의 일치 공동체 구현을 함의한다. 교회는 그 원형인 하느님의 하나-되심을, 곧 그분의 삼위일체적 신비를 자신 안에 품고 있다. 그렇듯 교회는 자신의 가시적인 모습을 통해 자신의 내적인 일치를 드러내 보일 수 있어야 한다. 이러한 일치는 구조적으로 성체성사와의 연계성, 곧 주교를 으뜸으로 하는 개별교회 단위로 벌어지는 성체성사로 실현된다. 이 같은 모델은 오늘날 그리스도교 공동체에서 나머지 교회론적인 모델 및 교회 일치를 위한 모델을 주도하는 의미를 띠기도 한다.

일종의 소통을 위한 의미에서 성사를 이해하려는 원칙적인 시도들은 앞서 특히 오토 젬멜로트에게서 목격된다.[58] 그는 자신의 책에서 전체 구원 사건이 대화적-인격적인 방식으로 벌어진다는 점을 확인하려고 했고, 그로써 성사 이해에 대한 새로운 입장을 정초하고자 비인격적-물질적이고 일방적이며 기능주의적인 관점을 극복하는 일이 무엇보다도 앞서 요청된다고 역설한다. 성사는 하느님과 인간 사이의 포괄적인 만남-사건에 대한 분명한 표현이요, 그런 사건들에 대한 표지다. 하인츠 로버트 슐레테(H. R. Schulete)는 1960년 자신의 연구서 『소통과 성사』를 발표했다.[59] 거기서 그가 특별히 주목한 것은 이른바 "신령성체"의 문제지만, 그보다 훨씬 더 중요한 것은 원칙적으로 인간-그리스도-친교를 만남 사건 및 소통 사건의 의미로 바꿔 표현하려는

---

58. O. Semmeloth, *Gott und Mensch in Begegnung*. Ein Durchblick durch die katholische Glaubenslehre, Frankfurt a.M. 1956.
59. *Kommunikation und Sakrament*. Theologische Deutung der geistlichen Kommunion (*QD* 8), Freiburg I. Br. u.a. 1960.

데 있었다.60

알렉산드레 가노치(Alexandre Ganoczy) 역시 성사론 안에서 소통적인 신학적 원칙을 모색하고자 여타의 다른 이론들을 제시하는 데 힘을 기울였다.61 그가 모색해 제시한 특별한 사안은 성사를 집행하는 전례 의식이 철두철미 소통을 위한 행위들로 이해될 수 있다는 것이다. "근본적으로 그리스도 사건을 통해 드러난 하느님의 계시인 성사들은 그 외적인 형식들에 비추어 볼 때 일련의 상징 행위와 언어 행위라고 말할 수 있다. 이는 전례 상으로 드러난 예식에서 신앙인들에게 인간 상호간의 공동체적인 화합을 이루게끔 한다. 그래서 거기 성사 안에서는 각 개인에게 각자의 생활 여건에 맞춰 자기를 실현하게끔 하느님께서 당신 사랑을 그리스도를 통해 성령과 함께 건네시는 행위가 벌어진다. 그리하여 외적인, 공동체적-교회의 성사 중에 우리는 하느님에 의해 주도되고 또 본질적으로 건네지는 — 혹은 그 본질에 부합해 이루어지는 — 대화와 생명의 교류가 하느님과 인간 사이에서 개진되는 것을 알아보게 된다."62

---

60. 이에 대한 참고로 P. Hünermann, Sakrament - Figur des Lebens, in: R. Schaeffler / P. Hünermann, *Ankunft Gottes und Handeln des Menschen. Thesen über Kult und Sakrament (QD 77)*, Freiburg I. Br. u.a. 1977, 51-87.
61. 참고로 A. Ganoczy, *Einführung in die katholische Sakramentenlehre*, Darmstadt 1979.
62. H. O. Meuffels, *Kommunikative Sakramententheologie,* Freiburg I. Br. u.a. 1995, 65. Meuffels의 이 책에서는 친교의-소통적인 성사신학이 가장 폭넓은 차원에서 전개된다.

"성사론"에 관한 기본적 참고 문헌

Courth, Franz, *Die Sakramente*. Ein Lehrbuch für Studium und Praxis der Theologie, Freiburg i. Br. u.a. 1995.

Faber, Eva-Maria, *Einführung in die katholische Sakramentenlehre*, Darmstadt 2002.

Ganoczy, Alexandre, *Einführung in die katholische Sakramentenlehre*, Darmstadt 1979.

Schneider, Theodor, *Zeichen der Nähe Gottes*. Grundriß der Sakramententheologie, Mainz ⁷1998.

Vorgrimler, Herbert, *Sakramententheologie* (Leitfaden Theologie 17), Düsseldorf ²1990.

6 | 7성사

1. 세례성사

1) "리마 문헌"(Limadokument)

1982년 스위스 겐프에서 교회 세계연합회 산하의 '신앙 및 교회법 전문위원회'가 문헌 하나를 공포했는데, 그 문헌을 위해 처음으로 세상의 모든 그리스도교회가 협력했으며, 가톨릭교회 일부 신학자들도 이 자리에 참석했다. 이 "신앙 및 교회법 전문위원회가 수렴한 성명서"는 "세례성사, 성체성사, 교도권"이라는 세 주제의 제목 아래, 무엇보다도 첫 부분에서 세례성사에 대해 다루면서 그리스도교의 이 같은 근본 실재를 기억해 온 교회의 일치를 꾸준히 유지할 것을 촉구했다. 거기서 교회 일치의 토대를 마련하는 일은 가톨릭교회의 교의신학 측면에서도 유익한 일이었다. 왜냐하면 세례성사에서 우리는 최소한이라도 서로 동의할 수 있는 한 가지를 실천적으로 확보하게 되었기 때문이다. 이 같은 형식을 통해 그동안 떨어져 나간 모든 교회들로부터 동의를 얻어낸 것은 분명 종교개혁 이래로 교회사와 신학사에서 처음 있는 일이었다.[1]

2) 리마 문헌의 세례에 대한 가르침의 주요 요소들

(1) 세례성사의 제정

"그리스도교의 세례는 나자렛 예수의 행적, 그분의 죽음, 부활에 근거한다." 하고 상기 문헌은 시작한다. 그로써 사람들은 세례성사에서 나중에 "부활 신비"라고 일컫는 그 무엇인가를 떠올릴 수 있다(문서 번호 14). 물론 위에서 천명한 "나자렛 예수의 행적"이라는 표현은 예수의 전 생애와 활동을 총망라한다. 세례가 예수의 죽음과 부활 사건만이 아니라, 그의 전 생애에 함께한다는 고백은 상기 문헌의 문서 번호 13의 서두에도 보다 더 분명하게 언급된다. "세례는 예수 그리스도의 삶과 죽음, 부활에 동참하는 것을 뜻한다. 그분은 요르단 강물에 몸을 담금으로써 이미 죄인들과의 연대성에 깊숙이 관여하셨다." 세례를 주는 행위는 이미 신약성경에서, 교회 교부들에게서, 전례를 통해서 확인할 수 있는 것처럼 교회의 보편적 실천을 통해 완성될 것이다. 예수의 세례에 대한 명령(마태 28,18-20)은 추가적인 임무 이상의 의미를 띤다.

(2) 세례의 의미

이는 리마 문헌의 세례에 대한 두 번째 가르침으로서 아마도 가장 중요한 부분이라고 할 수 있는데, 거기에 다섯 가지 주지 사항이 뒤이어 소개된다.

세례(혹은 세례의 의미)는 예수의 죽음과 부활에 동참하는 것이며 회개와 용서 혹은 씻음이요, 성령의 선물이자 그리스도의 몸에 속하는 지체가 되는 것으로서, 하느님 나라에 들어설 수 있게 된 뚜렷한 표지다.

---

1. 이 문헌은 *DwÜ* I, 543-585에 문서로 남아 있다. 나는 이 문서(기록)에 근거해 인용했다.

리마 문헌의 세례에 대한 가르침은 아래와 같다.

(3) 세례와 신앙

세례는 하느님의 섭리와 인간의 응답 사이에서 생겨난 제삼의 어떤 것이 아니다. 오히려 세례는 하느님의 선물인 동시에 신앙인의 응답이다. 신앙은 이미 세례를 지향한다. 그 때문에 세례는 신앙인의 전 생애에 중요한 의미를 갖는다. 살아가는 동안 그리스도 안에 뿌리를 내리고 성장해 가는 셈이다. 세례는 모든 그리스도인들에게 책임을 부여하는데, 그것은 "모든 사람들을 해방시켜 주시는 그리스도의 복음을 함께 증언하는 일"(문서 번호 10)을 가리킨다. 그런 이유로 세례는 전체 하느님 백성과 직결된다. 곧 모두가 "함께 증언" 해야 함을 뜻한다. 5개의 장으로 구성된 상기 문헌의 네 번째 장은 아래와 같이 '세례식'에 대해 보여 준다.

(4) 세례식

이 네 번째 장의 첫째 단락(A)에서는 성인 세례 문제와 유아 영세 문제에 대해 논한다. 이는 전반적으로 볼 때, 비록 가톨릭교회 측에서도 점차 논의가 활발히 전개되고 있지만, 프로테스탄트교회 내에서 더 많이 논의되어 온 문제다. 한편 중요한 사실은 상기 두 문제가 신약성경의 입장에서는 논의할 만한 계제가 크다고 확고하게 말할 수 있지만, 다른 한편 성인 세례와 유아 세례 사이에 자리하는 공통점들이 그 둘 사이의 차이를 훨씬 더 무디게 만들 수 있다고 할 만한 단서 또한 발견된다는 것이다. 둘째 단락(B)은 세례 - 성유(도유) - 견진을 한꺼번에 집전하는 일에 대해 주목한다. 거기서 문제는 옛 교회의 전통에 따라 성유 예식을 성령의 고유하고도 주도적인 차원에서 함께 행해졌는데, 동방교회는 세례와 나머지(성유와 견진)를 집전하는 반면, 서방교회는 다소 오랜 시간이 경과한 뒤에 나머지(특히 견진성사)를 집전하도록 한다는 것이다. 나아가 종교 개혁가들은 세례 예식을 하나의 고유한 성사로 정해 집전하는 것을 못마땅하게 생각한다. 다만 일정한 사료적 근거를 따라서 비성사적인 행사로서 신앙인으로 고지하는 축제로 지내기를 권한다.

(5) 세례의 집전

그 핵심적인 내용을 보자면, 세례는 '성부와 성자와 성령의 이름으로' 이루어진다. 이때 물의 의미가 분명하게 설명되어야 하며 그냥 지나쳐서는 안 된다. 세례는 가급적 공적인 미사 전례 중에 집전되어야 하며, 교회가 엄히 정한 자격을 갖춘 이가 집전해야 한다. 세례 예식에 필수적인 요소로서는 다음과 같은 점들을 손꼽을 수 있다. 성경 말씀의 봉독(세례에 관한 성경 구절), 성령 호칭 기도, 죄악을 멀리 하겠다는 다짐, 신앙고백(특히 그리스도와 삼위일체의 하느님에 대해서), 세례를 받은 이는 모두 하느님의 자녀가 되며 구원을 선포하는 증인이 되어야 한다는 사실에 대한 자세한 설명 등이다. 그 밖의 요소로서는 앞서 수세기 동안 활용해 온 것들로서 혹은 오늘날 이곳저곳에서 활용해 온 것들로서, 예컨대 안수, 십자가 표식, 흰 옷 등이 있다. 이것들은 세례성사를 훨씬 더 풍부하게 이해하도록 도와준다.

3) 리마 문헌의 세례에 대한 강조점, 특징, 문제점

리마 문헌은 제1장부터 제3장까지 세례에 대한 일련의 가르침을 요약한다. 문헌 제1장은 '세례의 제정'에 대해 다룬다. 거기에는 다소 모호하게 마태 28,18-20에 대해 소급해 말한다. "마태오 사가는 부활하신 주님께서 당신 제자들을 세상에 파견하실 때 그들에게 세례 임무를 맡기셨다고 전해 준다." 나아가 신약성경의 많은 서간들, 사도행전, 교회 교부들의 가르침이 증언하는 바와 같이 "사도 시대의 교회에 세례 예식이 보편적으로 거행"되었음을 입증한다.

아무리 늦게 잡아도 칼 라너 이래로 그가 이른바 새롭게 탄생한 교회의 근본적인 실행을 통해 성사가 완성되어 간다는 명제를 내세운 이래, 가톨릭 신학은 물론 세례성사만이 아니라 모든 성사들을 사료적인 예수에게 소급시켜 이해하던 태도를 더 이상 지속할 수 없게 되었다. 라너에 의하면 그리스도는 "최종적으로 유효한 은총의 성사적 원-말씀"인 반면에, 교회는 이 같은 주님의 "원-성사"요, 성사들은 그러한 원성사적 교회의 "자기완성을 위한 실행"과 직결된다. 그로써 전반적인 성사의 설정 근거 문세가 사료적인 차원에서 교회론적인 차원으로 옮겨졌다. 그래서 모든 성사를 위해 각 성사마다 "제정-말씀"을 찾을 필요가 없어졌다. 그리스도에 의해 세워진 교회가 그때마다 주어진 구원여건에 맞추어 일정한 행위를 따라 자기완성을 위한 실행을 결정해 나갈 수 있다고 이해한 것이다.

프로테스탄트 측에서는 그리스도 사건과 오늘날 예식을 치르고 있는 성사(여기서는 세례성사) 사이의 결속 관계를 체계적이고 주석학적으로 살피는 다양한 방법들이 제시되었다. 제정 문제를 넘어서 상기 문헌 제1장은 이렇게 끝맺고 있다. "교회들은 오늘날 이 세례성사 예식을 계속적으로 당신 백성에게 당신의 은총을 내려 주시는 주님께 희생을 봉헌하는 의식으로 거행한다." 세례가 "주님께 희생을 봉헌하는 의식"이라고 언급한 부분은 전체 맥락에 — '성사의 제정'과 관련된 언급에 — 비추어 볼 때 상당히 수수께끼 같은 표현이다.

제2장(문서 번호 2-7)은 '세례의 의미'에 대해 보여 준다. 신약성경에서 세례 예식에 활용할 수 있을 만한 몇 가지 비유들이 필요했던 것 같다. 문서 번호 2는 이렇게 요약한다. "많은 비유들이 있지만, 실재는 하나다." 만일 세례가 그리스도의 죽음과 부활에 — 그리스도로 말미암은 해명 혹은 종살이에서의 해방 등에 견주는 부활에 — 동참하는 행위라고 한다면, 세례는 그렇듯 하나의 실재로 이해된다.

세례성사의 여러 차원들, 예컨대 그리스도의 죽음과 부활에 동참하는 행위로서, 회개와 용서 혹은 씻음으로서, 성령의 은총으로서, 그리스도의 몸에 속하는 지체가 되는 행위로서, 하느님 나라에 들어설 수 있게 된 표지로서 세례를 하나씩 살펴볼 경우, 그 모든 것들이 교회 일치에 관한 하나의 매우 심오하고도 풍부한 동의를 암시한다고 보아도 좋다. 최소한 가톨릭교회의 전반적인 의식에 유익하다고 할 수 있는 점은 세례가 더 이상 두 가지 관점, 즉 죄의 용서로 바라보는 관점과 의화 은총이 개진된다고 바라보는 관점[2]을 분리시켜서 이해되는 것만은 아니라는 것이다.

가톨릭교회의 세례신학은 성경의 언표들을 집약적으로 결합시키는 작업을 통해, 특히 신약성경의 입장으로부터 강력하게 각인되었다. 위에서 이미 간단하게나마 요한의 세례와 예수 자신의 세례 사이의 연

---

2. 이는 예를 들자면, 루트비히 오트의 교의신학서에서 엿볼 수 있는 대목이다. 이 교의신학서는 일반 본당에 널리 보급되었고, 그런 점에서 당시 신앙인들의 사고방식에 큰 영향을 미쳤다. L. Ott, *Grundriß der kath. Dogmatik*, Freiburg I, Br. [7]1965, 425: 세례는 "죄의 사함"과 "의화 시키는 은총을 부어줌으로써 내적인 거룩함을 이루는 일"이다.

관성에 대해 논의했다. 그렇게 사람들은 로마 6,1-11에서 전하는 사도 바오로의 세례에 관한 유명한 가르침을 기억한다. 그래서 세례는 곧 예수의 죽음 속으로 함께 걸어가는 것이요, 단지 전례적인 차원에서만이 아니라 분명 십자가에 매달린 분과의 진정한 공동체성을 확인하는 일이라고 사람들은 이해했다. 따라서 십자가에 매달린 분의 부활 덕분에 세례를 통해 그리스도와 맺은 유대는 죄와 죽음의 해방을 포함하며, 나아가 성령을 넘겨받음으로 인해 거룩해지는 일 역시 긍정적으로 고려될 수 있었다.

바오로 사도의 세례신학에서 그리스도를 중심으로 삼는 입장은 결코 과장되지 않았다. 그럼에도 요한 사가의 문헌들에서는 성령론적인 특징을 띠는 특별한 강조점이 발견된다. 세례는 구약성경이 희망했듯이 하느님의 영을 넘겨받는 기회다. 그래서 하느님의 영은 결국에는 인간의 마음에 변화를 불러일으킬 것이다(에제 36,25 이하; 예레 31,33). 세례는 요한에게 있어서 "위로부터 다시 태어남"을 의미하며, 그것은 물과 영으로 태어나는 것을 가리킨다(요한 3,1-15).

가톨릭교회 세례신학의 토대를 감안해 이처럼 성경의 영감에 대해 간단히 회고한 다음 여기 리마 문헌을 다시 살펴보라! 그리하면 리마 문헌의 문서 번호 5의 언표는 아주 특별한 의미를 갖는다. 왜냐하면 세례가 '성령의 선물'이라고 말하기 때문이다. "성령은 세례 전이나 세례 받는 중이나 세례 후에도 인간의 삶 전체에 작용하신다." 그러므로 성령의 선물이 한 순간 일의적으로 완성된다거나 매듭지어지는 계기라고 생각하는 태도는 삼가야 한다. 그로써 아마도 세례성사와 견진성사 사이의 관계에 대한 난점이 해결될 수 있는 또 하나의 가능성을 얻게 되는지도 모른다.

세례는 문서 번호 6이 언급하듯이 그리스도 몸의 지체가 되는 것을 함의한다. 가톨릭교회의 교회 일치에 관한 교령도 비-가톨릭 신자들은 "세례를 통해 의화 되고 그리스도의 몸에 속하는 지체가 된다."라고 세례에 대해서 언급한다(문서 번호 3). 그와 동시에 이렇듯 지체가 된다는 것은 단지 "시작과 시작점"만을 의미하지는 않고, 오히려 계속해서 무엇보다도 성체성사를 통한 유대를 향해 나아가야 한다(문서 번호 22). 우리는 여기서 가톨릭교회 안에서 그동안 해결되지 않은 교회론의 한 가지 문제로서 지금까지 (칼 레만에 이르기까지) 앞서 보았던 가톨릭 신학자들의 고민거리와 마주하게 된다. 우리는 가톨릭 신자로서 다른 사람들과 함께 그리스도의 몸에 속하는 지체가 된다는 것을 알고 있다. 그래서 우리는 모두 "지체들"이요, 이는 세례를 통해서 이루어진다. 그런데 이와 동시에 이러한 지체로서의 신분을 우리는 그럼에도 다시금 다만 그 절반만 이해하게 된다. 왜냐하면 하나의 영적인 공동체라는 이름 아래 같은 지체라고 하지만, 그 공동체는 여전히 온통 가시적인 형태를 띠고 있는 공동체이기도 한 때문이다.

이와 비교할 만한 입장이 물론 비-가톨릭교회 공동체 안에도 존재한다. 상기 문헌의 문서 번호 6에 뒤따르는 주석은 한 가지 역설(逆說, paradox)에 주목한다. "서로 다양하게 거행하는 세례 예식들을 하나의 세례에 동참하는 행위로 인정하는 교회들의 무뎌진 태도와 저마다의 세례 예식을 서로 인정함에도 불구하고 계속되는 교회들 간의 분열은 교회의 증언에 여전히 일치하지 못하는 문제점을 비극적으로 보여 준다." 그러므로 그리스도교 사상의 분열은 성찬례 식탁에서 등을 돌리는 행위로부터 비롯하는 것이 아니라 이미 그리스도교회들이 원칙적으로는 하나의 세례에 대해 '예' 하고 수긍하면서도 다른 이들과의 하나됨 및 친교를 향해 결코 진심으로 '예' 하고 응답하지 못한다는 사실에서 비롯한다고 말할 수 있다. 거기서 다른 이들은 사실상 그리스도의 몸과 단단히 결합된 이들이다.

상대적으로 낯설게 여겨지는 부분은 세례에 관해 가장 마지막에 언급한 구절로서 사소한 부분이 아니다. 이른바 세례가 '하느님의 나라와 도래할 세상의 삶을 지시하는 표지'라고 언급한 구절이다. 세례 받은 자는 누구든 분명 이 세상에 존재하면서도 그의 실존은 하나의 실재 세계, 곧 지금은 단지 믿고 또 희망할 수 있는 그런 실재 세계에 발을 들여놓은 자이다. 이는 세례 받은 자에게 이 세상에서 살아가는 동안 태연자약한 자세를 자극하고 이 세상을 하느님께서 뜻하시는 그런 세상이 되도록 최선을 다하도록 고무시킨다. 그래서 "모든 혀들이 예수 그리스도가 주님이시며 아버지 하느님의 영광을 위해 계신다고 고백하게 될"(문서 번호 7) 새로운 세상을 기대한다.

제3장(세례와 신앙)의 경우는 다소 포괄적인 연관성을 고려하면서 언급한다. 거기서는 한 문장(곧 세례를 하느님의 선물이자 인간의 응답이라고 기록한 문장)을 통해 말하고자 하는 바가 특별히 부각된다. 뒤에 제4장(세례식)의 경우에도 다소 포괄적인 관점에서 표현되고 있음을 볼 수 있다. 거기에는 특별한 문제점이 나타나는데, 여기서 그에 대해 새로이 주석을 시도하거나 개별적인 사항을 살피는 행위는 별로 유익하지 않아 보인다. 문서 번호 21의 언급, 곧 적지 않은 아프리카 교회들은 단지 안수를 통해서만 세례를 집전할 뿐, 물을 사용하지 않는다고 하는 언급은 예외적인 문제로 보인다. 예컨대 물이 부족한 지역(아프리카)에서 그렇게 거행될 수도 있다는 몇몇 해석에 대한 정보는 만족스럽지 않다. 차라리 거기서는 다음과 같은 입장이 요청된다(이 경우가 적절한

주석처럼 여겨진다). "이러한 세례식의 거행과 물로 세례를 주는 행위와의 관계에 관한 일련의 연구는 반드시 계속해서 이루어져야 한다."

4) 문헌 전체와 관계된 문제점

(1) 세례와 신앙

그리스도교 신학 그 어디에서도 신앙과 세례가 서로 결합되어 있다는 점을 의심받은 적은 없다. 확고하게 말하지만, 신앙 없이는 세례도 없으며 신앙 자체는 이미 하느님의 선물이다. (이에 대해 문서 번호 5 참조, "성령은 세례 전이나 세례 받는 중이나 세례 후에도 인간의 삶 전체에 작용하신다"). 간단하게나마 제3장에서 그에 대해 분명하게 밝히고 있다.

사람들은 문헌에 담긴 사상을 다음과 같이 말할 수 있다. 세례는 이 세상과 거기에 살아가는 모든 사람들을 새로운 창조물로 이끌고자 하는 성령의 역동적인 능력 안으로 스며들게 한다. 인간의 신앙을 통한 응답으로서의 '예!'는 과연 성령의 선물을 통해 세례를 받은 이가 그리스도의 복음을 기꺼이 증언할 수 있다는 의지를 내포한다. 그 '예!'는 단지 그렇듯 말로 완결된 것이 아니라 "다양한 삶의 현장에서 하느님의 뜻을 실현하는 데 몸을 사리지 않겠다."는 각오를 표명한 것이다. 전체 문헌에서 얼마나 자주 분명하게 세례에 내포된 윤리적 내용들과 추이들이 언급되고 있는지 사뭇 놀라울 정도다. 예상 밖의 현실성을 감안해 그러한 그리스도교의 행위를 해방으로 일컫는 다각적인 해석이 존재한다. 이에 대해서는 먼저 "해방신학"을 떠올릴 수 있다. 해방신학은 그리스도교 사상의 중심부에서 그 원천을 취한다. 세례는 구원이요, 종살이로부터의 해방이다. 그 때문에 세례는 "새로운 인간을 향한 해방, 그로써 성 차별, 인종 차별, 사회적 신분상의 차별로 말미암은 분열의

벽이 극복될 수 있는 그런 해방"과 연계된다(제3장의 2항). 더욱이 그리스도는 "모든 사람들을 해방시키시는 분"이기 때문에, 그의 세례에 대해 그렇게 말할 수 있다(제3장의 10항). 제2장의 문서 번호 6에 대한 주석은 표현이 신랄하다. "성 차별, 인종 차별 및 사회적 신분상의 차별이 그리스도의 몸을 갈라놓는 것을 가만히 지켜보기라도 하듯, 많은 장소와 여러 시대에 교회가 보여 준 태도는 … 세례를 통해 주어진 참된 그리스도교 신앙인들의 일치를 의문스럽게 만들어 버렸고, 교회가 걸머진 복음의 증언마저 크게 손상시켰다." 사실상 세례를 받은 자가 작은 생활공간으로서 이웃 간이든, 아니면 보다 넓은 생활공간으로서 사회와 정치 차원에서든 서로를 향해 범죄를 저지르고 억압하면서 신분에 어울리지 않은 삶을 살아가는 동안, 세례를 통해 이미 약속된 일치가 크게 손상을 받고 있다.

이 문헌은 여러 곳에서 세례가 신앙을 통해 계속 심화되어야 할 평생 교육임을 암시한다(특히 제4장의 12항). 사람들은 이곳저곳에서 새롭게 발전되어 온 교리 교육을 떠올릴 수 있다. 단지 아직 세례를 받지 않은 자를 위한 세례 준비로서만이 아니라, 의식적이고 한층 심화된 차원에서 그리스도교 사상에 파고드는 과정으로서 그런 교육을 특별히 원하거나 그런 기회를 한 번도 가져보지 못한 이들을 위해 교회가 앞서 배려해야 한다는 원칙을 고려한다면 말이다. 이 같은 방향으로 오늘날 확실한 시도들이 개진되고 있는데, 그런 시도들은 성인들을 위한 교리 교육 안내를 목표로 삼는다. 이에 대해서는 이미 오래전부터 프랑스, 독일 베를린과 함부르크에서 시도되었다. 사람들은 물론 신앙 학교나 "성경 공부"와 같이 개별교회 안에서 얼마 전부터 활발하게 실천해 온 다양한 형태를 따라 종교적으로 성숙해지도록 도와주는 신자 재교육과 특별한 시기에 개최하는 신앙 특강 프로그램도 떠올릴 수 있다.

(2) "다양한" 세례 형식(?)

리마 문헌은 그리스도교회 안에서 실천되어야 할 세례의 두 가지 형식(원칙)에 대해서 진술한다.

① 각 연령층에 따른 세례, 예컨대 로마-가톨릭교회만이 아니라 다른 많은 교회들에서도 시행중인 경우로서 세례 받은 부모들의 자녀들이나 성인들에게, 특히 선교 지역에서 그에 부합하는 세례 준비를 통해 세례를 베푸는 형식들이 있다.

② 신앙을 고백할 때 이미 그리고 가능성을 가진 어른들에게만 해당하는 세례가 있는데, 이에 누구보다도 침례주의교회, 멘노 선교회(Mennonit), 그리스도의 제자교회, 오순절교회 및 그 밖의 수많은 프로테스탄트 신앙공동체의 경우가 해당된다.

리마 문헌은 그런 다음 상기 두 가지 형식들 사이에 가교를 놓으려고 했다. 두 가지 세례 형식은 신앙공동체라는 교회 안에서 이루어진다. 이 두 가지 형식들은 하느님과 그리스도에 대한 충실성에 근거한다. 이 두 가지 모두 세례 받은 자들은 세례 예식을 뛰어넘어 그들의 신앙을 꾸준히 고백해야 한다. 그 어떤 세례 예식이든 그것을 통해 공동체는 신앙을 위해 봉사할 수 있다는 적극적인 태도를 고무시킨다. 그런 한에서 어려움이란 결코 존재하지 않는다. 어른들의 세례는 신약성경과 옛 교회로부터 최대한 바람직하게 입증된 형식으로서, 아마도 시대적 여건에도 가장 잘 부합하는 형식이라고 본다. 그렇다고 유아 세례가 신약성경에 반하는 형식이라는 말은 아니다. 모름지기 일반 사회에 응용하기 손쉬운 형식으로서 전체 그리스도교회 안에 오랫동안 깊이 뿌리박혀 있다.

여기서 최대한 고조된 문제로서 세례 유예에 관한 문제를 들 수 있다(제4장의 16항과 무엇보다도 제5장의 21항에 대한 주석에서). 모든 신학자들은 세례를 받아들이기 위해서 신앙이 필요하다는 생각에 일치를 보인다. 그러나 유아 세례를 주장하는 자들은 철저히 유아의 부모와 그 아이가 속하는 공동체의 대리 신앙에 기초해 세례를 받을 수 있다고 생각하면서도, 한편 유아 세례의 경우 당장 하느님에 대한 인간의 수용적 태도가 온전치 않을 수 있다는 견해를 보이는 반면, 어른들의 세례를 주장하는 자들은 자유로운, 곧 세례를 받고자 하는 지원자의 의식적인 응답('예!')이 반드시 전제된다는 견해를 지지한다.

좀 더 정확히 말하자면, 상기 문헌의 세 번째 세례 형식이 언급되고 있음을 엿볼 수 있다(문서 번호 20과 12). 게다가 이는 분명히 정통성을 갖는 견해로 여겨진다. 이 형식의 경우 세례를 받은 자는 곧바로 도유되어야 하며(견진성사도 받아야 하며), 서로 소통해야 한다(간단한 부언처럼 취급!). 이때 본시 나중에 개인적인 신앙고백이 어떻게 이루어질지 미리 예측되지는 않지만, 유아 역시 온전한 의미에서 신앙인으로 간주될 수 있다. 사람들은 이 같은 모델에 반대하면서 순간적으로 반문하고픈 충동이 들 것이다. 예컨대 성경 여러 곳에서 신앙의 개인적인 응답이 세례를 받는 자에게서 한 번쯤 의식적으로 이루어져야만 하지 않느냐고 말한다. 이때에는 의당 세례와 성찬례 사이의 밀접한 연관성도 부각된다. 이에 대한 참고로 1코린 10,15-17과 관련된 제4장의 14항 주석은 "만일 세례가 그리스도의 몸과 하나가 되는 의미를 띤다면, 그래서 세례의 내적인 본질에 의거해 그리스도의 몸과 피에 참여하는 성찬례를 지향하는 것이 바람직하다고 한다면, 유아 세례의 경우 세례로부터 성찬례 참례를 가능하게끔 이어주는 특별한 전례 의식이 어찌해 제법 긴 시간 동안 미루어질 수 있는지에 대해 물음이 제기될 것"이라고 충고한다.

그러므로 이 문제는 여기서 일찌감치 제기된 신학적인 물음과 연관된다. 예컨대 정교회가 제시하는 세례 형식이 굳이 개인적인 신앙고백을 요구하지 않는다면, 어떤 척도에서 그런 입장이 도대체 가능한 것인지의 물음과 관련이 깊다고 할 것이다(특히 가톨릭교회의 견진성사, 곧 성찬례 참례를 허락하는 절차로서가 아니라, 아마도 세례를 보다 강화시키는 의미로서의 견진성사와 비교할 때). 한편 이 문제는 프로테스탄트교회의 견진식과도 직결된다. 첫 번째 문제는 정교회의 신학에 소급되고 또 다소 소심하게 취급된다고 하더라도 거기서 논의될 것이다. 두 번째 문제는 프로테스탄트 신학과 관련이 깊다. 이때 분명 견진식과 함께 개별적인 신앙의 응답이 가능하다고 하지만, 성찬례 참례의 허락과의 연관성 때문에 리마 문헌의 물음을 피할 수 없을 것이다. 곧 세례와 성찬례(성체성사) 사이에서 결코 유보되어서는 안 되는 어떤 것이 미루어지고 있는 것은 아닌지 하는 물음과 직면하게 될 것이다. 이 물음과 관련된 논의는 여기서 더 이상 개진하지 않겠지만, 이것이 하나의 문제점이란 것만은 지적하고 싶다.

(3) 세례와 견진성사

리마 문헌 제4장의 14항은 세례가 성령의 선물이라고 공언한다. 그러나 "그리스도인들은 성령의 선물이라는 표지를 드러낼 때 서로 다른 표현 형식을 취한다."고 덧붙인다. 곧 로마-가톨릭교회는 '견진성사'를 세례성사와 엄연히 구별된 성사로 이해하고 있으니, 이는 정교회 및 프로테스탄트교회의 입장과 대조적이다. 로마-가톨릭교회는 분명 세례가 리마 문헌이 진술하는 그런 모든 사항들을 중재한다고 고백하면서도 견진성사의 "또 다른 그 이상의 의미", 곧 성령의 "특별한" 은총에 대해 강조한다(참고 LG 11).

사실상 로마-가톨릭교회의 신학에서 온전히 해결되지 않은 문제가 존재한다. 아마도 가장 훌륭한 해결 방식, 그래서 다른 그리스도교의 사유 형식으로도 접근이 용이하다고 보는 해결 방식은 견진성사를 통해 신앙인 각자가 개인적으로 받는 은총의 선물에 대해 특수한 입장과 강조점을 설명하는 방식이라고 본다. 왜냐하면 그것은 동시에 교회와 세상에서 살아가는 인간의 특별한 파견을 고려함으로써 해결 가능하다고 내다보기 때문이다.

(4) 교회 일치와 관련하여

본래 이 문헌에서 교회 일치를 지향하는 의도가 처음부터 계획되고 실제 추진되었다고 할 수 있다. 이때 반복해 말하지만, 한두 가지 주지할 만한 사실이 있다. 리마 문헌 가운데 세례에 관한 일부 내용이 교회 일치를 감안해 최대한 수렴될 수 있도록 작성하고, 최소한의 문제점만 남겨놓도록 하자는 의도에서 거기 참여한 모든 이들이 일치를 보였다는 것이다. 그렇다면 그 같은 합의는 이미 서로가 가지고 있던 문제를 단지 재확인한다는 피상적인 작업을 넘어서 모든 교회들이 하나의 공통적인 관심과 열의를 좇아서 착수했어야만 했다. 그러나 그렇게 하지는 못했다. 실제 개별적인 측면들, 예컨대 세례 예식을 하느님 나라의 표지로 해석했다는 것은 일치를 위한 새로운 형식이라고 말할 수 있었던 만큼 모두가 다 함께 같은 신앙으로 합의할 수 있도록 정교하게 작업을 했어야만 했다.

그 중심 문제들은 이미 지적되었다. 세례로 인해 자연히 그리스도의 몸에 속하는 지체가 된다는 사실은 과연 "같은 지체"라고 고백하면서도 다른 이들과 친숙하지 않을 수 있을까? 또한 거기서 함축적인 의미를 띠는 교회론적인 물음들이 해결될 기미가 보이는가?[3] "유효하게 세례를 준다."는 것은 무엇을 가리키는가? 어떤 형식의 세례가, 다시 말해 모든 교회로부터 인정할 만한 세례 예식으로서 어떤 예식이 충분하고 또 필수적인가? 세례 - 도유 - 견진 - 견진 예식 사이의 연관성은 무엇인가? 현실적인 세례에 대한 이해를 전반적으로 만족시켜 주는 또 다른 관점들은 없는가? 예를 들어, 세례가 "그리스도를 통해 새롭게 살아가는 것"을 함의한다고 분명하게 언급했더라면, 리마 문헌은 그리스도인들이 세례를 받는다는 사실에 가치를 두고 새롭게 곱씹을 수 있게끔 신선한 자극을 제공할 수도 있었다. 또 그랬더라면 그런 의미는 그리스도인의 삶 안에 어느 부분에서 구체적으로 드러날까?

(5) 세례의 집전

세례의 집전(제5장)에 관한 진술들은 가톨릭교회 측에서는 주저 없이 수용될 수 있다. 제2차 바티칸 공의회를 통해 쇄신된 원칙들과 해명들이 더 강력하게 강조되었다.

① 세례, 견진, 성찬례는 한결같이 그리스도인의 고유한 모습을 드러내는(바야흐로 그리스도인이 되는) 성사로서 서로 결합된다.

---

3. 제2차 바티칸 공의회 이후 가톨릭교회의 입장에 대해서는 전반적으로 세례와 (교회) 공동체 사이의 특별하고도 밀접한 결속이란 표현을 통해 잘 드러난다. 나의 연구 논문 "Taufe, kath. Sicht", in: *ÖL*, 1142-1145 참조.

② 세례의 뿌리는 파스카 신비에 있다(그러므로 단지 "씻음"의 의미를 뛰어넘는다).

③ 부모 및 후견인, 곧 대부모의 의무 및 세례자의 인격적인 신앙 결단을 한층 고무시켰다(유아 세례의 경우 세례 신앙의 유보를 가능한 것으로 내다보았다).

④ 세례를 공동체 전체의 전례적인 삶에 내재하는 하나의 요소로 이해했다. 나아가 성인 세례를 위한 새로운 예식을 생각해 냈다. 세례 예식은 물론 전체적으로 일관된 모습을 보여 주어야 한다. 나중에라도 사람들은 리마 문헌의 제5장의 21항 주석에 반드시 동의하게 될 것인즉, 그 주석에 의하면 세례는 그저 이름을 부여하는 예식이 아니며, 이름의 부여가 세례에 본래 근본적인 것이 아니다. 여기서 한 걸음 더 나아가 지역 및 문화적인 조건과 맥락에 의한 불필요한 차별화도 해소되기를 촉구했다.

(6) 프로테스탄트교회의 입장

세례, 성체, 교회의 직무가 어째서 당장 함께 수렴해야 할 교회 신앙의 핵심인가? 달리 말해서, 어째서 교회는 세례, 성체, 자신의 직무로 인해 서로 분열되었는가? 이 세 가지 형식을 본질적인 차원에서 온전히 실현시키는 근거를 어디서 어떻게 마련할 수 있을까? 나아가 어째서 각 교회의 근거들이 서로 다른 것일까? 거기에서는 징후들이 아니라 그 대신 원칙적인 것이 중요하다고 보아야 옳을까? 수렴하는 일이 본래적으로 꼭 요청되는 것일까? "중심에서 벗어난" 진실의 경우 원칙적으로 배제될 수는 없는 것일까? 사도적인 것은 "처음부터" 있었던 것과 같은 것으로 확인될 수 있을까? 교회 이해는 불분명하게 남아 있다.

그럼에도 단일한 세례는 하나요 거룩하며 사도로부터 이어오는 교회의 단일성을 입증한다고 하는데, 이 고백은 무엇을 의미할까? 세례와 신앙 사이의 연관성에 관해 피상적으로는 말할 수 있지만, 그것은 그저 말이 그렇다는 것이다. 특히 이 연관성에 대한 진술은 유아 세례의 경우 적절하다고 보지는 않는다. 세례를 반복할 수 없다고 하지만, 그 근거에 대해서는 분명하게 밝힐 수 없다. 죄의 용서에 대한 기본 입장도 이 문제 해결에 도움이 되지 못한다.

2. 견진성사

세례가 성령을 받아들이는 행위이기에, 견진성사는 다른 성사들에 비해 세례성사와 가장 밀접하게 연관된다. 견진성사의 역사를 간략히 되새겨봄으로써 이 성사의 실상(實相)에 가장 가까이 접근할 수 있다.

1) 견진성사의 기원과 의미(신앙인의 성숙)

신약성경이 입증하는 바에 의하면 세례를 통해 생명 ― 예컨대 성령을 통해 전달되는 생명'과 '성령에서 비롯하는 생명' ― 이 중재된다. 이와 같이 성령과 직결된 생명 개념은 도유에 관한 비유 이야기를 통해 분명하게 드러난다. 구약성경에서도 이미 영의 도유에 관한 이야기 (1사무 16,13)를 전해 주듯이, 그리스도는 성령에 의해 도유된 자다. "주님께서 나에게 기름을 부어 주시니, 주님의 영이 내 위에 내리셨다"(루카 4,18). 그리스도인은 예수의 도유에 동참한다. "우리를 여러분과 함께 그리스도 안에서 굳세게 하시고 우리에게 기름을 부어 주신 분은 하느님이십니다. 하느님께서는 또한 우리에게 인장을 찍으시고, 우리 마음 안에 성령을 보증으로 주셨습니다"(2코린 1,21 이하). 도유에 관한 은유적 표현은 의당 성령이 실제 도유된 자에게 어떻게 작용하는지 보여 주며, 그것은 세례의 경우에도 해당된다.

인장 혹은 봉인을 통해 인정받는 이야기가 그렇듯 함께 소개된다. 예컨대 "하느님 아버지께서 사람의 아들을 인정하셨기 때문이다"(요한 6,27 이하); 그리스도인들도 모두 그렇게 "인정받을 것이다"; "여러분도 그리스도 안에서 진리의 말씀, 곧 여러분을 위한 구원의 복음을 듣고 그리스도 안에서 믿게 되었을 때, 약속된 성령의 인장을 받았습니다"(에페 1,13 이하). "봉인"은 세례성사의 경우에도 옛 교회가 중요하게 숙고한 표지이기도 하다. 이 두 가지 비유적 표현은 세례 안에서도 이중적인 전례를 생각하는 데 있어서 중요한 의미를 띤다. 물론 그렇다고 해서 반드시 하나의 비유적 표현에 하나의 전례라는 식으로 이해할 필요는 없으며, 둘 사이의 사상적 연관성도 능히 추정된다.

① 세례 안에서의 도유 행위.

② 안수 행위(성령의 수여를 뜻하는 사도들의 안수 - 사도 8,14-17; 19,1-7 참조).

세례와 안수 행위의 연관성은 정확하게 해명될 수는 없다. 무엇보다도 "확고한" 성사에 대한 이해를 기초로 그 관련성을 밝혀내도록 노력해야만 할 것이다. 어떤 경우든 몇몇 사람들로 구성된 소수의 신앙공동체에서의 안수 행위는 세례 사건의 발전적 형태로 이해될 수 있다.

1세기에는 고유한 형식의 견진성사가 존재하지 않았겠지만, 그럼에도 점차 그 모습에 차이를 드러내는 세례 예식의 형태가 발견된다. 처음의 세례식과는 달리 도유 행위, 안수 행위, 십자가를 통한 표식 등의 발전을 엿볼 수 있다. 이 같은 다양한 형식들은 이미 3세기부터 확인된다(오리게네스, 테르툴리아누스의 이단적 형식의 세례에 대한 논쟁 참조). 4-5세기에는 예루살렘의 키릴루스, 암브로시우스, 아우구스티누스와 더불어 훨씬 더 빈번해진다. 4세기에는 "견고한 신앙"(*confirmatio*)이란 용어가 이 예식과 함께 등장하기도 한다. 견진성사의 역사는 그 성사를 구성하는 요소들과 함께 매우 복잡하게 얽혀 있다. 물론 오늘날과 같이 정착된 견진성사의 모습은 11세기에 이르러서야 틀을 갖추게 되었다.

사도행전과 연계해 일정한 견진성사의 고유한 행위들(특히 안수, 도유, 봉인)이 주교에 의해서만 집전되는 반면, 세례는 장로(Presbyter)와 같은 수준의 본당 지도자에 의해서 집전되는 것이 점차 관례화되었다. 이는 오늘날 고유한 견진성사의 형태로 남게 된 원천적인 모습으로, 이미 9세기부터 그와 같은 형태를 확인할 수도 있지만, 11세기에 이르러 보다 확고하게 자리를 잡았다. 제4차 라테란 공의회(1215) 이래로 견진성사는 상대적으로 뒤늦게 거행되었으며, [유아가 아닌] 보통 4-7세의 연령에 이르러서야 견진성사를 받을 수 있도록 정했다.

신학자들은 이 성사의 신학적 근거를 마련하는 데 다소 어려움을 호소하지만, 대부분 토마스 아퀴나스의 견해와 유사한 입장을 취한다. 세례성사는 영적인 탄생이요, 견진성사는 그에 반해 영적인 성장 혹은 영적인 성숙으로서 세례의 완성을 의미한다.

2) 체계적인 측면들

견진의 형태가 특이하다고 하더라도, 그리스도교의 고유한 행위(하나 됨)라는 점을 잊지 말아야 한다. 세례와 견진 안에서는 물론 하느님 구원의 '하나 됨'이 관건인 이유는, 그런 하나 된 모습의 구원이 '그분의 영(성령)'에 의해서 이 두 가지 성사가 효과적으로 발휘되기 때문이다. 견진성사는 세례를 통해 이미 일어난 사건을 한층 강화하는 의미를 띤다. 다시 말해 그것은 성령의 선물을 각 성사에 임하는 수혜자의 주관적-개별적인 태도를 통해 드러내는 것이다. 그것은 대개 증인으로서의 준비됨, 기꺼운 신앙의 고백, 세상을 향한 선교 활동, 교회로부터의 봉사 임무를 받는 모습으로 드러날 것이다. 견진 집전자는 교회를 대표하는 자이기 때문에, 주교는 유일한 견진 집전자라기보다는 견진 집전을 위해 "첫 번째 소명을 받은 자"(*LG* I, 26)로 간주된다. 견진 대부모는 교회가 정한 직책이라고 이해할 수도 있으니, 견진 대부모의 역할은 세례 대부모의 역할 만큼 중요하다. 또한 (신앙)공동체가 견진자를 받아들인 장본인으로 자처하며 지지한다. 견진을 받을 수 있는 연령의 결정은 그리 오래 전 일이 아니다. 견진 자격은 철이 들면서 갖춰진다고 보아야 한다는 견해가 상대적으로 제법 오래전부터 지배적이었다. 그리하여 자신의 신앙을 분별할 만큼의 성숙한 나이를 고려하게 되었다. 그렇게 고려하니 [교회법 제866조에 의거해 "분별력(*ratio*)에 큰 지장이 없는"] 만 12세 혹은 [문화권에 따라서] 18세 이상의 연령도 생각할 수 있다고 본다.

3. 성체성사[4]

1) 성경의 증언에 따른 성체성사

이스라엘에서의 식사는 생각한 것보다 훨씬 더 큰 종교사적 테두

---

4. 이에 참고로 성체성사와 관련된 전반적인 문제점들에 대해서는 언제든 A. Gerken, *Theologie der Eucharistie*, München 1973을 추천한다.

리에서 이해되어야 한다. 이스라엘의 종교 역사는 성사적 의미의 식사와 연계된 많은 사례들을 보여 준다. 여기서는 공통적으로 마주하게 되는 세 가지 구성 요소들에 대해 소개한다.

① 일상적인 양식을 섭취하면서 인간은 생명의 원천과 보존이 자기 자신에게 달려 있지 않음을 지각하게 된다. 인간은 그저 생명을 받은 자로서 자연과 하느님, 나아가 하느님께서 보내신 천사들과 창조주로부터 생명을 얻어 누리게 되었음을 깨닫는다. 그런 원천적 수여자는 종종 식사 때마다 기억된다. 그래서 일정한 '식탁의 대표자(주인)'가 종종 감사기도를 하느님에게 바친다.

② 식사를 통해서 공동체가 형성되고 구성원들의 결집이 공고히 다져진다. 이 같은 모습은 이스라엘 안에서 다양한 차원에서 목격된다.

③ 식사는 하느님과의 결속, 하느님께 대한 감사와 직결된다. 예컨대 탈출 24,11이 전하듯, 시나이 산에서 계약을 맺은 이후로 모세와 그의 원로들은 산에 올라 하느님을 뵐올 수 있게 되었고, 그들은 "하느님을 뵙고서 먹고 마셨다." 하느님 앞에서 허용된 이 같은 식사 행위는 하느님과의 결속을 시사한다. 하지만 계약 상대자이신 하느님과의 거리(차이)도 분명하게 보여 준다. 하느님께서는 계약을 세우신 장본인이다. 그렇게 또 그분은 변함없이 당신 백성과의 계약 상대자로 머물러 계실 것이다. 하지만 그분은 함께 식탁에 앉지 않으셨다.

이와 더불어 이 계약 안에서 희생(물)도 어떤 역할을 수행한다. 그 희생(물)에 기초해 성찬례의 제정에 관한 보도가 전개된다. 모세는 번제물을 잡아 그 절반의 피를 제단에 뿌렸고, 나머지 절반의 피는 백성들에게 뿌리면서 이렇게 외쳤다. "이는 주님께서 이 모든 말씀대로 너희와 맺으신 계약의 피다"(탈출 24,8). 원로들의 식사가 그러했듯이, 번제물의 피(제단과 백성)도 그렇게 하느님과의 결속을 대변한다.

그러나 하느님께 대한 감사는 이스라엘 안에서 단지 아주 특별한 사건을 계기로 해서만 이루어졌던 것이 아니라 일상적인 식탁에서도 이루어졌다. 그러한 감사 행위는 빵을 쪼개는 중에 찬양기도와 함께 시작해 감사기도를 올리는 것으로 마무리된다. 종종 하느님의 구원 행위를 기억하는 일과도 연계된다.

기억에 있어서 하느님께 감사를 드리게끔 고무시키는 으뜸은 파스카 축제 때 하느님의 구원 행위에 대한 기억이다. 이 같은 기억 행위의 원천은 어디에 있었을까? 이는 이스라엘이 형성되기 이전 유목민들의 봄맞이 축제에서 기원하며, 그들은 새로운 목장을 찾아 나서기 직전에 동물을 제물로 잡아 함께 음식을 나누었다. 나중에 가나안 땅에서 농사를 지으면서 바쳤던 추수 감사제도 또한 이와 관련이 있다. 예컨대 그들은 가장 먼저 수확한 첫 곡식을 희생 제물로 바친 다음 함께 나누는 식탁을 마련하여, 그 첫 수확으로 누룩 없이 빚은 구운 빵으로 식사를 하며 마조트-축제(Mazzotfest)를 지냈다. 이스라엘은 그렇듯 예로부터 전해오던 예식들(예컨대 희생 동물의 피, 희생양으로 함께하는 식사, 누룩 없는 빵 등)을 이집트 탈출 사건과 결합시켰다. 파스카 축제는 이집트에서 종살이를 끝내고 해방된 사건을 기억하고 그것을 재현한 축제였다. 그럼에도 파스카 축제는 단지 지난 사건의 추모제나 기념제가 아니다. 하느님께서는, 예컨대 바빌로니아 유배로부터 해방시키신 것처럼, 역사 안에서 여러 가지 모양으로 그들에게 자유를 선사하셨다. 그런 까닭에 파스카 사건에 대한 기억과 함께 또 다른 커다란 희망을 품게 되는 것이다. 그 때문에 뜻밖에 찾아드는 어두움이나 절망은 마침내 메시아가 도래할 대망의 밤, '파스카의 밤'이라고 새길 수 있었다.

그러므로 이제 이 같은 식사, 그와 연계된 희생 제물은 이스라엘 백성 '안에서' 공동체를 이루게 하며, 나아가 그 백성'의' 공동체를 새롭게 일으켜 세운다고 고백할 수 있게 되었다.

종말론적인 희망의 차원들을 당장 알아볼 수 있게끔 종말에 마련될 식탁에 관한 은유적 표현이 존재한다. 종말에 있을 "모든 민족들을 위해 살진 음식과 잘 익은 술로 베푸는 잔치"(이사 25,6)는 종말에 실현될 하느님의 나라를 상징한다. 이런 모든 비유와 상징적인 표현들은 단지 배경 정도의 의미로 간주되어야 한다. 다시 말해 예수의 최후 만찬, 성찬례가 그런 표현들에 의해 '아직은' 정확히 포착될 수 '없음을' 의미한다. 만일 신약성경에서 성체성사를 구성하는 주요 요소를 찾고자 한다면, 그렇듯 고립된 차원의 "최후" 만찬만을 생각해서는 안 될 것이다. 예수는 앞서 "세리들과 죄인들"과 함께(마르 2,13-17) 식탁에 앉았다. 이와 같이 일찍부터 하느님 나라에 죄인들을 용납되는 일이 반드시 벌어질 것임을 시사한다. 이 모든 사실들은 결국 하느님의 나라가 이미 시작되었음을 입증한다. 이는 특히 혼인잔치의 비유를 통해 제시된다. 이 세상에서의 '지금'을 제대로 이해한 사람은 도래할 하느님의 나라에 대한 고지에 희망을 걸고 살아갈 수 있다.

지상에 형성된 식탁 공동체는 예수의 죽음과 함께 끝장나게 될 것이다. 그러나 그것은 죽음을 뛰어넘는 소통 가능성을 취한다. 예컨대 마르 14,25에서 "내가 하느님 나라에서 새 포도주를 마실 그날까지, 포도나무 열매로 빚은 것을 결코 다시는 마시지 않겠다."는 주님의 말씀을 전한다. "당시 공동체의 전례 예식을 통해 그리고 성경 저자의 신학적인 개념을 통해 각인된 상기 성경 구절로부터 예수에 의한 성찬례 제정에 관한 역사적 원-정보를 제공하려는, 보다 더 이른 시기에 시도된 투박한 근거 마련은 주석학적인 연구에 기초해 볼 때 … 더 이상 정당하지 않다. 최후 만찬은 함축적인 그리스도론 및 교회론과 연계한 관점에서 근본적으로 이해될 수 있고 또 이해되어야 한다."[5]

그 모든 역사적인 측면들을 추정해 말하더라도, 뒤바꿀 수 없는 사실은 부활 이후의 계시 사건을 통해 성체성사가 마련되었다는 점이다. 그래서 부활 이후에 계시 사건이 없었다면 교회의 성만찬 축제는 더 이상 생각할 수 없다. "그리스도론에서 부활 사건이 비로소 최종적으로 유효하고도 결코 간과할 수 없는 꼭짓점으로 파악되는 것처럼, 그리스도론과 교회론에서 기본적으로 고려되는 저녁 만찬의 경우도 당연히 부활 사건과 연계해 이해되어야 한다. … 그리하여 저녁 만찬에서 주님의 만찬으로 발전한 모습은 곧 선포하는 예수 그리스도로부터 선포되는 주님으로의 변화와 관련을 맺는다."[6]

2) 성체성사 제정에 관한 보도 내용

이 부분에서 바오로-루카 사가의 전승 및 텍스트(1코린 11,23-26; 루카 22,15-20)와 마르코-마태오 사가의 전승 및 텍스트(마르 14,22; 마태 26,26-29) 사이에는 차이가 있다. 거기에 보태어 카파르나움에서 예수가 성찬례에 대해 언급한 경우를 살펴볼 수 있다(요한 6,2-11). 공식적으로 상기 네 가지 성경 구절이 예수의 수난 직전에 가진 최후 만찬과 직결되는데, 그 만찬은 공관복음 사가들에 의해서는 파스카 잔치(축제)로 기억된다(마르 14,16; 마태 26,19; 루카 22,13. 15).

파스카 잔치는 존재했는가? 이에 대한 주석가들의 견해는 갈라지

---

5. H. Frankemölle, in: *NHThG* 1, 423.
6. *Ibid.*, 425.

는데, "대부분의 주석가들은 파스카 잔치가 저녁 만찬을 가리키는 용어로서 개연성이 높다고 이해한다."[7] "예수는 자신의 최후 만찬을 파스카 만찬으로 이해했는가? 이는 거의 분명할 정도로 … 부정적이다. 왜냐하면 그 동기가 단지 이차적인 자료에서만 발견되기 때문이다."[8] 한편 파스카 잔치 사상은 아마도 사료에 따른 것이기는 하지만, 확실히 초기 그리스도교 공동체가 지향하는 해석에 의해 그처럼 "최후 만찬"과 함께 규정되었다.

만찬에 대한 성경의 보도 내용들의 차이점들도 발견된다. 바오로 사도의 경우에는 정작 식사를 하기 전에 앞서 빵을 쪼개고 식사가 끝날 즈음 포도주 잔을 나눈다. 마르코와 마태오 사가의 경우에는 이 두 가지 행위가 뒤섞여 있고 마지막에는 파스카 축제를 연상시킨다. 루카 사가는 아마도 바오로 사도의 노선을 따르는 것 같다. 빵을 나눌 때 행한 말씀과 잔을 나눌 때 행한 말씀의 추가는 누구에게서든 동일한 의미를 보여 준다. 그럼에도 바오로 사도는 빵을 나눌 때, 마르코와 마태오 사가는 잔을 나눌 때, 루카 사가는 두 가지 행위와 동시에 매우 짧게 요약하는 말씀을 전한다. 마르코와 마태오 사가는 반복해 기념할 것을 명하지 않았던 반면, 바오로 사도의 경우에 두 번씩이나, 그리고 루카 사가의 경우에는 한번만 그렇게 명한다. 바오로-루카의 경우와 마르코-마태오의 경우에는 두 개의 전승 노선을 뚜렷하게 보여 주는데, 이 두 가지는 하나의 "원-전승"에서 출발한 것으로 여겨진다. 원-전승 배후와 각 보도 내용의 다양한 표현들 너머에는 공동체의 실제적인 모습

---

7. F.-J. Nocke, in: Th. Schneider, *Handbuch der Dogmatik II,* Düsseldorf 1992, 274.
8. *NHThG* 1 (H. Frankenmölle), 423. 아래에 소개된 학자들의 작품들에 관해서는 Frankenmölle가 전해 주는 참고 문헌을 참조할 것.

이 자리할 것이다. 다시 말해 각 보도 내용들은 이미 공동체-전례적인 특징을 보여 준다. 다시 말해 이는 모든 경우 반복해 기념하는 축제로서 유효하다고 볼 수 있는 보도의 순박한 측면을 통해 혹은 성찬례 참례자들에게 직접적으로 지시하는 용어들, 예컨대 "받아먹어라!"라는 표현들을 통해 능히 짐작할 수 있다.

성찬례는 보다 이른 시기부터 집행된 성사다. 바오로 사도는 그가 보도하는 내용을 코린토 전서를 기록하던 시기(54-57년)에 접했다. 그는 아마도 이미 40년의 역사를 지닌 확고한 전승을 접한 것 같다. 수사학적으로 하나하나 살피는 관찰은 그로부터 벗어난 문구들을 매우 오래된 것으로 볼 수도 있다. (바오로-루카 전승에 따르면) 많은 주석가들 — 베츠[J. Betz], 쉬르만[H. Schürmann] 등 — 은 다음과 같은 '보도'의 원-형식이 존재했을 것이라고 제안한다. "주 예수는 어두워질 무렵 빵을 들고 봉헌하신 다음 감사기도를 올리시고는 그것을 쪼개어 그들 곁에 자리한 이들에게 나누어 주시면서 말씀하셨다. '이는 너희를 위해 바칠 내 몸이다. 나를 기억하여 이를 행하여라!' 같은 모양으로 식사를 마치시고 잔을 들어 말씀하셨다. '이는 너희를 위해 흘릴 나의 피로서 이를 통해 맺는 새로운 계약의 잔이다. 너희는 나를 기억하여 이를 행하여라!'" 그러나 여기 전하는 이야기는 공동체 이전에도 이후에도 계속되는 동일한 내용이다. 물론 그것이 예수 자신에게도 그런 형식이 있었다고 말하는 것은 아니다. 이를 역으로 추적해 재편집하려는 시도는 실제 성공하기 어렵다.

3) 성만찬의 신학적 의미(제정에 관한 보도)

이 같은 성만찬의 의미는 아래와 같은 착안점을 통해 보다 명료하게 드러날 수 있다.

① 예수가 보여 주는 모든 표징적인 행위들은 항상 이미 개시된 '하느님의 다스림'을 동반한다. 자신의 고유한 실존으로서의 예수는 이 같은 하느님의 다스림이 시작되었다는 사실을 증거한다. 식탁 공동체는 이미 그와 같은 다스림의 도래가 현실적으로 진행되고 있음을 나타내는 표징이고, 그로써 하느님께서 그렇게 인간들에게 조건 없이 다가오셨음을 웅변한다. 예수의 실패가 점점 뚜렷하게 느껴지는 분위기에서도 빵과 포도주의 봉헌은, 예수의 파견이 곧 자기증여 혹은 자신을 넘겨줌을 뜻한다는 결론에 이르게 한다. 그래서 이 같은 관점에서 예수가 곧 하느님 나라의 실재 상징임을 이해할 수 있게 된다.9

② 최후 만찬이 파스카 만찬이었는지 아니었는지 하는 문제가 남아 있다. 파스카 잔치는 이미 원-전승 안에서 발견되는 ― 그러니까 예수 자신에게서는 최대한 개연성에 입각해 고려되는 ― 일련의 구조와 범주를 지니고 있다. 주된 식사 때에 빵을 자르는 행위나 마지막에 잔을 나누는 행위, 전승의 구절들은 하느님께서 인간과 맺으신 계약이 파스카를 통해 이제 새로운 실재적 국면을 맞았음을 전하고 싶은 듯하다. 이때 물론 새로운 실재적 국면은 예수라는 인물과 그의 희생적인 삶과 결합된 어떤 것이다. 분명히 오늘날 주석가들은 예수가 다른 이들의 죄를 대신하는 대속적인 의미의 죽음에 대해 회의적으로 바라본다. 그런데 여기서 최대한 적극적으로 논의를 펼치는 이들(예컨대 페쉬)의 경우, 예수의 대속적 죽음이란 해석을 통해 곧바로 일종의 논리적 귀결로서 하느님 나라의 완성과 연결시킨다. 중도적인 노선을 걷는 주석가들(예

---

9. Joh. Betz, in: *MySal* 4/2, 195f.

컨대 쉬르만)의 경우, 최후 만찬을 예수가 실존적으로 앞서 취한 근본적인 자세를 함축한 사건으로 해석한다. 그렇게 본다면 최후 만찬은 십자가를 통한 대속적인 죽음과 그리 관계가 먼 사건이 아닌 것이라고도 볼 수 있다. 또 다른 이들의 경우 소극적으로 논의를 전개하며, 최소한 예수의 하느님 나라에 대한 복음 선포와 대속적인 죽음이라는 입장을 서로 결합시킬 수 있는 사건으로 내다본다. 그럼에도 이때 하느님께서는 인간의 생명을 속죄용으로 요구할 수는 없을 것이라는 (예컨대 픽틀레의) 견해도 있다. 차라리 죽음조차 두려워하지 않고 하느님을 신뢰하여 예수는 하느님 나라와 직결된 구원 제의를 더없이 견고하게 확인시켜 주었고, 그로 인해 구원을 중재하는 또 하나의 전망이 열렸다고 볼 수 있다는 것이다. 일찍이 비판적인 주석가 프랑케뮐레(Hubert Frankemölle)는 다음과 같이 요약한 바 있다. "만일 사람들이 예수의 최후 만찬을 구원을 중재하는 그의 전체 행업과 아주 단단히 결합시켜 제대로 바라본다면, 비록 예수가 그 만찬과 더불어 또 어떤 암시적인 표현이나 동작을 취했는지 더 이상 자세히 설명할 수 없다고 하더라도, 그 만찬은 예수의 죽음을 흐트러짐 없이 관통하는 시각에서 구원론적 의미를 가질 것이다. 마르코-마태오 사가가 전하는 전승은 바오로-루카 사가가 전하는 경우와 마찬가지로 예수에게 소급해 전하기 때문에, 예수가 친히 최후 만찬의 함축적인 구원론적 이해를 위해 고무적인 동인(動因)을 제공했으리라고 생각해도 좋을 것이다."[10]

③ 만찬은 구약성경에서도 특별한 역할을 한다. 무엇보다도 특히 창세기 27장에서 이사악의 사례를 통해서 엿볼 수 있다. 한 번의 마지

---

10. *NHThG* 1 (H. Frankemölle), 424f.

막 식사에 그는 힘을 얻어 [야곱에게] 그가 살아온 삶 전체를 실어서 축복해 주었다. 예수의 만찬 역시 그와 유사하게 그의 제자단을 위해 축복을 비는 일회적인 특별한 기회로 이해할 수 있으니, 확실히 그 만찬은 예수의 증언이 확인되는 사건이었다.

4) 체계적 통찰

(1) 상징-실재로서의 성체성사

"상징-실재"(Symbolwirklichkeit)라는 용어는 많은 사람들에게 의문을 갖게 만든다. 사람들은 하나의 개념은 또 다른 개념을 배제해야 한다고 생각한다. 상징은 그것이 고지하는 실재와 동일하지 않은 어떤 것이다. 상징은 하나의 실재를 지시하는데, 실재는 저편의 것으로서 표지하는 상징 바깥에 놓여 있다. 사람들은 보다 더 나은 이해를 위해서 "실재"라는 개념에서 출발한다. 오늘날 인간은 배타적-물질주의적인 사고방식에 흠뻑 젖어 있는 까닭에, 무엇보다도 물리적이고 물질적인 존재에 익숙하든가 아니면 수학적-양적인 기준을 절대적인 것으로 여긴다("과학주의"). 물질적인 존재를 과대평가하는 추세가 상징과 실재 사이의 간격을 더욱 벌려 놓은 원인이 되었다. 사실상 그와 같은 추세로 인해 이미 11세기 전후로 성찬례와 관련된 논쟁이 시작되었다.

고대의 성경에 의하면 인간들은 그와 다르게 생각했다. 그들에게 '물'은 단순히 H_2O가 아니라, 오히려 활력을 주는 생명수로 이해되었다. 물의 상징적인 실재성에 기초해 옛 교회는 세례의 성사적인 실재를 지지했다. 곧 인간 자체가 상징-실재다. 그런 한에서 인간 존재는 그의 모든 측면과 차원들을 고려할 때 시공간적인 범주와 육체-역사적인 범주를 벗어나서는 표현되지 않았다. 인간의 육체는 그의 "상징"이다. 그런 한에서 육체는 인간 존재와 직결되고 또 인간 존재를 고지한다. 이는 고대인들에게 본래적으로 자명한 것이었다.

(2) 십자가상의 예수의 자기희생에 대한 성사적 기념

만일 예수가 빵과 포도주가 든 잔을 들어올렸다면, 그는 상징을 들어올린 셈이다. 이때 상징은 우리의 심리적-육체적인 구조와 연계된다. 빵과 잔에 관한 말씀("이 빵은 너희 모두를 위해 바칠 나의 몸이다. 이 잔은 나의 피로 맺은 계약의 잔이다.")은 봉헌의 몸짓을 동반한다. 앞서 살아온 예수의 삶과 봉헌하고자 하는 예수의 삶이 식탁에서 들어올려진 빵과 포도주의 모습으로 드러난다. "여기 그리고 지금"이라는 현재적 시점에서 하나의 상징으로 드러난 것이다. 예수라는 "살과 피로" 이루어진 하나의 그리고 전인적인 모습이 빵과 포도주로 현재화된 것이다. 빵과 포도주는 실재 상징적인 형태를 따라 자기 자신을 봉헌하는 그리스도 자신을 담게 되었다. 그 과정은 "빵"과 "포도주"의 희생적인 봉헌으로 말미암아 하나의 특기할 만한 사실로 다가온다. 빵은 그 자체에 감추어져 있는 상징의 힘을 삶 속에 발휘하도록 이끌 수 있다. 그렇게 흘린 피, 곧 몸과 구별되는 피는 그리스도의 삶이 외부적 폭력에 의해 끝장남을 상징한다. 예수가 그렇게 성찬례를 반복적으로 거행하도록 제자단에게 임무로 부여했다면, 그로써 그는 자신의 희생을 십자가상에서 절정을 이룬 것처럼 완전하게 실현하는 행위로 이해할 수 있도록 성찬례를 마련했다고 볼 수 있다. 달리 말해서 예수는 자신에게서 유래하는 공동체의 상징 행위(=성찬례)를 통해 계속 기억되도록 배려한 셈이다. 그러므로 예수를 반복적으로 기억하는 이 성찬례는 제자들이 뒤늦게 나름대로 마련한 임의의 기념제가 아니라는 것이다.

성찬례는 오히려 객관적인 실재-기념제이다. 거기서 기억되어야 할 예수는 말씀과 성찬례를 통해 현재라는 시점에 현존한다. 그렇게 제자들은 하느님 아버지께 자신을 봉헌한 예수의 삶과 죽음에 동참한다. 또한 그로써 성찬례는 그리스도의 십자가상의 죽음을 기억하는 성사적 기념제이다. 이 전례는 성사적인 현존이라는 양식을 따라 십자가의 희생을 재현한다. 이는 곧 예수가 제자들에게 위임한 상징 행위를 통해 이루어진다. 그로써 예수는 십자가상에서 죽고 다시 살아난 주님으로서 계속해서 자신을 내어 주며 제자공동체가 자신의 몸에 다가오도록, 곧 믿으며 사랑하는 공동체로 성장하도록, 그래서 성령을 통해 하느님께 넘겨드릴 만한 공동체가 되도록 이끈다(예수의 실질적 현존).

(3) 소통-일치를 이루는 사건

성찬례 안에서 그 실상을 드러내는 예수의 앞서 살아온 삶은 인격적인 관계를 통해 그리고 상호 적극적인 소통의 개시를 통해 해석된다. 왜냐하면 앞서 살았던 그분의 삶의 전모는 관계를 통한 실현 방식을 따라 분명하게 드러날 것이기 때문이다. 이는 "대자적(對自的) 존재" 방식으로 이루어진다. [곧 예수는 대화 상대자를 요구한다]. 공동체성을 추구하는 소통 방식을 통해서 자신을 드러내고자 한 예수는 성찬례를 거행하는 공동체가 그와 같은 움직임에 적극적으로 임할 수 있도록 고무시킨다. 주님의 식탁에서 엮어지는 이 같은 관계를 통해서 전체 신앙공동체가 변화의 기회를 갖는다. 공동체는 "그리스도의 몸"이 되고, 스스로 성찬례의 주체로 서게 된다(참고 *SC* VII,3-4; 14; 27-29; *LG* 7). 이 같은 일치 중에 각 개인은 인격적으로 온전히 예수와 만난다. 신앙인 각자는 하느님에게서 오는 일치 안으로 초대받고 각자 인격적으로 그의 형제자매들에게 확장시켜야 할 소명을 넘겨받는다.

희생에 대한 사상 안에도 일치('하나-됨')의 측면이 자리한다. 희생은 항상 하느님과 인간 사이의 관계와 대화를 함의한다. 왜냐하면 인간은 하느님께 감사하는 형식으로 희생을 봉헌하기 때문이다. 성자는 성부로부터 이 세상에 파견되었고, 그로써 인간들은 서로서로 그리고 하느님과의 새로운 소통과 일치에 도달할 수 있게 되었다. 예수의 전인적인 희생이 성찬례 안에서 현재화되는 한, 거기에 참여하는 인간들에게 단지 일치를 이루도록 봉헌한 예수의 자기희생만 중재되는 것이 아니다. 성찬례에 참여하는 자는 오히려 대화적인 방식으로 서로에게 말을 건네고 상호 적극적으로 관계를 맺게 되는데, 이로써 신앙인은 자기 자신을 하느님과 다른 동료 인간들을 위해 희생할 수 있게 되고, 일종의 "영적인 희생"을 바칠 수 있게 된다(로마 12,1; 필리 2,17 등 참조). 그러므로 예수의 이 같은 소통적인 차원의 행위는 성찬례 안에서 실재-상징을 통해 실현된다고 할 수 있다.

(4) 새로운 계약 — 화해

최후 만찬에 관한 성경 구절은 예수의 피로써 맺는 새로운 계약에 대해 언급한다(예컨대 마르 14,24). 신약성경은 나아가 예수에게서 새로운 대사제 직분(히브 9,12-26)을 발견한다. 그 직분은 앞선 대사제직을 계속 잇는 것이기도 하다(탈출 29,5-8). 모세는 당시에 희생물로 잡은 속죄 짐승의 피를 백성들에게 뿌렸다. 하느님과 백성은 이러한 상징행위로, 곧 구체적으로는 피의 상징을 통해서 결합했다. 그와 같이 예수는 이 세상의 죄를 없애 줄 참된 희생양이다. 성찬례 안에서 그리스도는 신앙인들에게 화해의 선물을 제공한다. 신앙인들은 새로운 계약을 맺은 백성에 속한 일원으로서, 그리스도의 몸에 속하는 지체로서 인간들 서로간의 그리고 하느님과의 화해를 위한 은총을 선사받는다. 그래서 추종자로서의 삶을 살아갈 수 있게 된다.

(5) 성체성사의 희생

중세 후기에 이르러 옛 교회가 보존해 온 "신비" 개념은 게르만 지역으로 그리스도교가 확장되면서 점차 사라지기 시작했다. 상징과 실재는 점점 더 서로에게서 멀어져 갔다. 이 같은 현상은 이미 9-11세기에 있었던 성찬례에 관한 논쟁과 관련된 여러 가지 견해들(라트람누스, 베렝가르의 견해들)과 함께 점점 심해졌다. 이 같은 논쟁으로 인해 성찬례에 대한 통찰은 두 가지 방향으로 전개하는 분위기가 지배적이었다. 하나는 성체성사를 실재 현존(곧 빵과 포도주의 표징이 가리키는 실재 형상)으로, 다른 하나는 성체성사를 희생 행위라는 사건으로 해석하려는 경향을 가리킨다. 실재 현존의 관점은 매우 사실적이고도 (안)정적으로 논의된 반면, 희생 행위의 관점은 실재 현존에 대한 통찰과는 별개의 차원에서 논의되었다. 그 때문에 후자의 경우에 실재 현존의 의미는 무시된 차원에서 논의되었다. 그로 인해 미사는 [오직] '십자가의 희생'을 보충적으로 설명하는 기념제로 각인되었다. 물려받은 원죄를 대속하는 의미에서의 십자가의 희생이 요구되듯이, 미사는 일상적으로 저지르는 죄악을 대속하는 의미에서의 희생 제사로 이해된 셈이다.

루터는 사료적인 차원에서 예수의 십자가 희생은 유일회적이라고 강조했다. 그는 그분의 희생과 미사와의 어떤 연결고리도 모색하지 않았다. 미사는 "외형상으로" 단지 후대의 인간적인 수준에서 이루어지는 전례다. 그래서 결코 예수의 고유한 희생이 될 수 없다. 트리엔트 공의회는 1547년 첫 번째 시노드에서 이 물음을 다루었고, 1551년에, 그러니까 두 번째 시노드에서 재차 다루었으며, 급기야 1562년 세 번째 시노드에서도 다루었다. 이 같은 사실은 이 주제가 오랫동안 숙제였고 실제 여러 신학자들과 주교들이 그에 관해 진지하게 논의했음을 말해 준다. (그러나 첫 번째 시노드 시기부터 두 번째 시노드 시기에 이르기까지 참석했던 이들 대부분이 세 번째 시노드 시기에는 더 이상 살아 있지 못했거나 시노드에 참석하지 못했다). 상기 공의회 회기 동안 공표된 중심 내용은 아래와 같이 요약할 수 있다.

① 중세 후기에 성사의 남용(예컨대 지나치게 미사 헌금에 관심을 기울이거나 미사의 의미를 마법적인 행위로 곡해하는 태도 등)은 결과적으로 전례상의 개혁을 요구한다. 옛 가르침은 계속 유효하지만, 새 시대에 맞게끔 변화가 필요하다.

② 오히려 "참되고 고유한 희생"의 특성은 계속 보존되어야 한다(*DZ* 1751). 그러나 독특하고도 유일무이한 십자가 희생의 단순한 "반복"이 아니라 진지한 "재현"(*repraesentatio*)이 중요하다.

③ 실재 현존에 관한 가르침은 계속 보존되어야 한다(*DZ* 1651). 그리스도는 '참으로, 실제로, 실체적으로'(*vere, realiter et substantialiter*) 현존한다. 그러나 성변화(*transsubstantiatio*) 개념은 교의화(dogmatisieren)되지 않는다. 이 개념은 "가장 적절한 의미에서" 변화 과정을 표현한다.

(6) 성변화에 관한 해명

이미 11세기에서 12세기로 나아가는 중에 성변화(*transsubstantiatio*, *transfinalisatio*, Realpräsenz)에 관한 가르침이 모습을 드러냈다. 이때는 그럼에도 스콜라 신학의 전성기였으니, 누구보다도 토마스 아퀴나스가 이 가르침을 온전하게 전해 준다. 물론 당시의 주요 신학자들(토마스, 그의 스승 알베르투스 마뉴스, 둔스 스코투스 등)은 성사 안에서 그리스도의 몸이 진정으로 거기 현존한다고 가르쳤다. 그것도 그저 어떤 비유나 표징을 통해서 가르치지 않았다. 토마스에 의하면, 이 진리는 "감각 기관으로는 알 수 없고, 오로지 믿음으로, 곧 하느님의 권위로 허락된 신앙을 통해서만 알 수 있다"(S. th. III, q. 75, a.1). 이처럼 그리스도의 실재적인 현존은 성경에 근거하고 교부들의 증언에 의해 입증되었다. 반면 순수 상징적인 해석은 거짓된 가르침으로서 혹은 그리스도의 가르침에 모순되는 것으로서 거부되었다(베렝가르는 자연히 "교회로부터 단죄를 받게" 되었고, 그는 "항소"했다).

토마스는 이러한 그리스도의 현존을 진리로 바라보면서 "빵이란 실체는 축성 후 더 이상 그대로 머물러 있을 수 없다."고 가르친다. 그럼에도 빵의 실체가 아예 사라지거나 혹은 앞서 주어졌던 물질이 완전 해소되는 것이 아니다. 오히려 "하느님의 권능에 의해 … 빵의 전 실체가 그리스도의 몸으로 온통 변화하고, 포도주의 전 실체 역시 그리스도의 피로 온통 변화한다. 그리하여 이 같은 변화는 형식의 변화가 아니라, 실체의 변화를 가리킨다. 이 같은 변화는 또한 자연스러운 운동의 일종으로 간주되지 않고 특별한 명칭을 부여받는다. 예컨대 '실체-변화(trans-substantiatio)라고 불려진다." 이때 "축성 후에도 계속 그대로 머물러 있는 것은 빵과 포도주가 원래 지녔던 그 모든 우연적인 속성뿐이다"(S. th. III, q. 75, a. resp. u. a. 5). 이 두 가지(빵과 포도주) 형상 아래 "맨 먼저" 그리스도의 몸 혹은 피가 현존하며, 각각의 다른 실체가 "그에 뒤따르는" 방식으로(곧 "동반하는 형식으로"[per concomitantiam]) 현존한다. 그리스도 실체는 온전한 빵 속에 그리고 그 조각들 안에서도 고스란히 현존한다. 이는 빵의 형상 아래서만 영성체가 합법적으로 이루어지도록 한다. 이때 잔을 받아 나누어 마시는 행위는 필수적으로 수반되는 형식이 아니다. 이 같은 언표는 제2차 바티칸 공의회를 거침으로써 상징 표징의 완전한 형상으로서 비로소 새롭게 가다듬어졌다.

트리엔트 공의회는 「거룩한 성체성사에 관한 교령」(1551)을 통해 그와 관련된 의구심을 잠재우려고 했다. 곧 "참 하느님이자 참 인간이신 예수 그리스도"가 축성 후 "참으로, 실제로 그리고 실체적으로 계시다."(DZ 1651)는 것을 "공적으로 그리고 단적으로 고백한다."(DZ 1636)고 천명한다. 나아가 분명 (단순히 상징이나 표징의 차원에서만이 아니라 일찍이 츠빙글리가 바랐던 것처럼) "참으로" 그리고 (단순히 그분의 "구원을 실현시키는 능력"에 따라서만이 아니라 일찍이 칼뱅이 생각했던 것처럼) "실제적이며 실체적으로" 그러하다고 가르쳤다. 이를 가리켜 "실재 현존"이라 한다. 그 후, 특히 금세기에 이르러 성변화가 하나의 종교적 실재이지, 더 이상 아리스토텔레스주의 철학이 제안한 실체성과 우언성 개념에 기초해 이해될 것이 아니라는 견해가 고조되었다.[11]

4. 성품성사(교회의 직무)

1) 직무-신학의 기본 요소들[12]

특히 가톨릭교회와 프로테스탄트교회의 직무 문제와 관련하여 교

---

11. 성변화, 실체 변화와 관련된 논의에 대해서는 E, Schillebeeckx, *Die eucharistische Gegenwart,* Zur Diskussion über die Realpräsenz, Düsseldorf 1967.
12. 이에 참고로 H. Wagner, Das Amt vor dem Hintergrund der Diskussion um eine evangelisch-katholische Grunddifferenz, in: *Cath* 40 (1986), 39-58 (bes. 48f.).

회 일치에 고무적인 합의점이 존재하며, 그것은 교회의 직무 이해를 위해 전제되는 근본 요소들과 직결된다.

① 그리스도교 공동체는 그 전체가 복음을 세상에 전파하는 임무를 부여받았다.

② 교회 안에는 사도들의 증언과 사도들의 기초적인 직무와의 영원한 결속이 잔존하기 때문에, 그리고 그런 한에서 전체교회는 사도적 계승에 의해 존재한다.

③ 모든 그리스도인들을, (말과 행동으로) 복음을 선포하는 직무로 불러들이는 일은 교회 안에 특별히 개인적으로 맡겨진 직무와 봉사직이 존재할 수 있다는 입장을 배제하지 않는다. 그리스도인들은 또한 특별한 방식으로 사도들 및 사도들의 협조자들과 관계한다. 가톨릭교회와 정교회의 전통은 본래적으로 '단일한' 직무를 구성하는 기초적인 요소들로서 주교직, 사제직, 부제직에 대해 언급한다.

④ 그와 같은 일련의 직무를 결정할 때 하느님에 의한 내적인 소명이 요구될 뿐만 아니라 교회의 이름으로 맡겨지는 임무에 대한 확증이 필요하다.

⑤ 교회가 직무를 확증하거나 위임하는 일은 기도와 안수를 통해 이루어진다. 연대적 안수의 "계승"은 하나의 질서 정연하고도 서로 연계된 차원의 "사도적 계승"을 드러낸다.

2) 주교직

주교직(Bischofsamt)은 전체교회와 각 개별교회의 목자인 사도들을 잇는 후계자라는 보다 큰 맥락에서 이해될 수 있다. 이 같은 계승은 사도들의 증언(성경)과 변함없는 일치를 내포하며, 따라서 사도들의 직무

(선교, 교회 설립, 교회 지도)를 꾸준히 지속시키는 일과 직결된다. 가톨릭 교회는 주교직을 단지 사도들의 후계자라는 입장에서가 아니라, 나아가 사도들 자신들에 의해 마련된 일차적인 직무를 수행하는 후계자로 이해한다. 그와 같은 일차적인 직무는 본질적으로 교회 설립에 관한 것이며, 이는 성경이 제안하고 증언하는 자료로부터 정확하게 확인되는 것은 아니다. 그러나 설령 성경이 가장 뒤늦은 시기의 구절들을 통해서 그와 같은 통찰에 관심을 기울였다고 하더라도 그러한 이해는 올바르다. 차라리 그것은 교회가 시간이 흐르면서 제 형태를 갖추기 위해 신학적으로 뚜렷한 규범을 마련할 필요가 있다는 확신을 통해 생겨난 것이라고 말할 수 있다. 사도의 위상을 대리하는 것은 각각의 개별 주교가 아니라 주교단이다. 그래서 베드로의 후계자인 교황을 중심으로 하나가 된 주교단이 사도단의 "후계자"가 된다. 주교는 개별교회(부분교회) 안에서 그리스도 앞에 직접적이고 독자적으로 책임을 갖고 직무를 수행한다. 주교단의 일원으로서 주교는 전체교회를 상대로도 맞갖은 책임을 진다. 오래전부터 주교직은 사제직과 부제직과 함께 완수되어 왔다. 주교직은 그리스도의 "세 가지 직무들"에 기초해 이해될 수 있다. 곧 교도직(복음의 선포, 그리스도교 신앙 진리의 확증), 성화직(성사, 특히 성체성사의 집전), 사목직(본래적으로 개별교회를 이끄는 일)이 그것이다. 제2차 바티칸 공의회에서 주교직은 특별히 주목을 받았다. 주교단에 대한 가르침을 통해서 (곧 주교들은 개별교회의 지도자이면서 하나의 주교단에 속한다. 주교단을 통해서 주교들은 서로서로 그리고 보편교회와 결합한다.) 친교 중심의 교회론이 그 본래적인 의미를 따라 실현될 준비를 갖춘 셈이다.[13]

---

13. 이에 대한 입장은 나의 연구 논문, Das Amt im Kontext der Communio-Ekklesiologie, in: *Cath.* 50 (1996), 34-44에 기초한다.

3) "친교 중심의 교회론" 맥락에서 사제직, 부제직(봉사직), 교회 직무

지난 20-30년대에는 직무를 대부분 2개의 개념("그리스도의 인격을 통해서", "교회의 인격을 통해서")과 연결시켜 따져 규정했다. 직무를 수행하는 자는 구체적인 신앙공동체 안에 살아가면서 원칙적으로 공동체를 지도하는 사제를 우선적으로 가리켰으니, 예수 그리스도를 "모범" 삼아 직무를 수행했다. 사제에게는 인격과 소명이 동일하다. "그리스도의 인격을 통해" 사제는, 토마스의 표현대로, 교회의 일치를 염두에 두고 성체성사를 중심으로 직무를 수행한다. '친교 중심의 교회론'의 틀 안에서 그 같은 의미의 교회 일치는 소통-친교의 특성으로 이해되어야 한다. "신자들이 서로에게 마음을 열고 서로 주고받을 수 있게끔 하는 것이 사제의 직무요, 또한 그들이 그리스도로부터 유래하는 생명과 새로움을 확신하면서 실현할 수 있도록 돕는 것이 사제의 직무다. 이는 한 가족이 서로 소통하는 그런 수준의 능력을 진작시킴으로써 본당공동체로 하여금 만남의 장이자 서로 협력하는 장이 될 수 있도록 작은 단위의 반모임, 구역 모임과 각종 단체들을 활성화시키는 일을 포함한다."[14] "교회의 인격을 통해" 사제는 자신의 직무를 수행하는데, 그것은 본당공동체를 건설하거나 교회를 짓고, 보존하는 직무를 가리킨다. 교회의 일치를 위해 벌어지는 사건들에서 전체적으로 교회의 길잡이로서의 사제는 신자들을 하느님과 진솔하게 대화할 수 있도록 이끌어야 하는데, 그것은 오늘날 '친교 중심의 교회론'의 범주 안에서 사제직에 적합한 소임으로 여겨진다. 그러나 전반적으로 볼 때 사제의 직무는 오늘날 격동적인 분위기에 휩싸여 있다. 그래서 이 직무가 미래엔 구체적으로 어

---

14. *Ibid.*, 42.

떤 모습으로 전개될지 앞서 장담할 수 없을 정도가 되었다.[15]

제2차 바티칸 공의회는 부제직에 대해 새로운 전망을 밝혀 주었다. 주교직, 사제직, 부제직은 교회의 세 가지 공식적인 직무 가운데 하나로서 옛날부터 교회 안에 존재해 왔다. 만일 사제직이 말씀과 성사를 통해 다양한 차원에서 교회가 일치하는 모습을 보여 주고 또 그런 일치를 위해 봉사하는 것이라고 한다면, 부제직은 교회공동체의 윤곽을 부각시키는 직무라고 할 수 있다. "부제는 형제적 공동체의 생생한 조직을 육성시키는 자신의 소임을 통해 본당공동체에 이바지한다. 부제는 예수의 사랑을 최대한 필요로 하지만 본당공동체로부터 종종 소외될 수 있는 위기적인 형제들, 곧 교회 안에서든 사회 안에서든 그 변두리에 머물러 있는 이들을 돌보는 책무를 떠맡는다. 부제는 그런 이들을 고립된 삶으로부터 끌어내어 공동체 안으로 불러들어야 한다. 그러므로 부제는 본당공동체 내에서는 그런 이들을 변호하는 사람이자 그런 이들로 구성된 공동체의 양심이며, 그런 이들을 대표하는 사람으로 행동해야 한다. 그로써 그리스도 사랑의 봉사가 그런 이들에게 그리고 그런 이들을 통해 언제든 기억되도록 해야 한다. 부제는 이 같은 소임을 한 개인의 자질로만 완수할 수는 없으니, 공동체 내에서 구성원들이 서로 봉사할 수 있도록 고무시키며, 그 가운데서 탁월한 협력자를 육성시켜야 한다. 그와 같이 부제의 역할은 이미 기존하는 공동체에서뿐만 아니라 공동체가 아직 혹은 더 이상 현존하지 않는 그런 곳에서도 요구된다."[16] 그러나 부제는 전례 및 복음 선포에 있어서도 특별한 임무를 맡

---

15. 이 같은 맥락에서 자주 거론되는 사제직과 관련된 문제는 특히 서양교회에서 '성직자의 독신'이 언제까지 계속될 것인지의 문제다.
16. Würzburger Synode, Beschluß: Dienste und Ämter (1975), 4,1,2, in: *GSyn* I, 615.

고 있으니, 하느님께 대한 봉사와 이웃사랑의 실천적 봉사 사이에 결코 서로 뗄 수 없는 연관성을 자신의 인격을 통해 분명하게 드러내야 한다.[17] 제2차 바티칸 공의회 이후 계속된 논의에 따르면, 사제직과 부제직이 여성들에게도 가능하다고 보지만, 이를 가톨릭교회가 아직까지 실제로 집행하지 않고 있다. 왜냐하면 그에 대한 신학적인 논란이 현재까지 합의점을 찾지 못하고 있기 때문이다.

　　오늘날 평신도들은 공동체 협력단체의 일원으로서 교회의 많은 영역에서 사목직과 관련, 본당사목위원회와 다양한 활동단체에서 봉사한다. 물론 평신도의 역할은 본당공동체가 사목의 활성화를 위해 조직적이고 체계적으로 업무를 분담할 경우 두드러질 수 있다. 혹은 교구장의 사목방침과 방향 아래 평신도의 사목직 참여가 결정될 수 있다. 평신도의 직무는 단지 오늘날 사제가 부족하다는 이유에서만이 아니라 그 어디서든 다른 식으로 대체할 수 없을 정도로 필히 요청된다. 그에 발맞추어 평신도 직무 및 봉사직과 관련된 신학적 규정이 요구되고, 더욱이 축성된 직무로서 평신도 사도직 역시 고려될 필요가 있지만, 아직까지 만족스럽게 제시되지는 않고 있다.

5. 혼인성사

1) 역사적 전망

　　그리스도교 안에서 혼인이 항상 종교적인 어떤 것으로 비쳐진다는

---

17. 여성 부제직에 관해서 새로운 논의가 여전히 고개를 들고 있다. 신학적인 근거와 관련해서는 물론 이미 상기 Würzburger Synode에서 거론했다. 참고, *Ibid.*, 4,2,1.

사실은 고대 그리스와 로마 시대 이래로 고정된 사고방식과 당시의 규정으로 이 예식이 마련되었음을 함의한다. 과거 그리스인들에게 결혼의 축복과 혼인식은 사제에 의해서 이루어졌다. 로마인들에게도 혼인은 "신정법과 인정법의 친교"(*divini juris et humani communicatio*)를 의미했다. 4세기에 이미 혼인이 "사제의 축복 아래"(*sub benedictione sacerdotis*) 체결된다는 것은 그리스도인들에게도 자명한 사실이었다. 물론 사제의 축복이 곧 혼인을 확정짓는 것은 아니다. 오히려 그리스도인들 사이에서 맺어지는 혼인은 교회의 공식 집전자의 참석 여부와 상관없이 교회의 혼인으로 성립된다. 11세기부터 19세기에 이르기까지 혼인은 점차 그 사상이 확대되면서 "성사"로 발전했다. 하나의 전례적인 행위로서는 거기서 당연히 상징적인 형태의 은총이 재현되고 또 그 효과를 공공연하게 언급하게 되었다. 혼인 합의(*consensus*)가 혼인의 성사성(聖事性)을 결정짓는 것인지 성적(性的) 결합(*copula*)이 그것을 결정하는 것인지에 대해서는 오랫동안 논의되어 왔다. 12세기 이후로 아래와 같은 결정을 따르기로 했다. 혼인의 '합의'는 결코 해소할 수 없는 혼인 관계의 근거가 된다. 단 이 합의는 성적 결합에 대한 의지를 함축해야만 한다.

2) 성경의 근거

혼인의 신학적인 입장에 보다 의미심장한 배경은 항상 구약성경이 전해 주는 계약 사상이다. 주 하느님께서는 당신 백성에게 충실하신 분이요, 당신 백성을 마치 신랑이 신부를 사랑하듯이 사랑하신다. 몇몇 신약성경의 구절들에서도, 예컨대 이혼을 금지하거나 이혼이 가능한 예외적인 율법과 관련하여 새롭게 가르치는 구절(마르 10,12; 루카 16,18; 마태 5,32; 1코린 7,10-15) 외에 본질적인 차원에서 혼인의 중대성과 성사성에 대해 소개하는 구절은 에페 5,21-33이다. 하느님의 구원 섭리(창조에서 종말의 구원에 이르기까지)는 이른바 혼인계약을 통해 구체적으로 모습을 드러낸다. 곧 그리스도와 교회 사이의 계약이 한 남자와 한 여자 사이의 관계를 통해 확연하게 드러난다. 에페 5,21-23은 혼인에 대해 이렇게 가르친다. "그리스도를 경외하는 마음으로 서로 순종하십시오. 아내는 주님께 순종하듯이 남편에게 순종해야 합니다. 남편은 아내의 머리입니다. 이는 그리스도께서 교회의 머리이시고 그 몸의 구원자이신 것과 같습니다."

3) 체계적 관점

제2차 바티칸 공의회는 다채로운 시각으로 혼인에 대해 요약해 준다(*LG* 11; *GS* 48-52). 교황 요한 바오로 2세의 사도적 교서 「가족의 친목」(*Familiaris consortio*, 1981)을 통해 오늘날 신뢰할 만한, 신학적-교의적인 혼인 이해와 관련된 기본적인 정의가 마련되었다. 혼인은 신약의 실재로부터 그 내용이 정해지기에, 교회에 깊숙이 관여하는 사건이다.[18] 혼인 당사자들은 서로에게 구원의 표징이 되며, 서로에게 하느님의 사랑을 전하며, 가장 작은 단위의 친교 속에서 하느님과 인간 사이의 친교를 재현한다. 그와 같은 일치는 실제적으로 아이를 출산시키거나 그렇지 못하거나 간에 자체적으로 하나의 보다 더 큰 공동체를 향해 열

---

18. 혼인의 이 같은 "계약-특성"에 의거해 교의적으로 불가 해소성이 제기된다. 이와 관련하여 다양한 측면에서 고려되는 문제점들에 대해서는 나의 제자(Gerhard Tenholt)가 작성한 연구 논문을 참고하기 바란다. 그의 논문, *Die Unauflöslichkeit der Ehe und der kirchliche Umgang mit wiederverheirateten Geschiedenen, Münster 2001; zum Problem der Sakramentalität der Ehe*. 혹은 다음 논문도 참고할 수 있다. U. Baumann, *Die Ehe - ein Sakrament?*, Zürich 1988.

려 있다.

그리하여 혼인에서는 확실히 신적이고 인간적인 사랑이 함께 드러난다. 예수 그리스도의 인격이 하느님과 인간 사이의 친교를 자신의 육화된 몸으로, 계약에 대한 하느님의 신실하심을 그의 "인격을 통해" 드러냈다고 볼 수 있듯이, 그리스도의 인격에 기초해 조건 없는 사랑으로서 혼인을 통한 사랑이 가능하다고 보며, 이는 처음부터 그렇게 고려되었다. 이 같은 의미에서 제2차 바티칸 공의회는 혼인을 통해 이루어지는 사랑은 "인간적인 것과 신적인 것이 그 자체 안에서 하나가 되는"(GS 49) 그런 사랑이라고 가르친다.

그러한 이유에서 혼인은 전체교회를 위해서도 구원의 표징이 된다. 혼인을 맺은 이들은 그들의 사랑을 최대한 실현시키고자 노력하듯, 그렇게 교회 전체는 하느님께 자신의 충실성을 입증하고 그분의 말씀에 언제든 새롭게 귀를 기울이도록 불림을 받았다. 교회는 이 같은 소명을 하느님께서 앞서 보이신 신실하심과 약속에 힘입어 충실한 태도로 완수할 수 있다.[19]

(물론 일차적인 적용 원리로서) 믿음이 다른 배우자들 간의 혼인이 날로 증가하는 시기를 맞아, 단지 교회법적인 차원에서만이 아니라 교의적인 안목에서도 혼인을 위해 신앙의 기능이 무엇인지에 관한 물음이 제기되었다. 그리스도교적인 환경에서 살아온 혼인 당사자들은 어찌되었든 상대 배우자의 신앙과의 영적인 교류를 따라 성장하게 된다. 그러나 그런 교류가 제한적일 수 있기에, 단계별로 나눠진 혹은 부분적인

---

19. 이에 대한 체계적인 착안점은 M. Knapp의 새로운 연구서에 포괄적으로 다루어졌다. *Glaube - Liebe - Ehe*. Ein theologischer Versuch in schwieriger Zeit, Würzburg 1999.

차원의 교회-공동체성을 고려할 필요가 있다. 다시 말해 주님의 식탁에 참여하는 행위와 공동체성에 관한 의문이 새롭게 제기되었고, 나아가 그것을 합법화시키는 문제에 대해 고민하기에 이르렀다.[20]

5. 고해성사

1) 성경의 근거

예수의 하느님 나라의 선포는 일종의 회개에 대한 강론이다. 그 중심에는 분명 하느님 나라에 관한 선포가 자리한다. "때가 차서 하느님의 나라가 가까이 왔다"(마르 1,15). 인간에게는 "회개"가, 곧 하느님 안에서 새롭게 마음을 다잡는 태도가 요구된다(마르 1,15 ㄴ 참고. "회개하고 복음을 믿어라"). 그처럼 하느님 나라의 선포는 회개에 대한 강론으로 그 모습을 드러낸다. 루터가 그의 유명한 95개 명제의 첫 번째 명제를 "우리 주님이자 스승이신 예수 그리스도께서 '회개하라!' 하고 외쳤기 때문에, 신앙인들의 전체 삶이 일종의 참회가 되어야 한다고 가르치기를 원하셨다."[21]고 성문 앞에 내걸었다면, 그는 정확히 이해했다고 말

---

20. 이 같은 맥락에서의 문제의식은 이미 1993년 뮌헨 교의신학자 Peter Neuner에 의해 전개되었다. 그의 견해는: "Die Lehre von der Ehe und die konfessionsverschiedenen Ehen", in: P. Neuner, *Ökumenische Theologie. Die Suche nach der Einheit der christlichen Kirchen*, Darmstadt 1997, 243-256. 그 밖에도 "Ekklesiologisch-theologische Strukturprinzipien als Grundlage des 'differenzierten Konsenses'", in: ders. (Hrsg.), *Einheit - aber wie? Zur Tragfähigkeit der ökumenischen Formel vom "differenzierten Dialog"*(QD 184), Freiburg I. Br. u.a. 2000, 11-35를 참고할 수 있다.
21. 이 명제들에 관해 문헌 비평적으로 신빙성이 있는 요약본은 *WA* 1, 233-238이 소개한다. 이에 상대적으로 생성 역사와 문헌 역사에 관해서는 K. Honselmann,

할 수 있다. 회개는 하느님으로부터 출발하지만, 인간이 이를 수용해야
만 실현된다. 이 명령을 채움으로써만이 참된 신앙이 입증된다.

죄의 극복은 전체 신앙공동체의 과제에 속한다(마태 18장 참조). 참
회는 교회의 공식적 행위이자 교회 안에서 매번 실현해야 할 행위다.
그것은 성령께서 교회 안에 역사하심을 함의한다. "그들에게 숨을 불어
넣으며 말씀하셨다. '성령을 받아라. 너희가 누구의 죄든지 용서해 주면
그가 용서를 받을 것이고, 그대로 두면 그대로 남아 있다'"(요한 20,22
이하). 이에 앞서 구약성경도 인간을 하느님과 갈라 세우는 죄에 대해
분명하게 지적한다. 죄는 올바른 길에서 벗어나는 것이요, 잘못된 길을
걷는 것이며, 이웃과의 관계를 무질서하게 만드는 행위다. 그래서 죄는
매번 사회적인 차원에서 재고된다. 이스라엘 백성이 죄를 지었다.

2) 역사적 측면의 재고[22]

특별히 옛 교회에서는 세례를 통한 일회적인 죄의 용서 이후 한
번 더 그와 같은 가능성이 주어질지에 대해 의문을 제기해 왔다. 초기
교회 저술가들은, 예컨대 사도적 교부들의 가르침에 속하는 『헤르마스
목자』의 경우처럼, 그에 반대하는 견해를 밝혔다. 설령 죄의 용서가 원
칙적으로 일회성에 그친다고 할지라도, 뒤늦게 잡아도 3세기경부터 다
른 형태의 화해 가능성이 존재한 것으로 보인다. 중심에 주교의 안수기
도가 요구하는 참회 과정이 4-6세기경 전례법적인 차원에서 자리잡게
되었다. 여러 가지 근거에서 켈트-앵글로 색슨족의 생활권에서는 공적

---

*Urfassung und Drucke der Ablaßthesen Martin Luthers und ihre Veröffen-
tlichungen*, Paderborn 1966을 참고할 수 있다.
22. 고해성사 (및 병자성사의) 교의사적인 발전에 관해서는 특히 *HDG* IV/3(H.
Vorgrimler) 시리즈가 탁월하게 소개한다.

인 참회 예식이 한발 뒤로 물러나고, 종종 반복할 수 있는 고해에 대해 권고하기에 이르렀다. 사제들은 참회 기준("분류된 참회 등급")에 기초해서 산정한 방식을 따라 보속을 부과했다. 후회, 결심, 신앙의 확인(신앙고백)이 고해성사에서 결정적인 요소가 되어 죄를 사면하는 근거가 되었다. 그렇다면 결과적으로 사제가 그때마다 다른 관점에서 해석해 죄의 사면을 선언했다는 셈이다. 사죄경의 경우 후회하는 마음을 통해 하느님으로부터 이미 선사받은 용서가 말마디를 따라 분명하게 드러난다. 반면 조건 대사(條件 大赦)의 경우에는 먼저 죄에 대한 처벌이 유보되었다가 나중에 합법적으로 죄의 용서가 성사되는 판결 과정이 진행되었다. 이 같은 개혁적인 사상에 반대해 트리엔트 공의회는 다음과 같이 확정하였다(*DZ* 1542f, 1677-1693).

① 고해성사는 세례성사와 구별된다.

② 고해성사는 본래 그리스도에 의해 제정된 성사다.

③ 교회는 하느님의 이름으로 죄를 용서하거나 용서하지 않는 전권을 가지고 있다.

④ 고해자는 후회, 신앙의 확인, 회복시키려는 충분한 자세를 보여야 한다.

⑤ 모든 "대죄"(*peccata mortalia*)는 반드시 낱낱이 고해야 한다.

3) 오늘날의 전망

오늘날의 성서신학 역시 고해성사가 각자 신앙인에게 스스로 후회하고 신앙을 확인하며 죄를 저지르기 이전의 상태를 회복하려는 태도를 통해 하느님에 의해서 죄의 용서가 실질적으로 이루어진다는 사실을 확고하게 알아볼 수 있는 기회로 이해되어야 한다는 점에 대해 숙지하고 있다. 그러면서도 고해성사를 하는 것이 죄를 용서받는 유일한 길이 아니라는 사실에 대해서도 잊지 않고 있다. 세례성사는 죄의 용서에 첫 번째 자리를 차지한다(*"confiteor unum babtisma in remissionem peccatorum"*). 성찬례에서 이루어지는 참회 과정을 통해서도 죄의 용서는 실현되며,[23] 병자성사 안에서도 죄의 용서가 이루어진다.

제2차 바티칸 공의회는 그리스도인의 삶에 있어서 참회의 입법적 측면과 교회적 차원을 강조했다(*LG* 11 참조). 그런 점에서 죄의 사죄경도(1975년 1월 1일부로) 새로운 형식으로 바뀌었다. "인자하신 하느님 아버지, 성자의 죽음과 부활로 세상을 구원하시고, 죄를 용서하시려고 성령을 보내 주셨으니, 교회를 통해 이 교우에게 용서와 평화를 주소서. 나는 성부와 성자와 성령의 이름으로 당신의 죄를 용서합니다. 아멘."

로마교회의 『고해성사 규정』(*Ordo poenitentiae*, 1974년 2월 7일부로 유효)에는 참회의 과정이 고해성사[예식 자체]보다 확실히 더 포괄적인 의미를 갖는다고 밝히고 있다. 설령 고해성사 자체 및 그 필연성과 관련하여 성사를 받는 신앙인 각자의 태도가 많은 것들을 좌우한다고 하더라도, 그와는 다른 차원에서 공동으로 집전되는 고해성사 예식도 계속 존재해 왔다. 만일 중죄에 해당하는 것일 경우에는 공동의 고해 예식 뒤에 반드시 개별적으로 고백하는 기회를 가져야 한다. '총체적인 죄의 사면'(allgemeine Absolution)은 무엇보다도 죽을 위험이 있는 경우 혹은 선교지역에서 행해진다. 선교지역에서 총체적인 죄의 사면이 가능한 경우는 그 지역에 고해사제가 넉넉하지 못한 경우다.[24]

---

23. 사제는 옛 미사 형식에서 복음을 낭독한 후 외쳤다. "봉독된 이 말씀을 통해 우리의 잘못(범죄)들이 사해진다"(*Per haec verba dicta deleantur nostra delicta*).
24. 독일 주교단은 그들의 입장이기는 하지만, 이와 같은 상황이 우리에게 아직까지는 주어지지 않았다고 한다.

7. 병자성사

1) 성경의 근거

병자의 치유는 예수의 출현에서 큰 역할을 수행했다. 그것은 하느님의 나라가 시작되었음을 알리는 표징이었다. 예수는 육신의 치유를 종종 죄의 용서와 연결시켰다. 예수는 이미 회개의 길을 걷고 있는 병자들만 치유한 것은 아니다. 그렇게 하느님께서는 건강한 자나 병든 자, 그들이 죄인이라 하더라도 모두에게 다가가신다. 병든 이들을 돌보는 일은 인간의 영원한 운명을 결정하는 이른바 이웃사랑의 연속이다. 마태 25,36.43은 이렇게 가르친다. "내가 병들었을 때에 돌보아 주었으며, … 내가 병들었을 때와 감옥에 있을 때에 돌보아 주지 않았다." 나중에 병자성사의 중요한 버팀목이 되는 야고보서의 다음 구절은 1세기말의 교회에서 유래한다. "여러분 가운데 앓는 사람이 있습니까? 그런 사람은 교회의 원로들을 부르십시오. 원로들은 그를 위해 기도하고 주님의 이름으로 그에게 기름을 바르십시오. 그러면 믿음의 기도가 그 아픈 사람을 구원하고, 주님께서는 그를 일으켜 주실 것입니다. 또 그가 죄를 지었으면 용서를 받을 것입니다"(야고 5,14 이하). 야고보 사도는 당시 참담한 생활상 가운데 하나인 병에 대해 전한다. 물론 병자와 연관된 사람들(가족이나 친척들)도 기도해야 하지만, 누구보다 교회의 "원로들"에게 소임이 주어졌다. 기도는 '기름을 바르는 일'을 동반한다. 그러므로 원로들의 기도는 이 도유 예식에서 함께 이루어진다. 이는 아마도 매우 중한 병자에게 필요한 예식처럼 여겨진다. 이때 그는 "원로들"에게 갈 수 없을 만큼 위중할 경우, 병자는 그들의 방문을 청할 수 있다. 그러나 이미 죽은 사람을 대상으로는 이 예식이 거행되지는 않는다.

2) 역사적 측면의 재고[25]

병자의 도유는 3세기에 시작된 전통이라고 할 수 있다. 주교는 기름을 축성해 여러 가지 방식으로 활용하고, 이 축성된 기름은 사람에게 힘을 주고 치유하는 능력을 발휘했다. 교황 인노켄티오 1세(Innocentius I)는 한 서한(416)에서 병자의 도유를 처음 "성사"로 칭했다. 한편 게르만-프랑켄 지역에서는 병자의 도유가 종종 임종하는 순간까지 미루어져 "마지막 도유 예식"이라 불리기도 했는데, 그 이유는 교회 내 많은 봉사자들(원칙적으로는 7명, 야고보서는 그 이상의 원로들에 대해 언급한다.)에게 그때마다 임금을 지불하는 일이 벅찼기 때문이다. 트리엔트 공의회는 종교 개혁가들의 반대에도 불구하고 마르 6,13과 야고 5,14을 근거로 병자의 도유 예식을 성사의 하나로 받아들였다(*DZ* 1649ff). 이 병자성사의 효과는 죄의 용서와 마음을 바로잡고 힘을 강화시켜 주는 데 있다. 그래서 병자의 회복이 "영혼의 구원에 필요하다면 몇 번이고 가능하다." 제2차 바티칸 공의회는 이 병자성사의 쇄신에 많은 정성을 기울여, 이 성사를 더 이상 "마지막 도유 예식"이라고 칭하지 말고 "병자의 도유"라 칭해야 하며, 그에 합당하게 "마음이든 몸이든 병든 이들에게" 행해져야 한다고 밝혔다. 이 공의회 이후로 그 같은 쇄신 의지는 이 예식을 보다 간편하게 바꿔 도유의 횟수를 줄이고 집전 형식을 새롭게 꾸몄다. 따라서 병자의 도유는 제2차 바티칸 공의회에 의해, 그리고 공의회에 따른 신학 사상과 사목 실천의 정신에 의해 교회가 병자들을 돌보는 의무를 다하게 되었다.

---

25. 이 주제와 관한 상세하고 기본적인 안내서는 *HDG* IV/3 (H. Vorgrimler) 참조.

3) 현실적 측면

헤르베르트 포르그리믈러(H. Vorgrimler)의 견해에 동의하며 다음과 같이 말할 수 있다. "병자성사의 신학적인 해석은 더 이상 병과 죄 사이의 내적인 연관성에서 출발하지 않는다." 그래서 초기에 이 같은 방향으로 추진되었던 교의의 확정 작업을 이제는 더 이상 그런 시도조차 하지 않듯이, "세례 갱신"의 의미로 병자성사를 이해하려 하지는 않는다.26 포르그리믈러의 견해를 따라 사람들은 당시까지 사제들이 집전해 온 병자의 도유가 "부제 및 평신도의 주관 아래 아무런 신학적 문제 없이 거행될 수 있다."27고 생각할 수 있었다. 사람들은 병자의 도유를 본시 교회론적인 틀 안에서만 이해할 수 있다. 교회는 큰 위기에 놓여 있는 동료 인간에게 다가가 교회의 간절한 기도를 통해 그를 돌보며 그와 깊은 유대를 맺고 있음을 이해시키고 또 보여 주어야 한다. 프로테스탄트 신학도 오늘날 병자의 도유 예식을 그들 교회 안에 다시 받아들이려고 시도하고 있다.28

8. 전통적인 성사론의 새로운 개별적 측면들

1) 필요성과 효력

병자성사를 청하는 일은 신학적으로 폭넓게 보자면 절대적으로 요구되는 것은 아니지만, 이 성사 자체의 의미로 볼 때 많은 사람들에게

---

26. H. Vorgrimler, *Neues theologisches Wörterbuch*. Freiburg I. Br. u.a. 2000, Art. "Krankensalbung", 366-368 (인용은 368).
27. *Ibid.*, 368.
28. 참고로 Art. "Krankensalbung IV ökumenisch"(H. Wagner), in: *LThK*^{3} VI, 423.

필요한 것처럼 여겨진다. 트리엔트 공의회는 그런 차원에서 "필요하다"(DZ 1604)고 언급한 것 외에 아마도 그 이상 생각하지 않은 것 같다. 예컨대 옛 교회에서 세례를 받기도 전에 죽은 세례 지원자를 배려하여 기도해 주었던 것처럼, 교회는 이전부터 전해 오는 동의 형식, 곧 "성사에 대한 원의"(votum sacramenti)에 기초해 성사가 집전될 수 있다는 근거를 살피는 것으로 만족한 듯하다.

이 성사의 효력은 요청하는 이의 신앙의 크기나 집전자에 의해 좌우되지 않는다. 트리엔트 공의회가 논증한 바와 같이, 그것이 설령 종교 개혁가들의 의도와 대치된다고 하더라도, '하느님의 주도적인 섭리'를 앞세우고자 했다. 그래서 비록 그들이 성사의 자동화 기기라고 비난하더라도, 공의회는 "사효성"(opus operatum)을 강조했다(DZ 1608). 하느님께서는 당신의 구원 섭리를 교회의 일정한 행위와 결합하셨다. 구원은 이 같은 행위가 교회에 의해 앞서 예상했던 대로 수행되어 가는 한 중단 없이 중재될 것이다. 성사의 효력은 은총이다. 은총은 원칙적으로 "물질적으로" 혹은 객관적인 형식으로 이해되지는 않는다. 근본적으로 하느님 자신이 은총이니, 선사하시는 분과 선사되는 것은 하나다.

세 가지 성사(세례성사, 견진성사, 성품성사)는 반복 없이, 단 한 번으로 족하다. 이는 우선적으로 피상적으로도 많은 근거를 확보하고 있다. 예를 들어 3세기의 이교도의 세례 논쟁을 통해서도 드러났다. 신학적으로는 이들 세 가지 성사가 구원을 위한 봉사직의 차원에서 변함없는 권한을 갖는다는, 곧 공동체 안에서 사회적으로 영속적 기능을 갖는다는 믿음이 점차 커져갔다. 옛 신학은 아리스토텔레스적인 관점을 지지하는 자들을 통해 이 세 가지 성사가 중재한다고 여기는 영속적인 각인, 곧 "지워지지 않는 특성"(character indelebilis)에 관해 언급하기도 했다.

2) '7'이라는 숫자

트리엔트 공의회에 이르러 7성사가 확정되었다. 그때까지 성사의 숫자에 대한 가르침은 유동적이었다(2개, 5개, 12개 혹은 무려 30개의 성사들에 대한 의견이 있었다). 그러니 그 전까지 왕의 즉위식, 수도자의 서원, 세족례 모두가 성사로 유효했다. 일곱이란 숫자에 대한 의문이 없는 것도 아니다. "공동체 일원으로 받아들이는 성사들", 곧 입문성사(세례성사, 성체성사, 견진성사)는 "더 큰 성사"로서 특별한 위상을 갖는다. 감독직, 사제직, 부제직은 단일한 성품성사 차원에서 이해될 수 있지만, 현실적으로 신학적으로 제각각 고유한 품위가 부여된다. 한편 많은 사람들이 세례와 견진을 같은 성사의 양면으로 이해하고자 노력한다.

3) 질료와 형상

아리스토텔레스의 관점을 지지하는 신학자들에 의해서 이른 시기의 신학은, 그러니까 교회법적인 차원에 집중하여 해명하려고 했던 신학은 성사의 "질료"(*materia*)와 "형상"(*forma*)을 구별하고자 했다. 후자는 성사 집전 때마다 개입되는 '말씀'이고, 전자는 물질적인 실체(물, 빵, 포도주, 기름) 혹은 감각적인 행위(견진성사에서 도유 예식과 함께 거행되는 안수, 참회 때 보여 주는 고해자의 행동, 성품성사에서의 안수, 질료적이든 형상적이든 혼인성사에서 혼인 당사자들의 의사 표현)라고 여겼다.

4) 집전자와 수혜자

세례의 집전은 교회의 공식 직무자가 하지 않을 수 있고, 극단적인 경우에는 모든 사람이 집전할 수 있다. 견진의 집전은 주교(교구장) 혹은 주교로부터 위임받은 자에게 허용된다. 원칙적으로 견진성사의 집전은 주교의 권한에 속한다. 혼인성사는 혼인 당사자들에 의해 성사가 성립된다. 성체성사, 고해성사, 병자성사는 주교와 사제의 권한에 속한다. 성사 수혜자는 다만 살아 있는 인간으로 한정되며, 성사를 받겠다는 원의가 전제된다. 지향 없이 성사를 받거나 수혜자의 의사에 반해 거행되는 성사는 무효다.[29]

오늘날의 신학적 논의

거의 모든 성사들에 대해 중차대한 의문이 제기된다. 어떤 의미에서 세례성사가 구원에 필수적인지? 나아가 어떻게 세례성사와 견진성사 사이의 연관성을 생각할 수 있는지? 만일 오늘날 신앙인들이 여러 가지 다채로운 형식과 과정을 통해 고해 예절이 하느님과의 화해를 진지하게 모색한다면, 과연 참회가 이루어지는 적합한 자리는 어디인지? 성체성사, 교회, 교회의 직무 사이의 연관성을 어떻게 정확하게 규정할 수 있는지? 이는 특히 교회 일치를 향해 진일보하기 위한 전제 조건으로서 매우 중요한 점으로 여겨진다. 점점 더 많은 교회 구성원들이 "냉담자"(출레너[P. Zulehner])로 변모해 가는 오늘날의 현실에 직면해 적절하게 성사와 관련된 사목 활동을 전개할 수 있을지? 오늘날의 교회가 7성사를 분명 엄숙히 받아들이기는 하지만, 실제 삶의 현장 속 깊숙이 파고드는 모습이 점점 더 희미해져 가는 이 시점에서 성사를 앞세운 사목 활동의 전개 가능성으로서 우리는 무엇을 더 생각해야 하고 또

---

29. 그런 이유에서 강요된 세례는 무효다(참고 DZ 781). 그러나 이때 '지향'은 유아 세례(성사)와 같이 특별한 경우 다른 사람(부모나 후견인)이 대신할 수 있다.

진지하게 생각할 수 있을까?

"성사론"에 관한 기본적 참고 문헌

Courth, Franz, *Die Sakramente*. Ein Lehrbuch für Studium und Praxis der Theologie, Freiburg I. Br. u.a. 1995.

Faber, Eva-Maria, *Einführung in die katholische Sakramentenlehre*, Darmstadt 2002.

Ganoczy, Alexandre, *Einführung in die katholische Sakramentenlehre*, Darmstadt 1979.

Schneider, Theodor, *Zeichen der Nähe Gottes*. Grundriß der Sakramententheologie, Mainz ^{7}1998.

Vorgrimler, Herbert, *Sakramententheologie* (Leitfaden Theologie 17), Düsseldorf ^{2}1990.

7 | 삼위의 하느님 - 친교의 완성

오늘날 신에 대한 물음은 세속주의(*Säkularismus*)로 치닫는 분위기에서 제기된다. 세속주의는 인간학적인 기본 경향, 곧 인간이 스스로를 만물의 중심으로 생각하는 모습이자 자연과학적 입장을 의미한다. 그러므로 세상을 "절대자[神]에게서 벗어난" 관점에서 재고하고, 인간에게 계속적으로 도움을 주는 것이 자연과학이라는 생각으로 기울며, 문자 그대로의 자유를 갈구하는 추세라고 할 수 있다. 다른 한편 이 같은 경향과 추세에서 그리고 그것을 배경으로 새롭게 최종적인 의미에 대한 물음이 개진된다. 다시 말해 세속적인 관점에서(만) 사람들은 인류의 미래에 대한 물음, 존재의 깊이에 대한 물음을 던지고 있다. 그렇게 오늘날 사람들은 서로 다른, 새로운 "암호들"을 전제로 어쩌면 "절대자"에 대해 새롭게 묻고 있는 것인지도 모른다.

1. 신론 : 근본 경험과 근본 결단

1) 신론의 발전

신학적인 신론은 존재와 존재론에 대한 물음, 곧 형이상학과 매우 밀접하게 결합한다.[1] 이미 고대 그리스 철학은 만물(존재자)이 유래하며, 거기에 결국 모두가 수렴하는 최초 원천이자 최종 근거에 대해 물었다. 밀레토스의 탈레스(Thales, 기원전 약 625-560)는 만물의 근거와 원천에 대해 묻고, 나름대로 그 해답을 '물'[水]에서 구했다. 이는 자연적인 사물 이상의 의미를 띤다. 그에게 물은 "존재론적으로 고려된 존재 근거"[2] 다. 밀레토스의 아낙시만드로스(Anaximandros, 기원전 약 610- 545)는 그의 스승 탈레스의 생각을 뛰어넘었으며, 더 나아가 만물의 "시원"(始原, ἀρχή[아르케])에 대해 묻고, 그 해답을 "무한한 것"(ἄπειρον[아페이론])에서 찾았다. 만물의 시원은 하나의 개별적인 요소일 수 없으니, 물[水]도 아닐 것이요, 오히려 모든 요소들을 앞서 내포해야 할 것이라고 그는 생각했다. 그래서 아낙시만드로스는 만물의 시원을 "신적인 것"(τὸ θεῖον [토 테이온])이라 칭했다. 비록 마지막까지 그가 "무한한 것"이라 말했던 것에 대해 충분히 설명하지는 않았을지라도, 그 개념은 정신사(精神史)에 적지 않은 영향을 미쳤다. 그래서 이미 그리스도교 교부들도 이 개념을 하느님을 이해하는 데 응용했다. 그 같은 시도는 작게나마 진보된 통찰을 이끌었으니, "한계가 없는 것"은 곧 "설명할 수 없는 것"임에 틀림없지만, 그럼에도 그것은 한계를 긋는 형식에 앞선 것으로 이해될 수는 있다. 모름지기 여기서 이른바 "부정신학"(否定神學)의 뿌리를 엿볼 수 있다. 이 부정신학은 그리스도교 신학에 있어서 오늘날까지 영향력을 행사한다. 우리는 하느님과 관련하여 그분이 누구신지 결코 말할 수 없고, 언제든 다만 그분이 이 세상에 존재하는 그 어떤

---

1. 이에 앞선 전체적인 소개서로서 코레트의 책을 참고하기 바란다. E. Coreth, *Gott im philosophischen Denken*, Stuttgart u.a. 2001.
2. *Ibid.*, 25.

것도 아니라고 말할 수 있다고 하는, 그런 근본적인 전망은 유비론(類比論)의 정립을 촉구하기도 한다. 이때 유비론은 물론 하느님에 대한 언표가 오로지 "닮음"의 관점에서 그리고 동시에 "닮지 않음"을 따라서 접근할 수 있는 특성을 갖는다. 물론 그 이상으로 고려해야 할 점이 있다. 하느님에 관한 그 모든 언표들에서 닮지 않음은 닮음보다 훨씬 더 크다. 창조주와 피조물 사이에서 [닮음보다] 훨씬 더 큰 닮지 않음을 염두에 두지 않고서는 더 이상 그 어떤 닮음도 제대로 말할 수 없다(제4차 라테란 공의회[1215]의 공식적 가르침, *DZ* 806 참고).[3]

고대 그리스 철학 초기에는 그리스도교의 하느님 모습을 해명하는 의미심장한 언표들과 인식들이 적지 않다. 파르메니데스(Parmenides, 기원전 540-480)는 모든 존재하는 것들의 공통적인 존재 근거로서 '하나이자 전체'를 제안했다. 그는 그 같은 근거만이 다채로운 사물들을 포괄하는 근거가 될 수 있다고 생각했다. 아낙시메네스(Anaximenes, 기원전 약 585-525)는 만물의 존재 근거로서 공기(πνεῦμα[프네우마], 숨) 개념으로 물질적인 존재와 정신적인 존재를 갈라 세운다고 믿었다. 크세노파네스(Xenophanes, 기원전 약 580-480)는 원시적인 차원의 신(神)-신앙을 넘어서 일련의 고상한 신-개념이라 볼 수 있는 "하나이자 모든 것"을 생각해 냈다. 고대 철학자들의 이 같은 기본 원리들에 대한 생각들은 그 이후 계속해서 신적인 존재에 대한 통찰을 심화시켰다.

"소크라테스 이전 철학자들"보다 훨씬 더 많은 개념들을 전해 주는 이들이 있으니, 우리가 흔히 말하는 그리스 "고대(전통)" 철학자로

---

3. 부정신학과 유비론 사이의 관련성에 관한 문제들에 대해서는 참고로 나의 제자 마그누스 슈트라이트(Magnus Streit)의 교수 자격 논문, *Offenbares Geheimnis, Zur Kritik der negativen Theologie(ratio fidei. Beiträge zur philosophischen Rechenschaft der Theologie 14), Regensburg 2002*을 참조할 수 있다.

불리는 이들, 곧 플라톤(기원전 427-347)과 아리스토텔레스(기원전 383-322), 그리고 고대후기 헬레니즘 철학자로 불리는 이들, 곧 스토아 학파와 신플라톤주의자들이다. 이들의 사유 형식은 그리스도교가 하느님의 모습을 해명하는 데 큰 도움을 주었다. 초기 그리스도교 신학은 하느님에 대해 생각해 낸 것을 재현하는 데 그 매개체로 동시대의 철학적 사유 형식과 개념들을 활용했다.

판넨베르크는 그리스도교 이전의 "신"에 관해 통찰하며 어떤 기본적인 개념이 그리스도교 안에서 하느님의 모습과 "신적인 존재"로 차용되었는지 다각적인 고찰을 통해 정리하였다.4 참된 의미에서 신적인 존재는 잘 알려진 실재의 실현을 위해 필요한 원천이자 그러한 사실을 설명하기 위해 전제되는 원천이다. 이러한 생각은 앞서 하느님의 '단일성'을 수용해야만 하는 사유의 필연성을 확고한 것으로 심어 주었다. 존재 원천은 물질적·가시적인 실재와는 다르다. 그리고 그런 차별성은 곧 인식 불가능성과 이웃한다. 성경이 전하는 하느님 사랑을 철학적 신-개념과 연결시키는 일은 이전부터, 특히 프로테스탄트 측에서는 종종 '오류에 빠지는 일'이라고 지적했다. 그럼에도 사람들이 하느님을 이미 당시의 철학적 해석을 통해 접근하려 했던 그런 분으로 상상하지 못했다면, 도대체 유다-그리스도교 안에서 당신 자신을 계시하시는 하느님의 보편적인 말 건네심을 어떻게 합법화시켜 설명할 수 있었을까? 그러므로 "모든 인간에게 유일하게 영원하신 이스라엘 하느님의 말 건네심 안에는 그리스도교 신앙이 신의 참된 본성에 대해 궁구했던 철학적

---

4. Die Aufnahme des philosophischen Gottesbegriffs als dogmatisches Problem der frühchristlichen Theologie(1959), in: W. Panneberg, *Grundfragen systematischer Theologie*. Gesammelte Aufsätze, Göttingen 1967, 296-346.

물음을 통해 하느님께 나아가야 하고, 또 오늘날에도 그러한 방식으로 그에 대한 논의와 답변이 이루어져야 한다는 신학적인 근거가 마련된 셈이다."[5]

한편 판넨베르크가 제 때에 제대로 밝혀낸 사실은 철학적 신관(神觀)에 속하는 요소들을 모두 "연결시키는 작업" 중에도 계속해서 성경이 전하는 하느님 신앙의 조명을 받음으로써 비판적인 관점에서 다듬고 확장시키고 심화시키는 일이 가능하다는 것이다. 다른 한편 그리스 철학에서 단 한 번도 포기한 적이 없어 보이는, 신과 함께 영원히 공존할 만한 물질(이른바 '순수 물질')의 실재성에 대한 거부는 그리스도교 안에서 과연 '배타적인 유일신 사상'을 더욱 단단하게 고착시켜 주었다고 본다. 유일하신 하느님께서는 이 세상을 "무로부터"(*ex nihilo*) 창조하셨다. 하느님의 피조물과의 차별성은 결론적으로 '순수 정신'에 집중하도록 이끌었다. 이 순수 정신은 근본적으로 파악 불가능성과 표현 불가능성을 함의하며, 나아가 하느님의 본질적인 비밀스러움[神祕]과 초월성을 내포한다.

물론 옛 교회의 신학에서는 철학적인 신-개념을 성경의 하느님 모습과 전적으로 그리고 빈틈없이 봉합시키는 일을 잘 마무리하지는 못했다. 그와 같은 작업은, 성경이 전하는 하느님의 모습이 그때마다 전해져야 할 시대에 속하는 이해 지평 및 사유 범주와 단단히 결합되어 있기 때문에, 당연히 신학에서도 각 시대마다 새롭게 진행되어야 바람직할 것이다.

---

5. *Ibid.*, 309.

2) 하느님 — 인간이 추구해야 할 목표

인간이 스스로 하느님을 향해 "나아가는 것"이 도대체 어떻게 가능한 것일까? 인간의 하느님에 대한 상상을 "초월"이라는 근본적인 경험과 연결시키는 일은 그 자체로 분에 넘치는 작업이다. 하느님께서는 "인간 체험의 내용으로 등장하는데, 그런 하느님 체험은 인간의 다른 체험들과 구별된다. 예컨대 하느님 체험 중에 이 체험의 실재성은 오로지 그 체험의 실재(하느님)를 통해서만 보증된다는 점에서 다른 체험들과 구별된다."[6] 여기서 칼 라너는 하나의 길[=종교철학]을 제시하며, 그 길은 더 나아가 간접적으로 다음과 같은 사실을 밝혀 준다. 그러니까 어째서 철학적인 사유들과 여러 종교들 안에 내재하는 초월적인 존재에 대해 궁리하는 시도들이, 그리스도교가 계시-신앙을 통해 수용하는 하느님에게도 어울리는 요소들을 취급하는지에 대해 이해할 수 있도록 해 준다.

라너는 "초자연적 실존"[7]의 범주를 활용해 인간 창조 때에 하느님에 의해서 선사된 인간 본성의 한 가지 실재적이고 참된 사실을 규정하려고 시도한다. 하느님은 모든 인간의 구원을 원하신다. 그로써 모든 인간은 이미 구원 은총을 제의받은 피조물로 살아가게 되었다. 그렇게 인간은 당신 자신을 중재하시는 하느님 앞에 마주할 수 있게 되었다. 이때 하느님의 자기중재는 [당신께서 택하신] 계시(방식)를 통해 주어진다("초월적인 계시"). 라너는 이러한 논리를 나중에 더 첨예하게 다듬었

---

6. H. Vorgrimler, *Neues Theologisches Wörterbuch,* Freiburg I. Br. 2000, Art. "Gott", 246-256(인용은 246).
7. 이에 룰란츠(Rulands)의 단행본, *Menschsein unter dem An-Spruch der Gnade. Das übernatürliche Existential und der Begriff der natura pura* bei Karl Rahner(*IThS* 55), Innsbruck/Wien 2000 참조 바람.

으며, 칼케돈 공의회를 거울삼아 인간 존재를 단지 그리스도의 인간성만이 아니라 로고스의 실재 상징으로 해석했다.

그로써 구체적 인간 존재는 인간에게 구원을 제안하시고 중재하시는 하느님께 이미 그리고 항상 정향되어 있으며, 그렇게 하느님 자신으로부터 이끌어진다. 그래야만 인간이 모든 인식 중에 도대체 인식에 앞선 존재를 그러한 근거로 수긍하고 또 그분 앞에서 반성이 가능한 것처럼, 수많은 일상의 실현 과정들에서 하느님을 경험할 수 있으며 그러한 실현 과정의 "초월적인 근거"로서 절대적인 존재이자 인격적인 타자로 다가오시는 하느님을 우리는 경험할 수 있다.

3) 구약성경과 신약성경에서의 하느님 계시

이스라엘 백성은 항상 자신들의 하느님과 함께 했듯이, 구약성경에서 증언한 경험들은 하느님을 '이스라엘의 하느님'으로 고백하도록 이끈다. 이스라엘의 하느님께서는 당신 백성을 선택하시고, 역사를 따라 이끄시며, 결코 다른 신들을 용납하지 않으셨다. 한 분이시며 유일하신 하느님께서는 이스라엘 전체 역사의 유일한 주님이시며, 이스라엘 역사 안에서 그 모든 것을 그때마다 규정하는 실재이시다. 만일 그분이 '이스라엘의 거룩하신 분'으로 고백된다면, 거기에는 다음과 같은 행위적인 측면이 큰 의미로 다가온다. 이스라엘은 전례 안에서 주 하느님(Jahwe)의 위대한 업적을 찬양해야 하고, 정의와 사랑과 자비를 베푸는 삶을 살아야 한다. "너희는 거룩해야 한다. 왜냐하면 내가, 곧 너희의 하느님이자 주님인 내가 거룩하기 때문이다"(레위 11,44). 이스라엘은 이와 같은 하느님을 전혀 한계를 모르며 생명에 필요한 모든 것을 다 갖추신 분으로 체험했다. 그 때문에 이스라엘은 하느님을 하늘과 땅을 창조하신 분으로 고백하며, 그들의 자유와 해방을, 인간 구원을 위해 역사 안에 기꺼이 섭리하시는 하느님의 자비 안에서 찾았다.

마르코 사가는 복음서 서두에 예수가 전하는 복된 소식의 요체를 한 마디로 분명하게 전한다. "때가 차서 하느님의 나라가 가까이 왔다. 회개하고 복음을 믿어라"(마르 1,15). 예수가 무엇보다도 '하느님의 나라'에 대해 선포했다는 사실은 사료적으로 보아도 의심의 여지가 없다. 예수는 이 개념("하느님의 나라")을 그 자체로부터 각인시킨 것이 아니라 분명 종말론적인 의미에서 주변 세계로부터 차용했다. 하느님의 나라는 종말에 도달하게 될 구원의 상태를 가리킨다. 도래할 그 시대는 세상과 역사가 계속 나아가는 종착점으로서 모든 날들의 막바지인 그날에 하느님께서는 친히 새 하늘과 새 땅의 모습을 펼치실 것이다. 하느님 나라의 도래는 오로지 하느님의 사태로서 인간의 행위에 앞선다. 인간은 아무것도 거기에 보탤 것이 없다. 곧 하느님 나라의 도래를 가속화하거나 억지로 앞당기기 위해서 할 수 있는 일이란 아무것도 없다. 그러므로 예수는 '하느님의 나라' 개념을 온통 종말론적인 의미로 앞서 각인시켜 주었다. 그럼에도 불구하고 그가 하느님의 나라에 대해 선포하던 방식은 유대인들이 생각해 온 종말론적인 태도와 근본적으로 구별된다. 왜냐하면 예수는 이 같은 하느님 나라가 임박함에 대해 고지했기 때문이다. "하느님 나라가 가까이 다가왔다!" 이 선포의 의미는 무엇일까? 유대인들의 종말에 대한 기다림에 의하면 구원의 때, 하느님 나라는 엄격한 의미에서 먼 미래에 펼쳐질 사건이다. 그래서 가장 먼저 그와 같은 구원의 때는 언젠가 현실이 되더라도, 지금과 같은 타락이 활개 치는 이 시대가 종결되는 시기까지 미루어진다. 물론 분명하게 선을 긋는 순간이 도래할 것이니, 곧 최후 심판이 이루어지는 바로 그때에 본래적으로 구원이 시작될 것이요, 바라던 하느님의 나라가 열릴 것이라고 유대인들은 믿었다. 그에 반해 예수가 전하는 복된 소식으로서 새로움은, 예수가 이미 그와 같은 하느님 나라를 자신의 선포와 행동으로 '현재적인 것'으로 언표 했다는 점이다. "그러나 내가 하느님의 손가락으로 마귀들을 쫓아내는 것이면, 하느님의 나라가 이미 너희에게 와 있는 것이다"(루카 11,20). 하느님의 구원이 유대인들의 상상에 의하면 종말의 표징이었는데, 이제 예수에 의해 이미 여기 현존하며 그의 복음을 받아들인 이들에게 힘을 발휘한다.

비록 거기서 구약성경이 전하는 하느님의 모습에서 엿볼 수 있는 필체를 유심히 살피지 않더라도, 일련의 새로운 강조점이 발견된다. 그것은 예수에 의해서 하느님이 당신의 구원 의지에 근거해 [새롭게] 해석된다는 점이다. 예컨대 그와 같은 해석이, 예수가 하느님을 향해 특별하게 부른, 이른바 '아빠'(Abba)라는 호칭을 가능하게 한 셈이다. 이 용어 자체는 유대인들에게 전혀 새로운 것이 아니지만, 예수는 이 호칭을 기도의 형식("아버지")으로 허용하였다. 예수가 부른 호칭에는 아버지에 대한 돈독하고 친밀하고 어려움이 없고 기꺼이 동의할 만한 계기들이 자리한다. 그래서 아들은 아버지의 의지에 따라 자신을 기꺼이 봉헌하게 된다. 하느님께서는 그렇듯 친구이자 아버지이며 사랑이 넘치시는 분이요, 그럼에도 여전히 최종적인 권위를 갖추신 분으로 나타난다.

이와 같은 하느님 이해 속에서 예수는 자신의 제자들을 가르치고자 했다. 그들 제자들 역시 하느님을 새롭게 경험할 필요가 있었다. 그와 같은 하느님 이해의 기본적인 태도로서는 하느님 아버지에 대한 신뢰에 있어서 아무 걱정을 하지 말 것, 기도 중에 전적으로 하느님께 의지할 것, 하느님의 섭리를 믿고 맡길 것 등이다. 걱정이나 겁에 질리는 마음은 아예 떨쳐 내야 한다. 그처럼 하느님을 전폭적으로 신뢰하는 자는, 곧 하느님의 자녀는 그분 외에는 결코 다른 낯선 권능의 손아귀에 자신을 내맡기지 않는 신앙인이 되어야 한다는 것이다.

예수는 그러한 하느님에 관해 오로지 경건하게만 가르친 사람들과 구별된다. 오히려 그는 하느님의 권능을 직접 행사했다. 그는 율법에 대한 전통적인 해석을 파기하고 안식일의 계율과는 다르게 행동하며 터부시하던 세리들과 죄인들과의 교제를 서슴지 않으셨다. 그러므로 예수의 설교와 업적에는 하느님의 나라가 이미 구현되어 있다. 아니 더 나아가 하느님의 구원 의지가 직접적으로 실현된다. 중요한 사실은 예수가 하느님을 인간들과 동떨어진 모습으로는 결코 소개하지 않았다는 점이다. 오히려 하느님 사랑과 이웃사랑을 요구했으니, 그렇게 하느님과 인간들에 관해 관심을 보여 준 것이다.

그로써 물론 예수의 하느님에 관한 몇 가지 사실들을 직접적이고도 분명하게 말할 수 있게 되었다. 먼저 우리의 입장에서 이렇게 물어 보자. 이 모든 사실들은 오늘날 '신에 대한 물음(의문)'과 어떤 관련성이 있을까? 아니, 신에 대한 물음 자체와는 아무런 관련성이 없다. 왜냐하면 예수에게 '신에 관한 물음'이 존재할 리 없기 때문이다. 그에게 신은 (고대에 사람들이 신적인 존재를 문제 삼지 않았던 것처럼) 결코 "의문의 대상"이 아니다. 오히려 그는 하느님의 실재와 관련된 많은 사실들을 전해 주고 싶었다. 그래서 분명 그리스도교 신앙의 기본적인 문헌들에는 ― 하느님의 실재성이 그리스도교 신앙을 위해 규범적으로 언표 되는 곳에서는, 무엇보다도 인간의 구원 능력으로 증거 되는 그런 곳에서는 ― 하느님이 의심 없이 실재로서 경험된다. 그리하여 인간은 그로부터 죄로 얼룩진 이 세상에서 신앙과 희망과 사랑을 통해 살아갈 수 있다.

예수는 하느님에 관해 말을 아꼈지만, 직접 가르친 것들은 거의 다 자신이, 곧 자신의 말과 행동으로 해석해 낸 것들이었다. 예수는 이 세상과 역사 안에서 하느님을 만나고 또 발견할 수 있는 이정표와 같다. 이 같은 사실은 착한 사마리아인의 비유에서도 아주 간단히 확인할 수 있다. 사람들은 이 비유를 통해 예수가 하느님에 관해 전한 그 모든 것들을 분명하게 알아들을 수 있다. 혹은 예수의 또 다른 비유들을 통해서, 예컨대 잃어버린 아들에 관한 비유를 통해서 더 분명하게 이해할 수 있다. 그럼에도 예수에게 하느님에 관한 표현은 결정적인 것이 못 된다. 오히려 하느님께서 지금 그리고 여기 실재하신다는 사실이 관건이다. 왜냐하면 그 사실을 알아듣는 바로 그 순간 하느님 나라와 마주할 수 있기 때문이다.

바오로 사도는 신약성경신학에서 특히 중요하다. 그는 하느님과 예수 그리스도를 단단히 결속시켜 이해한다. 예컨대 로마 6,9-10에서 이렇게 설명한다. "우리는 그리스도께서 죽은 이들 가운데에서 되살아나시어 다시는 돌아가시지 않으리라는 것을 압니다. 죽음은 더 이상 그분 위에 군림하지 못합니다. 그분께서 돌아가신 것은 죄와 관련하여 단 한 번 돌아가신 것이고, 그분께서 사시는 것은 하느님을 위해 사시는 것입니다." 그러므로 부활한 이는 더 이상 이 세상을 위해서가 아니라, "하느님을 위해" 사는 것이다. 그는 그렇게 하느님 안에서 그리고 그분과 함께 살아가지만, 하느님과 마주하는 상대자로도 살아간다. 여기서 나중에 발전한 삼위일체론의 흔적과 암시적인 의미들이 발견될 수 있을지도 모른다. "진정 여러분이 하느님의 자녀이기 때문에, 하느님께서 당신 아드님의 영을 우리 마음 안에 보내주셨습니다. 그 영께서 '아빠, 아버지!' 하고 외치고 계십니다"(갈라 4,6). 부활한 이로서 예수는 성부와 영원한 부자 관계를 맺는다. 그러나 이때 제삼의 존재가 등장한다. 성령이라 불리는 "거룩한 영"이다. 원칙적으로 성자는 성령과 구별된다. 그럼에도 간혹 서로 일치하는 모습을 목격하게 된다. "주님은 영이십니다"(2코린 3,17).

성부에 대한 성자의 관계 및 나눔에 관해서 보다 더 분명하게 소개하는 신약성경 부분은 요한 사가의 문헌이다. 예수와 하느님 아버지(성부)는 하나다. 예수는 성부의 로고스요, 그분을 계시하는 자다. 또한 성령은 성부에게서 나온다. 성부께서는 성자의 이름으로 성령을 이 세상에 보내신다. 신약성경 전승들에서 상대적으로 뒤늦은 구절, 곧 마태 28,19은 이미 어느 정도 삼위일체적인 형식들을 갖추고 있다. "그러므로 너희는 가서 모든 민족들을 제자로 삼아, 아버지와 아들과 성령의 이름으로 세례를 주어라." 그러나 이와 같은 형식은 이미 초대교회에서 그리스도교 신앙을 체계적으로 선명하게 밝히는 중에 특징적인 모습을 갖추게 되었으니, 이는 물론 신약성경에 소급해 고백되어야 함을 의식한 까닭이다. 예컨대 1코린 12,4-6의 경우처럼 카리스마(은사)에 대해 소개될 때에도 삼위일체적 의미가 고려되고 있음을 엿볼 수 있다. "은사는 여러 가지지만 성령은 같은 성령이십니다. 직분은 여러 가지지만 주님은 같은 주님이십니다. 활동은 여러 가지지만 모든 사람 안에서 모든 활동을 일으키시는 분은 같은 하느님이십니다." 여기서 자유로운 형식으로 풀이되거나 대비적으로 소개되고 있는 것은, 성령(Pneuma) 또한 그에 대한 체험과 그로부터 내려온 은사가 다채롭지만 한 분이며, 주님(Kyrios)도 인간들 사이에서 보여 준 인간을 위한 봉사직이 다채롭지만 한 분이고, 하느님(*Deus*)도 그분의 권능과 구원 섭리가 다채롭게 경험되지만 한 분이라는 사실이다.

그리스도인들의 행위와 관련된 다양한 경험들로부터 확실히 하느님의 다채로운 삼위의 "존재 방식"을 인식할 수 있다. 그럼에도 불구하고 그분의 존재 방식은 일관성을 변함없이 유지한다. 이 세 가지 명암이 뚜렷한 수사적 기법은 그분의 다채로움 안에서도 한 분이신 하느님이라는 사실을 놓치지 않도록 환기시켜 준다. 옛 교회의 신학은 이 같은 토대 위에서 삼위일체의 하느님에 관한 기본 명제를 발전시키려고 했다.

4) 삼위의 하느님에 관한 가르침의 발전

삼위일체에 관한 신앙은 오랫동안 해명 과정을 거쳐 발전하여 약 4세기까지 그런 과정이 계속되었다. 삼위일체에 관한 신앙고백은 이미 2세기 세례성사 중에 활용된 경문에서 발견되었지만, 삼위의 실체들 간의 관계가 앞서 충분히 구별된 채로 해명되지는 않았다.

유일신 사상에 대해 고민해야 했던 만큼, 3세기 초부터 이른바 유일신론(Monarchianismus) 형태의 설명 형식이 존재했다. 거기서는 예수 그리스도와 성령을 한 분이신 하느님(성부) 아래에 속하게끔 정렬시키려 했다. 역동적인 유일신론 형태의 설명 형식은 인간 예수 안에 오로지 하느님의 특별한 능력(Dynamis)이 개입한다고 보았다(테오도투스[Theodotus, 약 190년경]와 사모스 섬의 바오로[Paulus Samosatenus 주교, 약 260년경]가 대표적으로 이 설명 양식을 활용했다). 이와 조금 다른 양태론적 유일신론(modalistischer Monarchianismus)의 설명 형식의 경우에, 성부와 성자와 성령은 단지 한 분이신 하느님의 다양한 "양태"(樣態)가 관건이다(사벨리우스[Sabellius, 약 220년경]에게서 목격된다). 양태론적인 입장이 강조되면서 거의 자동적으로 성부수난설주의(Patripassianismus) 설명 형식이 탄생했다. 만일 성부와 성자가 한 분이신 하느님께서 양태에 의해서만 구별된다면, 성부께서 십자가의 고통을 직접 받으셨다고 말할 수 있어야 한다. 획일적인 의미의 유일신론적 설명 형식에 반대하여 새로운 입장과 형식을 찾아 낸 이는 가장 먼저 테르툴리아누스다. 물론 그의 새로운 형식은 옛 교회의 전통적인 삼위일체론과 본질적으로 일치하는 것이었다. "하나의 본체에 세 위격들"(*una substantia, tres personae*)이신 하느님, 이때 이 세 위격들은 "서로 분별되지만, 나눠지지 않는다"(*distincti, non diversi*). 그들은 "구별되지만, 서로 갈라지지 않는다"(*discreti, non separati*). "세 분이시면서 한 분이시므로, 따로따로 계시는 분이 아니다" (*Adv. Prax.* 25,1, in: *FC* 34,225). 한편 유일신론 형식을 모범으로 삼은 다양한 형태들이 교회의 교도권에 의해 이단으로 단죄되었다(특히 262년 교황 디오니시오의 서간에서, *DZ* 112).

4세기에 이르자, '삼위의 하느님과 하느님의 유일성을 견지'해야 하는 기본 문제에 표현이 좀 더 집중되고, 유일신론 형식을 따라서 시도한 경우와 유사하게 성부 아래에 성자와 성령의 존재 질서를 예속시킴으로써 그 해답을 찾고자 했다. 이와 관련해서는 대표적으로 알렉산드리아 교회의 사제 아리우스의 기본 형식을 두고 벌어진 논쟁이 대표적이다. 아리우스에 의하면 로고스는 성부의 첫 번째이자 최고의 피조물이며, 일부 혹은 절반의 신성을 갖춘 존재로서 하느님께서 이 세상을 구원하기 위해 만드신 것이다. 이에 반대하여 당시 알렉산드리아의 주교 알렉산더(Alexander Alexandrinus, †328)와 누구보다도 아타나시우스(Athanasius Alexander, †373)가 아리우스와 논쟁을 펼쳤다. 결국에는 몇 번의 시노드에도 최종적인 결론(해명)을 내리지 못하다가, 마침내 니케아 공의회가 다음과 같이 아리우스를 단죄함으로써(*DZ* 125f.) 종지부를 찍었다. "우리는 … 우리 주 예수 그리스도를 … 하느님에게서 난 하느님이자, 빛에서 난 빛이요, 참 하느님에게서 난 참 하느님으로서, 창조되지 않은 성부와 같은 본질을 지니신 분이라고 믿는다." 이때 '같은 본질'(ὁμοούσιος)이란 용어가 상기 공의회 선언의 핵심 개념이다. 이는 최초로 철학적인 개념, 다시 말해 성경 밖의 개념이 신앙 내용 안에 정의적(定義的) 해명을 위해 사용된 사례다.

그러나 실제로 이러한 논쟁들은 니케아 공의회와 더불어 끝나지 않았다. 옛 교회의 삼위일체론에 대한 정의적 확실성을 위해 결정적으로 기여한 이들은 카파도키아의 세 교부들이다. 곧 카이사리아의 바실리우스, 나지안조의 그레고리우스, 니사의 그레고리우스의 업적이 중요하다. 이들의 천재적인 용어학적 해법은, 우시아(οὐσία, 본질)란 개념을 보편적인 존재로 이해하는 반면, 휘포스타시스(ὑπόστασις, 자립체)는 보편적 존재의 구체적인 실존, 곧 위격(persona=프로소폰[πρόσωπον])으로 이해하는 것이었다. 그리하여 성부와 성자와 성령은 하느님의 같은 "본질" 아래 세 "위격들"(Personae)이라고 정의했다. 이분들은 자신들의 "원천-관계"를 통해 서로 구별된다. 아버지는 원천이자 낳아지지 않으신 분이요, 성자는 낳아지신 분이며, 성령은 발출되신 분이다. 이 같은 표현들을 다듬는 작업이 제1차 콘스탄티노플 공의회(381)에서 이루어졌으며, 거기서 더 나아가 교도권적인 차원에서 성령의 신성에 대해서도 공포되었다(DZ 150).

삼위일체-교의에 관한 신학적인 명료화 작업은 몇 세기를 거치면서 계속되었다. 처음부터 '필요한 변경을 가하는' 원칙이 계속적으로 유효하게 유지되었다. "신약성경에서 그리고 신경에서 하느님의 삼위일체적인 섭리의 단순한 설명은 그에 대한 헬레니즘-철학적 표현에 앞서 상호 소통적이며 '종교적'인 숭고한 의미를 우선적으로 인정하는 일을 간과하지 말아야 한다."[8] 그렇게 그리스도교 신앙 및 신경의 중심에는 한 분이신 하느님의 결코 마르지 않을 충만함의 원천이신 — 낳아지지 않으신 — 분(성부)이 자리하신다. 그분은 그렇듯 인간을 친히 당신에게 불러들이시어 수백 년을 경건함 속에 현존해 오셨음에도, 그에 반해 오늘날까지 우리의 신학은 그분을 적합한 개념을 따라 표현하는 데 여전히 어려움을 겪고 있다.

2. 신론 : 역사 안에서의 발전 과정[9]

1) 토마스 아퀴나스의 신론에 관한 기본적 자료들

교의적인 차원에서 하느님에 대한 소개는 가톨릭교회의 오늘날까지 본질적으로 토마스의 견해를 통해 각인되었다.[10]

① 결코 하느님에 대한 직접적인 체험은 없다. 이 세상에 내재하는 대상들만이 직접적으로 경험될 수 있다. 하느님께서는 그런 세상의 대상들에 속하지 않으신다.

② 하느님께서는 [우리가 알아듣는] 신앙 진리만이 아니지만 바로 그 신앙 진리로서 당신 자신을 드러내신다. 아무튼 하느님은 인간의 경

---

8. Vorgrimler, *Neues Theologisches Wörterbuch*, Art. "Trinität", 636-640 (인용은 637).
9. 여기 이 단원에서는 전체적인 조망 아래 하느님의 삼위일체적인 측면을 하나의 고유한 관점에서 분명하게 다루고자 한다.
10. 이와 관련된 참고 문헌으로서는 S. Horváth, *Studium zum Gottesbegriff* (=2. stark erweiterte Auflage von: Der thomistische Gottesbegriff) (Thomistische Studien 6), Freiburg/Schweiz 1954.

험과 인식 가능한 범주 안에서 접근할 수밖에 없다. 인간은 근본적으로 "한계가 정해지지 않은 능력자"(*capax infiniti*)다.

③ 우리는 하느님을 우리가 만나는 온갖 것들을 통해 '간접적으로' 경험할 수 있다.

④ 이 같은 간접적인 하느님 체험은 하느님에 관한 직접적인 언급을 허락하지 않는다. 그래서 우리는 그분이 어떤 분이신지 온전하게 말할 수 없다. 그럼에도 우리는 '그분이 어떤 분이 아니다.'라는 사실을 모르지 않는다. 나아가 하느님께서 '존재하신다(그분의 이름은 곧 '있는 자로 계시는 분'이라고 불린다.)라는 것에 대해 적극적으로 말할 수 있다.

위에서 언급한 점들에 의거해서 토마스주의자들의 신론과 그들의 신학의 소극적인 특징을 엿볼 수 있다. 이는 이성의 일차적인 이해 방식이 부정적인 형식을 통해 마련된다는 사실에 기인한다. 만일 하느님께서 당신의 원래 고유한 존재 방식으로 인해 인간의 이성이 더 이상 다가설 수 없게 된다면, 우리의 신학은 당장 결코 적극적으로 고려될 수 없을 것이다. 이성에 의해 적극적으로 표현되는 것은 한계를 가진 존재에 대한 직접적 재현이 전부라고 할 수 있다. 그러나 하느님에 대한 모든 언표는 "한계가 없어야"만 한다. 그래서 하느님에 대한 진술 중에 유한한 것을 솎아낼 때, 일련의 부정적 형식을 통해서도 하느님에 관한 어떤 적극적인 요소들이 전달된다. 그러므로 하느님에 관해 진술할 때에는 단순히 개념들을 모두 소거하는 일(Aufhebung)이 아니라, 확신하건대 무제한적이고 무규정적인 것을 향해 마음을 고양시키는 일(Überhöhung)이 필요하다.

⑤ 하느님의 존재는 현재라는 시점에서 존재를 의미한다. 그래서 하느님께서는 우리에게 현재적인 체험들과 인식 행위를 통해서 가까이

다가오실 수 있다. 그 근거는 존재 법칙이 사유 법칙과 상응한다는 사실이다. 스스로 존재를 완성시키거나 존재 근거를 갖지 못하는 모든 존재자들을 위해서 우리의 사유는 또 다른 근거를 필요로 한다. 하느님께서는 만물의 근거이자 목적이시다. 그 때문에 우리는 사유를 통해서 하느님께 접근할 수 있다.

⑥ 하느님께서는 오로지 만물의 근거이자 목표이기 때문에, 그런 점에서 그분은 내재적이시며 초월적이신 분이다. 하느님께서는 ("우연하게"가 아니라 "절대적으로") 모든 것들을 품으시고, 당신 자체로 완전히 독립적이신 분이다.

⑦ 하느님께서는 "순수 현실태"(*actus purus*)시다. 만물은 그분으로 말미암아서 이미 그리고 언제든 존재하게 된다. 무(無)는 오직 그럴 수 있음 혹은 "가능태"(*potentia*)로 머문다.

⑧ 하느님께서는 삼위(성부-성자-성령)의 관계를 통해 완전하게 머무르실 것이니, 우리는 하느님의 가장 내적인 신비에 관해서 계시를 통해 그리고 오직 그로써만 알 수 있다.

토마스주의적인 개념에 반대해서 어떤 이의 제기가 가능할까?

① 토마스주의적인 하느님 생각에 반대해 활용되어 왔고 또 여전히 활용하는 생각은 인간의 경험이 "이성"(*ratio*)의 한계 내에 국한된다는 사실이다. 과연 하느님을 향한 또 다른 접근로가 모색될 수 있을까?

② 하느님을 향해 나아가는 일은 결국 '부정의 길'(*via negativa*)을 통해서만, 곧 물질적인 것이 그분께 존재하지 않는다는 사실을 통해서 이루어질 수 있다. 그럼에도 어떻게 더 적극적으로 (예컨대, 인간의 사랑에 기초해서 하느님은 "사랑"이시라고) 표현하는 일이 가능할까?

③ 토마스주의적 신론 안에서는 변화(잠재적인 것에서 현실적인 것에로의 이행)에 대한 사상이 큰 역할을 한다. 그러나 이 같은 변화는 하느님께 고스란히 적용되지 않는다. 하느님께서 머무르시는 그곳에는 변화가 없기 때문이다. 변화란 확실히 높이 평가되지 않고 불완전한 것이다. 그것은 특히나 시간과 역사적인 흐름을 전제한다는 점에서 운명적인 의미를 강하게 내비친다.

그럼에도 불구하고 아래와 같은 긍정적인 점들도 고려될 수 있다.
① 토마스는 하느님을 우리가 마주할 수 있는 분으로 이해하려고 시도한다. 그럼에도 그는 하느님을 그 어떤 존재나 존재자라는 관념보다 오히려 '존재 자체'로 이해했다.
② 토마스는 하느님의 '특별하심'에 대해 매우 적절하게 해명해서, 하느님을 "순수 현실태"라고 일컬었다. 그로써 그는 비록 자신의 경험 및 인식 범주를 벗어날 수 없을지라도, 성경이 체험하고 전하는 하느님의 "사건적 특성"에 매우 가까이 접근할 수 있었다.
③ 토마스는 그때마다 하느님은 현재를 통해, 여기 그리고 지금의 인식 및 경험 활동을 통해 우리가 다가설 수 있는 그런 차원의 존재라고 밝혀 주었다.
④ 토마스가 작업해 낸 '간접적인 하느님 체험'에 관한 사상은 계속 유효한 의미를 갖는다.

2) 종교 개혁가들의 입장

종교 개혁가들의 입장은 하느님께서 신앙을 통해서만 인식된다. 곧 존재 참여(Seinsteilhabe)를 통해서는 인식되지 않는다고 주장한다.[11]

루터는 과연 인간의 본성으로 하느님을 인식하는 것이 불가능하다고 보지는 않았으나, 실천적으로는 매우 불분명한 행위로 내다보았다.[12] 칼뱅은 일찍부터 인간 본성의 적극적인 능력을 인정하려고 했지만, 그럼에도 죄로 타락한 인간에게 그런 능력이 실제로 실현되는 것은 거의 희박하다고 생각했다. 상기 두 종교 개혁가는 결과적으로 사람들이 하느님의 뜻을 오직 계시-신앙에 기초해서만 알아들을 수 있다는 입장을 취했다.

여기서 "가려 계신 하느님"에 관한 루터의 시각과 관련하여 간략하게나마 고려할 것이 있다. 성숙한 루터에게 하느님은 당신의 [홀로 완전하신] "즉자적 존재"로서만 가려 계시는 것이 아니라 [파트너를 원하시고 상대하시는] "대자적 존재"로서도 — 비록 친히 역사에 개입하시더라도 — 언제든 가려 계시는 분으로 비쳐졌다. 그러므로 하느님의 의지가 계시를 통해 인식될 수 있다는 언표는 또 한 번 그런 측면에서 고려되어야 한다. 다시 말해 하느님의 계시라 하더라도, 예컨대 예수 그리스도의 삶과 수난과 죽음조차도 여전히 모든 인간과 하느님 사이에 가로놓인 장막을 완전히 걷어내는 것은 아니다. "육(체) 속에 가려지신 하느님"(*Deus in carne absconditus est: WA* 4,7)이란 표현은 그분의 계시가 하느님의 전권과 사랑에 의거해서 모든 인간에게 가시적으로 드러난다고

---

11. 종교 개혁가들의 신론에 대한 많은 참고 문헌에 관한 정보는 다음의 글 "Gott VII. Reformationszeit"(H. Beintker), in: *TRE* 13, 662-668을 참조할 것. 그러나 근본적으로는 개혁가들이 본래 옛 교회와 중세교회의 신론을 넘겨받았다는 사실을 간과하지 말아야 한다. 그 때문에 트리엔트 공의회에서 '하느님에 대한 물음(의구심)'은 논의 주제가 아니었다.
12. 참고 H. Baumeiser, *Martin Luthers Kreuzestheologie,* Schlüssel zu einer Deutung von Mensch und Wirklichkeit, eine Untersuchung anhand der Operationes in Psalmos(1519-1521)(*KKTS* 60), Paderborn 1995.

말하면서도 그와 동시에 누구나 다 알아채지 못하는 근본적인 신비를 대변한다. 그래서 마치 예수 그리스도의 무기력한 죽음과도 같이 그의 구원 사업이 모두 수포로 돌아가듯 실패한 것처럼 비쳐질 수 있다. 결국 하느님의 섭리는 다만 신앙을 통해서만 이해될 수 있다. 이때 신앙은 일종의 암호를 해독하듯 이해될 수 있는 것이 아니다. 오히려 믿음을 가진 자는 어둠 속으로 깊이 빠져들게 된다. 신앙인은 어떤 방식으로든 "확실성에서 벗어나 있다." 신앙인은 언제든 계속해서 "가려 계신" 모습으로 "계시된" 하느님과 마주 서 있기 때문에, 그렇듯 끊임없이 그것을 받아들이고 파악하고 동의하도록 불러 세워지는 처지를 멈출 수 없다.

"자연인"이 신을 인식하는 중에 발휘할 수 있는 능력이 확실한 것은 아니라는 것은 나중에 칼 바르트와 에밀 브룬너(E. Brunner) 사이의 대담 중에 반영되어 나타난다. 바르트는 '계시'라는 유일한 통로만이 존재한다는 점을 분명히 하지만, 브룬너는 인간이 계시 외에 다른 방식으로도 하느님을 인식할 수 있다는 점에 대해 정교하게 작업해 냈다.[13] 오늘날에는 하느님에 대한 "자연적인 인식"(자연신학적 태도)을 더 강력하게 주장하는 신학자들이 나오고 있다.

루터에게 신앙은 모든 삶의 중심에 위치한다. 그에 반해 세상의 질서와 세상의 발전에 관한 사상은 본시 부차적인 것에 지나지 않는다. 하느님과 신앙은 하나다. 달리 말해 만일 하느님이 중요하다면, 일련의 사건이, 곧 신앙하는 인간을 통해 하느님께서 친히 당신 자신을 드러내시는 사건이 중요하다는 것이다. 하느님께서는 그로써 친히 인간의 역

---

13. 이 같은 두 가지 입장은 오늘날 [저마다] 장점을 지닌다. in: E. Brunner, *Natur und Gnade,* Zum Gespräch mit Karl Barth, Tübingen 1934과 K. Barth, Nein! Antwort am Emil Brunner (*TEH* 14), München 1934.

사와 유대를 맺으시고 그때마다 신앙하는 이들과 생생한 교제를 실현시키신다. 그래서 하느님께서는 단지 일차적인 것은 아니지만, 만물의 근거이자 목표로서만이 아니라 나를 위해서도 그분은 거기 역사적 과정 안에, 다시 말해 나의 고유한 삶의 역사가 순간순간 진행되어 가는 자리에, 그리고 더 나아가 모든 인간들의 역사가 진행되는 과정 중에 함께하신다.

3. 20세기 신론의 몇 가지 새로운 경향들

1) 심연 속의 하느님(틸리히)

폴 틸리히(Paul Tillich, 1886-1965)는 하느님의 실재를 이 세상의 실재 안에서 드러내 보이고 또 이해시키고 싶었다. 그는 이 세상 실재 안에서 하느님의 부재(不在)를 극복하고자 노력했다. 그가 하느님의 부재를 경험한 순간 그리스도교의 선포 활동은 그에게 매우 무기력하게 비쳤다. 그래서 그는 하느님께서 어떻게 그리고 어디에 실재하시는지 보여 주고자 애썼다. 하느님께서 실재하심을 드러내 보임으로써만 결과적으로 그리스도교의 선포 활동이 감동을 주고 새로운 동기를 부여할 수 있다고 여긴 것이다. 틸리히에게는 이 같은 취지에서 하나의 새로운 언어가 기여하는데, 그것은 선포 활동을 돕기 위해 새로운 용어를 활용하는 것을 의미한다. 그에게는 "존재-자체", "존재의 힘", "존재의 근거와 의미" 같은 개념들은 물론이거니와 하느님께서 누구신지 알아듣게 해 주는 열쇠라고 할 만한 "심연" 혹은 "무조건적인 것" 같은 개념들이 중요하게 취급되었다.

그는 그와 같은 방법을 가리켜 "상관관계의 방법"(Methode der

Korrelation)이라고 불렀다. 모든 신학은 결국에는 두 가지 요구를 만족시켜야 하는데, 지금까지의 신학은 오로지 하나만 만족시켰다고 그는 생각한다. 다시 말해, 신학적 체계는 "그리스도교의 복된 소식이 담고 있는 진리를 외쳐야만 하며, 또한 그 진리를 모든 세대에 그때마다 새롭게 해석해 주어야만 한다. 신학은 양극 사이에서 긴장한 채로 서 있다. 곧 영원한 진리라는 하나의 극과 그러한 진리를 받아들여야만 하는 정황으로서의 [세상의] 시간 상황(Zeitsituation)이라는 또 다른 극 사이에 신학이 존재한다는 것이다."[14] 틸리히의 관점에 따르면, 사람들에게 계시의 소중함을 지나치게 강조하는 신학자들이 있는가 하면, 다른 한편 인간의 품위를 제대로 평가하지 못한 상태에서 그저 계시에서 벗어나기만을 바라는 신학자들도 있다. 지금까지 신학은 그때마다 '한쪽의 조건만을 충족시켜 왔다. 어떤 신학자들은 하느님의 진리를 지나치게 강조하는가 하면, 다른 어떤 신학자들은 인간을 너무 추켜세운다. 이때 상관관계의 방법은 이 양쪽 조건들을 모두 만족시켜줄 수 있다. 이 방법은 양극단의 하느님-인간 사이의 관계를 꼼꼼히 살피는 일부터 시작한다. 그렇게 틸리히는 양극단을 서로 '이어주는' "제삼의 길"을 모색했다.

제삼의 길을 모색하는 이 방법을 따르자면 그로써 도달하게 되는 결론보다도 그 여정 중에 생각할 거리가 더 많다. 신학의 전체적인 흐름 안에서 이 방법은 양극단의 상호 작용을 도출해 내고자 한다. 그렇듯 신학은 틸리히에 의하면 마치 "두 개의 중심을 가진 타원"(H. Zahrnt)과도 같다.[15] 그래서 그는 어느 한쪽의 극단을 포기하는 순간 거기에

---

14. *Systematische Theologie* I, Frankfurt a.M. [8]1987, 9.
15. H. Zahrnt, *Die Sache mit Gott.* Die protestantische Theologie im 20. Jahrhundert, München 1966, 398 (existentielle Frage - theologische Antwort).

담겨 있던 내용도 모두 잃어버리게 되는 모형으로서 타원을 생각해 냈다. 한편 타원의 두 중심점(양측)은 서로로부터 독립적인 모습을 보인다. 그는 인간적-실존적 물음들을 하느님의 계시로부터 이끌어 내거나, 그와 정반대로 하느님의 계시를 인간적-실존적인 물음들로부터 이끌어 내는 것이 불가능하다고 생각한 것이다.

인간 실존과 관련된 모든 물음들은 '하나의' 대답으로, 다시 말해 마침내 인간 실존의 최종 의미와 근거를 제시한 하나의 대답이 절정을 이루게 되고, 또 거기에 모든 물음들이 수렴될 수 있다. 하느님께서는 당신의 계시를 통해 그러한 물음들에 대해 최종적이고 절대적으로 응답하신다. 이러한 '기본적인 상관관계'를 틸리히는 자신의 "조직신학"[16]에서 아래와 같이 주제별로 나누어 전개한다.

① 이성에 의한 물음과 계시에 의한 답변.
② 존재에 대한 물음과 그에 대한 답변 : 하느님.
③ 실존에 대한 물음과 그에 대한 답변 : 그리스도.
④ 생명에 대한 물음과 그에 대한 답변 : 성령.
⑤ 역사에 대한 물음과 그에 대한 답변 : 하느님의 나라.

하느님에 대한 물음은 틸리히의 근본 물음이다. 하느님은 존재 물음에 대한 답변이다. 바로 그 때문에 틸리히는 유한한 존재에 관한 분석 작업부터 시작한다. 유한한 존재들 가운데 인간은 탁월한 지위를 지닌다. 그러므로 틸리히는 인간의 유한성에 관한 분석에 초점을 맞추고, 거기서부터 하느님에 대한 물음의 가능성과 필연성을 전개한다.

어째서 틸리히는 당장 존재 물음에 관심을 보였을까? 그것은, 성경

---

16. Drei Bände, englisch 1956-1963; deutsch, Stuttgart 1955-1966.

이 '하느님은 존재하신다.'고 가르치기 때문이다. 그런 이유로 그는 하느님과의 관계에 '존재'가 어떤 의미를 띠는지 묻는다. 만일 우리 주변에 놓여 있는 유한한 것들에 한해 존재를 생각한다면, 존재론적 근본 구조는 세상과 인간에 국한된다. 틸리히는 "[인간의] 자아와 세계의 구조"에 관해서도 언급한다. 그 밖에 더 확장된 차원에서 존재를 환원시켜 생각하는 것은 우리에게 가능하지 않다. 그 양극 가운데 어느 하나를 다른 하나로 환원시켜 이해할 수 없다. 인간의 "자아"를 "세상"으로 환원시켜 이해할 수 없고, 그 반대도 마찬가지다. 그런데 이러한 양극화의 근거이자 전제 조건은 틸리히에 의하면 하느님(Gott)이다. 이 같은 사실은 다만 계시에 의해서 알 수 있다. "존재론적 근본 구조는 인간의 이성으로부터 이끌어 낼 수 없고, 단지 수용되어야 한다. '자아와 세상의 이원성, 주체와 객체의 이분법적인 도식에 전제가 되는 것은 무엇일까?' 이 물음은 이성으로 하여금 자신의 고유한 심연과 마주 서도록 이끄는데, 그곳에서는 인간이 애써 시도하는 온갖 구별들이나 추정들이 일체 무색해진다. 오로지 계시만이 이에 대한 답변을 제공할 수 있다."[17]

그러므로 인간은 하느님에 관해 분명하게 묻지도 못한다. 그러나 인간은 자신을 유한한 존재이자 한계를 가진 존재로 경험한다. "세상"을 통해서 그리고 "무"(Nichtsein)를 통해서 한계를 경험하는 것이다. 그런데 내가 '무한성'에 대해 의식하는 순간에만 비로소 나는 유한성을 인식할 수 있다. '그러므로 인간의 유한한 구조 안에는 이미 무한한 존재에 대한 궁금증이 깊숙이 심겨져 있다고 말할 수 있다.' 그러나 이러한 무한한 존재가 곧 하느님이라는 사실은 계시만이 밝혀 준다. 하느님

---

17. *Systematische Theologie* I, 205.

이 누구이신가? "하느님은 실존하시는 분이 아니다."[18] 틸리히가 볼 때 하느님에게는 '실존' 개념도 '본질' 개념도 적절치 않다. 그분은 개념으로 파악되지 않는다. 무한한 심연은 모든 존재의 고갈되지 않는 근거로서 "'하느님'이란 용어로 가까스로 상상할 수 있는 그런 것이다. 그래서 비록 이 용어가 너희에게 충만한 의미를 전해 주지 못하더라도, 그렇게 상상할 수 있게 해 주는 중에 그것은 너희의 삶에 내재하는 심연에 대해, 곧 너희 존재의 원천에 대해, 너희에게 무조건적으로 다가오는 그런 어떤 것에 대해, 너희가 그 어떤 전제 조건 없이 진지하게 받아들여야 하는 그런 어떤 것에 대해 이야기할 것이다. 만일 너희가 그것을 행한다면, 너희는 아마도 너희가 하느님에 대해서 배웠던 몇 가지 사실들을 잊어야만 할 것이요, 더 나아가 아마도 '하느님'이란 용어 또한 머리에서 지워야 할 것이다. 그러나 만일 너희가 이 '하느님'이란 용어가 심오하다는 사실을 알아챘다면, 그것만으로도 너희는 그분에 관해 많은 것을 깨달은 셈이다. 그러면 너희는 더 이상 무신론자일 수 없고, 신앙이 없는 자라고 불리지 않을 것이다. 왜냐하면 너희는 더 이상 다음과 같이, 예컨대 그분에게 '생명은 아무 심오한 의미도 없고 그저 천박하기만 하다'든가 '존재 자체는 단지 피상적인 것에 불과하다'든가 하고 생각할 수도 없고 말할 수도 없을 것이기 때문이다. 너희가 혹여 앞서 가정한 표현들을 정말 아주 진지하게 말할 수 있다면, 무신론자가 될 수도 있겠지만, 그렇지 않고서는 결코 무신론자가 될 수 없을 것이다. 인간 존재의 심연을 깨달은 자는 누구든지 하느님에 대해서도 깨닫게 될 것이다."[19] 여기서 마지막 문장에는 과연 결정적인 사실 하나가 언

---

18. *Ibid.*, 239.
19. *Gegenwart des göttlichen Geistes. Auswahl der "Religiöse Reden"*, Stuttgart

급된다. 곧 "심연을 깨달은 자는 누구든지 하느님에 대해서도 깨닫게 될 것이다!" 틸리히는 이렇게도 말했다. 하느님께서는 "존재-자체"이시며, "모든 것 안에 참으로 실재하는 존재로 요청되시는 분이다." 그로써 "신(하느님)은 죽었다"라는 표현 역시 합법적인 의미를 띨 수 있다. 왜냐하면 '하느님'이란 용어도 범주의 저편에서는 "비-존재"(Nicht-Sein)에 지나지 않기 때문이다. '아버지', '위격', '생명을 주관하시는 분' 등으로 소개되는 '하느님' 용어는 오직 상징적인 언표 방식을 따라서만 나름 유효한 의미를 갖는다. (그에 반해 '하느님은 심연이시며, 근거이시자 존재-자체'라는 표현은 바-상징적인 표현이다.)

그러므로 틸리히는 신학을 "하느님을 넘어선 하느님"(Gott über Gott)을 말하는 학문으로 해방시키고자 했다. 그로써 결과적으로 무신론의 입장도 극복하려고 했다. 하느님께서는 인간의 조건적인 경험들에 내재하는 무조건적인 존재로서 함께하신다. 달리 말해, 하느님께서는 존재의 근거로서 비존재와도 연계된다. 그 때문에 확신하건대 하느님은 무신론적인 사상과도 연계되어 있지만, 분명코 인간의 자기실현을 위한 긍정적인 태도를 가장 강력하게 마련해 주는 존재 근거로 계신다.

2) 하느님 - 삶 한가운데서 저편에 계신 분(본회퍼)

본회퍼(D. Bonhoeffer, 1906-1945)에게는 자신의 신학적인 입장을 전개시키는 출발부터 하느님-이해에 관한 새로운 통찰이 결정적인 역할을 한다. 그는 그렇게 말해도 좋을 수 있을 정도로 무신론의 긍정적인 가치를 이야기하며, 자신의 두 번째 창작 활동 중에 이를 비로소 찾아냈다.

1952, 38f.

하느님께서는 그저 "있다"(ist)는 의미의 단순한 존재가 아니시다. 인간은 하느님을 사랑 혹은 정의 등으로 경험하는 한해서만 진심을 담아 하느님에 대해 그처럼 표현할 수 있다. 그러나 만일 인간이 하느님에 관해 막연히 "그런 분이 존재하신다."라는 정도로 말하는 입장이라면, 그것은 특별한 의미를 전해 주지 못할 수 있다. 본회퍼로부터 유명해진 명제가 이로부터 유래한다. "'막연히 존재하는' 어떤 신처럼 하느님께서는 존재하지 않으신다"(Einen Gott, den es 'gibt', gibt es nicht).[20] 그로써 그는 다음과 같이 말하고 싶어 했다. "'있다'는 언표"(Die Ist-Aussage)는 하느님에 대한 최종적 표현일 수 없다. 그렇지 않으면 하느님께서는 의당 다시금 인간의 세상에 속하는 것(존재자)들 가운데 하나로 족했을 것이요, 최선의 경우 세상의 토대 정도로 마무리되었을 것이다. 그런 식으로 바라본다면 하느님은 존재하시는 만큼 인간에 의해 발견되는 존재로서, 곧 종교적 대상이자 인간의 능력으로 처리 가능한, 그래서 인간에게 통찰 가능한 이념 정도로 이해되고 말았을 것이다. 하지만 하느님과의 만남은 일련의 공동체 안에서, 곧 그리스도의 인격을 통해 모인 이들과의 공동체성을 통해 성사된다. "하느님께서는 그리스도를 통해 공동체를 이루는 이들에게 당신 자신을 내어 주신다. 하느님의 역사적 실재성은 그런 공동체 안에서 '발견'된다. 오직 그렇게 해서만이 하느님께서는 [아예 범접할 수 없는] 비대상성(Ungegenständlichkeit)으로 물러나 있지 않으시면서 그와 동시에 송두리째 파악될 수 없는 분으로 머무르신다. 왜냐하면 그분께서는 '공동체 안에서 살아가는 그리스도'와는 또 다른 분으로 머무르시기 때문이다."[21]

---

20. D. Bonhoeffer, *Akt und Sein*. Transzendentalphilosophie und Ontologie in der systematischen Theologie (Theologische Bücherei 5), München ³1964, 94.

하느님 체험은 전적으로 그리고 온통 이 세상에서의 경험으로서 결국 "이 세상의 심연"에서 이루어진다. "하느님의 실재는 [일찌감치] 그것이 나를 온전히 이 세상의 실재 안으로 밀어 넣는 한, 언제나 내가 그러한 세상의 실재 곁에 있고 또 세상의 실재를 받아들이며, 나아가 그분과 화해하는 중에 드러난다고 할 수 있다. … 나는 하느님의 실재를 세상의 실재 없이는 경험하지 못하며, 이 세상의 실재 역시 하느님의 실재 없이는 온전히 경험하지 못한다."[22] 그러므로 거기에는 한편 내가 하느님을 이 세상에서 경험한다는 생각이 자리하고, 다른 한편 하느님께서는 이 세상의 심연 '저편에' 머물러 계신다는 생각 또한 자리한다. 달리 말해서 하느님께서는 인간이 스스로 마련할 수 없는 그런 현재성 안에서 당신 자신을 보여 주신다. 곧 세상의 내재성 안에 하느님의 초월성이 현존한다. 그분께서는 이 세상에서의 삶 '저편에' 존재하신다. 하지만 "하느님의 '저편'은 우리의 인식 능력의 저편이 아니다! 인식론적인 의미에서의 초월은 하느님의 초월과 무관하다."[23] 이러한 초월은 그러면 어떻게 자신을 "드러낸다"는 것일까? 무엇보다도 '다른 이들을 위한 희생', 곧 다른 이들을 위해 자신을 바치는 인간(현존재)에게서 초월이 드러난다. 인간의 새로운 자유, 그리스도로부터 선사된 신앙인의 자유는 다른 이들을 위해 스스로 자신을 봉헌하는 현존재의 자유를 의미한다.

무신론은 "초월적인 하느님에 대한 사유-가정(假定)"을 제거해야 할 과제를 떠안고 있다. 곧 하느님을 오로지 "저편에서"만 찾으려는 [인식론적인] 초월성에서 벗어나야 한다. "하느님께서는 우리가 하느님 없이

---

21. G. Hasenhüttl, *Einführung in die Gotteslehre*, Darmstadt 1980, 176f.
22. D. Bonhoeffer, *Ethik*, München [7]1966, 208ff.
23. D. Bonnhoeffer, *Widerstand und Ergebung*. Briefe und Aufzeichnungen aus der Haft (*DBW* 8), Gütersloh 1998, 408.

삶을 완수하는 그런 식으로 살아야 한다고 일깨워 주신다. 우리로 하여금 당신에 대한 사유-가정 없이 이 세상에 살아가도록 허락하신 분은 우리가 계속해서 마주하는 바로 그 하느님이시다." 이에 부응해 그리스도인이 되는 것은 "정해진 어떤 방식으로 종교적 존재가 되는 것이 아니라, … (진정으로) 인간이 되는 것을 의미한다."24

끝으로 요약해서 본회퍼는 말한다. "하느님과 우리가 맺는 관계는 우리가 상상할 수 있는 만큼 최고로 강력한 힘을 발휘하는 가장 선한 존재와 '종교적으로' 맺는 관계가 결코 아니다. 이는 결코 진정한 의미의 초월이 아니다. 오히려 하느님과의 관계를 통해 나아가려는 초월적인 삶은 '다른 이들을-위한-현존재'로서 자신을 일구어내는, 곧 예수의 실재에 동참하는 그런 새로운 삶이다. 이는 하염없거나 도달 불가능한 과제가 아니다. 오히려 그때마다 주변에서 만날 수 있는 가까운 이웃과 나누는 삶을 가리키는데, 이것이 바로 초월적인 삶(das Transzendente)이다."25

3) 신뢰의 원천으로서의 하느님(바이셰델, 큉)26

바이셰델(W. Weischedel, 1905-1975)은 철학자라는 사실을 주지할 필요가 있다. 그럼에도 그의 통찰은 신학에도 폭넓게 영향을 미쳤다. 현대인들의 근본 경험은 철저한 의문스러움이다. 이는 '인간 자신이 최고의 의문스러운 존재'임을 뜻하는데, 그 까닭은 인간 스스로 제 실존

---

24. *Ibid.,* 533ff.
25. *Ibid.,* 558.
26. W. Weischedel, *Der Gott der Philosophen,* Grundlegung einer philosophischen Theologie im Zeitalter des Nihilismus II, Darmstadt 1972. Ders., *Die Frage nach Gott im skeptischen Denken,* Berlin 1976. H. Küng, *Existiert Gott?,* Antwort auf die Gottesfrage der Neuzeit, München/Zürich 1978.

이 갖는 의미에 대해 더 이상 알지 못한다는 데 있다. 어디서 와서 무엇을 해야 하고 또 어디로 가야 하는지 모른다는 것이다. 그와 마찬가지로 이 세상에서의 경험들은 모호하고 그래서 의문스럽다. 그런데 만일 인간이 마주하는 실재성이 본질적인 차원에서 그 자신에 의해서 또 이 세상을 통해 구성되었다고 한다면, 그렇듯 인간에게 '실재성은 온통 의문투성이'라고 말해야 한다. 오늘날의 인간은 그런 의문스러움에 대책 없이 노출된다. 인간은 수긍하다가도 이내 다시 의문을 갖는다. 혹은 부정하다가도 이내 다시 그가 부정한 그 사실로부터 긍정적인 가치를 발견하기도 한다. 인간은 "그게 그렇구나!" 하고는 또 당장 "그게 아니었구나!" 하고 말한다. 그러나 이는 단순히 인간이 갖고 있는 언어의 특징일 뿐만 아니라 실존으로서 취하는 고유한 행동 방식이기도 하다. 그래서 바이셰델은 인간이 존재와 무(無) 사이에서 "방황한다"고 말한다. 그럼에도 이 철학자는 그러한 "방황"보다도 훨씬 더 원천적인 "무언가"가 선재해야만 한다고 주장한다. 왜냐하면 그때마다 일어나는 그 모든 의문스러움은 "어디로부터"(Von-woher)를 전제해야 하기 때문이다. 또 같은 이유에서 나는 당장 "어째서" 하고 묻는다. 곧 "어디로부터라는 전제"마저 의문스럽다는 것이다. "이 모든 것에 대한 의문스러움은 결국 그 자체의 [존재] 가능성을 위한 조건으로서 '어디로부터라는 전제'를 필요로 한다는 사실에 있다."[27]

정확히 그것("어디로부터")은 한편 신학에서 '하느님'으로 표현되는 그것이다. 과연 오늘날 그런대로 생각이 많은 사람들에게 신은 더 이상 절대적인 정신 혹은 최고의 존재자일 수 없다. 그러한 신은 정작 의문

---

27. Weischedel, *Der Gott der Philosophen* II, 211.

스러움 안에 매몰된다. 그런 한에서 신은 결코 더 이상 직접적으로 물어지지 않는다. 왜냐하면 그와 같이 직접 물어지는 신은 더 이상 물을 만한 가치가 없다고 보기 때문이다. "신은 오히려 전적으로 그리고 오로지 유일하게 항상 존재하는 분, 실재 가운데 가장 의문스러운 존재로서 있을 뿐이다. 그런 일이 벌어진다면, 신은 결국 모든 실재하는 것을 두고 존재와 비존재 혹은 의미와 무의미 사이에서 흔들리는 가운데 철저히 의문스러움을 품고 던지는 '어디로부터' 외에 다른 어떤 것일 수 없다. … '어디로부터'는 … 정확히 전통적인 언어 활용에서 보여 주는 '신'의 자리를 대신한다. … 실재로부터 언표 될 수 있는 그런 최종적이고 절대적인 존재로서 드러난다. 이 '어디로부터'를 통해 '하느님'이란 개념이 품은 의미에 다가설 수 있는 절호의 기회가 오늘날 우리에게 주어졌다."[28] 그러므로 이 '어디로부터'(하느님)는 우리의 의문에서 비롯했지만, 그럼에도 더 이상 계속 합리적으로 해명될 수 없다. 인간의 합리적 사유는 좌초되고 말 것이다. "모든 의문은 그 어떤 것을, 곧 질문이 던져지는 순간 비밀에 부쳐지는 그런 어떤 것을 추구한다."[29] 그리스도교 신앙은 "그런 어떤 것"을 '하느님'으로 생각해 왔다.

한스 큉(H. Küng)에게서도 이와 아주 비슷한 생각을 엿보게 되는데, 물론 그는 이를 신학적으로 다루었다. 바이셰델의 경우 하느님이 결국 모든 의문스러움의 "근거"로 이해되었다면, 큉에게 하느님은 물론 의문스러운 실재를 근거 짓는 존재로 이해되었다. 거기서 두 학자의 견해가 서로 만난다. 큉은 이에 대해 정확하게 밝힌다. 인간은 자연스럽게 실재, 곧 세상의 실재, 역사적 실재와 더불어 살아간다. 이러한 실재

---

28. *Ibid.*, 217.
29. *Die Frage nach Gott im skeptischen Denken*, 26.

와의 교제 중에 인간은 실천적으로 "실재가 결국 질서를 따라 이미 올바르게, 이렇게 혹은 저렇게 존재한다."는 사실을 경험한다. 다시 말해 인간은 이론적으로 실재를 오해하거나 신뢰하면서 마주할 수 있다. 그러므로 나는 실재의 근거에 대해 '예' 혹은 '아니오'라고 말할 수 있다. 그러니까 실재가 차근차근 이루어진다고 보거나 아예 근거 없이 흔들린다고 볼 수도 있다. 그러나 이는 사실상 실재에 대한 부정을 마지막까지 인정하도록 이끌지는 못한다. 그 어떤 인간도 궁극적인 허무주의자로 계속 살아갈 수는 없다. 그러한 입장(허무주의)에서도 인간은 어떻게든 의미나 가치에 대해, 예컨대 그와 같은 그의 입장과 이론이 "제대로" 도출되었는지 고민해야 하듯이, 궁리하기 마련이다. 이처럼 천부적인 '신뢰의 원천'이, 특히 미래에 대해 더더욱 불안해하는 오늘날 서서히 고개를 들고 있다. 거세게 그리고 폭넓게 확산되어 가는 오늘날의 세속화의 흐름 속에서도 새로운 삶에 대한 전망, 새로운 삶의 양식과 관련된 새로운 가치의 척도들과 범형들, 우선적인 것들과 이상적인 것들에 대한 호소가 끊이지 않는다. 그리하여 윤리와 종교를 요청하는 목소리도 당장 젊은 세대 안에서조차 다채로운 반향을 불러일으키고 있다. 오늘날 신을 믿거나 신을 믿지 않는 이들(무신론자들)은 하나다. 그들 모두에게 비쳐지는 세상은 제대로 존재하지 않으니, 결국에는 그들의 기본적인 경향, 그들이 "신뢰할" 수 있을 만한 또 다른 실재 세계, 곧 제대로 된 세상에서 살아가고자 하는 요청은 모두에게 필연적이기 때문이다.

한스 큉은 그런 다음 명시적으로 '하느님에 대한 물음'에 관심을 기울인다. 그렇게 실재 세계에 대해 긍정적인 태도를 표명한 자나 그렇게 행동하는 자는 누구든 더 이상 근거가 없는 신뢰심으로 살아가지 않는다. 나는 이 같은 실재의 '근거에 대한 요청'을 이제 하느님과 동일시할 수 있다. 그러면 나는 하나의 납득할 수 있는 원(原)-근거, 원(原)-목표, 원(原)-입지 혹은 달리 말해 그 자체로 근거를 함의하는 '존재-자체'라 일컬을 수 있는 그런 어떤 것을 갖게 될 것이다. "그와 같은 것(존재-자체)은 세상에 존재하고 또 되어 가는 과정 일체를 포괄하고 또 지배하는 존재 근거로서 이는 물론 신앙을 통해서만 받아들여질 수 있다."30 하느님께 긍정적으로 응답하는 자는 누구든 어째서 자신이 실재 세계를 신뢰할 수 있는지 자각한다.

하느님을 받아들이지 못하는 사람들도 여전히 현실적으로 살아가면서 실재 세계에 대해 한편 신뢰한다면, 그것은 어떻게 된 일일까? 달리 말해, 그들도 실재 세계가 제대로 존재하거나 되어 간다는 것에 대해 수긍하거나 이미 전제한다는 것일까? [하지만] "하느님에 대해 '아니오' 하고 말하는 것은 실재 세계에 대해 최종적으로 기본 신뢰가 무너져 버렸음을 의미한다. … 하느님을 거부하는 자는 누구든 마지막까지 실재 세계를 신뢰해야 할지 알지 못한다."31 그러므로 만일 하느님-신앙이 그와 같은 하느님에 대한 명시적인 기본 신뢰를 뜻한다면, 무신론이나 허무주의는 근본 불신을 내포한다. 신앙은 고유한 현존재에게 확실성, 감추어짐 및 항구성을 부여한다. 답변되지 않은 물음들은 그와 더불어 살아갈 수 있는 그런 답변들을 함축한다.

그럼에도 불구하고 확실한 사실은, 하느님께서는 합리적인 차원에서 입증될 수도 반증될 수도 없다는 것이다. 실재에 대해 '예'든 '아니오'든 모두 가능하다. 그러나 큉은, "하느님-신앙이 허무주의자나 무신론자들의 입장보다 실존해야 하는 까닭을 더 많이 가지고 있다."고 말

---

30. *Existiert Gott?* 709.
31. *Ibid.*, 627.

하고 싶었던 것 같다. "하느님의 실재에 대한 과감한 신뢰의 실천과 실현을 통해서 인간은 온갖 의혹으로 불안한 상황 중에도 자신의 신뢰에 대한 분별성을 경험한다."32 그러므로 인간은 자신의 결정이 옳은지 판단하기 위해서라도 결국 하느님을 신뢰하도록 마음을 다잡아야 한다. "하느님에 대해 신뢰하며 수긍하려는 마음가짐 없이는 결코 합리적으로 알아들을 수 있는 하느님 인식은 없다."33 거기에는 또 다른 준비가 근본적으로 요구된다. '내가 하느님께 마음을 열기 이전에 실재 세계부터 받아들여야 한다. 즉 이미 실재 세계와 더불어 살아가는 한, 실재 세계를 확고한 것으로 인지하고 받아들여야 하는 것이다. 이 같은 준비된 마음을 갖고서야 비로소 하느님을 생각할 수 있는 상태에 이를 수 있다.' 실재 세계는 이미 주어져 있다. 만일 인간이 실재 세계에 대해 외면하지 않고 마음을 열어 수긍한다면, 그는 실재 세계의 근거, 목표, 입지를 신뢰하면서 받아들일 수 있게 될 것이다. 곧 그 모든 것들의 원천이자 원-의미이며 원-가치로 당신 자신을 드러내시는 하느님을 알아볼 수 있게 될 것이다.34

퀑에 대해 우선적으로 비판하는 관점은, '그럼에도 그가 오로지 하느님에 관한 옛 논증, 곧 만물의 원인(causa omnium)이자 자신 당신에게도 원인(causa sui)이신 하느님에 관한 논증만을 반복한다.'는 데 있다. 이에 관해 퀑 자신은 다음과 같은 이중적 방식으로 반박한다.

① 그는 보다 이른 시기에 진행된 하느님-증명 방식으로 자신의 견해를 "입증"하려고 하지 않고, 오히려 그와 같은 시도나 해석이 이성

---

32. *Ibid.*, 630.
33. *Ibid.*, 632.
34. 참고. *Ibid.*

적으로 성립될 수 없음을 밝히고자 했다.

② 그에 의하면 "만물의 원인" 개념은, 옛 하느님-증명 방식에서도 그러하지만, 순수 이성적인 차원에서 제시된 것이 아니다. 오히려 "실존적인" 의미에서, 그러니까 인간 실존에 있어서 중요한 모든 것들과 관련하여 — 예컨대 의지적인 것, 감성적인 것, 이성적인 것 모두를 아우르는 차원에서 — 제시된 것이다. 그로써 사람들은 이제 단지 일차적이고 최종적인 단계에서 이성적인 차원만을 고려했던 옛 하느님-증명 방식을 훨씬 뛰어넘어 개진할 수 있어야 한다.

4) 인간의 미래로서의 하느님(스킬레벡스)[35]

에드워드 스킬레벡스(E. Schillebeeckx)에 의하면, 하느님께서는 우리의 직접적인 경험과는 멀찍이 떨어져 계신다. 그럼에도 불구하고 만일 그것을 하느님-신앙에 의미심장한 것으로 삼는다면, 사람들은 인간의 현실적인 처지에서 하느님을 알아보려고 노력해야만 한다. 왜냐하면 인간은 '이해' 및 '자명성'의 방식을 따라 실존하기 때문이다. 그러므로 만일 하느님에 관한 경험적 진술이 인간의 자명성과 내적으로 연결될 수만 있다면, 사람들은 하느님에 대해 진지하고 납득할 만한 수준에서 이야기할 수 있다. 하느님에 관한 언어적 표현은 그것이 인간의 실존 경험과 연계되는 한에서만 의미심장하다. 그렇지 않으면 하느님에 관한 언표는 오늘날 인간에게 아둔하게 비쳐질 것이다. 게다가 스킬레벡스는 맥락(Kontextualität)의 차원을 두고 틸리히의 상관관계-모델을 비판하면서 자신의 생각을 확장시킨다.

---

35. E. Schillebeeckx, *Gott, die Zukunft des Menschen*, Mainz 1969.

그러면 오늘날 인간의 실존적인 상황에서 사람들은 하느님을 과연 어디서 경험할 수 있을까? 인간 존재는 오늘날 특히 세상의 발전을 위해 헌신하는 모습, 예컨대 전쟁, 인종 차별 등에 반대하거나, 아니면 더 이상 불의가 판치지 않는 사회의 건설을 위해 노력하는 모습을 통해서 선명하게 부각된다. 또한 매번 그때마다 고통과 우연성을 겪으면서, 그와 더불어 인간성이 왜곡되거나 위협받는 와중에 인간 존재를 의식하기에 이른다. 그렇지 않으면 아예 "모두 다 아무 소용없다!"는 푸념을 앞세우며 그와 같은 경험과 노력을 외면하려고 들 것이다. 그러나 거기에도 물론 상황의 변화 가능성에 관한 견해가 제시된다.

그럼에도 긍정적이든 부정적이든 현대인들은 상황의 변화 가능성에 관한 견해에 대해 피상적으로만 접근한다. 곧 현대인들은 인간의 미래 혹은 인류의 미래에 대해 진지하게 생각하지 않는다. 현대인들은 보다 나은 미래를 거부하든가 (왜냐하면 그것은 도저히 기대될 수 없는 것이라고 여기기 때문에) 아니면 믿음으로 받아들인다. 물론 하느님의 경우도 그와 다르지 않다. 바로 그 자리가 하느님에 관한 경험이 인간적인 경험에 파고드는 현장이라고 할 수 있다. 하느님은 인간의 미래다. 이는 성경의 문헌들이 매우 진지하게 붙들고 전하는 언표 가운데 하나이기도 하다.

4. 신론의 체계적 측면들

1) 하느님에 관한 진술(부정신학, 긍정신학, 유비적 설명, 십자가 신학)[36]

하느님은 신비이시다. 칼 라너의 견해를 따라서 우리는 하느님이 인간과 절대적으로 다른 분(absolute Andersartigkeit)이자 낯선 분이심을 고백할 수 있을 뿐만 아니라 능히 신비로우신 분으로서 만물 가운데 가장 내밀한 실재로서 당신 자신을 인간에게 직접 내어 주신다고 고백할 수 있다. 그와 같은 하느님께서 당신 아드님 예수 그리스도를 통해 단 한 번 인격적인 방식으로 당신 자신을 드러내셨다.[37]

이 같은 신비 앞에서 신앙고백, 기도, 호소, 찬양은 그 밖의 다른 것들보다 우월한 위치를 차지하게 된다. 물론 당장 하느님을 믿는 이들로 이루어진 공동체의 실존에 기초해 하느님과 그분의 섭리에 관한 교훈적인 언표도 필요할 것이다. 이때 의당 하느님에 관한 교훈적인, 그리고 정보 차원의 언표는 실존적인 측면과 따로 떼어놓을 수 없다는 점도 주목해야 한다. 만일 하느님에 관한 언표가 인간들에게 하느님과 관련하여 "무조건적인 것"이 무엇을 의미하는지 보여 주고자 한다면, 그러한 언표는 스스로도 변화하면서 영향력을 발휘해야 한다.

모든 언표는 토마스에 의하면, 그러한 언표가 전하려는 "대상"으로부터 규정된다. 근본적으로 사람들은 하느님에 관한 언표에 대해서 토마스가 통찰하는 중에 그의 『신학대전』(S. th. I, 3)에 소개한 한 가지 중요한 구절을 재고할 필요가 있다. 예를 들어, "우리가 하느님과 관련

---

36. 오늘날 하느님에 관한 언어적 진술에서 파생되는 전체적인 문제 영역에 대해 참고할 만한 자료로는 Concilium 37/1 (2001), 거기서도 특히 Chr. Theobald, ("Gott ist Beziehung. Zu einer neuen Annährung an das Geheimnis der Trinität" [34-45]), S. Freyne ("Das frühchristliche Gottesverständnis. Erfahrung und Geheimnis"[62-73]), Chr. Schwöbel ("Interreligiöse Begegnung und fragmentarische Gotteserfahrung"[92-104]) 및 W. G. Jeanrond ("Offenbarung und trinitarischer Gottesbegriff. Leitbegriffe theologischen Denkens?"[104-114])을 추천할 만하다.
37. 전체적인 문제 영역에 관해서 전반적으로 살펴볼 수 있게 해 주는 자료로서는 G. Kraus, Gott als Wirklichkeit. Lehrbuch zur Gotteslehre (Grundrisse zur Dogmatik 1), Frankfurt a.M. 1994 (bes. 19-44: Das Geheimnis Gott).

하여 '그분이 누구신지' 알 수는 없고, 다만 '그분이 무엇이 아니신지' 알 수 있기 때문에, 우리는 하느님을 두고 '그분이 어떻게 존재하시는 지'는 모르지만, '그분이 어떻게 존재하시지는 않는다.'는 점은 살필 수 있다. 따라서 가장 먼저 '그분이 어떻게 존재하시지는 않는다.'는 점을 살필 수 있다면, 그 다음 '그분이 어떻게 우리에게 인식되는지'에 대해 생각할 수 있고, 마침내 '그분이 어떻게 불리는지'에 대해 알아볼 수 있다." 이때 하느님의 신비를 언어로 표현할 수 있는 방법 두 가지가 고려된다. 곧 '하느님께서는 무엇이 아니시다.'라고 말하는 방법과 '하느님께서는 긍정적으로 무엇이시다.'라고 말하는 방법이 있다.

부정신학(Negative Theologie)은 하느님의 파악 불가능성에 기초하여 그분의 실재를 완전하게 파악하는 것이 도대체 가능하지 않다는 태도에서 출발한다. 무엇보다 옛 교회에서 그리스 철학 사상으로부터 영향을 받은 신학자들 사이에서는 apophatische Theologie([역주] *theologia negativa*의 그리스어 표현이며, 이와 대조적으로 kataphatische Theologie[= *theologia affirmativa*]가 있고, 이들과 달리 제삼의 것으로 토마스는 '탁월함의 신학[*theologia eminentiae*] 혹은 '유비 신학[*theologia analogica*]을 소개)로 잘 알려져 있다. 그로써 남은 것은 하느님과 창조물, 인간 사이에 맺어진 관계에 대한 것이다. 부정신학은 누구보다도 위-디오니시우스(Pseudo-Dionysius Areopagita)[38]와 밀접한 관련이 있다. 그는 상징신학, 부정신학, 긍정(신비)신학에 관해 언급한다. 상징신학은 성경 안에 기록된 상징적인 언표들에 기대어 하느님을 설명하는 신학이다. 또한 부정신학과

---

38. 아레오파기타의 위-디오니시우스는 그 정체가 분명치 않은 저자다. 비록 처음에는 그 이름 때문에 사도 17,34에 나타나는 사람과 동일 인물로 오해 받기도 했지만, 그는 오늘날 약 5세기에 생존했던 [신플라톤주의 철학자로서 잘 알려진 Proklos에게서 수학하고 그 정신을 교회 안에 받아들인] 신학자로 추정된다.

긍정신학은 그보다 높은 정신적 단계에 속한다. 예컨대 부정신학은 하느님의 파악 불가능성 앞에서 인간이 생각해 낸 모든 개념들과의 비유사성을 따라 하느님을 설명하는 신학을 일컫는다. 다른 한편 긍정신학은 이미 벌어진, 그리고 성경 안에서 입증된 계시에 터해 하느님이 긍정적인 방식으로 무엇이라고 표현하려는 신학을 가리킨다. 그러나 최고의 높은 신학적 경지는 신비신학이다. 이는 하느님을 내적으로 체험한 바에 의거해 언어로 진술하는 것이다.

'부정신학'은 십자가-신학이라고 일컬어지기도 한다. 이 신학은 계시가 그리스도의 사건과 엄밀히 연결된다는 논리에서 출발하지만, 그 사건이 십자가의 죽음 아래서 모든 인간들에게 수용될 수 있는 결정적인 실현 및 "절정"에 이른다고 생각한다. 신앙인은 (자기) 십자가를 분명 예수의 부활을 통해 "들어올려야" 한다. 이는 물론 신앙으로만 이루어질 수 있으며, 하느님께서 모든 것 안에 모든 것이심을 받아들일 때, 십자가의 전체 의미를 종말까지 확장시켜 증거 할 수 있다. 그러므로 십자가-신학은 탈출 33,18-23에 귀 기울이도록 촉구한다. 모세는 하느님의 영광(얼굴)을 보고 싶어 했다. 그러나 하느님께서는 그 같은 기대를 일축하신다. "그러나 내 얼굴을 보지는 못한다. 나를 본 사람은 아무도 살 수 없다"(탈출 33,20). 그렇지만 하느님께서는 손을 내미시어 모세를 당신 가까이로 이끄신다. "그런 다음 내 손바닥을 거두면, 네가 내 등을 볼 수 있다. 그러나 내 얼굴은 보이지 않을 것이다"(탈출 33,23). 그렇듯 하느님께서는 "저의 하느님, 저의 하느님, 어찌하여 저를 버리셨습니까?"(마르 15,34 등 병행구)라는 마지막 외침으로 죽어가던 예수조차 당신과 동떨어져 있다고 여겨지는 바로 그런 자리에서도 현존하신다. 이 같은 통찰은 많은 신학들이 공통적으로 설명한다. 특히 종교 개혁가들, 그 가운데서도 루터가 그 같은 입장에 절정을 이룬다. 그래서 하느님께서는 도대체 오직 "모순적으로"(*sub contrario*)만 다가갈 수 있는 분이요, 그렇듯 사람들이 기대했던 바와는 모순적으로 혹은 정반대로 체험하게 되는 분이라고 강변한다. 이 "십자가의 신학"(*theologia crucis*)은 "영광의 신학"(*theologia gloriae*)과는 정반대로 혹은 최소한 대조적으로 이해된다. 한편 후자의 경우는 창조물로부터 출발하는, 비교적 하느님께 나아가는 데 어렵지 않은 길로 우리를 안내한다.

모든 '긍정신학'은 성경과 연결된다. 예컨대 하느님에게 해당된다고 여겨지는 특성들을 — 하느님의 호의, 자애, 충실하심 등을 — 선별해 제시하는 셈이다. 그럼에도 하느님에 관한 모든 언표는 항상 하느님에게 온전히 다가설 수 없음을 전제한다는 점에서 근본적으로는 모두 "부정신학"에 속한다. 다시 말해 하느님에 관해 말하는 모든 것은 실상 하느님께서는 그렇지 않으시다는 점에 대해 설명하는 것과 같다. 그럼에도 만일 성경 말씀과 연계해 "긍정적으로" 진술하기 위해 노력한다면, 하느님에 관한 그 같은 진술은 고유하게, 그래서 다른 것과 비교할 수 없는 차원에서 오직 그분에게 국한해서만 고려해야 한다. 신학은 그 안에 활용된 개념의 의미를 그렇듯, 그 밖에 아무것과도 그 누구와도 연관시키지 말고 오직 하느님에게만 적용해야 한다고 주지시키고자 한다. 신학은 하느님의 "보다 더 탁월하심"을 언제든 감안하면서 언급한다. 그러나 무엇보다도 하느님에 관해 언급하는 모든 것은 유비 형식을 따른다. 하느님께서는 전체 세상의 실재를 창조하신 분이기 때문에, 모든 창조물들은 하느님 존재에의 참여를 필수적으로 전제한다. 또한 하느님에 관한 언표는 그분께 내적으로 참여하는 속성의 유사성에 기초해서 허락된다. 이에 제4차 라테란 공의회(1214)의 선언을 기억할 필요도 있다. 하느님에 관한 유사적 진술 중에는 그러한 언표 된 닮음이 그보다 훨씬 더 큰 닮지 않음을 언제든 함축한다는 점을 기억해야 한다는 것이다. 하느님께서는 그렇게 신비로 머물러 계신다.[39]

2) 하느님의 "특성"[40]

(1) 위격성

고전적인 신론에서는 하느님의 위격성에 관한 진술이 등장한다. 위격성은 이때 영적, 인식적, 의지적 자아를 소유한 상태로서 혹은 정신의 자유, 정신의 지배, 정신적 개별성을 스스로 확보한 상태로 이해된다. 이러한 모든 개념들은 특히 위격성과 자아소유의 중심이 되는 것들로서 성경이 증언하는 바에 따라 하느님에게서도 목격되는 것들이다. 그 때문에 하느님에 관해 위격적인 특성이나 위격성에 대해 언급할 수 있다. 이때 가장 먼저 삼위의 위격성이 조금도 손상되지 않아야 유효하다. 미카엘 슈마우스는 이렇게 말한다. "하느님의 의식적인 자아소유는 그처럼 세 가지 방식으로 이루어져야 하는 힘 및 생명과 직결된다. … 하느님의 하나의 위격적인, 곧 세상을 두루 섭리하는 존재는 우리가 성부, 성자, 성령이라고 일컫는 세 위격의 직접적인 관계를 기초로 그 밖의 다채로운 전개 형식 없이도 실존을 이룬다."[41] 그러므로 삼위일체론을 통해 우리는, 하느님께서 우선적으로 한 번쯤 위격적인 존재로 —

---

39. 이에 하느님에 관한 진술에 있어서 유사성 개념과 관련된 전반적인 문제점에 대해서는 참고로 J. Reikerstorfer, Ananlogia Entis - Grundlagen und Krise der Gottesrede?, in: E. Schmetterer u.a. (Hrsg.), *Variationen zur Schöpfung der Welt* (FS. Raphael Schulte), Innsbruck 1995, 184-199.
40. 하느님의 특성(고유성)에 관한 가르침에 대해서는 W. Krötke, *Gottes Klarheiten, Eine Neuinterpretation der Lehre von Gottes "Eigenschaften"*, Tübingen 2001.
41. *Katholische Dogmatik* I/1, München 1938, 143.

그분에게 위격성을 적용해 — 진술되어야 한다는 입장을 철회하기보다는 오히려 하느님의 위격성에 관한 진술을 한층 심화시키고 분명하게 드러내는 확실한 방식으로 삼위일체론을 이해해야 한다.

생활 속에 익숙해진 하느님에 대한 이해의 경우에는 일반적인 인격 개념이 전적으로 하느님을 일종의 타자(너)로 간주하고 청원 상대로 여기는 의미로 이해된다. 그럼에도 하느님을 정작 위격으로 요약하려고 할 때, 오늘날 우리가 활용하는 인격 개념의 모호함이 어려움을 준다. 오늘날 인격성은 무엇보다도 의식(意識)의 소유를 앞세운다. 의식은 이때 인간 존재를 통합적으로 구성하는 요소로 간주된다. 그러므로 인격성은 확실한 방식으로 인간이 최종적으로 변화하고 또 도달할 수 있는 그런 인간 실재의 최고의 수준을 함의한다. 그럼에도 불구하고 하느님과 인간 사이의 인격적인 관계에 관한 진술은, 하느님의 위격-존재를 문제 삼는 순간 또 다른 의미를 띠게 된다. 그리스도인들은 마치 성경이 신인동형본석인 방식으로 진술하는 것처럼 하느님의 선한 의지와 우정을 신뢰한다. 그 때문에 사람들은 하느님 안에도 "자아상태"를 이루는 하나의 중심이 존재한다고, 곧 세 위격의 또 다른 중심이 존재한다고 생각해야 하는지 의문을 제기할 수도 있다. 그 밖에 하느님께서 인간들을 모두 인격체로 이해하게끔 하시면서도 당신 자신은 그러한 차원과 거리를 두는 그런 실재이자 현존이시라는 설명 때문에 우리의 의문이 말끔히 가시지는 않는다.

(2) 전지전능성

하느님의 탁월하신 특성으로 인해 고전신학은 그분의 전능하심에 대해 언급한다. 이는 고전신학의 용어학에서 항상 하느님의 내적인 상태 자체로 고려되면서도 그분 바깥의 것에 대해 활동하시는 모습을 대변하는 뜻으로 활용했다. 하느님의 능력은 그분 바깥의 것과 독립적으로 발휘되며, 그 자체 안에 근거를 갖고 또 한계를 모른다. 그분의 능력은 내적으로든 외적으로든 작용 가능성에 있어서 무한하다. 하느님께서는 내적으로 가능한 그 모든 것을 행사하실 수 있다. 하느님께서는 원-능력이시다. 그래서 그분은 모든 외재적인 힘과 다양한 능력들의 원천이 되신다. 하느님의 권능이 미치는 대상은 그 자체로 모순적이거나 도저히 생각할 수 없는 그런 비존재가 될 수 없다. 무조건적인 하느님의 권능은 하느님께서 어느 일정한 세계 질서 속에서도 자유로이 결정하시는 만큼 하느님 자신을 통해 온전히 실현된다. 사람들은 그로써 "질서에 준한 권한"과 비교해 "절대적인 권한"을 하느님께 적용해 말하기도 한다. 사람들은 하느님의 전능하심에 대한 진술을 성경의 여러 구절에서 확인하게 된다. 구약성경에서 하느님의 무제약적인 권능과 거기에 기초한 그분의 주권(다스리심)은 종종 강렬하게 묘사된다. 그러한 권능은 창조물들 사이에서 하느님의 심판과 더불어, 백성들과 각각의 신앙인들을 그때마다 인도하시는 중에, 곧 자연과 역사 안에 드러난다. 욥기 26,6에서는 하느님의 전능하심에 대해 인상적으로 다음과 같이 진술한다. "그분 앞에서는 저승도 벌거숭이 멸망의 나라도 가릴 것이 없네. 북녘을 허공 위에 펼치시고 땅을 허무 위에 매다신 분. … 구름덩이가 그 물 밑에서 터지지 않네. 어좌 위에 당신의 구름덩이를 펴시어 그 겉모양을 가리신 분. … 그분에 대해 우리는 얼마나 작은 속삭임만 [알아]듣고 있나? 그러니 그분 권능의 천둥소리를 누가 알아들을 수 있겠나?" 신약성경에서는 그러한 전능하심이 하느님의 지존을 드러내는 진술 속에서 목격되는데, 종종 그리스도론적으로 소개된다. 예수 그리스도는 성부로부터 모든 권한을 넘겨받았다(요한 5,19-22 참조).

이 점에 대해서도 비판적인 견해들이 뒤따른다. 하느님의 전능하심에 대한 전통적인 가르침은 자연을 지배하고 자연을 상대로 능력을 펼치시는 하느님을 염두에 두고 있다. (대)자연은 결과적으로 하느님의 섭리가 실현되는 곳이다. 이 같은 이해는 평범한 수준에서 문제될 것이 없다. 그러나 신학적으로 더 올바르게 이해하려고 할 경우 하느님의 전능하심이 자연의 운동과 연계되어 있음을 기억할 필요가 있다. 달리 말해, 세상 및 자연의 발전은 하느님께서 모든 것 안에 모든 것으로 존재하시는 그 순간까지 계속될 것이다. 하느님 안에서 자연과 인간은 모두 발전할 수 있다. 이는 일종의 범신론적인 차원의 신앙고백(예컨대 스피노자의 "신은 곧 자연"[*Sive Deus sive natura*]이라는 입장)을 뜻하지만은 않는다. 오히려 자연은 하느님께서 앞서 존재하도록 허락하신 그것과는 다른 차원의 목표를 본질적으로 설정하지 못한다. 진화(進化)는 동시에 이 세상을 위한 하느님의 전능하신 섭리이기도 하다.

(3) 영원성

시간은 사물들의 변화와 가장 밀접하게 연계되며, 영원성은 바로 그 점에서 시간과 대비된다. 시간은 이전과 이후를 나누고, 앞선 것과 뒤따르는 것을 구분하는 척도다. 그러나 영원에는 차례가 적용되지 않는다. 영원은 무경계적인, 끝없는 삶의 전체 및 완전한 소유를 함의한다("*interminabilis vitae tota simul et perfecta possessio*").[42] 이는 고전신학이 언급하듯 하느님의 실존방식을 대변한다. 하느님은 영원하시다. 이는

---

42. Boethius, *De consolatione philsophiae* V, 6,4.

교도권이 가르치는 『신경』(*Quicumque*, DZ 75), 제4차 라테란 공의회(DZ 800), 제1차 바티칸 공의회(DZ 3001)에서도 확인된다. 여기서 결정적인 것은 "영원성" 개념의 이해에 있어서 일차적으로 시작도 끝도 없는 '연속적인 흐름'이 관건은 아니라는 점이다. 오히려 영원은 존재와 생명 일체를 마치 하나의 점처럼 포괄한다. 영원은 그로써 시간과 구별된다.

물론 우리는 시간적인 상상을 넘어서 '영원' 개념을 인간에게 적용시켜 묘사할 수 없다. 왜냐하면 인간 실존은 시간적인 속성을 벗어나지 못하기 때문이다. 이는 자주 성경의 진술로부터 반복해 입증할 수 있는 표현이다. 특히 시편에서는 하느님의 영원하심에 대한 언표가 매번 목격된다. 교부들 가운데 특히 아우구스티누스는 하느님의 영원하심에 대해 자주, 매우 특별하게 언급한다.[43]

이와 관련하여 돌이켜 질문을 제기할 수도 있다. 결국 영원이란 "자기-자신으로-동일하게 머무름"을 함의한다. 이는 분명 그리스인들의 코스모스 전체에 대한 통찰에서는 정당하다고 하겠지만, 그들의 신의 영원성에 대한 입장은 그리스도교의 하느님 모상과는 대조적이다. 왜냐하면 후자의 경우 하느님은 항상 역사 안에 친히 개입하시는 분이기 때문이다. 그러나 이는 하느님께서 시간성에 예속된 존재이심을 뜻하지는 않고, 오히려 역사에 늘 현전하심을 가리킨다. 그리스인들의 신의 영원성은 인간 실존과 세상에 대한 지배와 관련하여 볼 때 미치는 힘이 미미하다. 그리스인들에 의하면, 인간은 다만 어제, 오늘, 내일 존재했고 존재하며 또 존재할 어떤 신에 관해 상상할 수 있다. 그러나 모든 시간성 너머에 홀로 변함없이 머물러 있는 그 같은 신은 이론적으로

---

43. 참고 Augustinus, *Was ist Zeit?* (*Confessiones* XI), lateinisch/deutsch, hrsg. v. N. Fischer (Philosophische Bibliothek 534), Hamburg 2000.

구상(構想)된 영속적인 모습의 신이요, 구원 역사 안에서 활동하시는 하느님과는 전혀 어울리지 않는 신이다.

지난 세기에 어떤 이들은 무엇보다도 하느님을 인간적 주체성의 심연과 같은 차원이라는 견해에 몰두했다. 영국 교회(Church of England)의 주교 로빈슨(Robinson)은 1963년 자신의 책 『하느님께 영예를』(*Honest to God*)에서 가톨릭교회(검열)를 자극했다. 거기서 그는 이렇게 적고 있다. "다른 어떤 이를 위해 기도한다는 것은 자기 자신과 그를 우리라는 존재의 공통 기반 위에서 생각한다는 것이요, 그것은 다른 이에 대한 관심을 '무조건적으로 우리와 직결시키는' 입장에서 추구하는 것, 곧 하느님을 그와 같은 관계 속에 개입하시도록 청하는 것을 가리킨다. … 그 밖에 모든 것들은 단지 그것을 위해 매진하는 훈련이자 심연의 수준까지 나아가려는 내적 집중에 불과하다."[44] 그러므로 하느님께서는 그에게서도 인간이 말을 건네는 대화 상대자가 아니라 인간과 식별되면서도 인간의 내면 깊은 곳에 자리하는 절대적 심연의 토대로 등장한다.

만일 사람들이 하느님을 무엇보다도 현존하는 신비 혹은 당신 자신과 거리를 두게 하는 신비로 지목한다고 하더라도, 바로 그런 이유로 사람들이 기도를 탈-인격적으로 바쳐야 함을 뜻하는 것은 아니다. 하느님을 위격으로 이해하는 일은 신앙인들에게 어느덧 평범한 진리처럼 되었다는 사실이 이를 쉽게 입증해 준다. 나아가 성경이 증언하는 바에 따라 하느님께서는 세상에서 인격체들이 서로 만나는 식으로 다른 인간들과 만나신다는 것도 올바르다. 위격 개념의 부적합성에 대해 지적

---

44. J. Robinson, *Gott ist anders*, München 1963, 103f.

하는 그 모든 통찰들에서 우리는 하느님께서 인간을 향해 당신 자신을-관계맺음을-통해-내어 주시는 것과 반대되는 모습으로 새길 수 있는 다른 가능성을 찾기란 거의 희박하다. 여기서도 예수 자신이 하느님을 "아빠"라고 칭했던 사실이 지지해 주고 또 도움을 준다. 그래서 과연 그와 같은 방식으로, 곧 어린아이가 제 아빠를 부르는 방식으로 그러한 관계맺음을 더 제대로 이해할 수 있다. 그와 같이 하느님을 부를 수 있다는 사실은 예수가 전하려던 복음의 원-기반이 된다. 그리스도인들은 예수의 복음이 전해 주는 바를 그대로 따라야 한다.

비판적인 요소가 부재하는 신앙은 무기력해지고 만다. 그 때문에 신앙인과 신학자는 자신 안에 주어진 하느님의 모상을 자신의 범주를 통해 부각시키는 일을 그때마다 매번 고쳐 생각하도록 노력해야 한다. 특히나 극단적인 형태의 신인동형론적인 사고방식을 정화시키도록 힘써야 한다. 그와 동시에 그리스도교 신앙은 기도 없이는 불완전하다. 우리는 기도를 통해서 비로소 하느님께서 인간과 맺으시는 그런 관계가 생생하다는 사실을 확인할 수 있다. 기도는 그렇듯 앞서 모든 것을 주도하신 하느님에 대해 인간이 바치는 응답이자 감사의 표시다. 그래서 기도는 자신을 넘겨줌이자 희생이요, 인간의 근본적인 선택이라는 점에서 신앙인의 가장 집약적인 행위다.

(4) 하느님의 이름

교회 교부들에게는 하느님의 호칭(혹은 더 나은 표현으로, '하느님의 이름')에 관한 물음은 대단히 익숙했다. 『신명론』(*De divinis nominibus*)은 신학의 큰 주제가 되었으며, 토마스의 경우도 이 주제를 다루는 자리를 마련했다.[45] 하느님의 이름 혹은 어떤 이름의 계시에 대한 언급은 하나의 '너'가 또 다른 '너'를 상대로 발설하는 자리에서 매우 중요하다. 그런 한에서 이름은 그 어떤 내용보다 차라리 한 인격체를 지시하는 표지요, 그 같은 표지를 통해 또 다른 인격체와의 관계가 가능해진다. 그와 같이 하느님 이름의 계시는 인간들로 하여금 하느님과의 관계맺음을 가능하게 해 준다. 그러나 사람들은 하느님의 이름에 대해 복수형으로도 언표 할 수 있다. 왜냐하면 이 세상에 당신 자신을 내보이시는 하느님의 자기계시가 다채롭기 때문이다. 하느님을 일컫는 다양한 이름은 앞서 하느님께서 인간에게 당신 자신을 계시하시고 또 계시하실 수 있는 다양한 방식과 다채로운 가능성을 입증한다. 이 모든 것, 곧 "나는 주, 너의 하느님"; "임마누엘"; "나는 있는 나다"; "나는 백성의 주인이다."가 하느님의 이름이다.

오늘날 사람들은 전통적인 표현인 "하느님"을 계속 활용하는 것이 필수적인지 의문을 제기한다. 토마스는 일찍이 현명한 사람들은 이름을 두고 다투지 않는다고 말한 바 있다. 실상 하느님의 이름은 이름으로서 넉넉한 의미를 지니지 못한다. 그것은 인간의 경험 지평에서 마련된 것일 뿐 하느님의 실제 이름이 아니다. 그러니 새롭게 발견한 것을 대체(代替)하고 또 개선할 수도 있다. "하느님"이란 이름이, 추정하건대 인간들이 그로써 짐작하는 실재의 의미를 충분히 전달한 적은 없어 보인다. 사람들은 그리스도교의 전통 안에서도 하느님을 아주 자주 "빛"이라는 상징으로 표현해 왔다. 정확하게는 4세기에 그 이름이 발견된다. 그러나 이 같은 상징적 표현은 오늘날 거의 사라져 버렸다. 사람들은 계속해서 새로운 형식의 하느님 이름을 모색하는 것이 바람직할지, 아니면 하느

---

45. 참고로 S. th. I, q.13.

님에 관해 침묵하는 것이 오히려 훨씬 진중한 태도라 보고, 그분의 이름에 대한 숙고는 그에 비해 별 의미를 갖지 못한다고 생각해야 하는지 의문이 제기될 수 있다. 게다가 이 문제는 십계명 중 두 번째 계명에서 지적한 사항과도 연계된 것처럼 보인다. 예컨대 '하느님의 이름을 헛되이 부르지 마라.' 모든 이름, 모든 언어적 표지가 꼭 필수적인 것은 아니라고 하는 이유는, 사람들이 거기에 너무 집착하다보면 진부해질 수 있기 때문이다.

(5) 하느님의 초자연성(세계 초월성)

거의 모든 비-그리스도교적인 상상 안에서 절대자[神]는 어떤 방식으로든 이 세상과 역사적 사건에 깊숙이 개입된다. 그런 한에서 매우 많은 비-그리스도교 종교들은 직접적이든 아니면 함축적이든 범신론적인 형태를 띤다. 이는 물론 다양한 모습으로 발견된다.

① 절대자[神]가 근원적으로 유일한 실재로 이해되면서 이 세상은 그의 발현(發顯)으로 간주된다. 물론 이 세상은 다채롭게 이해되더라도 이른바 그의 "겉모습" 이외의 다른 것이 아니다. 말하자면 부분적으로는 고대의 인도 철학과 적지 않은 고대 그리스 철학에서 그런 사고를 엿볼 수 있다.

② 이 세상은 절대자의 자기발전과 자기전개이다. 말하자면 진화론과 유출론의 경우에 그런 모습이 눈에 띈다.

③ 절대자는 이 세상의 내면을 가리키는데, 이는 마치 물질계의 내면으로서 영혼계(=정신계)를 생각하는 것과 흡사하다.

제1차 바티칸 공의회 이후, 교회는 그러니까 범신론의 다양한 형태에 반대해 교회의 입장을 특별히 자세하게 규정하면서, 하느님께서는 이 세상과 다르며, 나아가 이 세상을 초월하는 고상하신 분임을 분명하게 밝혔다. "3. 하느님과 만물의 실체(*substantia*) 또는(*vel*) 본질(*essentia*)이 하나이며 동일하다고 주장하는 자는 파문될 것이다. 4. 육적이고 영적인, 또는(*aut*) 적어도 영적인 유한한 사물들이 하느님의 실체로부터 유출된 것(*emanasse*)이라고 주장하거나, 또는(*aut*) 신적 본질(*divina essentia*)이 자신의 현현(*manifestatio*)이나(*vel*) 진화(*evolutio*)를 통하여 만물이 된다거나, 또는(*aut*) 끝으로, 하느님께서는 보편적이거나 무한한 존재자로서 자기 자신을 규정하면서 유[들](*genera*)와 종[들](*species*)과 개체들(*individua*)로 구별되는 사물[들]의 총체(*rerum universitas*)를 구성한다고 말하는 자는 파문될 것이다"(*DZ* 3023f). 여기서 사람들은 범신론의 모든 형태를 접하게 될 것이다. 특히 점점 더 고차원적인 형식으로 세상의 근거가 발전되어 나가듯 — 그래서 마치 단순화시킨 논리를 따라서 이전에 독일 관념론자들(헤겔, 피히테, 셸링, 쇼펜하우어)이 시도했던 경우처럼 — 그 모든 범신론적인 형태가 시간 및 역사를 따라 전개되는 일련의 형식을 목격하게 될 것이다.

　만일 초월적인 하느님께서 과연 이 세상에 내재하신다면, 그런 점에서 그분의 실재는 이 세상의 실재와는 전혀 다른 차원의 것이어야 할 것이다. 그러므로 당신의 실재성 안에서 하느님께서는 그리고 인간과 맺으시는 그분과의 관계는 자연적인 질서를 능가한다. 그러니 자연적인 방식으로는 도저히 도달할 수 없다. 만일 사람들이 "초자연적"인 것에 대해 언급할 수 있다면, 언제든 그렇듯 무상성(無償性, *gratuitas*), 곧 '아무런 대가(代價) 없이 받음'에 관한 생각에서 벗어나기 어렵다. 왜냐하면 인간이 그 같은 자연 "너머의" 실재에 다가가는 일은 오로지 하느님께서 먼저 인간에게 그 길을 손수 허락해 주시는 경우뿐이기 때문이다.

'자연' 대 '초자연'이란 형식은 어느 순간부터 매우 단순화시켰음에도 결코 무해하지 않은 신학적인 수단으로 활용되어 왔다. 사람들은 그렇듯 "이분법적인" 도식 아래서 창조를 통해서 이루어졌다고 보고 또 그렇게 이루어지기를 원하는 '자연'과 그것 너머에서 자연을 완전하게 이끄는 '초자연'에 대해 생각하는 데 익숙하다. 그러나 그로 말미암아 자연과 초자연 사이의 평면적인 대비와 구별에 집중하면서 그 두 개념은 나란히 서게 되었다. 그로써 하느님의 실제적인 섭리에 결코 정당하지 못한 그런 도식이 사실처럼 여겨지게 되었다. 하느님에 의해 창조된 것들 가운데 그 어느 것도 "초자연"과 무관하다고 말하는 일은 가당치 않다고 생각하게 되었다. 그 이면에는 물론 신학적인 확신에 따른 하느님의 자유의지가 작용한 탓이요, 나아가 태초부터 세상의 창조 활동이 — 예수 그리스도 자신에 대한 믿음으로 발전한 — 하느님의 로고스로 말미암아 [완전하게] 형성되고 또 구조를 갖추게 되었다는 발상도 작용했다. 그 때문에 지난 몇 세기 동안 신학은 자연과 초자연 사이의 깊은 내적 연관성을 밝혀내고 또 그 근거를 확립하는 일에 점점 더 열띤 경쟁을 벌였다.

그와 같은 열띤 경쟁은, 사람들이 몇몇 용어들을 가지고 이런저런 사실들을 해명하려고 할 때 [다만] 순수 개념들을 이용해서도 적절하게 작업해 낼 수 있을 것이라는 자신감을 자극했다. 다시 말해 사람들은 하느님과 인간 사이의 관계맺음이 어떤 방식으로든 인간의 [인위적] 구성에 의해 실현되지 못하고, 오로지 하느님의 자유로운 행위와 전적인 주도권에 의해 선사될 뿐이라는 사실을 분명하게 말할 수 있다면, 개념적인 작업으로 더 명료해질 것이라 자신했다. 이 같은 이해 지평에서는 일반 신학적인 통찰에 따라 계시 자체를 [단지] 초자연적인 것으로 간주하는 입장이 팽배해진다. 그러나 이 같은 입장이 상대적으로 이른 시기의 신학 안에서 늘 조화로운 이해 방식은 아니었다. 왜냐하면 사람들은 당시에 계시 개념을 세분해 "수동적인 계시"(revelatio passiva)를 생각해 냈는데, 이는 하느님의 계시를 무조건적으로 [곧 인간의 자유가 무색할 정도로] 수용함으로써 '진리'에 다가설 수 있다는 사실을 암시한다. 오늘날의 신학은 계시를 우선적으로 "능동적인 계시"(revelatio activa)로 이해한다. 다시 말해서 하느님께서 당신 자신을 열어 보이시는 과정으로서 계시를 이해한다. 이에 대해서는 제2차 바티칸 공의회 문헌 「계시 헌장」을 참고할 수 있다. 하느님의 이 같은 자기개시(自己開示) 혹은 자기중재는 단순히 우리가 이성을 통해 합리적으로 도달할 수 있는 그런 명제들을 전달했다기보다도 하느님께서 인간을 향해 [자유를 허락하시고] 인격적으로 손을 뻗으셨다는 사실이 중요하다. 그런 의미에서 계시는 [사랑이신] 하느님의 기꺼운 자기해명이자 인격적인 존재를 향한 당신의 자기개방이다. 그로써 가장 내밀한 의미에서의 "만남"이 실현되었다. 그 때문에 상기 「계시 헌장」은 계시를 가장 먼저 '만남'이라고 선언한다. 하느님께서 이미 로고스를 통해 당신 자신을 계시하기로 작정하셨다면, 그분은 인격체에게 확실한 방식으로 당신의 고유한 자기인식을 허락하실 것이다. 이때 그분의 로고스는 하느님께서 친히 당신 자신에 대해 가지신 인식 이외에 다른 것이 아니다. 하느님께서는 당신 자신을 계시하시는 중에 "임마누엘"로서, 우리와 함께 계시는 하느님으로서 인간에게 가까이 다가오신다. 만일 사람들이 하느님의 계시를 그렇게 이해한다면, 이때 계시 자체를 초자연적인 것으로 생각해도 지극히 정당하다. 이는 우리의 신앙 행위를 분석해 [더] 숙고한 결과다. 이때 계시를 초자연적인 것으로 생각하는 태도는, 궁극적으로 하느님께서는 인간의 편에서 인식 활동과 노력을 경주해도 다가설 수 없는 초월적인 분이시라는 입장을 함의한다. 그러나 당신을 알기 위해 인식 활동과 노력을 경주하는 인격체에게는 전능하신 하느님께서 친히 섭리하신다면 말이 다르다. 그로써 어느덧 한 걸음 더 나아간 형태의 생각이 생겨났다. 곧 믿는 이의 신앙과 (하느님의 직관에 이르는) 완성 사이에는 본질적으로 구별되는 질적인(qualitativ) 차이란 존재하지 않고, 차라리 다만 정도의 차이 혹은 그 인간의 상태(이해 수준)와 관련된 차이만 존재한다는 생각이 생겨났다. 본질적으로 하느님께 다가감을 뜻하는 신앙은, 인간이 더 이상 어떤 조건에 구애받지 않는 가운데 하느님과의 친교를 이루는 완성과 본시 질적으로 구별되지 않는다. 하느님의 소유, 이른바 하느님을 직접 마주하게 되는 "지복 직관"(*Visio Dei*)은 한 마디로 [인간의 자유에 의거한] 신앙의 완성이다.

5. 하느님 : 신비

루돌프 오토(R. Otto)는 1917년 자신의 책 『거룩한 것』(*Das Heilige*)을 세상에 내놓았다. 이 책에서 제시한 많은 것들은 과연 당시 세계-철학 및 생-철학에서 물려받았거나 그로부터 해명이 가능한 것들이었다. 중요한 점은, 어쩌면 여전히 유효하게 간주되는 것으로서, 그의 사유원칙이라고 할 수 있는데, 그는 "거룩한 존재"[神]를 합리적인 작업이나 이성에 떠넘기지 않고, 하나의 전체성을 감안하는 통찰을 따라 살펴나가려고 시도했다.

오토는 거룩한 것을 한 마디로 "두렵고도 매혹적인 신비"(*Sanctum mysterium tremendum et fascinans*)라 불렀다. 이 같은 경험은 많은 종교들에서 목격되며, 물론 신구약성경에서도 그 흔적을 엿볼 수 있다.

막스 셸러(Max Scheler, 1874-1928), 요한 헤센(Johannes Hessen, 1889-1911), 폴 틸리히, 마틴 하이데거 (Martin Heidegger, 1889-1976), 베른하르트 벨테(Bernard Welte, 1906-1983) 등은 오토의 새로운 관점을 그대로 수용하든가 일부는 거룩한 것의 본질에 관한 생각을 나름대로 더 발전시켰다. 벨테에 따르면 거룩한 것은 특히 불가피한 당혹스러움에 대한 경험으로서 우리를 에워싼 현존재(Dasein)다. 그것은 우리를 책임으로 소환하기도 하며, 자신에게 끌어당기면서 동시에 자신과 거리를 두게 하는 존재다. 그로써 거기에는 하나의 철학으로, 성경으로, 경험으로 이해된 하느님 모상의 여러 요소들이 함께 자리할 수 있다. 하느님은 초월적이시며 내재적이시다. 우리를 당혹스럽게 만드시는 분이자 당당하게 살아가도록 지지하시는 분이요, 적극적으로 당신 자신을 경험하도록 허락하시면서도 당신과 거리를 두게 하시는 분이다. 그렇게 거룩한 신비 자체로서 당신을 표현하는 것조차 허락하신 하느님께서는 모든 실재를 친히 규정하시면서 또한 그 모든 것에 마음을 쓰신다(모든 것을 규정하시는 실재로서 하느님).

6. 삼위일체론의 새로운 국면

1) 출발점

삼위일체론의 주된 문제점을 신학적으로 이해시키기 위해, 예컨대 어떻게 하느님의 세 위격들 사이에서 혼동할 수 없는 차이를 확신하면서도 오로지 하나의 유일한 원천에 대해 설명할 수 있는지? 혹은 만일 세 위격들이 서로 다른 원천으로 이해된다면, 어떻게 세 위격들이 저마다 하느님으로서 동등하게 완전하다고 말할 수 있는지? 등의 문제를 해결하기 위해 신학의 역사에는 여러 가지 기본 입장들이 발전되었다.

한 분이신 하느님 안에는 두 가지 방식의 "발출"(*productio*)이 존재한다. 하나는 성자의 "낳음"(*generatio*)이고, 다른 하나는 성령의 "숨"(*spiratio*)이다.[46] 성자가 성부에게서 낳음을 통해 발출하는 반면, 성령의 숨-내쉼은 성부와 성자에게서 유일하게 그 원천을 취한다.[47] 게다가 전통적인 신학에는 하느님 안의 세 위격들의 "고유성들", 곧 성부의 '아버지다움'(*paternitas*)과 '낳아지지 않음'(*ingenitus*), 그리고 성자의 '낳아짐'(*genitus*), 성령의 '내쉬어지는 숨'(*spiratus*)이라는 저마다의 고유성에 관련된 언급이 있다. 이 같은 고유성은 다른 무엇보다도 그 속성상 우리의 인식 능력에 포착이 가능한지에 대해 논의될 수 있기 때문에, 토마스 아퀴나스가 숙고했듯이, 신학은 "식별 가능한 표지들"(*notiones*)에 대해 언급한다. 오늘날까지 한 가지 분명한 의미로서 전용(專用)과 같이 특별한 개념 활용 혹은 고유한 용어 활용(*appropriationes*)에 관한 교리 지침이 있는데, 이는 내용적으로 대다수의 신학자들에게서 "식별 가능한

---

46. 아우구스티누스 이래로 이 두 가지 발출 형식은 인간의 정신이 작용하는 방식과 흡사하기는 하지만, 분명히 다르다. 예컨대 인간의 지성(자기인식, 자기언표)과 의지(자기사랑, 타자사랑)의 발출 형식은 하느님의 그것과 구별된다. 그런 차이를 감안하면서 사람들은 "심리학적인" 차원에서 삼위일체론에 대해서도 피력하려고 시도한다.

47. 이미 (오리게네스 이후로) 교회교부들은 절대적 신비의 특성이 전개되는 과정이 중요하다고 강조했다. 다시 말해 (인간의 행위들과 비교해) 가장 개연적인 의미에서의 유사성을 통해서만 그러한 신비의 특성이 언어로 표현될 수 있다고 보았다.

표지들"에 관한 가르침과 일치한다. 이런 가르침은 성경의 증언에 기초하며, 삼위의 "질서"와 연계된다. 성부는 "하느님"으로 불리고, 성자는 "주님"으로, 세 번째 위격은 "성령"으로 불릴 것이다. 이 같은 기본 통찰 안에서 예컨대 중세 신학자들은 성부께는 전능성과 원천-존재 그리고 창조하심을, 성자에게는 지혜와 진리와 구원하심을, 성령에게는 자비와 사랑 그리고 완성하심을 숙고해 고백했다. 물론 당장 서방교회의 신학은 이 세 위격이 존재와 행위 안에서 더 이상 분리되지 않으며, 바로 그 때문에 이 세상에 대해 하나의 유일한 작용인으로 군림하신다고 확고하게 새겼다. 그렇듯 모든 속성들과 모든 활동들은 삼위의 하느님께 모두 공통적이다.[48]

관계(*relatio*) 개념은 이미 아우구스티누스 이래로 세 위격과 동일한 신성(본질) 사이의 결속에 대한 좀 더 나은 이해를 위해 다른 것들에 비해 좀 더 특별한 의미를 지닌다. "관계"는 하느님의 본질에서 본래적인 근거를 갖는다. 다시 말해 관계는 하느님의 본질에 결코 "우연하게" 덧붙여진 어떤 것이 아니다. 여기에는 네 가지 형태의 관계, 곧 성부에 의한 성자의 능동적인 의미의 "낳음", 성부에 의한 성자의 수동적인 의미의 "낳아짐", 성부와 성자에 의한 성령의 능동적인 의미의 "날숨", 성부와 성자에 의한 성령의 수동적인 의미의 "들숨"이 자리한다. 하느님 안에서 벌어지는 이 같은 실재적-역동적인 사건을 통해서 이 세 위격이 존재한다. 그렇게 벌어지는 생명-단일성의 더없이 긴밀한 주고받음, 곧 성부와 성자와 성령 사이의 "친교"(Communio)를 가리켜 전통적인 신학은 "상호 내재"(perichorese, *circuminsessio*)라고 일컫는다.

---

48. Art "Appropriation"(E. Salmann), in: *LThK*[3] I, 891f.

2) 새로운 국면[49]

칼 라너(K. Rahner)는 다른 많은 신학 영역들에서와 마찬가지로 삼위일체론에서도 중요한 점을 지적했다. 그는 삼위일체의 기본 명제로서 "구원경륜의 삼위일체는 내재하시는 하느님이요, 그 반대도 타당하다."[50]고 규명한 바 있다. 역사 안에서 당신의 아들과 성령을 통해 당신 자신을 드러내시는 하느님의 자기중재는 그분 자신 안에서 벌어지는 자기중재다. 성자와 성령의 구원사적 파견은 하느님의 내적인 자기발출 과정의 일환이다. 성부께서는 진실하게 자신을 언표 하시고 사랑으로 자신을 이루신다. 한 분이신 하느님께서는 구원사적으로 성자를 통해, 그리고 성령을 통해, 곧 절대적인 자기언표와 사랑의 선물을 통해 당신 자신을 알리신다. 하느님께서는 "당신께서 이루시는 사랑 안에서 '당신의 가장 내밀한 것'을 밖으로 드러내신다. 그래서 그런 하느님께서는 그 자체로 '우리를 위해 계신' 하느님 외에 결코 다른 분이 아니시다."[51] 그와 같이 삼위일체 신비와 하느님의 자기중재 신비는 내적으로 긴밀하게 결합해 있다. "하느님이 전적으로 파악 불가능하심에도 불구하고 우리에게 중재되는 그분의 신비는 그렇듯 내적인 관계맺음을 통해 생생하고 또 자유로운 하느님으로서 피조물 곁에서 당신 자신을 드러내 보이시려는 그분의 의지에 기인한다. 이때 피조물은 그러한 신비에 파묻히거나 그들의 고유한 속성을 포기할 필요 없이, 오로지 '사랑이라는

---

49. 매우 유익한 전망을 제시하는 책으로 H. Vorgrimler, *Theologische Gotteslehre* (*LTh* 3), Düsseldorf 1985 (160-174: "Der dreiene Gott")를 추천하며, 더 나아가 H.-M. Barth, *Dogmatik. Evangelischer Glaube im Kontext der Weltreligionen. Ein Lehrbuch*, Gütersloh 2001 (bes. 281ff.).
50. *Schriften* XIII, 139.
51. 그처럼 분명하게 형식화한 경우는 B. Oßwald, *Abiturwissen Gotteslehre*, Stuttgart 2000, 174.

한 가지 근본적인 이름으로만 설명되는 그런 모습의 자기중재를 통해서 하느님의 신비가 드러난다."52

발터 카스퍼는 라너의 기본 입장을 계속 이어 나가면서도 결과적으로 오해할 만한 부분을 밝히려고 했는데, 그것은 사람들이 구원사적인 삼위일체성을 하느님의 내적인 삼위일체성으로부터 연역하려고 하거나, 아니면 그 반대로 하느님의 내적인 삼위일체성을 구원사적인 삼위일체성에 환원시켜 이해하려는 태도를 가리킨다.53 라너의 삼위일체 신학으로부터 고무된 분명한 형태는 프로테스탄트 신학자 에버하르트 융엘(Eberhard Jüngel, 1934-)에게서 잘 엿볼 수 있다. 그에게도 하느님의 내적인 삼위일체성과 구원사적인 삼위일체성 간의 일치가 관건이다. 그의 시각에서도 삼위일체론은 구원론과 인격적인 신앙을 위해 매우 중요한 교리다. 라너와는 다르게 그는 종교개혁의 기본 정신에 충실한 나머지 '육화' 안에서보다는 '십자가' 안에서 삼위일체성을 위한 결정적인 해석의 실재적 근거를 확보하려고 했다. 예수의 죽음을 통해서 하느님께서는 친히 성부로서의 하느님과 성자로서의 하느님을 마주 세우셨고, 사랑의 성령이 그 둘을 하나로 결합시키셨다.54

---

52. Vorgrimler, *Gotteslehre* 162.
53. W. Kasper, *Der Gott Jesu Christi* (Das Glaubensbekenntnis der Kirche I), Mainz 1982, 333-337.
54. Vorgrimler는 이렇게 요약한다. "죽음을 통해 사랑하는 아들을 기꺼이 내어 주심으로써 성부께서는 당신 자신을 성자와 구별하셨고 동시에 십자가를 지고 마침내 죽어가는 아들과 새롭게 관계를 맺으셨다. 성자는 죽기까지 죄로 물든 세상을 위해 희생하는 가운데 온전히 성부와 결합했고, 당장 그렇게 하느님께서는 영원히 신실하신 분으로, 살아계신 분으로, 영으로 혹은 사랑으로 당신을 드러내 보이셨다. 성자가 이 같은 사건을 통해 결코 사랑받을 만한 가치가 없던 인간과도 기꺼이 관계를 맺으니, 그가 사랑 외에 달리 이해될 수 있겠는가!" 그의 *Theologische Gotteslehre* 169. 한편 융엘의 대표작으로는 *Gott als Geheimnis der Welt, Zur Begründung der Theologie des Gekreuzigten zwischen Theismus und Atheismus*,

하나의 독자적인 형태의 삼위일체론 기획을 우리는 스위스 신학자 한스 우르스 폰 발타사르(Hans Urs von Balthasar, 1905-1988)에게서 발견한다.[55] 아버지 하느님은 일종의 완전한 자기외현(自己外現)으로서 아들을 발출했고, 그 아들은 그와 같은 선물에 감사하는 태도로 응했다. 이 두 분에게서 [한 분이신 하느님으로, 곧] '우리로 하여금 서 있게 하는'(subsistierendes Wir) 성령이 발출했다. 이미 하느님의 내적인 삼위일체성 안에서 벌어진 자기외현-사건은 예수가 십자가에 자신을 봉헌하는 사건을 위해 전제된다.

또 그레샤케(G. Greshake)는 이와 달리 거대한 체계 안에서 삼위일체론을 기획했는데, 그것은 단지 삼위일체에 관한 이론만이 아니라, 그와 더불어 실재 세계에 대한 전체적인 전망을 확보하려던 시도였다. 그 기획은 "이미 정평이 나있는 동시대 신학자들에 의해 큰 발전을 보였으며, 삼위일체 신학을 성공적으로 최정상에 올려놓을 수 있었다. 또한 그로써 계시와 인간의 자아 및 세상과의 관계에 관해 고민하는 전체 신학 사상을 본래적으로 조명해 주는 빛으로서 삼위일체-신앙을 규명할 수 있었다."[56] 물론 상기 간략한 평가가 암시하듯이, 그레샤케의 기획은 근본적인 의미의 새로운 입장을 제기하는 것이 아니라 제2차 바티칸 공의회 이래로 삼위일체 신학의 통찰들을 모두 하나로 종합해 내는 것이 관건이었다.

하느님의 삼위일체성 안에 세 위격의 상호 내재적인 공동체성(perichoretischen Gemeinschaft)에 관한 통찰을 토대로 하여 레오나르도

Tübingen ^{6}1992가 있다.
55. 무엇보다도 그의 대표작으로서 *Theodramatik* II/2, III 및 IV을 참조.
56. 참고로 G. L. Müller의 그에 대한 '서평', in: *ThRv* 94 (1998), 84-87 (인용은 87).

보프(Leonardo Boff)는 1938년 삼위일체론에서 논의할 만한 중대한 입장 하나를 제안했다. 처음 공개한 해는 1986년이다.[57] 그로써 그는 그리스어 계통 신학의 입장과는 의도적으로 구별하려고 했다. 그리스어 계통 신학은 라틴어 계통 신학에 비해 훨씬 더 "원천"이신 성부에게서 출발점을 삼고 있다. 한편 라틴어 계통 신학은 원칙적으로 삼위일체 신학의 출발점을 신적인 본성에서 마련한다. "상호 내재성"으로 삼위일체의 하느님 안에서 한 위격은 저마다 다른 두 위격에 철저히 스며들 듯 관계를 맺고, 그렇게 모든 위격이 서로 관계를 맺는다. "그러므로 삼위일체 하느님의 신적인 위격이 나누는 상호 내재적 공동체성은 완전한 의미에서 서로의 내밀한 존재, 공동의 존재 그리고 서로를 위한 존재로서 있게 한다."[58] 저마다의 고유한 모습을 파괴하지 않으면서도 세 위격이 취하는 동등성은 언제나 유효하다. 이 같은 공동체성은 이제 보프에 의하면 이 세상에서 경험되는 공동체성의 원형이다. 이러한 공동체성의 주된 특징은 "사랑의 일치를 의미하는 세 위격의 단일성, 세 위격의 본질적인 차원에서의 동등성, 모든 위격들의 서로에 대한 전적인 관여와 협력, 다양성 안에서 하나-됨을 포기하지 않으면서도 세 위격이 지니는 차별성"[59]이다. 이 같은 친교적인 차원의 삼위일체론은 저 브라질 출신의 신학자 레오나르도 보프에 의하면 교회를 위해서만이 아니라, 일반 사회를 위해서도 하나의 모범적인 기능을 수행할 수 있다. 교회 안에서 단일성과 다양성이 계속 인정되어야 하듯 각 교회마다 근본적인 동등성도 인정되어야 마땅하다면, 라틴 아메리카의 일반 사회에서

---

57. L. Boff, *Der dreieinige Gott*, Düsseldorf 1987.
58. Kraus, *Gott als Wirklichkeit*, 322.
59. *Ibid.*, 325.

도 그러한 친교적인 차원의 삼위일체론은 사회 해방의 과정을 위해서도 고무적인 계기를 제공할 것이며, 그렇게 새로운 사회 건설을 위한 발판으로도 능히 기능할 수 있다.[60]

7. 신앙인과 신앙공동체 안에 거주하시는 하느님

만일 하느님께서 사람들에게 기꺼이 당신을 중재하신다면, 사람들 사이에 거처를 마련하시는 하느님의 거주(居住)는 매우 중요하다. 포르그리믈러(H. Vorgrimler)는 이 같은 주제가 분명 신비신학, 곧 전통적인 은총론에서는 거의 취급되지 않았다는 사실을 정당하게 전해 준다.[61] 한편 은총론은 성경을 근거로 삼고 있다. 구약성경은 언제나 반복해 당신 백성들 사이에 생생하게 살아계시며 또 자유롭게 활동하시는 하느님의 현존에 대해 전한다. 바오로 사도에 의하면 신앙공동체는 각 신앙인은 거룩하신 하느님의 영이 머무는 성전이다(1코린 3,16; 6,19 참조). 1요한 1,3은 "하느님 아버지와 그의 아드님 예수 그리스도와의 친교"에 대해서 언급한다. 요한 14,23은 '하느님과 나누게 될 영광'에 대해 다음과 같이 증언한다. "누구든지 나를 사랑하면 내 말을 지킬 것이다. 그러면 내 아버지께서 그를 사랑하시고, 우리가 그에게 가서 그와 함께 살

---

60. 보프와 근접한 시도가 튀빙겐 프로테스탄트 신학자 위르겐 몰트만에 의해서 일종의 친교적인 차원의 삼위일체론으로 발전하게 되었다. 거기서는 삼위일체에 기초한 공동체성이 이 세상과 인간 사회, 역사 안에서 얼마나 중요하게 작용했는지 밝히려는 시도가 자리한다. 참고로 J. Moltmann, *Trinität und Reich Gottes. Zur Gotteslehre*, München 1980.
61. H. Vorgrimler, *Neues Theologiesches Wörterbuch*, Art. "Einwohnung Gottes", 147.

것이다." 이 같은 하느님의 "거주"는 분명히 성경이 특별한 개념의 활용을 통해 이해하는 성령의 특성과 부합한다. 그럼에도 교회 내 여러 증언들에 따르면 모든 하느님의 구원 섭리가 한 분의 하느님에 의한 외적인 활동으로 이해된다(*DZ* 1330-1351 참조). 개별 신앙인만이 아니라 전체 신앙공동체 안에서도 하느님의 거주라는 주제는 그 이후 계속 발전하는 신학적-체계적, 영적인 통찰과 구상을 통해 그 자리를 굳히고 있다.

8. 신정론 문제와 관련하여

(신학의 전 영역에 걸쳐서) 신론은 오늘날 좀 더 특별한 방식으로 신정론(神正論) 문제와 관련하여 인상 깊게 다가오고 있다.[62] 이 문제는 새로운 것이 아니며 또한 새로운 것일 수 없다. 왜냐하면 이 세상에서 벌어지는 숱한 고통 앞에서 선하신 하느님에 대한 의문은 자연히 솟아나기 때문이다. 이 문제와 관련하여 과거 전통적인 논쟁은 그리스도교 안에서도 쉽게 엿볼 수 있다. 예를 들어 신학자 아우구스티누스[63]나 토마스 아퀴나스[64]뿐만 아니라 그 누구보다도 철학자 라이프니츠(Gottfried Wilhelm Leibniz, 1646-1716)[65]에게서도 찾아볼 수 있다. 칸트는 이 문

---

62. 이에 Bern에서 출간된 교수 자격 논문 하나를 추천한다. M. Zeindler, *Gotteserfahrung in der christlichen Gemeinde*. Eine systematisch-theologische Untersuchung (Forum Systematik 13), Stuttgart 2001.
63. 참고 Augustinus, *Enchiridion* XI.
64. 참고 *S. th.* I, 2,3.
65. Leibniz, *Essais de théodicée sur la bonté de Dieu, la liberté de l'homme et l'origine du mal*(1710), Leibniz에게서 이 신정론(*Theodizee*) 개념이 유래한다.

제를 어떻게든 철학적으로 해결하려는 시도들을 무척 많이 했다. 1791년 그는 한 작은 연구 논문을 통해서 이 신정론 문제의 만족스런 해결책이란 철학적으로 불가능하다고 입증한 바 있다.66 이 세상에서 경험되는 고통과 악에 대한 납득할 만한 존재 가능성과 필연성을 그와 동시에 선하신 창조주 하느님을 수용하면서 증명해 내는 일은 과연 거의 불가능한 것처럼 보인다. 제2차 세계대전 중 아우슈비츠의 비극 앞에서는, 그리스도교 내에서 철학적인 세심한 통찰을 따라 하느님의 계시에 기초한 다양한 관점들과 연계시키려 애쓰며 시도한 이전의 답변들도 (예컨대 고통은 죄의 결과이거나 그로 인한 개인적인 성숙을 위해 요구되는 과정 등의 해석으로는) 더 이상 위력을 내보일 수 없는 것 같다. 종교개혁 시기의 신학에서 제기된 물음들은 그 같은 시각을 더욱더 부채질했다. 차라리 '십자가-신학'에 기초한 새로운 해석이 좀 더 나은 이해를 제공하는 듯하다. 하느님께서는 당신 아들의 십자가를 통해서 친히 이 세상과 역사 안에서 벌어지는 그 모든 고통과 추함과 악에 대해 책임을 지셨다. 물론 이것이 신정론 문제를 해결하는 유일한 길은 아니다. 당장 최근에는 이와 관련하여 문헌들과 입장들을 비교할 때 일련의 "붐"(Boom)이 형성되고 있음을 엿볼 수 있다.67 사람들에게 일반적으로 호응을 얻는 알렉산드레 가노치(Alexandre Ganoczy)에 의하면, "오늘날의 교의신학은 신정론 문제를 사목적인 활동 형식에 기초하여 오로지 이론적으로

---

66. Kant, *Über das Mißlingen aller philosophischen Versuche in der Theodicee* (1791); 역자, Kant의 도덕적 신정론, 복음과 문화(대전가톨릭대학출판부, 2013) 17호, 227-270 참고.
67. 유용한 참고 문헌으로서 추천할 만한 책은 J. B. Metz / Joh. Reikersdorfer, Theologie als Theodizee - Betrachtungen zu einer aktuellen Diskussion, in: *ThRv* 95 (1999), 179-188이 있다. 또한 H. Wagner (Hrsg,), *Mit Gott streiten,* Neue Zugänge zum Theodizee-Problem (*QD* 169), Freiburg I. Br. 1998.

만 살피는, 국면을 타개하기 위해서 바람직하게 선회한다. 왜냐하면 결국 저마다 경험하는 고통의 의미에 대해서 직접 하느님께 의문을 제기하는 구체적인 사람들이 존재하기 때문이다. 그들에게 실제적으로 훨씬 더 도움을 주는 것은 이성적인 해명보다 참을성을 가지고 이겨낼 수 있도록 곁에서 계속 응원해 주는 사랑이다."68 그럼에도 불구하고 이미 요한 밥티스트 메츠(Johann Baptist Metz)가 반복적으로 충고했던 것처럼,69 신학은 "신정론에 민감하게" 대응해야 한다. "신정론-문제를 취급하는 일은 최근에 이르기까지 결코 진부한 것일 수가 없다. 그것은 그 모든 인간적인 시도들, 그러니까 하느님을 마지막까지 파헤쳐 손에 거머쥐려는 인간의 그 모든 시도들과 유리된 하느님 신비의 차원을 이해하는 일과 직결되기 때문이다. 이 같은 관점에서 오히려 신정론에 민감하게 대응하는 것을 터부시하는 신학이란 스스로가 믿기 어려운 것으로 따돌리는 행위와 다르지 않을 것이다."70

오늘날의 신학적 논의들

하느님의 신비에 대해서 절실하게 궁금해 하지 않는다면, 계속해서 고민해야 할 것들을 촉구하는 다음과 같은 물음들은 그저 공허한

---

68. Art. "Theodizee", in: *LkDog*, 489-491(인용은 491).
69. Johann Baptist Metz (Hrsg.), *"Landschaft aus Schreien"*, Zur Dramatik der Theodizeefrage, Mainz 1995 (여기에는 "신정론에 민감한 하느님에 대한 논의"에 관한 자신의 개인적인 입장도 소개된다).
70 이에 메츠의 상기 작품에 대한 R. Lülsdorff의 서평 참조. in: *ThRv* 95 (1999), 187-190(인용은 189).

것이 되고 말 것이다. 하느님-물음과 직결된 중요한 유산이 해방신학, 정치신학, 여성신학에서도 이미 취급되었는가? 하느님께서는 "시간", "역사", "발전"과 어떤 관련성이 있을까? 과정신학에서 제기된 의문들은 이미 그에 만족할 만한 답변들을 발견했는가?

"신론"에 관한 기본적 참고 문헌

Greshake, Gisbert, *Der dreieine Gott.* Eine trinitarische Theologie, Freiburg I. Br. 1997.

Hasenhüttl, Gotthold, *Einführung in die Gotteslehre,* Darmstadt 1980.

Lutz-Bachmann, Matthias u.a. (Hrsg.), *Gottesnamen.* Gott im Bekenntnis der Christen (Schriften der Diözesanakademie Berlin 7), Berlin u.a. 1992.

Müller, Klaus, *Gottes Dasein denken.* Eine philosophische Gotteslehre für heute, Regensburg 2001.

Vorgrimler, Herbert, *Theologische Gotteslehre* (Leitfaden Theologie 3), Düsseldorf 1985 (Neuausgabe 2002).

8 | 창조 - 친교를 향한 하느님의 뜻

　　신학으로서의 창조론은 다른 학문들, 특히 자연과학적인 언표들과 가장 즉각적으로 결부되어 왔고, 또 지금도 여전히 결부되어 있다는 사실에 대해 아무도 이의를 제기하거나 외면할 수 없을 것이다. 이는 신학적으로 통찰한 창조론이 자의든 타의든 오랫동안 일종의 방어적 성격의 우주론적 세계 발생론으로 이해하도록 분위기를 조성했으며, 그러한 방어적 성격에는 단지 물질주의의 제반 형식뿐만 아니라 진화론과 다윈주의의 제반 형식 일체를 거부하는 태도가 내포되어 있음을 시사한다. 일찍이 17세기 "갈릴레이" 사건은 많은 점에서 자연과학이 신학을 철두철미 적대적인 학문으로 이해하게 하는 어두운 배경으로 작용해 오고 있다. 그러나 현대에 이르러 신학적인 측면에서는 테이야르 드 샤르댕(T. de Chardin)의 경우처럼, 그리고 철학적-자연과학적 측면에서는 바이채커(C. F. von Weizsäcker)의 경우처럼 새로운 형태의 시도가 그리스도교의 창조 신앙과 자연과학 사이에 적극적인 대화의 물꼬를 틈으로써 과거 비극적으로 치닫던 논쟁의 틈바구니에서 벗어나도록 도와주었다.

1. 신학에서 창조론의 위치

자연과학과 신학적인 창조론 사이에 가로놓인 앞선 시대의 대립 국면을 타개할 수 없는 것은 아니다. 다만 오늘날에는 창조론이 자연과학적으로 확정적인 사실들에 대해 의식적으로 반대하려 할 때 더 이상 신학적 정당성을 간단히 내세울 수 없게 되었다. 이는 그 반대의 경우도 마찬가지다. 그래서 신학적 창조론에 문제가 있는 것처럼 비쳐진다는 이유로 오직 자연과학적으로 확정적인 결과물들에 의거해서만 생각하고, 또 그런 관점에서 [개신교 측에서] 고안해 낸, 이른바 과학적 창조론[예컨대 '지적 설계론']도 그렇듯이 본래적인 의미의 신학적 의문을 해결하는 데에는 도움을 주지는 못한다.

1) 인간학적 출발

그러면 창조론으로 나아가는 신학적인 노정(路程)은 어디서 찾을 수 있을까? 칸트는 인간이 던질 수 있는 물음을 정리해 다음과 같이 유명한 네 가지 형식으로 제시한 바 있다. 예컨대 '나는 무엇을 알 수 있는가?', '나는 무엇을 해야 옳은가?', '나는 무엇을 희망해도 좋은가?', '인간이란 무엇인가?'[1] 마지막 네 번째 물음에는 앞선 기본적인 물음들이 모두 함축적으로 자리한다. 이 물음은 인간의 실존 개념에 일조했다. 이는 소크라테스의 철학에서 실존철학에 이르기까지 줄기차게 이어진 물음으로서 오늘날에도 여전히 어떤 식으로든 계속 던져지는 물음이다. 인간은 결국 절대자에 대한 물음을 모른 척 외면할 수 없다. 인간은 그

---

1. 참고로 Kant의 "논리학", in: *Kants Gesammelte Schriften* (Akademischer Ausgabe) IX, 25.

렇게 자기 자신에 대한 물음을 언제나 피할 수 없이 제기해 왔다. 인간은 자신의 현존재에 대한 과제를 스스로 이해해야 하고 또 자신의 현존재를 주도해 나가야 한다. 이는 인간의 고유한 과제로서 동물과 구별되는 부분이라고도 할 수 있다. 동물은 "정해진 대로 살아가는"(sich abspielen) 존재라고 말한다면, 인간 현존재는 — 사르트르와 하이데거가 그렇게 올바로 보았듯이 — 언제나 '그저 가능성'(bloß Möglichkeit)이라고 말할 수 있다. 곧 인간은 자신의 존재를 "다듬어간다." 자기 스스로 내리는 확고한 결단들을 통해 자신의 삶을 일구어 간다.

'인간이란 무엇인가?'라는 물음은 결국 '세상이란 무엇인가?'라는 물음과 연결된다. 이로써 세상에 대한 신학적인 견해 역시 수반되기 마련이다. 자연과학자들은 관찰·대상들에 대한 정보를 수집한다. 그것은 신학이 의도하는 것도 신학이 풀어야 할 과제도 아니다. 신학적 실문은 로고스에 관해, 곧 의미와 의미 해명에 관해 묻는다. 창조에 관한 물음에는 '이 창조가 세상에서 살아가는 인간 현존재의 의미 전체에 얼마만큼 필연적인 것이냐' 하는 물음이 관건이다. 사람들은 인간을 세상과 "분리시켜" 다룰 수 없다. 인간 현존재는 세상 '내-존재' 혹은 세상과 '동반-존재'이다. 인간에 대해 질문을 던진다는 것은 또한 인간이 그렇게 스스로 던지는 의문과 단단히 결합해 있다는 사실에 대해 묻는 것을 함의한다.

아리스토텔레스는 이를 자신의 방식으로 분명하게 인식했다. 그는 익히 잘 알려진 형식을 소개한 바 있다. 인간의 영혼은 어떤 의미에서 분명 모든 것이다. 이를 훗날 토마스는 이렇게 번역했다. 인간 "영혼은 어떤 점에서 모든 것이다"(*quoddammodo omnia*). 아리스토텔레스와 토마스는 인간 영혼 안에 전체 우주가 수렴한다고 생각한 셈이다. 그래서 인간은 이 세상없이는 이해될 수 없다고도 할 수 있다. 인간은 세상과 마주할 수 있는 능력이 있으며, 나아가 세상을 상대하면서 자기 자신이 된다. 그렇게 인간에 대한 물음은 필연적으로 세상에 대한 물음과 결부된다. 그 때문에 여기서 내가 그 주변을 맴돌며 궁금해하는 인간에 대한 신학적인 물음은 달리 신학적인 창조론으로도 접근이 가능하다. 그러나 여기서 나는 '창조를 어떻게 이해해야 할까? 그런 다음 창조 안에서 인간의 위치는 무엇인가?' 하고 묻지 않겠다. 오히려 나는 신학적으로 그 질문 방식을 바꿀 것이다. 그러니까 여기서 나는 인간 자신과 그의 존재 의미에 대해 보편적으로 던지는 물음에서 출발한 다음, 포괄적인 주변 세계 및 세상에 대해서도 물어 나가고자 한다.

그와 마찬가지로 오늘날의 신학적 반성 중에 인간학과 그리스도론은 서로 분리될 수 없다는 점도 지적해야 한다. 그리스도론은 인간 존재의 어느 "특별한 경우"를 해명하려고 하는 것이 아니다. 예컨대 2000년 전에 벌어졌던 어떤 경우가 아니라, "인간"이라는 수수께끼에 대해 예수 그리스도라는 모범적인 '하느님의 모상'을 통해 무엇이 해명되었는지가 무엇보다도 관건이다. 예수 그리스도는 인간 존재를 위한 척도이자 중요한 단서다.

그리스도론에서 다루어져야만 하는 그런 사태를 위해 고려해야 할 일차적이고 기초적인 지침 하나를 우리는 요한복음서 안에서 발견하게 된다. 회의적인 입장을 취한 빌라도(Pontius Pilatus)는 심문 중에 예수에게 묻는다. "진리가 무엇이오?"(요한 18,38). 예수는 스스로 몇 구절 뒤에 가서 하나의 답변을 제시하는데, 그것은 요한 사가가 의도적으로 그 답변의 모호한 의미를 함축해 소개한 것으로 풀이된다. "자, 너희는 이 사람을 보라!"(요한 19,5). 이 답변은 앞서 고려해야 할 것을 지시한다. 예컨대 '지금 너희들은 이미 너희가 바라던 인간을 보고 있다.' 그래서 이 답변으로 인해 인간 존재의 심연, 가장 밑바닥에 자리하는 하나의 의미가 거기서 고개를 들게 된다. '이 사람, 우리가 인간이라고 부르는 이 사람 안에는 우리가 궁금해 하는 인간 존재에 관한 열쇠가 자리한다!'고 말이다.

2) 인간학과 시원론

이러한 매우 보편적인 답변에 대해서는 더 깊이 살펴야 한다. 오늘날에는 인간학이 신학의 장소로 비쳐진다는 생각이 거의 자명한 것처럼 받아들여진다. 누구보다도 일찍이 칼 라너가 발전시킨 그와 같은 기본 원칙이 오늘날 실제 폭넓게 적용되고는 있지만, 나는 여기서 한 번 더, 이제 신학적으로 좀 더 심사수고하는 관점에서 인간학과 창조론 사이의 결속에 대해 강조하고자 한다. 한 마디로 '육화를 통해 드러난 것처럼, 만일 인간이 하느님의 또 다른 모습이 드러날 수 있는 장소라고 한다면, 모든 신학을 포괄하는 기초적인 장소는 곧 인간학인 셈이다.' 이 같은 이해는 일찍이 우리가 알고 있는 명제에 반대되는 것이 아니다. 예컨대 신학이 하느님과 관련해서 다루어야 한다든가 계시가 결국 하느님에 관해 밝히는 한, 신학은 모두 신 중심적이라고 하는 명제를 거부하려는 것이 아니다. 이는 사실적으로 타당하다고 보지만, 또 다른 한편 인간이 거기 함께하지 않는 한, 곧 인간을 중요하게 고려하지 않는 한, 신학이 하느님에 대해 알아듣도록 해명할 수 있는 것은 하나도 없다.

앞서 암시한 바와 같이 그 같은 이해는 인간화(Menschwerdung)를 통해서 이미 시작되었다. 만일 인간 예수가 하느님께서 역사하시는 장소라고 한다면, 만일 그가 그렇게 인간 세상에 들어왔다면, 그래서 그가 신적 위상을 박차고 내려왔다면, 하느님에 관한 진술은 언제나 인간 존재에 관한 진술이요, 예수 그리스도가 바로 인간성을 대변하기 때문에, 그에 관한 진술은 곧 인간성에 관한 진술이다. 라너는 이 같은 입장을 초월-신학적으로(transzendental-theologisch) 심화시켰다. 그는 신학의 경우에도 데카르트, 칸트, 독일 관념론 이래로 철학의 논리와 인식 뒤에 물러나 있을 수 없다고 생각했다. 다시 말해 인간은 자신의 주체성을 따라 자기 자신을 행위의 토대로 삼지 않고서는 그 어떤 경험이나 진술조차도 해 낼 수 없다는 것이다. 인간은 무엇이든 진술하는 중에 이미 어떻게든 진술 가능성의 조건들에 대해 함께 증언하는 셈이다. 곧 인간에 대해서, 그의 인식 가능성에 대해서 함께 증언하는 것이다. 가능성의 조건은 '초월적'(transzendental)이다. 그러므로 신학적으로 말하는 자는 누구든 그와 동시에 인간에 대한 어떤 사실들을 이해하면서 또한 인간학적으로 말하는 것이다.[2]

계시가 인간의 구원을 위해 이루어진다는 점을 고려한다면, 이와 관련하여 한 번 더 보충적으로 고려해야 할 점이 있다. 인간과 무관한 것이란 하나도 계시되지 않거니와 신학에서도 고려되지 않으니, 다만 인간의 구원과 관계된 것만이 다루어진다는 점이다. 이는 그렇다고 실현되는 구원이 사실적인 계시를 통해서 비로소 인간에게 다가오기에, 사람들이 처음부터 구원 계시로 가능한 범주에 국한해 대상들을 선별한다는 것을 의미하지는 않는다. 그러나 이 같이 구원을 위해 계시된

---

2. 라너는 종종 이와 같은 연관성을 감안해 진술했다. 참고로 특히 그의 논문으로서 Theologie und Anthropologie, in: *Schriften* VIII, 43-65, 그리스도론적인 관점과의 연관성은 그의 논문 Allgemeine Grundlegung der Protologie und theologischen Anthropologie, in: *MySal* 2, 405-426.

것이 무엇인지에 대해서는, 아무래도 어떤 경우든 인간 존재가 그 결핍으로 인해 상처를 받고 또 인간을 불행하게 만드는 바로 그런 것 일체가 구원에 속하는 것이라고 말해야 한다. 그렇지 않으면 불행한 상태에 있지 않을 경우에 인간은 구원을 위해 나아가는 행동을 삼갈 수도 있을 것이기 때문이다. 오히려 예수 그리스도를 통해 절정에 도달한 계시는 인간의 구원을 위해 필수적이다. 이 같은 시각은 모든 계시를 서로 연계시키는 것을 뜻하며, 그로써 인간의 구원과 관련된 모든 신학적인 진술들을 함께 엮는 것을 가리킨다. 달리 표현하자면, 이는 라너에 의해서도 한 번쯤 형식화된 것이다. 신학의 어떤 대상이 지니는 구원 의미는 인간이 그러한 대상을 구원의 차원에서 수용하는 태도와 상응한다.

이제 만일 그리스도론이 인간 개념을 붙들고 작업하는 커다란 틀 안에 자리잡게 된다면, 또 만일 이 같은 입장이 계시에도 어떻든 동일하게 적용된다면, 이는 '시원론'(始原論, Protologie)의 경우에도 유효하나.[3] 이를 좀 더 잘 이해하기 위해서 인류의 원-역사에 관한 성경의 진술들을 '원인론'(原因論, Ätiologie)의 차원에서 살펴볼 필요가 있다. 넓은 의미에서 원인론은 또 다른 실재의 근거 혹은 원인에 대한 일련의 정보를 제공한다. 그러나 그보다 더 좁은 의미에서 원인론은 인간 영역에서 경험되는 상태 및 발견되는 것의 근거로서 이전에 일어난 사건에 대해 정보를 제공한다. 이전에 일어난 사건을 되새기게 해 주는 그와 같은 정보는 어떤 원인에 대한 상징적인 상상이 활용되는데, 그러한 상상은 정작 근본적으로 현재적 상태만을 조형적으로(plastisch) 알아보게끔 이끌어 준다. 이는 신화적으로 원인을 설명하려는 시도들에서 목격

---

3. 이에 추가로 Art. "Protologie"(H. Wagner), in: *LThK*[3] VIII, 668-669 참조.

되는 사실이다. 신화적인 원인론은 그렇게 보도하는 바가 실제로도 일어났다고 전하는 진술과 철저히 결합시켜 놓을 수 있다. 종종 사람들은 미처 다 알지 못해서 [판단이] 흔들리는 상태에 있는 것을 사변적-문학적으로 접근한다. 한편 원인론은 현재적 상태로부터 추정되는 역사적인 원인에 대해 실질적이고 사태적으로 가능한 정당한 결론으로도 이해될 수 있다. 이때 실재적인 원인과 현시점의 결과가 하나의 고유한 전망 안에 가시화된다. 지금의 현존재를 위해 추정되는 근거에 대한 진술이 일련의 상징적 진술방식에 의지해 전개될 수 있다. 이는 부분적으로 신화적인 색채를 띤다고 하더라도 전체적으로는 역사적인 원인론이라 칭할 수 있다.

그러므로 시원론은 인간에 관한 어떤 것을 진술한다. 인간이 목표로 삼고 수용하는 그런 어떤 것, 곧 그를 구원으로 이끌어 주는 그 무엇에 대해 진술한다. 그 같은 진술들은 성경 첫머리에 확고하게 소개되며, 전체 신학적인 창조론이 그 토대 위에 전개된다. 그와 같은 진술 보도가 '순수' 신화적인 관점에서 전개될 경우 그것은 인간에 의해 신화적인 외투로 덧칠해진 것으로서 실상 인간에게 '언제나' 유효한 것들임을 내포한다. 이 같은 진술 보도를 순수 신화적이 아닌 '역사적 원인론'으로 해석하려는 시도는 무엇보다도 인간이 자기 자신 및 하느님과의 관계에 대해 어느 정도 안목을 가지고 있다는 근거에서 출발한다. 인간은 이러한 언표를 통해 "태초부터" 무엇이 존재했는지 인식한다. 하느님에 의한 세상 창조, 특히 인간의 창조, 남녀의 동등성, 남녀 간의 결속 등에 대해서 인식한다. 이는 그와 같은 '역사적 원인론'에서 단순히 독립적인 신화가 아니라 실제로 유효하고 신학적이며 구원사적인 진술임을 가리킨다. 이때 한 번쯤 또 다른 물음 하나가, 그러니까 그러한 진술 가운데 무엇에 기초해 그 같은 실제로 유효한 자료를 그렇지 못한 것과 구분할 수 있느냐는 물음이 제기될 수 있다. 그러므로 창조론은 인간의 구원에 중요한 것을 언표 하면서 그로써 "태초부터" 실재해 온 어떤 것을 고려하도록 이끈다. 여기서 "태초부터"라는 개념에 대해서는 좀 더 생각해 보아야 할 것들이 남아 있다.

3) 신론

창조 신앙이 성경 첫머리에서 표현되고 있는 것은 결코 우발적인 것이 아니다. 그러나 이로써 '나는 세상의 창조주가 존재한다.'고 주장하려는 것이 아니다. 차라리 '나는 세상을 창조하신 하느님을 믿는다.'고 고백하려는 것이다. 그러므로 그리스도교 신앙은 단순히 창조주의 관념을 단정하려는 것이 아니라, 실제 벌어지는 일상적인 세상 과정에 현존하시는 하느님을 주목한다는 것이 무엇보다 중요하다. 여기서 말하는 '세싱 과정'은 하느님에게는 결코 필연적인 것이 아니며, 또한 순수 피상적으로 고려될 수 있는 것도 아니다. 이는 여기서 논의된 것을 나중에 신론에 옮길 것을 염두에 두는 것은 아니다. 분명 하느님이 관건이지만, "그 자체로" 계신 하느님이 아니라 "우리를 향해" 그리고 "나를 위해" 다가오시는 하느님이 중요하다. 이 같은 사실은 특별히 창조론에서 인간이 하느님의 모상이요, 닮은꼴이라고 진술한 내용들에 잘 드러난다.

과거에 프로테스탄트 신학은 창조 신앙을 가톨릭 신학에 비해 본래부터 매 시대마다 덜 가치 있는 것으로 평가해 왔다.[4] 이는 그리스도

---

[4] 그에 반해 오늘날의 신학에서 이와 관련된 주제의 몇몇 중요한 출판물들이 프로테스탄트 신학자(저자)들에 의해 마련되었다. 예컨대 J. Moltmann, *Gott in der Schöpfung*, Ökologische Schöpfungslehre, München ⁵2002, M. Welker, *Schöpfung und Wirklichkeit*, Neukirchen / Vluyn 1995.

론에 관해, 곧 "초자연적인 계시"에 관해 그들이 아주 특별히 강조하는 태도와 연관성이 크다. 그들은 창조를 앞세워 강조할 경우 구원과 구속의 특별함이 뒤로 밀려나는 것조차 감수할 수 있어야 하는데, 그것이 못마땅했다. 그래서 차라리 아예 그리스도론을 통해 창조론도 재고되어야 한다고 생각했다. 물론 가톨릭 신학도 창조-진리가 그리스도에 기초해 비로소 확보된다고 보았던 것은 사실이다. 곧 신약의 그리스도론적인 진술, 그러니까 그리스도론의 심오한 안목을 통해서 얻어질 수 있다고 생각한 것이다. 그러나 오늘날 가톨릭 신학은 그리스도-사건이 당장 창조 신앙의 전제 조건이라고 서둘러 말하지는 않는다. 만일 전제 조건이 된다면, 창조가 상대적으로 갖고 있는 독립성을 상실할 뿐만 아니라 그리스도론은 그리스도론대로 공허한 가르침으로 치부될 수 있는 위험한 상황이 발생한다는 점을 의식했다. [하지만] 신약성경에서 예수 그리스도를 통해 언표 되고 제의된 구원은 이미 창조의 이해 지평 위에서 인간에게 다가오기에, 인간을 다시금 창조 상황으로 돌려 세운다.

만일 사람들이 한 번쯤 이 같은 측면을 직시하고 자신의 문제로 진지하게 받아들인다면, 칼 바르트의 사유 과정을 뒤따르지 못할 까닭이 없을 것이다.[5] 왜냐하면 바르트는 창조를 계약의 외적인 토대로 이해하기 때문이다. 그로써 자연히 계약은 창조의 내적인 열매가 된다. 여기서 "계약"이란 이스라엘과 맺은 계약만이 아니라 예수 그리스도를 통해 맺은 새로운 계약도 함축한다. 창조는 계약에 앞서 벌어졌다는 점에서도, 곧 그 용어의 통상적인 의미로 보더라도, 계약의 외적이자 시간적으로 앞선 전제 조건이 된다. 설령 창조가 그 자체로 이루어질 수

---

5. *KD* III/I, 103ff; 285f.를 보기 바란다.

있다고 하더라도, 인간을 상대로 한 구원의 계약은 창조된 세상을 앞서 요구하기에, 창조는 구원 계약의 전제 조건이 된다. 그러므로 바르트에 따르면, 신약성경은 그리스도를 통해서 하느님에 의해 이스라엘과 체결된 계약의 우주적 채워짐이 마침내 실현되었다는 관점에서 그리스도에 대한 신앙을 고백한다. 신약성경은 결국 그리스도가 창조의 근거이자 의미이며 목표임을 믿어 의심치 않는다.

그렇게 창조는 구원을 위해 변함없는 출발점이자, 이스라엘-계약과 관련하여 앞서 형성되고 또 미리 진행되어 온 어떤 것으로서 그 완성은 예수 그리스도를 통해 차츰 온전한 모습을 갖추게 된다고 말할 수 있다. 이때 각 개별적인 계기들은 서로서로 영향을 주고받는다. 그러므로 인간학적으로, 아니면 신학적으로, 아니면 그리스도론적으로 서로 구분해 진술하는 것은 무의미하다. 창조론은 이 세상을 창조하신 하느님에서 출발한다. 그러나 창조론은 이 같은 언표가 인간의 구원을 위해, 곧 "우리를 위해" 벌어진다는 사실과 나아가 여기서 우리에 관한 일정한 언표들이 서로 연계된다는 사실을 함축한다. 그와 똑같은 의미에서 창조론은 창조가 이미 "그리스도를 통해, 그리스도와 함께, 그리스도 안에서" 이루어졌음을 고백한다. 마치 우리가 전례 안에서, 예수 그리스도를 통해서 온 누리가 새로워진다고 노래하듯이 창조된 세상이 그분으로 말미암아 완전해진다고 고백하게 된다. 그러므로 시원론은 — 예컨대 칼 라너에 따르면 — 그리스도에 의해 가능하다는 점에서 이미 종말론적인 성격을 띠고 있다. 시작(창조)은 그렇게 열려진 시작이요, 마침내 그 끝, 다시 말해 그리스도를 통해 계시된 구원(종말)과 마주서게 됨으로써 제 모습을 갖추게 된다.

2. 성경이 진술하는 창조에 관한 가르침

1) 창세 1-3장(일반적인 관점)

창조에 관한 구약의 주요 진술은 창세기 1-3장에서, 곧 "모세오경"에서 찾아볼 수 있다. 그 때문에 이미 200년 전부터 시작되어 20세기로 들어서던 시기에 율리우스 벨하우젠(Julius Wellhausen)을 통해 세상에 가장 널리 알려진 전체 모세오경에 관한 연구는 상기 성경 구절을 꼼꼼히 살펴서 숙고할 필요가 있다는 입장을 진지하게 받아들였다. 벨하우젠은 상기 연구 결과들을 종합하면서 모세오경의 네 가지 원천 사료, 곧 J(야휘스트 문헌), E(엘로이스트 문헌), D(신명기 문헌), P(사제계 문헌)에 대해 밝히고자 애썼다. 이 같은 통찰에 있어서 옳은 점은 모세오경이 여러 개의 많은 사료층을 따라 점차 다듬어졌다는 지적이다. 그러나 그 사료의 범위나 발생 시점을 정확히 구분할 수 있는 그런 원천사료들의 나열이 중요한 것은 아니다. 오늘날에는 그 모양새를 바꿔 차라리 전승층(傳承層)이라고 명명하는데, 그것은 확실히 이전의 혹은 아주 오래전의 전승들을 나름대로 한 곳에 수집한 사료집으로서 그 핵심적 내용은 모세에게 소급할 수 있는 사료까지 포함한다.[6]

이 같은 연구를 토대로 오늘날 창세기 1-3장은 두 가지 전승층으로 이루어졌다는 견해를 받아들인다. 예컨대 창세 1-2,4ㄱ은 첫 번째

---

6. 가장 최근의 (주석학적인) 문헌은 Georg Kraus에 의해 요약되고 주해된 것으로서 *Welt und Mensch*. Lehrbuch zur Schöpfungslehre (Grundrisse zur Dogmatik 2), Frankfurt a.M. 1997이 있고, 그 밖에 다양한 관점에서 기발한 해석과 단서들을 제공하는 참고서로서 E. Zenger 외 다수, *Einleitung in das Alte Testament* (Studienbücher Theologie I, 1), Stuttgart ³1998; E. Zenger/K. Löning, *Als Anfang schuf Gott*. Biblische Schöpfungstheologien, Düsseldorf 1997.

창조 설화로 간주되며, 이는 사제계 문헌에 속한다. 이와 달리 창세 2,4 ㄴ-3,24은 두 번째 창조 설화(혹은 타락-설화라고도 불리는 까닭은 이 구절에서 죄로 인한 타락이 매우 적나라하고 중심적인 주제로 다루어지기 때문)로 간주되며, 이는 야휘스트 문헌에 속한다. 이 두 설화를 창세 2,4이 서로 이어주고 있지만, 거기서 두 가지 전승층의 연결은 상당히 투박하게 보인다. 무엇보다도 이 두 전승층은 제각기 다른 하느님 이름을 사용한다는 것이 특징적이다. 첫 번째 설화에서의 하느님은 '엘로힘'으로 불리고, 창세 2장부터는 '야훼 하느님'으로 불린다. 나아가 창세 1장은 교훈적이고, 매우 신학적이며 한 가지 분명한 체계를 갖추고 있는 반면, 창세 2장은 사실적이고 피상적인 관찰과 함께 사물들에 대해 아주 자세하게 설명한다. 창세 2장은 일반적으로 말해서 보다 오래된 전승이고, 창세 1장은 그것을 보충하고 심화시킨 내용이라고 풀이할 수 있다. 그러나 오늘날에는 창세 1장이 본질적으로 나중에 생겨난 것이라고만 보지 않는다. 왜냐하면 여기에도 제법 적지 않은 오래된 지식과 통찰들이 함께 뒤섞여 있기 때문이다. 우리는 자주 성경에서, 예컨대 시편(95,5; 96,5; 100,3)에서 "하느님께서 만드셨다"는 간단한 형식의 문투를 발견한다. 그래서 창세 1장은 그런 간단한 형식의 문투를 이용해 모든 창조물들이 하느님께 속한다는 사실을 포괄적으로 설명해 주려는 것처럼 보인다.

첫 번째 설화는 두 번째 설화가 일부 말하지 않고 비워 둔 부분을 채워 주듯이 전개되고 있을 뿐만 아니라, 나아가 두 설화는 저마다 고유한 전개 방식을 취한다. 기본적인 전망도 서로 다르다. 창세 1장의 세계관은 문학적으로 비교적 늦은 시기에 형성된 것으로서 그 나름대로의 차원에서 창조를 차츰 확대시킨다. 창조물 하나하나가 포괄적으로 소개된다. 창세 1장은 그렇듯 모든 것을 우주적 지평에서 전개한다. 하느님의 영은 물 위를 감돌다가 마침내 물과 창궁을 가르셨고(처음으로 물이 나누어졌다), 우주가 점차 생겨나기 시작했다. 그것은 보다 정확히 말해서 앞서의 무질서한 혼돈이, 절대적으로 혼란스런 물바다가 완전하고도 조화로운 형태를 갖춘 코스모스로 변화하는 것을 묘사한다. 사람들은 간혹 피라미드와 같은 상징적인 모양을 통해 인간을 그 정상에 올려놓고서 창조를 설명하려고 한다. 일곱째 날은 안식일의 휴식을 빗대어 말해지기도 한다. 창세 1장에 의하면 인간은 창조의 절정이요, 최정상이다. 창세 2장에 의하면 인간은 창조의 '중심'이다. 그럼에도 한편 창조의 시작은 메마른 형국이다. 그래서 창세 2,4 이하는 이렇게 말을 잇고 있다. "주 하느님(야훼 하느님)께서 땅과 하늘을 만드시던 날, 땅에는 아직 들의 덤불이 하나도 없고, 아직 들풀 한 포기도 돋아나지 않았다. 주 하느님께서 땅에 비를 내리지 않으셨고, 흙을 일굴 사람도 아직 없었기 때문이다." 그런 다음 물기가 땅을 적시는 내용이 6절에 소개된다. "땅에서 안개가 솟아올라 땅거죽을 모두 적셨다." 그리고 이윽고 7절에 인간이 출현한다. "그때에 주 하느님께서 흙의 먼지로 사람을 빚으시고, 그 코에 생명의 숨을 불어넣으시니, 사람이 생명체가 되었다." 인간을 중심으로 식물과 동물들이 만들어졌다. 흥미롭게도 여기 소개된 모든 동물은 '가축들'이다. 창세 2장 말미에서는 여인의 창조와 혼인에 관한 설명으로 설화를 마감한다.

이 두 설화는 옛 동방 문화권의 원시적인 세계관을 반영한다. 땅은 처음에 평평한 커다란 조각처럼 바다 위를 떠 있는 상태에서 큰 기둥들을 바다 깊숙이 박아 고정시켰다. 땅 아래에는 지하세계가 존재한다. 또한 땅위로는 천궁이 펼쳐져 있으며, 그것은 땅의 공간을 확보해 주기 위해 단단한 반원 형태로 땅과 분명하게 경계를 긋고 서 있다. 천궁은 갈라 세워진 대양(大洋)을 붙들어 준다(창세 1,7 참조). 창세 7,11에서 홍수는 '하늘이 창문(창궁)을 열어서 물이 쏟아져 이루어진 것'이다. 천궁에는 별들이 고정되어 있으며, 이들은 빛의 창조와는 별도로 독립된 모습을 취하는 것처럼 보인다. 이에 비해 창세 1,3에서는 빛의 창조에 관해 언급하고, 창세 1,17에서 따로 별들의 창조에 관해 언급한다.

물론 우리는 이 같은 세계관의 순진무구한 표현 형식을 감안하면서 이 설화를 올바로 이해하도록 노력해야 한다. 이는 과거에 이와 관련하여 숱한 오해와 갈등을 불러일으킨 단초였다는 점에서도 중요한 설명이라고 볼 수 있다. 그러므로 여기서 단지 창조 설화의 배경으로 작용한 세계관을 올바로 이해하는 것만이 아니라, 설명 의도에 대해서도 십분 숙고해야 한다. 수천 년 전에 벌어졌던 것에 대해서 과연 [오늘날 우리가] "어떻게" 하고 궁금해 하는 부분에 대해 고스란히 답하려는 식으로 이야기를 전하지는 않았을 것이다. 비록 거칠고 투박한 전망 아래서 순진하게 표현했지만, 거기에는 하느님, 세상, 인간의 관계에 대한 기본적인 진술이 자리한다. 어떤 완벽한 세계관을 마련한다거나 일련의 신화적인 이야기들을 집대성하자는 의도는 찾아보기 어렵다. 이에 우리는 역사적 원인론에 대해서 생각해 볼 수 있다. 그렇듯 신학적으로도 일종의 '회상하는 식의 예언'을 생각할 수 있다. 작가는 세상이 생겨난 과정을 돌이켜 (회상하는 식으로) 거꾸로 소급해 전개할 수 있으며, 그런 가운데 그의 진술은 "진솔하거나" "순조롭거나" "올바를" 수 있다. 만일 그러한 진술이 "진솔하다면", 마침내 그가 내다본 인간 구원 역사의 진행 과정 역시 진솔한 것으로 이해될 수 있다. 그러므로 창조에 대한 역사적 원인론 및 회상적 신학이 제공하려는 의도나 신학적 의미는 창조물 하나하나에 대한 상세한 관찰이나 '어떻게 창조되었을까' 하는 자연과학적 정보에 대한 관심과는 다르게 고지되었다고 할 수 있다. 그러나 이러한 신학적인 전체 조망은 보다 확장된 방식을 필요로 한다. 이른바 원-역사로서 아브라함을 거쳐 마침내 그리스도에 이르기까지 하나의 새로운 구원 여정을 요구한다. 그 같은 진술들 앞에서는 '어떻게'라는 인간의 물음은 별 의미가 없다. 거기에서는 개별적 문제들에 사로잡히는 일은 좀처럼 일어나지 않는다.

2) 첫 번째 창조 설화(창세 1-2,4ㄱ)

선(先)-역사에 관해 물을 경우 사람들은 두 가지 전승 줄기를, 곧 신화론적인 전승과 찬미-지혜문학적인 전승을 숙고해야 한다.

(1) 신화론적 전통

수메르인들(Sumerer)에게서 이미 창세 1장과 관련된 두 가지 기본 사상이 확인되었다. ① 이 세상이 생겨나기 전 태초에 오직 물만 존재했는데, 그것을 가리켜 남무(Nammu)라고 일컫는다. ② 이 세상은 '갈라 세움'을 통해 이루어졌다. 수메르인들이 남긴 한 문헌 속에서 이렇게 시작되는 문장이 있다. "하늘이 이 땅과 멀어졌을 무렵, 곧 이 땅과 하늘이 갈라졌을 때, … 천신은 하늘을 정돈했고, 엔릴(Enlil)은 이 땅을 세웠다."[7] 그러므로 수메르인들은 태초에 물만 존재했다고 생각한 셈이다. 그들의 중심 사상은 천신[男神]과 지신[女神]이 폭풍우-신(Strumgott)을 낳았고, 폭풍우-신이 땅과 하늘을 갈라놓았다는 것이다. 그리고는 그의 아버지가 하늘을, 그의 어머니가 땅을 지배하게 되었다. 그리고

---

7. M. Eliade, *Die Schöpfungsmythen*. Ägypter, Sumerer, Hurriter, Hethiter, Kanaaniter und Israeliten (Quellen des Alten Orients 1), Darmstadt 1980, 107.

그 폭풍우 신은 그의 어머니인 지신과 결합해 인간 창조를 위한 터전을 만들어 놓았다고 한다.

바빌로니아인들은 물에 대해 보다 철저하게 숙고했다. 기원전 300년 경 바빌론의 제사장 베로수스(Berossus)는 '우주 탄생'(Kosmogonie)과 관련하여 다음과 같이 전한다. "만물이 어둠과 물속에 잠겨 있었던 그런 때가 있었다고 그(베로수스)는 말한다."[8] 바빌론의 창조 신화라고도 일컬어지는 대서사시 『에누마 엘리쉬』(Enuma elisch)에서도 꾸준히 소급해 전하는 바는, 성경이 전하는 바와 다르지 않게 태초에는 오직 '물밖에 없었다는 것이다. 이 세상은 거기서도 '갈라 세움'으로써, 곧 물을 갈라 하늘과 땅을 나눔으로써 형성되었다. 『에누마 엘리쉬』와 창세기의 유사성을 소개하자면 이렇다. ① 태초에 물이 존재했다. ② 세상(하늘과 땅)은 물을 갈라 세움으로써 이루어졌다. ③ 하늘과 땅 다음으로 별들이 창조되었다. ④ 창조 사업의 정점으로서 인간이 등장한다. (식물과 동물들의 창조는 지금까지 알려진 문헌에서는 나타나지 않는다). 이집트의 신화에서도 상기 두 가지 사상, 그러니까 태초에 물이 존재했다는 점과 그 물을 갈라 세움으로써 하늘과 땅이 형성되었다는 점을 찾아볼 수 있다. 기원전 1400년에서 1300년경에 집필되었다고 추정되는 페니키아-가나안 지역 문헌에서도 이와 유사한 점을 엿볼 수 있다.

세상은 오직 최초의 물로 시작되었으니, 땅이 그 물로 덮여 있었다는 상상은 창세 1장이 옛 동방 문화권, 그러니까 지중해 연안 지역과 이집트 문화권이 공통적으로 가지고 있었던 것임을 말해 준다. 물론 이 같은 상상은 더 나아가 그동안 잘 알려진, 세상이 여러 조각들로 이루

---

8. 인용 출처는 C. Westermann, *Genesis* I/1 (*BK*. AT), Neukirchen/Vluyn ²1976, 145.

어졌다는 많은 우주 탄생에 관한 이야기들에서 목격된다는 점에서 일종의 전형적인 기본 형식이라 볼 수 있다. 그래서 과거에 사람들이 종종 그렇게 주장했던 것처럼, 단지 홍수로 피해를 입은 지역으로 한정 짓는 이 같은 상상이 오직 [큰 강을 끼고 있는] 메소포타미아 지역과 이집트 지역에서만 발전하도록 했다고 단정할 수만은 없다. 여기서 한 가지 특이한 점은 이집트 지역의 신화적 설명 속에는 물 이외에도 어둠이 함께 강조된다는 사실이다.

그러한 공통점 외에도 창세 1장과 바빌로니아 창조 설화 에누마 엘리쉬 사이의 유사성은 매우 특별하다. 예컨대 전체 개요의 측면에서, 창조 활동의 순서 면에서, 개별적인 것들에 대한 상세한 보도에 있어서 특별하다. 다른 한편 이는 창세 1장의 전체 내용을 이해하려 할 때 매우 중요한 부분으로서, 창세 1장은 '신(神)의 탄생 사화'(Theogonie)도 아니고 '신권 확립 사화'(Theomachie)도 아니다.9 그 밖에 물이나 그에 비유되는 용들의 싸움에 관한 이야기도 아니다. 창조와 인간의 고유한 소명에 관한 이야기가 창세 1장에서는 완전히, 전적으로 신화와는 다른 차원에서 전개된다. 오늘날 사람들은 창세 1장이 바빌론의 신화에 전혀 직접적으로 의존하지 않고 있다는 점에 대해 동의한다. 게다가 그 둘 사이의 유사성 문제도 충분히 해결된 상태는 아니다. 오히려 사람들은 서로에게 일종의 공통된 전승이 존재할 것이라는, 그래서 서로 다른 인상을 따라 저마다 창조관을 전개했다는 의견을 취한다. 이를 뒷받침하기 위해서 사람들은 창세 1장과의 유사성이 훨씬 적어 보이는 그런 또

---

9. 여기서 'Theogonie'는 흔히 "신통기"(神統記)[헤시오도스 작품 참고], 곧 신의 탄생이나 유출 등에 관한 이야기를 가리킨다면, 'Theomachie'는 서로의 권력 투쟁을 통해 신적 위상을 확립하는 과정에 관한 이야기를 가리킨다.

다른 (바빌론의 것이 아닌) 신화들과의 관련성에 대해서도 살펴서 근거를 마련하려고 한다.

(2) 찬미-지혜문학적 전통

창세 1장에 참고가 되었던 이스라엘의 주변 국가들에서 유래하는 우주 탄생 사화는 유일한 전승이 아니다. 찬미-지혜문학적인 문헌들과 전승들과의 관련성에 대해서도 오늘날 새로운 사실들이 밝혀지고 있다. 그래서 분명 이스라엘 안팎으로 전래된 옛 문헌들과 사상들과의 교류를 생각하게 한다. 이집트의 문헌들은 특히 그 점에서 풍부한 정보를 제공해 주며, 그 가운데서도 특히 다음 구절이 눈에 띈다. "당신은 존재하는 것들(만물)의 주인으로서 과실을 맺는 것들에게는 결실을 보장하시고 풀들을 가꾸시어 가축을 살찌게 하십니다. 풀들은 가축들을 위해, 결실은 인간들을 위해 만드셨습니다. 만물을 창조하시는 분, 당신에 의해 모진 비바람에도 불고기가 살고 새들이 살아남습니다."[10] 여기에서 신은 '아몬-레'(Amon-Re)를 가리킨다. 이집트의 찬미가에서 발견되는 그런 구절이 바빌론의 신화에서도 목격된다. 이로써 추정할 만한 점은 창조와 관련된 전형적인 형식이 이미 마련되어 있었을 것이라는 점이다. 예컨대 하늘에 존재하는 것들로부터 땅에 존재하는 것들 — 하늘, 땅, 공기, 인간, 식물들, 짐승들, 새들, 물고기들 등의 순으로 — 로 이어지는 것이 보편적 순서이다. 물론 원칙적으로 이 같은 순서가 항상 엄격하게 지켜지는 것은 아니다. 무엇보다도 다양한 차원에서 창조 활동이 이루어졌음을 말하려는 것이다. 그렇게 간접적으로나마 신성의 풍요

---

10. Westermann, *Genesis* I/1, 224.

로움을 드러내려 했다고 볼 수 있다.

한편 이스라엘의 '지혜문학'에서도 이와 유사한 모습이 발견된다. 집회 43장은 '하늘, 태양, 달, 별들'에 관해 차례로 설명한다. 시편 135,6은 '하늘, 땅, 물(바다), 최초의 물, 구름, 번개, 비, 바람'에 대해서 노래한다. 욥기 38장은 '바다, 최초의 물, 지하세계, 암흑, 땅, 빛과 어둠'에 대해 전한다. 이와 관련해서도 오늘날 사람들은 어떤 의존성에 대해 생각하기보다는 오히려 일련의 공통적인 전승에 대해 생각하려고 한다. 창세 1장에서도 학문적이지 않은 개별적 지식에 관해 중점을 두기보다는 오히려 창조 활동에서 펼쳐지는 다채로움에 관한 설명(노래)을 통해 하느님을 칭송하는 일이 관건이다. 사람들은 오늘날 창세 1장과 찬미-지혜문학적인 전승 사이의 교류가 무엇보다도 사제계 문헌의 전망을 따라서 이루어졌다고 생각한다. 왜냐하면 전례가 찬미적인 성격의 글과 지혜문학적인 성격의 글을 서로 자연스럽게 그리고 다른 것들에 비해 보다 더 특별한 방식으로 어울리게끔 한다고 보기 때문이다.

첫 번째 창조 설화의 구성은 본질적으로 여섯 가지 서로 다른 요소들을 함축하지만, 이를 서로 동등한 등급의 나열이라고 볼 까닭은 없다. 곧 그것은 ① '말씀'(형식)의 보도, ② 실현의 확인, ③ 사실에 대한 보도, ④ 이름 부여, ⑤ 재가(裁可) 형식, ⑥ 날수의 셈이다. 여기서 ① '말씀'의 보도는 "하느님께서 말씀하셨다."라는 형식이 언제나 앞서 제시된다는 것이고, ② 실현의 확인은 "하시자, ~이(가) 생겨났다."라는 표현은 거의 항상 ①의 형식에 뒤따라 소개되고 있음을 가리킨다. ③ 사실에 대한 보도는 대부분 하느님의 자기실행으로 묘사되는데, 한편 식물들과 땅에 대한 묘사는 반복 소개된다. ④ 이름 부여는 앞선 세 가지 창조 활동에만 행해진다. ⑤ 재가 형식은 "그러자 그대로 되었다."

를 가리키는데, 이는 무려 7번씩이나 반복된다. 마지막으로 ⑥ 날수를 셈하는 형식은 창조 설화의 내적인 구성을 단단하게 하는 효과를 갖는다. 더욱이 사흘씩 둘로 나누어 소개하는 형식을 취한다.

예를 들면,

첫째 날 :	빛	넷째 날 :	별들
둘째 날 :	궁창(분리된 물)	다섯째 날 :	물고기와 날짐승
셋째 날 :	① 흙과 바다	여섯째 날 :	① 땅짐승
	② 식물들		② 사람

이 전승을 따라서 보자면, 다음과 같이 풀이해도 좋을 것이다. 처음 사흘 동안은 '갈라 세우는 활동'이 주가 된다면, 나중 사흘 동안(넷째 날부터 여섯째 날까지)은 '장식하는 활동'이 주가 된다. 식물들을 창조하는 중에 다소 진척되지 않은 것이 남은 듯하다. 아무튼 그렇게 또 사흘이 지났다. 이를 해명할 수 있는 간단한 체계를 재구성하면, 첫째 날에서 셋째 날까지의 창조 활동은 세상에 대한 '기초 작업'에 속하고, 넷째 날에서 여섯째 날까지의 창조 활동은 세상의 '완성 작업'에 속한다. 그럼에도 날수를 세는 일은 창조 활동을 통해 보여 주려는 의도에 비하면 부차적인 것으로 간주될 수 있다. 특별히 안식일과 비교해 생각할 수 있게끔 시도한 날수의 셈은 창조 활동의 내적인 구조에 비해 큰 의미를 띤다고 보기 어렵다.

첫 번째 창조 설화에는 과연 본질적인 차원에서 숙고해야 할 중점 사항이 제시되어 있다. 그것은 이 세상을 하느님에 의한 창조 활동의 구조와 질서를 통해 해명하려는 태도이다. 이는 당시 사제들의 기능,

곧 전례 규정을 지키도록 하는 사제의 주된 소명과도 매우 밀접하게 연결되어 있다. 그러한 전례 규정은 무엇보다도 하느님께서 질서의 하느님이지, 무질서의 하느님이 아니라는 사실을 입증해 준다. 그것은 창조 설화에서도 뚜렷하게 반영된다. 하느님에게서 비롯하는 모든 것은 질서정연하며 분명하다. 그리하여 이와 같은 설화를 통해서도 교훈적인 어떤 것을 전달한 것으로 이해된다. 그러한 질서 의식은 미학적인 관점에도 작용한다. 하느님에게서 비롯하는 모든 것은 아름답다.

하느님께서는 한편 '말씀'(dabar)을 통해 창조 활동을 펼치신다는 사실을 발견할 수 있다. "하느님께서 말씀하시기를 '빛이 생겨라!' 하시자 빛이 생겼다." 이는 성경이 전하는 하느님의 창조 말씀 가운데 가장 먼저 이루어진 말씀이다. "하느님께서 말씀하시길"이란 표현 형식은 창세 1장에 일곱 번 나온다. 그리고 그것은 매번 창조될 것 앞에 등장한다. 주 하느님의 창조적 말씀에 대한 증언이 구약성경의 다른 문헌들에서는 그렇게 자주 등장하지는 않는다. 드물게나마 무엇보다도 제2이사야나 비교적 나중에 기록된 시편과 지혜문학에서 엿볼 수 있을 뿐이다. '주 하느님께서 이렇게 말씀하신다. … 바닷물을 불러올리시어 땅 위에 쏟으시는 분, … 그분께서는 강한 자 위로 파멸이 번뜩이게 하신다(아모 5,8; 9,6; 이사 17,13; 시편 104,5-9). '그분은 땅과 하늘을 불러 세우신다'(이사 48,3). '또한 만물을 불러 세우신다'(지혜 11,25). 지혜 9,1에서는 청원기도를 시작하면서 주 하느님을 다음과 같이 칭송한다. "당신께서는 만물을 당신의 말씀으로 만드시고 …." 창세 1장의 말씀-도식(하느님께서 말씀하심 - 세상의 직접적인 실현)은 시편 148,5에서도 나타난다. 주 하느님은 하늘 위에서 말씀하신다. "그분께서 명령하시자 저들이 창조되었다." 시편 33,6-9의 경우는 특히 두드러진다. "주님의 말씀으로 하늘이, 그분의 입김으로 그 모든 군대가 만들어졌네. 그분께서는 제방으로 모으듯 바닷물을 모으시고 대양을 곳집에다 넣으신다. 온 땅이 주님을 경외하고 세상에 사는 이들이 모두 그분을 두려워하리니 그분께서 명령하시자 생겨났기 때문이네." 그것이 그러하기 때문에, 하늘들은 조용히 날이면 날마다 그들의 현존을 통해 하느님의 영광을 전한다. 시편 19,2-5ㄱ은 또 이렇게 노래한다. "하늘은 하느님의 영광을 이야기하고, 창공은 그분 손의 솜씨를 알리네, 낮은 낮에게 말을 건네고, 밤은 밤에게 지식을 전하네. 말도 없고 이야기도 없으며 그들 목소리조차 들리지 않지만 그 소리는 온 땅으로, 그 말은 누리 끝까지 퍼져 나가네." 비록 자주 진술하지는 않지만(예컨대 2베드 3,5; 야고 1,18; 로마 4,17 등), 신약성경도 말씀을 통한 창조에 대해서 언급한다. 말씀을 통한 창조의 계시-증언은 무엇을 뜻할까? 옛 동방 문화권에서 말씀은 곧 '능력'을 지닌다. 하느님의 말씀은 창조적인 힘을 발휘한다. 히브리어 '다바르'(dabar)는 적극적이고 역동적인 특성을 갖는다. 예를 들어, "이처럼 내 입에서 나가는 나의 말도 나에게 헛되이 돌아오지 않고, 반드시 내가 뜻하는 바를 이루며 내가 내린 사명을 완수하고야 만다"(이사 55,11). "나의 말이 불과 같고 바위를 부수는 망치와 같지 않으냐?"(예레 23,29). 이미 암시했듯이 이스라엘 주변 문화권의 용례 안에서도 유사한 것이 발견된다. 바빌론의 신화론은 '마르둑'(Marduk, 神)에 대해서 다음 같이 진술한다. "그의 말씀은 생명을 낳는다." 그 "말씀"은 저 위 하늘을 갈라놓고, 이 아래 땅을 뒤흔들어 놓는다. 옛 이집트의 경우에도 그와 같은 모습이 발견된다. 거기서 프타(Ptah, 神)는 자신의 입을 통해 만물의 이름을 부른다. 토트(Thot, 神)는 나중에 새긴 (기원전 200년경) 비문에서 이렇게 찬양되었다. "존재하는 모든 것이 당신의 말씀으로 이루어집니다."[11] 또 다른 비문에 적힌 글은 창세 1장의 기록과 아주 흡사하다. "그분의 입에서 나온 것이 실재가 된다. 그래서 그분이 말씀하신 것이 실제 그렇게 존재하게 된다." 이 같은 유사 병행구에도 불구하고 말씀을 통한 창조에 대한 사상은 아마도 이스라엘이 다른 신화들로부터 차용한 것이 아니라, 무엇보다도 자신의 고유한 역사 체험을 통해서 그 토대가 마련되었다고 말해야만 할 것이다. 그렇지 않으면 그에 대한 진술들은 아마도 뒤늦게 그리고 자주 반복적으로 소개되지는 않았을지도 모른다. 창세 1장의 진술과 가장 닮은 문헌은 『에누마 엘리쉬』다. 그런데 이 문헌은 말씀을 통한 창조에 대해서는 아예 진술하지 않는다. 이스라엘은 하느님과 함께하는 자신의 역사를 매번 말씀의 역사로 경험한다. 능력을 지닌 하느님 말씀은 항상 좋은 것을 이룬다. 역사는 본질적으로 하느님의 말씀과 이스라엘의 응답을 통해 결정된다. 프로테스탄트교회의 주석가 침멀리(W. Zimmerli)는 이렇게 요약한 적이 있다. "벌어지는 사건은 실현되는 말씀이요, 역사 속에 스며들어가는 선포를 뜻한다."[12] 창세기의 첫째 장에 기록된 것처럼, 그렇게 구약성경에 소개된 역사가 계속 진행되는 과정을 통해서도 하느님의 명령과 역사의 벌어짐(사건)은 서로 상응한다. "그래서 하느님께서 말씀하셨다."는 표현은 꾸준히 출현한다. 특히 예언 말씀을 개진하는 서두에서 자주 활용된다. 그렇게 예언 말씀은 역사에 대한 하느님의 조정을 확정할 뿐만 아니라 효과적으로도 전달한다. 그로써 더욱이 원칙적으로 창조 사건의 경우에도 '인격적인 특성'이 두드러지게 나타난다. 주 하느님의 말씀은 자연의 힘이 아니라 역사의 힘이다. 그것은 하느님의 자유로

---

11. 참고 일반적으로 *Ibid.,* 53f.
12. "Offenbarung", in: *EvTh* 22(1962), 15-31(인용은 25).

고 인격적이며 주도적인 외양으로 이해될 수 있다. 세상과 인간의 창조는 하느님의 말씀이 이루신 결과이기에, 그분의 말씀을 통해 온갖 피조물이 구성된다고 할 수 있다. 그것들은 하느님의 말씀이자 동시에 그에 대한 응답이다. 최근에 이르러 신학은 창조에 관해 원칙적으로 그렇게 하느님의 말씀을 활용한 사례를 두고 자세히 통찰하려고 노력한다. 이 주제는 적당한 기회에 다시 살펴보도록 하자.

'창조는 계약의 전제 조건'으로 이해될 수 있다. 두 창조 설화가 아주 오래전에 만들어졌다는 점에 대해서는 이미 살펴보았다. 그래서 두 창조 설화의 기본적인 소재를 모세 시대까지 소급시켜 추정하는 일이 아예 개연성이 없는 것이 아니다. 그러나 성경 첫머리에 나오는 두 창조 설화는 우리가 생각하는 것보다 뒤에 생겨난 것이고, 지금 우리가 마주하는 모습으로서도 그것들은 차라리 뒤늦게 마련된 것으로 집필 시기를 추정할 수 있다. 첫 번째 창조 설화는 대략 기원전 6세기(바빌로니아 유배 시절)에 생성되었다. 다시 말해 창조 신앙이 그때서야 비로소 이스라엘에게 신학적인 주제로 다가왔고, 특히 계약 사상을 형성하는 데 일조했다. 물론 이스라엘은 주변 세계의 창조 사상과 차별화시켜야만 했다. 그러나 이 계약 백성의 주된 관심사는 합리적인 세계 이해, 코스모스, 우주의 근본 원리들과 같은 것에 초점을 맞추지는 않았다. 이스라엘은 자신의 고유한 역사를 반성을 통해 그들의 역사가 이미 하느님의 섭리(행위)를 통해 모두 결정되었음을 자각했다. 그 역사 중심에는 이미 잘 알려진 대로 이집트로부터의 탈출이 자리한다. 이는 구약성경을 관통하는 그 모든 신앙고백의 핵심적 사건이다. 이 탈출 사건은 하느님과 이스라엘 사이의 계약 관계에 독보적인 근거가 되었다. 이집트로부터 이스라엘을 친히 구해내신 주 하느님에 대한 원-인식, 전승사적으로 하나의 커다란 전승 노선을 형성했으니, 그러한 노선에는 주 하느님과 이스라엘 간의 계약 체결에 대한 다양한 진술 형식들, 예컨대 아브라함과의 계약, 모세와 시나이 산에서의 계약, 다윗 왕과의 계약 등이 속한다. 아주 공공연하게 유배 시절에도 사제들은 그처럼 쓰라린 역사 안에서 숱하게 짓밟히고 깨져 버린 그들의 희망을 세상 창조라는 좀 더 포괄적인 이해 지평 위에서 새롭게 가다듬으려고 노력했다. 약속과 아직 이루어지지 않은 성취 사이의 침묵 기간이 이스라엘에게는 유일하신 주 하느님, 한계를 모르고 태초에 이르기까지 모든 백성과 다른 우상들을 지배하시는 하느님에 대한 신앙을 시험받는 기회다. 이스라엘이 계약을 충실히 준수하는 일은 매번 그때마다 창조 신앙까지 확장될 것을 요구했다. 달리 간단히 말하자면, 유배 기간 동안 이스라엘은 과연 하느님께서는 만백성들로부터 흠숭을 받으실만한 분으로서 실제 처음부터 모세가 알려 준 것처럼 위엄과 능력이 차고 넘치시는 분인지 돌이켜 의문을 제기하게 되었다. 이 기간에는 누구보다도 사제들이 당시까지 이스라엘이 경험한 구원 사건들을 역사의 시초까지 소급해 반성하는 일을 수행해야만 했다. 그들의 하느님은 결코 무기력한 우상들과는 다르다. 그분은 만백성의 역사를 손으로 주무르신다. 왜냐하면 그분이 그 모든 것을 만드셨기 때문이다. 또 이스라엘은 다른 우상을 혹시라도 섬기는 그런 백성이 서 있을 만한 작은 공간조차도 주 하느님은 허락하지 않으신다고 굳게 믿었다. 왜냐하면 그분만이 만물의 창조주이시며 세상을 세우신 분이기 때문이다. 그들과의 계약에 있어서도 언제나 충실하신 하느님은 이스라엘을 다시 일으키실 수 있으며 또한 친히 손을 잡아주실 것이다. 왜냐하면 만물을 창조하신 그분은 언제라도 그 모든 것들을 이렇게 혹은 저렇게 다스리실 수 있기 때문이다. 그렇게 계약 사건으로 다져진 이스라엘의 신앙은 세상을 창조하신 하느님 신앙으로 확장해 나갔다. 그리하여 부분적으로만, 곧 이스라엘 백성만을 살피시는 하느님의 모습이 세상 만물을 창조하신 하느님에 대한 신앙으로 확장되어 나가면서 보편적인 하느님의 모습으로, 그러니까 아직 믿지 않는 것들조차 모두 창조하시고 만백성들을 다스리시는 그런 하느님의 모습으로 바뀌었다. 이미 경험한 역사로부터 이 역사의 처음으로까지 소급하게 된 것이다. 계약의 하느님은 당신 백성의 주님만이 아니라 온 세상과 만백성의 주님이시다. 그러므로 창조 설화(특히 사제계 문헌에 따른 창조 설화)는 계약 백성의 신앙을 더욱 진작시키고자 촉구했으니, 그로써 계약의 하느님과 계약 율법에 대한 준수에 충실성과 신뢰를 재건하고자 노력했다. 반면 주변 세계에서 행해지는 우상 숭배는 아무것도 아님을 명심하도록 가르쳤다. 그들의 우상들은 실제로 도움을 줄 수도 없고 구원해 줄 수도 없으니 믿지 않더라도 아무런 해를 입히시 않는다. 그들은 결국 인간에 의해서 만들어진 것이요, 그 모두가 이스라엘 하느님의 손 안에 놓여 있는 것이다.

    이 창조 설화의 저자들이 가졌던 관심사는 자연과학적인 정보가 아니다. 그들에게는 "어떻게"(흔히 문학적·예술적 차원에서 고려하는 관점처럼)가 아니라, "일어난 사태" 자체가 관건이다. 곧 '하느님께서 창조하시어 모든 것에 질서를 부여하시고, 저마다의 목적을 따라 좋게 만드셨다.'는 점이 중요하다. 사제계 문헌에 속하는 많은 곳에서 특히 그와 같은 지적이 눈에 띤다. 예를 들면, 하느님께서는 또한 (이는 히브리어로 아주 분명한 의미를 띠는데) "길들어진 가축들"을 창조하셨다고 전한다. 물론 당시에도 이미 하느님께서 애초부터 길들어진 짐승들을 창조하셨다고 하기보다는 그런 가축들은 결과적으로 ("길들어진" 모습을 띠기까지)

인간의 손에 의한 것이라는 사실이 자연스럽게 파악된다. 그럼에도 그것은 모두 결과적으로 하느님에 의해서 이루어진 것이다. 왜냐하면 인간 역시 하느님의 능력 안에서 섭리된 것이기 때문이다. 그러므로 창조는 현재까지 그 능력을 행사하시는 하느님에 대한 찬양과 맞물려 있다. 사제계 문헌이 고백하는 '선하심'은 도덕적인 의미가 아니라 세상의 질서와 목적과 관련된 선이다. 그러나 거기에도 도덕적인 측면이 아예 무시된 것은 아니지만, 그래도 더 바람직하게 말하자면, '신정론'(神正論)과 결부된 물음은 야휘스트 문헌이 보다 뚜렷하게 전하는 바로서 사제계 문헌에서는 전적으로 배제된다고 말할 수 있다. 계약 백성들에게 분명하게 알려져야 할 사실은, 이 세상에서 경험되는 무질서나 불행한 상태, 악이나 다툼과 같은 불미스러운 상황들은 하느님에 의해서 일어난 것도 아니요, 선하신 하느님과 대립할 만한 어떤 악의 원리를 고려해야 할 일도 아니며, 창조로 인해 직접 초래된 것도 아니다. 악은 형이상학적인 현상이 아니라 하나의 역사적 현상이다. 사제계 문헌은 죄의 원천에 대해서 직접적으로 묻지 않는다. 사제계 문헌 저자들은 아마도 이 유배 기간 동안 경험적인 사건들을 두고 비판하는 일보다는 오히려 정리하는 데 더 많이 힘을 기울인 것이다. 그러나 창세기가 계속 소개하는 바에 의하면 (특히 6장 이후로) 죄에 대한 통찰이 점차 강하게 부각된다. 예컨대 카인의 죄, 바벨탑, 홍수 사건 등과 관련하여 그렇게 부각된다. 그럼에도 근본적인 입장은 다르지 않다. 인간의 죄악과 그 처벌(홍수)에도 불구하고 하느님께서는 인간에 대한 보호의 손길을 결코 늦추거나 저버리지 않으신다.

첫 번째 창조 설화의 전체 이야기가 아주 분명하게 인간학적 혹은 인간 중심적인 관점으로 흘러간다는 점에 대해 더 이상 강조할 필요는 없다. 여기서도 우리가 일반적으로 창조론에 대해 논의한 것이 유효하다. 예컨대 창조론은 인간에게 전혀 낯선 것이 아니라는 사실이다. 창조론은 분명 인간에게 집중된, 그래서 인간을 위해 마련된 가르침이다. 자연은 "그 자체로" 관찰되지 않는다. 오히려 그것과의 인간학적인 관계를 통해서 이해된다. 창세 1장은 이렇게 말하려고 한다. 이 세상은 하느님께서 너(인간)에게 살아갈 수 있도록 선사하신 여건(환경)이다. 세상은 너에게 의지한다. 네가 세상과 더불어 그것을 이루어야 한다. 너는 이 세상에서 하느님의 대리자다. 사물들은 너를 위해 존재하지만, 너는 그들을 착취하듯 사용하지 말고, 질서를 원하시는 창조주를 대신해 질서정연하게 가꾸어야 한다. 더 나아가 이 세상은 하느님께서 친히 매번 당신과의 계약을 주선하시고 상대를 찾으시는 그런 자리이자 공간이다. 당신의 말씀과 인간의 응답이 계약의 기본 구조이듯이, 그런 계약을 위해 앞서 마련된 이 세상의 존재를 보존하는 일도 그 같은 구조에 부응하는 것이다.

"한처음에 하느님께서 하늘과 땅을 지으셨다." 이는 결코 자연과학적인 진술이나 철학적인 관점에서 고려하는 "제1원인"(*causa prima*)과 물질, 공간과 시간에 대해 해명하려는 시도가 아니고, 정확히 말하자면, 실존적인 물음이다. 이에 대해서는 앞서 논했던 것을 참고할 수 있다. 인간이란 무엇인가? 무엇이 너와 나의 삶에 근본적인 것으로서 마음을 쏟아야 할 것인가? 이 같은 물음에 답하기 위해서 "처음"으로 되돌아갈 필요가 있다. 이 첫 번째 문장을 진술한 자(성경 저자)는 그에 대한 답을 이성적인 관점에서 추구하지 않았고, 또한 자기 실존의 터전을 새로 장만하려고 하거나 의심과 비난 앞에서 옹색한 변명을 늘어놓으려고 하지는 않았다. 오히려 그는 하느님께서 앞서 존재하셨다는 사실에 주목하고, 말을 건네시고 행동하시는 하느님에 대해서 토로하고, 그분에게서 모든 실재적인 것들을 이해할 필요가 있다고 역설했다. 그렇게 할 때 이제 특별한 사실이 나타난다. 이미 이 첫 번째 문장은 정확하게 말해서 직접적으로 인간을 향해 제시된다. 그것은 하느님께서 만물, 우주, 그 어떤 것을 늘 창조하신다는 뜻이 아니라, "하늘과 땅"을 지으셨다고 적고 있다. 거기에는 하나의 개념 쌍이, 그 어떤 독립적인 개념 하나가 아니라, 그러한 개념 쌍을 따라 이 땅이 특별하게 일컬어진다. '땅'은 인간의 고향이 될 것이라는 점에서 중요하다. 그 다음 시간은 일, 월, 연(年)의 순서로 쌓여간다. 우리가 살아가는 공간도 생겨났다. 빛은 어둠과 구별되고 윗물은 아랫물과 구별되며, 그 모든 것들이 제각기 이름을 갖게 되었다. 다시 말해 언어를 통해 표시되었으니, 그 모든 것들에 대해 생각할 수 있게 되었다. 이 땅은 솟아나면서 거기에서 풀과 약초들이 자라나 다양한 종류로 번식하게 되었고, 결국 인간도 그렇게 생겨났다. 그러므로 하느님께서는 인간이 살아가기 위한 전제 조건들을 채워 주셨다. 그런 한에서 그분은 땅을 지으셨다. 하느님께서는 그렇게 처음부터 인간의 하느님이심을, 곧 "너와 나의 하느님이심"을 입증해 주셨다. 그로써 현존재의 의미는 분명해졌다. 우리는 우연히 생겨난 것이 아니라, 그분의 원의로 이루어졌다. 많은 자연과학자들에게 만물이 일정한 방향 없이 마냥 흘러가는 것처럼 비쳐진다고 하더라도, 하느님께서는 만물 뒤에 당신 자신을 숨기신 채 우리가 그분의 손에서 넘겨받은 모든 것들 안에 친히 작용하시는 만큼, 창조된 이 세상에 대해 우리가 신뢰해도 좋다고 말해야 한다.

그런 다음 만일 "꼴을 갖추지 못하고 비어 있었다."는 의미에서 카오스(혼돈)가 일컬어졌다면, 그것은 분명 신화적 사유의 잔유물로 간주된다. 다른 한편 사람들은 시사적인 진술에다 달리 어떤 신학적인 요소를 첨가할 수 있다. 이 세상에는 각 시대마다 세상을 위협하는 '꼴을 갖추지 못하고 무질서하고 또 위험한 것'이 존재한다. 인간의 고향은 항상 위험에 처해 있다. 그래서 언제든 황량한 사막이나 혼돈으로 변모할 수 있다. 게다가 창조 설화에는 아마도 상대적으로 뒤늦은 시기에 죄의 타락에 대한 진술이 보태지고, 그로써 비록 이 세상이 "좋게" 만들어졌을지라도, 인간들 사이에서 매번 경험하는 악한 행위들에 대해서 어떤 해명을 제시해 준다.

3) 두 번째 창조 설화(창세 2장)

두 번째 창조 설화를 우리는 여기서 아주 간단히 비교하는 식으로 생각해 볼 필요가 있다. 왜냐하면 이 두 번째 창조 설화에서는 그 주된 진술 흐름이 죄의 문제에 초점을 맞추어 이루어지기 때문이다. 그럼에도 그것이 전부는 아니다. 창세 2장 전체는 생경하게 그리고 직접적으로 묘사하는 것을 원칙으로 하고, 드물게만 반성적인 색채를 띠고 있다. 그러나 여기서도 사용된 용어들이나 구문 형식들이 심사숙고해 선택되었으니, 이는 간단하게 마련된 "토막 이야기"가 아니다.

그러면 태초에 무엇이 있었는가? 창세 2,4ㄴ-7은 이렇게 진술한다. "주 하느님께서 땅과 하늘을 만드시던 날, 땅에는 아직 들의 덤불이 하나도 없고, 아직 들풀 한 포기도 돋아나지 않았다. 주 하느님께서 땅에 비를 내리지 않으셨고, 흙을 일굴 사람도 아직 없었기 때문이다. 그런데 땅에서 안개가 솟아올라 땅거죽을 모두 적셨다. 그때에 주 하느님께서 흙의 먼지로 사람을 빚으시고, 그 코에 생명의 숨을 불어 넣으시니, 사람이 생명체가 되었다." 여기서도 창조에 관한 진술이 나오지만, 부가적인 차원에서만 취급된다. 세상의 창조는 인간의 창조에 덧붙여지거나 뒤따르는 수준에 머문다. 이 땅은 메마른 상태였다. 그런 상태에서 하느님의 창조 활동이 이루어졌다. 그분은 하늘과 땅을 만드신 분이다. 바다는 아예 언급되지도 않았고 동물들은 인간을 만든 다음에야 비로소 뒤늦게 언급된다. 하느님의 첫 번째 창조물은 인간, 곧 아담이었다. 아담은 여기서 인간을 대표한다. 이른바 인류를 대변하는 이름이고 첫 번째 고유한 인간을 가리키는 이름이다. 이 인간은 일부 흙으로 빚어졌고, 일부 하느님의 숨결로 빚어졌다. 하느님의 창조 활동은 질그릇을 빚는 장인의 모습을 연상케 한다. 이스라엘은 그런 모습을 이집트에서의 경험으로부터 상상해 낼 수 있었다. 이집트의 신은 질그릇 조각으로 새장(birdcage)을 만들었다. 인간의 몸과 생명은 하느님에게서 유래한다. 흙과 하느님의 생명력은 인간 안에서 하나로 결합한다. 이는 한편 철학적 사유와는 다른 사유방식으로 이해되어야 하며, 그보다 훨씬 뒤에 생겨난 그리스적 사유방식, 예컨대 사람들이 말하듯 플라톤의 이분법적 혹은 삼분법적 관점으로 오해되어서는 안 된다.

그 이후 설화 내용은 인간을 배려하시는 하느님의 모습에 대한 표현들로 채워진다. 곧 인간이 살아가는 자리는 하느님의 손길로 마련된다는 것이다.

① 거기에 가장 먼저 에덴동산에 관한 이야기가 뒤따른다. 예컨대 창세 2,8-14이다. 아름답지만 그늘이 있는 동산으로서 인간이 직접 일구고 돌보아야 하는 곳이다(15절 참조). 오늘날의 신학적인 견지에서 에덴동산은 역사적-지리학적으로 확인 가능한 장소로 이해되지 않는다는 사실을 (이전에는 어떤 사람들이 실제 에덴동산을 찾아 나서기도 했다지만) 굳이 말할 필요는 없을 것이다. 이 설화의 전체 내용이 의도하는 바는

어떻게 이 세상에 죄가 출현하게 되었는지 하는 것이다. 그 때문에 파라다이스를 그런 관점에서 해석하는 일은 의미심장하다. 인간의 본질과 현존재 사이의 철저한 조화, 부족함이 없는 온전함이 하느님에 의해 선사된, 독보적인 약속으로 보장받았다. 이 같은 인간의 상태가 과연 시간을 따라 계속 유지될 수 있었는지 논의한 적이 있다. 그래서 사람들은 라너와 함께 "찰나적인 실존 상황"(momentane Daseinssituation)이란 개념을 떠올려도 좋을 것이다. 다시 말해 인간의 타락은 친숙한 협력 관계에, 곧 하느님께서 기꺼이 허락하시고 제의하신 협력 관계에 있었던 태초에 하느님과의 조화로운 공동체성에서 인간 스스로 떨어져 나왔음을 의미한다. 파라다이스에서의 추방은 그러한 아쉬움에 대한 표지이다.[13]

② 최초의 혹은 원-상태에는 하느님과의 공동체성과 선린 관계가 지배적이었다. 하느님께서는 인간들과 함께 거니셨다(3,8).

③ 하느님에 의한 특별한 안배에도 불구하고 아담의 삶에는 좋지 않은 모습으로서 고독이 드리워졌다(2,18). 그래서 여인이 창조되었다. 만일 먼저 온갖 짐승들의 창조가 앞당겨졌다면, 그것은 확연히 짐승과 여인 사이에 자리하는 본질적인 차이를 부각시켜 주려는 것으로 능히 간주된다. 짐승들 가운데에는 인간에게 적합한 협력자가 없다. "이렇게 사람은 모든 집짐승과 하늘의 새와 모든 들짐승에게 이름을 붙여 주었다. 그러나 그는 사람인 자기에게 알맞은 협력자를 찾지 못했다"(창세 2,20).

④ 여인의 창조에 대한 이야기는 전혀 난해하게 표현되지 않았으

---

13. 이에 참고로 K. Rahner, Die Hominisation als theologische Frage, in: P. Overhage/K. Rahner, *Das Problem der Hominisation. Über den biologischen Ursprung des Menschen* (*QD* 12/13), Freiburg I. Br. u.a. 1961, 13-90 (특히 86f.).

니, 인간으로서 여자는 그 모습과 본질 면에서 남자와 동일하다. 그렇게 여자는 남자와 동일한 품위와 존엄성을 갖는다. 창세 2,24은 결국 남자와 여자를 영속적으로 결합하는 혼인 공동체로 규정한다. "그러므로 남자는 아버지와 어머니를 떠나 아내와 결합해, 둘이 한 몸이 된다." 인간을 구성하는 요소에 그 어떤 결함도 존재하지 않았다. 그의 육체성에는 실낱같은 균열조차 보이지 않았고, 그를 둘러싼 환경 역시 완전했으며, 인간의 실존과 온전히 조화를 이루었다. 왜냐하면 아직 죄를 저지르지 않았기 때문이다. "사람과 그 아내는 둘 다 알몸이면서도 부끄러워하지 않았다"(창세 2,25).

이 두 번째 창조 설화에 관해 그 이상 말하지 않아도 좋을 것이다. 왜냐하면 그 이후 계속되는 모든 이야기들은 인간학적인 차원으로 혹은 원죄에 대한 가르침으로 발전하기 때문이다.

4) 구약성경에 나오는 또 다른 창조 설화

창세기 이외에는 단지 제2이사야서에서만 나름대로 정리된 창조신학이 발견된다. 이사 40-55장은 유배 상황이다. 사람들은 억압을 받으면서 계속해서 주 하느님을 찾지만, 이 같은 호소는 하느님의 특별한 능력에 대해 더욱 집착하기 마련이다. 그래서 그러한 입장은 창조 신앙에서 첨예하게 나타난다. 이스라엘 자신은 이미 주 하느님으로부터 창조되었고, 그 때문에 그들은 하느님의 백성으로 계속 머무른다. 이사 43,1은 이렇게 외친다. "그러나 이제 야곱아, 너를 창조하신 분, 이스라엘아, 너를 빚어 만드신 분, 주님께서 이렇게 말씀하신다. '내가 너를 구원했으니 두려워하지 마라. 내가 너를 지명해 불렀으니 너는 나의 것이다.'" 이처럼 이스라엘을 "지으신" 하느님께서는 온 세상도 만드신 분이다. "너를 만드신 분이 너의 남편, 그 이름 만군의 주님이시다. … 그분께서는 온 땅의 하느님이라 불리신다"(이사 54,5). 창조는 구원사적으로 해석되고, 선택과 창조는 하나의 동일한 전망에서 이해되었다. 프로테스탄트 주석 신학자 렌트토르프(R. Rendtorff)는 제2이사야서를 살피고 나서 이렇게 표명한 적이 있다. 이 책을 능가해 "창조 신앙과 구원 신앙을 보다 더 완벽하게 융화시킨 경우는 더 이상 찾아보기 힘들다."[14] 이처럼 철저한 통찰을 따라 창조 신앙을 구원사적인 안목에서 그 정상에 올려놓은 것은 제2이사야서만의 특별함이다.

다른 예언서들에서도 간단한 창조 진술들이 목격되는데, 특히 예레미아서의 경우가 더 분명하다. 예레미아서는 유배중인 자신의 백성들에게 예상되는 속박 기간을 거짓 없이 아주 구체적으로 역설한다. 그것은 결과적으로 이 속박 기간을 의도적으로 짧게 가늠하고자 했던 거짓 예언자들과의 다툼을 불러일으킨다. 다른 한편 그는 백성들로 하여금 의심하지 말 것을 촉구한다. 상황이 더욱더 의심스럽게 비쳐질수록 예레미아는 보다 더 강경하게 행동한다. 예레미아가 하느님의 말씀을, 곧 "나는 너희에게 희망과 미래를 줄 것이다."라고 전하듯이, 그는 백성들이 신뢰할 만한 위로의 말을 해 주려고 했다. 왜냐하면 하느님께서는 분명히 당신의 계획대로 역사를 거침없이 완성하실 주님이시기 때문이다. 그분은 당신께서 원하신다면, 세상의 권력으로부터 바빌론마저 해방시키실 수 있다. 그분은 단지 포로로 잡혀 있는 이스라엘 백성과 계약을 맺은 하느님으로서만이 아니라 세상 만군의 주님이시다. 그분은 당신 백성에 대한 관심을 끊으셨지만, 그분에게 이미 계획하신 때에 이

---

14. Die theologische Stellung des Schöpfungsglaubens bei Deuterojesaia, in: *ZThK* 51 (1954), 3-13 (인용은 10).

러 세상을 군림하시는 막강한 분으로 드러내실 권능은 사라지지 않는다. "주님께서 이렇게 말씀하신다. '내가 만일 낮과 밤과 계약을 맺지 않고 하늘과 땅의 질서를 정해 놓지 않았다면, 야곱과 나의 종 다윗의 후손들을 내치고, 아브라함과 이사악과 야곱의 후손들을 다스릴 자들을 다윗의 후손 가운데에서 뽑지도 않을 것이다. 그러나 나는 그들의 운명을 되돌리고 그들을 가엾이 여기겠다"(예레 33,25). 이는 그 밖의 예언서들 안에서 발견되는 엇비슷한 많은 표현들을 대표하는 한 가지 인상적인 사례다.

시편에서도 많은 구절들이 인용되었는데, 그 인용구들은 창조 신앙과 구원 역사를 결합시킨 형태를 취한다. 주 하느님께서 모든 것을 만드셨기 때문에, 그분이 그렇듯 세상 전체의 주님이시기 때문에, 옛 백성들은 그분께, 그분의 거룩한 성소로 모여들게 될 것이다(시편 2; 47; 72; 95-100; 110 참조). 많은 시편 구절들이 유일하신 창조주를 칭송한다. 특히 시편 104가 그러하다. 적지 않은 곳에서 창조 활동과 구원 사건이 직접적으로 서로 연계되지는 않아 보인다(예컨대 시편 106). 그러나 전반적으로 볼 때 구원사적인 전망이 결여된 곳은 없다. 그 같은 전망이 다소 빈약하게 전제된 곳(시편 104)에서도 그렇다. 대부분 조화롭고도 인상적으로 서로 엮어지는 모습을 보여 준다. "우리의 됨됨이를 아시고 우리가 티끌임을 기억하시기 때문이다. 사람이란 그 세월 풀과 같아 들의 꽃처럼 피어나지만 바람이 그를 스치면 이내 사라져 그 있던 자리조차 알아내지 못한다. 그러나 주님의 자애는 영원에서 영원까지 당신을 경외하는 이들 위에 머무르고 당신의 의로움은 대대에 이르리라. …"(시편 103,14-18).

기원전 마지막 시기에 생겨난 지혜문학은 창조에 대한 반성을 상당히 자주 취급한다. 창조와 계약의 상호 관련성은 항상 분명했던 반면, 세상과 삶에 대한 이해를 위해 합리적·이성적 관심이 훨씬 강하게 작용했다. 일종의 '창조-형이상학'이 좀 더 명쾌하게 납득할 수 있도록 해 준다고 보았던 것 같다. 다시 말해 지혜문학 안에서 다루어지고 있는 인간은 삶과 세상의 의미에 대해서 궁금해 하며, 간혹 놀랍게도 현대인들이 던지는 그런 의문을 제기하기도 한다. 그러나 그는 그러한 물음과 탐구 중에 결국 원칙적으로는 사람들을 구원으로 이끄시는 계약의 하느님에게서 자신을 깨닫게 된다. 여기서는 지혜문학에 속하는 세 가지 중요한 문헌만 소개하기로 한다.

① 욥기 28장 : 귀한 것(광물)을 채집하기 위해 땅속을 파고들어간 인간에 대해 이야기한다. 이 구절에서는 처음부터 채광 기술에 대해 전하고 있다. 그러나 그 인간은 지혜를 발견하지는 못한다. 과연 인간이 허락하지 않으신다면 가능하지 않다. 지혜는 무엇보다도 창조의 비밀을 함의한다. 하느님과 인간은 지혜를 통해 그리고 지혜 안에서 창조주와 피조물로 마주한다는 것을 깨닫는다. 그래서 욥기 28,20-28은 "지혜가 어디에서 오리오? 슬기의 자리는 어디리오? 모든 생물의 눈에 감추어져 있고, 하늘의 새들에게도 숨겨져 있다네. … 하느님께서 지혜에 이르는 길을 식별해 내시고, 그 자리를 알고 계시니, … 바람의 무게를 정하시고 물의 양을 결정하실 때, 비의 법칙과 뇌성 번개의 길을 정하실 때, 그분께서 지혜를 보고 헤아리셨으며 그를 세우고 살피셨다네. 그리고서는 사람에게 말씀하셨네. '보아라, 주님을 경외함이 곧 지혜며 악을 피함이 슬기다.'" 하고 고백한다.

② 잠언 8장 : 지혜는 처음부터 하느님의 창조 활동을 곁에서 함께한다. 창조는 그렇듯 지혜의 가장 내밀한 비밀이다. 지혜는 이렇게 말

한다(8,27-31). "그분께서 하늘을 세우실 때, 심연 위에 테두리를 정하실 때 나 거기 있었다. 그분께서 위의 구름을 굳히시고 심연의 샘들을 솟구치게 하실 때, 물이 그분의 명령을 어기지 않도록 바다에 경계를 두실 때, 그분께서 땅의 기초를 놓으실 때, 나는 그분 곁에서 사랑받는 아이였다. 나는 날마다 그분께 즐거움이었고 언제나 그분 앞에서 뛰놀았다. 나는 그분께서 지으신 땅 위에서 뛰놀며 사람들을 내 기쁨으로 삼았다."

③ 집회 24장 : 만물의 창조주는 지혜를 인간에게 보냈다. 이스라엘 안에서 지혜는 이제 그곳에서 유효한 율법 안에 거주한다. 지혜는 창조의 비밀이요, 동시에 율법의 핵심이다. 여기서 이스라엘 사람들이 율법을 앞세우는 태도에 공감할 수 있다.

우리는 이로써 구약성경이 소개하는 창조 신앙을 마무리하려고 한다. 신학 어디서나 그러하듯, 여기서도 유효한 사실은 구약성경이 신약성경에서 확인되는 경우보다 원칙적으로 창조 신앙을 월등히 부각시키고 또 강조했던 만큼 훨씬 더 현저하게 목격된다는 점이다.

5) 신약성경

신약성경은 구약의 창조 신앙을 전제로 하며 그것을 확인하는 차원에서 진술한다. 이는 하느님께서 항상 반복해서, 구약성경의 창조 신앙 정신을 고스란히 이어받아 인간의 삶, 역사, 자연의 주님으로 찬양받고 있음을 함의한다. 마태 11,25은 이렇게 고백한다. "아버지, 하늘과 땅의 주님, 지혜롭다는 자들과 슬기롭다는 자들에게는 이것을 감추시고 철부지들에게는 드러내 보이시니, 아버지께 감사드립니다." 이 구절은 게다가 창조 신앙과 구원 신앙을 하나의 관점에서 연계해 밝히고 있다. 그 때문에 이 세상을 창조하신 하느님께서는 그렇게 당신의 구원의 신비를 계시하신다. 이 같은 사실은 이제 신약성경이 계속해서 드러내고자 하는 복음이 된다. 구약성경에서 약속된 "새로운" 창조가 바로 예수 그리스도를 통해 다가오고 규명된 것과 다르지 않을 뿐만 아니라, 그가 세상의 창조를 함께 이루어 낸 분이라는 사실에 대해서도 전한다.

(1) 1코린 8,6

"우리에게는 하느님 아버지 한 분이 계실 뿐입니다. 모든 것이 그분에게서 나왔고 우리는 그분을 향해 나아갑니다. 또 주님은 예수 그리스도 한 분이 계실 뿐입니다. 모든 것이 그분으로 말미암아 있고 우리도 그분으로 말미암아 존재합니다." 이 문맥에서는 이방 민족의 다신론 사상에 반대해 그리스도교의 일신론 사상을 강조하는 일이 관건이다. 그리스도인들에게 하느님은 한 분이시며 아버지이시다. 그분에게서 만물이 생겨났으며, 그리스도로 말미암아 모든 것이 존재한다. '그분에게서 모든 것이'(ἐξ οὗ τὰ πάντα) - '그분으로 말미암아 모든 것이'(δι οὗ τὰ πάντα)라는 대구적(對句的) 표현이 눈에 띈다. 바오로 사도는 여기서 헬레니즘 사상(특히 스토아 사상)에서 유래하는 한 가지 관례적인 문투를 활용한 것 같다. 그 같은 '전치사'의 활용은 원천과 수단을 구별해서 말하기 위해 활용한 것으로 추정된다. 창조의 원천은 하느님(아버지)이요, 그 매개자는 그리스도시라는 것이다. '만물'은 하느님께서 창조하신 모든 것 일체를 가리킨다. 보충적인 설명이 필요한 듯이 상기 구절은 다음을 덧붙인다. "우리도 그분으로 말미암아 존재합니다." 그렇게 거기에서는 우주론적인 통찰이 관건이 아니라, 구원론적인 전망이 무엇보다도 중요하다고 말하고 있는 것이다. 그런 까닭에 세례를 받은 우리는 모두 그리스도를 통해 새롭게 창조된 첫 피조물이다. 창조는 물론 우주론적인 차원에도 확장될 수 있지만, 새로운 구원의 일환이다. "새로운 창조"는 곧 그리스도를 통해 하느님께서 이루시는 구원을 가리킨다.

(2) 콜로 1,15-18ㄱ

"그분은 보이지 않는 하느님의 모상이시며, 모든 피조물의 맏이이십니다. 만물이 그분 안에서 창조되었기 때문입니다. 하늘에 있는 것이든 땅에 있는 것이든 보이는 것이든 보이지 않는 것이든 왕권이든 주권이든 권세든 권력이든 만물이 그분을 통해 또 그분을 향해 창조되었습니다. 그분께서는 만물에 앞서 계시고 만물은 그분 안에서 존속합니다. 그분은 또한 당신 몸인 교회의 머리이십니다." 이 찬미가의 전체 내용을 살펴보면, 앞서 소개된 첫 부분은 "우주론적인" 안목에 의한 것이라면, 뒤따르는 두 번째 부분은 훨씬 더 구원론적인 안목에서 전개된다. 개연성이 높은 차원에서 추정하자면, 이 찬미가는 바오로 사도 이전부터 마련된 그리스도 찬미가로서 그리스도를 창조주와 동일시하는 입장을 보이고 있다. 그리스도는 여기서 "창조된 것들 가운데 맏이"로 일컬어진다. 비록 이를 원인에 따라 세심하게 살피지 않더라도, 그리스도를 첫 번째 피조물로 간주하고 있음을 알 수 있다. 정확하게 상기 성경 구절을 바꾸자면, "그리스도는 그분 안에서 모든 것이 창조되었기 때문에, 모든 피조물의 맏이이십니다." 하고 진술해야 한다[우리말 『성경』은 독일어본과는 달리 이미 그리스어 성경을 제대로 번역했기에 앞선 글과 다르지 않다]. 그러므로 이는 창조의 중재성에 대해 전하는 것이요, 그래서 "첫 번째 창조된 것"은 창조를 위해 반드시 그리고 유일하게 고려해야 할 그리스도의 중재적 역할을 함의한다. 그러면 "그분 안에서 창조되었기 때문입니다."라는 표현은 무엇을 가리킬까? 아마도 이는 앞서 살핀 1코린 8,6과 유사한 것으로 여겨진다. 그러니까 이는 그리스도의 도구적인 기능을 상기시킨다. 그러므로 '그분 안에서'(ἐν αὐτῷ)라는 문투는 언제든 그런 의미로 이해될 수 있다. 그러나 아마도 바오로 사도의 사상 전체를 감안해, 다음과 같은 말을 덧붙여야 할 것이다. 그리스도는 가려져 있는 삶의 원칙이요, 전체 창조의 근거다. 그리스도는 언제든 창조의 기반을 다지는 근거다. 그 때문에 나중에 이렇게 고백한다. "만물은 그분 안에서 존속합니다." 만일 그러하다면, 만물은 "그분을 통해 그리고 그분을 향해 창조되었습니다."라고 말할 수 있으며, 그렇게 종말론적인 전망이 선명하게 다가온다. 그리스도는 가려져 있는 창조의 목표이자 창조의 역동적 근거다.

바오로 사도는 모범 혹은 원형에 관한 플라톤적인 개념을, '모든 것이 그분을 향해 창조되었다.'는 표현을 통해 멀찌감치 암시하는 것처럼 여겨진다. 이는 바오로 사도 외에 초대교회의 신학자들은 그러한 암시적인 측면을 고스란히 해석해 낼 수 없었다는 말이 아니다. 하지만 여기서 차별화된 그리스도론 쪽으로 너무 지나치게 접근하려고 욕심을 부려서는 안 될 것이다. 왜냐하면 바오로 사도에게 역사 앞에 선재하시는 분은 동시에 몸을 취해 인간이 되신 분이기 때문이다.

(3) 히브 1,2 이하

"이 마지막 때에는 아드님을 통해 우리에게 말씀하셨습니다. 하느님께서는 아드님을 만물의 상속자로 삼으셨을 뿐만 아니라, 그분을 통해 온 세상을 만들기까지 하셨습니다. 아드님은 하느님 영광의 광채이시며 하느님 본질의 모상으로서, 만물을 당신의 강력한 말씀으로 지탱하십니다." 여기서도 저자가 옛 찬미가의 형식을 이용한 인상이 강하다.

그리스도가 창조를 중재하는 기능 — "그분을 통해" — 으로 분명하게 부각된다. 이미 진술된 구절과 비교해서 새롭게 여겨지는 사항은, '그리스도가 만물을 지탱한다.'라는 표현이다. 이와 같은 표현 형식은 후기 유다이즘 안에서도 언뜻 발견된다. '하느님께서는 당신이 이루신 세상을 붙들어, 당신 팔의 힘으로 세상을 지탱해 주신다.' 곧 이 세상이 무(無)로 혹은 혼돈(카오스)으로 되돌아가는 것을 방지하신다는 뜻으로 들린다. 그와 동일한 행동을 그분의 아드님도 함께 취한다는 것이다. "그분의 강력한 말씀으로 만물을 지탱하십니다." 말씀의 '힘'은 창조 활동 중에 여실히 드러났다. 왜냐하면 창조는 모두 말씀을 통해 이루어졌기 때문이다. 히브리서는 이러한 의미를 그리스도론적인 진술로 바꿔 드러냈다. 창조는 아들의 말씀을 통해 존속하게 될 것이다. 종말론적인 그리스도의 다스림은 그의 시원론적인 창조의 중재자적 개입과 함께 이미 시작된 셈이다.

(4) 요한 1,1-4

"한처음에 말씀이 계셨다. 말씀은 하느님과 함께 계셨는데, 말씀은 하느님이셨다. 그분께서는 한처음에 하느님과 함께 계셨다. 모든 것이 그분을 통해 생겨났고, 그분 없이 생겨난 것은 하나도 없다. 그분 안에 생명이 있었으니, 그 생명은 사람들의 빛이었다."

여기서도 옛 찬미가 형식의 흔적이 목격된다. 이른바 '로고스-찬미가'이다. 당시의 철학적인 시각과는 달리 로고스와 하느님과의 동등성이 표현된다. 그래서 (글자대로라면) 다음과 같이 표현된다. "그분 없이 생겨난 것은 하나도 없다." 창조와 관련된 그 모든 이원론적인 사상, 특히 [하느님 외에 다른 근원을 생각하는] 그노시스 사상은 여기서 뒤로 밀려난다. "세상이 그분을 통해 생겨났지만"(10절). 1,4ㄱ절의 경우는 로고스를 생명의 원천이라고 선포하지만, 이때 아마도 물리적인 의미와는 거리가 멀고 오히려 초자연적인 생명과 직결된다. 요한복음 안에서 "생명"은 결코 지상적-물리적인 의미를 띠지 않는다. 모든 것이 그것을 통해 창조된, 그러한 로고스는 모든 인간에게 생명과 빛을, 곧 구원을 가져다주었다. 창조와 구원은 결코 서로에게서 떼어놓을 수 없다.

6) 신약성경의 창조 교리와 관련된 근본적인 것들

한편 그리스도를 통한 창조에 관한 중요한 문구들은 보다 오래된 표현들(노래, 신앙고백문, 찬미가)이 뿌리 깊이 자리하는 그런 구절들 속에 항상 함께한다. 만일 우리가 이제 이러한 구절들로부터 일종의 "우주론적인 그리스도론"을 추론해 낸다면, 그러한 우주론적 그리스도론은 바오로 사도 이전에 그리고 요한 사가 이전에 형성된 것임이 분명하며, 그 만큼 오래되었다는 것이다. 이는 아마도 구약-유대인들의 지혜문학 안에 자리했던 것이라고 어렵지 않게 추정해 볼 수 있다. 이와 관련된 몇몇 구절들 — 예컨대 "지혜는 다른 모든 것에 앞서 창조되었고"(집회 1,4); "당신께서 하시는 일을 아는 지혜는 당신과 함께 있습니다. 당신께서 세상을 만드실 적에도 지혜가 곁에 있었습니다. 지혜는 당신 눈에 드는 것이 무엇인지, 당신 계명에 따라 올바른 것이 무엇인지 압니다."(지혜 9,9) — 에 대해서 우리는 이미 살펴보았다. 또한 "말씀"과 "지혜"는 거의 서로 바꿔 쓸 수 있다. "조상들의 하느님, 자비의 주님! 당신께서는 만물을 당신의 말씀으로 만드시고 또 인간을 당신의 지혜로 빚으시어 …"(지혜 9,1). 또 다른 한편 필론(Philo Alexandrinus, 1세기 활동)의 로고스 통찰이 그 이면에 자리한다. 필론의 로고스에 대한 진술은 원시

-공동체(Urgemeinde)에서 인격화된 모습을 취하고 마침내 그리스도에게 적용된 것처럼 여겨진다. 그는 초대교회에서 우주론적 차원의 그리스도 찬미가 그렇게 형성되었다고 본 것이다. 그 같은 적용 과정들을 부축이거나 가능하게 했던 것이 무엇인지는 여기서 더 이상 다룰 수는 없을 것 같다. 그러나 공공연하게 말할 수 있는 바는 그러한 우주론적인 그리스도론이 원시-공동체의 현양 그리스도론과 매우 신속하게 결합했다는 점이다. 십자가에 처형된 예수 그리스도는 곧 부활한 분으로서 만물을 창조하실 때 이미 하느님의 매개자였다. 왜냐하면 (바로 그 다음 단원의 주제가 말해 주듯이) 그리스도의 인격 안에서 하느님 당신이 세상에 드러났기 때문이다. 하느님의 오른편으로 복귀한 예수는 이제 창조된 것들을 완성으로 이끌 것이다.

여기서 한 번 더 분명하게 기억할 만한 점은, 인간이 무엇보다 중요하다는 사실이다. 그리스도는 "두 번째 아담"(1코린 15,47)이다. 그의 모범을 따라 인간은 자신의 모습을 가다듬어야 한다. 인간이 하느님께 자신을 들어올리고 그분 곁에서 마침내 자신을 완성시키는 것이 그리스도를 통해 진화해야 할 역동적인 구원 역사의 목표다.

3. 창조 신앙에 대한 신학적 해석[15]

1) 말씀을 통한 창조

성경의 자료를 가지고 논의할 때, 우리는 하느님께서 당신 말씀을

---

15. 이 단원의 개요와 몇몇 내용상의 착안점을 나는 아래의 책에서 도움을 받아 시대에 알맞게 표현하고자 했다. 예컨대 W. Kern, in: *MySal* 2 464-544.

통해 창조하신다는 사실에 대해서도 이미 인식하며, 그로써 하느님과 세상 사이의 차이점을 한 눈에 알 수 있다. 곧 세상은 하느님에게서 유출(emanatio)된 것도 아니며, 하느님 자신도 아님을 알 수 있다. 그럼에도 불구하고 그와 동시에 하느님과 세상은 한 가지 방식으로 연계된다고 말할 수 있다. 주 하느님의 말씀이 이 세상 역사 안에 전개되도록 이끄셨으니, 세상은 그분께서 자유롭고도 개별적인 관계를 따라 주도적으로 드러내어진 것이라고 볼 수 있다. 그러므로 창조를 제대로 이해하는 사람에게 창조는 하느님 말씀의 결과이다. 사람들은 일찍부터 초자연적 계시를 염두에 두고 '말씀-계시'와 창조를 의미하는 '활동-계시'를 기꺼이 구별해 왔다. 그러나 이 같은 차별화는 더 이상 정당하지 않다. 왜냐하면 새롭게 등장한 언어철학에 기초해 생각해 보면, 하느님의 활동 역시 온전히 창조 행위를 통해 의미심장하게 "말씀"과 결합될 수 있기 때문이다. 이 같은 사실은 이미 성경이 우리에게 언제든 증언하는 바이기도 하다. '말씀'에 관한 철학의 기본 원칙은 마틴 부버(Martin Buber)와 페르디난도 에브너(Ferdinando Ebner, 1882-1931)에 의해 마련되었다. 신학자들 사이에서, 특히 가톨릭 측에서는 로마노 과르디니(Romano Guardini, 1885-1968)가 대표적이고, 프로테스탄트 측에서는 프리드리히 고가르텐(Friecrich Gogarten, 1887-1967)이 대표적이다.

어느덧 창조를 '말씀'과 관련지어 생각하는 일은 결코 새로운 일이 아닌 게 되었다. 그런 생각은 이미 보았듯이 성경에 근거한다고 말할 수 있다. 그래서 교부들은 이곳저곳에서 간단히 성경의 증언을 반복해 전하면서 하느님께서 말씀을 통해 창조하셨다는 것을 입증했다. 아우구스티누스는 이와 같은 측면을 한층 심화시켰고, 보나벤투라는 아우구스티누스의 입장을 수용했다. 이 두 교부에게 세상은 일종의 "노래"(Lied)

였다.16 중세 시대의 사람들은 창조를 하나의 "자연의 책"(*liber naturae*)이라고까지 칭했다. 하느님께서는 우리에게 계시의 책을 통해 말씀하셨는데, 그것을 엄밀한 의미에서 '성경'이라고 한다. 그러나 이 세상이란 책에서도 하느님에 대해 알아볼 수 있는 기회를 얻는다. 창조의 '말씀과의 관련성'은 특히 '그리스도론적'으로 이해되는 동기를 제공해 왔다. 이에 대해 니콜라우스 쿠사누스(Nikolaus Cusanus, 1401-1464)는 이렇게 진술한 적이 있다. "우리는 한 분의 구세주를, 보편적인 중재자를 모시고 있으며, 그분은 만물을 완성시켜 주시리니 모든 피조물의 맏이시기 때문이다. 이 예수는 이 세상이 시작할 때부터 당신의 계획을 따라 유일무이한 목소리를 내셨으니, 그 목소리는 이미 당신 영을 내어 주셨을 때부터 이 세상의 창조를 통해 마침내 가장 크게 울려 퍼질 때까지 점점 커져가도록 허락하셨다. 그래서 이 유일한 목소리는 말씀을 통해 이루어지는 생명 외에는 달리 생명이란 존재하지 않음을 선포하며, 나아가 이 세상은 이미 말씀을 통해 생겨난 것처럼 그와 동일하게 말씀을 통해서 현존을 취하게 될 뿐만 아니라, 마침내 말씀을 통해서 자신들의 원천으로 되돌아오게 된다고 선포한다. … 그렇듯 그 목소리는 웅장한 목소리로서 일찍이 예언자들이 보여 주었듯이, 우리 정신의 심연 속에 메아리치고도 남음이 있어, 우리로 하여금 그 유일하신 창조주를 진심으로 흠숭하게끔 능히 이끈다. … 이 웅장한 목소리가 수백 년을 중단 없이 전해져 오다가 사막에서 들려오는 목소리, 세례자 요한에게서 발현했다가 … 마침내 인간의 모습을 취하게 되었으니, 그 음성을 알아듣기까지 기나긴 변조 과정이 마무리되어 가는 이 시기에 이르러, 예수

---

16. Augustinus, *mus.* 6,11,29, in: *PL* 32, 1179; Bonaventura, *II. Sent.* 13,1,2, in: *ed. Quaracchi* 2, 316.

는 이미 우리에게 다가온 여러 가르침과 기적들로 확인되고 그 모든 놀랍고도 두려운 사실들 가운데 가장 놀랍고도 두려운 '사랑'의 모습으로 드러나야만 했다. 왜냐하면 그는 처절한 죽음으로, 귀를 먹게 할 만큼 날카로운 신음과 울부짖음을 남기고 눈을 감으셨기 때문이다."17 루터는 이렇게 말한다. 창조는 마치 하나의 커다란 문법과도 같으니, 그 문법에 따라 적힌 낱말들이 곧 세상이다.18 그러나 사람들은 이를 순수 은유적인 혹은 상징적인 표현 방식으로 알아들을 수도 있다. 나아가 최소한 부분적으로 시간의 경과를 거기에 덧붙여 생각해 볼 수도 있다. 당장 최근의 언어철학과 그 결실을 신학에 수용하는 입장은, 우리가 사물들을 좀 더 심층적으로 관찰할 필요가 있다고 충고한다.

거기에 덧붙여 다음과 같은 질문을 먼저 던져볼 만하다. 예컨대 그러한 '말씀'은 인간에게 어떤 의미를 띠는가? 여기서는 언어의 원천에 대한 물음이 관건이 아니다. 오히려 '말씀 없이는 생각도 있을 수 없다.' 혹은 '인간의 생각은 말을 통해 이루어진다.'는 입장이 부각된다. 사람들은 말없이 생각할 수 없다. 어느덧 인간 현존재는 세상에서 생각하는 실존이다. 다시 말해 인간은 세상을 "이해한다(혹은 사유한다)." 인간이 세상을 이해하기 위해, 곧 세상에 실존하기 위해 필요한 것은 본질적으로 '말'이다. 그렇게 세상을 이해하면서 인간은 세상을 지배한다. 이 같은 사실에 직접 보태어져 나타나는 또 다른 생각이 있다면, 인간이 되는 것은 말이 되는 것(Wortwerdung)이요, 말이 되는 것은 인간이 된다는 통찰이다. 말은 한편 항상 다른 것과 직결된다. 언어는 원칙적

---

17. N. Cusanus, *Excitationes III* (ed. Basel 1565, 411f.). 독일어 재인용은 뤼박의 *Katholizismus als Gemeinschaft*, Einsiedeln 1943, 404f. 참조.
18. *WA* 42, 17,15-19.

으로 대화적인 특성을 갖는다. 부버는 이렇게 말했다. "말이 건네지기 전에는 언어가 존재하지 않았다. 독백은 대화가 단절되거나 와해된 경우에나 존재할 수 있다."[19] "인간은 '너' 곁에서 '내'가 된다."고 부버는 말한다.[20] 만일 인간이 된다는 것과 언어가 본질적으로 서로 직결된다면, 그래서 다른 것 없이 [단독으로] 분명해지는 일이 도무지 일어나지 않는다면, 그렇게 인간이 된다는 것은 다른 것(말)을 필요로 한다. 인간의 자아는 언어 공동체 안에서 다른 이들과 더불어 마침내 완전한 의미를 실현하게 된다. 이러한 두 가지 관점(인간이 되는 것과 말이 되는 것)이 철학적인 반면(인간이 된다는 것은 말이 되는 것을 통해 이루어진다. 말은 언어 공동체, 곧 대화를 함축한다), 이제 그것을 신학적으로 이어주는 세 번째 관점이 등장한다. 이미 언급했듯이, 이러한 언어적 이해는 근본적으로 하느님의 말씀을 통해 인간이 이루어졌다는 사실에 기초해 다져진다. 하느님께서는 과연 당신 말씀을 통해 그 무엇보다도 인간을 현존재로 불러 세우는 그런 타자로 다가오신다. 하느님께서 인간을 창조하셨으니, 그분의 창조적인 말씀에 바로 인간이 자신의 '대답'으로 마주서는 셈이다. 이는 오로지 인간만이 말씀-특성을 자신의 것으로 취한다는 것을 뜻하지 않는다. 모든 피조물은 하느님에게서 나온 창조적인 말씀에서 비롯되었기에, 모두 말씀(Wort)-특성을 갖추고 있다. 그러나 인간만이 자신의 정신적인 이해 능력에 힘입어 대답할(ant-worten) 수도, 책임질(ver-antworten) 수도 있으니, 그것은 나아가 비-정신적인 세상 역시 '고유한 하느님-대답'인 인간을 통해 함께 답변할 수 있음을 함의한다. 오직 인간만이 제대로 답변할 수 있다. 왜냐하면 하느님께서 그의 이름

---

19. *Werke I*, München 1962, 447.
20. *Ibid.*, 97.

을 직접 부르셨기 때문이다. 나머지 동물들과 사물들은 모두 인간에 의해서 이름이 붙여졌다. 위격적이신 하느님께서는 인격체인 인간에게만 말을 건네시며 상대하신다. 그렇게 인간은 하느님과 마주할 자격을 얻었다. 창조는 브룬너가 말하듯, 하느님과 인간 사이에 인격적으로 서로 만날 수 있는 기틀을 마련해 주었다. 내가 하느님께 귀를 기울이면서 답변하고 또 책임을 지는 한, 나는 완전한 의미에서 인간이 될 것이다.[21]

그로써 나는 본래적인 의미에서 '나에게 되돌려진' 인간으로 존재한다. 나는 완전한 의미에서 내가 존재할 수 있는 그런 '내'가 될 것이다. 내가 답변하고 또 책임을 지도록 하느님에 의해 불려 세워지는 동안 내가 완전한 의미에서 인간이 되는 것을, 곧 나의 인간성을 발휘하는 것을 가능하게 해 주는 능력들이 내 안에서 생기를 띠게 될 것이다. 하느님께 대한 인간의 의존성은 그로 하여금 궁극적으로 스스로 결정하게끔 그리고 자아실현을 위한 자유로 이끈다. 그러한 자유는 그 어떤 구속도 없음을(이른바 "~로부터의 자유"를) 뜻하는 것이 아니라, 오히려 발전을 위한 가능성, 인간적인 것을 최대한 발휘할 수 있는 가능성을 (이른바 "~를 위한 자유"를) 뜻한다.

프로테스탄트 신학자 게르하르트 에벨링은 양심을 하느님과 인간이 말을 통해 그리고 인격적으로 서로의 만남을 조정해 주는 시금석이라고 보았다. 그러나 양심은 이때 단지 도덕적인 차원에만 머무르지 않는다. "하느님 앞에 선 인간 존재로서의 인격은 하느님의 말씀을 알아듣고 응답함으로써 이루어진다. 이때 하느님의 말씀은 인간으로 하여금

---

21. E. Brunner, *Dogmatik II*, Zürich ²1960, 72, u. 유사한 구절 참조.

양심을 지키도록 이끌며, 그를 자유롭게 만들어 준다."[22]

이 모든 사실은 단지 상징적인 의미로서만이 아니라 실재 인간의 피조성과 이 세상에서의 그의 위상을 해석해 내는 데 매우 적절하다. 그 이유는 다음과 같다.

① 이 같은 입장 전체는 창조에 관한 성경의 진술로부터 고려된 것이다. 말씀은 히브리인들의 사고방식에서도 의사소통의 수단 이상의 의미를 띤다.

② 이러한 입장은 그리스도를 "말씀"으로 이해한 신약성경과 옛 교회의 전통을 통해 보장된다. 일종의 형이상학적인 의미에서, 그러니까 단지 통찰 수단의 의미만이 아니다.

③ 이 같은 사유는 인간 존재와 언어적 이해를 가장 밀접하게 연계시키려는 최근의 철학적 원칙을 통해 지지를 받고 있다.

④ 이런 통찰은 인간이 절대자를 향해 초월하는 유일한 피조물로서 언제나 그렇듯 자신의 익숙한 권한 내에서 초월적인 물음에 답할 능력을 가지고 있다고 표현할 수 있도록 도와준다. 로마 1장에서 전하는 바오로 사도의 사상도 거기에 속한다. 곧 그리스도교 가르침을 듣는 기회를 갖지 못한 사람들에게는 탓이 없다. 왜냐하면 하느님께서는 당신의 창조 활동 중에도 그러거니와 인간의 양심 안에서도 당신 자신을 기꺼이 알려 주시기 때문이다. 그러므로 인간의 신앙을 그 응답으로 전제하는 그리스도교의 계시에 관한 사상도 물론 거기에 속한다.

⑤ 그리하여 인간은 모든 창조물들 가운데 결코 그 누구에게도 양보할 수 없는 지위를 가지고 하느님과 마주한다는 사실을 분명하게 말

---

22. Luther, *Einführung in sein Denken,* Tübingen 1964, 233.

할 수 있다. 인간의 지위는 그렇게 [세상의 구원을 위한 노정에서] 하느님의 동반자로서 설 수 있는 자격을 가리키며, 그 모든 창조물 앞에서 (행위를 따라) 응답하는 책임을 걸머지는 것을 의미한다.

2) 무로부터의 창조

첫 번째 창조 설화에 일부 신화적인 통찰이 섞여 있다는 점은 타당하며 우리 역시 이미 그에 대해 살펴보았다. 그러나 그와 같은 일부 통찰은 성경 저자의 해석을 통해 "편집되어" 완전히 변형되었으며 새로운 맥락에서 전개되었다. 그래서 그것은 전혀 새로운 관점과 의미를 갖게 되었다. 세상의 생성이 시작되는 시점에서 바빌론의 경우에는 신통기(神統記) 및 신의 권력 투쟁기가 소개된다. 그에 반해 성경이 전하는 주 하느님은 언제나 변함없이 당신의 주권을 펼치신다. 경계 없는 물(홍수)을 가리키는 '토후바보후'(Tohuwabohu)와 이 땅의 혼돈에 관한 신화적인 묘사는 아무것도 결정된 것이 없는, 불확정적이고 종잡을 수 없이 앞서 주어진 여건들(Vorgegebenheiten)을 가리킨다. 설령 이와 같이 성경의 첫 번째 창조 설화도 아직은 '무로부터의 창조'(creatio ex nihilo)를 대변하지는 않는 것 같다고 (이는 많은 주석신학자들이 성경 구절을 토대로 강력하게 주장하는 바로서) 아주 조심스럽게 생각하면서도 선뜻 주장하지는 않는다고 하더라도, 전적으로 신화론적인 차원의 자료들이 거기서 그러한 신화적인 경향을 따라 나름 강력하게 작용할 정도로 중요한 의미를 띠는 것은 아니라는 점은 분명하게 지적해야 한다. 토후(Tohu)는 "거의-무"(Fast Nichts)에 가까운 상태라고 풀이할 수도 있다.

한편 이 자리에서 명료하게 여겨지는 사항으로서 우리가 구약성경에서 상대적으로 뒤늦게 마련된 신앙 원칙들을 여기 창조 설화에서 미리 숙고하려고 들 것까지는 없다는 점을 주지할 필요도 있다. 그래서 예를 들어 나중에 세련되게 다져진 삼위일체-신앙에 관한 어떤 흔적을 이 구약성경 구절에서 가장 잘 살펴볼 수 있다고 강조할 것까지는 없을 것이다. 혹은 죽은 이들의 부활 역시 이 설화에서 원칙적으로 말할 수 있다고 과장할 것까지도 없다. 오히려 그런 논리에 비해 "무로부터의 창조"라는 명제를 살피는 일이 상대적으로 더 분명한 과제로 여겨진다.

"무로부터의 창조"를 함축하는 특별한 구절로 오랫동안 손꼽혀 온 것은 2마카 7,28이다. 한 어미는 그녀의 가장 어린 아들에게 순교의 표상을 소개하며 고무시킨다. 그래서 그녀는 이렇게 자신의 입장을 밝힌다. "애야, 너에게 당부한다. 하늘과 땅을 바라보고 그 안에 있는 모든 것을 살펴보아라. 그리고 하느님께서 이미 있는 것에서 그것들을 만들지 않으셨음을 깨달아라. 사람들이 생겨난 것도 마찬가지다." 신약성경에서는 바오로 사도의 로마 4,17을 들 수 있다. "그것은 성경에 '내가 너를 많은 민족의 조상으로 만들었다.'라고 기록된 그대로입니다. 아브라함은 자기가 믿는 분, 곧 죽은 이들을 다시 살리시고 '존재하지 않는 것을 존재하도록 불러내시는' 하느님 앞에서 우리 모두의 조상이 되었습니다." 최종적으로 분명하게 드러난 사건은 그리스도의 구원 행위를 통해 죽음이 생명으로 변화한 사건이다. 그런 사건은 무에서 만물을 창조하신 분에 의해서만 가능하다. 그 밖에도 '하느님께서 만물을 창조하셨다'는 것을 소개하는 구절들(이사 45,12; 시편 89,12; 마태 11,25 등)이 많이 있다. 이들 구절들은 근본적으로 창조에 앞서 '아무것도' 존재하지 않았음을 역설한다. 그래서 하느님께서는 무에서 모든 것을 창조하셨다고 고백한다. 이때 예를 들어 "하늘과 땅"이라는 표현 형식은 그 안에 존재하는 모든 것들을 포괄한다는 점도 잊지 말아야 한다. 간혹 그에 관한 의심이 아예 깃들지 못하도록 명확하게 짚어서 말하는 경우도 더러 있다. 예컨대 탈출 20,11의 경우가 그러하다. "이는 주님이 엿새 동안 하늘과 땅과 바다와 '그 안에 있는 모든 것을 만들고,' 이렛날에는 쉬었기 때문이다."

옛 교회에서는 아주 자주, 그러니까 그러한 방향에서 진술하는 수많은 증언들이 있다. 제4차 라테란 공의회(1215)가 이 점에 대해 확정했고, 제1차 바티칸 공의회(1870)가 반복해 확인했다. 하느님께서는 이 세상을 "무에서"(de nihilo) 창조하셨다(DZ 800; DZ 3002).

이 같은 신앙고백은 한 때 역사적으로 스토아 철학이 주장하듯이 이 세상과 하느님, 자연과 신적인 존재가 실상 하나요, 동일하다고 보는 일원론(一元論)의 일종으로 생각하는 태도와는 거리를 두어야 했다. 오히려 교회의 신앙고백은 그 같은 철학적 일원론과는 달리 '(무로부터의) 창조에 관한 진술'이 중요하다. 세상은 단지 세상일 뿐이다. 세상은 세상 외에 다른 것이 아니다. 곧 세상은 하느님이 아니니, 그것은 창조된 것이기 때문이다. 세상은 거룩한 것(Numniosum)을 벗었다. 이것이 처음부터 이른바 호교론자들이 첨예하게 다툼을 벌여야 했던 표면적 쟁점이었다. 또 다른 표면적 쟁점은 이원론적인 관점에서 제기되었다. 예를 들어 마니교도(Manichäismus [역주] 페르시아인 '마니'에 의해 3세기경 시작된 종교적인 경향으로서 조로아스터교, 유다교, 그리스도교, 당시 동방[바빌로니아, 이란]의 종교들을 혼합한 절충주의적인 종교이다. 특히 이원론적 실체[마치 빛과 어둠의 대립 구도를 따라]과 세 가지로 분류된 시대(時代)를 강조했다.), 프리실리아니즘(Priszilianismus [역주] 340년경 한 평신도 Priscillia가 주도한 금욕주의적 신비주의 운동의 일종이었으나 교회로부터 파문되었다.), 알비파(Albingenser [역주] 중세 말 남부 프랑스 지역에서 활동했는데, 그 뿌리는 뒤에 소개되는 '정화파'라고 본다. 그래서 알비파 역시 육과 영의 부조화를 가르치고 육으로부터의 정화를 주장한다.), 정화파(Katharer [역주] 12-14세기에 걸쳐 이원론적인 사상[마니교 및 그노시스 영향으로 추정] 아래 특히 '요한복음'을 앞세워 영혼의 순결을 강조하면서 물질세계를 최대한 멀리하고, 구약성경을 거부했다.), 발드교도(Waldenser [역주] 12세기 말 리옹에서 시작된 종교개혁적인 경향을 따라 가톨릭교회의 입장, 특히 성령과 성사에 대해 반대하면서, 특히 '가난'과 복음 선포를 강조했다. 남부 프랑스를 중심으로 유럽 전역에 걸쳐 확산되기도 했다.) 등 그들의 이원론적인 입장은 세상을 원칙적으로 악(혹은 어둠)의 산물로 취급했다. 세상은 신이 아니지만, 신과 대적할 수 있는 능력 또한 갖추고 있다. 한편 세상은 그 안에 담고 있는 그 모든 것들과 함께 신에 의해서 만들어졌다. 그럼에도 세상에 앞서 신 바깥에 존재하는 어떤 것도, 신 안에 존재하는 어떤 것도 전제하지 않았다. 그로써 나아가 고대로부터 문제 되어 온 물질과 정신 사이의 묘한 관계는 보다 더 포괄적인 관점에서 신과 세상 혹은 하느님과 피조물 사이의 대립 양상을 통해, 좋게 말하자면 이원적인 관점을 통해 무뎌졌다.

이러한 대립 구도(일원론-이원론)에는 그리스도교 신학과 철학이라는 영역을 통해 자주 언급되는 초월성과 내재성이라는 긴장 관계에 놓인 개념-쌍이 딱 들어맞는다. 만일 사람들이 일원론을 거부한다면, 그로써 신(神)의 절대적 세계 초월성을 염두에 두고 있는 셈이다. 반대로 만일 사람들이 이원론을 거부한다면, 그로써 사물들이 그들의 자아-존재를 통해 내밀하게 신과 관계하고 있음을 믿고 있는 셈이다. 세상과 거리를 두는 것은 (신에게 가까이 가기 위함이듯이) 다시금 세상에 가까이 서는 것과 같다. 세상을 초월하는 어떤 신에 관한 신앙고백과 세상에 내재하는 어떤 신에 관한 신앙고백은 서로 교류한다. 그들은 불가해소적인 긴장과 변증법적 구조 안에 놓여 있다.

다른 한편 현대의 세속화된, 자연과학과 기술을 통해 각인된 의식은 현실적으로 유다-그리스도교 창조 신앙에서 빗겨난 한 가지 결론이라는 이론을 제시할 수도 있다. 고대의 세상은 신들로 가득했다. 그러나 이제 세상은 신들에게서 벗어났고, 인간에게 고향처럼 편안한 곳을 넘어서 걱정과 탐구의 대상으로 전락했다. 근본적으로 그리스도교의 세계관은 [탈신화적인 사유를 진보적인 것으로 간주하는] 사람들에게 결국 진부하고 무미건조하게 느껴진다.

무엇이 "(창조) 이전에" 있었는지 하는 물음에 관해서는 그 어떤 자연과학도 한 가지 답변 이상을 알지 못한다. 자연과학이 답변을 시도하는 바로 그 자리에서 그와의 논쟁이 선언될 수밖에 없다. 왜냐하면 자연과학은 자신의 방식을 절대적인 것으로 앞세우기 때문이다. 계시는 증거하고 신앙은 고백한다. 절대적인 차원의 태초에 존재할 것으로 추정되는 그것은 신적인 창조에 의한 특별한 것이다. 그것은 최소한 무(無)에 대립하는 실재적인 것이다. 그런 의미에서 '무로부터의 창조'이론은 마치 무가 그럼에도 다시금 일종의 어떤 것, 그러니까 앞서 주어진 물질적인 것 가운데 하나와 같은 그런 것으로서 그로부터 세상에 존재하는 현존재의 새로운 형태가 비롯했다는 식으로 오해되어서는 안 될 것이다. 창조는 어떤 물질의 형태를 바꾸는 것이 아니라, 아예 존재하지 않았던 어떤 것을 존재로 이끌어 주는 것을 뜻한다.

3) 세상의 시간성[23]

여기에는 많은 문제가 뒤엉켜 있다. 이미 철학은 반복해서 이 세상의 무시성(無始性, Anfangslogikeit)과 함께 시간성을 입증하려고 무던히 애써 왔다. 아리스토텔레스는 시간을 "운동의 수"처럼 취급하였기 때문에 그 시간은 영원한 것처럼 보인다. 그러나 아리스토텔레스에게 있어서 운동과 시간은 "무한한"(ἄπειρος) 것이 아니다. 시간과 운동은 결코 실재하는 것이 아니라 단지 가능성(Möglichkeit), 곧 존재할 수 있는 것에 불과하다. 아리스토텔레스는 그로써 본시 원-재료(Urstoff)를 염두에 두었는데, "영원성"이 그의 주된 관심사로 추정된다. 한편 플라톤은 그의 대화록 『티마이오스』에서 세상의 생성과 더불어 시간이 생겨났다고 진술한다. 중세 시대에는 적어도 13세기까지 내내 아리스토텔레스의 형이상학적 저술의 잘 알려진 이론들을 통해 "세상은 영원한가 영원하지 않은가?"(utrum mundus sit aeternus?)와 같은 질문이 계속 논의되고 탐구되었었다. 아우구스티누스 사상을 따르던 프란치스코 수도회의 관점에서는 철학적인 근거들과 계시신학적인 근거들을 별 차별화하지 않고 이 문제를 다루었던 반면, 그러니까 세상은 시간적인 출발점을 갖는다고 생각했던 반면, 토마스 사상을 따르던 도미니코 수도회의 관점에서는 엄밀히 말해 철학적으로 어느 한 가지를 분명하게 결정할 수 없다는 쪽으로 흘러갔다.

보나벤투라는 '세상이 영원하지 않다'는 것을 다섯 가지 방법을 통해 입증하고자 시도했다. ① '무로부터' 창조되었다는 것은 또한 시간을 전제 조건으로 삼는다. ② 시간이 근본적으로 성장하는 것이라고 한다면, 그에 반해 무한한 것에게는 아무것도 덧붙여지는 것이 없다. ③ 세상의 시간은 척도와 질서를 취하지만, 영원에는 그런 것이 적용

---

23. Art. "Zeit/Ewigkeit"(Peter Eicher), in: *NHThG* 5, 301-326.

되지 않는다. ④ 유한한 것은 무한한 것을 알 수 없지만, 세상은 알 수 있다. ⑤ 세상은 사람들을 위해 존재한다. 그러면 무한한 세상은 무한히 많은 사람들을 전제해야만 하지만, 그것은 가능하지 않다. 여기서 시간은 얼른 보아도 훨씬 더 형이상학적으로 이해된다. 그에 반해 토마스와 그보다 앞서 페트루스 롬바르두스, 알베르투스 마뉴스는 세상의 '비-영원성'은 오로지 신앙을 통해서만 이해될 수 있고, 신앙과 무관한 사유를 통해서는 세상의 영원성도 비영원성도 증명할 수 없다고 생각했다. 사실상 토마스는 자신의 논증을 통해 직접적으로 보나벤투라의 생각과는 다른 입장을 취한다. 여기서는 자세히 다루지 않겠지만, 그것은 시간을 철저히 철학적인 문제로 다루는 태도로서 계속해서 전체 철학에서 논의되었다. 이에 대해서는 칸트를 떠올릴 수도 있다. 아무튼 철학적으로는 결정적인 결론에 도달하기 힘들다.

현대의 자연과학에서 시간은 공간적인 세상의 필연적인 구성 요소 가운데 하나로 받아들여진다. 시간은 물리적으로 측정 가능한 것으로서 운동, 지구의 자전, 공전 주기, 원자시계 등을 통해 양적(兩的)으로(곧 '기간'으로) 경험된 기간, 곧 '전'(前)과 '후'(後)를 경험하는 수단으로 취급된다. 그래서 사람들은 주저 없이 세상의 "나이"에 대해서도 이야기한다. 우주의 경우에도 그 나이는 "확정할 수는 없지만 유한하다." 이는 공개적으로 세상의 시간으로서 앞서 벌어졌던 시간에 대해 추정함으로써 우주 중심의 일정 시간을 이해할 수는 있지만, 이 시간 이후로 벌어질 어떤 기간에 대해서는 확정할 만한 정보를 갖지 못함을 가리킨다. 왜냐하면 자연과학은 이 세상이 계속해서 확장되어 가는 만큼 발달한다고 내다보기 때문이다.

그러므로 다시금 '신학'으로 되돌아간다면, '세상이 언제 시작되었는가 하는 물음이 도대체 의미가 있는 것인지' 자연히 한 번쯤 이렇게 질문할 수 있다. 여기 신학에서도 비록 완전히 다른 전제 조건들로부터 출발하더라도, 자연과학의 경우와 흡사하게 다음과 같은 입장이 타당할 것이다. 곧 '세상 밖에는 시간이 존재하지 않는다.' 시간은 변화하는 세상과 더불어 비로소 시작한다. 신학은 자신의 시간 이해 안에서 구원사적으로 어떤 내용으로 채워진 시간을 고려한다. 창조된 세상은 하느님께서 당신 백성과의 계약을 맺으시는 공간과 시간이다. 그렇게 맺어지는 계약은 예수 그리스도를 통해서 유일회적으로 결코 그 이상 더 완전하다고 생각할 수 없을 만큼 완전하게 실현된다. 그분을 통해서 인간성 역시 완성된다. 그로부터 능히 생각할 수 있는 점은 시간이 신학적으로 볼 때, 예수 그리스도에 의해 정의될 수 있다는 것이요, 따라서 시간은 곧 그리스도가 몸소 지닌 인간성을 가지고 완성에 이르는 역사와 병행한다는 것이다. 고대의 시간 이해와는 달리 그리스도를 통한 구원 사건으로 채워지는 신학적 시간은 일종의 "때"(*consecutio temporum* [=시간마다 수반되는 사건들])를 통해 온전하게 드러난다. 도래할 시대와 연관된 관점은 [그렇듯 사건들과 연계해] 시간을 유한한 총체로 이해시킨다. 시간은 구원의 때로서 유한하다. 과거를 소급해서도 미래로 확장해서도, 그렇게 양편으로 연장된 관점에서 이해되더라도 시간은 유한하다. 하느님께서는 세상을 손에 쥐고 계신다. 왜냐하면 세상은 예수 그리스도의 세상이기 때문이요, 시간의 시작과 함께 하느님에 의해 만들어졌기 때문이다. 시간은 이 같은 관점에서 창조된 크기와 차원을 그 시작부터 함께하고 있었던 셈이다.[24]

---

24. "철학의 문제로서 세상의 시작과 끝"에 대한 물음은 참고로 L. Oeing-Hanhoff, in: W. Böhme (Hg.), *Herrenalber Texte* 33, Karlsruhe 1981, 48-77을 볼 수 있음.

철학자는 세상의 시간성을, 인간의 도덕성을 뛰어넘는 과감한 시도에서 비롯된 것으로 이해하려고 한다. 철학자는 신학이 그러하듯이 혹은 최소한 그럴 수 없는 것이 당연하다고 여기는 만큼 철학이 분명 "태초의 폭발", 곧 "빅뱅"에 대한 논쟁에 휘말리지는 않을 수 있겠지만, 현대 물리학은 전체적으로 이 세상의 시간적인 한계성을 이전의 영원한 물질에 대해 가르치던 시절보다 훨씬 더 많이 언급한다는 사실에 대해 매우 진지하게 주목한다. 물론 여기서 세상에 대한 전통적인 개념들의 구별을 문제 삼지 않을 때 이 같은 설명이 유효할 것 같다. 그렇지만 나는 신학적으로도 그 어떤 "새로운 세상" 혹은 "구세주의 세상"에 대해서도 언급할 수 있다. 이 같은 논의를 통해 우리가 살피고 또 탐구할 수 있는 세상이란 이미 우리에게 세속적이고 사멸할 인간의 신분에 주어진 생활공간이라는 의미로서 우리의 주변 환경으로 전제된다는 사실로부터 비롯한다. 그러므로 그 내용으로 채워져야 할 시간들이 존재한다. 다시 말해 벌어지는 사건에 종속된 시간 개념 혹은 사건을 통해서 규정되는 시간 개념이 존재한다. 이와 관련하여 우리가 경험하는 다양한 시간 개념들(실존적이고 인간학적인 차원에서 고려되는 시간 이해들)이 존재할 수 있다.

4) 삼위일체의 하느님 - 세상의 창조주

우리는 이미 구약성경에서 지혜가 창조 사건에서 중요한 역할을 담당하는 통찰에 대해 살펴보았다. 또한 신약성경에서도, 특히 바오로 사도의 서간에서, 그와 같은 구약의 지혜에 관한 가르침이 계속해서 발전했으니, 마침내 이 세상은 "그리스도 안에서, 그리스도를 통해, 그리스도를 향해" 만들어졌다는 결론에 이르게 되었음을 살펴보았다. 그러나 여기에 몇몇 시기에 대해, 무엇보다도 삼위일체 신앙의 전개와 함께 고려될 필요가 있다. 예컨대 창조를 삼위일체 하느님의 작품이라고 표현하기까지 시간 개념의 변화를 살펴볼 필요가 있다. 그러니까 약 4세기(예컨대 알렉산드리아의 아타나시우스, †373)까지 생각해 볼 수 있다. 이 시기에 그리스도론과 삼위일체론이 창조에 관한 가르침 안에서 함께 결합되었다. 아타나시우스가 전체 삼위일체성에 대해 논한 이유는, 삼위일체성이 나눠질 수 있는 것이 아니며 그 본성이 단일한 하나로서 창조와 발전을 함축한 능력이 배제되지 않기 때문이다. 이때 그는 창조 질서와 구원 질서를 동일한 관점에서 이해했고, 그래서 같은 맥락에서 논증을 전개할 수 있었다. 곧 하느님의 세 위격의 모습은 다채로운 은총을 선사하시는 원천적인 하느님의 특징을 대변한다는 것이다. "삼위일체이신 하느님을 통해 선사되는 은총과 은사는 성부에게서 비롯해 성자 그리스도를 통해 성령 안에서 주어진다."[25] 한편 바실리우스(†379)는 그와 같은 관점을 표명했지만, 성부께서는 다른 원천을 필요로 하지 않는 원천이시라는 점, 성자는 아버지의 뜻을 완성하고 성령은 성자의 업적을 완성시키고 또 확고하게 다진다는 점을 더욱 강조했다. 그러나 삼위의 하느님이 이루신 업적은 하나의 유일무이한 구원 섭리를 이루듯, 삼위의 존재는 곧 하나의 유일한 실체라는 것이다.[26] 나지안조의 그레고리우스(Gregorius Nazianzenus, †약 390)는 구원 역사 안에서 펼쳐지는 하느님의 일치된 창조 행위 속에서 또한 세 위격을 따라 작용하는 삼위성을 드러내고자 노력했으니, 그는 성부에게 혜안을, 성자에게는 권능을, 성령에게는 생명력을 강조해 적용시켰다.[27] 이들

---

25. *Ep. Serap.* 1,30, in: *PG* 26, 600C.
26. 참고 *spir.* 16,38, in: *PG* 32, 136 - FC 12, 184-193; ep. 38,4, in: *PG* 32, 329.

교부들은 니사의 그레고리우스(Gregorius Nyssenus, †394)가 다음과 같이 표현한 것도 알고 있었다. 예컨대 "최고의 하느님께서는 세상 만물을 당신 아드님을 통해 만드셨다고 하더라도, 마치 성자의 협력이 반드시 필요했던 것처럼은 아니었다. 또한 (거꾸로) 마치 성부의 혜안이 성자의 권능(능력)을 통해 충분히 발휘되지 않는 이유로 그 독생자이신 성자가 어쩌면 그 모든 것을 성령을 통해서 비로소 실현했다는 점을 들 수는 없다."[28] 알렉산드리아의 키릴루스(Cyrillus Alexandrinus, †444)는 창조의 관점에서 교부들의 가르침을 하느님의 삼위성을 통해 요약했다. "성부께서는 ― [성자는] 하느님에게서 나온 참 하느님이시기에 ― 자신의 고유한 능력으로 살아 있으면서 당신(성부)과 다르지 않은 능력을 대변하는 성자의 봉사를 따라 섭리하시는데, 이는 두 분 가운데 어느 분에게나 어김없이 어울리는 같은 본질(신성)과 늘 실존적인 방식을 따라 통찰된다."[29] 다마스쿠스의 요한(Johannes Damascenus, †약 750)은 교부들의 가르침을, 그에게 가까운 시기의 교부들을 중심으로, 자신의 작품 『정통 신앙에 관해』(*De fide orthodoxa*)에서 한 번 더 명확하게 요약해서 전해 주었다.

서방교회에서는 누구보다도 아우구스티누스가 그런 노력을 아낌없이 보여 주었다. 그는 삼위일체이신 하느님, 유일하신 창조주의 창조 비밀을 매번 반복해 밝히는 데 남다른 노력을 기울였다. 그는 일찍감치 하느님의 세 위격을 인간 존재의 세 가지 실현 양식과의 유비적 연관성을 통해 (이른바 "[원천-]기억, 인식, 사랑"[*mens, intellectus, caritas*]의 차원

---

27. 참고 *or.* 2,1, in: *PG* 36, 25 - FC 22, 92f.
28. *Adv. Maced.* 13, in: *PG* 45, 1317.
29. *Dial. V de trin.*, in: *PG* 75, 989B.

에서) 설명하고자 했다. 다른 한편 이 삼위일체의 하느님은 만물의 원천이시다. 인간의 모습과 유사하게 삼위일체의 모습 속에서 하느님이 파악되기 때문에, 인간은 이 같은 특별한 방식으로 하느님의 모상으로 이해된다. 중세의 많은 신학자들이 아우구스티누스의 이 같은 논리를 뒤따랐으며, 특히 토마스 아퀴나스가 그러한 관점에서 삼위일체의 하느님과 창조 사업을 결합시켜 설명했다.

제4차 라테란 공의회(1215)는 이러한 신앙을 명료하게 형식화했다. "우리는 성부, 성자, 성령이시며, 참되시고, 영원하시며 헤아려질 수 없으시고, 불변하시며 이해할 수 없으시고, 전능하시며 형언할 수 없으신 하느님께서 오로지 한 분이심을 굳게 믿고 단호히 고백한다. 말하자면 하느님께서는 세 위격으로 계시나 하나의 본질, 하나의 실체 또는 온전히 단순한 하나의 본성(*natura*)을 가지고 계신다. 성부께서는 어느 누구로부터가 아니시고 성자께서는 오로지 성부께로부터이시며, 성령께서는 똑같이 두 분으로부터 시작이 없이, 언제나 또 끝없이 존재하신다. 성부께서는 낳으시고 성자께서는 태어나시고 성령께서는 발하시는데, 같은 본질이시며 똑같이 동등하시고 똑같이 전능하시며 똑같이 영원하시고, 만물의 근원이시고, 가시적인 것과 비가시적인 것, 영적인 것과 육적인 것의 창조주이시다. 그분은 당신의 전능하신 권능으로 태초부터 무에서 동시에 두 피조물, 곧 영적인 피조물과 육적인 피조물을 창조하셨다"(*DZ* 800).

이에 대해 이중적인 보충 설명이 시도되었다. 하나는, 누구보다도 칼 라너가 발전시킨 사유 형식과 관련된 것으로서 내재적인 삼위일체성이 곧 구원경륜적인 삼위일체성, 다른 말로 우리가 이미 성경에서 배웠던 하느님의 모습과 결코 다르지 않다는 통찰에 의한 설명이다. 우리는 창조 활동 중에 성부와 성자와 성령이 함께하셨다는 성경의 증언 덕분에 삼위일체의 하느님에 대해서 진술할 수 있게 되었다. 이는 하느님께서 어떻게 존재하시는지 그리고 그분이 누구신지 당신의 구원 활동으로 알아들을 수 있다는 논리다. 이 같은 논리는 삼위일체 신앙에다 순수 직관적인 통찰을 덧붙인다. 또 다른 하나는, 신학자들이 아우구스티누스로부터 중세를 지나 계속해서 통찰해 온 것이 무엇인지 최소한 주의 깊게 숙고하도록 고무시킨 설명이다. 이는 이 세상에서 사실상 하느님의 유일무이한 삼위성이 관찰될 수 있다는 사실을 잘 생각해 보라고 충고한다. 식물-동물-인간이라는 세 가지 모습의 피조물, 가능성-실재성-필연성이라는 형이상학적인 존재 방식의 세 가지 구조, 땅-바다-하늘이라는 천체의 세 가지 분류, 주어-빈사-술어라는 세 가지 언어 진술 요소, 삼단논법에 따른 논리적 형식 등 이들은 "삼위일체 하느님의 흔적들"로서 세 겹의 구조를 말해 준다. 물론 과장할 것까지는 없다. 그러나 간과해서도 아니 될 것이다. 그러한 원천적인 속성을 고스란히 담고 있는 우리 주변의 피조물들로부터 신학적으로 아직 "타락하지" 않은 인간이 깨어날 수 있다는 점이다. 보나벤투라는 이렇게 말한 적이 있다. "그러므로 피조물의 눈부신 광채를 통해서조차 눈 뜨지 못한 자는 눈 먼 자와 다름없다. 피조물들이 외치는 커다란 찬양을 듣고도 알아듣지 못하는 자는 귀머거리와 다름없다. 하느님이 만드신 이 모든 세상의 아름다운 작품들을 보고도 찬양하지 못하는 자는 벙어리와 다를 바 없다. 그토록 분명한 증언들과 마주하면서도 알아보지 못하는 자는 바보가 아니고 무엇이겠는가! 그러니 눈을 크게 뜨고 진심으로 귀를 열어라! 굳게 닫힌 네 입술을 풀고 네 뜨거운 마음을 펼쳐라. 그래서 이 모든 피조물에서 너의 하느님을 알아보고 알아듣고 찬양하며 사랑하고 또

청하도록 애써라!"[30]

5) 창조의 동기

'어째서 하느님께서는 이 세상을 창조하셨을까?' 하는 물음이 인간적인 순수한 호기심에서 솟구친 것이라고 사람들은 생각할 수도 있다. 이 같은 생각이 계시의 원천들 자체 안에 창조와 관련된 신적인 동기에 대한 그 어떤 것이 객관적으로 진술된다고까지 기대한다면 옳지 않다. 설령 최소한 그러한 기대를 생각할 수 있다고 하더라도, 그와 같은 물음은 신학적인 의미로 한정된다. 하지만 그 같은 물음은 인간 자신을 위해서 탁월한 의미를 전해 줄 수 있다. 한편으로 그 같은 물음은 우리가 하느님을 닮은 덕분에, 다른 한편으로 이 두 번째 이유는 훨씬 더 중요하며, 우리의 고유한 의미 발견을 위해 의의를 갖는다. 창조 동기와 목적에 대한 물음은 창조의 의미에 관한 물음과 인간 존재에 관한 물음으로 이어지기 마련이다. 그러므로 다음과 같은 옛 그리스도교의 물음이 그 배경을 이룬다. "우리는 이 땅에서 무엇을 위해 살아가는가?" 그러하다면 이 물음은 오늘날 인간학적인 관점으로 바꿔 이렇게 표현할 수 있다. "인간이란 무엇인가? 무엇이 인간다운 삶의 의미를 완성시켜 줄 것인가?"

성경은 그 방법에 대해서 이미 답변을 제시하고 있다. 예를 들면 이사 48,11은 이렇게 답한다. "나 자신 때문에, 나 자신 때문에 내가 이 일을 한다." 또한 다니 3,57 이하에서는 불구덩이 속에서 세 젊은이의 유명한 찬양 노래가 그에 대해 답변한다. 하느님에 대한 찬양은 피조물

---

30. *Itinerarium mentis in Deum*, I, 15. 여기 독일어 인용은 J. Kaup에 의해서 출간된 번역본(München 1961)을 참조했음.

의 다양한 존재와 상황들을 통해서도 이루어진다. 그래서 하느님 외에는 달리 창조의 의미, 목적, 동기 및 그 중심으로 고려될 수 없는 것으로 비쳐진다. "주님의 업적들아, 모두 주님을 찬미하여라. 영원히 그분을 찬송하고 드높이 찬양하여라. 주님의 천사들아, 주님을 찬미하여라. 영원히 그분을 찬송하고 드높이 찬양하여라. 하늘아, 주님을 찬미하여라. 영원히 그분을 찬송하고 드높이 찬양하여라. 하늘 위의 물들아, 모두 주님을 찬미하여라. 영원히 그분을 찬송하고 드높이 찬양하여라. 주님의 군대들아, 모두 주님을 찬미하여라. … 해와 달아, 주님을 찬미하여라. … 하늘의 별들아, 주님을 찬미하여라. … 비와 이슬아, 주님을 찬미하여라. … 바람아, 모두 주님을 찬미하여라. …" 그렇게 찬양 노래는 계속된다. '불과 열, 추위와 더위, 번개와 구름, 여러 짐승들, 여러 인간들'에게 이르기까지 계속된다. 곧 전체 창조물들이 하느님께 대한 찬양을 위해 거기 존재하는 것처럼 노래한다. 이에 히브 2,10도 똑같은 진술을 보여 준다. "만물은 하느님을 위하여 또 그분을 통하여 존재합니다."

교회 내 전통적인 가르침들도 하느님의 영광을 위한 창조의 의미에 대해 이해한다. 교부들의 가르침에 있어서 유독 오리게네스는 이렇게 적고 있다. "하느님께서 태초에 당신께서 원하셨던 것을 창조하셨을 때, 이미 그분은 이성적인 존재들을 작정하셨으니, 창조를 위해 당신 자신 외에, 곧 당신의 선하심 외에 다른 근거를 지니지 않으셨음을 가리킨다."[31] 그 기본 사상이 그러하듯이, 하느님께서는 이 세상을 '당신의 영예와 영광을 위해' 창조하셨다. 거기에는 내적인 동기로서 '하느님

---

31. *princ.* II, 9,6, in: *PG* 11, 169; 독일어 인용은 H. Görgemanns 및 H. Kaup에 정교하게 작업된 출판물(TzF 24)을 참조했다(Darmstadt ³1992, 413).

의 사랑과 선하심'이 딱 맞아 떨어진다. 이러한 전통적인 가르침을 개별적으로 살펴보기에 전에 이러한 가르침과 직결된 주지 사항 한두 가지를 먼저 고려해 볼 필요가 있다.

교회의 가르침은 이 점에 있어서 확정적이다. 가장 분명한 언표는 앞선 전통적인 가르침들을 종합한 경우로서 우리는 제1차 바티칸 공의회의 문헌에서 찾아볼 수 있다. "이러한 한 분이신 참된 하느님께서는, 당신의 행복을 더하시기 위해서도 아니고, 당신의 완전을 획득하시기 위해서도 아니라, 오히려 당신의 피조물들에게 부여하신 선을 통하여 당신의 완전함을 드러내시기 위하여"(DZ 3002) 피조물들을 창조하셨다. 상기 문헌에서도 이 공의회는 하느님의 창조 사업이 지니는 외적인 의미를 주목하면서 이렇게 덧붙여 설명한다. "하느님의 영광을 위하여 세상이 창조되었다"(DZ 3025).

일정한 가르침을 두고, 게오르그 헤르메스(Georg Hermes)와 안톤 귄터(Anton Günther)가 논쟁을 벌였던 쾰른 시노드(1860)는 한 가지 좀 더 발전된 설명을 시도했다. "만일 사람들이 창조하시는 분의 목적에 대해 묻는다면, 그에 대한 답변은 이러하다. 하느님께서는 창조하시기 위해서 그분에게 속하지 않는 그 어떤 것도 필요치 않았다고 말할 수 있다. 그분 스스로 충족하신 분이기 때문에, 그분은 당신 외에 달리 필요로 하는 것을 바깥에서 찾지 않으실 것이다. … 만일 사람들이 창조 활동의 목적에 대해 묻는다면, 이렇게 말할 수 있다. 하느님께서 그분의 창조 활동과 연계해 의도하셨고 또 여전히 의도하신다는 사실은 그분 자신으로부터 벗어나서는 이해될 수 없을 것이요, 그것은 … 필연적으로 피조물들에게 선한 어떤 것을 전달해 주는 것이다. 왜냐하면 피조물들이 받은 존재는 선한 것이기 때문이다." 그러므로 전통적인 가르침이 창조주의 목적(*finis operantis*)이라 일컫는 그런 어떤 것(창조주의 동기, 의도, 목적이라고도 부르는 것)에 대해 말할 수 있었다. 한 마디로 그것은 하느님께서 전해 주시고자 한 하느님의 선하심과 자비로우심이다. 그러면 이제는 피조물의 입장에서 창조의 목적(*finis operis*)에 대해 언급할 수 있다. 이는 물론 '창조주의 목적'과 분리될 수 없다. "이러한 계시(곧 창조 활동)는 하느님의 외적인 영예라고 일컬어진다. 왜냐하면 그 계시를 통해 하느님께서 찬양받으시기 때문이다. … 창조 사업의 최종 목적은 하느님의 영광(*gloria Dei*)이다. 하느님의 영광 안에서 모든 피조물은 복되다고 하겠으니, 특히 인간의 복락도 거기서 완전하게 실현될 것임에 틀림없다. …"(*NR* 309-313).

창조의 이 같은 신 중심적인 특성은 종교개혁 신학에 의해, 특히 칼뱅에 의해서 더욱 강조되었다. 이른바 "이 세상은 하느님의 영광을 위한 공연 무대(*theatrum gloriae Dei*)다."[32]

옛 가톨릭교회의 교리 문답은 '우리가 이 세상에서 무엇을 위해 살아야 하는가?'라는 물음에 대해 이렇게 답변하도록 가르친다. "저는 하느님을 알기 위해서, 그분을 사랑하기 위해서, 그분께 봉사하기 위해서 이 세상에 살아갑니다. 그리고 그것은 마침내 영원하고도 완전한 복락을 누리는 장소인 하늘나라에 들기 위함입니다." 이 같은 답변을 듣게 되면, 마치 결코 달갑지 못한 이기주의적인 하느님의 형상을 추정하게 할지도 모른다. 그래서 그분은 오직 당신의 "영예"와 "영광"을 확보하기 위해 창조 사업을 펼치신 것처럼 들릴 수도 있다. 그럼에도 불구하고 이 같은 가르침에는 인간에게 의미심장한 어떤 필연적인 신학적 전

---

32. J. Moltmann, *Schöpfungslehre*, 74 (거기에는 또한 종교개혁 신학자 가운데 한 사람으로서 특히 칼뱅의 영향을 크게 받은 K. Barth와도 직결시켜 전개한다).

망이 자리한다. 예컨대 하느님께서 만일에라도 피조물들을 당신 자신을 지향하도록 만들지 않으시고, 오히려 그들 자신들을 지향하도록 만드셨더라면, 결국 그것은 그들을 고양시키시려는 것이 아니라, 그렇듯 하찮은 것들로 마감하도록 하시려는 뜻과 다름없었을 것이다. 우리 인간들 사이에나 적용시키는 '이기주의'라는 개념을 하느님께 적용시키는 것은 옳지 못하다. 우리가 '이기주의'라고 부르는 용어의 의미는 우리들 사이에서 활용할 때, '나'(자아)와 같은 것이 결코 중심일 수 없음에도 그것을 삶의 중심에다 두려는 태도를 말하는데, 그로써 결과적으로 온갖 사물들의 의미 질서를 왜곡시켜 버림을 함의한다. 그러므로 만일 하느님을 지향하도록 만들어졌다면, 삶의 중심이 부족한 상태로 머무는 것이 아니라, 모든 피조물들이 인간을 포함해 결국에는 그들의 고유한 존재 실현을 이룰 수 있도록 배려하신 셈이다. 하느님을 지향한다는 것은 피조물이 이기주의적으로 존재하는 것을 가리키지 않고, 그들의 완전한 존재 실현을 추구하도록 창조되었음을 가리킨다. 그럼에도 피조물이 자발적이든 타의에 의해서든 하느님을 지향하지 못한다면, 그것은 곧 그들에게 주어진 최고의 존재 가능성을 상실하는 것과 다르지 않다. 그러므로 창조의 신 중심적 동기는 결코 인간 중심적 동기와 다른 것일 수 없다. 교의적인 진술은 이에 대해 간단히 이렇게 피력한다. 인간아! 만일 네가 너의 의미 중심, 곧 너의 원-근거를 잊지 않았다면, 최대한 너 자신을 곧추세워 너 자신의 완전한 존재 실현을 이루도록 하라! 인간들의 의미 혹은 인간 존재의 의미는 그들 자신 안에 자리하지 않는다. 그러나 인간이 하느님을 향해 존재하는 한, 자신의 의미를 족히 채우게 될 것이다.

굳이 스콜라 신학의 격언 "선의 자기확산"(*Bonum est diffusivum sui*)

과도 같이 '자신을 바깥에 베푸는' 의미로서의 완전한 사랑과 선 개념
이 전제되지 않더라도, 이 같은 통찰은 매번 반복해 적지 않은 신학자
들과 철학자들도 '하느님께서 창조하셨어야만 한다.'는 생각을 갖도록
이끌어왔다. 이는 외적인 창조 활동의 필연성에 대한 생각은 물론 이미
삼위일체-신앙에 의해서도 입증될 수 있다. 삼위일체-신앙이, 하느님께
서는 당신 자신을 스스로를 통해 선사하시고 전해 주신다는 사실과 맞
물려 있음을 이해할 수 있는 한 입증 가능하다.

    '그리스도를 통한, 그리스도 덕분에 이루어진 창조' 개념을 잠시
되돌아보기만 해도, 이러한 통찰을 설명하는 전체적인 필체가 오늘날
더욱 세련되어졌음을 엿볼 수 있다. 누구보다도 앞서 창조를 최대한 감
각적인 차원에서 시도한 테이야르 드 샤르댕(Teilhard de Chardin)은 이
렇게 표현한 적이 있다. "확실히, 세워야 할 건축물의 마감재를 손질하
는 일은 우리에게 달려 있다. 우리 세대가 기대하는 '하느님에 대한 신
앙'과 '이 세상에 대한 믿음'의 합(合, synthese)에 도달하기 위해서 우리
는 독보적으로 그리스도의 인격 안에서 우주적인 광채와 기능을 드러
나게 하는 것 외에는 달리 그리고 그 이상 더 좋은 것을 행할 수 없다
고 하겠으니, 그것은 그리스도가 자신의 인격을 통해 진화의 정신을 조
직적으로 기초 놓고 또 지휘하기 때문일 것이다."[33] 하느님께서는 당신
자신을 당신의 말씀, 곧 로고스를 통해 표현하신다. 이 로고스는 하느
님의 혜안을 따라 이 세상의 의미와 목표가 되었다. 신인(神人)의 실존
을 통해서 하느님의 "영광"은 최대한 그 가능성을 선보이는 차원에서
드러났지만, 그와 동시에 그리스도 사건의 장소이자 현장인 인간과 세

---

33. 공개되지 않은 그의 강연으로서 *Christianisme et évolution* (1945), 5; 인용은 N. M. Wildiers, *Teilhard de Chardin,* Freiburg I. Br. ²1962, 94.

상의 현양, "영광" 역시 이루어졌다. 이는 모든 인간을 위해 실존적이기에, 인간은 신인(神人) 예수 그리스도와 연계함으로서 가장 높은 수준의 현양에 도달하게 될 것이다.

4. 세상을 주재하시는 하느님 : 하느님의 섭리

창조는 이미 단 한 번 순간적인 활동이었을 뿐만 아니라, "계속 이어지는" 활동이기도 하다. 이러한 시각은 근대가 주장하는 진화론의 관점에서만 비롯된 것이 아니다. "계속되는 창조"(*creatio continua*)라는 사상은 오히려 신학적인 기대에서 생겨났다. 사람들은 그런 사상을 구원사적으로 근거지어 말할 수 있다. 그리고 이는 별 주저 없이 이미 성경에서 창조론의 원칙으로 고려될 수 있다. 만일 사실적으로 창조의 의미가 궁극적으로 하느님과 인간 사이의 계약을 토대로 이해되어야 한다면, 그래서 그 최고 절정이 그리스도 사건 안에서 이루어진다고 내다본다면, 창조주가 계속되는 창조 사업에 직접적인 참여 없이 그저 바라보고만 있다는 견해 혹은 이신론적(理神論的) 관점에서 해석하려는 경향은 받아들일 수 없을 것이다. "세상의 주재" 혹은 "계속되는 창조"(이 표현은 한편 세상 전체를 정적인 차원 이상으로, 다른 한편 역동적인 차원 이상으로 이해될 필요가 있다.)는 이 세상에 대해 하느님께서 친히 맺으신 계약의 충실하심을 반드시 함축해야 한다. 그렇지 않으면 결과적으로 사람들은 창조를 하느님의 "은총"으로, 곧 하느님의 선물로 알아듣기 매우 어렵게 될 것이다. 하느님께서 이 세상에 변함없이 함께하신다는 사실은 인격적으로 엮어지는 하느님과 인간과의 관계를 위한 기초가 된다.

그래서 그 사실은 신앙인들에게 이 창조와 더불어 하느님에 의해 친히 인격적으로 마련된 존재 근거의 꾸준하고도 지속적인 현존을 보장해 줄 것이다.

이는 한 가지 신학적 자각으로 이미 구약성경에서 확실한 방식으로 분명하게 드러난 깨달음이다. 이에 관한 우렁찬 증언이 시편 104에 기록된다. 여기서는 다만 29절 이하의 생명체들에 대한 언급만 소개한다. "당신의 얼굴을 감추시면 그들은 소스라치고 당신께서 그들의 숨을 거두시면 그들은 죽어 먼지로 돌아갑니다. 당신의 숨을 내보내시면 그들을 창조되고 당신께서는 땅의 얼굴을 새롭게 하십니다." 이 세상은 매순간 그의 실존을 위해 하느님의 현존을 필요로 한다. 그렇듯 하느님의 다스리심은 매순간 요청된다. 이에 시편 96,10은 이렇게 노래한다. "겨레들에게 말하여라. '주님은 임금이시다. 정녕 누리는 굳게 세워져 흔들리지 않고, 그분께서는 민족들을 올바르게 심판하신다.'" 신약성경에서도 이와 비슷한 구절들이 발견된다. 예컨대 1티모 1,17에서는 "영원하신 임금"에 대해 가르친다. 곧 창조된 세상의 일시적인 순간을 넘어 작용하시는 하느님의 위력에 대해 가르친다. 콜로 1,16에 의하면 만물은 모든 창조물 가운데 맏이로서, 만물이 그를 통해 창조된, 그리스도 안에서 자신들의 든든한 존재 기반을 확보한다. 요한 5,17에서는 예수가 안식일에 병자를 치유하는 자신의 행위에 대해 근거를 가지고 항변한다. "내 아버지께서 여태 일하고 계시니 나도 일하는 것이다." 아우구스티누스는 이 성경 구절을 두고 이렇게 풀이했다. "그래서 우리는 하느님께서 지금껏 활동하신다는 사실을 믿어야 합니다. 아니면 가능한 한 직시할 수 있어야 합니다. 왜냐하면 그분에 의해서 창조된 피조물들은 그분께서 당신의 활동을 거두시는 순간 당장 무로 되돌아가 버릴

것이기 때문입니다."³⁴

나중에 교황 대 그레고리오(Gregorius I Magnus)도 이와 유사하게 말했다. "만일 만물의 창조주께서 당신의 손을 거두시게 된다면, 무에서 생겨난 모든 것은 다시금 무로 사라져 버릴 것입니다. 왜냐하면 창조된 것은 그 어떤 것도 자신의 힘으로 존재할 수 없거나 스스로 움직일 수도 없기 때문입니다. 그들은 오로지 그들의 존재를 위해 필요로 하는 그것을 받아들이는 한에서만 서 있을 수 있습니다."³⁵

중세는 특별히 철학적인 근거를 마련하고자 부심했다. 우연성은 경험되는 세상의 실제 본모습이요, 그것은 단지 그 시작만이 아니라 계속 존재하는 동안에도 적용된다. 그로 인해 창조된 세상은 필연적으로 꾸준한 머무름을 추구한다. 창조가 무에서 유로 넘어감을 가리킨다면, 꾸준한 존속은 우연적인 것에 반드시 뒤따르는 무화(無化)를 거슬러 존재 안에 지속하는 것을 가리킨다. 토마스 아퀴나스는 사물들이 직접적으로가 아니라, 그들의 내적인 고유 법칙에 힘입어, 부차적 원인들에 의해 꾸준히 머무르려고 애쓴다고 가르쳤다. 그래서 그는 "비록 우리가 창조된 피조물의 모든 작용들을 모든 것 안에서 활동하는 분이신 하느님 덕분이라고 말한다고 하더라도, 우리는 창조된 피조물에게서 그들의 고유한 작용을 아예 소거해 버리지는 않습니다."³⁶ 토마스의 입장과 연계해 겐트의 하인리히(Heinrich von Gent, 1217-1293)는 하느님에 의해 "중재된" 세상의 존속에 대해 말한 적이 있다. 한편 신학자 두란두스(Durandus de S. Porciano, 1275-1334)는 "피조물의 간접적인 존속"에 대

---

34. *De Genesi ad litteram* 5,20,40, in: *PL* 34, 335.
35. *Mor.* 16,37, in: *PL* 75, 1143C.
36. *S. c. G.* III, 67.

해 말했다. 그것은 피조물이 겉으로 드러난 외형의 존속이 아니라 그것들이 지닌 능력들의 존속에 관한 것이다. 그리하여 오늘날 앞세워진 신학적 명제는 이러하다. 하느님께서는 창조된 것이 존속하게끔 계속해서 지지해 주시는 만큼 단지 창조된 것의 존재를 통해서만 꾸준히 머무르게 하지는 않으신다. 오히려 작용하는 피조물은 무엇이든 필연적으로 그리고 꾸준히 '작용하는 것'이기 때문에, 그것은 곧 작용하는 힘으로 존재하는 셈이다. 또한 그런 한에서 세상사가 벌어지고 또 그 영향이 계속 파급된다. 이 세상을 꾸준히 머무르도록 섭리하시는 하느님의 능력이 계속 미치는 작용 범위 내에서 그러하다. 역동적이고 능동적인 존재의 존속은 하느님의 힘에 의존한다. 모든 피조물의 존재는 가능태에서 현실태로, 빈약한-존재에서 풍부한-존재로 구체화된 전이(轉移)를 함의한다. 그래서 그와 같은 모습의 존재는 그의 충분한 근거를 오로지 무한하고 완전한 실재의 작용 안에서 확보할 수 있다. 그러므로 이때 우연성 개념은 한 번 더 고려된다.

여기서 물론 완전히 명확하게 강조되어야 할 사실은, 신학이 꾸준히 피력하는 것처럼 하느님께서 빠짐없이 두루 작용하시는 능력은 동시에 배타적인 의미의 독자적 능력을 뜻하지 않는다는 점이다. 앞서 이른바 '부차적 원인들'에 대해 언급한 적이 있다. 이는 마치 하느님과 피조물이 일련의 "행위-경합"(Wirkkonkurenz) 상태에 놓여 있듯이 이해될 수는 없다. 하느님과 피조물은 물론 전적으로 하나로 움직인다. 이때 하느님께서는 근본적으로 포괄적인 관점을 따라서, 그리고 피조물은 범주적 차원에 국한된 관점을 따라서 이해된다. 피조물의 행위는 창조주의 활동을 제한하지 못한다. 그러나 그 반대는 아니다. 그것은 하느님의 신성 때문으로 무엇이라도 그것을 거슬러 행할 수는 없다. 그럼에도 하느님께서는 세상과 인간이 자립적인 존재와 자발적인 행위를 취하도록 배려하셨다. 그런 까닭에 하느님께서 인간의 활동 중에 함께하시는 역사(役事)는 한정된 행위가 아니라 자유를 통해 드러나는 행위이다.

오늘날 신학계 이곳저곳에서 세상의 존속에 관한 사상의 의미를 두고 일련의 의혹이 제기되어 왔고 또 여전히 제기된다는 사실을 모른 척 해서는 안 될 것이다. 그래서 예컨대 폴 틸리히는, '이신론(理神論)이 오늘날 더 이상 실제로 위험하진 않다고 보았다. 실제적인 위험은 오히려 사람들이 세상의 존속에 대한 생각을 가지고 기회 있을 때마다 하느님을 몰아붙임으로써 우리가 언제든 필요에 따라 하느님을 손으로 주무르듯 이해하고, 그로써 하느님과 창조주 사이의 필연적인 차이를 무시해 버리려는 데에 있다. 과연 이 같은 생각이 ① 구원사적인 원칙으로 선택된다고 하더라도, 또 ② 하느님의 내재성과 관련하여 매우 차이가 나는 것으로 여겨진다고 하더라도, 확신할 만한 것인지 하는 의문을 제기하는 일도 여전히 함께 수행해야 한다.'고 제안한다.

세상의 존속에 관한 생각은 진화론과 무관하게 유효하다. 더 나아가 사람들은 이렇게 말해도 좋을 것이다. 만일 진화와 "계속되는 창조"를 동일한 것으로 바라본다면, 결국 하느님께서 일찍이 이루신 창조 사업을 시간과 공간 안에서 벌어진 사건으로 바꿔 생각할 수도 있다. 그러나 그것은 사실상 하느님의 "세계화"를 생각하게 함으로써 피조물의 온전한 독립성을 더 이상 보장할 수 없게 만들지도 모른다. 그렇게 되면 피조물 하나하나의 고유한 능력을 인정하려는 모든 시도들이 무의미하고 헛되게 되고 말 것이다. 그래서 사람들은 '피조물이 스스로 이루어 낼 수 없는 그런 일이 벌어질 경우, 예컨대 전혀 새로운 종류의 변이가 이루어질 경우마다 하느님이 관여하신다.'고 생각하게 될 것이다. 그러나 일찍이 그랬던 적이 있듯이, 하느님을 항상 일정하게 정해진 시공간의 분기점에서 세상의 필요에 따라 새롭게 조정하는 창조주의 관점에서, 그래서 그 어떤 "비약"이 필요한 순간 그 능력을 발휘하는 신처럼, 마치 "기계적인 신"(*Deus ex machina*)과 같이 취급해서는 안 된다는 점을 반드시 기억해야 한다. 그에 반해 오히려 하느님께서는 창조물들 안에서 그리고 그 곁에서 항상 창조주의 고유한 힘을 현재라는 시점에 계속 발휘하시는 분이라고 이해해야 옳다. 하느님께서는 포괄적이며 초월적인 역량을 보유하시니, 그것은 세상 및 피조물들이 진화하는 힘을 언제든 가능하게 해 주는 근간이 된다. 창조와 존속은 상보적인 개념이다. "미래에 대한 섭리" 역시 본시 창조 개념을 계속 유지시키는 개념의 일종일 뿐이다. 왜냐하면 창조 개념은 언제든 "무엇을 위해" 혹은 "무엇을 향해"라는 목적과 의도-개념을 함축하고 있기 때문이다. 그와 같은 목적성 개념은 철학사에서 비로소 뚜렷하게 부각되었다. 그래서 사람들은 '섭리'(πρόνοια) 개념이 아주 뒤늦게 생겨난 것으로, 그러니까 지혜문학에서 생겨난 것으로 이해한다.[37] 그러나 물론 이 같은 생각은 이미 '구원을 이끄시는 창조주이신 하느님'에 관한 사상과 결합된다. 이스라엘은 주 하느님을 계약의 하느님으로 경험한다. 만백성 사이에서 당신 백성의 운명을 결정하는 막강한 힘을 휘두르시는 하느님으로 경험한다. 그 같은 사상에 깊이 뿌리박힌 이해 지평 위에서 이스라엘은 자신을 하느님의 창조물로 고백한다. 특히 시편의 일부분에

---

37. "섭리"(Vorsehung)라는 주제에 관해서는 오늘날 Arnulf von Schelina의 연구가 보다 전반적으로 소개한다. *Der Glaube an die göttliche Vorsehung. Eine religionssoziologische, geschichtsphilosophische und theologie-geschichtliche Untersuchung*, Stuttgart 1999. 유감스럽게도 전(前)-종교개혁적 및 가톨릭적 전통에서는 이에 관한 연구가 거의 발견되지 않는다.

서, 또한 제2이사야서, 예언서들에서 그들은 하느님의 놀라우신 구원의 손길을 두고 찬양한다. 이사 46,9-11은 이렇게 고백한다. "먼 옛날의 일을 기억해 보아라. 내가 하느님, 다른 이가 없다. 내가 하느님, 나 같은 이가 없다. 나는 처음부터 장래 일들을 알려 주고, 예전부터 아직 이루어지지 않은 일들을 알려 주며, '내 계획은 성사되고, 나는 내 뜻을 모두 이룬다.'고 말하는 이다. 나는 해 뜨는 곳에서 맹금을 불러오고, 먼 나라에서 내 계획을 이룰 사람을 불러오는 이다. 내가 말하였으니, 그것을 반드시 이루리라. 내가 계획하였으니 그것을 반드시 실행하리라." 다니 2,20-22은 이렇게 진술한다. "지혜와 힘이 하느님의 것이니, 하느님의 이름은 영원에서 영원까지 찬미 받으소서. 그분은 시간과 절기를 바꾸시는 분, 임금들을 내치기도 하시고 임금들을 세우기도 하시며, 현인들에게 지혜를 주시고 예지를 아는 이들에게 지식을 주시는 분이시다. 그분은 심오한 것과 감추어진 것을 드러내시고 어둠 속에 있는 것을 알고 계시며, 빛이 함께 머무르는 분이시다."

하느님께서는 커다란 역사적 사건들 안에서만 활동하지 않으시고, 당신 백성의 일상적이고 하찮은 것들에도 관여하신다. 나아가 개별적인 신앙인의 삶 역시 하느님의 섭리 아래 놓여 있다. "주님은 나의 목자, 나는 아쉬울 것이 없어라. …"(시편 23). 그래서 신약성경의 경우에도 (섭리 사상은 보편적이고, 그래서 전체 백성이든 개별 신앙인이든 모두에게 두루 적용되었다.) 사람들은 '하늘의 새들과 들판에 수놓는 들꽃들'에 관한 예수의 가르침을 알아들을 수 있었다(마태 6,23-34 및 공관복음 병행구). 아주 특별한 경우로서 바오로 사도의 로마 8,28-32을, 그러니까 지상의 것들과 영원한 구원이 밀접하게 결합되어 있음을 가르치는 구절을 떠올릴 수 있다. "하느님을 사랑하는 이들, 그분의 계획에 따라 부르심을 받은 이들에게는 모든 것이 함께 작용해 선을 이룬다는 것을 우리는 압니다. 하느님께서는 미리 뽑으신 이들을 당신의 아드님과 같은 모상이 되도록 미리 정하셨습니다. 그리하여 그 아드님께서 많은 형제 가운데 맏이가 되게 하셨습니다. 그렇게 미리 정하신 이들을 또한 부르셨고, 부르신 이들을 또한 의롭게 하셨으며, 의롭게 하신 이들을 또한 영광스럽게 해 주셨습니다. 그렇다면 우리가 이와 관련하여 무엇이라고 말해야 합니까? 하느님께서 우리 편이신데 누가 우리를 대적하겠습니까? 당신의 친 아드님마저 아끼지 않으시고 우리 모두를 위해 내어 주신 분께서, 어찌 그 아드님과 함께 모든 것을 우리에게 베풀어 주지 않으시겠습니까?"

그리스도교 신앙은 섭리에 대한 사상을 계속적으로 발전시켰다. 이때 물론 (신)플라톤주의 철학과 스토아 철학의 몇몇 요소들도 수용해 발전시켰다는 점도 간과하지 말아야 할 것이다. 아우구스티누스의 『신국론』(De Civitate Dei)은 근본적으로 섭리-신학의 유일하고도 대표적인 작품으로 이해될 수 있다.

물론 사람들은 숙명론의 관점에서 강요할 수 있는 지나친 고난의 감수로부터 자신을 보호해야만 한다. 하느님께서는 인간의 고유 행위를 짓밟지 않으시면서 목적을 이루신다. 섭리는 이 세상에서 취하는 인간의 행위 및 작용을 하느님 앞에서 성숙하고 책임질 수 있도록 이끈다.

5. 인간 : 하느님의 모상 및 하느님을 닮은 존재

인간은 창조 설화의 증언에 의하면 "하느님의 모상 또는 그분과 닮은 존재"다. 인간의 그 같은 "닮음"은 모든 그리스도교적 인간학의 기초이자 근본 원리다.[38] 신학의 역사와 교의의 역사가 시작된 이래로 이 원리는 그리스도교-인간학적인 진술의 중심을 이루었다. 예컨대 이레네우스, 테르툴리아누스, 알렉산드리아의 클레멘스, 아우구스티누스, 토마스 아퀴나스 등이 그 입장을 대변하는 주요 신학자들이다. 레오 쉐프직(L. Scheffczyk)이 다음과 같이 바라보았다면, 그 역시 이에 대해 동의하는 것으로 볼 수 있다. "인간에 대한 가장 핵심적인 계시-진술이며, 그로써 창조신학적, 그리스도론적, 은총신학적, 종말론적 의미를 최대한 함축적으로 말해 주는 이 '하느님과의 닮음'은 하나의 특별한 체계를 따라 조직적으로 작업해 낼 것을 요구한다."[39] 물론 개별적인 관점에서도 하느님과의 닮음에 관한 통찰은 역사 안에서 풍부한 해석을 낳았다.[40] 창세 1,26 이하의 진술 의도를 추정할 때, 인간을 하느님의 대변자나 "대리자"로 해석한다고 하더라도, 그래서 이 세상에서 그리고 이 세상 곁에서 염려하고 행동을 통해 책임을 다하는 데 자신의 과제를 자각한다고 하더라도 빗나간 생각은 아닐 것이다. 성경에 있어서 중요하게 여겨지는 몇몇 구절들에서도 이 진술('하느님과의 닮음')은, 인간이 남자와 여자로 창조되고, 창조에 있어서 남녀 모두 기본적으로 동등한 입장에 놓여 있다는 이해에 크게 기여한다. 구약성경의 그리스어 저자들은 물론 신약성경의 저자들도 원형-모상 사이의 관계를 충분히 고

---

38. 이 주제에 관해 다양한 시각을 전해 주는 참고서로서 가장 먼저 손꼽히는 좋은 글은 "Gottesebenbildlichkeit"(W. Goss, J. Ernst, L. Scheffczyk, K.-W. Merks, M. Figura), in: *LThK*³ IV, 871-878이다.
39. 이 신학자는 앞선(각주 38번) 연구 논문에 조직신학자로서 참여했다(IV 부분).
40. 이와 관련된 새로운 해석의 역사는 Leo Scheffczyk이 편집한 글, *Der Mensch als Bild Gottes* (WdF 124), Darmstadt 1969을 많이 참조했다.

려하고, 그렇듯 '하느님과의 닮음' 안에서 하느님의 진면목에 참여한다는 사실을 직시했다. 이는 무엇보다도 신약성경에서 그리스도론적으로 강조되었으니, 예컨대 1코린 15,45-49은 이렇게 진술한다. "'첫 인간 아담이 생명체가 되었다.' 마지막 아담은 생명을 주는 영이 되셨습니다. 그러나 먼저 있었던 것은 영적인 것이 아니라 물질적인 것이었습니다. 영적인 것은 그 다음입니다. 첫 인간은 땅에서 나와 흙으로 된 사람입니다. 둘째 인간은 하늘에서 왔습니다. 흙으로 된 그 사람이 그러하면 흙으로 된 다른 사람들도 마찬가지입니다. 하늘에 속한 그분께서 그러하시면 하늘에 속한 다른 사람들도 마찬가지입니다. 우리가 흙으로 된 그 사람의 모습을 지녔듯이, 하늘에 속한 그분의 모습도 지니게 될 것입니다." 여기서 하느님과의 닮음은 그리스도에 의해 실현된다고 고백한다. 그리스도가 보여 주는 닮음은 곧 "인간의 완전성을, 그러니까 불사불멸성과 영광 그리고 그 역량을 포괄하는 완전성을 대변하는 표현이다."[41]

그러므로 제2차 바티칸 공의회는 하나의 기나긴 성경에 근거한 전통을 통해 인간의 하느님과의 닮음에 대한 입장을 지지하는 셈이다.[42] 인간이 하느님의 모상이라면, 그래서 그와 관련된 신학적-조직적인 개별 진술들을 서로 연계시켜 생각해 보노라면, 인간은 유일회적이고 독자적이며 더 없이 고귀한 존엄성을 갖고서 자신의 주변 세계와 세상에 대해 하느님 앞에서 책임을 져야 한다. 그리스도교 신학은 인간을 성경

---

41. (노르웨이의 주석신학자) J. Jervell, "Bild Gottes", in: *TRE* VI, 491-498(인용은 497).
42. 무엇보다도 NA 5, AG 7, GS 1, GS I,12가 비중이 있는 표현들이다. 이들은 특히 (남녀를 불문하고) 하느님과의 닮음이 우선적으로, "인간은 … 그의 내적인 본성에 있어서 사회적인 존재요, 다른 사람과의 관계를 동반하지 않고서는 살아갈 수도 없거니와 발전의 기회를 가질 수도 없다."는 점을 분명하게 강조한다고 가르친다.

의 증언에 기대어, 고대 철학의 요소들을 수용하면서도 한 걸음 더 나아가 한 분이신 하느님을 '위격' 개념을 통해 세 분의 "독립적인 자아"라는 기본적인 관점에 따라서 풀이하고자 노력한다. 그리하여 인간은 정신적인 존재이면서도 자아를 소유하고 자아를 스스로 지켜 가는 개별체로 이해하려고 한다. 거기에는 물론 하느님에 의해서 만들어지고 하느님과의 닮음을 통해 마련된 특별함이 깃들어 있다.[43]

6. 악의 기원

창세 2-3장의 저자들은 이렇게 질문을 던진다. 하느님의 좋으신 창조 의지에 거슬러 도대체 어디로부터 이 세상에 악이 들어왔는가? 그들은 이에 대해 원인론의 시각에서 답변을 시도하여, 이른바 '현재 상태는 태초의 역사로부터 어느 정도 설명이 가능하리라'는 기대 하에 풀어 나갔다. 첫 인간은 하느님의 계명을 거슬렀다. 뱀의 유혹을 뿌리치지 못한 그는 하느님의 계명을 어기고, 금지된 선악과를 따먹었다(창세 3,1-3). 그 죄악의 깊은 뿌리는 하느님과 같아지려는 인간의 요구(Anspruch), 곧 그에게 주어진 한계를 인정하지 않으려 함에서 싹텄다(창세 3,5). 악은 야휘스트 문헌이 특별히 소개하는 바와 같이 하느님에

---

43. 더욱이 창세 1,27에 언급된 하느님과의 닮음 덕분에 좀 더 오래전의 신학은 인간을 가리켜, 하느님의 손으로 빚어진 만큼, "초자연적인 은총"을 이미 선물로 부여받았다고 강조한다. 인간 현존재는 그 시작부터 "구원을 이루는" 은총으로서 "욕정에서 벗어날 수 있는 자유"를 부여받았기에, 육체적으로 불멸성, 고통으로부터의 해방, 자연적인 진리, 초자연적인 진리에 대한 인식에 있어서 능력을 갖게 되었다고 강조한다.

게서 기원하지 않는다. 이원론자들이 주장하듯, 악은 결코 하느님과 맞설 만한 힘을 갖지 못한다. 인간은 자신의 한계를 거부했고, 그것이 하느님을 거슬러 자신을 내세운 꼴이 되었다. 그것이 죄다. 그 죄로부터 모든 고통이 뒤따른다.

여기서 신정론(神正論)과 관련된 일련의 물음은 중요하지 않다. 예컨대 '어째서 하느님께서는 고통을 아예 제거하시거나 인간의 의지가 결코 책임질 필요가 없는 그런 것으로 제한하지 않으셨는가?' 하는 물음이 여기서는 무의미하다. 그러나 고대부터 이미 이것은 문제가 되기 시작했다. 하느님께서는 도대체 악(추함)을 배제시키기를 원하셨음에도 그렇게 할 수 없으셨던 것인가? 아니면 그렇게 할 수 있었으나 원하지 않으신 것인가? 아니면 그렇게 원하지 않으셨음은 물론 그렇게 할 수도 없으셨던 것인가? 아니면 그렇게 원하시고 또 그렇게 할 수 있으신 것인가? 하고 물었다. 만일 하느님께서 원하셨지만 그렇게 할 수 없으셨다면, 그분은 나약하기에 전능하다고 말하기는 어렵다. 그러나 만일 하느님께서 할 수도 없으셨고 원하지도 않으셨다면, 그분은 선하신 하느님일 수 없다. 그러나 만일 하느님께서 원하셨고 또 할 수 있으시다면, 또 다시 물음이 제기된다. 그러면 어째서 악을 배제하시 않으셨는가?

여기서 폭 좁게 말하자면 "도덕적인" 악, 죄악, 하느님 혹은 그분의 계명, 그분의 구원을 거스르는 인간의 자유 결단이 중요하다. 죄악이 존재한다는 사실은, 인간의 행위가 한편 모두 기계적인 결정론에 소급해 설명된다고 주장하더라도, 우리가 현실적으로 경험하는 바이다. 하느님께서 인간에게 보장하신 계약의 동반자-관계의 테두리 안에서 신뢰할 만한 자유 결단은 하느님을 거슬러서도 이루어질 수 있도록 마련되었으니, 그것이 마침내 인간의 죄악을 초래한다. 이때 그 어떤 인간도 당장 제로(Null)에서 시작할 수는 없다. 다시 말해 인간은 이른바 "처음부터" 자리하는 어떤 악한 결정에 대해 승인한다(ratifizieren). 전통 신학은 이를 인간의 '원죄'[遺罪]라고 가르친다. 이 개념에서 중요하게 고려할 사항은 아우구스티누스가 바라보듯이 이미 인간 안에는 악으로 기우는 경향이 자리한다. "이 경향은 세례 받지 않는 어린이들로 하여금 죄속에 가두어 두기에, 설령 그들이 어린아이의 모습으로 죽는다고 하더라도, 죄악(분노)의 자식들이라는 오명에서 벗어나지 못하도록 만든다."[44]

그 이후 옛 신학은 아우구스티누스의 전통을 중요하게 넘겨받았고, 그에 따라 원죄는 인간의 무질서한 삶을 이끄는 원인으로서 인간 본성에 자리하는 질병처럼 간주되어, 출산(出産)을 통해 계속 전달된다고 생각했다. 트리엔트 공의회는 「원죄에 대한 교령」(1546)을 통해 하나의 포괄적인 원죄론에 대한 가르침을 발표했다(*DZ* 1511-1514). 죄로 인한 타락의 결과로 인간은 거룩함과 정의를 상실하고, 악마의 노예로서 육체적인 죽음을 맞게 되었다. 아담의 죄는 출산을 통해 모든 인간에게 전해지며 모든 인간들 내면에 개인적으로 자리잡게 되었다. 바로 그 때문에 예수 그리스도를 통한 인간 해방은 절대 필수불가결한 것이 되었다. 인간 해방은 세례를 통해 시작되었으니, 유아도 그런 이유로 세례를 받아야 한다. 세례를 통해서 원죄는 제거될 것이다. 그러나 세례 후에도 죄에서 발아해 또 다른 죄로 이끄는 "욕정"은 남는다. 하지만 욕정 자체는 결코 죄가 아니다.

오늘날의 신학이 더 이상 유일무이한 한 인간[아담]에게서 비롯한다는 일련의 생물학적인 기원을, 곧 인류 일원설의 입장을 출발점으로

---

44. *Über die Verdienste und die Vergebung der Sünden*, II, 7,4.

삼을 수 없다는 사실에 대해, 왜 그럴 수 없는지에 대해 더 이상 추가적인 설명이 필요하지 않을 것이다. 그 같은 기원은 유일무이한 한 인간이 하느님을 거슬러 모반을 꾀하는 데 있어서 전제 조건이 된다. 그리고 그 모반은 생물학적인 출산을 통해 계속될 것이다. 원죄에 대한 가르침은 오늘날 신학적으로 다양한 해석을 낳고 있다.[45] 그러한 해석들 저마다의 합법성은 그 신학적인 원천 앞에서 무엇보다도 다음과 같은 물음에 기초해 산정된다. 즉 과연 신학적인 원천이 원죄를 개별적인 인간에게 앞서 주어진 어떤 것으로서 해석할 수 있을 뿐만 아니라, 하느님을 거스르는 모반 행위와 직결된 그때마다의 인간의 인격적인 응답을 포괄하는 것으로서도 이해할 수 있는지의 물음에 기초해서 산정된다. 그러므로 그 합법성은 그러한 잘못에 대해 그때마다 새롭게 재가하는 행위와 연결된다. 사람들은 아래와 같은 두 가지 이론(대안)을 다른 것들에 비해 우선적으로 제안한다.

① 먼저 진화와 인류 다원설(Polygenismus)을 받아들이지만, 그럼에도 "신학적으로는" 인류 일원설에서 출발한다는 이론이 있다. 다시 말해 한 인간이 이미 기존하는 인간들의 무리 안에서 하느님을 거슬러 모반을 꾀했다는 것이다. 그 인간은 일종의 유일무이한 구원사적인 기능을 담당해 왔다. 그렇게 셈족의 사고방식에는 '집합적 인격' 혹은 '법인'(corporative personality) 개념이 자리한다.

② 또 다른 이론은 보다 더 널리 확산된 형편이다. 아담은 허구적 인간 이상의 의미를 갖는다. 한 마디로 실제 인간을 대표한다. 성경 첫머리에서부터 의도한 것은 인간의 행위에 대해 인간학적 및 구원사적

---

45. 이에 특히 S. Wiedenhöfer(Hrsg.), *Erbsünde - was ist das?*, Regensburg 1999을 참조할 수 있음.

인 율법의 특성을 따라서 해명하는 것이다. 그리하여 그것은 모든 인간이 항상 하느님을 거슬러 행동할 수 있다는 것을 함축한다. 그렇게 모든 인간은 부정적으로 흐르는 순환적 구조에 노출된 셈이다.

우리는 이 (두 번째) 이론을 여기서 진지하게 받아들이고 싶다. 신학적인 원천 자료들로서는 무엇보다도 성경의 증언들이 있다. 이들 원천 자료들은 자기 자신을 신뢰하는 (또한 자기 자신을 고집하는) 인간은 항상 이미 하느님을 거스르는 인간이었다고 선언한다. 태어난 모든 인간은 하느님을 거부하는 일종의 사회적 맥락에 끼어든다. 인간은 이 하느님의 거부 성향을 개인적인 잘못을 통해 자신의 고유한 죄악으로 만든다. 혹은 인간은 그렇게 개인적인 잘못을 통해 이 하느님의 거부 성향과 연대 관계를 맺는다. 그렇게 이 "유산"과 연대 관계를 맺는 순간 구체적으로 인간은 죄인이 되고 줄곧 죄인으로 머문다. 만일 인간이 하느님의 은총을 얻게 된다면, 그는 "의화"될 것이요, 구원에 이르게 될 것이다.

그러므로 세상 타락의 역사는 인간이 그저 외적으로 만나는 실재가 결코 아니다. 그것은 인간 실존의 깊숙한 내면에 이르기까지 관계한다. 그로써 죄의 차원은 인간 실존의 "본성적인 것"에까지 파고든다. 이미 인간의 본성이 언제나 역사적이라는 사실은 분명하다.

이러한 통찰을 통해 어쩌면 그 핵심을 따라서도 항상 원죄와 관련하여 재고하는 바오로 사도의 로마 5,12-21의 진술은 올바르고 또 계속 유효하다고 볼 수 있다. 상기 구절 가운데 핵심 구절은 12절과 15절이다. "그러므로 한 사람을 통해 죄가 세상에 들어왔고 죄를 통해 죽음이 들어왔듯이 또한 이렇게 모두 죄를 지었으므로(ἐφ᾽ ᾧ) 모든 사람에게 죽음이 미치게 되었습니다." 그럼에도 그러한 죄의 대표성과는 다르게 또 다른 형태의 대표성으로 은총과 관계를 맺게 되었다. "사실 그 한 사람의 범죄로 많은 사람이 죽었지만, 하느님의 은총과 예수 그리스도 한 사람의 은혜로운 선물은 많은 사람들에게 충만히 내렸습니다."

그리스도교의 원죄에 대한 가르침에는 처음부터 "악마"가 인간의 죄의 본래적인 원인 제공자로 나타난다. '악마'에 대해 무엇을 말할 수 있을까? 지난해까지 수많은 성서신학 연구서들은 확신하는 목소리로 이렇게 설명한다. 곧 사람들은, 아주 대략적으로 표현해서, 악마의 실존과 그의 영향력에 대해 성경으로부터 구체적이거나 직접적인 것을 추출해 말할 만한 것으로서 오늘날 우리에게도 여전히 유효하게 이해될 수 있는 것이 거의 없다고 말이다. 개별적으로 주석 연구도 계속 진행된다. 교도권에 의한 설명도 이와 유사한 수준에 그친다. 이미 정해진 공의회 선언들, 예컨대 이와 같은 문제에 답변을 제시한 제4차 라테란 공의회의 결정에 대해 오늘날 시도하는 해석학도 당연히 악마의 현존과 행동과 관련하여 구체적으로 표현하는 것을 매우 의문스럽게 바라본다. 그럼에도 오늘날의 가톨릭 신학, 특히 조직신학에는 이와 관련된 물음이 계속 남아 있다. '악마'에 관하여 성경이 그것도 시대적으로 한정해서 혹은 신화론적인 형태의 진술들을 통해 확정하는 사실은 무엇일까? 단지 과거의 세계관 속에 잔존하는 유물에 지나지 않는 것일까? 아니면 모든 시대가 여전히 고려해야 할, 그래서 간단히 지나치거나 무시할 수 없는 그리스도교 실존의 경험과 조건들로서 받아들여야 할까? 그 밖에 그리스도교의 주요 전통, 복음 선포, 전례와 관련된 가르침과는 어떤 상관관계에 놓여 있을까? 악마가 여기서 비중 있게 다가온다는 사실도 간과할 수 없다. 이에 대해 뭐라고 설명할 수 있을까? 여기에 몇몇 이론적인 견해가 제기된다.

① 가톨릭 신학은 물론 그리스도교 신학 전체가 그리스도교 신앙

중심에는 예수 그리스도를 통한 인간의 구원에 관한 진술, 곧 예수 그리스도 안에 인간 구원이 근거한다는 고백에 자리하고 있음에 대해 확고하게 말한다. 예수 그리스도는 모든 시대에 온갖 실재하는 것들의 주님이요, 죽음을 이겨내신 주님이시며 세상의 모든 권세와 능력들을 다스리는 주님으로서 언제라도 유효하다. 이 사실만은 그리스도교 신학의 정당한 토대로 작용하기에, "악마"라는 개념도 그 토대 안에서 어떤 의미를 갖고 있다.

② 일찌감치 악마가 아니라 바로 인간이 하느님 앞에서 죄를 저질렀다고 묘사한 사실이 중요하다. 다시 말하자면, 여기서 인간의 죄에 대해 반성하게 된다면, 악마(단수로서든 복수로서든)의 실존을 상상하는 일이 신학적으로는 결코 필수적인 것은 아니다.

③ 악마에 대한 구체적인 상상이 가능하지 않듯이, 분명한 범주를 따라 악마에 관해 진술하는 것은 어려움이 많다. 그러나 만일 앞서 언급한 한계들이 언젠가 해명된다면, 다음과 같은 통찰을 제안할 수 있다.

죄가 실재한다는 것은 신학에서 자명하다. 그와 마찬가지로 가톨릭교회의 입장에서 원죄에 대한 전통적인 가르침과 연계해 말하자면, 죄의 초-개인적인 차원이 존재한다고 말할 수 있다. 오늘날 인간의 경험들에서 이 같은 차원을 전반적으로 통찰하려는 집약적인 시도가 이어지고 있다. 전통적으로 "사탄"(Satan), "악마"(Teufel), 그와 유사하게 표현되는 그런 차원의 소재들과 관련하여 무엇을 말할 수 있을까? 악마가 "인격체 안에서", "인격체를 통해서" 존재한다는 입장에서 악 역시 인격적인 실재 혹은 그의 한 부분에 지나지 않는다고 말할 수 있을까? 이 같은 의문들은 그 자체가 제시되는 방식처럼 직선적이고도 분명하게 답변될 수 없다. 설령 사람들이 하느님을 "위격"으로 표현한다고 하더라도, 인간의 경우와 똑같이 이해되지는 않는다. 단지 유비적인 방식으로만 그러한 표현과 개념이 유효하게 취급되어야 한다. 그래서 토마스 아퀴나스는 그 '위격'의 이해를 위해서 하느님과 인간 사이의 닮음에 비해 '닮지 않음'이 더 크게 고려되어야 한다고 설명하고, 라테란 공의회 또한 그렇게 가르쳤다. 게다가 인격 개념은 오늘날 철학과 심리학 등의 차원에서 많이 취급되고 있지만, 결코 동일한 의미로 새겨지지 않고 있다. 그런 점에서 오늘날 하느님을 위격 개념으로 설명하는 데 있어서 보다 큰 어려움을 동반할 수밖에 없다. 특히나 "삼위의" 하느님이 한 분이시라는 고전적인 진술과 관련하여 설명하는 일에는 무척 어려움이 많다. 물론 악마 개념을 '위격'의 차원에서 간단히 바라볼 수는 없다는 것도 분명하다. 그래서 악마를 일종의 '악의를 지닌 반대자'로서 혹은 하느님을 거스르는 구조적 반영(反影) 쯤으로 이해하려고 한다. 위(하늘)에 대해 상대적으로 고려된 아래(지하)의 경우처럼 말이다. 이 둘 모두 막강한 영으로 이해하지만, 오로지 하느님만이 최후에 승리를 거두실 것이다. 물론 이 같은 온건한 이원론적인 입장을 가톨릭교회 측에서는 오늘날까지 지지해왔고 또 여전히 지지한다. 비록 가톨릭 신학이 일반적으로 그 어떤 이원론에 대해서도 관대하지 않을지라도, 전통적인 진술들에 터 해서는 다음과 같은 의문이 무의미하게 취급되지는 않는다. 예컨대 악을 경험하는 중에 어떤 인격적인 요소가 인간 저편에서 작용하는 것은 아닌지 하는 의문에 대해 나름대로 진지하게 받아들이고 있다. 그리하여 얼마 전부터 잘 알려진 가톨릭 교의신학자들(발터 카스퍼, 칼 레만 등)이 다음과 같은 견해를 제안한 바 있다. 어떤 식으로든 사람들은 현실적으로 경험되는 악에다 인식과 의지의 독립적인 요소들을 인정해야 할 것으로 여겨지니, 그럴 때 사람들은 (전통적인 인격 개념에 기초한) 위격성과 연관된 최소한의 의미를 확보할 수 있다.

상기 악의 위격성 문제에 답하는 데 도움을 주는 한 가지 통찰이 있는데, 그것은 가톨릭교회의 기초신학자들, 교의신학자들, 교황 베네딕토 16세가 숙고한 점이다.[46] 악의 본질은 자신을 드러내기보다는 자신을 감추는 것이라고 상기 교황은 논증을 펼친다. 거기에는 물론 당장 악의 폭력성도 함께 자리한다. 악은 자신을 감추고 동시에 파괴적으로 작용한다. '식별되지 않는다는 것'이 그리스도교의 전통에 따르면 악의 본래적인 모습이자 그의 위력이다. 그러나 식별되지 않은 것은 인간이 파악해 내는 여러 가지 방식을 통해서는 파악될 수 없다. 만일 악이 "위격적인" 특성을 취한다면, 그것은 그저 유동적인 것, 가지각색으로 변하는 것, 불확실한 것의 존재 방식을 따라서만 포착될 것이다. 그러므로 사람들이 "악"에 대해 혹은 "악한 자"에 대해 말해도 좋을지 하는 문제가 신학적으로는 결코 온전히 해결될 수 없다. 내게는 이 같은 통찰이 매우 명료한 것으로 비쳐진다.

더욱이 악이란 인간의 경험에 따라 그리고 그리스도교 전통에 따라 단지 식별되지 않은 것만이 아니라, 해체시키는 것 혹은 파괴시키는 것으로도 입증될 수 있다. 그래서 사람들은 도대체 '악은 "위격"이다.'라고 말할 수 없다. 오히려 최대한 풀어 말한다면, '악'은 차라리 비-위격이요, 위격적인 것의 파괴를 가리킨다. 이 같은 측면에서도 파괴와 부정으로 경험되는 악은 인간의 파악 능력에 적합한 대상으로 다가오지 않는다. 이때 인간의 파악 능력은 의당 일련의 원칙적·인식론적인 안목에서 항상 설정하는 것이거나 긍정하는 것을 뜻한다. 그래서 사탄

---

46. Abschied vom Teufel, in: J. Ratzinger, *Dogma und Verkündigung*, München ³1977, 221-230.

은 주저 없이 부정적인 것으로 대변되며, 결국 만일 표현해야 한다면, 오로지 신화나 상징적인 표현 방식을 통해서만 포착될 수 있다. 바로 거기가 상세한 해명을 필요로 할 경우 신학 및 신학적인 진술에 알맞은 신화의 의미를 생각해 보는 자리가 될 것이다.[47]

그러므로 만일 전통적으로 "악마"라고 일컫는 악의 이 같은 차원이 더는 분명하게 규정될 수 없도록 만든다면, 그런 불분명한 악 곁에서 신학의 불확실성이 문제가 되기보다는 오히려 그 본질상 불확실하고도 가지각색으로 변하는 사태가 존재한다는 점이 중요하다. 또한 앞선 첫 번째 경우와 연계해 말하자면, 악-개념은 그리스도교 신앙에 있어서 아주 확실히 주변적인 진술 정도로 머문다는 점이 중요할 것이다.

7. 창조 신앙과 자연과학 간의 대화

"창조"라고 하는 신학적 문제 영역과 관련하여 신학과 자연과학

---

[47] 이는 일찍이 H. Schlier가 충분히 작업해 낸 바와 같이, 신약성경에서 악한 세력들과 권세들을 대신한다. 한편 바오로 사도는 거짓 사도가 그리스도의 사도들의 가면을 쓰고 있다고 말한다. 나아가 1.요한(서간)도 거짓 예언자들에 대해 경고한다. 사람들은 이렇게 말할 수도 있다. (신약성경에서) 그렇듯 악한 세력들과 권세들이 인간들과 [물질적인] 요소들과 제도들을 통해서 그리고 그런 것들 안에서 경험될 수 있는 만큼, 그런 것들 안에 악한 세력들과 권세들이 물러나 있다. 드러나지 않는 모습이 본시 그들의 본질에 속한다. 페르가몬의 왕가에 속한 시민이 그의 아크로폴리스를 쳐다보게 된다면, 거기에는 그를 위해 아우구스투스와 로마의 성전이 우뚝 서 있다. 그러나 Genoff의 선지자는 페르가몬 가문에 대해 이렇게 말한다. "나는 네가 머무르는 바로 거기에 사탄의 왕좌가 놓여 있는 것을 보았다"(2,19). 그 선지자는 성전을 둘러보고는 거기에 감추어진 것을 보았는데, 그 감추어진 것 안에는 당장 사탄의 힘이 작용한다. 그러므로 식별되지 않는 것은 악의 위력이다. 이는 신학적-체계적인 결론들을 확보한다.

사이에는 넓은 접점 지역이 존재한다. 그러므로 결론적으로 몇 가지 주지할 점들을 덧붙임으로써 창조 신앙의 구체적 가르침들을 정리해 보고자 한다. 최초의 자연에 관한 지식은 인간의 언어나 기술(技術)만큼이나 오래 되었고, 그래서 인간에게는 확실히 처음부터 함께 주어진 것으로 간주된다. 상대적으로 이른 시기의 세계관은 가장 먼저 직접적인 시각으로 관찰이 가능하게끔 재현되었다. 자연에 대한 해명과 해석을 위해 좀 더 파고드는 시도들을 우리는 다양한 신화들이나 신들에 관한 이야기를 통해 살펴볼 수 있다. 그에 따라 '자연 현상들, 특히 하늘의 별들은 그 본성상 신들로 이해되었다. 그것은 곧 초인간적인 능력들로서 전례를 통해 종교적으로 숭배 대상이 되었다. 그러한 현상들을 계획적으로 연구하는 시작 단계, 특히 별들의 운동에 관해 관찰하는 단계(calendar 제작을 위해)는 모든 문화권의 문헌들에서, 특히 이집트와 메소포타미아-티그리스 강 유역의 문헌들에서 발견된다. 물론 도시 국가를 이룬 문화권에서도 세계관은 대부분 신화적인 상상을 뼈대로 삼고 있다. 천문학과 점성술은 하나였다. 성경에서는 본질적으로 아직 학문적인 관점에서 마련되지 않은 고대 동방 문화권의 세계관이 줄곧 자명한 것으로 받아들여졌다. 그럼에도 성경에는 일견하기에 당시의 고대 세계관이 배경으로 삼았던 신화적, 마술적인 요소들이 거의 완전히 빠져 있다. 구약성경은 탈신화적인 모습을 보여 준다. 그것은 마치 점성술과는 전혀 다른 입장에서 오히려 상극이 되는 세계관을 취했다고도 볼 수 있다. 옛 동방 문화권의 유산을 배경 삼아 그리스인들은 새롭고도 질적으로 보다 높은 수준의 자연과학적 지식을 쌓아 나갔다. 그들은 실재 세계를 이해하는 수학, 이성적 통찰을 고무시키는 철학, 논리적 사고의 틀을 마련하는 논리학과 매우 긴밀하게 유착해 발전해 나갔다.

그럼에도 아리스토텔레스와 아르키메데스에 이르러 절정을 이루었던 그 같은 획기적인 학문적 발전은 이내 다시 좌절을 맞았다. 현대 자연과학은 근대 유럽이 이루어 낸 한 가지 특별한 현상으로서, 중세의 사전 작업을 전제하지 않고서는 생각할 수 없다.

니콜라우스 코페르니쿠스(Nicolaus Kopernicus, 1473-1543)는 프라우엔부르크(Frauenburg) 교구의 주교좌 본당신부였는데, 최초로 태양 중심의 우주관(지동설)을 주장했다. 이 우주관은 당시까지 지구 중심의 우주관, 곧 지구를 중심으로 천체의 움직임을 주장한 프톨레마이오스(Ptolemeus, 90-160)의 천동설을 극복하는 데 일조했다. 그러나 코페르니쿠스가 그것을 가장 먼저 생각한 사람은 아니었던 것 같다. 이미 데모크리토스(Democritos, 기원전 470-380)가 그와 같은 생각을 가졌었지만 당시에는 무시되고 말았으며, 그것을 인정해 주는 대중은 없었던 것으로 여겨진다. 코페르니쿠스는 그의 작품 『천체의 회전에 관해』(*De revolutionibus orbium coelestium*, 1543)에서 이렇게 적고 있다. "천체의 중심에 태양이 자리한다. 과연 누가 이 같은 놀랍도록 아름답고 고결한 우주 안에서 지금처럼 우주 전체를 한꺼번에 두루 밝게 비출 수 있는 곳으로서 거기(중심)말고 달리 그보다 더 좋은 어떤 곳에 이처럼 빛나는 태양을 배치한다는 말인가? 일찍부터 사람들이 정확히 그것을 간파했다고 보는데, 누구는 '세상의 등불'로, 누구는 '의미'로, 누구는 '조정키'로 부르지 않았던가! … 그래서 태양은 마치 왕좌에 앉아 지휘하듯이 그 주변을 맴도는 모든 별들을 실재적으로 다스린다."[48] 코페르니쿠스는 이 같은 새로운 입장을 지지하는 데 신앙과 어떤 식으로든 갈등을

---

48. 독일어 번역은 Nikolaus Copernikus, *Das neue Weltbild* (Drei Texte, lateinisch-deutsch), hrsg. v. H. G. Zekl, Hamburg 1990, 137.

느끼지 않았고, 그 때문에 다른 사람들로부터 공격을 받지도 않았다. 이후 스승 티코 브라에(Tycho Brahe, 1546-1601)의 천체 측량술에 힘입은 요한 케플러(Johannes Kepler, 1571-1630)는 다양한 관측들로 규명된 매우 정확한 이론을 제시했다. 그는 먼저 태양을 천체 회전의 중심으로 삼고, 일종의 우주의 "영혼"으로 간주했다. 케플러는 예컨대 자신의 이론을 다음과 같은 식으로 설명했다. 어떤 요리사가 후라이팬의 모든 면을 동시에 가열하려고 할 때, 가스 불을 붙잡고 이리저리 돌리는 것이 아니라 후라이팬을 돌리는 것과 같다는 것이다. 그는 물론 신심이 깊었다. 그의 책 『우주의 조화』(*Harmonices mundi*, 1619)에 이렇게 기록했다. "오, 하느님 당신께서는 이 세상의 빛을 통해 우리가 바라는 것을 당신 은총의 빛으로 가득 채워주십니다. 그로써 우리가 이 빛을 통해 당신 영광의 빛으로 나아가도록 이끌어 주십니다. 저는 이 세상의 창조주이신 하느님 당신께 감사드립니다. 왜냐하면 당신께서는 손수 만드신 것 곁에서 제가 기쁨을 누리도록 허락하셨기 때문입니다. 저는 당신 손길로 마련된 이 모든 작품들을 두고 기뻐 뜁니다. 저를 이끄신 이 작품으로 인해 저는 지금 충만합니다. 당신께서 저에게 선사하신 저의 정신력을 최대한 기울이고 있습니다. 저는 당신의 작품들에 담긴 영광을 사람들에게 … 드러내려고 합니다. 그 무한한 풍요로움을 저의 부족한 오성으로 파악할 수 있는 만큼만이라도 말입니다. 저의 정신은 이미 올바르고 참된 연구의 노정을 걷고 있습니다. … 만일 제가 당신이 만드신 작품들의 기막힌 아름다움으로 말미암아 길을 잃고 정신을 차리지 못하게 된다면, 만일 제가 혹시라도 당신께 그 영광을 돌려야 마땅한 저의 작품이 승승장구하는 바람에 사람들 사이에서 제게 돌아올 명예 때문에 들뜨게 된다면, 당신의 온유하심과 자애로우심으로 저에게 자비를

베풀어 주십시오!"⁴⁹

특히 "갈릴레오 갈릴레이(Galileo Galilei, 1564-1642) 재판"이 자연과학과 교회와의 갈등을 대변하는 전형적인 사례로 발전했다는 사실을 우리는 잘 알고 있다. 근본적으로 갈릴레이는 케플러의 생각을 넘겨받았다. 그런 점에서 그의 우주관(천체의 움직임)에 대한 입장에는 그리 독특한 점이 없었다. 교회의 심문이 (말하자면 로마 교황청은 동등한 권력을 내세우는 스페인 교회와 갈등이 있었다.) 당시 사람들도 이미 일상적으로 활용되는 언어적 용법으로 알아들어야 한다고 알고 있던 구약성경의 한 구절, 그러니까 "해가 그대로 서 있고 …"(여호 10,12-14)란 구절을 문제 삼았다는 것이 매우 특이하다. 이런 모든 상황은 마치 그렇게 몰아붙이는 이들이 갈릴레이 재판을 통해 무언가 다른 의도를 우려했던 것으로 이해하게 만든다. 예컨대 이 세상은 확실히 "별 가치가 없다!"는 의식, 세상은 인간 실현을 위해 더 이상 유익한 장소가 아니라는 의식을 심어 주려는 이론으로 파악한 것 같다는 것이다. 그리하여 도대체 (하느님께서 파견하신) 예수 그리스도를 통해 이뤄진 이 세상의 구원 행위 전체가 별 의미가 없다는 의식을 심어 주려는 것처럼 염려했다는 것이다.⁵⁰ 1633년 6월 22일 갈릴레이는 의미심장한 말로 이의를 제기했다. "교황성청으로부터 나에게 판결 명령이 전달되었을 때, 곧 나는 태양이 우주의 중심이자 고정되어 있으며, 지구는 그 중심이 아니라 스

---

49. 이 기도는 상기 작품(V 9)의 말미에 기록된다. M. Caspar에 의해 정교하게 마련된 독일어 번역서(München 1973, 350)를 참조했다.
50. R. Feldhay는 1995년 이와 관련된 주제로 글을 하나 써서 이런 연구 경향들에 대한 정보를 제공해 주었다. 그의 Recent Narratives on Galileo and the Church: or The Three Dogmas of the Counter-Reformation, in: *Science in Context* 13 (2000), 489-507.

스로도 움직인다는 생각은 잘못된 것으로 포기해야 하고, 나아가 이런 잘못된 가르침을 계속 참된 것으로 주장해서도 안 되고, 이를 옹호하거나 가르쳐서도 안 된다는 명령을 받고서 나는 당장 그 서약을 파기하고 그것을 떠나서 솔직한 양심을 따라 상기 [내가 저지른] 오류에 대해 저주할 것입니다. 또한 나는 미래에 입으로나 손으로나 나의 입장을 거스르는 의심이 솟구칠 수 있는 그 어떤 것도 말하지 않겠다고 맹세할 것입니다." 갈릴레이가 실제 (혼잣말로 중얼거리며) 했다고 간주하는, 이른바 "그래도 지구는 돈다."(Eppur si muove.)는 말은 아마도 뒤에 보태진 이야기로 비쳐진다. 그럼에도 여기에는 교회 측에서 혹은 신학의 입장에서 그 권한을 넘어선 결정 행위라고 보는 시각이 다반사다. 물론 이미 벌어진 역사적 상황이 그런 갈등의 빌미를 제공했다.

이 문제점은 갈릴레이 이후 역사적으로 어떻게 발전했을까? 이와 관련하여 확실하게 말할 만한 경우는 이삭 뉴턴(Issac Newton, 1643-1717)이다. 약 1600년 이래로 다양한 인간들에게 대자연은, 특히나 천체는 정교하게 만들어진 시계처럼 움직인다는 생각을 강하게 심어 주었다. 그에 반해 사람들은 신학적인 사유를 전개하지는 않았으나 뉴턴은 신학적인 사유와 연결시켜 생각했다. 그는 자신의 연구를 통해서 절대 공간과 절대 시간이라는 중요한 개념에까지 나아갔다. 그는 이 같은 생각을 하느님의 영원한 현재성과 전능성에 대한 생각과 연결시켰다. 뉴턴은 자신의 전 생애에 걸쳐 순수 물리적인 물음보다는 점점 더 신학적인 물음에 몰두했다. 18세기를 강타한 그의 영향력은 그의 비문에서 적힌 글로도 분명하게 드러난다. "자연과 자연의 법칙은 어둔 밤 속에 감추어진 채로 있었다. 그래서 하느님께서 '뉴턴이 존재하라!' 하고 말씀하셨다. 그러자 모든 것이 밝아졌다."

우리는 역사적으로 한 번 더 되돌아가야만 할 것이다. 코페르니쿠스는 자신의 작품을 출간하는 데 오랫동안 머뭇거렸다. 그 책은 교황 바오로 3세에게 헌정되었고, 그 책 서문에는 '저자가 천체의 운행에 관한 계산을 두고 단순히 수학적인 가설을 세워보려는 것뿐이요, 천문학은 그 운행의 참된 본성에 관해서는 아무것도 말하지 않으려고 한다.'고 적혀 있다. 이 작품은 갈릴레이 판결 전후로 금서목록(1616)에 올랐고, 마침내 1757년에 가서야 해제되어 세상에 나왔다.

루터 역시 이 같은 새로운 우주관에 대해 혹평했다. 한편으로 그는 일반 학문을 어떻든 "세속적인 것"으로 바라보았다. 그는 비-가톨릭적인 영역에서 일반 학문을 평가절하 하는 데 있어서, 특히 신앙과 자연과학 사이에서 빚어지는 상호 비난을 가치가 없는 것으로 평하는 데 지원을 아끼지 않았다. 그는 간단히 성경을 근거로 프톨레마이오스의 우주관을 지지했다.

기계주의적 자연과학을 신봉하던 추종자들은 세상 만물을 정교하게 만들어진 시계로 이해했고, 하나의 현상이 그것을 움직이게끔 하는 어떤 압력 혹은 충돌의 원인으로서 그 어떤 물질적인 것이 관찰된다면, 그로써 이미 설명된 것으로 간주했다. 그 밖에 다른 모든 설명 원리(힘-개념과 관련하여)는 거부되었다. 기계주의적 사고의 절정은 크리스티안 호이겐스(Christiaan Huygens, 1629-1695)에게서 찾아볼 수 있다. 근대의 사고방식을 특징짓는 기본 원칙들은 먼저 데카르트(1596-1650)에 의해 명료하게 제시되었다. 그에 의하면 두 가지 서로 다른 존재 방식이 있다. 이른바 '사유하는 것'(res cogitans)과 '연장되는 것'(res extensa), 곧 정신적인 것과 물질적인 것이다. 정신적인 것은 하느님처럼 완전 비물질적인 존재요, 나머지 자연은 간단히 말해 정확히 기계주의를 따른다. 동물들과 인간의 육체도 좀 더 복잡한 기계(자동화 기기)와 전혀 다르지 않다. 근본적으로 자연에 관한 가르침은 본시 수학에 기초한다. 수학 안에 그리고 수학을 통해 그 구조가 세상과 인간에게 고스란히 적용된다. '연장되는 것' 거기에 반해 데카르트의 수학적인 방법을 바람직한 것으로 이해하면서도, 다른 한편 그것을 조직적인 실험과 연계시키게 된 것은 뉴턴의 공로였다. 이 같은 수학적인 방법과 조직적인 실험의 결합적 사고방식은 본질적으로 오늘날의 이해 지평에서도 자연과학의 특징으로 이해한다. 자연과학의 또 다른 선구자를 위해서도 그리스도교 신앙은 자연과학의 발전에 결코 걸림돌이 되지 않았다. 예를 들어 파스칼(Blaise Pascal, 1623-1662)의 경우가 그러하다. 그는 대부분의 철학에서 신(神)-문제와 관련하여 거론한다. 이때 사람들은 그가 당시 이름난 수학자 가운데 한 사람이었다는 점을 잊곤 한다. 그의 업적에는 틀림없이 계산기의 발명도 속해 있다.

데카르트와 기계주의자들에게 영향을 받은 자연과학자들은 인간과 동물의 신체 기능에 대해, 곧 *res extensa*에 대해, 점점 시간이 가면서 훨씬 더 정확하게 정보를 확보할 수 있다는 사실이 무척 마음에 들었다. 그에 반해 다른 부분, 곧 *res cogitans*에 대해서는 (그러니까 정신적인 것 혹은 영적인 것에 대해서는) 검증할 만한 것이 없어 불편했다. 그러니 오직 한 가지 실재만이 존재한다고 생각하는 것이 훨씬 더 합당한 것처럼 여겨지지 않았을까? 그리고 그 유일한 실재는 시간이 갈수록 물질적인 것(달리 말해 기계적으로 측정 가능한 것)이란 생각이 점점 더 굳어졌을 것이다. 그렇게 해서 18세기에 기계주의적인 관점을 바탕으로 유물론이 생겨났다. 대표적인 고전으로 우리는 라메트리(Julien Offray de la Mettrie, 1709-1751)의 작품 『인간은 기계』(*l'Homme machine*)를 손꼽을 수 있다.

그 책에서 인간은 당시 자연과학이 가장 정확한 것으로 취급한 시계(자동시계)로 고스란히 환원시켜 소개되었다. 그런 입장에서 신(神)에 대한 물음은 대수롭지 않게 여겨지고 사람들은 하느님을 필요로 하지 않았다. 이 유물론은 그렇게 무신론으로 흘러갔으며, 결국 이 유물론이 무신론의 길잡이가 되었다.

이들 유물론자들과는 또 다른 입장을 취한 '자연신학자들'은 자연의 목적과 아름다움의 근거로서 창조주의 선과 지혜에 관해 통찰하는 과제를 열심히 수행했다. 젊은 시절의 칸트(Immanuel Kant, 1724-1804)도 그런 입장으로부터 영향을 받았다. 그래서 그는 비록 나중에 신학적인 차원에서 시도한 신-증명을 부인하게 되었을지라도, 신-증명에 관한 또 다른 [도덕]형이상학적인 근거를 마련했다.

여기서 아예 언급하지 않고 그냥 지나칠 수 없는, 이른바 자연과학의 한계 내에서 혹은 자연과학의 발전 도상에서 아주 확고한 방향 하나를 뒤쫓는 사상, 곧 '경험주의'가 생겨났다. 데카르트의 합리주의, 곧 타고난 관념을 통해 세상의 기본 통찰이 이루어진다는 사상에 정확히 반대되는 이 사상은 존 로크(John Locke, 1632-1704)와 데이비드 흄(David Hume, 1711-1776)에 의해 발전되었다. 곧 이 감각주의 혹은 경험주의는 다음과 같은 이론을 펼친다. '인식의 원천은 경험 혹은 감각적인 지각이다.' 자연적인 사건에 그 어떤 필연성(인과론적 연결고리)을 적용시키는 태도에는 아무런 근거가 없다. 왜냐하면 우리의 경험은 사건의 (연속적인) 흐름 안에서 최대한 일정한 규칙성을 따를 뿐이기 때문이다. 그런 이유에서 자연을 연구하는 사람은 결국 필연성을 찾아내기보다는 오히려 인간의 뚜렷한 사고 습관을 발견할 뿐이다. 이 경험주의에 이웃하는 사상이 영국 교회의 주교 버클리(George Berkeley, 1685-

1753)의 주관적 관념론이다. 그는 "존재"에 관한 옛 질문을 새롭게 바꿔 제기하면서 스스로 "존재는 지각되는 것"(Esse est percipi)이라고 외쳤다. 그로써 그는 유물론을 종지부 찍을 수 있다고 믿었다. [다시 말해] 물질이 존재한다는 언표로써는 단지 물질이 하느님 혹은 인간에게 그의 의식 내용으로 주어졌다는 사실 정도만 가리킨다고 볼 수 있다는 것이다. 따라서 물질의 움직임으로부터 의식을 도출해 내려는 시도는 부질없는 짓이다. 사람들은 경험주의에 기초해서는 확실한 것 혹은 그렇지 않은 것을 아직까지는 전혀 확신하지 못한다고 알고 있다. 이는 에른스트 마흐(Ernst Mach, 1838-1916)와 같은 이들이 받아들이는 실증주의(Positivismus)에도 동일하게 적용된다. 마흐는 경험주의자로서 감각적인 인상을 유일한 실재로 바라본다. 그런 까닭에 그에게 (감각적인) 세계를 초월한 실재에 관한 물음은 무의미하다. 의식 바깥에 어떤 세계가 존재한다는 견해는 참된 것도 아니지만 그렇다고 거짓이라고도 말할 수 없다.

여기서 18세기부터 19세기까지 들끓었던 결정론(Determinismus)과 비결정론(Indeterminismus)의 논쟁은 그냥 지나가도록 하자. 이 시기에는 각 사상의 입장마다 인간의 자유의지 혹은 기도의 숭고한 의미가 손상되었다는 점을 기억하자. 진화론의 경우에도 이와 겹치는 부분에 대해서는 나중에 논의할 기회가 있을 것이다. 여기서는 다만 데카르트에 의해 제안된 자연과학의 '방법적 무신론'(methodischer Atheismus)이 19세기에 누구보다도 종교 비판에 앞장섰던 마르크스와 포이어바흐의 영향으로 인해 신을 두둔하던 대중들의 태도가 뒤집혔다는 점을 잊지 말아야 한다. 그렇게 해서 자연과학적인 관점에서는 이른바 무신론적인 유물론이란 사상이 앞세워지게 되었다.

최근의 상황에 얼른 시야를 돌린다면, 오늘날에도 분명 자연과학과 신학 사이에 적지 않은 의문들이 아직 해명되지 않은 채로 남아 있지만, 한편 신학자들만이 아니라 많은 자연과학자들 역시 이 둘 사이의 갈등을 단지 피하려 하거나 심지어 불필요한 것으로 취급하려 한다. 이같은 새로운 경향에 대해서는 재차 두 가지 단계로 구분해 말할 수 있다. 첫 번째 단계로 이 두 학문, 곧 자연과학과 신학은 완전히 서로 다른 영역에 놓여 있다고 사람들은 말한다. 다시 말해 전자에게 해당되지 않는 과제에 대해서 후자가 몰두하는 것이 당연하다는 논리다. 이 같은 해당 영역의 구분은 오늘날 여전히 절충적인 대안을 모색하도록 촉구한다. 그러므로 사람들은 '하나의 실재가 존재한다는 점에서 자연과학자들과 신학자들은 의식적인 대화와 교류에 가담하고 한 테두리 안에서 연구를 계속해야 할 시점이라고 말이다. 그러나 앞서 언급한 '하나의 실재'에 관한 개념과 상관없이 사람들은 보편적인 원칙으로 다음과 같은 생각을 [안타깝게도] 고집스럽게 말한다. 예컨대 신학과 자연과학은 본래 근본적으로 어떤 모순을 통해 분리 및 갈등에 빠질 수는 없다고 생각한다. 왜냐하면 두 학문은 처음부터 두 학문의 연구 대상 영역 면에서든 방법 면에서든 서로 다르기 때문이다.

자연과학자들은 후험적으로 연구한다. 다시 말해 그들은 개별 현상들을 규칙적으로 경험하면서 연구 결과를 축적한다. 그들은 인간이 결국 감각적인 경험을 통해 자신이 몸으로 겪는 세상에서 그때마다 마주하는 대상들을 연구한다. 그래서 이들 대상들에 대한 경험들 사이에 일련의 연관성을 파악하려고 한다. 반면 신학은 실재하는 것 전체 및 그 근거에 대해 궁리한다. 그런 까닭에 원칙적으로 신학과 자연과학의 충돌은 일어날 수 없고 여긴다. 그러나 물론 각자의 잠정적인 언표가 중첩되는 그런 부분도 분명히 자리한다.

이때 어떻게 자연과학자들이 그들의 연구 대상들을 하나하나 탐구하는지, 그러니까 그들이 어떻게 진실을 입증하거나 거짓을 밝히거나 나름대로 분석하는지 더 자세히 물을 필요는 없다. 결정적인 점은 인간이 자연과학자들을 통해서는 가능한 실재와 현실적인 실재 그 모든 것을 한꺼번에 바라볼 수 있는 가능성을 갖지 못한다는 것이다.

그로써 간접적으로 돌려 말하는 바이지만, 자연과학은 보충적인 지식들을 확보하면서 점점 날이 갈수록 진보해야 한다. 그럼에도 자연과학은 근본적으로 전체를 아우르는 세계 개념을 갖지 못한다. 다시 말해 이미 처음부터 실재적인 모든 것을 함축하고, 나아가 자연과학을 앞서 조망하는 그런 의미의 세계 개념을 손에 쥘 수는 없다. 그러나 이는 또한 간접적으로 말하는 바이지만, 새롭게 얻은 지식이 이전의 지식을 수정할 수 있음을 함의한다. 왜냐하면 자연과학의 실재성은 개별적인 실재들을 통해 함께 결정되기 때문이다. 과연 그러한 개별적인 실재들은 나중에 가서야(곧 시간이 흘러가서야) 제대로 인식될 수 있는 것들이다. 이는 물론 하나의 새로운 지식이 옛 지식을 확인하는 것을 의미할 수도 있다. 자연과학의 지식은 경험적인 지식이다. 실험적인 경험은 처음에 한 번쯤 목록으로 작성된다.

두 번째 단계로서 자연과학은 그 같은 실험 결과물들에 근거해 마련한 자연 법칙적인 규칙을 가지고 아직 알지 못하는 사건들에 대해 충고하는 과제를 수행한다. 그러한 규칙은 앞서 진술될 수 있고, 그 다음 목록으로 요약해 소개될 수 있다. 보다 더 진보적인 경우 수학적인 연산 관계가 발견될 것이다. 그렇지 않으면 포괄적인 설명이 제안되기도 하는데, 이 포괄적인 설명은 인식한 것을 좀 더 확장시켜서, 그러니까 이미 인식한 것과의 연관 관계를 따라 정리하게 된다. 이 모델들은 이미 많든 적든 사람들이 의지적으로 마련한 것들이다. 이것들은 반복적인 실험과 관찰을 통해 검증을 거침으로써 확인되며, 그렇게 확인된 모델은 계속 유용하게 활용할 수 있다. 그렇지 않은 경우 모델은 바뀌어야 한다. 자연과학자들은 매우 많은 모델들을 만들어 내는데, 그런 모델들 아래에 대부분의 것들이 싸잡아 취급된다. 때때로 사람들이 현재까지 붙들고 작업하는 어떤 모델들은 오랜 시간 동안 아직 검증되지 않은 것들도 있다. 예컨대 아인슈타인이 1916년에 소개한 상대성 이론은 많은 시간이 지나서 마침내 70년대에 이르러 비로소 확정적으로 받아들여졌다. 그러므로 이는 자연과학의 지식이 다양한 영역에서 "시간 위에서" 다져지는 진리라는 사실을 말해 준다.

신학의 자기이해는 무엇일까? 신학은 하느님을 실재하는 모든 것의 유일하면서도 절대적인 근거로 소개한다. 신학은 누구나 개별적으로 경험할 수 있는, 실재하는 모든 것들의 그런 다채로움이 바로 유일하면서도 절대적인 실재인 하느님에 의해 근거한다고 생각한다. 이 같은 유일하고도 절대적인 실재를 신학은 다양하게 경험하는 실재들 가운데 하나로 보지 않고, 오히려 그러한 다채로운 실재들이 존재하도록 해 주는 그들의 근거로 바라본다. 그러므로 이 근거는 모든 개별적인 경험들의 총합을 뜻하는 것이 아니다. 신학은 자연과학이 마침내 막바지에 이르렀을 때 개진하는 그런 단계가 아니다. 신학의 물음은 초월해 나가는 것이며 초월적인 것이다. 다시 말해 그런 물음은 모든 가능성의 조건으로서, 무수한 개별적인 것들을 기초 놓는 근거로서 전체를 겨냥한다. 조건이자 근거로서의 신학은 원칙적으로 개별적인 것들과는 다른 본성을 지닌다. 그렇지 않고서는 신학이 개별적인 것들을 조건 짓거나 가능하게 할 수는 없었을 것이다. 이 같은 물음은 자연과학적인 지식에 의존하지 않으며, 자연과학적인 관점에서 완결될 필요를 느끼지 않는다.

그러면 도대체 신학은 자연과학과 부딪힐 수 있는 갈등들을 무릅쓰고서라도 무엇을 할 수 있을까? 우선 그런 갈등들은 대부분 이런저런 측면에서 서로 접목하는 부분에서 빚어진 것들이다. 과거에 태양 중심의 세계관이 중요할지 아닐지, 인간의 유래가 아주 오래된 생물학적 진화 과정에 의거한다고 보는 것이 중요할지 아닐지, 심리학이 거둬들인 일정한 결과물들이 중요할지 아닐지의 문제를 놓고 교회 안에서는 진지하게 숙고하기도 전에 재빠르게 '아니오.' 하고 완고한 태도를 취한 사례가 있었다. 자연과학의 입장에서 본다면, 그것은 인간과 세상을 위한 해결책으로서 실험적으로 보장된 것을 아예 포기하는 태도와도 같았다.

오늘날의 대화 역시 갈등을 일으킬 만한 잠재적인 요소들로부터 완전히 자유로운 것은 아니다. 왜냐하면 양측이 저마다의 입장에서 여전히 자유로울 수 없듯이 상대를 향해 쉽게 비판할 수 없기 때문이다. 거기에 덧붙여 오늘날 학문이 대단히 다양하게 분화된 시점에서 자연과학은 본시 신학이나 형이상학이 제기한 문제에 대해 너무 적게 이해하고 있으며, 다른 한편 신학은 자연과학의 영역과 접촉하는 경우 대부분 아마추어 입장을 취한다. 이 문제는 마치 전문가들이 실제 그렇게 서로 직접적으로 관련된 물음에 대해 보다 더 적절하게 해결할 수 있다고 보는 것처럼 오로지 두 분야를 모두 연구한 이들에 의해서만 해결될 수 있을지도 모른다.[51] 지난 몇 십 년 동안 특별한 방식으로 자연

---

51. 나름대로 성공을 거둔 작품으로서는 U. Lüke, "*Als Anfang schuf Gott...*", *Bio-theologie, Zeit-Evolution-Hominisation,* Paderborn u.a. ²2001. 참고로 뤼케는 신학적으로만이 아니라 자연과학적으로도 학식을 갖춘 학자다.

과학과 신학(특히 창조 신앙) 사이에 "다리를 놓는 일"에 몰두한 여러 자연과학자들(예컨대 호이마르[Hoimar von Ditfurth], 라인하르트[Reinhard Breuer], 요아킴 일리스[Joachim Illies] 등)이 있었다.

마틴 로탕겔(Martin Rothangel)이 신학과 자연과학의 관계에 대해 가장 중요한 모델들을 정성껏 분류하여 잘 정리한 적이 있다.52 갈등-모델(한스 알베르트[Hans Albert])로서의 신학은 자연과학적으로 체계화된 학문 이론과의 갈등으로 인해 생겨났다. 독립-모델로서의 신학은 학문 이론 및 자연과학과는 독립된 의미에서 신학을 생각하는 칼 바르트에 의해 지지를 받았다. 그리고 대화-모델(한스 큉, 볼파르트 판넨베르크) 신학은 가장 선호되었으며, 끝으로 통합-모델은 과정신학을 앞서 수용할 것을 전제로 한다.

오늘날의 신학적인 논의

창조 교리는 하느님에 대한 이해를 심화시키고 또 결실을 맺도록 이끌어야 한다. 그럼에도 철학적-신학적으로 함축적인 의미를 지닌 "무로부터의 창조"는 아직 반성해 내지 못한 것을 통찰하게끔 특별히 기여하는 바가 있다. 최근 몇 년 동안 생태학적으로 치솟은 관심을 통해

---

52. Martin Rothangel, *Naturwissenschaft und Theologie,* Wissenschaftstheoretische Gesichtspunkte im Horizont religionspädagogischer Überlegungen (Arbeiten zur Religionspädagogik 15), Göttingen 1999. 이 책이 종교 교육학적인 목적을 지니고 있다는 사실(이에 무엇보다도 세 번째 중심 부분[III]을 참조)은 앞선 첫 번째 중심 부분과 두 번째 중심 부분에서 취급하는 기본 원칙에 아무런 영향도 미치지 않는다. 모델에 관한 진술은 129쪽부터 등장한다.

서 창조 교리는 특별히 역점을 두어야 할 주제로 부각되었다. 하지만 이 같은 관점에서 시도된 집약적인 신학적 작업은 최소한 가톨릭 측의 입장에서는 아직까지 이렇다 할 성과는 없다. ([역주] 하지만 이 책이 나오고 십여 년이 지나서 최근 프란치스코 교황이 발표한 회칙『찬미받으소서』 [*Laudato si,*' 2015]는 분명 이 분야에서 괄목할 만한 가톨릭교회의 가르침이라고 할 수 있다). 자연과학적인 영역(세상의 시작, 시간성, 필연성, 우연성 등)에서 비롯하는 수많은 문제점들이 신학적인 의견을 필요로 한다. 한편 원죄에 관한 교리는 오늘날 사회심리학적, 나아가 심층심리학적 맥락에서도 논의되고 있다.

"창조론"에 관한 기본적 참고 문헌

Audretsch, Jürgen / Weder Hans, *Kosmologie und Kreativität,* Theologie und Naturwissenschaft im Dialog (*ThLZ.* F 1), Leipzig 1999.

Courth, Franz, *Gott - Mensch - Welt.* Was sagt christlicher Schöpfungsglaube? Leitfaden zur Schöpfungslehre, St. Ottilien 1996.

Ganoczy, Alexandre, Schöpfungslehre, in: W. Beinert (Hrsg.), *Glaubenszugänge.* Lehrbuch der katholischen Dogmatik I, Paderborn u.a. 1995, 363-495.

Häring, Hermann, Schöpfungstheologie. Ein Thema im Umbruch, in: *ThRv* 97 (2001), 177-196.

Moltmann, Jürgen, *Gott in der Schöpfung.* Ökologische Schöpfungslehre, München ^{5}2002.

Scheffczyk, Leo, *Einführung in die Schöpfungslehre,* Darmstadt ^{3}1987.

9 | 완성 - 하느님과 함께 머무는 공동체

종말론(최후의 것들에 관한 신학)은 최근 한 세기를 거치면서 나름대로 차분히 살아가는 현존재를 각성시켰고, 교의신학의 한 부분으로서 맨 마지막에 자리를 잡았다. 사람들은 세상과 인간 사이에서 일어날 최종 과정과 정황, 곧 죽음, 심판, 천국, 저승(지옥) 등에 대해 언급했다. 이 같은 상황은 근본적으로 변화했다. 발타사르(H. U. von Balthasar)는 40년 이상 앞서 집필할 수 있었기에 그 상황을 프로테스탄트 신학에서든 가톨릭 신학에서든 동등한 수준에서 적절하게 특징지어 이렇게 말했다. "종말론은 우리 시대의 신학에 있어서 '태풍의 눈'이다. 그로 인해 짓궂은 날씨가 시작되듯, 신학이라는 전체 땅에서 자라난 새싹이 위기를 맞고 있다. 폭풍우에 의해 싹이 떨어지든지 아니면 단단하게 결실을 맺든지 기로에 섰다. 만일 19세기 자유주의(Liberalismus)가 쇄도하던 당시 트로엘치(Troeltsch)가 '종말론의 사무실은 이제 폐쇄되었다.'고 했던 말이 적절하다면, 세기가 바뀌면서 그 사무실은 이제 그와는 정반대로 초과 근무를 하는 곳이 되었다."[1] 이런 사실은 무엇을 의미할까?

---

1. H. U. von Balthasar, "Eschatologie", in: J. Feiner u.a. (Hrsg.), *Fragen der Theologie heute*, Einsiedeln 1957, 403-421(인용은 403).

무엇보다도 프로테스탄트 성경 주석신학은 19세기에서 20세기로 넘어가면서 예수의 설교 중심에 하느님 나라에 관한 복음이 자리하도록 총력을 집중했다. 한편 설교의 중심은 그 전체를 결정해야만 한다. 하느님 나라의 도래에 관한 예수의 복음은 단지 미래와 종말에만 직결되는 것이 아니라 바로 '여기 그리고 지금'에도 그 진가가 발휘되어야 한다. 그러므로 종말론은 단지 미래에만 국한되지 않고 현재적 성격을 띠고 있다. 종말론은 그리스도교 신앙의 중심으로 이끌며 현재와 미래를 남김없이 포괄한다. 현대인은 크고 작은 싸움과 갈등으로 죽음과 파괴의 위험에 항상 노출되어 있다. 이에 특히 절박하게 대두되는 물음은 언제든 인간과 세상의 운명이 어떻게 지속될 것인가 하는 물음이요, 그에 관한 그리스도교적인 전망은 이미 교회가 무엇을 확신하고 있느냐 하는 물음과 직접적으로 관련을 맺고 있다. 지난 몇 십 년 동안 숱하게 논의되어 온 희망의 차원이 여기서 중요한 역할을 할 것이다. 그러므로 오늘날 "인간 조건"(*conditio humana*)이라고 하는 것은 죽음에 관한 물음이 특히 집중되는 바로 거기서 제대로 포착될 것이다.

1. 가톨릭교회 교의신학의 관점에서 본 종말론의 기본 요소들

1) 현재와 미래

가톨릭 신학은 종말론에 대한 새로운 통찰을 프로테스탄트의 경우처럼 격렬하게 혹은 급진적으로 추진하지는 않는다. 하지만 가톨릭과 프로테스탄트 모두에게 종말론에 관련한 몇 가지 기본적인 확신들은 동일하다고 말할 수 있다. 결정적으로 가장 중요한 사항은 아마도 종말론적인 것이 더 이상 오로지 그리고 단순히 미래적인 것만이 아니라 '신앙의 근본 처지'로 이해된다는 점이다. 신학은 다음과 같이 자각한다. 구원은 선사된 것이지만 그럼에도 "오직" 진행 중에 있다. 최종적으로 구원에 결정적인 것은 계속되는 우리의 역사를 포괄한다. 이 역사는 그런 의미에서 구원의 역사다. 만일 그러하다면, 결국 모든 신학적인 부분 영역들은 종말론적인 구조 안에서 파악되어야 한다.

이와 같은 의도에서 가톨릭 신학 내의 적지 않은 기획(신학적 구상)들이 종말론적인 것을 현재라는 범주 안에서 아주 강력하게 역설한다. 이에 요한 밥티스트 메츠(J. B. Metz)의 "정치신학"을 떠올릴 수도 있다. 그리스도교의 희망은 무엇보다도 진보적인 세계관을 고무시키는 힘으로 이해되며, 나아가 이는 특히 일반 사회 현장에서도 고려될 수 있다. 그리하여 거기에서는 모든 이들을 위한 자유, 평화, 정의가 핵심적인 복음의 내용으로 자리잡는다. 메츠나 그와 비슷하게 생각하는 이 같은 이들의 의견을 거슬러 무엇보다도 다음과 같은 의문이 제기된다. 현대의 정치적인 차원의 기본 개념들인 평화, 자유, 정의가 성경에서 그와 유사하게 읽혀지는 용어들과 과연 똑같은 의미로 새길 수 있는 것인지 하는 물음이다. 사회적 정의에서 미미하게 처리되는 부분들이 오히려 하느님의 미래에서는 언제나 그 이상의 가치를 지닌다고도 말할 수 있다. 그러나 이를 적지 않은 신학자들이 너무 간단하게 일축해 버리고 만다.

메츠에게 사회의 혁신이 사회윤리적인 물음으로만 고려되었던 점에서, 다시 말해 무엇보다도 종말론적인 신앙을 실천적인 차원으로까지 이끌어 내는 것이 가능하다고 전망할 수 있었던 점에서, 그 같은 "혁신의 신학"에서의 사회 전복은 하느님의 현현 형식(Erscheinungform)으로 여겨졌다. "보다 더 인간적인 실존을 위한 조건들을 심화시키기 위해 모든 낡은 사회 구조를 뒤엎어 버리시는 하느님께서 그 같은 투쟁 한복판에 서 계신다. 세상 안에 함께 계시는 그분의 현존과 그분을 가로막는 사회 구조들에 대한 당신의 매서운 질타는 역동적인 해방 과정의 바탕이 된다. 하느님께서는 인간 형상이 구체적으로 다듬어지는 역사적 삶을 허락하셨고, 우리로 하여금 그런 여정을 차근차근 밟아가도록 계속해서 배려하신다. … 이 같은 맥락에서 그리스도인은 자기 자신의 실현과 동일한 의미로 사회 혁신에 뛰어들도록 불림을 받았다. 그러한 혁신의 중심에 설 때에만 우리는 하느님께서 무엇을 행하시는지 알아 볼 수 있다."[2] 최소한 대략적으로 말하자면, 남아메리카의 해방신학의 경우가 정치신학 및 혁신의 신학에 아주 근접한 형태라고 할 수 있다.

이 모든 기획들은 종말론적인 언표가 실제 미래적인 것 혹은 시간적으로 바깥에 놓여 있는 것에 대해서, 그것이 개별적인 인간이든 인간 전체나 세상 전체든 그 모든 것에 대해서 묻는다는 점을 배제하지 않는다. 물론 사람들은 여기서 거리낌 없이 무작정 현재와 미래를 갈라 세울 수도 없다. 이때 신학의 "인간중심적인 전환"에 대해 고려할 수 있다.[3] 그리스도교 신앙에 관한 진술들이 과연 인간을 위해 의미가 있어야 한다면, 그런 진술들은 인간의 경험에 포괄적으로 흡수될 수 있는 형식을 갖추어야 할 것이다. 더 나아가 원칙적으로 계시가 인간과 직결

---

2. R. Shaull, "Revolution in theologischer Perspektive", in: T. Rendtorff/H. Tödt, *Theologie der Revolution*, Frankfurt a.M. 1968, 128. 해방신학 전반에 대해서는 I. Ellacuria/J. Sorbino (Hrsg.), *Mysterium Liberationis*. Grundbegriffe der Theologie der Befreiung, Luzern 1995/1996을 참조할 수 있다.
3. H. Wagner, "Zur anthrozentrischen Wende der Theologie, Rede von Gott als Rede vom Menschen," in: *KatBl* 105 (1980), 13-18.

되는 만큼 모든 신앙의 진술들이 지금 그리고 여기서 인간적인 삶을 위해 의미를 가져야 한다는 점에서 출발할 필요가 있다. 그리하여 사실상 그러한 진술들은 곧 인간의 질문들, 경험들, 일상적인 삶, 행위들과 상응해야 한다. 그래서 만일 사람들이 저 최후에 벌어질 것들에 대한 진술들이 미래에 대한 선-이해로 포착한다면, 최대한 인간의 호기심에 부응하는 것이 될 것이다.

그 어떤 인간도 미래에 대해 궁금해 하지 않은 채 살아갈 수는 없다. 내일, 모래 혹은 그 다음 날, 아니면 몇 년이 지나서, 수십 년이 지나서, 무엇이 나에게, 나의 가족에게, 나의 계획에, 지금의 정치적인 상황에서 벌어질까? 미래에 대한 물음은, 그것이 명시적으로 표현되거나 아니면 두려움으로 다가오든가 아니면 희망에 부푼 어떤 것으로 여겨지든 인간의 삶과 불가분의 관계에 놓여 있다. 그것은 인간의 역사성과 직결된다. 대부분의 질문들은 당장 뒤이은 미래 혹은 잠정적인 미래와 연계된다. 그러나 저마다의 인생에는 미래에 대한 의문이 첨예하게 대두되는 상황이, 예컨대 인생 전체가 뒤바뀔 수 있는 의문스런 상황이 존재한다. 그야말로 그 모든 것을 함축하는, 그로부터 일체가 벌어져야 하는 그런 어떤 것에 대한 의문이 제기되는 순간이 있다. 물론 어떤 사람들에게는 나의 앞길을 가로막는 그런 경험이 존재한다는 것이 한편 긍정적인 의미를 띨 수도 있다. 그러니까 그런 사람들과 더불어 나에게는 마치 새로운, 전혀 꿈조차 꾸지 못한 미래가 시작될 수 있다. 여기서도 가끔은 명시적으로, 그러나 언제든 함축적으로 말해지고 경험되고 또 제시되는 것이 있다면, '어떻게 그것이 가능할 수 있을까?' 혹은 '단지 우연일까?' 혹은 '무엇이 미래로부터 모든 것을 가져오게 할까?'라는 물음일 것이다. 그리스도교 신앙은 최후에 벌어질 것들에 대해 말함으로써 미래에 관한 인간의 물음을 받아들인다. 그리고 그에 대해 최종적이고 보편적인 희망에 관한 복음으로 응답한다. 이미 그와 같은 통찰에 의거해서 종말은 현재와 직결되어야만 하고, 현재 안에서 확정되어야만 한다. 종말론은 신앙의 표현이다. 그래서 이 종말은 우리의 역사가 하느님의 손 안에 달려 있다는 것을 의미한다. 나아가 종말론은 그리스도 안에서 확신을 얻는 것이다. 그래서 그것이 그리스도 안에서 언젠가 반드시 완성될 것임을 의미한다.

인생은 어제, 오늘 그리고 내일처럼 단순하게 이어지는 것이 아니라 꾸준히 과거로부터 현재를 거쳐 미래에 이르러 완성되는 것이라고 표현할 수도 있다. 어제와 오늘 그리고 내일 자신의 완성을 기대하는 그 같은 체험을 사람들은 나름대로 형식화할 수 있다. 이른바 "되어감"의 경험에 대해서 말할 수 있다. 인간은 경험되는 시간성을 "처음"과 "마지막"에 관한 물음을 통해서도 표현할 수 있다. 그래서 인간은 시간성을 사실적으로 크게 든 작게 든 그때마다 재현해 낸다. 과연 인간은 미래에 대한 물음을 자신의 실존과 직결시켜 표현할 수 있다.

그러나 이 모든 사실은 이제 더 이상 그렇게 생각해서도 안 된다고 보는데, 내가 종말론을 그에 딸린 수많은 진술들로써 원칙적으로 미래에 한정시키고, 이를 오로지 미래에 한정시키는 차원에서만 — 그래서 마치 인간이 오늘이란 시점에서조차 항상 내일에 대해 질문을 던져야만 한다고 주장하듯이 — 인간의 현재와 결합시키는 것을 뜻하지는 않는다. 미래적인 것은 지금의 입장에서 희망이나 두려움, 기대와 같은 다양한 양상으로 다가온다. 그러나 이들은 모두 현재에 속한다. 바로 그 때문에 미래를 '현재가 머금고 있는 차원'이라고 표현할 수 있다. 미래는 현재가 머금고 있는 차원이다. 그럼에도 그것은 시간을 통해 펼쳐져야 한다. 그래서 미래에 펼쳐질, 곧 아직 펼쳐지지 않은 모습을 현재처럼 앞서 읽어 낼 수 없다. 바로 그런 이유로 종말론적인 진술들은 이른바 현재가 머금고 있는 차원에 관한 진술들이다. 항상 현재에 관한 진술이면서 동시에 미래에 관한 진술이다. 그러한 시간의 형상들에서 성경 저자들은 자신들이 가졌던 하느님께 대한 희망을 표현하고자 했다. 이때 그들은 그러한 표현을 일정한 방식으로 취급할 만한 것으로 경험했다. 그들은 또한 현재 안에 어떤 심오한 것이, 그러니까 영원성이 뚜렷하게 형상을 취하는 심오한 어떤 상황이 벌어진다는 사실을 표현하려고 했다. 그 같은 영원성 — 자신을 펼치고 또 제 모습을 드러내는 그 영원성 — 앞에서 인간은 그저 막연한 입장이 아니다. 오히려 구원과 심판의 확정에 공동으로 협력한다. 그 확정이 역사 안에서 이루어지는 한에서 책임을 진다. 그로 인해 종말론 안에는 (나아가 그것이 종말론 안에 자리해야만 한다고 보는데) 여기 그리고 지금의 행동을 자극하고 고무시키는 것이 자리한다. 종말론은 매번 지금이란 시점에서 신앙인 각자가 책임져야 할 것들이 있다고 가르친다. 그 때문에 그와 같은 모든 기획들이 앞서 메츠가 시도한 경우와 마찬가지로 원칙적으로 그릇된 것은 아니다.

2) 성경의 진술과 종말론

사람들은, 특히 성경의 종말론적인 진술들에서도 (예언적·종말론적인 진술들과 관련된) 상징들, 곧 지나간 시대의 고유한 사유 형식과 상상의 범주가 중요하다는 점(만)을 입증하기 위해 골몰할 필요는 없다. 오히려 그 같은 진술들의 상징성을 고려하면서 정작 의도한 바가 무엇인지 물어나가든가, 아니면 시대에 국한된 외적인 형식들을 벗겨 내든가 하는 것이 더 중요하다. 비밀로 가득 찬 계시가 하늘을 성읍 예루살렘에 비유한다면, 이미 그것은 성경 저자가 상징으로 의도했던 바로 그것이다. 그것은 실제 저 위 하늘 어딘가에 존재할 만한 어떤 도시로 우리를 안내하려는 것이 아니다. 바오로 사도가 우리는 구름을 타고 재림하는 그리스도를 보게 될 것이라고 가르칠 때, 그에 의해 확실히 의도된 어떤 실재적인 것에 관해 언급하고 있지만, 거기서 진술하는 상상적 표현 방식들이 오늘날의 자연과학적 입장과는 아예 멀찍감치 거리를 둔 세계관에 의존하는 것처럼, 그 같은 진술이 모든 시대에 두루 통할 만한 어떤 표현 방식을 취한 것은 아니다. 그것은 자명한 이치다. 그럼에도 그리스도인들 사이에는 여전히 "최후의 날에 벌어질 것들"과 관련하여 머리카락이 쭈뼛 설 만큼 무시무시한 잘못된 상상들이 존재하기 때문에, 그 같은 자명한 이치를 살피려는 마음조차 갖지 않는다.

그와는 다소 다른 어떤 것이 신학자들에게는 훨씬 더 중요하지만 어쩌면 그것은 그렇게 잘 알려진 것이 아닐 수도 있다. 신학자들은 성경이 첫 장부터 당시 인간을 압박하던 것이 무엇인지에 대해 반성을 통해 제시했다고 생각한다. 다시 구체적으로 말하자면, 신학자들은 죄로 인한 타락의 역사가 신정론과 관련된 물음에 대한 한 종교인의 답변일 것이라고 말하고 싶어 한다. 과연 그가 기원전 약 9세기경에 살았던 종교인으로서 그렇듯 수많은 고통과 불행을 경험하면서 그 모든 것이 하느님에게서 오는 것은 아닐 것이라고 생각하며 위로를 받았을지도 모른다. 하느님께서는 언제나 타당하시다. 고통은 결정적으로 인간이 초래한 것이요, 따라서 인간이 저지른 죄에 따른 결과다. 한편 모든 인간은 저 첫 번째 인간과의 죄로 얼룩진 연대성 안에 놓여 있다. 이때 사람들은 "원인론"에 대해 언급한다. 다시 말해 "어째서"라는 물음을 던지며 일련의 시사적인 표현을 통해 답변을 — 여기서는 '죄의 타락과 관련된 원인 규명을 — 시도한다. "최후"에 관한 성경의 증언들은 모두 이와 같은 식으로 이해될 수 있다. 그러한 증언들은 당시 현재에 걸맞은 신앙고백을 낳았으며, 그와 같은 고백은 미래를 향해 기꺼이 뛰어들게 한다. 그러므로 한편에서는 "원인론"이 관건이지만, 다른 한편에서는 그와 더불어 "유예 기간들"도 언급될 수 있다. 이 같은 특별한 용어 활용은 거기서 단지 그 사태의 조짐을 분명하게 알아보도록 돕는 것이 목적이다. 그래서 전문적인 주석의 경우 오직 "원인론"에 대해서만 집중한다.

그런 "유예 기간들"에 대한 언급에서는 상징이 중요한 역할을 담당한다. 이 상징들을 어떻게 해석해야 할까 하는 신학적인 물음은 좀 더 바람직하게 다음과 같이 바꿔 말할 수 있다. '미래적인 것들에 관한 성경의 이 상징들은 무슨 의도로 활용되었는가?' 대체로 이런 식으로 시도하는 해석은 오늘날 환원적인 성격이 강하다. 굳이 달리 말하자면, [상징적 표현에 최소한으로 주의를 기울이려는] "최소주의"(Minimalismus)의 입장인 셈이다. 분명하게 드러난 것은 하나도 없다는 입장 혹은 아무것도 확실하게 단정 짓지 못한다는 입장은 종말론적인 희망을 상징적으로 묘사하는 성경의 진술에서 특별한 비중을 차지한다.

3) 초창기 "종말론" 개념의 속성

"종말론" 개념은 루터교회 신학자 아브라함 칼로프(Abraham Calov, †1686)의 작품『신학적인 장소들의 체계』(*Systema locorum theologicorum*)에 처음 나온다. 두 권으로 이루어져 있는 이 책 제목 아래에는 죽음, 부활, 심판, 세상의 완성에 관한 "거룩한 종말론"(*Eschatologia sacra*)이라는 부제가 붙어 있다.4 이 개념이 보편적으로 사용된 것은 슐라이어마허에 의해서다. 교부학과 스콜라 신학은 이 같은 신학적 물음에 대해 상위 개념을 전혀 사용하지 않았다. 가톨릭교회와 루터교회의 신학에서는 오랫동안 "최후에 벌어질 것들에 관해"(*De novissimis*)란 표현을 계속 사용해 왔다. 이는 성경의 진술 자료인 집회 7,36(불가타 번역본)의 글귀를 인용하면서 활용된 것이다. "*In omnibus operibus tuis memorare novissima tua et in aeternum non peccabis*"(=모든 언행에서 너의 '최후'를 생각하여라. 그러면 영영 죄를 짓지 않으리라).

성경 주석의 지식이 보편적인 선에 얼마만큼 기여하느냐에 따라서, 곧 그때마다 현재에 속한 차원이 종말론과 직접 어떤 관계를 맺느냐(혹은 그와 배타적으로 고려되느냐)에 기초해서 개념의 의미가 폭넓게 수용되든가, 아니면 아예 책임질 수 없는 혼란스러운 활용으로 곤두박질치든가 하는 상황이 결정된다. 그래서 오늘날 모든 경우 그리고 각 경우마다 단지 "최종적으로 유효하다"는 의미로서 "종말론적"이란 의미를 이해하고자 한다. 종말론은 이미 그 명칭이 뜻하는 바와 같이, '최종적인 것들과 직결되며, 미래에 남아 있는 것들로서 그리스도교 계시가 인식하는 그런 것을 가리킨다. 이 용어의 의미에 대해서는 이 정도쯤으로 생각하고 마는 것이 바람직해 보인다. 물론 거기에다 다음과 같은 것을 덧붙일 필요는 있다. 예컨대 그와 같은 최종적인 것들에는 당장 언어로 표현될 수 없는 전체적인 무엇이 깃들어 있다는 점이다. 신앙과 신학은 그와 같은 전체적인 것을 향해 나아간다. 다시 말해 최종적이고

---

4. 그러나 아마도 Calov보다 조금 더 이른 시기에 활동한(1644) Stralsund 출신의 Philipp Heinrich Friedlieb에 의해서 이 용어가 처음 활용된 것으로 추정하기도 한다. 이에 대한 참고로 H. Wagner, Probleme der Eschatologie. Ökumenische Perspektiven, in: *Cath.* 42 (1988), 209-223(특히 210).

전적으로 유효한 것으로서 모든 것을 결정하며 모든 것에 무조건적으로 서 있는 바로 그것에 최대한 다가가려고 노력한다. 만일 사람들이 이를 진지하게 숙고한다면, 이 개념을 널리 활용할 때라도 일련의 합법적인 기초 위에 서 있을 수 있다.

4) 종말론적인 실재의 세계 내재적 차원과 세계 초월적 차원

이 두 가지 차원의 결속과 관련하여 매번 반복해 제기되는 의문은 이러하다. (미구에 남게 될 것들로서 매우 통상적으로 이해하는 차원에서) 종말에 대한 혹은 "최후에 벌어질 것들"에 대한 그리스도교의 통찰이 세계 내재적인 차원에서 미래에 희망을 걸고 또 그것을 위해 노력하는 몸짓과 관련하여 어떤 의미를 띨까? 만일 사람들이 이 질문에 대해 이미 주어진 몇 가지 답변들을 잊지 않는다면, 어느 정도 정형화된 전망들에 근거해 현대 종말론의 흐름을 통찰하게 될 것이요, 또 그로써 정작 중요한 사실에 대한 한층 심화된 의미를 얻게 될 것이다.

① 우선 신-스콜라주의적인 형식을 참조할 필요가 있다. 많은 현대의 사제들, 종교 교사들, 일반 평신도들은 역사가 오래된 참고 서적들을 통해 대체로 그에 상응하는 신앙 의식을 일깨워 온 까닭에, 그에 따른 형식에 매우 익숙해 있다. 이때 현재와 미래는 분명히 서로 구분된다. "최후의 것들"은 "아직 벌어지지 않은 것들"이다. 종말의 전개는 전적으로 하느님의 몫이다. 인간의 행위는 그와 같은 수준에서 피력할 만한 입장이 못 된다. 기대된 미래는 전적으로 하느님의 새로운 창조요, 그래서 인간의 노력과는 다른 차원에 속한다. 원칙적으로 이 같은 신-스콜라주의적인 종말론은 오늘날 개인적인 경향을 훨씬 능가하는 일반화된 모습으로서 가히 지배적이다. 하느님과 인간의 정신(영혼)이 그 중

심에 놓여 있다. "최후에 벌어질 것들"과 세상의 역사는 서로 단절된다. 옛 세상은 사라지고, 새로운 세상이 또 다른 차원에서 시작될 것이다. 실제 이러한 생각은 많은 신앙인들 사이에서 원칙적으로 세상의 기술적·사회적인 진보에 대해 아예 무관심하게 만들기도 한다.

② 이 같은 세상의 진보에 대한 무관심은 테이야르 드 샤르댕에 의해 진정되었다. 그는 인류가 하나의 무리로, 그러니까 한편 자신들의 희망을 경험 가능한 우주의 내적인 완성에 두고 살아가는가 하면, 또 다른 한편 세상의 저편에 새겨놓은 목표를 향해 살아가는 또 하나의 무리가 존재한다고 이해하면서, 후자를 가리켜 그리스도인이라고 불렀다. 이 같은 상황의 해결은 그의 자연과학적-우주적 관점을 계시 신앙과 연결시킬 때 가능하다. 그의 세상에 대한 안목은 진화론에서 다져진다. 지질학적인 영역에서 생물학적인 영역, 정신학적 영역을 거치면서 세상(우주)의 발달과 인간 성숙(상승)이 실현된다. 인류의 역사에 있어서 제법 오랜 시간이 지난 다음 비로소 하나로 합쳐지려는 경향이 포착되며, 이러한 진화 과정은 하나의 목표점, 곧 "오메가 점"(Punkt Omega)을 지향한다. 이 종착점은 진화의 완성점이다. 이 오메가 점에서 테이야르 드 샤르댕은 인간이 되신 그리스도는 마침내 이 세상에 재림하는 모습을 경험하게 된다고 내다보았다. 그리스도는 모든 진화의 감추어진 원동력이다. 그와 동시에 그리스도는 종국에 모든 것을 다스린다. 그렇게 재림하는 모습으로 역사는 그 완성을 그리스도에게서 발견한다. 세상의 전체 역사는 그리스도화(Christifikation)의 과정이요, 정신적 생명체(Noogenese)는 이제 그리스도의 생명체(Christogenese)로 수렴된다. 인격적인 모습으로서 종말, 곧 예수 그리스도는 그러므로 이 모든 역사적 과정의 원동력으로서 꾸준히 현재와 더불어 나타날 미래를 함의한다.

인류의 진보를 위해 기울이는 우리의 온갖 수고는 세상 및 역사의 그리스도화를 위한 "협력"을 의미한다.

③ 다른 한편 칼 라너 역시 자신의 종말론적인 개념을 나름대로 연구해 소개한 바 있다. 그 또한 중심적인 문제를 이렇게 제시했다. 인간 스스로가 가꾼 세상은 통속적인 의미에서 단지 "물질적인 것"에 국한되는 것인가? 그래서 그런 세상은 중립적인 것으로 머물러 있고, 하느님의 최종적으로 유효한 것이 다가오는 순간 지체 없이 사라져 버린다고 생각해야 하는가? 그것이 아니라면, 이 같은 우리의 세상(현재)은 나름대로, 비록 미래에는 우리가 온전히 파악하지 못할 정도로 변모하더라도, 마침내 그 고유한 종말을 향해 치닫고 있다고 생각해야 하나? 과연 최종적으로 유효한 것을 일구는 주체는 우리 자신인가? 물질적이고 가시적인 것들로 이루어진 역사는, 비록 죽음과 같은 철저한 변화를 거듭할지라도, 나름대로 최종적으로 유효한 것에 이르기까지 계속 나아가는 것인가? 라너는 상기 두 종류의 생각 가운데 어느 한 가지에 만족하지 않았다. 원칙적으로 그는 변증법적인 관점을 수용했다. 하느님의 나라는 하느님의 몫이요, 그것은 도래할 것이며, 그로써 우리의 역사가 지양될 것이다. 다른 한편 하느님 나라의 그와 같은 도래는 "역사의 자기-초월성"으로 고려될 수 있다고 말한다. 하느님의 행위는 굳이 인류의 역사를 단절시키는 것을 반드시 전제하지는 않는다. 이 세상의 역사는 하나의 미래를 향해 거듭 나아가겠지만, 그 미래는 전적으로 그리고 온전한 의미에서의 하느님께 속한 미래일 것이다. 그 미래에 인간의 역사가 완성되고 또 최종적으로 유효하게 될 것이다. 그러나 세계 내재적인 관점에서의 미래와 "절대적인 미래"(하느님)를 동일시해서는 안 되며, 또한 서로 갈라 세워서도 안 된다. 라너가 바라볼 때, 인간이 기획하고

예상하는 모든 미래에는 저 절대적인 미래가 언제든 이미 함께 고려되고 또 함께 추구된다. 하느님에게는 인류가 그러한 미래를 향해 나아가도록 섭리하시는 일이 불가능하지 않다.

2. 죽음에 관한 신학

1) 들어가기

앞서 간단히 살핀 집회 7,36은, 사람들이 종말론 안에서 단지 죽음만이 아니라, 죽음과 더불어 일차적으로 생각하는 것을 반드시 재고하도록 돕는다. 곧 상기 성경 구절에서는 "죽음을 생각하는 것"(*memento mori*)이 관건이다. 죽음은 인류의 문화사나 정신사, 나아가 철학과 시, 예술 안에서 서로 다르게, 그럼에도 매우 중요한 역할을 해왔고, 여전히 그러하다. 이 문제를 널리 확장해 살피는 일은 여기서 우리가 할 일이 아니다. 그러나 최소한 하이데거의 통찰, 곧 인간을 "죽음을-향한-존재"(Sein-zum-Tod)[5]라고 표현했던 경우에 대해 참조할 필요가 있다. 그는 이 같은 생각으로 신학자들에게도 영감을 주었으며, 지난 몇 십 년 동안 사람들은 비교적 많이 죽음에 대해 생각하게 되었다.

종말론에서 "시간적인" 차원이 아무튼 중요하다면, 비록 좀 더 현재에 관심을 갖거나 좀 더 미래 지향적인 경향이 보이더라도, 우리는 당장 죽음의 경우에 상기 두 요소, 곧 현재와 미래가 변증법적으로 서로 깊이 관여하는 사례를 목도하게 될 것이다. 나치 정권에 의해 사형

---

5. M. Heidegger, *Sein und Zeit*, Tübingen [10]1963, bes. §§ 46-53(235-267).

된 예수회 신부 알프레드 델프(Alfred Delp)는 하이데거의 철학을 두고, 그의 말이 보편적으로 받아들여지고 이해될 수 있다는 한 편의 글을 썼다. "죽음에 직면하면서 현존재는 마침내 자신의 미래와 마주하는 운명을 맞는다. 그런 한에서 현존재는 자신의 죽음을 목도하면서 자신의 미래를 바라본다. 현존재는 죽음을-향한-존재로서 본래적으로 시간을 통해 죽어가는 자신을 깨닫게 된다."[6] 만일 언제 어디서나 그렇게 죽음이 유효하다면, 미래는 확실히 현재의 안쪽에 자리하는 셈이다.

죽음의 문제에 대해 매우 탁월하게 신학적으로 흥미를 불러일으킬 만한 가장 좋은 자료로서는 무엇보다도 죽음에 관한 정신-사회학적인 근거들을 손꼽을 수 있으나, 여기서는 별도로 그런 근거들에 대해 일일이 탐구하지 않을 것이다. 제2차 바티칸 공의회가 발표한 아래의 몇몇 문헌들은 놀랍게도 — 어쩌면 당시 공의회에서 그러한 주제 제시가 필수적인 것은 아니었을 것으로 짐작됨에도 불구하고 — 수많은 출처를 사세히 밝히면서까지 죽음에 관해 자세히 설명하려고 많은 노력을 기울이고 있다. 인간 실존이 수수께끼와 같음을 다양하게 그리고 무엇보다도 "죽음"과 직결시켜 소개한다. "죽음 앞에서 인간 운명의 수수께끼는 절정에 이른다. … 온갖 기술의 시도가 제아무리 유익하다 해도 인간의 불안을 해소시킬 수는 없다"(사목 헌장 『기쁨과 희망』[GS I, 18]).[7] 또한 선교교령(『만민에게』[AG II, 12])에서는 다음과 같이 교회의 처신을 가르친다. "교회는 그들의 기쁨과 고통을 함께 나누며 인생의 열망과 난제들을 알고 죽음의 고뇌에 동참한다."

---

6. *Tragische Existenz*, Zur Philosophie Martin Heideggers, Freiburg I. Br. 1935, 64.
7. 이와 비슷한 맥락에서 살펴볼 만한 문헌 구절로서는 *GS* 1, 10, 41; *LG* 7, 49; *DV* 4가 있다.

방법적으로 잘못된 길을 걷지 않도록 조심하는 일은 인간의 기본적인 행동(전략) 중에서도 매우 중요하다. 그처럼 신학의 입장에서는 신학적으로 인정하는 영역에서 이탈하지 않도록 유의하는 일이 중요하다. 다시 말해 신학적인 질문에 속하지 않는 그런 것들에 대해 문제를 삼는 행위는 피하는 것이 바람직할 것이다. 설령 확실히 그 경계에 놓여 있는 것을 문제 삼는 일이 거의 불가피해 보일 때라도 그러하다. 이 같은 주의를 확고하게 다질 겸 내가 여기서 말해야 할 것을 가려 말하기 위해서, 일찌감치 신학적 체계로 갖추어진 고전적인 길에 머무르는 것, 곧 '성경' - '교도권' - '신학적 합리성' 안에 최대한 머무르는 것이 필요하다고 본다.

2) 죽음에 관한 성경의 진술

여기서는 다만 대략적인 전체 개요를 소개하며, 무엇보다도 신약성경을 중심으로 한다.

① 죽음에 대한 두려움은 인간 내면에 가장 깊숙이 자리하는 것으로서 인간에게 익숙한 것이다. 죽음은 인간을 바닥없는 심연과 같은 커다란 고독으로 몰아넣는다. 그러나 십자가에서 죽음으로 고통스러워하던 하느님이자 인간이신 분이 "저의 하느님, 저의 하느님, 어찌하여 저를 버리십니까?"(마르 15,34)라고 죽기 전에 외칠 만큼 두려워하는 모습을 두고 성경은 부끄러워하지 않는다. 인간은 자신의 죽음을 두려워하는 것을 부끄러워할 필요가 없다는 것이다.

② 죽음이 이른바 인간의 일부이자 한 측면이라고도 본다면, 그것은 확실히 자연스러운 어떤 것이다. 그래서 인간의 전체 역사를 살펴볼 때, 비록 죽음을 죄와 함께 이해하거나 죄의 결과로 이해하더라도, 그

것은 잘못된 이해가 아니다. 이 같은 통찰은 고전적인 표현으로서 로마 5,12을 떠올리게 한다. "그러므로 한 사람을 통해 죄가 세상에 들어왔고 죄를 통해 죽음이 들어왔듯이, 또한 이렇게 모두 죄를 지었으므로 모든 사람에게 죽음이 미치게 되었습니다."

③ 그리스도의 업적은 죽음의 파괴를 의미한다. 역설적으로 들리겠지만, 죽음은 그리스도의 죽음으로 인해 무너졌다. 그로써 사탄의 세력도 무너졌다. 성경의 표현을 따르면 다음과 같다. "이 자녀들이 피와 살을 나누었듯이, 예수님께서도 그들과 함께 피와 살을 나누어 가지셨습니다. 그것은 죽음의 권능을 쥐고 있는 자, 곧 악마를 당신의 죽음으로 파멸시키고, 죽음의 공포 때문에 한평생 종살이에 얽매여 있는 이들을 풀어주시려는 것이었습니다"(히브 2,14 이하).

④ 죽음은 상징적으로 천막의 찢겨짐, 옷을 벗어 버림, 몸에서 분리된 것으로 묘사된다. 한편 이 모든 묘사는 죽음이 최소한 인간에게는 아주 철저한 형태의 변화를 의미하지만, 다른 한편 인간이 그것을 통해 전혀 새로운 삶을 살게 됨을 시사한다. 그래서 2베드 1,13 이하는 이렇게 고백한다. "내가 이 천막에 머물러 있는 동안 여러분의 기억을 일깨우는 것이 마땅하다고 생각합니다. 우리 주 예수 그리스도께서도 나에게 밝혀 주셨듯이, 내가 이 천막에서 벗어날 때가 다가왔다는 것을 알고 있기 때문입니다."

⑤ 신약성경은 아주 일정한, 이른바 특별한 형식의 죽음에 대한 표현을 알고 있다. 예컨대 "주님 안에서의 죽음"이다. 이에 묵시 14,13은 이렇게 진술한다. "나는 또 '«이제부터 주님 안에서 죽는 이들은 행복하다.»고 기록하여라.' 하고 하늘에서 울려오는 목소리를 들었습니다. 그러자 성령께서 말씀하셨습니다. '그렇다, 그들은 고생 끝에 이제 안식

을 누릴 것이다. 그들이 한 일이 그들을 따라가기 때문이다.'"

⑥ 세례는 죄의 죽음을 의미한다. 왜냐하면 세례는 그리스도의 죽음에 직접 참여하는 것을 함의하기 때문이다. "그리스도 예수님과 하나 되는 세례를 받은 우리가 모두 그분의 죽음과 하나 되는 세례를 받았다는 사실을 여러분은 모릅니까? … 그래서 우리가 그리스도와 함께 죽었으니 그분과 함께 살리라고 우리는 믿습니다. 우리는 그리스도께서 죽은 이들 가운데에서 되살아나시어 다시는 돌아가시지 않으리라는 것을 압니다. 죽음은 더 이상 그분 위에 군림하지 못합니다"(로마 6,3-9).

⑦ 그리스도인의 삶은 죽음을 준비하는 것이다. 그런 한에서 그리스도인의 삶은 확고한 의미로 꾸준한 죽음이다. "우리는 언제나 예수님의 죽음을 몸에 짊어지고 다닙니다. 우리 몸에서 예수님의 생명도 드러나게 하려는 것입니다. 우리는 살아 있으면서도 늘 예수님 때문에 죽음에 넘겨집니다. 우리의 죽을 육신에서 예수님의 생명도 드러나게 하려는 것입니다"(2코린 4,10 이하).

3) 교도권의 가르침과 신학적 반성에 근거한 죽음[8]

(1) 죽음의 고통

교회의 신앙고백 안에서 직접적으로 파악될 수 있는 진술들은 죽음을 원죄로 인한 결과(참고 DZ 146, 222, 231, 371, 1511f., 2617)로 표현한다. 곧 인간이 죽음을 사실적으로 그리고 구체적으로 고통스럽게 겪는 것처럼 죽음은 죄, 무엇보다도 인간의 첫 조상에게서 시작된 죄와 연결된다. 달리 말해, 인간의 죽음은 인간의 내면에 자리하시는 하느님

---

8. 이 단원에서는 K. Rahner, *Zur Theologie des Todes* (QD 2), Freiburg I. Br. u.a. ^{4}1958의 글을 많이 참조했다.

과의 불화가 가시화(표현)된 것이다. 성경의 기록 가운데 누구보다도 바오로 사도가 가르치는 죽음에 관한 통찰(로마 5,12)이 두드러지며, 신학적인 전통에서는 원죄에 관한 가르침이 중요하다.

이제 성경이 가르치거나 교도권이 제시하는 진술을 보다 더 정확하게 분석할 때, '죽음은 원죄의 결과'라는 명제를 삼중적인 방식으로 명쾌하게 설명할 수 있다.

① "원죄"는 트리엔트 공의회가 강조한 것처럼 오직 유비적인 방식으로만 "죄"로 불린다. 그럼에도 무거운 개인적인 탓과 비교할 때, 원죄가 곧장 죄로 기울게 만들듯이 그것은 죄의 핵심이라는 생각을 심어 준다. 그런 한에서 사람들은 죽음 또한 유비적인 방식으로 일종의 "처벌"로 인식한다. 그러나 이 같은 처벌 개념은 ― 바오로 사도가 설명하는 바와 같이 ― 본시 이미 극복된 것으로서, 그리스도의 죽음으로 말미암아 죽음이 갖는 처벌의 특성이 극복되고 이미 해소된 사건으로서 되새겨진다. 죄 혹은 원죄에 관한 신학의 모든 진술들은 오직 그리스도론적인 안목에서만 의미심장하게 파악될 수 있다. 그래서 죄는 예수 그리스도를 통해 확실히 무기력해진 것들 가운데 하나로 알아들을 수 있다. 그로써 죄의 결과인 죽음은 이제 더 이상 인간에게 본래적으로 처벌의 의미를 띠지 않게 되었다. 오히려 그것은 우리가 그리스도와 함께 죽을 수 있고, 그리스도와 하나가 되어 그분의 부활에 참여할 수 있게 되는 특권을 의미한다.

② 교도권의 가르침을 바탕으로, 만일 첫째 인간 "아담"이 ― 그를 개별적인 인간으로 내다볼 경우 ― 죄를 짓지 않았다면, 우리가 죽지도 않았을 것이라고 추정해 말하는 것은 지나친 감이 없지 않다. 죽음은 단지 신학적인 화두로서만 취급될 사건이 아니다. 그러니까 죽음

이란 인간에게 오로지 죄의 결과로서만 고려되는 것이 아니라, 육체와 정신으로 이루어진 인간의 자연스러운 처지라는 사실을 분명히 해둘 필요가 있다. 한편 만일 우리가 아무 거리낌 없이 죽음이 죄와 무관하게 존재했다고 생각한다면, 아마도 인간에게는 애당초 자아를 실현하는 데 아무런 결격 사유가 없었다는 생각을 가질 법도 하다. 그래서 어쩌면 오늘날 적지 않은 사람들이 — 우리가 간단히 가정해 볼 수 있듯이 — 자신의 삶을 풍요롭게 마감하는 사람을 가리켜 '복된 사람'이라고 말하거나, 장수한 다음에 눈을 감는 사람을 가리켜 일찍이 구약성경의 표현대로, "수명을 다하고" 눈을 감았으니 행복한 사람으로 칭송할 수도 있을 것이다. 그러나 죽음은 — 구체적으로 살아가는 인간이 그동안 겪어 왔고 또 계속 경험해 왔듯이 — 죄가 겉으로 뚜렷하게 드러나는 계기다. 이때의 죽음은 의당 마치 하느님께서 우리가 "원죄" 혹은 "세상의 죄", 나아가 보편적인 죄의 굴레라고 부르는 그 개념으로 말하자면, 마침내 (죄의 대가로) "보복하시는" 것처럼 설명해서는 안 되고, 오히려 하느님과 인간 사이의 "단절된 관계"를 시사하는 것이라고 보아야 마땅하다.

③ 성경이 소개하는 그리스도론에 기초하여 반복해서 말하지만, 죽음을 원죄에 뒤따른 처벌로 표시하는 시각은 나름 의미심장하다. 그럼에도 다음과 같은 사실, 곧 그리스도를 통해 인간을 구원하시는 하느님이 신앙의 첫 번째 목표라는 사실도 심사숙고해야 한다. 그래서 죄가 초래한 고통스러운 죽음의 측면은, 그리스도교의 계시라는 틀 안에서 죽음에 관한 중심적인 가르침도 아니며 죽음과 관련된 우선적인 가르침도 아님을 명심할 필요가 있다. 만일 우리가 이 같은 고통스런 죽음의 측면에서 숙지해야 할 것이 있다면, 죽음이 성경과 전통 안에서 더

이상 "원죄"의 결과로서만이 아니라, 육체를 가진 인간의 인격적인 죄가 겉으로 드러나는 순간이기도 하다는 사실이다. 의인들과 성인들의 죽음에는 일찍이 라너의 설명이 유효하게 적용될 것이다. "죽음은 의롭게 살든 죄를 저지르며 살든 그 모든 존재가 동일한 방식과 형태로 그저 수동적으로 겪는 파국만이 아니라, 적극적인 의미에서 인간이 일생을 통해 추구한 바가 결말을 맞게 되는 순간으로서, 마침내 의인과 죄인을 갈라 세우는 사건이다. 비록 죽음이 피상적으로는 누구에게나 다 가오는 통과 의례로서 고통스러운 것이요, 누구에게나 삶을 마감하는 순간으로서 동등하다고 하더라도, 죽음이란 가면(假面) 뒤에는 저마다의 고유한 행보가 서로 다르게 존재한다. 비록 겉으로는 언제나 똑같아 보이는 죽음으로 가려져 있다고 할지라도 죽음은 일생에 대한 인격적인 결과다."[9]

더 나아가 이 같은 고통스런 죽음의 측면에서도 오늘날의 인간 경험에 조점을 맞추어 다음과 같은 방향으로 안내할 수 있다. 죽음은 가장 보편적인 것이며 가장 자연스러운 현상이자 가장 분명한 사건이다. 그래서 점점 소모되고 폐쇄적인 생명체는 사라지고 마는 것이 분명하듯이, 하나의 세대가 기력을 다해 다음 세대에게 자리를 넘겨주는 것은 자연스러운 일이다. 그럼에도 불구하고 인간이 원칙적으로 그와 같은 삶의 막바지에 일종의 거부감과 두려움을 느낀다면, 그것은 인간 안에 죽음에 대해 비밀스럽게 반항하는 마음이 자리하고 있음을 가리킨다. 철학적 인간학은 이에 대해서 설명할 수 없다. 비록 철학적 인간학이 인간을 정신적 존재로서 불멸한다고 설명할지라도, 나아가 그것이 근본

---

9. *Ibid.*, 46f.

적으로 서양의 사유 전통과 관련된 의미심장한 그 모든 철학 사조들과 함께 그에 관한 설명을 썩 잘 해 내더라도, 죽음에 대한 불안 앞에서 우리가 지금보다 훨씬 더 안심할 수 있도록 이끌어 줄 수는 없다. 간혹 죽음에 대한 두려움을 그저 누그러뜨리거나 부러 외면하려는, 그리고 그 두려움을 단지 삶을 위해 더욱 더 매진토록 하는 충동질로 설명하는 시도는 만족스럽게 여겨지지 않는다.

반면 신학의 해명은 이러하다. 인간이 죽음 앞에서 불안을 느끼는 것은 당연하다. 나아가 인간은 대부분 죽지 않기를 바란다. 그래서 오늘날에도 여전히 최소한 전망으로서든 가능성으로서든 인간과 하느님 사이의 유대를 통해서 죽음을 극복하려는 바람을 갖는 것 또한 당연하다고 생각한다.

(2) 죽음의 보편성

죽음의 보편성은 신앙 진술의 하나이다. 그것은 원죄의 보편성과 같이 널리 적용된다(참고 DZ 1512). 모든 (육체적) 인간은 죽음의 법에 지배를 받고, 사실상 모든 인간은 죽는다. 이는 이미 귀납적인 경험을 통해 증명된 명제 가운데 하나이지만, 한편 신학적인 명제로서 그것은 그 원천을 계시 안에서 목격하게 된다. 모두가 죽는다는 사실은 인간의 죄로 인한 타락의 보편성과 일맥상통한다. 그리하여 죽음의 보편성이 순수 생물학적인 의문과 논의로부터 출발한다고 하더라도, 결국 인간 각자는 자신의 삶과 행위를 통해 하느님과 마주하는 인격적인 관계 안에 통합된다. 여기서는 물론 "죽음"이라는 현상에 대해 설명을 시도하는 그런 것들, 예컨대 인간은 "도대체" 어째서 죽게 되는지, 그래서 모든 세포가 그 기능을 다한다는 것이 무엇을 뜻하는지 등의 물음들에

대해서 그런 이유로 답하려고 애쓰지는 않을 것이다.[10]

일찍이 구약성경의 증언에 따라 직접 하늘로 들어올려진 헤녹과 엘리아에게 혹은 세상이 끝나는 "최후의 심판 때" 여전히 살아남는 자들에게 무슨 일이 벌어졌을지 진지하게 많이 논의해왔다. 이 같은 물음들은 그에 관한 진술과 보도 형식이 속하는 문학적인 장르와 연관시켜 생각해 볼 때 그 표현들을 문자 그대로 고려할 물음들은 아니다.

(3) 몸과 영혼의 분리로서의 죽음

최근 몇 년 전까지도 사람들이 평범한 가톨릭신자들에게 '죽음은 과연 무엇일까?' 하고 질문을 한다면, 아마도 그것은 몸과 영혼의 분리를 의미하는 것으로서 몸은 죽고 영혼은 하늘로 올라가며, 언젠가 마지막 때에 이르게 되면 아마도 그 몸이 새롭게 변모할 것이라는 대답을 들었을 것이다. 이는 달리 말하면 "육체의 부활"이다. 하지만 그것은 몸과 영혼의 분리 이후 영혼만이 계속되는 삶을 생각하는 사람들과는 다른 차원에서 받아들여진 믿음이다.

우리는 "몸"과 "영혼"의 관계에 대해 물을 때 '불멸성'에 대한 전반적인 물음과 연관시켜 좀 더 상세하게 말할 수 있어야 한다. 왜냐하면 오늘날의 신학에 중심적인 담론으로 자리하는 것이 바로 이 문제와 직결되어 있기 때문이다. "전인적으로" 인간이 죽는 것인지(Ganztodhypothese), 아니면 "영혼의 불멸성"에 대한 논의가 여전히 유효한지에 대해 보다 더 정확하게 물어야 한다. 예컨대 "영혼"이 뜻하는 바가 무엇인지, 그리

---

10. 이에 대한 참고로 최근의 연구서를 소개하자면, H. Hoping, Die Negativität des Todes. Zur philosophisch-theologischen Kritik der Vorstellung vom natürlichen Tod, in: *ThGl* 86 (1996), 291-312.

고 어떻게 성경과 교도권이 규정한 가르침을 제대로 이해할 수 있는지 더 자세히 살펴야 할 필요가 있다.

가장 이른 시기의 교부들로부터 최근 교리서에 이르기까지 죽음은 신학적으로 몸과 영혼의 분리로 진술되었다. 이런 의미의 죽음을 간단히 간과할 수는 없어 보인다. 물론 이때 반드시 살펴야 할 점은 그것이 일종의 '진술'이지, 본시 죽음의 본질적인 정의는 아니라는 점이다. 왜냐하면 그 같은 해석('몸과 영혼의 분리')에는 이른바 인간 존재의 자기실현과 완성으로 설명되는 죽음의 고유한 속성이 빠져 있기 때문이다. 거기서 "분리"가 함의하는 것이 무엇인지에 대해서, 예컨대 영혼이 스스로 갈라서는 순간에 분리되는 것인지에 대해서 보다 정확하게 진술되지 않았다. 설령 그런 '분리'에 대한 고전적인 신학적 진술을 최소한의 언급이라고 변론하더라도, 다음과 같은 사실에 대한 해명은 필히 뒤따라야 할 것이다. 예컨대 일찍부터 "몸"(혹은 육체)이라고 일컫는 그것과는 아주 판이한 ― 인간에게는 신학적으로 볼 때 의문의 여지없이 전제되는 ― 이른바 정신적인(혹은 영적인) 생명의 원리로서 "영혼"에 대한 해명이 요구된다. 이때 그 어떤 경우에도 이 세상에서 "영혼"이 육체와의 관계 혹은 물질과의 관계로부터 자유롭다고 말하거나 영혼이 마치 "반(反)-우주적"으로 실재한다고 생각해서는 안 될 것이다. 다른 한편 전통적인 용어를 따라 ― 물론 그와 같은 전통적인 용어 활용의 범주 내에서 ― "몸과 영혼의 분리"가 이해될 수 있겠지만, "영혼"이라고 칭하는 거기에는 이미 모순이 자리한다. 왜냐하면 우리는 그것을 "몸"에게 제공된 형상으로서 영혼의 고유성 혹은 본질적인 특성으로 이해해 왔기 때문이다. 따라서 그와 같은 고유성을 확인할 몸이 없다면 영혼은 자신의 존재 기반을 잃고 만다. 분명 "영혼"은 인간 존재의 한 측면을 대변한다. 이 같은 측면에 대해 사람들은 논리적으로는 수용할 수 있겠지만, 그것 자체만을 두고서 존재론적으로 이해하는 일은 만만치 않다. 다시 말해 몸과 영혼의 분리가 이루어지는 순간에도 "영혼"의 "몸"과의 "관계"를 계속 고려해야만 그의 정체가 분명해진다는 것이다.

(4) 그리스도와 함께 죽는 차원에서의 죽음, 은총으로서의 죽음

신약성경에는 "주님 안에서의 죽음"이라는 표현이 나타나는데, 그것은 일종의 죽음이기는 하지만 본래적인 의미의 죽음을 가리키는 것은 아니다. 왜냐하면 신약성경은 그리스도와 함께 살아가고 또 그분을 믿는 사람은 누구나 영원히 죽지 않는다고 확신하기 때문이다(요한 11,26 참조). 만일 죽음이 우리가 살아오면서 일구어 낸 각자의 생애를 마침내 총결산하는 사건이라면, 의인의 죽음도 구원을 받기 위해 — 특별한 방식으로 "은총"을 받기 위해 — 자신의 삶을 총결산하는 하나의 사건이다. 당신 자신을 중재하시는 하느님께서 친히 인간을 찾으시고, 인간이 전적으로 하느님께 마음을 여는 한 인간에게는 모든 것이 주어질 수 있다. 이때 만일 "은총"의 본질이 당신 자신을 중재하시는 하느님 자신이라면, 주님 안에서의 죽음은 은총을 수용하는 특별하고도 매우 뛰어난 형식이라고 말할 수 있다.

그러므로 바오로 사도의 가르침대로, 우리는 세례를 통해 그리스도의 죽음에 동참함으로써 그리스도의 부활에도 참여하게 될 것인즉, 이는 우리 각자의 죽음을 통해 드러날 것이요, 곧 사실로서 입증될 것이다. 왜냐하면 우리는 그로써 오히려 죽지 않고 그리스도 안에서 살아갈 것이기 때문이다. 우리는 오히려 죽음으로써 그리스도의 생명으로 나아가게 될 것이다.

이 같은 성경의 기본적인 통찰을 토대로 그리스도교의 전통은 항상 '순교 정신'을 특별히 높이 사왔다. 바로 여기서도 신앙 때문에 죽는다는 것은 오히려 죽음의 부정적인 측면을 거뜬히 극복하는 역설을 보여 준다. 그래서 그리스도교 신앙은 그 같은 처지를 그리스도인이 그리스도와 함께 죽을 수 있는 더 없이 좋은 기회로 이해한다. 이는 물론 세상을 경멸할 수 있다는 의도에서 고통에 뛰어드는 행위가 아니다. 오히려 그것은 우리의 죽음과 예수의 죽음, 그리고 순교를 통해 이루어지는 특별한 죽음 사이에 자리하는 어떤 긴밀한 연관성에 대한 믿음이 자아낸 결과다.

4) 개별적인 물음들

(1) 전인적 결단 이론[11]

지난 몇 십 년 동안 일부 가톨릭 철학자들과 신학자들은, 인간이 죽는 순간에 하느님 편에 서느냐 아니면 그분의 반대편에 서느냐 하는 물음 앞에서 마지막으로 그리고 최종적으로 유효하면서도 전인적인 결단을 내리게 될 것이라는 의견을 제시했다. 이에 대해서는 누구보다도 보로스(L. Boros), 글로리외(P. Glorieux), 피퍼(J. Pieper), 쇼넨베르크(P. Schoonenberg) 등이 선구적 인물들이다. 개별적으로는 물론 이 같은 가설을 적용시키는 뚜렷한 범주가 저마다 다를 수 있겠지만, 본질적으로는 아래의 세 가지 관점에서 서로 일치한다.

① 죽음-사건은 분명 직접 관찰할 수 있는 경험과는 거리가 멀지

---

11. 주된 내용들은 G. Greshake / G. Lohfink, *Naherwartung - Auferstehung - Unsterblichkeit*, Untersuchungen zur christlichen Eschatologie (*QD* 71), Freiburg I. Br. u.a. ²1982, 121ff.을 참고했다.

만, 거기서 삶과 경계를 긋는 무언가가 벌어지는 까닭에 생명 활동과는 상극이 되는 위치에 놓여 있는 것으로 이해될 수 있다. 굴곡을 이루는 생명 활동에 대해 인간은 최대한 확장시킬 수 있고 또 그 경계까지 확장시킬 필요를 느낀다. 그와 같은 요구는 당장 다음과 같은 사실을 말해 준다. 곧 인간은 몸과 영혼을 가진 존재로서 자신의 삶(생명 활동)을 항상 필연성과 자유의 변증법적 과정을 통해 일구어 나가기 때문에, 죽는다는 것 역시 그와 같은 변증법적인 과정을 거쳐야 한다. 그런 점에서 죽음은 필연적이면서 자연스럽게 겪게 되는 사건일 뿐만 아니라 동시에 인간의 자유와 연계된 사건이다. 왜냐하면 죽음은 인간의 자유로운 행위와 삶을 총결산하는 사건이기 때문이다. 그러므로 삶을 완성시킨다는 것은 자연적인 필연성과 인격적인 자유가 함께 이루어내는 행위로서 죽음을 통해 그 절정에 도달한다고 볼 수 있다. 그래서 인간이 죽음을 통해 자신을 마무리하는 바로 그 자리에는 그의 자유가 최종적이자 최고로 발휘될 것을 요구한다. 그래서 죽음은 인간의 숭고한 행위로서 그 행위 안에서 인간은 자신의 자유와 더불어 현존재를 통틀어 완성시키게 된다. 보로스는 이렇게 설명한 적이 있다. "죽음-사건을 통해서 인간은 마침내 전인적인 결단으로 나아가는 가능성을 붙들게 된다. 그런 의미에서 죽음은 인간이 자신을 깨닫거나 더없이 자유를 느끼거나 하느님과 만나거나 영원한 운명을 향해 발을 내딛거나 어떻게든 [최종적으로] 자신의 존재 방식을 스스로 선택 및 결정하게 되는 특별한 순간이다."[12]

② 그러므로 죽느냐 사느냐 하는 결단은 전인적이며 또 전적으로

---

12. *Mysterium moris.* Der Mensch in der letzten Entscheidung, Olten u.a. 1962, 9.

자유롭다. 왜냐하면 죽음은 몸과 영혼이 분리되는 순간에 벌어지며, 그때 인간의 정신은 물질성과 시간성의 사슬로부터 자유로워지기 때문이다. 죽는 순간에 그의 정신은 온전히 그 자신으로 존재한다.

③ 이러한 전체 이론이 비록 한편으로는 종종 [식물인간처럼] 의식을 잃거나 혼절해 버리는 경우처럼 죽은 듯한 경험과 반드시 일치하지는 않는다는 반론에 부딪힐지라도, 몸과 영혼의 분리를 직접적으로 관찰할 수 없는 상황에서도 자유로운 결정은 반드시 일어난다고 말할 수 있다. 다만 그와 같은 가장 내밀한 본질은 사람들이 보통 참된 것으로 입증할 수 있는, 그러니까 경험적으로 (혹은 의학적으로) 단정할 수 있는 그런 것과 꼭 일치하지는 않는다고 본다.

이러한 이론 덕분에 각 개별적인 문제에 대해 아래와 같은 논증을 추가적으로 고려하게 된다. 만일 사람들이 그처럼 결단을 내리는 행위의 일종으로서 죽음을 생각할 수 있다면, 그런 한에서만은 인생이 죽음을 통해 완성된다고 말할 수 있을 법도 하다. 하지만 계속 살아가는 중에는 그 어떤 결정도 전적으로 자유롭다고 말하기가 어렵다. 그래서 삶 안에서는 그때마다의 결정이 번복되고 수정된다. 인간은 살아 있는 동안 결코 자기 자신과 일치하지 않는다. 전인적 결단은 오로지 죽음의 순간에만 가능하다. 그래서 오직 그와 같은 전인적 결단이 이루어질 경우에만 죽음이 사실상 인간의 완성이라고 말할 수 있다. 이러한 가설 없이는 어째서 자유의 기본 방향이 ― 마치 죽음의 경우처럼 ― 영원히 교정될 수 없는 것인지 하는 물음에 대해 제대로 해명하기는 곤란할 것이다. 사람들은 그래서 죽음의 순간을 문득 경험하게 되는 우연한 기회에 섬뜩하게 전율을 느끼는지도 모른다. 이러한 이론을 통해서 어린 아이나 정신분열증 환자들에게도 인격적 결단의 가능성은 열려 있다. 왜냐하면 물질적인 조건들로부터 온통 자유로워지는 순간 인간의 정신은 하느님께로 나아가는 자신의 초월성을 제대로 경험할 수 있을 것이기 때문이다.

상기 이론의 세 가지 관점은, 물론 전혀 새로운 것이 아니요, 이미 19세기에 가톨릭 교의신학자 클레(H. Klee)와 같은 사람들이 전개했던 것이지만, 매우 인상적이다. 이 이론은 공개적으로 죽음에 대한 교도권의 가르침을 염두에 두고 있고, 신학적인 문제들 일체를 해소할 수 있는 해결책을 제시한다. 그러나 종합적으로 볼 때 상기 이론은 각 관점마다 큰 약점을 안고 있으며, 그로 인해 계속 유지되기 힘든 상황에 놓여 있다.

① 첫 번째 관점을 지탱해 주는 근거는 한 가지 사건에 대한 해석에 기초하는데, 그 사건(죽음)은 근본적으로 [우리가 이해하는] 진리로 입증하기 힘든 어떤 것이다. 극단적으로 삶의 정반대편까지 나아가야만이 그것을 파악할 수 있다. 사람들은 능동성과 수동성, 자유와 필연성의 긴밀한 관계를 죽음의 순간까지 "확장시켜야" 한다. 과연 죽음의 순간에도 그러한 관계·행위가 계속 유효하게 적용될 수 있을까? 사람들은 죽음의 순간을 대부분 탄생의 순간과 유사하게 추정할 수 있다고들 충고한다. 다시 말해 죽음은 삶과 유비적인 관계에 놓여 있다는 것이다. 탄생의 순간에도 우리는 우리 자신을 제대로 알아보지 못하고 온통 수동적인 처지에 놓여 있을 수밖에 없다면, 죽음의 순간도 그러하다고 보는 것이 당연하지 않을까?

② 두 번째 관점은 이른바 플라톤주의적인 전통에 사로잡혀 있다. 그러니까 육체적인 부분을 과소평가하는 태도에 젖어 있다. 인간이 자신에게 주어진 물질적인 측면과 밀접하게 연결된 조건들에서 벗어나는

순간이 죽음이기 때문에, 자신의 결정을 자유롭게 내릴 수 있다고 내다보는 것이다. 이 관점은 죽음을 과대평가하는 반면, 시공간 안에서 펼쳐지는 인간 존재의 구체적인 조건들을 과소평가하는 것처럼 보인다. 그래서 죽음을 마치 인간 현존재의 특권이 비로소 발휘되는 계기로 이해하려 한다. 실존주의자 하이데거의 통찰에 버금가는 입장이라고 할까! 그것이 온통 부정적인 견해는 아니라고 보지만, 언제든 유념해야 할 부분도 있다고 본다. 왜냐하면 이 관점은 하이데거 식의 현존재 분석을 공유하는 만큼 여러 가지 점에서 비판적인 측면도 그와 더불어 떠안아야 하기 때문이다.

③ 세 번째 관점은 전통신학과도 갈등을 불러일으킬 소지가 엿보인다. 전통신학에서 죽음은 인간의 자유의 역사에 종지부를 찍는 것("순례하는 인간의 종착점")을 뜻하기도 한다. 그러나 이 관점이 공공연하게 표현하는 전인적 결정의 근거는 결국 "저편에" 놓여 있다. 다시 말해 몸과 영혼이 "함께"하는 시간 너머로 미루어진다. 그래서 [이 관점이 지지하고자 하는 바와 같이] 죽어가는 바로 그 시점에서 벌어지는 과정이 매우 중요하다는 주장을 정작 지지하기 힘들어 보인다.

(2) 영혼 윤회설(?)

많은 그리스도인들 역시 영혼의 윤회에 대한 가능성을 긍정적으로 생각하는 만큼 신기한 이론이라고 말할 수 있다. 인간 영혼이 자신의 순화 과정의 차원에서 또 다른 몸을 취해 계속 살다가 언젠가는 신에게 온전히 되돌아간다는 이론이다. 이 같은 상상의 역사적, 문화적 배경에 대해서는 여기서 더 이상 언급하지 않겠다. 물론 영혼 윤회설(Metempscychose, Reincarnation)은 그리스도교의 인간 이해와 결합할 수 없다. 종말론적인 전망을 따라 교회가 선포하는 교리는 죽음과 더불어 인간의 기본 결단이 최종적으로 유효하게 드러난다는 입장(*DZ* 410, 839, 858, 926, 1002, 1306, 1488)에서 출발한다고 분명하게 말할 수 있다. 재언하지만, [앞선 가설처럼] 죽음의 순간에 최종 결단을 내린다는 이론과는 아무런 관련이 없는 그런 입장에서 출발한다는 점이다. 제2차 바티칸 공의회는 점점 더 확산되고 있는 이 영혼 윤회에 관한 생각에 반대해 인간의 삶이 유일회적임을 강조한다(*LG* VII, 48).

칼 라너에게서 영혼 윤회에 관해 직접적으로는 아니지만, 내가 그를 제대로 이해했다면, 그런 측면에 대해 최소한 상기하려는 모습을 발견하게 된다면, 적잖이 놀랄 것이다. 라너는 이때 무엇보다도 실제적으로 자신들의 자유를 완성하거나 아니면, 아예 그런 자유에서 벗어나 있는 사람들을 염두에 두고 있다. 라너의 입장은 다음과 같은 그의 진술에서 엿볼 수 있다. "죽음과 함께 개개인의 인격적인 역사가 단 한 번 주어졌고 또 그렇게 영원히 유효하다는 가르침은 그렇듯 자유의 역사가 실제 벌어져 왔다면, 충분히 확신할 만하다. … 그러나 사람들은 … 우리가 궁극적으로는 상기 가르침, 그러니까 저마다 단 한 번의 죽음을 통해 최종적으로 유효한 결정으로 넘어가는 자유의 역사에 관한 가르침이 죽음을 눈앞에 둔 사람들에게 고스란히 적용될 수 있을지, 나아가 어떻게 적용될 수 있을지 모르고 있다는 사실도 마땅히 고백해야 한다. 더욱이 평균적인 경험 수준에서 임종을 앞둔 이들이 실제 내리는 자유로운 결단을 근본적인 의미로 평가하려는 시도에 대해서도 문제삼을 수 있으며, 실상 죽음 앞에서 내리는 인간의 자유로운 결단이 최종적으로 유효한 존재로서 그를 고양시킨다는 의미에서 보통 '성인(成人) 신분'의 모든 인간이 ― 교도권이 가르치듯 ― 자유로운 결단 능력을 갖추고 있는지도 알지 못한다고 말해야 한다."[13] 적어도 이 인용문은 아마도 영혼 윤회설의 입장을 두둔한다고 볼 수는 없다. (다만 객관적인 관점에서 영혼 윤회설을 재고한 것으로 볼 수 있을 정도다). 오히려 인간의 자유로운 결단에 의한 선택을 고무시키는 논리로 파악될 수 있다.[14]

(3) "저승에 (내려)감"

'사도신경'에서 마주하는 이 신앙고백(믿을 교리)은 현대인들에게 매우 낯설게 여겨지는 대목이다. 물론 그와 같은 상황에 대해 운운하는 성경 구절이 일부 발견되는 것도 사실이다(1베드 3,19 이하; 에페 4,9; 로마 10,7; 마태 12,40; 사도 2,27.31). 그러나 사실 이 구절들은 전체적으로 불분명하다고 볼 수 있으며, 주석상으로도 매우 난해한 점들을 안고 있다. 물론 가톨릭 신학자들을 포함해 많은 신학자들이 상기 신앙고백("저승에 가심")을 "신화적"인 상상으로 이해하려고 한다. 그 이면에는 '그리스도가 세상 구원을 위해 목숨을 바친 직후 맨 먼저 구약의 의인들을 찾아 저승으로 내려갔다'는 상상이 자리한다. 사람들은 이를 종종 그림으로 묘사하기도 한다. 이제 와서야 비로소 이 같은 상상이 온전히 하느님의 영광 안에서 이해할 수 있게 되었다. 그에 관한 연구가 존재할지라도, 싸잡아서 말한다면, '상징적인 것들'로 표현된 상기 신앙고백이 궁극적으로 무엇을 의미하는지 규정하는 일은 쉽지 않다. 오늘날 사람들은 종말론적인 관점에서 이 신앙고백이 우리에게 가져다줄 새로운

---

13. *MySal* 5, 475.
14. 라너는 또한 영혼 윤회설을 가정하는 경우에 대해, 신학적으로 타당성을 갖는지에 대해, 물론 부정적인 관점에서 정식으로 논의한 바 있다. 이에 대해서는 그의 *Schriften* XII, 41, Anm.(각주) 2 참조.

의미를 찾아내려고 애쓰고 있다.

사람들은 어째서 죽음이 ― 예수 그리스도가 우리를 구원하는 수단처럼 활용한 죽음이 ― 들어서게 되었는지 물을 수 있다. 그 밖에 다른 수단으로서 "공로"는 신인(神人) 예수에게서 고려될 수 없었던 것일까? 이 같은 물음에 대해 중세는, 원칙적으로 이것은 전적으로 하느님의 소관이요, 우리는 다만 성경이 증언하는 바에 따라 그리스도의 사랑, 곧 특별한 방식으로 죽음을 받아들이는 의미에서 그의 순종에 대해 이야기할 수 있을 뿐이라고 답변을 했다. 그런 관점에서 예수의 죽음을 교회는 그의 사랑이 최고로 드러난 절정 혹은 그의 희생이 가장 숭고하게 펼쳐진 순간이라고 이해한다.

이는 근본적으로 옳다고 볼 수 있으며, 나아가 그리스도교 신앙 역사 전체를 관통할 만한 진리라고 볼 수 있다. 곧 모든 시대, 모든 장소에서 전례와 기도를 통해 고백되어야 할 그리스도교의 신앙의 틀림없는 표현으로서 거기에는 우리를 해방하는 분, 신인(神人) 구세주의 모습이 등장한다. 물론 거기에서도 성경이 그와 같이 구원을 가져다주는 죽음을 두고, 여느 시대 및 문화권의 통상적인 상상력을 최소한 활용하면서 그 죽음의 구원론적 의미에 더 초점을 맞추고 있다는 점도 아울러 고려할 필요가 있다. 다시 말해 우리는 예수가 흘린 피를 통해서, 그가 희생한 살[肉]을 통해서 구원받았다는 의미에 초점을 맞춘 성경의 표현도 기억할 필요가 있다. 그로써 또한 예수 그리스도는 그 밖에 다른 어떤 공헌이나 능력을 동원하지 않고, 오직 죽음을 가로질러 가는 모습으로 우리에게 구세주가 되었음을 강조할 필요가 있다. 예수는 인간의 삶에 있어서 죄라는 것이 어떤 모습을 띠는지 온통 자신을 바쳐서 보여 준 셈이다. 바로 그로부터 그리스도인의 실존을 위한 매우 심오하고 커다란 도움을 주는 통찰이 과연 종교적·영적인 차원에서 전개될 수 있었다.

그리하여 교황 베네딕토 16세는 상기 신앙고백을 해석하면서 이렇게 진술한 바 있다. "이 신앙고백(구절)은 … 그리스도께서 우리가 걷게 될 최종적인 고독의 문을 몸소 통과하셨다는 것을, 그분이 친히 수난을 짊어지심으로써 우리에게는 내쳐진 의미 밑바닥에 기꺼이 내려오셨음을 대변한다. 그 어떤 목소리도 닿지 않는 바로 그곳에서 그분은 함께 머물러 계신다. 그로써 저승을 능히 이겨낼 수 있게 되었다. 다시 더 정확히 말해 저승 바로 앞에 버티고 서 있는 죽음을 더 이상 두려워할 까닭이 없게 되었다. … 죽는다는 것은 … 더 이상 차디찬 고독으로 떨어짐이 아니다. 저승의 문틈으로도 빛은 파고든다."[15]

신학적 체계를 위해서는 무엇보다도 종말론과 관련하여 칼 라너의 입장이 아마도 좀 더 도움이 될 것이다. 그리스도가 내려갔다는 죽은 이들의 세계인 저승 혹은 지하세계는 무엇을 뜻할까? 그 이면에는 모름지기 내적인 것, 배경적인 것, 본질적인 것, 원천적인 하나 됨 등에 관한 상상이 숨겨져 있는 것 같다. 그러므로 사람들은 "저승으로 내려가는 바로 그 인간이 어떻게든 이 세상의 모든 것들과 내적으로 그리고 원천적으로 하나가 되고자, 이른바 세상의 심층부까지 다다른다."고 추정해도 좋을 것이다. "만일 우리가 그렇듯 다섯 번째 믿을 교리로서 그리스도께서 저승에 내려가셨다고 고백한다면, 아마도 그와 더불어 우리가 일반적인 해석을 따라 몸과 영혼의 분리로서 죽음을 생각하고, 그런 죽음의 의미로 그리스도의 죽음을 이해하는 그와 같은 상상들을 함

---

15. J. Ratzinger, *Einführung in das Christentum*. Vorlesungen über das Apostolische Glaubensbekenntnis, München 1968, 248f.

께 연결시켜 생각해도 괜찮을 것이다."16 라너는 거기서 몸과 영혼의 분리로서의 죽음을 결코 인간 존재를 구성하는 두 가지 요소가 갈라서는 것으로 생각하지 않고, 다만 인간의 일부로서 영적인 측면의 생명 원리가 또 다른 일부인 물질적인 측면과 어떤 새로운 관계를 맺게 됨을 고려했다. 그의 취지대로라면 그리스도가 죽은 이들의 세계, 저승 혹은 지하세계로 내려갔다는 표현은 그리스도의 실재가 이 전체 세상과 (이전과는 전혀 다른) 새로운 관계를 맺게 되었음을 함의할 것이다. 그가 달리 진술한 것처럼 "[그리스도는 그로써 세상과 원천적으로] 하나가 된다는 의미에서 전체 세상과 일종의 열려진 실재-존재론적인 관계가 형성되었다."17는 것이다. 그리하여 그리스도로 말미암아 새로운 (변모한) 몸을 받게 된다는 통찰과 무관하게 그렇듯 계속적으로 머물러 있는 전체 세상과의 관계가 진지하게 재고될 수 있다. 주님의 죽음 없이도 모든 인간에게 행위와 결단의 가능성들은 존재할 수 있다고 말할 수 있다. 그러나 주님의 죽음 없이는 전체 세상과의 "열려진 실재-존재론적 관계"를 맺는 기회가 보장되지 않을 것이다. 그런 점에서 그리스도의 죽음을 통해 그리스도 이후의 모든 인간들에게 구원 상황이 객관적으로 마련되었다고 말하는 것이다.

객관적으로 모든 인간들의 구원에 근거를 마련하기 위해 (특히 종말론적인 결론을 염두에 두고서) 분명 그리스도의 "저승에 (내려)감"이라는 난해해 보이는 신앙고백을, 당시의 사조(思潮)를 상당히 수용하면서 동시에 신학적인 논리를 전개하는 독특한 시도를 불사하게 했다. 그로써 라너의 "익명의 그리스도인" 혹은 이 세상 어디에나 존재하는 "감추어

---

16. Rahner, *Zur Theologie des Todes*, 59.
17. *Ibid.*

진 은총"이란 해석도 여전히 지지할 만하다는 견해가 자연히 뒤따를 수 있게 될 것이다. 다만 그로써 그리스도의 말씀과 성사를 통한 구원 행위가 지니는 "특별함"을 평범한 것으로 전락시키는 것은 아닐지, 혹은 이 같은 해석이 결과적으로 그런 논문과 연결시켜 이미 논했거나 또 앞으로도 계속 논하는 그런 견해들을 너무 멀리까지 확대시키는 것은 아닐지 비판적인 시각을 멈추지 말아야 할 것이다.[18]

5) 죽음의 문제와 철학[19]

(1) 고대

만일 연대기적으로 앞선 시대를 살핀다면, 소크라테스 이전 시기의 철학자들까지 소급해야만 할 것이다. 곧 아르케(ἀρχή, '시원' 및 '최종 종착지')를 생각하던 시기까지 소급할 필요가 있다. 이에 아낙시만드로스, 헤라클레이토스, 파르메니데스 등을 떠올릴 수 있다. 그들의 생각은 상대적으로 큰 영향을 주지 못했음에도 불구하고 피타고라스의 경우는 달랐다. 기원전 6세기 중엽에 활동한 피타고라스는 자신의 가르침을 입으로만 전하게 하고, 글로는 전수하지 못하게 했다. 그는 특별히 일종의 수도원과 흡사한 공동체를 만들었으며, 거기서도 그의 가르침은 비밀스러웠다. 그럼에도, 아니면 바로 그런 까닭에 피타고라스의 가르침은 그리스 사상에 큰 영향을 미쳤다.

피타고라스 학파에 따르면 '영혼'은 인간의 참된 본질을 이루지만,

---

18. 최소한 여기서 더 주시할 만한 글로서 추천하는 것은 발타사르의 글이다. 그는 특히 "그리스도의 저승에 내려감"에 관한 중요한 의미를 요약한 적이 있다. 그의 "Höllenabstieg Christi", in: *MySal* 3/2, 133-326.
19. 참고로 G. Scherer, *Das Problem des Todes in der Philosophie* (Grundzüge 35), Darmstadt ²1988.

육체와의 결합으로 인해 영혼이 불순하게 되었다. 그러므로 자신의 본래적인 모습을 회복하기 위해서는 육체적·물질적인 요소들과 분리되어야 한다. 처벌과 보속이라는 이유로 영혼은 고통스러운 실존을 다음 생애에 육체를 덧입고 계속 짊어져야 한다. 만일 인간이 순수 직관에 이르는 관상(탈혼)의 상태에 온전히 침잠하게 되면, 자신의 본래 고향을 되찾아 나아갈 수 있다. 완전해진 영혼이 과연 거기에 계속 머물러 있게 되는지, 아니면 새로운 탄생의 순환 과정에서 완전 이탈하는지 등의 문제는 분명하지 않다. 피타고라스 사상은 그런 다음 엠페도클레스(Empedocles, 기원전 492-432)에게서 다시 출현한다. 그에게서는 신체적 성관계를 포기하거나 살생을 금지하는 등의 금욕주의적인 동기들과 연계되어 나타난다. 그는 인간 영혼을 '신적인 것'으로 간주할 수 있고, 그로써 신과 닮은 구석이 있다는 점을 분명하게 밝히고자 했다. '같은 것은 같은 것에 의해서 알려진다.'는 것이다.

서양 사회와 그리스도교 사회에서 가장 영향을 많이 미쳤던 철학자는 플라톤(기원전 427-347)이다. 플라톤에 의하면 철학 혹은 학문은 모두 '경이'(驚異)로 시작된다. 여기에 당장 죽음이 큰 역할을 수행한다. 죽음은 삶과 사유의 움직임을 의문스럽게 만든다. 의문을 갖게 하는 것, 그것이 곧 철학이다. 철학을 통해 인간은 선한 존재, 신적인 존재, 아름다운 존재를 추구하게 된다. 그리고 죽음을 통해서 우리는 깜짝 놀라거나 낯선 느낌을 갖거나 전율을 느끼게 된다. 사랑(에로스)은 "항상성"(恒常性)에 관심을 기울이는데, 죽음으로 말미암아 인간은 한계에 봉착하게 된다. 만일 그 사랑이 이 같은 한계를 극복하는 단계까지 나아간다면, 인간은 마침내 참된 존재에까지 도달할 수 있고, 궁극적으로는 그 같은 참된 존재와 하나가 될 수 있다. 한편 참된 존재는 확실히 능동적인 힘,

그러니까 생명을 실현하는 능력으로 현존하기 때문에, 인간의 사랑은 선한 존재, 신적인 존재, 곧 이데아의 세계에 들어가게 된다. 그것은 본시 영혼의 모습이다. 영혼은 영원한 세계와 연계되어 있어서 불멸한다. 인간의 목표는 영원한 세계라는 자신의 본향에 영혼이 깃드는 데에 있다. 이때 죽음은 지상적인 것 혹은 지상세계로부터 벗어나는 해방을 의미한다.

플라톤의 죽음과 불멸성에 관한 이해는 수천 년 동안 계속 의미심장한 채로 남아 있다. 일찍이 고대에서도 스토아 학파나 에피쿠로스 학파에게 영향을 미쳤고, 특히 중세를 들어서면서 그리스도교 사상에 영향을 주었다. 그리스도교 사상은 플라톤의 기본적인 사상과 내적으로 잘 융화되어 나갔다. 존재의 보다 고상한 방식으로 물질보다는 '정신'을 앞세우는 태도에 있어서, 죽음을 몸과 영혼의 분리로 바라보는 태도에 있어서, 영원한 세계로 나아가는 정신적인 존재의 다양한 단계를 논함에 있어서, 영혼의 불멸성에 대한 이해에 있어서 그 두 사상은 서로 잘 어울렸다.

플라톤의 철학적 의도와 기획은 매우 분명한 노선을 따라 그리스도교의 인간학, 윤리학, 종말론만이 아니라 금욕주의적인 태도에도 큰 영향을 주었다. 그러나 그와 같은 융화를 모색하는 움직임과는 다른 정반대의 움직임도 존재한다. 대표적으로 "불멸성-모델"(Unsterblichkeit-Modell) 대신에 "부활-모델"(Auferstehung-Modell)이 성경 안에서 목격된다. 그럼에도 불구하고 교회 초기 교부들이 플라톤을 수용하거나 플라톤의 탁월한 통찰을 근거로 삼는 모습을 자주 목격하게 된다. 이에 나름대로 (서로 유사한 지적 전통을) 설명하자면 다음과 같다.

① 플라톤의 사상에서나 그리스도교 사상에서는 영원한 회귀(윤회

적 체계) 개념이 취급되지 않았고, 나아가 인간에게 최종적으로 유효한 것이 중요하다고 보았기 때문이다.

② 플라톤의 사상에서든, 그리스도교 사상에서든 죽음을 넘어 저편의 세계에서도 한 개인의 가치가 중요하게 취급되기 때문이다.

③ 플라톤의 사상이 초점을 맞추는 이데아 세계로의 상승-움직임에서 교회 교부들은 "초월"을 함의한 어떤 것을, 예컨대 살아계신 하느님을 향한 인간의 동경을 생각할 수 있었다.

④ 플라톤은 비육체적인, 곧 정신적인 실체들이 존재한다고 강조한다. 그것은 그리스도교의 신론 및 인간학을 위해서도 매우 중요한 부분이다.

⑤ 나중에 그리스도교가 동화시킬 수 있었던 것으로서 플라톤에게는 심판과 처벌에 관한 통찰이 존재한다.

⑥ 플라톤은 개인의 죽음과 공심판 사이의 "중간 상태", 그러니까 초대교회에서는 무엇보다도 순교자의 운명과 같이 강제적으로 맞이하게 되는 그런 과도기적인 상태를 위해 일련의 해결책을 제시해 준다.

물론 그리스도교 사상은 아리스토텔레스(기원전 384-323)가 앞서 생각해 낸 주요 사고방식도 크게 작용한다. 곧 아리스토텔레스는 현실태와 가능태, 완성태와 잠재태에 관한 이론을 제시했다. 존재자는 형상과 질료로 이루어지며, 거기서 현실태와 가능태를 구별해야 이해할 수 있다. 물질은 순수 가능성으로서 (그 자체로 완성~ 및 실현 능력은 없으나) 그로부터 모든 것이 현실에 존재하는 단서가 된다. 그에 반해 형상은 실현 능력으로서 물질에게 형태를 부여한다. 이는 '대리석'(질료)과 그것을 다듬는 조각가의 머릿속에서 시작해 마침내 조각상으로 드러난

'다윗 상'(형상)과의 관계로 이해될 수 있다. "인간의 영혼은 육체에 형상을 부여한다"(*anima forma corporis*). 인간은 이런 점에서 두 가지 실체(몸과 영혼)로 이루어지는 것이 아니라 하나의 실체다. 다시 말해 "영혼"과 "육체"로 (마치 "형상"과 "질료"로) 이루어진 하나의 실체이다. 이는 플라톤의 사상을 변형시킨 중요한 사고방식이 되었다.

(2) 토마스 아퀴나스

아리스토텔레스의 사고방식은 토마스에게 매우 중요한 의미를 띤다. 몸과 영혼의 관계는 피상적인 것이 아니다. 다시 말해 영혼은 몸에게 본질적인 것으로서 몸의 형상으로 작용한다. 곧 영혼은 몸이 제 "형상을 갖추도록" 해 준다. 영혼을 통해서 물질이란 순수 가능성이 특별한 몸으로 드러나는 셈이다. 영혼은 물질에다 "형상을 갖추도록" 해 주는 현실태로서 실재적인 것(*actualis*)이다. 그래서 실재 인간은 전적으로 "영혼을 가진 존재"이며, 전적으로 "몸을 가진 존재"다. 인간은 온전히 "주체"에 속하며 온전히 "객체"에 속한다. 실재적인 인간은 한편으로는 "영혼", 다른 한편으로는 "몸"을 가진 것이 아니라, 영혼과 몸을 언제든 동시에 지니고 활동하는 존재다.

죽음은 "몸과 영혼의 분리"라고 하지만, 일찍이 플라톤이 생각한 것처럼, 몸이라는 감옥에서 인간이 "해방되는 것"을 뜻할 수는 없다. 영혼과 몸의 결합이 와해된다면, 인간 존재 역시 사라져 버린다. 곧 전인적 인간이 죽음을 맞이한다. 그 순간에는 몸에 드러난 영(정신)의 세계-내-존재가 사라져 버리는 것을 뜻한다. 인간 존재는 오로지 물질 안에 정신이 "몸을 취함"으로써만 드러난다.

그러나 토마스도 플라톤의 철학을 진지하게 살핀 사람이었던 만큼, 영혼의 불멸성에 관한 이론을 [일부] 수용하였다. 영혼은 확실히 개별적인 죽음과 최후 심판 때 일어날 부활을 서로 이어주는 교량 역할을 해 줌으로써 한 인간의 정체성을 확인시켜 준다. 그러나 영혼이 곧 그 인간은 아니다. 예컨대 토마스에 의하면, 하느님께서 특별한 기적을 행하셔야 한다. 그리하여 영혼이 이 같은 상태(개별적인 죽음 이후)에도 인식 행위를 계속 수행할 수 있고, 그로써 그가 천상복락을 누리도록 이끄셔야 한다는 것이다.

(3) 데카르트부터 헤겔까지

죽음에 관한 철학적인 이해에 있어서는 인간의 몸과 영(정신)의 관계가 어떠한지가 매우 중요하다. 이와 관련하여 근대에는 첨예한 이원론이 나타나는데, 이는 누구보다도 데카르트에 의해서 시작되었다. 실체는 스스로 존재하기 위해 다른 어떤 것도 필요로 하지 않는 것(자립체)을 가리킨다. 이는 엄격한 의미에서 신에게만 해당하는데, 신은 단지 자신을 통해서만 존재하기 때문이다. 그에 반해 유한한 것들에게 실체라고 일컫는 경우는 일찍이 신에 의해 창조된 이후 이른바 독자적으로 서 있는 것(존재)을 가리킨다. 데카르트에 의하면 세상엔 두 가지 실체 — *res cogitans*와 *res extensa* — 가 존재한다. 죽음은 이때 후자(물질)의 종말을 의미하기에, 기계적인("자연적인") 사건에 속한다. 죽음은 정신에게 아무런 힘을 쓸 수 없다.

칸트는 자신의 주저 『순수이성비판』(1781)에서 영혼에 대한 당시까지의 이론과 영혼의 불멸성 이론에 대해 근본적인 비판을 시도했다. 이 같은 설명을 사람들은 (데카르트의 경우와 같이) 당시 계몽 시대를 통해 실체 개념으로 파악했다. 그래서 다시금 플라톤의 경우처럼, 두 가지 요소가 합쳐진 것으로서가 아닌 단순한 것으로서 실체를 이해했다. 과거에 영혼을 통해 규정된 인간의 본질은 이제 인격성이라 불렀다. 칸트는 영혼이란 물-자체(物-自體)와 마찬가지로 이성으로는 파악할 수 없는 존재라고 생각했다. 그 때문에 신과 영혼, 세상(물자체의 세계)에 대해 지금까지 펼친 것들은 인간에게 "주제넘은 생각들"이라고 비판했다. 칸트에 의하면 그것은 잘못된 결론에 지나지 않는다. 사람들은 오히려 "나는 생각한다."는 판단이 "도대체 모든 개념들을 이어주는 매개체"라는 점을 기억해야 옳다. 왜냐하면 우리의 경험상 '나는 생각한다.'는 판단 없이는 도무지 사유를 실현시키거나 완성시킬 수 없다고 보았기 때문이다. "나는 생각한다."라는 판단 안에서 모든 의식 내용들이 서로 연결된다. 그러나 좀 더 정확히 말하자면, "나는 생각한다."라는 판단은 우리의 경험 대상이 아니라 모든 객관적인 인식을 가능하게 해 주는 주관적인 조건이다. 사람들은 그로부터 또한 결코 불멸성을 도출할 수 없다. 그래서 칸트에게 불멸성은 실천이성을 위한 요청(Postulat)에 의해 마련된다. 죽음을 맞이하는 인간은 이성의 요구에 완벽하게 부응하지 못하는 상태에 놓여 있다. 곧 이 세상에 살아가는 동안 최고의 선에 도달하기 어려운 처지에 있다는 것이다. 오히려 완벽하게 부응하는 것은 "무한히 계속되는 삶"을 통해서만 가능하다. 이는 죽음 너머에서도 계속되는 삶을 요구한다. 그와 동시에 "최고의 선"은 향유의 대상이 되기도 한다. 이 같은 향유는 완전한 의미에서 이 세상에서 살아가는 중에는 주어질 수 없다. 그것은 "영원한 삶"을 전제해야 하기 때문이다. 전체적인 세상 질서의 본래적인 목표는 신이다. 신은 인간의 자유와 불멸성을 보증한다. 그래서 신, 자유, 불멸성은 "실천이성의 요청"에 속하는 것들이다. 데카르트의 이원론 사상을 칸트는 근본적으로 극복하지는 못했다.

피히테(J. G. Fichte, 1762-1814)는 영혼, 죽음, 나아가 불멸성도 소급해 생각한다. 사람들은 죽음으로부터 마법적인 속성을 벗겨 내야 한다. 자연의 삶은 "그럴듯한 삶"에 불과하다. "죽음(-사건)을 통해 우리는 죽음을 맞아 죽어간다. 바로 우리가 자연의 그럴듯한 삶이 사라져 버리는 가운데 계속 다가오는 그런 죽음을 맞아 죽어가야 한다. 죽음 안에서 우리 삶이 종지부를 찍으며 이 같은 죽어감이 끝나는 순간, 우리는 단 한 번으로 영원한 불멸성을 향해 죽어가는 것이다. 그리고 그러한 불멸성을 통해 우리의 참된 삶이 비로소 시작된다."[20] 삶이란 무엇일까? 피히테에게 있어서 자의식, 주체성, 자신을 아는 것, 원하는 것, 자아의 확립은 무엇을 함의할까?

헤겔(G. Hegel, 1770-1831)의 관점에서 죽음에 대해 말할 수 있는 것이란 절대자의 자기실현에 대해 밝히는 그의 전체적이고 변증법적인 정신철학 안에 내포되어 있는데, 여기서 이것까지 살피지는 않겠다. 영향사와 관련하여 중요한 점은 아래의 세 가지이다.

① 전체 과정은 결국 절대자 및 신의 자기화해 과정이다. 개별적인 것은 개별적인 것이라는 점에서 결코 자립성을 갖지 못하고, 단지 절대자의 자기전개에 기여할 뿐이다.

② 그에 따라서 헤겔은 죽음 너머 인간에게 펼쳐질 수 있는 가능한 모습의 미래에 대해 침묵한다.

③ 그리하여 헤겔은 개별적인 인간이 점점 더 강하게 집단적으로 엮어지는 그런 역사를 향해, 인류의 역사 및 사회공동체 발전의 역사에

---

20. Anweisung zum seligen Leben, in: *Fichtes Werke* X, Berlin 1971, 413.

기여하는 것을 제 고유의 몫이라 생각하도록 이끌어 준 선구자가 된다.

(4) 현대 철학

현대 철학은 맨 먼저 그리고 무엇보다도 실존철학에서 발전했다. 이 실존철학은 여러 가지 형태의 이론으로 소개되지만, 후기 셸링(F. W. J. Schelling, 1775-1854)의 기본 원칙을 수용하면서 준비되었다고도 한다. 그래서 실존철학은 관념론의 체계적인 사유를 갖출 수 있었다고 평할 수도 있다(예컨대 야스퍼스[K. Jaspers], 하이데거의 경우). 현대 철학은 또한 마르크스주의와도 연계된다. 이때 마르크스주의 사상에서는 불멸성 신앙이 포이어바흐의 표현대로 투사 및 환상에 지나지 않는다. 그에게 중요한 점은 인간이란 종(種)이 "보다 나은" 삶을 계속해서 추구한다는 사실이다.

3. 영혼의 불멸성 : 죽은 이들의 부활

1) 들어가기

프로테스탄트 신학계에서는 (그리고 제한적으로나마 가톨릭교회의 일부 공식적인 입장과 가톨릭교회에 속하는 본당공동체들의 경우) 지난 수십 년 동안 점점 날이 갈수록 불멸성에 관한 관념이 거부될 수 있다는 견해가 고착화되고 있다. 이와 같은 경향을 당장 죽음 이후의 삶에 대해 거부하는 태도와 동일시하기도 하는데, 이는 물론 성급하고 부당한 판단인 것 같다. 오히려 그것은 "그리스 사상에서 전해져 온 불멸성 이론"이라 칭해지는 그런 견해들에 대한 거부라고 볼 수 있다. 그래서 이른바 인간의 정신적인 생명 원리인 '영혼'만이 인간의 죽음 이후 존재하게 될 것이라는 믿음을 거부하는 것으로 비쳐진다. 그에 반해 최근 프로테스탄트 측에서는 한편으로는 "전체-죽음"에 대해 내세운 논리가 강조되었다. 곧 '인간의 죽음은 전체로서의 죽음이다.' 또는 '몸과 영혼의 분리라는 의미의 죽음이란 없다'고 보는 것이다. 다른 한편으로는 성경의 표현에 의존해 "죽은 이들의 부활", 곧 하느님의 능력으로 전체로서의 인간이 여전히 살아남을 것에 대해 가르치고 강조하며 또 계속 지지해 왔다. 물론 프로테스탄트 신학에는 특별한 분위기가 있는 것도 사실이다. 그럼에도 이 같은 입장은 교회 일치와 관련해서만 문제가 되는 것이 아니라 가톨릭교회 내부에서도 문제가 된다. 왜냐하면 그와 같은 "전체-죽음"이라는 논리와 "전체 인간의 부활"이라는 논리 모두 가톨릭교회 안에서도 점점 확대되고 있기 때문이다. 교회 밖의 사람들에게는 드러나지 않게, 특히 지난 몇 십 년 동안 이 같은 문제를 둘러싼 예민한 논쟁이 발선했다.

또 다른 한편 현실적인 관점을 앞세우는 철학 및 최근의 인간학의 영향이 새로운 분위기를 형성하고 있다. 만일 인간의 영적인 측면이 단지 연속성이라는 차원에서만 숙고되거나, 나아가 그와 함께 최근까지 새롭게 알려진 심리적인 기능들과의 내적 연관성을 훨씬 더 고려하려는 경향과 마주한다면, 더 이상 하나의 독립적인 영혼 혹은 실체로서의 영혼에 대한 믿음은 유지될 수 없는 것처럼 여겨진다.

그 밖에 전체적으로 새롭게 부각된 시대적 흐름들도 이와 관련된 교회의 신앙고백에 변화를 부추긴다. 슈바이처 혹은 또 다른 원칙을 따라서 시도한 불트만과 함께 어느 정도 종말론을 순수 현재적인 의미로 해석하려고 한다면, "죽음 이후 계속 되는 삶" 혹은 정작 "영혼의 불멸성"에 대한 물음은 공허한 개념이 되고 말지도 모른다. 한편 성경이 전해 주는 종말론적인 진술은 과연 하느님 면전에서 지금의 실존이 반드시 완성될 것을 가르친다는 점에서 신앙인에게 흥미롭다. 존재 개념, 시간 개념, 실존적인 것과 존재론적인 것에 대해 모색하는 시도들은 나름대로 이런저런 곳에서 의미가 있다. 특히 프로테스탄트 신학에서 신앙과 관련된 판단을 위해 확실히 체계적인 사전 배경으로 작용한다.

그래서 종종 하나의 일정한 "체계"를 새롭게 마련하고서 ─ 혹은 마치 기존 체계를 무시하는 방식으로 영혼의 불멸성 혹은 중간 상태에 대해 거부하고서 ─ 전체-죽음에 관한 논리를 옹호하거나 (창조 때의 경우와 동일하게 전적으로 하느님의 능력으로만 채워지는 의미에서) 부활에 관해 생각하려는 경향을 고무시키는 일련의 사전 배경들이 발견되기도 한다. 이 같은 분위기가 굳이 부정적으로만 평가되는 것은 아니다. 신학은 대체로 "사전 배경" 없이 혹은 해석학적 선험적 기반 없이 이루어지지 않는다. 물론 그러한 사전 배경에 대해 파악하는 것이 꼭 필요하다. 하지만 그로써 어떤 신학적인 체계가 "객관성" 및 "성경과의 절대적인 일치점"을 확보했다고 하더라도, 아무런 비판적 결함 없이 인정될 수 있는 것은 아니다.

2) 죽음과 불멸성 : 가톨릭 신학에 새롭게 나타나는 경향들

교황 베네딕토 16세는 이 같은 종말론적인 견해들이 지난 수십 년 동안 가톨릭교회 측에서도 공식적이며 공개적으로 해석되고 또 강력하게 주장되어 왔다는 사실에 대해 (내가 볼 때 제대로) 다음과 같이 소개한 바 있다. "[오늘날 사람들은] 영혼의 불멸성에 관한 믿음은 플라톤주의의 관념론적-이원론적-반육체적인 생각에서 비롯된 것이라고들 한다.

다시 말해 성경의 정신과는 아무런 관계가 없다는 것이다. 왜냐하면 성경에 의하면, 인간은 하느님께서 만드신 그 순간부터 서로 갈라지지 않은 단일체이자 하나의 온전한 존재로 비쳐지기 때문이다. 곧 영혼과 몸이 서로 나누어질 수 없는 존재로서 인간을 경험하게 된다는 것이다. … 또한 성경에 의하면, 우리는 그리스도의 부활과 더불어 비로소 하나의 새로운 희망을 갖게 되었다. 그러나 그것은 몸이 아니라 인간이 죽는다는 전체-죽음에 의해서도 전혀 변함이 없는 사실이라고들 한다. … 인간을 인간으로서 남김없이 삼켜 버리는 전체-죽음에서 우리의 믿음이 하나도 바뀔 것은 없다고들 한다. 그것은 의당 우리의 희망이 부활하신 그리스도로부터 오는 것이요, 곧 하느님의 은총으로 말미암아 여기 우리의 전체로서 인간이 다시 살아나 새로운 삶을 얻게 될 것이라 믿는 한 그렇다는 것이다. 성경이 전하는 희망은 어떤 경우든 오직 그 말씀으로만 부활을 설명하고 있으며, 전체-죽음을 전제한다고들 한다. 그리하여 영혼의 불멸성은 성경의 말씀과는 내부 깊숙이 모순되는 사상으로서 분명하게 결별해야 할 이론이라고들 말한다."[21]

최근 가톨릭 신학의 종말론과 관련하여 이처럼 상대적으로 많은 이들이 지지하는 논증은 과연 어디에 근거하는 것일까? 이 논증들은 프로테스탄트 신학도 포용할 수 있을 만큼 지배적인 위치를 확보할까? 이는 그레샤케의 사유 과정을 따라 모범적으로 훨씬 더 분명하게 살필 수 있다.[22]

---

21. J. Ratzinger, *Eschatologie - Tod und ewiges Leben* (KkD IX), Regensburg ⁶1990, 69f.
22. Gisbert Greshake, in: Greshake / Lohfink, *Naherwartung - Auferstehung - Unsterblichkeit* 82-120.

(1) 양극적인 종말론의 기원

처음에는 "영혼의 불멸성"과 "육신의 부활"이 나란히 표현되지 않으면서, 죽음이란 경계를 넘어설 수 있을까 하는 물음에 대한 두 가지 근본적으로 서로 다른 답변으로 이해되어 왔다. 영혼 불멸성은 그리스인들의, 특히 플라톤 식의 답변이다. 반면 부활은 히브리-성경에 기초한 답변이다. 그래서 이 두 가지 서로 다른 인간학적이고도 우주론적인 사유 형식 및 상상력은 동일한 희망에 대한 보다 자세한 표현으로 이용되어 왔다. 일찍부터 초대 그리스도교 신학에서 이 두 가지 사유 형식은 함께 활용되기 시작했다. 한편 사람들은 몸-영혼 사유 형식을 넘겨받았고, 다른 한편 무엇보다도 그노시스 사상과 대립해 '그리스도의 육화', 살을 통한 해방의 의미, 신앙을 "옹호하는 일"에 관심을 기울이면서 육체적-역사적인 측면을 부각시켰다. 이는 쉽게 "육신의 부활"에 관한 관심을 집중시켰다. 그러므로 먼저 종말의 완성에 대해 앞질러 생각할 경우 어떤 고립적인 진술이나 고백은 의미가 없고, 오히려 육체성으로서 '몸'의 의미가 더욱 중요하다. 왜냐하면 그럴 때에만 그노시스 사상과는 반대로 인간화의 진정한 의미가 보존될 것이기 때문이다. 죽음 안에서 혹은 죽음 이후의 재생에 대한 생각은 언뜻 타종교적인 사고방식처럼 비쳐진다. 왜냐하면 영혼의 불멸성 가르침은 피상적으로는 그노시스 사상이 강조했듯이, 이미 적지 않은 다른 종교들에서도 엿볼 수 있기 때문이다. 그럼에도 "영혼 불멸성"은 교회 안에서 거부되지 않는다. 왜냐하면 이미 구약성경은 '인간이란 하느님의 모상으로서 그분과 닮았다'는 입장을 진작시킴으로써 인간의 깊은 내면이 [죄로 인해] 결코 파괴되지 않는다고 가르쳐 왔기 때문이다. 그래서 언제든 인간은 하느님에 의해 불림을 받고 또 선택된다. 바로 그런 이유로 인간은 이미 죽음으로 그리스도와의 공동체성을 누린다. 그렇지만 그에 앞서 일련의 '중간 상태'를 거쳐야 한다. 왜냐하면 완전한 복락을 누리기 위해서는 "육신의 부활"이 필요하다고 보기 때문이다. 이 중간 상태는 실질적으로 교회의 입장과 그노시스적인 이원론적인 입장을 서로 차별화하려는 시도로도 이해될 수 있다.

(2) 스콜라 시대의 회고

초대 그리스도교에서 교회의 가르침은 점차 최소한 두 가지 난점에 부딪혔다. 만일 교회가 사후 곧바로 영혼의 복락에 대해 가르치면서 또 다른 한편 부활에 대해 가르친다면, 당장 이 둘 사이의 관계(곧 영혼의 복락과 최종적으로 유효한 완성으로서 부활 사이의 관계)가 보다 더 분명하게 설명될 필요가 있었다. 나아가 지상에서 취했던 몸과 부활 이후의 몸 사이의 동일성에 대해서 보다 더 정확하게 해석해 주어야 한다.

첫 번째 물음에 대한 대답(사후 동일한 영혼의 복락에 대한 가르침)은 '영혼'이 (인간 존재를 가리키는 하나의 관점에 불과할 뿐, 결코 마치 인간을 구성하는 하나의 요소가 아니라는 점에서) "중간 상태"에 머무를 수 있어야 한다는 요구에도 부응할 수 있다. 다시 말해 개별적인 죽음과 보편적인 부활 사건 사이에서 육체와의 연결고리로서 영혼이 작용해야 한다고 말하는 데 어려움이 없다. 영혼은 아리스토텔레스에게서든 토마스에게서든 몸의 "형상"(*forma*)이다. 그러니 사람들이 어떤 귀중한 금화를 온전히 보존하려면, 그 모양이나 거기에 새겨놓은 조각을 제거해서는 안 되는 것처럼, 한 인간의 경우에도 그를 온전히 보존하려면, 그의 몸에서 형상을 제거할 수는 없다. 두 번째 물음과 관련하여 시도된 답변(육체의 부활에 대한 가르침)은 이렇다. 부활의 경우 인간에게서 부활한 몸으로 변화하는 새로운 "형상화"(*informatio*)가 이루어지는 것이 사실이다. 그러나 육체의 형상을 결정하는 것이 영혼이라면, 영혼의 동일성에 근거해 한 인간이 달라질 리 없다. 다시 말해 부활한 몸은 엄격한 의미에서 지상적인 몸과 "형상적으로" 동일하다. 이 둘의 복락은 바로 영혼이 보증해 준다.

이러한 논리에는 한편 어려움이 뒤따른다. 왜냐하면 영혼은 이제 이 갈라섬이 얼마 동안이든 몸과 분리되는 것(이질적인 것)을 함축하기 때문이다. 영혼 실체는 게다가 육체와 비교할 때 확실히 "본성적으로 이질적"이다. 영혼은 육체와 다른 본성을 지닌다. 이는 결국 스콜라 신학은 물론 오늘날에도 여전히 해소되지 않는 이원론적인 입장에서 초래된 것이다. 그러나 스콜라 신학의 종말론이 보여 주는 기본 구조들은 오늘날까지 계속 유효하게 전해져 오고 있다.

그레샤케가 분명하게 밝힌 바에 의하면, 결정적인 전환기는 20세기 초 프로테스탄트 신학의 경우 새로운 흐름과 변화와 함께 시작되었다. 가톨릭 신학의 경우는 그에 반해[23] "배우는" 일에, 곧 하느님께서 인격적으로 은총을 베푸신다는 중요한 사실을 배우는 일에 몰두했다. 그런 문제에 그리스도론적으로 접근할 수 있다는 사실도 배웠다. 그리고 무엇보다도 인간의 완성을 하느님께 맡겨야만 한다는 사실, 더 이상 인간의 능력에 속하지 않는다는 사실도 배웠다. 그동안 가톨릭 신학에서 (부활을 포함해 그 모든 것이 하느님께 달려 있다고 가르치는) 1코린 15장이 (영혼 불멸성을 강조하는) 플라톤의 『파이돈』에 희생되었던 것은 아니었을까? "다시 말해 하느님의 섭리에 대한 희망이 자연적인 영혼의 능

---

23. 참고 *Ibid.*, 107f.

력에 대한 신뢰로 바뀌었던 것은 아니었을까?"[24]

(3) 새로운 사유의 시도

프로테스탄트 신학으로부터 가톨릭 신학이 본받은 이 같은 "배움"은 부분적으로 좀 더 최근의 신학에서 보다 많은 이들이 수용하는 검증된 종말론이 되도록 돕고 있다. 새로운 종말론의 기본 이념은 "몸과 영혼의 인간학적인 이분법적 사고를 받아들이고, 그에 부응해 각 개인의 죽음을 통한 영혼의 불멸성과 역사의 종말에 이루어지는 몸의 부활이라는 종말론적인 이분법적 사고에 대해서도 자연스럽게 확신하면서, 나아가 죽음을 통해 오직 하나의 온전한 인간이 부활한다."[25]고 언급하며 그리스도교의 희망과 그 내용 그리고 상상하는 모습들을 그렇게 형식화하는 것을 목표로 삼는다.

이 같은 이론은, 좀 더 자세히 설명하자면, 인간 존재를 구체적으로 일어나게 하는 단서로서 육체성이란 한 인간이 세상 및 역사와 함께 죽음을 맞이하는 순간 죽음 뒤에 계속 남겨지는 어떤 것들로 생각할 수 없고, 오히려 죽음 자체를 통해 그 모든 것들이 함께 완성에 이르게 될 것이라고 생각한다. 그 때문에 죽음의 경계를 넘어서는 희망은 진지한 의미에서 단지 불멸하는 영혼 하나만의 복락이 아니고, 이른바 '몸의 부활'이라 표현하는 것이 더 바람직한 셈이다. 그러므로 일단 죽은 이들의 부활은 죽음을 통해 일어난다. 또한 그러한 부활은 종말에 이르러 기적적으로 벌어지는 어떤 특별한 사건이 아니라 인간의 물질적인(육체적인) 측면 및 그와 연계된 세상과의 관계가 (이 관계가 반드시

---

24. *Ibid.*, 108.
25. *Ibid.*, 113f.

물리적-지상적으로 경험되는 그런 구체적인 형태를 따라서 생각될 필요는 없다고 하더라도) 완성되는 사건으로 이해된다.

정확하게 말하자면, 여기서는 하나의 새로운 육체성 이해와 새로운 시간 이해를 살피면서 작업해야 한다. 시간은 몸을 지니고 살아가는 중에 경험하게 되는 하나의 형식이다. 죽음은 그러한 시간에서 벗어나 영원성, 곧 변함없는 '오늘'로 나아가는 것을 의미한다. 따라서 '중간 상태'와 관련된 문제 역시 실제적으로 문제가 될 수 없다. 성모 마리아의 승천-교리를 기억하면서 이를 구체적으로 적용시켜 본다면, 이렇게 말할 수 있다. 성모 마리아에 관한 교리에서 중요한 점들은 모든 인간들에게도 유효하다. 죽음 너머의 비시간성에 근거하자면, 모든 죽음은 새로운 하늘과 새로운 땅에 들어서는 순간이요, 그리스도 재림을 직접 맞이하는 계기로서 부활과 맞닿아 있다고 생각할 수 있다. 새로운 육체성에 있어서 중요한 점은 하느님에 의해서 그것이 전적으로 마련되고 창조된다는 사실이다. 지금의 육체성과 "저편에서의" 육체성 사이의 지속적인 동일성이 계속해서 유지될 수는 없다.

그레샤케와 다른 몇몇 신학자들(예컨대 특히 로핑크[G. Lohfink][26]와 같은 주석신학자)도 내다보았듯이, 이러한 원칙적인 통찰을 따라서 신약성경의 "대림"이란 중심 주제 역시 생각해 볼 수 있다. '대림'은 분명 신약성경에서 중요한 개념이다. 보편적으로는 (종종 영적인 "상승"과 결부시켜) 이 문제를 "시간적으로 한정된" 역사적 사건으로 따돌리려고 시도해 왔다. 그러나 만일 종말론이 위에서 진술하는 것처럼 요약된다면, "대림"은 그리스도인의 변함없이 타당한 희망으로 남게 될 것이다. 왜

---

26. 참고 그의 논문, in: *Ibid.*, 38-81.

냐하면 그리스도인이라면 누구나 맞이하게 되는 자신의 죽음을 통해 심판과 부활을 기대할 수 있고, 나아가 그 죽음과 함께 맞이하는 최후의 심판대에 서게 될 것임을 기대할 수 있기 때문이다.

3) "새로운 경향들"에 대한 비판적인 측면들

가톨릭교회의 종말론에 나타나는 새로운 경향들은 또한 논리적이고도 매혹적인 면이 많지만, 다른 한편 이 새로운 경향들에 대한 반론들도 적지 않다.

① 이들 새로운 경향들은 전반적으로 성경의 진술에 걸맞지 않아 보인다. 프로테스탄트 식의 스케마는 히브리인들의 전체성-사상과 그리스인들의 플라톤주의적 사상 사이에 너무 표면적으로 대립하는 구도를 통째로 넘겨받았다. 이때 더구나 플라톤의 관점에 고스란히 판에 박힌 듯한 시각을 앞세우지는 않았는지 의문이 제기될 수 있다. 인간의 불멸성과 같은 보편적인 물음은 물론 영혼 개념 혹은 중간 상태 사상에 관한 물음들에 관해 개별적으로 성경에 의뢰할 필요가 있다.

② 인간이 제 몸과 맺는 관계성에 대한 설명이 빈약한 것으로 비쳐진다. 만일 인간의 "저편에서" 얻게 될 육체성과 "이 세상에서의" 육체성의 동일성 혹은 차이가 논란거리였다면, 그렇듯 육체와의 관계성에 대한 빈약한 부분은 앞서 거부한 불멸성-교리로 되돌아가려는 "복귀"를 역설적으로 대변하는 것이 아닐까? 육체는 죽음에 넘겨질 것이고, 그런 다음 이른바 죽음 너머의 삶이 이어질 것이다. 그렇다면 사람들은 잠자코 지금의 육체성과 거리를 가진 인격성 개념을 또 다시 받아들여야 할 것이다.

③ 시간 개념과 관련해서도 중요한 문제가 남아 있다. 여기서는

한편 물리적인 시간은 멈추어 버리고, 다른 한편 순수 영원성만이 개입되는 듯하다. 이는 인간이 그 어떤 시작도 없이 이미 영원성 안에서 부활했다는 것을 의미하는 셈이다. 죽음은 인간을 직접 영원 속으로 데려다 주어야 한다. 그리하여 거기서 인간은 이미 부활한 채 살아간다. 새로운 종말론을 주장하는 이들은 이 같은 어려움을 해결하기 위해서 중세의 "*Aevum*"(이는 *aeternitas*[영원]와 *tempus*[시간] 사이의 중간) 개념으로 되돌아가 도움을 받으려 한다. 이 개념은 일종의 영원한 시간성을 의미하는데, 이는 천사들과 같은 천상적인 존재들에게 해당된다. 하느님과 다르게 그들은 시작을 갖지만 — 다시 말해 시작이 없는 영원성을 누리는 것은 아니지만 — 끝없는 삶을 누린다. 또 다른 "시간성"이 그들에게 적용되는 것이다. 이때 육체를 갖지 않는 정신적인 존재, 예컨대 천사와 같은 존재들의 모습에 도움을 받아 생각해 볼 수 있다. 그런 이유로 인간적인 수준의 운명을 넘어서까지 유효한 어떤 것을 설명해 내려는 데에는 어려움이 있을 수밖에 없다.

④ 어떻게 이러한 새로운 종말론이 일정한, 곧 확정적인 교도권에 의한 가르침의 하나로 자리매김 될 수 있을지, 도대체 어떻게 변함없는 신앙고백에 포용될 수 있을지 여전히 어려운 문제다. 이에 사람들은 전반적인 장례 예절을 떠올리기도 한다.

교회의 가르침으로 확정되는 일과 관련해서는 교황청 신앙교리성이 모든 주교들에게 보낸 서한(1979.5.17)에서 새로운 종말론의 몇 가지 문제점들을 직접 지적한 일부 구절을 보충적으로 살필 수 있다.[27]

---

27. 이에 물론 G. Greshake의 다음과 같은 진술도 참조할 필요가 있다. "나는 상기 '성명서' 안에 소개된 일곱 가지 기본 노선 가운데 어느 하나만이라도 의문을 제기한 신학자로서 어느 정도 능력과 명성을 소유한 사람을 단 한 명도 들은 적이 없다" (해석의 다양성을 허락하더라도, 그때마다 이 성명서의 '본질적인 내용'은 각 개별

4) 영혼의 불멸성 - 죽은 이들의 부활 : 하나의 신학적 개관[28]

(1) 성경의 증언

구약성경이 "영혼의 불멸성"이라는 관점에서 사후 계속되는 삶에 대한 상상을 알고 있었는지 혹은 "죽은 이들의 부활"이라는 관점에서 사후 계속되는 삶에 대한 상상을 알고 있었는지에 대한 물음은 이미 제기해 보았지만 무의미하다. 구약의 이스라엘은 저편의 세계, 죽음과 죽은 이들의 세계, 죽음의 세계에 대한 생각을 다른 고대 동방 민족들과 공유했다. 이에 대한 이해를 돕는 훌륭한 원칙 한 가지를 "삶"과 "죽음"이라는 한 쌍의 개념 형식이 제공해 준다. "삶"은 히브리인들의 언어 활용에서 (고대 동방의 언어 활용이 대체로 그러했던 것처럼) 오로지 긍정적인 의미로서만 — 곧 '힘, 확실성, 건강, 축복, 구원, 기쁨' 등으로 — 이해된다. 삶은 시간 및 지속적인 기간을 함축한다. 삶은 살아 있는 자들이 이루는 공동체 안에서 함께 살아감을 뜻한다. 그러므로 어떤 경우에도 개별적인 삶을 공동체 앞에 상대적으로 세울 수는 없다. 이 같은 삶은 언제든 하나의 일정한 생활공간과 직결된다. 예컨대 이 지상에서의 삶, 공간적으로 일정한 사회 혹은 공동체 안에서 구체적으로 채워진 삶을 가리킨다. 지상은 특별히 이스라엘 백성에게는 주 하느님으로부터 선택된 백성으로 살아가는 공간을 가리킨다. 그것은 주 하느님께서 약속하신 땅이요, 그분께서 당신 자신을 드러내시는 바로 그 현장으로서 사람들은 거기서 그분께 가까이 "다가갈" 수 있다. 반면 긍정적으로 이해된 생명력이 상실되는 것을 싸잡아 죽음이라고 분명하게

적인 경우마다 발견된다[KNA, 24. 7. 1979]).
28. 이 주제의 전반적인 문제점을 다룬 최근의 중요한 출판물로서는 Christian Herrmann의 글이다. 그의 *Unsterblichkeit der Seele durch Auferstehung* (FSÖTh 83), Göttingen 1997.

이해했다. 그러므로 죽음은 단지 '존재'의 상실, 곧 순수한 실존에서 사라짐만이 아니라, [공동체와 더불어] 채워지는 삶의 기회를, 충일해지는 기회를 잃는 것도 해당된다.

옛 이스라엘에서 사후 계속되는 삶(계속적으로 남아 있음)에 대한 사상은 좀처럼 혹은 전혀 믿음의 입장에서 명문화되지 않았고, (그와 관련된 시원에 대해 수많은 원형론적인 관점들이 존재한다는 점에서) 단지 앞서 전제된 기정사실처럼 여겨졌다. 그러나 죽음은 아마도 본질적인 의미를 따라 말하자면, 그가 머물렀던 백성들 사이에서, 곧 공동체 안에서 "자기전개"의 가능성을 혹은 "삶이 충일해지는" 가능성을 상실하는 것을 의미한다. 죽음은 인간에게 구원될 수 있는 기회를 박탈하기에, 혼절과 무기력함, 불확실성과 타락, 슬픔과 어둠을 대변한다.

죽은 이들은 죽음의 세계(Scheol)에 머문다. 셰올은 지하세계를 가리킨다. 비록 그에 대한 상세한 설명은 할 수 없더라도 바닥없는 심연, 지옥, 또는 저승이라고 불린다. 경우에 따라서는 무덤 자체가 곧 죽은 이들의 세계로 표현된다. 상기 두 개념(무덤과 지하세계) 사이에 보다 더 정확한 관계에 대한 통찰은 일관성을 찾기 어렵다. 거대한 바다는 혼돈과 죽음과 파괴를 불러일으키는 표상의 의미에서 고대 동방의 상상력 안에 '무덤'이란 표현과 함께 죽음과 직결시켜 활용되었다. 더 나아가 '사막'이란 표상도 그와 유사하게 활용되었다. 셰올 안에서의 "삶"은 단지 아주 형식적인 차원에서 이 지상에서의 삶과 닮았을 뿐이다. 죽은 이들은 산 자들의 그림자요, 그들의 세계는 그림자의 세계이다.

죽음에 상응하는 여러 가지 히브리어 표현들의 뜻을 확인해 보면 알 수 있듯이 인간은 불가분의 단일성을 취한다. 분명 그들은 인간의 몸과 영혼 사이를 구분하지 않은 것으로 보인다. 만일 인간의 "영혼"

(*nefes*) 혹은 "얼"(*ruah*)에 관해 무언가 말하고자 한다면, 거기에는 항상 살아 있는 인간이 그 전체성을 따라 이해되어야 바람직하다. 앞서 운운한 용어들은 단지 단일한 인간에게서 풍기는 측면들을 다양하게 표현한 것에 불과하다. 만일 한 인간이 죽고 셔올이라는 지하세계로 내려간다면, 그는 전인적인 차원에서 그림자의 모습으로 계속 살아감을 뜻한다. 죽음의 과정 자체는 자주 "지하세계로 내려감"으로 표현되곤 한다. "인간은 흙에서 나왔으니 다시 흙으로 되돌아간다."는 격언은 인간의 전체성에 대해 이해하는 태도를 단적으로 보여 준다.

우리는 옛 이스라엘의 세계관이 일대 변환기를 맞았다는 분명한 증거 자료를 훨씬 나중에 쓰인 문헌들(성경)에서 확보할 수 있다. 주석 신학자들 대다수가 생각하듯, 그와 같은 변화를 앞질러 잠언서, 집회서, 코헬렛과 직결시켜 이해하려는 시도는 잘못이다. 상기 세 성경의 기록들에서는 여전히 전적으로 '이 지상에서의 삶'에 초점을 맞추어 상상한다. 하나의 성공적인 변화에 관한 고전적인 자료는 이사야의 묵시록(이사 26,19; 이사 25,8 참조)과 다니엘서(12,1-3)에서 발견된다. 상기 성경 구절에서는 인간에게 다가오는 죽음의 불가해소성에 대한 옛 생각을 근본적으로 극복했다. 예컨대 다니 12,2은 구약성경에서 사후 계속되는 삶에 대한 신앙의 가장 뚜렷한 증언이다. "또 땅 먼지 속에 잠든 사람들 가운데에서 많은 이가 깨어나 어떤 이들은 영원한 생명을 얻고, 어떤 이들은 수치를, 영원한 치욕을 받으리라." 그러므로 이러한 새로운 이해는 죽은 이들의 부활을 통해 혹은 어쩌면 주 하느님께 대한 상상에 흠뻑 빠짐으로써 죽음의 운명을 극복하는 것을 떠올리게 한다. 이러한 변모와 변화는 그로써 설명될 수 있는 다양한 동기와 충동들을 함축한다. 그러나 결국 그와 같은 신앙은 야훼-신앙에서 직접적으로 도출되는 결론 혹은 야훼-신앙에서 발전된 한 양식이라고 말해야만 할지도 모른다. 그런 신앙공동체는 죽음을 능가하는 공동체임을 가리킨다. 하느님을 중심으로 새롭게 형성된 공동체는 육체의 파멸보다 훨씬 더 강하다. 죽음을 넘어선 삶과의 일치를, 야훼-하느님과 나누는 생명과의 일치를 계속 보존하는 공동체가 되는 것이다.

기념서, 바룩 묵시록 등 "증언 기록들"로 분류되는 문헌들을 눈여겨 볼 때, 미래에 대한 기대 및 저편의 세계에 대한 기대를 고백하는 기록들에는 다양한 뉘앙스가 섞여 있음을 볼 수 있다. 육체의 부활에 대한 상상은 현실적인 것이지만, 결코 독보적인 것도 논란이 없는 것도 아닌 만큼, 단순한 상상 모델은 아니라고 볼 수 있다.

"구약성경과 신약성경의 중간 시대에 잔존하던 유다 사상에서 비록 부분적이기는 하지만 죽은 이들의 부활에 대해 공공연하게 가르쳤고 또 사람들에게 인정받은 것들이 그리스도인들의 기본적인 신앙고백이 된 결정적 근거가 정작 증언자들을 통해 예수의 부활을 경험하고 또 그런 경험을 계속 전해 주던 당시의 정황 속에서 포착된다."[29] 예수 자신은 어쩌면 바리사이 사람들이 지녔던 부활 신앙을 알고 또 활용했던 것으로 보인다. 예를 들어 마르 12,18-27에서는 사두가이들이 무려 7명의 형제들과 차례대로 혼인했던 한 여인의 과거를 두고 말을 주고받는다. 그리고는 이 여인이 부활한 후에는 누구의 부인이 될 것인지 예수에게 질문을 던진다. 그들은 그러한 물음을 통해서 부활 사상이 잘못된 생각이라는 것을 드러내고 싶었다. 예수는 부활의 확실성에 대해 분명하게 가르치면서 의미심장한 근거를 제시한다. 하느님께서는 살아

---

29. Ratzinger, *Eschatologie* 99.

계신 하느님이다. 하느님께서는 탈출 3,6이 설명하듯이, "나는 아브라함의 하느님, 이사악의 하느님, 야곱의 하느님"이시다.

적지 않은 주석신학자들이 기록된 문헌을 통해서 부활 신앙을 갖고 살아가던 신앙공동체를 살피지만, 실제 그런 공동체의 수효는 꽤 된다. 그들은 문헌상의 편집적인 문제를 건드리지 않고, 실제 사료적인 예수가 그러한 방식으로 생각하고 믿고 또 가르쳤다고 확신하고 싶어 한다. 그에 대한 한 가지 매우 강력한 논증은 십자가에 처형된 분이자 동시에 부활한 분에 대한 선포가, 비록 예수 자신의 가르침을 통해서는 확실히 포괄적으로 해결되지 않았겠지만, 죽은 이들이 부활한다는 예수의 신앙을 받아들임으로써 해결되었을 것이라고 보는 그런 생각에 젖어 있다. 중요한 것은 상기 마르코복음의 구절에 보도된 예수의 가르침이다. 하느님께서는 살아계신 하느님이다. 그 때문에 하느님을 믿는 자는 그분과의 공동체성에서 떨어져 나갈 수 없다.

바오로 사도는 전저으로 이 같은 노선에서 신약성경의 부활에 관한 가르침을 매우 절박한 차원에서 숙고했던 점을 소개한 바 있다. 이는 특히 1코린 15장이 잘 알려져 있다. 죽은 이들의 부활이 실재하느냐에 대한 물음은, 이 성경 구절이 가르치듯, 그리스도에 대한 신앙과 그 신앙으로 실질적으로 살아가느냐에 의해서 결정된다. 이 같은 진술은 영적인 차원에서만 부활 신앙을 이해하려는 태도에 반대하는 입장을 뚜렷하게 보여 준다. 바오로 사도는 죽은 이들의 부활에 대한 보편적인 옛 유대인들의 생각을 따르면서 그것을 그리스도론적으로 합법화시킨다. 구원 사건은 그리스도 자신이요, 그리스도인이 된다는 사실과 동일하다. 그러므로 부활 신앙은 인격과 결부된다. 그리스도인의 죽음이 곧 그리스도의 죽음과 함께 벌어지는 것이라고 한다면, 그리스도의 부활은 곧 그리스도인들의 부활의 전형인 셈이다(로마 6,1-14 참조).

　요한 사가의 경우 종말론적인 결정은 지금 이미 시작되었다고 한다. '나는 부활이요 생명이다.' 모든 주석신학자들, 특별히 불트만은 예리한 시각으로 이 네 번째 복음서가 보여 주는 "죽은 이들의 부활"의 현재적 특성을 올바르게 지적하며 강조한다. 그러면서 요한복음은 최후 심판을 미래적인 사건의 하나로 언급하기도 한다. 이에 대한 참고로 요한 6장에서 빵을 많게 하는 이야기에는 하나의 '반복구'(Refrain)가 나온다. "나는 그를 마지막 날에 다시 살릴 것이다"(39 이하; 44; 54). 죽은 이들의 부활은 사도 시대가 끝나갈 무렵, 사목 서간 혹은 히브리서가 전하는 경우처럼 그리스도교 신앙의 아주 확고한 요소로 자리잡게 된다.

(2) 한 가지 더 특별한 문제 : 중간 상태

　이미 앞에서도 말했다시피 "중간 상태"(혹은 과도기)에 대한 생각은 다음과 같은 물음에서 보다 더 특별한 무게를 갖는다. 곧 '영혼의 불멸성' 및 '죽은 이들의 부활' 문제와 관련하여 하나의 특별한 의미를 보태 준다. 확실히 신약성경 이전 시대에 중간 상태에 대한 신앙이 마련되었다. 셰올 개념은 옛 사상에서 비롯되었으나 새롭게 변모했다. 죽은 이들은 기원전 150년경 헤녹서의 진술처럼 공간 및 동굴과 같은 일정한 집합소에 모인다. 이미 의로운 자들이 머무는 곳은 밝고 다정한 반면, 의롭지 못한 자들이 머무는 곳은 어둡고 험악하다. 부활은 이러한 상황에 종지부를 찍는다. 의로운 자들은 몸을 떠난 후에도 여전히 에덴동산에 되돌아가 살겠지만, 의롭지 못한 이들은 지옥에 떨어져 온갖 고통을 받게 될 것이다.

예수가 '중간 상태'를 알고 있다는 점에 대해서는 결코 의심이 들지 않는다. 그것은 성경 구절 루카 16장에서도 확인되는 사실로서, 예수가 직접 그런 사실에 대해 '부자와 라자로의 비유'에서 언급하고 있다. 가난한 라자로는 ― 죽은 이들의 부활이 보편적으로 이뤄지기 전까지 ― 죽자마자 아브라함의 품에 안기게 된다. 이는 함께 처형된 죄수와의 대화에서도 유효한 것 같다. "내가 진실로 너에게 말한다. 너는 오늘 나와 함께 낙원에 있을 것이다"(루카 23,43). 바오로 사도와 마찬가지로 나머지 다른 성경 저자들도, 어쩌면 그들에게서 그와 같은 사상이 부차적인 것으로 고려된다면, 그와 같은 "중간 상태"에 대한 사상을 그들은 알고 있었던 것 같다. 여기서 일차적이고 중심적인 것은 그리스도론적인 진술이다. 그리스도 안에서 죽은 이들은 살아날 것이다. 그들은 비록 상징을 통해 진술했다고 하더라도 아브라함의 품에 안길 것이요, 낙원에 들게 될 것이며, 생명수를 받아 누리고, 빛 속을 함께 거닐고, 제단 아래 사리를 얻게 될 것이다.

루터는 이 중간 상태를 낯선 사상이 그리스도교 신앙 안에 유입된 것으로 보았으며, 최소한 부분적으로라도 영혼의 불멸성을 거부하는 자신의 입장과 연계해 말한다. 그는 이 문제를 해결하기 위해서 죽음의 잠이란 개념을 떠올렸다. 영혼들은 그리스도의 평화로 잠들어 있다. 마지막 날에 하느님께서 심판하시는 그날 마침내 부활하기 전까지 잠들어 있다. 이 같은 상상은 이런저런 형식으로 항상 반복해 프로테스탄트 신학 및 경건성의 논리 안에서 발견된다. 특히 바흐의 합창단을 위한 성가 "어서 오라, 너 잠의 형제인 죽음이여!"를 통해 자주 듣게 된다. 신약성경에서는 물론 그것을 뒷받침할 만한 구절을 발견할 수 없다.

(3) 교회의 가르침[30]

어느 정도 그레샤케의 생각에 전적으로 동의하면서 말하자면, 옛 교회에서는 영혼 불멸성에 관한 어떠한 진술도 찾을 수 없다. 그리스도교의 특별하고도 새로운 점은 그 모든 상상력을 그리스도와 직결시켜 이해하려는 태도이지, 단지 죽은 이들이 사후 계속 살아간다는 생각에 있는 것은 아니다. 영지주의 사상과의 대립을 통해 드러나는 사실은 인간의 육체성이 완전히 사라지지는 않는다는 것이다. 이에 대한 참고로 톨레도 공의회(675)의 결론을 기억할 필요가 있다. "(59) 우리는 이제 우리의 머리이신 분이 보여 주신 모범을 따라 모든 죽은 이의 육신이 참으로 부활하리라는 것을 믿는다. (60) 우리는 (많은 사람들이 정신 나간 생각을 하듯이) 공기와 같은 육신으로도 어떠한 다른 육신으로도 부활하지 않고, 우리가 살아 있고 존재하며 움직이는 그 육신으로 부활할 것이라고 믿는다"(*DZ* 540).

이에 반해 중세 초기, 나아가 중세 전반에 걸쳐, 교도권을 통해 꾸준히 영혼 불멸성에 관해 가르치기 시작했다. 이에 특별히 중요한 문헌은 과거 교황 베네딕토 12세의 교황령(*Constitutio Apostolica*) 『축복하시는 하느님』(*Benedictus Deus*, 1336)일 것이다. 거기에는 더 이상 정화가 필요 없는 죽은 자들의 영혼들이 더는 중간 상태에 체류할 필요가 없고, "육신을 취하기 전과 공심판 이전에라도 … 하늘 나라와 천상 낙원에서 그리스도와 함께 거룩한 천사들의 모임 안에 모여 있었으며, 모여 있고 [또] 모여 있게 될 것"(*DZ* 1000)이라고 밝히고 있다. 그러므로 거

---

30. 이에 특히 *Ibid.*, 114ff. 참조. [역주] 이 단락에서 "옛 교회" 개념은 분명하게 명시한 적은 없지만, 초대 그리스도교 공동체를 함의하는 것으로 여겨진다. 그러니까 1세기 교부들의 논의를 거쳐 공공연하게 '영혼 불멸성' 교리를 언급하기 이전의 교회공동체를 가리키는 셈이다.

기서는 온통 영혼에 초점을 맞추고 있음을 보게 된다. 그러나 거기에서는 (매우 흥미로운 점이라고도 보는데) 어떻게 그렇듯 명문화될 수 있었는지, 사료적인 부분에 대해서 밝히지 않았다. 중세 후기에 들어서 교도권의 진술은 이 중간 상태를 매우 강력하게 옹호한다. 물론 정화의 장소라는 포괄적인 의미로서 "연옥" 교리와 함께 그에 대해 가르친다.

이와 관련된 교회의 가르침의 세 번째 변천 단계는 제5차 라테란 공의회(1513)에서 이루어졌다. 거기에서는 르네상스를 맞으면서 아리스토텔레스주의(예컨대 당시 폼포나치[P. Pomponazzi]가 대표적인 인물)에 반대하는 의도에서, 개별 영혼의 죽음에 대해 언급하는 경우나 개별 인간이 참여하는, 이른바 어떤 집단적인 차원의 영혼에 대해 언급하는 경우를 금지시켰다.

우리의 이 같은 물음에 관해 교회가 그동안 시도해 온 가르침들에 대해 언급하지 않는 것이 드물지 않은 일이라고 해도, 한 번쯤 최근의 공식적인 교시로부터 출발하는 것도 좋을 것이다. 물론 이 같은 가르침의 결정은 하늘에서 뚝 떨어지듯 마련된 것이 아니라 신학의 발전 과정을 통해 얻어진 것이다. 그런 점에서 거기에는 신학의 단계적인 발상들과 정착 지점들이 반영된다. 그 때문에 신학사적인 맥락을 놓치지 말아야 할 것이요, 그래야만이 교도권적인 진술에 제대로 접근할 수 있다.

(4) 신학사적 배경

오늘날 교황 베네딕토 16세와 다른 몇몇 신학자들이 이 같은 질문에 대해 시도한 해석은 전반적으로 큰 무리의 프로테스탄트 신학과 최근 가톨릭 신학이 제시하는 해석에 비해 훨씬 더 개연성이 높은 것처럼 비쳐진다. 후자의 경우는 초대교회가 영지주의와 충돌하면서 플라톤주의의 영혼 불멸성에 관한 사상을 옹호하게 되었고 또한 그렇게 죽은 이들의 부활에 관한 히브리인들의 사상을 거기에 보충해 가르쳤다고 논증을 펼친다. 그리하여 이원론적 관점이 교회 안으로 들어왔고, 그런 관점은 스콜라 시대에 절정을 이루었지만, 결과적으로 현대에까지 계속되고 있다. 그러나 성경의 인간학은 본래적으로 이원론적 관점을 다시금 극복할 경우에만 정당하다. 초대교회의 입장을 그렇듯 분명하게 입증할 수 없다고 하더라도, 『축복하시는 하느님』과 더불어 중대한 결과를 낳는 이원론적 사상이 단단히 고착되었음을 확실히 엿볼 수 있다. 이에 교황 베네딕토 16세는 (두크로브[U. Duchrow]와 같은 그리스 사상의 전문가와 연계해) 그리스의 사상에 대한 분석을 출발점으로 삼았다. 플라톤은 사람들이 흔히 생각하는 것처럼, 그러한 이원론적인 사상가가 결코 아니었다. 예컨대 "영혼" 따로 "몸" 따로 존재하는 그것들을 하나로 통합하는 가르침에 대해 플라톤은 전혀 알지 못했다. 사람들은 일종의 그리스-플라톤주의적 이원론에 대해 결코 보편적으로 말할 수 있는 처지가 못 된다. 플라톤 이전에는 오르페우스 신비 종교가, 호메로스, 피타고라스 및 엠페도클레스가 존재하고, 그 이후에는 아리스토텔레스 그리고 좀 더 나중에는 플로티노스(Plotinos)가 존재했다. 그들은 모두 각자의 죽음과 불멸성에 대해, 그러니까 몸과 영혼 등 인간 전반에 대해 작게나마 서로 다른 생각을 가졌다. 그러므로 우리가 말하기 쉽게 "그리스-플라톤주의적인 이원론"이라고 칭할 때, 그와 상반되는 의미에서 "히브리-전체적인 인간상"과 대조시키는 태도는 최대한 신중하게 생각하고 말해야 한다.

그럼에도 설령 한 번쯤 사람들은, 플라톤이 사실상 그렇듯 이원론적 사상가였다고 생각하더라도, 나아가 이미 초대교회가 그러한 이원론적 사상으로부터 영감을 받았다고 추정하더라도, 스콜라 신학의 견해, 특히 토마스 아퀴나스의 종합적인 견해가 직접적으로 플라톤의 "이원론적 사상"을 이어받은 것이라고 결코 말할 수 없을 것이다. 토마스는 플라톤의 사상은 물론 그 누구보다도 아리스토텔레스의 사상과 연계해 우리의 질문에 대한 답변을 시도했다. 한편 죽은 이들은 그리스도 안에 지금 이미 머물러 있고, 다른 한편 죽은 이들의 부활은 (그 부활한 몸과 지상에서 취했던 몸이 서로 일치해야 한다는 관점에서) 아직 목전에 두고 있다고 가르쳤다. 토마스는 "플라톤주의적인" 혹은 아예 "신플라톤주의적인" 관점이 적게 관여하는 영혼 개념을 선호했다. 영혼은 몸에 대해 "형상"이요, 몸을 통해 실현되는 것은 영혼의 자기실현을 의미한다. 죽음의 경우에는 이중적인 의미가 함께 고려되어야 한다. 한편으로는 전체 인간이, 그러니까 몸과 영혼을 모두 취하는 인간이 죽음을 맞이한다는 것이요, 다른 한편으로는 그럼에도 죽음으로 인해 영혼이 사멸하지 않고 계속 존재한다는 입상이다. 만일 그렇게 말하는 것이 대체로 정당하다면, 굳이 물질적인 차원에서 육체와 구별되는 영혼 혹은 육체성의 문제를 전면에 내세우지 않더라도, 영혼이 계속 존재한다고 이해하는 점에 대해서 어느 정도 설명할 수 있을지도 모른다.

(5) 체계적 결론

성경 자료들에 근거함으로써, 신학사적인 발전상을 주목함으로써, 나아가 교도권적인 가르침 및 그 내부의 논리성에 기초함으로써 신학은 "영혼의 불멸성"에 관해 확정적으로 진술을 할 수 있고, 진술해도 무난하며, 또 그렇게 진술해야 한다. 긍정적으로 돌려 말하자면, 다음과 같이 말할 수도 있다. 인간은 피조물이지만 이미 하느님과의 닮음(모상)

을 통해 그에게 불멸성이 주어졌다. 인간을 결정짓는 구성 요인이 육체성에 있을 수 없다고 보기 때문에, 이원론적인 도식이 그런 측면에서 불가피하게 여겨지며, 또 다른 해결 방안은 무색해 보인다. 영혼의 불멸성에 관한 진술은 당장 이러한 현상을 겉으로 드러낸 셈이라고 할 수 있다. 그러나 여기에는 이미 토마스가 살펴본 바와 같이, 이원론 자체로부터 어떤 것을 고려하려고 하기보다는 오히려 인간의 단일성에 초점을 맞추는 그런 모습의 이원론이 중요하다. 이는 그리스도교 신앙이 당연히 예수의 부활을 목표로 삼기 때문에, "죽은 이들의 부활"에 관한 진술이 중심적인 의미를 띤다는 사실을 부인하려는 것이 결코 아니다. 다만 그와 같은 부활은 가톨릭 교리에 의하면, 비물질적인 실재로서 이른바 "불멸하는 영혼"을 함축해야 한다는 것이다. 그러면 부활한 몸의 정체가 정확히 무엇인지는 다시 자세히 살펴보도록 하자.

우리에게 주어진 시간은 죽음과 함께 끝난다는 것은 자명하다. 그러나 이는 우리가 "하느님처럼 영원히 존재한다."는 것을 의미하지 않는다. 곧 우리의 완성 상태는 언젠가 [반드시] 시작되는 때가 있다. 그런 한에서 인간의 새로운 실존 방식이 어느 정도 종합적인 의미의 시간과 함께 이루어진다고 말할 수 있는지도 모른다. 이 같은 의미에서 죽음을 통해 하느님 앞에 서게 되는 신앙인은 자신의 시간 안에서 그리고 그 시간과 더불어 또한 자신의 시간을 통해 취했던 그 모든 결정들을 자신의 업(결과물)으로 손에 쥐고 하느님과 마주한다고 생각할 수 있다. 만일 이때 "중간 상태"에 관해 언급하자면, 그 상태에는 실상 시간적인 긴장이 더 이상 중요하지 않다고 말하는 것이 바람직할 것 같다. 어쩌면 그 상태는 인간의 시간성 및 역사성 혹은 "인간학적인 차원의" 시간과 하느님의 영원성이 서로 하나가 되는 순간을 의미할지도 모른다. 이 같은 중간 상태의 시기는 가톨릭 신학에서 "정화의 장소" 혹은 "연옥"이라는 가르침을 통해 분명하게 표현되어 왔다.

달리 표현하자면, 시간에서 벗어난 자는 누구든 그로 인해 마치 당연한 듯이 영원의 세계로 들어가는 것이 아니라는 것이다. 아우구스티누스는 이에 대해 인간의 시간이 하느님의 영원성 안으로 영입되는 경우에만 그렇게 될 것이라고 충고를 한다. 인간은 오늘날의 표현을 빌리자면 부분적으로 물리적인 시간을 고려하면서 살아간다. 이 물리적 시간은 천체의 회전 속도를, 매개 변수를 이용해 측정해 놓은 값으로 표시한 것이다. 이것은 물론 상대적인 수치로서 이해될 수 있다. 왜냐하면 그것은 상대적인 움직임에 의해 측정된 것이기 때문이다. 그러나 인간은 물리적인 육체만이 아니라, 영(정신)도 가지고 있다. 인간이 육체적인 시간에 관여하는 부분은 어제, 오늘 그리고 내일 등으로 그의 의식에 인상을 남긴다. 그런데 인간에게는 또 달리 관여하는 시간성이 존재한다. 인간에게는, 오늘 이 자리에서 앞당겨 취하는 희망이나 불안들이 존재한다. 그러니까 연대기적으로 말해 미래에 놓여 있는 어떤 차원들이 오늘 이 자리에도 깊이 관여한다. 더 나아가 인간에게는 감사나 신실함, 그러니까 연대기적으로 말해 과거에나 속하는 그런 어떤 차원들이 오늘 이 자리에도 여전히 깊이 관여한다. 이 "기억-시간"(Memoria-Zeit) 혹은 인간학적인 시간은 죽음을 통해, 이른바 연대기적인 차원의 시간 혹은 세계 내 공간적으로 얽힌 시간과 분리되면서 육체성과의 관계가 새로운 국면에 접어든다. 그런 차원에서는 부활의 가능성이 인간의 새로운 가능성으로 남게 되며, 더욱이 인간 존재를 위한 필연성으로까지 요청된다. 게다가 사람들은 일찍이 옛 교회가 그토록 강조해 마지 않던 특별한 생각, 곧 죽은 이들이 산 이들과 함께 우리 가까이 존재한다는 생각을 가질 수 있다. 이는 그 어떤 심령술에 따른 결과가 아니라 죽은 인간이 분명 이 세상의 역사 및 이 세상과의 공간적인 한계 및 연관 관계에서 벗어났기는 하지만, 그럼에도 자신의 역사를 통해서 또 그 고유한 역사와 함께 이 세상에 계속 가까이 머물러 있다는 생각을 자연스럽게 심어 준다.

(6) 영혼 및 그 불멸성[31]

지금까지 "영혼" 및 "영혼의 불멸성" 개념과 교회의 입장에 대해 간략히 살펴보았다. 이로써 특기할 점은 상기 개념이 부득불 일정한 철학적 사상과 — 그래서 교회가 최근까지도 공식적으로 고시하는 것처럼 토미즘의 사유 형식과 — 연계되어 있으면서 동시에 그 같은 표현 형식에 우리가 익숙해져 있다는 점이다. 그 까닭은 그와 같은 표현 형식을 교회가 오랫동안 전통으로 보존해 왔을 뿐만 아니라 그때마다 우리의 신앙을 분명하게 고백하기 위해서도 필요로 했다는 데 있다.

그렇듯 토미즘의 사유 형식으로 표현된 "영혼" 개념에 과연 무엇이 그리고 어떤 관점이 철학적으로 "영혼 불멸성"의 근거를 마련하는 데 작용했던 것일까? 과연 순수 신학적인 관점과는 다른 어떤 것이 작용했던 것일까? 이에 대해 사람들은 일반적으로 "나"의 실재성으로부터 출발해 생각해 볼 수 있다. '나'라는 존재는 언제든 "내"가 경험의 주체로 느껴지는 순간 자각된다. 그것은 사건의 전모가 얽혀 있는 중심이 바로 '나'임을 가리킨다. 만일 이 같은 얽힘이 사실이라면, 다음과 같은 의미, 곧 "나"는 경험된 것들이 수시로 바뀌어도 항상 그런 경험들의

---

31. 이에 영혼 개념의 이해를 위해서 참고로 W. Breuning(Hrsg.), *Seele, Problembegriff christlicher Eschatologie* (QD 106), Freiburg I. Br. u.a. 1986.

중심에 있다는 의미와 연결될 수 있다. 이와 같은 '나'는, 토미즘의 철학에 따르면, "자립적인 존재"다. 왜냐하면 '나'는 내가 경험하는 한, 나의 모든 경험과 사건들의 주체로서 개별적인 과정들을 그때마다 "주관하는 자"이기 때문이다. 아우구스티누스는 이렇게 말한다. "영이 스스로 자신을 알아보는 한, 자신이 실체-존재란 사실도 함께 자각한다. 나아가 영이 자기 자신으로부터 확실성을 취하는 한, 자신의 실체에 대한 확실성도 함께 갖는다."[32] 영혼의 주된 기능은 토미즘의 철학에 의하면 인식과 의지라고 한다. 인식과 의지는 연장적이지 않으며 물질적인 형식을 따르지도 않는다. 생각하는 '나'는 비연장적이요, 따라서 나누어지지도 않는다. 영혼은 물질의 존재 방식을 그와 같은 단순성을 통해 초월한다. 그와 같은 영혼이 인식과 의지로 다듬어지는 "나"라는 인간을 단적으로 지시해 준다. 곧 영혼은 하나이자 비연장적이며 비물질적이면서 한 인간의 고유한 삶을 주재하는 원리를 대변한다.

비로 그 때문에 영혼은 몸의 "형상"으로 이해된다. 그런 점에서 몸과 결합해 있지만, 몸과는 다른 측면에서 하나가 된다. 토마스는 아리스토텔레스의 사상에 주석을 달면서 이렇게 말한 적이 있다. 죽음으로 말미암아 그동안 살아 있던 생명체는 다시는 돌이킬 수 없는 상태가 될 뿐만 아니라, 더 이상 "몸"으로 불릴 만한 처지가 못 된다. 죽음 이후 살과 뼈에 대해 말한다고 하더라도, 또 설령 그렇게 말하는 것이 가능하더라도, 그(주검)의 "손"은 "영혼이 관통하는" 의미에서 생생하게 살아 움직이는 손과는 분명히 다르다고 말할 수 있다.

영혼의 불멸성을 위해서 토미즘 철학은 무엇보다도 영혼의 (존재

---

32. Trin. 10, 10,16, in: *PL* 42, 981.

적) '단순성'에 대해 숙고했다. 우리가 알고 있기로 모든 사라짐은 부분으로 해체됨을 가리킨다. 부분들은 그렇게 계속 머물러 있거나 아니면 새로운 결합에 활용된다. 그러나 영혼은 그와 같이 부분으로 해체됨으로써 그의 활동과 존재(성)가 중단되지는 않는다. 왜냐하면 단순한 존재로서의 영혼에게는 더 이상 자신의 역할과 정체성을 잃어버리는 해체가 일어나지 않기 때문이다. 피퍼는 ― 그런 실험을 통해서 영혼의 불멸성에 관한 논증을 재고하려고 의도하지는 않았을지라도 ― 우리가 '기쁨'이라고 일컫는 경험과 관련하여 다음과 같은 견해를 밝힌 바 있다. "우리는 무의식중에 너나 할 것 없이 자신의 불멸성을 확신한다." 비록 거기서 피퍼가 엄격한 의미에서 구체적으로 논증하지는 않았을지라도, 다음과 같은 진술은 옳다고 본다. "내 생각에 사람들은, 모든 인간이 자신의 정신적인 삶에 원천이 되는 무의식의 영역에서 기초가 되는 어떤 실존적인 사태에 대해 완전히 잘못 생각할 수도 있다고 정당하게 의심할 수 있다."[33] 영혼의 불멸성에 관한 가장 중요한 단서는 ― 피퍼에 의하면 ― 영혼이 진리 인식을 할 수 있다는 사실에 있다. 참된 것을 분명하게 알아보고 그 같은 사태를 전달하려고 하는 사람은 누구나 자기 진술의 유효성을 권리로 내세운다. 인간이 제시하는 모든 견해들이 어떻게든 물질적인 원인들에 기초해서만 다듬어질 수밖에 없을지라도, 그럼에도 그로써 그런 견해들의 참됨이 주장될 수 있다고 본다. 인간이 참된 것에 기초해 온전히 인식 활동을 전개한다고 보는 한, 그러한 인식 활동으로 인간이 물질로부터 독립된 존재임을 입증될 뿐만 아니라 그가 "불멸하는 영혼"이라는 사실이 입증된다.

---

33. *Erkenntnis und Freiheit,* Essays, München 1964, 48.

이 같은 "증명 형식들"은 이미 오래전 중세 시대에도 분명하게 논의되었는데, 이 형식들은 이성이 보장해 주는 것 외에 다른 것이 아니다. 이때 이성은 이미 신앙의 또 다른 측면이다. 다시 말해 일정한 사태를 파악하기 위해 활용하는 인간 영혼의 또 다른 기능이다.

4. 연옥(연옥 불)

1) 성경의 진술

연옥에 대해, 이렇게 표현해도 좋다면, "성경이 입증해 주는 경우"는 찾기 어려울 것이다. 그러나 이것이 신화적이거나 시간에 한정된 여건을 배제한다면, 그 단서조차 전무하다는 것을 뜻하지는 않는다. 바꿔 말한다면, 성경에 소개된 진술들에 의거해 볼 때, 일종의 "정화 장소"같은 개념을 고려할 만한 단서가 아예 없다는 것을 뜻하지 않는다. 예컨대 2마카 12,32-46(기원적 1세기경)는 다음과 같은 보도(報道), 곧 몰락한 유대인들에게서 다른 민족들에게 유포되었던 부적(符籍)이 발견되었다는 내용을 전해 준다. 이는 다시 말하자면, 몰락한 유대인들의 죽음이 율법의 불이행에 의한 처벌로 해석된다. 그래서 성경의 진술에 그렇게 몰락한 자들의 경우 하느님께 축복을 청하는 전례가 거부된 것은 당연한 수순이었으며, 그에 앞서 그들은 "저지른 죄악이 다시금 말끔히 씻어지도록 기도를 바쳐야 했다." 상기 마케베오서의 저자는 이 같은 행위를 가리켜 부활에 대한 신앙의 표현이라고 찬양한다. 이 성경 구절에서 더 많은 것을 추정해 낼 수는 없을 것이다. 나아가 연옥에 관한 가르침과 연계해 저자의 활용에 모순처럼 여겨지는 부분이 있는데, 그것은 그와 같은 기도와 희생이 죽은 자들을 부활하게 해 주는 것이 분명하지만, 그러한 행위는 일찍이 오직 의로운 자들에게만 국한된 행위라는 확신이 자리한다는 것이다. 게다가 그와 같은 죄의 소거는 굳이 "정화 단계"를 고려하지 않더라도, 부활의 순간에 하느님의 심판을 통해서도 이루어질 수 있다. 그럼에도 이때 더 생각할 점은 상기 성경 구절이 마카베오서의 전체 맥락에서, 비록 명시적으로는 아니지만, 청원기도가 죄를 정화시키는 작용을 한다는 것을 보여 주는 까닭에 일종의 중간 상태를 연상시킬 수 있다는 점이다. 그런 이유로 우리가 여기서 마케베오서 역시 연옥과 관련된다고 보는 추정이 완전히 빗나간 것은 아닐 것이다. 그 밖에 또 다른 성경 구절은 집회 7,33과 토빗 4,17의 경우로서 분명 지나친 감이 있기는 하지만, 이를 연옥 개념과 연관시켜 살피는 시도가 있었다.

상기 구약성경의 경우와는 달리 1코린 3,12-15을 생각해 볼 수 있다. "그 기초 위에 어떤 이가 금이나 은이나 보석이나 나무나 풀이나 짚으로 집을 짓는다면, 심판 날에 모든 것이 드러나기 때문에 저마다 한 일도 명백해질 것입니다. 그날은 불로 나타날 것입니다. 그리고 저마다 한 일이 어떤 것인지 그 불이 가려낼 것입니다. 어떤 이가 그 기초 위에 지은 건물이 그대로 남으면 그는 삯을 받게 되고, 어떤 이가 그 기초 위에 지은 건물이 타 버리면 그는 손해를 입게 됩니다. 그 자신은 구원을 받겠지만, 불 속에서 겨우 목숨을 건지듯 할 것입니다." 여기에서 "불"이라는 상징이 등장한다. 우리는 물론 이 상징 개념과 관련해서는 뒤에 더 생각해 보겠지만, 그에 앞서 이렇게 말할 수 있다. 수많은 종교사적인 단서들이나 구약성경의 단서들에 의하면, 종래에는 당신 자신을 드러내는 신의 위엄을, 우리 인간들이 범접하기 어려운 그런 위엄을 가리키는 상징이 중요하다. 상기 성경 구절은 오늘날까지 계속 인용되는 것으로서, 내가 그 때문에 이 구절을 이른바 "증명 자료"라고 거듭 말하려는 것은 아니지만, 죽은 이들의 정화 행위가 하느님과의 만남 중에 이루어진다는 점을 보여 준다. 그것은 하느님의 변함없으신 권한이기도 하다. 이와 마찬가지로 신약성경에서 또 달리 마태 5,26 이하는 다음과 같이 전한다. 자신의 형제와 화해하지 않는 자는 누구든지 '감옥'(φυλακή[퓔라케], 이는 당시 통속적인 의미에서 '하데스'를 가리킨다.)에 던져지게 될 것이다. "내가 진실로 너희에게 말한다. 네가 마지막 한 닢까지 갚기 전에는 결코 거기에서 나오지 못할 것이다." 교부들(특히 테르툴리아누스)은 이 성경 구절을 주저 없이 정화의 장소를 암시하는 단서로 해석했고, 오늘날 많은 가톨릭 주석신학자들 역시 최소한 그 같은 해석을 거부하지 않고 있다.

2) 불의 상징

전반적으로 사람들이 인용하는 성경의 논증들은 최소한 적혀 있는 문자 그대로 구절들을 이해하면 다소 빈약하게 들린다. 예컨대 전통이라는 조명 아래서가 아닌 한, 종교사적인 맥락을 짚어 가며 이해하려고 애쓰지 않는 한 그러할 것이다. 그런 점에서 이 불의 상징에 관해, 곧 성경 구절과는 별도로 "불"에 관한 종교적 이해를 추적하는 일은 의미가 있다.

종교적인 행위의 대상은 거룩한 것이나 위격적인 차원에서 거룩한 영이라고 말할 수 있다. 거룩한 영 혹은 신성한 존재는 세상을 초월해 있으나 이 세상의 사물들에서도 경험될 수 있다. 세계 내의 실재가 좀 더 특별하게 집약된 혹은 신비스러운 모습으로 경험되는 그곳에서 인간은 그 아래에 놓여 있는 신적인 실재를 만나게 된다.

그래서 여러 종교들에는 거룩한 돌무더기, 거룩한 나무들, 거룩한 물이 존재한다. 그 중에 한 가지 타오르는 불은 종교사적으로 놀라운 의미를 띤다. 불은 '거룩한 것'과는 상반된 모습도 보여 준다. 예컨대 그것은 우리에게 유익한 것으로도 해로운 것으로도 다가올 수 있다. 그로 인해 사람들은 종종 신적인 본성 자체는 불처럼 이해될 수 있다고 보았다. 구약성경이 전하는 주 하느님의 영광 역시 번개와 궂은 날씨로 드러난다. 하느님께서는 모세에게 불타는 떨기나무 속에서, '불타는 떨기나무의 모습으로'(탈출 3,1 이하) 나타나신다. 그분의 말씀 역시 타오르는 불덩이(예레 23,29)와도 흡사하다.

하느님께서는 종말에 역사를 마감하고자 원하시기 때문에, 불의 상징은 구약성경에서는 어떻게든 종말 사건이 벌어지는 자리에서 특히 자주 소개된다. 최후 심판에 대한 상상은 불의 상징으로 절정을 이룬다. 주님께서는 소돔과 고모라에 유황과 불을 퍼부으셨다(창세 19,24). 이집트에 내렸던 일곱 번째 재앙은 번갯불과 우박이었다(탈출 9,24). 예언서들에서 불은 하느님의 심판을 전하기 위한 가장 일반화된 수단이다. 한편 신약성경에서도 그와 유사한 형식으로서 종교사적으로 의미가 깊은 상징을 볼 수 있다. 좋은 열매를 맺지 못하는 나무는 모두 뿌리째 뽑혀서 불 속에 던져질 것이다(마태 3,10). 심판하실 메시아가 나타나면 알곡은 곳간에 넣어 두고, 쭉정이는 뽑아서 꺼지지 않는 불에 태워 버릴 것이다(마태 3,12). 주님 곁에 머무르지 못하고 결실을 맺지 못하는 가지들은 불 속에 던져질 것이다(요한 15,6). 때때로 불은 심판을 가리키는 표현이자 영원한 처벌을 분명하게 각인시키는 표현이다. 그 심판 때에는 죽지 않는 벌레들과 영영 꺼지지 않는 불에 대한 표현이 함께 뒤따른다(마르 9,48). 곧 영원한 불(마태 18,8) 혹은 영원한 불구덩이(마태 13,42.

50)가 함께 소개된다. 나아가 묵시록에서 불과 유황은 영원한 파멸을 대변하기도 한다. '그 짐승과 그의 모습을 본 딴 우상' 앞에서 기도하는 자는 누구든지 불 속에서 영원한 고통을 면치 못할 것이다(묵시 14,10). 사탄은 불바다에 내던져지게 될 것이니, 거기서 그 짐승과 거짓 예언자들도 제 집처럼 머무를 것이다. 그들은 밤낮으로 끊임없이 고통을 받게 될 것이다(묵시 20,10).

또 불이 정화 작용을 할 수 있다는 생각이 분명 중심적인 내용은 아니지만, 성경에 나온다. 참고로 당연히 무엇보다 정화 작용은 우선적으로 '물'의 특징이다. 잠언 17,3에서 불이 '은이나 금을 도가니 혹은 용광로에서 단련시키듯 주님께서 인간의 마음을 시험하신다.'고 가르친다. 1베드 1,7에서는 "불로 단련을 받고도 결국 없어지고 마는 금보다도 훨씬 값진" 신앙인들의 마음을 단련시키는 일을 두고 강조해 가르친다.

몇몇 사례들은 비교의 관점이 매번 서로 다르다. 그러나 그때마다 인간에게 작용하는 하느님의 섭리나 신성이 중요한 주제로 제시되고 있는 것은 다르지 않다. 하느님 자신이 불이요, 그분의 행위가 불로 우리에게 나타난다. 불로써 당신 자신을 드러내시는 하느님께서 우리를 심판하기도 하시고 단련시키기도 하시며 처벌하기도 하신다. 이것이 — 성경이 가르치는 — 불이 상징하는 의미다.

3) 교부들의 가르침

교부들의 글은 '연옥 불'(*ignis purgatorius*)에 대한 교리에서 특별히 많이 인용된다. 테르툴리아누스는 연옥 불과 관련하여 상대적으로 중요한 표석(標石)이다. 그가 이야기하는 성녀 페르페투아(hl. Perpetua)의 수난사(受難史)는 다음과 같다. 그녀는 꿈에 사별한 자신의 오빠를 본다.

그는 몹쓸 병(암)으로 세상을 떠났으며, 지저분하고 창백한 모습으로 세면대 앞에 서서 목말라 하면서도 물을 마실 수 없는 고통으로 흐느낀다. 그녀는 그 꿈이 주는 의미를 알아차리고 오빠를 위해서 간곡한 기도를 바친다. 그 후 얼마 지나 그녀가 두 번째로 오빠의 환영을 목격했을 때, 그는 편안하고 기쁜 마음으로 깨끗한 물을 마음껏 들이키는 것을 본다. 이는 물론 하나의 이야기다. 그러나 테르툴리아누스는 또 다른 기록, 곧 그의 책 『영혼에 관해』에서, 연옥(*Purgatorium*)에 대해서 가르치고 있으며, 이에 마태 5,26도 이 연옥 교리를 뒷받침한다. 죽음과 부활 사이의 중간 상태(과도기)는 테르툴리아누스가 보기에 인간이 부활을 위해 "마지막 잔금"을 치를 기회의 시간이다. 키프리아누스도 이 중간 상태가 반드시 거쳐야 할 연옥의 한 단계로 보기에 적절하다고 설명한 바 있다. 그는 분명히 믿음을 통해 죽은 이들에게 구원이 당장 이루어질 것이요, 죄 많은 이들은 곧장 지옥에 떨어져 파멸하고 말 것이라고 주장한다. 그러나 순교에 이를 만큼 강한 믿음을 갖지는 못했지만, 그렇다고 죄를 많이 저질렀다고도 볼 수 없는 평범한 신앙인들이 그에게는 고민거리였다. 그는 그런 이들을 위해서도 단지 이 세상에서 교회가 제시하는 참회를 통하지 않고도 저편의 세계에 들어갈 수 있는 또 다른 기회나 가능성이 열려 있어야 한다고 생각했다. 그는 그 기회란 그런 이들이 정화될 수 있는 기회라고 여겼다. 알렉산드리아의 클레멘스 주교는 그노시스적, 철학적인 다양한 상상들을 받아들여 1코린 3,10-15과 연결시켰다. 그는 불에는 정화하는 혹은 훈육하는 힘이 있다고 이해했다. 불은 이미 세례 때부터 확실한 의미를 따라서 그리스도인들에게 작용하기 시작해 마침내 영원한 세계로 그들을 들어올림으로써 완성된다고 생각했다. 오리게네스는 이 생각을 좀 더 세분화된 단계로 나누어 발전시켰다.

"정화 단계"라는 표현은 13세기 전까지는 사용되지 않았다. 그와 같은 의미들은 다른 형식으로 표현되거나 다만 중세 초기 및 절정기에 "연옥"이라고 불렸다. 쿠사누스 추기경의 아름답게 묘사한 글 속에 한 가지 생각이 반영되어 있는데, 사람들은 오늘날 자주 연옥 불의 의미를 그와 같이 이해하려고 한다. "그리스도께서는 [우리를] 가장 순수하게 만드시는 불이다"(Christus est ignis purissimus: De doct. ign.[=박학한 무지] III 9). 곧 죽은 이가 만나게 되는 불은 곧 그리스도 자신이라는 것이다. 연옥 불의 인격화한 모습을 보여 주는 대목이다.

연옥 신학을 보다 더 분명히 표현한 설명은 교회 일치를 위해 노력한 공의회 및 종교개혁과 관련하여 형성된 긴장 국면에서 이루어졌다. 교부들이 가장 먼저, 가장 중요한 위치에서 그런 국면을 맞이하여 연옥 신학을 다듬었고, 그것이 교회에 전통으로 남게 되면서 교회의 전례기 그와 관련된 용어를 통해 연옥 신학을 보충했다. 죽은 이들을 위한 기도는 이미 2세기 이래로 계속되어 왔다. 3세기에는 성찬례 중에 죽은 이들을 위한 기도가 공식적으로, 상시적으로 함께 이루어지는 것을 볼 수 있다. 나아가 죽은 이들을 위한 (위령) 미사가 별도로 필요하다는 것도 의식했다. 초기에는 그런 기도와 전례 관행이 매우 보편적인 차원에서 널리 이루어졌지만, 특별히 연옥 불 교리가 기도와 전례 참례를 고무시킨다고 보지는 않았으며 오늘날까지도 그러하다고 본다. 우리는 죽은 이들이 약속된 땅에 들어갈 수 있도록 기도하며, 부활에 참여할 수 있도록 기도한다(성찬기도 제2양식 참조). 또한 천상의 영광에 그들이 받아들여지기를 기도하며, 하늘나라의 잔칫상에 자리를 얻을 수 있기를 기도한다(성찬기도 제3양식). 죽은 이들에게 평온한 안식과 빛이 주어지고 평화의 나라에 받아들여지기를 기도한다(성찬기도 제1양식). "정화"에 대해서는 직접적으로 표현하지는 않지만, 간접적으로는 그런 개념을 전제하거나 그와 연계된다고 본다.

한 가지 더 고려할 만한 중요한 점은 옛 교회가 실천해 온 특별한 참회 과정이다. 그것은 신앙인이 살아 있는 동안 단 한 번만 치를 수 있었던 과정을 가리킨다. 만일 완전하고도 정당하게 참회를 완수한다면, 교회와 화해하고 합당한 신앙인이 되어 하느님 앞에 의인으로 설 수 있다고 이해했다. 그러나 병 때문에 혹은 박해 때문에 갑작스런 죽음으로 인해 참회 과정을 가질 수 없었던 신앙인들의 경우는 어떻게 될 것인가? 따라서 그들을 위해서도 저편의 세계에서 이와 유사한 과정이 필요하다고 생각하게 되었다.

단 한 번도 사람들은 전통적인 가르침 안에서 정화 과정의 "기간"에 대해 정확하게 알아보려는 시도를 하지 않았으며, "어느 정도의 시간" 혹은 일정 기간에 대해 추정하는 일조차 시도하지 않았다. 오히려 중세 시대 토론 중에 대두된 물음은 연옥의 불꽃이 "짧은지" "긴지", 그리로 들어가는 문이 대문인지 쪽문인지 하는 것이었다. 그로 인해 불필요한 오해를 낳았지만, 더 큰 파국은 그러한 연옥에 대한 상상을 사죄(赦罪)에 관한 교리와 사목적으로 매우 밀접하게 연결시켰다는 점이다.

전통 안에서 사죄 교리의 뿌리는 상대적으로 미약하다. 그렇다고 익히 잘 알려진 중세 후기의 사죄 교리를 남용한 시점에까지 소급해 살필 필요는 없을 것이다. 죄를 저지른 이들이 보속으로 치러야 정당하게 죄가 사해질 것이라는 원칙 아래 '교회의 이름으로' 참회 행위가 주어졌다는 사실이 훨씬 더 중요하다. 교회는 자신의 공동기도로 그러한 참회 행위들을 대신했다. 6-7세기 이래로 교회의 청원기도는 고해성사

밖에서도 참회에 뜻이 있는 이들에게 공적으로 활용되었다. 그래서 어떤 이의 참회 행위가 교회의 허락을 받아 또 다른 이(사목자)에 의해서 대신 치러질 수 있게 되었다. 이것은 신학적으로도 가히 용납할 만한 처사라고 보았다. 그런 점에서 연옥 불과 사죄가 같은 뿌리를 갖는다고 볼 수 있다. 사죄는 교회가 대신 공동으로 청하는 기도에 기초해 세상에서 죄로 인한 처벌을 면제시키는 것으로 간주되었다. 참회하는 이에게는 거기에 일정한 보속의 책무가 보태어진다. 물론 교황 바오로 6세는 1967년에 반포한 교황령 「대사(大赦)에 대한 가르침」을 통해 "교회는 하느님의 자녀들이 거룩하고 풍요로운 자유를 따라서 정화와 성화를 위한 그와 같은 보속의 책무 활용을 신앙인 각자에게 위임한다."

4) 가톨릭교회의 공식적 가르침

(1) 정교회의 입장에 대한 반대

모든 정교회는 로마-가톨릭교회와는 다소 차별화된 연옥에 관한 생각을 가지고 있다. 그들은 '중간 상태'에 대한 가르침에 있어서, 그 기간에 잠정적인 차원이기는 하지만 상급이나 처벌이 주어진다고 본다. 이 지상에 머물러 있는 교회의 구성원들은 거기 중간 상태에 머무는 사람들과 교회의 청원기도를 통해서, 나아가 특히 성찬례를 통해서 결합한다. 교황 베네딕토 16세는 정교회의 연옥 교리를 "상당히 고풍스럽게" 묘사하면서 그것을 처음 다듬어 낸 사람이 요한 크리소스토무스 대주교(†407)였을 거라고 추정한다.

정교회의 "중간 상태"에도 일종의 정화 형식이 존재하기는 하지만, 신앙인의 그 어떤 참회 행위를 통해서 혹은 "정화시키는 불"을 통해서 정화가 이루어지는 것이 아니라 전적으로 하느님의 은총을 통해서만 이루어진다. 그렇듯 깨끗하게 만드는 과정이 순수 치료적인 성격을 띤다고도 말할 수 있다. 정화시키는 불을 상징적으로만 이해할 수 있다고 하더라도, 연옥 불이 [마치] 몸에서 해방된 영혼을 깨끗하게 만든다는, 그런 의미의 연옥 불은 존재하지 않는다. 그에 대해 가톨릭교회는 교회 일치를 위해 소집된 리옹 공의회(1274)와 피렌체 공의회(1439)에서 입장을 밝혔는데, 한편 이 두 공의회는 정교회의 일부를 다시 (서방) 교회공동체 안에 끌어들이려고 시도했다. 가톨릭교회는 사랑 안에서 참회할 뜻을 가지고 죽어간 인간 영혼들은 사후에 정화의 차원에서 잠정적으로 처벌을 받거나 다시 깨끗해지는 단계를 거치면서 순수하게 될 것이라고 상당히 소극적인 관점에서 설명했다. 그러한 정화 단계 및 과정을 줄이기 위해서는 신앙인들의 [공동체] 청원기도와 아직 살아 있는 이들의 경건한 공로, 미사 봉헌 및 자선행위 등이 요구된다. 이러한 문구가 보이는 타협적인 성격은 좀 더 자세히 살필 경우 더욱 분명해질 것이다. "연옥 불"이란 표현은 의식적으로 피했다. 정교회가 서방교회와 공동으로 취하는 청원기도는 [죽은 이들을 위해] 분명히 요구되는 행위라고 가르쳤다. 정화 과정을 "처벌"로 표현할 경우 그 뜻을 분명하게 하기 위해서 *poenae purgatoriae*[=정화의 처벌들]이라는 말로 명시했다. 정화 과정의 치료적인 성격은 거부되지 않았지만, 우리가 의식하는 바와 같이, 다른 관련 표현들과 함께 고려되는 것이 좋다. 이에 관해서는 *DZ* 856 및 1304를 참조하면 좋을 것이다. 정교회는 걸림돌로 작용하는 사죄에 관한 문제는 제외시켰다.

(2) 종교 개혁가들의 입장에 대한 반대

전통적인 연옥(불) 교리에 대해 종교 개혁가들은 철저히 부정적이었다. 그들이 그토록 부정적이었던 근거는 단지 성경 안에 입증할 만한 진술이 부재 하다는 사실 외에도 의화에 관한 가르침에서 도출된 결론에 기초한다. 인간은 이 세상에서 살아가는 동안 "의인이자 동시에 죄인"(*simul iustus et peccator*)이다. 달리 말해 인간은 "이미 의화 되었으면서"(*justificatus*)도 계속해서 "의화 되어야 할 존재"(*justificandus*)다. 의화는 전 생애에 걸쳐 이루어야 할 과제다. 하느님께서는 그 과정을 거치는 동안 신실함을 보이는 인간에게 당신의 영을 통해 섭리하신다. 그리하여 인간은 최종적으로 유효한 구원 아니면 파멸이라는 실존 방식에 따라 둘로 나뉘게 된다. 거기에는 의당 당시의 그릇된 활용에 반대하는 입장이 고무된다.

그리하여 트리엔트 공의회는 ― 의화에 관한 교령이 연옥과 관련해서 그 조건들을 마련한 이후인 ― 1563년 연옥에 관한 교령을 반포하면서 거기에 가톨릭의 본질적인 가르침을 모두 담았다(*DZ* 1820f.). 상기 공의회의 가르침은 숭죄의 용서와 영원한 처벌의 면죄에 대해 강조하지만, 그 어떤 경우에도 살아생전에 저지른 모든 사소한 죄에 대한 처벌이 죽기 전에 [자연스럽게] 다 사라지지는 않는다는 논리를 전개했다. 그러므로 살아생전에 저지른 죄에 대한 처벌의 경감 가능성은 달리 연옥(불)에서 혹은 이 세상에서 다른 살아 있는 이들에게 주어져야 한다. 이러한 정화 과정에 대해서 트리엔트 공의회는 매우 보편적인 어투로 말했다. 그러한 정화 과정이 실제 존재한다는 사실은 성경과 전통으로부터 도출해 낼 수 있다고 강변하고 주교들은 이에 대해 명시적으로 가르쳤다. 자신들은 건전한 의미에서 연옥 교리를 장려하고자 하니, 일부 지나친 신앙심을 자극할 요량으로 단순한 대중들에게 이 교리의 다른 측면들을 부각시키고 남용하는 일은 허락하지 않는다고 충고하는 것도 잊지 않았다. 이에 대한 결정적인 진술은 아마도 *DZ* 1820의 내용일 것이다. "성령의 감도를 받은 가톨릭교회는 성경과 교부들의 오랜 전통에 근거해서, 여러 거룩한 공의회들과 최근에 이르러서는 본 거룩한 세계 공의회를 통하여 연옥은 존재하며, 그곳에 머물러 있는 영혼들은 신자들의 대리 기도와 특히 제단의 기꺼운 희생 제사로 도움을 받을 수 있다는 것을 가르쳐 왔다. 따라서 … 연옥에 관한 건전한 교리를 그리스도교 신자들이 믿고 보존하도록 … 명하는 바이다."

(3) 최근 교도권의 가르침

제2차 바티칸 공의회의 교회 헌장 「인류의 빛」(*LG* VII, 49)에서는 연옥에 대해 부수적으로 언급한다. 이는 교회를 전체적으로 묘사하는 중에 뒤따라 소개되었으며, 과거에 교회를 구별해 소개했던 점과 비교할 만하다(다투는 교회 - 고통 받는 교회 - 승리하는 교회). 1979년 5월 17일에 신앙교리성성으로부터 발표된 교서 「종말론에 관한 몇 가지 질문들」의 일곱 번째 항목에서는 이렇게 가르친다. "선택된 이들에게 중요한 점은 그들이 하느님과 마주하기 전에 정화 과정을 거쳐야 하며, 그 정화는 파멸 선고를 받은 이들의 처벌과는 완전히 구별된다. 만일 교회가 … 연옥에 대해 가르친다면, 바로 이 점을 잊지 않고 있다."

5) 연옥(불)에 대한 가르침 : 체계적 측면들

먼저 발타사르가 분명하게 밝혀 준 생각은 한 번쯤 재고해 볼 만하다. 물론 인간이 하느님께 다가가기 위해 정화 과정이 필요하다는 측면을 말한다는 점에서 "연옥 불"은 하느님 심판의 일면일 수 있다. 이 같은 이해는 과연 최근의 현대 신학, 특히 종말론에 관한 고찰에서 필수적으로 취급된다. 이때 연옥의 정화 기능은 죄인을 심판하러 나타나시는 주님과 죄인이 서로 만나는 자리에서 발휘된다는 점이 중요하다. 사람들은 불에 대한 생각들을 보편적으로 떠올릴 것이다. 예컨대 시험하는 불은 곧 심판하시러 우리에게 다가오실 하느님 당신을 대변할 수 있다. 발타사르는 그리스도의 "불꽃", "번개"와 같은 표현들에 주목한다. 물론 이 같은 표현은 묵시록과 환시를 통해 진술된다(묵시 1,14; 다니 10,6 참조). 발타사르는 인격적으로 탈바꿈한 연옥 개념을 기억하면서 이 개념이 교회 일치를 위한 우리의 노력에 결코 어려움을 주지 않을 것이라 보았다. 왜냐하면 그것은 죽음을 통해 예수 그리스도와 만나는 것과 전혀 다른 사건이 아니기 때문이다. 다른 한편 교황 베네딕토 16세는 다음과 같이 소개한다. "인간은 분명 자신의 시간성을 벗어나 '영원히' 존재하지는 못하지만, 심판관이신 그리스도께서는 그야말로 '모든 것에 종지부를 찍는 분'(Eschatos)이시기에, 마지막 날의 심판관과 죽음 이후의 심판관이 구별되지 않는다. 그러므로 당신의 실재를 보여 주시고자 공간을 따라 인간에게 다가오신 것은 제한된 운명에 기꺼이 들어서신 것을 의미하며, 그로써 종말론적인 불이 함축하는 모든 내용을 끌어안는다. 이 같은 만남의 변화무쌍한 '순간'은 지상의 시간 개념과는 구별된다. 그 순간은 영원하지 않고 지나감의 일종이다. 그래서 그 순간은 비록 물리적인 관점에서 얻어낸 시간을 척도 삼아 해석하려는 의도에 따라 아주 짧거나 길게도 설명이 가능하다고 하더라도, 당장 아무 꾸밈없이 그리고 사태 안에서는 철저히 같은 것이다. 인간이 셈하는 '[물리적 관점에서의] 종말의 시간'은 그의 실존이 온통 방탕한 상태에 빠진 최악의 순간과 직결되어 있겠지만, 세상의 시간을 따라서 그와 같은 최악의 순간을 산정해 내려는 시도는 세상과 연관을 맺으면서, 동시에 세상과 구별된 인간 정신의 특별한 능력을 제대로 이해하지 못한 결과다."[34] 그러므로 하느님께서는 인간을 심판하시는 당사자로서 "연옥 불"과 동일하시다. 이는 인간의 근본 결단에 수정을 가한다고 생각할 수는 없지만, 다양한 측면의 인간 실재에 아직 놓여 있는, 그래서 하느님과의 직접적인 관련성이 아직 분명하게 드러나지 않는 상태에서 (이는 다만 인간이 하느님과 만날 때 비로소 분명하게 드러난다.) 그런 근본 결단에 장애가 되는 것들을 제거하거나 전체를 통합하는 기회로 추정해 볼 수 있다. 그로써 연옥 불은 더 이상 "저편의 세계에 자리하는 대합실"[35] 같은 개념으로 이해되지 않고, 오히려 내적인 차원에서 인간의 변화를 위한 필수적인 시기 혹은 계기로 부각될 것이요, 그런 과정을 거침으로써 인간은 하느님 및 그리스도의 능력과 하나가 될 것이다. 나아가 만일 사람들이 라너 및 그와 같은 노선을 따르는 학자들과 함께 몸과 영혼의 분리를 ― 인간이 새롭고도 더 깊이 이 세상의 실재 안으로 파고들게 되는 ― 일종의 방식으로 이해하려고 한다면, 또한 그로써 살아 있는 이들에게도 이전보다 훨씬 더 가까이 다가서는 계기로 이해하려고 한다면, 그때에는 이미 "가난한 영혼들"을 위한 기도가 그로부터 그 정당성을 확보하게 될 것이다.

원칙적으로 청원기도는 그 의미상 전혀 어려움을 주지 않는다. 그런 점에서 하느님께서는 신인동형론적인 진행 과정을 허락하신다고 말할 수 있다. 일찌감치 하느님께서는 그렇게 하려고 원하셨지만, 또한 인간의 청원기도에 기초해 달리 행동하실 수도 있다. 하느님께서는 당신께서 만드신 피조물과의 협력을 원하신다고 말할 수도 있다. 게다가

---

34. Ratzinger, *Eschatologie* 187f.
35. *Ibid.*, 188.

하느님께서는 자명하게, 시간과 연관을 맺은 영원성 안에서 행동하시는 만큼, 피조물들이 하느님께 그리고 서로 간에 주고받는 바람, 염려와 사랑이 함께 고려되도록 섭리하신다고 말할 수 있다.

 죽은 이들을 위한 미사 봉헌이 사좌-교리와 혼동되거나 뒤섞이지 말아야 한다. 아우구스티누스의 표현을 여기 소개하자면, "각 개별 영혼이 사후에 안식이든 고통이든 모두 치르고 난 다음에, 그러니까 각 개별 영혼이 몸을 취해 이 지상에서 사는 동안 저지른 자신의 몫을 청산한 다음에, 비로소 각 개인의 죽음과 최후 심판 때 있게 될 부활 사이(기간)에 개별 영혼들은 감추어진 어떤 체류 공간에 함께 머문다. 사람들은 이미 죽은 영혼들을 위해 살아 있는 친지들이 바치는 경건한 기도 덕분에 그들의 처벌이 경감된다는 사실에 대해 의심하지 말아야 한다. 물론 그러한 기도는 중개자가 미사를 봉헌하거나 교회 안에서 자선을 베풀거나 하는 방식으로도 이루어질 것이다."[36] 아우구스티누스가 여기서 중간 상태에 아주 분명하게 가르친다는 사실에 대해서는 관심을 기울일 필요는 없다. 상기 인용 구절은 죽은 이들을 위해 미사를 봉헌하는 행위와 같이, 우리가 할 수 있는 수많은 실천적인 사목에 대한 증언들 가운데 하나다. 이 같은 실천적인 행위에 반대해 종교 개혁가들은 격렬하게 비난했다. 이처럼 대립적인 국면으로 치달은 것은 물론 무엇보다도 중세 후기에 난무했던 왜곡된 신학과 실천 사목 때문이었다. 트리엔트 공의회는 살아 있는 이들을 위해서든 죽은 이들을 위해서든 미사 봉헌이 큰 의미가 있다고 명시적으로 밝힐 필요를 느꼈다. 이때 이에는 물론 아래와 같은 관점들이 중요시된다.

---

36. *Enchr.* XXIX, 109f., in: *Enchiridion de fide, spe et caritate,* Handbüchlein über Glaube, Hoffnung und Liebe, hrsg. v. J. Barbel, Düsseldorf 1960, 181f.

① 트리엔트 공의회는 미사에 십자가의 희생과는 무관한 어떤 가치를 보태려고 하지 않았다. 과연 트리엔트 공의회 이래로 지금까지 미사는 십자가의 희생을 재현하는 것으로 이해된다. 그러므로 이른바 산 자든 죽은 자든 그들은 자신들을 위해 기도하면서 봉헌된 미사를 통해 그리스도의 구원 행위에 따른 은총을 받게 된다.

② 상기 공의회의 경우, 미사가 갖는 특별한 가치가 무엇일지 대해 구체적으로 언급하지는 않았다. 예컨대 미사가 "연옥 불"에 놓여 있는 어떤 인간의 상태에 관여할지 혹은 간단히 저들 연옥에 있는 이들을 위해 바치는 교회의 청원기도가, 실상 하느님께서는 그것을 항상 미리 알고 계심에도 불구하고, 중요하다고 자세히 언급한 적은 없다. 오히려 하느님께서는, 죽은 이가 청원하는 교회의 신비체(몸)에 속한다는 바로 그 이유에서 은총을 베푸신다.

가톨릭교회와 루터교회가 공동으로 마련한 문서 『주님의 식탁』(*Das Herrenmahl*)은 오늘날의 가톨릭 입장을 대변한다고 해도 과언이 아니다. "가톨릭교회와 루터교회의 그리스도인은 예수 그리스도께서 그분과 결합한 모든 이들을 또한 서로에게 맺어주신다고 함께 고백한다. 가톨릭교회가 확신하는 바에 의하면, 그것은 그리스도의 성찬을 중심으로 모인 모든 공동체에게도 유효하다. 그 때문에 그러한 공동체에는 이미 주님의 평화 속에 잠든 이들도 속한다. 그런 점에서 죽은 이들을 위해서 바치는 기도의 영성은 가톨릭교회의 성찬례의 일부다"(상게서 42). 루터교회 측에서는 이 같은 부분에 분명 자신들의 전통에 입각해 소극적인 행동을 보일 수 있다. 그러나 이는 결코 서로 논쟁을 벌일 문제는 아니다. 왜냐하면 사람들은 죽은 이들을 위한 기도를 어떻게 해서든 성찬례 중에 현존하시는 주님, 곧 이미 항상 당신 아버지 곁에서 우리 모두를 위해 대변하시는 주님과 결합하는 중에 바치기 때문이다.

6) 재-육화 : 만물 회복 이론

(1) 문제점

연옥을 통한 인간의 정화는, 늘 그렇게 생각해 온 것처럼, 하느님 앞에서 그리고 하느님을 향해 인간이 내리는 근본 결단을 전제한다. "그 정화는 이제 시작되었다. 죄악으로 얼룩진 것들이 찌들어 있는 인간의 모든 계층들과 각 차원들 구석구석에 정화가 요구된다. 인간은 자신의 잘못을 속속들이 밝혀내야 한다. 그것은 물론 이미 인간 자신이 받아 누려온 것으로 자각하는 하느님의 은총 아래서 가능하다. 자신의 근본 결단과 그동안의 파편적인 실현(행위들) 사이에서 벌어진 틈은 바로 하느님께서 손수 가까이 다가오시어 예수 그리스도를 통해 펼치신 사랑 덕분에 (그리고 그로 인해 주어지는 기쁨에도 불구하고 혹은 바로 그 기쁨 때문에) 애틋하게 경험될 것이다."[37]

물론 그런 "정화"는 많은 사람들에게 죽은 인간의 영혼이 제 본향으로 되돌아가 다시 또 하나의 몸을 취하게 될 것처럼 "재-육화"와 같은 형태로 이해되기도 한다. 이는 동양의 종교, 곧 힌두교와 불교에 의한 영향이 크다. 그 밖에도 '인간 최고의 지혜'(Anthrosophie) 혹은 "데자뷔"(Déjà-vu) 체험 등도 한 몫을 한다. 신학적-종교적 근거로서 자주 운운하는 말은 '사랑이시고 인간의 구원을 위해 몸소 나서신 하느님께서 누군가를 아예 사라져 버리게 하실 거라고는 결코 생각할 수 없다.'는 것이다. 이때 물론 다시 구별해야 할 것이 있다. 적지 않은 이들이

---

37. Vorgrimler, *Tod*, 133f.

이런 종류의 끝없는 과정, 그러니까 일종의 영원한 순회 혹은 윤회(輪廻)를 생각하는데, 이는 물론 어떤 경우든 그리스도교의 신학적인 관점과 엄연히 구별될 수 있고 또 구별되어야 한다. 무엇보다도 그리스도교 사상의 틀 안에서 오직 하나의 "확장된 정화 과정"은 "모든 이들과의 화해"라는 시각에서 이해할 필요가 있다.

(2) "만물 회복 이론"

'아포카타스타시스'(Apokatastasis)는 사전적(辭典的)인 이해에 의하면 "죄인들, 사악한 이들, 악령들과 뒤얽혀 있는 이 창조계 전체를 일종의 완전히 축복받은 상태로 재건하는 것"[38]을 뜻한다. 알렉산드리아의 오리게네스(185-253)는 이 교리에 대한 "영성적 선구자"이다. 이는 최소한 영향사적으로 유효하고, 그의 실제적인 입지는 논란거리로 남아 있다. '아포카타스타시스'와 같은 노선으로서는 니사의 그레고리우스와 고백자 막시무스의 입장을 생각할 수 있으며, 이들은 중세의 신앙 교리를 위해 교량 역할을 했다. 13세기에는 이 교리를 베나의 아말리쿠스(Amalricus de Bena, †1206. [역주] 위-디오니시우스의 영향을 받아 신플라톤주의 경향으로 범신론적인 색채가 강해, 나중에 그의 사상은 교회로부터 단죄를 받았다.)가 앞장서서 강조했다. 프로테스탄트 측에서는 무엇보다도 경건주의(Pietismus, 17세기 말-18세기 초)가 이 교리를 대표하는 입장으로 먼저 손꼽힌다. 뒤에 '아포카타스타시스'는 클롭스톡(Friedrich Gottlieb Klopstock [1. 노래곡 "메시아"])과 라바터(Johann Caspar Lavater [22번째 편지「영원으로 보내는 글」])에서도 나타난다. 19-20세기에는 이 입장이 매

---

38. Art "Apokatastasis II, Dogmatisch-dogmengeschichtlich"(J.Loosen), in: *LThK*² I, 709-712 (인용은 709).

우 다양하게 서로 다른 형식을 따라 수용되기는 하지만, 슐라이어마허(Schleiermacher), 제베르크(Reinhold Seeberg), 트뢸트치(E. Troeltsch) 등이 대표한다.

신약성경에서 이 개념은 베드로 사도의 설교(사도 3,19 이하)에서 목격된다. "그러므로 회개하고 하느님께 돌아와 여러분의 죄가 지워지게 하십시오. 그러면 다시 생기를 찾을 때가 주님에게서 오실 것이며, 주님께서는 여러분을 위해 정하신 메시아, 곧 예수님을 보내 주실 것입니다. 물론 예수님께서는 하느님께서 예로부터 당신의 거룩한 예언자들의 입을 통해 말씀하신 대로, '만물이 복원될 때까지'(ἄχρι χρόνων ἀποκαταστάσεως πάντων) 하늘에 계셔야 합니다." 그런데 여기서 약속된 새 창조는 "새 하늘과 새 땅"으로 표현된다. 다시 말해 죄인들을 "복구시키는 것"이 아니다.

신약성경은 아래와 같이 네 가지 개념에 대해서 말한다.

① 두 가지 해결 구도 : 구원된 이들의 세계와 저주받은 이들의 세계에 대한 결정은 인간들의 행위로 말미암아 이루어진다.

② 하느님에 의해 예정된 것(칼뱅) : 하느님께서는 "모든 인간들을 동등하게 창조하지 않으셨으니 …, 어떤 이들에게는 영원한 생명을, 또 다른 이들에게는 영원한 저주를 미리 정했다"(*Institutio* III, 21).

③ 하느님을 무시하고 살아가는 이들의 파멸.

④ 만물의 복원과 관련된 성경 구절 로마 5,18 : "한 사람의 범죄로 모든 사람이 원죄 판결을 받았듯이, 한 사람의 의로운 행위로 모든 사람이 의롭게 되어 생명을 받습니다."

1코린 15,22 : "아담 안에서 모든 사람이 죽는 것과 같이 그리스도 안에서 모든 사람이 살아날 것입니다."

1코린 15,24 이하 : 그리스도께서는 만물을 하느님 아버지께 넘겨 드려야 하겠기에, 이제 만물이 그리스도에게 굴복하게 될 때, 그리스도는 자신을 아버지께 넘겨드리게 될 것이다. "그리하여 하느님께서는 모든 것 안에서 모든 것이 되실" 것이다(28절).

에페 1,10 : "그것은 때가 차면 하늘과 땅에 있는 만물을 그리스도 안에서 그분을 머리로 하여 한데 모으는 계획입니다."

(3) 오리게네스

"아포카타스타시스" 개념은 오리게네스에게 있어서 종말에 이르러 모든 사악한 이들을 제거하는 사건과 직결된다. 물론 그 부류에는 저주받은 이들과 사탄의 세력 일체가 포함된다. 그래서 결과적으로 종말에는 만물과의 완전한 조화가, 창조계의 완전한 복원이 이루어지는 것을 함축한다. 오리게네스는 무엇보다도 자신의 『원리론』(De principiis)을 통해 그런 생각을 전개했으며, 그 책에서 그리스도교의 으뜸가는 체계적인 신앙 교리들을 개괄적인 형식으로 소개한다(220/225).[39] 그는 교양을 갖춘 그리스도인들을 대상으로 이 책을 썼으며, 이는 루핀(Rufin von Aquilea 345-410)에 의해서 모두 라틴어로 번역되었다. 총 4권으로 나누어진 이 책은 다음과 같은 내용으로 구성되었다. 1권은 하느님(성부, 성자, 성령), 원천, 존재, 자유, 타락, 정신적 존재의 재기, 2권은 세상, 구원, 종말적인 것들, 3권은 무엇보다도 윤리적인 측면들, 4권은 성경, 기록의 의미, 영감 등에 대해 적고 있다. '아포카타스타시스' 교리에 대해

---

39. 이하의 내용들은 H. Görgemanns와 H. Karpp가 심혈을 기울여 내놓은 글을 참조했다. Origenes, *Vier Bücher von den Prinzipien* (TzF 24), Darmstadt ³1992; 『원리론』, 이성효, 이형우, 최원오, 하성수 해제 및 역주, 아카넷 2014(우리말 번역은 탈고 후에 나왔기에, 독자들을 위한 참고로 여기에 소개함).

서는 1권 6,1-4, 3권 6,1-9 및 2권 10,4-8에서 다루고 있다. 이때 오리게네스가 중요하게 생각한 성경 구절은 1코린 15,25이다. "하느님께서 모든 원수를 그리스도의 발아래 잡아다 놓으실 때까지는 그리스도께서 다스리셔야 합니다." 오리게네스는 이렇게 적고 있다. "그리스도 아래 우리가 복종하는 것은 … 그리스도로부터 오는 그 모든 구원 은총에 복속되는 것을 의미합니다"(I, 6,1). 세상의 종말은 동시에 시작이다. 그 끝에서 다시 새로운 시작이 열릴 수 있다. 사탄도 천사도 모두 하느님에게로 다시 모아들여진다(I, 6,2-3 참조).

인간들은 하느님의 안내와 훈육 덕분에 자신의 몸과 정신을 닦게 되어 그리스도께서 몸소 다스리는 세계에 들게 될 것이다(III, 6,9). 하느님으로부터 시작된 모든 것들은 다시금 하느님께 되돌아가게 될 것이다. 죄로 인한 타락은 하느님의 피조물로서 그분께 '예' 하고 응답하지 않은 것으로 간주될 수 있다. 하느님의 사랑은 곧 모든 인간들을 당신께 다시 모아들이시는 힘이다. 그러므로 오리게네스는 "하느님의 선하심이 당신의 그리스도를 통해 온 세상 피조물을 유일무이한 종말로 이끄실 것인즉, 거기서는 우리의 적들, 곧 사탄과 악령들을 포함해 모두가 마침내 하느님께 굴복하게 될 것이다"(I, 6,1). '아포카타스타시스'는 결국 그리스도의 부활로 되돌아가는 것, 원상태의 창조를 근본적으로 복원하는 것이다. 그런 점에서 아포카타스타시스는 그리스도론적인 개념이다.

물론 라틴어 번역자 루핀이 실상 복원시킬 수 없을 만큼 원문을 변형시켰기 때문에, 오리게네스의 정확한 입장을 파악하는 일은 거의 불가능하다. 부분적으로 밝혀진 바로 오리게네스는 영혼 윤회설에 대해 반대했으며, 나아가 자신의 해명을 순수한 가설로도 표현했다고 한다.

오리게네스의 '영혼 선재설'에 관한 가르침은 교회의 입장에 따라 콘스탄티노플 시노드(543)에서 단죄되었다.

4) 만물 회복 이론과 영혼의 윤회설에 대한 교의적 입장

교회의 공식적인 가르침은 영혼의 윤회설을 거부한다. 교도권적인 문헌들은 "인생의 유일회성"(*unicus cursus vitae*)에 대해서 가르친다. 이는 단지 신약성경의 전체 복음에 기초해 가르치는 것만을 뜻하지 않는다. 다시 말해 이는 신약성경을 바탕으로 발전시킨 그리스도교의 모든 인간에 대한 이해와 상응하는 맥락에서 요약한 가르침이다. 그러니까 하느님의 동반자로서 창조된 인간은 그렇듯 일회적으로 자신의 가치와 책임을 지는 만큼, 자신의 삶과 고유한 역사 안에서 제 몫을 다해야 한다. 만일 살아가는 동안 내려야 할 근본 결단에 대해 진지하게 고민하지 않는 사람이라면, 그래서 마치 자신의 인생을 그 어떤 근본적인 바탕 없이 제로-점(Nullpunkt)에서 시작한다는 생각으로 임한다면, 그는 더 이상 하느님의 협력자로서 자신의 몫을 다하지 못할 것이다. 물론 지상에서 살아가는 시간과 정화해야 하는 '시간'을 계산적으로 정확하게 맞출 수는 없다. 그 때문에 정화 과정 중에 이전에 살았던 사람들 혹은 이후에 살아갈 사람들과의 결합이 있을 수 있다는 점을 도외시하지 않는다. 그리하여 그로부터 이른바 "데자뷔" 현상이나 "시간-이동"(時間-移動, Zeitverschiebungen) 개념이 신학적으로도 비합리적인 것만은 아니다. 왜냐하면 인간은 실제적으로 보다 이른 시기의 단계들과 계속 관계를 맺고 있기 때문이다. 예컨대 누군가가 앞서 "죽은 이들"에 대한 "강한 인상"을 가지고 살아간다거나 혹은 훨씬 더 앞선 시기에 이미 "경험한" 것을 나중에 맞닥뜨리는 경우처럼 말이다. '아포카타스타시스'

개념은 ― 교도권이 거부했다는 점에서 ― 교의가 아니지만 하나의 이론으로는 볼 만하다. 왜냐하면 신약성경이 가르치는 지옥에 대한 교훈적인 측면을 거기서 배제시킬 수 없기 때문이다. 그러나 또 다른 한편 그런 이유에서 '모든 것들과의 화해'가 희망을 심어 주는 차원에서 언급되는 특별함도 기억할 필요가 있다. 물론 그 희망은 이미 예수가 선포한 바에 의하면 하느님의 구원 의지가 최적격이라고 보기 때문에, '아포카타스타시스' 개념에는 "지옥"에 대한 교훈적인 측면이 함축적으로 고려된다. 나는 하느님을 희망한다. 그래서 그분께서 인간들을 모두 도와주시어, 각 인간 실존이 자유로이 하느님께 나아감으로써 마침내 아무도 구원에서 멀어지지 않기를 희망하는 것이다.

5. 그리스도의 파루시아, 심판, 죽은 이들의 부활

1) 들어가기

그리스도의 '파루시아'(재림)에 대한 신앙고백문은 다양한 상징들을 통해 표현된다. "그리스도는 하늘에 올라 전능하신 천주 성부 오른편에 앉으시며 그리로부터 산 이와 죽은 이를 심판하러 오시리라 믿나이다." 하고 사도신경은 적고 있다. 이른바 '장엄미사'에 권장하는 니케아-콘스탄티노플 신경에서도 "하늘에 올라 성부 오른편에 앉아계심을 믿나이다. 그분께서는 산 이와 죽은 이를 심판하러 영광 속에 다시 오시리니 그분의 나라는 끝이 없으리라."라고 적고 있다. 이 같은 그리고 그 밖에 모든 상징들을 통해 표현된 미래 구문은 과연 미래 시점으로, 곧 아직 일어나지 않은 사건으로 소개된다. 이 같은 상징적인 문장에서 흥미롭게 관찰되는 점은 두 가지다.

① '파루시아'에 대한 언급이 곧바로 예수의 구원 활동, 특히 십자가 사건에 대한 진술에 뒤따른다는 점이다. 그래서 이런 문장 구성을 통해 새겨지는 중요한 사실은 '십자가에 처형되신 분이 곧 다시 오실 분이요, 그분이 심판관이시다'라는 사실이다. 이러한 관점은 또한 흥미로운 두 번째 사실로 이끈다.

② '그분은 심판하기 위해서 오신다.'는 사실이다. 그분의 '파루시아'는 한 가지 정확한 목적, 곧 심판을 위해 오신다는 것이다. 앞선 '장엄미사에 적합한 신경'은 "영광 속에" 재림하실 것을 덧붙여 강조한다. 그로써 그리스도의 첫 번째 세상에 왔을 때의 비하(卑下)를 뒤집는 극적인 반전이 도드라진다. 한편 그 비하의 모습은 지상의 몸을 통해서 이루어졌으며 마침내 십자가에서 처형됨으로써 마무리되었다. [한편] "그분의 나라는 끝이 없으리라." 하고 "강한" 인상을 주는 신앙고백은 성경에서 직접 발췌하기보다는 신학적 통찰이 가미된 형식이다. 예컨대 "그리하여 아드님께서도 모든 것이 당신께 굴복할 때에는 당신께 모든 것을 굴복시켜 주신 분께 굴복하실 것입니다. 그리하여 하느님께서 모든 것 안에서 모든 것이 되실 것입니다."(1코린 15,28)라는 성경 말씀을 근거로 삼았다. 신경의 진술은 표현에 인색하다. 비교적 인색한 표현은 과거나 현재나 신학적으로 통찰하는 작업 중에도 중요하게 고려해 온 점이다. 이 같은 신앙고백(條文)은 수다스러운 그 모든 형식들 혹은 종교적으로 열광에 빠진 형식들의 경우보다 훨씬 더 의미심장한 역할을 해 낼 것이며, 나아가 전례 역사 안에서도 영성사 안에서도 사람들이 다채로운 상징들이나 기도들을 뚜렷하게 이해할 수 있는 경우처럼 큰 역할을 수행할 것이다.

이 같은 신앙고백을 형식화했던 초창기 교회의 분위기에서는 의심의 여지없이 그리스도가 과연 구세주라는 사상이 지배적이고, 나아가 그리스도교가 인정하는 삶을 위해서도 신앙공동체의 주님이신 그분이 그 공동체를 구성하는 이들은 물론 미래에 펼쳐질 세상 일체를 심판하고 또 심판하게 될 것임을 항상 의식하며 사는 것이 매우 중요했다. 물론 이러한 특이한 신앙고백 앞에서 다음과 같은 질문이 제기될 수 있다. 여기서 "오로지" 항상 머물러 있는 상징은 무엇이고, 그렇게 항상 머물러 있는 것은 어떻게 이해되어야 할까? 이때 "그리스도의 파루시아"와 "심판"은 이들 상징들 자체가 암시하는 바와 같이 아주 밀접하게 결합시켜서 이해해야만 한다.

2) 그리스도의 "파루시아"

여기서는 구약성경은 살피지 않고, 신약성경의 진술에 기초해 살펴볼 수 있다. 신약성경은 묵시적인 절박한 사건들로 채워진 종말을 향해 나아가는 시간을 따라 소개한다. 보다 자세한 설명은 마르 13,1-37(이에 병행하는 구절 마태 24,1-36; 루카 21,5-36 포함)이다. 그러나 이들 성경 구절들은 부분적으로는 유다-로마 전쟁(기원후 70년경) 이전에, 부분적으로는 그 이후에 기록되었으나 전체적으로는 현재와 미래가 서로 긴밀하게 연관되어 흐른다는 관점을 놓치지 않고 있다. 거기에는 전쟁(마르 13,7), 지진과 기아(13,8), 박해에서 순교(13,9-13), 거주민들의 절박한 피난(13,14), 하늘이 흔들리고 태양이 어두워지며 별들이 곤두박질치는 사건(13,24)이 소개되고, 마침내 사람의 아들의 출현(13,26)이 소개된다. 마르코복음은 어떻게든 묵시 6장의 기록들에 아주 강하게 영향을 받은 느낌이 든다. 종말론적으로 벌어질 모든 사건들은 사람의 아들이 도래하는 동시에 목적을 이루고 그 종착점에 도달한다. 사람의 아들은 천사들을 대동하며(마르 13,26 이하) 다가올 것인데, 이는 일찍이 다니 7,13 이하가 기대했던 장면을 떠올리게 한다.

마태오복음은 "파루시아"(24,27.37)란 용어를 활용하고, 마르코복음과 루카복음은 이 용어를 사용하지 않는다. 루카는 "사람의 아들의 날"에 대해 언급한다. 이와 관련된 주석은 다음과 같은 의문을 제기한다. 예수는 마치 여기서 제삼자에 대해 말하는 것처럼 보이기 때문에, 혹시 본래부터 사람의 아들을 자신과는 다른 어떤 자로 이해한 것이 아닌지 하는 의문이 제기될 수 있다. 그러나 이 물음은 여기서 다룰 것이 못된다. 왜냐하면 전체 복음서들에 근거하자면 그리스도의 '파루시아'를 고려한다는 점은 아주 분명하기 때문이다.

바오로 사도는 그리스도의 도래를 물론 풍부한 내용의 상상력을 동원해 소개하고 있으며, 아주 자주 "파루시아"로 표시한다. 그에게 감추어진 방식으로 특히 당시 교회공동체의 현실적인 상황들이 포착되기도 한다. 치명적인 위기가 닥쳐왔지만, 기다렸던 예수 그리스도의 재림은 아직까지 무소식이다. 이에 대해 특별히 참고할 만한 구절은 1테살 4,13-18이다. "형제 여러분, … 희망을 가지지 못하는 다른 사람들처럼 슬퍼하지 말라는 것입니다. … 그러면 먼저 그리스도 안에서 죽은 이들이 다시 살아나고, 그 다음으로, 그때까지 남아 있게 될 우리 산 이들이 그들과 함께 구름으로 들려 올라가 공중에서 주님을 맞이할 것입니다. 이렇게 해 우리는 늘 주님과 함께 있을 것입니다."

'파루시아'는 요한 사가의 경우 — 그는 신약성경을 근거로 세 번째 큰 장벽을 소개하고자 — 매우 조심스러운 태도로 소개된다. '파루시아'는 (종말론적인 의미에서 "주 하느님의 날"과 나란히) 자주 언급되는 바로 "그날"에 일어날 것이라고 한다. 이에 대해서는 요한 8,56을 기억할 만하다. "너희 조상 아브라함은 나의 날을 보리라고 즐거워하였다." 요한 사가의 종말론의 경우, 현재적인 것이 일차적으로 중요하다고 하겠지만, 그와 동시에 미래적인 것도 여전히 부재 하지 않는 그런 차원에서 "그 날이 오면 너희는 나에게 아무것도 묻지 않게 될 것"임을 강조한다.

'파루시아'에 관한 복음은 무슨 의미일까? 사람들이 그에 대해 여전히 계속 논의할 필요는 없지만, 우선 땅 위의 하늘에 대한 고대의 신화적인 세계관과 세상 위에 군림하시는 하느님의 옥좌와 긴밀하게 연결된 상징이 중요하다. 사람들은 신앙공동체가 그리스도의 완성과 함께 자신의 고양을 기대하듯이 성경이 진술한 바로부터 멀찍이 벗어나서 생각할 수는 없다. 오히려 성경에 천착하는 신학적인 고찰이 여전히 그에 대해 무엇을 보충해 줄 수 있는지 예의주시할 필요가 있다.

이미 방법적으로 문제가 많은 불트만의 견해를 이러한 맥락에서 재고하자면, 세상의 종말 문제가 현대인에게는 "이미 완결된 것"으로 취급되며, 차라리 — 복음이 선포된 이래로 이미 거의 2000년간 그래 왔던 것처럼 — 세상은 계속 발전한다는 사실이 모든 이성적인 사유와 결과물들에 의해 보증 받고 있다. 반면 신약성경의 우주적-신화적 진술들로부터는 미래에 일어날 천체(天體)의 사건들에 대해 거의 아무것도 알아들을 수 없다. 하지만 신약성경의 그러한 진술들이 이 세상 저변 깊숙이 놓여 있는 그 어떤 것에 대해 변함없는 무언가를 말하는 것은 아닌지 고민할 필요는 있다.

3) "파루시아"의 "체계"

가톨릭 신학은 주님의 '파루시아'에 관한 성경의 복음이 우주적 상징들에 묘사된 단순한 인간학은 아니라는 입장을 취한다. 이는 간단히 말해, 복음이 어떤 인간학적인 측면을 수반하는 우주론적인 지식이 관건은 아니라는 뜻이기도 하다. 한편 그리스도의 '파루시아'에 대한 신앙은 이 세상에서 이루어지는 역사적인 완성에 관해 신뢰하지 못함을 의미한다. 이는 물론 성경의 산물로서 형식적으로 전해져 온 것을 언어상으로 달리 정리한 것에 불과하다. 예컨대 신앙공동체는 그리스도의 완성이 이루어질 때에 자신도 — 물론 그로써 이 세상 전체와 인간이 함께 — 고양되기를 기대해 왔다. 그러나 이런 언표는 아직 초라해 보여서 그것을 손쉽게 체념하도록 만들 수 있는 만큼 사람들은 역사와 세상이 '바깥으로부터' 선사되는 방식으로 완성에 이르게 될 것이라는 생각을 미처 해내지 못할 수도 있다. 그러나 이 세상의 완성은 하느님의 섭리에 달렸고 또 그분이 선택하시는 바대로 이루어질 것이기에, 사람들은 그 완성을 앞서 계획할 수도, 미리 내다볼 수도 없고 앞서 산정해 낼 수도 없다.

덧붙여 말하지만, 여기서 계속 시도하는 그 모든 것들은 어떤 점에서 역사신학에 속한다. 그래서 세상 내적인 것과 종말 저편의 것 사이의 관계에 대해 논의했던 것을 한 번 더 참작할 필요가 있다. 나에게는 개별적인 것들 안에서 벌어지는 구체적인 사실과 사유의 전개 과정을 한 번쯤 돌이켜 볼 때, 언제든 여전히 테이야르 드 샤르댕이 신학적·자연과학적으로 종합해 낸 결론이 그리스도교의 상징이나 성경의 인색한 표현들에 아주 근접해 있는 것처럼 보인다. 성경의 진술에 따르면, 그리스도는 존재를 결집시키고 존재에 실재성을 부여하는 자이며 동시에 그러한 실재성 자체이다. 만물은 그리스도를 향해 창조되었기에, 만물은 그리스도 안에서 완성될 것이다. 사람들은 여기서 어떻게든 아직 "상상할" 수 있는 까닭에 세상과 역사와 인간 자체는 자연과학적으로 혹은 현상학적으로 오메가 점에 도달하는 그런 방식으로 계속 전개되며 또 그런 형태를 띨 것이라는 상상이 성경의 표현에 어울린다고 여길 것이다. 거기서 오메가 점이 신학적으로 세상, 인간, 역사 그리고 그리스도를 직접적으로 지시하고 또 포괄하는 "그리스도의 파루시아"로 이해될 수만 있다면 말이다. 샤르댕은 물론 이러한 발전 과정을 매우 긍정적으로 묘사했다. 인간은 계속 발전하는 인간의 인격화와 "영성화" 과정을 통해서 결국 "오메가 점"에 직접 다다르도록 최대한 준비하게 될 것이다. 사람들은 아마도 샤르댕의 이런 입장을 넘겨받을 수도 있다. 비록 이때 발전 과정의 긍정적인 부분을 그렇듯 명료하게 내다보지 못한다고 할지라도 수용하지 못할 이유는 없어 보인다. 결정적인 사실은 인간 스스로 그 어떤 발전 과정을 받아들이고 그런 모습으로 살아가겠다는 마음가짐이 곧 신인(神人) 그리스도가 모든 것의 모든 것으로 우뚝 서게 되는 그 순간(지점)을 준비시킨다는 것이다.

이 이상 더 말할 수는 없다. 어떤 경우든 중요한 점은, 사람들이 당장 이 오메가 점 안에서 현재와 미래를 서로 교차시켜 생각할 수 있다는 것이다. 특히 전례가 그런 사실을 입증해 준다. 모든 성찬례는 '파루시아'요, 그리스도의 재림을 기념하는 예식이다. 하느님과 예수 그리스도를 향해 인간이 매순간 내리는 결정을 통해서 예수 그리스도는 인간에게 다가온다. 그로써 '파루시아' 사상은 사람들이 항상 반복해 통찰해 온 묵시적-전율적인 미래적 사건으로서의 면모는 상실하게 될 것이다. 지금까지 시대를 관통하면서 감추어진 방식으로 벌어졌던 그것이 이제 그리스도 앞에서, 그리스도로 말미암아 밝히 드러나게 될 것이다. 이때 고전적인 신학은 아주 무미건조하게 바라보았으니(이는 특별히 우리의 문제에 해당되지만, 전체 종말론에도 고스란히 적용되는 문제로서), "신앙"의 상태와 "관망"의 상태가 본질에 따라서가 아니라 양식(Modus)에 따라서 구별된다고 생각했던 셈이다. 거기서 "밝히 드러난 것"이란 하느님과 인간 사이의 신앙 역사 안에 감추어진 채 지금까지 벌어져 온 그 무언가와 결부된 것이다.

4) "표징들"에 관해

그리스도인들은 모든 시대에 걸쳐 '파루시아'에 앞서 드러나는 "표징들"에 대한 묘사가 진정 뜻하는 바가 있다면, 과연 어떤 범주에서 이해될 수 있을는지에 대해 숙고했다. 이것은 혹시 상징 이상의 의미를 띠는 것일까? 사람들은 ― 그래서 거기에서는 성경과 모든 시대마다 근본적으로 시도한 해석들이 서로 하나가 되어 ― 신앙과 희망과 사랑에 기대어 살면서 이루어 온 것이 마침내 환히 드러날 것이라고 생각했다. 그러한 생각은 특히 요한 사가에게서 잘 드러난다. '믿지 않는 자는 누구나 이미 심판을 받았다.' 제대로 표현한다면, 이른바 "이미 결정된 결정"(entschiedene Entscheidung)이 관건인 셈이다. 거기에는 "책들을 펼치는 일"도 불필요하고, 잡다한 "측정"도 무의미하다. 인간은 실재하는 모습 그대로 드러나게 될 것이다. 심판은 곧 인간의 참된 모습이 숨김없이 드러나는 것을 뜻한다.

저주 문제에 대해서도 언급할 필요가 있다. 저주는 확실히 "심판"의 일부처럼 들린다. 그러나 종종 그런 처사의 긍정적인 측면이 간과되기도 한다. 심판은 의롭다는 판정을 받는 것 혹은 의화 되는 것과도 긴밀히 연결된다. 심판은 인간에 대한 하느님의 창조적 행위로 이해될 수 있다. 이는 하느님께서 인간의 삶을 모두 주재하시면서 그때마다 답변을 제공하시는 당사자이심을 의미한다. 아우구스티누스는, 하느님께서는 "나의 내면보다 더 깊은 곳에 계시고, 나의 정수리보다 더 높은 곳에 계신다"(*interior intimo meo, et superior summo meo*).[40]고 고백한다. 그렇듯 하느님의 구원의 심오한 의미를 마음에 새기자는 것이다. 하느님께서는 나 자신이 나를 아는 것보다 더 속속들이 잘 아시기에, 비록 내가 철저히 살피지 못한다고 하더라도 나와 함께 결과적으로 훨씬 더 좋은 것을 이루실 것임을 믿어야 한다.

이를 시편 139장도 지지한다. "주님, 당신께서는 저를 살펴보시어 아십니다. 제가 앉거나 서거나 당신께서는 아시고 제 생각을 멀리서도 알아채십니다. 제가 길을 가도 누워 있어도 당신께서는 헤아리시고 당신께서는 저의 모든 길이 익숙합니다. … 어둠도 당신께는 어둡지 않고 밤도 낮처럼 빛납니다."

심판-사상의 긍정적인 측면은, 성경의 진술에 따라 심판하시는 분이 바로 그리스도시라는 사실을 목격하게 된다면, 더욱 분명해질 것이다. 그때는 인간에게 결코 낯설지 않으신 분, 오히려 신앙의 증거로 인해 인간 존재를 내면으로부터 드러내고 또 몸소 겪어낸 형제이신 주님을 깨닫게 되는 순간이다.

고전신학은 "사심판"(개별적인 심판)과 "공심판"(보편적인 심판)을 나누어 생각했다. 이 같은 표현이 이미 암시하는 바와 같이, 심판은 각 개인에게 그리고 모든 인간에게 한꺼번에 내려질 것이라는 믿음을 보여 준다. 그러나 이는 아마도 두 가지 다른 관점에서 접근한 하나의 사건에 대한 피상적인 관찰에 불과할 수 있으니, 결과적으로 각 개인에 대한 심판과 인간성 전체 혹은 온 인류에 대한 심판이 하나로 이해될 수

---

40. *Conf.* 3, 6,11, in: *PL* 34, 688.

도 있다. 만일 그럼에도 "개별적인" 심판이 강조될 필요가 있다면, 각 개인의 유일회성, 환원 불가능성, 고유의 책임 논리 등을 쉽게 떨쳐 버릴 수 없기 때문일 것이다. 그렇지만 두 가지 심판 과정에 시간적으로든 공간적으로든 어떤 차별화를 부각시키려는 의도는 없었던 것 같다.

'파루시아' 사상과 심판 사상이 또 다른 시각의 세계관과 연계될 수 있는지 하는 문제는 아직 그대로 남아 있다. 히브 11,6을 고려할 때 교회는 이와 같은 사상과 신앙을 고수하면서도 꾸준히 다른 종교들과 최소한의 공감을 불러일으키려고 고민했던 것 같다. 그래서 하느님이 누구냐고 던지는 물음에 대해, 하느님께서는 바로 "당신을 찾는 이들에게 상을 주시는 분"이라고 답하려 노력했다.

5) 죽은 이들의 부활

죽은 이들의 부활에 대해서 우리는 이미 거론한 적이 있다. 다시 말해 그리스도교의 미래에 대한 기대는 이중적인 형태로, 곧 영혼의 불멸성과 부활로 요약될 수 있고, 또 이 두 가지 형식으로 언표 될 수 있다는 전제 아래 앞에서 거론한 적이 있다. 그러나 그에 관한 의문은 아직 그대로 남아 있다.

그렇다면 정확히 부활에 대한 성경의 증언들에는 어떤 내용들이 담겨 있을까? 부활한 몸은 무엇으로 구성되었다고 볼 수 있을까? 부활 사건 전체는 신학사적으로 어떻게 전개되었을까? 부활 사건과 관련된 것들로 어떤 측면들이 존재하는가?

(1) 죽은 이들의 부활에 대한 바오로 사도의 가르침

바오로 사도는 이 주제에 대해 언제든 그때마다 큰 역할을 해 왔다. 왜냐하면 그만큼 자세히 부활에 대해 다루는 경우가 없었을 뿐만 아니라 매우 인상 깊은 신학적 통찰을 선보이기 때문이다. 그래서 우리는 한 번 더 이미 종종 언급되는 1코린 15장을 살펴보자. '어떻게 어떤 이들은 죽은 이들의 부활이 존재하지 않는다고 말할 수 있을까? 만일 죽은 이의 부활이 없다면, 그리스도 역시 부활하지 않았다고 말해야 한다. 한편 그리스도가 부활하지 않았다면, 우리의 선포는 아무것도 아니요, 여러분의 신앙도 아무것도 아닌 것이 될 것이다.'

이 성경 구절로는 어떤 그릇된 가르침이 얼마만한 규모로 코린토교회 공동체를 위협했는지 더 이상 확실하게 결정하듯 말할 수는 없다. 부분적으로나마 추정하건대, 사후 계속되는 삶의 한 형식으로서 '영혼의 불멸성'과 관련하여 그리스적 전통을 따라 플라톤적인 경향이나 영지주의적인 경향, 혹은 그런 흐름에 휩싸인 무리들이 존재했을 것이다. 또 달리 추정한다면, 코린토교회에서는 굳이 몸의 부활 문제를 두고 논쟁을 벌이지는 않았시만, 곧 죽은 이들과 관련해서는 문제가 되지 않았다고 보지만, 다른 한편 임박한 '파루시아'를 맞아 아직 살아 있는 이들이 부활하는 문제에 관해서는 이견이 있었다고 볼 수 있다. 그렇기에 바오로 사도의 답변은 '파루시아' 이전에 죽은 이들을 포함해 모든 그리스도인들의 부활이 이루어질 것이라고 가르친 것이라 풀이된다.

바오로 사도에 의하면, 그리스도의 부활과 우리의 부활의 공통점으로서 간과할 수 없는 주제는 부활 사건의 실상과 부활한 몸의 정체성이다. 그리스도는 그 같은 커다란 사건을 직접 경험하게 될 큰 무리의 첫 번째 인물이다. 달리 말해, 그리스도의 부활은 그에 뒤따라 우리의 부활이 전체적으로 통합되는 형식으로서 '죽은 이들의 부활'이라는 보편적인 신앙에 앞서 전제된다. 그러니까 그리스도의 부활은 우리 부활의 원천이다. 부활한 그리스도는 우리의 정신과 영혼이 깃들게 될 (영적인) 부활한 몸의 구체적 표본이다. 그리스도의 부활과 죽은 이들의 부활은 바오로 사도에게서 하나의 완전한 형태로 묘사된다. 그리스도의 부활은 부활과 관련된 다채로운 상상들을 통해 소개된다. 그리스도 안에서 시작된 구원의 엄밀한 수순은 죽은 이들의 부활 안에서도 계속 밟아야 할 과정이기에 우리의 구원은 그런 과정을 통해 완성될 것이다. 좀 더 분명하게 말하자면, 그리스도는 잠들었던 이들 가운데 부활한 맏이가 되었다. "그러나 이제 그리스도께서는 죽은 이들 가운데에서 되살아나셨습니다. 죽은 이들의 맏물이 되셨습니다. 죽음이 한 사람을 통하여 왔으므로 부활도 한 사람을 통하여 온 것입니다. 아담 안에서 모든 사람이 죽은 것과 같이 그리스도 안에서 모든 사람이 살아날 것입니다. 그러나 각각 차례가 있습니다. 맏물은 그리스도이십니다. 그 다음은 그리스도께서 재림하실 때, 그분께 속한 이들입니다"(1코린 15,20-23). 이와 유사한 내용의 또 다른 성경 구절로서 성령의 맏물에 관한 언급(로마 8,23)과 성령의 보증에 관한 언급(2코린 1,22; 5,5)을 예로 들 수 있다. 성령을 받았다는 것은 그리스도의 부활에 대한 참여가 보증되었다는 것이요, 으뜸가는 삶이 선사되었다는 것이다. 특별히 "보증금"은 자주 언급된다. 이는 상거래에 능한 상인들의 용어를 활용한 것이다. 그로써 합법적인 계약이 성사되었음을 보증한다는 사실이 중요하다. 전액을 당장 지불할 수 없는 사람은 누구에게나 먼저 보증금을 지불하고 나서 나머지 잔금을 치러야 할 의무가 주어진다. 만일 그리스도가 우리에게 보증의 차원에서 성령을 선사하신다면, 우리는 과연 '파루시아'를 맞아 그리스도가 우리에게 구원의 은총을 채워 주실 것이라고 믿어도 좋다. "영적인" 몸으로 부활의 영광이 드러난다고 기대해도 좋을 것이다.

그러나 바오로 사도는 단지 보편적으로 그리스도의 부활과 우리의 부활과의 결합을 제시할 뿐만 아니라, 그리스도의 부활을 우리의 부활을 위한 결정적인 원인으로 소개한다. 이때 이 두 가지 부활 양상은 모두 하느님으로부터 비롯한다는 것도 잊지 않는다. 다시 말해 그리스도를 다시 살리신 그분께서 우리도 다시 살리실 것이라고 가르친다.

바오로 사도가 물리쳤다고 여기는 그릇된 가르침이 무엇인지 생각하면, 이미 그가 답변해야만 했던 그 같은 물음 속, 곧 우리의 몸이 썩어 없어졌는데, 어떻게 부활이 가능하다는 것인가의 물음 속에 어느 정도 나타난다. 그러므로 거기에서는 일차적으로 부활을 "입증"하는 것이 관건이 아니라 부활한 몸이 어떻게 존재하느냐가 관건이었던 셈이다. 바오로 사도는 이에 대한 자신의 생각을 상징과 비유적인 형식으로 설명한다. 그러나 궁극적으로는 그 모든 것을 하느님의 창조 능력에 내맡긴다. 하느님의 능력 앞에서는 그가 그토록 설명했던 비유적인 형식이나 상징은 하찮은 것에 불과하지만, 당장은 나름대로 도움을 줄 수 있는 수단이다. 그가 가장 먼저 사용한 상징은 씨앗과 나무다. 이때 상징으로 활용한 [썩어 없어져 버리는] 씨앗은 실제 씨앗과는 다른 것 같다. 그럼에도 그 씨앗과 나무 이야기는 부활과 아주 밀접하게 연결된다. 이는 부활에 관한 비유 이야기가 분명하다. 지상에서 살았던 몸과 영적인 몸 사이의 연관성을 찾을 수 있다. 그런 다음 그는 광채를 잃은 지상의 몸과 빛을 내는 천상의 몸을 상징적으로 서로 비교한다. 이는 지상의 몸을 하느님의 영광이 두루 관통하게 되는 경우가 있으리라는 암시와도 같다. 결론적으로 바오로 사도는 아담-그리스도 비교 도식을 이용한다. 첫 번째 아담의 자녀로 살았던 우리는 썩어 버릴 지상의 몸을 갖게 되었지만, 다시금 그리스도라는 두 번째 아담의 자녀로 살아가는 한 우리는 거룩하게 변모하는 몸을 또한 갖게 될 것이다. 물론 우리는 고스란히 바오로 사도의 상상을 조목조목 다 수용할 수는 없을 것이다. 바꿔 말하면서 바오로 사도의 표현을 해석하는 데 난해하게 여겨지는 점이 적지 않다. 그럼에도 확실한 점은 ① 우리는 어떤 육체를 가지고 부활한다는 점이요, ② 지상의 몸과 부활한 몸 사이에 어떤 연속성이 존재한다는 점이다. 그러나 그런 사실을 기초로 하더라도 해결되는 것보다 의문스러운 것이 더 많이 남는다. 이런 문제들의 해결 전망은 그동안 어떻게 발전해 왔을까?

(2) "몸의 부활" : 신학사적 해명의 시도

옛 교회의 초기 신앙고백은 "죽은 이들의 부활"에 대해서는 언급하지 않고, "육신의 부활"에 대해서만 언급한다. 그 이면에 자리하는 논쟁은 한편으로는 서로 엇갈린 성경 진술로 인해 벌어진 것이다. 예를 들어 바오로 사도의 진술이 매우 난해하다면, 그와 나란히 거론되던 요한 사가의 진술은 철저히 다른 상상을 하도록 만들었다. 다른 한편으로는 그노시스 사상으로 인해 벌어진 것이다. 그노시스 사상은 사후 계속되는 삶을 한 가지 영적인 삶에만 적용시켰다. 오늘날에도 사람들이 분명 "육체의 부활"을 수용하기는 하지만, 이때 "육체"가 마치 증발된 몸처럼 물질과는 다른 속성을 지닌다고 여긴다면, 그것은 더욱 위험한 발상이 될 수 있다. 다시 말하지만, 우리의 육체가 아니라 그리스도의 육체가 관건이라는 진술에 주목해야 바람직할 것이다. 이런 진술에 근거해 우리는 이미 하늘로 올라간다고 표현하면서 그와 동시에 부활이 이미 벌어졌다고 생각할 수 있다.

옛 교회는 무난한 육체의 부활 사상과 새롭게 다가오는 그리스 사상과의 화해를 시도했다. 한편 그노시스 사상에 반대해 정작 몸의 부활이 관건이라면, 육체의 부활 개념을 통해서 모든 피조물을 대표한다고 볼 수 있는 "인간"의 부활을 중시해야 한다는 생각을 확고하게 가졌을 것이라고 본다.

물론 그로 말미암아 다음과 같은 물음이 수면 위로 떠올랐다. 부활한 몸이란 실상 무엇을 가리킬까? 나름대로 만족스러운 설명에 결정적으로 기여한 점은 그리스도의 사상에 아리스토텔레스적인 사유 형식과 범주를 적용시켰던 경우이다. 아리스토텔레스는 특유의 감각주의적인 차원을 넘어선(nicht-sensualistisch) 실재론을 승인했다. 그런 입장에서 발전한 영혼 개념을 말하자면, 영혼은 물질과 완전히 무관하게 존재할 수 없다는 점이요, 그런 식으로 영혼이 머물러 있는 것을 포기하지 않는다는 것이다. 또 다른 측면에서 몸은 영혼에 의해 모습을 갖추게 되고 또 제 고유한 인상을 갖게 되는 의미에서의 몸이다. 토마스의 종합적인 판난은, 한 번씀 상세하게 그리고 시간적으로 제한된 관점을 따르면, 이런 의미를 지닌다. 곧, 창조 질서에 따라 몸과 영혼의 일치가 성립한다. 한편으로는 영혼이 물질과 불가분의 관계를 맺고 있다는 점을, 다른 한편으로는 몸의 동일성이 물질에 의해서가 아니라 "영혼"에 의해서, 곧 인격적 요체로서 영혼에 의해 보증된다는 점을 주지시킨다. (그리하여 라너와 교황 베네딕토 16세가 이 점에서 토마스와는 대조적인 입장을 취하듯) 물질은 인간에게 완전히 새롭고 확정적으로 고유한 것이 될 수 있다. 비록 외적인 육체가 변하고 또 완전히 사라져 버린다고 하더라도, "육체의 부활"은 그런 점에서 한 가지 과정이 종지부를 찍는 순간으로 비쳐진다. 이때 한 가지 과정이란 ― 테이야르 드 샤르댕의 노선과는 다소 다른 식으로 논증이 전개된다고도 할 수 있겠는데, 아무튼

― 지금 이미 우리에게서 벌어지고 있는 과정을 가리킨다. 그러나 여전히 사람들이 이 같은 "부활한 몸"을 "외적인" 발전과 연결시켜 말해야 할지 혹은 전적으로 하느님의 권한으로 돌려 말해야 할지 알 수 없다고 하더라도, 결정적인 사실은 사람들이 "영혼"과 "몸"이 죽음 이후에도 서로 결합할 수 있다고 보며, 나아가 항상 이해할 수 있고 또 전제할 수 있는 하나의 모습으로 지상의 몸과 부활한 몸 사이의 연속성과 동일성을 또한 주장한다는 점이다.

6) 전체 세상의 미래

성경이 제시하는 인간상에 기초하자면, 종말론적인 희망은 인간이 죽은 이들로부터 부활하고 자신의 육체적-정신적 존재를 새롭게 취하는 순간 그 목표에 도달한 것이라는 결론을 얻어 낼 수 있다. 만일 인간 공동체(인류)가 그 목표에 도달한다면, 희망도 마침내 제 목표에 도달한 셈이 될 것이다. 이는 물론 다만 암시적인 의미라고 보지만, 그렇게 본다고 해서 그것이 아주 정말 중요하지 않다고 말하려는 것은 아니다. 좀 더 확대해서 말하면, 전체 세상이 그 완성에 도달하게 되는 순간 종말에 대한 신앙으로 기대하는 미래가 마침내 이루어진 것이라고 할 수 있다.

전체 세상의 완성에 관한 이론은 이미 묵시 21,1에서도 전한다. 묵시 현시자는 첫 번째 하늘과 첫 번째 땅이 사라져 버린 다음 새 하늘과 새 땅을 보게 된다. 로마 8,19-23은 기회 있을 때마다 반복해 이렇게 가르친다. "사실 피조물은 하느님의 자녀들이 나타나기를 간절히 기다리고 있습니다. 피조물도 멸망의 종살이에서 해방되어 하느님의 자녀들이 누리는 영광의 자유를 얻을 것입니다. 우리는 모든 피조물이 지금까지 다 함께 탄식하며 진통을 겪고 있음을 알고 있습니다. 그러나 피조물만이 아니라 성령을 첫 선물로 받은 우리 자신도 하느님의 자녀가 되기를, 우리의 몸이 속량되기를 기다리며 속으로 탄식하고 있습니다." 얼른 보아도 이 구절이 아주 분명하게 완전한 구원에 대해서, 그러니까 세상 피조물의 탄식과 (새로운) 탄생을 상징적으로 묘사한 우리의 변화 과정과 구원 과정에 대해서 밝히고 있음을 알 수 있다. 인간과 피조물이 한 통속이기 때문에, 구원된 인류는 곧 구원된 세상이라고 말할 수 있다. 이와 유사한 사상이 콜로 1,15-20의 그리스도 찬가에서 목격되는데, 이는 테야야르 드 샤르댕에 의해 자주 연상되는 구절이다. 히브리서에서도 지금 우리가 주목하는 관점과 관련하여 문제점을 엿볼 수 있다. 예컨대 히브 1,11에서 이 세상은 사라지지만, 그리스도는 영원히 존재한다고 가르친다. 좀 더 분명한 구절이라고 한다면, 히브 12,26-27을 들 수 있다. "그때에는 그분의 소리가 땅을 흔들었지만, 이제는 '내가 한 번 더 땅만이 아니라 하늘까지 뒤흔들리라.' 하고 약속하셨습니다." 거기서 "한 번 더"라는 표현은 이미 한 번 창조되었던 세상이 그러한 뒤흔들림을 통해 새롭게 변화될 것임을 암시한다. 뒤흔들리지 않는 것은 영원히 그대로 남게 될 것이다. 결과적으로 이 성경 구절도 이 세상이 새롭게 변모할 것이라고 언급하는 셈이다.

세상의 완성에 관한 종말 문제에 성경을 고려하는 것에 대해서는 의견이 분분하다. 많은 사람들이, 특히 프로테스탄트 신학자들이 전체 종말론적인 가르침과 연계된 구절들을 실존적이고도 개별주의적인 관점에서 해석하려고 든다. 이 견해에 따르면 세상의 미래가 관건이 아니라, 하느님께서 펼치시는 미래와 인간의 자기이해가 관건이다. 그에 비추어 볼 때 교회의 케리그마는 인간의 새로운 자기이해의 유일한 가능성과 실현성 한 가지를 선포하려고 애쓰는 셈이다. 신앙에 의한 행동은 당장 우리가 '바로 이 세상에서' 자신을 이 세상과 따로 세울 것을 함의한다. 그렇기에 불트만의 유명한 명제가 합당하게 힘을 얻는다. "세상의 종말은 지금이 아니라면 결코 오지 않을 것이다"(Das Ende der Welt kommt jetzt oder nie). (프로테스탄트 신학에서) 또 다른 노선을 대표하는 사람들은 인간과 전체 세상의 연대적인 관계에 주목한다. 그래서 진지하게 전체 세상의 완성에 대해 기대한다. "피조물들의 기다림"(로마 8,20 이하)은, 몰트만의 견해에 의하면, 단지 인간들만이 아니라 그와 연계된 피조계 전체에도 해당된다. "피조계 전체는 '계속 종말을 향해 걸어가고 있다.' 그래서 순례자로서 인간(*homo viator*)은 미래를 향한 역사 안에서 실재하는 모든 것들과 함께 결합해 있다. … 희망과 근본적인 개방성을 따라서 신앙하는 실존을 언급하면서 동시에 다른 한편으로는 기계적으로 움직이는 '세상' 혹은 객관적으로 인간과 대립하는 차원에서 영향을 주고받는 일련의 폐쇄적인 세계에 대해 고려하는 일은 불가능하다. … 만일 이 세상 자체가 전혀 개방되지 않은 상태라고 한다면, 인간의 개방성에 대해 언급하는 일은 근거 없는 것이 되고 말 것이다. 세상 전체에 관여하는 종말론과 무관하게 인간의 종말론적인 실존에 대해서 말하는 것은 있을 수 없다."[41] 성경 주석을 놓고 서로 벌이는 논쟁에 있어서 교의신학은 그 전체 체계에 대한 문제 제기와 충돌하는 일이 불가피하다. 물론 성경이 가르치는 인간상의 기초 아래에서 그와 관련된 문제점과 내용의 내적인 체계에 대해 반성한다면, 과연 구원받는 인간이란 구원되는 세상없이는 도무지 생각할 수 없는 것일까?

---

41. J. Moltmann, *Theologie der Hoffnung*. Untersuchungen zur Begründung und zu den Konsequenzen einer christlichen Eschatologie, München 1964, 60.

우리는 구원받는 인간과 구원되는 세상 사이의 결속을 다지는 그런 진술에 대해 동의하는 데 익숙하다. 이때 여전히 남아 있는 한 가지 의문, 곧 테이야르 드 샤르댕이 제기한 근본적인 문제를 해결해야 할지도 모른다. 그러니까 인간이 "완성"에 얼마만큼 참여할 수 있을까 하는 물음이다. 그러나 사람들이 이 같은 물음에 대해서도 [간단히] 답변할 것이라 짐작되듯이, 그와 같은 물음들에는 완성된 세상 전체의 상태에 대한 상상이 전혀 내포되어 있지 않다.

전체 종말론과 관련하여 원칙적으로 말할 수 있는 것은 그에 대해 암시하는 바라도 이 자리에서 특별히 언급될 필요가 있으리라는 점이다. 마지막에 일어날 것들에 관해 가르치는 종말론은 '예언 형식'으로 시도하는 까닭에 다른 모습의 실재 세계에 대해 말하는 것이지만, 지금 이 세상에서 경험하는 시간적인 요소들을 통해 진술하기 마련이다. 또한 그럼에도 종말론은 하느님의 비시간적인 실재성과 병행하여 혹은 결합시켜 진술한다. 이는 근본적으로 여기서 진술하는 개념적 형식이 목표로 삼은 그 모든 것이 단지 우리가 실재하는 이 세상 너머의 것들만이 아니라 우리가 갖고 있는 의식 및 개념 세계 너머의 것들이라는 사실도 내포한다. 바로 그 때문에 그것은 개념적으로 완전하게 포착될 수도 없거니와 성경을 통해서든 체계적으로든 불완전한 상태에 머물러 있으며, 여전히 서로 갈등 및 대립을 일으키는 가운데 계속 수정되고 보완되어야 할 개념들과 상징들로 채워진 (그래서 항상 불충분하게 남아 있는) 진술이라 여겨진다. 그러나 이는 절대적인 타자에 대한 상징적인 진술이 단연 무의미하다는 것을 가리키지는 않는다. 왜냐하면 절대적인 타자는 분명 진리라는 점에서 시간 안에서도 부단히 자신을 알리면서 우리에게 결단을 요구할 것이라고 보기 때문이다. 그러므로 "육체의 부활'이 사실적으로 존재한다고 한다면, 그것은 물론 우리 각자에게서 상징적으로도 파악될 수 있다. 이때 상징 세계와 비유적인 것들을 초월해 있는 사실적 요소는 결코 우연적일 수 없다.

이로부터 "전체 세상의 완성"에 대한 상상으로 나아가는 길이 보일 것이다. '완전한 물질'이라는 상상 모델이 부활한 영적인 몸과 연계될 수 있다면, 다시 말해 지금 우리가 "정신(Geist)"을 어느 정도 물질의 위상을 규정하는 무엇이라고 이해한다면, 정신은 여전히 물질의 위상을 결정적으로 규정하는 요체로서 완전해진 전체 세상에서도 보편적으로 적용해 해석할 만하다. 바꿔 말하자면, 완성은 비록 물질적인 것을 완전히 소거해 버리는 차원이 아니라 오히려 정신과의 또 다른 관계에서 물질이 이해되는, 이른바 "지성적인" 차원의 세상, 곧 정신(영)이 온전히 관통하는 물질이 되는 것을 의미할 수 있다. 이 같은 시도를 받아들이지 않는다면, 결국에는 우리가 단지 가정적(假定的)으로만 생각하지 않고 확신하며 받아들이고 있는, 저 신인(神人)의 영원한 인간성 교리와의 알력을 해결할 길이 없어 보인다. 다른 한편 그와 같은 정신적인 차원의 물질(세상)은 그것이 정신적인 것인 까닭에, 더 이상 물리적인 (사)공간의 법칙에 종속할 필요는 없다고 생각할 수 있다.

6. "지옥" - "천국"

1) 성경에서의 천국과 지옥

성경의 진술에 따르면, 하느님께서는 창조주이시며 하늘과 땅의 주인이시다. 그분은 당신의 "나라" 혹은 성읍이라고 부르는 하늘에 계신다. 하늘은 빛의 세계요, 신적인 영광이 머무르는 곳, 곧 천국이다. 하느님께서는 천사들을 거느리신다. 때로는 하늘을 하느님 자신과 같이 표현하기도 한다. 하느님께서 머무르시는 곳은 대체로 불분명하게 묘사된다. 그분은 "홀로 불사불멸하시며 다가갈 수 없는 빛 속에 사시는 분, 어떠한 인간도 뵌 일이 없고 뵐 수도 없는 분이십니다"(1티모 6,16). 다른 곳에서는 하느님을 드러내는 상징으로서의 빛, 곧 인간의 구원을 대변하는 빛이 여기서는 다시금 당신의 본질을 감추는 의미에서 하느님 거처를 대신한다.

하늘에 선재하던 그리스도가 세상에 왔다. 그래서 그는 하느님의 오른편에 앉기 위해 하늘로 되돌아갔다. 거기서 그는 참된 대사제로서 희생을 바칠 것이요, 그렇게 고양된 분으로서 다시 나타날 것이다. 구약성경이 주 하느님께서 하늘과 땅을 채워 주실 것(예레 23,24)이라고 말했다면, 신약성경은 그리스도가 바로 만물을 충만하게 하시는 분(에페 1,23; 4,10)이라고 고백한다.

하늘은 거룩한 이들을 받아들인다. 구원된 이들이 천상에서 누리게 될 영광은 아직 가려져 있다(콜로 3,3). 거기서 그들은 저 위에 있는 것을 추구해야 한다(콜로 3,1-4). 물론 그들은 하늘에서 누리게 될 영원한 상급을 약속받았다(마태 5,12). 그들에게 지상의 유산은 무의미하다(1베드 1,4). 그들은 하늘나라에 속하는 백성이기 때문이다(필리 3,20). 천상에 기록된 책 안에 그들의 이름이 적혀 있다(루카 10,20; 히브 12,23; 묵시 20,12). 이미 하늘에 천상의 몸이 거룩한 이들을 위해 마련되어 있다(2코린 5,1). 그렇다. 이미 그리스도인들은 그리스도와 함께 다시 살아나 하늘에 자리하게 될 것이다(에페 2,6). 바오로 사도에게 항상 남아 있던 종말론적인 유보 조건들은 그동안 계속 보류되어 왔으나, 이제 하늘에서 모두 채워질 것이다. 묵시록(7,9-17; 14,1-5)은 하늘에서 그 수를 헤아릴 수 없을 만큼 많은 완전한 이들의 무리에 대해 소개한다. 그러므로 하늘은 항상 일정하고도 단순한 장소가 아니라 벌어지는 사건(Ereignis)과 흡사하다. 마치 인간이 하느님에게 다가가고 또 하느님께서 인간에게 다가오시는 사건이다. 이것은 예수의 순종을 통해서 벌어지되, 부활하시어 고양된 그리스도의 모습 안에서 그 순종이 인정되는 것처럼 그렇게 완성된다. 하늘에 머무르는 것은, 곧 그리스도 곁에 머무르는 것을 가리킨다(루카 23,43; 1테살 4,16 이하; 필리 1,23).

신약성경이 하늘에 머무르는 때에 대한 상상을 소개하면서 지옥에 대해서도 소개한다. 그러나 분명한 것은 지옥에 대한 진술들은 상대적으로 아주 적지만, 엄연히 교훈적인 성격을 띠고 있다. 다시 말해 그러한 진술들은 인간들에게 경고 내지 충고를 하기 위한 것이다. 지옥에 대한 상세한 묘사가 결여된다는 점을 한 번쯤 묵시록의 해당 구절들을 통해서 확인할 필요가 있다. 묵시적인 세계는 새로운 소식(복음) 앞에서 뒤로 밀려난다. 당시 신약성경이 기록되던 전후(시기)로 지옥 개념이 무시무시하게 묘사될 정도로 부각되었음에도 신약성경의 저자들은 이 같이 밀려난 상황을 한 번도 의식적으로 뒤집으려고 하지 않는 것 같다. 참고로 그와 같은 무시무시한 묘사는 외경(外經)으로 분류되는 「베드로의 묵시록」(*Apokalypse des Petrus*, Buch 135)이 대표적이다.[42]

고대 세계관에 따르면, 신약성경의 경우에서도 악한 이들을 처벌하는 장소가 지옥이라는 사실은 확실하다. 죄를 저지른 이들은 지옥으로 내려간다(마태 11,23; 루카 10,15; 16,23; 로마 10,7; 에페 4,9; 묵시

---

42. 거기에 나타나는 많은 인물들을 고려할 때, 단테의 『신곡』은 그로부터 영향을 입은 후기의 산물이라고 볼 수 있다.

20,13). 지하세계를 그려내기 위해 신약성경은 당시 관례적인 개념들을 활용한다. 그 심연은 악령들의 감옥과도 같다(루카 8,31). 요한의 묵시록은 이 부분에 대해서 아주 특별하고도 상세하게 기술한다. 골짜기에서 지하세계의 불길에서 치솟는 연기가 솟아오른다(9,2). 한 임금이 저 (지하)세계를 다스린다(9,11). 지옥에는 무시무시한 짐승과 같은 존재들이 무리지어 사는데, 그들은 호시탐탐 지상으로 올라와 세상을 더럽히려고 한다(9,3-10). 그들은 묵시적인 묘사 중에 괴물로 등장한다(11,7; 17,8). 사탄은 천년 왕국이 계속되는 동안, 거기에 붙들려 있게 될 것이다(20,1 이하). 그렇게 하데스는 지하세계로, 땅속의 도시로(마태 16,18), 감옥으로(1베드 3,19; 묵시 20,7) 묘사된다. 가끔 하데스는 인격적인 모습으로 폭군을 상징하기도 한다(묵시 20,13). 죽은 이들은 하데스에서 부활하기 전까지 머물러 있어야 한다(묵시 2,27; 루카 16,23). 하데스에는 항상 하느님을 외면한 정령들이 머물러 있다(1베드 3,19). 게헨나(Gehenna)도 지옥 개념에 속한다. 이는 세상 이전에 창조되었다(마태 25,41). 영원한 불이 타오르는 구덩이(마태 25,41; 23,15. 33)를 대변하기도 한다. 마침내 사탄과 그의 추종자들도 그 구덩이로 내쳐질 것이다(묵시 20,10. 14 이하).

지옥 불과 구덩이는 악의 세력들이 현존하는 곳이며, 미래에도 그들이 영원히 머무르게 될 장소다(마태 25,41; 루카 8,31; 묵시 20,10.14). 구약성경에는 일찍이 부수적으로 언급된 묘사로서 사탄이 하늘에 머물러 있다는 표현도 나타난다(욥기 1,6). 하지만 그 같은 표현은 이미 오래 전에 사라졌다. 사탄은 지상에서 활동하면서 해로움을 조장하려는 데에 혈안이 된다(1코린 7,5; 2코린 2,11). 동시대의 유다 사상과 비교할 때, 그러니까 나름대로 체계를 갖춘 악령론(Dämonologie)에 대해 익히 알고 있는 유다 사상과는 대조적으로 신약성경은 악의 세력이 그리스도의 구원 사업으로 말미암아 무기력하게 되었다고 선포하는 데 역점을 둔다. 예수는 자신의 복음 선포와 치유 행위를 통해서 그것을 분명하게 보여 준다. "나는 사탄이 번개처럼 하늘에서 떨어지는 것을 보았다"(루카 10,18). 사탄의 추락은 그리스도의 구원 사업에 의한 결과다.

이 같은 비유적인 가르침은 타락한 천사들에 관한 유대인들의 상상을 일부 활용한 것이라고 볼 수 있다. 그들은 본시 천사들이었으나 하늘에서 쫓겨났다. 지금까지 계속 (하늘에) 머물러 있는 사탄에 대해서는 언급이 없고, 다만 하늘에서 순간적으로 내쳐지는 듯 번개처럼 떨어지는 장면에 대해서만 비유적으로 전한다.

사탄의 추락은 묵시 12,5-12에서도 나타나는데, 그것은 이 세상에 그리스도가 도래함과 동시에 자연스럽게 그에 수반된 결과다. 사탄이 이 세상의 군주였거나 여전히 군주라고 한다면, 그는 이제 그리스도의 활동으로 말미암아 내쳐지게 될 것이다(요한 12,31). 사탄은 이미 심판을 받았다(요한 16,11). 또 다른 묘사에 의하면 악령들은 아직 하늘과 땅 사이에 운집해 있다(에페 2,2; 6,12). 그들은 이미 하늘로 오르시는 그리스도에 의해 처분되었다(필리 2,10; 에페 4,8; 1베드 3,12). 세상에는 수많은 잡신들과 임금들이 있지만, 그들은 모두 하나같이 한 분이신 하느님 아버지와 그의 아드님 예수 그리스도와 함께 살아가는 사람들에 대해 더 이상 아무런 힘도 쓸 수 없게 될 것이다(1코린 8,5 이하). 악은 오로지 그에게 허락된 곳에서만 힘을 쓸 수 있다.

구약성경에서, 그 다음으로 신약성경에서 악의 세력들이 죄와 죽음 그리고 악마와 같은 모습으로 나타나는데, 이 모든 것들은 당시에 사람들에게 인격체와 유사하게 이해되었다. 특히 신약성경에서 악은 이름 — 베엘제불, 사탄, 악마 등 — 까지 지니고 있다. 그러나 신약성경은 어떤 악령론을 체계적으로 구상하려고 하지는 않았다. 왜냐하면 그 같은 묘사의 "의도"는 [앞서도 잠깐 말했지만] 오히려 악령들의 무기력함 혹은 그들의 최후를 알려 주려는 데 있었기 때문이다.

만일 우리가 오늘날에도 이러한 사상들과 진술들을 대하면서 계속적으로 동시대적인 감정으로 우주론적이고 종교적인 상상력을 동원한다면, 우리에게 시사하는 바가 적지 않을 것이다. 왜냐하면 사람들은 종종 놀랍게도 이러한 관점을 따라서 하늘과 지옥에 관한 "천진난만한" 이해에 다가서기도 하기 때문이다. 그러한 이해 시도는 이미 그리스도인들 사이에서도 널리 퍼져 있다. 그러나 이는 무엇보다도 비-그리스도교적인 차원에서 자주 활용되고 전개되는 상징이라는 부담도 떠안아야 한다. 그래서 만일 성경에서 발견되는 표현들과 대립하는 경우 그와 같은 묘사로만 마무리하지 않도록 노력해야 한다. 이 같은 묘사들이 만일 신약성경의 케리그마에 있어서 그저 주변적인 주제로 마무리되지 않도록 주의할 수 있다면, 현재의 우리에게 어떤 의미를 주는지 혹은 신학적인 의미로 꾸준히 기억해야 할 것으로서 반드시 전해 주어야 할 것이 무엇인지 살펴보고 언급하는 일은 여전히 중요하다.

2) 전통과 교도권에서의 지옥

그리스도교 전통에서 "지옥"이란 용어는 영원한 처벌을 대변하는 표현의 일종이 되었고, 이는 죽은 직후 사심판에 의해 그러한 처벌을 받게 되는 것인지, 아니면 죽은 이들의 부활 때(공심판 때)에 비로소 그런 처벌을 받게 되는 것인지 하는 문제와 상관없이 고려해 볼 수 있다. 교부들의 신학적 가르침에서는 보편적으로 신약성경의 세계관을 뒤따르고 있듯이, 지옥에 관한 교리는 성경이 전해 주는 바에 따라 계속 이어져 왔으며, 하느님의 정의에 기초해 그를 통해 가르쳐졌다. 간단히 말하면 저편의 세계에서 얻게 될 상급과 처벌에 대한 언급이 중심을 이룬다. 그러면 이에 대해 대체 지옥의 영원성은 하느님의 자비로우심과 어떻게 공존하는 것인지 의문을 갖게 될 것이다.

보편적으로 두 가지 관점을 바탕으로 상기 영원한 지옥에 관한 문제점을 해결하고자 한다. 하나는 '아포카타스타시스' 교리가 해결책이다. 이를 가장 정확히 그리고 잘 해결한 사람이 오리게네스다. 언젠가 그리스도가 만물을 다스리는 주님으로 등장하셔서 모든 적들을 당신 발아래 굴복시킬 때까지 통치할 것이다. 그리하여 그리스도가 그 모든 적들을 굴복시킬 때, 성경이 증언하는 대로(1코린 15,25-28), 그에게 모든 것들이 머리를 숙이게 될 것이며, 그로써 하느님께서는 모든 것들 안에 모든 것이 되실 것이다. '아포카타스타시스'는 완전한 창조를 결정적으로 복구시키는 의미를 띤다. 곧 죄를 지은 이들, 저주받은 이들 심지어 악령들까지 완전한 복락을 누릴 수 있는 상태로 복원시킨다는 의미이다. 이 이론에 따르면, 지옥은 다만 과장된 표현에 불과하다. 폭력적인 기간이 마치 끊임없이 계속될 것 같다는 취지이지만, 정말 끝없이 계속되는 것은 아니다. 모든 처벌들이 그러하듯이 지옥 벌도 결국은 개과천선을 지향한다. 이 '모든 이들과의 화해'에 관한 교리는 계속적으로 신학적인 의미를 잃지 않고 전해지고 있다. 교도권의 차원에서도 이는 여전히 재고된다(*DZ* 411).

또 다른 해결책은 자비(慈悲) 교리이다. 이 교리의 중심은 하느님의 자비로우심이 지옥의 처벌을 면하도록 기대하는 의미를 담고 있다. 이 교리의 의미를 보다 더 잘 파악하려는 관점은 다양하다. 이에 다른 것들에 비해 우선하는 것은, 최소한 '그리스도인들 모두가 구원을 받는다.'라는 관점이다. 다시 말해 그리스도인들에게는 그들이 죄를 저질러서 처벌을 받더라도 시간적으로 한정된 처벌로 마무리될 것이다. 물론 비-그리스도인들도 세례를 받고 그리스도와 함께 결합할 수 있기 때문에, 그들에게도 구원이 배제되지 않는다. 또 다른 시각을 가진 사람들은 해당 성경 구절들을 해석하면서, 다만 무자비한 사람들은 영원한 처벌에서 벗어날 수 없다고 풀이한다. 물론 유치하게 여겨지는 상상을 시도하는 이들도 있다. 예컨대 토요일 저녁에서 월요일 아침까지 그러한 처벌이 완화 혹은 면제될 수 있다고 상상하는 경우이다.

그러므로 사람들은 신학에서의 영원한 지옥에 대한 문제를 늘 고민해 왔다. 교도권은 그에 대해 다양하게 표현해 왔다. 예컨대 제4차 라테란 공의회는 죽을죄에 이르기까지 악을 저지르다가 죽은 이들은 사탄과 함께 영원한 처벌을 면치 못할 것이라고 가르친다(*DZ* 801). 이미 살펴본 교황령 「축복하시는 하느님」(1336)에서도 당장 죽을죄를 저지르고 죽은 이들은 지하세계에 던져질 것이니, 거기서 처벌을 받게 될 것이라고 가르친다(*DZ* 1002). 리옹(1274)과 피렌체(1439)의 교회 일치를 위한 공의회에서는 죽을죄를 저지르고 죽은 이들의 영혼이 지하세계에 던져질 것이니, 거기서 저마다 다른 처벌을 감수해야 할 것이라고 가르친다(*DZ* 858, 1306).

오늘날 교황청 신앙성의 서한 「종말론에 관한 몇 가지 물음에 관해」(1979. 5. 17)에서, 특히 5항은 다음과 같이 분명하게 설명한다. "그와 마찬가지로 교회는 어떤 영원한 처벌이 죄인에게 떨어진다고 믿는다. 그래서 그런 죄인에게는 하느님과 마주하는 지복직관의 은총이 박탈당하고, 그 처벌로 인해 그 죄인의 전 존재가 흔들리게 될 것이라고 믿는다."

3) "지옥"에 대한 최근까지의 해석들

(1) 근본적인 시도들

현대인들에게 그렇듯 멀게만 느껴지는 문제 해석에 다양한 신학적 관점을 제안해 새롭게 접근하려는 움직임은 필수적이다. 지옥에 대한 교리를 이해하는 데 있어서 결정적인 의문은 어떻게 지옥의 영원성이 하느님의 보편적인 구원 의지 및 자비로우심과 병행할 수 있는가이다. 돌려 말하자면, 어떻게 하느님께서는 유한한 존재로서 결함을 가진 한 인간을 무한한 차원에서 처벌을 원하실 수 있는가이다. 무엇보다도 그러한 처벌이 인간의 자유와 결합된다고 보는 입장을 거슬러 시도하자면, 하느님께서는 인간에게 그 같은 자유를 허락하셔서는 안 될 것처럼 여겨진다. 게다가 이는 다만 하느님과의 협력을 통해서만 실현될 수 있다. 이 문제는 지옥에는 단지 "아주 적은 수의" 인간들만이 자리하게 될 것이라는 설명으로 해결되지는 않을 것이다. 이 문제는 비록 이 지옥 교리에서만 빚어진 것이라고 하더라도, 계속 다른 교리 체계와 부딪히게 될 것이다.

물론 궁극적으로 저주받은 상태에 놓인 사람들이 실제로 존재한다고 보는 생각은 그 어떤 경우에도 교도권에 의한 결정으로 이해될 수는 없다. 중죄를 저지르고 죽은 이들은 그와 같은 영원한 처벌로 저주를 받게 된다는 것은 [우선] 이론적으로만 그렇다. 비록 사람들이 신약성경의 진술들을 총체적으로 단지 신화적인 문투로만 여길 수 없다고 하더라도, 그럼에도 그러한 진술들은 나름대로 의도를 가지고 묘사한 문학적인 장르라고 보아야 될 것이다. 예컨대, 이 같은 설명은 한 인간을 어떤 중대한 상황에서 진지하게 결정을 내리는 고유한 존재로 바라보도록 이끈다는 데 의의가 있다. 그렇지만 무엇보다 성경에 기초해 말하면, 혹시 저주받는 경우를 염려해 인간이 스스로 자숙하게 만드는 고통과 같은 의미로만 이해해도 좋은지 하는 문제는 아직 분명하지 않다.

마지막으로 이러한 지옥의 처벌에 관한 진술은 미래 개방성의 결정적인 의미가 결국 인간의 구원과 맞닿아 있다고, 다시 말해 부활이라는 구체적인 형식과 직결된다고 말할 수 있다. 아주 적은 몇몇 성경 구절만이(요한 5,29; 묵시 24,15) 처벌을 받게 하려고 부활시키는 경우에 대해 언급한다. 그러나 우리가 상기 성경 구절들을 굳이 자구적(字句的)으로만 이해할 필요는 없다.

(2) 저주받은 이들의 파멸

바로 앞에서 언급한 성경 구절과 연계해, 특히 현대 프로테스탄트 신학에서는 끝끝내 하느님에게서 떨어져 나간 이들은 영원히 파멸할 것이라는 논리를 전개한다. 이 같은 입장은 전체-죽음에 관한 일반적인 이론과 일치한다. 죽음은 모든 인간들에게 최종적이고 근본적인 끝장이요, 최후의 심판 날에는 다만 생명을 위한 부활만이 존재한다. "하느님을 끝까지 외면한 이들은" 그들의 삶이 허무하게 마감될 것이라고 슈탕에(C. Stange)는 매우 적나라하게 설명한다.[43]

알트하우스(P. Althaus)는 그런 상상이 그 자체로 많은 것을 말해준다고 본다. 예를 들어 그 같은 상상은 삶과 죽음에 관한 결정에 진지

---

43. 참고로 *Das Ende aller Dinge,* Die christliche Hoffnung, ihr Grund und ihr Ziel, Gütersloh 1930, bes. 158ff.

함을 보장하면서 "천국"과 "지옥"의 영원한 동반을 종지부 찍게 해 줄 수도 있다는 것이다. 이 같은 틀 안에서는 또한 단일한 부활 개념이 발전할 수 있기에, 더 이상 이중적인 부활 개념, 예컨대 "그리스도 안에서의" 부활과 일반적인 의미의 소생(蘇生)으로 인해 고민할 필요를 느끼지 않을 수도 있다. 그러나 또 다른 많은 근거들에 의거해 알트하우스는 결론적으로 그 같은 상상이나 논리를 거부한다.[44]

(3) 결단을 위한 꾸준한 부르심으로서의 "지옥 교리"

알트하우스는 지옥 교리의 결단에 대한 촉구가 너무 진지하고 또 절박하기 때문에, 그 촉구를 하느님의 사랑으로 볼 수도 있다는 입장에서 찬양하기는 어려울 것이라고 생각한다. 우리는 어떤 인간이 그리스도 편에 혹은 그 반대편에 서겠다고 결단을 내릴지 앞서 알지 못한다. 그런 한에서 신학은 지옥을 그 밖의 "제삼자"를 위한 결단의 계기로 제시하지 않는다. 오히려 우리 자신에 대해 우리는 마지막까지 두 가지 가능성을 놓고 고민해야 한다. 그러한 결단 앞에 서 있는 자로서 나는 자칫 길을 잃어버릴 수도 있음을 필히 유념해야 한다.

라너도 이 같은 고민에 동조한다. 그가 제대로 설명한 것처럼, 이미 정해진 어떤 인간들을 위해 마련된 지옥이란 실재하지 않는다고 말해야 한다. "지옥 교리"와 관련하여 반드시 염두에 두어야 하는 점은 '원칙적으로 희망의 틀에서 벗어난 설명은 무의미하다.'는 것이다. 오히려 모든 이들은 저마다 종말론적인 결단 앞에 서 있다고 말해야 한다. 그렇다면 이 지옥 교리는 또 다른 의미에서의 "복음"인 것이다. '나는

---

44. 참고로 *Die Letzten Dinge*, Lehrbuch der Eschatologie, Gütersloh [10]1970.

길을 잃을 수 있다.' 하지만 '나는 구원되기를 희망한다.'는 의미로 되새길 수 있다는 것이다.

나의 견해로는 이 지옥 교리를 통해 사람들은 원칙적으로 인간의 자유에 대해 무엇보다 다시 생각해 보아야 한다는 것이다. 다시 말해 하느님께서 친히 인간에게 당신의 진정한 협력자로서 자격을 부여하셨지, 결코 꼭두각시와 같은 처지로 내몰지 않으셨음을 기억하자는 것이다. 인간의 삶은 항상 중대한 순간들로 엮어진다. 그것은 하느님의 간계(List [역주] 참고로 헤겔의 '절대정신의 간계')나 기분에 의해 결정되는 것이 아니다. 오히려 그와는 반대로 인간이 살아가는 동안 스스로에게서 이끌어 내는 바로 그 무언가에 의해 결정된다. 그러므로 당연히 다음과 같은 질문, 곧 어떤 척도로 도대체 지금 어느 인간이 "지옥"에 떨어질 만큼 "죄를 지었다"고 단정할 수 있는지의 물음 앞에서 정해진 답변이 있다고 볼 수는 없다. 다만 어떤 경우든 전반적으로 적용시킬 수 있는 사실은 인간의 자유가 그런 결정에 깊이 관여한다는 점이다. 또한 하느님의 자비와 은총이 넘친다고 고백하는 부분에 대해서도 기억할 필요가 있다. 그래서 내가 하느님께 가까이 다가서 있는 것에 비할 수 없을 만큼 당신께서는 나에게 훨씬 더 가까이 계신다. 더욱이 하느님께서는 아무것도 아닌 것처럼 하찮게 여겨지는 아주 작은 것에서조차 최종적으로 유효한 나의 진면모를 알아보시고 선처하실 수 있다.

아무튼 여기서 라너는 물론 다른 이들에게도 완전히 그리고 전적으로 바람직하다고 여겨지는 사실이 하나 있다면, 그것은 그와 같은 복잡한 설명에서도 희망 개념이 관찰된다는 것이다. 훌륭한 성인들 ─ 십자가의 요한, 리지외의 데레사 등 ─ 은 지옥 교리를 마치 영원한 처벌과 같은 소름끼치는 방식으로 이해했다기보다는 차라리 인간이 살아가면서 봉착하는 신앙과 생명의 '어두움'을 헤쳐 나가도록 고무시키는 계기로 삼았다. 그래서 그들은 그리스도가 죽음을 앞두고 어두움 속에서 잔뜩 의구심에 빠져들어 피와 땀을 흘리시며 "저의 하느님, 저의 하느님, 어찌하여 저를 버리셨습니까?"(마르 15,34 이하 병행구 참조) 하고 처절하게 외쳤던 심경을 되새기려 했다. 그렇게 "지옥"과 마주하는 일은 신앙인들에게, 특히 신앙으로 고통 받는 사람들에게 또 다른 의미에서 도움이 될 수 있기에, 마침내 묵시적인 차원에서 부각된 지옥의 두려움이 영영 이해하기 어려운 장벽은 아니다.

4) 천국

"천국" 역시 상징적인 용어다. 물론 이 용어는 "(하늘) 위"라는 함축적인 의미를 내포하는데, 저 높은 곳에 위치한다는 것을 상징한다. 그리스도교 전승은 천국을 신앙이 지향하는 사랑을 통해 마침내 도달하는 인간 실존의 최종 종착점으로 이해해 왔다.

(1) 성경의 자료들

이미 이 단원 서두에서 "천국"과 "지옥"에 관한 성경의 진술들에 대해 언급한 바 있다. 이때 특별히 "천국" 개념에 집중한 바 있다. 왜냐하면 천국은 구원이 성취된 곳으로서 하느님의 상급이 주어지는 장소이기 때문이다. 그러나 성경이 말하고자 하는 그 천국의 전경은 또 다른 상징들을 고려할 때 비로소 그 윤곽이 드러난다. 여기서 간단히 살피면, 천상에서 누리게 될 복락은 일종의 잔치와 같다. 이 성대한 잔치는 기쁨의 식탁으로 꾸며져 있으며, 이는 마치 혼인 잔치와도 같다(마태 8,11 참조). "복되어라, 어린양의 혼인 잔치에 초대받은 이들"(묵시 19,9).

특히 사람들은 파라다이스(낙원)의 모습으로 묘사되기도 한다. 그것은 그 같은 개념이 그리스도교 교리와 신자들의 상상력을 고무시키는 의미로서만이 아니라 이미 전례 안에서도 중요한 역할을 도맡고 있음을 가리킨다. 사람들은 오래전 선조들이 죄로 인해 타락하기 전에 머물던 장소로서 하느님과 거닐 수 있는 낙원을 진지하게 생각해 온 셈이다(창세 2장 참조). 특히 낙원의 풍부한 결실은 거기에 가로질러 흐르는 강을 포함해 옛 동방 문화권에서 공통적으로 발견하게 되는 사상으로서 아름다움과 안락함을 대변한다. 이에 성경의 "생명의 나무"도 그런 측면에서 고려해 볼 수 있다. 낙원은 구약성경이든 신약성경이든 언제든 즐겨 활용하는 상징으로서 최종적으로 누릴 수 있는 복락과 완성을 뜻한다. 루카 23,43은 다음과 같이 적고 있다. "너는 오늘 나와 함께 낙원에 있을 것이다." 바오로 사도 역시 그가 낙원에 들어올려졌던 환시에 대해 전한다(2코린 12,4). 마지막으로 묵시록 안에는 낙원이 다음과 같이 소개된다. 하느님의 정원은 완전한 영광을 뜻한다. 이 상징은 종말의 예루살렘을 가리킨다. 이때 종말의 예루살렘이 다양한 묵시적인 상징들로 한껏 치장되기도 한다. 예루살렘은 하느님에게서 나왔으며, 하느님을 위해 단장한 신부와도 같다. 이때 '보라, 인간들 사이에 마련된 하느님의 천막을!' 하는 목소리가 들린다. 그런 다음 환시자는 예루살렘의 영광을 상세하게 전해 준다. 비록 예수의 복음 저변에는 "낙원"이란 개념이 등장하지는 않더라도, 대부분의 주석신학자들의 의견에 따르면, 예수의 복음과 함께 낙원이 새롭게 열리게 되었다는 관점이 그 중심부에 자리한다. 이에 참고로 마르 1,13의 유혹 이야기를 살필 수 있다. 그리스도는 들짐승들과 함께 살아가지만, 천사들의 시중을 받는다. 또 그리스도를 '생명의 빵'(요한 6,35. 48. 51) 혹은 '생명의 물'(요한 4,10; 7,38)

로 상징하는 표현들도 이(낙원 개념)와 관련이 없지 않을 것이다. 나아가 요한 사가는 낙원이 이제 무엇보다도 그리스도론적-인격적으로 이해될 수 있다는 데 초점을 맞추어 전한다.

(2) 일정하지 않은 가르침

그렇듯 처음에는 낯설게 비춰질 법도 하다. 복락(천상 행복)의 일정 측면들에 대해서도 다양한 의견들이 존재해 왔으며, 그런 상황은 복락에 대해조차 확고부동하게 말하기 어렵게 만들기도 했다. 키루스의 테오도레투스(Theodoretus Cyrensis, 393-460) 주교는 매우 일찍부터 천상 행복으로도 알려진 하느님에 대한 "직관"을 이해하는 데 어려움을 느꼈다. 하느님의 본질이라고 하는 것은 성경의 기록에 따르면, 실제 아무도 본 적이 없고, 다만 찬란함 혹은 하느님의 "영광"으로 표현될 뿐이라고 말할 수 있다. 동방교회 테살로니카의 그레고리우스 팔라마스(Gregorius Palamas, 1296-1359) 주교는 14세기에 그 차이점을 새로운 시각으로 설명하려고 했다. 하느님의 본질은 절대 비가시적이다. 복된 이들과 천사들이 바라보는 그것은 물론 "하느님의 광채[?]"에 지나지 않는다. 결론적으로 그레고리우스 팔라마스는 하느님 안에 이원론적인 관점을 적용해 해명을 시도했다. 절대적으로 단순하신 그분 안에는 가시적인 측면, 그러니까 복된 이들이 바라볼 수 있는 가시적 측면이 있는가 하면, 반면 비가시적인 측면도 존재한다는 것이다. 이 같은 입장은 너무 탐탁하지 않았던 까닭에, 동방교회와의 일치를 추구하던 피렌체 공의회(1439)조차 받아들이지 못했던 것 같다. 오히려 이 같은 입장은 가톨릭교회로부터 단죄를 받았다.

오리게네스와 그보다 더 강렬했던 오리게네스 추종자들은 영원히 순환하는 어떤 체계를 생각했던 것으로 보인다. "아포카타스타시스" 개념을 보아서도 세상이 하느님으로부터 벗어나는 일은 여전히 가능하다고 생각했던 것 같다. 한편 그처럼 계속되는 순환적인 구조 속에서 인간이 하느님의 마음에 들기 위해 내리는 결단은 아무리해도 결국 더 이상 최종적인 것이라고 보기 힘들다. 그와 마찬가지로 인간이 최종적으로 천상 행복을 얻겠다거나 천국에 들어가겠다는 것도 영원한 목표라고 말하기 어렵게 되었다. 이와 같은 가르침들과 또 이와 다른 가르침들이 난무했던 점에 대해서 교황 베네딕토 12세의 교황령 「축복하시는 하느님」(1336)은 확고하게 입장을 밝혔다. 복된 이들은 영원하신 하느님을 직접 대면하게 된다. 곧 '하느님의 본질을 직관한다.'고 교회는 믿음으로 고백한다.

(3) 천국의 "이론"

"어떤 눈도 보지 못하고 또 어떤 귀도 듣지 못한" 천국을 설명한다는 점에서 천국에 대한 신학적인 체계화와 개념 정리를 위한 온갖 시도는 언제나 서투르고 부족하고, 그래서 한편으로 우스꽝스러운 측면들이 많다. 그럼에도 불구하고 천국에 관한 "이론들"은 아예 무의미하거나 쓸데없는 것만은 아니다. 왜냐하면 그러한 이론들에는 "신앙"의 경지와 "직관"의 경지 사이의 차이가 더 이상 본질적인 것이 아니라, 다만 정도에 지나지 않는 것이라는 확신이 바탕을 이루기 때문이다. 그러므로 직관의 "경지(수준)"에 대한 통찰은 다시금 신앙하는 그리스도인의 실존만이 갖는 고유함이 무엇인지 주목할 수 있게끔 해 준다.

성경과 연계해 "천국"의 상태는 무엇보다도 "지복직관"(*Visio Dei*)이다. "우리가 지금은 거울에 비친 모습처럼 어렴풋이 보이지만, 그때에는 얼굴과 얼굴을 마주볼 것입니다"(1코린 13,12). 사도적 교부들은 이미 우리가 그런 복됨을 통해 "예수와 마주하게" 될 것이라고 언급한다(「바르나바의 편지」참조). 또한 우리가 "하느님을 소유하게" 될 것이다(안티오키아의 이그나티우스 참조). 이레네우스의 하느님 직관은 아주 분명하게 설명된 것으로 유명하다. 하느님과 마주하는 지복직관은 우리의 자연적인 능력을 훨씬 능가해, 우리가 신앙 행위를 통해 다가가려는 그 모습과 본질적으로 차이가 없는, 현존하시는 그 모습 그대로 하느님께 나아감이자 고양이요, 마침내 그분과 직접 만나게 됨을 뜻한다. 이 같은 사상은 주요 교부들의 가르침 안에서 언제든 확인할 수 있다. 예컨대 키프리아누스, 나지안조의 그레고리우스, 바실리우스, 요한 크리소스토무스 교부들에게서 엿볼 수 있다. 아우구스티누스도 우리는 천사들이 그렇게 하듯이 얼굴과 얼굴을 맞대고(1코린 13,12) 하느님을 보게 될 것이라고 가르친다.

이러한 하느님 "직관"은 물론 결코 시각적인 의미가 본래적인 것은 아니다. 스콜라 학자들은 이러한 "직관"을 인간의 본질을 구성하는 요소들을 통해 설명하려고 했다. 하느님 직관은 진리를 향한 인간의 노력이 하나의 절대적이고 최종적으로 유효하게 결실을 보게 되었음을 함의한다. 그것은 선(善)을 향해 자신을 확장시키는 인간의 행위가 하나의 절대적이고 최종적으로 유효하게 완료되었음을 말한다. 그러나 이 모든 사실은 인간이 단 한 번으로 영원히 완전한 것을 소유하게 됨을 뜻하지는 않는다. 그것은 분명 전부이고 완전한 것이지만, 역설적이게도 인간은 완전한 것의 점점 더 깊고도 중심을 향해 영원히 나아가게 된다. 그리하여 인간은 완전한 것과 연관된 전체 체계 안에서 상상할 수 없는 일종의 역동적 과정 안에 들어서게 된다.

천상 행복을 설명하기 위해 자주 활용되는 두 번째 개념으로서 "사랑" 개념을 생각할 수 있다. 당장 1코린 13,8에서도 이 개념이 발견된다. "사랑은 언제까지나 스러지지 않습니다." 이에 대한 통찰은 특히 아우구스티누스에 의해 발전되었다. 자신이 소유한 것을 스스로 사랑하지 않는 자는 누구든지 설령 최고의 것과 최선의 것을 소유한다고 하더라도, 결코 행복하지는 못할 것이다. 천상 행복과 직결된 사랑 개념은 그렇게 직관 개념과도 상응한다. 바로 그 때문에 지상에서 취하는 것보다 훨씬 더 강도 높은 의미로 천국의 사랑 개념을 이해하게 된다. 이른바 완전한 사랑에는 더 이상의 바람이 없다. 그 때문에 직관에도 고전신학이 말하듯 의지적인 차원에서 — 사랑을 운운할 때 — "하느님" 외에 다른 무언가를 "원할 만한" 것이 전혀 있을 수 없다. 왜냐하면 그분이 어떤 분이신지 바라보는 것이 전부이며 그로써 이미 완전히 충만할 것이기 때문이다. 그런 까닭에 거기서 인간이 스스로 하느님에게서 벗어난다는 것은 상상할 수조차 없는 것이다. "복된 자는 하느님을 영원히 사랑하게 될 것이다"(*Beatus Deum aeterne amabit*). 거기서 인간은 하느님을 직접 소유함으로써 자신의 창조적 속성에 의해 주어진 불완전성(변화 가능성)을 털어 버리게 될 것이다.

이제 천상 행복과 관련된 세 번째 활용 개념으로서, 번역에는 다소 어려움이 뒤따르지만, 일반적으로 설명하는 형식으로 "하느님을 누림"(*Fruitio Dei*), 혹은 하느님의 "향유(享有)", 혹은 '하느님 곁에서 누리는 기쁨' 개념에 대해 살펴보자. 아우구스티누스는 다음과 같이 진술한 적이 있다. "기쁨은 [결코] 경건하지 못한 이들에게는 주어지지 않고 당신께 감사를 드리는 이들에게 주어지는 것이니, 그들의 기쁨이 곧 당신 자신이시기 때문입니다. 그러니 복된 삶이란 당신을 향해 기쁘고 당신에 의해 기쁘며 당신 덕분에 기쁜 것이라 하겠습니다"(*Est enim gaudium quod non datur impiis, sed eis qui te gratis colunt, quorum gaudium tu ipse es. Et ipsa et beata vita gaudere ad te, de te, propter te*).[45] "하느님을 누림"이란 개념은 본래 두 개의 또 다른 개념과 함께 결합된다. 예컨대, 복된 삶은 "진리를 향하여 뻗어나가는 정신의 채워짐"(*satiatio tendentiae intellectus ad verbum*)과 "선을 향하여 뻗어나가는 정신의 채워짐"(*satiatio tendentiae intellectus ad bonum*)을 의미한다. 이를 달리 말하면 "누림(마음껏 즐김)"이라 말할 수 있다. 그러면 천국이란 무엇일까? 사람들이 "추구하는" 것이 실질적으로 벌어지는 활동(사건)이 아니라면 무슨 의미가 있다는 말인가! 반면 교회가 "천국"이 존재한다고 고백하는 것은, 곧 예수 그리스도가 하느님이자 인간임을 확고하게 대변하는 것이다. 그래서 인간은 모두 하느님의 존재 자체 안에서 완성되는 충만함을 얻어 누릴 수 있는 것이다. 거기에는 동시에 '신인' 예수와 연계된 인간 본성의 영원한 의미가 목격된다. 신인이신 그분은 죽은 이들 가운데 "맏이"로서 [부활하여] 성령에 의해 실현되는 복됨(천상 행복)에 도달했다. 이는 인간 역시 그런 방식으로 마침내 천국에 들게 됨을 뜻한다. 그리하여 그런 인간은 그리스도 곁에 머무르게 될 것인즉, 오직 거기서만 그는 자신의 인간 존재 및 하느님 안에서 자신의 제 자리를 발견할 것이다. 그 때문에, 반복해서 말하지만, 천국은 일차적으로 하나의 위격적인 실재로서 항상 부활의 신비와 결합된다는 인상을 강하게 남긴다. 거룩하게 변모한 그리스도는 자신의 변모한 인간성 안에서 변함없이 아버지와 관계를 맺으며, 그로써 모든 인간들 각자에게 그와 같은 관계가

---

45. *Conf.* 10,22,32, in: *PL* 32, 793.

가능하도록 초대한다. 이와 같은 관계는 한편 아주 내밀하게 "성령의 작용"에 의해 이루어지기 때문에, 천상 행복(복됨)은 하나의 보충적이고 인격적인 측면을 갖게 된다. 그래서 그것은 철두철미하게 삼위일체적인 특성을 띤다.

위에서 언급된 사실에는 이미 교회론적인 차원 또한 함축되어 있다. 만일 천국이 모두가 그리스도 안에 존재하는 것을 의미한다면, 그것은 그리스도의 몸을 형성하는 그런 구성원들과 함께 존재하는 것 역시 내포해야 할 것이다. 천국은 고립된 삶이 결코 아니다. 천국은 당장 거룩한 이들의 개방된 공동체이자 그렇듯 전혀 경쟁의식을 갖지 않는 모든 인간적 친분의 완성을 가리킨다. '나는 전적으로 그리스도의 몸 안에 녹아 버리면서도 온통 나 자신으로 머무르게 된다. 그런 이유로 천국은 어떤 차별도 없는 동등함을 지향한다기보다는 서로 뒤바꿀 수 없는 고유함을 지향한다.

고전신학은 이와 같은 통찰을 특별한 방식으로 전달하고자 했으니, 그런 점에서 고전신학은 영원히 남게 되는 각자의 "상급" — 순교자들의 상급, 신앙 증거자들의 상급 등 — 을 가르친다. 그럼에도 그 어떤 거룩한 이도 결코 "보다 덜한" 정도에서 행복을 누리지는 않는다.

만일 "천국"이 그리스도의 실존 방식에 참여하는 것을 뜻한다면, 그것은 그리스도 안에서 세례로 시작된 실존의 상태가 마침내 완성에 이르렀다는 것이다. 이는 아마도 "이 땅 위에 이미 천국"이 주어졌다는 설명에 대한 최종적 근거가 되는 셈이다. 천국은 그렇듯 단지 "확장"의 의미가 아니라, 종말론적인 실재를 의미한다. 다시 말해 천국은 최종적으로 유효한 것 위에 올라섬을 의미하며 그와 동시에 전혀 색다른 것을 향해, 곧 완전한 것을 향해 다가섬을 의미하기 때문에, 인간이 더 이상 상상할 수 없는 그리스도의 "충만함"(Pleroma)을 대변한다. 천국은 모든 이들의 구원을 염두에 두면서도 동시에 개별적인 존재의 구원을 함축한다. 그래서 그곳에는 각 개인의 완성, 구원, 하늘, 기쁨이 함께한다는 사실에 기초해 낱낱이 그 모든 사태를 파악해야 한다. 천국은 사실상 멀찍이 떨어져 있는 어떤 것이지만, 그럼에도 천국은 이미 여기 있다. 그것은 우리가 아직 갖지 않은 어떤 것이지만, 그럼에도 우리 안에 이미 놓여 있는 것이다.

요한 크리소스토무스는 영원한 삶의 영광에 대해 다음과 같이 쓰고 있다. "우리 생각의 폭을 저 영원한 삶을 붙잡을 수 있을 때까지 넓혀 봅시다! 그런 상태를 합당하게 재현하기에는 우리가 가진 말마디가 턱없이 부족하겠지만, 우리가 들은 그것으로써 수수께끼처럼 그 신비를 감추는 어두운 장막을 걷어내도록 노력합시다! 성경(이사 35,10)에서도 '슬픔과 탄식이 사라지리라.' 하고 말씀하지 않았습니까? 그 같은 영원한 삶보다 더 복된 삶으로서 무엇이 또 있겠습니까? 거기에는 가난도 병도 없습니다. 거기에는 모욕을 하는 자도 모욕을 받은 자도, 분노하는 자도 원성을 사는 자도, 악의를 품은 자도, 시기를 일삼는 자도 보지 못할 것입니다. 거기에는 무질서한 오욕에 마음을 빼앗기지 않으며, 그 누구도 당연히 받을 대접을 조금도 섭섭하게 받지 않으며, 어느 누구도 직무나 권한으로 곤경에 처하지 않을 것입니다. 왜냐하면 거기에는 우리 안에 자라나는 격정이 모두 잠잠해져서 더 이상 남아 있지 않을 것이기 때문입니다. 모든 것이 평화와 환호와 기쁨으로 가득 찰 것이며, 항상 밝고 고요해 언제나 대낮 같이 환한 빛 속에서 거닐 것이니, 과연 지금의 우리가 지니고 있는 그런 등불만이 아니라, 그보다 훨씬 더 밝은 빛이 우리를 비출 것이기 때문입니다. 거기에는 전혀 어둔 밤

이 없고, 그렇듯 찬란한 빛을 조금이라도 가리고 설 만한 구름 한 점이 없으며, 우리 몸을 태울 만한 따가운 햇살도 없습니다. 과연 거기에는 어두운 밤도 해 저무는 저녁도 있을 수 없으며, 차가운 서릿발도 무더운 더위도 없을지니, 사계절의 변화도 생각할 수 없습니다. 거기에는 오로지 선택된 자들만이 누리는 또 다른 상태가 펼쳐질 것입니다. 거기에는 나이가 무의미하기에, 늙어가는 초라함도 더 이상 존재하지 않을 것입니다. 사라져 버리는 것은 아예 얼씬도 하지 못할 것입니다. 도처에 사라지지 않는 영광만이 가득할 것입니다. 그래서 지금 우리가 경험한 위대한 것들보다 훨씬 더 위대한 것들만이 즐비할 것입니다. 우리는 변함없이 그리스도와 친분을 누리게 될 것이며, 거룩한 천사들과 대천사와 천상의 능력들과 하나가 될 것입니다. 그러니 당신은 하늘 위에 무엇이 있는지 하늘만 바라보고 그런 생각에 집중하도록 하십시오. 온 누리의 피조물들이 변화한다는 점을 명심하십시오. 왜냐하면 지금 우리가 보는 것처럼 그것들이 그대로만 머무르지 않을 것이기 때문입니다. 그것들은 보다 더 영광스럽고 보다 더 찬란하게 변화해야 합니다. 희멀건 납(鈉)보다 황금의 광채가 훨씬 더 빛나는 것처럼, 미래는 현재보다 훨씬 더 훌륭하고 훨씬 더 아름다울 것입니다."[46]

이 같은 진술은 천국을 마치 "손으로 만져 볼 수 있기라도 하듯이" 생생하게 묘사하기에, 매우 인상 깊은 강론이라는 생각에만 사로잡힐 수도 있다. 그러나 사람들이 좀 더 정확하게 살필 수 있다면, 그래서 만일 신학적 체계를 따라서 천국에 대해 숙고한다면, 항상 거기에 변함없이 머물러 있는 것들에 대한 몇몇 해석학적인 원칙들을 앞서 크리소

---

46. *Ad Theodor,* Laps I, 11, in: *PG* 47, 291.

스토무스가 고려하고 있음을 깨닫게 된다.

① 만일 천국이 어딘가 존재한다면, 이때 "부정적으로"(*ex negativo*) 그리고 "탁월하게"(*eminenter*) 고려해야 한다. 다시 말해 사람들은 천국을 하느님 곁에 자리하는 충만한 장소로 내다볼 수 있는데, 그것은 우리가 현재 살아가는 이 지상에서 경험하는 것들과 정반대의 모습(否定的)으로 그려 볼 수 있다. 그래서 아직 참되다고 단정할 수 있는 것들이 아니더라도, 여전히 믿을 수 있는 그런 개념들이나 상징들을 활용하는 것이 허용될 수 있다.

② 천국에 대해 말하는 그 모든 것은 단지 "수수께끼"와도 같고 "어두운" 그림자와도 같다.

③ 본질적이고도 중요한 것은 이 교회의 스승(요한 크리소스토무스)에게 천국의 인격적인 특성이 돋보인다는 점이다. 예컨대 그에게 천국은 "그리스도와의 유대(친분)"를 함의한다.

④ 전체 피조물은 그로써 마침내 완성으로 이끌어지게 된다.

신학적인 체계 안에서 성과를 이룬 그 모든 발전에도 불구하고, 또 다소 탈바꿈한 개념들에도 불구하고, 오늘날도 마찬가지로 사람들은 이와는 확연히 다르게 추리하거나 진술해 내지는 못 한다. 인간적·창조된 것들의 완성이 비로소 달성되는 장소로서 천국을 생각한다는 사실이 중요하다.

오늘날의 신학적인 논의

당장 죽음을 고려하는 입장에서 신학은 오늘날 부분적으로 다른 학문(자연과학)과 대화에 임하면서 진지한 반성을 시도한다. 이때 개인의 구체적인 삶에 대해 보다 더 큰 비중을 두는 그런 물음들도, 예컨대 "임종자들을 위한 배려" 문제나 안락사 문제 등도 이 논의에 끼어들게 된다. 그래서 "죽어가는 이들을 돕기 위한 기술"(*Ars moriendi*)이 새로운 이슈가 되어, 임종과 죽음을 삶의 일부로 받아들이면서 죽음에 대해 보다 바람직한 의식과 태도를 고취하려는 노력들이 활발하게 시도된다.

종말론의 또 다른 영역들에도 많은 개별적인 질문들이 새롭게 논의된다. 예를 들어 전체 세상의 차원에서 "완성"이라는 개념을 어떤 범주 혹은 어떤 형식으로 이해할 수 있을지 하는 물음이나, 나아가 이때 인간은 과연 어떤 입장에 서 있는지, 그러니까 저 "완성"에 인간이 장애가 되는지, 아니면 기여하는지, 또 기여하는 바가 있다면 그것이 무엇인지 등의 의문이 제기된다.

"종말론"에 관한 기본적 참고 문헌

Bachl, Gottfried, *Über den Tod und das Leben danach*, Graz 1980.

Dorn, Klaus/ Wagner, Harald, *Zum Thema "Eschatologie", Tod, Gericht, Vollendung*, Paderborn 1992.

Kehl, Medard, *Eschatologie*, Würzburg ²1988.

Motmann, Jürgen, *Das Kommen Gottes*. Christliche Eschatologie, Gütersloh 1995.

Rahner, Karl, "Theologische Prinzipien der Hermeneutik eschatologischer Aussagen", in: *Schriften IV*, 401-428.

Vorgrimler, Herbert, *Hoffnung auf Vollendung*, Aufriß der Eschatologie (*QD* 90),

Freiburg I. Br. u.a. 1980.

Wagner, Harald (Hrsg.), *Ars moriendi,* Erwägungen zur Kunst des Sterbens (*QD* 118), Freiburg I. Br. u.a. 1989.

Wiederkehr, Dietrich, *Perspektiven der Eschatologie,* Zürich u.a. 1974.

10 | "성인들의 통공" - 완전한 이들의 공동체

　　성인 공경, 특히 성모 마리아 공경이 가톨릭 신학과 신심(信心) 행위 면에서 대단히 높은 위치를 차지하고 있다는 의견이 종종 제기된다. 이를 뒷받침하는 수많은 참고 문헌들, 곧 가톨릭교회의 실천 사목을 통해 수집된 자료들이나 신심 행위와 관련된 예술적인 작품들이 이를 뒷받침해 준다. 마리아 및 성인 공경과 관련된 신학 사상들은 종교개혁 이후에 신학이 생각하고 평가하는 관점보다 훨씬 더 중심적인 위치에 자리하고 있다. 그러나 정교회 신학과 신심 행위는 이와 관련하여 오히려 "넘쳐난다"고 할 수 있다. 가톨릭교회의 역사 안에는 지나친 기복적인 신앙 형태로 이에 대해 한껏 과장했던 적도 없지 않다. 그럼에도 불구하고 제2차 바티칸 공의회는 새로운 방향을 제시했고, 마침내 오늘날 우리가 적절하다고 느끼는 "바람직한 수위"를 제시해 주었다. 곧 그리스도교 신앙의 본모습을 흩트리거나 난해하게 하는 것이 아니라 오히려 어려움을 덜어주는 방편으로 이 신심 활동이 이루어질 수 있도록 기본적인 방향을 마련해 주었다.

1. 모든 성인들의 통공

1) 개념적인 것과 기본적인 것

사도신경의 고백인 "저는 모든 성인들의 통공(*Communio Sanctorum*)을 믿으며"라는 내용은 5세기 초부터 정식화되어, 하느님의 구원 은총, 특히 성사들에 모든 이들이 함께 참여한다는 것은 이미 보편적인 생각이었다. 신앙과 희망, 사랑 안에서 모든 신앙인들이 하나가 되고, 나아가 지상에 존재하는 모든 교회 구성원들이 천국의 복된 이들과 공동체를 이룬다는 사상이 자연스럽게 받아들여졌다.[1] 모든 신앙인은 신약성경에서 "성도로 부르심을 받은 이들"이라고 규정한다(로마 1,7; 콜로 3,12). 모든 신앙인은 약속을, 곧 하느님에 의해서 불림을 받고 그 때문에 하느님 곁에서 완성될 것이라는 약속을 받았다. 이에 대한 참고로 제2차 바티칸 공의회의 교회 헌장 「인류의 빛」(*LG* VIII, 59)은 "모든 이들은 거룩해지도록 불림을 받았다."고 천명한다.

2) 거룩함

거룩함[聖性]은 이미 구약성경과 신약성경에서도 가르치듯이 하느님께서 인간에게 부여하신 선행 과제다. 바꿔 말해 하느님께서는 특별한 방식으로 인간을 당신 곁에 설 수 있도록 부르셨다. "객관적인" 거룩함은 하느님에 의한 선택을 뜻하는 바, 특히 개별적-고행적인 차원이 강한 "주관적인" 거룩함과 긴장 관계에 놓인다. 그럼에도 불구하고 "거

---

1. "성인들(과)의 통공"은 본래 세 가지 중요한 신앙을 대변한다. 곧 ① "거룩한 일들"(성사들)에 참여한다는 신앙, ② 의로운 이들의 공동체(교회)에 대한 신앙, ③ 천국의 복된 이들과의 통교(공동체성)에 대한 신앙이 그것이다. 여기서는 마지막 세 번째 신앙을 따라 이 단원을 전개하고자 한다.

룩함"은 특히 피의 순교와 직결되면서도, 다른 한편 증거자와 고행자들에게도 적용되는 그런 개념으로 간주된다. 그리스도를 피로 증거하는 자, 곧 순교자는 성인의 기본 표상이라는 데 의심의 여지가 없다. 순교자들은 자신의 수난과 죽음을 통해 완전하게 그리스도를 뒤따르는 신앙인으로 인정받는다. 박해가 잦았던 초대 교회의 어려웠던 시기를 이겨낸 이후 이 거룩함 개념을 더 확대시켜 이해할 필요가 생겨났다. 본시 피로 증언한 이들은 그리스도 곁에 가장 가까이 설 수 있다. 그러나 오늘날에는 온갖 세상의 유혹 중에도 희생을 각오하고 그리스도를 증거해야 한다는 의미에서 순교적 신앙이 요구된다.

3) 성인들의 기도

이에 근간이 되는 확신, 곧 지상의 교회가 천상의 교회와 결합해 있다는 확신은 교회의 교부들에 의해서 마련되었다. 이는 지상의 교회가 성인들을 기념하며, 그들을 본받도록 노력해야 함을 의미한다. 그러나 아직 살아 있는 이들과 천상의 성인들과의 공동체성에 기초해서도 우리는 청원기도로 성인들에게 요청할 수 있다.[2] 그렇게 어느 일정 성인들에게 요청하는 태도는 종교 개혁가들에게 처음부터 눈에 거슬리는 행동으로 비쳐졌다. 그들에게 이와 같은 신심 행위는 아주 잘못된 신앙으로서, 그리스도의 유일무이한 중재성(참고 1티모 2,5)에 대한 도전처럼 여겨졌다. 가톨릭교회에서 거룩함에 대한 입장과 성인 공경에 대한 태도가 오늘날에도 여전히 계속되기는 하지만, 거기에는 다른 신학 사상 및

---

2. 이에 관한 진지한 의미는 G. L. Müller, *Gemeinschaft und Verehrung der Heiligen. Geschichtlich-systematische Grundlegung der Hagiologie*, Freiburg I. Br. 1986. 이 책은 고전적인 성인 공경의 형태들에 대해서도 잘 소개한다(K. Rahner, H. U. von Balthasar).

전체 신학 체계와 무관하지 않은 가톨릭교회의 '고유한 모습'(*proprium catholicum*)이 자리한다.3

성인들 가운데 예수의 어머니이신 성모 마리아는 일찍부터 중요한 의미를 띤다. 성모 마리아는 예수 그리스도의 구원 사업 안에서 아주 특별히 긴밀하게 관련된다. 신학적으로 이에 주목하게 된 시기는 늦어도 5세기 이후라고 보지만, 실제 성모 마리아에 대한 공경은 가장 오래된 확실한 신심 행위로 볼 수 있다. 성모 마리아와 결합된 한 가지 특별한 전통이 전해져 온다.

2. 마리아론

1) 성모 마리아에 대한 진술들의 해석과 관련하여

(1) "마리아의 세기"와 "마리아론의 기본 원칙"

1850년과 1950년 사이의 한 세기는 "마리아의 세기"(Marianisches Jahrhundert)로 표현되기도 한다. 이 무렵 초기에는 성모 마리아의 무염시태 교리가 제정되었고(1854), 말기에는 성모 마리아의 승천 교리가 제정되었다(1950). 그렇게 마리아는 그리스도의 어머니로서 위용을 갖추게 되었다. 이 시기의 신학과 신심 행위는 성모 마리아께 집중되었고, 성모 마리아에 대한 신학적 연구 논문들이 많이 쏟아져 나왔다.

신학과 신심 행위 안에서 이처럼 전폭적으로 성모 마리아에 대한 관심을 표명하게 한 요인과 배경이 된 사건은 1858년 교회에서 공식

---

3. 참고로 J. Haustein, Luthers frühe Kritik an der Heiligenverehrung und ihre Bedeutung für das ökumenische Gespräch, in: *ThLZ* 124(1999), 1187-1204.

적으로 발표한 루르드 성모 마리아 발현이다. 또한 19세기의 주요 신학자들, 예로 들자면, 뉴먼(J. H. Newman), 쉐벤(M. J. Scheeben) 등이 성모 마리아에 대해 중요한 의미를 전해 주었던 것도 힘이 되었다. 이러한 움직임들이 결과적으로 마리아론(Marienologie)을 형성하게끔 했다. 그리고 이 시기에 재임한 교황들도 하나같이 마리아론과 성모 신심을 장려했던 것도 그런 요인으로 작용했다고 볼 수 있다. 1917년에는 교회가 서슴지 않고 인정한 파티마 성모 마리아 발현 사건도 있었다. 교황 비오 12세는 1942년 전 세계에 원죄 없이 잉태되신 성모 마리아를 선포하고, 1954년에는 '성모 마리아의 해'를 공포했다. 20세기 중반에는 성모 마리아 단체와 기도회가 훨씬 더 많이 결성되었다. 1914년엔 단체 쇤슈타트베르크(Schönstattwerk)가, 1921년엔 레지오 마리애(*Legio Mariae*)가, 1947년엔 푸른 군대(Blaue Armee)가 결성되었다. 20세기 성모 마리아와 관련하여 출간된 신학적 연구 논문들과 저술들은 만여 편이나 된다.

교회사 및 신학사 전반에 걸쳐 고려할 때, 이와 같이 전례(前例) 없는 마리아론적인 성모 마리아에 관한 특별한 관심으로 인해 일정하게 정해서 가르치는 데는 다소 벅찬 감이 있었다. 이에 결정적으로 영향을 미친 것은 아마도 제2차 바티칸 공의회라고 본다. 이 공의회는 성모 마리아를 보다 포괄적인 신학적 맥락에서 이해하려고 함으로써 교회론과 종말론을 연계하는 가르침을 마련했다.

성모 마리아에 대한 가르침을 공식적으로 표명할 때, 신앙 전체의 체계 내에서 안전하게 수행할 수 있도록 살피는 일은 물론 새로운 일이 아니었다. 왜냐하면 교회에는 이미 일련의 "마리아론의 기본 원칙"이 마련되어 있었기 때문이다. 곧, 교회에는 신부(新婦)와 같은 하느님의 모친으로서의 성모 마리아, 은총을 통해 완성되신 성모 마리아, 하느님과의 계약을 맺으신 성모 마리아 등의 모범이 전해져 내려왔다. 제2차 바티칸 공의회는 마리아론을 교회론 및 종말론과 결합해 가르치도록 결정했다. 이 공의회 이후로 앞서 신학에서도 계속 그렇게 소개했던 것처럼, 성모 마리아를 그리스도론과 연결시키는 데 보다 더 심혈을 기울였다. 그 결과 두 부류의 마리아론, 곧 "그리스도-전형론"(Christotypisten)과 "교회-전형론"(Ekkesiotypisten)이 생겨났다.

이 같은 "기본 원칙"으로부터 그러한 구원사적 맥락에 적합하지 않은 어떤 추상적 개념을 도출하지 않도록 "성모 마리아께서 보여 주는 모범이 '봉사적'이라는 해석학적인 원칙을 마련하는 일은 … 매우 절실하다."[4]는 입장도 한편 만만치 않게 고개를 들었다. 그렇게 사람들은 성모 마리아를 교회의 원-표상 및 중심-표상으로 바라보면서 성모 마리아의 실존을 통해 꾸준히 종말을 향해 달려가는 교회의 자세를 되새겼다. 하지만 물론 그와 다른 구원사적 측면, 예컨대 신-인간관계와 직결된 인간학적인 측면도 배제하지 않았다.

(2) 마리아론에서의 신학적 방법들

당연히 마리아론도 문헌 해석의 일반적인 규칙이 적용된다. 그런 규칙에 대해서는 이 책의 서두에서도 이미 소개한 바 있다. 게다가 제2차 바티칸 공의회에서 반포된 가르침인 "진리의 위계"에 관해서도 반드시 숙고해야 한다. 예를 들어 일치 교령「일치의 재건」(UR II, 11)은 다

---

4. W. Beinert(W. Beinert/ H. Petri, *Handbuch der Marienkunde I*, Regensburg ²1996, 302)는 그렇게 논증하면서 성모 마리아의 모범으로서 "교회 안의 완전한 동정녀"라는 표상도 활용했다(*Ibid.*, 305).

음과 같이 언급한다. "교리를 비교할 때에는 진리의 서열 또는 위계가 있다는 사실을 명심해야 한다." 시대에 따른, 상대적으로 독특한 입장에도 불구하고, 마리아론은 결코 "그리스도교 신앙의 토대(Fundament)"는 아니었다. 그러므로 여기서도 어떻게 마리아론을 보다 넓은 안목에서 신앙을 위한 연결고리로 삼을 수 있을지, 나아가 어떤 근본적인 진술들이 마리아론의 중심을 이루는 것인지, 1850년 이래로 부각된 마리아론의 강조점과 전개 방법을 고려하면서 특별한 방식으로 물을 필요가 있었다.

성모 마리아에 대한 신학적인 진술들은 성경에 뿌리를 두고 있다는 사실이 그때마다 확고하게 입증되어야 한다. 일찍부터 특별한 방식으로 그리스도교 신앙이 반드시 성경에 근거해야 함을 자각하는, 이른바 종교개혁 정신에 따라서, 신학은 그동안 무엇보다도 성모 마리아와 관련하여 빈약한 성경의 근거들 때문에 마리아론을 폭넓게 발전시키는 것을 거부했다.[5] 그럼에도 이미 1975년 『프로테스탄트 성인 교리 문답』 (*Evangelische Erwachsenenkatechismus*)[6]은 "마리아는 복음에 속한다."[7]는 점을 강조했다. 루카복음(1-2장)과 사도행전(1,14)에서의 성모 마리아에 대한 진술들, 마태오복음(1-2장)의 성모 마리아에 대한 진술들, 더 나아가 요한복음(1,1-18; 2,1-12; 7,1-10; 19,25-27)과 바오로 사도 서간(갈라 4,4 이하), 묵시록(특히 12장)에 근거해 마리아론을 가르칠 수 있다고 보았다. 전체적으로 성모 마리아는 주님의 어머니로 불린다. 이 신분과 호칭은 성모 마리아에 대한 존엄성의 중심이 된다. 곧 성모 마리아는 하느님께

---

5. 그러나 가장 주된 논증은 하느님과 인간 사이의 유일무이한 그리스도의 중재적 입장(1티모 2,5)에서 비롯한다. 마리아론은 결코 그 유일무이한 중재성에 흠결(欠缺)을 놓아서는 안 된다고 보았다.
6. VELKD의 교리 문답위원회의 보고서(W. Jentsch 등 편집, Gütersloh [4]1982).
7. *Ibid.*, 392.

로부터 선택된 여인으로, 열렬한 신앙인으로, 동정녀로, 순종하는 여종으로 소개된다.[8]

또 한편 소홀히 다룰 수 없는 것으로서 전승에 따른 증언이 있는데, 그 증언은 오래전에 마련되었고 또 매우 풍부하다. 제1차 바티칸 공의회는 더욱이 '신학적 이성'(*ratio theologica*)을 신학적인 인식 수단으로 끌어들였으며, 이 수단을 이용해 신학은 전반적으로 마리아론도 연구하게 되었다. "(또한) 신앙에 의해 조명을 받은 이성이 열심히 경건하게 신중히 찾는다면, 자연적으로 인식한 것에 대한 유비에 의해서든, 신비들의 내적 연관성 그리고 그것들과 인간의 최종 목적과의 연관에 의해서든, 신비들에 대한 지극히 풍요로운 깨달음을 하느님의 도움으로 얻게 될 것이다"(*DZ* 3016). 그러므로 유비의 길을 따라서, "신비들의 결합"(*nexus mysteriorum*)을 통해서, "최종 목적"(종말론적인 관점)을 고려하면서 성모 마리아에 관해 진술할 수 있다.[9]

더 나아가 "신앙 감각"(*sensus fidelium*)에 대해 각별히 생각해 볼 필요가 있다.[10] 제2차 바티칸 공의회는 교회 헌장 「인류의 빛」(*LG* II, 12)을 통해 이렇게 고백한다. 신앙인들 모두가 만일 믿음으로 하나가 된다면, 오류에 떨어지지 않을 것이다. 다만 그러한 기준을 과연 정확하게 적용할 수 있는가의 문제는 실제로 쉽지 않다. 사람들은 '하나-됨'을 어

---

8. R. E. Brown 등이 함께 편집한 교회 일치를 위한 연구가 전반적으로 중요한 점들을 전한다. *Maria im Neuen Testament*. Eine Gemeinschaftsstudie von protestantischen und römisch-katholischen Gelehrten, Stuttgart 1981.
9. 한편 다음과 같은 원칙들은 과장된 것처럼 비쳐질 수도 있다. "*De Maria numquam satis*(결코 만족하지 못한 마리아)" 혹은 "*Potuit, decuit, ergo fecit*"(하느님께서는 모든 것을 하실 수 있었기에, 사람들이 성모 마리아에게 공경의 예를 갖추게 되는 그런 모든 것을 성모 마리아를 통해 행하셨다).
10. 참고로 나의 신앙 의미에 관한 소고, Glaubenszustimmung und Glaubenskonsens, in: *ThGl* 69 (1979), 263-271.

떻게 단정할 수 있을까? 어떤 의견이 "조작되는" 경우는 없을까? 계속해서 교회는 1854년과 1950년 이 기준을 지켰다. 그 기준은 교황 비오 9세가 주교들에게 문의해 과반수가 훨씬 넘게 동의를 받아냈다. 또한 그것은 가톨릭교회의 신심 활동 속에 1세기 동안 줄곧 현존해 온 사상을 통해 입증될 수 있다. 곧 "기도의 법이 바로 믿음의 법(lex orandi - lex credendi)"이라는 원칙이 적용되었다. 교황 비오 12세에게서는 그 모든 것이 훨씬 더 분명하게 드러난다. 당시 "신앙 감각" 개념은 곧바로 가동되었다. 1940년까지 서명한 평신도와 성직자만 총 6,471,000명이었고, 그 밖에 수도회, 신학교, 주교단, 시노드에 의해 약 8백만 명이 성모 승천에 관한 교의를 지지했다. 그러므로 그것은 "교회의 현실"(factum Ecclesiae)에서, 곧 지금이란 시점에 귀 기울이며 가르치는 교회 공동체에게서 신앙을 확인했던 셈이다. 만일 사람들이 교회가 총체적으로 신앙 안에서 잘못된 길을 걷지 않는다는 의견을 받아들인다면, 이 같은 제안은 유효할 수밖에 없다. 그럼에도 불구하고 신학적·방법적인 어려움들은 여전히 남아 있다. 이때 다만 그 같은 논증이 마리아론 안에서 역할을 수행했다는 사실만은 기억될 필요가 있다.

(3) 전통의 증언

교회의 많은 교부들이 성모 마리아를 언급할 때 외경(Apokryphen)에 의지했다.[11] 예를 들어 야곱의 원-복음, 나자렛 복음, 히브리인들의 복음 등에 의지했다. 이들 외경은 일반적으로 교회 역사를 전제하든가 최소한 거기에 단단히 결합되어 있다. 외경은 특별히 성모 마리아의 어

---

11. W. Schneemelcher u.a. (Hrsg.), *Neutestamentliche Apokryphen*, 2 Bde., Tübingen 1959-1964 (^{2}1989/1990).

린 시절과 마리아의 부모 성 요아킴과 성 안나에 대해서도 전하고 있다. 외경은 누구나 쉽게 알아볼 수 있듯이 신뢰할 만한 부분이 적고 과장된 보도를 접하게 되는 경우가 많다.

신학적으로 보다 더 진지한 마리아론에 대한 증언들은 초기 교부들인 안티오키아의 이그나티우스(†110년경), 순교자 유스티누스(†165년경), 리용의 이레네우스(†202)의 사상들이다. 리용의 이레네우스는 아마도 교부들 중에 성모 마리아 교리에 진수를 보인 것으로 평가받고 있으며, 특히 그노시스 사상을 상대로 논쟁하면서 성모 마리아의 위상에 대한 의미를 탁월하게 강조했다. 왜냐하면 성모 마리아의 위상은 인간들의 구세주가 한 여인에게서 태어났다는 데에서 잘 드러난다고 보았기 때문이다. 게다가 이레네우스는 상대적으로 독창적인 마리아론을 전개했다. 예컨대, 하와-마리아의 비유적 설명을 통해 유익한 관점을 제공했을 뿐만 아니라, 윤리적인 측면에서의 성모 마리아의 모습을 규명했다. 동정녀 마리아의 신앙은 모든 인간들의 바람직한 신앙을 위한 전제 조건으로 강조되었고, 따라서 성모 마리아는 "구원의 동인"(*causa salutis*)으로 이해되기에 이르렀다.

성모 마리아의 동정성에 대한 논의와 입장도 강조되었다. 페트루스 크리솔로구스(Petrus Chrysologus, 400-450)는 고전적인 세 가지 형식 ― "출산 전에, 출산 중에, 출산 후에" ― 을 완전한 세 겹의 형식으로 파악하였다. "그 동정녀는 잉태하고 출산하고 낳은 후에도 계속 동정녀로 머무르신다"(*Virgo concipit, virgo parit, permanet virgo post partum*).[12] 동정성(Virginität) 사상은 무엇보다도 성모 마리아의 동정성을 통해 항상

---

12. *Sermo* 62, in: *PL* 52, 374A.

그리고 점점 더 그 의미가 부각되었다.13 이는 동시에 성모 마리아의 윤리적인 모습과 위용, "거룩함"의 가치를 더하는 것이다.

아우구스티누스는 펠라기우스와 논쟁할 때 성모 마리아의 무죄함에 대해서도 분명하게 가르쳤다. 펠라기우스는 당시 이렇게 주장했다. 의롭고 죄가 없는 자들은 누구보다도 아벨, 아브라함, 이사악, 야곱, 요셉, 세례자 요한, 엘리사벳이었다. 아우구스티누스는 이를 거부하고, "거기에 거룩한 동정녀 마리아가 … 포함된다. 왜냐하면 나는 '주님의 영예 때문에'(*propter honorem Domini*) 마리아가 죄와 관련하여 어떤 의문도 불러일으킬 수 없다고 보기 때문이다. 오히려 어떤 측면에서든 죄와는 거리가 멀게끔 마리아에게 더 큰 은총이 주어졌을 것으로 능히 짐작할 수 있다. 왜냐하면 이미 죄가 없으신 그리스도를 잉태하고 또 낳으셔야 했기 때문이다."14 아우구스티누스는 펠라기우스에 대해 반대한 입장, 곧 "마리아를 반드시 죄가 없으신 분으로 고백하고 또 공경할 필요가 있다."(*Mariam sine peccato confiteri necesse est pietati.*)는 입장을 확고하게 밝혔다. 이는 우선적으로 현실적인 죄악의 경우에만 유효하다. 그래서 아우구스티누스는 원죄로부터의 자유로움을 마리아가 세례를 받는 순간에 비로소 얻게 되었다고 이해했다.

에페소 공의회(431)는 그에 앞서 하나의 중요한 배경을 가지고 있다. 예컨대 앞서 네스토리우스(Nestorius)가 콘스탄티노플 (대)교구의 주교좌에 착좌했다. 그는 자신의 감독 아래서도 생겨날 수 있는 모든 거짓 교사들을 염두에 두고, 429년 당시 교황 켈레스티노(Coelestinus)에게 직접 다음과 같은 서한을 보냈다. "그들(거짓 교사들)도 동정녀와 '그

---

13. 이에 수많은 사례들을 제공하는 경우로서 G. Söll, in: *HDG* III/4.
14. *nat. et grat.* 36,42, in: *PL* 44, 267.

리스도를 낳으신 분'(χριστοτόκος[크리스토토코스])을 어떤 의미에서는 하느님과 동등한 차원에서 설명하려고 시도한다."[15] 이에 그의 커다란 맞수로 소문난 알렉산드리아의 키릴루스는 그의 생각에 반대하여, 성모 마리아를 테오토코스(Θεοτόκος[곧 '하느님을 낳으신 분'])라고 옹호했다. 한편 여기에는 위격적인 합일 문제도 함께 제기되었다. 서로 간에 논쟁이 격렬해지자 테오도시우스 황제는 에페소로 모든 주교들을 소집하여 다가올 성령강림축일을 준비하도록 했다. 에페소 공의회는 "하느님을 낳으신 분"(하느님의 모친)이란 호칭을 공식적으로 결정한 공의회로 알려져 있다. 공의회 교부들은 범국가적으로 열렬히 존경을 받았다.

칼케돈 공의회(451)는 에페소 공의회의 결정을 '확장한' 의미를 갖는다(DZ 301; 302). 나지안조의 그레고리우스(†390)는 아마도 '동정녀 마리아'에 대해 특별히 호소한 첫 번째 교부다.[16] 대중들 사이에서 성모 마리아 공경은 4세기에 이미 널리 퍼졌던 것으로 보이며, 이에 따라 네스토리우스에 대한 반감도 함께 전파되었다. 어쩌면 성령의 신성을 강조하려는 기본적인 동기 때문에서라도, 381년 콘스탄티노플 공의회는 성모 마리아를 이미 신앙고백문 안에 다음과 같이 이미 삽입했다. "성령으로 인하여 동정 마리아에게서 육이 되시고 인간이 되셨다"(DZ 150 [라틴어 역]). 그 후 금욕주의적인 정신으로 동정성의 의미가 확장되면서 마리아의 동정성에 관한 보다 강한 성찰이 일어났다.[17] 이에 제2차 콘스탄티노플 공의회(553)는, 로고스께서 "거룩하고 영광스러운 하느님의 어머니이시며 평생 동정이신 마리아에게서 육이 되셨으며, 그분에게

---

15. *ACO* I/2, 12.
16. 참고 *Or.* 24, in: *PG* 36, 1181.
17. 이에 수많은 자료들은 *HDG* III/4 (G. Söll), 100ff.를 참고할 수 있음.

서 태어나셨음"(*DZ* 422)을 다시 한 번 강조한다.

성모 마리아의 생애 마지막 순간도 진지하게 통찰되었다. 가장 중요한 증언은 예루살렘의 모데스투스(Modestus Hierosolymitanus, †630) 대주교의 강론으로 여겨진다.18 특별하게는 교부들 가운데 뒤늦은 시기의 인물인 다마스쿠스의 요한(Johannes Damascenus, 675-749)의 강론에서도 자주 그 근거를 찾기도 한다.19 아주 일찍부터 8월 15일에 성모 마리아의 "영면"(*dormitio*) 혹은 "승천"(*assumptio*) 축제를 거행하게 된 셈이다. 약 600년에서 1000년까지는 신학적인 관점에서 그리 풍요로운 시기는 아닐지라도, 성모 마리아 공경이 점차 성장하던 시기인 것만은 분명하다. 그리하여 이 시기에 성모 마리아와 관련된 기도 형식, 호칭 기도, 찬미가, 탄원기도, 성모 마리아에 관한 특별 강론 등 대다수가 생겨났다. 성모 마리아의 무염시태에 관한 논의는 이미 카롤링 왕조 시대부터 시작되었으며, 캔터베리의 안셀무스, 클로베의 베른하르트, 요한 둔스 스코투스가 다음과 같은 성모 마리아에 관한 교리를 대중적인 신심으로 이끌었다. 특히 둔스 스코투스가 확실하게 밝힌 바와 같이, 성모 마리아는 하느님의 특별한 은총 덕분에 결코 원죄와 결부되지 않는다. 토마스 아퀴나스를 포함해서 다른 신학자들은 이 입장에 무조건 동조하지는 않았다. 그러므로 비록 이 교리에 대한 의문이 신학적으로 완결되지 않았을지라도, 임마쿨라타(*Immaculata*) 축제는 계속해서 거행되었고 더 이상 논란을 일으키지 않았다.

1854년 확정된 교리로서 성모 마리아의 무염시태(*immaculata*) 교리

---

18. 그 강론 내용에 대해서는 물론 논란의 여지가 없다. 보다 더 정확한 자료는 *HDG* III/4 (G. Söll), 116ff. 참고.
19. 참고 *HDG* III/4 (G. Söll), 128f. 그의 특별 강론집 내용 가운데 대다수가 *Tzt* 6 (F. Courth), Nr. 76ff.에 재록되었다.

는 또 하나의 풍부한 마리아 신심과 결합했다. 이미 16세기엔 "거룩한 동정녀의 무염시태에 관한 교리위원회" 소속의 형제회가 도처에 산재했다. 이들 가톨릭교회 수도자들은 원죄 없이 잉태하신 동정녀 마리아의 축복을 기원했다. 그리스도교의 예술은 특히 17세기와 18세기에 아주 자주 "임마쿨라타"에 관해 묘사했다. 1950년 "성모 마리아의 승천"에 관한 교리도 그와 흡사한 길을 걸었으니, 이 또한 성모 마리아 신심과의 집약적인 유대 속에 널리 전파되었다.[20]

1950년 교의의 확정은 이제 성모 마리아 신심을 새롭게 재개하는 데 큰 역할을 했다. 곧, 1954년 성모 마리아의 해의 제정과 ― 1925년 그리스도 왕 대축일과 나란히 ― 1958년 "여왕이신 마리아" 축일의 제정을 위해, 그리고 교황 바오로 6세는 "교회의 어머니"로서 성모 마리아의 호칭을 선포하는 데 적지 않은 영향을 주었다.

제2차 바티칸 공의회(1962-1965)는 새로운 마리아론을 전개하지 않았다.[21] 제법 많은 사람들이 기대했던 "구원의 협조자" 혹은 "온갖 은총의 중재자"로서의 성모 마리아를 생각하는 교의 제정은 실현되지 않았다. 왜냐하면 상기 공의회는 성모 마리아에 관한 새로운 교리의 제안을 받아들이지 않았기 때문이다. 제2차 바티칸 공의회에서 성모 마리아 교리를 그리스도론에서 다룰지 혹은 교회론에서 다룰지에 대해 열띤 토론을 벌인 결과, 마침내 교회론에서 다루기로 의견을 모았다. 성모 마리아와 교회 사이에는 내적으로 심오한 연관성이 자리한다. 성모 마리아는 어떤 측면에서는 교회의 "모범"이다. 왜냐하면 굳센 신앙을 갖고 하느님께 귀 기울이는 동정녀 마리아의 모습은 교회가 그대로 뒤따

---

20. 이 책의 앞선 "마리아의 세기"(868-870쪽)에 대한 설명을 참조하기 바람.
21. 이하의 내용은 *HDG* III/4 (G. Söll), 290에 요약된 것을 참조했다.

라야 할 전형(典型)이기 때문이다. 또한 성모 마리아는 종말을 향해 순례하는 교회를 위한 구원의 표징이다. 신학적인 여러 논증들에서 활용된 다양한 알레고리와 전형론들은 성경에 기록된 용어의 의미를 재고하면서 다듬어졌다. 상기 공의회는 전반적으로 하나의 거대한 성모 신심과 성모 공경을 이끌어 낸 셈이다.

2) 마리아론의 주된 가르침
(1) 하느님의 어머니이신 마리아

복음서들은 (잉태에 관한 보도와 관련하여 전하는 바와 같이) 마리아를 예수의 실제 어머니로 소개하며, 예수가 누구인지 이미 해명된 바를 토대로 마리아가 누구인지 설명해 나가는 방식을 취한다. 마리아를 하느님의 어머니로 고백하는 진술은 그리스도론적인 측면을 부각시킨 것이다. 예수가 자신의 현존재를 가장 처음 선보이던 순간이 하느님의 로고스와 결합한 하나의 인격체로서의 탄생이라고 한다면, 그를 낳은 어머니는 물론 하느님의 어머니이기도 하다. 마리아는 동시에 신이기도 한 그 인간의 참된 어머니다.

에페소 공의회(431)는 이렇게 선언했다. "임마누엘이 진실로 하느님이시며, 이 때문에 거룩한 동정녀가 하느님의 어머니(*Dei genetrix*)시라고 고백하지 않는 자는 파문될 것이다(거룩한 동정녀께서는, 하느님에게서 나시고 강생하신 하느님의 말씀을 육에 따라 낳으셨기 때문이다)"(*DZ* 252). 한편 *Dei genetrix*의 독일어 번역어로서 "Gottesgebärerin[=하느님을 낳으신 분]"은 (혹여 Muttergottes[=母神]로서) 오해의 소지가 있다는 이유로 더 나은 표현으로서 오늘날 "Mutter Gottes[=하느님의 어머니]"라고 칭한다.

하느님의 모친에 관한 교의는 모든 마리아론을 합법화시키는 근거이다. 이러한 교리는 그리스도인의 입장에서 논란의 여지가 없기 때문에, 언제든 육화와 함께 핵심적인 내용으로 취급된다.

① 육화 교리는 "하느님께서 인간이 되셨다."고 가르친다. 이는 하느님께서는 당신 스스로 사람들에게 드러나시고자 인간의 몸을 취하셨다는 뜻이다. 인간은 그의 입장에서 하느님과 하나가 되는 중에 그의 가능성을 최종적으로 실현하게 된다는 것을 깨닫게 된다. 하느님은 인간을 정의(定義)하는 데 반드시 필요하다. 그런 의미에서 그리스도론은 '모든 인간들이 가까이 다가가려는 목표는 (예수가 보인) 실체적인 합일을 통해 실현될 자기완성'임을 밝혀 준다. 그런 이유로 예수 그리스도는 인간의 규범(Norm)이다. 예수와의 공동체성이 점점 더 돈독해질수록 인간의 자기실현은 점점 더 완성에 이르게 된다. 이제 마리아가 예수와의 공동체성을 최대한 실현시켰다고 한다면, 모친이라는 신분이 인격적으로 최대한 밀접해 있는 것으로 여긴다면, 그래서 그것을 생물학적으로만 이해하지 않는다면, 그것은 곧 인간의 가능성을 최대한 실현한 것을 의미할 것이다.

② 하느님의 어머니 교리는 특별한 방식으로 인간에게 다가서시는 하느님과의 유대를 함의한다. 구세주는 그렇게 멀리 인간과 동떨어져 있지 않다. 구원 역사의 주체로서의 하느님께서는 인간 안에 그리고 인간 곁에 존재하신다. 마리아가 낳은 분은 임마누엘, 곧 "우리와 함께 하시는 하느님"이다.

③ 마리아는 분명 하느님에 의해 충만한 은총으로 선택되었으니, 그 때문이라도 능히 하느님의 동반자라고 말할 수 있다. 인간의 구원을 위해 하느님께서는 기꺼이 인간을 상대하신다. "마리아가 말하였다. '보십시오, 저는 주님의 종입니다. 말씀하신 대로 저에게 이루어지기를 바

랍니다'"(루카 1,38). 인간은 하느님의 자유로운 주도권과 충만한 은총으로 인해 선택된 덕분에 그분의 협력자가 될 수 있다는 사실에서 자신의 최대 존엄성을 발견하게 된다.

(2) 평생 동정성[22]

신약성경의 자료를 기초로 "출산 전에"(*ante partum*) 마리아가 동정이었다는 논리는 처음부터 그리스도교의 믿음 안에 받아들여졌다. 예수 그리스도 안에서 하느님의 인간-되심은 하느님의 섭리에 의해 앞서 배려된 영적인 활동으로도 이해할 수 있다. 그래서 예수 그리스도에 대한 사도들의 신앙(신경)은 다음과 같이 고백한다. 예수는 "동정녀 마리아에게서 잉태되어 나셨다"(*natus ex Maria virgine*). 그 동정성은 예수를 "출산하는 중에"(*in partu*)도, "출산한 후에"(*post partum*)도 유효하다. 마리아는 지상에서 평생 동정으로 살았다.

역사-비판적인 주석신학에 기초하자면 이 교리에 반대하는 많은 사상들이 등장했으나, 사실 자체에 접근하려는 그러한 형식의 주석 방법에 기초해서는 실상 긍정적인 진술도 부정적인 진술도 이끌어 낼 수는 없었다. 이미 보편적으로 신약성경의 이해를 위한 열쇠가 바로 부활 사건이라고 보듯이, 그렇게 여기서도 부활 사건으로부터 출발해야 한다. 부활은 예수 그리스도가 인간의 역사에서 나와 성부께로 "올라감"을 가리키며 (따라서 '고양은 부활의 과정이다.) 하느님께서 손수 이루신 행위다. 그와 마찬가지로 인간 역사 안으로 "들어옴"도 하느님의 창조

---

22. 이 단락('동정성' 주제)의 전반적인 문제점에 대해서는 G. L. Müller, *Was heißt: Geboren von der Jungfrau Maria? Eine theologische Deutung* (*QD* 119), Freiburg I. Br. ²1991.

적인 행위로 해석될 수 있다. 이를 좀 더 심화시켜 다시 말하자면, 구원 사건은 오로지 하느님의 주도적인 행위에 의해 이루어지기에, 구세주의 인간-되심 안에서 하느님께서 친히 활동하신다. 그분의 현존이 이 땅에 구원을 가져오는 이의 탄생을 펼친다. "지극히 높으신 분의 힘이 너를 덮을 것이다"(루카 1,35).[23]

일부 신학자들은 동정성 교리를 견지할 만한 것으로서, 포기해야 할 불합리한 교리가 아니라 여러 종교들에서도 신에 의해 온통 그리고 전적으로 사로잡힌 인간을 대변하는 믿음이라고 덧붙여 설명한다. 인간의 중요한 노력, 또 다른 어떤 것을 향해 온몸을 내던지는 열정이 하느님에 의해 가납(嘉納)될 것임에 틀림없다. 그로써 동정성에 관한 진술은 일종의 인간학적인 구성 요소를 확보하게 된다. 인간은 자신에게 주어진 본능 그리고 동기, 충동들에 속절없이 따를 필요는 없다. 인간은 마지막까지 하느님께 자신의 마음을 온통 열 수 있는 기회를 갖는다. 그와 같은 기회는 일상적-세속적으로 살아가는 모습에 비해 "더 나을" 것이 하나도 없어 보일 만큼 세상에는 어울리지 않는 생활 방식으로 이끌 수 있다.[24]

(3) "원죄없는 잉태"

1854년의 이 교리는 직접적으로 혹은 성경에 근거해 정해질 수는

---

23. 주 하느님의 능력으로 "덮음"은 이미 구약성경에서 구원을 실현시키는 하느님의 주도권을 가리킨다.
24. 여기 이 단락에서는 마리아의 상징성에 특별한 방식으로 접근해 보고자 한다. 이 상징성 측면에서 그리고 그 상징성 안에서 하느님의 섭리가 갖는 의미는 이 상징의 결정적인 위상과 연계된다. 거기서 분명히 선택, 은총, 신앙, 약속, 성취라고 하는 것은 또한 인간의 실존의 근본 구조이다. 이때 인간 실존은 항상 하느님의 은총으로 유지되는 만큼 하느님과 직접적으로 관련을 맺고 있다. 그러므로 마리아가 전체 신학의 "시험 무대"라고 일컫는 것이 부당해 보이지는 않는다.

없었다. 사람들이 이 주제와 관련하여 확신할 수 있도록 해 줄 만한 구체적 경험이나 역사적인 사건과 같은 것은 존재한 적이 없다. 그럼에도 이 교의는 교의로서 다른 승천-교리와 함께 가톨릭교회의 "유익한 신앙 유산"이다. 이는 ① 신학적인 반성을 통해서 이루어진 것이며, ② "교회의 현실"로부터 이끌어 낸 것이다. 다시 말해 교회의 신앙 현실에 기초한 교의이다.

마리아는 온전하고도 순수한 인간이며 그런 만큼 죄와의 유대 안에 놓여 있다. 그런데 그리스도에 의한 구원은 하느님께서 당신 아드님을 인간이 되게 하심으로써 죄와의 유대를 끊으셨음을 뜻한다. 마리아의 유일무이한 특징은 구원의 선물을 매우 풍부한 형태로 드러나게 해 주었다는 데 있다. 이 같은 구원은 그리스도와의 긴밀한 일치를 통해 완성된다. 하느님의 어머니라는 입장에서 마리아에게서 목격되는 그리스도와의 일치는 매우 특별하고도 친밀하게 이루어졌다. 그로써 하느님께서 인간에게 쏟으시는 인간의 본질에 관한 어떤 것이 밝혀진 셈이다. 창조와 구원은 하나다. 하느님의 구원 계획이 마침내 환히 드러나도록 일찍부터 설계되었다. 마리아는 새로운 인간성을 구현한 첫 번째 인물이다. 곧 마리아는 구원의 신비 안에 들어선 인간을 대표한다.

(4) "성모 승천"

이 교리도 성경으로부터 직접 논증된 것은 아니고, 1854년에 반포된 (앞선) 성모 교리와 마찬가지로, "교회의 현실"과 신학적 반성, 그리고 전통에 기초하여 마련되었다. "하늘"에 관한 진술과 "영혼과 몸"에 관한 진술은 간단히 해명되지 않는다. 그럼에도 그러한 신학적인 개념들을 전제로 '성모 승천' 교리가 1950년에 반포되었다. 이 교리는 "중간 상태"를 받아들여야 하느냐 혹은 받아들이지 말아야 하느냐 하는 문제로부터 자유롭다. 비록 모든 인간은 죽음으로 인해 육체와 영혼이 모두 영광을 받게 될 것이라고 전망한다 하더라도, 그 같은 전망이 마리아에게서는 독특하게 언표 되어야 한다는 점이 중요하다. 상징을 통해 우리가 기대하고 미래에 이루어질 것으로 고백했던 것들이 마침내 마리아로 인해 확정적으로 선언된 것이다. 우리도 마리아가 들어올려진 것처럼 전적으로 하느님과의 친교가 완전하게 이루어질 수 있다.

이것은 '인간들을' 위해 하나의 탁월하고도 중대한 진술이다. 인간이 살아가는 동안 온갖 치욕을 받을 수 있다고 하더라도, 육체성을 포함해 그의 전인적 인간성은 영원히 유지될 것이다.

달리 말하자면, 그리스도교 신앙은 세상의 그 모든 겉모습과 모순되는 것을 희망하는 일과 직결된다. 그래서 우리는 "하늘의 시민입니다. 그리고 그곳에서 구세주로 오실 예수 그리스도를 고대합니다. … 우리의 비천한 몸을 당신의 영광스러운 몸과 같은 모습으로 변화시켜 주실 것입니다"(필리 3,20 이하). 이는 마리아에 대해 고백하면서 앞서 선취하듯이 되새기는 교회의 신앙이다.

3) 1854년과 1950년의 정의 논증과 그에 대한 입장[25]

1854년의 칙서(*Bulla*) 「형언할 수 없는 하느님」(*ineffabilis Deus*, DZ 2800-2804)은 다음과 같은 관점들과 연결고리를 감안하면서 논증을 전개했다.

① 하느님의 구원 계획 안에서 마리아의 위치와 특징.

---

25. 이 단락은 *HDG* III/4 (G. Söll), 228에 따라 소개함.

② 원죄없는 잉태에 관한 교회의 전통적인 신앙.

③ 원죄없는 잉태의 전례에 대한 교황의 관심어린 해석과 내용(신심).

④ 교리들이 서로 충돌하는 경우가 없도록 유념할 것.

⑤ 교부들의 가르침, 아베 마리아, 마니피캇, 전통적인 하와-마리아의 비교.

⑥ 창세 3,15에 소개된 마리아의 선조들과 모범적인 인물들.

⑦ 원죄없는 잉태를 위한 은총의 충만함과 유용성의 근거들.

1950년의 칙서 「더없이 관대하신 하느님」(*Munificentissimus Deus*, DZ 3900-3904)은 다음과 같은 관점들을 중시했다.

① 마리아가 받은 은총, 특히 무염시태와 관련된 사항.

② 교회가 승천에 관해 정의할 때 고려해야 할 요구 사항.

③ 주교들과 신앙인들 사이의 일치.

④ 전례와 마리아의 승천.

⑤ 교부들과 신학자들의 가르침.

⑥ 전통적인 증언들에서 목격되는 비유 및 알레고리들.

⑦ 성경의 기초 자료, 특히 창세 3,15과 마리아에 대한 예고들.

⑧ 인간의 축복(천상 행복)에 관한 정의(定義).

4) 현대 신학의 관점에서 본 성모 마리아

"마리아의 세기" 내 수십 년 동안 마리아에 대한 신심과 관심이 커졌다가 다시 어느 순간부터 마리아 관련 전문 출판물의 보급이 아주 저조해지기 시작했다. 이 같은 현상은 지난 사반세기 동안 다시 분명하게 변화했으며, 기초적인 관점에서 관심을 기울인 문헌들이 범람했던 경우와는 상황이 달라졌다. 마리아는 이제 비판적-신학적인 물음을 다루는 곳에서도 등장한다. 그리하여 마리아는 오늘날 여성주의 신학에서도 표면적으로 부상했다.26 마리아는 남성우월주의적인 모습이 강하게 인상지어진 교회 내에서 포괄적으로 그로부터 벗어나겠다는 관점에서는 해방으로 상징된다. 마리아론은 이때가 중요하다. 왜냐하면 그것은 무엇보다도 가부장적인 억압에 맞서 여성의 자율성을 드러내고 또 분명하게 밝혀 주기 때문이다. 이러한 "새로운" 마리아의 모습은 루카 사가에게서 특별히 더 잘 드러난다. 그 가운데서도 특히 "마리아의 노래"(*Manificat*)에서 역력히 목격된다. 거기서 마리아는 권력 앞에서 억압받는 인간들의 대표적인 인물로 소개된다. 그렇지만 마리아는 신약성경이 소개하듯 바람직한 신앙인의 전형이다.27 이 같은 전망은 남미의 해방신학에 기초적인 토대로도 작용했다. 거기서 마리아는 그리스도인들의 사회 참여 중에 하느님의 뜻을 지속적으로 묵상하고 집요하게 실천하는 전형적 인물로 공경을 받고 있다.28

---

26. A. Greeley, *The Mary Myth*(1977), [독일어 역] *Maria. Über die weibliche Dimension Gottes.* Graz 1979; R. Radford-Ruether, *Maria - Kirche in weiblicher Gestalt,* München 1980; L. Boff, *Ave Maria. Das Weibliche und der Heilige Geist,* Düsseldorf 1982; 그 밖에도 C. J. M. Halkes에게서 여러 연구 논문들을 엿볼 수 있다. 예컨대 그의 *Gott hat nicht nur starke Schöne.* Grundzüge einer feministischen Theologie, Gütersloh ⁵1987.
27. 이 개념에 대해서는 여기서 상세히 다루지는 않겠지만, 마리아는 심리학적으로 혹은 종교사적으로 마치 여성적인 장점을 지닌 여신(女神)으로 해석되기도 한다. 예컨대 Chr. Mulack, *Maria - die geheime Göttin im Christentum,* Stuttgart 1985.
28. 이에 전반적으로 소개한 훌륭한 연구서로서는 G. Collet, Maria in der Theologie der Befreiung, in: Beinert/Petri, *Handbuch der Marienkunde* I, 420-434.

5) 교회일치운동에서의 성모 마리아

(1) 마리아론과 종교 개혁가들의 마리아 신심

종교 개혁가들의 마리아 신심과 마리아론에 대한 고전적인 연구로는 발터 타폴레트(Walter Tappolet)의 『종교 개혁가들의 마리아 찬가』(*Das Marienlob der Reformatoren*)[29]가 대표적이다. 상기 저자는 무엇보다도 루터, 칼뱅, 츠빙글리, 불링어(Heinrich Bullinger 1504-1575)의 입장들을 분석한다. 이 책을 신뢰해도 좋은 이유는, 이 책이 특히나 각 사상가들의 원문을 수집해 성실하게 해석하는 작업을 함께 수행하고 있기 때문이다. 우리의 연구에서는 무엇보다도 루터의 입장이 중요하다. 그 밖에도 칼뱅, 츠빙글리, 불링어의 관점도 분명 놓치지 않을 것이다. 종교 개혁가들은 결코 새로운 교회를 세우려고 하지 않았다는 점을 우선적으로 숙고할 필요가 있다. 그들은 아직 개혁되지 않은 교회의 자녀들이었던 셈이다. 그래서 그들은 당시 전통적인 교회가 곧 하나요, 거룩하고 보편되며, 사도로부터 이어오는 교회가, 그들의 생각에 의하면, 선조들의 신앙에서 벗어난 바로 그 부분들을 개혁하기를 원했다. 루터는 자신에게도 마리아에 대한 신약성경의 진술이 유효하기 때문에 마리아 축제를 유지했다. 그런 까닭에 그의 설교집에는 수많은 마리아에 관한 설교(대략 80여 개)가 발견된다. 그러나 또 다른 주제와 결부시켜 (예컨대 예수 성탄과 관련하여) 더 많은 설교들을 생각한다면, 마리아에 대한 루터의 입장이 무엇인지 쉽게 알 수 있다. 물론 그는 마리아의 위상을 교회의 신앙고백과 관련된 중요한 해석에 커다란 동기를 부여하는 의미로도 거론했으며, 나아가 그런 관점을 신학적인 연구에 적절한 틀로도 활용했다.

---

29. Tübingen 1962, 참고로 R. Schimmelpfennig, *Die Geschichte der Marienverehrung im deutschen Protestantismus*, Paderborn 1952.

루터의 마리아론과 마리아 공경은 마리아의 '하느님의 어머니-되심'에서 출발한다. 이 교리를 루터는 옛 교회의 전통에서 확보했으며, 그런 논리에서 종교개혁을 추구하는 교회들이 루터를 오늘날까지 뒤따르고 있다. 특히 그들이 고백해야 할 신앙의 차원에서 뒤따른다. 거기에 덧붙여 특별히 1522년에 발표한 루터의 인상 깊은 문헌 하나를 재고할 필요가 있다. 물론 이 문헌의 기본 명제는 루터가 살아 있는 동안에는 거부되지 않았다. "위대한 사실은 다름이 아니라 그녀(마리아)가 하느님의 어머니가 되었기 때문에, 바로 그 사건 안에서 아무도 경험할 수 없을 만큼 크고 많은 호의가 그녀에게 주어졌다는 사실이다. 왜냐하면 거기에는 모든 영예와 모든 복락이 자연히 뒤따르고, 나아가 그녀가 온 인류 가운데 유일무이한 인격체로 우뚝 설 수 있게 하는 토대가 자리하니, 아무도 비교할 수 없을 만큼 그녀는 천상의 하느님 아버지와 함께한 아이를, 우리가 성탄절 구유에서 마주하는, 한 아기를 품에 안으셨다. … 그러므로 사람들이 이 같은 사실을 염두에 두고 한 마디로 요약해, 그녀를 '하느님의 어머니'라고 일컫는 것이다. 아무도 그 호칭보다 더 위대할 수 없으며, 그녀에 대한 다른 수만 마디의 말로도 그것을 대신할 수 없을 것이니, 그 호칭에 비하면 나머지 모든 미사여구는 하찮게 여겨지는 나무 잎사귀나 잡초에 지나지 않으며, 무수히 많은 별들 가운데 혹은 셀 수 없는 백사장의 모래 가운데 하나에 불과하기 때문이다. 그러니 하느님의 어머니가 무엇을 의미하는지 우리는 마음 깊이 묵상해야 한다"(WA 7, 572f.).

이와 마찬가지로 루터에게 (그가 신약의 복음을 합법적으로 진술한 옛 신앙고백을 그대로 넘겨받아 되새긴 종교개혁적인 그리스도교 사상도 포함해) 하느님의 어머니 마리아는 동정녀였고, 또 계속 동정녀로 머물러 있다는 사실은 유효했다. 그에 대한 성경의 증언은 물론 압도적이다. 마리아의 승천에 관해서도 루터는, 성경이 그에 대해 아무런 증언을 하지 않는다고 생각하지 않았다. 오히려 마리아가 하늘에 올라 하느님 곁에서 산다는 것을 아무도 의심할 수 없다고 생각했다. 이 같은 사실과 관련하여 또 숙고할 만한 점은 그러한 신앙고백을 가톨릭교회는 [훨씬 시간이 흐른 다음] 비로소 1950년에 교의로 반포했다는 점이다. 종교 개혁가들의 시대에는 교회 안에 그에 대해 철저히 양분된 견해들이 존재했다. 이 같은 분란은 1854년 교의 반포의 경우처럼, 마리아의 원죄 없는 잉태 교리 확정 때에도 분란이 있었다. 루터가 옛 교회의 신앙고백에 대해 명시적으로 거부 의사를 표명하지는 않았던 것처럼, 일찍이 그는 이와 관련하여 결코 분명한 입장 표명을 취하지는 않았을 것으로 추정된다. 1543-1544년의, 그러니까 루터가 죽기 전 2-3년 사이에 선보인 진술들에 대해 연구한 적지 않은 신학자들이 오히려 성모 승천 교리에 대해 그가 변호하는 모습을 밝혀내고 있다.

루터는 이처럼 신앙고백의 차원에서도 풍부한 내용의 마리아 찬가를 소개한다. 그는 마리아의 신앙, 겸손, 순수함에 대해 찬양했다. 그는 제2차 바티칸 공의회가 고백한 것들을 회상하게 할 정도로 거의 흡사한 통찰 과정을 따라, 마리아를 교회와의 긴밀한 유대를 고려하면서 이해했다. 십자가 아래 서 있던 마리아는 바로 '인격화된 교회'를 대변한다. 마리아는 우리의 어머니다. 루터가 마리아 축일을 계속 유지하도록 직접 언급했다는 점에 대해서는 이미 앞에서도 밝힌 바 있다. 그는 수많은 우상 타파에 대해 외쳤을 때에도 교회 안에서 마리아 상(像)의 지속적인 유지를 강조했다.

겐프(Genf)의 종교 개혁가 칼뱅은 마리아에 관한 신앙 및 마리아론적인 진술을 시도할 때 루터보다는 좀 더 자제하는 모습을 보인다. 그러나 그에게도 분명 '하느님의 어머니'로서의 모습과 고유한 동정성의 특징은 믿을 만한 교리로서 손색이 없었다. 다만 그는 마리아의 원죄없는 잉태 교리만은 동의할 수 없었으나, 그 밖에 다른 많은 점에서 마리아가 우리에게 신앙의 모범이라는 것은 틀림없는 사실로 받아들였다. 그에게도 마리아는 성경이 전하는 바와 같이 우리 신앙의 모범이었다. 순종과 신뢰, 남다른 희생, 하느님께 대한 찬양, 증언적인 삶 전체가 바로 우리에게 모범으로 다가온다.

그래서 우리는 실제 상기 두 유명한 종교 개혁가들(루터와 칼뱅)과 함께 마리아 신심에 대해 강한 확신을 갖게 된다. 나아가 이들 두 종교 개혁가들의 신학 체계 안에서 마리아론의 위상도 가히 주목할 만하다. 그렇지만 지금 이 자리에서 이로써 그 두 종교 개혁가들의 마리아에 대한 입장을 두루 살핀 것은 아니다. 다시 말해 마리아에 관한 그들의 진술 이면(裏面) 혹은 의식 아래에 놓인 것들 그리고 종종 명시적으로 종교 개혁가들이 유보시킨 조건들에 대해서는 더 살펴야 할 것이다.

(2) 종교 개혁가들의 유보 조건

일반적으로 대략적이긴 하지만, 루터의 마리아 공경에 대한 유보 조건(교회의 제도를 반대하는 원칙)은 상대적으로 소극적이다. 반면 칼뱅의 경우에는 보다 더 예리하다. 예를 들어 한 가지 유보 조건이 외적인 관계 및 주위 상황들과 관련하여 제기되었는데, 그것은 종교 개혁가들의 반항 의식 안에 깔려 있는 것이라고 볼 수 있다. 그렇게 종교 개혁가들의 비판적인 시각에서 후기 중세 시대의 마리아 신심은 그 정당한 가치를 상실한 것으로 비쳐졌다. 그래서 종교 개혁가들은 마리아 신심에서 기형적으로 빚어진 것들, 예컨대 간단히 과장된 기도 형식이나 호칭 형태에서부터 마리아의 옷가지, 머리카락, 치아, 뼈 등에 집착된 신심 행위에 이르기까지 다양한 탈선들에 대해 조목조목 지적한다. 그와 같은 비판적인 진술은 사실상 옛 교회를 수호하는 이들에게서도 최소한 부가적으로 제기된 것들이었다. 그에 비해 좀 더 외적인 과정과 상황들을 적나라하게 지적한 종교 개혁가들의 비판은 그들 나름의 신학사상을 마련하는 발판이 되었다. 예컨대 "오로지 그리스도만으로"(*Solus Christus*)라는 구호를 위해서도 그러한 비판은 필요했다. 종교 개혁가들의 이 구호는 거의 모든 곳에 적용된다. 그래서 그들은 마리아는 물론 성인들의 구원의 중재적 역할이나 대신 빌어 주는 탄원기도를 인정하려고 하지 않았다. 그 때문에 "성인호칭기도"는 그들에게 의미가 없었다. 칼뱅에게서 우리는 그가 유난히 날선 예리한 관점과 안목에서 1544년 다음과 같이 진술한 것을 확보할 수 있다. "성령의 은총을 빌고자 앞서 동정녀 마리아에게 호소하는 호칭기도가 부질없고 오히려 장애가 된다는 것을 과연 보지 못한단 말인가? 우리의 신앙에 방해가 되는 저 찬양 노래(호칭기도)를 조속히 삼가도록 해야 한다. 이들 찬양 노래는 저 동정녀를 공경하려는 의도로 마리아를 '천상의 여왕' 혹은 '은총의 보고(寶庫)'라고 칭하는 만큼 대부분 폐기해야 한다. … 그리스도를 따돌리고 마리아에게 피신하려는 세속적인 의도를, 그래서 마리아 주변에 벌떼처럼 모여들지만, 정작 하느님께는 다가가지 못하는 것을 과연 이들은 보지 못한단 말인가? 이는 참으로 하느님의 말씀과 너무 동떨어진 모습이 아닌가!"[30]

---

30. *Opera omnia* VII (*CR* XXXV), 44 : 최근에는 2개의 언어로 된 칼뱅-전집이 출간되었다. 예컨대 hrsg. von E. Busch u.a., Neukirchen/Vluyn 1999, Bd. 3, 102f.

이 같은 "종교 개혁가들의 유보 조건"은 그 이후 계속 나타나는 종교 개혁가들의 기본적인 입장을 따라서 되살아난다. 일부는 간접적으로 "오로지 그리스도만으로"라는 구호 아래서 또 일부는 직접적인 인용을 통해서 말이다. 그와 같은 기본 입장은 종교개혁 움직임 안에 일부 반영되기도 했고, 프로테스탄트교회 역사가 발전해 오는 과정 중에 일부 강화되기도 했다.

① "*Solus Christus*"라는 구호에 어울리는 유명한 개념은 물론 *Sola Scriptura*(오직 성경만으로)이다. 만일 이 원칙이 철저하게 적용된다면, 그리스도교 신앙이 그동안 걸어온 역사 안에서 신앙 진리로 인정해 온 많은 것들 또한 폐기될 수 있다. 마리아의 축일을 루터가 반대한다는 유보 조건은 물론 그것이 직접적으로 성경의 기록에 소급해 밝힐 수 있는 것이 아니라는 점에서 상징적이다. 1950년 가톨릭교회가 마리아의 육체를 포함한 승천에 대해 교의로 공포했을 때 프로테스탄트 신학자들은 양 교회 간의, 그때까지 신앙고백과 관련하여 서로에게 아직 열려 있었던 문이 완전히 닫혀 버렸다고 목소리를 높였다. 그리고는 직접 그 이후 계속해서 성경과 전통 사이의 관계에 대한 문제를 두고 격렬하게 논쟁을 펼쳤다. 가톨릭교회 측에서도 같은 태도를 보였다.

② "*Solus Christus*"라는 구호는 프로테스탄트 신학이 발전하는 중에 어떻게든 교회의 제도를 반대하는 원칙(유보 조건)으로 자리잡으면서 절정을 이루게 되었다. 당연히 일련의 주장들과 이 구호를 구별해 생각하는 것이 옳아 보인다. 그러나 대략적으로 말해, 프로테스탄트 신앙이 교회의 중재적인 기능, 나아가 그리스도와의 결속을 다지는 교회의 역할을 오히려 최소화시키려 했다고 보아도 지나치지 않을 것이다. 그로부터 프로테스탄트 신학자들은 "그리스도의 몸"에 관한 신학과 관련하

여 곤란한 문제들이 생겨났다. 예컨대 그리스도의 몸[성체성사 및 교회]이 육체를 지닌 신앙인들의 탄원을 보증해 주는 어떤 것으로 삼을 만한 조건이라고 말하기가 점점 어렵게 되었다. 그리하여 지상에서 살아가는 신앙인들과 하느님 곁에 머물러 있는 성인들, 나아가 정화 장소에 머물러 있는 이들도 포함해, 그 모두를 포괄해 아우르는 교회 개념을 마련하는 일이 프로테스탄트 측에서는 매우 곤란해지게 되었다.

③ 처음부터 프로테스탄트 신학은 하느님께서 당신의 구원을 분명 인간들과 "함께" 이루시지는 않지만, 그렇다고 인간과 상관없이 이루시는 것도 아니라는 입장을 어렵게나마 받아들였다. 마리아의 "예"(응답)는 가톨릭교회의 생각으로는 오늘날까지 하느님과 인간 사이의 동반자적인 관계에 대한 근본적인 확신을 뜻한다. 그래서 인간의 원의와 행위는 죄를 통해 완전히 사라져 버리는 것이 아니라, 하느님의 배려로 구원 과정 안에 함께 기여한다고 믿는다. "*Solus Christus*" 구호는 프로테스틴드 영역에서 점점 조금씩 "*Solus Deus*"(오직 하느님만으로)라는 입장으로 기울어가고 있다. 가톨릭 측에서는 자명하게 이해될 수 있는 이 구호를 항상 인간을 향한 하느님의 전폭적인 다가오심과 연계시켜 이해한다. 예수 그리스도는 물론 당장 하느님과 인간 사이의 결합이 가장 완벽하고도 기꺼운 사례로 이해된다.

위에서 언급한 세 가지 관점을 고려할 때 마리아 신심 및 마리아 신학(마리아론)에 반대하는 종교 개혁가들의 유보 조건은 간단히 이렇게 특징지을 수 있다. 그것은 종교 개혁가들에게서 목격되는 그에 관한 원칙들에서 출발해 점점 더 분명하게 각 개별적인 착안점들과 확신들로 발전되어 나갔다. 그리하여 점차로 종교 개혁가들의 입장은 루터 식의 개혁적인 모습과 그 밖에 또 다른 특징적인 인상을 통해 달리 환원시킬 수 없는 독보적인 모습을 갖추게 되었다. 신앙의 분열은 시간이 흘러가면서 '하나의' 가톨릭교회를 여러 종파로 나누어 버린 심각한 결과를 초래했다. 한편 그렇게 갈라진 종파들은 신학적으로만이 아니라 신앙고백을 통해서도 저마다 입장을 따로 취했다. 제각각의 신심 형태와 생활양식을 고집하며 저마다의 통찰과 체험에 근거해 나름대로 규정한 방식을 따라서 행동한다. 가톨릭교회의 경우 마리아는 확실히 늘 신앙인들 "곁에 함께" 하는 것으로 비쳐지듯 마리아 신심과 마리아론을 가톨릭교회의 전형적인 특징으로 평가하면서 자신들과 구별하는 일이 비-가톨릭교회 및 종파의 생활 안에 이미 뚜렷하게 자리잡고 있다. 그리고 이 같은 현상은 역사가 진행되면서 전 영역에 걸쳐 점점 더 감정적이고 심리적 측면에서 서로의 다름을 주장하는 쪽으로 심화된다. 그 같은 사례를 한 가지 든다면, 17-18세기에 마리아 기념 대성당의 건축 붐이 일어난 일이나 마리아 공경 및 순례를 의무화했던 경우가, 비록 그에 대해 신학적인 통찰이 없었던 것은 아니지만, 직접적으로는 프로테스탄트의 태도에 반대해 일어난 운동이라고 볼 수 있다.

(3) 최근까지 프로테스탄트 신학에서 보는 마리아

20세기 들어 마리아에게 관심을 기울이는 큰 무리의 프로테스탄트 신학자들이 등장했다. 1958년 프로테스탄트 신학자 슈탤린(Wilhelm Stählin)은 연구 논문을 통해서[31] 성경을 단지 역사적-수사학적인 관심만을 가지고 읽을 것이 아니라 신앙을 위한 결정적인 사태를 파악하기 위해 신화적인 사유 형식을 적용시켜서도 해석할 필요가 있다고 제안했다.

---

31. W. Stählin, Symbolon. *Vom gleichnishaften Denken*, Stuttgart 1958; in: Beinert/Petri, *Handbuch der Marienkunde* I, 405f.

그리고 그는 교회 안에서 신앙을 생생하게 재현한 데에는 교회의 전통 역시 없어서는 안 된다고 덧붙였다. 이런 맥락에서 마리아 역시 중요하다고 보았다. 마리아는 하느님의 아들이 육화되는 구체적인 자리이다. 궁극적으로 하느님에게서 은총을 받은 인간을 알아볼 수 있도록 그 "역할"을 다한 마리아는 능히 사람들로부터 존경받을 만하다. 마리아는 하느님께서 구원의 도구로 세우신 교회의 대표적인 인물인 셈이다.

한스 아스무센(Hans Asmussen)은 50년대에 마리아에 관한 특별한 책 한 권을 냈다.[32] 그 역시 마리아에게서 우리가 생각하는 "초-개별적인 것"(das Überindividuelle), "모범적인 것"(das Typologische)이 무엇인지 물었다. 그리고는 앞선 슈탤린의 경우와 비슷하게 마리아에게서 교회의 모범을 찾았다. 결론적으로 그는 마리아를 그리스도가 전체 인류와 결합하도록 중재시키는 인격체라고 규정했다.[33]

특히 주목할 만한 경우는 울리히 비커르트(Ulrich Wickert)의 마리아에 관한 책으로, 그는 거기서 당장 육체를 지닌 채 승천하는 마리아에 관한 교리를 자신의 중심 주제로 삼았다. 그는 마리아가 하느님 백성의 역사 전체를 개괄하는 인격체라고 이해한다.[34]

(4) 루터교회와의 대화에서의 마리아

가톨릭교회와 루터교회 사이의 일치를 위한 대화는 오늘날도 계속해서 진전되고 있다. 이러한 분위기를 대변하는 가장 적절한 자료는

---

32. H. Asmussen, *Maria, die Mutter Gottes,* Stuttgart 1950.
33. 이와 아주 흡사한 결론을 L. Vischer의 다음과 같은 제목의 논문에서도 엿볼 수 있다. Maria - Typus der Kirche und Typus der Menschheit, in: ders., *Ökumenische Skizzen,* Frankfurt a.M., 1972, 109-123.
34. U. Wickert, *Ein evangelischer Theologie schreibt über Maria,* Berlin 1979.

1999년 의화 교리에 관한 공동 성명일 것이다. 이 공동 성명은 로마 가톨릭교회와 루터교회 (여기서 루터교회는 루터교회 세계연맹의 대표자들의 입장을 말한다.) 사이에 가로 놓인 주요 교리의 문제점들에 대해 서로 합의한 것을 일컫는다. 그에 뒤따른 후속 문헌으로서 2000년의 교회 이해에 관한 성명은 마리아론과 마리아 공경에 관한 문제도 다루었다.35 분명히 오늘날에도 여전히 유효하다고 볼 수 있는 충분한 근거들에 기초해 눈길을 끄는 점은 프로테스탄트 신자들이 대체로 새로운 마리아 교리를 거부하지만, 그럼에도 그들은 "가톨릭교회가 통찰하는 바와 같이 그리스도의 어머니가 오직 은총과 신앙을 통해서 의화가 이루어지는 육체적인 처소임을 생각할 수 있도록 초대받았다. 19-20세기의 마리아 교리들도 다음과 같은 사실에 기초한다. 만일 하느님께서 마리아와 같이 한 인간을 선택하신다면, 그렇듯 하느님께서는 그 부르심으로 인간을 온통 붙드신다는 사실을 알아들을 수 있다. 그 부르심은 인간 현존재의 첫 순간부터 시작해 단 한 번도 그를 포기한 적이 없다는 것이 그리스도교의 신앙이다."36 VELKD에 따른 일련의 성과로서 1999년 또 하나의 프로테스탄트-루터교회의 마리아 교리 및 마리아 신심에 관한 권고가 세상에 나왔다.37

---

35. *Communio Sanctorum.* Die Kirche als Gemeinschaft der Heiligen. Verabschiedet von der Deutschen Bischofskonferenz und der Kirchenleitung der Vereinigten Evangelisch-Lutherischen Kirche Deutschlands(VELKD), Paderborn u.a. 2000.
36. *Ibid.,* 125f. (Nr. 267)
37. M. Kießig (Hrsg.), *Maria, die Mutter unseres Herrn,* Eine evangelische Handreichung, Lahr 1991.

오늘날의 신학적 논의

마리아론 안에서 교회 일치를 향한 움직임은 점점 거세게 일고 있다. 가톨릭교회 신학은 과거의 과장된 많은 태도들을 그 신학적인 형식과 함께 철회했으며, 그로써 마리아론이 결코 그리스도의 유일무이한 어머니로서의 모습을 훼손하지 않도록 주의를 기울였다. 인간의 의화에 관한 교리와 관련해서도 모순된 부분이 없도록 유념했다. 한편 유다교와 이슬람교와의 수차례 만남은 마리아 신심 및 공경에 무엇보다도 서로의 종교적 일치를 위한 연결고리가 발견될 수 있음을 시사한다.

"마리아론"과 "성인 공경"에 관한 기본적 참고 문헌

Barth, Hans-Martin, *Sehnsucht nach den Heiligen?* Verborgene Quellen ökumenischer Spiritualität, Stuttgart 1992.

Beinert, Wolfgang / Petri, Heinrich (Hrsg.), *Handbuch der Marienkunde*, 2Bde., Regensburg ²1996/1997.

Müller, Gerhard Ludwig, *Gemeinschaft und Verehrung der Heiligen.* Geschichtlich-systematische Grundlegung der Hagiologie, Freiburg I. Br. 1986.

Pohlmeyer-Jöckel, Markus (Hrsg.), *Heilige : die lebendigen Bilder Gottes* (Glauben und Leben 6), Münster u.a. 2002.

Ratzinger, Joseph, *Die Tochter Zion.* Betrachtungen über den Marienglauben der Kirche, Einsiedeln ³1978.

Una Sancta 49/3 (1994) - Themenheft : "Wiederkehr der Heiligen".

에필로그

　네가 그것을 확실하다고 느끼고 또 그런 생각이 들거든, 또한 네가 그것을 매우 귀중하게 여기고 딱 알맞은 설교를 해냈다고 판단할 만큼 너의 작은 책이나 가르침 혹은 기록으로 뿌듯한 웃음이 절로 나거든, 또 사람들이 너를 남달리 칭송하는 것이 아주 마음에 들거든, 그리고 너 역시 혹여 그런 칭송을 받길 원한다면, 그래서 칭송을 받지 않으면 으레 슬퍼지고 상심에 젖게 되거든, 사랑하는 이여, 네가 만일 그런 부류의 사람이라면 네 손을 들어 귀를 막아라. 그리하여 네가 제대로 두 귀를 막으려 할 때, 너는 크고도 길며 거친 당나귀의 귀 한 쌍을 네게서 발견하게 될 것이다. 거기에다 값나가는 것을 몽땅 쏟아 붓고 금조가비 장식도 매달아라. 네가 가는 곳마다 사람들이 너에게 귀를 기울일 수 있다면, 그들은 너를 향해 손가락질 하며 이렇게 말할 것이다. 보라, 저기를 보라! 그렇듯 귀중한 책들을 기록하고 적절한 설교를 할 수 있는 총명한 짐승이 걸어간다. 그러면 즉시 너는 하늘나라의 복되고 복된 자가 되리라. 그렇다! 악마와 그의 군대에게 지옥 불이 준비된 바로 그곳에서. 요컨대 우리에게 허락된 곳에서 영예를 찾고 자부심을 갖도록 하자! 이 책에는 오로지 하느님의 영예만이 존재할 것이니, 이는 달리 말해, "하느님께서는 교만한 자들을 대적하시고, 겸손한 이들에게는 은총을 베푸신다."(1베드 5,5)는 뜻이다. 그분의 영광은 세세대대로 끝이 없으리다. 아멘.

마틴 루터

참고 문헌

전체적인 약어 활용은 $LThK^3$ XI 및 Siegfried Schwertner, $IATG^2$, Berlin u.a. 1992 방식을 따랐다.

1. 교의신학 개괄 및 안내서

Becker, Karl, Dogma. Zur Bedeutungsgeschichte des lateinischen Wortes in der christlichen Literatur bis 1500, in: Gregorianum 57 (1967), 307-350 (1. Teil) und 659-701 (2. Teil).

Beinert, Wolfgang, Dogmatik studieren. Einführung in dogmatisches Denken und Arbeiten, Regensburg 1985.

―――, Das Christentum. Atem der Freiheit, Freiburg I. Br. 2000.

――― (Hrsg.), Glaubenszugänge. Lehrbuch der katholischen Dogmatik (3 Bde.), Paderborn u.a. 1995.

――― (Hrsg.), Lexikon der katholischen Dogmatik, Freiburg I. Br. u.a. ^{3}1991.

Biemer, Günter u.a. (Hrsg.), Gemeinsam Kirche sein. Theorie und Praxis der Communio (FS. O. Saier), Freiburg I. Br. 1992.

Böckle, Franz u.a. (Hrsg.), Christlicher Glaube in moderner Gesellschaft, Freiburg I. Br. u.a. 1980.

Bongardt, Michael, Die Fraglichkeit der Offenbarung. Ernst Cassirers Philosophie als Orientierung im Dialog der Religionen, Regensburg 2000.

Bonhoeffer, Dietrich, Sanctorum Communio. Eine dogmatische Untersuchung zur Soziologie der Kirche (1930), Neuausgabe hrsg. v. J. von Soosten, 33

München 1986.

Brunner, Emil, Die andere Aufgabe der Theologie, in: *Zwischen den Zeiten* 7 (1929), 255-276.

Bulletin ET - *Zeitschrift für Theologie in Europa* 12 (2001), Themenheft 1.

Cirne-Lima, Carlos, *Der personale Glaube.* Eine erkenntnismetaphysische Studie, Innsbruck 1959.

Deutsche Bischofskonferenz (Hrsg.), *Katholischer Erwachsenen-Katechismus.* Das Glaubensbekenntnis der Kirche, Bonn ^{4}1989.

Durst, Bernhard, Zur theologischen Methode, in: *ThRv* 26 (1927), 297-313 und 361-372.

Filser, Hubert, *Dogma, Dogmen, Dogmatik.* Eine Untersuchung zur Begründung und zur Entstehungsgeschichte einer theologischen Disziplin von der Reformation bis zur Spätaufklärung (Studien zur Systematischen Theologie und Ethik 28), Münster 2001.

Ganoczy, Alexandre, *Einführung in die Dogmatik*, Darmstadt 1983.

Härle, Wilfried, *Dogmatik*, Berlin u.a. 1995.

―――― / Herms, Eilert, *Deutschsprachige protestantische Dogmatik nach 1945.* Teil I und Teil II (Beihefte zur Evangelische Theologie), München 1982/2 und 1983/1.

―――― / Wagner, Harald, *Theologenlexikon.* Von den Kirchenvätern bis zur Gegenwart, München ^{2}1994.

Heidegger Martin, *Phänomenologie und Theologie*, Frankfurt a.M. 1970.

Heinzmann, Richard, *Thomas von Aquin.* Eine Einführung in sein Denken, Stuttgart 1994.

Hirsch, Emanuel, *Hilfsbuch zum Studium der Dogmatik*. Die Dogmatik der Reformatoren und der altevangelischen Lehrer quellenmäßig belegt und verdeutscht, Berlin 1963.

Internationale Theologenkommission (Hrsg.), Die Interpretation der Dogmen, in: *IKaZ* 19 (1990), 246-266.

Jaeger, Lorenz Kardinal, *Das Konzilsdekret "Über den Ökumenismus"*, Sein Werden, sein inhalt, seine Bedeutung, Paderborn 1965.

Jaspert, Bernd (Hrsg.), *Rudolf Bultmanns Werk und Wirkung*, Darmstadt 1984.

Jüngel, Eberhard, *Gott als Geheimnis der Welt*. Zur Begründung der Theologie des Gekreuzigten im Streit zwischen Theismus und Atheismus, Tübingen 1977.

―――, *Gottes Sein ist im Werden*, Tübingen 1965.

Kasper, Walter, *Die Methoden der Dogmatik*, Einheit und Vielheit, München 1967.

―――, *Dogma unter dem Wort Gottes*, Mainz 1965.

―――, *Dogmatik als Wissenschaft*. Versuch einer Neubegründung, in: ThQ 157 (1977), 189-203.

―――, *Glaube und Geschichte*, Mainz 1970.

―――, *Theologie und Kirche*, Mainz 1987.

Kern, Walter u.a. (Hrsg.), *Handbuch der Fundamentaltheologie 4*, Freiburg I. Br. u.a. 1988.

Kühn, Ulrich, *Die eine Kirche als Ort der Theologie*. Ausgewählte Aufsätze, Göttingen 1997.

Küng, Hans, *Rechtfertigung*. Die Lehre Karl Barths und eine katholische

Besinnung, Einsiedeln 1957.

Kunze, Johannes, *Glaubensregel, Heilige Schrift und Taufbekenntnis.* Untersuchungen über die dogmatische Autorität, ihr Werden und ihre Geschichte, Leipzig 1899.

Knauer, Peter, *Der Glaube kommt vom Hören.* Ökumenische Fundamentaltheologie, Graz 1978.

Langemeyer, Bernhard, *Der dialogische Personalismus in der evangelischen und katholischen Theologie der Gegenwart*, Paderborn 1963.

Lehmann, Karl, *Gegenwart des Glaubens*, Mainz 1974.

Leipold, Heinrich, *Missionarische Theologie.* Emil Brunners Weg zur theologischen Anthropologie, Göttingen 1974.

Möhler, Johann Adam, *Die Einheit der Kirche oder das Prinzip des Katholizismus*, dargestellt im Geiste der Kirchenväter der drei ersten Jahrhunderte (1825), ND hrsg. v. J. R. Geiselmann, Köln u.a. 1957.

Moltmann, Jürgen, *Erfahrungen theologischen Denkens.* Wege und Formen christlicher Theologie, Göttingen 1999.

―――, *Theologie der Hoffnung*, München 1964.

Müller, Wolfgang, *Das Symbol in der dogmatischen Theologie.* Eine symboltheologische Studie anhand der Theorien bei K. Rahner, P. Tillich, P. Ricoeur und J. Lacan, Frankfurt a.M. 1990.

Ohme, Heinz, *Kanon ekklesiastikos.* Die Bedeutung des altkirchlichen Kanonbegriffs, Berlin 1998.

Pannenberg, Wolfhart, *Systematische Theologie* (3 Bde.), Göttingen 1988, 1991, 1993.

―――, *Wissenschaftstheorie und Theologie,* Frankfurt a.M. 1973.

Päpstliche Bibelkommission, *Die Interpretation der Bibel in der Kirche* (Verlautbarungen des Apostolischen Stuhles 115), 1993.

Peters, Tiemo Rainer, *Johann Baptist Metz. Theologie des vermißten Gottes,* Mainz 1998.

Ratzinger, Joseph, *Das Problem der Dogmengeschichte in der Sicht der katholischen Theologie,* Köln u.a. 1966.

Raffelt, Albert (Hrsg.), *Weg und Weite* (FS. K. Lehmann), Freiburg I. Br. ²2001.

Rohls, Jan, *Protestantische Theologie der Neuzeit II* (Das 20. Jahrhundert), Tübingen 1997.

Rothacker, Erich, *Die dogmatische Denkform in den Geisteswissenschaften und das Problem des Historismus* (AAWLMG 1954/6), Wiesbaden 1954.

Sauter, Gerhard (Hrsg.), *Theologie als Wissenschaft,* München 1971.

Schlier, Heinrich, *Die Zeit der Kirche,* Exegetische Aufsätze und Vorträge, Freiburg I. Br. 1956.

Schlink, Edmund, Die Struktur der dogmatischen Aussage als ökumenisches Problem, in: *KuD* 3 (1957), 251-306.

Schmaus, Michael, *Dogmatik I,* München ⁶1960.

Schockenhoff, Eberhard / Walter, Peter (Hrsg.), *Dogma und Glaube,* Bausteine für eine theologische Erkenntnislehre (FS. W. Kasper), Mainz 1993.

Söding, Thomas, Exegese und Theologie, Spannungen und Widersprüche, Kohärenzen und Konvergenzen aus katholischer Perspektive, in: *ThRv* 99 (2003), 3-19.

Stead, Christopher, *Philosophie und Theologie I,* Die Zeit der alten Kirche,

Stuttgart 1990.

Thönissen, Wolfgang, Dogmatik als Symbolik?, Eine theologisch-philosophische Skizze zur Frage nach ihrem Selbstverständnis, in: *Cath.* 51 (1997), 201-219.

Valeske, Ulrich, *Hierarchia veritatum.* Theologiegeschichte Hintergründe und mögliche Konsequenzen einer Hinweises im Ökumenismusdekret des II. Vatikanischen Konzils zum zwischenkirchlichen Gespräch, München 1968.

van Harskamp, Anton, *Theologie. Text im Kontext.* Auf der Suche nach der Methode ideologiekritischer Analyse der Theologie, illustriert an Werken von Drey, Möhler und Staudenmaier (*TSTP* 13), Tübingen u.a. 2000.

von Balthasar, Hans Urs, *Karl Barth.* Darstellung und Deutung seiner Theologie, Köln ²1962.

Vorigrimler, Herbert, *Neues Theologisches Wörterbuch,* Freiburg I. Br. 2000.

Wagner, Harald (Hrsg.), *Einheit - aber wie?,* Zur Tragfähigkeit der ökumenischen Formel vom "differenzierten Konsens"(QD 184), Freiburg I. Br. 2000.

―――, Glaubenssinn, Glaubenszustimmung und Glaubenskonsens, in: *ThGL* 69 (1979), 263-271.

―――, Kirchliche Einheit und Konfessiones, in: *US* 31 (1976), 336-341.

―――, Zur "anthropologischen Wende" der Theologie, Rede von Gott als Rede vom Menschen, in: *KatBl* 105 (1980), 13-18.

Wandelfels, Hans, *Offenbarung.* Das Zweite Vatikanische Konzil auf dem Hintergrund der neueren Theologie, München 1969.

2. 교회

Ackermann, Stephan, *Kirche als Person*. Zur ekkesiologischen Relevanz des personal-symbolischen Verständnisses der Kirche (StSS 31), Würzburg 2001.

Alberigo, Giuseppe u.a. (Hrsg.), *Kirche im Wandel*. Eine kritiche Zwischenbilanz nach dem Zweiten Vatikanum, Düsseldorf 1982.

Antón, Angel, *El mistero de la Iglesia*. Evolucion historica de las ideas eclesiologicas (BAC 26+30), Madrid 1986/87.

Becht, Michael, Ecclesia semper purificanda. Die Sündigkeit der Kirche als Thema des II. Vatikanischen Konzils, in: *Cath*. 49 (1995), 218-237 (1. Teil) und 239-260 (2. Teil).

Beinert, Wolfgang, Um das dritte Kirchenattribut, Essen 1964.

Bellarmin, Robert, *Disputationes de controversiis Christianae Fidei, adversus huius temporis haereticos*, Ingolstadt 1586-1593.

Beyschlag, Karlmann, *Clemens Romanus und der Frühkatholizismus*. Untersuchungen zu I Clemens 1-7 (BHTh 35), Tübingen 1966.

Biemer, Günter u.a. (Hrsg.), *Gemeinsam Kirche sein*. Theorie und Praxis der Communio (FS. O. Saier), Freiburg I. Br. 1992.

Brown, Raymond E. u.a. (Hrsg.), *Der Petrus der Bibel*. Eine ökumenische Untersuchung, Stuttgart 1976.

Bsteh, Andreas (Hrsg.), *Dialog in der Mitte der christlichen Theologie* (Beiträge zur Religionstheologie 5), Mödling 1987.

Communio Sanctorum, Die Kirche als Gemeinschaft der Heiligen. Hrsg. v. der Bilateralen Arbeitsgruppe der Deutschen Bischofskonferenz und der

Kirchenleitung der Vereinigten Evangelisch-Lutherischen Kirchen Deutschlands, Paderborn 2000.

Döring, Heinrich, Der universale Anspruch der Kirche und die nichtchristlichen Religionen, in: *MThZ* 41 (1990), 73-97.

―――, *Grundriß der Ekklesiologie*. Zentrale Aspekte des katholischen Selbstverständnisses und ihre ökumenische Relevanz, Darmstadt 1986.

Drehsen, Volker, *Wie religionsfähig ist die Volkskirche?* Sozialisationstheoretische Erkundungen neuzeitlicher Christentumspraxis, Gütersloh 1994.

Freitag, Josef, Vorrang der Universalkirche? Ecclesia "in" et "ex" Ecclesiis - Ecclesia "in" et "ex" Ecclesia? Zum Streit um den Communio-Charakter der Kirche aus Sicht einer eucharistischen Ekklesiologie, in: *ÖR* 44 (1995), 74-93.

Garijo-Guembe, Miguel, *Gemeinschaft der Heiligen*. Grund, Wesen und Struktur der Kirche, Düsseldorf 1988.

Garuti, Adriano, *Primoto del Vescovo di Romae Dialogo Ecumenico*, Rom 2000.

Greshake, Gisbert, *Der dreieine Gott*. Eine trinitarische Theologie, Freiburg I. Br. 1997.

Gemeinsame Römisch-Katholisch-Evangelisch-Lutherische Kommission, *Wege zur Gemeinschaft*. Alle unter einem Christus, Frankfurt a.M. 1980.

Guardini, Romano, *Die Kirche als Herrn*. Meditationen über Wesen und Auftrag der Kirche, Würzburg 1965.

Hempelmann, Heinzpeter, Christus allein. Skizze der Voraussetzungen und biblisch-theologischen Begründungszusammenhänge einer exklusivistischen Religionstheorie, in: *SaTh* 2,4 (2000), 112-126.

Hilberath, Bernd Jochen, Kirche als communio. Beschwörungsformel oder Projektbeschreibung, in: *ThQ* 174 (1994), 45-65.

Hünermann, Peter, *Ekklesiologie im Präsens*, Münster 1995.

Jacob, Günter, Luthers Kirchenbegriff, in: *ZThK*, NF 15 (1934), 16-32.

Johann-Adam-Möhlers-Institut (Hrsg.), *Die Sakramentalität der Kirche in der ökumenischen Diskussion*, Paderborn 1983.

─────, *Kleine Konfessionskunde*. Referate und Diskussion eine Symposions anläßlich des 25jährigen Bestehens des Johann-Möhler-Instituts, Paderborn ³1999.

Käsemann, Ernst, *Das wandernde Gottesvolk*. Eine Untersuchung zum Hebräerbrief, Göttingen ²1957.

Kasper, Walter (Hrsg.), *Gegenwart des Geistes*. Aspekte der Pneumatologie (QD 85), Freiburg u.a. 1979.

─────, *Theologie und Kirche I*, Mainz 1987.

Kaufmann, Franz-Xaver, *Kirche begreifen*. Analysen und Thesen zur gesellschaftlichen Verfassung des Christentums, Freiburg I. Br. 1979.

Kehl, Medard, *Die Kirche*. Eine katholische Ekklesiologie, Würzburg 1992.

Kohlmeyer, Ernst, Die Bedeutung der Kirche für Luther, in: *ZKG*, NF. 10 (1928), 466-511.

Kühn, Ulrich, *Kirche* (HSTh 10), Gütersloh 1980.

Langemeyer, Bernhard, Grundlegende Aspekte einer systematischen Pneumatologie, in: *ThGl* 80 (1990), 3-21.

Lehmann, Karl / Pannenberg, Wolfhart (Hrsg.), *Lehrverurteilungen - kirchentrennend?* I (Dialog der Kirchen 4), Freiburg I. Br. 1986.

―――, Was ist eine christliche Gemeinde? Theologische Grundstrukturen, in: *IKaZ* 1 (1972), 481-497.

Lofink, Norbert, *Kirchenträume. Reden gegen den Trend*, Freiburg I. Br. u.a. 1982.

Meyer, Harding u.a. (Hrsg.), *Dokumente wachsender Übereinstimmung*. Sämtliche Berichte und Konsenstexte interkonfessioneller Gespräche auf Weltebene. (Band I: 1931-1982), Paderborn 1983. (Band II: 1982-1990), Paderborn 1992.

Meyer zu Schlochtern, Johannes, *Sakrament Kirche*. Wirken Gottes im Handeln des Menschen, Freiburg I. Br. 1992.

Möbs, Ulrich, *Das kirchliche Amt bei Karl Rahner*. Eine Untersuchung der Amtsstufen und ihre Ausgestaltung, Paderborn 1992.

Mühlen, Heribert, *Una mystica persona*, Die Kirche als das Mysterium der Identität des Heiligen Geistes in Christus und der Christen: Eine Person in vielen Personen, München u.a. 1964.

Pannenberg, Wolfhart, Die Religion als Thema der Theologie. Die Relevanz der Religion für das Selbstverständnis der Theologie, in: *ThQ* 169 (1989), 99-110.

Planck, Peter, *Die Eucharistieversammlung als Kirche*. Zur Entstehung und Entfaltung der eucharistischen Ekklesiologie Nikolaj Afanas'evs (1893-1966), Würzburg 1980.

Pottmeyer, Herrmann Josef, Die Frage nach der wahren Kirche, in: *HFth* 3, 212-241.

―――, *Die Rolle des Papsttums im dritten Jahrtausend* (QD 179), Freiburg I.

Br. 1999.

Rahner, Hugo, *Symbole der Kirche. Die Ekklesiologie der Väter*, Salzburg 1964.

Raiser, Konrad, *Ökumene im Übergang*, München 1983.

Schatz, Klaus, *Der päpstliche Primat*. Seine Geschichte von den Ursprüngen bis zur Gegenwart, Würzburg 1990.

Schlier, Heinrich, *Die Zeit der Kirche*. Exegetische Aufsätze und Vorträge, Freiburg I. Br. 1955.

Schmaus, Michael u.a. (Hrsg.), *Handbuch der Dogmengeschichte III*, Freiburg I. Br. 1951ff.

Schmidt, Martin / Beetz, Gerhard (Hrsg.), *Konfessionalität*. Sinn und Grenze der Konfession (JEB XVI), Göttingen 1973.

Schmidt-Leukel, Perry, *Theologie der Religionen*. Probleme, Optionen, Argumente (Beiträge zur Fundamentaltheologie 1), Neuwied 1997.

Schulz, Michael, Anfragen an die Pluralistische Religionstheologie: Einer ist Gott, nur Einer auch Mittler, in: *MThZ* 51 (2000), 125-150.

Schwörzer, Horst (Hrsg.), *Amt - Eucharistie - Abendmahl*. Gelebte Ökumene, Leipzig 1996.

Sekretariat der Deutschen Bischofskonferenz (Hrsg.), *Schreiben an die Bischöfe der katholischen Kirche über einige Aspekte der Kirche als Communio* (Verlautbarungen des Apostolischen Stuhls 107), 1992.

Semmelroth, Otto, *Die Kirche als Ursakrament*, Frankfurt a.M. 1953.

Steck, Karl Gerhard, *Lehre und Kirche bei Luther*, München 1963.

von Balthasar, Hans Urs, *Sponsa Verbi*. Skizzen zur Theologie II, Einsiedeln ^{2}1971.

Wagner, Harald, *An den Ursprüngen des frühkatholischen Problems*. Die Ortsbestimmung des Katholizismus im älteren Luthertum (FthSt), Frankfurt a.M. 1973.

―――, Aspekte der Katholizität, in: *Cath* 30 (1976), 55-68.

――― (Hrsg.), *Christentum und nichtchristliche Religionen*, Paderborn 1991.

―――, *Die eine Kirche und die vielen Kirchen*. Ekklesiologie und Symbolik beim jungen Möhler (BÖT 16), Paderborn 1977.

―――, *Einführung in die Fundamentaltheologie*, Darmstadt ²1996.

―――, Die Normativität der Urgemeinde. Ein Problem konfessioneller Hermeneutik, in: *Cath* 33 (1979), 153-167.

―――, *Einheit - aber wie?* Zur Tragfähigkeit der ökumenischen Formel vom "differenzierten Konsens" (QD 184), Freiburg I. Br. u.a. 2000.

―――, Einheit der Katholischen Kirche in "fragmentarischer" Gestalt? in: *ÖR* 25 (1976), 371-382.

―――, Ekklesiologische Optionen evangelischer Theologie als mögliche Leitbilder der Ökumene, in: *Cath.* 47 (1993), 124-141.

―――, Glaubenssinn, Glaubenszustimmung und Glaubenskonsens, in: *ThGl* 69 (1979), 263-271.

――― (Hrsg.), *Johann Adam Möhler*(1796-1838). Kirchenvater der Moderne, Paderborn 1996.

―――, Kirchliche Einheit und Konfessionen, in: *US* 31 (1976), 336-341.

―――, Zur Problematik des "ius divinum", in: *TThZ* 88 (1979), 132-144.

Werbick, Jürgen, *Kirche*. Ein ekklesiologischer Entwurf für Studium und Praxis, Freiburg I. Br. 1994.

Wiedenhofer, Siegfried, *Das katholische Kirchenverständnis*. Ein Lehrbuch der Ekklesiologie, Graz u.a. 1992.

Zirker, Hans, *Ekklesiologie* (Leitfaden Theologie 12), Düsseldorf 1984.

3. 성령

Auer, Johann, *Gott - Der Eine und Dreieine* (KKD II), Regensburg 1978.

Benz, Ernst, *Ecclesia spiritualis*. Kirchenidee und Geschichtstheologie der franziskanischen Reformation, Stuttgart 1964.

─────, Creator Spiritus, Die Geistlehre des Joachim von Fiore, in: *Eranos-Jahrbuch* 25 (1956), 285-355.

Bultmann, Rudolf, *Glauben und Verstehen*. Gesammelte Aufsätze 1, Tübingen [9]1993.

Ciardi, Fabio, *Menschen des Geistes*. Zu einer Theologie des Gründercharismas, Vallendar-Schönstatt 1987.

Congar, Yves, *Der Heilige Geist*, Freiburg I. Br. u.a. [2]1986.

Dirscherl, Erwin, *Der Heilige Geist und das menschliche Bewußtsein*. Eine theologiegeschichtlich - systematische Untersuchung (*BDS* 4), Würzburg 1989.

Ebeling, Gerhard, *Wort und Glaube* I, Tübingen [3]1967.

Eicher, Peter (Hrsg.), *Neue Summe Theologie* 1, Der lebendige Gott, Freiburg I. Br. u.a. 1988.

Gamillscheg, Maria-Helene, *Die Kontroverse um das Filioque*, Möglichkeiten einer Problemlösung auf Grund der Forschungen und Gespräche der letzten hundert Jahre (Das östliche Christentum; NF 45), Würzburg 1996.

Hammans, Herbert u.a. (Hrsg.), *Geist und Kirche*. Studien zur Theologie im Umfeld aus beiden Vatikanischen Konzilen (GS H. Schauf), Paderborn u.a. 1991.

Hilberath, Bernd Jochen, *Pneumatologie*, Düsseldorf 1994.

Kasper, Walter (Hrsg.), *Gegenwart des Geistes*, Aspekte der Pneumatologie (*QD* 85), Freiburg I. Br. u.a. 1979.

Knoch, Otto, *Der Geist Gottes und der neue Mensch*. Der Heilige Geist als Grundkraft und Norm des christlichen Lebens in Kirche und Welt nach dem Zeugnis des Apostels Paulus, Stuttgart 1975.

Kraus, Hans-Joachim, *Psalmen* II, Neukirchen/Vluyn ^{5}1978.

Moltmann, Jürgen, Christliche Hoffnung: Messianisch oder transzendent? Ein theologisches Gespräch mit Joachim von Fiore und Thomas von Aquin, in: *MThZ* 33 (1982), 241-260.

――― , *Der Geist des Lebens,* Eine ganzheitliche Pneumatologie, München 1991.

Mühlen, Heribert, *Una mystica persona*, Die Kirche als Mysterium der Identität des Heiligen Geistes in Christus und den Christen: Eine Person in vielen Personen, München u.a. ^{2}1967.

Porsch, Felix, *Pneuma und Wort. Ein exegetischer Beitrag zur Pneumatologie des Johannesevangeliums* (*FTS* 16), Frankfurf a.M. 1974.

Rahner, Karl, *Schriften zur Theologie* XII und XIII, Einsiedeln u.a. 1975/1978.

Schlachten, Winfried H. J., *Ordo Salutis,* Das Gesetz als Weise der Heilsvermittlung: Zur Kritik des Hl. Thomas von Aquin an Joachim von Fiore (*BGPhMA*, NF 20), Münster 1980.

Schütz, Christen, *Einführung in die Pneumatologie,* Darmstadt 1985.

────── (Hrsg.), *Praktisches Lexikon der Spiriutalität,* Freiburg I. Br. 1988.

Strecker, Christen, *Die liminale Theologie des Paulus,* Zugänge zur paulinischen Theologie aus kulturanthropologischer Perspektive (*FRLANT* 185), Göttingen 1999.

Studer, Basil, *Gott und unsere Erlösung im Glauben der Alten Kirche,* Düsseldorf 1985.

──────, *Mysterium Caritatis.* Studien zur Exegese und zur Trinitätslehre in der Alten Kirche (Studia Anselmiana 127), Rom 1999.

Wager, Harald, Theologie und Wirklichkeitserfahrung, in: *ThQ* 157 (1977), 255-264.

Welker, Michael, *Gottes Geist.* Theologie des Heiligen Geistes, Neukirchen /Vluyn 1992.

von der Schulenburg, Tisa(Hrsg,), *Wer wird das Antlitz der Erde erneuern?* Spuren des Geistes in unserer Zeit, Freiburg I. Br. 1983.

4. 예수 그리스도

Beinert, Wolfgang (Hrsg.), *Glaubenszugänge* II, Lehrbuch der katholischen Dogmatik, Paderborn 1995.

Boff, Leonardo, *Jesus Christo Liberador.* Ensaio de cristologie critica para o nosso tempo, Petropolis 1979.

Bokwa, Ignacy, *Christologie als Anfang und Ende der Anthropologie.* Über das gegenseitige Verhältnis zwischen Christologie und Anthropologie bei Karl Rahner (*Europäische Hochschulschriften*: Reihe 23, Theologie Bd. 381),

Frankfurt a.M. u.a. 1990.

Bousset, Wilhelm, *Kyrios Christos*. Geschichte des Christusglaubens von den Anfängen des Christentums bis Irenaeus, Göttingen ²1921 (Neudruck 1965).

Collet, Giancarlo (Hrsg.), *Der Christus der Armen*. Das Christuszeugnis der lateinamerikanischen Befreiungstheologen, Freiburg I. Br. 1988.

Dalferth, Ingolf Ulrich, *Jenseits von Mythos und Logos*. Die christologische Transformation der Christologie (*QD* 142), Freiburg I. Br. 1993.

Ebeling, Gerhard, *Theologie und Verkündigung*, Ein Gespräch mit Roudolf Bultmann (*HUTh* 1), Tübingen ²1963.

Greshake, Gisbert, *Der dreieine Gott*. Eine trinitarische Theologie, Freiburg I. Br. 1997.

Haight, Roger, *Jesus, Symbol of God*, Maryknoll/New York 1999.

Hünermann, Peter, *Jesus Christus. Gottes Wort in der Zeit*. Eine systematische Christologie, Münster ²1997.

Käsemann, Ernst, Das Problem des historischen Jesus, in: *ZThK* 51 (1954), 125-153.

Kasper, Walter, *Jesus der Christus*, Mainz ⁸1981.

Keßler, Hans, *Erlösung als Befreiung*, Düsseldorf 1972.

―――, *Sucht den Lebenden nicht bei den Toten*. Die Aufstehung Jesu Christi in biblischer, fundamentaltheologischer und systematischer Sicht, Düsseldorf 1985.

Küng, Hans, *Christ sein*, München 1974.

Merklein, Helmut, *Jesu Botschaft von der Gottesherrschaft* (*SBS* 111), Stuttgart

³1989.

Metz, Johann Baptist, Kleine Apologie des Erzählens, in: *Concilium* 9 (1973), 334-341.

Meuffels, Hans Ottmar, *Kommunikative Sakramententheologie*, Freiburg I. Br. u.a. 1995.

Moltman, Jürgen, *Wer ist Christus für uns heute?* Gütersloh 1994.

Müller, Gerhard Ludwig, Christologie im Brennpunkt, Ein Lagebericht, in: *ThRv* 91 (1995), 363-378.

Oberlinner, Lorenz (Hrsg.), *Auferstehung Jesu - Auferstehung der Christen. Deutungen des Osterglaubens* (*QD* 105), Freiburg I. Br. u.a. 1986.

Ohlig, Karl-Heinz, *Fundamentaltheologie, Im Spannungsfeld von Christentum und Kultur*, München 1986.

Panneberg, Wolfhart, *Grundzüge und Christologie*, Gütersloh 1964.

Pesch, Rudolf, *Das Abendmahl und Jesu Todesverständnis* (*QD* 80). Freiburg I. Br. u.a. 1978.

Pröpper, Thomas, *Erlösungsglaube und Freiheitsgeschichte. Eine Skizze zur Soteriologie*, München ²1988.

Ratschow, Carl Heinz, *Jesus Christus* (*HSTh* 5), Gütersloh ²1994.

Ristow, Helmut / Matthias, Karl, *Der historische Jesus und der kerygmatische Christus. Beiträge zum Christusverständnis in Forschung und Verkündigung*, Berlin 1964.

Ritschl, Albrecht, *Die christliche Lehre von Rechtfertigung und Versöhnung* III, Bonn ²1883.

Schierse, Franz Joseph, *Christologie* (Leitfaden Theologie 2), Düsseldorf 1979.

Schnackenburg, Rudolf, *Gottes Herrschaft und Reich*. Eine biblisch-theologische Studie, Freiburg I. Br. ²1961[=『하느님의 다스림과 하느님의 나라』, 조규만/조규홍 공역, 가톨릭출판사 2002].

Schneemelcher, Wilhelm (Hrsg.), *FS G. Dehn*, Neukirchen 1957.

Schoonenberg, Piet, *Der Geist, das Wort und der Sohn*, Regensburg 1992.

Schürmann, Heinz, *Gottes Reich - Jesu Geschick. Jesu ureigener Tod im Lichte seiner Basileia-Verkündigung*, Freiburg I. Br. u.a. 1983.

Schwager, Raymund, *Der wunderbare Tausch*. Zur Geschichte und Deutung der Erlösungslehre, München 1986.

Sölle, Dorothee, *Stellvertretung*. Ein Kapitel Theologie nach dem "Tode Gottes", Stuttgart ⁶1970.

Theißen, Gerd / Merz, Annette, *Der historische Jesus*. Ein Lehrbuch, Göttingen ²1997.

Tillich, Paul, *Systematische Theologie* II, Stuttgart ⁸1984.

Vanoni, Gottfried / Heininger, Bernhard, *Das Reich Gottes*. Perspektiven des Alten und Neuen Testaments, Würzburg 2002.

von Balthasar, Hans Urs, *Theoldramtik* III, Einsiedeln 1980.

von Harnack, Adolf, *Lehrbuch der Dogmengeschichte* I, Die Entstehung des kirchlichen Dogmas (1885), Darmstadt 1964 (Neudruck).

Werbick, Jürgen, *Soteriologie*, Düsseldorf 1990.

Zeller, Dieter, *Christus unter den Göttern*. Zum antiken Umfeld des Christusglaubens, Suttgart 1993.

5. 은총과 의화

Ackermann, Stephan, *Die Kirche als Person.* Zur ekklesiologischen Relevanz des persolnal-symbolischen Verständnisses der Kirche, Würzburg 2001.

Camus, Albert, *Der Mensch in der Revolte*, Hamburg 1953.

Claudel, Paul, *Der Seidene Schuh oder Das Schlimmste trifft nicht immer zu*, Luzern 1944.

Communio Sanctorum. *Die Kirche als Gemeinschaft der Heiligen*, Hrsg. von der Bilateralen Arbeitsgruppe der Deutschen Bischofskonferenz und der Kirchenleitung der Vereinigten Evangelisch-Lutherischen Kirche Deutschlands, Paderborn 2000.

Ganoczy, Alexandre, *Aus seiner Fülle haben wir alle empfangen.* Grundriß der Gnadenlehre, Düsseldorf 1989.

Gemeinsame Römisch-Katholisch-Evangelisch-Lutherische Kommission (Hrsg.), *Kirche und Rechtfertigung.* Das Verständnis der Kirche im Licht der Rechtfertigungslehre, Paderborn 1994.

Gollwitzer, Helmut, *Krummes Holz - aufrechter Gang.* Zur Frage nach dem Sinn des Lebens, München ^{8}1979.

Greshake, Gisbert, *Geschenkte Freiheit.* Einführung in die Gnadenlehre, Freiburg I. Br. u.a. ^{2}1992.

Greshake, Gisbert, Gnade als konkrete Freiheit. Eine Untersuchung zur Gnadenlehre des Pelagius, Meimz 1972.

Guardini, Romano, *Welt und Person.* Versuche zur christlichen Lehre vom Menschen, Würzburg 1939.

Hermann, Rudolf, *Gesammelte Studien zur Theologie Luthers und der Refor-*

mation, Göttingen 1960.

Hilberath, Bernd Jochen / Pannenberg, Wolfhart (Hrsg.), *Zur Zukunft der Ökumene*. Die "Gemeinsame Erklärung" zur Rechtfertigungslehre, Regensburg 1999.

Klaiber, Walter, *Gerecht vor Gott*. Rechtfertigung in der Bibel und heute, Göttingen 2000.

Lehmann, Karl, Frei aus Glauben. Zur Situation der evangelisch-katholischen Ökumene nach der "Gemeinsamen Erklärung zur Rechtfertigungslehre", in: *IKaZ* 29 (2000), 438-450.

────── / Pannenberg, Wolfhart (Hrsg.), *Lehrverurteilungen - kichentrennd?* III. Materialien zur Lehre von den Sakramenten und vom kirchlichen Amt (Dialog der Kirchen 6), Freiburg I. Br. u.a, 1990.

────── , Rechtfertigung und Kirche (*MSS* 10. Oktober 2002).

Lüning, Peter u.a. (Hrsg.), *Zum Thema: "Gerechtfertigt durch Gott - Die gemeinsame lutherisch/ katholische Erklärung"*. Eine Lese- und Arbeitshilfe (Handreichung für Erwachsenenbildung, Religionsunterricht und Seelsorge), Paderborn 1999.

Maron, Gottfried, *Kirche und Rechtfertigung*. Eine kontroverstheologische Untersuchung, ausgehend von den Texten des Zweiten Vatikanischen Konzils, Göttingen 1969.

Müller, Gerhard Ludwig (bearbeitet), *Gnadenlehre* I. Anfänge bis Mittelalter (tzt, Dogmatik 7/1), Graz u.a. 1996).

Ochs, Robert, *Rechtfertigung - Leben aus der Anerkennung*. Eine Spurensuche im Leben der Menschen vor heute, in: *US* 55 (2000), 178-201.

Pesch, Otto Hermann, *Frei sein aus Gnade*. Theologische Anthropologie, Freiburg I. Br. 1983.

―――― / Peters, Albrecht, *Einführung in die Lehre von Gnade und Rechtfertigung*, Darmstadt ²1989.

――――, Thomas von Aquin. *Grenze und Größe mittelalterischer Theologie*. Eine Einführung, Mainz ³1995.

Rahner, Karl, *Schriften zur Theologie* III, Einsiedeln u.a. ⁷1967.

Schreiter, Robert (Hrsg.), *Erfahrung aus Glauben*. Edward Schillebeeckx-Lesebuch, Freiburg I. Br. 1984.

Schütz, Christian (Hrsg.), *Praktisches Lexikon der Spiritualität*, Freiburg I. Br. ²2002.

Voß, Gerhard, Ökumenischer Fortschritt und Identität in den GE zur Rechtfertigungslehre, in: *US* 55 (2000), 202-215.

Wagner, Harald (Hrsg.), *Einheit - aber wir?* Zur Tragfähigkeit der ökumenischen Formel vom "differenzierten Konsens"(*QD* 184), Freiburg I. Br. 2000.

Welte, Bernhard, *Auf der Spur des Ewigen*, Philosophische Abhandlungen über verschiedene Gegenstände der Religion und der Theologie, Freiburg I. Br. u.a. 1965.

Wermelinger, Otto, *Rom und Pelagius*. Die theologische Position der römischen Bischöfe im pelagianischen Streit in den Jahren 411-432 (*Päpste und Papstum* 7), Stuttgart 1975.

6. 성사

Austin, John L., *How to do things with words*, Oxford 1970 (= Eike von

Savigny, *Zur Theorie der Sprechakte*, Stuttgart ²1979).

Barsotti, Divo, *Christliches Mysterium und Wort Gottes*, Köln 1957.

Baumann, Urs, *Die Ehe - ein Sakrament?*, Zürich 1988.

Bartmann, Bernhard, *Lehrbuch der Dogmatik*, Freiburg I. Br. ²1911.

Biemer, Günther u.a. (Hrsg.), *Gemeinsam Kirche sein. Theorie und Praxis der Communio - Schlüsselbegriff der Dogmatik* (FS. O. Saier), Freiburg I. Br. 1992.

Blank, Josef, *Krisis. Untersuchungen zur joahnneischen Christologie und Eschatologie*, Freiburg I. Br. 1964.

Bühler, Karl, *Sprachtheorie. Die Darstellungsfunktion der Sprache*. Stuttgart ²1965.

Casel, Odo, Mysteriengegenwart, in: *JLW* 8 (1928), 145-224.

Courth, Franz, *Die Sakramente. Ein Lehrbuch für Studium und Praxis der Theologie*, Freiburg I. Br. u.a. 1995.

Ebeling, Gerhard, *Wort Gottes und Tradition. Studien zu einer Hermeneutik der Konfessionen* (*Kirche und Konfession* 7), Göttingen 1964.

Elfers, Heinrich, *Kirche in der Welt*, Münster 1952.

Faber, Eva-Maria, *Einführung in die katholische Sakramentenlehre*, Darmstadt 2002.

Filthaut, Theodor / Jungmann, Josef Andreas (Hrsg.), *Verkündigung und Glaube* (FS. für F.-X. Arnold), Freiburg I. Br. 1958.

Ganoczy, Alexandre, *Einführung in die katholische Sakramentenlehre*, Darmstadt 1979.

Gemeinsame Synode der Bistümer in der Bundesrepublik Deutschland, Band I:

Beschlüsse der Vollversammlung. Offizielle GA, Freiburg I. Br. 1976.

Gerken, Alexander, *Theologie der Eucharistie*, München 1973.

Heinen, Wilhelm (Hrsg.), *Bild - Wort - Symbol in der Theologie*, Würzburg 1969.

Honselmann, Klemens, *Urfassung und Drucke der Ablaßthesen*. Martin Luthers und ihre Veröffentlichungen, Paderborn 1966.

Kühn, Ulrich, *Sakramente* (*HSTh* 11), Gütersloh 1985.

Klauck, Hans-Josef, *Gemeinde - Amt - Sakrament*. Neutestamentliche Perspektiven, Würzburg 1989.

Knanpp, Markus, *Glaube - Liebe - Ehe*. Ein theologischer Versuch in schwieriger Zeit, Würzburg 1999.

Lehmann, Karl / Pannenberg, Wolfhart (Hrsg.), *Lehrverurteilungen - kirchentrennend?* III. Materialien zur Lehre von den Sakramenten und vom kirchlichen Amt (*Dialog der Kirchen* 6), Freiburg I. Br. u.a. 1990.

Lies, Lothar, *Sakramententheologie*. Eine personale Sicht, Graz u.a. 1990.

———— (Hrsg.), *Praesentia Christi* (FS. J. Betz), Düsseldorf 1984.

Lubac, Henri de, *Catholicisme*. Les aspects sociaux du dogme. Paris 1938 [= H. U. von Balthasar, Katholizismus als Gemeinschaft, Einsiedeln u.a. 1943 (ND Einsiedeln 1970)].

Masure, Eugène, *Le sacrifice du chef*, Paris 1932.

Meuffels, Hans Otmar, *Kommunikative Sakramententheologie*, Freiburg I. Br. u.a. 1995.

Moos, Alois, *Das Verhältnis von Wort und Sakrament in der deutschsprächigen katholischen Theologie des 20. Jahrhundert* (*KKTS* 59), Paderborn 1993.

Neuner, Peter, *Ökumenische Theologie*. Die Such nach der Einheit der christlichen Kirchen, Darmstadt 1997.

Ott, Ludwig, *Grundriß der katholischen Dogmatik*, Freiburg I. Br. ⁷1965.

Pesch, Otto Hermann, *Dogmatik im Fragment*. Gesammelte Studien, Mainz 1987.

Rahner, Karl, *Geist in Welt*. Zur Metaphysik der endlichen Erkenntnis bei Thomas von Aquin, München ²1957.

―――, *Kirche und Sakramente* (*QD* 10), Freiburg I. Br. u.a. 1960.

―――, *Schriften zur Theologie* III und IV, Einsiedeln u.a. ⁷1967.

Ratzinger, Joseph, *Theologische Prinzipienlehre*. Bausteine zur Fundamentaltheologie, München 1982.

Schaeffler, Richard / Hünermann, Peter, *Ankunft Gottes und Handeln des Menschen*. Thesen über Kult und Sakrament (*QD* 77), Freiburg I. Br. u.a. 1977.

Scheffczyk, Leo, *Von der Heilsmacht des Wortes*. Grundzüge der Theologie des Wortes, München 1966.

Schillebeeckx, Edward, *Christus - Sakrament der Gottesbegegnung*, Mainz ²1965.

―――, *Die eucharistische Gegenwart*. Zur Diskussion über die Realpräsenz, Düsseldorf 1967.

Schlette, Heinz Robert, *Kommunikation und Sakrament*. Theologische Deutung der geistlichen Kommunion (*QD* 8), Freiburg I. Br. u.a. 1960.

Schmaus, Michael, *Dogmatik* III/1. Die Lehre von der Kirche, München 1958.

Schneider, Theodor, *Zeichen der Nähe Gottes*. Grundriß der Sakramententheologie, Mainz ⁷1998.

Schurr, Viktor, *Wie heute predigen?* Zum Problem der Verkündigung des

Christlichen, Stuttgart 1949.

Semmelroth, Otto, *Wirkendes Wort*. Zur Theologie der Verkündigung, Frankfurt a.M. 1962.

―――, *Gott und Mensch in Begegnung*. Ein Durchblick durch die katholische Glaubenslehre, Frankfurt a.M. 1956.

Söhngen, Gottlieb, *Symbol und Wirklichkeit im Kultmysterium* (Grenzfrage zwischen Theologie und Philosophie IV), Bonn 1937.

Tenholt, Gerhard, *Die Unauflöslichkeit der Ehe und der kirchliche Umgang mit wiederverheirateten Geschiedenen* (Theologie 22), Münster 2001.

Thomassen, Jürgen, *Heilswirksamkeit der Verkündigung*. Kritik und Neubegründung, Düsseldorf 1986.

van Gennep, Arnold, *Übergangsriten*, Frankfurt a.M. 1999.

Vorgrimler, Herbert, *Sakramententheologie* (*Leitfaden Theologie* 17), Düsseldorf ^{2}1990.

Wagner, Harald, Das Amt im Kontext der Communio-Ekklesiologie, in: *Cath.* 50 (1996), 34-44.

―――, Das Amt vor dem Hintergrund der Diskussion um eine evangelisch-katholische Grunddifferenz, in: *Cath.* 40 (1986), 39-58.

――― (Hrsg.), *Einheit - aber wie?* Zur Tragfähigkeit der ökumenischen Formel vom "differenzierten Konsens" (*QD* 184), Freiburg I. Br. u.a. 2000.

Warnach, Viktor, *Christusmysterium*. Dogmatische Meditationen. Ein Überblick, Graz u.a. 1977.

―――, Wort und Sakrament im Aufbau der christlichen Existenz, in: *LuM* 20 (1957), 68-90.

Wörner, Markus H., *Performative und sprachliches Handeln*. Ein Beitrag zu J. L. Austins Theorie der Sprechakte, Hamburg 1978.

Zahrnt, Heinz, *Gott kann nicht sterben*. Wider die falschen Alternativen in Theologie und Gesellschaft, München 1970.

7. 삼위일체의 하느님

Barth, Hans-Martin, *Dogmatik*. Evangelischer Glaube und im Kontext der Weltreligionen. Ein Lehrbuch, Gütersloh 2001.

Barth, Karl, *Nein! Antwort an Emil Brunner* (*TEH* 14), München 1934.

Blaumeiser, Hubertus, *Martin Luthers Kreuzestheologie*. Schlüssel zu einer Deutung von Mensch und Wirklichkeit. Eine Untersuchung anhand der Operationes in Psalmos (1519-1521) (*KKTS* 60), Paderborn 1995.

Boff, Leonardo, *Der dreieine Gott*, Düsseldorf 1987.

Bonhoeffer, Dietrich, *Akt und Sein*. Transzendentalphilosophie und Ontologie in der systematischen Theologie (Theologische Bücherei 5), München [3]1964.

―――, *Ethik*. Hrsg. v. Eberhard Bethge, München [7]1966.

―――, *Widerstand und Ergebung*. Briefe und Aufzeichnungen aus der Haft. Hrsg. von Christian Gremmels u.a. (*DBW* 8), Gütersloh 1998.

Brunner, Emil, *Natur und Gnade*. Zum Gespräch mit Karl Barth, Tübingen 1934.

Coreth, Emerich, *Gott im philosophischen Denken*, Stuttgart u.a. 2001.

Freyne, Seán, Das frühchristliche Gottesverständnis. Erfahrung und Geheimnis, in: *Concilium* 37 (2001), 62-73.

Greshake, Gisbert, *Der dreieine Gott*. Eine trinitarische Theologie, Freiburg I. Br. u.a. 1997.

Hasenhüttl, Gotthold, *Einführung in die Gotteslehre*, Darmstadt 1980.

Horváth, Sándor, *Studium zum Gottesbegriff* (2., stark erw. Aufl. von "Der thomistische Gottesbegriff") (*Thomistisches Studien* 6), Freiburg / Schweiz 1954.

Jeanrond, Werner G., Offenbarung und trinitarischer Gottesbegriff. Leitbegriffe theologischen Denkens?, in: *Concilium* 37 (2001), 104-114.

Jüngel, Eberhard, *Gott als Geheimnis der Welt. Zur Begründung der Theologie des Gekreuzigten zwischen Theismus und Atheismus*, Tübingen ^{6}1992.

Kant, Immanuel, *Über das Misslingen aller Versuche in der Theodicee* (1791).

Kasper, Walter, *Der Gott Jesu Christi* (*Das Glaubensbekenntnis der Kirche* 1), Mainz 1982.

Kraus, Georg, *Gott als Wirklichkeit*. Lehrbuch zur Gotteslehre (*Grundrisse zur Dogmatik* 1), Frankfurt a.M. 1994.

Krötke, Wolf, *Gottes Klarheiten*. Eine Neuinterpretation der Lehre von Gottes "Eigenschaften", Tübingen 2001.

Küng, Hans, *Existiert Gott?* Antwort auf die Gottesfrage der Neuzeit, München u.a. 1978.

Lülsdorff, Raimund, Rezension zu "Landschaften aus Schreien" (Hrsg. von J. B. Metz), in: *ThRv* 95 (1998), 187-190.

Lutz-Bachmann, Matthias u.a. (Hrsg.), *Gottesnamen. Gott im Bekenntnis der Christen* (*Schriften der Diözesanakademie Berlin* 7), Berlin u.a. 1992.

Metz, Johann-Baptist (Hrsg.), *"Landschaften aus Schreien"*. Zur Dramatik der Theodizeefrage, Mainz 1995.

─────, Reikersdorfer, Johann, Theologie als Theodizee - Betrachtungen zu einer aktuellen Diskussion, in: *ThRv* 95 (1999), 179-188.

Moltmann, Jürgen, *Trinität und Reich Gottes*. Zur Gotteslehre, München 1980.

Müller, Gerhard Ludwig, Rezension zu "Der dreieine Gott" (G. Greshake), in: *ThRv* 94 (1998), 84-87.

Müller, Klaus, *Gottes Dasein denken*, Eine philosophische Gotteslehre für heute, Regensburg 2001.

Oßwald, Bernhard, *Abiturwissen Gotteslehre*, Stuttgart 2000.

Panneberg, Wolfhart, *Grundfragen systematischer Theologie*. Gesammelte Aufsätze, Göttingen 1967.

Rahner, Karl, *Schriften zur Theologie* XIII, Einsiedeln u.a. 1978.

Robinson, John A.T., *Gott ist anders*, München 1963.

Ruland, Paul, *Menschsein unter dem An-Spruch der Gnade*. Das übernatürliche Existential und der Begriff der nature pura bei Karl Rahner (*IThS* 55), Innsbruck / Wien 2000.

Schillebeeckx, Edward, *Gott, die Zukunft des Menschen*, Mainz 1969.

Schmaus, Michael, *Katholische Dogmatik* I, München [6]1960.

Schmetterer, Eva u.a. (Hrsg.), *Variationen zur Schöpfung der Welt* (FS R. Schulte), Innsbruck u.a. 1995.

Schwöbel, Christoph, Interreligiöse Begegnung und fragmentarische Gotteserfahrung, in: *Concilium* 37 (2001), 92-104.

Striet, Magnus, *Offenbares Geheimnis*. Zur Kritik der negativen Theologie (*ratio fidei*. Beiträge zur philosophischen Rechenschaft der Theologie 14), Regensburg 2002.

Theobald, Christoph, Gott ist Beziehung. Zu einer neuen Annäherung an das

Geheimnis der Trinität, in: *Concilium* 37 (2001), 34-45.

Tillich, Paul, *Gegenwart des göttlichen Geistes.* Auswahl der "Religiöse Reden", Stuttgart 1952.

―――, *Systematische Theologie* I/II, Frankfurt a.M. ⁸1987.

von Balthasar, Hans Urs, *Theodramatik* II/2, III und IV, Einsiedeln 1980.

Vorgrimler, Herbert, *Theologische Gotteslehre* (*Leitfaden Theologie* 3), Düsseldorf 1985 (Neuausgabe 2002).

Wagner, Harald (Hrsg.), *Mit Gott streiten. Neue Zugänge zum Theodizee-Problem* (*QD* 169), Freiburg I. Br. u.a. 1998.

Weischedel, Willhelm, *Der Gott der Philosophen.* Grundlegung einer philosophischen Theologie im Zeitalter des Nihilismus II. Abgrenzung und Grundlegung, Darmstadt 1972.

―――, *Die Frage nach Gott im skeptischen Denken*, Berlin u.a. 1976.

Zahrnt, Heinz, *Die Sache mit Gott.* Die protestantische Theologie im 20. Jahrhundert, München 1966.

Zeindler, Matthias, *Gotteserfahrung in der christlichen Gemeinde.* Eine systematisch-theologische Untersuchung (*Forum Systematik* 13), Stuttgart 2001.

8. 창조

Audretsch, Jürgen / Weder, Hans, *Kosmologie und Kreativität.* Theologie und Naturwissenschaft im Dialog (*ThLZ.* F 1), Leipzig 1999.

Barth, Karl, *Die kirchliche Dogmatik* III/1, Zürich 1970.

Beinert, Wolfgang (Hrsg.), *Glaubenszugänge.* Lehrbuch der katholischen Dogmatik I, Einleitung in die Dogmatik - Theologische Erkenntnislehre, Paderborn u.a. 1995.

Böhme, Wolfgang (Hrsg.), *Herrenalber Texte* 33, Karlsruhe 1981.

Brunner, Emil, *Dogmatik* II, Zürich ²1960.

Buber, Martin, *Werke* I, München 1962.

Courth, Franz, *Gott - Mensch - Welt*. Was sagt christlicher Schöpfungsglaube? Leitfaden zur Schöpfungslehre, St. Ottilien 1996.

de Lubac, Henri, *Katholizismus als Gemeinschaft*, Einsiedeln 1943.

Ebeling, Gerhard, *Luther, Einführung in sein Denken*, Tübingen 1964.

Eliade, Mircea, *Die Schöpfungsmythen*. Ägypter Sumerer, Hurriten, Hethiter, Kanaaniter und Israeliten (mit e. Vorwort von Mircea Eliade) (*Quellen des Alten Orient* 1), Darmstadt 1980.

Feldhay, Rivka, Recent Narratives on Galileo and the Church: or The Three Dogmas of the Counter-Reformation, in: *Science in Context* 13 (2000), 489-507.

Häring, Hermann, Schöpfungstheologie - Ein Thema im Umbruch, in: *ThRv* 97 (2001), 177-196.

Kraus, Georg, *Welt und Mensch*. Lehrbuch zur Schöpfungslehre (*Grundrisse zur Dogmatik* 2), Frankfurt a.M. 1997.

Lüke, Ulrich, *"Als Anfang schuf Gott ···"*. Bio-Theologisch. Zeit - Evolution - Hominisation - Paderborn u.a. ²2001.

Moltmann, Jürgen, *Gott in der Schöpfung*. Ökologische Schöpfungslehre, München ⁵2002.

Overhage, Paul / Rahner, Karl, *Das Problem der Hominisation*. Über den biologischen Ursprung des Menschen (*QD* 12/13), Freiburg I. Br. 1961.

Rahner, Karl, *Schriften zur Theologie* VIII, Einsiedeln u.a. 1967.

Ratzinger, Joseph, *Dogma und Verkündigung,* München ³1977.

Rendtorff, Rolf, Die theologische Stellung des Schöpfungsglaubens bei Deuterojesajas, in: *ZThK* 51 (1954), 3-13.

Rothgangel, Martin, *Naturwissenschaft und Theologie.* Wissenschaftstheoretische Gesichtspunkte im Horizont religionspädagogischer Überlegungen (*Arbeiten zur Religionspädagogik* 15), Göttingen 1999.

Scheffczyk, Leo, *Der Mensch als Bild Gottes* (*WdF* 124), Darmstadt 1969.

─────, *Einführung in die Schöpfungslehre,* Darmstadt ³1987.

von Schelina, Arnulf, *Der Glaube an die göttliche Vorsehung. Eine religionssoziologische, geschichtsphilosophische und theologiegeschichtliche Untersuchung,* Stuttgart 1999.

Welker, Michael, *Schöpfung und Wirklichkeit,* Neukirchen / Vluyn 1995.

Westermann, Claus, *Genesis* I/1 (BK. AT), Neukirchen / Vluyn ²1976.

Wiedenhöfer, Siegfried (Hrsg.), *Erbsünde - was ist das?* Regensburg 1999.

Wildiers, Nobertus M., *Teilhard de Chardin,* Freiburg I. Br. ²1962.

Zegnger, Erich u.a. (Hrsg.), *Einleitung in das Alte Testament* (*Studienbücher Theologie* 1,1), Stuttgart ³1998.

Zimmerli, Walter, Offenbarung im Alten Testament, in: *EvTh* 22 (1962), 15-31.

9. 완성(종말)

Althaus, Paul, *Die letzten Dinge.* Lehrbuch der Eschatologie. Gütersloh ¹⁰1970.

Bachl, Gottfried, *Über den Tod und das Leben danach,* Graz 1980.

Boros, Ladislaus, *Mysterium mortis*. Der Mensch in der letzten Entscheidung, Olten u.a. 1962.

Breuning, Wilhelm (Hrsg.), *Seele, Problembegriff christlicher Eschatologie* (QD 106), Freiburg I. Br. u.a. 1986.

Delp, Alfred, *Tragische Existenz*. Zur Philosophie Matrin Heideggers, Freiburg I. Br. 1935.

Dorn Klaus / Wagner, Harald, *Zum Thema "Eschatologie"*. Tod, Gericht, Vollendung Paderborn 1992.

Ellacuria, Ignacio / Sobrino, Jon (Hrsg.), *Mysterium Liberationis*. Grundbegriffe der Theologie der Befreiung (2 Bde.), Luzern 1995/1996.

Feiner, Johannes u.a. (Hrsg.), *Fragen der Theologie heute*, Einsiedeln 1957.

Greshake, Gisbert / Lohfink, Gerhard, *Naherwartung - Auferstehung. Unsterblichkeit*. Untersuchungen zur christlichen Eschatologie (QD 71), Freiburg I. Br. ²1982.

Heidegger, Martin, *Sein und Zeit*, Tübingen ¹⁰1963.

Herrmann, Christian, *Unsterblichkeit der Seele durch Auferstehung* (FSÖTh 83), Göttingen 1997.

Hoping, Helmut, *Die Negativität des Todes*. Zur philosophisch-theologischen Kritik der Vorstellung vom natürlichen Tod, in: ThGl 86 (1996), 291-312.

Kehl, Medard, *Eschatologie*, Würzburg ²1988.

Motlmann, Jürgen, *Das Kommen Gottes*. Christliche Eschatologie, Gütersloh 1995.

―――, *Theologie der Hoffnung*. Untersuchungen zur Begründung und zu den Konsequenzen einer christlichen Eschatologie, München 1964.

Pieper, Josef, *Erkenntnis und Freiheit*. Essays, München 1964.

Rahner, Karl, *Schriften zur Theologie* XII, Einsiedeln u.a. 1975.

―――, *Zur Theologie des Todes* (*QD* 2), Freiburg I. Br. ⁴1958.

Ratzinger, Joseph, *Einführung in das Christentum.* Vorlesungen über das Apostolische Glaubensbekenntnis, München 1968.

―――, *Eschatologie - Tod und ewiges Leben* (*KkD* IX), Regensburg ⁶1990.

Rendtorff, Trutz / Tödt, Heinz Eduard, *Theologie der Revolution,* Frankfurt 1968.

Scherer, Georg, *Das Problem des Todes in der Philosophie* (*Grundzüge* 35), Darmstadt ²1988.

Stange, Carl, *Das Ende aller Dinge.* Die christliche Hoffnung, ihr Grund und ihr Ziel, Gütersloh 1930.

Vorgrimler, Herbert, *Der Tod im Denken und Leben des Christen,* Düsseldorf ²1982.

―――, Hoffnung auf Vollendung. *Aufriß der Eschatologie* (*QD* 90), Freiburg I. Br. u.a. 1980.

Wagner, Harald (Hrsg.), *Ars moriendi.* Erwägungen zur Kunst des Sterbens (*QD* 118), Freiburg I. Br. 1989.

―――, *Probleme der Eschatologie.* Ökumenische Perspektiven, in: Cath 42 (1988), 209-223.

―――, Zur anthropozentrischen Wende der Theologie. Rede von Gott als Rede vom Menschen, in: *KatBl* 105 (1980), 13-18.

Widerkehr, Dietrich, *Perspektiven der Eschatologie,* Zürich u.a. 1974.

10. "성인들의 통공"

Asmussen, Hans Christian, *Maria, die Mutter Gottes,* Stuttgart 1950.

Barth, Hans-Martin, *Sehnsucht nach den Heiligen?* Verborgene Quellen ökumenischer Spiritualität, Stuttgart 1992.

Beinert, Wolfgang / Petri, Heinrich (Hrsg.), *Handbuch der Marienkunde* (2 Bde.), Regensburg ²1996/97.

Communio Sanctorum. *Die Kirche als Gemeinschaft der Heiligen.* Hrsg. von der Bilateralen Arbeitsgruppe der Deutschen Bischafskonferenz und der Kirchenleitung der Vereinigten Evangelisch-Lutheranischen Kirche Deutschlands, Paderborn u.a. 2000.

Boff, Leonardo, *Ave Maria. Das Weibliche und der Heilige Geist,* Düsseldorf 1982.

Brown, Raymond E. u.a. (Hrsg.), *Maria im Neuen Testament.* Eine Gemeinschaftsstudie von protestantischen und römisch-katholischen Gelehrten, Stuttgart 1981.

Greeley, Andrew, *Maria. Über die weibliche Dimension Gottes,* Graz 1979.

Halkes, Catharina J. M., *Gott hat nicht nur starke Söhne.* Grundzüge einer feministischen Theologie, Gütersloh ⁵1987.

Haustein, Jörig, Luthers frühe Kritik an der Heiligenverehrung und ihre Bedeutung für das ökumenische Gespräch, in: *ThLZ* 124 (1999), 1187-1204.

Jentsch, Werner u.a. (Hrsg.), *Evangelischer Erwachsenenkatechismus. Kursbuch des Glaubens,* Gütersloh ⁴1982.

Kießig, Manfred (Hrsg.), *Maria, die Mutter unseres Herrn.* Eine evangelische Handreichung, Lahr 1991.

Mulack, Christa, *Maria - die geheime Göttin im Christentum,* Stuttgart 1985.

Müller, Gerhard Ludwig, *Gemeinschaft und Verehrung der Heiligen.*

Geschichtlich-systematische Deutung (QD 119), Freiburg I. Br. 1986.

────, Was heißt, Geboren von der Jungfrau Maria? Eine theologische Deutung (QD 119), Freiburg I Br. u.a. ²1991.

Pohlmeyer-Jöckel, Markus (Hrsg.), Heilige: die lebendigen Bilder Gottes (Glauben und Leben 6), Münster u.a. 2002.

Radford-Ruether, Roesmary, Maria - Kirche in weiblicher Gestalt, München 1980.

Ratzinger, Joseph, Die Tochter Zion. Betrachtungen über den Marienglauben der Kirche, Einsiedeln ³1978.

Schimmelpfennig, Reintraud, Die Geschichte der Marienverehrung im deutschen Protestantismus, Paderborn 1952.

Schneemelcher, Wilheltm u.a. (Hrsg.), Neutestamentliche Apokryphen (2 Bde.), Tübingen 1959-1964 (²1989/1990).

Stählin, Wilhelm, Symbolon. Vom gleichnishaften Denken, Stuttgart 1958.

Tappolet, Walter (Hrsg.), Das Marienlob der Reformatoren. Martin Luther, Johannes Calvin, Huldrych Zwingli, Heinrich Bullinger, Tübingen 1962.

Una Sancta, 49/3 (1994) - Themenheft : "Wiederkehr der Heiligen".

Vischer, Lukas, Ökumenische Skizzen, Frankfurt a.M. 1972.

Wickert, Ulrich, Ein evangelischer Theologe schreibt über Maria, Berlin 1979.

Wagner, Harald, Glaubenssinn, Glaubenszustimmung und Glaubenskonsens, in: ThGl 69 (1979), 263-271.

※ 제2차 바티칸 공의회 문헌 약어 설명은 맨 앞쪽의 '일러두기' 참조 바람.

인명 색인

가노치, 알렉산드레 43, 89, 373, 499, 620.
가다머, 한스-게오르그 93, 349-350.
갈릴레오, 갈릴레이 715.
고가르텐, 프리드리히 109, 667.
과르디니, 로마노 87, 92, 135, 425, 667.
교황 디오니시오 570.
교황 바오로 3세 717.
교황 바오로 6세 805, 876.
교황 베네딕토 16세(라칭거, 요세프) 103-104, 178, 437, 456, 710, 760, 772, 789-790, 805, 809, 833.
교황 비오 9세 871.
교황 비오 12세 867, 871.
교황 요한 바오로 2세 126, 176-177, 203, 407, 544.
교황 켈레스티노 873
귄터, 안톤 688.
그레고리우스, 나지안조의 70, 210, 571, 682, 854, 874.
그레고리우스, 니사의 210, 571, 683, 814.
그레고리우스 팔라마스 852.
그레샤케, 기스베르트 370, 373, 616, 773, 776, 778, 788.
글로리외, P. 752
까뮈, 알베르 373.

네스토리우스 873-874.
뉴먼, 존 헨리 799, 867.

뉴턴, 이삭 716, 718.
니체, 프리드리히 119.
니콜라우스 쿠사누스 668.

데레사, 리지외의 849.
데레사, 아빌라의 241
데카르트, 르네 119, 447, 628, 717-720, 767-768.
델프, 알프레드 741.
되링, 하인리히 200, 202.
두란두스 694.
두크로브, U. 790.
둔스 스코투스, 요한 336, 401, 536, 875.

라너, 칼 58, 88-90, 92, 94, 118, 152, 194, 200-201, 203, 223-226, 243, 246, 272, 332, 340-341, 349-350, 353, 355-356, 425, 427, 444, 450, 458-459, 462, 473, 494-496, 505, 562, 593, 614-615, 627-629, 633, 655, 684, 739, 747, 757-758, 760-761, 810. 833, 848, 875.
라메트리 718.
라바터 814.
라이마루스, 헤르만 사무엘 281-282, 285, 306.
라이프니츠, 고트프리트 빌헬름 619.
레만, 칼 419-421, 508, 709.
레싱, 고트홀트 에프라임 220, 281.
렌트토르프, R. 657.
로크, 존 719.
로탕겔, 마틴 725.
로핑크, 노베르트 170.
로핑크, G. 778.

루터, 마틴　29, 77, 125, 177, 180-186, 220, 259, 280, 287, 337-338, 395-396, 399, 403-407, 412, 413, 415, 429, 445, 534, 546, 576, 597, 669, 717, 787, 885-888, 890-891.
루핀, v. A.　818-817.
룰란츠, P.　562.
뤼박, 앙리 드　427, 443, 669.
뤼케, U.　724.
리스, 로타　439, 458, 483.
리쾨르, 파울　349-350, 353.

마르크스, 칼　296, 720, 770.
마이스터 에크하르트　241, 404.
마흐, 에른스트　720.
막시무스, 고백자　335, 814.
메츠, 요한 밥티스트　56, 116, 297, 431, 621, 729, 733.
멜랑히톤, 씰리　185, 279, 411.
모데스투스　875.
모하메드　367.
몰트만, 위르겐　114, 116-117, 187, 190, 229, 231, 238, 246, 251-252, 273, 358, 431, 439, 618, 836.
뮐러, 게르하르트 루트비히　261, 339.
뮐러, 요한 아담　30, 33-34, 37, 135.
밀덴베르거, 프리드리히　119.

바르트, 칼　67, 73, 107-110, 115, 117-119, 187, 192, 277, 287, 340, 352, 424, 577, 632-633.
바르트, 한스-마틴　119.
바실리우스, 카이사리아의　210, 216-217, 235, 571. 682, 854.

바아더, 프란츠 220.
바오로, 사모스 섬의 569.
바이너르트, 볼프강 48, 120.
바이셰델, 빌헬름 586-588.
베렝가르, 뚜르의 41, 534, 536.
베른하르트, 클로베의 465, 875.
베버, 막스 436.
베츠, 요한 487, 527.
벨테, 베른하르트 611.
벨하우젠, 율리우스 634.
보나벤투라 336, 462, 667, 678-679, 685.
보로스, 라디슬라우스 752-753.
보프, 레오나르도 343, 616-618.
본회퍼, 디트리히 114, 583-584, 586.
부버, 마틴 87, 366, 425, 667, 670.
불링어, H. 885
불트만, 루돌프 32, 52, 71-72, 107, 110-113, 117-118, 187, 287-292, 295, 353, 771, 786, 723, 836.
브룬너, 에밀 107, 109-111, 187, 424, 577, 671.
비커르트, 울리히 893.

사르트르, J.-P. 625.
사벨리우스 253, 569.
사보나롤라 220.
샤르댕, 테이야르 드 623, 691, 738, 824-825, 833, 835-836.
셸러, 막스 611.
셸링, 프리드리히 빌헬름 220, 607, 770.
소크라테스 269, 559, 624, 762.

쇤베르크, 피에트 340, 752.
쇼펜하우어, 아더 607.
쉐벤, 마티아스 요셉 242, 424, 867.
쉐프치크, 레오 492.
쉬르만, 하인츠 303-304, 527, 529.
슈나이더, 테오도르 456, 471.
슈마우스, 미카엘 491, 598.
슈바이처, 알베르트 284, 771.
슈탕에, C. 847.
슈탤린, 빌헬름 892-893.
슈트더, 바질 76, 206, 214-215, 912.
슈트라우스, 다비드 프리드리히 283, 307.
슈트라이트, 마그누스 559.
슐라이어마허, 프리드리히 에른스트 다니엘 222-223, 352, 736, 815.
슐레테, 하인츠-로베르트 495, 498.
슐리어, 하인리히 54, 154, 4/6, 711.
슐테, 라파엘 437, 938.
스킬레벡스, 에드워드 340, 459, 462, 592.
스피노자, 베네딕토 601, 938.

아낙시만드로스, 밀레토스의 558, 762.
아낙시메네스 559
아놀드, 고트프리트 229.
아르키메데스 713.
아리스토텔레스 61, 328, 335, 374, 396, 429, 554, 560, 625, 678, 713, 765-766, 775.
아리우스 208, 211, 326-327, 570.
아말리쿠스, 베나의 814.

아벨라르두스 397.
아스무센, H. Chr. 893.
아우구스티누스 41, 125, 187, 191, 214-216, 363-364, 387, 392-396, 403-405, 427, 461, 480, 486, 497, 520, 602, 612-613, 619, 667, 678, 683-685, 693, 699, 700, 704, 793, 795, 811, 826, 854, 855 873.
아이기디우스, 로마의 133.
아타나시우스 208, 210, 276, 327, 329, 570, 682.
악커만, 슈테판 156, 422, 904, 916.
안셀무스, 캔터베리의 57, 278, 361-362, 364, 396-397, 496, 875.
알렉산더, 알렉산드리아의 570.
알렉산더, 할레의 336.
알베르투스 마뉴스 536, 679.
알베르트, 한스 725.
알트하우스, 파울 187, 847, 848.
암브로시우스 40-41, 393, 465, 520.
야스퍼스, K. 770.
에벨링, 게하르트 114-115, 117, 187, 292, 484, 671.
에브너, 페르디난도 425, 667.
에피쿠로스 764.
엘리아데, 미르체아 353, 638, 927.
엠페도클레스 763, 790.
예레미아스, 요아킴 292.
오리게네스, 알렉산드리아의 612, 687, 802, 814, 816-818, 844, 852.
오캄, 굴리엘무스 402.
오토, 루돌프 610-611.
요아킴 일리스 725.
요아킴, 피오레의 215-220, 292.
요한, 다마스쿠스의 254, 683, 875.

요한, 십자가의 241, 849.
요한 크리소스토무스 854, 858, 860.
위-디오니시우스[아레오파기타] 335, 595, 814.
유스티누스, 순교자 872.
융엘, 에버하르트 114, 118-119, 615.
이그나티우스, 로욜라 246.
이그나티우스, 안티오키아의 164, 854, 872.
이레네우스, 리옹의 276, 872, 276.

자우터, 게르하르트 119
제베르크, 라인홀트 815.
젬멜로트, 오토 140, 492, 498.
죌, 게오르그 873, 876, 882.
죌레, 도로테 267, 273.
죙겐, 고트리프 489-490.

출레너, P. 555.
츠빙글리, 훌트리치 337, 537, 885.
침멀리, W. 646.

카셀, 오도 442, 481.
카스퍼, 발터 199, 615, 709.
칸트, 임마누엘 719, 767-768.
칼로프, 아브라함 735.
칼뱅, 요한 185, 337-339, 537, 576, 629, 815, 885, 888.
캐제만, 에른스트 292.
케슬러, 한스 320, 324, 366, 913.
케플러, 요한 714-715.

켈레스티우스 394.
코르시, 디이터 119
코페르니쿠스, 니콜라우스 713, 717.
콩가르, 이브 443.
큉, 한스 110, 175, 269, 340, 407, 409, 588-589, 725.
크라우스, 게오르그 121, 594, 634, 924.
크라우스, 한스 요아킴 228, 911.
크세노파네스 559.
클레, H. 755.
클레멘스, 알렉산드리아의 70, 700, 802.
클롭스톡 814.
키릴루스, 알렉산드리아의 145, 330, 683, 874.
키릴루스, 예루살렘의 520.
키프리아누스, 카르타고의 130, 143-144, 191-192, 802, 854.

타폴레트, 발터 885.
탈레스, 밀레토스의 558.
테르툴리아누스 145, 389, 393, 470, 520, 570, 700, 799, 801-802.
테오도레투스, 키루스의 852.
테오도시우스 874.
테오도투스 569.
토마스 아퀴나스 41, 54, 57, 70, 85, 89-90, 97, 241, 335-337, 349, 360-361.
    364, 374, 395, 398-399, 429, 432, 447, 450, 456, 462, 480, 486-487, 520,
    535, 572, 612, 619, 684, 694, 700, 709, 766, 791, 875.
트로엘치, 에른스트 727.
티코 브라에 714.
틸리히, 폴 95-96, 113-114, 187, 279, 353, 578-583, 592, 611, 696.

파르메니데스 559, 762.
파스칼, 블레이스 718.
판넨베르크, 볼파르트 114, 117-118, 187, 200, 272-273, 560-561, 725.
페쉬, 오토 헤르만 407, 409, 423, 492, 528.
페터스, 알브레히트 387, 396, 399, 401, 434, 918.
페터스, 티모 라이너 116, 902.
페트루스 롬바르두스 41, 57, 335-336, 397, 462, 679.
페트루스 크리솔로구스 872.
펠라기우스 387, 390-395, 397, 873.
포르그리믈러, 헤르베르트 105, 120, 552, 618.
포이어바흐, 루트비히 119, 720, 770.
포트마이어, 헤르만 요세프 360.
폰 바이채커, 칼 프리드리히 623.
폰 발타사르, 한스 우르스 616.
폼포나치, 피에트로 789.
푁틀레, 안톤 529.
프라이, 크리스토퍼 119.
프란츠 무스너 386
프란츠 베로니우스 42
프란츠 안톤 슈타우덴마이어 223
프랑케묄레 529
프톨레마이오스, 알렉산드리아의 713, 717.
플라톤 468, 560, 654, 678, 763-767, 776, 779, 790-791.
피타고라스 762-763, 790.
피퍼, 요세프 752, 496.
피히테, 요한 고트리브 119, 366, 607, 769.
필론, 알렉산드리아의 665.

하이데거, 마틴 71-72, 247, 264, 611, 625, 740-741, 756, 770.
하인리히, 겐트의 694.
해를레, 빌프리트 68, 76, 119, 187-188.
해링, 헤르만 726, 927.
해이트, 로저 345-359.
헤겔, 게오르그 빌헬름 프리드리히 86, 149, 221-223, 271, 283, 607, 767, 769, 849.
헤녹 749.
헤르메스, 게오르그 688.
헤센, 요한 611.
호메로스 790.
호이겐스, 크리스티안 717.
후고, 빅토르의 462.
휘너만, 페터 262, 271, 273-274, 342.
흄, 데이비드 719.
히폴리투스, 로마의 165, 235.
힐베라트, 베른트 요켄 250.

용어 색인

"가려 계신 하느님"과 "계시되신 하느님" 404.
경험들을 통한 경험들 101.
공의회(보편교회의 일치를 위한 움직임)
  - 니케아(325)   53, 208, 210, 275, 326-327, 356, 570-571.
  - 제1차 콘스탄티노플(381)   152, 206, 210-211, 227, 329, 571, 874.
  - 제2차 콘스탄티노플(553)   332, 874.
  - 제3차 콘스탄티노플(680/681)   332.
  - 에페소(431)   53, 330, 873-874, 877.
  - 칼케돈(451)   197, 208, 275, 328, 330-336, 472, 563, 874.
  - 제2차 니케아(787)   212.
  - 제4차 라테란(1215)   520, 559, 597, 602, 675, 684, 707, 708, 845.
  - 제5차 라테란(1512/1517)   789.
  - 트리엔트(1542/1563)   74, 103, 112, 364, 403, 405-406, 408-410, 412, 416, 419, 458, 460-461, 483-484, 489, 492-494, 534, 537, 548, 551, 553-554, 576, 704, 745, 807, 811-812.
  - 제1차 바티칸(1869/1870)   29-30, 42, 44-5, 57, 133, 154, 174, 176, 606, 675, 688, 870.
  - 제2차 바티칸(1962-1965)   30-31, 44-45, 57-58, 61, 63, 65, 78-79, 82-87, 90, 93, 98, 104, 106, 124, 127, 133, 135, 137, 139-140, 142-7, 154, 156-167, 161, 163, 166, 168, 171, 175, 178, 193-196, 202, 215, 221, 274, 364, 366, 421, 430, 441, 443, 467, 481, 483, 516, 537, 539, 541-542, 544-545, 549, 551, 602, 609, 616, 701, 741, 757, 808, 863-864, 867-868, 870, 876, 887.
교의(도그마)

- (교회의) 가르침 30, 33-34, 40, 45, 47-48.
- 개념 39, 45,
- 체험적 진술[私見]으로서 34-35, 41, 48.
- 계시 진리 44-45.
- "교도권을 통한 복음"으로서 39, 46.
- 교회가 제시하는 신앙 진리 43.
- 다양한 해석 49-50, 92-94.
- 사태 진리 48.
- 시대적 고지 49.
- 신앙고백 43, 46-47, 75.
- '앞을 향해 열려 있는 형식'(카스퍼) 44.
- 의미의 발전 39-40, 45-46.
- 인간에게 다가오시는 하느님의 표징적·언어적 표현 30-32, 43, 55-56.
- "진리의 육화" 102.
- "기념적인 말씀" / "시사적인 말씀" / "예지적인 말씀" 47.

교의신학
- 교의신학의 방법들 58-63, 63-69.
- 교의신학과 철학 69-73.
- 교의신학과 교회 74-79.
- 교의신학과 성경 주해 79-80.
- "교의신학적 사유 형식" 54-58, 66.
- 교회 일치운동과 함께 81-86.
- 실존과 함께 71-2, 94.
- 이성과 함께 71, 88-91.
- 전례와 함께 46, 78-79.
- 지혜와 학문 54-56.
- "진리의 위계"와 함께 84.
- '친교-신학'의 형식으로서 96-101.

- 하느님의 말씀과 함께 74.
- 학문적인 최소기준 67.

교의신학, 오늘날 전형론적인 입장에서
- 구세사적인 관점 86-88.
- 상징적인 관점 94-96.
- 인격(주의)적인 관점 88, 159, 253-256, 334.
- 초월적인 관점 88-91
- 해석학적인 관점 92-94.
- 현상학적인 관점 91-92.

교의신학을 위한 기초적인 문헌 120-122.
교의신학의 과제 64.
교의신학의 구성 33, 57, 262.
교의의 발전 101-5.

교회론 - 공동체 및 의사소통으로서 교회
- "그리스도의 몸"으로서 129, 135-139. 143, 162, 164, 169, 237, 444, 508, 532, 534, 857, 891.
- 보편교회와 개별교회 48, 145, 158, 160-163, 203, 539.
- 성찬례와 함께 137, 144, 158, 161-163, 171, 319-21, 508-509, 514, 532.
- "하느님의 백성"으로서 129, 138-140, 142-143, 169, 177, 181-182, 195, 229, 231, 249, 444.

"교회 밖에는 구원이 없다."(*Salus extra ecclesia non est.*) 130.
"교회 없이는 구원도 없다."(*Sine Ecclesia nulla salus.*) 192.
교회법 131, 185, 391, 521.
교회의 표지들
- 거룩함 152, 165-166, 190, 506, 864-865, 873.
- 보편-됨(보편성) 82, 151-2, 167-168, 201.
- 사도적 계승 171, 538.
- 성사로서 140-142, 149.

- 실천공동체로서　179-180.
- 이해공동체로서　70, 177-178.
- 전통공동체로서　180.
- 친교로서　143-152, 497, 509, 513, 539.
- 친교 중심의 교회론　143, 145, 155, 539-540.
- 하나-됨　98, 152-158, 168, 172, 199.

교회 이해
- "초대교회"　131-132.
- 프로테스탄트교회의 자기이해　180-190.

구원론
- 구세사(적)/ 구원사(적)　74, 86-88, 131, 209, 217, 221, 243, 256, 297, 303, 498, 614-615, 630, 657-658, 680, 692, 696, 705, 868.
- "구원의 확실성"　415.
- 다원적이면서 배타적인 구원관　200.
- 배타적이면서 포괄적인 구원관　199.
- 포괄적이면서 다원적인 구원관　200-202.

그리스도론
- 관용어 활용(용례)　333-334, 337-338.
- 구원론과 함께　78, 99-100, 109, 198, 206, 208, 270, 278-280, 288, 327, 331, 336, 338, 346, 352, 357, 360-368, 374, 497, 529, 661-662, 759.
- 그 역사적 배경　206-214.
- 네스토리우스/ 네스토리우스주의("분리-그리스도론")　329, 330, 873-874.
- 단성론(자)(*Monophysitismus*)　329-330, 332-337.
- 단일의지론(*Monotheletismus*)　329, 332-333.
- 로고스-사르크스(살[肉])-그리스도론　329.
- 명시적 그리스도론　298, 313.
- 선재-그리스도론　206-208, 234, 323, 839, 884.
- "실체적(인) 단일성(합일)"(hypostatische Union)　147 271, 331, 332, 334,

336-337, 355, 472, 878.
- 양자설/종속설　326.
- "위로부터"(하강 그리스도론)　266, 276-277, 371-372, 507.
- "아래로부터"(상승 그리스도론)　276-277, 347, 357.
- 유신정론(Monergismus)　332-333.
- "영-그리스도론"(해이트)　356.
- 중세의 세 가지 그리스도론 모형　335-336.
- 자립체-이론(토마스 아퀴나스)　336.
- "자의식-그리스도론"　353.
- 죌레의 "사신신학"　267.
- 초기 그리스도교의 그리스도론 탄생　318-326.
- 초월-인간학적 그리스도론(라너)　272.
- 칼케돈(공의회[451])의 선언　330-331.
- 함축적 그리스도론　298.
- 해방신학과 함께　116, 343-344, 352-354, 510, 622, 730.
- 해설 그리스도론　356.
- 현양된 그리스도론　298.

그리스도의 부활
- 부활 체험　150, 299, 324-326.
- 부활에 대한 교의신학적 해석　308-315.
- 신약성경의 부활 문제　318-326.
- 죽음을 이겨냄　276, 317, 431, 478-479, 524, 567, 708, 743-744.
- 초대교회의 예수(호칭) 이해(메시아, 하느님의 아들, 사람의 아들)　310-314.

긍정신학　593, 596-597.

대림　778.

마리아론
- "마리아의 세기"(世紀)　866-870, 876, 883.

- 방법 868-871.
- 프로테스탄트 신학에서 885-894.

마리아에 관한 교의
- 교회(신앙인들)의 "전형"(典型) 868, 876-877, 884. 892.
- "무염시태"(immaculata: 원죄 없이 잉태하신 마리아) 866-867, 875-876, 880-881, 883.
- "성모 승천" 881-882.
- "평생 동정녀" 879-880.
- "하느님의 어머니"(천주의 모친) 877-879, 886.

"만물 회복 이론"(Apokatastasis) 814, 816-819, 844, 853.

범신론(적) 223, 226, 601, 606-607, 814.

부정신학 558-9, 593, 595-597.

사료적 예수 280, 285, 292-293, 460.

상징신학 595.

성령론
- 성령의 은총(은사/ 열매들) 128, 205, 226, 239-240, 251, 256, 506, 568, 682, 889.
- "성자와 함께"(Filioque) 211, 243-244.

성령
- 그 역사(피오레의 요아킴) 215-221.
- "매듭"으로서 214-215, 242.
- "사랑의 결정체" 216.
- "선물"로서 148, 157, 215-216, 235, 238-240, 243-244, 371, 502, 507, 509-510, 514-515, 521, 614, 835.
- 영(성령)의 체험 234. 244, 246-247, 249-250.
- 인간의 의식(意識)과 함께 89, 112, 221-226, 247, 249, 255, 347, 513,

599, 720.
- "친교"로서 97, 100, 144, 151, 155-156, 215-216, 242, 497, 613.

성부수난설주의 569.

"성인들의 통공" – 완전한 이들의 공동체
- 교회의 일치 77, 130, 144, 172, 174, 501, 540.
- 성사들을 통한 참여 864.
- "성인들의 통공" 100. 132, 181, 863-864.

신격화(인간의 聖化) 209, 241, 317, 431.

신론
- '삶 한가운데서 저편에 계신 하느님'(본회퍼) 583-586.
- '신뢰의 원천으로서 하느님'(바이셰델) 586-588.
- '인간의 미래로서 하느님'(스킬레벡스) 592-593.
- '절대적으로 다른 분'(라너) 593-594, 614-615.
- '심연 속의 하느님'(틸리히) 578-583.
- '실재의 근거로서 요청되는 하느님'(큉) 589-592.

신앙
- 체험에 의한 신앙 34-35.
- 사도들의 체험을 나누는 신앙 35.
- 삶으로서 완성되는 신앙 39, 753, 856, 864.
- 신앙의 완성(지복직관) 610, 732.

신앙 감각(*sensus fidelium*) 76, 142, 176, 870-871.

신앙, 희망, 사랑 128, 157, 196, 240, 250-253, 382, 411, 429-432, 457, 566, 826, 864.

신조(*regula fidei*) 35-41, 46, 75, 81, 83-84, 94, 103, 105-106, 146, 153, 159-160, 173, 182-183, 200, 207, 210.

신정론 문제 373, 619-621, 650, 703, 734.

신플라톤주의 70, 335, 560, 595, 791, 814.

십자가 신학 593, 596-597, 620.

"십자가의 신학"은 "영광의 신학" 597.

아리우스 추종자(들) 211-212.
영지주의(그노시스 사상) 53, 55, 229, 293, 294, 388, 438, 788-789, 829.
예견 200, 218, 436.
원죄 90, 389, 393-395, 408-409, 534, 656, 704-707, 726, 744-748, 815, 867, 873-876, 880, 883, 887-888.
원죄론 364, 704.
유비(*Analogia*)(적/유비론) 137, 141, 147, 210, 223, 254, 343, 365, 390, 421, 496, 559, 597, 683, 709, 745, 755, 870.
유비적 설명(유비 신학) 421, 593, 595, 683.
은총 – 은총과 의화 – 하느님과 인간 사이의 일치(공동체) 실현
 - 개념 370-374.
 - 경험과 함께 374-382.
 - 교부들의 가르침 안에서 382, 387-390.
 - 구약성경의 입장에서 383-385.
 - 둔스 스코투스에게서 401-402.
 - 루터에게서 403-405.
 - 신약성경의 입장에서 385-387.
 - 신학의 전체 지평으로서 은총 424-425.
 - 아우구스티누스에게서 392-394.
 - 종교개혁을 앞두고 402-403.
 - 오랑주(529) 시노드 안에서 394-396.
 - 역사와 함께 427-9.
 - 자연과 함께 426-7.
 - 중세 초기 스콜라 신학에서 396-399.
 - 최근 신학적 경향들 안에서 424-429.
 - 카르타고(411/418) 시노드 안에서 394.

- 토마스 아퀴나스(전성기 스콜라 신학)에게서 399-401.
- 트리엔트 공의회의 경우 406-407.
- 펠라기우스에게서 390-392.

의화
- 개념과 의미 415.
- "단념할 수 없는 시금석"으로서 의화 418-419.
- 트리엔트 공의회의 의화 교리 406-407.
- 루터의 '의화'에 대한 이해 405-406.
- 20세기 가톨릭교회와 프로테스탄트교회의 '의화 문제' 대담 407-414.
- 가톨릭과 프로테스탄트의 1999년 '공동성명서'(GE) 414-419, 422.
- "의인이면서 동시에 죄인"인 인간 404.
- 의화 교리에서 '동의' 개념 414-416.
- "의화" 없는 의화? 422-424.
- 의화와 교회 419-422.
- 은총과 의화 99-100, 369.
- "치벌적인 동의" 84, 416-418.

이신론(理神論)(적) 692, 696.
인간 내면에 거주하시는 하느님(성령) 37, 246, 404, 480, 486, 603, 744, 827,
인간(하느님을 닮은 모상) 148, 254, 314, 631, 699-702, 709, 774, 791.
인간의 자유 46, 51, 87, 90, 149, 155, 164, 224, 238, 247-248, 251-252,
　　　255-257, 267, 279, 329, 344, 353, 366, 379, 383, 390-398, 401-403,
　　　408-410, 426, 430, 451, 477, 494, 557, 564, 585, 598, 609-610, 671-672,
　　　696, 703, 720, 753-758, 768, 819, 846, 849, 879, 882.

자연신학(적) 577, 719.
자유교회 186-187.
"자유-신학" 269-270, 283-284, 287-288, 307.
종말론 – 완성 – 하느님과의 영원한 일치

종말론
- (교회 내) 역사적 측면 284, 727-733.
- 개념의 속성 735-737.
- 성경과 관련하여 733-735.
- 세계 내재적 차원과 초월적 차원 737-740.
- 최후의 심판 749, 779, 847.

죽음
- "죽음을 생각하는 것"(memento mori) 740.
- 죽음의 고통(원죄의 결과) 744-748.
- 그리스도와 함께 죽음(은총으로서의 죽음) 751-752.
- "몸과 영혼의 분리"로서 749-751.
- 성경의 진술 742-744.
- 영혼의 윤회(설)? 새로운 육화? 756-758.
- 죽음의 보편성 741, 748-749.
- "저승에 (내려)감" 309, 758, 760-761, 762.
- 철학 안에서의 죽음 741, 752-756.
- 죽은 이들의 부활 308-309, 674, 770-797.
- 중간 상태(사심판과 공심판 사이) 765, 772, 775, 778-9, 786-9, 792-793, 798, 802-805, 811, 882.

지옥(저승)
- 교도권 안에서 727, 758, 760-762, 843-846.
- 교부들의 가르침 801-4.
- 불의 상징 797, 799-801, 803.
- 성경의 자료들 600, 782, 786, 819, 838-843.
- 신학적 체계 안에서 846-850.

창조 – 친교를 향한 하느님의 뜻
- 시원론(Protologie)(적) 627, 629-630, 633, 664.
- 원인론(Ätiologie) 629-630, 637, 702, 734-735.

- 창세기 1-2장 및 구약성경이 전해 주는 창조 설화 634-660.
- 말씀을 통한 창조 666-673.
- 무로부터의 창조 673-677.
- 세상의 시간성 677-681.
- 창조의 동기 686-692.
- 삼위일체 하느님의 창조 활동 681-686.

칠(7)성사들
- 개념과 의미 94, 141, 446, 456-457, 501.
- 교회의 성사(성) 179, 191, 364, 400, 406, 420, 458, 473, 499, 543-544.
- 그리스도의 성사 149, 151.
- 영(성령)의 성사 99, 149.
- 소통적(친교적) 성격 345, 496, 499, 533, 572.
- 인간학적인 기반 세우기 149, 450-541, 603, 750.
- 인류지대사로서 455-6.
- 일곱(7)이라는 숫자 554.
- 일반적인 성사론 100, 436-441, 443-445, 467, 485-486, 499.
- 질료와 형상 554.
- 집전자와 수혜자 554-5.
- 창조신학(적) 221, 246, 455, 656, 700.

견진성사
- 견진성사의 역사 518-520.
- "견고한 신앙" 520.
- 견진성사의 집전과 수혜 자격 521.

성체성사
- 상징의 실재 50, 54, 94-95, 354, 448-449, 458-460, 530-534, 536-537, 563.
- 신약성경의 성체성사 제정에 관한 보도 524-527.
- 신령성체(神領聖體) 493-494, 498.

- 실재 현존(성체성혈 — 성변화) 534-537.
- 예수의 자기희생 194, 340, 496, 531-533.
- '하나의 잔으로 나눠 마심' 526, 537.
- 화해의 과정 344, 362, 367, 417, 531, 533-534, 547.
- '모든 이들과의 화해' 814, 844.
- (그리스도의) 희생 165, 167, 303, 338, 340, 342, 361-364, 489, 528, 531-535, 615, 759, 812, 839.

세례성사
- 교리 문답과 관련하여 511, 689.
- 그리스도의 지체(몸)가 됨 138, 155, 497, 502, 506, 508, 16, 534.
- 다양한 세례 형식(?) 512.
- 성인 세례와 유아 세례 503, 513, 517.
- 세례(예)식 503-504.
- 신앙은 이미 세례를 지향한다 503.

고해성사
- 대사(大赦)에 대한 가르침 805.
- 성경의 근거(자료들) 546-547.
- 역사적 측면 547-549.
- 조건 대사 548.
- 죄의 용서 547-549.

성품성사
- 교회의 직무 537-538,
- 교도직(교도권) 539.
- 교황직/권(베드로 사도좌) 177, 183, 185, 203, 172-177, 539.
- "사도적 계승" 171, 538.
- 주교직, 사제직, 부제직 170-171, 538-539, 541.

병자성사
- 죄의 용서 50-51.

- 도유예식 550-552.
- (병자)성사의 효력은 요청하는 이의 신앙의 크기나 집전자에 의해 좌우 되지 않는다 553.
- 영속적인 각인("지워지지 않는 특성") 553.

혼인성사
- "신정법과 인정법의 친교" 543.
- 혼인 합의(*consensus*) 543.
- '가장 작은 단위의 친교' 544.
- 구원의 표징 545.

천국 727, 838-839, 848, 850-3, 855-860, 864.

파루시아(재림) 819-826, 829-830.
플라톤의 "불멸성-모델" 764.

하느님 – 삼위일체의 하느님 – 친교(일치)의 완성
하느님 체험 223-5, 234, 238, 246, 248-249, 451, 562, 573, 575, 585.
하느님
- 거룩한 신비로서 610-611.
- "거주하시는" 하느님 618-619.

"하느님을 넘어선 하느님"(Gott über Gott)(틸리히) 583.
하느님의 계시 51, 70, 76, 85, 89, 105-6, 108, 110-111, 117, 151, 159, 200, 263, 308, 360, 366, 404, 499, 576, 580, 609, 620.
"하느님 나라"(바실레이아) 274, 299, 301, 344, 361, 457, 509, 524, 546, 550, 564-566, 580, 739.
하느님-말씀-신학(에벨링) 115.
하느님의 삼위일체성
- 삼위일체의 하느님(삼위일체성) 97, 108, 143-146, 148, 154-155, 199, 213-214, 217-218, 222, 224, 234, 236, 242-243, 336, 340, 356-357, 387, 389, 439, 446, 496, 504, 569, 571, 614-7, 681-685, 691.

- 삼위일체론 97, 100, 206, 211, 214, 238, 253, 276, 356, 418, 567, 570-571, 598-599, 611-612, 614-618, 682.
- 상호 내재(perichorese) 334, 613, 616-617.
- 병존(*circuminsessio*) 613.
- 하느님 안에서 위격 개념 149, 205, 211, 213-214, 236, 242-244, 253-257, 276, 330, 570-571, 598-599, 616-617, 671, 682-684, 708-709.
- 하느님 안에서의 일치(하나-되심) 496, 498, 598, 682.
- 유일신론(Monarchianismus) 569-570.

하느님의 정("감수성") 232.

하느님 존재 264, 597.

하느님의 특성
- 영원성 601-604.
- 위격성 598-599.
- 전지전능성 599-601.
- 하느님의 이름 604-606.
- 하느님의 초자연성(세계 초월성) 606-610.

해방
- 구속(救贖)으로서 232, 238, 248, 279, 282, 342, 344, 365-356, 385, 433, 479, 503, 506-507, 510-511, 564, 702, 834, 884.
- 대표자에 의한 해방 265-267, 315, 706, 833, 881, 884, 893.
- '대속'에 의한 해방 101, 362, 364, 704, 759.
- 일치로서 766, 744.

해방신학 116, 343, 352-354, 510, 622, 730, 884.

헤세드(chesed) 383-385.

역자 후기

저자 하랄트 바그너는 이 책 『일반인을 위한 교의신학』(*Dogmatik*)에서 가톨릭교의의 기본 개념들을 꼼꼼히 다루었다. 우리는 이 책에서 저자가 역사적 기원으로부터 오늘날까지 교의와 교의 관련 개념들을 두루 살피는 집요한 열정을 엿볼 수 있다. 저자는 성경과 교부들의 가르침부터 현대 신학자들의 입장까지 그 요지를 밝히고, 가톨릭 신학만이 아니라 프로테스탄트 신학까지 섭렵하면서 신학 전반에 걸쳐, 곧 성서신학, 역사신학, 주석신학, 조직신학 등과의 소통은 물론 그리스도론, 교회론, 삼위일체론, 성사론, 성령론, 종말론, 마리아론과의 연계성을 따라 교의의 거대한 틀을 그려내는 데에 많은 정성을 기울였다. 또한 저자는 성경과 전통을 간직해 온 가톨릭교회의 신앙고백이 무엇보다도 보편 공의회의 가르침을 통해 명시적으로 드러난 점을 놓치지 않고 전해 준다.

다른 한편 저자는 현대 신학자들, 특히 남미의 해방신학자들과 프로테스탄트 신학자들에 대해 개방적이다. 이 점이 우리에게는 다소 낯설게 여겨질지도 모르겠다. 그러나 이러한 입장은 저자가 실제 살아가는 독일교회의 특별한 현실을 반영한 데에 있다고 본다. 다시 말해 독일의 에방겔리쉬(개혁교회)와 남미 해방신학자 로저 해이트(R. Haight)의 새로운 그리스도론적 관점에 관심을 가지고 접근하는 태도(특별히 345-360쪽에서 취급)는 저자의 삶의 자리에서 바라보고 느꼈던 바를 진술한 셈이다. 그러나 이 책이 나온 직후 2004년 12월 13일 교황청 신앙교리성으로부터 새로운 지침이 제시되었기에, 우리는 그(로저 해이트 신부의 저서 『하느님의 상징 예수, *Jesus Symbol of God*』 [Maryknoll, New York: Orbis 1999]에 관한 공지)와 같은 지침을 따라 좀 더 신중하게 살펴야 할 입장이 되었다. 하지만 머무는 곳이 어디든 근거 없는 선입견이나 편견에서 벗어나 하느님께 더 많이 의지하고 선처를 호소하는 순수함을 간직하면서 참된 신앙을 열망한다면, 이 책을 통해 저자가 간결하게 전해 주는 지난 세기의 많은 프로테스탄트 신학자들(K. Barth, R. Bultmann, W. Pannenberg, J. Moltmann 등)의 이론들은 오늘날 교회 일치를 위한 새로운 움직임에도 기여하는 바가 적지 않을 것이다.

외적으로 크게 성장한 한국 가톨릭교회가 또한 내적으로도 성숙해지기를 바라는 마음으로 번역에 임했다. 우리말 문장의 흐름을 위해 혹여 역자가 설정한 문투나 표현이 저자의 의도에서 벗어나지 않았으면 하는 마음은 한결같다. 틈틈이 시간을 내어 번역한 이 부족한 글을 출간할 수 있도록 도움을 주신 모든 분들에게 감사드리며, "모든 것 안에 모든 것이신" 하느님께 감사와 찬미와 영광을 드린다.

Gloria Deo, Pax hominibus!
2016년의 여름, 하느님의 은총에 감사드리며

譯者 조규만, 조규홍

저자 소개

저자 바그너(Harald Wagner)는 1944년에 태어났으며 고향 기센(Gießen[독일])에서 김나지움을 마쳤다. 김나지움을 졸업한 후 1963년부터 1965년까지 프랑크푸르트 성 게오르그(St. George) 예수회 철학-신학대학에서 철학과 신학을 수학하고, 뮌헨 루트비히 막시밀리안 대학교(Ludwig Maximilian-Univ. München)로 잠시 옮겼다가, 로마로 유학을 가서 1972년까지 그레고리안 대학교(Univ. Gregoriana)에서 신학을 공부하여 신학박사 학위를 받았다. 그 사이에 1968년 림부르크(Limburg) 교구에서 사제서품을 받았다.

학업을 마치고 귀국해서는 3년간 프랑크푸르트 소재의 한 본당에서 보좌신부로 사목활동을 했다. 1974년에 뮌헨 대학교에서 기초신학 및 교회일치신학 교수 자격(*venia legendi*)을 취득했다. 이후 1980년부터 슈배비쉬 그뮌트 교육대학(Pädagogische Hochschule Schwäbisch Gmünd)에서 정교수로 조직신학을 가르쳤다. 1981년부터 1994년까지 마르부르크의 필립 대학교(Philipps-Univ. Marburg)에서 가톨릭 신학을 가르치면서 풀다(Fulda) 신학대학 교수를 겸직했다. 1994년부터 2009년 은퇴하기 전까지 베스트팔렌(Westfallen) 주 주재 뮌스터 빌헬름 대학교(Wilhelms-Univ. Münster)의 가톨릭 신학부에서 교의신학 및 교의사 전공교수이자 학과장으로 활동했으며, 교의신학과 관련된 다수의 연구 논문을 통해 우리가 교의신학에 대한 전체적인 안목을 갖는데 크게 기여했다. 그러므로 이 책(2003년 출간)은 이 시기에 집필해 펴낸 것이다. 바그너는 다채로운 의견들을 하나로 규합시키는 데 있어서 다른 연구자들과의 열린 대화는 물론 자신의 풍부한 신학적 경험 외에도 교의사적인 맥락과 전망에 탁월한 기지를 발휘한다.

특히 저자는 일찍부터 『초기 가톨릭 신학 사상』(*Frühkatholizismus*), 『신학자 묄러』(*J. A. Möhler*), 『신정론 문제』(*Theodizeefrage*), H. J. Urban과 공동 편집한 『교회 일치론』(*Ökumenik*), 『의학과 신학의 대화』(*Dialog zwischen Medizin und Theologie*) 등의 작품을 선보인 것처럼 상기 주제들에 관심을 가졌다. 그 밖에도 신학 및 교회사전에 다수의 글을 기재했으며, 그 가운데 신학자 해를레(W. Härle)와 함께 편찬한 『신학사전』(*Theologenlexikon*)은 널리 알려져 있다. 그가 집필한 글(단행본, 전집, 논문, 설교 및 서평 등)은 지금까지 총 260편에 달한다.

옮긴이 소개

조규만 주교는 1974년 가톨릭대학교 신학대학에 입학하여 1982년 사제품을 받았다. 서울대교구 연희동 성당 보좌신부로 본당사목을 시작하여 1984년 로마 우르바노 대학에서 교의신학을 전공하고 1990년 신학박사 학위를 받았다. 1991년 귀국하여 가톨릭대학교 신학대학 교수로 재직하였고, 한국천주교주교회의 신앙교리위원회 총무, 아시아주교회의연합회(FABC) 신학위원회 위원, 한국천주교주교회의 사무처장 겸 한국천주교중앙협의회 사무총장을 역임했다. 2006년 주교품을 받고 2016년부터 천주교 원주교구 (제3대) 교구장과 한국천주교 주교회의 평신도사도직위원회 위원장과 선교사목주교위원회 위원으로 활동하고 있다.

신학 저서로는 『마리아, 은총의 어머니』(1998), 『원죄론-인류의 연대성, 죄의 보편성』(2000), 『시원종말론』(2003), 『교회론·마리아론』(2003), 『신삼위일체론』(2003), 『하느님 나라』(2005)가 있고, 묵상집으로는 『믿는 기쁨·사는 기쁨』(2007), 『날마다 생각한 하느님』(2012) 등이 있다.

역서로는 『신약성경신학』(제1권-제4권, 공역, 2007-2015) 외에도 『성 토마스 아퀴나스의 신학대전 요약』(공역, 1993), 『종말론』(1998), 『내적 치유를 위한 성서의 오솔길』(2001), 『하느님의 다스림과 하느님 나라』(공역, 2002), 『주님의 기도』(공역, 2004), 『신학사 1』(2012), 『일치의 성사』(2013), 『그리스도론』(공역, 2016) 그리고 다수의 논문이 있다.

조규홍은 1989년 광주가톨릭대학교 대학원을 졸업하고 1995년 독일 뮌헨철학대학에서 철학석사 학위, 1999년 독일 오토-프리드리히 (Otto-Friedrich-Uni. Bamberg) 대학교에서 철학박사 학위를 취득하였다. 현재 대전가톨릭대학교와 춘천 한림대학교에 출강하고 있다.

저서로는 『시간과 영원 사이의 인간 존재』(2002), 『플로티노스 - 그리스 철학을 기독교에 전달한 사상가』(2006)가 있다.

신학 및 철학 역서로는 『신약성경신학』(제1권-제4권, 공역, 2007-2015) 외에도 『하느님의 다스림과 하느님 나라』(공역, 2002), 『주님의 기도』(공역, 2004), 『다른 것이 아닌 것 - 존재 및 인식의 원리』(2007), 『플로티노스의 중심 개념 : 영혼 - 정신 - 하나』(2008), 『엔네아데스』(2009), 『플로티노스의 <하나>와 행복』(2010), 『플라톤주의와 독일 관념론』(2010), 『박학한 무지』(선집, 2011), 『사랑에 관하여 - 플라톤의 '향연' 주해』(2011) 『신플라톤주의』(공역, 2011), 『플로티노스의 신비철학』(2011), 『헬레니즘 철학사』(2011), 『일치의 성사』(공역, 2013), 『박학한 무지』(완역본, 2013), 『원인론』(2013), 『그리스도론』(공역, 2016)과 『마이스터 에크하르트』(2016) 등이 있다.

일반인을 위한 역서로는 『숨어있는 기쁨』(2013), 『숨어있는 행복』(2013) 외에 안셀름 그륀 신부의 소책자 시리즈 5권(치유, 축복, 감사, 쾌유, 위로) 번역서(2013)와 『예비신자 궁금증 105가지』(2014) 그리고 다수의 논문이 있다.

가톨릭문화총서 Catholic Culture Library

CCL 001 『신학자 토마스 아퀴나스』 (토미즘 1)
Thomas Aquinas Theologian
T. 오미어러 지음 / 이재룡 옮김 / 2002.8.8. / 528쪽
성 토마스 신학 세계의 구조와 발전 과정을 포괄적으로 그려 보이며 현대적 의미를 추적하는 책.

CCL 002 『하느님의 다스림과 하느님 나라』 (조직신학 1)
Gottes Herrschaft und Reich
R. 슈나켄부르그 지음 / 조규만·조규홍 옮김 / 2002.10.28. / 540쪽
구약에서 신약의 요한 묵시록에 이르기까지 성경에 제시된 하느님 나라에 관한 개념을 풀이한 책.

CCL 003 『예수 이후: 초대교회의 직무』 (역사신학 1)
Après Jésus: Le ministère chez les premiers chrétiens
Ch. 페로 지음 / 백운철 옮김 / 2002.12.24. / 368쪽
예수 이후, 초대교회가 어떠한 조직으로 다양한 직무를 수행했는지 주석학적으로 성찰한 책.

CCL 004 『전환기의 새로운 문화 모색』 (문화 1)
Una nuova cultura per una nuova società
B. 몬딘 지음 / 이재룡 옮김 / 2002.12.26. / 416쪽
현대 문화가 겪고 있는 심각한 위기를 정밀 분석하고 "새로운 문화" 건설의 방향을 제시하는 책.

CCL 005 『교리교육 신학: 새복음화에 대하여』 (실천신학 1)
Théologie catéchuménale: A propos de la nouvelle evangélisation
H. 부르주아 지음 / 김웅태 옮김 / 2002.12.27. / 416쪽
신자 양성을 위한 교회의 교리교육적 과제와 새복음화의 여정을 조명한 책.

CCL 006 『토마스 아퀴나스의 형이상학』 (토미즘 2)
Die Metaphysik des Thomas von Aquin
레오 엘더스 지음 / 박승찬 옮김 / 2003.10.15. / 648쪽
토마스 아퀴나스의 형이상학에서 사용된 주요 개념들을 역사적 관점에서 상세하게 분석한 기본 연구서.

CCL 007 『스콜라철학에서의 개체화』 (토미즘 3)
Individuation in Scholasticism
J. 그라시아 엮음 / 이재룡·이재경 옮김 / 2003.12.30. / 1,028쪽
중세 전성기에서 근대 초기에 이르기까지 중요한 철학적 화두였던 개체화 이론을 집중적으로 추적하는 책.

CCL 008 『나는 성령을 믿나이다 1』 (조직신학 2)
Je crois en l'Esprit Saint
Y. 콩가르 지음 / 백운철 옮김 / 2004.12.29. / 308쪽
성경과 그리스도 역사가 증언하는 영의 체험을 파노라마처럼 보여 주는 책.

CCL 009 『리더십 다이내믹』 (문화 2)
Leadership Dynamics
E. 홀랜더 지음 / 원종철 옮김 / 2004.12.30. / 348쪽
리더십을 거래, 상황, 대인 관계의 사회 교환 관점에서 제시한 책.

CCL 010 『가톨릭교회 교리서 해설』 (실천신학 2)
Commentary on the Catechism of the Catholic Church
마이클 J. 월쉬 엮음 / 김웅태 옮김 / 2004.12.31. / 952쪽
『가톨릭교회 교리서』를 세계 유명 가톨릭 대학교 교수들이 비판적 안목으로 심도 있게 해설한 책.

CCL 011 『교회 쇄신과 매스컴』 (문화 3)
Pastoral Planning for Social Communication
빅터 순더라쥐 엮음 / 김민수 옮김 / 2005.1.3. / 248쪽
매스컴 시대에 교회의 선교와 사목이 커뮤니케이션과 밀접하게 통합되어야 함을 강조하고 방법을 제시하는 책.

CCL 012 『은총과 자유』(토미즘 4)
Grace and Freedom
버나드 로너간 지음 / 김율 옮김 / 2005.9.3. / 276쪽
성 토마스 아퀴나스의 은총 이론이 어떤 정신사적 배경에서 성립하여 어떻게 발전해 갔는지를 철저한 문헌적 연구와 풍부한 역사적 안목에 기초하여 상세히 밝힌 책.

CCL 013 『개항기 한국 사회와 천주교회』(역사신학 2)
장동하 지음 / 2005.12.30. / 484쪽
병인박해와 한불조약 이후 개항기 사회의 변동 속에서 한국 천주교회가 재건, 정착되는 모습을 새롭게 조명한 책.

CCL 014 『묵시문학적 상상력-유다 묵시문학 입문』(역사신학 3)
The Apocalyptic Imagination
존 J. 콜린스 지음 / 박요한 영식 옮김 / 2006.2.24. / 664쪽
묵시록과 묵시문학적 종말론, 묵시주의 등 묵시문학 유형의 개념을 정의하고 묵시문학 작품들을 상세히 분석한 묵시문학 입문서.

CCL 015 『의료 윤리』(조직신학 3)
Medical Ethics
베른하르트 헤링 지음 / 이동익 옮김 / 2006.5.23. / 388쪽
의료 문제에 학문적인 관점과 함께 시사적인 관점으로 접근하여 오늘날 의료 윤리의 주요 주제들을 다루는 책.

CCL 016 『한국 근대사와 천주교회』(역사신학 4)
장동하 지음 / 2006.8.25. / 480쪽
한국 교회의 역사인 동시에 한국 역사이며 세계 역사의 마당이라 할 수 있는 한국 천주교회사의 구체적인 모습과 성격을 소개한 책.

CCL 017 『보편 공의회 문헌집 3권』(교회 문헌 1)
Conciliorum oecumenicorum decreta III
주세페 알베리고 외 엮음 / 김영국·손희송·이경상 옮김 / 2006.9.20./ 340쪽
오늘날 교회의 삶과 틀에 여전히 큰 영향력을 미치고 있는 트렌토 공의회(1545-1563)와 제1차 바티칸 공의회(1869-1870)의 문헌들을 완역한 책.

CCL 018 『삶의 목적인 행복』 (토미즘 5)
Glück als Lebensziel
헤르만 클레버 지음 / 박경숙 옮김 / 2006.9.30./ 572쪽
성 토마스 아퀴나스의 대표적인 작품들에 나타나는 행복에 관한 사상을 이야기하면서, 우리 시대가 왜 성 토마스 아퀴나스의 이론에 관심을 가져야 하는지를 밝히는 책.

CCL 019 『철학적 인간학』 (인간학 1)
Philosophische Anthropologie
한스 에두아르트 헹스텐베르크 지음 / 허재윤 옮김 / 2007.7.18./ 684쪽
인간에 관한 현상학적 연구를 통해 인간에 대해 철학적으로 궁극적이고 체계적인 해석을 제시하는 책.

CCL 020 『영성신학』 (실천신학 3)
Teologia spirituale
샤를 앙드레 베르나르 지음 / 정제천·박일 옮김 / 2007.8.28./ 764쪽
그리스도인의 영적 체험을 바탕으로 한 체계적인 영성신학 연구로 독자들이 영적 진보의 완성에 이르도록 이론적 바탕과 실천적 지침을 제시하는 책.

CCL 021 『신약성경신학 제1권』 (조직신학 4)
Theologie des Neuen Testaments I
칼 헤르만 쉘클레 지음 / 조규만·조규홍 옮김 / 2007.10.24./ 296쪽
성경이 지닌 고유하고 다양한 메시지들을 뽑아 주제별로 다루면서 세상과 역사에 대한 깊이 있는 성찰을 통해 인간 실존의 본질과 그 의미를 밝히는 책.

CCL 022 『인식의 근본 문제』 (토미즘 6)
Grundfragen der Erkenntnis
요셉 드 프리스 지음 / 신창석 옮김 / 2007.12.20./ 396쪽
인식론의 역사에서 동의를 통한 인식이라는 틀을 전개하며 논리의 형식적 결론을 인정하는 한편 회의주의적 결과를 극복할 수 있는 길을 보여 주는 책.

CCL 023 『고대 유다이즘과 그리스도교의 기원』 (역사신학 5)
Ancient Judaism and Christian Origins
조지 W. E. 니켈스버그 지음 / 박요한 영식 옮김 / 2008.3.5. / 432쪽
사해 문헌들을 중심으로 유대이즘과 그리스도교의 차이점과 유사점을 규명하고, 두 집단 간의 분열 원인 이해와 상호 대화 가능성을 제시하는 책.

CCL 024 『철학 여행』 (토미즘 7)
Retracing Reality: A Philosophical Itinerary
M. -D. 필립 지음 / 이재룡 옮김 / 2008.5.15. / 368쪽
아리스토텔레스와 성 토마스의 사상에 입각하여 일과 우정 등 친숙한 경험에서 출발해서 절대자를 향해 추적해 가도록 안내하는 실재주의적 철학 입문책.

CCL 025 『교회론』 (조직신학 5)
La iglesia de Cristo
호세 안토니오 사예스 지음 / 윤주현 옮김 / 2008.7.25. / 704쪽
교회에 대한 단편적인 이해들을 교회 전승과 교도권 그리고 현대 신학자들의 다양하고 심도 깊은 견해들을 바탕으로 체계적으로 종합, 정리한 책.

CCL 026 『고대 교회사 개론』 (역사신학 6)
Lehrbuch der Geschichte der Alten Kirche
카를 수소 프랑크 지음 / 하성수 옮김 / 2008.9.5. / 980쪽
교회가 창설된 때부터 고대 말기까지 7세기에 걸친 교회 역사의 주요 내용을 연대기적으로 전개하면서 객관적이고 폭넓은 정보를 제공하는 책.

CCL 027 『이스라엘의 하느님과 민족들』 (역사신학 7)
Der Gott Israels und die Völker
노르베르트 로핑크·에리히 쨍어 지음 / 박요한 영식 옮김 / 2008.9.25. / 376쪽
유대이즘에 대한 신학적 재평가에 따라 이사야서와 시편을 중심으로 성경을 학문적으로 분석하여 유대인들과 그리스도인들 사이의 관계를 새롭게 조명한 책.

CCL 028 『하느님과 그분의 모상』 (역사신학 8)
Dieu et son image
도미니크 바르텔르미 지음 / 박요한 영식 옮김 / 2008.10.21. / 336쪽
성경에서 나타나는 하느님의 여러 말씀들을 비교하여 그 안에 들어 있는 하느님의 진실한 뜻을 알게 하는 방법들과 그 말씀들을 알려 주는 책.

CCL 029 『복음화와 커뮤니케이션』 (문화 4)
Evangelization and Social Communication
마리오 디아스 외 지음 / 김민수·홍태화 옮김 / 2009.1.15. / 282쪽
오늘날의 선교학의 다양하고 중요한 차원들을 소개하고, 복음화를 위해 사회커뮤니케이션과 매스미디어를 활용할 수 있는 점들을 제시하는 책.

CCL 030 『신학적 인간학』 (조직신학 6)
L'uomo secondo il disegno di Dio(Trattato di antropologia teologica)
바티스타 몬딘 지음 / 윤주현 옮김 / 2011.7.26. / 528쪽
제2차 바티칸 공의회 이후 신학이 쇄신되어 가는 과정에 발맞춰 은총, 의화, 원죄 등 교의신학 주제들을 '인간'이라는 관점에서 새롭게 접근하고 해석한 책.

CCL 031 『신약성경신학 2권』 (조직신학 7)
Theologie des Neuen Testaments //
칼 헤르만 쉘클레 지음 / 조규만·조규홍 옮김 / 2012.1.17. / 592쪽
구원경륜을 통해 자신을 드러내시는 하느님의 자취를 살피도록 안내하고, 그로써 신약성경신학으로 자리잡은 신론(神論)을 알도록 이끌어 주는 책.

CCL 032 『신학 방법』 (조직신학 8)
Method in Theology
버나드 로너간 지음 / 김인숙·이순희·정현아 옮김 / 2012.4.3. / 572쪽
신학자가 자기 과제를 이행할 때 고려해야 할 현시대의 방법 – 현대 학문, 역사성, 집단의 실천성, 공동의 책임성과 연결되는 고찰 – 을 개괄하는 책.

CCL 033 『신학사 1』 (역사신학 9)
Storia della teologia I
바티스타 몬딘 지음 / 조규만·박규흠·유승록·이건 옮김 / 2012.11.22. / 872쪽
2천 년 그리스도교 신학 역사의 흐름을 고대, 중세, 근대, 현대로 나누어 신학자들의 사상을 비교하고 심화하며 그리스도교 전통의 발전을 규명하는 책(고대 편).

CCL 034 『토마스 아퀴나스의 철학 체계』 (토미즘 8)
Il sistema filosofico di Tommaso d'Aquino
바티스타 몬딘 지음 / 강윤희·이재룡 옮김 / 2012.12.20. / 450쪽
그동안의 연구를 바탕으로 현대인의 불안한 정신을 만족시키기에 충분한 해답이 되는 토마스의 철학 체계(새로운 인식론, 형이상학, 인간학)를 재구축한 책.

CCL 035 『신약성경신학 3권』 (조직신학 9)
Theologie des Neuen Testaments III
칼 헤르만 쉘클레 지음 / 조규만·조규홍 옮김 / 2013.5.31. / 616쪽
신약성경이 제시하는 그리스도인 윤리, 곧 바람직한 그리스도인 삶을 살기 위해서 신앙으로 실천해야 하는 성경적 의미의 윤리를 개괄하고 종합하는 책.

CCL 036 『자유인』 (인간학 2)
L'uomo libero
바티스타 몬딘 지음 / 이재룡 옮김 / 2013.7.8. / 344쪽
인간의 자유 문제를 과거의 위대한 사상가들의 숙고와 그 검토 결과를 바탕으로, 저자 자신의 자유에 관한 통찰을 종합적으로 제시하는 책.

CCL 037 『아가』 (역사신학 10)
Cantico dei cantici
잔니 바르비에로 지음 / 안소근 옮김 / 2014.2.3. / 1,032쪽
아가는 여러 노래의 모음집이 아니라 단일 구성의 문학 작품이며, '야(훼)의 불꽃'을 내적으로 품고 인간적 사랑을 외적으로 표출하는 책.

CCL 038 『그리스도교 동방 영성』 (역사신학 11)
The Spirituality of the Christian East
토마스 슈피들릭 지음 / 곽승룡 옮김 / 2014.7.30. / 628쪽

그리스도교 동방 영성은 사막교부들의 짧고 명확한 영적인 금언 형식의 문장을 통해, 막막한 기도와 영성생활에 호롱불이 될 만한 책.

CCL 039 『한국 종교사상사』 (역사신학 12)
이대근 지음 / 2014.8.20. / 536쪽

무교와 그리스도교는 이질적이고 상호배타적인 듯하나, 저자는 연결점들을 찾아내어 무교가 이 땅에 그리스도교를 수용하는 데 중요한 토대가 되었음을 밝힌 책.

CCL 040 『신의 바라봄』 (역사신학 13)
De visione Dei
니콜라우스 쿠자누스 지음 / 김형수 옮김 / 2014.11.7. / 304쪽

우리에게서 결코 눈을 떼지 않는 '하느님의 바라봄'을 통해, 세상과 인간이 하느님의 섭리라는 신비에 의해 완전히 예속되어 있음을 밝힌 책.

CCL 041 『토마스의 철학적 인간학』 (인간학 3)
L'antropologia filosofica di san Tommaso d'Aquino
소피아 로비기 지음 / 이재룡 옮김 / 2015.1.12. / 388쪽

아리스토텔레스의 질료형상론을 바탕으로, 영혼의 비물질적이고 자립적인 특징을 유지하며 인간 본성을 해명함으로써, '새로운 인간학'을 제시한 책.

CCL 042 『창조론』 (조직신학 10)
El misterio de la creacion
호세 모랄레스 지음 / 윤주현 옮김 / 2015.4.24. / 540쪽

창조 사건은 하느님의 구원 계획과 맞물린다. 이렇듯 창조론은 시초론, 그리스도론, 종말론과 유기적 연관을 맺으며, 인류를 향한 하느님의 구원 역사를 제시한다.

CCL 043 『신약성경신학 4』 (조직신학 11)
Thologie des Neuen Testaments iv
칼 헤르만 쉘클레 지음 / 조규만·조규홍 옮김 / 2015.8.28. / 628쪽
오늘날 신스콜라적 증명 형식은 더 이상 교의적 확신을 주지 못하고 있으며, 그런 까닭에 신구약 문헌들이 전하는 교회론과 종말론은 무엇인지 알아보고, 그 해결점을 찾아본다.

CCL 044 『나는 성령을 믿나이다 2』 (조직신학 12)
Je crois l'Esprit Saint 2
이브 콩가르 지음 / 백운철·안영주 옮김 / 2015.9.14. / 416쪽
이 책은 은사신학에 대한 심층적인 해석과 사목적인 측면에서 성령운동의 올바르고 건전한 방향을 제시한다. 신학자뿐 아니라 성령운동에 관심이 많은 이들에게 유용할 것이다.

CCL 045 『그리스도론』 (조직신학 13)
Christogie - Systematisch und Exegetisch
칼 라너·빌헬름 튀징 지음 / 조규만·조규홍 옮김 / 2016.2.11. / 548쪽
라너의 열려 있는 인간 존재의 해명이라는 자유로우면서 새로운 그리스도론과 튀징의 성경에 기초해서 신앙의 의미를 실현, 순수 인간학적 이해를 넘어 부활 사건의 체험을 전해주는 신약싱경이 신앙의 기초라는 수장이 펼쳐지는 가운데, 둘의 조화를 모색한다.

CCL 046 『생명윤리의 이해 1』 (조직신학 14)
Manuale di bioetica 1
엘리오 스그레챠 지음 / 정재우 옮김 / 2016.6.27. / 704쪽
이 책은 생명윤리의 역사, 정의, 연구방법론, 그리고 생명, 인간의 몸, 의료 등 생명윤리 연구의 근간이 되는 철학적·과학적 개념과 사안들을 다룬다.

CCL 047 『생명윤리의 이해 2』 (조직신학 15)
Manuale di bioetica 2
엘리오 스그레챠 지음 / 정재우 옮김 / 2016.6.27. / 1052쪽
이 책은 유전학, 인간의 성과 출산, 인간 수정 기술, 낙태, 보조생식술, 불임시술, 장기이식, 안락사 등 생명윤리에서 논의되는 각종 주제들을 다룬다.

CCL 048 『삼위일체론』 (조직신학 16)
Dios uno y trino
루카스 마테오 세코 지음 / 윤주현 옮김 / 2017.2.20. / 1248쪽

구원 역사 전체를 관통하는 근본 요소로서의 삼위일체 교의는 모든 신학적 성찰의 시작이자 마지막으로 모든 신학적 주제에 늘 동반되어 숙고되어야 하는 준거 틀이다.

CCL 049 『일반인을 위한 교의신학』 (조직신학 17)
Dogmatik
하랄트 바그너 지음 / 조규만·조규홍 옮김 / 2017.7.14. / 972쪽

성경과 교부들 그리고 보편 공의회의 가르침부터 현대의 가톨릭 및 프로테스탄트 신학자들의 입장까지 아우르며, 신학 전반에 걸쳐 '교회의 일치'를 위해 그리스도교 교의의 거대한 틀을 그려내는 데에 정성을 기울였다.